Johannes Brahms im Alter von 20 Jahren

Florence May

Johannes Brahms

Die Geschichte seines Lebens

Aus dem Englischen übersetzt
von Ludmille Kirschbaum

Zwei Teile in einem Band

Mit Brahms-Deutungen des 20. Jahrhunderts
und einem Schallplattenverzeichnis

Matthes & Seitz Verlag
München

 Das Buch von Florence May ist 1905 in London erschienen (letzte Auflage 1948). Die deutsche Version erschien zuerst 1911 bei Breitkopf & Härtel, Leipzig, die zweite Auflage 1925 ebenda. Satz: Bauer & Bökeler, Denkendorf. Druck und Bindung: Franz Spiegel Buch GmbH., Ulm. Printed in Germany. ISBN-3-88221-343-4.

Inhaltsverzeichnis

Inhalt des I. Teiles

Inhalt des II. Teiles

XX. KAPITEL

1881–1885 (Alter: 48 bis 51 Jahre.)

XXI. KAPITEL

1885–1888 (Alter: 51 bis 55 Jahre.)

XXII. KAPITEL

1889–1895 (Alter: 56 bis 62 Jahre.)

XXIII. KAPITEL

1895–1897 (Alter: 62 bis 63 Jahre und 11 Monate.)

Verzeichnis der Illustrationen

Brahms heute

> There is seldom any thing extraordinary in the appearance and address of a good writer; whereas a dull author generally distinguishes himself by some oddity or extravagance.
>
> Tobias Smollet, *Humphrey Clinker*

»Nun, Argelander, was gibt's Neues am Himmel?« fragte einmal Kaiser Wilhelm I. den berühmten Bonner Astronomen. »Ja, kennen Majestät denn schon alles Alte?« erwiderte der Astronom.

Heinrich Schenker

Und ich bin gläubig, ich glaube sogar an Unsterblichkeit, ich glaube, daß, wenn ein Unsterblicher stirbt, noch 50 000 und mehr Jahre dumm und schlecht von ihm gesprochen wird, *also* glaube ich an Unsterblichkeit, ohne welche schöne und angenehme Eigenschaft ich die Ehre habe zu sein Ihr Johannes Brahms.

(Brief an Fritz Simrock)

Änderung des Urteils

Mahler hat mit Rosé das Brahmssche Klarinett-Quintett und die Klarinett-Sonaten (für Klavier und Violine gesetzt) gespielt, die ihm ein früheres Mal nicht gefallen wollten. Jetzt fand er sie herrlich. »Da ist es kein Wunder«, rief Mahler, »wenn das Publikum dummes Zeug spricht und nicht urteilen kann, da *uns* so etwas passiert!«

Natalie Bauer-Lechner

Manche Musiker haben eine Vorliebe dafür, bestimmte Dinge auf eine bestimmte Art und Weise zu tun, was wohl eher eine Folge von Gewohnheit oder Sitte als von Vernunft oder musikalischem Gespür ist. Ich machte einmal einem sehr bekannten Organisten den Vorschlag, man sollte doch in der Kirche einige von Brahms' großen Sinfonien spielen – ein paar jener großen Sätze (in denen mir der feinste und tiefste religiöse Sinn zu liegen scheint) – statt so viel Mailly, Boellmann, Dubois, Lefébure Wély – sogar Guilmant ist zuweilen recht schwach (»Weißt Du, Eddie, dieses Orgel-

Parfüm, das wie Rauschgold über den Kirchenbänken schwebt!«) – sie passen zu den meisten Gottesdiensten so gut wie eine »Maske auf einen Leichnam«. »Aber nein! Warum sollte ich Brahms beleidigen?« gab er mit erregter Stimme zurück. »Eine Sinfonie ist eine Sinfonie und kein Stück für Kirchenorgel!« (Damit könnte er sogar recht haben.) »Danke schön, verflucht, danke!« Aber ich bin nicht ganz sicher, daß Brahms das auch immer so sehen würde. Ein Pferderennen bei der Abendandacht in der Kathedrale von Wells ist weniger geistlich als die weltliche Musik von Brahms. Charles Ives

Artur Schnabel warnte davor, Brahms als »Mann mit den drei B, nämlich Bier, Bart und Bauch«, mißzuverstehen. Er hielt diese Art von pseudostilistischer Auffassung für irrelevant und glaubte, daß sie vom individuellen Stil des jeweiligen Komponisten ablenkt. Bei einem guten Komponisten bildet jedes Werk ohnehin eine in sich abgeschlossene Einheit, so als gäbe es keine andere Musik (...) Oft nimmt ein Genie den Stil einer zukünftigen Periode vorweg. Schnabel erklärte und spielte (auch auf einer Schallplatte) den Mittelteil von Brahms' Intermezzo a-Moll op. 116 Nr. 2 »impressionistisch«, ohne die Phrasen voneinander abzusetzen, in elastischem Tempo, mit viel Pedal und in einer Klangfarbe, in der die Stimmung eher angedeutet als ausgedrückt ist. Alle diese Züge scheinen mehr in ein Debussy-Prélude als in ein Brahms-Intermezzo zu passen. Und doch hätte sich Brahms wahrscheinlich gewünscht, sein Stück so interpretiert zu hören. Die stilistische Klassifizierung von Brahms als Spätromantiker oder früher Neoklassizist hätte für solch eine Interpretation jedoch keinen Platz. Konrad Wolff

Gestern hörte ich von Brahms ein Clavierconcert (op. 15). Hat mich riesig interessiert. Leider spielte man danach Götterdämmerung, und da ist der Eindruck auf mich immer so gewaltig, so hin⟨,⟩ aus- und wegreißend, daß mir alles vorhergehende verwischt, wie im Nebel, beinahe wie durch Thränen erscheint. Der 3te Theil der Götterd⟨ämmerung⟩ – da bleibt man stehen, da verliert man seine Begriffe. Wenn es 5 große Dinge auf Erden gibt, so ist dieses das sechste. Aber Brahms hat mich enorm angeregt, ich muß ihn jetzt aufsuchen, ihm nachlaufen. Er gab mir einige große Bilder – eigentlich immer und nur das, was ich von der Musik habe. Ich hatte den Eindruck von etwas, das Großes schafft, aber sich dabei beobachtet fühlt, von etwas beobachtet fühlt, das älter, einfacher, größer war und jetzt gleichsam fatalistisch dasteht und wacht. Darum das schnell abbrechende, zerrissene, wie Wellen sich aufwerfende und nach großer Geste wieder zusammenfallende, etwas, das sich in Schönheit reckt und wieder vergeht und als ob das nur seine Schönheit sein könnte, das Kommen und Gehen vor dem Schicksal und allen den Melodien, die schon einmal da waren. Brahms und Beethoven! Rudolf Kassner, 1900

So arbeitet Musik mit einem letzten Barock Verzweiflungen und Rettungen aus; sie sind nicht ans Barock und auch nicht an die Richter-Theologie des Kirchentextes gebunden. Wohl aber an ein Todesbewußtsein und Wunschbewußtsein vom Gegentod, das sich genuiner als irgendwo in Musik erstreckt. Als solches erschien es, frei vom überlieferten Kirchentext, zuletzt noch bei Brahms, im Deutschen Requiem. *Sucht man musikalische Einweihungen in die Wahrheit der Utopie,* so ist das erste, alles enthaltende Licht *Fidelio,* das zweite – mit verhängtem Schein, in gemäßem Abstand – das *Deutsche Requiem,* das singt »Denn wir haben hier keine bleibende Statt, aber die zukünftige suchen wir« – und unter dem Chor ein Tappen von suchenden Schritten, eine Weglinie ins Ungekannte, ins Erwachen. »Siehe, ich sage euch ein Geheimnis, wir werden nicht alle entschlafen, aber wir werden alle verwandelt werden und dasselbige plötzlich in einem Augenblick, zu der Zeit der letzten Posaune« – der geheimnisvolle Gesang dieses Paulusworts im Brahmsschen Requiem bringt aus sich selber den Schall der letzten Posaune in ein Hellhören herein, in einen metaphysischen Kontrapunkt von Hölle und Sieg, von Hölle verschlungen in den Sieg. Nicht ohne die Verhaltenheit und, was bei Brahms das gleiche ist, nicht ohne die kostbare Tiefe, die als solche Apotheosen ausweicht. Die selbst Jubals Harfe und Mirjams Ton und Klang nicht gestattet, sich das Licht leicht zu machen oder auch nur als konsonant zu präsentieren. Der zweite Satz des Deutschen Requiems nimmt als Text: »Die Erlösten des Herrn werden wiederkommen und gen Zion; Freude, Freude,

Freude, ewige Freude wird über ihrem Haupte sein«: aber die Musik zur ewigen Freude geht im Fortissimo hin zu g-Moll, mithin keinesfalls zu schier-strahlender Konsonanz. Das deshalb, weil Brahms noch erschwerender mit der Freude umgeht als Kant mit dem Pathos (und aus gleichen unkatholischen Gründen), weil der Himmel hier das Salz in sich hat, das ihn nicht konventionell und dumm macht. Da sind keineswegs blasse Freuden, als die Nietzsche Brahms mißverstand, auch nicht »Oktoberlicht über allen Freuden«, sie sind für dieses, mitten im zweifelhaften Dunkel, viel zu glühend. Das Glück, das zum Mysterium wird, erscheint freilich dissonant eingehüllt, ja in sich selber mag Dissonanz sein stärkerer Ausdruck sein als ein Dreiklang aus der bekannten Welt. Musik zeigt hier an: es gibt ein Reis, nicht mehr, aber auch nicht weniger, das zu der ewigen Freude blühen könnte und das in der Finsternis fortbesteht, gar sie in sich bindet. Ernst Bloch

Brahms soll nach Nietzsche die »Melancholie des Unvermögens« verkörpern. Diese Aussage, die er an der Schwelle seines Zusammenbruches geäußert hat, kompromittiert für immer dessen Aura. E. M. Cioran, 1982

In jedem Brief, den ich einer japanischen Freundin schreibe, habe ich mir angewöhnt, ihr dieses oder jenes Werk von Brahms nahezulegen. Sie schrieb mir gerade, daß sie aus einer Klinik in Tokio kommt, in die sie mit der Ambulanz gebracht wurde, weil sie sich zu sehr in mein Idol hineingesteigert hat. Ist das Trio Nr. 2, op. 87 oder die Sonate Nr. 2, op. 99 daran schuld? Vermutlich. Allein was die Ohnmacht auslöst, verdient angehört zu werden!
E. M. Cioran, 1982

Brahms' Absage an den Schein kommt aus der tiefen Verbundenheit mit dem, was hinter dem Schein liegt: das aber ist der strenge Satz, die ewige Wahrheit der Tonkunst, Beethoven nannte ihn »die ewige Religion«. Heinrich Schenker

Meine älteste Erinnerung an Brahms, und gewiß nicht nur meine, ist »Guten Abend, gut' Nacht«. Vollkommenes Mißverständnis des Textes: ich wußte nicht, daß Näglein ein Wort für Flieder oder in manchen Gegenden für Nelken ist, sondern stellte mir kleine Nägel, Reißnägel darunter vor, mit denen die Gardine vorm Himmelbettchen, meinem eigenen, ganz dicht zugesteckt sei, so daß das Kind, in seinem Dunkel vor jeder Lichtspur geschützt, unendlich lange – »bis die Kuh ein' Batzen gilt«, sagt man in Hessen – ohne Angst schlafen könne. Wie bleiben die Blüten zurück hinter der Zärtlichkeit solcher Vorhänge. Nichts steht uns für die ungeschmälerte Helle ein als das bewußtlose Dunkel; nichts für das, was wir einmal sein könnten, als der Traum, wir wären nie geboren.

Th. W. Adorno, 1947

In nicht wenigen Gebilden der Viktorianischen Zeit, keineswegs bloß englischen wird die Gewalt des Sexus und des ihm verwandten sensuellen Moments fühlbar erst recht durchs Verschweigen; an manchen Novellen Storms wäre das zu belegen. Der junge Brahms, dessen Genius bis heute kaum recht gesehen worden ist, enthält Stellen von so überwältigender Zärtlichkeit, wie wohl nur der sie auszudrücken vermag, dem sie versagt blieb. Auch unter diesem Aspekt vergröbert die Gleichsetzung von Ausdruck und Subjektivität. Das subjektiv Ausgedrückte braucht nicht dem ausdrückenden Subjekt zu gleichen. In sehr großen Fällen wird es eben das sein, was das ausdrückende Subjekt nicht ist; subjektiv ist aller Ausdruck vermittelt durch Sehnsucht.

Th. W. Adorno, 1969

Brahms' Kompositionen tendieren – je später sie geschrieben wurden, desto mehr – zu einem musikalischen Verlauf, der sich nicht als dynamisch drängender Fortgang in der Zeit, sondern in stufenweiser Strukturierung entfaltet. Maßgebend für die Organisation der horizontalen Dimension des Tonsatzes wird zunehmend ein architektonisch-statisches Bauprinzip: die Aneinanderreihung von relativ geschlossenen Taktgruppen. Entwicklungen des motivisch-thematischen Materials können sich auf dieser Grundlage nicht so unmittelbar und im Vordergrund realisieren wie bei Wagner oder in den Beethovenschen Sonatensatzdurchführungen, sondern erscheinen auf eine abstraktere Ebene gerückt. Da jede Taktgruppe bei einer Phase der Entwicklung verharrt, vollzieht sich diese in Stufen, von einer zur nächsten Taktgruppe.

Christian Martin Schmidt

Brahms

von Alberto Savinio

Das Trio in a-moll

Das Reisen hat einen Sinn bis zu einem gewissen Alter im Leben, danach ist das Reisen nur noch eine eitle Bewegung und der Mensch beginnt, mithilfe der Erinnerungen an seine tatsächlich gemachten Reisen, unbewegt seine mentale Reise und geht ganz allmählich zur Unsterblichkeit über. Etwas Ähnliches gilt für das Lesen. Das Lesen hat einen Sinn bis zu einem gewissen Alter im Leben, danach liest man aus Dankbarkeit und Freundschaft noch einige wenige Bücher, die uns ganz besonders lieb geblieben sind, aber etwas Neues greift man nicht mehr an, und man liest nur noch im Buch der Erinnerung. Diese rationelle Methode des Reisens und des Lesens hat kein Künstler mit größerer Treue praktiziert als Johannes Brahms, und sein Lohn dafür ist, daß kein Werk eines anderen Künstlers von guter und gescheiter Arbeit so abgerundet und vollendet worden ist. Und so hat er es gemacht. Die Zeit des Lebens, in der der Mensch effektiv reist, hat Brahms darauf verwendet, Musik zu ›erfinden‹, er hat seine Erfindungen kurz auf Notenpapier notiert oder sie einfach seinem glänzenden Gedächtnis anvertraut; und in der ganzen folgenden Zeit, in der der Mensch nur mental reist und unbewegt seine persönliche Reise unternimmt, hat Brahms beständig daran gearbeitet, den Notizen und den gesammelten Erinnerungen aus der vorangegangenen Zeit eine endgültige Form zu geben. So wie Brahms gearbeitet hat, hat er ein exemplarisches Künstler- und Dichterleben verwirklicht.

So ein Leben ist auch eine Paraphrase der Welt, wie Platon sie in der Beziehung zwischen dem Metaphysischen und dem Physischen und in der Ableitung des einen aus dem anderen konzipiert hat. In der ersten Zeit seines Lebens hat Brahms sich eine eigene ›Ideenwelt‹ konstituiert, später hat er nur noch nach und nach daraus geschöpft und jeder Idee mit viel Kunst, mit viel Wissen, mit langer und poetischer Geduld eine Form gegeben. Brahms ist der platonischste unter den Musikern, sowohl im weiten wie auch im engen Sinn des Wortes, und der Rat, der vor vielen Jahrhunderten an Sokrates erging, sich ›mit der Musik zu beschäftigen‹

(die Person des Sokrates verschmilzt hier mehr als jemals mit der Platons) wurde wirklich und tatsächlich vom sanften und bärtigen Sohn des Hamburger Kontrabassisten nach vielen Jahrhunderten aufgenommen. Braucht es noch andere Worte, um die tiefe Begründung der tadellosen Vollkommenheit, der geschlossenen Weisheit des Werkes von Brahms zu erklären?

An diese Dinge fing ich an zurückzudenken im goldenen Saal von Santa Cecilia, in den ein Sonnenstrahl aus dem Westen durch eines der hohen Fenster fiel (hier bezieht sich das Adjektiv ›golden‹ weniger auf die tatsächliche Menge an Gold, die es in dem Saal der Accademia di Santa Cecilia wirklich gibt, sondern eher auf den Generalton, auf den Geist, auf die Seele dieses erlauchten Saales, der auf die gleiche Weise ›golden‹ ist wie die Prosa eines Agnolo Firenzuola in seiner Version des *Asino d'oro*, in der gleichen Weise wie die Sonaten für Cembalo von Domenico Scarlatti, und in der gleichen Weise, wie auch das Porträt der Helene Fourment von Rubens ›golden‹ ist), an diese Dinge fing ich an zurückzudenken, während auf der Bühne der Pianist, der Klarinettist und der Cellist, dreieckig angeordnet in einem kleinen schwarzen Komplott, geschäftig das *Trio in a-moll* ausführten.

Über das *Trio in a-moll* von Brahms für Piano, Klarinette und Violoncello bleibt noch das eine zu sagen. Die Verbindung von Streichinstrumenten und Blasinstrumenten ist befremdlich und schafft keine Vertrautheit. Das Blasinstrument ist ein isoliertes und einsames Instrument. Sein Ton ist zu direkt, zu persönlich, er ist nichts als die Klangwerdung des Atems eines Menschen, oder auch seiner Seele. Zwischen den Instrumenten, die die Persönlichkeit eines Menschen nur indirekt hörbar werden lassen, wie die Streichinstrumente oder besonders das Klavier, es ist das metaphysischste Instrument von allen, spielt das Blasinstrument eine isolierte und befremdliche Rolle und in mir erweckt es ein gewisses Mitleid, weil sein ›menschliches‹ Leiden, seine ›menschliche‹ Schwäche, seine ›menschliche‹ Unvollkommenheit zu offen liegen. Der Klang eines Blasinstrumentes ist ein ›Abschürfen‹ eines Klanges, ›Abschürfen‹ in seinem anatomischen Sinn verstanden. Das ist noch nicht alles: das Blasinstrument, ob solistisch, ob im Verein mit Instrumenten anderer Art, ›macht mir Sorgen‹, als sei es besonders schwierig, ihm reguläre und sichere Töne zu entlokken: wie ein gefährliches Instrument. Und vor einer Klarinette, vor einer Oboe, vor einem Englischhorn, vor einem Fagott oder auch vor einer Flöte (für die Blechinstrumente gilt das nicht: sie sind auch Blasinstrumente, aber sie sind stark und bewehrt) empfinde ich immer diese ›Angst vor dem Unmöglichen‹, die ich auch spüre, wenn ein Akrobat auf der Spitze des Trapezes die Mandoline spielt.

Die Dritte Sinfonie

Es ist bekannt, wieviel Licht die Vergleichende Methode in die Exegese der Mythen gebracht hat: warum sollte man sich dieser Methode nicht auch bedienen, um die Figur eines Künstlers zu beleuchten? Carpani macht in seinem XX. Brief über Haydn diesen eigenartigen Vergleich zwischen Musikern und Malern, in dem Pergolesi und Cimarosa der Raffael der Musik werden, Durante der Leonardo, Hasse der Rubens... Ich habe eigentlich nicht diesen immerbereiten Willen zu vergleichen, aber wenn ich an Brahms denke, kommt mir gleichzeitig Joseph Conrad in den Sinn.

Es ist also weniger ein Vergleich als eine Assoziation. Die Figur des Musikers ruft in mir die Figur des Romanschreibers hervor und umgekehrt. Was für eine Analogie gibt es zwischen den beiden? Was für eine Ähnlichkeit?

Im Adriano hörte ich die *Dritte Sinfonie* von Brahms, und während die gut gesetzten Klänge nach und nach die vier Sätze dieses musikalischen Bauwerkes erstellten, so ernst in den Linien und doch so goldleuchtend von einem warmen Blick der Liebe, dachte ich an die dichten, schweren Seiten der Romane von Conrad, die eine nach der anderen schließlich diese literarischen Bauwerke ergeben, auch sie so ernst, und doch so goldleuchtend von einem warmen Blick der Liebe.

Gemeinsam haben diese beiden Männer den langsamen sicheren Schritt, die arbeitsame Ruhe, daß sie ohne jede Laune auskommen, ohne jede Sonderbarkeit; sie scheinen beständig in einem Stadium der Reife gelebt zu haben und man kann sich weder Brahms noch Conrad als Jugendliche oder Greise vorstellen, als ob ihr Leben von der Jugend bis zum Tod eine lange und dauerhafte Reifezeit gewesen wäre.

Das Werk sowohl des einen wie auch des anderen ist das Resultat einer langen ruhigen Arbeit, die beständig von der Vernunft er-

Künstlern. Hinter dem Literaten Conrad erscheint der Schatten des Matrosen Conrad, der im Pfeifen des Windes und zwischen den Seiten der ausgefahrenen Segel steht, und dieses Bild des wirklichen Matrosen stört wie ein Eindringling die Gesellschaft des Matrosen der Phantasie und erzwingt beinahe etwas wie Zurückhaltung. Aber hinter dem Musiker Brahms, was steht da?... Nichts. Und bei keiner anderen Künstlerfigur verschwindet der Mann so vollkommen hinter dem Künstler.

Ich weiß nichts über das Gefühlsleben von Johannes Brahms. Und vielleicht hat es keines gegeben. Ausgenommen diese sehr verschleierte Anspielung des jungen Brahms, der Clara Schumann begleitete, und gemeinsam gingen sie Robert Schumann in der Irrenanstalt besuchen.

Hinter dem Schleier ist nichts erkennbar als ein ruhiges, streng

von Brahms und das Werk von Conrad, und uns, die wir die gleichen Materien behandeln, gibt es so viel Trost zu denken, daß auch wir, ähnlich wie Brahms, unsere Seele in Töne und, ähnlich wie Conrad, in Wörter setzen können. Durch den Ernst und die Gesetztheit der Musik von Brahms und der Bücher von Conrad leuchtet jeder melodische Blitz, jedes Bild oder jeder Anklang, der aus ersichtlichem Grund gebraucht und an der richtigen Stelle gesetzt ist, in einem unvergleichlichen Licht. Und was für ein Sinn, was für ein Wissen, was für eine Wertschätzung bei beiden! Nicht die mindeste Verschwendung! Was für eine weise Verwaltung! Was für starke Bürgertugenden! Jede Sinfonie von Brahms ist wie ein Staat, der von einem philosophierenden Monarchen regiert wird. Sein *Requiem* läßt an den *»Sonnenstaat«* denken.

Und doch gibt es einen Unterschied zwischen diesen beiden

hellt worden ist; von einer langen Geduld, die gehalten und geführt worden ist von einem Bewußtsein, das immer wach blieb und nie müde war, in die Tiefe zu gehen und in die Höhen aufzusteigen.

Mit welcher Sorgfalt haben sowohl Conrad als auch Brahms ihr ganzes Leben lang jeden Effekt, jeden Zufall, jeden ›Bühnenzauber‹ vermieden. Leider ist die Kunst, und sind auch die Künstler, Behältnisse für Hysterie, aber wenn man andererseits etwas finden möchte, das frei ist von jeder Spur von Hysterie, braucht man nur das Werk von Brahms zu hören und das Werk von Conrad zu lesen.

Kein Werk eines Musikers, kein Werk eines Schriftstellers machen so viel Freude darüber, ein Mensch zu sein, wie das Werk akademisches Leben. Er erwählt Wien zu seiner zweiten Heimat. Die Universität Breslau erklärt ihn zu einem Doktor der Philosophie. Eine deutsche Stadt ernennt ihn zu einem Bürger in Ehren, was, wenn man den Mann kennt, viel besser zu ihm paßt, als würde er Ehreneinwohner werden. Er ist Mitglied der Pariser Akademie...

Brahms hat sein Leben in der Musik gelebt. Es gibt keine Musik, die so sehr wie der Walzer eine Nostalgie der nichtgeliebten Lieben ist, und um das eigene Herz von all diesen ungeliebten Lieben zu befreien, schrieb Brahms, der ernste Brahms, der akademisierende Brahms seine Walzer für Klavier op. 39; jenen *Walzer* Nr. 15, der ein großes, ein unendliches Bedauern der Liebe ist. Was sonst weiß man von seinem Leben?

Eines Tages sah Martucci einen Mann mit einem großen Bart auf dem Fahrrad in Bologna ankommen. Es war Brahms. Er kam mit dem Fahrrad aus Deutschland, weil die deutschen Künstler damals, um einfach nach Italien zu kommen, sogar zu Fuß gegangen sind.

Martucci fügte hinzu, der Atem von Brahms habe so sehr nach Zwiebeln gerochen, daß man nicht in seiner Nähe bleiben konnte.

*

Das überwältigende *Können* bei Brahms.
Die musikalische *Gedankenstärke* bei Brahms.

Ludwig Wittgenstein, 1934

Jahrelang hat Brahms eine Gegenüberstellung von Kompositionen mit datierbaren Elementen versucht, die sich dann, in einer schon unvorstellbaren musikalischen Addition, einer historischen Präzisierung entziehen würden: dies gilt wenigstens für die Händelismen des *Zweiten Klavierkonzerts*, die sich in direkten Proportionen, wie stilistische Blitze, in einem späteren kompositorischen Raum wiederfinden, der ihnen doch nicht fremd ist. Aber in den letzten Werken, die Schönberg so geliebt hat, verschärft sich diese Praxis: in den *Vier Ernsten Gesängen* stehen die archaisierenden Harmonien einer modernen melodischen Führung gegenüber, die sich in den späten *Choralvorspielen* für Orgel (man braucht nur an das achte zu denken: *Es ist ein Ros' entsprungen*, oder an das elfte: *O Welt, ich muß dich lassen*) mit dem nicht weniger dekadenten und fast tödlichen Entschluß mißt, Buxtehude oder Pachelbel auf die Tastatur zurückzubringen.

Mario Bortolotto, 1982

Brahms ist der erste große Musiker, bei dem sich geschichtliche Bedeutung und Bedeutung als künstlerische Persönlichkeit nicht mehr decken. Daß dem so war, war nicht seine, sondern Schuld seiner Epoche. Selbst die abseitigsten Formgebilde Beethovens waren aus Beethovens Zeit heraus geboren, insofern sie die Sprache und die Ausdrucksmöglichkeiten dieser Zeit in Anspruch nahmen. Das Wollen Beethovens, so zeitlos und zukunftsträchtig es auch sein mochte, war irgendwie dem Wollen der Zeit gemäß. Beethoven wurde von seiner Zeit »getragen«. Selbst die kühnsten und konsequentesten Werke Wagners sagten nicht nur von der gewaltigen Menschlichkeit seines Schöpfers aus, sondern erfüllten zugleich Wollen und Möglichkeiten seiner Epoche. Er war, sosehr er sich damals im Gegensatz zu seiner Zeit empfinden mochte, doch deren Ausdruck. Bei Beethoven, bei Wagner – auch bei späteren, wie Strauss, Reger, Debussy, Strawinsky – deckt sich persönliches Wollen und Wollen der Zeit. Bei Brahms, und zum erstenmal bei ihm, geht dieses Wollen verschiedene Wege. Und dies nicht deshalb, weil Brahms nicht zutiefst ein Mensch seiner Zeit gewesen wäre, sondern weil die materiell-musikalischen Möglichkeiten seiner Zeit andere Wege gingen, der Art seines Wollens *nicht genügten.* Er ist der erste, der somit als Künstler und Schöpfer *größer war als seine musikgeschichtliche Funktion.*

Er ist damit der erste, der sich verteidigen mußte, um das zu bleiben, was er war – was seinen Vorgängern bis zu Wagner noch selbstverständlich, von der Gunst der Zeiten getragen, in den Schoß fiel. Damit wurde er der erste, der seiner Zeit zuinnerst entgegentreten mußte, nur um *bewußt* das tun zu können, was früheren Geschlechtern selbstverständlich war: *den Menschen* in den Mittelpunkt aller Kunst und Kunstübung zu stellen – den Menschen, der immer neu und doch immer derselbe ist. Denn nicht Entwicklung der Materie – der Harmonik, Rhythmik usw. – ist Sinn der Geschichte, sondern der Ausdruckswille derer, die sich dieser Materie erst bedienen. Nicht der Grad der »Kühnheit«, der Neuheit des Gesagten vom entwicklungsgeschichtlichen Standpunkt, sondern der Grad der inneren Notwendigkeit, der Menschlichkeit, der Ausdrucksgewalt ist Maßstab für Bedeutung eines Kunstwerks.

So erlebt Brahms als erster die Krise der Zeit, indem er nicht als ihr Objekt in ihr steckenbleibt, sondern sich ihr entgegenstellt. Hier von Reaktion zu sprechen, ist falsch; er war ein moderner Mensch und blieb es zeitlebens. Auch da, wo er die Einheit des Ganz-Menschlichen nicht preisgab, ja – wie wir heute sehen – gerade da besonders.

Wilhelm Furtwängler, 1934

Was ist die wahrhaft produktive Kritik? Nun es ist ganz einfach die Kritik, die die Komponisten aneinander üben. Und zwar nicht nur in dem von Adorno gestern so einleuchtend dargestellten Sinn, daß der Musiker, indem er komponiert, ja Zeile für Zeile, Takt für Takt korrigiert, sondern auch im zeitlichen Abstand. Man könnte sagen, daß Beethovens fast hysterische Dringlichkeit eine Kritik darstellt an Mozarts unerschütterlicher Stilsicherheit, an Mozarts Gefühl für die Grenzen des musikalisch Schicklichen. Die beiden Kadenzen, die Beethoven für Mozarts Klavierkonzerte in d-Moll und c-Moll geschrieben hat, sind eine solche Kritik, oder die Abwandlung, die er in seinem Bläserquintett Opus 16 dem Rondothema des Es-Dur-Klavierkonzerts (KV 482) gegeben hat. Das ist, im Namen von Dringlichkeit, im Eifer eines pathetischen An-die-Welt-Sprechens, Kritik, die sich bewußt nicht um Stilschicklichkeit kümmert. So »kritisierte« Beethoven Mozart.

Brahms' entwickelnde Phantasie wiederum hat ihrerseits die etwas selbstsichere Dreiklangs-Urstoffmentalität, diesen lapidaren Naturton Beethovens kritisieren wollen. Auch darin liegt ja eine Art von Kritik, daß da jemand bestimmte Dinge einfach hinwegschob. Wir wissen ja, daß Chopin Beethovens As-Dur-Sonate Opus 26 besonders geliebt und häufig gespielt hat. Aber seine Art, dem Naturgestein der Dreiklangswiederholung auszuweichen, scheint mir wiederum durchaus eine Form legitimer Kritik zu sein. Man könnte sagen, daß Brahms' Verhaltenheit und Schwerfälligkeit auch eine Art von Kritik an Chopins vornehmem Feinsinn, an Chopins Hang zum Luxus darstellt, und daß wiederum Schönbergs Ausbrüche eine Art Kritik sind an Brahms' spätbürgerlich-resignierendem, etwas partikularistischem Melancholisch-Sein.

Joachim Kaiser

Zu zeigen, wie bloße Zeitgenossenschaft Wechselbeziehungen herstellt zwischen so verschiedenen Naturen wie Tschaikowsky und Brahms, gehörte auch zu diesen Lehrunterhaltungen. Er führte ihm Stellen vor aus den Werken des einen, die ebensogut von dem anderen hätten sein können.

Thomas Mann, Doktor Faustus

In Brahmsens Bearbeitungen erträgt das Lied, wenngleich schwankend und brüchig, den Druck des Ich, wie tief auch das Faktum zu deuten ist, daß die Melodien, die Brahms faßte, selbst bereits Kunstlieder sind, die er für Volkslieder hielt; daß er dem Volkslied bloß noch in der Idee begegnete.

Th. W. Adorno, 1925

Ein Beispiel, daß Sie im höchsten Grad frappieren wird, ist der Schluß des »Parzenliedes« von Brahms. Es ist erstaunlich, was an Kadenzen darin vorkommt, und wie weit es durch seine ganz merkwürdigen Harmonien schon von der Tonalität entfernt ist!

So ist das nicht zugegangen, daß einer gefragt hat: »Wie ist das, wenn wir ohne Tonalität auskommen?« – Es war vielmehr reifliche Überlegung und intuitives Finden. Die Klischees sind ganz einfach weggeblieben. Der chromatische Weg, d. h. der Weg, in Halbtönen fortzuschreiten, hat seinen Anfang genommen.

Es ist viel interessanter, Brahms als Beispiel heranzuziehen als z. B. Wagner. Bei Wagner kommt der Harmonik weiteste Bedeutung zu; aber in Hinsicht der harmonischen Beziehungen ist Brahms eigentlich reicher.

Anton Webern, 1932

BRAHMS UND DIE IDEE DER KAMMERMUSIK

von Carl Dahlhaus

Die tröstliche Maxime, daß ein Komponist in dem Maße, in dem er sich über die Tradition hinwegsetze, auf einen Platz in der Zukunft hoffen dürfe, ist so fest eingewurzelt, daß es überflüssig erscheinen mag, über sie nachzudenken, und befremdend, an ihr zu zweifeln. Man braucht jedoch nicht einmal in die ältere Musikgeschichte zurückzugehen, um die Fragwürdigkeit des Vorurteils zu erkennen. Brahms war in den 1860er bis 1880er Jahren, und zwar für seine Anhänger ebenso wie für seine Gegner oder Verächter, ein musikalischer Konservativer, der sich den Tendenzen der Neudeutschen Schule (die weniger eine »Schule« als eine »Partei« war) widersetzte. Dennoch hat sein Werk sich sowohl im Repertoire behauptet – fester als die Symphonischen Dichtungen von Liszt – als auch die Entwicklung der Komposition gegen 1900 tiefgreifend beeinflußt. Nicht allein Reger, der sozusagen offizielle Brahms-Nachfolger, sondern auch Schönberg wäre, wie er selbst bekannte, ohne Brahms undenkbar. Schönberg sprach sogar bei der Hundertjahrfeier 1933 von Brahms als einem »progressiven« Komponisten – »Brahms the Progressive« –, ohne daß dadurch die Vorstellung, daß Brahms ein musikalischer Konservativer gewesen sei, umgestürzt würde. »Progressiv« war Brahms nicht entgegen, sondern in Verflechtung mit seinem Konservatismus. Die kompositorischen Momente, durch die er in die Zukunft wirkte und der Vorgeschichte der Neuen Musik angehört, die »entwickelnde Variation« und die stufenreiche Harmonik, hängen mit seinem Verhältnis zur musikalischen Vergangenheit eng zusammen. Und es war legitim, daß gerade Schönberg, der selbst zwischen innerem Zwang zum Umsturz und Pietät gegenüber der Überlieferung gespalten war, sich auf Brahms berief.

Daß Konservatismus nicht mit Epigonentum gleichzusetzen ist, braucht kaum gesagt zu werden. Brahms war weder ein Schumann- noch ein Beethoven-Epigone und dennoch ein musikalischer Konservativer. Und sein Konservatismus war insofern ästhetisch legitim, als Brahms Traditionsbestände nicht blind übernahm, sondern sie in einen Prozeß des Weiterdenkens hineinzog, ohne andererseits ihre Substanz auszulöschen. (Es wäre verfehlt, entweder einseitig das Weiterdenken oder aber das Ausgehen von Traditionsbeständen zu akzentuieren.)

Die »entwickelnde Variation«, wie Schönberg sie nannte, das Verfahren, aus einem eng begrenzten Material, im Extrem einem einzigen Intervall, weitreichende Zusammenhänge herauszuspinnen, ist einerseits, als Erscheinungsform der klassischen Idee der thematisch-motivischen Arbeit, ein Stück Tradition. Andererseits bedeutete die Konsequenz, mit der Brahms die thematisch-motivische Arbeit, die bei Haydn und Beethoven primär – wenn auch nicht ausschließlich – eine Durchführungstechnik gewesen war, zum tragenden Prinzip ganzer Sätze machte – Paradigmata entwickelnder Variation sind die Anfänge, die Expositionsteile des H-Dur-Trios Opus 8 und des Klavierquartetts g-Moll Opus 25 –, einen qualitativen Sprung, eine Veränderung des Formbegriffs. Musik erscheint bei Brahms als Gedankenentwicklung, als tönender Diskurs. Jacques Handschin sprach geradezu von »logischer« Form im Gegensatz zur »architektonischen« Form, die auf dem Gleichgewicht charakteristisch verschiedener Teile beruht. »Logische« Form ist weniger aus Teilen zusammengefügt als aus einem Anfangsgedanken herausgesponnen. Und es war die Brahmssche Methode einer differenzierten und nahezu pedantischen musikalischen Gedankenentwicklung, die um 1900, nach dem Zerfall des »architektonischen« Prinzips, das mit der tonalen Harmonik eng zusammenhing, überhaupt noch Form im emphatischen Sinne zu konstituieren erlaubte. Die Akzentverlagerung vom »architektonischen« auf das »logische« Prinzip – bei Beethoven herrschte noch ein Gleichgewicht – ist einer der »progressiven« Züge bei Brahms, die einerseits für die Neue Musik von Bedeutung waren, andererseits aber als Folgerungen aus der klassischen Überlieferung zu begreifen sind.

Einer ähnlichen Dialektik wie die entwickelnde Variation war auch die stufenreiche Harmonik – ein zweites Moment, das Schönberg bei Brahms als »progressiv« rühmte – unterworfen. In die Entwicklung der Harmonik griff Brahms, anders als Wagner, weniger durch eine Veränderung der Struktur einzelner Zusammenklänge als vielmehr durch den Versuch ein, entlegene Akkorde in die Tonart zu integrieren, also einen unerwarteten Reichtum an Zusammenklängen auszubreiten, ohne die Einheit der Tonart preiszugeben. Man darf den Gedanken, am tragenden Prinzip der

Tonalität festzuhalten und lediglich den Inhalt der Tonart zu erweitern, konservativ nennen. Eine Folge des Stufenreichtums aber war eine Differenzierung des Basses, der sich aus einer melodisch primitiven Harmoniestütze zu einer selbständigen Stimme, einem Kontrapunkt, entwickelte. Und die Tendenz zur Polyphonie ist nichts Geringeres als ein Stück Vorgeschichte der Neuen Musik bei Brahms. Schönberg machte sich das kontrapunktische Denken, das bei Brahms mit dem harmonischen Prinzip des Stufenreichtums verquickt war, zu eigen, löste es jedoch aus dem Zusammenhang mit der tonalen Harmonik und verstand es geradezu als Substitut für die Tonalität, die um 1900 zerfiel: Waren die Zusammenklänge der Stimmen nicht mehr tonal begreiflich, so mußten sie mindestens kontrapunktisch motiviert sein. Was bei Brahms eine Konsequenz aus der Tonalität gewesen war, wurde einige Jahrzehnte später zu einer Gegeninstanz.

II

Das Verfahren der entwickelnden Variation, dessen Ausprägung durch Brahms insofern dialektisch genannt werden darf, als aus konservativen Voraussetzungen »progressive« Konsequenzen erwuchsen, war mit der Idee der Kammermusik eng verbunden, einer Idee, deren zentrale Bedeutung für Brahms niemals verkannt worden ist. Die Behauptung, daß Brahms sogar in symphonischen Werken eigentlich Kammermusik geschrieben habe, ist zwar eine Übertreibung, aber eine durchaus verständliche; denn eine nach innen gekehrte Musik, die eher zur Zurücknahme neigt, als daß sie zur Emphase drängt, ist kaum vereinbar mit den Prinzipien einer Gattung, die nach Paul Bekker ihrer Idee erst gerecht wird, wenn sie sich an ein Massenpublikum, eigentlich an die Menschheit insgesamt, wendet. Die Kammermusik, zentrale Gattung der Wiener Klassik, schien um 1860, als Brahms in die Entwicklung eingriff, an die Peripherie geraten zu sein, und zwar nicht nur in ihrer Wirkung, sondern auch in ihrer Bedeutung. In der Praxis des Musizierens stand sie – als private und in entscheidenden Werken esoterische Gattung – immer schon im Schatten der öffentlichen Musik, der Oper und des Virtuosenkonzerts, in dem die Symphonie als Ouvertüre oder Appendix fungierte. Um

1860 aber war sie sogar ästhetisch, für die Reflexion über die Entwicklung der Musik als Sprache und als Technik, kaum von Belang. Die kompositionsgeschichtlichen Entscheidungen schienen ausschließlich im Musikdrama und in der Symphonischen Dichtung, in den Gattungen also, die von der »Fortschrittspartei« der Neudeutschen beherrscht wurden, zu fallen. Die Kammermusik, die für Liszt, Wagner und Berlioz nicht existierte, bildete ein Reservat von Konservativen, die sich ans Überlieferte klammerten, weil das Neue sie verwirrte.

Daß es ein halbes Jahrhundert später, um 1910, gerade die Kammermusik sein würde, in der sich das entscheidende Neue, der Übergang zur Atonalität, ereignete, konnte um 1860 niemand voraussehen: Die Konservativen, denen die Kammermusik als höchste musikalische Gattung, als Inbegriff einer Musik für Gebildete erschien, waren zwar vom Ewigkeitswert ihrer Ideale überzeugt, glaubten aber nicht, die Dialektik der Geschichte auf ihrer Seite zu haben: Den Fortschritt, den sie verachteten, überließen sie ihren Gegnern. Um 1900 aber verkehrte sich die kompositionsgeschichtliche Bedeutung der Gattungen ins Gegenteil: Die Symphonische Dichtung verfiel nach Strauss, wenn nicht bereits durch ihn, der Trivalisierung, und Schönberg, von dem nach der Strauss'schen Konversion zum Traditionalismus die musikalische Entwicklung getragen wurde, war ein Kammermusik-Komponist. Die Ursprungsurkunde der Neuen Musik ist ein Streichquartett-Satz, das Finale aus Schönbergs Opus 10; und auch die Zwölftontechnik wurde anderthalb Jahrzehnte später in Kammermusikwerken ausgeprägt. (Sogar in einem Orchesterstück wie den Variationen Opus 31 wirkt die Instrumentation kammermusikalisch: Jedes Instrument ist solistisch behandelt.)

Daß es die Idee der Kammermusik – realisiert in der Technik der »durchbrochenen Arbeit« und des »obligaten Accompagnements« – war, aus der in der Neuen Musik der Zweiten Wiener Schule extreme Konsequenzen gezogen wurden, ist durch die verquere und noch kaum genügend analysierte soziale Tatsache verdeckt worden, daß gerade die Publikumsschicht, von deren Sympathie Brahms getragen worden war, sich gegen Schönberg am heftigsten und feindseligsten sträubte. Die Kammermusikspieler, die sich – mindestens in Deutschland – als Repräsentanten von musikalischer Bildung schlechthin fühlten, weigerten sich als Hörer unbeirrbar, den Schritt zur Atonalität, den Schönberg ihnen zumutete, nachzuvollziehen, und zwar keineswegs immer aus Unverständnis. Sie verschlossen sich vielmehr einem Vorgang, dessen Bedeutung sie wenigstens ahnten. So sah sich Schönberg des Publikums beraubt, auf dessen Teilnahme er einen sozusagen geschichtlichen Anspruch zu haben glaubte. Die Isolierung, in die er geriet, ist primär als Entfremdung des Kammermusik-Komponisten von den Kammermusik-Hörern, von den musikalisch Gebildeten, zu verstehen. Das Publikum der Oper und des Symphoniekonzerts war daneben, ohne daß die Bedeutung von Schönbergs Opern und symphonischen Werken geschmälert werden soll, durchaus sekundär. Und daß Schönberg herausfordernd von Brahms als einem »progressiven« Komponisten sprach, schließt den lautlosen, aber unüberhörbaren Protest gegen ein Publikum ein, das Brahms verehrte und dennoch ihn, Schönberg, im Stich ließ, ohne zu begreifen oder begreifen zu wollen, daß die Konsequenzen, die er aus der Brahmsschen Kammermusik zog, durchaus ästhetisch und kompositionstechnisch legitim waren, so bestürzend sie zunächst wirken mochten. Schönberg, der geglaubt hatte, ihm müsse auch wirkungsgeschichtlich die Erbschaft von Brahms zufallen, sah sich schließlich, da die musikalisch Gebildeten ihm die Sympathie verweigerten, auf die Eingeweihten und Experten einerseits und die Unbefangenen andererseits verwiesen.

III

Der Rekurs auf soziale Momente ist keineswegs eine zufällige Abschweifung, sondern gehört unmittelbar zur Sache, die sich mit der Aufzählung von Besetzungstypen und kompositionstechnischen Merkmalen nicht zulänglich beschreiben läßt. Die Gewohnheit, den Begriff der Kammermusik primär oder sogar ausschließlich unter dem Gesichtspunkt der Besetzung zu definieren – also unter Kammermusik Werke für 2–9 Soloinstrumente zu verstehen (die Zahl 9 erklärt sich aus der Rücksicht auf Spohrs Nonett) –, bedeutet eine Verkürzung und geradezu eine Verstümmelung einer geschichtlich inhaltsreichen Kategorie zu einem bloßen Warenhausetikett. Und auch die Nennung kompositorischer Merkmale wie der »durchbrochenen Arbeit« und des »obligaten Accompagnements« genügt, so wesentlich sie ist, noch nicht, um den Begriff zu bestimmen. Eine historische, genauer: sozialgeschichtliche Erläuterung, ein – allerdings flüchtiger – Exkurs in die ältere Musikgeschichte ist unvermeidlich; denn Theodor W. Adornos Vorschlag, unter Kammermusik lediglich das Repertoire der Streichquartette, Klaviertrios und Duosonaten seit Haydn und Mozart zu verstehen, greift zu kurz. Nicht, daß die Wortgeschichte, die Tatsache also, daß der Terminus Kammermusik, musica da camera, ins 16. Jahrhundert zurückreicht, für sich genommen ausschlaggebend wäre. Aber sie ist immerhin ein Indiz dafür, daß auch die Sache selbst, die ästhetisch-soziale Kategorie Kammermusik, älter ist als die Wiener Klassik, hinter die Adorno – offenbar aus Antipathie gegen die restaurierte Barockmusik – nicht zurückgehen mochte, und daß der Kammermusikbegriff des 19. und 20. Jahrhunderts ohne den früheren, von dessen Tradition er zehrt, kaum verständlich ist.

Nicht erst das Streichquartett des 18., sondern bereits das Madrigal des 16. und die Sonata da camera des 17. Jahrhunderts waren im emphatischen Sinne des Wortes Kammermusik. Und um deren Idee rekonstruieren zu können, muß man sich die Grundzüge der aristokratisch-humanistischen Kultur vergegenwärtigen, die in Italien im Quattrocento entstanden und im Zeitalter der Französischen Revolution untergegangen ist.

Entscheidend war die Ausprägung eines Begriffs von Courtoisie, der es möglich machte und geradezu vorschrieb, daß die soziale Differenz zwischen der Aristokratie einerseits und den bürgerlichen Gelehrten und Künstlern andererseits zwar nicht aufgehoben oder vergessen wurde, aber für die Dauer der Konversation, der gebildeten Unterhaltung, gleichgültig erschien. Und daß die geistige Gleichberechtigung, die im Salon herrschte oder herrschen sollte, politisch-sozial folgenlos war, dürfte kein genügender Grund sein, um sie als fiktiv abzutun; in ihren Grenzen – ihren engen Grenzen – war sie real. Man übte gesellige Kultur, die auch Musik einschloß, als Selbstzweck – eine Verdächtigung als ein Stück Ideologie, als falsches Bewußtsein wäre, da niemand über die soziale Wirklichkeit getäuscht wurde, eine Verkennung des Phänomens.

Als musikalischer Reflex der aristokratisch-humanistischen Kultur des 15. bis 18. Jahrhunderts, die eine Kultur der Konversation war, ist die Idee der Kammermusik entstanden. Und die Ästhetik der Gattung ließe sich aus dem immer wiederkehrenden Vergleich mit einem Gespräch entwickeln: einer Metapher, die keineswegs erst durch Goethe geprägt wurde, sondern als Topos bis ins 15. Jahrhundert zurückgeht. Für den musikalischen Diskurs ist es erstens charakteristisch, daß der eine ständig auf den anderen achtet, so daß das Ganze nicht – wie manchmal in neuerer Orchestermusik – aus einem blind funktionierenden Ineinandergreifen der Teile resultiert, sondern aus einem vom Verständnis jedes Einzelnen für den Kontext getragenen Zusammenwirken der Stimmen. Entscheidend für den Sozialcharakter der Kammermusik ist zweitens die Idee der Zwanglosigkeit. So differenziert die Satztechnik sowohl im Madrigal des 16. als auch im Streichquartett des 18. Jahrhunderts ist: Musikalische Gelehrsamkeit, die sich als Pedanterie aufdrängte, war verpönt. Der aristokratische Geschmack widerstrebte dem strengen Kontrapunkt als einer Musik, die – um mit Nietzsche zu reden – »schwitzt«. Man suchte eine vornehme Leichtigkeit, eine nobile sprezzatura der Attitüde; die Anstrengung des Artifiziellen sollte, wenn sie schon nicht vermeidbar war, wenigstens nicht hervorgekehrt, sondern verborgen werden.

Die Idee der Kammermusik war also keine ursprünglich bürgerliche Kategorie, als die sie von Adorno verkannt worden ist. Und daß das Bürgertum, genauer: das Bildungsbürgertum des 19. Jahrhunderts sie sich überhaupt zu eigen machen konnte, setzte einerseits eine von geselliger Kultur erfüllte Muße voraus, die nicht als Unterbrechung der Arbeit, sondern – quasi aristokratisch – als deren Ziel und eigentlicher Sinn betrachtet wurde, und beruhte andererseits auf der Übernahme eines Stilideals, das von Hofmannsthal als »Sich-Anschließen, Sich-Aufschließen und doch In-sich-geschlossen-Bleiben« beschrieben wurde und als dessen musikalischer Ausdruck das klassisch-romantische Streichquartett erscheint.

IV

Die Gattung der Kammermusik, die das Madrigal des 16. ebenso wie das Streichquartett des 18. Jahrhunderts umfaßt, bildete die Voraussetzung für den Ursprung einer Idee, die im 19. Jahrhundert zum zentralen Prinzip der Musikästhetik wurde: der Idee einer autonomen, in sich selbst begründeten, nicht an außermusikalische Funktionen gebundenen Musik. Daß der ästhetische Autonomiebegriff ein Reflex der bürgerlichen Emanzipation, der Loslösung der Musik aus feudaler und kirchlicher Dienstbarkeit sei, daß also vor dem späten 18. Jahrhundert von autonomer Musik nicht sinnvoll die Rede sein könne, ist ein Irrtum, der aus falschen Erwartungen, aus methodologischen Befangenheiten stammt. Erstens setzte man, gewöhnt an die Vorstellung eines alles durchdringenden Zeitgeistes, unwillkürlich voraus, daß ein ästhetisches Prinzip, sobald es entsteht, die Musik insgesamt ergreift, und sah darum nicht, daß sich die Idee der Autonomie zunächst in einer einzelnen Gattung realisierte. Und zweitens verstand man, bemüht um eine drastisch realistische Erklärung, die ästhetische Autonomie als Analogon zur ökonomisch-politischen Emanzipation des Bürgertums, verkannte also, daß zur Stützung eines ästhetischen Prinzips ein sozial peripheres, nicht repräsentatives, sondern der Realität halb entrücktes Phänomen, wie es die aristokratisch-humanistischen Zirkel waren, zu genügen vermag.

Im Ursprung einer Idee ist deren spätere Bedeutung und Funktion nicht immer vorgezeichnet. Daß der ästhetische Autonomiebegriff aus aristokratisch geprägten Zirkeln stammt, schließt also nicht aus, daß er als bürgerliche Kategorie zu seiner breitesten Entfaltung kam. Der musik-soziologische Gemeinplatz aber, der Gedanke musikalischer Autonomie sei nichts als eine Verbrämung der schmählichen Tatsache, daß die Musik um 1800 lediglich ihre feudale oder kirchliche Funktionalität mit einer Auslieferung an Marktmechanismen vertauschte, ist fragwürdig. Die Idee war keineswegs bloßer Schein, der ein Interesse, das sich nicht zeigen mochte, maskierte. Gerade die Kammermusik, das Paradigma autonomer Kunst, war der Tendenz, daß sich ökonomisch-soziale Anpassung bis in die innerste Zusammensetzung der Werke erstreckte, am wenigsten unterworfen. Autonome Musik ist eine Gegeninstanz: In ihren bedeutenden Werken sträubt sie sich gegen Marktmechanismen ebenso, wie sie sich in früheren Jahrhunderten, wenn auch niemals restlos, feudaler Funktionalität entzogen hatte.

Unleugbar war die gesellige Kultur, von der die Kammermusik getragen wurde, durch Prestigebedürfnisse mitbestimmt, im

19. Jahrhundert nicht anders als im 16. und 17.; das Moment der Ostentation, der Abgrenzung von Außenstehenden, ist unverkennbar, ohne daß jedoch das negative Merkmal das eigentlich substantielle wäre. Der Verdacht, daß materielle Herrschaft durch geistige Souveränität – die sich als Ursache präsentierte, obwohl sie bloße Folge war – legitimiert werden sollte, ist für das 16. Jahrhundert verquer: Er unterstellt dem Cinquecento, dessen Autoritätsbegriff unangekränkelt war, die Gewissensschwankungen des Bürgertums im 19. Jahrhundert. Und der Reduktionstrieb, der sich radikal dünkt, wenn er die Kammermusikkultur, aus der die Idee musikalischer Autonomie hervorging, als bloßen Prestigekonsum denunziert, ist vollends Ausfluß einer Gehässigkeit und Kunstfeindschaft, die ein Teil der Neuen Linken mit religiösen Sekten teilt, in denen man denn auch die Vorgeschichte des eigenen Rigorismus zu entdecken glaubt.

Im 19. Jahrhundert wurde der Autonomiebegriff, der eine ästhetisch-soziale Kategorie war, mit der kompositions-technisch-ästhetischen Idee der absoluten Musik – der »reinen, absoluten Tonkunst«, um mit Eduard Hanslick zu sprechen – verquickt. Als Gegensatz zur ästhetischen Autonomie, von der man die Würde, den Kunstcharakter der Musik abhängig glaubte, erschien nunmehr außer der Erfüllung praktischer Funktionen auch die Verknüpfung von Musik mit Programmen oder charakterisierenden Titeln, die der ästhetische Rigorismus zu »außermusikalischen« und darum sachfremden Momenten erklärte. Die Autonomieästhetik grenzte sich von einer »Heteronomieästhetik« ab, die allerdings wenig mehr als ein aus Polemik hervorgegangenes Begriffsgespenst war. Daß Musik in sich selbst begründet sei, sollte nicht nur eine Emanzipation von außermusikalischen Zwecken, sondern auch von außermusikalischen Inhalten bedeuten. Programmatik ist im Streichquartett, dem Inbegriff absoluter Musik, verpönt: Die Werke von Smetana und Janáček verstoßen gegen die Gattungsästhetik. Und vor der Streichquartettbesetzung scheuen Arrangeure, die Musik für praktische Funktionen zurichten, nicht allein wegen der technischen Schwierigkeiten, sondern auch unter dem Einfluß einer ins Gefühl eingedrungenen, zur zweiten Natur gewordenen geschichtlichen Gattungsnorm zurück.

Absolute Musik bedeutet, als begriffslose Sprache, nichts als sich selbst. Dennoch oder gerade darum aber ist sie, wie Hanslick es ausdrückte, »sich von innen heraus gestaltender Geist« – als Analogon zur Metaphysik wurde die reine Instrumentalmusik bereits von Friedrich Schlegel gerühmt. Und in der Vorstellung, daß sie eine tönende Gedankenentwicklung – und nicht ein leeres, nichtssagendes Spiel – sei, liegt die Rechtfertigung des Autonomieanspruchs der Musik. Die thematisch-motivische Arbeit und die entwickelnde Variation, die eine »logische« Form der Musik konstituieren, sind also nicht bloße Kompositionstechniken, die mit anderen vertauschbar wären, sondern eine Antwort auf die Frage, warum Musik überhaupt um ihrer selbst willen gehört werden soll.

V

Die satztechnisch-formale Subtilität, die zum Begriff der Kammermusik gehört – sowohl die trivial-virtuose als auch die simplifizierend-häusliche Variante des Streichquartetts gelten als Verfallsformen –, hing ursprünglich mit der sozialen Exklusivität der Gattung eng zusammen. Kammermusik war eine private, zurückgezogene Kunst: eine »musica reservata«, um einen Terminus des 16. Jahrhunderts aufzugreifen (der von den Historikern erst spät – nach einer Reihe vergeblicher Versuche, ihn als stilistisch-kompositionstechnische Kategorie zu erklären – in seiner ästhetisch-sozialen Bedeutung erkannt worden ist). Und daß sie sich vor der Öffentlichkeit verschloß, war die soziale Voraussetzung für musikalische Experimente, die sich ins kompositionstechnisch und ästhetisch Ungesicherte vorwagten.

Der Zusammenhang zwischen Rückzug ins Private und musikalischer Avanciertheit, der für das Madrigal des späten 16. Jahrhunderts ebenso charakteristisch war wie für das Streichquartett der Wiener Klassik, wurde um 1815, bei der Ablösung der österreichischen Adelskultur durch eine kulturelle Hegemonie des Bürgertums, zerschnitten. Und zwar war es gerade die kompositorische Differenziertheit, durch die das Streichquartett und die Kammermusik insgesamt in die Öffentlichkeit, ins öffentliche Konzert, gedrängt wurden.

Der paradoxe Umschlag resultierte aus einem Zusammentreffen von inner- und außermusikalischen Gründen. Erstens ist um 1815, im Unterschied zu den geschichtlichen Zäsuren um 1600 und um 1740, die Entwicklung zum immer Subtileren trotz der sozialen Umschichtung der Musikkultur nicht unterbrochen oder gehemmt worden. Aus der kompositorischen Differenzierung aber erwuchsen spieltechnische Schwierigkeiten, durch die sich die Kammermusik seit Beethovens Opus 59 dem Zugriff von Dilettanten weitgehend entzog. Zweitens bedeutete der Übergang von der feudal geprägten zur bürgerlichen Musikkultur, daß die aus aristokratischen Dilettanten und bürgerlichen Berufsmusikern gemischten Zirkel, in denen das Kammermusikspiel von der Idee geistiger Gleichberechtigung trotz sozialer Abhängigkeit getragen wurde, abgelöst wurden durch die Zweiheit von öffentlicher professioneller Kammermusik einerseits und privater dilettantischer Hausmusik andererseits. (Daß der Begriff des Dilettanten, angewandt auf Nicht-Professionelle, nicht pejorativ gemeint ist, braucht kaum gesagt zu werden.) Die musikalischen Funktionen, die der aristokratische Salon erfüllt hatte, wurden zwischen den öffentlichen Konzertsaal und das bürgerliche Repräsentationszimmer, das usurpatorisch gleichfalls »Salon« hieß, aufgeteilt.

In der bürgerlichen Musikkultur sah sich ein Berufsmusiker, der durch Kammermusik zu seinem Unterhalt beitragen wollte, auf das öffentliche Konzert verwiesen. Andererseits war seit ungefähr 1815 nur der professionelle Spieler überhaupt noch fähig, die kompositorische Entwicklung, die bereits in Beethovens späten Quartetten ein Extrem erreichte, interpretierend nachzuvollziehen. Die Kammermusik wurde also durch ihre Differenzierung, die eigentlich einen Rückzug ins Private nahegelegt hätte, zur Öffentlichkeit gezwungen und geriet dadurch in ein Dilemma, das Reformideen wie Schönbergs Gedanken eines »Vereins für musikalische Privataufführungen« geradezu herausforderte. (Die Hausmusik andererseits, die sich zunächst an die simplifizierenden Haydn-Kopien von Ignaz Pleyel gehalten hatte, bemächtigte sich später auch der Originale; über Beethovens Opus 18 aber gelangte sie kaum jemals hinaus, und wer als Spieler auf ältere Musik beschränkt bleibt, tendiert auch als Hörer zum Konservatismus.)

Der Zwiespalt zwischen Privatcharakter und öffentlicher Darstellung der Kammermusik ist auch im 19. Jahrhundert empfunden worden. Bezeichnend ist, daß »orchestrale« Züge in Kammermusikwerken stets getadelt wurden, obwohl sie eigentlich eine nahezu unvermeidliche Konsequenz aus der Übertragung der Gattung ins öffentliche Konzert waren. Die Kritik hielt unbeirrbar an einer älteren ästhetischen Norm fest, die mit der Wirklichkeit der Aufführungspraxis längst nicht mehr übereinstimmte. Die Erinnerung an den einstigen Privatcharakter der Kammermusik, eine Erinnerung, von der das ästhetische Bewußtsein der Hörer primär geprägt wurde, war mächtiger als die sichtbare Realität einer immer breiter werdenden Öffentlichkeit. Man fühlte sich, um es bösartig auszudrücken, in Massen exklusiv.

Im Schutze einer Gattungsnorm, die äußerste Subtilität nicht allein zuließ, sondern geradezu forderte, konnte sich im 19. Jahrhundert, zwischen 1815 und 1914, die innermusikalische Entwicklungstendenz zum immer Differenzierteren und Schwierigeren ungehindert entfalten, ohne Rücksicht darauf, daß zwischen der Idee der Kammermusik und der sozialen Wirklichkeit des Konzerts eine Divergenz klaffte, die sich schließlich, bei den Uraufführungen von Schönbergs Streichquartetten Opus 7 und Opus 10, in der Gestalt von Skandalen manifestierte. Einerseits war der Weg in die Esoterik unvermeidlich, wenn Musik als tönende Gedankenentwicklung begriffen wurde; andererseits fehlte der Esoterik, im Unterschied zur Exklusivität des Madrigals und des frühen Streichquartetts in der Adelskultur des 16. bis 18. Jahrhunderts, ein festes soziales Fundament. Brahms ist stets primär als Kammermusik-Komponist gerühmt worden; dennoch sind seine Streichquartette, im Unterschied zu den Symphonien, im Konzertsaal kaum heimisch geworden, und für die Hausmusik waren sie nahezu unerreichbar.

Die Kammermusik-Tradition, in der sich Schönberg als legitimer Nachfolger von Brahms empfand – den er darum umgekehrt zu einem »progressiven« Komponisten erklärte –, die Tradition also, in der die Idee des tönenden Diskurses durch die Technik der entwickelnden Variation realisiert wurde, war allerdings nicht die einzige, aus der um 1910 die Atonalität hervorging. Daß sich mit geringer Mühe ein kontinuierlicher Entwicklungszug entdekken oder konstruieren läßt, der von der thematisch-motivischen Arbeit bei Brahms über die frühe Atonalität zur Zwölftontechnik führt, sollte einen Historiker – trotz der Voreingenommenheit für Kontinuität – nicht darüber hinwegtauschen, daß in Werken wie

Schönbergs Monodram »Erwartung« ein von Grund auf anderer, durch Athematik, rhythmische Prosa und unmittelbare Expressivität geprägter Typus von Atonalität verwirklicht worden ist.

Geschichtlich wurde der Stil der »Erwartung« zunächst, in der Epoche der Dodekaphonie und der seriellen Musik – um vom Neoklassizismus zu schweigen –, nicht oder nur untergründig wirksam. Ähnlich aber, wie aus der Technik der entwickelnden Variation, die den Zeitgenossen von Brahms als ein Stück Traditionalismus erscheinen mußte, durch Schönberg progressive Konsequenzen gezogen wurden, veränderte auch das musikalische Formgefühl, aus dem die »Erwartung« hervorgegangen war, seinen geschichtlichen Sinn. Der athematische, unmittelbar expressive Stil, der um 1910 in eine musikgeschichtliche Sackgasse zu führen schien, erwies sich ein halbes Jahrhundert später als Antizipation von Tendenzen, die prägend für die nach-serielle Musik wurden. Und daß der Zusammenhang nicht kontinuierlich, sondern sprunghaft und dialektisch ist, sollte kein Grund sein, ihm die Bestätigung zu verweigern, daß er real ist.

*

Für jeden hätte sich die Antithese von Brahms und Wagner als ein unausweichlicher Ausgangspunkt dargestellt: aber nur die Neue Musik mit ihrem in erster Linie sozialen Ausschluß, den sie gebietet, hätte zugestimmt, *Erwartung* oder *Die glückliche Hand* beziehungsweise das *Vierte Quartett* daraus abgeleitet zu haben. Die vitale Wärme von Richard Strauss, bezeichnend für seine epigonale Bestimmtheit, hat sich mit vollen Händen von dem einen und dem anderen Beispiel bedient und übertrifft beide, historisch gesehen, nur in der Ausarbeitung der Einzelheiten, besonders des Ornamentes. Aber man braucht nur Strauss' letzte Instrumentalwerke zu betrachten, um einzusehen, wie weit, vor allem in den Harmonien, und mehr noch in der Ableitung der formalen Strukturen aus diesen Harmonien, ein Werk wie das *Duettconcertino* mit seinen neoklassizistischen Anklängen, vor den *Sonaten* op. 120 von Brahms zurückliegt, oder auch die *Metamorphosen*, von deren Grabeszauber man lernen muß sich zu befreien, eine Technik zeigen, die weniger ausgereift ist als bei der Variation über das große Vorbild.

Mario Bortolotto, 1982

VON BRAHMS ZUR FREUNDLICHEN KASSIERERIN

von Alberto Savinio

Ein Buch nehmen, wie man den Zug nimmt oder ins Auto steigt. Ich gehe in eine Buchhandlung, ich sehe ein Buch über das Leben und das Werk von Brahms, ich kaufe es, ich lese es.

Immer seltener kaufe ich Bücher. Eines Tages werde ich über diesen immer größer werdenden Abstand zu Büchern schreiben. Wie von Freunden der Jugendzeit. Aber Brahms gefällt mir.

Mir gefällt an Brahms seine beherrschte (kontrollierte) Zärtlichkeit; mir gefällt das Gefühl (häufig Gefühlsseligkeit), dem er jedesmal rechtzeitig Einhalt gebietet; mir gefällt der Paternismus.

Ich habe nie das Bedürfnis nach einem Vater (nach Jüngerhaftigkeit) gehabt. Weder in dem Sinn, in dem mein Freund Stefano Landi, der Sohn von Luigi Pirandello, sagt: »Einen Vater braucht man«, noch in einem anderen Sinn. Ich denke, daß meine Beziehungen zu einem Vater, sei er geistiger Art oder leiblicher Art (mein Vater starb, als ich dreizehn war), stürmisch gewesen wären – vielleicht verheerend (besonders die zu einem ›geistigen‹ Vater). Und doch flößt der Paternismus, der von der Figur und vom Werk Brahms' ausgeht – so stark, ausgerechnet von ihm, der, wenigstens offiziell, nie selbst Vater war – uns eine große Ruhe ein, eine große Sicherheit, wie ein ›metaphysischer‹ Lehnstuhl, in dem wir uns ausruhen können, wenn wir müde sind, zwischen dessen Armlehnen wir dem Schwindel entfliehen können, wenn wir niedergeschlagen sind.

Mir gefällt Brahms auch als Begleiter. Weil er den Weg kennt und sicher ist. Eine Eigenschaft, die Brahms Schumann verdankt. Auch diese! Schumann verdankte er die Einführung in den Ruhm; Schumann verdankte er jene Clara, durch die Brahms Gelegenheit hatte, eine ›indirekte‹ Beziehung zu einer Frau aufzunehmen, die nicht so bürgerlich, nicht so ›tot‹ war; viel höher, viel fruchtbarer, als eine direkte Beziehung hätte sein können.

Es gibt bei Schumann – einem mit Themen so großzügigen, so herzlichen, so poetischen Musiker – es gibt bei Schumann etwas, das ›nicht geht‹. Immer. Etwas zu Ausdrückliches, etwas zu Vertrauliches. Etwas ›Indiskretes‹. Etwas Jüdisches (Mendelssohn). Vor allem etwas Offensichtliches, für den Zuhörer, eine schnelle Sättigung, müde Langeweile.

Neulich abends habe ich Tatjana Pavlova in *Mirra Efros* erlebt. Im ersten Akt nimmt der ältere Sohn der Mirra Efros die Violine, der jüngere nimmt die Flöte und die Kinderfrau setzt sich ans Klavier und alle drei fangen an zu spielen... Was? »Träumerei« aus den *Kinderszenen* von Schumann. Und mit einem Schlag waren die oben angesprochenen Schwächen wieder hörbar. Und sie werden hörbar bei jeder Musik von Schumann, nicht nur bei dieser, die der Stummfilm uns bis zum Ekel verabreicht hat.

In einem gewissen Sinn setzt Brahms Schumann fort. Auch in den Schwächen. Der gleiche Hang zum zu Süßen, zum zu Ausdrücklichen, zum zu Vertraulichen, zum Indiskreten, zum zu Offensichtlichen. Aber Brahms hat aus dem Beispiel des Meisters gelernt, und wenn er an der Schwelle so einer Schwäche ankommt, hält er ein und biegt geschickt ab... Hat Brahms verstanden, was für einen Dienst Schumann ihm damit (unter anderem) erwiesen hat – vielleicht den größten von allen. Hat er diesen ›Helotismus‹ Schumanns mit genügender Dankbarkeit vergolten?

Noch ein Grund, weshalb Brahms mir gefällt: sein ›Haß‹ auf die Franzosen... Besser gesagt: daß er sich gegen die französische ›Sirene‹ verteidigt.

Die Deutschen hören wie sonst niemand auf den Gesang der französischen ›Sirene‹; und wie sonst niemand geben sie ihm nach. Odysseus hat den Deutschen keine Wachskügelchen in die Ohren gestopft, und die Deutschen haben den Franzosen dreimal in weniger als einem Jahrhundert den Krieg erklärt. Um sie zu besiegen? Nein. Um sie zu zerstören? Nein. Um sie aufzufressen zu einem eucharistischen Zweck. Um sich zu infranzosieren. (Sich zu vergotten... *Dieu est-il français?*) In anderen Zeiten, als nicht Frankreich, sondern Italien als Sirene gerade an der Reihe war, haben sie zum gleichen eucharistischen Zweck versucht, Italien einzunehmen (Goethe). Mehr als die Franzosen selbst (als Urheber), mehr als selbst die Balkanvölker (als ewige Imitatoren und Nachläufer) haben die Deutschen, wie für einen Olympioniken, für Cézanne und den Cézannismus die Tore geöffnet, sie haben die eigenen Tore ›zerstört‹, und um die Türen weit zu machen für den ›verehrten‹ Feind, haben sie ihre eigenen Maler, einige mit der größten Phantasie und der außergewöhnlichsten Poesie, in den Keller gestellt, wie Caspar David Friedrich.

Ich habe das Buch über das Leben und das Werk von Brahms

gelesen. Der Autor, wie der Name zeigt, ist Engländer. Aber die italienische Version ist nicht nach dem Originaltext übersetzt, sondern offensichtlich, wie es bei uns häufig in den Fällen mit englischer, russischer u.a. Literatur passiert, aus der französischen Übersetzung. Einige Stilblüten beweisen die Übersetzung aus der Übersetzung. Wie diese, Seite 83: »Ein Sturm von Applaus erschütterte das Auditorium«, oder diese, Seite 120: »Brahms reiht sich ein unter die Größten«, oder jene, Seite 122: »Die Varietät des Details«; oder diese, noch schöner und noch parfümierter, Seite 136: »Das Piano spielt eine wichtige Rolle... vor allem die linke Hand spielt bei ihm eine viel wichtigere Rolle als bei vielen anderen«.

Ich suche den Namen des Verlegers: ein überaus bekannter Name. Institutionen für die öffentliche Hygiene inspizieren die Qualität des Wassers, der Milch, der Lebensmittel. Ist eine verdorbene Sprache weniger schädlich als eine verdorbene Milch? Es ist wirklich zu hoffen, daß eine Stelle eingerichtet wird, in der Nähe des Unterrichtsministeriums, die die Hygiene der italienischen Sprache überwacht.

Am Ende des Buches ein chronologisches Verzeichnis der zeitgenössischen Musiker. Brahms kommt auf die Welt (7. Mai 1833), als Chopin 23 Jahre alt ist, Cherubini 73, Verdi 20. Rimskij Korsakow kommt auf die Welt, als Brahms 11 Jahre alt ist und sein erstes Klavierkonzert gibt. Brahms stirbt (3. April 1897), da ist Alban Berg 12 Jahre alt, Verdi 84 und Hindemith 2.

Einige der Namen in diesem Verzeichnis, wie der von Sullivan, einem englischen Komponisten, der in deutschen Schulen erzogen worden ist, geboren am 13. Mai 1842, als Brahms neun Jahre alt war und gerade »große Fortschritte am Klavier« machte, lassen weniger an berühmte Musiker denken als an berühmte Boxer, die ihre Blüte hatten in einer Zeit, in der, wenn ich mich nicht irre, noch mit nackter Faust gekämpft wurde. Aber wie rührend ist dieser Durchgangsverkehr von Künstlern, die auf die Bildfläche treten und von Künstlern, die abtreten, und die Kunst, von einem auf den anderen übertragen, dauert ewig!

Gestern kam ein Kassierer der Versicherungs- und Vorsorgekasse der Gewerkschaft der italienischen Schriftsteller zu mir. Um meinen Beitrag einzuziehen. Die Rücklage unserer Vereinigung wird immer größer. Nicht wegen unserer bescheidenen Beiträge, sondern wegen der Tantiemen, die der Gewerkschaft aus dem Verkauf der Klassiker zufließen.

Wenn wir krank sind und alt und nicht mehr arbeiten können, sorgen Dante, Petrarca und Ariost mit ihrem persönlichen Einkommen für uns.

Was für eine tiefe Solidarität! Die soziale Erweiterung des Nobile Castello. Wie sollten wir keinen Respekt haben vor unseren großen Kollegen, wie sollten wir sie nicht lieben, auch die, die ich, wie Dante oder Manzoni, tut mir leid, überhaupt nicht liebe?

Genau; der Kassierer war eine Kassiererin. Freundlich und bestimmt.

Fortschritt der arbeitenden Frauen. Eine Auswirkung auch das des verschwundenen *Beau idéal.*

*

DAS VERDIKT DER NACHWELT

von Peter Latham

»Daß er neben Bach und Beethoven steht, ist wohl kaum noch ein Gegenstand der Diskussion ... Wenn die Musik reicheres Wissen und eine edlere Praxis erlangt hat, wird sie ihm einen gebührenden Platz zwischen ihren hervorragenden Köpfen einräumen, und auf uns, die ihn als Monarch in Ehren halten, wird eine Generation folgen, die ihn als Held verehrt.«

So schrieb Sir Henry Hadow vor vielen Jahren. Es ist nicht ganz so gekommen. Brahms' Gleichheit mit Bach und Beethoven ist heute keineswegs allgemein akzeptiert und »Held« ist auch nicht gerade das Wort, das wir für ihn wählen sollten. Aber wer wollte andererseits beurteilen, ob die Musik »reicheres Wissen und eine edlere Praxis« erlangt hat? Die Zeit beantwortet nie alle Fragen und die Diskussion über Brahms ist immer noch sehr lebendig, obwohl die Standpunkte sich seit dem Erscheinen des berühmten Manifests gegen die Neudeutsche Schule um einiges verlagert haben. Diese Kontroverse ist jedenfalls gestorben und Wagnerianer und Brahmsjünger sind nicht mehr in zwei feindliche Lager aufgespalten. Beide Meister nahmen Beethoven als Quelle ihrer Kunst in Anspruch, und wie wir jetzt sehen können, hatten beide recht. Was jedoch keiner von beiden einsah, war, daß die Wasser dieser sprudelnden Quelle in verschiedene Richtungen fließen konnten, um hier die dramatische Kunst eines Wagner und dort die sinfonische Kunst eines Brahms zu befruchten. Das Tragische für uns ist, daß Brahms und Wagner sich streiten mußten, wo sie doch vieles gemeinsam hatten: künstlerische Integrität, eine Liebe zu Beethoven und ein Verständnis für ihn, mit dem es kein zeitgenössischer Komponist aufnehmen konnte, das Verlangen und die Fähigkeit, in grandiosem Maßstab zu schaffen, mitsamt dem Denk- und Urteilsvermögen, das dazu notwendig ist. Wie Balen und Balan in dem alten Märchen waren auch sie zwei Brüder, die dazu verdammt waren, einander nicht zu erkennen und in unfruchtbarem Streit die Energien zu vergeuden, die sie vereint unwiderstehlich gemacht hätten. Heute können wir ihrer beider Musik anhören, ohne uns des Verrats dem anderen schuldig zu fühlen: wir können sogar Liszts Vorzüge anerkennen, ohne in unserer Hochachtung vor Brahms zu schwanken. In der weiten Landschaft des 19. Jahrhunderts war für all diese Dinge Platz.

Gegenwärtig steht Brahms, wie seinerzeit Bach, am Ende einer Reihe. Die Komponisten haben sich anderen Dingen zugewandt

Das Rosé-Quartett

und obwohl sie Brahms weiterhin hören und achten werden, glauben sie nicht, daß er ihnen bei ihren eigenen Problemen sehr viel helfen kann. Vielleicht muß er nur abwarten; vielleicht wird eine weitere Umdrehung des Rades eine Situation schaffen, in der er noch einmal von Nutzen sein kann, wenn Musiker in ihm die Inspiration für irgendeine neue Entwicklung finden, deren Wesen uns noch gänzlich verborgen ist. Oder vielleicht wird sich das Rad auch nie so herumdrehen. Es besteht sogar die Möglichkeit, daß Bach, Beethoven und Brahms bei einem Schiffbruch unserer Zivilisation gemeinsam untergehen. Was dann? Sicherlich das: Wenn ein Mann hart und tapfer gearbeitet, wenn er unerschütterlich an der Verfolgung eines vornehmen Ideals festgehalten, wenn er Tausenden Freude geschenkt und Mut gemacht hat – und Brahms hat all das getan – dann bedarf es für ihn keiner weiteren Rechtfertigung. Er hat seinen Platz an der Sonne verdient. Die Welt ist freundlicher, weil er in ihr verweilt hat.

*

Seit Brahms, der die Idee der thematischen Arbeit, der klassischen »Durchführung« totalisierte, datiert der Primat des Kontrapunkts in der Musik, was beiläufig bedeutet, daß der konservative Brahms als Vater der neuen Musik gelten darf, in ähnlichem Sinne, wie Cézanne als Anreger der neuen Malerei zu gelten hat.

Werner Oehlmann

DAS UNGLÜCK, BRAHMS ZU LIEBEN

von René Leibowitz

Anläßlich eines Konzerts des Orchestre de Paris unter der Leitung von Herbert v. Karajan

Für eines seiner ersten Konzerte mit seinem neuen Orchester wählte Herbert v. Karajan das *Deutsche Requiem* von Brahms. In der letzten Zeit wurde viel darüber diskutiert, ob Karajan der ideale Dirigent ist, um über das Schicksal dieser »glorreichen Phalanx« zu walten. Ich muß gestehen, daß ich dazu keine dezidierte Meinung habe, aber ich weiß, daß die Interpretation, die Herbert v. Karajan uns von Brahms' Meisterwerk bot, alles andere als befriedigend war. Damit will ich nicht sagen, daß sie nicht gelungen war, sondern nur, daß sie völlig an Brahms »vorbeiging«. Es gab eine ganze Reihe gelungener Momente, aber sie äußerten sich alle in einer einzigen Dimension, nämlich auf der reinen Klangebene. Hier verstand es Karajan wie gewohnt, sowohl dem Orchester als auch dem Chor erstaunliche Farben zu entlocken. Fragt man aber nach der Hauptsache, d. h. nach dem Bemühen, uns das Werk in seinem wahren Gehalt vorzuführen, müssen wir ohne Umschweife sagen, daß davon nichts zu spüren war. Alles lief so ab, als hätte sich Herr v. Karajan (und er ist leider nicht der einzige Dirigent dieser Art) nicht im geringsten um die Struktur des Werks gekümmert, so als betrachte er diese Struktur nach bestem Wissen und Gewissen als »toten Buchstaben«, so als sei er auf diesem Gebiet lediglich dazu fähig, all die »Stereotypen« und falschen »Traditionen« ohne Widerspruch zu übernehmen, mit denen die Aufführungspraxis des *Deutschen Requiems* befrachtet ist.

Diese bedarf wohl einiger klärender Bemerkungen.

Ich würde jederzeit behaupten, daß das *Deutsche Requiem* ganz sicher das am wenigsten verstandene und folglich auch am schlechtesten gespielte unter allen Werken von Johannes Brahms ist. Man scheint die Absurdität so weit zu treiben, daß das Werk bei den meisten Aufführungen um ein gutes Drittel zu lang ist. Wir haben es hier mit einem typischen Fall jener devoten und angeblich respektvollen Haltung gegenüber einem musikalischen Text zu tun, der – weil ihm Bibelworte zugrunde liegen – die schlimmsten Verzerrungen und Verletzungen durch die Monotonie und Langsamkeit seiner Aufführungen erleiden muß. Im einzelnen äußert sich das so:

Der erste Satz hat die Vortragsangabe: *Ziemlich langsam und mit Ausdruck.* Dafür wählt man im allgemeinen ein Tempo, das unter 72 pro Viertelnote liegt. Man vergißt dabei ganz einfach, daß die *gesamte Struktur des Satzes* von Anfang bis Ende *alla breve* konzipiert ist und daß die Langsamkeit (die relativ ist – man übersieht nämlich auch das Adverb *ziemlich*) sich auf die halbe Note und nicht auf die Viertel bezieht (Bsp. 72 a). Man muß also davon ausgehen, daß das Tempo für einen Schlag auf die halbe Note nicht unter 48–53 liegen darf; entscheidet man sich dennoch für einen Schlag auf die Viertelnote, dann muß er bei 96–104 liegen. Im übrigen verlangt dieser Satz – wegen seiner besonderen musikalischen Eigenheiten – gewisse agogische Varianten, wie z. B. in den beiden Übergangspartien, die in bewegterem Tempo gespielt werden müssen, und im kontrastierenden Seitensatz. Letzterer verlangt sogar ein echtes *agitato* (Bsp. 72 b), dem ganz natürlich ein *calando* an der Stelle folgt, wo die kurze Überleitung zur Reprise des Hauptteils (Bsp. 72 c) beginnt. Dieser Sachverhalt tritt zweimal auf, aber von dem, was wir gerade gesagt haben, ist bei den meisten Aufführungen nichts zu hören.

– Bsp. 72 a, b, c –

Der zweite Satz wird im allgemeinen noch stärker entstellt. Er ist ein Marsch – zwar ein langsamer, aber kein Trauermarsch. Hier wird ein Tempo von 80 pro Viertel gewählt; uns erscheint jedoch 104 als Minimum. Dieses Tempo (es kann sogar noch schneller sein) ergibt sich von selbst, sobald man die Struktur des *Cantus firmus* im Chorpart (Bsp. 73 a) untersucht. Er hat noch einmal den Charakter einer Art *alla breve*, wobei jeder Takt im Grunde nur eine Zählzeit innerhalb einer periodischen Einheit von vier Takten darstellt (überhaupt: Wer hat denn je von einem Marsch im Dreierrhythmus gehört?) Diese Struktur wird dann noch deutlicher im Hauptteil, *etwas bewegter*, in dem wir es tatsächlich mit einem einzähligen Rhythmus zu tun haben und der deshalb in einem Tempo von 58–60 pro punktierte halbe Note gespielt werden muß. Es ist zu bedenken, daß dieser Abschnitt zunächst aus acht Gruppen zu je vier Takten besteht (die buchstäblich die Funktion von acht Vierertakten erfüllen) (Bsp. 73 b). Danach verwandelt sich die Periodizität in sechs Gruppen zu je drei, zwei, vier, drei, vier und vier Takten, was eine sehr subtile metrische Anordnung schafft. Bedauerlicherweise geht diese Subtilität völlig unter im Verlauf der üblichen Aufführungen, die sich hinter der Monotonie eines streng im Dreiertakt gehaltenen Maßes verschanzen (wobei die Viertelnote in der Regel nicht über 108 hinausgeht).

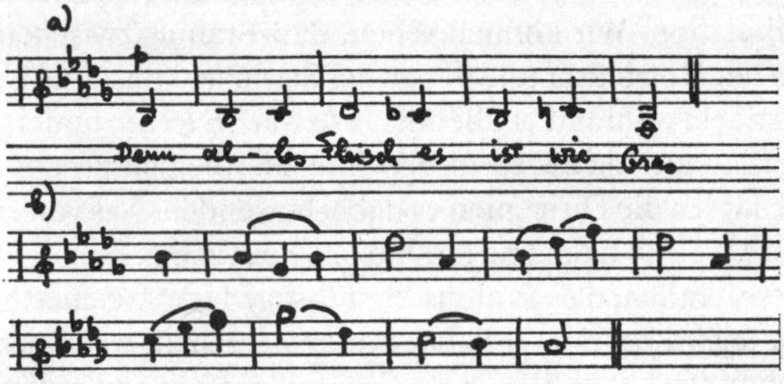

– Bsp. 73 a, b –

Der Satz endet mit einem *allegro non troppo*, das durch eine kurze, mit *un poco sostenuto* bezeichnete Überleitung eingeführt wird. Man wird feststellen, daß die meisten Dirigenten das Tempo dieser Episode beschleunigen, statt es zu zügeln (was aber die gerade zitierte Angabe verlangt). Diese Verzerrung des musikalischen Textes ist auf zwei Faktoren zurückzuführen: Erstens macht die für den Marsch gewählte Langsamkeit eine weitere Verlangsamung so gut wie unmöglich. Zweitens provozieren die Synkopen und Sechzehntelnoten der Violinen automatisch dieses kindliche

Überstürzen, dem man anscheinend nur schwer widerstehen kann, sobald solche rhythmischen Figuren auftauchen. Das anschließende *allegro* wird dann viel zu langsam gespielt. Wieder läßt man die *alla breve*-Struktur des Stücks außer acht, dessen (pointiertes) Hauptmotiv schon in der vorausgegangenen Episode anklang. Es versteht sich von selbst, daß dieses Motiv – beide Male – im selben Tempo dargeboten werden muß. Dafür gibt es eine höchst einfache Lösung: Spielt man den Marsch in dem Tempo, das wir angegeben haben (104–112 pro Viertel), findet die Überleitung die ihr angemessene Verlangsamung bei 84 pro Viertelnote, und das *allegro* nimmt ganz selbstverständlich dasselbe Tempo für die halbe Note an, was überdies eine leichte Verlangsamung in der Coda (Vortragsangabe *tranquillo*) erlaubt, ohne daß diese sich jedoch endlos hinzieht.

Der dritte Satz wird unter agogischem Aspekt im allgemeinen mehr oder weniger korrekt ausgeführt, weil Brahms hier einmal darauf geachtet hat, das Symbol für den *alla breve*-Takt *(tempo tagliato)* zu verwenden. Dagegen erleidet die Fuge am Ende des Satzes mit schönster Regelmäßigkeit eine im Grunde karikaturenhafte Fehlinterpretation. Hier geht es nicht ums Tempo, sondern um die Artikulation. Wir können sehen, daß Brahms zwischen den Themen der Holzbläser und denen der Streicher konstante Unisoni verwendet; während er aber die ersteren im *legato* notiert, versäumt er es, die Ligaturen in den Streicherthemen zu notieren. Deshalb lassen die Dirigenten es dabei bewenden, was von einem merkwürdig einseitigen und kindlichen Geist zeugt. Es entgeht ihnen offensichtlich, daß Brahms die Passagen im Streicherthema, die dem *legato* bei den Holzbläsern entsprechen, wohl deshalb nicht gebunden hat, weil er dieses *legato* als selbstverständlich betrachtete (man hört ihn förmlich sagen: »Das merkt doch jeder Esel!« – um einen seiner berühmten Aussprüche zu zitieren). Die Streicher spielen also hier im Détaché (gestoßen, d. Übers.) und verursachen dadurch ein übles »Kratzen«, einen völlig unpassenden, höllischen Lärm, der den Chor dazu zwingt, in nicht minder unpassender Weise zu brüllen.

Der vierte Satz, *Mäßig bewegt*, präsentiert sich in der für Brahms so typischen Form eines anmutigen, freundlichen Intermezzo. Ich werde nie begreifen, wie es möglich ist, daß die meisten Dirigenten hier im Dreiertakt dirigieren (wobei die Viertelnote in der Regel mit 112 genommen wird), obwohl eigentlich klar sein müßte, daß auch hier eine Struktur vorliegt, die fast die ganze Zeit in Gruppen von vier einzähligen Takten konzipiert ist (die punktierte halbe Note darf auf gar keinen Fall unter 56 liegen) (Bsp. 74). Auch hier gehen die subtilen Abweichungen in der Periodizität, die im Verlauf des Stücks sporadisch auftreten (Gruppen von zwei und drei Takten), ein für allemal verloren. Mit der Vortragsangabe *langsam* und im Vierertakt gesetzt, zieht sich der fünfte Satz in einem derart langsamen Tempo dahin, daß viele Dirigenten sogar einen Schlag auf zwei Takte wählen. Mir hat nur immer der Solo-Sopran leid getan.

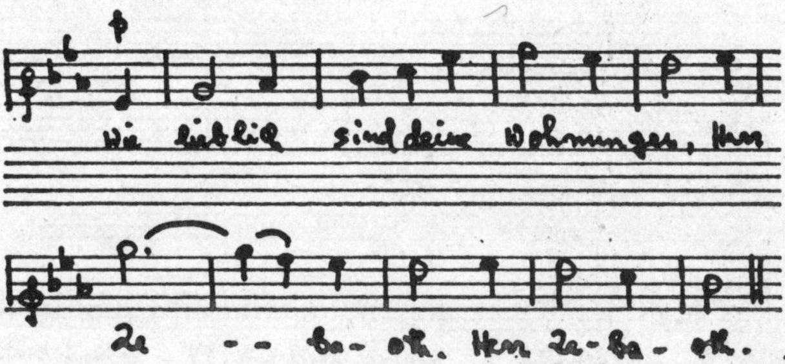

– Bsp. 74 –

Der sechste Satz ist zunächst mit *andante* überschrieben. Wie üblich konzipieren die Interpreten ihn ausgehend von der Viertelnote, statt von der halben Note (die unserer Meinung nach bei 60 liegen müßte). Das *accelerando*, das den zweiten Abschnitt, *vivace*, vorbcreitct, ist natürlich unzurcichend; das *vivace* selbst schleppt sich jämmerlich im Dreierrhythmus hin, statt im Einerrhythmus bei 72 pro punktierte halbe Note ausgeführt zu werden (hier ist der so charakteristische und interessante Wechsel zwischen Drei- und Zweitaktgruppierungen zu beachten); das hat zur Folge, daß die vom Komponisten beabsichtigte aggressive und heftige Wirkung gänzlich ausbleibt (Bsp. 75 a, b). Ebenso zieht sich der letzte Abschnitt (*allegro* mit *alla breve*-Takt) unverhältnismäßig in die Länge, weil er fast immer im Viererrhythmus gespielt wird (dabei müßten die Dirigenten doch eigentlich wissen, daß das von Brahms verwandte metrische Symbol für einen Schlag im Zweierrhythmus steht, selbst wenn der Takt sich aus vier halben Noten zusammensetzt (Bsp. 75 c)). Bei bestimmten Aufführungen wird man außerdem feststellen, daß das Streicheraccompagnato am Anfang der Fuge »tänzelnd« *(balzato)* interpretiert wird, obwohl man sofort sehen müßte, daß es auf der Saite gestoßen ist (Bsp. 75 d). Der Irrtum rührt von einer falschen Auslegung der Punkte unter den Noten her, die nichts anderes bedeuten als ein *non legato.* Natürlich hätte man zunächst einmal das *legato* auf die vorangegangenen Achtelfiguren beziehen müssen (was die logische Folge aus den zuvor gespielten Figuren in Sechzehnteln wäre), aber das ist gewiß zuviel verlangt...

– Bsp. 75 a, b, c, d –

Beim letzten Satz schließlich, der als einziger einen etwas majestätischen Ausdruck erlaubt (Brahms schreibt *feierlich*), wird meistens durch die Übertreibung eben dieses Ausdrucks gesündigt; dadurch schafft es die Coda nicht, wieder an das Tempo des ersten Satzes anzuknüpfen, obwohl Brahms das ganz sicher beabsichtigt hatte. Auch hier wird man noch einmal den Gebrauch des *staccato* bei den Achteltriolen im Streicherthema (zu Beginn der Coda) bemerken, bei denen sich jedoch das *legato* geradezu aufdrängt (das übrigens wiederum in den Themen der Holzbläser notiert ist).

»Selig sind die Toten« – wie sehr treffen die Worte, mit denen das *Deutsche Requiem* endet, auf jene zu, die diese Travestie der Wahrheit in den meisten Aufführungen eines der großen musikalischen Meisterwerke nicht miterleben müssen.

Nachweise

Charles Ives' statement, deutsch von Juliane Gräbener, aus: Charles E. Ives, Memos, edited by John Kirkpatrick, London 1973

Ernst Blochs Charakterisierung des Deutschen Requiems, in: E. Bloch, Das Prinzip Hoffnung, Band 3, S. 1293/94, Suhrkamp Verlag, Frankfurt am Main 1959

E. M. Ciorans Fragmente hat Verena von der Heyden-Rynsch aus dem Französischen übersetzt.

Theodor W. Adornos »Meine älteste Erinnerung an Brahms«, in: Adorno, Minima Moralia, Reflexionen aus dem beschädigten Leben, Berlin und Frankfurt am Main 1951 (Suhrkamp Verlag), S. 379/380. – Adornos Notat über den jungen Brahms, in: Adorno, Ästhetische Theorie (Gesammelte Schriften, 7) Suhrkamp Verlag, Frankfurt am Main 1970, S. 411.

Christian Martin Schmidts Urteil ist ein Auszug aus seinem Buch: Johannes Brahms und seine Zeit, Laaber-Verlag, Laaber 1983, S. 125/126.

Alberto Savinios erster Brahms-Text wurde am 17. 1. 1942 in »Oggi« veröffentlicht. »Da Brahms alla gentile esattora« zuerst in: »Corriere d'informazione«, 22.–23. 6. 1949. Deutsche Übersetzung: Anna Wheill

Mario Bortolottos Reflexionen, deutsch von Anna Wheill, aus: Bortolotto, Consacrazione della casa, Milano 1982

Joachim Kaisers Bemerkungen sind entnommen aus dem Vortrag »Zur Praxis der Musikkritik«, in: Symposion für Musikkritik, Studien zur Wertungsforschung 1, Graz 1968

Carl Dahlhaus' Aufsatz, zuerst erschienen in: Neue Zeitschrift für Musik, Jahrgang 1973, S. 559–563, Mainz 1973

Peter Lathams Marginalie, deutsch von Juliane Gräbener, aus: Latham, Brahms, London 1966 und 1975

René Leibowitz' Essay, deutsch von Juliane Gräbener, aus: R. Leibowitz, Le Compositeur et son double, Paris 1971

Auswahl-Diskographie

»Gesegnet die Künste, die keine Interpreten brauchen!«
Toscanini

Es gibt nicht *die* »richtige« Auffassung oder Aufführung eines konkreten Musikstücks. Das wäre der Tod der Musik. Jede Einspielung auf Tonträgern ist zugleich endgültig und vorläufig: endgültig in bezug auf die jeweilige Ausführung der Interpreten (das, was sie gerade können), vorläufig in bezug auf das Kunstwerk. Von allen Zeitgeschmäcken ist der gegenwärtige sicherlich der ärgste, da der unauffälligste. Vom Standort der Komposition bedarf es beim Anhören von Schallplatten der Vorsicht, zumal, wenn mich eine Aufnahme ganz besonders überzeugt. Um mich nicht zu binden, vergleiche ich sie mit anderen Wiedergaben des Werks.
Axel Matthes/Uwe Schweikert

Orchestermusik

Sinfonien Nr. 1–4
Felix Weingartner (London Philharmonic Orchestra, London Symphony Orchestra) Artisco YT 3001–3004
Arturo Toscanini (Philharmonia Orchestra) Cetra oder JL 1672/75 (Japan-Pressung)
Otto Klemperer (Philharmonia Orchestra) EMI 197–50 034/7

Sinfonie Nr. 1 c-moll op. 68
Hermann Scherchen (Wiener Staatsoper) Westminster
Eduard van Beinum (Concertgebouw Orchester) Decca, Ace of Clubs
Bruno Walter (Wiener Philharmoniker) Turnabout Vox THS 65 057
Otto Klemperer (Berliner Oper), 1928 Electrola, Dacapo

Sinfonie Nr. 2 D-dur op. 73
Fritz Busch (Sinfonie-Orchester des Dänischen Rundfunks) EMI F 665 728
H. Abendroth (Rundfunksinfonieorchester Leipzig) Supraphon

Sinfonie Nr. 3 F-dur op. 90
Guido Cantelli (Philharmonia Orchestra) Seraphim S-60 325
Wilhelm Furtwängler (Wiener Philharmoniker) EMI 147-50 338
Willem Mengelberg (Concertgebouw Orchester) Electrola C 053-01 453
Bruno Walter (Wiener Philharmoniker) J 1003

Sinfonie Nr. 4 e-moll op. 98
Victor de Sabata (Berliner Philharmoniker) DG 2535 812
Bruno Walter (BBC Symphony Orchestra) BBC Artium
Willem Mengelberg (Concertgebouw Orchester) Past Masters 5

Haydn-Variationen op. 56 a
Felix Weingartner (London Philharmonic Orchestra) Artisco YT 3003
Pierre Monteux (London Symphony Orchestra) Lon. STS-15 188
Bruno Walter (New York Philharmonic) ODYSSEY ML 4040

Tragische Ouvertüre op. 81
Carl Schuricht (Symphonieorchester des Bayerischen Rundfunks) Musidisc-FFC 405

8 Ungarische Tänze
Fritz Reiner (Wiener Philharmoniker) Lon. STS-15 009

Serenade Nr. 1 D-dur op. 11
István Kertész (London Symphony Orchestra) Decca-GB SXL 6340

Serenade Nr. 2 A-dur op. 16
Sir Adrian Boult (London Philharmonia) Ang. SZ-37 648

Instrumentalkonzerte

Klavierkonzerte Nr. 1 d-moll op. 15 – Nr. 2 B-dur op. 83
Artur Schnabel (London Philharmonic Orchestra, BBC Symphony Orchestra, George Szell und Sir Adrian Boult) EMI 181-52 348/49
Leon Fleisher (Cleveland Orchestra, Szell) CBS 77259
Solomon (Philharmonia Orchestra, Dobrowen) EMI 147–03081/2

Nr. 1 d-moll op. 15
Walter Gieseking (Südwestfunkorchester, Hans Rosbaud) Paragon
Rudolf Serkin (Cleveland Orchestra, George Szell) CBS 78 287

Nr. 2 B-dur op. 83
Wilhelm Backhaus (Wiener Philharmoniker, Carl Schuricht) Turnabout TV-S 34 419
Vladimir Horowitz (NBC Orchestra, Toscanini) RCA 2641 008

Violinkonzert D-dur op. 77
Ginette Neveu (Philharmonia Orchestra, J. Dobrowen) EMI RLS 739
Bronislaw Hubermann (New Yorker Philharmoniker, Bruno Walter) BWS 551
Joseph Szigeti (Philadelphia Orchestra, Ormandy) J 1055

Doppelkonzert für Violine und Violoncello a-moll op. 102
Jacques Thibaud, Pablo Casals, Alfred Cortot (Orchester) EMI/Dacapo
Jascha Heifetz, Gregor Piatigorsky, Alfred Wallenstein (RCA Victor Orchestra) RCA-US LSC-3228
Heifetz, E. Feuermann, Ormandy (Philadelphia Orchestra) RCA LCT 1016
Salvatore Accardo, Siegfried Palm, Bruno Maderna (RAJ) Movimento Musica, 01 017

Musik für Klavier und Orgel

Klaviersonate Nr. 3 f-moll op. 5
Edwin Fischer Electrola
Solomon Electrola 147-53 382/89

4 Balladen op. 10
Arturo Benedetti-Michelangeli Rococo 2064

Variationen und Fuge über ein Thema von Händel op. 24
Solomon Electrola 147-53 382/89
Leon Fleisher CBS 61670

Variationen und Fuge über ein Thema von Paganini op. 35
Arturo Benedetti-Michelangeli EMI-I 053-00 656
Wilhelm Backhaus Rococo 2039

Rhapsodien op. 79 – Klavierstücke op. 76 – Fantasien op. 116 – Klavierstücke op. 118 – Klavierstücke op. 119
Walter Gieseking EMI 147-01 575/76

Sechs Intermezzi für Klavier
Maria Judina eurodisc 30 1982-445

10 Intermezzi für Klavier
Glenn Gould CBS 61 979

Einige Rhapsodien, Intermezzi und andere Klavierstücke
Wilhelm Backhaus Rococo 2039

Rhapsodie Nr. 2 g-moll, op. 79,2 – Intermezzo op. 116,2 – op. 117,1
Artur Schnabel Seraphim 60115

Walzer op. 39
Dinu Lipatti mit Nadia Boulanger Références 2 C 051-01 696
Leon Fleisher CBS 61670

Sämtliche Orgelwerke
Viktor Lukas Electrola (11/69)
Marinette Extermann harmonia mundi 936

Kammermusik

Horntrio Es-dur op. 40
Myron Bloom, Rudolf Serkin, Michael Tree CBS MS 7266
Aubrey Brain, Adolf Busch, Rudolf Serkin GR-2242

Klarinettenquintett h-moll op. 115
Reginald Kell, Buschquartett GR-2240
Charles Draper, Lenerquartett Artisco YD-3011

Klarinettensonaten Nr. 1 f-moll und Nr. 2 Es-dur op. 120
Michel Portal, Georg Pludermacher harmonia mundi, France B 904
Gervaise de Pleyer, Daniel Barenboim EMI C-069-00 365
Wilhelm Primrose (Viola), Rudolf Firkusny Seraphim 60 011
Jenny Abel (Violine), Roberto Szidon harmonia mundi 1 C 065-99 787

Klarinettentrio a-moll op. 114
Prager Trio Supraphon 1 11 0516

Klavierquartette Nr. 1 g-moll und Nr. 2 A-dur op. 26
Rudolf Serkin, Mitglieder des Buschquartetts EMI 147-01 555/56
Georges Solchany, Mitglieder des Ungarischen Streichquartetts EMI 137-10 730/33

Klavierquartett Nr. 3 c-moll op. 60
Jacob Lateiner, Jascha Heifetz, Sándor Schonbach, Gregor Piatigorsky RCA-US LSC 3009

Klavierquintett f-moll op. 34
Rudolf Serkin, Buschquartett GR-2241
Leon Fleisher, Juilliard Quartet CBS 61 550

Klaviertrios Nr. 1–3
Yehudi Menuhin, Pablo Casals, Eugene Istomin, Casals Festivals at Prades, Vol. 1 RR-547

Klaviertrio Nr. 1 H-dur op. 8
Artur Rubinstein, Jascha Heifetz, Emanuel Feuermann RCA-USA
Myra Hess, Isaac Stern, Pablo Casals CBS 61767

Klaviertrio Nr. 2 C-dur op. 87
Rudolf Serkin, Adolf Busch, Hermann Busch ODYSSEY 32 160 361

Klaviertrio Nr. 3 c-moll op. 101
Artur Rubinstein, Henryk Szeryng, Pierre Fournier RCA ARL 3-0138

Streichquartette Nr. 1 c-moll – Nr. 2 a-moll op. 51, 1 und 2 und Nr. 3 B-dur op. 67
Buschquartett GR-2231 und 2237 und J 1048
Ungarisches Streichquartett EMI 137-10735/37
LaSallequartett op. 51, 1 und 2 DG 2531 255
Budapest Quartet op. 67 ODYSSEY Y4346-43

Streichquintette Nr. 1 F-dur op. 88 – Nr. 2 G-dur op. 111
Budapest Quartet, Walter Trampler Col. MS-6025

Streichsextette Nr. 1 B-dur op. 18 – Nr. 2 G-dur op. 36
Ensemble der Casals-Festspiele Prades (op. 18), Marlboro-Ensemble CBS 78 266

Violinsonaten Nr. 1 G-dur op. 78 – Nr. 2 A-dur op. 100 – Nr. 3 d-moll op. 108
Georg Kulenkampff, Georg Solti DECCA 648 047
Artur Rubinstein, Henryk Szering RCA RX-2378

Violinsonate Nr. 1
Adolf Busch, Rudolf Serkin GR-2245

Violinsonate Nr. 2
Adolf Busch, Rudolf Serkin GR-2242
Isaac Stern, Zakin Col. M 32 228

Violinsonate Nr. 3
Jascha Heifetz. William Kapell RCA-US ARM 4-0947

Violoncellosonaten Nr. 1 e-moll op. 38 – Nr. 2 F-dur op. 99
Pierre Fournier, Rudolf Firkusny DGG (6/67, 12/68)
Navarra, Holecěk Supraphon

Violoncellosonate Nr. 2
Pablo Casals, Mieczyslaw Horszowski EMI/Dacapo 1 C 053-03034 M

Vokalmusik

Muß es eine Trennung geben
Julia Culp, C. V. Boes CO 320

3 Einzellieder
Aksel Schiötz, Gerald Moore Electrola-Dänemark (12/65)
J. Patzak, Franz Rupp Preiser LV 191

18 Einzellieder
Lotte Lehmann, Paul Ulanowsky oder Erno Balogh Artisco C 22 G 0008

6 Einzellieder
Benita Valente, Richard Goode Telefunken 6.42617 AW

7 Einzellieder
D. Fischer-Dieskau, Hertha Klust (1951) EMI

Ein Johannes-Brahms-Liederabend
D. Fischer-Dieskau, Jörg Demus DG 138011

10 Einzellieder
Alexander Kipnis, Gerald Moore EMI US Seraphim 60124

17 Einzellieder
Christa Ludwig, Geoffrey Parsons EMI 063-02015

Romanzen aus *»Die schöne Magelone« op. 33*
Dietrich Fischer-Dieskau, Svjatoslav Richter Electrola (11/71)

Vier ernste Gesänge op. 121
Alexander Kipnis, Gerald Moore EMI-US Seraphim 60076
Kathleen Ferrier, John Newmark DECCA 648048
Dietrich Fischer-Dieskau, Jörg Demus DG (1/71)

Zigeunerlieder op. 103
Lotte Lehmann, Paul Ulanowsky Artisco C 22 G 0008
Ljuba Welitsch, Ernest Lush EMI SH 373

Alt-Rhapsodie op. 53
Kathleen Ferrier (London Philharmonic Chorus und Orchestra, Clemens Krauss) Decca 648048

Nänie für Chor und Orchester op. 82
Giuseppe Sinopoli (Prager Philharmonischer Chor, Tschechische Philharmonie) DG 2741019

Schicksalslied für Chor und Orchester op. 54
Bruno Walter (RAJ und Chor) Fonit-Cetra LAR 7
Giuseppe Sinopoli (Prager Philharmonischer Chor, Tschechische Philharmonie) DG 2741019

Gesang der Parzen für sechsstimmigen Chor und Orchester op. 89
Arturo Toscanini (NBC Orchestra, Chor) Toscanini-Edition RCA
Giuseppe Sinopoli (Prager Philharmonischer Chor, Tschechische Philharmonie)

Ein deutsches Requiem op. 45
Bruno Walter (RAJ, Chor, Rosanna Carteri, Boris Christoff) Fonit-Cetra LAR 7
Bruno Walter (New Yorker Philharmoniker, J. Seefried, G. London) CBS 61284
Herbert v. Karajan (Wiener Philharmoniker, Schwarzkopf, Hotter) EMI IC 137–54370/73 M

11 Deutsche Volkslieder
Irmgard Seefried, E. Werba DG

42 Deutsche Volkslieder
Elisabeth Schwarzkopf, Dietrich Fischer-Dieskau, Gerald Moore EMI 1 C 153-00 054/55

Liebesliederwalzer op. 52
Irmgard Seefried, Elisabeth Höngen, Hugo Meyer-Welfing, Hans Hotter, Friedrich Wuhra und Hermann von Nordberg (Klavier) EMI SH 373

Liebesliederwalzer op. 52 – Neue Liebesliederwalzer op. 65
Vronsky & Babin (Klavier), Elsie Morison, Marjorie Thomas, Richard Lewis, Donald Bell Seraphim 60 033

Fest- und Gedenksprüche op. 109
Eric Ericson (Rundfunkchor Stockholm) EMI 063-29 916

Motetten für Chor a cappella op. 74, 110
Preston, New English Singers Argo ZRG-571

Die Chorwerke
Günter Jena, Chor des NDR, Hamburg DG 2741018 (6 LP)

Vorwort

Das biographische Material, auf Grund dessen ich die vorliegende Biographie von Johannes Brahms zusammengestellt habe, ist – außer in den wenigen Fällen, die durch Fußnoten kenntlich gemacht sind – in erster Reihe von mir selbst gesammelt worden; hauptsächlich im Verlauf mehrfachen Aufenthaltes auf dem Festland, wohin ich die erste Reise zu diesem Zweck im Sommer 1902 unternahm. Die Daten der in beiden Bänden erwähnten Konzerte sind durch Original-Programme oder zeitgenössische Fachschriften und Zeitungen festgestellt worden.

Mein Zweck, etwas über Brahms' Kompositionen zu berichten, ist kein technischer gewesen. Wo ich die Grenzen der einfachen Lebensbeschreibung überschritten habe, geschah es lediglich in der Absicht, dem allgemeinen Musikliebhaber das Verständnis der edlen Schöpfungen des großen Künstlers besser erleichtern zu helfen.

Ich habe den wiederholt an mich gerichteten Bitten nicht zu widerstehen vermocht, einige Einzelheiten über meine persönliche Bekanntschaft mit Brahms, die aus der Zeit meiner Klavierstudienjahre stammt, in das Werk einzuschließen.

Ich wollte jedoch den Hauptfaden der biographischen Darstellung nicht durch unwichtigere persönliche Einzelheiten unterbrechen und habe deshalb einige meiner Erinnerungen und Eindrücke, die ich vor etlichen Jahren in der »Musical Gazette« zuerst veröffentlicht hatte, hier in einem einleitenden Kapitel wiederholt. Diese Erinnerungen sind durch Briefe an meine Mutter bekräftigt, in denen ich die Ereignisse schilderte, wie sie sich abspielten. Da die Abfassung der Biographie aber einer späteren Zeit angehört, jene Briefe also nichts Wesentliches zu deren Vollkommenheit beigetragen hätten, so glaubte ich auf den Abdruck jener Korrespondenz hier unbedenklich verzichten zu können.

South Kensington, September 1905.

Insbesondere die inzwischen erfolgte Veröffentlichung von Brahms' Briefwechsel mit Joachim und Grimm brachte neue Einzelheiten über das Entstehen und das Wachstum einiger Brahmsscher Jugendwerke ans Licht, während der Abschluß der Litzmannschen Clara Schumann-Biographie (2. Band 1905, also fast gleichzeitig mit der ersten Ausgabe meiner Brahms-Arbeit –, 3. Band 1906 erschienen) für die darin behandelten Ereignisse absolut zuverlässige chronologische Daten an die Hand gibt, die allen künftigen Arbeiten auf diesem Gebiet zur Grundlage zu dienen haben.

Die Veröffentlichung dieses monumentalen Werkes bietet dem Brahms-Biographen nicht nur die Möglichkeit, sondern macht es ihm geradezu zur Pflicht, das Freundschaftsverhältnis zwischen Brahms und Clara Schumann schärfer zu beleuchten, als wir dies bei meiner Arbeit früher selbst angezeigt scheinen wollte. Ich habe auch in meinem Werk jetzt noch ein paar interessante Szenen oder Vorkommnisse, die charakteristische Schlaglichter auf unseres Meisters Individualität werfen, hineingewebt und in einigen wenigen Fällen die Charakterisierung der Werke teilweise revidiert und ergänzt.

Ferner habe ich der neuen Ausgabe ein numeriertes und klassifiziertes Verzeichnis der Textanfänge der Brahmsschen Gesangskompositionen beigefügt und diesem ein in korrespondierender Numerierung versehenes Verzeichnis der Dichter oder sonstigen Quellen der komponierten Texte beigestellt. Genaue Auskünfte über die Herkunft mehrerer Texte verdanke ich Dr. Ophüls' wertvollem Werk: »Brahms' Texte«. Schließlich habe ich noch ein Verzeichnis der Brahms-Literatur, soweit sie mir bekannt ist, angeschlossen. Im übrigen war es mein Bestreben, Art und Umfang meiner Brahms-Biographie auch in dieser neuen Ausgabe im wesentlichen unverändert beizubehalten.

Da die neue Ausgabe meines Werkes zuerst in deutscher Sprache erscheinen soll, darf ich vielleicht der Annahme Raum geben, daß es schon in seiner englischen Fassung in dem geliebten Vaterland des Meisters Anklang gefunden hat. Dieser Gedanke bewegt mich zu lebhaften Gefühlen des Stolzes und der dankbaren Freude.

London, Mai 1911. F. M.

ERSTER TEIL

Persönliche Erinnerungen

BADEN-BADEN

Der Güte Frau Schumanns verdanke ich es, daß ich Brahms vorgestellt wurde, und zwar am ersten Tag meiner Ankunft, bei meinem ersten Besuch in Deutschland. Ich hatte bei der großen Pianistin während ihres Aufenthalts in London zu Anfang des Jahres 1871 Unterricht genommen, und bei ihrer Abreise von England gestattete sie meinem Vater, es so einzurichten, daß ich ihr so bald als möglich in ihr Heim in Lichtenthal, einem Vorort von Baden-Baden, folgen durfte, um meine Studien unter ihrer Leitung fortzusetzen.

Ich erinnere mich lebhaft an den schönen Morgen anfangs Mai, an dem ich in Baden-Baden mit etwas Heimweh und sehr müde eintraf, denn infolge einer Verkehrsunterbrechung auf der Eisenbahn hatte sich meine Reise um vierzehn Stunden verlängert, und meines Vaters Fürsorge für mein Behagen wurde vollständig zunichte gemacht. Es war zu früh, um sogleich zu Frau Schumanns Haus zu fahren, und ich erinnere mich, daß ich, am Bahnhof wartend, träumerisch einem Zug junger Kommunikantinnen, die in ihren weißen Kränzen und Schleiern vorbeigingen, nachsah, während ich mir klar zu machen suchte, daß ich, zum erstenmal im Leben, weit entfernt von Hause und von England sei. Als der Morgen genügend vorgeschritten war, nahm ich eine offene Droschke und fuhr unter den großen Bäumen der Lichtenthaler Allee zu Frau Schumanns Haus, wo ich die Adresse der Wohnung bekam, die man im Dorf für mich gemietet hatte. Ohne auszusteigen fuhr ich zu meinem Quartier, wohin mir, fast gleich darauf, Frau Schumann folgte, die sich sofort nach ihrem Frühstück aufgemacht hatte, um mich willkommen zu heißen.

Mein Entzücken, die große Künstlerin wiederzusehen, dazu ihr unwiderstehlicher Zauber und ihre Herzensgüte, machten mir meine Umgebung gleich heimischer, und freudig nahm ich die Einladung an, die sie nach einem kurzen Besuch an mich richtete, nachmittags vier Uhr eine Tasse Kaffee in ihrem Familienkreis zu trinken.

Als ich mich zur festgesetzten Stunde einfand, wurde ich sogleich nach einem hübschen Balkon an der Rückseite des Hauses geführt, von wo man den Garten und Fluß überschaute. Dort saß Frau Schumann mit ihren Töchtern und einem Herrn, den sie mir als Herrn Brahms vorstellte. Der Name erweckte bei mir kein ungewöhnliches Interesse, auch betrachtete ich den Eigentümer desselben mit keiner besonderen Neugierde. Brahm's Name war damals in England noch fast unbekannt, und ich hatte von ihm nur durch die zwei Hefte seiner vierhändig gesetzten Ungarischen Tänze gehört. Da ich jedoch von dem Tag an ihn mehrere Monate hindurch fast täglich zu treffen gewohnt war, wäre es hier vielleicht geeignet, ein paar Worte über seine Erscheinung und sein allgemeines Wesen zu sagen, wie diese sich mir darstellten, nachdem ich Zeit gehabt hatte, mit ihnen vertraut zu werden.

Brahms war also damals, als ich ihn kennenlernte, in der Blüte des Lebens: er war achtunddreißig Jahre alt. Unter Mittelgröße, hatte seine Gestalt etwas Breites und Festgebautes, obschon ohne jegliche Hinneigung zur Wohlbeleibtheit, die sich erst später entwickelte. Er hatte den blonden deutschen Typus, mit hellem, schlichtem Haar, das er lang und von den Schläfen zurückgebürstet trug. Sein Gesicht war glatt rasiert. Das auffallendste physische Kennzeichen war bei ihm das mächtige Haupt, mit der prächtigen, geistreichen Stirn. Die blauen Augen waren aber auch bemerkenswert durch ihren Ausdruck intensiver geistiger Konzentration, die wieder durch seine Gewohnheit betont war, beständig seine etwas dicke Unterlippe über die Oberlippe hinauszuschieben und sie da eingedrückt zu lassen, einen an den Mund einiger Beethoven-Porträts erinnernd. Seine Nase war schön geformt. Füße und Hände waren klein, die Finger ohne »Polster«.

»Ich habe nichts«, sagte er eines Tages, als ich mit ihm über Klavierhände sprach; und er streckte auf meine Bitte die Finger aus und zeigte mir deren Spitzen: »Frau Schumann hat aber Polster und Rubinstein auch; Rubinstein ungeheuere.«

Obschon einfach, war sein Anzug zu jener Zeit immer vollständig ordentlich. Er trug gewöhnlich einen kurzen, losen, schwarzen Alpaka-Rock, der zweifellos nach seiner Vorstellung von Bequemlichkeit gewählt war. Er war kurzsichtig und machte häufig von einem doppelten Augenglas Gebrauch, das er an einer dünnen, schwarzen, um den Hals hängenden Schnur trug. Wenn er ausging, war es seine Gewohnheit, mit unbedecktem Kopf zu gehen und den weichen Filzhut in der Hand zu tragen, den Arm energisch auf- und abschwenkend. Die freie Hand hielt er oft hinter sich.

In Brahms' Benehmen war eine Mischung von Geselligkeit und Zurückhaltung, die mir den Eindruck machte, daß er ein gutmütiger Mensch sei, aber einer, den man schwer wirklich kennenlernen könnte. Obwohl immer angenehm und freundlich, lag doch ein Etwas in seinem Wesen – vielleicht seine außerordentliche Abneigung, über sich selbst zu sprechen –, was einem den Eindruck machte, daß sein Leben nicht ohne Enttäuschung gewesen und daß er damit rechnend seinen Weg einfach weiter ging. In seiner Haltung war er durchaus einfach und ungeziert. Seine eigenen Kompositionen erwähnte er nur bei den seltensten Gelegenheiten und ließ sich auch nicht bewegen, sie vor einer noch so kleinen Gesellschaft zu spielen. Seine größte Befriedigung und Freude fand er in Frau Schumanns Gegenwart. Er hatte für sie die ergebenste Bewunderung, eine Bewunderung, welche die Liebe und Verehrung eines älteren Sohnes mit der teilnehmenden Kameradschaft eines Kunstgenossen zu vereinigen schien. Er hatte sich, um in ihrer Nähe zu sein, in Lichtenthal für Frühjahr und Sommer niedergelassen und schien in ihrem Hause immer ein willkommener Gast, der nach seinem Belieben kam und ging. Dort traf ich ihn stets zur Nachmittags-Kaffeestunde, wie am Tage meiner Ankunft; und sehr oft, wenn die Kaffeetassen abgetragen waren, hatte ich das Glück, den beiden großen Künstlern beim Vierhändigspielen zuzuhören. Brahms, der Begünstigte, durfte immer die geliebte Zigarre oder Zigarette während der Ausführung zwischen den Lippen behalten, indem er abwechselnd den Prim spielte.

Frau Schumanns gütige Gewohnheit war es, mich sonntags zu ihrem Mittagessen und häufig während der Woche zum Abendessen einzuladen. Brahms war selten abwesend und manchmal war er von einem oder zwei Freunden begleitet. Die Unterhaltung war bei diesen Gelegenheiten mehr oder weniger allgemein, aber natürlich war es mein Hauptinteresse, Frau Schumann und Brahms zuzuhören, die sich über allerlei Fragen mit großer Lebhaftigkeit zu unterhalten pflegten. Brahms hatte ein starkes Interesse für Politik und obschon er sich seit einigen Jahren in Wien niedergelassen hatte und sehr an seinen dortigen Freunden und seiner Umgebung hing, so war es doch unverkennbar, daß er ein eifriger deutscher Patriot geblieben war.

Er war ein energischer Fußgänger und hatte für die Natur eine leidenschaftliche Liebe. Es war seine Gewohnheit, im Frühling und Sommer um vier oder fünf Uhr des Morgens aufzustehen, und, nachdem er sich eine Tasse Kaffee bereitet hatte, in den Wald zu gehen, die köstliche Frische des Morgens zu genießen und dem Gesang der Vögel zu lauschen. Bei schlechtem Wetter fand er immer noch etwas zu bewundern.

»Mir ist es nie langweilig«, sagte er eines Tages auf irgendeine Bemerkung über die deprimierende Wirkung des ununterbrochenen Regens, »meine Aussicht ist so schön. Selbst bei Regenwetter sehe ich nur eine andere Art von Schönheit.«

Er war rücksichtsvoll gegen andere, selbst in Kleinigkeiten. Ich erinnere mich, wie eines Abends, bevor wir vom Abendtisch aufstanden, jemand ein Blatt des »Kladderadatsch« hervorzog, und, Brahms auf einige sarkastische an John Bull gewidmete Verse aufmerksam machend, ihn bat, sie zur Unterhaltung der versammelten Gesellschaft vorzulesen. Brahms lehnte die Aufforderung, nachdem er die Spalte überblickt hatte, scherzend ab, indem er mit einer leichten Handbewegung sein englisches vis-à-vis als den Grund seiner Weigerung bezeichnete; und erst als ich ihm wiederholt lachend versicherte, daß ich alles zu hören wünschte, was für mich, als Mr. Bulls Vertreterin bestimmt war, willigte er, immer noch zögernd, in die Bitte ein.

Frau Schumann sprach oft mit mir von seinem hervorragenden Genie, von seinen Fähigkeiten als Komponist und ausübendem Künstler, sowie von seinen allgemeinen geistigen Eigenschaften, unter denen seine Bücherkenntnis und -liebe besonders hervortrat. Sie wünschte mir, ihn spielen zu hören, sagte aber, daß dies nicht leicht sei, da er sehr von seiner Stimmung abhinge und es ihm nicht nur unangenehm wäre, zum Spielen gedrängt zu werden, sondern daß er, wenn er nicht bei Laune sei, weder sich noch dem Komponisten gerecht sein könne. In der Tat war ich auch, als ich ihn das erstemal bei einer kleinen Nachmittagsgesellschaft bei Frau Schumann hörte, vollständig enttäuscht. Nach vielem Drängen ging er ans Klavier und spielte den ersten Satz der Schubertschen G dur-Fantasie op. 78 und den ersten Satz der A moll-Sonate, op. 42, aber sein Spiel war wirkungslos. Es kam mir gezwungen und befangen vor, und er selbst schien sozusagen außerhalb der Musik zu bleiben. Ich vermißte die lebendige Begeisterung, von der ich hingerissen wurde, wenn ich Frau Schumann zuhörte, und eine wenigstens von seinen Zuhörerinnen ließ er kalt und ungerührt. Als ich dies später Frau Schumann sagte, antwortete sie, daß ich ihn eigentlich nicht gehört habe; daß er nicht gewünscht habe zu spielen, sondern nur der Überredung nachgegeben hätte, und daß ich, bevor ich mir eine Meinung bilde, eine bessere Gelegenheit zum Urteilen abwarten müsse.

Die Gelegenheit bot sich gleich am folgenden Abend, wo dieselben Freunde versammelt waren und Brahms wieder spielte. Am nächsten Tag schrieb ich folgendes nach Hause:

»...Dann spielte Brahms. Es war etwas ganz anderes, als am Tag vorher. Zwei Stücke waren von einem Komponisten, dessen Name mir entfallen ist, und dann spielte er, wie ich noch nie jemanden hatte spielen hören, ein wildes Stück von Scarlatti; wirklich, wie begeistert spielte er, es war so toll und so wild und so schön. Dann kam eine Kleinigkeit von Gluck. Wenn er so spielt wie gestern abend, hoffe ich ihn oft zu hören. Der Scarlatti übertraf alles bisher Gehörte, und ich hätte das Klavier dessen nie für fähig gehalten.«

Dies sind die allgemeinen Eindrücke, die ich während der ersten sieben oder acht Wochen meines Aufenthaltes in Lichtenthal von Brahms hatte. Aufrichtig gesagt, dachte ich zu jener Zeit wenig über ihn nach, denn meine ganze Aufmerksamkeit wurde durch meine Studien und den Zauber meiner neuen Lebenserfahrungen in Anspruch genommen. Mir kam er wie ein sehr natürlicher, gutmütiger, etwas schüchterner Mensch vor, der unter dem Einfluß von Frau Schumanns Gesellschaft ruhig, glücklich und zufrieden erschien. Soweit hatte ich nur wenig Gelegenheit gehabt, meine eigene Aufnahmefähigkeit seinem musikalischen Genie gegenüber auf die Probe zu stellen, auch hatte ich fast keinen individuellen persönlichen Verkehr mit ihm gehabt. Wenn mich das Mädchen meiner Wirtin von Frau Schumanns Haus, wo ich den Abend verbracht hatte, abholte, und Brahms sich zur gleichen Zeit verabschiedete, pflegte er häufig zu sagen »ich gehe auch«, und da unsere Wege zum Teil in derselben Richtung lagen, kam er das kurze Stück mit; aber diese Gelegenheiten machten mich mit ihm nicht viel näher bekannt. Kleine Bemerkungen über laufende Angelegenheiten, oft scherzend und immer wohlwollend, machte er, aber musikalische Themen berührte er nicht. Eines Abends fragte ich ihn jedoch, ob er England zu besuchen gedenke. »Ich glaube nicht«, antwortete er sofort, als ob er sich in diesem Punkt fest entschlossen habe. Ich wagte es, den Gegenstand zu verfolgen und sagte ihm, er sollte hingehen, um seine Werke dort bekannt zu machen. »Dazu sind sie gedruckt«, sagte er ziemlich entschieden, und mit diesen Worten gab er mir sicherlich einen richtigen Einblick in seinen Charakter. Der Komponist einer langen Reihe von Werken, unter denen solche Meisterstücke waren wie die zweite Serenade, die beiden Streich-Sextette, das erste und das zweite Klavier-Quartett, das von Inspiration durchdrungene Deutsche Requiem und eine Menge anderer, die schon erschienen waren (aber von denen ich damals nichts wußte), konnte natürlich nicht anders, als seine Werke für sich selbst eintreten lassen; und zweifellos lag es größtenteils an dem intensiven Stolz, welcher mit der intensiven Bescheidenheit bei höheren Arten von Genies Hand in Hand geht, daß Brahms in Dingen, die ihn persönlich angingen, so zurückhaltend war. Ich glaube, daß er in seinem Entschluß, England nicht zu besuchen, nie ernstlich wankte. Nur bei einer Gelegenheit – wenige Jahre vor seinem Tod – hörte ich ihn etwas zweifelnd darüber sprechen; und da war es mir klar, daß er nur mit dem Gedanken des Hingehens spielte. Wann oder warum er seinen Entschluß gefaßt hatte, kann ich nicht sicher sagen; er stand schon fest, bevor ich seine Bekanntschaft machte. Daß er mit unserer Sprache nicht vertraut war, mag etwas dazu beigetragen haben; ein bißchen Englisch konnte er lesen, aber ich hörte ihn nie versuchen, es zu sprechen. Er hatte einen Abscheu davor, den Löwen des Tages zu spielen und sich in gesellschaftliche Verpflichtungen zu verwickeln; vielleicht hatte er auch einen übertriebenen Begriff von den englischen Gesellschaftsregeln, besonders was das Tragen des Fracks und die Einschränkung des Rauchens betrifft. Abgesehen von diesen oberflächlichen Rücksichten glaube ich jedoch, daß schon frühzeitig, ob mit Recht oder Unrecht, der Gedanke ihn ihm gewurzelt hatte, eine Reise nach England wäre für seine künstlerische Entwicklung nicht förderlich. Brahms hatte sich sicher nicht nur von seinem Lebensziel den klarsten Begriff gemacht, sondern auch von den Mitteln, durch die er dieses Ziel am besten verfolgen und erreichen zu können glaubte, und von Anfang bis zu Ende hielt er unbeugsam an diesen für ihn entscheidenden Entschlüssen fest. Wenn es sein Lebenszweck war, dem Besten, was in ihm lebte, den möglichst vollkommenen Ausdruck in seinen musikalischen Schöpfungen zu verleihen, so hatte er seine Methode, die sicher zugleich ein inneres Bedürfnis befriedigte, wohl erwogen; und diese bestand darin, sich jedem gesunden Einfluß, der die ideale Seite seiner Natur fördern konnte, zu erschließen und alles andere mehr oder weniger zu vermeiden. Es wäre heutzutage lächerlich, die Vollkommenheit seiner technischen Ausrüstung zu berühren; sich über die Leichtigkeit auszulassen, mit der er die ganze Kontrapunktik bemeisterte, die Form beherrschte, harmonische und rhythmische Kombinationen schuf. Diese Dinge sind selbstverständlich. Brahms aber wußte, daß nicht allein sein Intellekt, sondern auch Gemüt, Geist und Phantasie beständig genährt werden mußten, wenn sie das höchste, dessen er fähig war, hervorbringen sollten, und er richtete sein Leben so ein, daß sie immer und überall durch Poesie, Literatur und Kunst gefördert wurden, durch einsames Nachdenken, durch Teilnahme an dem, was ihm echt und wahr im Leben erschien, und vor allem und im höchsten Grade durch den Aufenthalt in der Natur.

»Wie kann ich am besten Fortschritte machen?« fragte ich ihn einmal später. »Sie müssen fleißig im Walde spazieren gehen«, antwortete er und meinte dieses buchstäblich. Es war sein eigenes Lieblingsrezept, das er mir zur Anwendung riet. – Einem solchen Menschen, dessen Namen in England sozusagen noch unbekannt war, wäre das Leben in London und besonders während der Konzertsaison nicht nur unsympathisch, sondern unmöglich gewesen. Es wäre ihm zu jener Zeit bloß zum Hindernis geworden. Seine Sache war es nicht, seine Werke den Dirigenten oder dem Publikum aufzudrängen, und nach frühen Erfolgen und Mißerfolgen in dieser Beziehung hatte er es fast gänzlich aufgegeben, für die Zukunft seiner Werke Pläne zu schmieden, und hatte sich ganz seinem Schicksal überlassen, welches darin bestand, zu schaffen. In dieser Haltung aber lag keine Spur von Affektation. Er tat einfach getreulich, was er als das nächste Beste erkannte, und schaute nicht darüber hinweg.

Das Leben in Lichtenthal verging schnell und die Zeit kam heran, wo Frau Schumann ihren jährlichen Besuch in der Schweiz machte. Am Schluß einer meiner Stunden sagte sie zu mir:

»Ich dachte mir, daß Sie vielleicht während meiner Abwesenheit gern einige Stunden bei Herrn Brahms nehmen möchten. Es wäre für Sie in jeder Beziehung von großem Vorteil, und er würde Ihnen bedeutend in Ihrer Technik helfen. Er hat sich diese zum Spezialstudium gemacht und kann mit den Fingern am Klavier machen, was er will. Gewöhnlich gibt er keine Stunden, aber wenn Sie wollen, würde ich ihn fragen, und ich glaube, daß er es mir zuliebe täte.«

Ich muß hier erklären, daß ich meine Reise nach Deutschland mit dem besonderen Zweck unternommen hatte, gewisse Fehler in meinem Fingermechanismus zu verbessern, auf die Frau Schumann hingewiesen, da sie mir geraten hatte, ein Jahr lang auf dieses Ziel hinzuarbeiten.

Es ist kaum nötig zu sagen, daß ich ihren gütigen Antrag nun lebhaft aufgriff, und es wurde beschlossen, daß sie Herrn Brahms fragen solle, ob er darein willigen würde, mir Stunden zu geben. Sollte er sich dazu geneigt zeigen, so würde es beschlossene Sache werden und nur noch von der Zustimmung meines Vaters abhängen, der im Begriff stand, von London abzureisen, um mich in Lichtenthal zu treffen. Am nächsten Morgen sagte mir Frau Schumann, daß Brahms in den Plan gewilligt habe, und einige Tage darauf, nachdem auch mein Vater sich bereit erklärt hatte, auf meine Bitte einzugehen, war alles beschlossen, und ich sollte zwei Stunden wöchentlich bei Herrn Brahms nehmen.

»Sie müssen ihn bitten, Ihnen vorzuspielen«, sagte Frau Schumann, »und wenn er es tun will, so haben Sie die beste Gelegenheit, ihn zu hören. Und jetzt, jetzt werden Sie anfangen, Brahms wirklich kennenzulernen.«

BRAHMS ALS KLAVIERLEHRER

Brahms vereinigte in sich, ohne irgend eine Schattenseite zu haben, jede Art Eigenschaft, die man bei einem durchaus idealen Klavierlehrer voraussetzen kann. Schwärmen will ich nicht; dies wäre gerade ihm verhaßt gewesen. Solchen Unterricht konnte man nur von einem solchen Mann haben, und bis auf den heutigen Tag kann ich weder mein Staunen darüber überwinden, daß er ihn überhaupt gab, noch das Staunen und die Freude, daß es mir gegönnt war, ihn zu empfangen.

Er war streng und bestimmt; er war sanft und geduldig und ermutigend; er war nicht nur klar, er war das Licht selbst; er kannte jedes Detail technischen Studiums erschöpfend, konnte es beibringen und brachte es in der möglichst knappen Art und Weise bei; er war unermüdlich, dem Schüler die volle musikalische Bedeutung irgend eines Werkes, das er gerade unter der Hand hatte, begreiflich zu machen; er war sogar pünktlich.

Was ich auch sagen mag, ich kann nicht hoffen, mehr als einen schwachen Schimmer von dem wiederzugeben, was mir die Stunden waren. Vom ersten Augenblick an, wo ich unter seinen unmittelbaren musikalischen Einfluß kam, fühlte ich, daß dies eine Kraft sei, die fortdauernd in mir bis ans Ende des Lebens wirken und sich entwickeln würde. Vielleicht jedoch kann es mir gelingen, Liebhabern seiner Musik einen weiteren Begriff von seinem Charakter und seinen Gaben zu geben, indem ich ihn in einer Eigenschaft schildere, in der er, so viel ich weiß, noch nicht dargestellt worden ist.

Was ich von persönlichen Details vorführe, geschieht zu dem Zweck, jene mir damals so gut bekannte Seite von Brahms' Charakter zu bezeichnen und ihn als den allvermögenden, aufrichtigen, ermutigenden, begeisterten und begeisternden Lehrer und Freund darzustellen.

Mich an das erinnernd, was Frau Schumann über seine Fähigkeit, mir hinsichtlich meiner Technik zu helfen, gesagt hatte, erzählte ich ihm vor Beginn der ersten Stunde von den Schwierigkeiten, die mir mein Handmechanismus bereitete, und bat ihn, mir zu helfen. Er antwortete: »Ja, das muß zuerst kommen«, und nachdem er eine Etüde aus Clementis Gradus ad Parnas sum von mir angehört hatte, begann er sofort meine Finger zu lockern und auszugleichen. Denselben Tag fing er an, mich allmählich durch den ganzen Kursus technischer Ausbildung zu führen, indem er mir zeigte, wie ich am besten zur Erreichung meines Zieles an Tonleitern, Arpeggien, Trillern, Doppelgriffen und Oktaven arbeiten sollte.

Er zeigte mir nicht nur, wie ich üben müsse, er ließ mich sogar zuerst einen guten Teil meiner Stunden in seiner Gegenwart üben. Während er meine Finger beobachtete, sagte er mir, was an meiner Fingerbewegung falsch sei, deutete mir durch seine eigene Handbewegung eine bessere Stellung meiner Hände an und vertiefte sich die Zeit über gänzlich in die Aufgabe mir zu helfen.

Er glaubte nicht, daß es nützlich für mich sei, die gewöhnlichen Fünffingerübungen zu machen, sondern zog es vor, aus den

Stücken oder Etüden, mit denen ich mich gerade beschäftigte, Übungen zu bilden. Eine schwierige Stelle bearbeitete er häufig, indem er mich dieselbe nicht so, wie sie geschrieben war, üben ließ, sondern mit anderen Akzenten und in verschiedenen Figuren, mit dem Resultat, daß, wenn ich sie wieder in ihrer ursprünglichen Form versuchte, die Schwierigkeiten bedeutend vermindert, wenn nicht gar verschwunden waren. »Wie muß ich das üben?« fragte ich öfter in der nie getäuschten Gewißheit, daß er einen Ausweg für meine Schwierigkeiten finden würde.

So viel ich weiß, muß seine Methode, das Handgelenk zu lockern, originell gewesen sein; jedenfalls ist sie mir nirgend anderswo begegnet. In vierzehn Tagen lockerte sich das meinige schon und mit verhältnismäßig wenig Arbeit meinerseits.

Wie er eines Tags lachte, als ich ihm einen meiner Knöchel, die damals etwas steif und herausstehend waren, freudig vorhielt! Er war ganz eingefallen, und ich sagte zu Brahms: »Das haben Sie bewirkt!«

Unglaublich mag es erscheinen, aber wahr ist es doch, daß sich nach einigen Wochen des Studiums bei ihm das Aussehen meiner Hände gänzlich verändert hatte. Mein Vater schrieb an die Mutter:

> »Ihre Hand hat sich gänzlich verändert, sie hat ihre eckige Gestaltung verloren, und wie sie sagt, beginnen die Knöchel tatsächlich zu verschwinden; ich habe den Gedanken aufgegeben, sie zu überreden, mit mir irgendeine kleine Reise zu machen, sie läßt sich in ihren Studien durch nichts unterbrechen. Sie ist enthusiastisch in ihrer Bewunderung Brahms' und sagt, seine Geduld sei wunderbar. Er hält sie streng an zu Fingerübungen.«

Er war nie gereizt, nie gleichgültig, sondern half, feuerte an und ermutigte zu jeder Zeit. Eines Tages, als ich mich über die frühere mangelhafte technische Ausbildung beklagte, aus der meine jetzigen Fingerschwierigkeiten entstanden waren, sagte er: »Es wird schon kommen; es kommt nicht in einer Woche; auch nicht in vier Wochen!«

Da ich sofort den außerordentlichen Wert meiner technischen Studien bei ihm spürte, wünschte ich im Anfang nicht zu viele Stücke vorspielen zu müssen. Das, sagte er, wäre ganz recht. Vorläufig müsse ich fleißig stückweise üben. Hier folgt ein Auszug aus einem meiner Briefe. Ich schreibe ihn so ab, wie er dasteht, ohne den sorglosen Stil eines Mädchenbriefs, der hastig zwischen zwei Übungszeiten geschrieben und nur für häusliches Lesen bestimmt war, zu verändern.

»Meine Stunden bei Brahms sind zu köstlich; nicht nur die Stunden selbst, sondern das Gefühl, daß er mir einflößt, Tag und Nacht üben zu müssen. Ich fange an, sehr viel zu essen, nur damit ich imstande sei, viel zu üben! Er ist so geduldig und gibt sich so viel Mühe und ich stelle alle möglichen Fragen und die Stunden sind zu köstlich. Ich kann es nicht begreifen, daß er Stunden gibt, und doch ist er über irgend eine Dummheit nie böse und sagt nur: »Ach, das ist so schwer.« Was die Dauer der Stunde betrifft, so ist das nichts. Er richtet sich systematisch auf anderthalb Stunden ein. Ich schwelge förmlich in meinen Stunden. Er läßt die Sarabande genau so auf dem Klavier klingen wie auf einer Violine. Dann erwartet er auch nie zu viel und gibt einem nie zu viel zu lernen, aber ist immer mit dem Wenigen zufrieden, wenn man es wirklich geübt hat.«

Hinsichtlich meines Fingersatzes war er immer äußerst genau und wollte, daß ich mich so viel wie möglich gleichmäßig auf alle meine Finger verlassen könne. Einmal, als er meine Hände beim Spiel einer Etüde aus dem *Gradus* beobachtete, war ihm etwas an meinem Fingersatz nicht recht und er verlangte, daß ich ihn ändern sollte. Ich tat es sofort, sagte aber, da ich wußte, daß die Bemerkung ihn nicht beleidigen würde, daß ich den gebraucht hatte, welchen Clementi vorgeschrieben habe. Brahms, der den Augenblick nicht in die Noten gesehen hatte, war das entgangen. Sofort sagte er, daß ich ihn dann natürlich nicht ändern dürfe, und auch als ich ihn bat, den seinigen annehmen zu dürfen, lehnte er mit den Worten ab: »Nein, nein, der verstand es.«

Ich benutzte in Lichtenthal meine eigene, aus England mitgebrachte Bachausgabe, aber es fehlte der Fingersatz, und Brahms wünschte, ich solle mir die Czernysche Ausgabe mit Fingersatz verschaffen und sie immer benutzen. Die übrigen Angaben darin sollte ich jedoch nicht annehmen.

Ein guter Teil der Stunde wurde gewöhnlich Bach gewidmet, dem »Wohltemperierten Klavier« oder den »Englischen Suiten«, und als meine Technik sich vervollkommnete, setzte Brahms mir allmählich ein immer weiteres Ziel und widmete dem Geist der Musik, die ich studierte, immer mehr Zeit. Ich brauche kaum zu sagen, daß seine Phrasierung, wie er sie mich lehrte, möglichst breit war, und doch verlangte er zur selben Zeit genaue Aufmerksamkeit auf die kleinsten Einzelheiten. Diese behandelte er manchmal als zarte Stickerei, welche die Kontur der Phrase ausfüllte und dekorierte, deren großen Zug nichts stören durfte. Licht und Schatten wandte er so an, daß sie auch dazu beitrugen. Doch muß es nachdrücklichst betont werden, daß er sich nie auf theoretische Auseinandersetzungen einließ, sondern bloß versuchte, mich meine Stücke so begreifen und spielen zu lassen, wie er selbst sie begriff und fühlte.

Er ließ mich manchmal, wenn es nötig war, Teile eines Bachschen Satzes zehn- bis zwölfmal wiederholen, bis er fühlte, daß ich seinen Wunsch in bezug auf den Ton, die Phrasierung oder das Gefühl zu begreifen anfing. Wenn ich nicht gleich tun konnte, was er wünschte, sagte er nur: »Aber das ist so schwer«, oder »es wird kommen«, ließ es mich wiederholen, bis er fand, daß die Wirkung sich einzustellen beginne, und überließ es mir dann, es zu vollenden. An den zwei, drei Tagen, die zwischen den Stunden lagen, nahm ich manchmal nach dem Üben die Noten mit in den Wald, um es zu versuchen, mich vollständiger in seinen Geist einzuleben, und wenn mir dies bis zu seinem nächsten Kommen teilweise gelungen war, so zeigte er gern seine Zufriedenheit. Sein ganzes Gesicht hellte sich auf und er kargte nicht mit Lob. »Ganz gut, ganz richtig; Frau Schumann würde sich sehr wundern, Sie so spielen zu hören«, oder: »Das wird großen Effekt bei Frau Schumann machen.«

Trotz seiner außerordentlichen Gewissenhaftigkeit in Einzelheiten war Brahms von Pedanterie und dem Hang, den Schüler zu quälen oder zu beunruhigen, ganz frei. Zu loben, war sein größtes Vergnügen, und wenn ich ihm etwas zum ersten Mal so, wie es ihm gefiel, vorspielte, so konnte ihn nichts bewegen, auch nur mit einem Wort eine Änderung vorzuschlagen. »Das ist ganz richtig, es ist nichts darüber zu sagen«, pflegte er zu sagen, und obschon ich mich enttäuscht fühlte, daß er keinerlei Bemerkung machte, und ihn bat, doch etwas auszustellen, so blieb er fest. »Nein, so muß es sein, wir wollen weitergehen«, und damit war die Sache erledigt.

Eines Morgens, am Schluß der Stunde, trat mein Vater ins Zimmer und fragte Brahms: »Ist sie heute brav gewesen?« »Sehr fein«, antwortete er, und plötzlich wandte er sich befehlend zu mir: »Sagen Sie das Ihrem Vater.« Ich war der Situation gewachsen und übersetzte sofort: »Herr Brahms sagt, daß er heute nicht sehr zufrieden war, Papa.« Das Gesicht meines Vaters verfinsterte sich ein wenig. Brahms sah unzufrieden und passiv vor sich hin.

»Ich hab's gesagt«, sagte ich. »Nein, Sie haben's nicht gesagt.« »Aber das wissen Sie nicht,Sie verstehen kein Englisch.« »Ich verstehe genug, um das zu wissen«, erwiderte er eisig. »Herr Brahms sagt, ich hätte doch ziemlich gut gespielt«, versichert ich meinen Vater, dann zu Brahms: »Jetzt hab ich's gesagt.« »Ja, jetzt«, gab er mit aufgehellter Miene zu.

Ein anderes Mal öffnete sich im Laufe der Stunde die Tür meines Wohnzimmers und meine Wirtin bat, mich sprechen zu dürfen. »Nein, Frau Falk«, sagte ich; »ich bin beschäftigt und kann niemanden sprechen; bitte, gehen Sie wieder.« »Einen Augenblick, gnädiges Fräulein«, bat sie, und zu meinem Ärger bestand sie darauf, einzutreten. Da bemerkte ich, daß sie ein hübsches, fünfjähriges kleines Mädchen bei sich hatte, welches ein paar schöner gelber Rosen im Händchen hielt. Frau Falk führte das Kind direkt zum Klavier und hielt ihre Ansprache: Das kleine Mädchen war die Tochter des Herrn der benachbarten Villa, und da sie mit ihrem Vater in seinem schönen Rosengarten gewesen war, hatte sie ihn gebeten, dem Fräulein, dessen Spiel sie gelauscht, ein paar Rosen bringen zu dürfen. Als die Kleine sah, daß ich nicht allein sei, wurde sie, als sie mir die lieblichen Blumen reichte, plötzlich schüchtern und, das Gesicht gesenkt, schlug sie errötend die Augen nieder, während sie ruhig bei Brahms' Knie stand. Aber diese Art Unterbrechung mißfiel ihm nicht. »Na«, sagte er, »du mußt das Fräulein anschauen, damit sie sich bedanken kann; schau sie an, sie will dir danken.« So machten wir der Kleinen Mut, daß sie ihr Köpfchen hob und sich von mir küssen ließ, um sich dann artig von Frau Falk hinausführen zu lassen.

Bald nachdem ich den Unterricht bei Brahms angefangen hatte, fragte ich am Ende einer Stunde, ob er mir vorspielen wolle, bemerkend, daß dies auf Wunsch der Frau Schumann geschehe. Einen Augenblick zögerte er, dann setzte er sich ans Klavier. Als er aber beginnen wollte, drehte er sich herum und sagte fast schüchtern: »Sie müssen auch durch die Fehler lernen.« Das war der Anfang. Von dem Tag an machte er es sich zur Gewohnheit, mir nach der Stunde, die er niemals abkürzte, noch eine halbe Stunde vorzuspielen. Am häufigsten wählte er dazu Bach. Er spielte ein paar Präludien und Fugen aus dem »Wohltemperierten Klavier« auswendig; dann nahm er die Noten vor und spielte je nach Laune weiter. Wenn er mit einer oder der anderen Komposition zu Ende war und ich nichts als »noch mehr!« gesagt hatte, damit er nicht aufhöre, so blätterte er weiter, bis er eine andere Lieblingsnummer fand. Ich kann mich nicht erinnern, daß er entweder während oder nach seinem Spielen irgend etwas anderes äußerte, als vielleicht noch nach einem Heft zu verlangen. Einmal, und nur einmal, weigerte er sich. Ich hatte am Ende der Stunde meine gewohnte Bitte ausgesprochen, als er komisch und unerwartet antwortete: »Nicht jedesmal, es ist Unsinn. Frau Schumann würde sagen, es ist Unsinn, jedesmal zu spielen.« »Das ist eine große Enttäuschung«, wollte ich sagen; aber ich war des deutschen Wortes nicht sicher. Wie er es bei ähnlichen Gelegenheiten gewohnt war, ließ er es sich im Wörterbuch von mir zeigen. Wir hatten einen kleinen Streit, dann kehrte er zum Klavier zurück und setzte sich. Es nützte jedoch nichts. Er konnte an dem Tag nicht spielen, und fast schien es ihm Freude zu bereiten, es so schlecht wie möglich zu machen. Jedesmal, wenn er auffallend falsch griff, wandte er sich mit einem sardonischen Lächeln zu mir, als ob er sagen wollte: »Da haben Sie, was Sie wünschten; wie gefällt es Ihnen?« »Sehr unfreundlich!« murmelte ich, und er stand bald auf. »Ich werde nächstes Mal *nicht* spielen«, erklärte er böse, als er sich verabschiedete. »Ich werde Sie *nie* wieder darum bitten«, erwiderte ich. Ein Achselzucken war seine einzige Antwort, und mit seinem gewöhnlichen »Guten Tag« verließ er das Zimmer.

Nach zwei Tagen kam die nächste Stunde. Sie verlief köstlich wie gewöhnlich, und zum Schluß ging Brahms weg, ohne daß beiderseits ein Wort über sein Vorspielen gefallen wäre; aber ich hatte das Gefühl, daß mir etwas sehr fehle. Einem plötzlichen Impuls nachgebend, den ich kaum hätte erklären können, der vielleicht aber der Furcht vor abermaliger Enttäuschung zuzuschreiben war, brach ich in der darauffolgenden Stunde mitten im Stück ab und sagte: »Heute kann ich nicht mehr spielen.« Brahms sah mich mit etwas fragendem Ausdruck an und fragte: »Warum?« »Ich weiß nicht, ich kann nicht«, erwiderte ich. Einen Augenblick herrschte tiefes Schweigen, währenddessen ich mich nicht umsah. Dann sprach Brahms: »Ich werde Ihnen vorspielen, damit Sie etwas haben«, sagte er ruhig. Wir wechselten sogleich die Plätze, und er schlug es mir nie wieder ab.

Als mein Vater meiner Mutter schrieb, sagte er:

»Brahms ist als der größte der lebenden Musiker Deutschlands anerkannt. Man sagt, es sei sehr schwer, ihn zum Spielen zu bringen; doch spielt er nach jeder Stunde Stück um Stück. Er ist ein vortrefflicher Mensch – so einfach, so gütig und ruhig. Er wohnt in schöner Lage zwischen den Hügeln und sucht sich, um Zeit für seine Kompositionen zu haben, sehr zurückzuziehen. Es freute ihn neulich, als F. ihn wegen einer Stelle in Goethe, die sie nicht begriff, befragte, und er erklärte sie in einer sie entzückenden Art. Bei allem Genie ist er durchaus praktisch. Bis auf die Minute pünktlich im Unterricht und von äußerstem Zartgefühl.«

Ich hatte das Glück, seine Wiedergabe vieler der achtundvierzig Präludien und Fugen unter anderen Werken zu hören, und sein Spiel derselben, besonders das der Präludien, machte mir einen so starken und lebhaften Eindruck, daß ich ihn noch in Erinnerung habe. Seine Auffassung von Bach war nie konventionell und ganz unbeeinflußt von traditioneller Theorie. Er teilte sicher nicht die Meinung, die mancher hervorragende Anhänger gehabt hat, daß Bachs Musik in einfach dahinfließendem Stil gespielt werden müsse. In den Sätzen der Suiten liebte er die Mannigfaltigkeit des Tons und Anschlags sowie eine gewisse Elastizität des Tempos. Seine Art, viele der Präludien und einige von den Fugen zu spielen, war eine Offenbarung herrlicher Dichtungen, und er führte sie nicht nur mit verschiedenen Schattierungen aus, sondern mit nachdrücklichem Kontrast der Tonwirkungen. Jede Note in Bachs Passagen und Figuren trug unter Brahms' Händen dazu bei, Melodie zu bilden, die von Gefühl irgendeiner Art belebt war. Es mochte tiefes Pathos sein oder leichte Munterkeit und Lustigkeit, impulsive Energie oder weiche und zarte Anmut; aber Gefühl (wohl von Sentimentalität zu unterscheiden) war immer da, Eintönigkeit niemals. »Ganz zart und ganz leise«, erging seine häufige Mahnung an mich, während er an anderen Stellen die äußerste Heftigkeit verlangte.

Wie liebte er die Bachschen Vorhalte: »Hier muß es klingen«, pflegte er zu sagen, auf die gebundene Note deutend, und er bestand darauf, daß ich, ohne die Vorbereitung forcieren zu dürfen, letztere so anschlage, daß sie die möglichst volle Wirkung der Dissonanz gab. »Wie soll ich das klingen machen?« fragte ich ihn bei ein paar Takten eines Themas, dessen Noten für den dritten, vierten und fünften Finger der linken Hand gesetzt waren und deutlich aber leise gespielt werden sollten. »Sie müssen speziell an die Finger denken, mit denen Sie spielen, und nach und nach wird es herauskommen«, antwortete er.

Dieselben Bemerkungen können auf seine Auffassung Mozarts angewendet werden. Er lehrte mich, daß die Musik dieses großen Meisters nicht mit bloßer Anmut und Leichtigkeit ausgeführt werden dürfe, sondern daß *diesen* Effekten auch der Ausdruck erhabenen Gefühls und die Anwendung des tiefen Legatos entgegengesetzt werden müsse. Ein Teil einer Stunde galt der F dur-Sonate

usw.

Brahms ließ mich beinahe eine Seite des ersten Satzes ohne irgendeine Bemerkung spielen. Dann hieß er mich innehalten. »Aber Sie spielen ohne Ausdruck«, sagte er, und machte es mir nach, indem er in einer höheren Oktave denselben Teil spielte, im selben Stil, die Tasten korrekt, leicht und ausdruckslos anschlagend. Als er fertig war, lächelten wir beide über das alberne Spiel.

»Nun mit Ausdruck«, sagte er, und wiederholte die ersten Takte des Themas, jeder Note Geltung gebend, die ihr als wesentlichem Teil einer schönen Melodie zukam. Über diesem Satze verbrachten wir an jenem Tage lange Zeit, und erst bei der nächsten Stunde, nachdem ich mich zwei bis drei Tage in seine Auffassung eingelebt hatte, war ich imstande, ihn zu Brahms' Befriedigung großzügig genug zu spielen. Am Schluß der ersten dieser beiden Mozart-Stunden sagte ich ihm: »Alles, was Sie heute gesagt haben, ist mir ganz neu.« »Es steht alles da«, erwiderte er, auf die Noten deutend.

Von dem sogenannten »sauberen Spiel« wollte Brahms in der Tat bei Werken von Bach, Scarlatti oder Mozart nichts wissen. Sauberkeit und Gleichheit der Finger wurden zwar streng bis zur äußersten Genauigkeit und Vollkommenheit von ihm verlangt, aber bloß als Vorbereitung, nicht als Endziel. Mannigfaltiger und empfindungsvoller Ausdruck war ihm wie Lebensatem zur getreuen Wiedergabe eines jeden genialen Werkes nötig, und er zögerte nicht, sich aller Hilfsmittel zu bedienen, über die das moderne Klavier verfügt, einerlei, in welchem besonderen Jahrhundert der Komponist gelebt hatte oder welches die besonderen Vortrefflichkeiten oder Grenzen der damaligen Instrumente gewesen sein mochten.

Was immer für Musik es aber war, die ich gerade studierte, nie erlaubte er einen »billigen Effekt«. Einen zerlegten Akkord gestattete er nur bei ausdrücklicher Vorschrift des Komponisten. »Kein *arpeggio*«, pflegte er unfehlbar zu sagen, wenn ich unbewußt der Gewohnheit oder der Versuchung nachgab, einen Akkord auf diese Weise zu mildern. Er legte großes Gewicht auf den bekannten Effekt zweier durch Bogen verbundener Noten, und ich weiß aus seiner mir gegenüber in diesem Punkte bewiesenen Beharrlichkeit, daß dieses Zeichen in seiner Musik eine spezielle Bedeutung hat. Da ich wußte, wie ungern er seine eigenen Werke vortrug, ließ ich einige Wochen vergehen, bevor ich ihn bat, mir etwas von sich vorzuspielen. Als ich dies endlich zu tun wagte, wendete er ein: »Nein, nicht von mir; etwas von einem andern Komponisten.« Aber ich beschloß, es durchzusetzen. »Nein, nein«, beharrte ich, »was ich zu hören wünsche, ist eine Komposition vom Komponisten selbst«, und meine Zudringlichkeit trug den Sieg davon. Er gewährte mir den glänzenden Vortrag eines prächtigen Themas mit Variationen, welches, wie ich erst nach einigen Monaten herausbrachte, dem jetzt so bekannten B dur-Sextett entnommen war. Es war das erstemal, daß ich, ein, zwei Lieder ausgenommen, etwas von Brahms' Werken hörte, und es versetzte mich in einen Wonnerausch. Wahrscheinlich sagte ich ihm außer meinem Dank wenig, aber die Macht der Musik und deren Ausführung müssen sich in meinem Innern zu einer äußeren Wirkung gestaltet haben, denn, als ich gleich nach der Stunde meinen Platz an der Table d'hôte des Hotel Bär einnahm, dem Wirtshaus, wo mein Vater und ich zu speisen pflegten, rief eine Dame unserer Bekanntschaft aus: »Was ist denn heute mit Ihnen los, daß Sie so aufgeregt aussehen?« Ich erinnere mich ihr geantwortet zu haben: »Brahms hat mir eben etwas Großartiges vorgespielt – etwas von ihm selbst – und es geht mir noch immer im Kopf herum.«

Seitdem habe ich den Satz in England und auf dem Kontinent unzählige Male gehört, von den verschiedensten Künstlern ausgeführt, aber nie höre ich ihn, ohne in Gedanken zurückgetragen zu werden nach dem Gartenhaus am Abhang des Cäcilienberges, wo in meinem blautapezierten, teppichlosen kleinen Zimmer Brahms am Klavier saß und ihn mir vorspielte. Der Blumenduft wurde durch die offenen Gitterfenster hereingeweht; an der einen Seite des Zimmers waren die äußeren grünen Jalousien geschlossen, um die blendende Augustsonne abzuhalten, nach der anderen einer Aussicht auf die schöne Landschaft geöffnet.

Die Vorzüge unserer respektiven Aussichten waren bald nach meiner Ankunft in Lichtenthal Gegenstand freundlichen Meinungsaustausches gewesen. Brahms erklärte, daß keine Aussicht von irgendeinem Zimmer im Dorf so schön sein könne wie die seinige, während ich ebenso sicher war, daß die meine keine Rivalen habe. Zwei meiner Fenster überblickten das Tal der Oos bis in die Ebene von Straßburg, und bei schönem Wetter sah man die Spitzen der Vogesen im Sonnenlicht schimmern. Zwei andere hatten eine Aussicht auf die tannenbedeckten Hügel des Schwarzwaldes. Das erstemal, als Brahms meine Wohnung betrat, um mir eine Stunde zu geben, entlockte ihm die Lieblichkeit und Mannigfaltigkeit der Aussicht einen Ausruf des Entzückens. »Aber die Ihre ist großartiger und ernster, nicht wahr?« fragte ich großmütig. »Diese paßt besser für ein Mädchen«, antwortete er artig.

Bei der ersten Gelegenheit nach dem Tag, an welchem er mir seine eigenen Werke vorgespielt hatte, erinnerte ich Brahms an sein Versprechen, meinem Vater, der ihn gern vorteilhafter gehört hätte, als dies von dem über uns gelegenen Zimmer möglich war, zu gestatten, dies große Vergnügen einmal mit mir zu teilen. »Aber er ist nicht hier«, sagte er, und dies als Zeichen der Einwilligung auffassend, rief ich schnell nach meinem Vater, der oben Briefe schrieb, und bat ihn herunterzukommen. Als wir uns alle drei gesetzt hatten, sagte ich zu Brahms, ich wünschte das Stück zu hören, das er mir vor zwei oder drei Tagen vorgespielt habe, aber er meinte, er wolle nichts Eigenes spielen – »etwas anderes«. »Nein, nein«, sagte ich, »etwas von Ihnen, und zwar dasselbe; mein Vater möchte dasselbe hören.« »Ach, ich habe vergessen, was es war; ich habe sehr viel komponiert, ich werde etwas anderes spielen.« »Aber nein, nein, nein«, drängte ich. »Ich weiß, was es war. Ich muß dasselbe haben. Spielen Sie die ersten zwei, drei Akkorde.« – »Also, ich denke, dies war es«, sagte er nachgebend; und er wiederholte den Satz von Anfang bis zu Ende, uns beide vollständig fortreißend.

Brahms' Spiel war zu dieser Zeit seines Lebens im höchsten Grad anregend und so apart, daß man es nicht vergessen konnte. Es war nicht das Spiel eines Virtuosen, obschon ihm viel Virtuosität (um es bescheiden auszudrücken) zu Gebot stand. Er arbeitete nie auf bloßen Effekt hin, sondern schien in die innerste Bedeutung der Musik, die er gerade interpretierte, einzudringen, ihre Einzelheiten alle darzulegen und ihrer tiefsten Tiefe Ausdruck zu verleihen. Da er nicht regelmäßig übte, griff er zuweilen falsch, und etwas Härte, die aus derselben Ursache hervorging, lag schon in seinem Akkordspiel; aber er kannte seine Fehler und warnte mich vor deren Nachahmung.

Wenn auch stillschweigend, bildete er sich ein scharfes Urteil über die Empfänglichkeit oder Nichtempfänglichkeit seiner Zuhörer. Wie schon erwähnt, wurden in den Zwischenpausen seines Spiels nur wenige Worte zwischen uns gewechselt; aber er drehte dann und wann den Kopf plötzlich nach der Richtung, wo ich saß und warf mir einen raschen, prüfenden Blick zu, als wolle er sich überzeugen, daß ich ihn verstehe und ihm folge. Nur einmal weigerte er sich, weiterzuspielen. Es war bald nachdem er meinem Vater vorgespielt hatte. Ich hatte ihn um eine andere seiner Kompositionen gebeten und er hatte angefangen, eine zu spielen. Ich saß etwas hinter ihm und hörte gespannt zu, ihm zu folgen versuchend, doch mit dem Bewußtsein, daß ich ihn nicht verstand. Sehr bald wandte er sich mit dem gewohnten prüfenden Blick nach mir um und hörte sofort auf zu spielen, sagend: »Nein, das kann ich wirklich nicht spielen.« Ich versuchte ihn nicht zu überzeugen, daß ich den Sinn der Musik begriffe, sondern bat ihn, von vorn anzufangen, um mir noch einmal Gelegenheit zum Verständnis zu geben, denn es sei schwer zu folgen. Aber nichts vermochte ihn dazu zu bewegen, auch nur eine Note mehr zu spielen, und er ging auf einen anderen Komponisten über – zu meiner großen Enttäuschung und Kränkung.

Brahms mochte es nicht, wenn man etwas sagte, was möglicherweise als Nichtachtung eines großen Meisters ausgelegt werden konnte. Einmal, als zwei oder drei Personen anwesend waren, wurde eine Bemerkung über die Gleichgültigkeit der jungen Musiker gegen Mendelssohn gemacht, besonders über die Vernachlässigung der einst so sehr beliebten »Lieder ohne Worte«. »Wenn das der Fall ist, so ist es sehr schade«, bemerkte Brahms, »denn sie sind ganz voller Schönheit.«

Er liebte besonders Schubert, und ich habe ihn äußern hören, daß ihm die längsten Werke dieses Komponisten mit allen Wiederholungen nie zu lang seien.

Er bewunderte sehr meine Ausgabe von Clementis »Gradus«; es war ein Original und sehr gut erhalten; er bat mich, es ihm für ein, zwei Tage zur Vergleichung mit seiner eigenen Ausgabe zu leihen. Damals wußte ich Originalausgaben nicht besonders zu schätzen, und da ich mir einbildete, er wolle mich bloß von Überarbeitung, vor der er mich oft warnte, abhalten, sagte ich, ich könne sie nicht entbehren. »Sie wollen mir's nicht leihen!« rief er sehr erstaunt aus. Ich antwortete, daß es keinen Unterschied machen würde, wenn er sie mitnähme, denn ich könne ebenso gut ohne sie üben. Da ich aber fand, daß er die Ausgabe wirklich prüfen wolle, sagte ich, ich würde sie ihm am Abend zuschicken, da es um Mittag zu heiß sei, ein so großes Buch zu tragen. »Ich bin nicht so schwach«, antwortete er, willigte aber in den Vorschlag ein. Er schickte es nach einigen Tagen zurück, stark von dem Geruch seines Tabaks durchtränkt, den es jahrelang behielt und der mir seinen Wert eher erhöhte.

Seltsamerweise liebte er den Geruch von Eau de Cologne. Mein Vater brachte mir ein Kistchen aus Köln mit, und wenn ich bei meiner Stunde eine offene Flasche zur Hand hatte und Brahms etwas anbot, so legte er die Hände, Handflächen aufwärts, zusammen, um sie von mir mit dem Parfüm beschütten zu lassen. Dann rieb er sich damit die Stirn, indem er dabei wiederholt sagte: »Aber das paßt wirklich nicht für einen Mann.« Da ich sah, daß er es gern hatte, wusch ich manchmal damit die Tasten des Klaviers, wenn ich ihn erwartete, aber ich glaube nicht, daß er dahinterkam.

Er war entzückt von der Musik des Strauß-Orchesters, welches während einiger Wochen der Saison in Baden-Baden täglich spielte. Es wurde damals von dem großen Johann Strauß, Brahms intimem Freund, geleitet, und jeden Abend ging der Meister hinüber, um es zu hören. »Sind Sie denn so vertieft?« sagte eines Abends eine Stimme hinter mir, als ich auf der Dorfstraße von Lichtenthal mit einer Freundin stand, der Vorführung eines Tanzbären zuschauend. Mich umwendend, erkannte ich Brahms, der, den Hut in der Hand, belustigt über unsern Eifer lächelte und selbst, wie gewöhnlich um diese Stunde, unterwegs war, um der köstlichen Musik des berühmten Wiener Walzerkönigs zu lauschen.

Brahms liebte leere Komplimente nicht, aber er wußte warme Anerkennung für die aufrichtige Äußerung freundlichen Gefühles für ihn selbst wohl zu schätzen und gab sich keine Mühe, die Freude, die es ihm machte, zu verbergen. Sein Gesichtsausdruck veränderte sich dann, und er antwortete in einfacher, bescheidener Weise, die beinahe rührend war. Als ich ihm eines Tags sagte, wie sehr ich seinen Unterricht schätzte, und wie ich fühlte, daß er mir für das ganze Leben wertvoll bleiben würde, erwiderte der Komponist des Deutschen Requiems: »Das sollten Sie Frau Schumann sagen«, als verlange er von mir einen guten Bericht über ihn. Als ich ihm versicherte, daß ich dies brieflich schon getan hätte, meinte er hastig: »Aber nicht zu viel, Sie werden Frau Schumann böse auf mich machen«, und fügte hinzu: »Immer Maß halten, nie über die Bäume loben.«

Kurz vor Frau Schumanns Rückkehr sagte ich ihm, daß ich hoffte, er würde nach Beendigung meiner Stunden bei ihm nicht alles Interesse an meiner Musik verlieren und daß ich, wenn möglich, gern ein Arrangement treffen möchte, um dieselben noch beizubehalten. Er gab mir in dem Augenblick weder auf die eine noch die andere Art eine bestimmte Antwort, aber als ich ihm dasselbe eines andern Tags wiederholte, sagte er: »Es ist sehr hübsch und sehr freundlich von Ihnen, aber ich glaube nicht, daß es sich machen läßt. Sie müssen mir aber recht oft vorspielen; alles, was Sie bei Frau Schumann lernen, müssen Sie mir spielen.«

Um diese Zeit jedoch überredete mich mein Vater, der im Begriff stand, die Rückreise nach Hause anzutreten, eine Ferienwoche mit ihm zu verbringen; und bei meiner Rückkehr nach Lichtenthal richtete es Frau Schumann so ein, daß ich für den Rest meines Aufenthaltes meine Studien unter Brahms fortsetzen sollte, da ich, wie sie sagte, mehr seine Schülerin geworden sei als die ihre. Es waren in der Tat wenige Stunden mehr in Aussicht. Der Herbst hatte eingesetzt und jeder dachte an Abreise. Brahms mußte manchmal nach Karlsruhe fahren, wo er mit Proben beschäftigt war, aber er hielt seine übrigen Verabredungen mit mir pünktlich ein. Die letzten Stunden bei ihm waren ebenso großartig wie die früheren, und als ich nach England zurückging, hatte ich festen Boden gewonnen. Ich will ja nicht behaupten, daß meine Hand, vom pianistischen Standpunkt aus betrachtet, schon ganz entwikkelt war, oder daß ich die Technik schon vollständig beherrschte. Diese Dinge wären physisch unmöglich gewesen. Aber Brahms hatte mir den Weg gezeigt, der direkt zu meinem Ziel führte, und hatte mich selbst ein gutes Stück darauf begleitet. Einen Gipsabguß meiner Hände, der bei meiner Rückkehr nach England gemacht wurde, hätte man nicht derselben Person zugeschrieben, wenn man ihn jetzt mit dem verglichen hätte, der kurz vor meiner Reise nach Lichtenthal angefertigt worden war.

Das waren in der Tat goldene Tage, als Brahms neben mir saß und mich unterrichtete; mir ebenso unvergeßlich durch die Offenbarung einer erlesenen Menschennatur, als wegen der musikalischen Vorteile, die sie mir brachten. Es ist mir oft gesagt worden, daß es noch eine andere Seite seines Charakters gab und daß er selbst zu jener Zeit bitter und satirisch sein konnte. Ich glaube wohl, daß er nicht fehlerlos war, aber ich denke nicht, daß er zu irgendeiner Zeit seines Lebens wirklich verbittert gewesen ist. Er hatte ohne Zweifel ein starkes Gefühl in Bezug auf die Gleichgültigkeit und direkte Feindseligkeit, gegen welche seine Werke lange zu kämpfen hatten; aber wenn auch je in ihm ein Gefühl der Enttäuschung gewesen ist, so war dieses sicher, bevor ich ihn kannte, zum festen und ruhigen Glauben an die Zukunft seiner Kompositionen herangereift und hatte nur dazu gedient, den Entschluß, sein Allerbestes in sie hineinzulegen, wenn möglich noch zu verstärken.

Barsch mag er zuzeiten gewesen sein, und in späteren Jahren hatte ich zuweilen Gelegenheit zu bemerken, daß er nicht immer sanft war, obschon er sich gegen mich nie anders betrug. Seine Rauheit war in gewissen Fällen ohne Zweifel durch den festen Willen verursacht, seine Zeit gegen Berühmtheitenjäger und selbst gegen seine Freunde zu schützen. Vielleicht kann man sie auch teilweise auf Umstände in seiner Jugend zurückführen, wo er oft in einer Umgebung gewesen sein mag, in der rückhaltlose Offenheit der Sprache mehr kultiviert wurde als hergebrachte Höflichkeitsformen. Es ist jedoch sicher, daß er sich in den späteren Jahren seines Lebens manchmal des Privilegs eines *enfant gâté* bediente, hin und wieder der Augenblickslaune nachgab und Dinge äußerte, welche die Gefühle anderer notwendigerweise verletzen mußten. Dieses ist zu bedauern, und es entschuldigt ihn kaum, daß die beißenden Worte nur von den Lippen und nicht aus dem Herzen kamen. Ich bin jedoch fest überzeugt, daß seine Herbheiten oft nur angenommen waren, um sein von Natur weiches Temperament, das er ein wenig fürchtete und sogar vor sich selbst gern verbarg, zu decken. Er hielt für sich und andere an dem heilsamen Prinzip fest, die geistigen so wie auch die physischen Kräfte zu stählen.

Ein oder zwei Jahre vor Brahms' Tod besuchte ich Lichtenthal wieder und übernachtete im Hotel Bär, wo ich in früheren Tagen zu speisen pflegte. Ich suchte alte Bekannte auf und unter ihnen die frühere Wirtin des lieben alten Gasthauses, welche sich in eine reizende Villa dicht nebenan zurückgezogen hatte, während ihr Bruder immer noch der Besitzer des Hotels war. Sie hatte Brahms, wie es sich versteht, gut gekannt, und während der paar Stunden, die ich bei ihr verbrachte, sprachen wir hauptsächlich von ihm. Sie wiederholte das Urteil, das von jedem, der ihn wirklich kannte, abgegeben wurde: »So einfach und natürlich, so freundlich und heiter, fähig, sich an Kleinigkeiten zu erfreuen. Er war ein so harmloser Mensch. Er neckte gern, aber seine Neckereien waren immer gutmütig, nie mehr als kleine Scherze.« In alten Tagen brachte er oft einen Freund mit, um im Bären zu speisen, und sie ließ immer in einem Privatzimmer oder hinten im Garten für ihn decken, damit er nicht durch andere Gäste belästigt würde. »Er war zu allem bereit. Manchmal trat er im Vorübergehen ein, sagte uns guten Morgen und, wenn wir sehr beschäftigt waren, machte es ihm Spaß, sich hinzusetzen und uns beim Gemüseputzen fürs Mittagessen zu helfen. Er konnte es bloß nicht leiden in steife Gesellschaft zu gehen oder einen Frack tragen zu müssen. Ich habe ihn jetzt mehrere Jahre nicht gesehen. Es war im September 1889 das letztemal, als er dem Bären einen flüchtigen Besuch abstattete. Es ärgerte ihn sehr zu finden, daß drei Fichtenbäume bei dem Hause, wo er zu wohnen pflegte, umgehauen waren, weil, wie er meinte, die Poesie der Aussicht dadurch beeinträchtigt wäre, und er sagte, er würde nie wieder dort wohnen. Was für ein warmes Herz er hatte! Er liebte es, alle Bauern der Umgebung zu kennen und war stolz darauf, daß jeder Mann, jede Frau und jedes Kind, denen er auf seinen Morgenspaziergängen begegnete, Grüße mit ihm tauschten. Als er das letztemal hier war, bat ich ihn um ein Autograph. Sie werden wohl gern sehen, was er schrieb.« Und meine alte Freundin ließ das Album bringen, in welches der Meister eingeschrieben hatte:

»Johannes Brahms.
Eines schönen Tages
im schönen Baden
im lieben Bären.«

BERLIN

Jahre sollten vergehen, bevor ich mit Brahms wieder zusammenkam. Nach meiner Rückkehr nach England arbeitete ich stets in der Weise, wie er es mir angedeutet hatte, und fand, daß ich durch Beobachtung und Übung seiner Grundlehren immer weiter auf dem Pfad des Fortschritts geführt wurde. Sein Unterricht war von solcher Art gewesen, daß dessen Entwicklung nicht mit der Unterbrechung der Stunden aufhörte. Als Wochen und Monate verstrichen, fühlte ich meine klare Einsicht in dessen Zwecke und Resultate beständig wachsen. Ich war nicht überrascht zu entdekken, als ich seine Klavierkompositionen kennenlernte, daß ich für eine Zeitlang die köstliche Aufgabe, sie zu studieren, aufschieben müsse. Brahms selbst hatte mich hierauf vorbereitet. Er sorgte immer dafür, wenn er Musik für mich auswählte, mir etwas zum Einstudieren zu geben, das mein technisches Können entwickelte, ohne meine Hände anzustrengen; und wenn ich etwas von ihm selbst zu studieren wünschte, so antwortete er, daß seine Kompositionen noch unpassend für mich seien, da sie zu viel physische Kraft und zu große Spannung verlangten. Er glaubte damals, daß sie über die Kraft einer Frau hinausgingen. Als ich ihn fragte, warum er so ungeheuer schwere Klaviersachen komponiere, sagte er, daß sie ihm von selbst so kämen: »Ich kann nicht anders.«

Im Winter 1881–1882 befand ich mich in Berlin. Es wäre schwer, meine Gefühle zu schildern, als ich eines Tages die Ankündigung las, daß von Bülow auf einer Tournee mit der Meininger Hofkapelle, deren Dirigent er war, binnen Kurzem die Stadt besuchen würde, um einen dreitägigen Konzertzyklus im Saale der Singakademie zu geben, daß Brahms' Kompositionen eine große Rolle in seinem Programm spielen würden, daß Brahms selbst anwesend sein würde und wahrscheinlich bei einer oder mehreren Aufführungen mitwirken würde. Das Leben in Lichtenthal war mir jetzt zu einer Art Märchenerinnerung geworden, die nicht erneuert werden konnte; ich glaubte es kaum, daß ich Brahms bald wiedersehen sollte. Als ich aber aus späteren Ankündigungen ersah, daß die Konzerte wirklich stattfinden sollten, verlor ich keine Zeit, mir ein Abonnement-Billett für den Zyklus zu sichern.

Da ich wohl wußte, daß jeder Augenblick von Brahms' Aufenthalt in Berlin ausgefüllt sein würde, entschloß ich mich, einer Probe beizuwohnen und dann den passenden Moment abzuwarten, wo ich mich dem Meister vorstellen könnte. Der ungünstige Zufall wollte es, daß ich am ersten Tag durch unaufschiebbare Verpflichtungen abgehalten wurde. Doch war ich um so weniger untröstlich, da Brahms erst am zweiten Konzert einen tätigen Anteil zu nehmen hatte. Am zweiten Abend sollte ein neues noch unveröffentlichtes Klavier-Konzert (Nr. 2 in B dur), vom Komponisten gespielt und von Bülow dirigiert, zur Aufführung kommen, am dritten Abend das erste Klavierkonzert von Bülow unter Brahms' Leitung gespielt werden. Als ich mich frühzeitig am zweiten Morgen des Zyklus zur Probe in die Singakademie begab, erklärte ich dem freundlichen Kastellan beim Eingang mein Recht auf Einlaß. Er erlaubte mir, den Saal zu betreten und mich unter die kleine Zuhörerschaft zu mischen, welche das Recht hatte beizuwohnen.

Die Musiker waren schon versammelt, und nach ein paar Augenblicken des Wartens kam von Bülow mit mehreren Herren. Kräftiges Klatschen erscholl vom Podium und Parkett und es entstand eine kleine Bewegung durch das Begrüßen. Aber wo war Brahms? Ich konnte ihn zuerst nirgends erblicken und erst, als er im Lauf der Probe seinen Platz auf dem Podium einnahm, fühlte ich mich seiner Gegenwart sicher. Ich war darauf vorbereitet gewesen, ihn verändert und älter zu finden, aber doch nicht so, daß es das Wiedererkennen ausschloß. Es ist aber keine Übertreibung, wenn ich sage, daß, obschon ich wußte, es sei Brahms, ich durchaus nicht imstande war, jenen Mann wiederzuerkennen, den ich vor zehn Jahren gekannt hatte. Gewiß, da war das wohlbekannte große Haupt mit dem zurückgebürsteten Haar, obschon nicht so sorgfältig geordnet wie in früheren Tagen; aber die Gestalt war viel schwerfälliger geworden und Mund und Kinn waren durch einen dicken Schnurrbart und graumelierten Vollbart verborgen, was sein Aussehen vollständig veränderte. Als ich ihn zur Zeit seines jugendlichen mittleren Alters kennenlernte, konnte man sich noch einbilden, daß Gesicht und Ausdruck Spuren der Sturm-

und Drangperiode behalten hätten; diese waren jetzt vollständig geschwunden. Mit Schrecken fühlte ich, daß meine Ahnung, ich würde den alten Freund nie wiedersehen, verwirklicht worden war, obwohl auf andere Weise, als ich es erwartet hatte.

Es wurde Brahms eine Huldigung dargebracht, als er sein neues Konzert zu Ende gespielt hatte, und als er das Podium verließ, stürzte Bülow, nicht imstande, seine Aufregung zu bemeistern, auf ihn zu und gab ihm einen Kuß; er schien etwas überrascht, ertrug es aber passiv.

Endlich war die Probe zu Ende, und Brahms wurde sofort von seinen Freunden umgeben, die ihm gratulieren wollten und begierig waren, ein Wort von ihm zu erhaschen. »Jetzt oder nie«, dachte ich, und allen Mut zusammennehmend, gelang es mir, ihm näherzukommen, obschon etwas hinter ihn. »Ich möchte Ihnen auch ein Wort des Dankes sagen, Herr Brahms«, sagte ich. Brahms wandte den Kopf. »Sind Sie denn hier in Berlin?« erwiderte er augenblicklich, als wären wir einander vorige Woche begegnet. Jemand anderes drängte sich vor, um des Meisters Aufmerksamkeit auf sich zu lenken, und wie ich gerade antworten wollte, befand ich mich schon im Hintergrund. Ich wollte nicht auf eine zweite Gelegenheit, an ihn heranzutreten, warten; da ich fühlte, daß sich eine solche wohl kaum wiederfinden ließe, so ging ich geradeswegs nach Hause in meine Wohnung. Als ich mir die Sache unterwegs überlegte, kam ich zu dem Schluß, daß Brahms mich nicht erkannt habe und daß er, als meine Worte an sein Ohr klangen, die erste, beste Antwort gab, die ihm einfiel und die auf jede Bekannte passen mochte, an die er sich im Augenblick nicht erinnerte. Wie außerordentlich auch sein Physiognomien-Gedächtnis war, schien es mir doch unglaublich, daß er mich nach so vielen Jahren, ohne eine Minute zu zögern erkannt hätte, in einem Moment, wo seine Aufmerksamkeit durch die Konzertangelegenheit des Tages und die Berliner Freunde und deren Rechte in Anspruch genommen war.

In dieser Gemütsverfassung nahm ich abends meinen Platz ein, um das Konzert zu hören. Nachdem ich die erste Aufregung des Wiedersehens mit Brahms überwunden hatte und wußte, was ich in Bezug auf seine persönliche Erscheinung zu erwarten habe, konnte ich der Musik mit mehr Sammlung lauschen, als es mir am Morgen möglich gewesen war. Meine Freude an der Ausführung des Konzerts wurde natürlich einigermaßen durch den Umstand getrübt, daß das lange, schwierige Werk ganz neu war. Ich glaube aber, ich hätte mehr Genuß gehabt, wenn Brahms dirigiert und Bülow die Solostimme gespielt hätte. Ich fand Brahms' Spiel nicht mehr auf der früheren Höhe; sein Forteanschlag war hart geworden und, obschon man vielleicht sagen konnte, daß er die Schwierigkeiten seiner Partie bemeistert hatte, stand er doch nicht genügend darüber, um sie mit voller Leichtigkeit auszuführen. Es hätte ja in der Tat nicht anders sein können. Als hervorragender schaffender Künstler war er unmöglich imstande gewesen, die ganze technische Beherrschung des Klaviers zu bewahren; dazu ist das Leben zu kurz. Ich wußte jedoch, daß ich einem wunderbaren Werk von großartiger Gestaltung gelauscht hatte, und sehnte mich nach einer Gelegenheit, es wieder zu hören, um es mir zu eigen zu machen.

Am Schluß des Werkes brach der Beifall des Publikums in tumultuarische Begeisterung aus; es wurde Tusch geblasen; Brahms und von Bülow wurden immer wieder gerufen, einzeln und zusammen; und in diesem Augenblick des Triumphes sah ich noch einmal den früheren Brahms vor mir stehen, denn während seine Augen leuchteten und sein Gesicht vor Freude strahlte, erkannte ich in Haltung und Miene den mir so vertrauten Blick beinahe befangener, schüchterner Bescheidenheit, der ihn in früheren Tagen charakterisiert hatte.

Ich suchte natürlich an dem Abend, von dem ich schreibe, keine Gelegenheit mehr, mit Brahms zu sprechen, aber für den nächsten Morgen machte ich meinen Plan, und zu der geeigneten Stunde ging ich nach der Singakademie und bat mit Erfolg um Einlaß zur Probe.

Während des ersten Teiles saß Brahms mitten unter den Zuhörern in der ersten Reihe des Parkett, und in einer passenden Pause zwischen den Stücken schickte ich ihm meine englische Visitenkarte, auf die ich ein paar Zeilen geschrieben hatte, um mich ihm in Erinnerung zu bringen. Er las sie und schaute sich um: »Das weiß ich schon, ich habe Sie gestern gesehen«, sagte er kühl, stand aber auf und kam auf mich zu. »Aber Sie wußten nicht, wer ich sei?« erwiderte ich noch zweifelnd. »Ja, ich wußte es.« »Es schien mir ganz unmöglich, daß Sie mich erkannt haben können«, rief ich. »O doch, doch! O doch!« sagte Brahms in ganz verändertem Ton, und ein paar Sekunden vergaß ich aufzuschauen oder etwas zu sagen.

»Machen Sie Notizen?« fragte er, wie um mich wieder zu mir selbst zu bringen, indem er meinen Bleistift berührte. Aber die Probe mußte weitergehen und Brahms bestieg mit Bülow das Podium, um das D moll-Konzert vorzuführen. Als die Probe vorüber war, verließ ich den Saal nicht so schnell wie am Tag zuvor, sondern wartete, in der Hoffnung noch ein Wort mit Brahms zu wechseln, und zur Belohnung wechselten wir derer recht viele. Am Abend, als er sich zum Publikum wandte, bevor er das Konzert begann, erblickte er mich in der dritten Reihe vorne und ließ es sich nicht verdrießen, mir mit einem Lächeln des Erkennens eine freundliche Verbeugung zu machen. Er blickte während des Abends leicht nach mir hin, obschon mir sein Aussehen noch etwas fremd vorkam, so wußte ich, daß Brahms ja doch auf der Welt war!

Die Ausführung des D moll-Konzerts war eine jener seltenen Leistungen, die uns als unvergeßliche Ereignisse im Gedächtnis bleiben. Wenn Brahms dirigierte, machte er keine Mätzchen und war sparsam in seinen Bewegungen; oft ließ er die linke Hand in der Tasche oder sie hing ruhig an seiner Seite: aber er umfaßte mit dem Zauber seines Genies sowohl das Orchester als auch den Pianisten. Die Ausführung war bemerkenswert durch ihre Macht und Größe, aber nicht hauptsächlich dadurch, denn diese Eigenschaften konnte man erwarten. Sie wurde vor allem bemerkenswert durch die verfeinerte Phantasie, welche selbst die etwas harte Verstandesarbeit von v. Bülows gewöhnlichem Stil beeinflußte und fast veränderte. Gute Aufführungen von Brahms' Orchesterwerken hört man nicht selten, und große gelegentlich; aber seine besondere Eigenschaft der poetischen Phantasie, durch die er beim Dirigieren die Musik manchmal erklingen machte, als ob sie in einer verdünnten Atmosphäre schwebe – bald in elfengleicher Schönheit und Anmut vibrierend, bald in ätherischen Mysterien, – war ihm, möchte ich sagen, ganz eigen und kann schwerlich wiedergegeben oder nachgeahmt werden.

Sobald Brahms seinen Teil des Abendprogramms beendet hatte, verließ ich den Saal, denn ich war durch die Aufregung der letzten zwei Tage ganz erschöpft und fühlte, daß ich nichts mehr ertragen könne. Am nächsten Morgen früh verließ er Berlin, um seinen Verpflichtungen in einer anderen Stadt nachzukommen.

WIEN

Während der nächsten vier Jahre brachte ich viel Zeit in Berlin zu. Ich war entzückt von den Konzerten und der musikalischen Atmosphäre der deutschen Hauptstadt und ließ meine Pläne nicht durchkreuzen durch eine beiläufige Einladung, Wien zu besuchen, welche Brahms im Laufe unseres kurzen Wiedersehens in der Singakademie an mich gerichtet hatte. Ich fühlte, daß, so gütig und freundlich seine Erinnerung an mich geblieben sein mochte, ich doch nicht hoffen konnte, direkten musikalischen Nutzen aus jemandem zu ziehen, der von jenem Nachdenken und sich Vertiefen in Anspruch genommen war, aus welchem das Leben eines wirklich großen Komponisten größtenteils bestehen muß.

Es war erst im Dezember 1888, als ich meinen ersten Besuch in Wien machte. Ich kam dort gegen Ende des Monats an, mit Empfehlungsbriefen versehen, welche mir gütige Antworten eintrugen und mir sofortigen Zutritt zu jenen englischen und österreichischen Kreisen verschafften, an deren Mitglieder sie adressiert waren. Ich wartete eine Woche, bevor ich meine Ankunft Brahms wissen ließ, denn ich wünschte nicht nur mit meinen Angelegenheiten in Ordnung zu sein, bevor ich ihm meinen Besuch machte, sondern auch in einer Stellung in Bezug auf meine Bekanntschaft, die es ihm unmöglich machen würde zu argwöhnen, daß ich irgend etwas anderes von ihm wolle, außer der Freude und Ehre, ihn wiederzusehen und mich ihm wieder in Erinnerung zu bringen.

Mittlerweile schloß ich aus allem, was ich hörte, daß sich seine Abneigung gegen irgend etwas, das sich allgemeiner Geselligkeit näherte, nach und nach verschärft hatte. Einige, selbst von seinen alten Freunden, sprachen von der zunehmenden Seltenheit seiner Besuche. Eine Dame, in deren Haus er viele Jahre intim verkehrt hatte, sagte mir, daß er gewohnt gewesen war, sich von Zeit zu Zeit einige Stunden vorher für den Abend anzukündigen, immer vorausgesetzt, daß er sie und ihren Mann allein in ihrem Familienzirkel finden würde oder höchstens mit ein oder zwei erlesenen Freunden. Bei diesen Gelegenheiten pflegte er ihnen seine neuesten Kompositionen eine nach der anderen vorzuspielen. Diese Gewohnheit hatte er aber beinahe aufgegeben.

Ich hörte nur eine Meinung, sowohl bei den Freunden als

auch bei Fremden, über seinen wirklich großen Charakter und sein echtes Naturell, aber seine Manieren wurden von denen, welche nicht in seinem nächsten Kreise verkehrten, allgemein als wunderlich, sarkastisch und hochmütig geschildert. In der Tat versicherte man mich zu wiederholten Malen, daß mir ein Versuch, ihn zu besuchen, nichts nützen würde, so daß ich beinahe zu fürchten begann, ich würde ihn grob und unmöglich finden, wenn nicht gar hoffnungslos unzugänglich. Auf alles, was man mir hierüber sagte, antwortete ich bloß, daß ich ihn einmal gut gekannt habe und ihn nie anders als gütig und anspruchslos gefunden hätte, aber daß ich schon vorbereitet sei, ihn verändert und rauh in seinem Benehmen gegen mich zu finden.

Endlich, an einem trüben Nachmittag eines der letzten Tage des Jahres machte ich mich auf nach der Wieden, jenem Bezirk von Wien, den Brahms bewohnte und, in den Hausflur von Nr. 4, Karlsgasse, tretend, stieg ich die abgenützte steinere Treppe bis in den dritten Stock hinauf. Hier zog ich an dem glänzenden Messinggriff des altmodischen Glockenzugs, und das Gefühl des Zweifels, das über mich gekommen, verwandelte sich in förmlichen Schreck, als ich das lange Läuten hörte, das ich geweckt hatte. Ich dachte, es müßte Brahms klingen, wie die Ankündigung eines höchst kecken und entschlossenen Eindringlings, und daß es sich unausweichlich als das Sterbeglöcklein der letzten Möglichkeit des Einlasses herausstellen würde.

Die Tür wurde bald von einem freundlichen Dienstmädchen geöffnet, welches mir in der Tat sagte, daß der Herr Doktor nicht zu Hause wäre, mir aber doch die Versicherung gab, daß ich nicht mit einer bloßen Phrase abgespeist werde, indem sie hinzufügte, sie denke, er werde wahrscheinlich um sechs Uhr zurück sein, und sie riete mir, um diese Stunde wiederzukommen, wenn ich ihn besonders gerne sehen wolle, denn er werde am nächsten Morgen zeitlich früh verreisen. Ich dankte dem Mädchen, sagte, ich würde ihrem Rat folgen und, ohne meinen Namen zu nennen, kehrte ich nach meiner Wohnung zurück, um den Abend abzuwarten.

Der zweite Besuch war wieder erfolglos, aber als ich es das dritte Mal versuchte, um sieben Uhr, fand ich, daß Brahms nach Hause gekommen war. »Bitte einzutreten«, sagte die Wirtin, welche diesmal die Tür öffnete. Aber diese unerwartete Leichtigkeit des Einlasses bei dem Meister brachte mich mehr außer Fassung, als der erwartete kleine Streit es getan hätte. »Bitte, bringen Sie dem Herrn Doktor meine Karte«, sagte ich, »und fragen Sie, ob er mich sehen will.« »O, das ist nicht nötig«, antwortete sie; aber sie nahm sie, kehrte gleich zurück und bat mich, einzutreten. Noch bevor dies geschehen, eilte mir der gefürchtete und hochfahrende Brahms entgegen. »Warum haben Sie Ihre Adresse nicht dagelassen? Ich hätte Sie aufgesucht«, sagte er, mir die Hand reichend. Und mich in sein Wohnzimmer führend, bat er mich, auf dem Sofa Platz zu nehmen, während er sich mir gegenüber auf einen Stuhl setzte.

Er versuchte nicht zu verbergen, daß es ihn freue, seine alte Schülerin wiederzusehen, augenscheinlich wünschte er, ich solle begreifen, daß unsere Bekanntschaft genau von dem Punkt wieder aufgenommen werden müsse, wo wir zuletzt stehengeblieben waren; er erinnerte mich, als ich auf die Stunden von Baden-Baden anspielte, daß er mich seit jenen frühen Tagen schon gesehen habe. »O, einen Augenblick bei den Proben in Berlin«, antwortete ich, »aber seitdem«, betonte er. »Nur beim Konzert«, meinte ich, etwas überrascht. »Ja, beim Konzert«, gab er zu, »und Sie saßen unten, ich erinnere mich.«

Ich erzählte ihm, daß ich kürzlich dasselbe B dur-Konzert einstudiert habe, welches er damals spielte, und es in London vor Privatpublikum aufgeführt hätte. Es interessierte ihn, die Einzelheiten darüber zu erfahren, und als ich lächelnd sagte, daß mir die Ermüdung durch das Üben der ungeheuren Schwierigkeiten alle Arten von Schmerzen und Unannehmlichkeiten verursacht habe und daß ich nach der Aufführung sogar gezwungen gewesen war aufs Land zu gehen wegen eines Luftwechsels, erwiderte er im selben Stil: »Aber das ist sehr gefährlich; so was muß man nicht komponieren, es ist zu gefährlich!«

Lächelnd vertraute er mir an: »Ich bin hier der unliebenswürdigste aller Musiker«, als ob er gerne wissen wollte, ob ich schon von seinem Ruf störrischen Eigensinns gehört habe, und er war offenbar zufrieden, als ich antwortete: »Das werde ich nie glauben, Herr Brahms, – niemals!« Er sollte nur zehn Tage wegbleiben, und als ich mich von ihm verabschiedete, geschah es mit dem angenehmen Bewußtsein, daß er sich freuen würde, mich bei seiner Rückkehr noch in Wien zu finden. In seiner Erscheinung hatte sich Brahms seit unserer Begegnung in Berlin wieder sehr verändert. Obschon er noch nicht sechsundfünfzig war, sah er aus wie ein alter Mann. Das Haar war beinahe weiß, und er war sehr dick geworden. Bald nach seiner Rückkehr von der Reise hatte ich günstige Gelegenheit, ihn zu beobachten, ohne selbst bemerkt zu werden. Die erste Wiener Aufführung seiner neu veröffentlichten Zigeunerlieder fand in dem Konzert eines dort lebenden Sängers, eines seiner Freunde, statt. Das Programm sagte nichts davon, daß Brahms an der Aufführung teilnehmen würde; aber als der Abend kam, trat er ruhig auf das Podium, wo sich die Sänger aufstellten, und nahm seinen Platz am Klavier als Begleiter. Natürlich war sein Erscheinen das Signal zum Ausbruch eines enthusiastischen Empfanges von seiten der massenhaften Zuhörerschaft, denn man hatte nur halb und halb zu hoffen gewagt, daß er sich zeigen würde.

Wie ich so in meiner Ecke saß und ihn beobachtete, wurde ich mir bewußt, daß sowohl sein allgemeines Aussehen als auch sein Ausdruck in den letzten Jahren abermals einen seltsamen Wechsel durchgemacht hatte. Er trug jetzt die glückliche, sonnige Miene Eines, der sein Vorhaben verwirklicht hat und mit seinem Teil am Leben zufrieden ist; Eines, dem das volle Maß des Erfolges zugekommen, bevor es zu spät war, es zu schätzen. Wenn er mir in Baden-Baden den Eindruck eines Mannes machte, welcher die volle Anerkennung erst erwartete und schon lange darauf gewartet hatte; und in Berlin den Eindruck eines, der die glorreiche Höhe des Ruhms noch in der Fülle der Kraft erreicht hatte und unermüdet vorwärts drängte nach höheren Höhen der Erfüllung – so hatte ich, wie ich ihn hier in Wien sah, die Empfindung, daß auch diese zweite Phase mehr oder weniger der Vergangenheit angehöre und daß er schon eine Periode der Belohnung und vielleicht der weniger rastlosen Anstrengung angetreten habe.

Eine der wenigen Gelegenheiten, die ich überhaupt hatte, um zu beobachten, wie Brahms die Freiheit eines großen Mannes zuweilen benutzte, um seinen Launen nachzugeben, ohne auf Althergebrachtes und vielleicht auf den gehörigen Respekt gegen andere zu achten, bot sich mir bei einer Versammlung des Wiener Tonkünstlervereins, jenes Musikerklubs, dessen Ehrenpräsident er war. Es war einer jener geselligen Abende des Vereins, wo die Mitglieder zusammen soupierten. Brahms kam spät und als er eintrat, saß man schon bei Tisch. Er ließ sich an seinen Platz führen, der am oberen Ende der langen Tafel für ihn, als Präsidenten, reserviert worden war, aber er setzte sich nicht. Gemächlich die versammelte Gesellschaft prüfend, wählte er sich den Platz, der ihm behagte, welcher an der Seite, nahe dem untern Ende, lag. Dort war zuvor ein Zwischenraum, aber nicht genug für einen Sessel. »Dort«, sagte er, hinzeigend, und schlenderte das Zimmer hinunter, scheinbar ohne die Störung und Unbequemlichkeit, die er verursachte, zu bemerken; denn eine Bank mußte weggetragen werden und mehrere Leute mußten ihre Stühle rücken, um Platz für ihn zu machen. Hatte er einmal den Platz inne, der ihm gefiel, so trug er seinen Teil zur Gemütlichkeit des Abends bei und hatte keine Eile fortzugehen.

Eine andere Gelegenheit war sehr ähnlich. Er war wieder unzufrieden mit dem Platz, den man beim Souper für ihn bestimmt hatte. Diesmal war es in einem Privathaus, und da er den Platz nicht hätte zurückweisen können, ohne unerträglich grob zu erscheinen, ergab er sich mit einer Art halbem Widerstreben und nahm ihn ein. Aber während des größten Teils der Unterhaltung war er nicht nur verstimmt, sondern gründlich schlechter Laune, was er nicht bezwingen konnte. Jedoch lagen sicherlich keine böswilligen Gedanken darin, sondern höchstens eine kindische Ungeduld und Gereiztheit wegen einer kleinen Enttäuschung.

Obschon Brahms keine bestimmte Stunde hatte, so kam ich doch dahinter, daß die beste Besuchszeit ungefähr um 11 Uhr war. Von jeher ein Frühaufsteher, hatte er dann seine Morgenarbeit hinter sich, und war er zu Hause, so war er auch bereit, einen Besucher zu empfangen. Manchmal fand ich ihn am Klavier, einen offenen Band (oftmals Bach) auf dem Notenpult , welches auf dem geschlossenen Klavierdeckel stand, und er spielte leise oder studierte schweigend das Werk vor sich. Nie hatte ich das Gefühl, ihn zu stören, wenn ich ihn aufsuchte. Es ist wahr, daß ich nur gelegentlich hinging und nur, wenn ich eine plausible Ausrede hatte; dennoch begreife ich es nicht ganz, wie er zu solchem Ruf der Unhöflichkeit gekommen ist. Er hatte auf seine Weise eher gesellige Neigungen.

Als ich eines Tages bei ihm war, wurde in dem Stockwerk über ihm schrecklich auf einem Klavier geklimpert. Ich machte meine Bemerkungen über die seltsame Bildung von Leuten, die sich so mit Vorbedacht in seine unmittelbare Nachbarschaft gepflanzt hatten – denn er bewohnte seit Jahren dieselben Zimmer – und die ihn nun mit solchem Lärm quälten. Er sagte, daß man manchmal auch schlecht singe und Violine spiele, was beides für ihn noch unerträglicher als das Klavier sei, und fügte hinzu: »Sie haben auch ihr Recht, und ich weiß mir zu helfen«, und er hielt seine Hände in Tastenstellung, um anzuzeigen, daß, wenn er zu sehr gestört wurde, um anderes zu tun, er die Klänge ausschließe, indem er die Zeit selbst zum Spielen verwende. Brahms ging gewöhnlich spätestens um drei Viertel auf Zwölf aus und pflegte vor Eins sein Lieblingsrestaurant »Zum roten Igel« zu betreten. Nach seinem frühen Mittagessen ging er seines Weges nach einem Café in einem anderen Teil der Stadt, wo er bei einer Tasse schwarzen Kaffees seine Zeitungen las. Darnach war es seine beste Zeit zum Besuch machen, und ungefähr um Sechs kehrte er häufig nach seiner Wohnung zurück, um Briefe zu schreiben oder sonst etwas zu arbeiten; später ging er noch einmal aus, um seinen abendlichen geselligen Verpflichtungen nachzukommen. Manchmal geschah es auch, daß er früh ausging und nicht mehr nach Hause kam bis nach dem Nachtmahl. Diese Einzelheiten erfuhr ich zufällig während meines Aufenthaltes in Wien.

Brahms hielt viel darauf, gegen Damen, was das Rauchen betrifft, höflich sein sein, und verfehlte niemals, um Erlaubnis zu fragen, ehe er seine Zigarrre anzündete. Wenn ich ihn allein traf, rauchte er natürlich niemals. Aber eines Tages, als ich erst ein paar Minuten bei ihm gewesen, läutete es und zwei Herren erschienen; der eine, ein Freund von Brahms, der andere, ein junger Mann, den er mitgebracht hatte, um ihn dem Meister vorzustellen. Da Brahms wünschte, daß ich bleibe, behielt ich meinen Platz. Bald zog er die Zigarrentasche heraus und bot sie seinen Besuchern, indem er sagte: »Ich tu's aber ungern, da eine Dame anwesend ist.« Der ältere der Herren steckte die Zigarre in seine Brusttasche, der jüngere zündete die seine an und paffte kräftig darauf los, aus purer Verlegenheit, glaube ich, sich in Gegenwart des Meisters zu befinden. Brahms setzte sich wieder, ohne eine zu nehmen. »Wollen Sie nicht rauchen, Herr Brahms?« fragte ich nach einigen Sekunden. »Wenn Sie erlauben«, antwortete er, die wenigen Worte möglichst betonend, und nahm eine Zigarre.

Obschon Brahms während des letzten Teils seines Lebens kein Konzertbesucher war, wohnte er doch den Aufführungen der Philharmonischen Gesellschaft und der Gesellschaft der Musikfreunde fast immer bei und nahm gewöhnlich in der »Künstlerloge« auf der Galerie Platz. In den Pausen zwischen den Stükken beugte er sich vor, beide Arme auf die Logenbrüstung gestützt und das Opernglas vor den Augen, nach seinen Bekannten in den verschiedenen Teilen des Saales spähend.

Als ich ihm am Schluß meines ersten Aufenthaltes in Wien meinen Abschiedsbesuch machte, erwähnte ich zufällig, daß ich eine kleine Sammlung von Werken für Tasteninstrumente des siebzehnten und achtzehnten Jahrhunderts angelegt hätte und daß mir ein oder zwei ziemlich kostbare erste Ausgaben in die Hände gefallen seien. Mit großem Interesse sagte er: »Wir haben beide dasselbe getan«, und er nahm aus dem Bücherschrank einige seiner alten Musikhefte heraus und zeigte sie mir. Ich erinnere mich speziell an eine Originalausgabe von Scarlatti-Sonaten, sehr gut erhalten, aber ohne Titelblatt, die er besonders liebte und auf die er sehr stolz war. Er bat mich, ein oder zwei der meinen beim nächsten Besuch mitzubringen, um sie ihm zu zeigen, und ich sagte ihm, daß ich zufällig eins mithabe – einen Original-Rameau – und daß ich es ihm sofort schicken würde, wenn er noch kein Exemplar besäße.

»Nein, jetzt ist es zu spät, morgen reisen Sie, aber im nächsten Jahre, wenn Sie wiederkommen.« »Aber ich will sagen«, erwiderte ich, »ich werde es Ihnen schenken.« Brahms antwortete nicht sogleich und ich fragte: »Wollen Sie lieber nicht? Wenn das so ist, so werde ich es nicht tun.« »Nein, ich will *nicht,* lieber nicht, aber Sie müssen Ihre Sachen nicht sogleich verschenken«, antwortete er. »Dann will ich es tun«, erklärte ich, entzückt, etwas zu besitzen, das er gerne haben und von mir annehmen wollte. Später schickte ich ihm das Exemplar und sagte ihm in ein paar Zeilen, wie es mich freuen würde, es ihm zum Andenken überlassen zu dürfen. Am nächsten Morgen zeitlich früh verließ ich Wien. Ich sollte erst in einer Woche in London eintreffen, da ich noch Verbindlichkeiten unterwegs zu lösen hatte, und das wußte Brahms. An dem Abend meiner Heimkehr, sobald die erste Begrüßung mit meiner Mutter vorüber war, sagte diese: »Es ist ein Brief für dich hier von Brahms; er ist heute angekommen.« »Von Brahms! Wie weißt du das?« antwortete ich. »Weil er seinen Namen außen geschrieben hat«, erwiderte sie und reichte mir die Botschaft.

Auf der Außenseite des Kuverts, über der Gummierung, hatte er geschrieben: »J. Brahms, Wien, Österreich«, und, das Kuvert öffnend, las ich folgendes:

»Sehr geehrtes und liebes Fräulein!

Es war neulich zu spät am Abend geworden, als daß ich, wie ich wünschte, Sie selbst noch hätte aufsuchen und Ihnen meinen Dank aussprechen können.

So lassen Sie mich denn nachträglich diesen sehr herzlich sagen für Ihr so freundliches und wertvolles Geschenk.

Es war in der Tat gar zu liebenswürdig von Ihnen, sich mir zu Gefallen von dem hübschen Schatze zu trennen und er soll Ihnen im nächsten Jahre auch noch zur Verfügung stehen!

In der Hoffnung, sie aber im nächsten Jahre wieder hier zu sehen und Ihnen meinen herzlichen Dank wiederholen zu können,

Ihr sehr ergebener

J. Brahms.«

Als ich im nächsten Winter bei Brahms meinen ersten Besuch machte, führte er mich zum Bücherkasten, mir den Rameau zeigend und sagte: »In zehn Jahren werde ich sterben und Sie werden's zurückbekommen«; ich antwortete, daß, falls ich ihn überleben sollte, ich es doch nicht zurückhaben, sondern es lieber seiner Sammlung einverleibt wissen möchte, und so blieb die Sache auf sich beruhen.

Der Erfolg meines ersten Besuches in Wien veranlaßte mich dazu, später noch einige zu machen, deren letzter ein Jahr oder etwas mehr vor Brahms' Tode stattfand. Ein genauer Bericht über jeden einzelnen wäre ermüdend; ich will daher nur darauf zurückkommen, daß ich Gelegenheit hatte, im Laufe von zwei Wintern die Konzerte des Joachim-Quartetts in Wien zu hören und Brahms im Publikum zu sehen. An einem dieser entzückenden Abende wurde das Klarinetten-Quintett gegeben mit Mühlfeld als Klarinettisten. Brahms hatte seinen Sitz unten am Ende des Saales, der für einheimische und andere Musiker gewöhnlich reserviert ist und von den übrigen Zuhörern durch das Podium getrennt wird. Mein Platz war zwei oder drei Sitze entfernt von Brahms und so gelegen, daß ich ihn während der ganzen Aufführung des Werkes im Auge behalten konnte. Auf seinem Gesicht spielte ein unbewußtes Lächeln, und von Anfang bis zu Ende der Aufführung war sein Ausdruck der entrückter Seligkeit. Als der letzte Satz zu Ende war, konnte man Brahms nicht überreden herauszukommen und seinen Teil der betäubenden Beifallsbezeigungen entgegenzunehmen, sondern er entschlug sich, sozusagen, alles eigenen Rechtes darauf, indem er den Ausführenden selbst applaudierte. Im letzten Augenblick aber, als der Lärm schon etwas abnahm, stand er auf, bestieg das Podium in seinem losen, kurzen, schäbigen Röckchen und verbeugte sich vor dem Publikum. Eine andere Programm-Nummer war das Klarinetten-Trio , von ihm selbst, Mühlfeld und Hausmann gespielt. Joachim saß an seiner Rechten beim Klavier und blätterte ihm die Noten um. Ich wechselte meinen Platz während der Aufführung dieses Werkes und nahm den Platz ein, welchen Brahms leer gelassen hatte und der, dicht beim Piano, mir einen vollen Überblick über die Tasten gewährte. Trotz meiner verschiedenen Erfahrungen hinsichtlich des Meisters zähem Gedächtnis für Kleinigkeiten muß ich doch gestehen, daß mich ein seltsames Gefühl der Überraschung durchdrang, als er am Ende des ersten und wieder am Ende des zweiten Satzes, plötzlich den Kopf nach mir wandte und mich gerade anschaute, in derselben raschen, forschenden Weise, wie ich es in den alten Lichtenthaler Tagen gewohnt war, als wollte er sich überzeugen, ob ich begriffen habe, oder nicht.

ISCHL

Während des Sommers 1894 und 1895 brachte ich mehrere Wochen in Ischl zu und es interessierte mich sehr, in einer mir neuen Umgebung das Leben meines alten Freundes zu beobachten. Seine Gewohnheiten während dieser letzten Jahre seines Lebens waren im Wesentlichen dieselben wie damals, wie ich ihn in Baden-Baden kennen lernte. Bald nach vier Uhr aufstehend, verbrachte er den Tag mit denselben einfachen, natürlichen Gewohnheiten des Sparzierengehens, Studierens und Komponierens; im Genuß des geselligen Verkehrs mit seinen Freunden und jener herzlichen Beziehungen zu den Landleuten, zwischen denen und ihm ein vollkommenes Verständnis bestand.

Von seiner Liebe zu Kindern hat man oft berichtet. Ich habe ihn auf der Bank des kleinen Gartens seiner Wohnung sitzen und lesen gesehen; anscheinend ganz ungestört durch die Knaben seiner Hausfrau, welche um ihn herumtollten, auf die Bank sprangen und wieder herunter, hinter seinem Rücken Verstecken spielten und dergleichen. Ab und zu unterbrach er seine Studien, um ein paar Kätzchen zu streicheln, welche an den Späßen teilnahmen.

»Diesen Mann kenne ich«, sagte ein drolliger, winziger Bursche von fünf oder sechs Jahren in einem komischen roten Anzug, der eines Nachmittags mit ein paar Kameraden auf der Promenade herumschlenderte und auf Brahms traf, wie er mitten in einer großen Gesellschaft von Musikern und Freunden unter den Bäumen von Walters Kaffeehaus saß. Der große Komponist war gern bereit, die Bekanntschaft anzuerkennen und rief seinen kleinen Freund zum Tisch, um ihm einen Löffel halb geschmolzenen Zukkers aus seiner Kaffeetasse zu geben.

»Mein Käthchen kennt Brahms«, sagte mir eine Dorfschneiderin, von ihrer hübschen, kleinen, achtjährigen blonden Tochter sprechend. »Wir trafen ihn neulich mal ganz früh auf seinem Spaziergang, aber Käthchen fürchtete sich und weinte, weil er um sie herumlief und tat, als wolle er ihr ihr Brot wegnehmen.«

»Der Herr Doktor hat ihn schon gesehen«, bemerkte eine junge Bauernmutter zu mir, indem sie mir ihr dreimonatiges Söhnchen zeigte »und er sagte, es sei ein Prachtjunge.«

Eines Morgens, als ich Brahms meinen Abschiedsbesuch machte, fand ich ihn mitten in den Vorbereitungen für seine eigene Abreise. Ein offener Koffer stand halb gepackt im Wohnzimmer und eine Menge kleiner Sachen lagen herum. Brahms lud mich ein, auf dem Sofa Platz zu nehmen. Ein Buch, in dem er gelesen hatte, lag offen, mit den Seiten nach unten. Mit einem entschuldigenden Blick auf ihn wagte ich, es aufzunehmen und anzusehen. Daraus machte er sich gar nichts; er hatte sich mit einem Aufsatz über Bismarck unterhalten. Nachdem wir eine Weile geplaudert hatten und ich aufstand, um mich zu verabschieden, fiel mein Auge auf einen Tisch, wo einige billige deutsche Spielsachen lagen – kleine Schachteln mit bunten Holzklötzen, Kindermesser und -gabeln usw., augenscheinlich für ganz arme Kinder als Gelegenheitsgeschenke bestimmt. »Was ist denn das?« rief ich unwillkürlich aus, bevor ich wußte, was ich tat, eine Kindergabel in die Hand nehmend, die sehr plump gemacht war, breit, platt und fast ohne Griff. Aber eine Neugierde, welche auf die sanfte Seite von Brahms' Natur anspielte, war unerlaubt. »Was geht das Sie an?« rief er. Augenblicklich darauf aber, als fürchte er, grob gewesen zu sein, fügte er hinzu: »Es ist für kleine Sachen – Obst oder Fischchen oder so was.« Nur ich, die ich das plumpe Spielzeug gesehen habe, kann das Komische dieser Antwort ganz begreifen, welche natürlich einfach bedeutete: »Keine Anspielung, wenn ich bitten darf.« Brahms hatte aber den Schein gerettet und ohne unhöflich gegen mich gewesen zu sein, hatte er über die gütigen Absichten gegen seine kleinen Freunde einen dünnen Schleier gezogen. Ich hielt die Gabel noch einen Augenblick in der Hand, dann legte ich sie auf den Tisch und sagte ruhig: »Ich dachte, es sei eine Spielsache, Herr Brahms.«

Eine junge Dame, eine Einwohnerin von Ischl, die Gesangstunden und alljährlich ein Konzert gab, und die während der Saison einem Putzmacherinnen-Geschäft auf der Promenade vorstand, war eine große Verehrerin von Brahms und unterließ es nie, auf der Türschwelle ihrer Werkstatt zu stehen, wenn sich die Stunde näherte, um die er in sein Café ging, damit sie einen Gruß von ihm erhaschen könne. Diese kleine Huldigung wurde von dem Komponisten gebührend gewürdigt, und er war immer bereit, ihr wenigstens einen munteren »guten Tag« zu wünschen.

Fräulein L. sprach von ihm in derselben Weise zu mir, wie alle anderen, die damit zufrieden waren, in ihrem Benehmen gegen ihn natürlich und bescheiden zu bleiben. Er sei so gutmütig und heiter, bemerkte sie, und obschon er gern neckte, so war sein Nekken so freundlich. Er versäumte nie, ihr jede Saison einen formellen Besuch zu machen. Bei einem solchen legte sie eines Tages eine Kabinett-Photographic vor ihn und bat ihn, ob er ihr nicht die Ehre erweisen könnte, seinen Namen darunter zu setzen.

»Ja, das kann ich tun«, antwortete er in heiterem Tone, »das habe ich in der Schule gelernt; aber warum behalten Sie dieses alte, häßliche Gesicht? warum nehmen Sie nicht ein schönes, lockiges? Ach, was haben Sie hier?« – eine kleine Aschenschale erblikkend, welche Zigarrenasche enthielt: *»Sie rauchen!«*

Fräulein L. versicherte ihm lachend, daß weder sie, noch ihre Gehilfin Schuld an der Zigarre trügen. »Um so schlimmer!« entgegnete er. »Wer ist er? Ist es ein Schwarzer oder ein Blonder?« Durch solchen gutmütigen Verkehr und solch harmloses Geplauder machte sich Brahms bei allen Stadtleuten, mit denen er in Berührung kam, beliebt, und seine Vorliebe für Ischl war ihnen eine Quelle der Freude und des Stolzes. Seine Geselligkeit hatte nichts an sich, das auf Gönnerschaft deutete; sie war die eines Freundes mit Freunden und wurde als solche geschätzt.

Ein paar Worte von seiner Ischler Hausfrau sind nicht ohne einen gewissen Wert, denn sie kommen von einer, die Gelegenheit hatte, ihn in kleinen Dingen zu kennen. Die Veranlassung war die folgende: Meine Wohnung lag der von Brahms gegenüber, auf der anderen Seite des Tales, aber an einem viel höher gelegenen Abhang. Ich konnte sein Haus vom Balkon und von den Fenstern aus sehen, aber es war zu weit entfernt, als daß ich im geringsten hätte befürchten müssen, er könnte dadurch gestört werden, daß er etwas von meinem Klavierspiel höre. Da mir aber jemand sagte, daß, wenn der Wind in gewisser Richtung wehe, der Klang möglicherweise seine Fenster erreichen könne, so ging ich eines Nachmittags, als ich wußte, daß er nicht zu Hause sei, hinüber, um mit seiner Hausfrau darüber zu sprechen. Sie versicherte mir, daß man nie etwas gehört habe und fügte hinzu: »Sie können furchtlos spielen, gnädiges Fräulein; hier hört man nichts – das Wasser macht zu viel Lärm. Und wenn ab und zu ein Ton zu hören wäre – mehr könnte es nicht sein – der Meister hat nicht solche Eigenheiten; es würde ihn nicht stören, launenhaft ist er nicht; das kann niemand von ihm sagen.«

Daß Brahms seine kleinen Vorurteile und Beschränktheiten hatte, kann jedoch nicht geleugnet werden, und diese wurden um so ausgeprägter, je mehr er in den Jahren vorrückte und weniger geschmeidig wurde. Der bloße Umstand, daß er an einer gewissen Lebensführung, die er als junger Mann angenommen hatte, unbeugsam festhielt, wodurch er sich möglichst von allem abschloß, was ihm im gewöhnlichen, geselligen Verkehr mißfiel, trug später dazu bei, seine Empfindlichkeit zu steigern und ihn bei Widerspruch ungeduldig zu machen. Er wurde immer leichter geneigt, Menschen, die ihm unsympathisch waren, für eingebildet und geziert zu halten; und ohne es zu wissen, gewöhnte er sich an – was die Unterhaltung mit ihm manchmal erschwerte – mit einer entgegengesetzten Meinung herauszuplatzen bei kleinen Bemerkungen, die mehr gemacht wurden, um überhaupt etwas zu sagen, als um einen Grundsatz festzustellen. Er hatte seinen eigenen Begriff von höflichen Manieren und erwartete von anderen, daß sie streng daran festhielten, und doch war er in späteren Jahren geneigt, gegen jene unduldsam zu sein, deren Begriffe von den Annehmlichkeiten des Lebens etwas weiter, als seine eigenen, oder etwa davon verschieden waren. Was aber waren seine Vorurteile, seine kleinen Sarkasmen und gelegentlichen Grobheiten anderes, als die winzigsten Flecken auf der Sonne? Wir können dankbar sein, wir Musiker und Musikfreunde dieser Generation, daß wir einen Teil des Lebens mit Brahms in unserer Mitte verbringen konnten – mit Brahms dem Komponisten und Brahms dem Menschen. So wie wir seine Musik vergeblich durchforschen würden, um einen einzigen Takt zu finden, der nicht edel und rein wäre, so lebte auch in seinem Gemüt kein Gedanke, der anders als gut und wahr gewesen wäre. Wir können sogar froh sein, daß er nicht vollkommen, sondern menschlich war, der liebe, große, weichherzige Meister, dessen hohe Botschaft, bebend vom Puls der von ihm so über alles geliebten Natur, von solch seltener Schönheit und so trostbringend war.

Die wenigen Zeilen, mit denen ich diese kleinen persönlichen Erinnerungen beschließe, sind die letzten, die ich je von Brahms erhielt. Sie waren auf seine Visitenkarte geschrieben und wurden mir unter Kuvert geschickt, als ich in Ischl war; ich hatte seinen Besuch erwartet und er war nicht erschienen.

»Geehrtes Fräulein!

Mannichfach abgehalten, erlaube ich mir die Anfrage, ob es Ihnen nicht möglich ist vorzusprechen bei

Ihrem ergebensten

Johannes Brahms.«

Erstes Kapitel

1760–1845

Die Familie Brahms. – Johann Jakob Brahms: seine Jugend und Heirat. – Johannes' Geburt und Kindheit. – Der Alster-Pavillon. – Otto F. W. Cossel. – Johannes' Privat-Subskriptions-Konzert.

Johannes Brahms stammte von einem Geschlecht aus Niedersachsen ab. Dies ist genügend gekennzeichnet durch den Familiennamen, welcher in noch vorhandenen Kirchen-Chroniken verschieden als Brahms, Bram und Bramst verzeichnet ist. Das Wort Bram gehört dem alten Platt-Deutsch an, das dem Angelsächsischen und Englischen verwandt ist. Es ist ein noch immer gebräuchlicher Name in manchen Ostsee-Provinzen von Deutschland, im Hannoverschen Gebiet und, mit modifiziertem Selbstlaut, in England, für die geradewachsende *Planta genista,* den gelbblühenden Ginster (»broom«); auch ist es in seiner Originalgestalt in dem englischen Worte »bramble« (Brombeere) erhalten.

Der Buchstabe s am Ende eines Eigennamens hat im Deutschen dieselbe Bedeutung wie im Englischen, und gerade wie im Englischen »Brooks« eine Zusammenziehung der Worte »son of Brook« (Sohn des Brook) bedeutet, so heißt »Brahms« wörtlich »Sohn des Bram« oder »Broom«.

Peter Brahms, der Urgroßvater des Komponisten und der erste der Familie, über den wir beglaubigte Dokumente besitzen, war ein Kind des Volkes. Er wanderte quer über die Mündung der Elbe von Hannover nach Holstein, wo er sich niederließ, um das Gewerbe eines Tischlers in Brunsbüttel zu betreiben, einem Dörfchen oder kleinen Städtchen in dem fruchtbaren Maschland, gelegen an der Küste der Nordsee, zwischen den Mündungen der Elbe und Eider. Diese Gegend ist wohlbekannt als das Land der Dithmarschen-Bauern, welche sich durch ihre grimmigen und hartnäckigen Kämpfe um die Aufrechterhaltung ihrer Unabhängigkeit vor mehreren Jahrhunderten auszeichneten, aber schließlich zirka 1560 unter der Herrschaft der Holsteinischen Fürsten zu friedlichen Ansiedlern wurden. Man sagt, daß sie sich vor den umgebenden Volksstämmen nicht nur durch ihren Mut auszeichneten, sondern auch eine natürliche, angeborene Begabung für

Poesie und Musik besaßen. Sie liebten es, ihre mannigfaltigen Abenteuer in Verse zu kleiden, welche sie dann zu den ausdrucksvollsten und geeignetsten Weisen eigener Erfindung zu singen pflegten; und ihre Kriegsgesänge und Balladen, obschon jetzt vergessen, waren lange Zeit ein in Ehren gehaltener Besitz ihrer Kinder und Kindeskinder. Das kleine Land hat sich in neuerer Zeit als seines früheren Rufes nicht unwürdig bewiesen. Niebuhr, der Reisende, und sein Sohn, der berühmte Geschichtsschreiber, stammen beide von Meldorf. Claus Groth, der niederdeutsche Dichter, war in Heide geboren, wo sein Großvater und Vater Müller waren, die auf patriarchalische Weise auf eigenem Grunde lebten. Groth hat besonders in seinem »Quickborn« rührend naive Schilderungen seines geliebten Dithmarschen gegeben; von dem schlichten Landschaftsbild, den wechselnden Wolkeneffekten, den plötzlichen Sturmausbrüchen; dem einfachen, arbeitvollen, ehrenhaften Bauernleben: und es ist ein günstiger Umstand, daß er in der Lage war, unter den alten Familienfreunden und Nachbarn, die von der Kindheit her noch in seinem Gedächtnis hafteten, den Urgroßvater, Großvater, Vater und Onkel des Johannes Brahms zu beschreiben.

Der alte Peter, der Zugewanderte, war als ein durch und durch biederer, ordentlicher Bürger geachtet. Er war klein und kräftig und erreichte ein hohes Alter. Er verlebte die letzten Jahre seines Lebens in Heide, wo er einen großen Teil der Zeit auf einer Bank, vor seinem Hause sitzend, zubrachte, aus einer langen Pfeife rauchend, wobei er oft den verträumten Claus Groth, wenn dieser jeden Morgen auf seinem Weg in die Schule vorbeikam, mit einem lauten, lustigen Gruß erschreckte.

Johann, sein Sohn, der groß und schön war, mit schlichtem blondem Haar und hellem Teint, vereinigte den Beruf des Wirtes mit dem eines Krämers, zuerst in Wöhrden und später in Heide. Er heiratete Christiana Asmus, eine Tochter des Landes, und wer weiß, welche Anlage verborgenen, von irgendeinem alten Minnesänger und Patrioten ererbten poetischen Instinkts aus ihren Adern auf die derbe Brahms-Familie übergegangen sein mag? Es liegt einige Wahrscheinlichkeit in dieser Vermutung.

Zwei Söhne gingen aus ihrer Ehe mit Johann hervor, deren jeder eine ausgesprochene Individualität hatte. Peter Hinrich, der ältere, heiratete mit zwanzig Jahren und ließ sich als seines Vaters

Gehilfe und künftiger Nachfolger nieder. Groth hat von ihm ein Abenteuer auf den Feldern an einem denkwürdigen Sonntagnachmittag geschildert. Von seinem kleinen Sohn begleitet, trug Hinrich einen ungeheuren, mit einer entsprechend langen, dicken Schnur versehenen Drachen, der größer war als er selbst und den er erfolgreich steigen ließ. Ein starker Nordwestwind trug ihn fort, und zum Entzücken eines Häufleins kleiner Zuschauer befestigte der Vater an der Schnur ein selbstverfertigtes Wägelchen, in das er seinen Jungen setzte. Vom Drachen gezogen, bewegte sich der Wagen erst langsam, dann schneller vorwärts. Rascher und höher flog das Ungeheuer, schneller und schneller bewegten sich die Räder, das Kind im Wagen, der Vater an seiner Seite. Dann ein Schrei, ein Krach! der erschreckte Claus wußte nichts mehr, bis am anderen Tag, wo er hörte, daß das Wägelchen über eine Mauer gezerrt worden war und umkippte, daß das Kind unverletzt herausfiel und daß man den Drachen auf einem hohen Pfahl, ein oder zwei Meilen entfernt, wiederfand.

Dieser Peter Hinrich fügte dem Beruf seines Vaters den eines Pfandleihers hinzu und betrieb nach und nach ein großes Geschäft als Antiquitätenhändler. Aber zuletzt gewann seine Freude am Besitz die Vorherrschaft über seinen Geschäftsgeist. Da er im Alter teilweise gelähmt war, pflegte er in einem großen Lehnstuhl zu sitzen, für den kaum Raum geschafft werden konnte; umgeben von seinen geliebten Töpfen und Krügen, Waffen und Rüstungen, zeigte er die gewünschten Gegenstände mit einem langen Stock seinen vermeintlichen Käufern. Aber oft konnte er sich nicht entschließen, sich von seinen Kuriositäten zu trennen, und er schickte seine Käufer mit leeren Händen weg, zufrieden mit der Freude, die Schätze zu zeigen, mit denen das Haus von oben bis unten vollgepackt war. Seine Kinder und Enkel blieben und verbreiteten sich im Dithmarschen, wo einige derselben bis auf diesen Tag gedeihen.

Johann Jakob, der zweite Sohn von Johann und Christiana, welcher bestimmt war, der Vater unseres Komponisten zu werden, war um vierzehn Jahre jünger als sein Bruder und am 1. Juni 1806 geboren. Vom frühesten Knabenalter an scheint er über die Wahl eines Berufes nie im Zweifel gewesen zu sein. Man konnte ihn durchaus nicht dazu überreden, beim Lauf des gewöhnlichen Schulstudiums zu bleiben, auf das in angemessener Zeit die eintönige Existenz eines Land-Wirtshaus-Inhabers oder Handelsmannes folgen sollte, wie dies seinem Vater und Großvater genügt hatte und von dem älteren Bruder zufrieden hingenommen worden war. Er war aufrichtig, gutmütig und besaß eine gewisse Ader der Drolligkeit, welche ihn Zeit seines Lebens zum Liebling seiner Gefährten machte; aber bei aller Ruhe besaß er auch einen hartnäckigen Willen. Er hatte eine überwältigende Liebe zur Musik – jener Musik, wie er sie bei den Hochzeiten der Nachbarn, bei Erntefesten, in den Tanzsälen der Dorfwirtshäuser zu hören gewohnt war. Musikant beschloß er zu werden und – trotz des entschiedenen Einspruchs von Eltern und Familie wurde er es.

Nicht weit von seinem Heim existierte eine der alten »Stadtpfeifereien«, jener Einrichtungen, welche direkt von den musikalischen Gilden des Mittelalters abstammten und deren Traditionen in den ländlichen Gegenden von Deutschland noch eine Zeitlang fortdauerten, nachdem die Originalinstitution schon erloschen war. Der »Stadtpfeiferei« wurde als die amtliche musikalische Anstalt ihrer Gegend anerkannt, und es leitete sie der Stadtmusikus, welcher gewisse alte Vorrechte besaß. Er hatte das Monopol, für alle Lustbarkeiten im Freien, in den Dörfern, Weilern und Marktflecken seines Bezirks die Musik zu verschaffen, und er bildete aus Lehrlingen eine oder mehrere Musikantentruppen, welche eine geringe Summe Geldes zahlten, oft mit ihrer Hände Arbeit im Hause, bei der Gartenpflege oder im Meierhofe Hilfe leisteten und dafür als Familienmitglieder bei ihm lebten und von ihm selbst oder seinem Gehilfen in Musik unterrichtet wurden. Am Ende ihrer Lehrzeit versah er seine Schüler mit einem Lehrbrief über Charakter und Wirken, je nach Verdienst, und entließ sie, damit sie ihr Glück suchten. Bauernburschen mit Ehrgeiz, welche etwas von der Welt sehen wollten oder eine bessere Stellung zu erreichen wünschten als die eines Bauern oder Handwerksgesellen, überredeten gern ihre Eltern, sie in eine dieser Anstalten zu geben. Sie sollten sich das praktische Können mehrerer Instrumente aneignen, um imstande zu sein, bei erforderlicher Gelegenheit irgendeines derselben zu spielen, und die auf solche Weise gebildeten Musikkorps konnte man für alle Dienstleistungen am Orte mieten.

Johann Jakob hätte mit Freuden alles vom nächsten Stadtmusikus gelernt, was ihm dieser Beamte nur hätte beibringen können, aber sein Vater konnte es durchaus nicht billigen, die sichere Aussicht seines Sohnes auf ein stetes Leben in Dithmarschen gegen die eingebildete Zukunft eines wandernden Musikanten auszutauschen. Des Knaben Neigung war jedoch unbesiegbar und er ordnete die Sache auf seine eigene Weise. Er lief mehrmals vom Hause fort und schloß selbst den Handel mit seinem musikalischen Helden ab. Zweimal wurde er zurückgerufen und ihm verziehen; als er aber das dritte Mal durchging, ließ man ihm seinen Willen, und nun war er verpflichtet, für die übliche Zeit in die Lehre zu gehen. »Ich kann meine Leidenschaft zur Musik nicht so gut beweisen«, schrieb sein Sohn Johannes viele Jahre später an Claus Groth. Fünf Jahre der Lehrzeit vergingen, die letzten drei in der entfernteren Stadt Wesselburen beim Studium der Violine, Viola, des Violoncello, der Flöte und des Horns, und zu Beginn des Jahres 1826, nachdem der gewesene musikalische Lehrling seinen Lehrbrief erhalten hatte, worin bezeugt wurde, daß er treu, wißbegierig, fleißig und gehorsam war, verließ er die alte Heimat, um sein Glück in Hamburg zu versuchen.

Es ist nicht leicht, sich die Gefühle dieses neunzehn- oder zwanzigjährigen Jünglings bei seiner Ankunft vorzustellen, frisch von dem einfachen Leben der Dithmarschen Bauern in das große Handelsemporium kommend; in jenes alte Hamburg, wie es damals noch existierte, mit seinem Hafen, seiner Schiffahrt, welche bei Sonnenuntergang geschlossen wurden, seinen Kanälen und Brücken, seinen Kirchen und seiner Börse, seinen hohen Giebelhäusern, seinen düsteren, gewundenen Gäßchen. Verfeinertes Behagen und gemeine, rauschende Lustbarkeit waren dort gut vertreten; das eine konnte man auf dem angenehmen schattigen Jungfernstieg beobachten, jener fashionabeln Promenade, wo reiche Kaufleute, schöne Damen und lustige Offiziere saßen und Punsch, Kaffee, Wein oder Limonade schlürften, bedient von den hurtigen Kellner des Alsterpavillons, des dicht am Wasser gelegenen Erfrischungslokals der feinen Welt; die andere auf dem sogenannten Hamburger Berg, dem Matrosenviertel, wo es Buden gab und Schauausstellungen, kleine Wirtshäuser und lärmvolle Tanzsäle, wo sich regelmäßig Szenen der Lustbarkeit der niederen Klassen abspielten. Johann Jakob Brahms war dazu bestimmt, im Laufe seiner Karriere in beiden Lokalitäten als Musikant zu erscheinen. Sein Debut machte er in den letzteren.

Ganz auf seine eigenen Geldmittel angewiesen, nur einen kleinen Sparpfennig für äußerste Not in der Tasche, mußte er sein nacktes Leben so gut es ging in den Höfen und Tanzsälen des Hamburger *»Wapping«*[1] fristen. Es scheint, daß er sich den behaglichen Gleichmut seines Temperaments in diesen frühzeitigen Kämpfen durchweg bewahrt hat und die Augen offen hielt für irgendeine günstige Gelegenheit, die sich bieten mochte. Unterstützt von seiner Naturgabe, sich beliebt zu machen, gelang es ihm nach kurzer Zeit, eine Anstellung als Hornist bei der Bürgerwehr zu bekommen, jenem Korps der Bürgermiliz oder Stadtwache, in welchem mit wenig Ausnahmen jeder Bürger oder Einwohner zwischen zwanzig und fünfundvierzig Jahren zu dienen verpflichtet war. Jedes Bataillon der Truppe hatte seine eigene Musik und jedes Korps seine eigene Uniform; die Musikanten des Jägerkorps, in das Johann Jakob eintrat, trugen einen grünen Rock mit weißgesticktem Kragen, die Kopfbedeckung mit einem weißen Pompon geziert und als Waffe einen Hirschfänger. Dies war ein deutlicher Schritt nach vorwärts in dem Schicksal des Wanderers. Er eroberte sich einen anerkannten, obschon geringen Platz in der Welt, als er das Recht erwarb, die Uniform der Stadt Hamburg zu tragen und im Laufe der Zeit das Bürgerrecht zu erwerben. Das Dokument seiner Bürgerschaft ist aufbewahrt worden und gegen Ende unserer Erzählung wird dessen noch einmal Erwähnung geschehen. Man kann nicht sagen, daß sein weiteres Fortkommen ein rasches war. Seine Vorliebe für die Musikgattung, die er kannte, deutet eher auf einen sich regenden Instinkt als auf ein wirkliches Talent. Seine beruflichen Fähigkeiten waren gering, und allgemeine Bildung hatte er keine; aber er war nicht ohne Scharfsinn und, rechtschaffen und fleißig, machte er allmähliche Fortschritte. Er und seine Kollegen bildeten unter sich kleine Blechmusik-Korps und spielten, wo immer sich Gelegenheit bot: manchmal wurden sie für kleine Tanzsäle gedungen, manchmal hingen sie von dem guten Willen eines zufällig versammelten Publikums in einem Biergarten oder kleinen Vergnügungslokale ab. Viel verdiente er nicht, aber er war nicht mehr ganz von der niedrigsten Ausübung seines Gewerbes abhängig, und man kann sagen, daß er auf der untersten Stufe der Leiter zum Glücke Fuß gefaßt hatte.

1 Ein Matrosenviertel in London.

Am 9. Juni 1830, wenige Tage, nachdem er sein vierundzwanzigstes Jahr vollendet hatte, stürzte sich Jakob in das zweite große Abenteuer seines Lebens. Er heiratete und wählte zum Weibe Johanna Henrika Christiana Nissen, welche einundvierzig Jahre alt war und in sehr ärmlichen Verhältnissen lebte. Sie war klein, nicht hübsch und hinkte noch dazu, sie war schwächlich von Gesundheit und oft leidend; von sehr liebevoller, obschon vielleicht überempfindlicher Gemütsanlage, hatte sie in ihren lichtblauen Augen einen sanften Ausdruck, der die Güte ihres Herzens bezeugte. Eine vortreffliche Näherin, besaß sie doch viele Hausfrauentugenden, die sie so gut ausübte, als es ihre äußerst beschränkten Mittel gestatteten, und man sagt von ihr, daß sie mit großem Feingefühl und höheren Naturgaben ausgestattet war. Einer der Kollegen ihres Mannes beschreibt sie, wie sie später dahinwelkte »als ein kleines zusammengeschrumpftes Mütterchen, das sich unauffällig mit seinen eigenen Angelegenheiten beschäftigte und außerhalb der Wohnung kaum gekannt war.«

Das ungleiche Paar begann sein Zusammenleben in den denkbar beschränktesten Verhältnissen, und im Februar des darauffolgenden Jahres wurde ihm eine Tochter geboren, welche es Elisabeth Wilhelmine Louise taufte. Des jungen Vaters materielle Hilfsquellen scheinen ungefähr dieselben geblieben zu sein wie früher, aber er hatte schon vorher mit hartnäckiger Ausdauer der Reihe von Instrumenten, die er bereits spielte, noch ein weiteres hinzugefügt: Es gelang ihm, den Kontrabaß zu erlernen, und als seine Freunde zunahmen und er bekannter wurde, begann er gelegentlich in den Orchestern kleiner Theater als Kontrabassist einzuspringen. Mittlerweile vernachlässigte er die anderen Instrumente nicht, sondern spielte sie, wo sich gerade Gelegenheit bot. Am 7. Mai 1833 besuchte der Engel des Lebens abermals das kleine Heim und Johanna Henrika Christiana schenkte ihrem Mann einen Sohn, welcher am 26. desselben Monats in der St. Michaeliskirche getauft wurde. Das Kind, als »Sohn des Johann«, erhielt den einzigen Namen »Johannes« nach Vater, Mutter und väterlichem Großvater, und der Großvater war einer der Paten.

Das Haus, in welchem Johannes Brahms geboren wurde, sieht noch heute so aus wie vor nahezu achtzig Jahren und ist jetzt als Nr. 60 der Speckstraße bekannt. Die Straße selbst, welche sich seitdem verändert und erweitert hat, hieß damals Speckgang und bildete einen Teil des Gängeviertels im alten Hamburg. Mangel an Raum innerhalb der Stadtmauern führte zum Aufbau von Häuserreihen entlang einer Anzahl von Gäßchen oder Gängen, welche aneinander grenzten und früher öffentliche Wege durch Gärten waren. So entstand eine Gegend sehr düsterer und schmaler Gassen, denn die Häuser waren hoch und mit Giebeln versehen und so eingerichtet, daß sie mehrere Familien beherbergen konnten. Im allgemeinen waren sie aus Ziegeln, Holz und Lehm errichtet und so entworfen, daß möglichst viele menschliche Wesen in den geringsten Raum eingeschachtelt werden konnten. Das Gängeviertel existiert nicht mehr, aber viele der alten Häuser stehen noch, und manche sind gut erhalten und malerisch für das Auge des Vorübergehenden. Nicht so Nr. 60 der Speckstraße. Dieses Haus bildet keinen Teil der Hauptstraße, sondern steht, wie schon 1833, hinten in einem kleinen finsteren Hofe, in den man durch einen engen Gang eintritt und der früher Schlüters-Hof hieß. Selbst für den phantasiebegabtesten Menschen wäre es unmöglich, wenn er an diese Stelle kommt, sich in irgendwelche poetische Träumereien zu verlieren, wie sie etwa eines Dichters Geburtsort anregt; das Haus und seine Umgebung bekunden nur die gemeine Wirklichkeit nackter und abschreckender Armut. Eine steile Holztreppe in der Mitte führt direkt vom Hofe nach rechts und links zu den verschiedenen Stockwerken des Gebäudes. Jede der Wohnungen ist nach demselben Plan entworfen, nur daß die oben gelegenen durch das schief abfallende Dach verengt sind. Jakob und Johanna wohnten im ersten Stock links, nach der Fassade zu gesehen. Tritt man ein, so ist es schwer, ein Gefühl von Beklemmung und Grauen zu unterdrücken. Die Stiegentür führt auf einen winzigen Platz, halb Küche, halb Vorplatz, wo man etwas kochen und ein Kinderbett aufstellen kann, und aus welchem eine zweite Tür in das Wohnzimmer führt. Dieses stößt an die Schlafkammer, welche zwar ihr eigenes Fenster hat, aber ihrer Kleinheit wegen kaum ein Zimmer genannt werden kann. Und außer diesen Räumen nichts weiter, weder Wandschrank noch kleinster Winkel. Wo Jakob seine Instrumente aufbewahrte und wie er es zuwege brachte, zu üben, sind Geheimnisse, die der gewöhnliche Menschenverstand kaum fassen kann; aber sicher half ihm sein glückliches Temperament auch über diese und andere

Speckstraße Nr. 60 in Hamburg.

Schwierigkeiten hinweg und ließ ihn mit Gleichmut sein Los tragen. Wenn Frau Johanna das Leben etwas schwerer nahm, ist es doch sicher, daß Mann und Weib in ihrer Liebe zu den Kindern einander gleichkamen und daß das starke Band der Liebe, welches den berühmten Komponisten in späteren Jahren ohne Unterschied an Vater und Mutter fesselte, seinen frühesten Anfang nahm in der Liebe und dem Elternstolz, die in der düsteren Wohnung im Schlüters-Hof seine Wiege umgaben.

Die Familie übersiedelte mehrmals während Johannes' Kindheit, und ihre verschiedenen Wohnungen lassen sich teilweise in frühern Nummern des Hamburger Adreßbuches ausfindig machen, das in der Bibliothek des Johanneums eingesehen werden kann. Diese frühen Wechsel haben jedoch wenig Interesse für den Leser, und es wird genügen zu berichten, daß, als der Held unserer Geschichte vier bis fünf Jahre alt war und nicht wenig stolz, um zwei Jahre älter zu sein als der kleine Bruder Friedrich, bekannt als Fritz, die Familie ein Quartier in der Ulricus-Straße, Nr. 38, bezog, das weniger beengt war als jenes, welches sie bis dahin inne gehabt. Hier konnte die sorgsame Hausfrau und Mutter zu Jakobs kärglichem Erwerb etwas beitragen, indem sie sich auf eigene Rechnung ein winziges Geschäft für holländische Waren (Nadeln, Bänder, Baumwolle) einrichtete, welches schon während mehrerer Jahre in Nr. 91 derselben Straße von den »Schwestern Nissen« geführt worden war, und indem sie ferner einen Bekannten ihres Mannes als Kostgänger aufnahm, der, obschon kein Musiker, doch lebenslang ein Freund der Familie blieb. Dieses Freundschaftsverhältnis erstreckte sich bis auf die nächste Generation, und des Freundes Sohn, Herr Carl Bade, weiß manche komische Anekdote von Jakob zu erzählen, an den er sich mit liebevoller Achtung erinnert.

Aus den wenigen Einzelheiten, die überliefert sind, ist es ersichtlich, daß schon die Kindheit des »Hannes« vielversprechend auf die hervorragenden Charakterzüge seines reifen Alters hinwies und daß einige seiner mächtigsten Empfindungen im späteren Leben auf Einflüsse zurückzuführen sind, die von seiner Geburt an tätig waren. Anzeichen, daß er musikalisches Talent besaß, waren schon in sehr zartem Alter bemerklich. Seinen ersten wirklichen Unterricht erhielt er von seinem Vater, aber seine empfängliche Veranlagung, unterstützt von Musik, die er beständig hörte, schien dieser frühesten Unterweisung schon zuvorzukommen. In seiner zärtlichen Liebe zu den Eltern war das Kind schon der Vater des Mannes, und eine seiner beständigen Bitten war die, »helfen« zu dürfen. Man kann sich leicht einen Begriff von den kleinen Aufträgen machen, die er für die angebetete Mutter ausführen lernte, und das Gefühl des Stolzes, mit welchem er seinen stattlichen Vater an den Exerziertagen des Jägerkorps beobachtete, erweckte sicher in ihm die Vorliebe für seine Bleisoldaten, das Lieblingsspielzeug, das er im Schreibtisch verwahrte, lange noch, nachdem er erwachsen war. Er wurde als ganz kleines Kind in eine Privatschule auf dem Dammtorwall, dicht bei seiner Eltern Haus, geschickt, wo der Unterricht wahrscheinlich nicht besser und nicht schlechter war, als dies in den kleinen Volksschulen jener Zeit zu sein pflegte. Bis beinahe zu seinem achten Jahr wurde die musikalische Erziehung zu Hause geleitet, schloß aber das Studium des Klavierspiels nicht ein. Es scheint, daß man es für selbstverständlich hielt, er würde in angemessener Zeit den Beruf seines Vaters aufnehmen, welcher nach und nach zu dem eines verläßlichen Spielers in den bescheideneren Orchestern der Stadt herangereift war. Es ist kaum überraschend, daß Jakob, der nichts von Genie wußte und sich nichts aus Kunstkenntnissen um ihrer selbst willen machte, der Karriere eines Orchesterspieler für seinen Jungen mit Zufriedenheit entgegensah. Er selbst erkämpfte sich erst jetzt nach zwölf mühsamen Jahren eine angesehe Stellung unter den Musikern dieses Kreises. Daß Johannes das Leben damit beginnen sollte, seinen Platz unter ihnen als Geiger oder Violoncellist, der sich zu einiger Auszeichnung durchringen könnte, einzunehmen, muß ihm ein genügend ehrgeiziges Ziel geschienen haben, dessen Erreichung den Sohn in den Stand setzen würde, sich zu erhalten und die Familie zu unterstützen. Die Orchesterspieler vom Hamburg jener Zeit übten ihren Beruf in absonderlicher Weise aus. Sie bildeten zusammen eine Art musikalischen Gewerbevereins, den 1831 gegründeten Hamburger Musikverein, der sie vor Konkurrenz schützte, denn kein Mitglied durfte in irgend einem Orchester spielen, das Fremde in sich aufnahm. Sie kamen regelmäßig in der »Börse« zusammen, ihrem Klub, durch den die meisten ihrer Engagements vermittelt wurden. Er war jeden Morgen Geschäfte halber für einige Stunden geöffnet, und in einem Lokale im selben Gebäude konnte man bei einem Glas Bier plaudern und rauchen. Die Anstalt wurde einige Zeit von einem gewissen Herrn Rose geleitet, dessen Sohn, der in Großbritannien wohlbekannte Carl Rosa, der Dirigent einer englischen Operngesellschaft war. Johann Jakob Brahms war eines der ersten Mitglieder des Musikvereins, und sein Exemplar der Vereinsstatuten existiert noch und trägt seine vom 1. Mai 1831 datierte Unterschrift. Das System, durch Stellvertretung zu arbeiten, fand weitgehenden Gebrauch in den Einrichtungen des Vereins. Wenn ein Mitglied, welches für eine gewisse Aufführung angeworben war, für denselben Tag und dieselbe Stunde ein einträglicheres Anerbieten bekam, so ließ es in der »Börse« sagen, man solle einen Stellvertreter für die erste Verabredung schicken. Der Stellvertreter konnte das Verfahren seinerseits wiederholen, und so ereignete es sich manchmal, daß ein einziges Engagement vor dem Datum seiner Ausführung nacheinander durch mehrere Hände ging. Unter solchen Bedingungen wurde die Musik mehr zum bloßen Geschäft; aber andernteils erwartete man von den Orchesterspielern, daß sie einigermaßen gute Musiker seien und imstande wären, verschiedene Instrumente leidlich zu spielen und kurzerhand eine Lücke auszufüllen. Mehrere dieser Männer, welche die musikalische Atmosphäre bildeten, mit der Johannes Brahms in seiner Kindheit vertraut war, wohnten im Gängeviertel, teils, weil es billiger war, teils, um in der Nähe ihrer »Börse« zu sein, die in den Kohlhöfen lag. Sie waren im allgemeinen verständige, arbeitsame, ehrenhafte Mitglieder ihres Standes, glücklich in ihrer Arbeit und im gegenseitigen freundschaftlichen Verkehr, und bestrebt, ihre Kinder in besseren Verhältnissen zu erziehen. Diejenigen unter ihnen, welche keine einträglichere Beschäftigung erhalten konnten, begnügten sich, Erfahrungen zu sammeln und etwas zu erwerben, indem sie in Tanzsälen und Lokalen verschiedenen Rufes spielten, für die Zukunft auf ein besseres Los hoffend.

Die Beweise für ein beständiges Vorwärtsschreiten in Jakobs Lebensbahn finden wir in der Tatsache, daß er etwa vom Jahre 1837 an öfter als Stellvertreter in das kleine Orchester berufen wurde, das das ganze Jahr hindurch jeden Abend von sechs bis elf in einem Zimmer des Alster-Pavillons spielte; und besonders in dem Umstand, daß er dort später, als Nachfolger des früheren Kontrabassisten, eines der regelmäßigen Mitglieder wurde. Das

Orchester bestand aus zwei Violinen, Viola, zwei Flöten und Kontrabaß und führte die »Abendunterhaltungs-Musik« aus, die sich aus Ouverturen, Arien, Opernstücken und Potpourris zusammensetzte. Das Publikum, welches ein gutes war, wurde draußen mit leichten Erfrischungen bedient, oder es drängte sich je nach Neigung und Jahreszeit ins Haus, um zuzuhören, und man bezahlte die Musiker durch Beiträge, welche in den Pausen zwischen den Stücken gesammelt wurden. Graf Woronzow aus St. Petersburg, der eines schönen Sommerabends mit seinem Sohn im Publikum anwesend war, war so entzückt von der Musik und freute sich so, die russische Nationalhymne sich zu Ehren *con amore* spielen zu hören, daß er nicht nur ein Goldstück auf den Teller legte, sondern die sechs Spieler mit nach Rußland nehmen wollte, garantierend, daß sie dort ihr Glück machen würden; auch nahm er ihre Weigerung nicht an, bevor sie nicht ein, zwei Wochen die Sache reiflich überlegt hatten.

Zu jener Zeit lebte auf dem Steindamm, Nr. 7, ein junger Hamburger Pianist, Otto Friedrich Willibald Cossel, der den Mitgliedern des Musikvereins wohlbekannt war und bei ihnen in großem und gerechtfertigtem Ruf als Lehrer seines Instrumentes stand. Er war ein Schüler des vorzüglichen Lehrers und Theoretikers Marxsen in Altona, und hatte von Berühmtheit als Klaviervirtuose geträumt. Widrige Umstände, zarte Gesundheit und Mangel an Selbstvertrauen mögen der Grund gewesen sein, daß die Verwirklichung seiner Bestrebungen mißlang; wie dem auch sei, er hat den Ruf eines guten Spielers, eines trefflichen Lehrers und eines durch und durch hochherzigen Menschen hinterlassen. Er war seiner Kunst ergeben und hatte eine große Anzahl von Schülern; aber diese rekrutierten sich hauptsächlich aus den Klassen, die nicht viel zahlen konnten, und es lag nicht in Cossels Natur, in der Geldfrage Schwierigkeiten zu machen. Er mußte sich zufrieden geben mit dem Bewußtsein, eine schwere Arbeit gut geleistet zu haben, und darin zum großen Teil seine Belohnung finden.

Zu Cossel kam eines Tages im Winter 1840–41 Jakob Brahms mit dem kleinen, siebenjährigen Hannes, einem blassen, zart aussehenden Kind mit hellem Teint, blauen Augen und einer Mähne von Flachshaar, das ihm über die Schultern fiel. Hannes war sauber und nett, wie aus einem Ei geschält – ein kleiner patenter Junge – und trug über den zu Hause gestrickten Socken ein Paar hübscher Holzschuhe, wie man deren noch heutzutage in den Läden von Hamburg sehen kann; ein wirksamer Schutz gegen das feuchte Klima der Stadt. Zu blaß und ernsthaft, um hübsch genannt zu werden, war doch etwas höchst Anziehendes in seiner Erscheinung, und als sein Gesicht sich aufhellte, wie er den Schluß von seines Vaters Geschäftsabmachung hörte, war Cossels Herz gewonnen.

»Ich wünsche, daß mein Sohn Ihr Schüler wird, Herr Cossel«, sagte Jakob, sein angeborenes Plattdeutsch sprechend. »Er möchte so gerne Klavier lernen; wenn er so gut spielen kann wie Sie, so ist das genug!«

Die kurze Unterredung hatte für Hannes wichtige Folgen, während sie Cossel die künftige, dauernde Hochschätzung der musikalischen Welt sicherte. Er bemerkte bald, daß er an seinem neuen Schüler keinen gewöhnlichen Zögling hatte, und seine Neigung zu dem gehorsamen, eifrigen, gelehrigen Kind wuchs immer mehr. Es wurde ihm zur Gewohnheit, den kleinen Kerl nach der Stunde bei sich zu lassen, damit er auf seinem Klavier üben könne und ihm die Ermüdung erspart werde, die ihm sonst das beständige Hin- und Hergehen zwischen dem Elternhaus, der Schule und dem etwas entfernt gelegenen Steindamm verursacht hätte. Es dauerte nicht lange, bis Hannes seinerseits seinen Lehrer leidenschaftlich liebte, und die besondere Beziehung, in der er zu ihm stand, wurde bald von Cossels übrigen Zöglingen erkannt und angenommen. Die beiden wurden noch enger zusammengeführt, als nach Ablauf ungefähr eines Jahres Jakob und seine Frau, der bevorstehenden Heirat ihres Kostgängers wegen, wieder in eine kleinere Wohnung dicht daneben – Dammtorwall Nr. 29 – übersiedelten, während Cossel ihre Zimmer in der Ulricusstraße übernahm. Gut für Hannes war es, daß Cossels vortreffliche Unterrichtsmethode ihn in Stand setzte, die notwenige Plackerei durchzumachen, um eine gute Handstellung und freie Bewegung der Finger in einem sehr frühen Alter zu erreichen, und daß er durch weise Führung vorbereitet wurde, der allmählichen Steigerung in des Meisters System, welches die Übung der besten Etüden-Komponisten – Czerny, Cramer, Clementi –, der großen Klassiker, sowie auch der Bravourstücke der Zeit in sich schloß, zu folgen.

Im Laufe des Jahres 1843 fügte Cossel den vielen Beweisen

von Neigung für seinen Schüler ein bewundernswertes Beispiel der Großmut und persönlichen Opferwilligkeit hinzu. Es wurde ihm klar, daß, trotz – oder vielleicht infolge – der raschen Fortschritte, die Hannes machte, bei Jakob darauf hingewirkt werden sollte, ihn dazu zu bewegen, den Knaben einem andern Lehrer zu überantworten, und sofort war er, trotz dem Schmerz der Enttäuschung, den jeder Wechsel ihm verursachen mußte, entschlossen, daß sein Liebling, wenn möglich, unter Marxsens Obhut kommen solle. Verschiedene Gründe mögen ihn zu diesem Entschluß bewogen haben, die Sorge, den Knaben vor der Möglichkeit zu schützen, gar zu früh selbst sein Brot erwerben zu müssen, zum Schaden seines ruhigen Entwicklungsganges; der selbstlose Wunsch, er möge mit dem Vorteil des Verkehrs mit einem Manne von anerkannter musikalischer Autorität aufwachsen; vor allem eine tiefe Empfindung der Verantwortung betreffs des Genies, als dessen Hüter er sich betrachtete, und der ihm obliegenden Pflicht, dessen Fähigkeiten einer Leitung zu unterwerfen, welche die weiteste Erfahrung mit der größten erreichbaren Fähigkeit vereint.

Sich auf Marxsens Autorität berufend, erzählt La Mara, welche Schritte zur Ausführung des Planes unternommen wurden, und was deren unmittelbarer Ausgang war: Cossel brachte den zehnjährigen Johannes nach Altona, mit der Bitte, daß sein Lehrer den Knaben prüfen möge und dessen weiteren musikalischen Unterricht übernehmen solle, wenn er finde, daß dieser die notwendigen Gaben dazu besitze. Marxsen jedoch zeigte sich nicht bereit, dieses Amt anzunehmen. Nachdem er Johannes einige Etüden von Cramer aus dem ersten Heft »sehr wacker« hatte spielen hören, äußerte er sich, daß dieser in den besten Händen sei und fügte hinzu, daß für jetzt nichts so wünschenswert sei, als daß er unter Cossels Leitung bleibe.

Die Freunde der Familie drangen jedoch weiter in Jakob, darauf hinweisend, daß Cossel im eigenen Falle zu zurückhaltend gewesen sei, und prophezeihend, daß die Geschichte von Cossels Laufbahn sich in der des Johannes wiederholen würde, wenn man nicht einen Wechsel eintreten ließe und darauf bestehend, daß der Lehrer in seiner Methode zu vorsichtig und pedantisch mit dem Knaben sei, der jetzt vorwärts gebracht werden müsse. Die Folge hiervon war, daß wenige Monate nach der Unterredung mit Marxsen – »zum Benefize der weiteren musikalischen Ausbildung« des Johannes – ein Privat-Subskriptionskonzert arrangiert wurde, welches im Gesellschaftszimmer »Zum Alten Raben« stattfand, einem in dazugehörigem Garten nahe dem Dammtor liegenden Unterhaltungslokal ersten Ranges, das seither längst niedergerissen worden ist. Das Programm schloß ein Mozartsches Quartett für Klavier und Streichinstrumente ein, ferner Beethovens Quintett für Klavier und Blasinstrumente und einige Klaviersoli, darunter ein Bravourstück von Herz, dessen Ausführung durch den jungen Konzertgeber ungeheure Sensation im Kreise seiner bewundernden Freunde erregt zu haben scheint. Hannes, der bei jener Veranstaltung der einzige Pianist war, wurde in dem Quintett von Birgfeld und Christian Otterer, zwei wohlbekannten Musikern von Hamburg, und von Louis Goltermann, ebendaher, nachmals Professor in Prag (nicht zu verwechseln mit dem Violoncellkomponisten C. E. Goltermann, einem gebürtigen Hannoveraner). Das Konzert hatte großen Erfolg, sowohl vom künstlerischen als auch vom finanziellen Standpunkt, und das Resultat war, daß Jakob selbst Marxsen besuchte, um im eigenen Namen und dem Cossels eine zweite Bitte vorzubringen, daß der ausgezeichnete Musiker Johannes als Schüler annehmen möge. Diesmal willigte Marxsen ein, ihn einmal in der Woche anzunehmen, vorausgesetzt, daß die Stunden bei Cossel neben seinen eigenen ununterbrochen fortgesetzt würden. Der Beschluß wurde ausgeführt und das Arrangement ging eine Zeitlang ohne Lücke oder Hindernis glatt fort; aber das erfolgreiche Konzert hatte nicht nur Vorteil, sondern auch Gefahr mit sich gebracht. Ein Impresario, welcher bei jener Gelegenheit Einlaß im »Alten Raben« erhalten hatte, kam auf die Idee, Johannes auf eine Tournee mitzunehmen und ihn als Wunderknaben vorzuführen; und nun machte er hinsichtlich dessen dem Jakob Vorschläge, der, was ihm nicht zu verdenken ist, vor Entzücken in den siebenten Himmel geriet über die glänzenden Aussichten, die der schlaue Fremde seiner Phantasie vorspiegelte. Der erste Schritt, den er tun mußte und zu dem er sich wahrscheinlich nicht ohne Schuldbewußtsein vorbereitete, war, dem Cossel die Nachricht zu bringen.

»Nu, Cossel!« sagte er, da er den jungen Musiker zu Hause fand, »jetzt kriegen wir ein Barg (Berg) Geld.«

»Was?« schrie Cossel.

»Jetzt kriegen wir ein Barg Geld. Ein Mann ist doar west und will mit dem Jung, rumtrekken (herumziehen)!«

Der arme Cossel! Seine ärgste Angst schien sich verwirklichen zu wollen; das Herz sprang ihm auf die Zunge.

»Dann sind Sie ein Wortbrecher!« donnerte er.

Jetzt war an Jakob die Reihe, erschrocken dreinzusehen, denn Cossel, wie er von allen, die ihn persönlich kannten, geschildert wird, war kein Komplimentemacher; wenn er fühlte, daß er gerechte Ursache zum Unwillen habe, glich sein Zorn dem eines gereizten Löwen: »Sie sind ein Wortbrecher!« schrie er, und, einem plötzlichen Gedankengang folgend, fuhr er fort: »Sie haben mir gesagt, ich solle den Jung[en] so lang behalten, bis er so viel kann wie ich; das kann er nur bei Marxsen lernen!«

Ein hitziger Streit folgte, der mit einem Ausgleich endete. Man ließ die Sache eine Zeitlang auf sich beruhen, und in der Tat vergingen mehrere Monate so ruhig wie bisher. Aber der Impresario erneuerte seinen Vorschlag und der Kampf wurde wieder aufgenommen. Cossel erkannte, welches einzige Mittel zum Nutzen des Hannes zum dauernden Sieg führe, und er beschloß, es zu benützen, koste es, was es wolle. Es bestand in seiner eigenen vollständigen Entsagung. Er ging wieder nach Altona und beschwor Marxsen, die musikalische Leitung des Knaben ganz zu übernehmen, doch schlug es dieser noch einmal ab. Marxsen fühlte sich noch nicht überzeugt, daß die großen Fortschritte, die Johannes im vergangenen Jahr gemacht hatte, anderen Eigenschaften zu danken waren, als emsigem Fleiß und dem lebhaften Wunsch zu lernen. Cossel jedoch ließ nicht ab; er kehrte zum Angriff zurück und erklärte dem in die Enge getriebenen Meister, daß der Knabe so rasch vorwärts komme, daß er fühle, er könne ihn nichts mehr lehren. Der gütige Marxsen gab endlich nach und willigte ein, die musikalische Erziehung des Johannes von nun an selbst in die Hand zu nehmen und ihn ohne Entgelt zu unterrichten, was er, wie er sagte, um so lieber täte, weil die Eltern nicht imstande seien, jene Erziehung, die sie dem Kinde sichern wollten, zu bezahlen, und weil er den kleinen Zögling um seiner selbst willen liebgewonnen hatte.

»Wie konntest Du Dir solch ein Geschäft entgehen lassen« fragte Tante Detmering, nachdem der Impresario endgültig fortgeschickt worden war. Sie war mit Frau Johanna Teilhaberin des kleinen Ladens der »Schwestern Nissen« gewesen, und sie hatte sich etwas besser verheiratet als Jakobs Frau. »Da kann ich nix tauseggen«, antwortete Johanna einfach, denn ihres Knaben Wohl war ihr kostbarer als Gold und Silber, trotz des harten Kampfes um die Existenz. In ihrem: »Min soote Hannes!« lag die ganze Mutterliebe, und zärtlich zog sie ihn in ihre Arme, wenn er manchmal heraufkam, um ihr einen Kuß zu geben.

So wurden die reichen, keimenden Fähigkeiten des Johannes unter den zuverlässigen Schutz von Marxsens gedeihlicher Sorgfalt geleitet, und es ist nicht zu viel gesagt, daß Cossel durch seine edle Handlungsweise die Zukunft des Genies sicherte, dessen Bedeutung er als erster erkannt hatte. Es wäre müßig, über die Möglichkeiten eines nichtexistierenden »es hätte sein können« nachzugrübeln und sich ein phantastisches Bild von Brahms' Lebenslauf zu machen, wenn er auf andere Umstände und Ereignisse gegründet gewesen wäre, als jene seiner Kindheit tatsächlich gewesen sind. Aber es ist sicher, daß auch die glänzendste, natürliche musikalische Begabung ihr volles Wachstum nicht erreichen kann, wenn sie nicht in den rechten Weg gelenkt wird, und daß jene, welche das Erbe von Brahms' Gesängen und Symphonien, von seinen Chorwerken und seiner Kammermusik angetreten haben, Cossels Namen wohl mit dankbarer Erinnerung in Ehren halten sollten. Obschon er keinen hervorragenden Platz mehr in unserem Bericht über Brahms' Leben einnehmen wird, so hörten die freundschaftlichen Beziehungen zu seinem Schüler doch nicht auf. Sein Klavier und seine Teilnahme standen Hannes noch zu Gebote, und dieser, für beides dankbar, gedachte seines früheren Lehrers und Freundes bis ans Ende des Lebens mit bewundernder Zuneigung. Als sich in späteren Jahren Gelegenheit bot, trachtete er, ihm einen weiteren Wirkungskreis, zu dem ihn seine Eigenschaften auch völlig berechtigten, zu verschaffen. Cossel starb 1865 im Alter von zweiundfünfzig Jahren.

Zweites Kapitel

1845–1848

Eduard Marxsen – Johannes' erster Unterricht in der Theorie – Herr Adolf Giesemann – Winsen an der Luhe – Lischen – Gesangverein der Schullehrer – Vierstimmiges »ABC«-Lied des Johannes – Der Amtsvogt Blume – Erstes öffentliches Auftreten – Erster Besuch der Oper.

Eduard Marxsen war am 23. Juli 1806 in Nienstädten, einem Dorf bei Altona, geboren, wo sein Vater den Beruf eines Schullehrers mit dem eines Organisten verband. Sein musikalisches Talent zeigte sich in früher Kindheit und wurde vom Vater mit so gutem Erfolge gepflegt, daß er schon als Knabe im Notfall die Stelle des Organisten übernehmen konnte. Er war aber nicht für den musikalischen Beruf bestimmt und erst an der Grenze des Mannesalters durfte er seinem unbezwinglichen Wunsch folgen, sich mit aller Energie dem ernsten Studium der Kunst zuzuwenden. Mit achtzehn Jahren wurde er ein Schüler Johann Heinrich Clasings, eines Musikers, der wohl geeignet war, seine Eleven in den Traditionen der großen Klassiker, in denen er selbst erzogen ward, heranzubilden.[1] Sein warmes Interesse wurde bald durch die Begeisterung und den beharrlichen Fleiß seines neuen Zöglings geweckt. Marxsen ließ die Regelmäßigkeit des Unterrichts durch nichts unterbrechen und er ging die zwei Meilen, welche Nienstädten von Hamburg trennen, an dunkeln Winterabenden beim Licht seiner Handlaterne hin und zurück, einerlei, wie stürmisch auch das Wetter war. Er lebte zu Hause weiter studierend, Stunden gebend und immer häufiger auf der Orgel aushelfend, bis er das Alter von vierundzwanzig Jahren erreicht hatte, wo ihn seines Vaters Tod frei von Verpflichtungen zurückließ. Er entschloß sich bald nach Wien zu gehen, mit dem speziellen Vorhaben, seine theoretischen Kenntnisse zu vervollkommnen unter Ignaz von Seyfried, einem fruchtbaren Komponisten, dessen man sich jetzt hauptsächlich als Herausgeber der theoretischen Arbeiten seines Lehrers, des berühmten Albrechtsberger, erinnert. Seyfried nahm

1 Clasing war ein Schüler von E. F. G. Schwenke, dem Nachfolger E. Ph. Emanuel Bachs als Kantor und Musikdirektor der St. Katharina-Kirche zu Hamburg. Beim Tode Emanuel Bachs 1788 kam einTeil seiner Bibliothek in Schwenkes Besitz, darunter die Partitur der großen H Moll-Messe in Sebastian Bachs eigener Handschrift.

den Ankömmling freundlich auf, und da er Marxsen als Künstler sich fast gleichstehend fand, so behandelte er ihn während seines längeren Verweilens in Wien mehr als einen Freund, denn als Schüler. Er gab ihm keinen regelmäßigen Unterricht, aber er lud ihn ein zu häufigem musikalischem Verkehr, der hauptsächlich der Besprechung künstlerischer Fragen und dem freien Meinungsaustausch gewidmet war; dieses brachte dem jungen Musiker außer anderem Nutzen noch den Gewinn eines außergewöhnlichen Einblickes in die Grundprinzipien der Beethovenschen Formentwicklung. Das Zusammensein mit Seyfried war interessant und anregend. Als Kind hatte er Klavierstunden bei Mozart gehabt und war mit Haydn und Beethoven, den er über alles verehrte, persönlich bekannt gewesen. Er war überdies von gütiger Veranlagung, und die vielen Gelegenheiten, Freundschaften zu schließen, Musik zu hören und sich in musikalischer Gesellschaft zu bewegen, die er bieten konnte, wurden seinem Schützling rückhaltlos zur Verfügung gestellt. Marxsen setzte zu gleicher Zeit seine Klavierstunden unter Carl Maria Bocklet fort, einem Musiker und Pianisten von Bedeutung und einem sehr erfolgreichen Lehrer, der die Gunst Beethovens genossen hatte und ein intimer Freund Schuberts gewesen war. Bocklet war einer der ersten, der das Genie dieses jüngeren Meisters zu schätzen wußte und mit seinen Kollegen Schuppanzigh und Linke zu Anfang des Jahres 1828 zum ersten Male die beiden Klavier-Trios von Schubert, welche erst einige Monate vorher geschrieben worden waren, aufführte.

Marxsen kehrte nach einer Abwesenheit von zwei bis drei Jahren nach Altona zurück, mit dem gereiften Selbstvertrauen des erfahrenen Musikers, der mit Autoritäten seines Faches verkehrt hat und dessen frühere Begeisterung für die Werke der Wiener Meister und für die schon bekannten Instrumentalwerke des mächtigen Sebastian Bach zur feurigen Verehrung angefacht war. Man kann nicht sagen, daß er wirklich vermocht hätte, sich gänzlich frei zu machen von der musikalischen Kunstanschauung und dem ungesunden Geschmack seiner Zeit. Für uns, die wir einer Generation angehören, welche nach den reinsten Prinzipien erzogen ist, die erst durch Mendelssohns Einfluß Eingang gefunden haben und seitdem durch das Genie einiger berühmter ausübender Künstler populär gemacht worden sind – Clara Schumann,

Rubinstein und Joachim an der Spitze, – für uns ist es schwer, sich die Umwälzung vorzustellen, welche in dem allgemeinen Zustand der musikalischen Kunst stattgefunden hat seit den Tagen, als Marxsen noch jung war, drei Jahre älter als Mendelssohn. Es wurde damals in Wien, Berlin, Leipzig, London Sachen aufgenommen und bewundert, welche heutzutage als unmögliche Geschmacksverirrungen gelten. Marxsen brachte es zuwege, die Kreutzer-Sonate für Orchester zu setzen; aber das ist nicht so verwunderlich, als daß die Leipziger Autoritäten dieses Arrangement in einem Gewandhauskonzert aufführen ließen; oder, daß Schumann, aus was immer für einem Grund, dessen in der *»Neuen Zeitschrift für Musik«* nachsichtig Erwähnung tat.

Marxsen erschien zum erstenmal vor dem Hamburger Publikum am 19. November 1833 im Alter von siebenundzwanzig Jahren in einem von ihm veranstalteten Konzert mit eigenen Kompositionen. Ein solches Programm war der nordischen Stadt neu und erregte Aufmerksamkeit. Die Sache war erfolgreich und befestigte den Ruf des Konzertgebers als den eines gesunden und ernstlich strebenden Musikers, und von der Zeit an war sein Ansehen als Lehrer und Theoretiker beständig im Aufsteigen. Er war ein Mann von universeller und freisinniger Bildung, und sein Einfluß auf seine Schüler war nicht nur der des Lehrers eines einzelnen gewissen Gegenstandes, sondern er hatte etwas von der Macht des Philosophen, mit weitem Ausblick auf das Leben. Die Hauptziele seines theoretischen Unterrichtes richteten sich darauf, seine Schüler zur Bemeisterung der Grundsätze zu leiten, welche die Werke der großen Komponisten verkörpern, und jeden einzelnen von ihnen zu ermutigen, seine eigene schöpferische Individualität auf der so gewonnenen festen Grundlage zu entwickeln. Er schrieb eine große Anzahl von Werken, in den kompliziertesten wie auch einfacheren Formen der Komposition, und viele davon wurden aufgeführt. Daß nur in wenigen der Versuch gemacht wird, an ein höheres Tribunal, als das des musikalischen Tagesgeschmackes zu apellieren, mag vielleicht ein Zeichen sein, daß Marxsen sich bewußt war, keine originale Schöpferkraft zu besitzen, und es nicht versuchte, seine natürlichen Schranken zu überschreiten. Er hatte eine erwärmende, ermutigende Art, das Vertrauen seiner Schüler zu erwecken, und sein lebhaftes Interesse an allen die Literatur, Philosophie und Kunst betreffenden Fragen gab den Geistern der wirklich begabten unter ihnen beständig neuen Impuls, und dies war nicht der wenigst bedeutende Nutzen, den sie aus dem Verkehr mit ihm zogen.

Wir können annehmen, daß Johannes zu der Zeit, als er ganz und gar ein Schüler Marxens wurde, etwa zwölf Jahre alt war; und von da an muß seine immer schon gut angewandte Zeit völlig ausgefüllt gewesen sein. Zu seinen Klavierstunden mußte er nach Altona gehen (die Kompositionslehre kam noch nicht in Frage); er mußte bei Cossel oder in einer Klavierniederlage üben, – denn zu Hause waren zu viele Störungen – und er hatte regelmäßig die Schule zu besuchen. Nicht die am Dammtorwall, von der früher die Rede war; er besuchte jetzt F. C. Hoffmanns Schule in der ABC-Straße, ein nur einigermaßen besseres Institut, als das, dessen Schüler er früher gewesen war, und in seiner Art von gutem Ruf. Hoffmann war ein gewissenhafter und humaner Mensch und gewann sich die Liebe und Achtung seiner Schüler; er gab ihnen gesunden Elementarunterricht und lehrte sie sogar Französisch und Englisch. Brahms bewahrte sich eine gewisse Kenntnis beider Sprachen, wie die Verfasserin aus ihrem persönlichen Verkehr mit ihm, der erst von seinen mittleren Jahren her datiert, bezeugen kann. Er konnte etwas Englisch lesen, obschon er es nicht sprechen konnte, und wenn nötig, half er sich mit ein paar französischen Redewendungen aus, deren Aussprache allerdings hoffnungslos war. Er bewahrte Hoffmann eine freundliche Erinnerung im späteren Leben, empfahl seine Schule bei passender Gelegenheit und beschenkte ihn, als er in der Mitte der siebziger Jahre sein Jubiläum feierte.

Marxsens Interesse und Freude an Johannes' Fortschritten wuchs von Woche zu Woche, indem er sich immer mehr von dessen außergewöhnlichen Fähigkeiten überzeugte. »Eines Tages gab ich ihm eine Komposition von Weber«, sagte er, »und ging sie gründlich durch mit ihm. Bei der folgenden Stunde spielte er sie mir so tadellos und genau vor, wie ich es nur wünschen konnte, so daß ich ihn loben mußte. ›Ich habe sie auch auf andere Art geübt‹, meinte er, und er spielte mir die Stimme der rechten Hand mit der Linken.« (Ohne Zweifel war es Webers *Perpetuum mobile*, das von Brahms, ohne Opuszahl, als Studie für die linke Hand veröffentlicht wurde.)

Ein Teil von Marxsens Unterricht bestand darin, Johannes

daran zu gewöhnen, lange Stücke prima vista zu transponieren; eine Übung, die er wahrscheinlich bei Seyfried gelernt hatte, welcher von einem Kunststück Albrechtsbergers erzählt, der bei irgendeiner öffentlichen Gelegenheit, wo er auf einer zu tief gestimmten Orgel spielen sollte, ohne fehlzugreifen, prima vista eine ganze Messe von G nach Gis transponierte. Nebenbei bemerkt, fand Brahms auch später Vergnügen an solcher Unterhaltung und spielte Fugen von Bach und andere Werke zur eigenen Erbauung in verschiedenen Schlüsseln, als er auf der Höhe seiner Kunst stand.

Der Knabe hatte schon von Kindheit an eine Neigung zu schöpferischer Tätigkeit an den Tag gelegt. Widmann erzählt von einem Gespräch, das er mit Brahms einmal in den letzten zehn Jahren seines Lebens führte, in welchem der Meister, frühere Erinnerungen zurückrufend, das Glück schilderte, welches er empfand, als er als noch ganz junges Kind ohne Beihilfe die Entdekkung machte, daß man eine Melodie auf Papier darstellen könne, indem man runde Punkte auf Linien höher oder tiefer stellte. »Ich erfand mir ein Notensystem, bevor ich noch wußte, daß es ein solches längst gebe.« Als er älter war, schrieb er gern die einzelnen Stimmen leichter Orchesterstücke untereinander – er brachte sie in Partitur. Auch konnte man ihn nicht davon abhalten, sich in eigenen Kompositionen zu versuchen. Louise Japha, eine vorzügliche Pianistin aus Hamburg, die dem Leser später noch näher treten wird, spricht davon, daß sie ihn mit ungefähr elf Jahren in Schröders Klavierniederlage, wo sie ihn einmal beim Üben traf, eine Sonate von sich spielen hörte. Cossel, der für seine Fortschritte im Spiel verantwortlich war, soll sich Sorgen gemacht haben, daß er zu viel Zeit mit diesen kindischen Versuchen verbringe; aber der innere Trieb war unbesiegbar und ohne Zweifel empfand dies auch Marxsen, als er Johannes beständig um sich hatte. Etwas später begann er ihn in der Theorie zu unterrichten. Bezüglich des Anfangs dieses Studiums schreibt er an La Mara:

»Es zeigte sich eine seltene Schärfe des Denkens, die mich fesselte, und so unbedeutend auch die ersten Versuche im eigenen Schaffen ausfielen, so mußte ich darin doch einen Geist erkennen, der mir die Überzeugung gab, hier schlummere ein ungewöhnliches, großes, eigenartig-tiefes Talent. Ich ließ mir deshalb keine Mühe und Arbeit verdrießen, dasselbe zu wecken und zu bilden, um dereinst für die Kunst einen Priester heranzuziehen, der in neuer Weise das Hohe, Wahre, ewig Unvergängliche in der Kunst predige und zwar durch die Tat selbst.«

Wie alt Johannes sein mochte, als er begann, durch Spielen in Tanzsälen und anderen Lokalen Hamburgs regelrecht Geld zu verdienen, läßt sich nicht genau feststellen. Es ist wohl möglich, daß er gelegentlich schon in frühester Kindheit in Notfällen Violine spielte, als Stellvertreter seines Vaters oder eines Kollegen desselben, obschon diese Mutmaßung nicht durch verläßliches Zeugnis bewiesen ist. Ohne Zweifel aber haben lose verstreute Anekdoten Veranlassung gegeben zu einer ziemlich unrichtigen Auffassung dieses Tatbestandes. Die einmal vorherrschende Meinung, daß Jakob den Knaben vom zartesten Alter an systematisch ausnützte, indem er seine Gaben zum Besten der Familie ausbeutete, wurde von denen, welche die beste Gelegenheit hatten, die näheren Umstände zu kennen, aufs energischste zurückgewiesen. Christian Otterer, der ungefähr zwölf Jahre älter war als Johannes und eine deutliche und klare Erinnerung an alte Zeiten bis ins achtzigste Jahr bewahrte, erklärte: »Mit dem besten Willen kann ich mich nicht erinnern, daß Johannes als ein noch junges Kind in Lokalen gespielt hätte; ich war damals täglich mit seinem Vater beisammen und müßte es wissen, wenn es der Fall gewesen wäre. Jakob war ein ruhiger und rechtschaffener Mann und hielt Hannes fleißig zum Studium an, ihn so viel als möglich der allgemeinen Beachtung entziehend.«

»Es kann nicht wahr sein«, sagte Frau Cossel zu wiederholten Malen, wenn man solche Märchen erzählte; »mein Mann erwähnte nie etwas dergleichen, wenn er mit mir von Johannes' Kindheit sprach; und selbst wenn es vorgeschlagen worden wäre, bin ich überzeugt, daß er es nicht zugelassen hätte.« Zwei authentische Quellen stellen aber die Tatsache fest, daß der Knabe ungefähr von dreizehn Jahren ab regelmäßig Verpflichtungen dieser Art zu übernahm. Der Erwerb, den er daraus zog, wurde stets dem Familienfonds beigefügt.

Einen Blick auf Brahms zu jener Zeit gewährt uns Christian Miller, damals ein junger Student der Musik, der erzählt, daß Hannes für eine geringe Zahlung an Sonntagnachmittagen während des Sommers 1846 in einem Restaurant in Bergedorf bei Hamburg zu spielen pflegte. Miller hörte ihn dort und, von seinem Vortrag gefesselt, bat er um die Erlaubnis, mit ihm vierhändig spielen zu dürfen. Darnach kamen die beiden jungen Leute häufig zusammen, bis Miller Hamburg verließ und ein Schüler des Leipziger Konservatoriums wurde. Die Kameradschaft scheint von Johannes mehr geduldet, als wirklich gewünscht worden zu sein; er sprach wenig, wenn er mit Miller spazieren ging und pflegte mit dem Hut in der Hand einherzuschreiten und vor sich hinzusummen!

Der Leser entsinnt sich vielleicht noch des kleinen Orchesters von sechs Musikern, welches während der letzten Dreißigerjahre die elegante Welt am Jungfernstieg, die Gönner des Alsterpavillons entzückte: Ihre Tätigkeit hatte bis zum Jahre 1842 gedauert, wo in der Nacht vom 4. zum 5. Mai die verhängnisvolle Feuersbrunst in Hamburg ausbrach, die man erst am 8. morgens bemeistern konnte; sie zerstörte die Kirchen von St. Nikolas und St. Peter, die St. Gertrud-Kapelle, das Rathaus, die Börse, die Bank und über 1200 Wohn- und Warenhäuser und unterbrach die angenehme Wirksamkeit der Musikanten. Der Alsterpavillon blieb wunderbarerweise von den Flammen verschont, während die Alsterhalle, ein ähnliches Etablissement nebenan, gänzlich niederbrannte; die Zerstörung einer Reihe von Läden und Häusern auf dem Jungfernstieg verwandelte die angenehme Promenade in einen Trümmerhaufen. Eine Zeitlang konnte man in der Stadt nach der Katastrophe, welche die ernsten Bürger Hamburgs niedergeschmettert hatte, an nichts weiteres denken, als wie dem Ruin zu steuern und das Zerstörte wiederherzustellen sei, und diese Zeit machte auf das empfindsame Gemüt unseres kleinen Hannes einen Eindruck von Schrecken und Furcht, welcher sich niemals gänzlich verwischen ließ. Allmählich wurden jedoch die öffentlichen Gebäude und Privathäuser wieder errichtet, und aus Schutt und Trümmern erstand Hamburg in neuer Schönheit, und lange vor dem Jahr 1847, bis zu welchem Zeitpunkt unsere Geschichte jetzt gekommen ist, pflegte sich das kleine Orchester abermals in dem bekannten Raum des Pavillons zu versammeln, obschon mit etwas verändertem Personal, um vor den immer wechselnden Gästen des Etablissements seine lebhaften Weisen vorzutragen. Jakob hatte seine Stellung als Kontrabassist behalten, und durch seine lange Verbindung mit dem Haus wurde er nun als eine wichtige Stütze ihrer künstlerischen Anziehungskraft betrachtet.

Unter den treuesten Besuchern der Pavillonkonzerte war zu jener Zeit ein gewisser Adolf Giesemann, Besitzer einer Papiermühle und eines kleinen Gutes in dem unweit gelegenen Städtchen Winsen an der Luhe. Geschäfte führten ihn häufig nach Hamburg, und da er ein großer Musikfreund war, selbst Gitarre spielte und eine gute Stimme besaß, war ihm nichts lieber, als eine müßige Stunde am Jungfernstieg zuzubringen und einem Satz von Haydn oder Mozart zu lauschen. Zwischen ihm und Brahms hatte sich eine nähere Bekanntschaft entwickelt. Giesemann hörte gern zu, wenn Jakob eifrig über die Erfolge des Johannes und den viel versprechenden jüngeren Bruder Fritz sprach. Er hatte zu Hause in Winsen auch eine kleine Tochter und hoffte, daß sie eines Tages imstande sein würde, sich an dem dortigen musikalischen Leben zu beteiligen – auf jeden Fall sollte sie soviel Klavier spielen lernen, um ihn auf der Gitarre begleiten zu können. Eines Abends im Frühling trat Jakob mit einer Bitte an ihn heran. Hannes hatte den verflossenen Winter beständige Beschäftigung gefunden, indem er bis in die Nacht hinein in den Tanzsälen verschiedener Hamburger Lokale Klavier spielen mußte; und der Erwerb von nicht ganz zwei Schillingen für den Abend bildete eine wertvolle Zugabe zu den kärglichen Familienmitteln. Aber die späten Stunden hatten seiner Gesundheit sehr geschadet. Jetzt hatte die Tätigkeit für eine Zeitlang aufgehört und man konnte zu Hause des kleinen Broterwerbers entraten. Möchte ihn Giesemann nicht auf ein paar Wochen Ferien nach Winsen mitnehmen? Des Knaben musikalische Dienste würden ihm dafür zu Gebote stehen; er könnte ihn begleiten, ihm vorspielen und dem kleinen Lischen, dic cin Jahr jünger war als er selbst, Klavierstunden geben.

Giesemanns gütiges Herz war sofort gerührt; er brauchte sich seine eigene Antwort nicht lange zu überlegen und für die seiner Frau konnte er gutstehen. Nach seinem nächsten Besuch in Hamburg, der bald stattfinden würde, sollte Johannes sich bereithalten, um ihn nach Winsen zurückzubegleiten.

Und so, in dem schönen, sprossenden Monat Mai, als die Knospen sprangen und die Vögel sangen und in dem Grau des Himmels über Hamburg sich etwas Blau zu zeigen begann, sagte unser lieber Hannes seiner großen, geschäftigen Vaterstadt Lebewohl, um zum erstenmal die Freude eines freien Landlebens zu genießen, mit einer freundlichen, kleinen Schwester als Gefährtin. Daß er Gast war, empfand er keinen Augenblick, aber er vergaß auch seine natürliche Schüchternheit und wurde ein Kind des

Hauses, das man liebkoste und wieder kräftigte durch frische Luft und gute Nahrung, und dem Frau Giesemann mütterliche Fürsorge spendete. Lischen war den ganzen Vormittag in der Schule, und das war gut so; denn Hannes hatte auch seine Aufgaben zu vollenden und durfte keine Zeit verlieren. Jakob hatte es, soweit es ihm möglich war, so eingerichtet, daß des Knaben allgemeine Fortschritte nicht unter seinen Ferien leiden sollten.

Die frische Luft jedoch war das Wichtigste; so war Johannes gekommen, ausgestattet mit einer stummen Klaviatur zum mechanischen Üben der Finger, und jeden Tag nach dem Frühstück, nachdem er alle jene Übungen durchgenommen hatte, die nur zu Hause gemacht werden konnten, schickte ihn Frau Giesemann hinaus ins Freie, mit einer über die Schulter gehängten Botanisiertrommel, die Bücher und einen Imbiß enthielt, mit der Klaviatur unter dem Arm, dem aus der Tasche guckenden Notizbuch, ohne das er sich nirgends hinrührte, und mit der Weisung, sich bis zur Speisestunde nicht mehr zu zeigen. Er hatte sich aber schon lange vor dieser Stunde im Freien getummelt; er pflegte um vier Uhr aufzustehen und den Tag mit Baden im Fluß zu beginnen. Nicht lange nachher kam Lischen, und die beiden verbrachten ein paar köstliche Stunden im Umherwandern, nach Vogelnestern ausschauend und Blumen pflückend. Johannes war ein ganz einfaches Kind, trotz seiner vierzehn Jahre und harter Erfahrungen, und er schwelgte in den glücklichen Tagen, die er im Sonnenschein unter blühenden Blumen in würziger Luft verleben durfte. Er war sehr blaß und mager und hatte wenig Kraft bei seiner Ankunft, aber bald nahm er zu an Gewicht und bekam Farbe, wozu das Glas frische Milch, das man täglich für ihn beiseite stellte, ohne Zweifel beitrug. Die Haustiere – die Kühe und Schweine, der große Hund, das Reh – machten ihm große Freude und es entzückte ihn, wenn der Kranich seine Flügel ausbreitete und sich hoch über ihre Häupter erhob, sobald er und Lischen sich näherten und in die Hände klatschten. Er machte gern die Spiele mit, mit denen die Kinder von Winsen sich an kühlen Sommerabenden am Flußufer unterhielten, aber er ließ sich nicht überreden, an der Knaben wilden Belustigungen teilzunehmen, und wollte nur mit den Mädchen spielen. Die Jungen verachteten ihn natürlich aus diesem Grunde und spotteten: »Du bist kein Jung', du bist 'ne Dirn«; doch schien er sich nichts daraus zu machen und folgte ruhig seinen Neigungen. Eines Abends jedoch, bald nach seiner Ankunft, und bevor er noch viel Kraft gesammelt hatte, als er gerade mit mehreren Kindern vom Waten im Flusse zurückkehrte – Lischen war schon weit voraus – stürzten sich einige rohe Jungen über ihn her, leerten ihm die Taschen aus und beraubten ihn des Inhaltes, selbst des kostbaren Notizbuches. Er konnte die Tränen nicht zurückhalten, aber Lischen, die ihn am Ufer stehen sah, wie er sich die Augen mit den Knöcheln rieb, erkannte schnell, was geschehen war und ins Wasser zurückeilend, zwang sie die Störenfriede, ihr alles wieder auszuliefern. Dem Notizbuch vertraute Johannes alle seine Eingebungen an, manchmal war es eine Melodie, manchmal ein paar Verszeilen, die ihm einfielen; dann, ob er nun spazieren ging oder Bäume erkletterte, übte oder Aufgaben machte, wurde das Buch herausgezogen, um seinen Gedanken auf der Stelle festzuhalten.

Es dauerte nicht lange, so erweckte sein musikalisches Talent die Bewunderung der Nachbarschaft. In Hoopte, einem etwa zwei Meilen von Winsen entfernten Dorf, gab es ein freundlich gelegenes Lokal, das ein großes, für Tanz und Musik geeignetes Zimmer enthielt. Dieses und ein, zwei anstoßende Stuben wurden jährlich von dem Bekanntenkreis der Giesemanns für die Sonntagnachmittage der Sommersaison gemietet, und nach dem Morgengottesdienst und Mittagessen pflegten die Teilnehmer, sofern sie Lust dazu hatten, ein paar gesellige Stunden zu verbringen. Johannes wurde bald bei diesen Gelegenheiten die Hauptperson. Man entdeckte, daß er nicht nur die begeisterndste Tanzmusik spielen konnte, sondern auch eine Menge verschiedener Soli, unter andern einige liebliche Walzer, denen in Ruhe zu lauschen ein Genuß war. Als er eines Tages gebeten wurde, den Männergesangverein zu dirigieren, der zu dem Nachmittagsprogramm beitragen sollte, zeigte er sich erstaunlich geeignet für die Rolle, die zu übernehmen er eingewilligt hatte; und wie er da stand vor seinen Truppen, in kurzer Jacke und großem weißen Umlegkragen, mit dem hübschen mädchenhaften Gesicht, mit den regelmäßigen Zügen und dem Schopf langen, blonden Haares, der noch zu dem Eindruck, den sein kindliches Benehmen machte, beitrug, erweckte er soviel Vertrauen und Sympathie, daß man ihn einstimmig zum Dirigenten des Vereins wählte, für so lange, als er in Winsen bleiben sollte; eine Zeit, die man auszudehnen beschloß, bis ihn die Wiederaufnahme der Herbstpflichten zurückrufen würde.

Der Winsener Männergesangverein bestand aus ungefähr zwölf Mitgliedern; die meisten waren Schullehrer der benachbarten Dörfer. Die Lehrer Backhaus von Winsen, Albers von Handorf, Schröder von Hoopte gehörten dazu; andere hervorragende Mitglieder waren der Goldschmied Meyer und der dicke Bäckermeister Rieckmann, der eine herrliche Baßstimme hatte. Die Proben wurden am Samstag von sechs bis acht Uhr abgehalten, gewöhnlich in Rektor Köhlers Schulzimmer, weil es ein Klavier enthielt; aber wenn das nicht zu haben war, im Billardzimmer des Deutschen Hauses, Winsens bestem Lokal. Die Sänger gruppierten sich um den Billardtisch und Johannes stand an dem einen Ende. Lischen hatte das Vorrecht, bei allen Zusammenkünften des Vereins gegenwärtig zu sein, solange ihr Freund als Dirigent fungierte.

Der Knabe fand eine wertvolle Stütze an Lehrer Schröder, der großes Talent mit Liebe zur Musik vereinte, Generalbaß und Kontrapunkt gründlich studiert hatte und seit dem vierzehnten Jahr komponierte. Wenn Johannes zu einem schwierigen Punkt in seinen theoretischen Studien kam, der eine Besprechung wünschenswert machte, so wanderte er nach Hoopte hinüber, sich Rat zu holen bei Schröder, der immer mit Sympathie bereit war, ihn zu erteilen. Einmal war er von einer derartigen Expedition spät am Abend noch nicht zurückgekehrt und Giesemann wurde unruhig und war im Begriff, auf Suche nach seinem jungen Gast auszugehen, als der Herr Wagenbaudirektor aus dem einige Meilen entfernten Pattenzen vorgefahren kam. »Hier ist Ihr Johannes«, rief er, als der Knabe vom Gig herabsprang; »er ist diesen Morgen beim unrechten Tor hinausgegangen und hat den Weg verfehlt, ich fand ihn fern von hier auf der Lüneburger Heide am Rande eines Grabens eingeschlafen, die Klaviatur an seiner Seite und das Notizbuch aus der Tasche gefallen; ein Glück, daß sie nicht alle zusammen hinuntergekollert sind!«

Die theoretischen Übungen und die kleinen vierstimmigen Kompositionen, zu deren Versuchen Marxsen seinen Zögling ermutigte, wurden regelmäßig nach Altona gebracht; denn mit Marxsens Beihilfe und dem Rat des Schullehrers Hoffmann wurde es so eingerichtet, daß Johannes jede Woche mit dem Dampfer nach Hamburg fuhr, um zwei Nächte dort zu bleiben: das ließ ihm einen ganzen Tag frei für Musikunterricht und Privatstunden. Ab und zu wurde Lischen aufgefordert, ihn zu begleiten und in Brahms' kleiner Wohnung am Dammtorwall Schwester Elisens winzige Kammer zu teilen. Die Fahrten konnten leicht gemacht werden, denn »Onkel« Adolf Giesemanns Bruder, Bewirtschafter des Bahnrestaurants in Winsen, war zugleich Lieferant der Erfrischungen auf den Dampfschiffen, die mit Hamburg verkehrten, und nichts war einfacher, als daß die beiden Kinder als seine Freunde hin- und zurückfahren konnten. Frau Giesemann versorgte sie mit einem reichlichen Vorrat belegter Brötchen, ihr Freund, der Gastwirt, gab jedem von ihnen zur rechten Zeit eine große Tasse schwachen Kaffees, und Lischen und Hannes genossen, am Kiel des Bootes zusammensitzend, mit rechtem Behagen diese Picknickmahlzeiten.

Nach seiner Ankunft in Hamburg begann Johannes den Tag damit, daß er seine Finger übte, und zwar auf dem Piano, das an der Wohnzimmerwand stand und auf dessen Notenpult sich unfehlbar ein offenes Buch befand, in das er, bei seiner Arbeit lesend, den Kopf steckte, – denn er war sehr kurzsichtig. Später sah Lischen wenig von ihm, denn seine Zeit war mit verschiedenen Lektionen ausgefüllt, aber sie machte sich nichts daraus; sie gewann bald seine ihm so teuere, gute alte Mutter sehr lieb und beobachtete sie bei ihren Pflichten; manchmal konnte sie ihr auch helfen, von der Pumpe, die unterhalb der Stufen vor dem Hause stand, Wasser zu holen, – eine Arbeit, die Johanna, ihrer Lahmheit wegen, nicht selbst verrichten konnte. Lischen bewunderte sehr das Porträt von Frau Brahms, welches über dem Klavier hing, und wenn sie die jugendliche Gestalt in rosenrotem Kleid mit anschließendem, schleppendem Rock nach der Empiremode, kurzer Taille, freiem Hals, das Haar vorn mit Löckchen und hinten mit hohem Kamm frisiert, betrachtete, so dachte sie, daß Hannes' Mutter in ihrer Jugend sehr hübsch gewesen sein mußte. Das Wohnzimmer war etwas kahl; es enthielt wenig außer dem Piano, dem Tisch, den Stühlen, einigen gefüllten Bücherbrettern und ein paar kleinen Kupferstichen; aber Lischen fand nicht, daß etwas daran gelegen war, denn alles war so nett und sauber. Es tat ihr jedoch leid, daß es so finster war und daß das kleine Fenster keine andere Aussicht hatte, als in den engen, düsteren Hof – denn vorn hatte Johanna noch den kleinen Laden – und Lischen machte dem Hannes den Vorschlag, ein paar rote Kletterbohnen von Winsen mitzubringen, um sie im Hof anzupflanzen und an Stöcken emporzuziehen: das würde das Wohnzimmerfenster bald freundlicher machen. Johannes war sehr mit dem Plan einverstanden, der auch soweit gedieh, daß die Bohnen gepflanzt wurden und ein paar ungeheuer hohe Stöcke bereit standen für deren Kletterversuche. In dieser Hinsicht wurden aber die Erwartungen getäuscht, denn die Pflanzen versagten ihren Teil daran zu erfüllen und enthielten sich fast alles Wachstums.

Es wäre Johannes unmöglich gewesen, die Monate seines Aufenthaltes in Winsen mit vollem Genuß zuzubringen, wenn er nicht Gelegenheit gehabt hätte, einen Hang zu befriedigen, der kaum weniger stark war als seine Leidenschaft für Musik. Vom frühesten Alter an, wo er imstande war zu lesen, hatte er Bücher geliebt, und mit dem natürlichen Geschmack eines Kindes an dem Romantischen und Wunderbaren entwickelte sich bald ein außerordentliches Unterscheidungsvermögen in der Wahl seiner Lieblingserzählungen. Es war ihm immer auf irgendeine Art gelungen, sich mit Lesevorrat zu versehen, indem er sich als kleine Geburtstags- und Weihnachtsgaben Bücher wünschte, auch von Zeit zu Zeit sich solche für seine ersparten Kreuzer von den Schubkarren der Hausierer kaufte oder hier und da einen Band von Freunden entlieh. Brahms' außergewöhnliche Kenntnis der Bibel wuchs von der Zeit an, wo er, als noch junges Kind, gewohnt war, beim Mittagessen das Buch neben seinem Teller offen liegen zu haben, vertieft in die Geschichten des Alten Testaments, die seine ersten Lieblinge waren und sich in seinem Gehirn zu dunklen Grübeleien wandelten, welche die Grundlage zu seiner späteren Stellung gegenüber den Lebensproblemen bildeten. Er war noch nicht lange in Winsen, als schon der ganze geistige Vorrat, den Onkel Giesemanns Bibliothek bot, erschöpft war. Glücklicherweise war noch eine Hilfsquelle zur Hand: Es gab eine Leihbibliothek in der Nähe, die einer gewissen Frau Löwenherz gehörte, einer Jüdin, die einen Sohn hatte, namens Aron. Mit Aron befreundeten sich die beiden Kinder, und da ihnen die nötigen Mittel fehlten, um den vollen Preis für einen beständigen Lesevorrat zu zahlen, so suchten sie bei ihm Rat. Er stellte sich als geschickter Ratgeber heraus, und während er ihnen Zutritt zu den begehrten

Büchern versprach, bewies er, daß es ihm nicht an der Fähigkeit fehle, für sich selbst aus der Gelegenheit Nutzen zu ziehen. Er versprach, daß er auf eigene Verantwortung immer zur Zeit einen Band bringen würde, den Hannes und Lischen auslesen sollten, um ihn dann zurückzustellen und durch einen anderen ersetzt zu bekommen; der verlangte und ausgemachte Preis für diesen Geheimdienst war ein Groschen für jede Lieferung.

Durch dieses Mittel waren Hannes und Lischen – letztere hat wahrscheinlich die Hauptrolle in dieser Handelsabmachung gespielt, denn Johannes hatte wenig Spargroschen – immer mit soviel Büchern versehen, als sie wünschen konnten. Ihre beste Lesezeit war, wenn sie zusammen am Flußufer saßen oder nachmittags im Teiche fischten; ihre Angeln vergessend, brüteten sie dann schweigend über dem offenen Buch, den Band zusammen festhaltend und eine Geschichte nach der anderen von Rittern und Turnieren, Räubern und Banditen verschlingend. Aron bekam besondere Unterweisung bezüglich der Wahl, die er zu treffen hatte, und gab sich Mühe, dem Geschmack seiner Gönner entgegenzukommen. Er erschien eines Nachmittags mit einem Band, der »Die Geschichte der schönen Magelone und des Ritter Peter mit den silbernen Schlüsseln« enthielt. Das war ein Tag in der Geschichte der jungen Leihbibliotheksabonnenten, der im Kalender rot anzustreichen war und den weder Hannes noch Lischen je vergaßen. Auf beide machte der alte Ritterroman einen unauslöschlichen Eindruck. Was aber die Banditen anbetraf, was konnte sich da Johannes Besseres wünschen, als ein Werk, das den aufregenden Titel »Die Räuber« trug, welches Aron ihnen an einem anderen Tag anbot, mit gerechtem Stolz auf den Erfolg seiner Nachforschungen hinweisend? Das Buch war von einem gewissen Schiller verfaßt und erwies sich als so zufriedenstellend, daß Hannes den Aron bat, auf andere Bände, die diesen Namen auf dem Titelblatt trugen, ein wachsames Auge zu haben.

Es ließ sich erwarten, daß der junge Dirigent des Winsener Gesangvereins und der Zögling des ausgezeichneten Musikers von Altona seine Studien verwerten würde, indem er etwas für seinen Chor schrieb, und so geschah es auch. Johannes komponierte ein vierstimmiges »ABC«-Lied für seine Schullehrer, das aus zweiunddreißig Takten im Zweivierteltakt bestand, dem drei Takte Einleitung vorangingen und das von einer Art Unterschrift gefolgt war. Die Einleitung und die ersten drei Takte der vier achttaktigen Phrasen hatten die Buchstaben des Alphabetes zum Text, erst nacheinander und dann in Silben von je zwei Buchstaben angeordnet, wie in einer ersten Buchstabierstunde; die vierte Phrase war zu einigen aufs Geratewohl aneinander gereihten Worten gesetzt. Die Komposition schloß mit dem Datum: »Winsen, achtzehnhundertsiebenundvierzig« in vollem Chor *lento* und *fortissimo* gesungen, auf dem wiederholten Akkord der Tonika. Die kleine Komposition, melodisch und lebhaft, zeigte Sinn für freie Stimmführung, und die knabenhaft neckische Laune, in der sie verfaßt war, wurde von seinen Lehrern anerkannt. Ihr folgte bald eine zweite: »Des Postillions Morgenlied«, auf die wohlbekannten Worte »Vivat! und ins Horn ich stoße« gesetzt. Der junge Musiker wurde auch durch eine Deputation der Schulkinder von Winsen gebeten, ihnen bei der Aufführung einer Serenade behilflich zu sein, mit der sie gern ihren Rektor Köhler an seinem Geburtstag begrüßen wollten. Daraufhin wählte er ein für die Gelegenheit passendes Stück aus, bearbeitete es zweistimmig, übte mit den Jungen und Mädchen, bis sie sicher waren, und leitete die Aufführung vor dem Hause des Direktors am Vorabend der Geburtstagsfeier. Er zeigte sich sehr streng und ernst, wenn er mit diesen beruflichen Pflichten beschäftigt war, schlug den Takt mit großem Schwung und bestand auf sorgfältiger Beachtung der *pianos* und *fortes,* sowie auf gehöriger Abstufung der *rallentandos.* Zahlreiche Zuhörer, die sich vor dem Haus des Direktors eingefunden, erklärten die Aufführung des Ständchens für einen glänzenden Erfolg.

Gerüchte von der wachsenden musikalischen Regsamkeit Winsens verfehlten nicht, bis zu den Ohren des Amtsvogtes Herrn Blume zu dringen, eines Beamten von guter sozialer Stellung, der daselbst lebte und dessen Pflichten als Verwalter einiger Bezirke des nördlichen Hannover ihn in Gegenden, die innerhalb seines Umkreises lagen, mit dem Landleben in Berührung brachten. Herr Blume war nicht weit von Siebenzig, als Johannes seinen ersten Besuch bei Giesemanns machte, aber sein Interesse für Musik und seine Liebe zur Kunst Beethovens hatten nicht nachgelassen, und ehe Johannes Winsen verließ, wurde er von ihm eingeladen und gedrängt, sein Klavier zum Üben zu benutzen. Der Knabe entzückte den Amtsvogt dadurch, daß er mit ihm einige vierhändige Arrangements Beethovenscher Werke spielte, und er gewann, trotz seines schüchternen, linkischen Benehmens, das Herz der Frau Blume durch seine einfache, kindliche Natur. Wenn er, wie man hoffte, seinen Besuch bei Onkel Giesemann im nächsten Jahre wiederholen konnte, so sollte er so oft zu Blumes kommen und auf dem Klavier üben, als er wollte. Bei der Nachricht von des jungen Musikers bevorstehender Abreise empfand man allgemeines Bedauern im Kreise der Winsener Freunde; aber mit dem Herannahen des Herbstes war es notwendig, daß Johannes seine Pflichten in Hamburg wieder aufnahm, und es blieb nichts übrig, als die Hoffnung auf eine Erneuerung der Freuden, die sein langer Besuch so vielen, außer ihm selbst, gebracht hatte.

Johannes kehrte geistig und körperlich so gekräftigt nach Hause zurück, daß er mit Marxsens Billigung imstande war, in seiner Laufbahn einen guten Schritt vorwärtszukommen. Er trug am 20. November in einem von Birgfeld, dem unseren Lesern schon bekannten Violinisten des Subskriptionskonzertes im »Alten Raben«, im Apollosaal veranstalteten Benefizkonzert Thalbergs »Norma«-Phantasie vor. Marxsens Liebe zu seinem Zögling und Anerkennung seiner Talente ersieht man deutlich aus dem Konzertbericht, der eine Woche später im *»Freischütz«* erschien, einem vielgelesenen Hamburger Blatt, für das er häufig Beiträge lieferte:

»Das Konzert von Birgfeld soll sowohl von seiten der Sänger und Sängerinnen, sowie auch hinsichtlich der Instrumentalpartien interessant und genußreich gewesen sein. Ganz besonders wird der Vortrag einer Phantasie fürs Piano von Thalberg durch einen kleinen Virtuosen namens J. Brahms gerühmt, der nicht allein schöne Fertigkeit, Präzision, Reinheit, Kraft und Sicherheit gezeigt, sondern auch, was das Geistige, die Auffassung anbelangt, allgemein überrascht und ungeteilten Beifall sich erworben hat.«

Am 27. desselben Monats trat Johannes in dem kleinen Saal der Tonhalle in einem Konzert der Pianistin Frau Meyer-David auf in einem Duo für zwei Klaviere, wiederum von Thalberg, dessen Ruhm zu dieser Zeit auf seiner Höhe stand. Marxsens Einfluß macht sich wieder durch die besondere Erwähnung des Johannes in der *»Freischütz«*-Kritik bemerkbar, obschon es aus der falschen Orthographie des Namens ersichtlich ist, daß nicht er der Schreiber der Notiz war:

»Dieses Duo, von der Konzertgeberin und dem erst neulich mit so entschiedenem Glücke öffentlich aufgetretenen jungen Pianisten Bruns ausgeführt, effektuierte erwünscht und wurde mit rühmenswerter Übereinstimmung und Fertigkeit ausgeführt.«

Mit Ausnahme einer kurzen Notiz über dieselbe Aufführung in den *»Hamburger Nachrichten«* wird Johannes in den Zeitungen des Winters 1847–48 nicht weiter erwähnt. Der junge Musiker verbrachte diesen Winter in der gleichen Weise wie den vorhergegangenen: Strenges Studium bei Tag und ermüdende Arbeit bei Nacht! Jedoch ließ es sich im Frühling einrichten, daß er wiederum einen Besuch bei Giesemanns machen konnte, wohin er wie in eine zweite Heimat zurückkehrte. Die Mitglieder des Gesangvereines freuten sich, ihren Dirigenten zu bewillkommnen, der im Laufe der Saison ihr Repertoire vergrößerte, indem er zwei Volkslieder für sie arrangierte. Diese müssen als früheste Zeugnisse zur Kennzeichnung seiner Vorliebe für Volkslieder gelten, welche dem großen Komponisten als charakteristische Eigenheit anhing und die etwa drei Jahre vor seinem Tod in der Veröffentlichung seiner jetzt wohlbekannten, sieben Hefte umfassenden Sammlung deutscher Volkslieder gipfelte.

Johannes war dieses Jahr häufig bei Blumes und spielte oft mit dem Amtsvogt vierhändig. Lischens Klavierstunden wurden nicht wieder aufgenommen, da sie wenig Erfolg gehabt hatten. Es war schwer, sie ans Haus zu fesseln, um an schönen Sommernachmittagen zu üben, während sie nur die Sehnsucht hatte, sich im Freien zu vergnügen. Sie vergaß aber niemals ganz, was Johannes sie gelehrt hatte und blieb immer eine große Musikfreundin. Man hoffte, es würde später noch möglich sein, ihre Stimme gründlich auszubilden; Johannes glaubte fest, sie würde sich schön entfalten.

Mittlerweile gelang es ihr, ihrem Gefährten die größte Freude zu verschaffen, die er noch erlebt hatte: Er wünschte sich sehr, eine Oper zu hören und Lischen teilte diesen Wunsch; daher überredete sie ihren Vater, als sie einmal zusammen nach Hamburg fahren sollten, ihnen doch zwei Galerieplätze zu schenken. Es sollte ein Festabend werden. Formes, der damals in Wien angestellt war, war von der Direktion des Stadttheaters (dem Opernhaus von Hamburg) auf einige Wochen engagiert worden und machte gerade große Sensation. Lischen und Hannes sollten ihn in »Figaros Hochzeit« hören, dessen Titelrolle eine seiner größten Leistungen war. Sie gingen frühzeitig fort vom Hause auf dem

Dammtorwall, von Frau Brahms mit Butterbrötchen versehen, und warteten zwei Stunden auf der Straße, bevor die Tür geöffnet wurde, was auch schon zum Vergnügen gehörte. Sie bekamen prächtige Plätze und ergötzten sich daran, vor der Aufführung auf der Galerie zu sitzen, das Haus anzuschauen und die Leute hereinkommen zu sehen. Aber als die Musik begann, war Johannes beinahe außer sich vor Aufregung, und Lischen hat bis heute nicht sein Entzücken vergessen: »Lischen, Lischen, horch auf die Musik! So etwas gibt es nicht wieder!« Onkel Adolf war ganz glücklich, als sie ihm von dem Abend erzählten und er die Freude sah, die er den Kindern damit bereitet hatte; er meinte dann auch, der Besuch der Oper müsse wiederholt werden; so ging denn unser Freundespaar etwas später in Kreutzers »Nachtlager von Granada«, welches ihnen beiden sehr, sehr gefiel.

Johannes konnte diesmal nicht so lange wie das Jahr vorher in Winsen bleiben, und die Trauer, als sich der Abschied näherte, war eine umso größere, da es der letzte Besuch dieser Art sein sollte: Es war sein Konfirmationsjahr. Er war jetzt mehr als fünfzehn Jahre, seine Schulzeit war beendet und er sollte seine Stellung in der Welt einnehmen, als ein Musiker, der seinen Weg zu machen hatte und von dem man erwarten durfte, daß er nicht allein zur Unterstützung seiner Familie, sondern auch zu der Erziehung seines Bruders Fritz, der zum Lehrer und Pianisten bestimmt war, regelmäßig beitragen würde. Er schrieb – zum Abschiedsgeschenk für Lischen – die dem Winsener Gesangverein gewidmeten vierstimmigen Lieder schön ab, setzte über jedes den Titel in prachtvoller Kalligraphie und fügte ihren Namen mit einer besonderen Widmung hinzu. Lischen verwahrte die Manuskripte, noch lange nachdem sie Frau und Mutter geworden war, als Andenken an eine glückliche Episode ihrer Jugend. Die letzte Zusammenkunft des Gesangvereines wurde mit einem solennen Abschiedsfest gefeiert, das im »Deutschen Hause« stattfand. Zuletzt sprach der Dirigent seine Sänger an in einem Gedicht, das er selbst für diese Gelegenheit verfaßt hatte und das mit der Zeile begann: »Lebt wohl, lebt wohl, Ihr Freunde schlicht und bieder«. Ein Augenblick traurigen Stillschweigens folgte; dann brach ein Stampfen, Händeklatschen und Jauchzen los, und der dicke Bäckermeister Rieckmann hob Johannes mit dem Rufe »Hier, mein Junge!« huckepack auf seine Schultern und marschierte mehrmals um die

Tafel, gefolgt von Lischen und den anderen Mitgliedern der Gesellschaft, die einen Abschiedschor sangen.

Es war der Abschluß von Johannes' Kindheit, welche trotz ihrer Schattenseiten von ungewöhnlicher Dauer gewesen; aber jedermann sagte, er müsse oft nach Winsen zurückkommen, und wann immer er imstande wäre, sich von den ernsten Lebenspflichten, die ihn erwarteten, eine kurze Zeit zu erholen, so wisse er, wo ein getreuer Freundeskreis bereit sei, ihn herzlich willkommen zu heißen.

Drittes Kapitel

1848–1853

Johannes' erstes öffentliches Konzert – Jahre des Kampfes – Hamburger Lokale – Louise Japha – Edward Reményi – fis moll-Sonate – Erste Konzertreise als Reményis Begleiter – Konzerte in Winsen, Celle, Lüneburg und Hildesheim – Musikalische Parteien 1853 – Leipzig und Weimar – Robert Schumann – Joseph Joachim.

Es war am 21. September 1848, als für Johannes ein neuer Lebensabschnitt begann, indem er ein eigenes Konzert gab, um sich gleichsam seinem Kreis als einen Musiker vorzustellen, der von nun an auf eigenen Füßen stehen sollte. Das Konzert fand statt in dem bekannten Lokal des »Alten Raben«, »Herrn Honnefs Saal«, unterstützt von Marxsens Freunden Madame und Fräulein Cornet und mit Beihilfe von einigen Instrumentalisten aus Hamburg. Der Preis der Plätze war eine Mark und das Programm, welches in den *»Hamburger Nachrichten«* vom 20. erschien, lautete:

Erster Teil

1. Adagio und Rondo aus dem A-Dur-Concert für Piano von Rosenhain, vorgetragen vom Concertgeber.
2. Duett aus Mozarts »Figaro«, gesungen von Mad. und Fräul. *Cornet.*
3. *Variationen für Violine, von Artôt, vorgetragen von Hrn. Risch.*
4. »Das Schwabenmädchen«, Lied, gesungen von Mad. *Cornet.*
5. Phantasie über Motive aus Rossinis »Tell«, für Piano, von Döhler, vorgetragen vom Concertgeber.

Zweiter Teil

6. Introduction und Variationen f. d. Clarinette, von Herzog, vorgetr. von Hrn. *Glade.*
7. Arie aus Mozarts »Figaro«, gesungen von Frl. *Cornet.*
8. Phantasie für Violoncello, compon. und vorgetragen von Hrn. *d'Arien.*
9. a) »Der Tanz« } Lieder gesungen von
   b) »Der Fischer auf dem Meer« } Mad. *Cornet.*

10. a) Fuge von Sebastian Bach.
    b) Serenade f. d. linke Hand allein, von E. Marxsen.
    c) Etude von Herz, vorgetr. vom Concertgeber.

So wenig anziehend uns die Wahl der Stücke jetzt erscheint, so wurde sie ohne Zweifel im Hinblick auf die damalige Geschmacksrichtung getroffen; und in der Einschaltung einer einzigen Fuge von Bach lag wahrscheinlich eine etwas gewagte Konzession an den Geschmack des Konzertgebers und seines Lehrers. Die beiden Gesangsnummern aus »Figaro« kann man als Nachhall der Begeisterung betrachten, die den Knaben bei seinem ersten Opernbesuch erfüllt hatte. Es existiert kein Bericht über das Resultat des Konzertes, aber der Erfolg desselben ergibt sich schon aus der Tatsache, daß im Frühling 1849 ein zweites gegeben wurde, bei dem der Preis der Billette auf zwei Mark erhöht wurde. Dies wurde in den *»Nachrichten«* zweimal auf folgende Weise angekündigt:

»Unterzeichneter wird die Ehre haben, Sonnabend den 14. April eine musikalische Soiree zu geben, wozu er hiermit seine ergebenste Einladung zu machen sich erlaubt. Das ausführliche Programm, wobei ihm die Mitwirkung mehrerer der hiesigen ersten Künstler gütigst zugesagt ist, wird durch diese Blätter bekannt gemacht werden. J. Brahms, Pianist.«

Bei der dritten und letzten Anzeige vom 10. April war das Programm beigefügt:

Erster Teil

1. Große Sonate (C-Dur), op. 53, von Beethoven, vorgetragen vom Conzertgeber.
2. Romanze aus dem »Liebestrank« von Donizetti, gesungen von Hrn. *Th. Wachtel.*
3. »Ave maria« von Schubert, vorgetragen auf dem Horn von Hrn. *Börs.*
4. »O geh nicht fort«, Lied von E. Marxsen, gesungen von Frl. *Cornet.*
5. Phantasie über einen beliebten Walzer für Piano, compon. und vorgetragen vom Conzertgeber.

Zweiter Teil

6. Konzert für Violine von Fr. Mollenhauer, vorgetragen von Hrn. *Ed. Mollenhauer.*

7. Gesangsvortrag von Mad. *Cornet*.
8. Phantasie über Motive aus »Don Juan« von Thalberg, vorgetragen vom Conzertgeber.
9. Duett, gesungen von Mad. und Frl. *Cornet*.
10. Variationen für Flöte von Fräsch, vorgetragen von Hrn. *Koppelhöfer*.
11. »Air italien« von C. Mayer, vorgetragen vom Conzertgeber.

Lange nach den vierziger Jahren galt eine gute Aufführung von Beethovens Waldstein-Sonate, op. 53, als große technische Leistung, und mit dieser und dem Vortrag der »Don Juan«-Phantasie erreichte der Konzertgeber wohl nahezu die Höhe der damaligen Klaviervirtuosität, während er zu gleicher Zeit mit der Phantasie über einen beliebten Walzer zum erstenmal als Komponist vor die Öffentlichkeit trat. Dieses Werk muß man ohne Zweifel mit den Variationen über ein Volkslied identifizieren, von denen La Mara erwähnt, daß der junge Brahms sie in seinem Konzert gespielt habe und wo eine Variation »aus einem höchst gelungen ausgeführten Kanon bestand«. Marxsen brachte im *»Freischütz«* am 17. April die einzige Kritik des Konzertes.

»Im Konzert von J. Brahms gab der jugendliche Virtuose die schönsten Beweise vom Fortschreiten auf der Kunstbahn. Der Vortrag der Beethovenschen Sonate bewies, daß er schon mit Glück sich an das Studium der Klassiker wagen darf, und gereicht ihm in jeder Beziehung zur Ehre. Auch die Probe von der eigenen Komposition (Phantasie für Piano) verrät ungewöhnliches Talent.«

Obschon der Rezensent hinzufügt, daß der Raum so voll war, daß viele Zuhörer sich mit Sitzen im Vorzimmer begnügen mußten, scheint es doch, daß der junge Musiker das Konzertgeben nicht nur unerfreulich, sondern auch kostspielig fand. Wenngleich er von Zeit zu Zeit bei den Benefizkonzerten anderer Künstler auftrat und seine eigene Phantasie in einem Konzert am 5. Dezember bei Rudolf Lohfeldt wiederholte, so fand seine dritte Soirée in Hamburg, deren Bedingungen er sich zu jener Zeit nicht hätte träumen lassen, doch erst nach Verlauf von weiteren zehn Jahren statt. Die vier oder fünf Jahre, welche unmittelbar auf seinen offiziellen Eintritt ins Leben folgten, waren vielleicht die schwersten von Brahms' Laufbahn. Geld mußte erworben werden und der junge Bach-Mozart-Beethoven-Enthusiast erwarb es, indem er Schülern, welchen nicht nur Talent, sondern auch der

Wunsch zu lernen fehlte, elend bezahlten Unterricht gab und sich in den verrufenen Hamburger Tanzsälen des Nachts abplagte.

Es war eine Verbesserung in seinem Leben und wieder ein Schritt vorwärts in seiner Laufbahn, als er von dem Verleger August Cranz aufgefordert wurde, zu einer Serie von populären Arrangements leichter Musik beizutragen, die unter dem Namen »G. W. Marks« veröffentlicht wurden. In Widmans »Erinnerungen« lesen wir, mit welchen Empfindungen der große Komponist sich einige Jahre vor seinem Tod jener Zeiten seiner mühseligen Jugend erinnerte:

»Indem er auf seine Jugendzeit zu sprechen kam, betonte er, er könne nicht wünschen, daß sie weniger rauh und drangvoll gewesen wäre. Ja, gewiß habe er sich mit Arrangieren von Märschen und Tänzen für Gartenorchester oder auch mit dem Setzen von Orchestermusik für Klavier sein erstes Geld verdienen müssen, freue sich aber noch heute, wenn ihm eine dieser anonym in der Welt zirkulierenden Jugendarbeiten zufällig zu Gehör oder zu Gesicht komme, daß er auch an solche Lohnschreiberei treuen Fleiß und alle ihm damals zu Gebote stehenden Kenntnisse gewendet habe. Selbst daß er manchmal in Wirtschaften Tingeltangelsänger am Klavier habe begleiten oder zum Tanz aufspielen müssen, während er sich nach der stillen Morgenstunde sehnte, in der er seine eigenen Gedanken aufs Notenpapier bringen könne, halte er nicht für eine verlorene Lebenserfahrung. ›Die schönsten Lieder kamen mir, wenn ich früh vor Tag meine Stiefel wichste!‹«

Und wenn der Meister selbst von seinen frühen Prüfungen so sprechen und denken konnte, müssen nicht wir, die wir vielleicht durch sie bereichert wurden, die Erinnerung an jene Nächte freudloser Arbeit dankbar hegen, da er sie durchmachen mußte und auf der Schwelle des Lebens doch dessen Eroberer und wahrer Besitzer wurde? Aber der Stahl drang in seine Seele und der Eindruck, den jene Nachtarbeit gemacht hatte, verließ ihn nicht bis zu seinem Tod. Bei dieser Zwangsarbeit las er beständig; mit einem Band Geschichte, Gedichte oder Romane auf dem Notenpult vor sich, wanderten seine Gedanken in die Welt der Phantasie, während seine Finger mechanisch die klingenden Tasten in Bewegung setzten. Von dem Augenblick an, wo er am Klavier saß, vermieden seine Augen die Umgebung, obwohl es Zeiten gab, wo er sie mit schauderndem Schrecken empfand. Und dennoch ist es billig zu wiederholen, wie wir in einem früheren Kapitel schon angedeutet haben, daß diese Art des Fleißes ein mehr oder weniger anerkanntes Mittel war, durch das kämpfende Musiker, in der Art Jakob Brahms', in den Stand gesetzt wurden, ihre kümmerliche Lage zu verbessern. Leicht könnte man mehr als einen in späteren

Jahren wohlbekannten Künstler nennen, der in seiner Jugend ähnliche Verpflichtungen übernommen hatte. Die Stellung des Johannes war an sich nichts Außergewöhnliches, obschon deren Betrachtung uns jetzt erschreckt durch ihren Kontrast mit seiner zarten Natur, seinem empfindsamen Genie und seiner späteren Größe.

Eine Aufforderung, als Klavierbegleiter hinter der Szene oder auf der Bühne des Stadttheaters zu fungieren, mag dem jungen Musiker weniger lästig gewesen sein als seine übrigen Frondienste, es ist sogar möglich, daß ihm die Erfahrung, die er daraus zog, in seinem späteren Leben zugute kam; wenn auch seine künstlerische Entwicklung nie zu der Komposition dramatischer Werke führte. Es fehlt aber nicht an Beweisen, daß er seine Gedanken fest auf die höheren, praktischen Möglichkeiten seines Berufes gerichtet hielt und daß, trotzdem seine Stellung immerhin niedrig blieg, diese doch keinen Stillstand bedeutete: Der Ertrag seiner Klavierstunden wurde auf etwa eine Mark erhöht und gelegentlich gelang es ihm sogar, mehr zu bekommen. Ab und zu wurde er zu einem kleinen Konzert oder zu einer Privatgesellschaft engagiert, und bei einer Gelegenheit trat er mit Otto Goldschmidt auf, dem damals ersten Pianisten von Hamburg, der etwa vier Jahre älter war als er selbst, und mit dem er das »Norma«-Duo für zwei Klaviere von Thalberg vortrug.

Die Verhältnisse zu Hause machten das Üben immer noch schwierig, und Johannes arbeitete jetzt regelmäßig in der Niederlage der Herren Baumgarten und Heinz, wo ihm immer ein Instrument zur Verfügung stand. Hier traf er eines Tages Fräulein Louise Japha, welche sich des in diesen Blättern bereits erwähnten Umstandes erinnerte, daß sie ihn als elfjähriges Kind vor fünf oder sechs Jahren hatte spielen hören; ein Gespräch folgte, eine sympathische Saite wurde angeschlagen und schnell erwuchs eine Kameradschaft zwischen den zwei jungen Musikern. Louise, im Jahre 1826 geboren, und daher um sieben Jahre älter als Johannes, besaß hohe musikalische Gaben. Zu der Zeit, von der ich schreibe, war sie Schülerin von Fritz Wahrendorf im Klavierspiel und von Wilhelm Grund in der Theorie und Komposition. Später erreichte sie eine höhere Vollendung, wurde in Deutschland wohlbekannt und ein großer Liebling des Pariser Publikums. Ihre verständnisvolle Teilnahme war eine wertvolle Beigabe zu des jungen Brahms' Lebensfreuden in jenen Tagen, wo er noch wenig von angemessenem künstlerischen Verkehr wußte. Louise besaß ein hübsches Talent Lieder zu komponieren, und häufig kamen die beiden zusammen, um sich gegenseitig ihre Arbeiten vorzulegen und auch vierhändig zu spielen. Johannes besprach gern mit ihr nicht nur seine Lieblingsschriftsteller, sondern auch seine Manuskripte. Einmal brachte er eine lange Übung im doppelten Kontrapunkt, ein andermal ein Klaviersolo, um es ihr zu zeigen; bei einer dritten Gelegenheit war es ein vierhändiges Stück in mehreren Sätzen, und nachdem er sie gebeten, es mit ihm durchzuspielen, und sich schließlich als Verfasser desselben bekannte, fragte er sie um ihre Meinung über das Werk. Da diese sich im allgemeinen als günstig herausstellte, ging der Komponist mehr auf das einzelne ein und machte mit einem der Themen eine Ausnahme, von dem er fürchtete, es sei etwas »ordinär«: aber als Louise schon halb geneigt war, ihm recht zu geben, rief er ganz hitzig: »Aber warum haben Sie mir das nicht selbst gesagt? Warum mußte ich Sie das erst fragen?«

Er komponierte beständig und wurde im Laufe der Zeit von Marxsen mit Bedacht in die größeren musikalischen Formen eingeführt, in denen er dann bald bedeutende Meisterschaft gewann, und mit außerordentlicher Geschicklichkeit wandte er dabei jene Erfahrungen an, die er sich allmählich in der freien kontrapunktischen Schreibweise erworben hatte, während er seine Phantasie von der klassisch-romantischen Literatur beeinflussen ließ, die besonders anregend auf ihn wirkte. »Es ist mir eingefallen, nachdem ich das – oder das – gelesen hatte«, pflegte er zu sagen. Seine geringen Ersparnisse verwendete er zum Einkauf billiger Bücher aus den Trödlerbuden des Hamburger Judenviertels; und was er kaufte, das las er auch. Sophokles und Cicero, Dante und Tasso, Klopstock und Lessing, Goethe und Schiller, Eichendorff, Chamisso, Pope, Young und viele andere Dichter waren in der Bibliothek vertreten, die er im Alter von sechzehn bis einundzwanzig Jahren gesammelt hatte. Seine Lieblingsromane waren die des Jean Paul und E. T. A. Hoffmann, deren Einfluß auf seinen Geist leicht erkennbar ist in den veröffentlichten Werken seiner ersten Periode. Aber keine andere Arbeit hinderte ihn an der Komposition zahlreicher Lieder: Er schüttelte sie gleichsam aus dem Ärmel. »Wenn ich ein Gedicht lese, lese ich's ganz langsam und deutlich einmal vor«, äußerte er sich Louise gegenüber, »und dann habe ich gewöhnlich schon die Melodie dazu.«

Fräulein Japha eilte ihrer Zeit voraus in ihrer Begeisterung für Schumanns Kunst und versuchte alles, Johannes zur Anerkennung der Schönheiten derselben zu bekehren, aber er ließ sich nicht gleich umstimmen, denn er stand noch zu ausschließlich unter dem Einfluß Marxsens, der, indem er ihn zum schaffenden Künstler ausbildete, nach strengen hergebrachten Prinzipien verfuhr. Johannes seinerseits bemühte sich, Louise zu einem Wechsel ihrer Lehrer zu bewegen und sich seinem Meister anzuvertrauen: sie hatte jedoch ganz andere Ansichten. Schumann und seine Frau besuchten Hamburg im Jahre 1850 und traten mehrmals öffentlich auf; Louise beschloß, wenn es sich verwirklichen ließe, einen neuen Studiengang der Komposition und des Klaviers unter beiden großen Künstlern zu beginnen. Sie wartete nur eine passende Gelegenheit ab, um ihren Wunsch auszuführen. Johannes näherte sich Schumann auf andere Weise, indem er ein Bündel Manuskripte nach dessen Hotel sandte und sich seine Meinung darüber erbat. Es war nicht verwunderlich, daß der Meister, der während seines vierzehntägigen Aufenthaltes von allen Seiten belagert wurde, keine Zeit fand, sie anzusehen, und das Paket uneröffnet zurückschickte.

Man muß nicht glauben, daß der junge Brahms immer so gesellig war, wie wir ihn im Verkehr mit seinen auserwählten Freunden geschildert haben. Er hatte seine Launen. Christian Millers frühzeitige Erfahrungen hinsichtlich seiner hartnäckigen Schweigsamkeit blieben nicht vereinzelt. Er brachte einige Abende bei Japhas zu, aber Louisens Familie, mit Ausnahme ihrer Schwester Minna, fand wenig Gefallen an ihrem Liebling. Eines Abends, als er ungefähr achtzehn Jahre alt war, wollte ein Herr aus dem Kreise der Japhas, den es interessiert hatte, ihn das jetzt als op. 4 bekannte Scherzo spielen zu hören – von seinen veröffentlichten Instrumentalwerken das älteste –, ihn auf seinem Wege nach Hause begleiten und machte wiederholte, aber ganz erfolglose Anstrengungen, eine Konversation herbeizuführen: kein Wort war aus Johannes herauszubringen. Vielleicht fühlte er nachher geheime Gewissensbisse, denn er beichtete es Louise, obwohl anscheinend nicht in sehr bußfertiger Gesinnung. »Nicht wahr, man ist nicht immer in der Stimmung, daß man sich unterhalten mag«, sagte er, »man will doch manchmal lieber schweigen. Das ist doch wohl begreiflich, nicht wahr?« »Nein, das nenn' ich sehr unartig«, antwortete sie, vergab ihm aber trotzdem. Sie konnte über seine gelegentlichen Grillen hinwegsehen. Sie gewahrte sein Genie, bewunderte seine offene Natur und ihr Herz ging auf, wenn er von seiner alten Mutter erzählte, der er so ergeben war, und von Marxsen, den er mit der aufrichtigen Bewunderung eines treuen Herzens verehrte. Bald nach seinem Spaziergang mit dem Freund der Japhos fand er zufällig Gelegenheit, das Scherzo Henry Litolff vorzuspielen, welcher der Komposition hohes Lob spendete.

Mittlerweile gedachten die Freunde in Winsen in Treuen ihres jungen Künstlers. Onkel Adolf und Freund Schröder versäumten selten, ihn zu besuchen, wenn die Gelegenheit einen von ihnen nach Hamburg führte, und Lischen kam herüber, um Madame Cornet und Marxsen vorgestellt zu werden. Johannes beharrte auf seinem Wunsch, daß ihre Stimme für eine musikalische Laufbahn ausgebildet werden solle und hoffte sie in dieser Beziehung günstig zu beeinflussen, aber das Urteil der Autoritäten zeigte sich dem Plan nicht günstig.

Die ständige Einladung, Giesemanns zu besuchen, benützte Brahms mit Freuden und blieb manchmal einige Tage, manchmal, des Sommers, ein bis zwei Wochen, je nachdem es seine Beschäftigung zuließ. Er dirigierte nie wieder den Gesangverein, aber wenn er in Winsen war, so wurde sowohl im Hause des Amtsvogtes, als auch bei Giesemanns und Schröders fleißig musiziert. Stadtmusikus Koch war ein guter Violinist und nur zu glücklich, wenn er Gelegenheit hatte, Sonaten von Haydn, Mozart und Beethoven mit einem solchen Kollegen zu spielen; ab und zu wurden auch Stücke herausgesucht, an denen sich Onkel Giesemann mit seiner Gitarre beteiligen konnte. Die hübsche Sophie Koch, die jüngere von des Stadtmusikus beiden Töchtern, interessierte sich sehr für dieses künstlerische Treiben, und mit der Zeit verbreitete sich das Gerücht, daß ihre Liebe zur Musik nicht ganz unpersönlich sei und mit Giesemanns beliebtem Gast zusammenhing. Wenn das so gewesen ist, so ist Johannes sicher der letzte gewesen, der es bemerkte. Er war ganz von seinem Beruf in Anspruch genommen und mehrere, voneinander ganz unabhängige Berichterstatter jener Zeit seines Lebens schilderten ihn der Verfasserin übereinstimmend als etwas weniger denn gleichgültig gegen Damengesellschaft, besonders gegen diejenige jüngerer Damen. Für seine erste Spielkameradin Lischen hatte er die gleiche, unveränderte Neigung und mit ihr blieb er in dem alten Verhältnis einer offenen und herzlichen Freundschaft.

Als eine natürliche Folge der politischen Revolution von 1848 kam während der ein oder zwei Jahre, die auf ihren eiligen Abschluß folgten, nach Hamburg und dessen Umgebung ein Zufluß von Flüchtlingen, welche sich auf dem Wege nach Amerika befanden. Vornehmlich war darunter eine Anzahl von Ungarn verschiedenen Standes und Ranges, welche von der reichen, freien Handelsstadt so freundlich aufgenommen wurden, daß sie keine Eile hatten, sie zu verlassen. Einige davon blieben unter einem oder dem anderen Vorwand mehrere Monate da, darunter der Violinist Reményi, ein deutsch-ungarischer Jude, dessen eigentlicher Name Hoffmann war.

Reményi, 1830 geboren, studierte als Knabe drei Jahre auf dem Wiener Konservatorium unter Josef Böhm, dessen man sich jetzt als Lehrer Joachims erinnert. Er hatte wirkliche musikalische Begabung und spielte die Werke der Klassiker gut, wenn auch etwas extravagant; aber es war mehr als Talent, was sich in der Wiedergabe der Lieder und Tänze seines Vaterlandes offenbarte; diese spielte er mit soviel Feuer und Hingabe, daß er die Hörer zu stürmischer Begeisterung fortriß. Exzentrisch und voll Selbstüberhebung, nutzte er seine Erfolge in Hamburg, wo er Furore gemacht hatte, aufs Äußerste aus. Johannes, der eines Abends als Begleiter im Hause eines reichen Kaufmanns beschäftigt war, machte seine persönliche Bekanntschaft, und Reményi ersah sogleich den Vorteil, den er aus solcher Mitwirkung ziehen konnte, und bot ihm in seiner prahlerischen, gönnerhaften Weise seine Freundschaft an, welche von dem jungen Pianisten nicht zurückgewiesen wurde. Brahms war in der Tat fasziniert von Reményis glutvoller Wiedergabe der heimischen Friskas und Czardas; er war einverstanden, die zufällige Bekanntschaft in ein Bündnis zu verwandeln, und bei seinem nächsten Besuch bei Giesemanns erschien er in Begleitung seines neuen Freundes.

Der Violinist hatte seine eigenen Verbindungen in der Gegend: Begas, ein ungarischer Magnat, hatte sich in Dehensen in der Lüneburger Heide in einer großen Villa niedergelassen, die ihm für so lange zur Verfügung gestellt war, als er es möglich machte, der Polizei auszuweichen, oder sie für sich zu gewinnen. Begas hielt offenes Haus für seine Landsleute und deren Freunde. In seinen Kreis wurde Brahms eingeführt, und ein lebhafter gesellschaftlicher Verkehr erwuchs daraus zwischen Dehensen und Winsen, denn einige Musiker, die bei Begas wohnten, kamen gern, um mit Reményi und Johannes zu spielen und an Giesemanns Gastfreundschaft teilzunehmen. Brahms hatte bei vielen seiner Freunde einen Stein im Brett, indem es ihm gelungen war, eine Berühmtheit wie Reményi an Winsen zu fesseln, obschon sie nicht alle ganz einer Meinung waren. Lischen zum Beispiel kümmerte sich gar nicht um ihn; sie zog den großen, schönen Geiger Janovitch mit seinen blitzenden, schwarzen Augen und seinem Samtjackett, der einen prächtigen, charakteristischen Walzer eigens komponiert hatte, um ihn ihr widmen zu können, entschieden vor. Schließlich brach die lustige Gesellschaft plötzlich auf, um sich eiligst die Überfahrt nach Amerika zu sichern, denn sie hatte erfahren, daß ihnen die Polizei auf den Fersen sei. Johannes, der zufällig in Winsen war, als diese Krisis eintrat, begleitete sie bis Hamburg, wo er blieb, um seinen gewohnten Beschäftigungen nachzugehen. Mittlerweile tönten die Friskas und Czardas in seinem Kopfe weiter.

Die Zeit verging, die Ungarn wurden nicht mehr übermäßig vermißt, und etwa im Herbst 1852 vereinsamte Brahms noch mehr durch die Abreise der Louise Japha, welche Gelegenheit fand, ihren Lieblingswunsch auszuführen und nach Düsseldorf zu gehen, wo die Schumanns seit etwa zwei Jahren Aufenthalt genommen hatten. Ihre Schwester Minna sollte sie begleiten, um die Ausbildung ihres eigenen Talentes unter Professor Sohn von der Düsseldorfer Kunst-Akademie fortzusetzen. Der Gedanke an den Verlust seiner Freundin verursachte Johannes großen Kummer. »Ach tun Sie das doch nicht!« bat er; »bleiben Sie doch hier! Außer Ihnen ist kein Mensch in Hamburg, der sich um mich bekümmert!« Seine Aussichten scheinen sich zu jener Zeit nicht gebessert zu haben, und die einzige Ermutigung schöpfte er wohl aus dem eigenen Bewußtsein seiner künstlerischen Fortschritte. Mit diesen ging es allerdings enorm rasch, was wir wohl am besten aus dem Manuskript der fis moll-Sonate ersehen. Es wurde vom Komponisten seinem Freund Albert Dietrich geschenkt und trägt die Unterschrift »Kreisler jun.«, ein Pseudonym, das Brahms aus Liebe zu Kapellmeister Johannes Kreisler annahm, dem Helden eines Hoffmannschen Märchens; sie ist vom November 1852 datiert.

Dieses Werk, obschon als op. 2 veröffentlicht, war früher vollendet als die Sonate, die als op. 1 bekannt ist, und weist in vielen charakteristischen Grundzügen unmittelbar auf den künftigen Meister hin. Die Beherrschung der Form, die Geschicklichkeit im kontrapunktischen Stil, die Gewandtheit in der Kunst der thematischen Entwicklung, die so auffallend im Gegensatz zueinander stehenden Eingebungen der Phantasie – hier zart poetisch, dort breit und mächtig – stellen uns einer Künstlernatur gegenüber, welche hohes Zielbewußtsein, feste Willenskraft, sicheres Können, empfindsame Romantik und grenzenlose Kühnheit in sich vereinigte. Die Phantasie jedoch ist noch nicht kristallisiert; der junge Komponist muß noch das Stadium geistiger Gärung, das seinem Alter natürlich ist, durchmachen, bevor er imstande ist, seinen Gedanken jene konzentrierte Bestimmtheit zu geben, welche allein die Welt überzeugt. Die Sonate, die vielleicht nicht berufen ist, jemals populär zu werden, muß doch immer ein Schatz bleiben für jene, welche Brahms' Kunst mit Teilnahme studieren; nicht nur der Schönheiten wegen, an denen sie so reich ist, sondern weil sie den Komponisten ganz so darstellt, wie er mit neunzehn Jahren war. Wir können aus einigen ihrer Sätze ohne Dolmetscher seine Lieblingsdichter herauslesen, und wir wissen aus seiner eigenen Mitteilung an Dietrich, daß er zu der Melodie des zweiten Satzes durch die Worte des Volksliedes begeistert wurde: »Mir ist leide, daß der Winter beide, Wald und auch die Heide, hat gemachet kahl.«

Es wäre schwer und ist glücklicherweise unnötig, den genauen Schritten von Reményis Lebensbahn nach seiner Flucht aus Deutschland zu folgen. Für den Zweck unserer Erzählung genügt die Tatsache, daß er zu Ende des Jahres 1852 wieder in Hamburg erschien, daß er in dem Hotel Europa ein Konzert gab, das keine besondere Sensation gemacht zu haben scheint, und daß er sich noch im Frühjahr 1853 in der Stadt befand. Brahms, durch die Einförmigkeit der täglichen Tretmühle niedergedrückt, freute sich ohne Zweifel, den Geiger wiederzusehen, und, da jetzt seine gemächlichere Zeit herannahte, wurde, vielleicht von Reményi, vielleicht von Onkel Giesemann, vielleicht auch von Johannes selbst, der Vorschlag gemacht, daß die beiden Musiker ein Konzert in Winsen geben sollten für ihre dortigen Freunde, denen die Aussicht auf solch ein Ereignis sicherlich willkommen wäre, und die ihr Äußerstes tun würden, dabei behilflich zu sein. Verhandlungen wurden angeknüpft und der Vorschlag nicht nur angenommen, sondern weiter entwickelt, wie das bei solchen Ideen zu gehen pflegt. Wenn in Winsen, warum nicht auch in Lüneburg oder Celle? Amtsvogt Blume hatte in beiden Städten Einfluß und war nur zu glücklich, ihn auszuüben. Schließlich erweiterte sich das Vorhaben zu dem Plan einer Konzert-Tournee. Johannes und Reményi sollten an allen drei genannten Orten auftreten, und von Celle wäre es ja nicht weit nach Hannover, wo der einundzwanzigjährige Joachim – schon damals eine europäische Berühmtheit – die Stelle eines Hofmusikers bekleidete. Reményi hatte ihn kurze Zeit gekannt, als sie noch beide Schüler am Wiener Konservatorium waren; sie würden hingehen und ihn besuchen. Er mußte ja seinen Landsmann und früheren Mitschüler willkommen heißen, wer konnte voraussagen, was sich ereignen würde?

Am 19. April brachen die beiden Künstler von Hamburg nach Winsen auf. Nicht ohne heftiges Herzklopfen wird wohl Brahms auf die Suche des ersten Abenteuers ausgezogen sein, und es war nicht die geringste seiner Erwartungen, daß er die persönliche Bekanntschaft des berühmten Violinisten machen sollte, dessen erstes Auftreten in Hamburg im Philharmonischen Konzert am 11. März 1848 mit dem Beethovenschen Konzert ihm lebhaft in der Erinnerung stand als eines der wenigen großen musikalischen Ereignisse seines eigenen Lebens. Bevor sie abreisten, nahm Johannes seiner Mutter das Versprechen ab, daß sie ihm regelmäßig einmal wöchentlich schreiben sollte – nicht nur einen Gruß, sondern einen wirklichen Brief von mehreren Seiten. Das war für Johanna, die im Briefeschreiben nicht geübt war, keine Kleinigkeit, aber sie hatte Hannes ihr Wort gegeben, und es gelang ihr auch, es zu halten. Die Reisenden nahmen wenig Gepäck mit, aber das des Johannes wog schwer durch das Bündel Manuskripte, welches seine Klaviersonatensätze und das Scherzo, eine Sonate für Klavier und Violine, ein Klaviertrio, ein Streichquartett, eine Anzahl Lieder und vielleicht noch andere Werke enthielt. Ein einziges Programm genügte für die Konzert-Tournee, und dieses konnten die Künstler auswendig.

Das genaue Datum des Winsener Konzertes ist vergessen, wahrscheinlich für alle Zeiten, aber man kann mit Sicherheit annehmen, daß das Ereignis in der letzten Aprilwoche stattfand. Mittlerweile waren beide Musiker Gäste der Giesemanns und brachten den größten Teil des Vormittags mit Üben zu, das sie schon vor dem Frühstück begannen. Den ungarischen Weisen widmeten sie sehr viel Zeit und es scheint, daß Johannes eine Klavierbegleitung hinzugefügt hatte; denn sie wiederholten einzelne Perioden immer und immer wieder und Reményi wurde sehr reizbar während dieser Prozedur. Die Jahreszeit war sehr warm; sie arbeiteten energisch in Hemdärmeln und mehr als einmal entlockte der Violinist seinem Kollegen einen Schmerzensschrei, indem er ihn mit dem Fiedelbogen plötzlich auf die Schulter schlug, um dem kapriziösen Tempo, das er brauchte, Nachdruck zu verleihen. Eines Morgens sprang Johannes sehr bös vom Klavier auf und erklärte, er wolle mit Reményi nichts mehr zu tun haben; trotzdem fand das Konzert statt und hatte brillanten Erfolg. Es wurde in dem großen Zimmer des Rüstebergschen Vereinshauses abgehalten; das Entree betrug sechs gute Groschen und der Gewinn, den sie teilten, ungefähr sechzig Taler. An der Spitze des Programmes stand die c moll-Sonate für Klavier und Violine von Beethoven, darauf folgten Violinsoli: Vieuxtemps' Konzert in E Dur, Ernsts »Elegie« und mehrere ungarische Weisen, alle von Brahms begleitet, welcher, wohlgemerkt, nur der jüngere Teilhaber an dem Unternehmen war. Nur eines war zu bedauern: Schröder war krank gewesen und konnte nicht nach Winsen zum Konzert kommen. Es gelang ihm jedoch, bei einer Wiederholung des Programmes anwesend zu sein, welche die beiden Künstler am folgenden Tag in seinem Schulzimmer in Hoopte veranstalteten, eigens zu dem Zweck, um auch ihm etwas von dem Vergnügen zu gönnen, das die Erlebnisse in der Umgegend mit sich brachten.

Das nächste Konzert fand am 2. Mai in Celle statt. Es war mit Hilfe des Doktor Köhler arrangiert worden, eines wohlbekannten Bürgers, wahrscheinlich ein Verwandter des Winsener Rektors und ein Freund vom Amtsvogt Blume, welcher nicht nur das Geschäftliche überwacht hatte, sondern auch keine Gelegenheit versäumte, das allgemeine Interesse für das Ereignis zu wecken. Eine einmalige öffentliche Ankündigung erschien im *»Celleschen Anzeiger«* von Sonnabend, dem 30. April:

»Am nächsten Montag, abends 7 Uhr, findet im Wierßschen (früher Kettenbeilschen) Saale das Konzert der Herren Reményi und Brahms statt. Der Subskriptionspreis beträgt 12 Ggr. Außerdem sind nur Billetts à 16 Gg. im Hotel des Herrn Duncker, bei dem Herrn Wierß jun., sowie abends an der Kasse zu haben.«

In Celle gab es großes Aufsehen. Als die beiden Künstler am Morgen des 2. Mai ihre Stücke in dem Konzertsaal probieren wollten, fanden sie mit Schrecken das einzige Klavier, dessen es sich rühmen konnte, in einem Stadium von so vorgerückter Altersschwäche, daß sie es zu ihrem Zweck nicht brauchen konnten. Klassische Konzerte waren ein seltenes Ereignis in Celle und niemand war es eingefallen, die Vortrefflichkeit des Instrumentes zu bezweifeln; ein Piano war eben ein Piano. Während der wenigen Stunden, die übrig blieben, sollten nun alle Anstrengungen gemacht werden, um ein besseres Instrument herbeizuschaffen; und ein besseres wurde tatsächlich entdeckt und gerade kurz vor Beginn des Konzertes abgeliefert. Aber eine neue Schwierigkeit galt es zu überwinden: Es stellte sich heraus, daß das zweite Instrument fast einen halben Ton zu tief gestimmt war, und Reményi verweigerte eine so bedeutende Änderung in der Stimmung seiner Geige. Was sollte geschehen? Der erfahrene und unerschrockene Johannes beseitigte die Schwierigkeit kurzerhand. Wenn Reményi seine Geige nur ein wenig so stimmen würde, daß sie genau einen Halbton höher wäre als das Klavier, so würde er selbst den Klavierpart von der Beethovenschen Sonate um einen halben Ton höher spielen, als er geschrieben war, nämlich in cis moll, anstatt in c moll. Wie gesagt, so getan. Der junge Musiker führte die Tat aus bis aufs i-Tüpfelchen, obschon sein Kollege kein Pardon gab, und widerhallender Beifall folgte der Aufführung. Reményi tat das Rechte bei dieser Gelegenheit; er hielt eine Ansprache an die Zuhörer, berichtete, aus welcher Bedrängnis er und sein Gefährte durch diesen letzteren erlöst worden waren, daß darum auch aller Beifall von Rechts wegen Brahms gebühre, dessen musikalisches Können die Situation für jedermann gerettet habe. Die Geschichte erzählt nicht, ob der junge Held alle seine Parte den Abend hindurch transponiert hat, oder ob das alte Instrument zur Begleitung der Violinsoli ausreichend war; es scheint auch, daß die Frage zuvor nie aufgeworfen wurde, sondern erst jetzt, wo sie nicht mehr gelöst werden kann. Johannes selbst legte wenig Wert auf das Meisterstück. Da er gerade an

Marxsen schrieb, um ihm zu sagen, wie es ihm gehe, erwähnte er des Zwischenfalles nur ganz beiläufig, nicht als sei er einer Erklärung wert.

Tags darauf kehrten Reményi und Brahms nach Lüneburg zurück, wo sie von Herrn Kalkulator Blume, dem Sohn des Amtsvogtes, empfangen wurden. In dessen gastfreiem Hause wurden sie den musikalischen Kreisen der Stadt vorgestellt, insofern es sich um Mitglieder männlichen Geschlechtes handelte. Auf ernstes Zureden von Brahms wurden keine Damen zu der Soiree geladen, die Frau Blume im Interesse des kommenden Konzertes veranstaltete. »O, das ist viel angenehmer ohne Damen«, sagte er, und es war ihm so ernst um die Sache, daß ihm seine Wirtin bedauernd nachgab. Bei dieser Privatgelegenheit spielte er einen Teil der C Dur-Sonate, mit deren Komposition er sich jüngst befaßt hatte, machte aber wenig Eindruck damit. Es ist möglich, daß das doppelte Bewußtsein, das er insgeheim empfinden mußte, seiner künstlerischen Überlegenheit Reményi gegenüber und der ganz untergeordneten Stellung, in die er zurückgedrängt wurde, wenn sie zusammen auftraten, noch seine linkische Schüchternheit erhöhte, die ihm an der Seite seines Kollegen so sehr zum Nachteil gereichte. Unmöglich war es ihm, in der Gesellschaft den ihm gebührenden Platz zu behaupten, und Fremde, welche keinen besonderen Grund hatten, ihn genauer zu beobachten, schenkten ihm wenig Aufmerksamkeit. Gleichwohl war während der ganzen Reise jedermann sehr zuvorkommend gegen ihn: Er war sicher ein guter Pianist und ein vortrefflicher Begleiter Reményis.

Das Konzert wurde im *»Lüneburger Anzeiger«* vom 7. Mai, dem zwanzigsten Geburtstag unseres Johannes, angekündigt:

»Die Unterzeichneten beabsichtigen, am Montag den 9. d. M., abends 7½ Uhr im Saale des Herrn Balcke ein Konzert zu geben und laden ein musikliebendes Publikum dazu ergebenst ein. Außer anderen Sachen werden die Konzertgeber die Sonate von Beethoven für Pianoforte und Violine in C Moll op. 30 und das große Violinkonzert von Vieuxtemps in E Dur zur Aufführung bringen.

Billetts zum Subskriptionspreise à 8 Ggr. sind in der Herold und Wahlstabschen Buchhandlung und im Hotel »Hoffnung« zu haben.

Kassenpreis 12 Ggr.

Eduard Reményi, Violinist.

Johannes Brahms, Pianist.

(In der »Hoffnung« logieren die beiden Künstler.)«

Es wurde wieder ein großer Erfolg verzeichnet und am folgenden Tag wurde ein zweites Konzert »auf allgemeines Verlangen«, für Mittwoch, den 11. Mai angekündigt, mit demselben Programm und besonderer Erwähnung der »Ungarischen Weisen«. Es brachte den Besuch in Lüneburg zu einem glänzenden Abschluß, und das Programm wurde abermals am 12. in einem zweiten Konzert in Celle wiederholt, das im Celleschen Journal vom 11. annonciert war.

Mit dem Bericht über diese fünf Soireen ist die genaue Chronik der öffentlichen Konzerte dieser Reise erschöpft. Weder eine Ankündigung, noch eine örtliche Tradition von irgendeinem anderen kann ausfindig gemacht werden, obschon Heuberger, auf Grund von Brahms' persönlicher Erinnerung, von zwei Konzerten spricht, die in Hildesheim gegeben wurden. Das erste war sehr spärlich besucht und nachdem die beiden Künstler in einem Restaurant mit ein paar Kameraden lustig zusammen soupiert hatten, schritten sie durch die Straßen, gefolgt von einer Anzahl Leuten, bis sie unter die Fenster einer hochgestellten Dame kamen, die ihre Hauptgönnerin gewesen war. Reményi begrüßte sie mit einigen Violinsoli, denen ein Chorlied folgte, und dieses geniale, tönende Plakat erwies sich als so erfolgreich, daß ein zweites Konzertwagnis am folgenden Abend massenhafte Zuhörer anzog. Die eben erzählten Umstände lassen darauf schließen, daß das erste Konzert in Hildesheim eilfertig arrangiert war; die Erklärung hierfür mag in einer unerwarteten Empfehlung liegen, welche die Musiker veranlaßte, diese Stadt zu besuchen. Dies würde auch mit der Tatsache übereinstimmen, daß in keiner Hildesheimer Zeitung auf ein Brahms und Reményi betreffendes Datum hingewiesen wird; auch mit dem Fehlen jeder Erinnerung verschiedener noch lebender, mit dieser Reise in persönlichem Zusammenhang gestandener Leute an irgendwelche andere Konzerte als an jene in Winsen, Lüneburg und Celle und das eine – anders geartete – in Hannover, auf das wir noch zurückkommen werden.

Damit wir dem Leser das nähere Verständnis der folgenden Abschnitte unserer Erzählung erleichtern, werden wir uns eine Weile von unseren Reisenden trennen. Bevor wir Johannes in die große, musikalische Welt einführen, die er binnen kurzem betreten sollte, müssen wir einen Blick auf die Parteistreitigkeiten werfen, von denen sie in den ersten fünfziger Jahren des neunzehnten

Jahrhunderts durchwühlt war und die von dem jungen Musiker in seiner Unerfahrenheit und seinem zurückgezogenen Leben nicht gekannt oder nicht beachtet worden waren.

Die musikalische Welt von Leipzig, jener Stadt, die unter der Führung Mendelssohns zum anerkannten Hauptsitz klassischer Kunst erhoben worden war, spaltete sich nach dem Tode des Meisters im November 1847 in zwei Parteilager, deren beiden das lenkende Haupt fehlte. Die Schumannianer, ohne dabei von dem großen Komponisten, den sie auf ihr Schild erhoben hatten, ermutigt zu werden, setzten Mendelssohn als einen Pedanten und Phrasenmacher herab, der, weil er nichts besonderes zu sagen habe, diesen Mangel an Bedeutung durch geschicktes Gestaltungsvermögen verdecke. Die Mendelssohnianer andererseits erklärten, daß es Schumann an Formbeherrschung fehle und tadelten an seinen Tonbildern eine übertriebene Subjektivität des Inhaltes. Diese Spaltung griff von Leipzig aus bald auf ganz Deutschland und im Laufe der Jahre bis England über, mit dem Resultat, daß Mendelssohn, einst ein Abgott, jetzt selten auf den Konzertprogrammen erscheint.

Mittlerweile hatte Franz Liszt, vielleicht der größte Klaviervirtuose aller Zeiten und eine der anziehendsten Persönlichkeiten seiner eigenen Zeit, die glänzende Laufbahn des Virtuosen mit der Kapellmeisterstelle beim Weimarer Hoftheaterorchester vertauscht, mit dem eingestandenen, edlen Zweck, solchen genialen Werken Gehör zu schaffen, die sonst wohl wenig Gelegenheit gefunden hätten, anderswo aufgeführt zu werden. Er erklärte sich zum Beschützer der »Neudeutschen Kunstrichtung« und machte tätige Propaganda für die Glaubensbekenntnisse eines Hector Berlioz und Richard Wagner; es gelang ihm auch, mehrere der Begabtesten aus der jüngeren Generation von Künstlern um sein Banner zu scharen, und unter den ersten, die sich zu seiner Gefolgschaft bekannten, waren Joseph Joachim, Joachim Raff und der begabte und großherzige Hans von Bülow. Es gab daher im Jahre 1853 drei verschiedene ernste Kunstschulen, deren jede sich zahlreicher und ausgezeichneter Anhänger rühmen konnte.

Den Puristen von Leipzig war das Andenken an Mendelssohn heilig, sie hielten sich an die Methode und Form der klassischen Tradition und lehnten es ab, irgend etwas als gesetzmäßige Kunst anzuerkennen, das irgendwie an Fortschritt gemahnte.

Die Schumannianer hielten es für möglich, dem Zeitgeist musikalischen Ausdruck zu verleihen durch den Gebrauch einer freieren Methode innerhalb der hergebrachten Kunstformen, d. h. durch eine freie Anwendung der Chromatik, durch Benutzen verschiedenartiger Kadenzen, neuer rhythmischer Kombinationen, usw.

Die Weimaraner, die sich der allgewaltigen Führerschaft Liszts erfreuten, erklärten, daß sie nichts mehr von alten Methoden oder alten Formen wissen wollten, da sie erschöpft seien und an Entkräftung zugrunde gingen. Die Parteizwiste, soweit sie die respektiven Verdienste Mendelssohns und Schumanns betrafen, waren aber nichts gegen die heftigen, Jahre hindurch wütenden Streitigkeiten betreffs der Theorien, zu denen sich die Begründer der sogenannten Zukunftsmusik bekannten. Eine Zeitlang wurde die Schlacht hauptsächlich zwischen den »Akademikern« von Leipzig und den »Revolutionären« von Weimar geschlagen. Die klassisch-romantische Kunst Schumanns hatte Berührungspunkte mit beiden Extremen. Von neuem Impuls belebt und mit modernen Gedanken durchtränkt, wurde sie von den Führern der neuen Partei durchaus nicht mit der Mendelssohns gepaart; hingegen wurde sie jahrelang mit mehr als Duldung von ihnen angenommen, und einige der Meisterwerke, wie »Genoveva« und »Manfred«, wurden in Weimar unter Liszts eigener Leitung aufgeführt. Schumann selbst jedoch, trotz der warmen Anerkennung, die er den großen Eigenschaften Wagners zollte, war sich wohl bewußt, daß die Beziehungen zwischen seinen eigenen Werken und denen der neuen Schule bloß oberflächliche seien. Er stand niemand nach in seiner Verehrung für die Formen der großen Meister, auf die er seine Werke gründete, und wenn auch möglicherweise die Originalität seiner Kunstmethode sich nicht die ganze Sympathie Mendelssohns erworben haben mag, so hing er doch in der Erinnerung an diesem verstorbenen Freund, wie an einem Waffenbruder.

Schumann, der sich schon seit geraumer Zeit von der Arbeit als Herausgeber der *»Neuen Zeitschrift für Musik«*, deren Gründer er war, zurückgezogen hatte, lebte ruhig in Düsseldorf, wo er seit 1850 der Nachfolger Ferdinand Hillers als städtischer Musikdirektor war. Sein Erfolg während der ersten Saison als Kapellmeister des Orchesters und Dirigent des Chorvereins war nur ein vorübergehender. Seine zurückhaltende Natur und der Fortschritt der Krankheit, die ihn bedrohte, machten ihn für diese Stellung ungeeignet, und er war beständigen Kränkungen ausgesetzt, welche aus Meinungsverschiedenheiten mit seinem Komitee entstanden. Dazu kam noch die große Enttäuschung, daß die Zeitschrift, der er mehrere der besten Jahre seines Lebens unermüdlich gewidmet hatte, jetzt, unter dem Herausgeber Franz Brendel, das Organ der neudeutschen Partei geworden war, deren Grundsätzen er sich immer mehr entfremdet fühlte. Diese Ärgernisse erhöhten wahrscheinlich seinen nervösen Zustand und verstärkten seine gewöhnliche Schweigsamkeit und seine Zurückhaltung. Von allen Sorgen ablenken konnte ihn nur seine schaffende Arbeit. Seine Hauptfreude fand er im Komponieren und in der edlen Sympathie für eine Gruppe junger Musiker, die sich als seine Schüler betrachteten. Vielleicht in dem Bewußtsein, daß der beste Teil seiner eigenen Laufbahn schon hinter ihm lag, lebte er in der beständigen Hoffnung, daß irgend jemand auftauchen könnte, dessen schöpferisches Genie bedeutend genug wäre, um ihn als künftigen, würdigen Träger des Prophetenmantels klassischer Kunst zu bezeichnen.

Viele unserer Leser wissen, daß Joseph Joachim am 28. Juni 1831 in Kittsee, einem Dorf bei Preßburg in Ungarn geboren wurde, daß er im Alter von zwölf Jahren alles gelernt hatte, was der ausgezeichnete Violinist Böhm vom Wiener Konservatorium, der Meister vieler berühmter Schüler, ihn lehren konnte, und daß er die folgenden sechs Jahre in Leipzig lebte, am Konservatorium wohlbekannt, obschon nicht dessen Zögling; während der ersten Jahre beglückt durch die Neigung Mendelssohns, an dem er mit Leidenschaft hing und der keine Gelegenheit außer acht ließ, das Genie seines Schützlings zu fördern und den Grund zu legen zu dessen künftigem Ruhm.

Erst nach dem Tod Mendelssohns wurden die Parteikämpfe, deren wir oben erwähnten, auf die Spitze getrieben, und Joseph wuchs in unbedingtem Glauben an die Grundsätze der musikalischen Tradition auf, die er mit einer Art religiöser Inbrunst verehrte. Der Tod Mendelssohns ließ ihn mit sechzehn Jahren einsam und trostlos, obgleich er selbst schon eine bedeutende Persönlichkeit und ein allgemeiner Liebling war. Der besondere Platz in seinem Leben, den der Meister eingenommen hatte, konnte nicht wieder ausgefüllt werden, und mehr als zwei Jahre hindurch war er außerstande, irgend jemanden nur als teilweisen Nachfolger in seinen besten Neigungen zu betrachten. Zwei Ereignisse des Jahres 1850 jedoch weckten in seinem Herzen etwas von der persönlichen Begeisterung, die sein frühes Glück ausgemacht hatte: Einige Wochen im Monat März, welche die Schumanns in Leipzig zubrachte, überzeugten ihn von seiner Sympathie für den Komponisten und dessen Kunst; und ein Besuch, den er im August in Weimar machte, bei Gelegenheit der ersten Aufführung von Wagners »Lohengrin«, machte auf ihn so tiefen Eindruck, daß er am Ende des Jahres seine Stellung in Leipzig aufgab und seine Residenz in Weimar als Konzertmeister des Lisztschen Orchesters aufschlug.

Hier lebte er zwei Jahre, und es schien eine Zeitlang, als ob er einer der größten Enthusiasten in dem Kreise junger Musiker werden würde, zu denen Bülow, Raff, Cornelius und der Violoncellist Coßmann zählten und die sich als Jünger der neuen Schule gerierten. Sein Genie und seine schon hervorragende Stellung als Künstler machten ihn zur weitaus wichtigsten Persönlichkeit der Gruppe und er wurde von Liszt beinahe wie seinesgleichen, als jüngerer Kollege behandelt. In dem täglichen Verkehr mit diesem bezaubernden Meister fühlte Joachim erneute Befriedigung in der Art, wie er sie seinerzeit unter Mendelssohn in Leipzig empfunden hatte; aber seine frühen Neigungen und Überzeugungen waren zu tief gewurzelt, um sich durch neue Eindrücke auslöschen zu lassen, und sein Bündnis mit der Zukunftsschule war kein dauerndes. Die Bestrebungen Liszts, als Komponist pompöser Orchesterwerke, welche Joachim bewundern sollte, aber nicht bewundern konnte, erweckten allmählich in dem jungen Konzertmeister die Erkenntnis, daß seine Stellung eine falsche sei, und er war froh, einen Posten, der sich ihm am Schlusse des Jahres 1852 als Hofkonzertmeister und zweiter Kapellmeister in Hannover darbot, anzunehmen. Durch diesen Schritt erreichte er wieder seine Unabhängigkeit, ohne die Gefühle seiner Weimarer Freunde zu verletzen. Sein Mangel an Wärme für die »Symphonischen Dichtungen« war zwar von Liszt bemerkt worden, aber Joachim hatte sich natürlich enthalten, sich näher darüber auszusprechen, und Liszt konnte nicht ahnen, daß sein junger Gefährte eine positive Abneigung gegen seine Kompositionen gefaßt hatte. Joachim blieb noch einige Jahre in freundschaftlicher Intimität mit Liszt, Bülow und Genossen und fühlte sich tatsächlich während der ersten Moante seines Aufenthaltes in Hannover so einsam und niedergedrückt, daß er sich gezwungen sah, seinem Gemütszustand durch die Komposition einer Ouverture zu »Hamlet« Ausdruck zu geben. Als er das Manuskript Mitte März an Liszt schickte, schrieb er:

»Ich war sehr allein. Der Kontrast aus der Atmosphäre hinaus, die durch Ihr Wirken rastlos mit neuen Klängen erfüllt wird, in eine Luft, die ganz tonstarr geworden ist . . . ist zu barbarisch! Wohin ich auch blickte, keiner, der dasselbe anstrebte wie ich; keiner statt der Phalanx gleichgesinnter Freunde in Weimar . . . Ich griff da zum Hamlet . . . Ich bin gewiß, Sie werden, mein immer nachsichtiger Meister, die Partitur durchsehen und meinend, ich säße neben ihnen, stumm wie immer, aber mit Begierde Ihrer musikalischen Weisheit zulauschend, mir raten.«[1]

Das Niederrheinische Musikfest, das im Jahre 1853 in Düsseldorf (15.–17. Mai) abgehalten wurde, war eine besonders glanzvolle Veranstaltung. Die Namen von Robert und Clara Schumann, von Ferdinand Hiller, als dem des Hauptdirigenten, Joseph Joachim, der englischen Künstlerin Clara Novello und andere von hoher Bedeutung erregten lebhafte Erwartungen, die vielleicht noch von den Aufführungen übertroffen wurden. Schumanns D Moll-Symphonie, das von seiner Frau gespielte Klavierkonzert, Ouvertüre und Schlußchor über das »Rheinweinlied«, alles unter seiner eigenen Leitung gegeben, wurden mit Begeisterung aufgenommen; und das erste Auftreten am Rhein von dem jungen Konzertmeister aus Hannover mit dem damals wenig bekannten Violinkonzert von Beethoven führte zu einem Triumph, der jeder Beschreibung spottet: »Er eröffnete eine wahre Zauberwelt«, »er war der Held des Festes«, »wir werden nichts von dem Erfolge Joachims sagen; es war französischer Wahnsinn, italienischer Fanatismus, und das in dem kalten Deutschland«, schreiben die damaligen Kritiker.

Für unsere Leser liegt das besondere Interesse dieser Veranstaltung in der Tatsache, daß Joachim, von Schumanns Kunst und Persönlichkeit immer mehr angezogen, den mehrtägigen Aufenthalt in Düsseldorf dazu benützte, seine Beziehungen zu dem Meister fester zu knüpfen, und man kann wohl sagen, daß sich seine künftige Stellung zu jener Zeit endgültig entschied. Er

1 Moser, »Josef Joachim«, S. 111.

sah in Schumann den lebendigen Vertreter jener Musik, die er liebte, und mit ihm und den Seinen fühlte er sich von nun an verbunden durch Bande, die der Tod selbst nur teilweise lösen konnte.[1]

1 Zum besseren Verständnis für jene unserer Leser, denen die Ausdrücke »musikalische Form«, »absolute Musik«, »Programm-Musik« keine genaueren Begriffe vermitteln, und die sich über die wahre Stellung von Wagners Kunst in ihrer Beziehung zur Schule von Weimar nicht klar sind, haben wir diese Gegenstände im »Anhang I« zu diesem Band behandelt, in Einzelheiten eingehend, die wir nicht gut in den Lauf der Erzählung einflechten konnten.

Viertes Kapitel

1853

Brahms und Reményi besuchen Joachim in Hannover – Konzert bei Hofe – Besuch bei Liszt – Joachim und Brahms in Göttingen – Wasielewski, Reinecke und Hiller – Erste Begegnung mit Schumann – Albert Dietrich.

Als Joachim Düsseldorf am 18. Mai, dem Tage nach Schluß des Festes, verließ, fuhr er noch für eine Woche nach Weimar. Von dort kehrte er nach Hannover zurück in der Absicht, noch ein paar Tage zu Hause zu bleiben, ehe er sich für den Sommer in Göttingen niederließ, um Universitätsvorträge zu hören, und hier wurde er von Reményis und Brahms' Besuch überrascht.[1] Zuerst widmete er sich natürlich seinem alten Schulkameraden, aber nach einer Weile wandte er sich an den Fremden, und ein Bericht über diese Unterredung mag in seinen eigenen Worten wiedergegeben werden:

»Die ungleichen Kunstgenossen, der zarte, ideale Johannes und der weltliche, phantastische Virtuose, zogen ins Hannoversche. Sie kamen auch in die Residenz, wo Reményi mit seinem Freund mich aufsuchte. Noch steht das Erlebnis mir vor der Seele. Nie in meinem Künstlerleben war ich von freudigerem Staunen übermannt worden, als da mir der fast schüchtern aussehende blonde Begleiter meines Landsmannes mit edlem, verklärtem Antlitz seine Sonatensätze von ganz ungeahnter Originalität und Kraft vorspielte. Wie eine Offenbarung faßte es mich, als das Lied »O versenk' dein Leid« damals schon mir entgegenklang. Dabei ein Klavierspiel, so zart, so phantasievoll, so frei, so feurig, daß es mich ganz in seinem Banne hielt. Kein Wunder, daß ich ein frühes Ende der gemeinsamen Konzertfahrt mit Reményi nicht nur voraussah, sondern auch voraussagte. Brahms trennte sich nach ganz kurzem gemeinsamen Wirken von dem allzu ungleichen Gefährten; um dann bald, gehoben durch eine begeisterte Anerkennung, seinen stolzen, nur auf das Höchste gerichteten Entwicklungsgang weiterzuschreiten.«[2]

Reményi hatte sich nicht geirrt, als er seine Hoffnung auf Erfolg der Konzertreise in den glücklichen Zufall einer Unterredung mit Joachim setzte; dieser stellte sich als der geeignete Vermittler heraus, durch den sowohl Reményi als sein Gefährte nach denjenigen Wirkungskreisen geleitet wurden, für die jeder von ihnen

1 Die Berichte einiger Schriftsteller verlegen diesen Besuch nach Göttingen. In dieser Beziehung sind sie aber im Irrtum. Joachim war seiner Sache sicher, als ihn die Verfasserin über diesen Punkt befragte: »Die ganze Szene ist mir noch deutlich in Erinnerung«, sagte er; »sie ereignete sich in meiner Wohnung in Hannover.«

2 Festrede in Meiningen 7. Oktober 1899. (Meininger Tageblatt.)

besonders geeignet war. Der große Violinist war bei dieser ersten Begegnung mit Brahms so tief durchdrungen von der Gewißheit seines Genies, bekam einen solchen Eindruck von dessen Kühnheit und fühlte sich so tief bewegt durch die augenscheinliche Aufrichtigkeit und kindliche Frische seiner Natur, daß er den Ankömmling sofort ins Herz schloß und dessen Sache zu seiner eigenen machte. Die Überzeugung, die sich in ihm gebildet hatte, spricht aus einigen Zeilen, die er Ende Mai oder anfangs Juni schreib, kurz nach seiner Ankunft in Göttingen, wo die beiden Konzertgeber unmittelbar nach ihm eintrafen.

»Mein geliebter Johannes!

Das Klavier bleibt aus; es scheut die Nässe draußen! Ihre Sonate aber braucht sie nicht zu fürchten, sie kämpft gewiß mutig, wie alle Ihre Sachen, mit dem Wasser der Alltäglichkeit! Wie wäre es nun, wenn wir von zehn bis zwölf bei Wehner [ein Musikdirektor in Göttingen] mit Geige, Noten und (last but not least) Freund Reményi zusammenträfen, um die Komposition lebendig werden zu lassen, das heißt, sie zu spielen? –«[1]

Joachims Begeisterung erschöpfte sich nicht in bloßen Äußerungen seiner freundlichen Gesinnung. Er war bereit, seinen Einfluß zu Gunsten seines neuen Freundes an hoher Stelle geltend zu machen, und er übte ihn mit so gutem Erfolg, daß er den beiden Reisenden eine sofortige Einladung verschaffte, vor König Georg V. von Hannover und dessen Hofkreis zu erscheinen.

»In seinem (Brahms') Spiel«, schreibt er an die Gräfin Bernstorff, eine Dame von großer musikalischer Bildung, die dem Hannoverschen Hof angehörte, »ist ganz das intensive Feuer, jene, ich möchte sagen fatalistische Energie und Präzision des Rhythmus, welche den Künstler prophezeien, und seine Kompositionen zeigen jetzt schon so viel Bedeutendes, wie ich es bis jetzt noch bei keinem Kunstjünger seines Alters getroffen.«[2]

An Heinrich Ehrlich – hannoverscher Hofpianist, der bei Brahms' erstem Auftreten vor der königlichen Zuhörerschaft zugegen war und berichtet hat, daß er mit dem Es Moll-Scherzo debütierte – schreibt Joachim:

1 »Brahms – Joachim Briefwechsel Nr. 1.« NB. Der Brief bezieht sich auf die Sonate für Klavier und Violine, welche auf S. 92 dieser Biographie erwähnt wird. (Bd. I.)

2 Ehrlichs »Dreißig Jahre Künstlerleben.«

»Brahms ist ein ganz ausnahmsweises Kompositionstalent und eine Natur, wie sie nur in der verborgensten Zurückgezogenheit sich in vollster Reine entwikkeln konnte; rein wie Demant, weich wie Schnee.«

Als Brahms nach Hannover abreiste, wurde er von dem großherzigen, jungen Konzertmeister aufs Wärmste aufgefordert, nach Göttingen zurückzukehren, wenn seine Beziehungen zu Reményi so bald abgebrochen werden sollten, als Joachim es für dieselben voraussah.

Von Hannover reisten Reményi und Brahms nach Weimar, wo Joachim ihnen ein freundliches Willkommen gesichert, indem er ihrethalben an Liszt geschrieben hatte. Über die erste Begegnung zwischen dem weltberühmten Künstler, der in prunkvollem Luxus in einem Haus auf der Altenburg lebte, das im Besitz der Fürstin Carolyne von Sayn-Wittgenstein war, und dem unbekannten jungen Komponisten aus dem Hamburger Gängeviertel, haben wir glücklicherweise den Bericht eines Augenzeugen, Wilhelm Mason aus New York, der zu jener Zeit als Schüler Liszts in Weimar lebte und einer der feurigsten Kämpen der neuen Schule war.

»Eines Abends, zu Anfang Juni«, sagt Mason,[2] »schickte Liszt zu uns, wir sollten des Morgens auf die Altenburg kommen, da er den Besuch eines jungen Mannes erwarte, von dem gesagt würde, daß er großes Kompositionstalent besitze und dessen Name Johannes Brahms sei. Er solle in der Begleitung Eduard Reményis kommen.

Am nächsten Morgen, als wir mit Klindworth auf die Altenburg kamen, fanden wir Brahms und Reményi schon im Empfangszimmer mit Raff und Pruckner. Nachdem wir die Ankömmlinge begrüßt hatten, von denen wir Reményi schon dem Rufe nach kannten, trat ich an einen Tisch heran, auf dem einige Notenmanuskripte lagen. Es waren mehrere unveröffentlichte Kompositionen von Brahms und ich begann in der zu oberst liegenden zu blättern. Es war das Klaviersolo op. 4, Scherzo in Es Moll ... Endlich kam Liszt herunter, und nach einer kurzen, allgemeinen Unterhaltung wandte er sich an Brahms und sagte: ›Es wird uns interessieren, etwas von Ihren Kompositionen zu hören, das heißt, wenn Sie bereit und geneigt sind, sie vorzuspielen.‹

Brahms aber, der in einem sehr aufgeregten Zustande war, erklärte, es sei ihm ganz unmöglich zu spielen, und als die Bitten Liszts und Reményis es nicht vermochten, ihn ans Klavier zu bringen, ging Liszt hinüber nach dem Tische und mit den Worten: ›Nun, dann werde ich wohl spielen müssen‹, nahm er das erste Stück, das ihm zur Hand war, von dem Stoß Manuskripte und spielte das Scherzo so wunderbar vom Blatt, unter Begleitung einer fortlaufenden hörbaren Kritik über die Musik, daß Brahms überrascht und erfreut war. Raff fand in den ersten Takten Reminiszenzen an Chopins B Moll-Scherzo, worauf Brahms antwortete,

1 »Memoirs of a Musical Life.«

daß er von dieses Komponisten Werken noch nichts gesehen und gehört habe. Dann spielte Liszt einen Satz aus Brahms' Sonate in C Dur.

Etwas später wurde Liszt von jemandem gebeten, seine eigene Sonate zu spielen; ein Werk, das damals ganz neu war und das er sehr liebte. Ohne Zögern setzte er sich und begann sie vorzutragen. Im Laufe des Stückes kam er zu einer sehr ausdrucksvollen Stelle, die er gewöhnlich mit äußerster Leidenschaft spielte und dabei ein besonderes Aufmerken und Anteilnehmen seitens der Zuhörer erwartete. Nach Brahms hinblickend fand er, daß der Letztere in seinem Sessel schlummerte. Liszt spielte die Sonate zu Ende, dann stand er auf und verließ das Zimmer. Von meinem Platze aus konnte ich Brahms nicht sehen, aber ich war mir bewußt, daß sich etwas Ungewöhnliches ereignet habe, und ich denke, Reményi war es, der mir sagte, was geschehen sei. Es ist seltsam, daß unter den verschiedenen Berichten mannigfacher Art über dieses erste Zusammentreffen von Liszt–Brahms – und deren gab es mehrere – nicht einer eine genaue Schilderung des Vorfalles bringt; tatsächlich befinden sie sich alle in großem Irrtum. Der Ereignisse, die hier erzählt werden, erinnere ich mich vollkommen deutlich; da ich aber meinem Gedächtnis nicht blindlings trauen wollte, schrieb ich meinem Freund Klindworth, außer mir wohl der einzige lebende Zeuge des Vorfalles, und ersuchte ihn, mir einen Bericht nach seinen eigenen Erinnerungen zu schicken. Er bekräftigte meine Schilderung in allen Einzelheiten, nur machte er keine besondere Bemerkung über Brahms' Schläfrigkeit; auch verließ Brahms meiner Erinnerung nach am selben Nachmittag Weimar, während Klindworth schreibt, daß dies am anderen Tage früh geschah – eine Abweichung, die sehr wenig zu bedeuten hat.«

Bezugnehmend auf diesen interessanten Bericht, müssen wir erstens bemerken, daß Brahms' übertriebene Angst wohl dadurch verursacht wurde, daß er fand, er solle nicht nur vor Liszt selbst spielen, sondern auch vor einigen seiner Schüler; ein für ihn über alle Maßen beängstigendes Publikum; und zweitens, daß Reményi, als er behauptete, daß sein Gefährte eingeschlafen sei, unfraglich nur damit andeuten wollte, daß dieser nicht klug genug gewesen sei, um Vorteil zu ziehen aus der Gelegenheit, sich bei dem großen Mann in ein günstiges Licht zu stellen. Die ganz andere Methode, welche der Violinist anwandte, um den eigenen Ehrgeiz zu fördern, wird durch einen Brief, den er bald nach dieser ersten Begegnung an Liszt schrieb, gekennzeichnet, und dieser wirft ein scharfes Seitenlicht auf die Szene und deren unmittelbare Folgen. Es ist klar, daß Reményi nicht zögerte, sich bei dem Führer von Weimar und seinen aufstrebenden, jungen Musikern einzuschmeicheln, indem er sich auf alle Fälle mit den Namen von Liszts Kompositionen bekannt machte und sich selbst als einen zur neudeutschen Musik Bekehrten verkündete. Er blieb längere Zeit mit der Partei in Zusammenhang und Liszt hatte Anerkennung für seine Gaben, obschon er seine Extravaganzen verspottete. Der erwähnte Brief beginnt mit einer Art Einleitung:

»Cette égratignure se permet de s'adresser au grand homme-après avoir entendu la Sonate, le Scherzo, les Rhapsodies, la Fantaisie d'après Dante etc. etc. – Il faut avoir du courage pour oser écrire à un pareil homme – voyons, essayons tout de même. Nous allons voir si j'ai le talent de continuer. Maintenant à l'œuvre!!!

Tisztelt Liszt Ur! Compatriote admirable!

Je suis ici à l'Altenburg, le lieu où j'ai eu l'honneur d'être reçu par Liszt, et où j'ai le bonheur (lisez effronterie) d'être encore.

Imaginez-vous donc quelle immense joie vous m'avez faite en renvoyant la lettre, laquelle m'a été adressée de la Hongrie. Toute mauvaise chose est bonne pour quelque chose; quand je pense que ce fragment de lettre hongroise m'a fait recevoir des lignes sublimes de Liszt. – Ah! oui, j'ai lu cette lettre quatre ou cinq fois de suite – non! je l'avalais, mais pas tout-à-fait, il y a encore quelques débris, lesquels me sont heureusement restés pour pouvoir fierement montrer dans des temps futurs (quand je serai grand homme???!!): voyez-vous, messieurs! Je suis un heureux mortel, je possède l'écriture – non, une *lettre personelle de Liszt*. Vous pouvez être assuré, que cela est pour moi *tout* – ça sera mon talisman!

Si vous demandez par hasard ce que je fais, vraiment je ne peux vous le dire – qu'est-ce que cela peut vous intresser si je racle de violon ou si je compose encore des mazoureks fantastiques? Cela est 0 (zéro) pour vous . . .

Quant à ma protestation politique, elle est envoyée déjà – c'est Raff qui l'a redigée!

Maintenant je crois, cette lettre est beaucoup trop longue; je vais la finir en vous disant tout simplement mais très sincèrement, que le bon Dieu vous aît en sa sainte garde et qu'il guide toujours votre génie pour l'honneur et la gloire du genre humain en général et particulièrement (mais particulièrement) de notre chère patrie.

Adieu, grand compatriote, je me souscris

E. Reményi,

Citoyen d'Altenburg, ci-devant de la Hongric.

P. S. Brahms est parti pour Göttingen.«[1]

Und kein Wunder! möchte man beim Lesen des Postskriptum ausrufen, das erste von dreien, die dieser Epistel beigefügt sind. Sicherlich mußten Geduld und Langmut des Johannes aufs Äußerste gespannt gewesen sein durch das tägliche Zusammensein mit einem solchen Kameraden, und er beschloß, die Bande zu brechen, – vielleicht noch bestärkt in seinem Entschluß durch die Erinnerung an die so andersartige Persönlichkeit jenes Violinisten, des jungen Geigerkönigs, der ihn nach Göttingen geladen hatte. Der häufig erzählten Geschichte, daß Brahms und Reményi, oder einer von beiden, während mehrerer Wochen als Liszts Gäste auf der Altenburg blieben, wird von sämtlichen Berichten jener Zeit negativ oder positiv widersprochen. Es wird durch einen der wenigen datierten Briefe Joachims festgestellt, daß er erst am 15. Juni, Brahms' wegen, nach Weimar geschrieben hatte; und

1 Aus La Maras »Briefe hervorragender Zeitgenossen an Franz Liszt.«

durch einen Brief von Liszt vom 29. Juni an die Fürstin Carolyne Sage-Wittgenstein wird bestätigt, daß der Weimarer Meister um die Zeit des letzteren Datums die Altenburg schon für den Sommer verlassen hatte. Kein solcher Besuch wird in irgend einem bekannten Brief jener Periode erwähnt, während Reményis Mitteilung an Liszt schon an sich ein ziemlich guter Beweis wäre, daß kein solcher stattgefunden hat; zusammengenommen mit dem von Klindworth korrigierten unabhängigen Bericht Masons müssen wir ihn als Schlußbeweis gegen die Annahme betrachten. Der Morgen auf der Altenburg kann in der Seele unseres Künstlers wenig mehr als ein Gefühl der Demütigung hinterlassen haben, und Mason konstatiert ausdrücklich, daß der Eindruck, den er auf die anwesenden jungen Männer hervorbrachte, der eines Mißerfolges war. Wahrscheinlich hatte Klindworth im wesentlichen recht, was das bestimmte Datum von Brahms' Abreise von Weimar anbetrifft. Vielleicht mit der Hoffnung, sich in einem tête-à-tête vorteilhafter zu zeigen, scheint er Liszt ein zweites Mal besucht zu haben, und dieser schenkte ihm zur Erinnerung an ihre Begegnung ein Zigarettenetui aus Leder, mit einer eigenhändig geschriebenen Inschrift, wie die Verfasserin durch eine persönliche Mitteilung von Frau Doktor Langhans-Japha erfuhr, der Brahms das Etui gezeigt hatte.[1]

Um die Mitte Juni also, saß Joachim eines Tages bei der Arbeit in seinem Wohnzimmer und hatte kaum Zeit auf ein Klopfen an der Türe »Herein!« zu rufen, als diese sich öffnete und Brahms eintrat. Dies war der Anfang der intimen Bekanntschaft der beiden jugendlichen Tonkünstler, welche zu jener historischen Freundschaft reifte, die bis zu dem nach vierundvierzig Jahren erfolgten Tode Brahms' gedauert hat. Welch eine Offenbarung war einer dem andern! Vielleicht in kaum einer Beziehung einander ähnlich, außer in der ernsten Liebe zur Kunst und dem tiefen Gefühl der Verantwortung in ihrem Dienst, war doch die Ungleich-

1 Die Geschichte von Brahms' verlängertem Besuch bei Liszt im Sommer 1853 scheint zuerst von La Mara veröffentlicht zu sein (Musikalische Sutidenköpfe). Doch erwähnt sie nicht, daß der junge Komponist einen großen Teil jener Jahreszeit mit Joachim verlebte. Anderseits spricht Brahms selbst in einem Brief an Amtsvogt Blume (S. 111 d. Bds.) davon, daß er mehrere Wochen mit Joachim zugebracht habe, sagt aber nichts von einem Besuche bei Liszt. Der Schluß, den wir aus allen diesen Umständen ziehen müssen, weist uns zwingend auf einen Irrtum in La Maras Erzählung hin.

heit ihrer Wesen eine solche, daß sie ihr Interesse für einander nur verschärfte und das keimende Bündnis zwischen ihnen befestigte. Joachim konnte die Verehrung der Kunst, mochte sie ihm auch die angebetete Göttin sein, niemals alles in allem werden; sie konnte nie seine Sehnsucht nach menschlicher Sympathie stillen, die er seit Mendelssohns Tod zeitweilig als fast unerträglich empfand. Johannes, von Freude an intimer Sympathie träumend, war nicht überzeugt, daß diese möglich oder unentbehrlich sei, er wußte, daß er, wenn nötig, sein Leben ohne sie leben könne. Joachim, der starke Sympathien und Antipathien besaß und fest an Überzeugungen hing, die einen Grundsatz einschlossen, war es nicht schwer, nachzugeben, wo es sich nur um eine Meinungsverschiedenheit handelte. Johannes besaß, bei aller kindlichen, angeborenen Sanftmut, eine unbezwingliche Kampflust. Das Leben war für Joachim fortgesetzter Triumph gewesen; er hatte nicht einmal den Anschein eines Mißerfolges erlebt. Eine ausgesprochene Persönlichkeit von Kindesalter an, hatte er sich mühelos ein für allemal seine Welt erobert. Hannes hatte seine Tage in Verborgenheit hingebracht, immer im Kampf ums Dasein. Und nun welch neue Freude für Joachim, der für das eigene Vorwärtskommen nie Sorge zu tragen brauchte, die Zukunft des Johannes bedenken, Pläne und Vorschläge machen zu können; und welch erstaunliche Erfahrung war diese begeisterte und entscheidende Billigung von seiten solch eines Kameraden für Johannes, der wenig von der Befriedigung gekannt hatte, welche einsichtsvolle Anerkennung von Kollegen des eigenen Standes mit sich bringt! Die Gefährten, vor allem in ihr Schaffen vertieft – denn Joachim arbeitete eben an zwei Ouverturen und Johannes an Sonaten und Liedern – erübrigten doch auch Zeit für andere Beschäftigungen. Sie studierten und musizierten zusammen, gingen spazieren, plauderten und speisten zusammen, tauschten ihre Meinungen aus, stritten und stimmten zusammen überein. Ohne Zweifel hörte Johannes viel über Bachs und Mendelsohns Zeit in Leipzig und er fand zu seiner Überraschung, daß Joachim, so unvergleichlich in der Wiedergabe Bachs und Beethovens, Louise Japhas Meinung über Schumanns Musik teilte. Sicher rührte Brahms auch Joachim durch seine liebevollen Äußerungen über Hamburg, so reich an stolzen Überlieferungen und doch auch nicht ohne eigene Kunsterinnerungen, die sich mit den großen Namen Klopstock und Lessing, Telemann und Keiser, Händel und Mattheson und Emanuel Bach verbanden. Der gefeierte Violinist, seit dem neunten Jahre stets mit einem oder dem anderen Mittelpunkt musikalischen Lebens vertraut, der glänzende Zögling des Wiener und der ausgesprochene Liebling des Leipziger Konservatoriums, lauschte überdies mit nicht geringem Interesse allem dem, was Johannes über seine einsamen Studien bei Marxsen zu erzählen für gut fand. Der selige, junge Hamburger fühlte, daß er Joseph alles mitteilen konnte. Er sprach von seinen Kämpfen, seinen gütigen Freunden in Winsen, seiner Bekanntschaft mit Louise Japha, den Schwierigkeiten der Reise mit Reményi. Joachim nahm so lebhaften Anteil an den Winsener Episoden, daß er nicht umhin konnte, an Onkel Giesemann zu schreiben, um ihm zu versichern, daß sein junger Musiker einst ein großer Mann sein würde.

Nur in einer Sache weigerte sich Johannes seinem Freunde Gesellschaft zu leisten. Er lehnte es ab, die Universitätsvorträge von Ritter und Waiz zu besuchen, behauptend, daß Vorlesungen langweilig seien und daß er es vorziehe, seine geistige Nahrung, wie gewöhnlich, aus Büchern zu schöpfen. Doch war er sehr gerne bereit, an den lustigen Zusammenkünften teilzunehmen, die beim Saxsen stattfanden, dem Vereinsrestaurant der Studenten, das Joachim und seine Freunde zu besuchen pflegten. Er machte mit großem Eifer alle Späße dieser geselligen Abende mit, und als Joachim und er als die Jüngsten der Gesellschaft aufgefordert wurden, den »Fuchsritt« auszuführen, saß er rittlings auf seinem kleinen Schemel und galoppierte mit dem Hofkonzertmeister aus Hannover um den Tisch herum, als wäre er darauf erpicht, es dem allergewissenhaftesten Studenten gleichzutun. Die glücklichen Ferien wurden durch ein von den beiden »Studenten« gegebenes Konzert gekrönt, welches eine Unmasse von Zuhörern anzog und Brahms mit dem willkommenen Kapital für sein nächstes Vorhaben versah: Er wollte vor Ende des Sommers eine Fußtour den Rhein entlang machen und verließ Göttingen um Mitte August, bewaffnet mit einigen Visitenkarten seines Freundes, die ihn unterwegs in musikalische Familien einführen sollten. Zu den Bekanntschaften, die Joachim für ihn zu sichern wünschte, war vor allem die Schumanns zu zählen; aber Johannes, wahrscheinlich noch durch die jüngste Erfahrung gereizt, die eine Unterredung mit einem von Jüngern umgebenen Meister mit sich gebracht hatte, war noch nicht sicher, ob er sich in Düsseldorf aufhalten würde. Die Trennung zwischen ihm und Joachim sollte nur eine kurze sein. Sie wollten im Oktober in Hannover zusammenkommen, wo Johannes den Winter in seines Freundes Gesellschaft verleben sollte.

Wir müssen uns jetzt unsern Wanderer vorstellen, wie er die nächsten zwei, drei Wochen das schöne Rheintal entlang von Ort zu Ort wanderte, in einer Gemütsverfassung, die man beinahe mit Ekstase bezeichnen kann und die durch den Einfluß seiner täglichen Umgebung, verbunden mit den neuesten Erfahrungen und den wohlbegründeten Hoffnungen auf die Zukunft hervorgebracht wurde. Wir treffen ihn wieder zu Anfang September im Hause J. W. von Wasielewskis, der damals das Amt des städtischen Musikdirektors in Bonn bekleidete und der von Brahms' Ankunft in jener Stadt erzählte:

»Gegen Ende des Sommers 1853 wurde ich durch den Besuch eines schmucken, blondhaarigen Jünglings erfreut, welcher mir eine Visitenkarte Joachims überbrachte, auf deren Rückseite sich das humoristisch abgefaßte Signalement des Ankömmlings befand.[1] Es war Johannes Brahms. In der Richtung von Mainz kommend, hatte er das Rheintal zu Fuß durchstreift und trat, den Wanderstab in der Hand, ein Ränzel auf dem Rücken, bei mir ein. Sein frisches, natürlich-ungezwungenes Wesen berührte mich sympathisch, und so hieß ich ihn nicht nur freundlich willkommen, sondern lud ihn auch ein, für ein paar Tage in meinem Hause zu verweilen, wozu er sich ohne weiteres bereit erklärte. Nachdem die ersten Stunden unseres Beisammenseins verflossen waren, hegte ich begreiflicherweise den Wunsch, meinen Gast von der musikalischen Seite kennenzulernen. Er gab auch sogleich eines seiner noch unveröffentlichten Erstlingswerke, nämlich eine Klaviersonate, zum besten, deren Beschaffenheit mir sofort sein bedeutendes, produktives Talent offenbarte. Auch anderes ließ er außerdem hören. Besonders erinnere ich mich seines temperamentvollen Vortrages des Rakóczy-Marsches, den er mit Vorliebe und brillanter Wirkung spielte.«[2]

Von Wasielewski befragt, ob er Schumann zu besuchen gedenke, antwortete Johannes, daß er darüber noch zu keinem Entschluß gekommen sei. Er gab als Grund seiner Unsicherheit den Mißerfolg an, den sein Versuch, sich dem Meister zu nähern, gehabt hatte, als jener 1850 Hamburg besuchte; und keine Überredung seines neuen Freundes brachte ihn zu einem Entschluß. Nicht sogleich verließ er die Umgegend Bonns, sondern lenkte seine Schritte ein wenig zurück, wohl auf Wasielewskis Rat, um

1 »Joh. Kreisler jun.«
2 »Aus siebzig Jahren.«

sich in einem großen Hause der Nachbarschaft vorzustellen – dem des Kommerzienrates Deichmann, eines reichen Herren, der nicht nur durch seine Gastfreundschaft weithin bekannt war, sondern auch durch die warme Teilnahme, die er und seine Familie allen Literatur- und Kunstfragen entgegenbrachten. Hervorragende Gäste aller Rangstufen von königlichen Pesönlichkeiten abwärts, wurden von Frau Deichmann in ihrer Residenz in Mehlem, gegenüber von Königswinter, bewirtet. Berühmtheiten, die das Rheinland besuchten, traf man auf ihrer Durchreise häufig in ihren Salons; viele Künstler, die in der Nachbarschaft lebten, gehörten zu ihrem intimen Kreis und junge, vielversprechende Musiker empfing sie mit besonderer Güte. Wir brauchen nicht erst zu sagen, daß die Ankunft Brahms', als Freund Joachims, von ihr mit lebhafter Freude begrüßt wurde und daß die Vertrauten des Hauses, unter denen Franz Wüllner, der Violoncellist Reimers, Wasielewski selbst und andere junge Musiker waren, auf ihre rasche Einladung hin nach Mehlem eilten, bereit, je nach dem Ergebnis den Leistungen des neuen Ankömmlings Lob oder Tadel zu spenden.

»Ich fand«, sagt Wüllner in einer Gedenkrede, die er nach Brahms' Tode im Kölner Konservatorium hielt, »einen schlanken Jüngling mit langem, blondem Haar und einem wahren Johanneskopf, dem Energie und Geist aus den Augen blitzte. Er spielte uns die eben fertig gewordene C Dur-Sonate op. 1, die schon früher vollendete Fis Moll-Sonate, das Es Moll-Scherzo und viele Lieder, darunter das oft gesungene »O versenk', o versenk' dein Leid«. Wir jungen Musiker waren von seinen Kompositionen sofort entzückt und begeistert.«

Wie es zu erwarten war, durfte Brahms Mehlem nicht gleich verlassen. Er wurde von Deichmanns überredet, noch länger ihr Gast zu bleiben, ihre Freunde näher kennenzulernen und den Rhein und dessen Schönheiten von ihrem Hause aus zu erforschen, und es war während dieses Besuches, daß er Gelegenheit fand, wie er dies seit seinem Aufenthalt in Göttingen lebhaft gewünscht hatte, das wirkliche Studium von Schumanns Kompositionen zu beginnen, die ihm bis dahin wenig bekannt gewesen waren. Wie muß er sich gewundert und gefreut haben, als ihm auf vielen Seiten seine Lieblingsschriftsteller Jean Paul und E. T. A. Hoffmann begegneten und er darin, wie in einem Spiegel, die

Träume der eigenen Seele wiederfand! Seine Überraschung war wohl nicht geringer, als er die Entdeckung machte, daß Schumanns Tondichtungen, bei all ihrer frischen Originalität der Methode und ihrer bezaubernden Romantik, doch keine ungeregelten Phantasien waren, sondern fest wurzelten in den Traditionen der klassischen Kunst. Es ist vielleicht unmöglich, sich die Macht und den Umsturz der Gefühle vorzustellen, welche diese erste geistige Begegnung von »Kreisler jun.« mit dem Komponisten der »Kreisleriana« begleitet haben müssen; aber man kann mit Sicherheit behaupten, daß sie ihn in dem Entschluß bestärkten, den von Joachim geplanten Besuch bei Schumann zu machen, und daß sie auch Einfluß hatten auf die Gemütsstimmung, in der Johannes in der dritten Woche des September einen Brief an Amtsvogt Blume in Winsen schrieb, während er sich auf einem mehrtägigen Ausflug mit den Knaben der Familie Deichmann befand:

»Teurer Herr Amtsvogt!

Erlauben Sie mir, daß ich Ihnen und Ihrer Frau Gemahlin die herzinnigsten Glückwünsche darbringen darf zu dem frohen Feste, das Sie in diesem Monate feiern. Die hohe Achtung und Liebe, welche ich stets für Sie hegte, mag entschuldigen, daß ich Sie aus so weiter Ferne mit meinen Zeilen belästige, vielleicht gar zur unrechten Zeit, ich weiß eben nur, daß Sie Ihre goldene Hochzeit in der Mitte dieses Monats feiern. Möge Gott Sie noch lange gesund erhalten, so daß ich noch oft so herzlich frohe Stunden bei Ihnen verleben kann, als früher. Hegen Sie noch, wie sonst, einige Teilnahme an meinem Schicksale, so ist es Ihnen vielleicht lieb, zu erfahren, daß ich einen so himmlischen Sommer erlebt habe, wie noch nie. Nachdem ich herrlich erhebende Wochen mit Joachim zusammen in Göttingen verlebt habe, streife ich jetzt schon 5 Wochen am göttlichen Rhein herum. Diesen Winter hoffe ich in Hannover zubringen zu können, um mit dem, als Mensch wie als Künstler gleich edlen Joachim zusammenzuleben. Indem ich Sie bitte, mich Ihrer Frau Gemahlin und Ihrem Fräulein Tochter dringendst zu empfehlen, möchte ich Sie noch ersuchen, meine herzlichsten Grüße Ihrem Herrn Sohn nebst Frau und Kindern, dem theuren Onkel Giesemann und allen dortigen Bekannten zu sagen. Mit bestem Gruße

Ihr Joh. Brahms.

Im Lahntal, September 1853.«

Johannes' Gedanken waren zu jener Zeit mit der F Moll-Klaviersonate, op. 5, beschäftigt, welche zu Anfang November vollendet wurde. Kann jemand, der wirklich von dem Zauber dieser wunderbaren Komposition umfangen wird, – groß, trotz ihrer Unreife – noch zweifeln, wenn er diese Zeilen liest, daß der schimmernde Rhein mit seinen waldigen Höhen, daß Rolandseck,

Nonnenwerth und der Drachenfels, der tiefblaue Himmel und der Glanz der Sternennächte nebst der Romantik, der Bewunderung, dem Entzücken und der Dankbarkeit, die sein junges Herz erfüllten, wohl Anteil hatten am Schaffen des Werkes, nicht vielleicht in dem Sinn, daß sie dem Künstler ein Programm zu seinen Eingebungen geliefert hätten; sondern daß sie, wie der Sonnenstrahl von der Pflanze aufgefangen, mit seiner Natur verschmolzen und ein Teil wurden von jener elementaren Kraft, die sich bei ihm als Blüte seiner Phantasie erschloß? Noch einen wichtigen Halt machte Brahms in Köln, wo abermals zwei interessante Namen der langen Liste von Bekanntschaften, die er während seiner kurzen, fünfmonatigen Abwesenheit von zu Hause gemacht hatte, hinzugefügt wurden. An Carl Reinecke, den damaligen Professor des Klaviers und des Kontrapunkts am Konservatorium der rheinischen Hauptstadt, übergab er einen Empfehlungsbrief von Arnold Wehner, dem Universitäts-Musikdirektor in Göttingen, und einen Gruß von Wasielewski, und Reinecke, nachdem er einige seiner Kompositionen gehört hatte, führte ihn zu Ferdinand Hiller und begleitete ihn nachher zum Bahnhof von Deutz. Hier nahm er den Zug nach Düsseldorf, ohne Zweifel in gespannter Erwartung bei dem Gedanken, daß er im Begriff war, eine Unterredung mit dem großen Meister seiner Zeit zu suchen, dem seit Mendelssohns Tode einzigen Nachfolger jener Titanen, mit deren Traditionen ihn Cossel und Marxsen von frühester Kindheit an erfüllt hatten. Während wir den jungen Musiker in Gedanken auf seiner letzten Etappe der Rheinreise begleiten, ist es nur recht und billig, wenn wir diesen zwei Männern den Tribut vorübergehender Erinnerung entrichten. Schuldete er doch ihren Talenten und Fähigkeiten und ihrem Charakter, daß er selbst imstande war, sich der geweihten Stunde des Einganges zur Reife seines Künstlerdaseins, die schon so bald anbrechen sollte, zu nahen mit der Gewißheit der Ausrüstung und dem Ernste des Vorsatzes, die seinem Genie schon den unverkennbaren Stempel der Meisterschaft aufgedrückt hatten.

Joachim hatte jede Gelegenheit benützt, die sich ihm seit Brahms' Abreise von Göttingen bot, um die Interessen seines neuen Freundes zu fördern. Ein mehrtägiger Besuch bei Schumanns zu Ende August machte es ihm möglich, sich vor sehr teilnehmenden Zuhörern nach Herzenslust über die außerordentlichen Gaben des jungen Musikers auszusprechen, mit dem er so rasch intim geworden war; so kam es, daß Johannes noch von den Freuden seiner Rheinreise ganz erfüllt war, während ihm in Schumanns Hause schon ein freundliches Willkommen gesichert wurde, und zwar durch den mächtigsten Einfluß, der dort für ihn geltend gemacht werden konnte. Sein erster Besuch bei dem Meister wird in Schumanns Tagebuch unter dem Datum: »September 30« mit den Worten »Herr Brahms aus Hamburg« verzeichnet und scheint nur ein erster Schritt gewesen zu sein; aber in einer Eintragung des folgenden Tages lesen wir: »Brahms zum Besuch, ein Genius«.

Dem 1. Oktober werden wir daher die Vorgänge bei der ersten musikalischen Zusammenkunft der beiden Komponisten zuweisen müssen, von denen Dr. Julius Schubring berichtet und die durch das negative Zeugnis in Schumanns Tagebuch während der ersten Oktoberwoche und gewisse Einzelheiten seines späteren Briefwechsels bestätigt werden. Schumann wollte eine Komposition des jungen Brahms hören. Kaum war dieser mit dem ersten Satz der C Dur-Sonate zu Ende, so verließ der Meister das Zimmer, um jedoch sogleich mit seiner Frau zurückzukehren und eine Wiederholung des Satzes zu verlangen. Und wie Johannes ihn vor drei Monaten zum Staunen und Entzücken Joseph Joachims vorgetragen hatte, so spielte er ihn jetzt zum Staunen und Entzücken von Robert und Clara Schumann; und als er mit einem Satz fertig war, baten ihn die beiden großen Künstler, noch einen zu spielen, und nach diesem noch einen und hatten noch immer nicht genug, so daß, als endlich der Vortrag zu Ende war, ihre Herzen schon in Liebe ihm entgegenschlugen, während bei ihm das erste Glied jener Kette der Zuneigung sich bildete, durch die er bald mit dem Einen und der Anderen bis ans Ende ihres Lebens verbunden werden sollte.

Johannes verlor keine Zeit, seine alten Freundinnen Louise und Minna Japha ausfindig zu machen. Welch wunderbare Erlebnisse hatte er ihnen zu erzählen; mehr als sich bei ein oder zwei Besuchen besprechen ließ! Da war die Tournee mit Reményi, die Aufführung bei Hofe – wie weit entfernt das alles schien! – dann der Besuch aus Weimar, das Studentenleben in Göttingen, die Rheinreise. Er hatte verschiedene junge Musiker kennengelernt, die ihn alle, ohne Ausnahme, bei sich willkommen hießen; er war bei Hiller eingeführt worden, hatte sich mit Joachim eng befreundet und nun glaubte er auch Schumanns Anerkennung sicher zu sein. »Er hat mich auf die Schulter geklopft«, sagte Johannes zu Louise, »und gesagt: ›Wir verstehen uns‹. Was meinte er damit?« Schumanns Meinung wurde Joachim ganz klar gemacht; denn er bekam folgende Worte von dem Meister, als Antwort auf die Empfehlungskarte und die Grüße, die er ihm durch Brahms geschickt hatte: »Das ist der, der kommen mußte.«

Zu diesem Ausspruch war Schumann wenige Tage nach Brahms' Ankunft in Düsseldorf durch das Anhören mehrerer großer und kleiner Kompositionen veranlaßt worden. Daß der Eindruck, den Johannes schon am 1. Oktober auf den Meister machte, ein gewaltiger war, wird am besten durch die Tatsache bewiesen, daß er am nächsten Nachmittag wieder zu spielen aufgefordert wurde, und nach Verlauf einer Woche hatte Schumann so viele vollendete Werke seines jungen Kollegen kennengelernt, als Brahms für passend hielt, ihm vorzuführen. Unter diesen waren die Fis Moll-Klaviersonate, die jetzt als op. 2 bekannt ist, das Klavierscherzo op. 4, eine Sonate für Violine und Klavier, eine Trio-Phantasie für Streichinstrumente, ein Streichquartett und zahlreiche Lieder, abgesehen von den bearbeiteten ungarischen Weisen. Von der Trio-Phantasie spricht Frau Schumann insbesondere in einer Notiz vom 4. Oktober:

> »Brahms spielte uns eine Phantasie für Klavier, Violine und Violoncell und sein schönes Scherzo in Es Moll. Brahms' ›Phantasie‹ ist wieder ein merkwürdiges, jugendlich wildes Stück, aber voll Phantasie und herrlicher Gedanken; der Klang der Instrumente war hier und da nicht immer ganz ihrem Charakter angemessen, doch das sind eben Kleinigkeiten im Vergleich zu seiner reichen Phantasie und seinem Gemüth.«[1]

Louise Japha wohnte dieser Gesellschaft bei und bewahrte eine lebhafte Erinnerung daran. »Was soll ich spielen?« fragte Johannes, zu ihr hinübergehend, als Schumann ihn nach dem Trio abermals ans Klavier rief. Sie schlug ihm das Scherzo vor: »Schumann hat Ihre beiden Sonaten gehört; wählen Sie diesmal ein kürzeres Stück. Spielen Sie das Scherzo; das hat er noch nicht gehört!« Aber sie erntete keinen Dank damit. Johannes, nervös und aufgeregt, bildete sich ein, daß sein Spiel einen Mißerfolg bedeu-

1 Litzmann II, S. 282.

tete. »Warum haben Sie mir einen solchen Rat gegeben?« fragte er, zu seiner treuen Kameradin zurückkehrend: »Liszt hat nichts an dem Scherzo gefunden und jetzt gefällt es Schumann auch nicht!«

Wir können nichts Besseres tun, als hier den köstlichen Bericht wiedergeben, den Albert Dietrich,[1] ein Lieblingsschüler Schumanns, der in Düsseldorf in täglichem Verkehr mit dem großen Komponisten stand, von seinem ersten Bekanntwerden mit dem Ankömmling erstattet hat:

»Bald nach seiner Ankunft im September – es war bei einer Übung des Singvereins – kam Schumann vor Beginn mit geheimnisvoller Miene und glückselig lächelnd auf mich zu: ›Es ist jemand gekommen‹, sprach er, ›von dem wir alle Wunderdinge erleben, *Johannes Brahms* heißt er.‹

Und nun führte er mir den jugendlichen, so interessant wie eigenartig aussehenden jungen Musiker zu, der in seiner, noch beinahe knabenhaften Erscheinung, mit seiner hellen Stimme, den langen, blonden Haaren, in seinem schlichten, grauen Sommerröckchen, einen höchst anziehenden Eindruck machte.«[2]

Das war wieder ein Gefährte der rechten Art für Brahms. Er und Albert trafen einander täglich während seines vierwöchentlichen Aufenthaltes in Düsseldorf, frühstückten zusammen im Freien in dem Hofgartenrestaurant und vertrauten einander ihre beiderseitigen Hoffnungen und Freuden. Alberts Anerkennung von Brahms' Befähigung war nicht geringer, als diejenige Joachims gewesen war, und er sandte begeisterte Berichte über ihn an Kirchner, Naumann und andere junge Musiker des Schumannschen Kreises. Selbst *persona grata* in den verschiedenen Kunstkreisen Düsseldorfs, konnte er Johannes eine neue und unerschöpfliche Quelle der Anregung erschließen. Er führte ihn bei Schirmer, Lessing, Sohn und anderen hervorragenden Malern ein, in deren Häusern der junge Musiker viel von den Schwesterkünsten sprechen hörte, was gute Früchte trug in einem Geiste, dessen »religiöses Bedürfnis« – um mit Joachims Worten zu sprechen –: »Liebevolles Umfassen des Alls, harmonische Ausbildung aller seiner Kräfte im Goetheschen Sinn« war. Eine reizende junge Gesellschaft nahm gern den neuen Spielgefährten – und

1 »Erinnerungen an Johannes Brahms.«

2 Eine Nachprüfung der Eintragungen Frau Schumanns in ihr Tagebuch (Litzmann) zeigt uns an, daß die Szene im Singverein entweder am 30. September, dem Datum von Brahms' Ankunft in Düsseldorf, oder am 1. Oktober stattfand.

was für einen Spielgefährten – in ihrem Kreise auf, und Johannes wurde von Alberts Freunden zu allerlei Gesellschaften und Ausflügen aufgefordert. Es gelang ihm, seine einst unüberwindliche Abneigung gegen Damengesellschaft zu beseitigen; er entdeckte sogar, daß ein Fest, bei dem sie nicht streng ausgeschlossen waren, darum noch durchaus nicht langweilig zu sein brauchte! Musik im allgemeinen und seine Musik insbesondere wurde viel verlangt bei häufigen Abendunterhaltungen, und seine Zuhörer wußten eigentlich nicht, ob sie mehr Freude an seinen Vorträgen der großen Klassiker oder an denen seiner eigenen Kompositionen fanden.

»Gegen die auf das Spiel folgenden übermäßigen Lobsprüche«, sagt Dietrich, »verhielt er sich bescheiden ablehnend. Man war allenthalben des Staunens voll über ihn und seine hervorragende Begabung, und vornehmlich die musikalische Jugend war ganz erfüllt von dem bedeutenden künstlerischen Eindruck, den sein immer charakteristisches, mächtiges, und wo es sein mußte, so überaus zartes Spiel hervorgerufen hatte . . .

Die Natur des jungen Künstlers war kerngesund; selbst die ernsteste Geistesarbeit strengte ihn kaum an. Er konnte aber auch zu jeder Stunde des Tages fest einschlafen, wenn er es wollte. Im Verkehr mit Seinesgleichen war er munter, bisweilen auch übermütig, derb und voll toller Einfälle. Wenn er zu mir die Treppe hinaufkam, so geschah es in jugendlichem Ungestüm; mit beiden Fäusten pochte er an die Thür und ohne Antwort abzuwarten, stürmte er herein . . . Er erzählte mir im Laufe eines Gespräches, daß er beim Komponieren sich gern an Volkslieder erinnerte und daß die Melodien sich dann von selbst einstellten . . . Sonst sprach Brahms nie von den Arbeiten, die er noch unter der Feder hatte, ebenso wenig von Kompositions-Plänen für die spätere Zeit.«

Im Hause der Schumanns lernte Brahms Schach spielen und »Tischrücken«. Bald durfte er frei über des Meisters Bibliothek schalten und er borgte manch ein Buch aus, um es den Japhas zu leihen, welche während Minnas Rekonvaleszenz nach einem Masernanfall in Quarantäne bleiben mußten. Johannes seinerseits verweigerte es, sich dieser Verordnung zu unterwerfen und machte den Schwestern täglich lange Besuche, sobald sie imstande waren, ihn zu empfangen. Er las oft, neben Louise sitzend, mit ihr aus demselben Band, der zwischen ihnen lag, wie er dies mit Lischen auf den Winsener Feldern früher getan hatte. Eines Tages brachte er einige Bände Hoffmann, um seine Lieblingsmärchen in Schumanns eigener Ausgabe wieder zu lesen. Treulich gedachte er der alten Freunde und des einfachen Elternhauses mit seiner zarten Liebe, inmitten aller Aufregungen und Erfolge und treulich, während der langen Wochen seiner Abwesenheit hielt Frau Johanna dem Sohn ihr Versprechen. »Seht«, sagte Hannes eines Tages, einen Brief aus der Tasche ziehend und ihn offen vor Louise und Minna ausbreitend, während er ihnen von dem Vertrag erzählte, den er geschlossen hatte; »einen solchen bekomme ich jede Woche, meine alte Mutter hält Wort. Manches darin sind Abschriften aus der Zeitung; was soll sie machen, wenn sie selbst keine Neuigkeiten mehr weiß? Sie kann keine philosophische Abhandlung schreiben, aber sie schickt mir immer drei volle Seiten.«[1]

Die leidenschaftliche Verehrung, die Brahms bald dem Charakter und Genie Schumanns entgegenbrachte und die noch verstärkt wurde durch die Erinnerung an die ehemalige falsche Auffassung von dessen Kunst, wurde in entsprechendem Maße erwidert. Schumann gewann den jungen Freund täglich lieber und Neigung verband sich mit Überzeugung, den ersten tiefen Eindruck, den er von den ungewöhnlichen Gaben Johannes' empfangen, noch zu befestigen. »Princeps« steht in einem Notizbuch von Schumann in des Meisters eigener Handschrift neben dem Namen Johannes Brahms hinzugefügt in einer Liste seiner jungen Lieblingsmusiker. Man hat manchmal vermutet, daß die Erklärung des plötzlichen Zaubers, den Brahms' Jugendwerke auf ihn ausübten, in seiner Wahrnehmung zu finden sei, daß ihm in denselben etwas neues Selbständiges, seinem eigenen Schaffen ganz Unähnliches entgegentrat. Doch wäre dies nur eine halbe Wahrheit. Obschon es sein mag, daß Schumanns Einfluß weder in Melodie, noch Harmonie, noch in dem Aufbau der ersten Brahmsschen veröffentlichten Sätze nachweisbar ist, so ist es ebenso Tatsache, daß der »ganz schmächtige Jüngling, dessen zartes, bartloses Gesicht schwärmerischen Ausdruck zeigte, der mit sanfter Stimme und ohne die mindeste Geziertheit in poetischen Ausdrücken sprach, sich auf seinen Manuskripten ›Johannes Kreisler jun.‹ nannte und vollkommen der Beschreibung Joachims entsprach, ›rein wie Demant, weich wie Schnee‹«,[2] Elemente in seiner vielseitigen Natur hatte, die dem charakteristischen Geiste von Schumanns Genie nahe verwandt waren und die durchaus nicht ohne Einfluß auf die Individualität seiner Werke blieben,

1 Zu jener Zeit waren Kuverts noch nicht in allgemeinem Gebrauch. Das große Briefpapier wurde zusammengefaltet und gesiegelt und auf der leeren vierten Seite adressiert.

2 Ehrlich: »Dreißig Jahre Künstlerleben.«

besonders der Werke seiner ersten Periode. Schumann, über die Maßen erstaunt über die Meisterschaft und Originalität von Brahms' erreichter Technik, war, betreffs seiner idealen Eigenschaften, gewiß ebenso durchdrungen von der Romantik als auch von der Unabhängigkeit, von der Zartheit als auch von der Kraft, von der subjektiven als auch von der objektiven Seite seiner Kunst, und der ältere Musiker liebte den jüngeren, sowohl wegen der Verwandtschaft als auch wegen der Verschiedenheit zwischen ihnen. Beide kontrastierenden Seiten von Brahms' Natur offenbaren sich auffallend in der schönen Zeichnung, die in jener Zeit von dem Maler Laurens für Schumann angefertigt wurde und von der wir, dank der Güte der Frau Professor Böie, der jetzigen Besitzerin des Originals, zu Anfang dieses Bandes den Lesern einen Abdruck darbieten können.

Schumann hatte Joachims freundschaftliche Annäherung im Frühling desselben Jahres nicht vergessen und komponierte zu jener Zeit zwei Konzertstücke für Violine und Orchester, während deren Abfassung ihm der junge Violinist und dessen Spiel beim Düsseldorfer Fest beständig geistig gegenwärtig waren. In einem diese und andere Dinge betreffenden Brief nach Hannover, den er am 8. Oktober schrieb, kommt folgende Stelle vor:

»Nur das glaube ich, daß, wenn ich jünger wäre, ich vielleicht einige Polymeter auf den jungen Adler [Brahms], der so plötzlich und unvermutet aus den Alpen dahergeflogen nach Düsseldorf, machen könnte. Oder man könnte ihn mit einem prächtigen Strome vergleichen, der, wie der Niagara, am schönsten sich zeigt, wenn er als Wasserfall brausend aus der Höhe herabstürzt, auf seinen Wellen den Regenbogen tragend, am Ufer von Schmetterlingen umspielt und von Nachtigallenstimmen begleitet.«[1]

»Der junge Aar scheint sich im Plattland zu behagen; er hat einen älteren Wärter gefunden, der mit solch jungem Aufflug umzugehen gewohnt, die wilden Flügelschläge zu sänftigen versteht und die Schwungkräfte nicht hindert.«[2]

Am selben Tag schrieb er an Dr. Härtel, das Haupt der großen Verlagsfirma:

»Es ist hier ein junger Mann erschienen, der uns mit seiner wunderbaren Musik auf das Allertiefste ergriffen hat und [bin] ich überzeugt, die größte Bewegung in der musikalischen Welt hervorrufen wird. Ich werde Ihnen gelegentlich Näheres und Genaueres mitteilen.«

1 Siehe für diesen und alle anderen Briefe Schumanns: Gustav Jansens »Robert Schumanns Briefe.« Neue Folge. Zweite Auflage.

2 Ohne Zweifel wurden die Sätze der F Moll-Sonate während deren Komposition Schumanns Kritik unterworfen.

Fünf Tage später, als er wieder in Geschäften an Joachim Mitteilungen machte, der am 27. bei dem ersten Abonnementkonzert in Düsseldorf mitwirken sollte, fügte er hinzu:

»Ich habe angefangen, meine Gedanken über den jungen Adler zu sammeln und aufzusetzen; ich wünschte gern, ihm bei seinem ersten Flug über die Welt zur Seite zu stehen. Aber ich fürchte, es ist noch zu viel persönliche Zuneigung vorhanden, um die dunkeln und hellen Farben seines Gefieders ganz klar vor Augen zu bringen. Habe ich sie beendigt, so möchte ich sie seinem Spiel- und Kampfgenossen, der ihn noch genauer kennt, mitteilen, was vielleicht schon in einigen Tagen sein wird.«

Ein Postskriptum folgt:

»Ich habe den Aufsatz beschlossen und lege ihn bei. Ich bitte mir ihn so bald als möglich zurückzuschicken.«

Ein zweiter Brief an Dr. Härtel geht mehr auf die versprochenen Einzelheiten ein:

»Über den jungen Brahms, einen Hamburger, werden Sie in der Neuen Zeitschrift für Musik binnen kurzem einen mit meinem Namen unterzeichneten Aufsatz finden, der Ihnen näheren Aufschluß geben wird. Ich werde Ihnen dann genauere Mitteilung über die Kompositionen machen, die er herauszugeben beabsichtigt. Es sind Klavierstücke, Sonaten für Pianoforte, dann eine Sonate für Violine und Pianoforte, ein Trio, ein Quartett, dann viele Lieder, alle von ganz genialer Art. Er ist auch ein außerordentlicher Spieler.«

Am 14. des Monats wurden Schumanns durch einen abermaligen Besuch Joachims angenehm überrascht. Der beliebte junge Konzertmeister hatte während der erzählten Ereignisse seine Zeit recht angenehm verbracht. Nachdem er in Karlsruhe ein Musikfest mitgemacht hatte, wo er seine Weimarer Freunde Liszt, Pruckner, Cornelius, Bülow und die übrigen vollzählig traf, war er mit Liszt und einem der jüngeren Zukunftsmusiker nach Basel gefahren, um Wagner vorgestellt zu werden und ein paar Tage in dessen Gesellschaft zu verleben; und nun kehrte er auf seinen Posten in Hannover zurück. Es blieb ihm ein Tag, den er mit den Freunden in Düsseldorf verbringen konnte und an dem selbstverständlich viel musiziert wurde. Der kurzen Zusammenkunft folgte nun ein Ergebnis, das nicht ohne einen gewissen Wert für die musikalische Welt geblieben ist. Da Joachim zurückkommen sollte, um im Düsseldorfer Abonnementkonzert am 27. zu spielen, so schlug Schumann Dietrich und Brahms vor, gemeinschaftlich eine Sonate für Klavier und Violine ihm zu Ehren zu komponieren. Hierauf übernahm Albert den ersten Satz, Johannes das

Scherzo und der Meister selbst das Intermezzo und Finale. Das Werk wurde innerhalb der zu Gebote stehenden zehn Tage vollendet und dessen Überreichung, die bis nach dem Konzertabend aufgeschoben ward, fand am 28. Oktober statt, in Gegenwart der dabei interessierten Musiker, der Frau von Arnim (die berühmte Bettina Brentano) und deren Tochter Gisela, einer jungen Dame, der Joachim viel Bewunderung zollte. Im geeigneten Augenblick trat Gisela in reizender Bauerntracht vor und überreichte dem Helden des Tages einen großen Blumenkorb. Verborgen unter Blüten und Blättern lag das Manuskript der Sonate, auf deren Titelblatt Schumann geschrieben hatte:

F. A. E.[1]
»In Erwartung der Ankunft des verehrten und geliebten Freundes
Joseph Joachim
schrieben diese Sonate
Robert Schumann, Johannes Brahms, Albert Dietrich.«

Die Sonate wurde nach ihrer feierlichen Überreichung in einer Abendgesellschaft, die bei Schumanns stattfand, gespielt und Joachim mußte den Verfasser eines jeden Satzes erraten, ein Problem, das er nicht schwer zu lösen fand. Das Werk blieb unveröffentlicht in seinem Besitz bis zum Herbst 1906, wo er der Deutschen Brahms-Gesellschaft die Herausgabe des von Brahms komponierten Scherzos gestattete.

Das Konzert am 27. Oktober war das letzte, das Schumann, der mit seiner Frau eine Tournee durch Holland antreten sollte, in Deutschland dirigierte. Zu jener Zeit ging er ernstlich mit dem Gedanken um, nach Wien zu übersiedeln, von wo aus ihm und seiner Frau günstige Anträge gestellt wurden. Ob er sich dazu entschlossen hätte, kann man nicht sagen; ein tragisches Geschick entwand die Entscheidung seinen Händen!

1 »Frei Aber Einsam«, Joachims Lieblingsdevise zu jener Zeit.

Fünftes Kapitel

1853

Schumanns Aufsatz »Neue Bahnen« – Johannes in Hannover – Sonaten in C Dur und F Moll – Besuch in Leipzig – Erste Veröffentlichungen – Julius Otto Grimm – Rückkehr nach Hamburg über Hannover – Verlorene Violin-Sonate – Lieder – Marxsens Einfluß als Lehrer.

Schumanns Aufsatz erschien am 28. Oktober in der *»Neuen Zeitschrift für Musik«*. Brahms scheint ihn jedoch zum erstenmal in Hannover gelesen zu haben, wohin er, nach dem Plan, den er mit Joachim im Sommer gemacht hatte, dem Freunde am Abend des 2. November folgte. Der Inhalt war so unerwartet und dessen Einfluß auf Brahms' Lebensbahn so weitgehend, daß, obschon er manchem Leser bekannt sein mag, wir es dennoch für gut halten, ihn »in extenso« zu zitieren.

»Neue Bahnen«

»Es sind Jahre verflossen – beinahe ebenso viele als ich der früheren Redaktion dieser Blätter widmete, nämlich zehn, – daß ich mich auf diesem an Erinnerungen so reichen Terrain einmal hätte vernehmen lassen. Oft, trotz angestrengter produktiver Tätigkeit fühlte ich mich angeregt: manche neue, bedeutende Talente erschienen, eine neue Kraft der Musik schien sich anzukündigen, wie dies viele der hochaufstrebenden Künstler der jüngsten Zeit bezeugen, wenn auch deren Produktionen mehr einem engeren Kreise bekannt sind.[1] Ich dachte, die Bahnen dieser Auserwählten mit der größten Teilnahme verfolgend, es würde und müsse nach solchem Vorgang einmal plötzlich einer erscheinen, der den höchsten Ausdruck der Zeit in idealer Weise auszusprechen berufen wäre, einer, der uns die Meisterschaft nicht in stufenweiser Entfaltung brächte, sondern, wie Minerva, gleich vollkommen gepanzert, aus dem Haupte des Kronion entspränge. Und er ist gekommen, ein junges Blut, an dessen Wiege Grazien und Helden Wache hielten. Er heißt *Johannes Brahms*, kam von Hamburg, dort in dunkler Stille schaffend, aber von einem trefflichen und begeistert zutragenden Lehrer gebildet in den schwierigsten Satzungen der Kunst, mir kurz vorher von einem verehrten bekannten Meister[2] empfohlen. Er trug, auch im Äußeren, alle Anzeichen an sich, die uns ankündigen: das ist ein Berufener. Am Klavier sitzend, fing er an, wunderbare Regionen zu enthüllen. Wir wurden in immer zauberischere Kreise hineingezogen. Dazu kam ein ganz geniales Spiel, das aus dem Klavier ein Orchester von weh klagenden und laut jubelnden Stimmen machte. Es waren Sonaten, mehr verschleierte Sinfonien, – Lieder, deren Poesie man, ohne die Worte zu kennen, verstehen würde, obwohl eine tiefe Gesangsmelodie sich durch alle hindurchzieht, – einzel-

1 »Ich habe hier im Sinn: Josef Joachim, Ernst Naumann, Ludwig Normann, Woldemar Bargiel, Theodor Kirchner, Julius Schäffer, Albert Dietrich, des tiefsinnigen, großer Kunst beflissenen geistlichen Tonsetzers C. F. Wilsing nicht zu vergessen. Als rüstig schreitende Vorboten wären hier auch Niels W. Gade, C. F. Mangold, Robert Franz und St. Heller zu nennen.«

2 Joachim.

ne Klavierstücke, teilweise dämonischer Natur, von der anmutigsten Form, – dann Sonaten für Violine und Klavier, – Quartette für Saiteninstrumente, – und jedes so abweichend vom andern, daß sie jedes verschiedenen Quellen zu entströmen schienen. Und dann schien es, als vereinigte er, als Strom dahinbrausend, alle wie zu einem Wasserfall, über die hinunterstürzenden Wogen den friedlichen Regenbogen tragend und am Ufer von Schmetterlingen umspielt und von Nachtigallenstimmen begleitet.

Wenn er seinen Zauberstab dahin senken wird, wo ihm die Mächte der Massen, im Chor und Orchester, ihre Kräfte leihen, so stehen uns noch wunderbarere Blicke in die Geheimnisse der Geisterwelt bevor. Möchte ihn der höchste Genius dazu stärken, wozu die Voraussicht da ist, da ihm auch ein anderer Genius, der der Bescheidenheit, innewohnt. Seine Mitgenossen begrüßen ihn bei seinem ersten Gang durch die Welt, wo seiner vielleicht Wunden warten werden, aber auch Lorbeeren und Palmen; wir heißen ihn willkommen als starken Streiter.

Es waltet in jeder Zeit ein geheimes Bündnis verwandter Geister. Schließt, die ihr zusammengehört, den Kreis fester, daß die Wahrheit der Kunst immer klarer leuchte, überall Freude und Segen verbreitend. R. S.«

So lautete die Verkündigung, durch die Schumann, von der impulsiven Großherzigkeit seiner Natur hingerissen, beabsichtigte, dem Komponisten von zwanzig Jahren, dessen Gaben noch nicht durch die Veröffentlichung eines einzigen Werkes geprüft waren, dessen Name kaum dem Gerücht nach gekannt war, den Eintritt in die eifersüchtige, musikalische Welt zu erleichtern.

»Es ist zu bezweifeln«, sagte Mason, »ob zu jener Zeit irgendein Artikel solche Sensation durch das ganze musikalische Deutschland gemacht hat. Ich erinnere mich, wie der ganze Liszt-Kreis in Weimar völlig erstaunt war darüber. Im Anfang wurde er ohne Zweifel zum Hindernis auf Brahms' Bahn; aber, da er den Wettstreit zwischen zwei Parteien stark akzentuierte, trug er am Ende zu seinem Glücke erheblich bei.«

Die ungeschminkte Wahrheit ist, daß Brahms' ärgster Feind zu der Zeit ihm keine schwerere Last hätte aufbürden können. Sie machte ihn zum Gegenstand des Spottes jener, die ohnedies geneigt waren, dem Ankömmling mit Ungläubigkeit zu begegnen; sie setzte ihn dem Zweifel vieler aus, die bereit gewesen wären, ihn mit Gleichgültigkeit oder Nachsicht zu empfangen, sie war darauf berechnet, überspannte Erwartungen zu erwecken in dem Gemüt einiger, die geneigt waren, seine Freunde zu werden.

Im allgemeinen nahm die musikalische Welt eine Stellung feindlichen Abwartens an, und besonders wurde diese von den »Murls«[1] geteilt, wie Liszts junge Trabanten sich zu nennen pflegten. Ihr »Padischah«, Liszt selbst, konnte es sich leisten, mehr

1 Anti-Philister.

oder weniger gleichgültig zu bleiben, obschon er durchaus nicht unaufmerksam war: »Avez-vous lu l'àrticle de Schumann dans le dernier numéro de Brendel?« schrieb er am 1. November an Bülow, der ihm am 5. antwortet, auf mutmaßliche Ähnlichkeiten bei Brahms anspielend: »Mozart-Brahms ou Schumann–Brahms ne trouble point du tout la tranquillité de mon sommeil. Il y a une quinzaine d'années que Schumann a parlé dans des termes tout-à-fait analogues du génie de W. Sterndale Bennet. Joachim, du reste, connaît Brahms, de même l'ingermanique Reményi.«

Brahms' eigene Gefühle, als er das Blatt las, sind nicht schwer zu erraten: Freude und Verlegenheit, Dankbarkeit und Schrecken müssen in ihm um die Herrschaft gerungen haben. Das stetige Maßgefühl, das zeitlebens ein charakterischer Zug bei ihm blieb, das Bewußtsein der beinahe erdrückenden künstlerischen Verantwortung, die ihm schon am Anfang seiner Laufbahn auferlegt worden war, müssen einen schweren Konflikt heraufbeschworen haben gegen seine angeborene Treue und seine Freude, von Schumann solche Überfülle des Lobes zu ernten. Einem Mann von geringerer moralischer Kraft wäre die Versuchung zu übertriebener Selbstschätzung oder zu ungehöriger Demut vielleicht mehr als gefährlich geworden. Brahms jedoch war aus einem Stoff gebildet, der ihn der Situation gewachsen machte, der er gegenübertrat, die er annahm und über die er endlich siegte; und die Mittel, die er gebrauchte, waren die einzigen Mittel, die es eben dem Genie möglich machen können, einen Sieg wie den seinen zu erreichen: unerschütterliches Festhalten und die ungeteilte Hingabe an ein hohes Ziel.

Die Angelegenheit betreffs der Wahl der Stücke, die den Verlegern zur Beurteilung vorgelegt werden sollten, wurde vor und nach der Abreise Joachims und Johannes' von Düsseldorf viel besprochen; das Resultat war, daß Schumann am 3. November an Dr. Härtel schreib, folgendes zur Herausgabe vorschlagend: Als op. 1, Streichquartett; 2, sechs Lieder; 3, Klavier-Scherzo; 4, zweites Heft von sechs Liedern; 5, Klavier-Sonate in C Dur. Er hoffe, sagte er, ein Übereinkommen zu treffen, das, während der junge Komponist einen kleinen pekuniären Vorteil zöge, den Herausgeber einem nicht zu großen Risiko aussetze, und er schlug vor, daß, wenn der Absatz der Werke nach fünf Jahren den Erwartungen entspräche, Brahms dann eine weitere Entschädigung erhalten sollte. Als erstes Honorar erwähnte er: Quartett und Sonate jedes zu 10 Louisdor, Scherzo zu 8 Louisdor, die beiden Liederhefte jedes zu 6 Louisdor – im ganzen 40 Louisdor. Sollten diese Vorschläge Dr. Härtels Billigung finden, so würde er Brahms in direkten Verkehr mit ihm setzen, damit er ihm die Werke zur Erwägung sogleich zusenden könne.

»... Er ist, ein Intimus von Joachim, in Hannover und wird den Winter daselbst bleiben ...

Joachim hat eine höchst großartige Ouvertüre zu Shakespeares Hamlet, wie ein nicht minder eigentümliches und wirkungsvolles Konzertstück für Violine mit Orchester geschrieben, die ich Ihnen mit wärmster Teilnahme empfehlen kann ...«

Schumanns Güte endete noch nicht damit. Er schrieb einen freundlichen Brief an Jakob Brahms in Hamburg; Berichte hierüber und über die dadurch beglückte Familie, die sich eben in einer neuen Wohnung, Lilienstraße Nr. 7, niedergelassen hatte, wurden dem jungen Musiker vom Vater nach Hannover geschickt. – Dr. Härtel zögerte nicht, sagen zu lassen, daß er sich freuen würde, Einsicht in die Manuskripte zu nehmen, denn am 9. November schrieb Schumann bereits einen Dankbrief auf die günstige Antwort und fügte hinzu:

»... An Brahms werde ich heute noch schreiben und ihn veranlassen, daß er persönlich so bald als möglich nach Leipzig reist und seine Kompositionen selbst vorführt. Sein Spiel gehört eigentlich zu seiner Musik; so ganz eigentümliche Klangeffekte erinnere ich mich nie gehört zu haben.«

Dr. Härtels Zeilen wurden einem Briefe Schumanns an Joachim in Hannover mit den Worten beigefügt:

»... Den beiliegenden Brief teilen Sie Johannes mit. Er muß nach Leipzig. Bewegen Sie ihn dazu! sonst verstümmeln sie seine Werke; er muß sie dort selbst vorführen. Es scheint mir dies ganz wichtig ...«

Nach Mitteilung der mit dem Verleger getroffenen Vereinbarung, fährt er fort:

»... Noch einmal, ich bitte, bewegen Sie ihn, daß er auf acht Tage nach Leipzig geht ...«

und er schließt:

»Nun leben Sie wohl, geliebter Freund, und schreiben Sie vor unserer holländischen Reise noch einmal, auch Johannes, dieser Schreibefaulpelz! R. Sch.«

Johannes hatte in der Tat nicht an Schumann geschrieben, seit er Düsseldorf verlassen hatte, und er wartete noch immer ab und ließ beinahe drei Wochen vergehen, bevor er dem Meister den schuldigen Dank für den Artikel in der *»Neuen Zeitschrift«* aussprach. Vielleicht dürfte man diese Tatsache als eine Bestätigung der Vermutung betrachten, daß er die prophetische Verkündigung Schumanns nicht mit ungeteilten Gefühlen gelesen hatte; aber wenn dies der Fall war, so ließ er es sich in keiner anderen Weise merken. Indessen sichtete er noch einmal sorgfältigst die Werke, die zur Herausgabe gelangen sollten, und ehe er Härtels Brief an Schumann bekam, hatte er nach Leipzig eine etwas veränderte Auswahl abgeschickt, indem er das Streichquartett zurückbehielt. Nachdem er diese Sache so gut wie möglich zur eigenen Zufriedenheit abgemacht und es über sich gewonnen hatte, Joachims Überredung nachzugeben undd für eine Woche nach Leipzig zu gehen, blieb seine Haltung gegen Schumann voll ungeteilter Dankbarkeit und Liebe, wie sich aus dem folgenden Briefe ersehen läßt.

»Verehrter Meister!

»Sie haben mich so unendlich glücklich gemacht, daß ich nicht versuchen kann, Ihnen mit Worten zu danken. Gebe Gott, daß Ihnen meine Arbeiten bald den Beweis geben könnten, wie sehr Ihre Liebe und Güte mich gehoben und begeistert hat. Das öffentliche Lob, das Sie mir spendeten, wird die Erwartung des Publikums auf meine Leistungen so außerordentlich gespannt haben, daß ich nicht weiß, wie ich demselben einigermaßen gerecht werden kann. Vor allen Dingen veranlaßt es mich zur größten Vorsicht bei der Wahl der herauszugebenden Sachen. Ich denke keines meiner Trios herauszugeben und als op. 1 und 2 die Sonaten in C und Fis moll, als op. 3 Lieder und als op. 4 das Scherzo in Es moll zu wählen. Sie werden es natürlich finden, daß ich mit aller Kraft strebe, Ihnen so wenig Schande als möglich zu machen.

Ich zögerte so lange, an Sie zu schreiben, da ich die genannten vier Sachen an Breitkopf geschickt habe und die Antwort erwarten wollte, um Ihnen gleich das Resultat Ihrer Empfehlung mitteilen zu können. Aus Ihrem letzten Brief an Joachim erfuhren wir jedoch schon dasselbe und so habe ich Ihnen nur zu schreiben, daß ich Ihrem Rate zufolge in den nächsten Tagen (wahrscheinlich morgen) nach Leipzig gehe.

Ferner möchte ich Ihnen erzählen, daß ich meine F moll-Sonate aufgeschrieben und das Finale bedeutend geändert. Auch die Violin Sonate habe ich gebessert. Tausend Dank möcht' ich Ihnen noch sagen für Ihr liebes Bild, das Sie mir schickten, sowie auch für den Brief, den Sie meinem Vater schrieben. Sie haben ein paar gute Leute dadurch glücklich gemacht, und fürs Leben

Ihren
Brahms.«

Hannover, 16. Nov. 1853.

Der Leser wird bemerkt haben, daß das Werk, welches Brahms wählte, um sich nicht nur bei Joachim, sondern auch im

Wiedergabe des ersten Originalbriefes von Johannes Brahms
an Breitkopf & Härtel vom 8. November 1853.

Euer Wohlgeboren

erlaube ich mir hiermit einige meiner
Kompositionen zu übersenden, mit der
Bitte dieselben durchzusehen, und mir
dann gütig sagen zu wollen, ob ich meine
Hoffnung erfüllt sehen kann, dieselben
durch Ihren Verlag zu veröffentlichen.
Es ist nicht eigene Kühnheit, sondern mehr
der Wunsch künstlerischer Freunde, denen
ich meine Manuscripte mittheilte, welcher
mich zu dem Schritte führt, mit denselben
vor die Oeffentlichkeit zu treten.

Damit mögen Sie, hochgeehrter Herr, diese

Zeilen entschuldigen, falls Ihnen deren Inhalt nicht willkommen ist.

In verehrungsvoller Ergebenheit

Hannover d. 8ten Nov 1853.

Joh. Brahms.

(Papenstieg No 4, vor dem Aegidienthor.)

Kreise der Deichmanns, bei Wasielewski und bei Schumann selbst, einzuführen, die C dur-Sonate war, die jetzt als op. 1 bekannt ist, und der natürliche Schluß, den man daraus ziehen kann, daß er diese für die beste seiner letzten Schöpfungen hielt, wird durch die Antwort bestätigt, die er Louise Japha gab, als sie ihn später einmal fragte, warum er das Scherzo, ein viel früheres Werk, als op. 4 bezeichnet habe? »Wenn man sich zuerst zeigt,« sagte er, »so will man nicht zuerst den Fuß, sondern den Kopf sehen lassen.«

Daß sich der Komponist nicht getäuscht hat, wenn wir von diesen Worten auf seine eigene Schätzung seiner herausgegebenen Werke schließen dürfen, können wir ruhig bestätigen: Indem sie, was Technik und Inhalt betrifft, die charakteristischen Grundzüge teilt, die in dem früher geschriebenen Werk derselben Form vorherrschen – Einheit des Entwurfes, Reichtum der Mittel, ungestüme Kraft, träumerische Romantik, einen oft wiederkehrenden Hauch aus der Volkslyrik, in die der Komponist seine Phantasie gern versenkte – beweist doch die C dur-Sonate, daß jener Prozeß der Kristallisation bereits begonnen hatte, der Brahms' Entwicklungsgang zur Reife kennzeichnen sollte und der doch nicht bei dieser Reife stehen blieb, sondern beständig weiter verfolgt werden kann, bis ans Ende seiner Lebensbahn. Diesen Prozeß kann man in dem in Frage stehenden Werk in den Hauptthemen der Allegro-Sätze beobachten, die nicht nur an sich prägnanter sind, sondern auch in knapperer Form dargestellt, als in der Fis moll-Sonate. Daß das Hauptthema des ersten Satzes Spuren des Studiums der Beethovenschen B dur-Sonate op. 106 trägt, ist von geringer Bedeutung. Die Frage musikalischer Reminiszenzen ist so oft mißverstanden worden, daß ein paar ihr gewidmete Worte hier an der Schwelle unserer Erzählung wohl am Platze sein mögen: Wir werden uns dann nachher wenig um die gelegentlichen Beispiele solcher Anklänge bekümmern, die in Brahms' Werken zu finden sind – in den Eingangstakten des Scherzo aus op. 5, dem zweiten Hauptthema des ersten Allegros aus op. 73 usw. Niemand wird behaupten wollen, daß Reminiszenzen an sich etwas Wünschenswertes seien, aber sie sind beinahe unvermeidlich, und die wichtige Frage ist nicht, ob die oder jene rhythmische Figur, die oder jene vorübergehende melodische Fortschreitung, schon in einem früher erschienenen Werk vorkommt, sondern ob dieselbe das zweite Mal so verarbeitet worden ist, daß sie zu einem wesentlichen Bestandteil eines zur eigenen Individualität entwickelten Werkes verwandelt sei. Die Abstammung der Sonate op. 1, sowie in der Tat eines jeden veröffentlichten Werkes Brahms' wird auf jeder Seite laut verkündet. Die Meinung des reifen Komponisten Brahms von dem selbstzufriedenen Reminiszenzen-Jäger wird treffend gekennzeichnet durch seine am Ende der siebziger Jahre einem Bekannten gegebene Antwort, als dieser es wagte, ihn auf eine vorübergehende, mit Mendelssohn ähnliche Stelle in einem seiner symphonischen Werke aufmerksam zu machen. »So 'was hab' ich schon von einem Rindvieh gehört,« erwiderte er. »Solche Sachen werden immer von den Eseln entdeckt,« sagte er einmal zu einem Freund.

Daß die C dur-Sonate häufiger gehört worden ist, als die als op. 2 bezeichnete, und noch gelegentlich auf einem Konzertprogramm zu finden ist, mag als Beweis, sowie als Folge ihrer Überlegenheit in Beziehung auf die in Fis moll gelten. Der Schritt von der C dur zur F moll op. 5 ist jedoch noch bemerkenswerter: In diesem Werk finden wir nicht nur, daß »der wilde Flügelschlag«, von dem Schumann schrieb, von dem getreuen Behüter mit seltsamem Wachsen von Ausdauer und Sicherheit zur »Schwungkraft« besänftigt worden ist, sondern daß des Komponisten fortschreitendes Erkennen des Wertes künstlerischen Maßhaltens seine ungewöhnliche, sich schon in den früheren Werken zeigende Gewandtheit der Formbehandlung gefestigt hat. Im Ideengang ist die Sonate durchaus romantisch. Sie hat in der Tat nur wenige Rivalen unter den Werken musikalischer Kunst in ihrer erfolgreichen Darstellung der reinen Romantik innerhalb der Grenzen klassischer Form; und daher wohnt ihr, abgesehen von ihrer seltenen Schönheit, ein ganz besonderes Interesse inne, denn sie schildert uns den jungen Brahms nicht nur wie er sich vom Zeitgeist durchdringen ließ, sondern auch in seiner Ehrerbietung gegen die Meisterwerke seiner musikalischen Ahnen.

Trotz ihrer Unreife und der Schwierigkeiten, die sie dem Hörer sowie auch dem Spieler bietet, ist der F moll-Sonate, welche Hans von Bülow mit Vorliebe spielte, eine gewisse Anerkennung unter dem großen Publikum allmählich zuteil geworden, und es scheint nicht unmöglich, daß sie eines Tages häufig im Konzertsaal gehört werden wird. Brahms spielte sie zum erstenmal Schumann und seiner Frau vor, als er ihnen am 2. November vor der Abreise nach Hannover seinen Abschiedsbesuch machte. Es ist das einzige seiner existierenden Werke, das vor der Vollendung Schumanns Kritik unterworfen ward. Durch einen unglücklichen Zufall, der bald erzählt werden wird, ist die Violin-Sonate, von der im oben erwähnten Brief die Rede ist und die in Göttingen von Brahms und Reményi aufgeführt wurde, niemals herausgegeben worden.[1]

Unter den jungen Schumannianern, welche durch die Berichte Joachims und Dietrichs über Brahms aufs äußerste gespannt wurden, war ein gewisser Heinrich von Sahr, ein Musiker aus freier Wahl, der in Leipzig als Schüler des Konservatoriums in intimem Verkehr mit den Notabilitäten der dortigen Kunst lebte. Seine Neugier auf Brahms ward keineswegs durch Schumanns Aufsatz vermindert, und sofort nach dessen Erscheinen schrieb er an Dietrich:

»Schreibe mir Deine aufrichtige Meinung über Brahms. Ich bin furchtbar begierig, ihn kennen zu lernen. Was ist er sonst für ein Mensch? Ach, schreibe, bitte, schreibe mir bald, was du von ihm hältst. Ist er noch in Düsseldorf? In welcher Art ist seine Musik? Was hat er gemacht? . . .«

H. von Sahr war der erste in Leipzig, der Brahms'Bekanntschaft machte. Nachdem er ihn am Morgen nach seiner Ankunft in die eigene Wohnung mitgenommen hatte, bestand er darauf, daß Johannes sein Gast bleiben solle, und fühlte sich als sein Cicerone. Er führte ihn zu seinem Verleger Dr. Härtel; zu Julius Rietz, dem Kapellmeister, und zu David, dem bewährten Konzertmeister der Gewandhauskonzerte; zu Moscheles und Wenzel, Schumanns intimen Freunden; zu Friedrich und Marie Wieck, Frau Schumanns Vater und Schwester; zu Julius Otto Grimm, dessen Zimmer in demselben Stockwerk wie ihr eigenes lag, und der bald zu Johannes' vertrautesten Kameraden zählen sollte; überhaupt führte er ihn in den ganzen Leipziger Kreis ein. So rasch folgten die Ereignisse aufeinander, daß Johannes, der Don-

[1] Schumanns Notiz vom 12. Oktober: »Fleißig. Nachmittag Musik bei uns. F moll-Sonate. – Brahms spielte besonders schön,« bezieht sich auf seine eigene F moll-Sonate. Dies erweist Frau Claras Bericht unter demselben Datum; »Nachmittags machten wir bei uns Musik. Ich spielte erst Roberts F moll-Sonate, dann Brahms' Scherzo, dann ich Roberts drittes Trio mit Becker und Bockmühl.« Das bedeutet offenbar, daß Clara ihres Mannes beide Werke spielte und Brahms sein eigenes Scherzo. Vgl. Litzmann S. 280 und 283.

nerstag, den 17. November, abends in Leipzig angekommen war, schon am folgenden Sonntag an Joachim schreiben konnte, daß er seine C dur-Sonate und sein Es moll-Scherzo an einem Tag bei Härtel gespielt habe und seine Geigen-Sonate mit David am andern Tag; auch war er dringend aufgefordert worden, an einem Gewandhaus-Kammermusik-Konzert teilzunehmen, und von einem zweiten Verleger, Senff, war er angegangen worden, ihm irgendwelche Kompositionen zu schicken, über die er gerade verfüge.

»Er ist ein himmlischer Mensch!« ruft von Sahr in einem Brief an Albert Dietrich aus. »Die Tage, seitdem er hier ist, gehören zu den schönsten, die ich je erlebt. Er entspricht so ganz dem Ideal, wie ich es mir von einem Künstler gemacht – Und als Mensch! – Doch genug; Du kennst ihn ja selbst am besten . . . Leider kann er nur bis Freitag bleiben. Er hat jedoch versprochen, und ich glaube, er wird sein Versprechen halten, bald wiederzukommen.«

Wichtige Gründe bewegen Johannes, am Ende seiner ersten Woche in Leipzig, nach Hannover zurückzukehren. Erstens wollte er sich versöhnlich mit Joseph beraten, um über die Schicklichkeit gewisser Widmungen, die er auf die Titelblätter seiner Kompositionen setzen wollte, ganz sicher zu sein. Auch wünschte er seinen Freund um dessen Meinung zu befragen, betreffs einiger noch anzubringender Änderungen in der F moll-Sonate, die er zusammen mit einem Heft Lieder an Senff schicken wollte. Da es sich herausstellte, daß diese Revision nicht sofort abgefertigt werden konnte, beschlossen die beiden jungen Musiker, einstweilen die Violin-Sonate zur Herausgabe einzusenden. Dieses Werk wurde jedoch von Senff zurückgewiesen, unter dem Vorwand, daß es gegen seine Regel ginge, Violinsachen zu verlegen, und er es vorzöge, auf die Klavier-Sonate zu warten.

Ein Brief, den Johannes anfangs Dezember an Schumann schrieb, gibt der lebhaften Befriedigung Ausdruck, die er bei der außerordentlichen Wendung seiner Angelegenheit empfand. Die Anrede desselben ist eine Anspielung auf den Erfolg, den der Meister und seine Frau auf ihrer Konzert-Tournee durch Holland errungen hatten.

»Mynheer Domine!

Verzeihen Sie die lustige Anrede dem, der durch Sie so unendlich glücklich und froh gemacht ist. Nur das Schönste und Beste habe ich Ihnen zu erzählen. Ihrer warmen Empfehlung verdanke ich meine über alle Erwartung und besonders über alles Verdienst freundliche Aufnahme in Leipzig. Härtels erklärten sich mit vieler Freude bereit, meine ersten Versuche zu drucken. Es sind dies: op. 1, Sonate in C dur; op. 2, Sonate in Fis moll; op. 3, Lieder; op. 4, Scherzo in Es moll.

Herrn Senff übergab ich zum Verlag: op. 5, Sonate in A moll für Geige und Pianoforte; op. 6, sechs Lieder.

Dürfte ich meinem zweiten Werke den Namen ihrer Frau Gemahlin voransetzen? Ich wage es kaum und möchte Ihnen doch so gerne ein kleines Zeichen meiner Verehrung und Dankbarkeit übergeben.

Noch vor Weihnachten werde ich wahrscheinlich Exemplare meiner ersten Sachen bekommen. Mit welchen Gefühlen werde ich dann meine Eltern wiedersehen, nach kaum einjähriger Abwesenheit. Ich kann es nicht beschreiben, wie mir ums Herz wird, denke ich daran.

Möchten Sie nie bereuen, was Sie für mich taten, möchte ich Ihrer würdig werden.

Ihr

Johannes Brahms.«

Der Anfang des Dezember fand die Leipziger Musikwelt in ungewohnter Aufregung und Unruhe. Berlioz war von Paris gekommen; Liszt, von einem Gefolge seiner »Murls« begleitet, von Weimar, aus einem Anlaß, der für die Neudeutschen von großer Wichtigkeit war: Berlioz war zum zweitenmal aufgefordert worden, eine Auswahl seiner Werke innerhalb der geweihten Räume des klassischen Gewandhauses zu dirigieren; und der zweite Teil des Abonnementkonzertes am 1. Dezember sollte folgenden Kompositionen gewidmet werden: »Die Flucht nach Ägypten«, »Harald in Italien«, »Der junge Hirt aus der Bretagne«, das »Fee-Mab«-Scherzo aus »Romeo und Julie«, eine Szene aus »Faust« und die Ouverture »Römischer Karneval«. Brahms kehrte zu rechter Zeit zurück, um mit seinen Freunden anwesend zu sein bei diesem Ereignis, das noch lebhafter durch die Demonstrationen und Gegendemonstrationen zweier streitender Parteien wurde, aber doch einen so zufriedenstellenden Erfolg für die Weimaraner hatte, als sie es überhaupt hatten erwarten können. Brahms als »Messias« wurde in nicht eben allzu zarter Weise besprochen, als Berlioz, Liszt, Gouvy und andere ihrer Bundesgenossen nach dem Konzert bei einem Souper zusammenkamen; jedoch die anfänglich feindliche Haltung des Kreises dem jungen Musiker gegenüber war nicht von langer Dauer. Der persönliche Unwille, welcher durch Schumanns Artikel gegen ihn erregt worden war, wurde bei seinem Bekanntwerden in Leipzig meistenteils entwaffnet durch den Zauber seines bescheidenen Wesens, umso schneller vielleicht, als man fühlte, daß seine Bescheidenheit auf der Grundlage des Selbstvertrauens und des Vertrauens auf seine Aufgabe beruhte. Er zeigte sofort seine Gleichgültigkeit gegen die kleinlichen Eifersüchteleien der Parteien und hätte beinahe seine Gefährten beleidigt durch einen Besuch bei Liszt, der mit Berlioz, Raff, Laub, Reményi und andern im Hôtel de Bavière wohnte, und es wird sich gleich zeigen, daß Liszt, der den Besuch sofort erwiderte, seine Stellung zu dem jungen Musiker, auf den die allgemeine Aufmerksamkeit so plötzlich und auffällig gelenkt worden war, aufs neue erwog.

An dem Sonntag (4. Dezember) nach dem Gewandhauskonzert, stellte sich Johannes in zwei Familien vor, die am ersten Tag der Woche ihren Empfangstag hatten; in beide können wir eindringen mittels detaillierter Berichte, die unmittelbar nach den darin geschilderten Vorkommnissen geschrieben wurden. Der eine ist in einem Buch von Helene von Besque enthalten;[1] der andere in einem »Offenen Brief« von Arnold Schloenbach zur Veröffentlichung in der »Neuen Zeitschrift für Musik« an den Redakteur Dr. Franz Brendel gerichtet.

Hedwig, die jüngere Tochter des reichen Hauses Salomon, besaß nicht nur literarische und künstlerische Anlagen, sondern war auch eine anziehende Persönlichkeit, der es leicht wurde, manche hervorragende Freundschaften zu schließen. Sie war lange intim mit den Familien Mendelsohn, Schumann, Schleinitz, Hauptmann und vielen anderen der Tonangebenden des musikalischen Leipzig, sie kannte Joachim als Knaben, und eine Zeitlang wurde sie in ihrem intimen Kreise als die mutmaßliche künftige Braut des Komponisten Niels Gade betrachtet. Zu der Zeit, von der wir schreiben, hatte sie beinahe ihr zweiunddreißigstes Jahr vollendet, aber ihre Vermählung mit Franz von Holstein vollzog sich erst beinahe zwei Jahre später. Die veröffentlichten Auszüge ihrer Tagebücher und Briefe enthalten manches von Interesse für den musikalischen Leser. Vom jungen Brahms sagt sie:

»Herr von Sahr brachte mir gestern (4. Dezember) ein junges Menschchen, das einen Brief in der Hand hielt von Joachim aus Hannover . . . Er saß mir gegenüber, dieser junge Held des Tages, dieser von Schumann verheißene Messias; blond, anscheinend zart, und hat doch im zwanzigsten Jahr schon durchgearbeitete Züge, obgleich rein von aller Leidenschaft. Reinheit, Unschuld, Natur, Kraft und Tiefe – das bezeichnet sein Wesen. Man hat so große Lust, ihn wegen Schu-

[1] »Eine Glückliche. Hedwig von Holstein in ihren Briefen und Tagebuchblättern.«

manns Weissagung lächerlich zu finden, streng gegen ihn zu sein, aber man vergißt alles, liebt und bewundert ihn ohne Ausnahme. Am Abend kam er zu einer kleinen Gesellschaft hinauf zu Elisabeth[1] ... Er setzte sich zu mir an ein kleines Pfeilertischchen und sprach so munter und unaufhörlich, daß seine Freunde am anderen Tisch sich gar nicht genug verwundern konnten, da er im allgemeinen äußerst still und träumerisch sei. Wir hatten auch viele Anknüpfungspunkte: Joachim, Wehner und unsere beiderseitigen Lieblingsdichter Jean Paul und Eichendorff, und die seinigen Hoffmann und Schiller. Er war ganz entrüstet, daß ich die »Räuber« noch nicht gelesen, und brach endlich los: daß es doch kein einziges kräftiges Frauenzimmer gibt, die so was vertragen kann. Er empfahl sie mir auf die Seele; auch »Kabale und Liebe« müsse ich lesen, sowie die »Serapionsbrüder«, vor allem aber die Hoffmannschen musikalischen Novellen, von denen er mit wahrer Begeisterung sprach. »Ich lege all' mein Geld in Büchern an; Bücher sind meine höchste Lust, ich habe von Kindesbeinen an so viel gelesen, wie ich nur konnte, und bin ohne Anleitung aus dem Schlechtesten zum Besten durchgedrungen. Unzählige Ritterromane hab' ich als Kind verschlungen, bis mir die »Räuber« in die Hände fielen, von denen ich nicht wußte, daß ein großer Dichter sie geschrieben; ich verlangte aber noch mehr von demselben Schiller und kam so aufwärts.« – Mit gleicher Frische spricht er natürlich über die Musik, und als ich ihm sagte: Sie werden einst als Musikdirektor oder angestellter Professor nicht mehr mit solcher Lust musizieren, erwiderte er lachend, aber ganz entschieden: »Ja, ich lasse mich nicht anstellen.«

»Und zu all dieser freien Kraft ein dünnes Knabenstimmchen, das noch nicht mutiert hat! und ein Kinderantlitz, das jedes Mädchen ohne Erröten küssen könnte. Und die Reinheit und Sicherheit seines ganzen Wesens, die dafür bürgt, daß diesem Menschen die verdorbene Welt nichts anhaben kann; denn so wie er jetzt das Hervorziehen aus der Verborgenheit bis zur verderblichsten Abgötterei vertragen konnte, ohne seine Bescheidenheit, ja ohne seine Naivität zu gefährden, so wird ihm Gott auch weiter helfen, der diese herrliche Natur erschuf!«

Schloenbachs »Offener Brief« ist in zu aufgeblasenem Ton geschrieben, um ein gründliches Eingehen zu verdienen, aber ein paar Auszüge mögen willkommen sein, da sie des Komponisten erstes, halböffentliches Erscheinen in Leipzig schildern. Franz Brendels »Empfangstag« wurde an jenem in Frage stehenden speziellen Sonntag ein außerordentlich glänzender. »Lehrende und schöpferische Musiker und Virtuosen; lyrische, dramatische und Romandichter; Kritiker, Journalisten, Buchhändler und sogar Prediger. Gescheite und künstlerisch veranlagte Frauen; dazwischen der Blütenflor der Mädchengestalten« versammelten sich im Salon des Redakteurs und ein Künstler nach dem andern betätigte sich, zur Erbauung der Anwesenden. Ein Harfensolo, von Jeannette Paul gespielt und von Berlioz mit doppeltem Händedruck quittiert; ein Klaviersolo von Krause, verschiedene Gesangsnummern des großen Tenors Götze – Lieder von Schumann

1 Hedwigs Schwester, Frau von Seeburg.

und Wagner, und unter Mitwirkung der ausgezeichneten Dilettantin und Wagner-Enthusiastin Frau Lily Steche das berühmte »Lohengrin«-Duett – bildeten den ersten Teil des improvisierten Programms.

»Der Schluß des Ganzen war nun ein besonders Bedeutungsvolles, hatten wir bisher das fertig Vollendete empfangen, so empfingen wir nun ein Werdendes; aber ein Werdendes von seltenster Begabung, von reicher, weiter Zukunft; ein Werdendes von schon bedeutender Abgeschlossenheit, weil von ursprünglicher Kraft, von echter Originalität; es war der junge Brahms aus Hamburg, dem der neuliche Artikel Ihrer Zeitung von Robert Schumann »Neue Bahnen« galt. Sie wissen, der Artikel hatte in manchen Kreisen Mißtrauen (bei manchen vielleicht nur aus Furcht) erregt, jedenfalls dem jungen Manne einen sehr schwierigen Stand bereitet, weil er die Berechtigung zu großen Anforderungen hervorgerufen, und als der junge, blonde Mann erschien, so scheinlos, so scheu, so bescheiden, mit der noch im Übergang stehenden fistelnden Stimme, da mochten wenige den Genius ahnen, der in dieser jungen Natur schon so reiche Welt geschaffen. Berlioz aber hatte schon bald im Profil des jungen Mannes eine auffallende Ähnlichkeit mit Schiller endeckt und eine verwandte keusche Seele darin geahnt. Und als nun der junge Genius seine Schwingen entfaltete, als er mit außerordentlicher Fertigkeit bei tief innerlicher und äußerlicher Energie sein Scherzo dahin blitzen und rauschen und schillern ließ, als dann sein Andante in tiefen, innigen, stark wehmütigen Klängen uns entgegenscholl, da fühlten wir alle: Ja, hier ist ein wahrhafter Genius, und Schumann hatte recht; da war kein Mißtrauen mehr, nur ganze, volle, echte Künstlerfreude, und als Berlioz den jungen Mann tiefbewegt mit beiden Armen umfaßte und an sein Herz drückte, da, lieber Freund, empfand ich einen so heißen, heiligen Schauer der Begeisterung durch meine Seele strömen, wie ich ihn selten so empfunden ... Wenn Sie vielleicht bei Lesung dieses dann und wann ein wenig lächeln, – dann denken Sie nur: es ist eben der Poet, der sprach, dann denken Sie Ihrer Worte, die mich eben dazu veranlaßten.

Leipzig, 5. Dezember 1853.«

Im Hinblick auf diesen Erguß darf man nicht vergessen, daß die Parteiverhältnisse jener Zeit und die Aufregung, die Schumanns Artikel verursacht hatte, Brahms' Erscheinen unter den Gästen Brendels, der sich den Neudeutschen zugesellt hatte, zu einem wichtigen Ereignis stempelten, das von den jüngeren und reizbareren Leipzigern bedauert und von den Weimaranern willkommen geheißen wurde. Es trug ohne Zweifel zu der Befriedigung bei, der Liszt bei seiner Rückkehr nach Weimar, nach einem zweiten Erscheinen Berlioz' in Leipzig, in einem Brief an Bülow Ausdruck gibt; der sympathische Ton dieser Mitteilung läßt deutlich bemerken, daß die kluge Erwägung, welche dieselbe diktierte, von einem Gefühl persönlicher Zustimmung unterstützt war. Er sagt am 14. Dezember:

»Je viens de passer quelques jours à Leipzig, où j'ai assisté aux deux concerts de Berlioz de 1er et le 11 de ce mois. Le résultat d'opinion a été en somme très favorable à Berlioz.«

Und zwei Tage später:

»Écrivez-moi de Hanovre, où vous ferez bien de passer une quinzaine de jours. Vous y trouverez Brahms, auquel je m'intéresse sincèrement et qui s'est conduit avec tact et bon goût envers moi durant les quelques jours que je viens de passer à Leipzig en l'honneur de Berlioz. Aussi l'ai-je invité plusieurs fois à dîner et me plais à croire que ses »Neue Bahnen« le rapprocheront davantage de Weimar par la suite. Vous serez content de la Sonate en Ut dont j'ai parcouru les épreuves à Leipzig et qu'il m'avait déjà montrée ici. C'est précisément celui de ses ouvrages qui m'avait donné la meilleure idée de son talent de composition. Mille et mille tendres amitiés à Joachim, auquel j'ai fait demander sa partition de l'ouverture de Hamlet' par Brahms et par Cossmann. Rappelez-lui que je désire beaucoup la faire exécuter à la prochaine représentation et la maintenir pour les représentations subséquentes.«[1]

Brahms ließ sich, trotz einer gewissen inneren Angst, überreden, bei einem Davidschen Quartettabende mitzuwirken, und trat am 17. Dezember zum erstenmal im Gewandhaus auf mit seiner C dur-Sonate, die den Ehrenplatz des Programmes zwischen Mendelsohns D dur-Quartett und Mozarts C moll-Quintett einnahm, und mit dem Es moll-Scherzo. Mit letzterem schloß das Konzert. Die Aufnahme der neuen Werke seitens des Publikums war nicht ungünstig, obwohl in ihnen jene Eigenschaften, die den sofortigen populären Erfolg sichern, nicht vorhanden sind, und die meisten Kritiker behandelten den Komponisten mit freundlicher Anteilnahme. Einzelne unter ihnen begnügten sich nicht damit, über seine Musik zu schreiben, sondern sie besprachen seine Erscheinung, und einer schildert seinen »Raphael-Kopf.«

»In dem zweiten Abonnement-Quartett«, berichtet »Hoplit« (Dr. Richard Pohl, Anhänger der neudeutschen Richtung und Mitarbeiter der ›Neuen Zeitschrift‹) »stellte sich Johannes Brahms dem Publikum vor und zwar mit einer Sonate für Pianoforte in C dur und einem Scherzo für Pianoforte in Es moll. Als Robert Schumann diesen jungen Künstler als eine neue, bedeutungsvolle Kunsterscheinung in diesem Blatte zuerst begrüßte, ward von Unberufenen nicht wenig darüber gespottet ... Alle die Zweifel sind durch das Auftreten des Herrn Johannes Brahms beseitigt worden und von ganzem Herzen, mit der innersten Befriedigung stimmen wir der Ansicht Robert Schumanns über den anspruchslosen und so reich begabten Künstler bei. Es liegt etwas Gewaltiges, etwas Hinreißendes in den Werken, welche uns Brahms an diesem Abende vorführte. Eine in solcher Jugend seltene Reife, ein unwillkürlich aus einer reichen Künstlerbrust entspringendes Schaffen zeigt sich hier. Wir sehen uns einer jener hochbegabten Naturen, einem Künstler von Gottes Gnaden gegenüber. Bei der imposanten Schönheit der Ge-

[1] »Liszts Briefe«. Herausgegeben von La Mara.

danken in Brahms' Kompositionen, bei der edlen, reinen Kunstgesinnung, welche sich hier zeigt, übersieht man gern einige Rauheiten und Ecken in der äußeren, sehr selbständig erscheinenden Form. Von wunderbarer Wirkung und ganz neu sind oft seine Modulationen – es überraschen diese nicht selten, sind aber stets schön und künstlerisch berechtigt. Brahms ist ein dem Schumannschen Genius verwandter Geist – er wird auf seinen ›neuen Bahnen‹ fest und sicher weitergehend, das einst werden, was ihm Schumann vorausgesagt hat: eine epochemachende Erscheinung in der Kunstgeschichte.«

In den hochkonservativen »Signalen« betonte man des Komponisten Eigentümlichkeit und Frische der Erfindung, die Bedeutung seines thematischen Materials und seine Gabe, neue Wendungen der Gedanken zu finden. Seine Gewandtheit in unerwarteten Modulationen wurde anerkannt, aber von diesem Kritiker nicht immer gebilligt. Was den Vortrag betraf, »erschien vieles dem Klavierspieler schwieriger als dem Schöpfer, denn die Sonate ist sehr schwer zu spielen und Brahms ist ein besserer Komponist als Virtuose«.

Brahms verließ Leipzig am 20. in Gesellschaft von Grimm, den Geschäfte nach Hannover führten. Die Intimität, die so plötzlich zwischen den beiden jungen Männern entstanden war, sollte als lebenslängliche Freundschaft fortdauern, und ein sorgsam gehegtes Andenken aus der Zeit ihres Beginnes ist im Besitz von Fräulein Marie Grimm: Brahms' selbstgeschriebenes Manuskript der Liederreihe op. 6, zur Herausgabe vorbereitet mit folgender Widmung auf dem Titelblatt: »Meinem lieben Julius, zur Erinnerung an Kreisler jun., 8. Dezember 1853«. Johannes' Vorhaben, zwei Tage in Hannover zuzubringen, wurde zunichte, und am Abend des Tages seiner Abreise von Leipzig lag er in den Armen seiner Eltern.

Es ist nicht schwer, sich einen Begriff von der mütterlichen Herzensfreude der Frau Johanna zu machen, als sie ihren lang entbehrten Hannes, der immer ihr Augapfel gewesen war, bewillkommte; oder sich die einfachen Vorbereitungen auszumalen, das Kehren und Scheuern, das Putzen und Schmücken, mit dem sie und Elise seiner Ankunft entgegensahen; aber wer soll Vaters Wonne bemessen bei der Rückkehr seines jungen, siegreichen Helden? Die wunderbaren Ereignisse der Reife Johannes waren im strengsten Sinne die eigenen persönlichen Triumphe Jakobs gewesen, die jede Etappe der früheren Laufbahn desselben aufs nachdrücklichste rechtfertigten: den trotzigen Angehorsam seines Knabenalters, den hartnäckigen Kampf seiner Jugend, das unbedachte Wagnis seiner Heirat. Was Wunder, wenn ihm Johannes mit der Zeit zum geheiligten Wesen wurde, in dessen Gegenwart er, von Ehrfurcht erfaßt, unfähig war natürlich zu sprechen oder sich zu geben, aber von dem er, wenn er einen teilnehmenden Zuhörer fand, stundenlang unter Tränen erzählen konnte.

In Johannes selbst regten sich wohl die Gefühle, die er in seinem Brief an Schumann nicht hatte schildern können, stark genug, um die zärtliche Begrüßung daheim mit einer Rührung zu vereinen, die sein Sprechen zuließ. Aber nachdem die erste Erregung sich gelegt, bemächtigte sich des glücklichen Jünglings eine übersprudelnde Fröhlichkeit. In dieser Zeit nahm er eine Gewohnheit an, von der er später niemals abließ. Sein erster Besuch galt Marxsen; diesem folgte einer bei Cossel, und bei dieser seiner Rückkehr nach der ersten langen Abwesenheit machte er auch die Runde in verschiedenen Lokalen, wo er früher regelmäßig gearbeitet hatte, und griff im hellen Übermut seiner Befreiung ein paar kecke Akkorde auf den Instrumenten, seinen einstigen Marterwerkzeugen. Es wäre leicht gewesen, sich den Glanz vorzustellen, der in diesem Jahre das Weihnachtsfest des engen Heimes erhellte, wo das junge Genie ein paar Tage verweilte als einfaches und unverdorbenes Kind liebender und geliebter Eltern; doch besitzen wir den Beweis dafür in einigen Zeilen, die Johannes zu Ende des Jahres an Schumann schrieb:

»Verehrter Freund!

Hiermit nehme ich mir die Freiheit, Ihnen Ihre ersten Pflegekinder (die Ihnen ihr Weltbürgerrecht verdanken) zu übersenden; sehr besorgt, ob sie sich noch derselben Nachsicht und Liebe von Ihnen zu erfreuen haben.

Mir sehen sie in der neuen Gestalt noch viel zu ordentlich und ängstlich, ja fast philisterhaft aus. Ich kann mich noch immer nicht daran gewöhnen, die unschuldigen Natursöhne in so anständiger Kleidung zu sehen.

Ich freue mich unendlich darauf, Sie in Hannover zu sehen, um Ihnen sagen zu können, daß meine Eltern und ich Ihrer und Joachims übergroßer Liebe die seligste Zeit unseres Lebens verdanken.

Ich sah meine Eltern und Lehrer überglücklich wieder und verlebe eine wonnige Zeit in ihrer Mitte.

Ihrer Frau Gemahlin und Ihren Kindern bitte ich die herzlichsten Grüße zu sagen von

Ihrem

Johannes Brahms.

Hamburg, im Dezember 1853.«

Wie in einem früheren Kapitel erwähnt wurde, ist die Sonate für Violine und Klavier, die Johannes als op. 5 herausgeben wollte, der Welt nicht geschenkt worden. Das Manuskript war auf rätselhafte Weise verloren gegangen. Wie oder durch wen, ist niemals ganz klar gemacht worden. Die bekannt gewordenen Umstände lassen darauf schließen, daß Liszt sich dieselbe während seines Besuches in Leipzig entliehen und nicht zurückerstattet hatte. In einem Brief an Klindworth, der damals mit Reményi in England konzertierte, schreibt der Weimarer Meister ein halbes Jahr später:

»Reményi antwortet mir nichts über das Manuskript der Sonate von Brahms (mit Violine). Wahrscheinlich hat er es mitgenommen, denn ich habe zu meinem Ärger meine sämtlichen Musikalien dreimal durchgestöbert, ohne das Manuskript auffinden zu können. Vergessen Sie nicht, mir in Ihrem nächsten Brief darüber zu schreiben, denn Brahms bedarf dieser Sonate zum Druck.«

Es klingt ein Ton des Verdrusses aus diesen Zeilen, der uns verrät, daß Liszt sich verantwortlich fühlte für das Werk. Doch ist man erst nach langen Jahren auf die Spur desselben gekommen:

»Als ich im Jahre 1872,« schreibt Dietrich, »meine D moll-Symphonie in Bonn dirigierte, zeigte mir mein Freund v. Wasielewski eine sehr schön geschriebene, umfangreiche Violinstimme und frug, ob ich die Notenschrift schon gesehen? Sofort erkannte ich Brahms' Handschrift aus frühester Zeit. Wir bedauerten sehr, daß die Klavierstimme dazu nicht zu finden war. Das wird die Stimme der verloren gegangenen Violinsonate von Brahms gewesen sein.«

Die Werke, welche vor und nach Neujahr tatsächlich erschienen, waren daher: bei Breitkopf und Härtel die Sonaten in C dur und Fis moll, op. 1 und op. 2 – erstere Joachim, letztere Frau Schumann gewidmet –, das Liederheft op. 3, Bettina von Arnim gewidmet, deren in Düsseldorf gemachte Bekanntschaft Brahms bei seinem Aufenthalt in Hannover fortgesetzt und gepflegt hatte, und das Scherzo, op. 4, Wenzel gewidmet; – bei Bartholf Senff die F moll-Sonate, op. 5, der Gräfin Ida von Hohenthal gewidmet, einer Dame, der Brahms durch Grimm vorgestellt worden war; und das Liederheft, op. 6, Louise und Minna Japha gewidmet. Schumann schenkte ein Exemplar der Lieder op. 6, sofort nach deren Erscheinen, den Schwestern Japha und schrieb darauf: »Den Fräulein Japha, zum Andenken an das Weihnachtsfest 1853, als Vorbote des eigentlichen Gebers. R. Schumann.«

In den beiden Liederheften, op. 3 und op. 6, sowie auch in einem dritten, op. 7, das Dietrich gewidmet und etwas später erschienen ist, kann man schon den Tondichter herausfühlen, dessen Lyrik einen Platz im Herzen des großen deutschen Volkes einnehmen sollte als ein Teil eines besondern nationalen Schatzes, einzig in seiner Art. Tief eigentümlich, durchaus wahr, von einer Phantasie, die in ihrer Reine engelhaft, in ihrer Zartheit weiblich, und in ihrer zurückhaltenden Kraft männlich ist, lassen uns Brahms' Lieder an einer selten idealen Natur teilnehmen, und das unmittelbare, geniale Ausdrucksvermögen, durch welches einige seiner früheren, kürzeren Gebilde ausgezeichnet sind, nimmt die Erfahrung seiner späteren Jahre voraus. Unter den Erzeugnissen seiner früheren Eingebung wird wohl das schöne »O versenk' dein Leib« als das auserlesenste Beispiel auf seinem Gebiete immer betrachtet werden, aber jede der drei schon erwähnten Liedersammlungen enthält eines oder mehrere Tongedichte, zu denen der Musikliebhaber mit Freude zurückkehrt. Unter diesen können wir: »Der Frühling«, op. 6 Nr. 2 und »Treue Liebe« und »Heimkehr«, op. 7 Nr. 1 und 6 hervorheben. Das letztgenannte kleine Juwel ist das erstgeschriebene der veröffentlichten Lieder; leider hat es nur eine Strophe.

Die Kraft der Phantasie, die Brahms' Liedern innewohnt, fällt einem dadurch um so mehr auf, daß sie in die knappe Form, die der Komponist in den meisten Fällen vorzieht, zusammengedrängt ist. In dieser gab er im Laufe der Zeit den verschiedenartigsten Gedanken, ernst oder heiter, spielend oder düster, naiv oder tiefsinnig, Ausdruck; und während seine Lieder durch eine klare Gestaltung der Gesangsmelodie und durch bestimmte Prägung der harmonischen Grundlage, auf der diese ruht, besonders charakterisiert sind, zeichnen sich viele davon noch überdies durch die ruhig bedeutungsvolle Klavierbegleitung aus, welche die musikalische Darstellung der poetischen Idee unterstützt, ohne die Melodie zu überwuchern. Trotz anscheinender Einfachheit sind diese Begleitungen doch häufig recht schwer zu spielen.

Man kann überhaupt von Brahms' Liedern sagen, daß sie kaum den Einfluß eines der beiden großen lyrischen Komponisten, die ihm vorangingen, verraten. Sie haben nichts gemein mit jenen Schumanns, und wenn auch einige die frische Natürlichkeit von Schuberts Eingebungen teilen, so kann man dies eher auf eine Vorliebe für das Volkslied zurückführen, in dem beide Komponisten unerschöpfliche Anregung für ihre Phantasie fanden. Andernteils begegnen wir in Brahms' Liedern häufig dem Musiker, der so tief von der Kunst Bachs durchdrungen ist, daß sie aufs neue in ihm gekeimt und ihn in den Besitz einer Tonsprache gesetzt hat, die ihm zum Ausdruck seiner vielseitigen Individualität diente. Jedes Lied trägt des Komponisten untrüglichen, eigenartigen Stempel des Genies, wenn auch kaum zwei darunter einander gleichen, und es wäre schwer, auf irgendeines hinzuweisen, das für das Werk eines anderen Tondichters gelten könnte.

Der junge Kreisler liebte es, seine Manuskripte, besonders die der Lieder, vertrauten Freunden zu schenken. Viele dieser Gaben sind mit knabenhaften, liebevollen Überschriften versehen, andere nur mit Datum und Ort der Komposition. Göttingen, Juli 1853, steht am Ende eines eigenhändig geschriebenen Manuskripts von »Ich muß hinaus«, das er in Düsseldorf den Japhas gab. »Weit über das Feld« trägt eine freundliche Widmung in seiner Handschrift an die Schwestern. Seine Manuskripte, wahrscheinlich die Originale einiger Lieder aus op. 3, unter anderem »O versenk'« und »In der Fremde«, das letztere 1852 datiert, wurden »Meinem lieben Freund Julius in freundlicher Erinnerung« geschenkt. (J. O. Grimm.) Rührende Bilder stehen uns vor Augen bei Betrachtung dieser häufig von der Zeit vergilbten Blätter des jungen Idealisten mit dem mädchenhaften Gesicht und langem, blondem Haar, der bei seiner Nachtarbeit saß, die Seele rein und ungetrübt, die sehnenden Gedanken den frühen Morgenstunden zugewandt, den einzigen des Tages, die ihm die Gewißheit gaben, sie den lieblichsten Eingebungen seiner Muse widmen zu können. In der herzlichen Liebe, die sich in jenen Widmungen ausdrückt, erkennt man die überströmende Freude an seiner neuen Freiheit; in der liebevollen Erinnerung aber, mit der die Gaben geschätzt und gehegt wurden, offenbart sich eine Eigenschaft seiner Persönlichkeit, von der er selbst vielleicht nur wenig wußte, – die Macht, sich die dauernde Liebe treuer Freunde zu erwerben.

Es ist jetzt an der Zeit, die wahre Bedeutung zusammenzufassen, welche Brahms' merkwürdige erste Konzertreise, deren Bericht so lange unsere Aufmerksamkeit beansprucht hat, für sein Leben gewann, und dies kann in wenigen Worten geschehen. Die Reise war die Verwandlungsszene seines Lebens: Der unbekannte Musiker, behütet vor den Gefahren des Wunderknabenruhmes, war von Hamburg im April aufgebrochen, ohne ihm vorauseilenden Ruf, ohne Empfehlungen, ohne die Welt mit ihren Manieren und Kniffen zu kennen; war über zwei oder drei Provinzpodien geschritten, auf denen er als Reményis Begleiter erschien, um sich im Leipziger Gewandhaus als Pianist und Komponist vorzustellen und im Dezember nach seiner Vaterstadt zurückzukehren, als aufgenommener Bundesgenosse der großen Tonkünstler des Tages, anerkannt von Weimar, geschätzt in Leipzig, ermutigt durch Liszt und Berlioz und der Freund von Schumann und Joachim. Bevor er recht begonnen hatte, den steilen Hügel des Ruhms zu erklettern, fand er sich schon auf dessen Gipfel getragen. Kaum war er, trachtend nach Ruhm, ausgezogen, so kehrte er zurück als erklärter Erbe eines Prophetenmantels. Sein Lebenshorizont war unendlich erweitert, seine ganze Existenz verändert. Als er dann wieder in die vertraute Umgebung in Hamburg zurückkehrte, müssen ihm die Ereignisse der letzten neun Monate wie Bilder eines zauberhaften Traumes erschienen sein.

Dem weisen und treuen Freund in Altona kamen die Vorgänge, welche die musikalische Welt erregt hatten, durchaus nicht erstaunlich vor.

»Es gab damals,« schrieb Marxsen später an La Mara, »wohl nur einen Menschen in der Welt, der davon nicht überrascht war und dieser bin ich selbst. Ich wußte, was Brahms leistete, wie umfassend, gediegen seine Kenntnisse waren, welch hehres Talent ihm die gütige Vorsehung verliehen, und wie schön es im Aufblühen sich entfaltete. Aber Schumanns Anerkennung und Bewunderung war zugleich auch für mich eine große, große Freude; hatte ich doch dadurch die seltene Genugtuung, daß der Lehrer die rechten Pfade erkannt habe, um dem Talente seine Eigentümlichkeit zu bewahren und es so zur Selbständigkeit heranzubilden.«

Diese Worte geben einen Fingerzeig, daß hier eine passende Gelegenheit zur Betrachtung der Frage wäre, die so oft aufgeworfen worden ist und so verschiedene Antworten hervorgerufen hat, deren viele nur dem Vorurteil entspringen: Was war Marxsens Anteil an der Kunst des Brahms? Wenn ein Brahms das, was er gelernt hat, nicht bei Marxsen gelernt hätte, so würde es ihn ein anderer gelehrt haben, ist die Meinung einiger, deren Urteil wir Achtung zollen müssen. Der Einfluß, den Marxsen auf Brahms' Entwicklung hatte, war nur ein negativer, werfen andere ein; und es ist auf das Zeugnis des Herrn Oberschulrat Wendt hin bestätigt worden, daß Brahms einmal erklärte, er habe bei seinem Lehrer nichts gelernt.[1]

[1] Kalbecks »Johannes Brahms«, Bd. I, S. 34 und 35

Ohne uns weiter bei der Frage aufzuhalten, ob es gerecht gewesen ist, gegen das Andenken Brahms' oder Marxsens, ein paar geringschätzenden Worten, die Brahms vielleicht in unbedachtem Augenblick einem vertrauten Freunde gegenüber über seinen Lehrer geäußert, durch Abdruck Dauer und Wichtigkeit zu verleihen, so können wir doch sicher behaupten, daß, wenn unser Komponist glücklicherweise schon in frühem Alter die Schwächen in des Meisters Unterricht gewahr wurde, er doch auf der Höhe des eigenen Ruhmes klare Erkenntnis und dankbare Anerkennung für dessen starke Seiten bewahrte.

Marxsen hat selbst im letzten Satz des oben zitierten Briefes angedeutet, welches die beiden Hauptzwecke seines Unterrichts waren, und er erreichte sie beide, was Brahms' anbetrifft, mit vollkommenem Erfolg. »Einem Talent seine Eigentümlichkeit zu bewahren«, mag bei einer so mächtig originellen Begabung, wie die unseres Komponisten, an und für sich als etwas Leichtes erscheinen; obwohl auch hier daran erinnert werden muß, daß Marxsen, schon als der liebevolle und eindrucksfähige Hannes noch in einem zarten Alter stand, sich für dessen musikalische Erziehung verantwortlich machte und daher bewirkte, daß dessen schöpferische Kraft zu dem Studium der höchsten Kunst geleitet wurde, mit dessen Hilfe sie sich so zweckmäßig entwickelt hat. Aber sein Talent zu jener »Selbständigkeit« herangebildet zu haben, die es erreicht hatte, als der Komponist zwanzig Jahre zählte, beweist, daß der Lehrer sich des Zieles bewußt war, seine Methode verstand, Einsicht und Originalität besaß und einen wirksamen und mächtigen Einfluß ausübte, der wenigen entgehen kann, die genaue Kenntnis haben von den großen Werken aus Brahms' erster Periode, die fast alle einer Zeit entstammen, wo seine eigentlichen Lehrjahre sich dem Ende näherten oder, bei einem Werk, schon beendet waren.

Mangel an Raum hindert uns, hier eine genaue Schilderung von Marxsens Unterrichtsmethode zu geben, aber da irgendein Bericht über deren Vorzüge und Mängel wünschenswert scheint, kann man sagen, daß er als Lehrer der freien Komposition und besonders in der Kunst des Aufbaues der Formen, wie man sie in den Werken von Haydn, Mozart und Beethoven studieren kann, wirklich groß war – um so mehr, als er seine Schüler nicht dadurch bildete, daß er sie bloß zur Nachahmung der äußeren Gestalt jener klassischen Vorbilder anhielt. Zuerst lehrte er sie, wie ein musikalisches Gewebe geschaffen wird; er schulte sie gründlich in der Kunst der thematischen Entwicklung. Indem er eine Phrase oder eine Figur aus einem oder dem anderen großen Meister wählte, wünschte er, der Schüler solle denselben Gedanken in jeder möglichen Weise umbilden, und er ließ ihn bei dieser Übung beharren, bis er sich volle Fertigkeit darin erworben hatte, die in einem gegebenen Thema liegenden Möglichkeiten zu erkennen und ihnen Ausdruck zu verleihen. Indem er dieselbe Methode bei des Schülers eigenen Erfindungen in Anwendung brachte, zielte er darauf hin, ihn dazu zu bringen, fast instinktiv zu fühlen, ob ein musikalisches Thema sich für den Zweck, dem es dienen sollte, eigne oder nicht. Der nächste Schritt bestand darin, daß der Gedanke nicht willkürlich, sondern logisch zum Schlusse geführt werden solle, einem Schlusse, der jedoch nicht als unverrückbar gelten durfte. Marxens Schüler wurden gelehrt, ihre Sätze einem organischen Wachstum gleichzumachen, in welchem jeder Teil seine Existenz einem Etwas verdankte, das vorherging: »Einheit in Mannigfaltigkeit gekleidet«, hätte sein Wahlspruch sein können.

Daß die technischen Fähigkeiten des Schülers durch solche Unterweisung außerordentlich gefördert werden mußten, daß sie ihn mit reichen Hilfsmitteln zur künftigen Anwendung ausrüstete und ihm schon in ihren früheren Stadien eine wesentliche Stütze für das spätere Studium des Aufbaues bot, brauchen wir nicht zu betonen; auch ist es nicht nötig, bei einzelnen Beispielen ihrer Wirksamkeit in Brahms' Fall zu verweilen. Jede Seite seiner Instrumentalmusik ist reich an Beweisen der Fruchtbarkeit dieser frühen Studien; im innersten Kern seiner Technik lebt ihr Ergebnis fort, und auf sie dürfte nicht nur seine Beherrschung der Form größtenteils zurückzuführen sein, sondern auch die Elastizität, durch welche sich sein wesentliches Festhalten an den Formen der klassischen Tradition von Anbeginn auszeichnen.

Der strenge Kursus in der frei-kontrapunktischen Schreibweise, dem Marxsen seinen Zögling unterwarf, der dessen Erziehung zur Kunst der thematischen Arbeit förderte und durch diese gefördert wurde, ist aus den Sätzen der drei Klaviersonaten reichlich zu erkennen, und die Schätzung des genauen Wertes, besonders der beiden ersten dieser Werke, wird durch einige Kenntnis der Methode, der sie entsprangen, erleichtert. Daß Brahms, als er den Gipfel der Kunst schon erreicht hatte, sich dessen, was er seinem Lehrer schuldete, genau bewußt war, und daß er seiner Erkenntnis Ausdruck gab und auch seine Dankkbarkeit in Wort und Tat an Marxsen selbst stets bewies, ist der Verfasserin bekannt. Im Laufe seines Lebens hat er, so äußerte er sich einmal einem Freunde gegenüber, nach und nach die meisten bedeutenden deutschen Musiker kennen gelernt und er war der Meinung, daß Marxsen im Lehren der logischen Entwicklung eines Themas und im Lehren der Form, besonders der sogenannten Sonatenform, gar nicht übertroffen werden könne, selbst wennn seinesgleichen zu finden wäre.

So ausgezeichnet jedoch Marxsen in der Kunst frei imitatorischer Kompositionsweise als Lehrer war, in der des reinen Satzes war er doch kein verläßlicher Führer. Es versteht sich von selbst, daß er einen Lehrkursus im strengen Kontrapunkt, in Kanon und Fuge – die sicherste Grundlage zur Erreichung der Fertigkeit in der Stimmenführung, im freien Stil – in seiner Jugend unter Clasing durchgemacht hatte, und daß er seine Schüler mit denselben Zweigen des Studiums vertraut machte; aber er hatte sich weder die genaue Kenntnis, noch das Interesse bewahrt, das ihm erforderlich gewesen wäre, um den Schülern Reinheit und Leichtigkeit im strengen Satz beizubringen oder sie zur wirkungsvollen Anwendung jener erworbenen kontrapunktischen Fertigkeit bei Kompositionen im reinen Satz für Gesang oder Instrumente anzuleiten.

Es wäre jedoch eine schwierig zu beantwortende Frage, ob Marxsens Mängel nicht geradezu als Gewinn für Brahms in die Wagschale fallen. Während die Kraft seiner Phantasie ermutigt, gestärkt und bestimmt wurde durch das, was der Meister für ihn tat, war sie andernteils durch die Abwesenheit dessen, was er zu tun unterlassen, frei von der Gefahr, im Wachstum behindert oder etwa eingeschüchtert zu werden. Marxsen war Johannes behilflich, in Vertrauen und Freude seine Kräfte zu üben, und wenn es der junge Musiker jemals lästig fand, zu dem Verfahren der Einschränkung und Abfeilung zurückzukehren, so wußte er doch, daß die Erfolge, die er sich während seiner Zöglingsjahre erworben, ihm den Sieg sicherten in dem erneuten ernsten Studium, dem er sich bald freiwillig unterwerfen sollte.

Marxsens Gleichgültigkeit gegen das gründliche Studium des mehrstimmigen kontrapunktischen Satzes fällt besonders auf durch das Fehlen seines Namens in dem Verzeichnis der Abonnenten der großen Leipziger Bach-Ausgabe, ein Fehlen, das man sich kaum erklären kann angesichts seiner Begeisterung für die Instrumentalwerke des gewaltigen Meisters, es sei denn durch die Voraussetzung, daß seine heftige Unduldsamkeit in religiösen Dogmen sein Interesse für jenen Zweig musikalischer Kunst verringerte, der im Dienst der Kirche entstanden war und darin die höchste Entwicklung erreicht hatte. Die meisten Werke, die durch die Herausgabe der Bach-Gesellschaft allgemein bekannt geworden sind, waren zum Gebrauch der beiden Kirchen geschrieben, für deren musikalischen Teil des Gottesdienstes Bach kraft seines Amtes durch viele Jahre verantwortlich war. Diese Annahme gilt auch in der Anwendung auf die Kirchenkomponisten und Kontrapunktisten der alten italienischen und deutschen Schule.

Ein interessanter Artikel über Marxsen findet sich in einem kleinen Buch seines jetzt verstorbenen Freundes Professor Josef Sittard, »Künstler-Charakteristiken aus dem Konzertsaal.« In einer Ansprache, welche dieser Schriftsteller in einem Gedächtniskonzert hielt, das unmittelbar nach Brahms' Tode in Hamburg veranstaltet wurde, ist der folgende sympathische Hinweis auf den geliebten Lehrer enthalten:

> »Brahms hatte das seltene Glück, in dem 1887 verstorbenen Marxsen einen Lehrer zu finden, wie er nicht vielen beschieden ist. Auf kein künstlerisches Glaubensbekenntnis verpflichtet, auf keine bestimmte Richtung und Partei eingeschworen, wandte er sein Interesse jeder bedeutenden Erscheinung zu. Niemals hat Marxsen nach einer bestimen Schablone unterrichtet; er ließ sich nur von der Anlage des Einzelnen bestimmen. Er hütete sich die im Schaffen hervortretenden geistigen Eigentümlichkeiten der Schüler zu beeinflussen, er leitete die schöpferische Eigenart nur in künstlerische Grenzen, ohne erstere selbst anzutasten. Brahms hing auch mit rührender Dankbarkeit an seinem Lehrer, und als er schon auf der Höhe seines Schaffens stand, da schickte er Marxsen seine Kompositionen vor dem Druck immer noch zur kritischen Durchsicht. Nichts ist bezeichnender für das innige Verhältnis zwischen beiden, als die Briefe, in die es mir vergönnt war vor Jahren Einsicht zu nehmen.«

Unglücklicherweise für die musikalische Welt sind nur ein oder zwei Fragmente dieser Korrespondenz erhalten geblieben. Nach Marxens Tod 1887 wurden Brahms' Briefe an seinen Lehrer ihm auf seine Bitte zurückgestellt und von ihm vernichtet.

SECHSTES KAPITEL

1854–1855

Brahms in Hannover – Hans von Bülow – Robert und Clara Schumann in Hannover – Schumanns Krankheit – Brahms in Düsseldorf – Variationen über Schumanns Thema in Fis moll – H dur-Trio – Erste öffentliche Aufführung in New York – Erster Versuch in der Symphonie.

Man kann sagen, daß für Brahms mit dem Anfang des Jahres 1854 wiederum ein neuer Lebensabschnitt begann. Das Übergangsstadium seiner Laufbahn ist mit ungewöhnlich scharfen Konturen umrissen. Die ereignisvolle Reise war die Brücke, über die er von der Jugend zur Mannheit schritt. Hinter ihr lagen die dunklen Jahre einsamen Mühens, mit noch ungeprüftem Ausgang, das Sammeln der Kraft und des Schatzes, der von dem Schaffenden nur undeutlich erkannt wurde, denn noch umgab ihn der dichte Nebel der Verborgenheit; vor ihm lag, klar und deutlich, der Pfad des Strebens nach einem festgesetzten Ziel, ermuntert durch Genossenschaft und erhellt durch das Bewußtsein schon errungenen Erfolgs. Nachdem er seine Gemütsruhe wiedererlangt hatte und die Wirkung mehrmonatiger Aufregungen in beinahe vierzehntägigem Verkehr mit Familie und Freunden in Hamburg abgeschüttelt war, erfaßte Johannes die Ungeduld, wieder ruhig an seine Arbeit zu gehen, um so mehr, als neue und mächtige Beweggründe – das Gefühl der Verantwortung, Schumann gegenüber, und der Wunsch, soviel als möglich dessen Lobrede würdig zu werden – hinzukamen, welche die Energie seiner Natur noch verstärkten und ihn zu dem Entschluß anspornten, sich selbst zu übertreffen.

Mit Beginn des neuen Jahres beendete er seinen Aufenthalt in Hamburg und fuhr am 3. oder 4. Januar nach Hannover, wo seiner eine neue Begegnung harrte. Hans von Bülow, der Weihnachten in Joachims »chère sociéte« zugebracht hatte, schreibt am 6. an seine Mutter:

> »Den Robert Schumannschen jungen Propheten Brahms habe ich ziemlich genau kennen gelernt; er ist seit zwei Tagen hier und immer bei uns, eine sehr liebenswürdige, kandide Natur, und in seinem Talente wirklich etwas Gottesgnadentum in gutem Sinne.«[1]

[1] »Bülows Briefe und Schriften.« Herausgegeben von Marie von Bülow.

Bülow benützte bald die Gelegenheit, einen Wunsch Liszts, den dieser in dem schon erwähnten Brief vom 16. Dember angedeutet hatte, auszuführen. Er spielte den ersten Satz der C dur-Sonate am 1. März im Konzert der Frau Peroni-Glasbrenner in Hamburg und war so der erste Künstler, – mit Ausnahme des Komponisten selbst – der ein Werk von Brahms öffentlich vortrug. Daß seine Stellung zu unserem Komponisten in den darauffolgenden zwanzig Jahren nicht mit diesem vielversprechenden Anfang in Übereinstimmung war, wie man später sehen wird, muß hauptsächlich der Enttäuschung zugeschrieben werden, welche die Schüler der neudeutschen Partei empfinden mußten, als sie allmählich erkannten, daß ihre künstlerischen Ziele von denen des reifen Joachim abwichen, den sie doch eine Zeitlang als den ihrigen betrachtet, und auch von denjenigen Brahms', auf dessen Angehörigkeit sie gehofft hatten.

Nachdem sich Johannes in einer eigenen Wohnung in Hannover eingerichtet hatte, begann er die von ihm bis ans Lebensende durchgeführte Tagesordnung der Arbeit, der er manchmal Abwechslung verlieh durch Verkehr mit einigen vertrauten Freunden, und bald war er in die Komposition des Klaviertrios in H dur vertieft. Die Intimität zwischen Joachim und Brahms war jetzt durch das Hinzukommen Grimms, der zur Zeit in Hannover lebte, zum Dreibund geworden, und es wurde in Joachims Wohnung oft bis tief in die Nacht hinein lebhaft geplaudert und gestritten. Der junge Geiger hatte bis dahin nicht geraucht, aber seine Kameraden hüllten ihn und sich in so dicke Tabakwolken, daß er eines Abends seine Leiden nicht länger mehr ertragen konnte und von plötzlichem Mut erfaßt, dem Beispiel der anderen zu folgen, lustig mit drauflospaffte, zu Brahms' und Grimms großem Entzükken.

Schumann hatte eine Einladung von Hille, dem Gründer und Leiter der neuen »Singakademie« in Hannover, angenommen, bei der Aufführung seines »Paradies und die Peri« am 28. Januar, anwesend zu sein, und zur Freude der jungen Musiker machte er Joachim den Vorschlag, diesen Besuch, den er in Gesellschaft seiner Frau machen wollte, als Gelegenheit zu mehrfachem öffentlichen Auftreten zu benutzen. Er fährt fort:

»Nun – wo ist Johannes? Ist er bei Ihnen? Dann grüßen Sie ihn. Fliegt er hoch – oder nur unter Blumen? Läßt er noch keine Pauken und Drommeten erschallen? Er soll sich immer an die Anfänge der Beethovenschen Symphonien erinnern; er soll etwas Ähnliches zu machen suchen. Der Anfang ist die Hauptsache; hat man angefangen, dann kommt einem das Ende wie von selbst entgegen. Grüßen Sie ihn – ich schreibe ihm noch selbst in diesen Tagen.

Auch von Ihnen hoffe ich bald neues zu sehen, am liebsten zu hören. Auch Sie sollten sich der oben genannten Symphonie-Anfänge erinnern – aber nicht vor dem Heinrich und Demetrius.[1]

Ich komme immer in guten Humor, wenn ich Ihnen schreibe; eine Art Arzt sind Sie für mich. Adieu!

Ihr
Robert Schumann.«

Einen Begriff von der glücklichen Woche, welche die drei Freunde im beständigen Verkehr mit ihrem »Meister« verlebten, kann man sich nach der reizenden Schilderung in Mosers »Joseph Joachim« machen. Schumann konnte nicht oft genug mit seinen Lieblingen Joachim und Brahms beisammen sein und erstreckte seine Freundlichkeit gern auf deren Freund Grimm. Das dritte Abonnementkonzert war ein wahres Schumannfest. Joachim dirigierte des Meisters Vierte Symphonie »sichtlich mit großer Lust und Liebe«, wie der »Hannoversche Courier« sagt, wie auch das von Frau Schumann gespielte Es dur-Klavierkonzert von Beethoven, und trug Schumanns jüngst komponierte und ihm gewidmete Violinphantasie vor, die zum erstenmal in Düsseldorf aufgeführt worden war. Es gab viel Gelegenheit zu zwangslosen Zusammenkünften in Joachims Wohnung, im Bahnrestaurant und anderswo, auf die noch kein Schatten von Vorahnung einer drohenden Katastrophe fiel, denn Schumann war ungewöhnlich heiter und mitteilsam, und es machte ihm Spaß, seine jungen Freunde mit Anekdoten aus früherer Zeit zu unterhalten. So vergingen die Stunden, an die jene in späteren Jahren mit zärtlicher Erinnerung zurückdachten, die durch den Strahl eines dem Verlöschen so nahen Lichtes erfreut wurden.

»Welch hohe Festtage sind uns hier durch Schumanns geworden! Alles kommt mir seitdem hier ordentlich lebendig vor. Grüße mir die Herrlichen vielmals,« so schreibt Brahms, wenige Tage nach ihrer Abreise an Dietrich in Düsseldorf.

Eine Woche nach ihrer Rückkehr schrieb Schumann:

[1] Zwei Ouverturen, an denen Joachim arbeitete.

»Den 6. Februar 1854.

Lieber Joachim!

Acht Tage sind wir fort und noch haben wir Ihnen und Ihren Gesellen kein Wort zukommen lassen! Aber mit sympathetischer Tinte habe ich Euch oft geschrieben ...

Oft haben wir der vergangenen Tage gedacht; möchten bald neue solche kommen! Das gütige Königshaus, die treffliche Kapelle und die beiden jungen Dämonen, die dazwischen springen – wir werdens nicht vergessen ...

Die Cigarren munden mir sehr. Es scheint ein Brahmscher Griff zu sein, und wie er pflegt, ein sehr schwerer, aber wohlschmeckender! ...

Schreiben Sie mir bald – in Worten und auch in Tönen!

R. Sch.«

Ein trauriger Gedanke ist es, daß in weniger als vierzehn Tagen nach Absendung dieses Briefes, der kein Zeichen von Niedergeschlagenheit verrät, der so heiter und gesund klingt, Schumann seinen letzten musikalischen Gedanken niederschrieb, das jetzt so wohlbekannte Es dur-Thema. Noch vor Ende des Monates ereilte ihn die Krisis seiner fürchterlichen Krankheit. Beunruhigende Symptome hatten sich in der Nacht vom 10. zum 11. Februar gezeigt. Der Meister wurde von Gehörstäuschungen gequält, ein einzelner Ton schien ihm im Ohr zu klingen, von dessen Eindruck er sich nicht befreien konnte, und der ein paar Tage später der Empfindung Platz machte, als höre er ganze Sätze von einem vollen Orchester gespielt. In der Nacht vom 17. auf den 18. Februar stand er auf und schrieb das Thema in Es nieder, von dem er behauptet, Engel hätten es ihm vorgesungen, und im Laufe der folgenden Woche verschlimmerte sich sein Zustand. In den Zwischenzeiten geringeren Leidens arbeitete er weiter am Schreibtisch und komponierte am 27. Februar Variationen zu seinem Thema, als ein Zufall ihm gestattete, der liebevollen Überwachung seiner Frau zu entgehen. Diesen benützend, gelang es ihm, unbeobachtet das Haus zu verlassen, und wenige Augenblicke später hatte er sich in den Rhein gestürzt. Er wurde von den Matrosen eines in der Nähe befindlichen Dampfers gerettet und zu Wagen nach Hause gebracht, aber sein Zustand blieb so besorgniserregend, daß Frau Schumann, die damals selbst der Pflege bedurfte, der Eintritt zu ihm von den Ärzten verweigert wurde und am 4. März ward er auf eigenen Wunsch in die Privatanstalt des Dr. Richarz in Endenich bei Bonn gebracht.

Die Bestürzung, mit der ein großer Teil der musikalischen Welt, und besonders die Freunde aus Schumanns nächster Umgebung, die Nachricht dieses überwältigenden Ereignisses aufnahmen, wäre schwer zu beschreiben. Kummer um den großen Meister, Liebe zu dem nachsichtigen Freund, angstvolle Teilnahme für die leidende Frau, erhielten die jüngeren unter seinen Schülern in einem Zustand beständiger Erregung, der nur Erleichterung fand im Schreiben von Briefen voll aufgeregter Anfragen bei Dietrich, der als einziger aus ihrem Kreise Zeuge des Vorganges gewesen war.

»Noch nie hat mich im Leben,« schrieb Theodor Kirchner, »etwas so bewegt und tief erschüttert, als das fürchterliche Ereignis mit unserem verehrten, geliebten Schumann ... Wir alle wären furchtbar vereinsamt ohne ihn, und mir wenigstens würde alle Luft für eigene Bestrebungen vergehen.«

»Nun bitte ich dich,« so lautet Naumanns Brief, »vor allem mir baldmöglichst genau von der ganzen Katastrophe zu schreiben, besonders ob noch Hoffnung vorhanden, daß Schumann völlig geheilt werden könne, wie seine unglückliche Frau diesen herben Schicksalsschlag ertragen hat und wie Du selbst Dich befindest. Ich wiederhole nochmals meine Bitte um *sofortige* Nachricht.«

Den Freunden in Hannover, die vor so kurzer Zeit Schumann im scheinbaren Genuß ungewöhnlicher Gesundheit des Geistes und Körpers gesehen hatten, schien die Nachricht, die sie zuerst aus einem Artikel der *»Kölnischen Zeitung«* erfuhren, zu plötzlich und tragisch, um glaubhaft zu sein.

»Lieber Dietrich« – *sprudelte* Joachim heraus – »wenn Du an Brahms und an mich nur irgend in Freundschaft gedenkst, so erlöse uns vom Kummer und schreibe doch augenblicklich, ob es denn wirklich so schlimm um Schumann steht, wie die Zeitung sagt, und gib uns immer Kunde, sobald eine Veränderung in seinem Zustande eintritt. Es ist zu traurig, meilenweit getrennt, Sorge zu empfinden um das Leben von jemand, an den wir mit unseren besten Kräften gebunden sind. Ich kann die Stunde kaum erwarten, die mir Nachricht von ihm bringt: mir ist ganz wirr vor Schreck!

Schreib' bald!

Dein J. Joachim.«

Es war jedoch unmöglich, die Antwort abzuwarten, und kein Brief hätte den Wunsch der jungen Musiker, an Ort und Stelle zu sein, beschwichtigen können; so reiste Brahms, den keine bestimmten Pflichten zurückhielten, sofort nach Düsseldorf ab, und Joachim hoffte zu folgen, wenn auch nur auf ein paar Tage. Am 3. März schickte Johannes seinen Bericht:

»Herzlieber Joseph!

Komme doch Sonnabend, es tröstet Frau Schumann unendlich, liebe, bekannte Gesichter zu sehen. Mit Schumann steht es wohl besser, die Ärzte haben

Hoffnung; man darf jedoch nicht zu ihm.

Ich war schon bei Fr. Sch.

Sie weinte freilich sehr, war jedoch sehr erfreut mich zu sehen und dich erwarten zu können.

Sonntag morgen erwarten wir dich und Mittwoch Grimm.

Dein Johannes.«

»Zu meiner Beruhigung,« schrieb Dietrich vierzehn Tage später an Naumann, »kam Brahms augenblicklich, nachdem er das Schreckliche gehört, hier an, und weilt vielleicht noch ein paar Monate hier. Auch Grimm ist jetzt da, Joachim war auf zwei Tage hier und kommt auch in einigen Wochen wieder.«

Am Schluß des Briefes fügt er hinzu:

»Brahms hat ein ganz wundervolles Trio geschrieben und ist ein Mensch, den man sich in jeder Beziehung zum Muster nehmen soll; bei seiner Tiefe gesund, frisch und heiter, durchaus unberührt von modern krankhaftem Wesen.«

Es wurde jetzt zur heiligen Pflicht der jungen Männer, alles zu tun, was sie nur vermochten, um der schwer geprüften Frau in ihrer Verzweiflung beizustehen und sie zu trösten. Nichts hätte sie vielleicht so beruhigt und ihr aufgeholfen, als das Gefühl, daß das Band, das sie an sie fesselte, die Liebe der Freunde zu ihrem Gatten war, – das Bewußtsein, daß sie mit ihr in gemeinsamem Kummer trauerten, und nicht nur Teilnahme für sie hegten, sondern auch persönlich ihren Verlust empfanden. Treuere Teilnahme fand sicherlich niemals ein Kummer, und sie erntete auch ihren Lohn: Als die ersten Schreckenstage vorüber waren, gewann die ausgezeichnete Frau wieder Ruhe und Selbstbeherrschung, was die Bewunderung der jungen Künstler womöglich noch erhöhte. Die Nachrichten von Endenich waren gegen Ende des Monates bessere und am 1. April sogar hoffnungsvoll. Der Kranke verbrachte jetzt seine Zeit mit Spazierengehen oder schlief ruhig, ungestört von Angstanfällen und Gehörstäuschungen. Er war fügsam seinem Wärter gegenüber, hatte ein wenig mit ihm geplaudert und sogar einen auf den Tag bezüglichen Scherz gemacht. Frau Schumann faßte Mut, schaute hoffnungsvoller in die Zukunft und ließ sich überreden, einige ihrer gewohnten Beschäftigungen wieder aufzunehmen. Der kurze Rest der Musiksaison wurde natürlich in der notwendigen Zurückgezogenheit verbracht, aber die große Pianistin fand Trost darin, die Kompositionen ihres Mannes aufs neue ruhig durchzustudieren mit Dietrich, Brahms, Grimm u. a. dieses Kreises, seine großen Orchester- und Chorwer-

[1] Brahms-Joachim-Briefwechsel Nr. 20. Die Verfasserin ist im Besitz des Originalbriefes, den ihr Joachim geschenkt hat.

ke mit ihnen am Klavier spielend und abwechselnd ihrem Spiele lauschend. Dietrich schreibt im März:

»Gestern und vorgestern hat sie die ganze Faustmusik von Schumann mit uns durchgenommen. Wir sind täglich bei ihr, und ich kann jetzt an kein Fortreisen denken.«

Am 11. Juni wurde Frau Schumanns siebentes Kind geboren. Zum Andenken an Mendelssohn wurde es Felix genannt und Brahms sollte Taufpate stehen, doch wurde beschlossen, die Taufe noch aufzuschieben. Vielleicht würde doch der Vater bald wieder mit den Seinen vereint sein. Ein rührender Denkstein der Versuche des jungen Brahms, das Gemüt der sich sehnenden Frau von ihrem schweren Kummer abzulenken, sind die Klaviervariationen op. 9 über ein Thema von Robert Schumann, die er während ihrer Rekonvaleszenz schrieb. Jede Variation wurde ihr überbracht, sobald sie fertig war. Schumanns Thema (Albumblatt Nr. 1 aus den »Bunten Blättern« op. 99),

usw.

war von Frau Clara zu Variationen gewählt worden, die sie selbst zu Roberts dreiundvierzigstem Geburtstag schrieb, und eine Eintragung in ihren Tagebuchblättern zeigt, wie sie die Liebe zu schätzen wußte, welche Johannes zu der Idee begeisterte, es wieder zu benützen.

»Er sorgte für Labung für mein Herz, er komponierte mir über das innige, herrliche Thema, das ich so tief in mich aufgenommen, als ich vorm Jahre die Variationen für den geliebten Robert komponierte, auch Variationen und rührte mich tief durch seine zarte Aufmerksamkeit.«

Grimm, der während dieser Monate in Düsseldorf in engem Verkehr mit Johannes blieb, taufte des Freundes Werk »Trost-Einsamkeit« und nannte es später immer so. Klar spiegelt es die Gedanken des jungen Komponisten wieder. Es ist voll Bezug auf Schumann und seine Frau – besonders in der neunten Variation, welche Note für Note Erinnerungen an Schumanns Albumblatt, op. 99 Nr. 2 enthält, und in den letzten Takten der zehnten, wo in die Mittelstimme die ersten vier Takte von Clara Wiecks Originalthema aus Schumanns op. 5

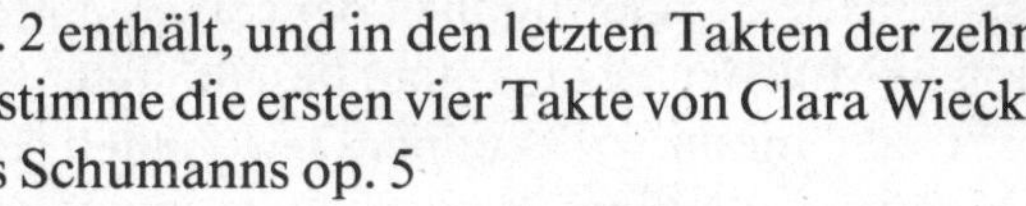
usw.

in der Verkleinerung eingeführt sind:

Das Werk ist ein erstaunliches Zeugnis der Beherrschung der Technik in der Variationenform, welche Brahms sich bereits erworben hatte. Als Beispiel der spielenden Leichtigkeit, mit der er innerhalb derselben die komplizierten Hilfsmittel der kontrapunktischen Künste handhabt, können wir den Leser wieder auf die zehnte Variation hinweisen. Hier wird der Originalbaß von Schumanns Thema als Melodie der Sopranstimme gebraucht und die Umkehrung als Baßstimme, während die Originalmelodie (oben zitiert) in der Mittelstimme in der Verkleinerung nachgeahmt wird.

usw.

Wir müssen der Versuchung widerstehen, uns bei den vielen interessanten Einzelheiten des vornehmen Werkes aufzuhalten, da wir mit diesem Buch keinen technischen Zweck verfolgen; aber wir können im Vorübergehen erwähnen, daß von den in dem Werk enthaltenen sechzehn Variationen, fünf in anderen Tonarten geschrieben sind, als der des Themas, ein Umstand, der es wieder in einen gewissen Ideenzusammenhang mit Schumann bringt.[1] In seinen fünf übrigen Variationenwerken für Klavier folgt Brahms beinahe der Gewohnheit der früheren Meister, die sich auf Dur und Moll derselben Tonart beschränkten.

Johannes hatte mittlerweile, seiner Gewohnheit gemäß, das vollendete Manuskript seines Trios an Marxsen geschickt und

[1] Vgl. Schumanns große Variationen: die »Symphonischen Etuden.«

hatte es schleunig wieder zurückbekommen, mit kritischen Bemerkungen seines Lehrers. Zu diesen bekannte er sich am 28. Juni in einem Brief, aus dem die folgenden kurzen Auszüge entnommen sind und dem die Variationen und eine Anzahl kurzer Stücke beigelegt waren, die er in müßigen Stunden hier und da geschrieben hatte und die er »Blätter aus dem Tagebuch eines Musikers, herausgegeben vom Jungen Kreisler« nennen wollte.

> Vielen Dank lassen Sie mich Ihnen noch sagen, daß Sie mein Trio eines so langen Briefes, einer so genauen Durchsicht würdigten. Die vorgeschlagenen kleinen Änderungen anlangend, werde ich Ihnen bei Übersendung des gedruckten Exemplars einiges schreiben. Ich ließ das Trio lange liegen, um mich an sie zu gewöhnen.«

Da er Marxsen fragt, ob er die Klavierstücke der Veröffentlichung wert hält, fügt er des vorgeschlagenen Titels wegen hinzu:

> »Was meinen Sie dazu? gefällt er Ihnen nicht? Ich muß gestehen, daß ich ihn ungern streichen würde.«[1]

Wir müssen annehmen, daß Marxsen die kurzen Stücke ungünstig beurteilte, denn sie sind niemals erschienen. Wir werden jedoch ein oder zwei davon binnen kurzem in einigen Konzertprogrammen treffen.

Das H dur-Trio, welches 1854 bei Breitkopf und Härtel als op. 8 erschien, und viele Jahre ziemlich unbekannt blieb, hat bei seinen schönen, jugendlichen Eigenschaften seit langem die Herzen jener gewonnen, welche unter dem Zauber von Brahms' Musik stehen. Des Komponisten fruchtbare Phantasie hat ihn verleitet, episodisches Material in dem ersten Allegro einzuführen, durch welches die Deutlichkeit der Umrisse ein wenig leidet und das den Hörer hindert, die edlen Schönheiten des Satzes im vollen Werte zu genießen; auch im Finale gibt es Stellen, wo eine gewisse Enttäuschung auf den günstigen Eindruck folgt, den das rasch pulsierende Eingangsthema erzeugt; aber im Reichtum der Gedanken, in der seltenen Schönheit der Hauptthemen und in der edlen Natürlichkeit des Ausdruckes erhält das Trio sogar einen Ehrenplatz unter den Werken von Brahms' Reifezeit. Das Scherzo mit seinem Trio ist bereits meisterhaft, sowohl im Entwurf, als auch in der Gestaltung, und das Adagio deutet schon im voraus

1 Sittards »Künstler-Charakteristiken«.

auf jene tiefsinnigen, langsamen Sätze hin, welche von des Komponisten reifendem Genie in immmer wachsender Gestaltungsfähigkeit geschaffen wurden. Daß Brahms eine Neigung für dieses Kind seiner jungen Phantasie behielt, zeigt sich darin, daß er eine neue Bearbeitung des Werkes im Jahre 1891, also in einem späten Lebensabschnitt, veröffentlichte. Wir müssen zugeben, daß uns die Originalausgabe lieber ist, da sie uns den Komponisten durchaus so darstellt, wie er war, als er das Trio schrieb. Wenn auch das später bearbeitete Werk sich im ganzen besser zu Konzertaufführungen eignet, scheint uns doch das schwierige Problem, bei einem Werk der Kunst auf die frische, liebenswürdige Unreife von einundzwanzig Jahren die geschulte, aber weniger fügsame Erfahrung des Siebenundfünfzigjährigen erfolgreich aufzupfropfen, nicht gelöst zu sein.

Das Trio wurde – zur dauernden musikalischen Auszeichnung von Amerika – am 27. November 1855, in einem Kammermusikkonzert William Masons in Dodsworths Hall in New York zum erstenmal öffentlich aufgeführt, und zwar von dem Konzertgeber, Theodor Thomas und Carl Bergmann, denen also die Ehre gebührt, die Reihe der öffentlichen Aufführungen von Brahms' großen Kammermusikwerken eröffnet zu haben. Am 18. Dezember desselben Jahres wurde das Trio in Breslau gespielt. Viele Jahre vergingen, bevor man es in England hörte.

Sobald Frau Schumann imstande war zu reisen, beschloß sie, Ruhe und veränderte Umgebung bei ihrer Mutter in Berlin zu suchen. Dorthin kam auch Joachim von Hannover zum Besuch einiger seiner besonderen Freunde. Dietrich hatte Düsseldorf schon mehrere Monate vorher verlassen, um einigen Erfolg versprechenden Aussichten in Leipzig nachzugehen. Grimm und Brahms blieben zurück, wegen etwaiger dringender Nachrichten von Endenich; und Johannes wurde insbesondere mit der für ihn geeigneten Aufgabe betraut, Schumanns Bücher und Noten in Ordnung zu bringen. Dies vollendete er bald zu seiner Befriedigung, wie er an Dietrich schreibt:

»... Und jetzt, den ganzen Tag sitze ich dort und studiere! Ich habe mich selten so wohl befunden, als jetzt in dieser Bibliothek wühlend.«

Am 19. Juli, demselben Tag, an dem Frau Schumann abreiste, kam die frohe Nachricht einer entschiedenen Besserung in ihres Mannes Befinden: Er hatte davon gesprochen, daß er sich wohler fühle, hatte den Wunsch geäußert, seinen Freund Wasielewski in Bonn zu besuchen; hatte vor allem Blumen gepflückt und offenbar gewünscht, daß man sie seiner Frau schicke, deren er während der Krankheit nicht Erwähnung getan hatte. Nachrichten und Blumen wurden augenblicklich nach Berlin abgesandt und mit beinahe überwältigenden Gefühlen der Hoffnung und Sehnsucht empfangen.

»In welcher Erregung ich bin,« schreibt Frau Schumann an Dietrich, nachdem sie ihm die Nachrichten mitgeteilt hat, »kann ich Ihnen nicht sagen, aber nie wußte ich, wie schwer ein großes Glück zu tragen sei! . . . Oft ist es mir, als müßte mein Verstand wanken, es ist doch zuviel, alles, was ich bis jetzt erlebt, und was steht mir noch bevor!«

Ihre Gemütsaufregung machte es ihr unmöglich, dem Besuch die beabsichtigte Dauer zu geben, und, ihre kleine Tochter Julie, die sie begleitet hatte, unter der Obhut der Großmutter zurücklassend, kam sie nach vier Tagen wieder nach Hause zurück:

»Ach, wie war ich beglückt, als ich das teure Zimmer wieder betrat«, schreibt sie, »wieder seinen Schreibtisch, seine Bücher und alles sah; war es mir doch, als sei ich lange fortgewesen und als habe ich ein Unrecht wieder gutgemacht gegen ihn, den Geliebten, der wieder an mich dachte und mich mit seinem Geiste hier glaubte, während ich in Berlin!«[1]

Weitere Mitteilungen finden wir in einem Brief, den Johannes an den Amtsvogt Blume von Winsen schrieb:

»Ulm, den 16. August 1854.

Verehrter Herr!

Sie glauben gewiß, Ihr teurer Brief habe mich nicht im geringsten erfreut, da ich so lange auf Antwort warten lasse? Ach, die letzte Zeit war so bewegt, daß ich's von Tag zu Tag verschieben muß. Frau Schumann reiste den 10. d. M. mit einer Freundin nach Ostende, der Gesundheit wegen; ich, nach vielem Überreden, entschloß mich, in der Zeit eine Reise durch Schwaben zu machen. Ich wußte nicht, wie sehr ich an Schumanns hing, wie ich in ihnen lebte; alles kam mir öde und leer vor, täglich wollte ich umkehren, und mußte per Eisenbahn fahren, um nur recht bald weit zu kommen und das Umkehren zu vergessen. Es half nichts; bis Ulm bin ich teils zu Fuß, teils per Eisenbahn gekommen, ich kehre rasch um und warte lieber in Düsseldorf auf Frau Sch., als daß ich so im Dunkeln umherirre. Wenn man so göttlich schöne Menschen gefunden hat wie Rob. und Cl. Sch., so soll man sich an sie hängen und sie nicht verlassen, sich an ihnen erheben und begeistern. Mit dem teuren Sch. geht es immer besser, wie Sie aus meinen Briefen an die Eltern gelesen haben. Es ließe sich viel über seinen Zustand schwatzen. Am besten finde ich

[1] Litzmann II, 322.

ihn in einigen Werken von E. T. A. Hoffmann beschrieben. (Rat Krespel, Serapion und gar der herrliche Kreisler etc.). Er hat nur seinen Körper zu früh abgestreift. – Wenn Sie mich hoch erfreuen wollen, so lassen Sie mich einen Brief in Ddf. finden, ist das gar zu unbescheiden? Ich will Ihnen auch von dort und zwar vernünftiger schreiben, diesen Brief schreibe ich im Eisenbahnsaal, weshalb er wohl sehr verwirrt geworden ist. – Tausend herzliche Grüße dem teuren Onkel Giesemann, von Ddf. werde ich an ihn schreiben; auch Ihrer Frau Gemahlin und Fräulein Tochter die herzlichsten Grüße. Behalten Sie lieb

Ihren

Johannes Brahms.«[1]

Da Brahms sich in Bonn aufhielt, um auf der Rückreise Nachrichten über den Patienten in Endenich einzuholen, erwirkte er die Erlaubnis, Schumann zu sehen, und konnte ihn hinter einem geöffneten Fenster, selbst unbemerkt, beobachten, so daß er sich, nachdem er seine erste Aufregung etwas bekämpft hatte, von dem guten Aussehen des Meisters überzeugen konnte, der die ihm eigene gütige, ruhige Miene zur Schau trug. In Düsseldorf ankommend, fand er zu seiner Überraschung Grimm, der den Zweck einer vorgenommenen Reise verfehlt hatte, gleichfalls in Endenich gewesen war und dessen Eindrücke von dem Aussehen und Benehmen Schumanns die gleichen gewesen waren, welche Johannes beruhigt hatten.[2]

Grimm verließ Düsseldorf im Oktober und blieb bis zum folgenden Jahr in Hannover, dann ließ er sich in Göttingen als Klavierlehrer und Dirigent eines Chorvereins nieder. Johannes ging auch nordwärts, um seine Eltern zu besuchen, aber nur auf einige Wochen. Schumanns Haus war ihm eine zweite Heimat geworden, und er nahm jetzt in der Neigung des Herrn und der Herrin die Stelle eines geliebten älteren Sohnes ein. Beinahe jede Einzelheit, die sich im Laufe des Jahres ihrer Bekanntschaft zugetragen, hatte seine treue, liebende, zartbesaitete Natur bis in ihre tiefsten Tiefen bewegt. Schumanns edler Charakter, seine schnell gefaßte Zuneigung zu dem jungen Fremdling und die unbedingte gute Aufnahme, die seine Kunst bei ihm fand; das ideale Verhältnis, das den großen Komponisten mit seiner Clara verknüpfte; die vorzüglichen Eigenschaften der begabten Frau, die das größte Glück darin fand, ihr Genie dem Dienst ihrer romantischen Liebe zu weihen; der schreckliche Schlag, der zwei so engverbundene

[1] Vgl. die Anmerkung auf S. 113

[2] Vgl. Grimms Brief an Brahms, auch am 16. August geschrieben. Brahms' Briefwechsel IV, Nr. 2.

Leben getrennt hatte, die Trauer der Gegenwart, die Unsicherheit der Zukunft – jedes einzelne und alle diese Dinge hatten im Herzen Johannes' einen Aufruhr der Empfindungen erweckt, ein heftiges Gefühl der Zuneigung, das ihm keine Ruhe ließ, wenn er nicht in unmittelbarem Verkehr mit den zwei Menschen blieb, die dessen Gegenstand waren. Er konnte nach Herzenslust in Schumanns Bibliothek studieren, wo Bücher und Noten ihm rückhaltlos zur Verfügung standen; er konnte sich Frau Schumann nützlich machen, welche seine Teilnahme wahrhaft zu schätzen wußte und seine Neigung erwiderte; er war in beständiger Verbindung mit Joachim und konnte soviel angenehmen Verkehr pflegen, als er wollte. Kurz, er fühlte, daß jetzt sein Platz in Düsseldorf sei und in Düsseldorf blieb er.

Es war im Frühjahr 1854, als er die Bekanntschaft Julius Allgeyers machte, der, um vier Jahre älter als er, damals in Düsseldorf unter Josef Keller die Kupferstechkunst studierte.

»Brahms«, sagt Allgeyer in einem Brief aus dieser Zeit, »hat das frappante Profil Schillers; seine Kompositionen klingen anders, denn alles, was ich kenne; er hat die Unarten eines übermütigen Kindes und die Auffassung eines Mannes.«

Vieles lag in den äußeren Umständen und den Charakteren der zwei jungen Leute, das eine Intimität zwischen ihnen zeitigte. Auch Allgeyer hatte in seiner Jugend wie Johannes zu kämpfen gehabt, und er ähnelte Brahms in seinem rastlosen Streben nach allgemeiner Bildung, die er sich durch beständige und mannigfaltige Lektüre zu erwerben suchte. Die Komposition von Brahms' Balladen für Klavier, op. 10, welche jener Zeit angehört, steht in direktem Zusammenhang mit Allgeyer, dem der junge Musiker seine Bekanntschaft mit Herders »Stimmen der Völker« zu danken hatte, in welchem Werk eine Übersetzung der schottischen Ballade »Edward« enthalten ist, die ihn zu dem ersten der in Frage stehenden Stücke begeisterte. Brahms' Gedächtnis für solche Einzelheiten wird dadurch gut gekennzeichnet, daß er die 1878 erschienenen »Lieder und Romanzen für zwei Stimmen mit Klavierbegleitung«, op. 75, deren erste Nummer die Ballade »Edward« zum Texte hat, Allgeyer widmete. Wieder spricht sich seine Vorliebe für Herders Sammlung aus in dem noch späteren Werk, Nr. 1 der drei »Intermezzi« für Klavier, op. 117, und man kann annehmen, daß das Buch die Zauberformel zu des Komponisten

Gedanken enthielt bei der Niederschrift mehr als eines der kurzen Klavierstücke, die er mit dem allgemeinen Namen »Intermezzo« oder »Capriccio« bezeichnete.

Brahms und Allgeyer blieben intim, wenn auch zuzeiten etwas Entfremdung eintrat – doch scheint dies ein zu starker Ausdruck zur Bezeichnung zeitweiliger Unterbrechung des Verkehrs ohne ausgesprochene Ursache – bis zu Brahms' Tod; und Allgeyer, von Johannes der Frau Schumann vorgestellt, wurde bald von ihr als ein zu ihrem Kreise gehörender Freund geschätzt.

Schumanns Wunsch, daß sein junger Schützling seine gewaltigen idealen Gaben und seine Geschicklichkeit in der Behandlung der Form auf das Komponieren eines Orchesterwerkes anwenden solle, war von Brahms nicht unbeachtet geblieben. Er hatte sich zu Anfang des Jahres mit einer Ouvertüre beschäftigt und im Frühling und Sommer an einer Symphonie gearbeitet, mit Hilfe Grimms die ersten Versuche zur Instrumentation machend. Es konnte nicht anders sein, als daß die rasche Aufeinanderfolge außerordentlicher Ereignisse und die lebhaften Gemütsbewegungen, die seinen Geist erregt hatten, auch auf seine Phantasie stark einwirken mußten; und es überrascht uns nicht, daß sie ihn zu der Komposition einer Reihe von Sätzen anregten, deren zwei zu den mächtigsten seiner Schöpfungen gehören, und wovon die eine tausenden Trauernder in der ganzen Welt als der passendste musikalische Ausdruck tiefsten Kummers erscheint. Die Symphonie als solche wurde nie vollendet, aber das Werk wurde in des Komponisten intimen Kreis eingeführt als Sonate für zwei Klaviere, deren erster und zweiter Satz jetzt der Welt bekannt sind als der erste und zweite des D moll-Klavierkonzertes; deren dritter aber unsterblich geworden ist als der wundervolle Dreiviertel-Takt-Marsch im »Deutschen Requiem«: »Denn alles Fleisch . . .« Brahms spielte die Sonate häufig zu jener Zeit mit Frau Schumann oder mit Grimm, welcher nicht zögerte, dem Freund seine Meinung auszusprechen über das Unzulängliche der Form im Verhältnis zu den großen Gedanken des Werkes.

Die beiden von Frau Clara und Johannes über Schumanns Thema komponierten Variationenhefte erschienen auf Brahms' Wunsch im Herbst, gleichzeitig mit seinen Liedern op. 7, Dietrich gewidmet, und dem H Dur-Trio; die Variationen von Johannes als op. 9. Das Lied »Mondnacht« kam gleichfalls in diesem Jahr heraus, jedoch ohne Opuszahl, in einem in Göttingen herausgegebenen Heft »Albumblätter«.

Die Besserung in Schumanns Befinden dauerte stetig fort, so daß ihm am 13. September, dem fünfunddreißigsten Geburtstag seiner Frau, erlaubt wurde, einen Brief von ihr zu erhalten. Die Antwort, welche er am nächsten Tage schickte, enthält zwar nichts über Brahms, aber sie rückt Schumanns Zärtlichkeit in seinen Familienverhältnissen so lebhaft vor unsere Augen, daß ein kurzer Auszug dem Leser vielleicht willkommen sein wird[1].

»Endenich, den 14. September 1854.

»Wie freute ich mich, geliebte Clara, Deine Schriftzüge zu erkennen; habe Dank, daß Du gerade an solchem Tage schriebst und Du und die lieben Kinder sich meiner noch in alter Liebe erinnern. Grüße und küsse die Kleinen. O könnt' ich Euch einmal sehen und sprechen; aber der Weg ist doch zu weit. Soviel möchte ich von Dir erfahren, wie Dein Leben überhaupt ist, wo Ihr wohnt und ob Du noch so herrlich spielst wie sonst, ob Marie und Elise immer vorschreiten, ob noch auch singen – ob Du noch den Klemms'schen Flügel hast [ein Geschenk Schumanns an seine Frau] – wo meine Partiturensammlung (die gedruckten) und die Manuskripte (wie das Requiem, des Sängers Fluch) hingekommen sind, wo unser Album, das Autographen von Goethe, Jean Paul, Mozart, Beethoven, Weber und viele an Dich und mich gerichtete Briefe enthielt?« ...

Am 18. schreibt er:

»Welche Freudenbotschaften hast Du mir wieder gesandt ... Brahms, den Du freundlich und verehrungsvoll grüßen wollest, ganz nach Düsseldorf übergesiedelt – welche Freudenbotschaften! Wenn Du wissen willst, welcher mir der liebste Name, so errätst Du ihn wohl, der Unvergeßliche! ... Schreibst Du an Joachim, so grüß' ihn. Was haben Brahms und Joachim komponiert? Ist die Ouvertüre zu Hamlet erschienen, hat er seine andere vollendet? Du schreibst mir, daß Du im Klavierzimmer Deine Stunden gibst. Welche sind Deine jetzigen Schülerinnen, welche die beste? Strengst Du Dich nicht so sehr an, liebe Clara?«

Dann erinnert er sich an die Glückseligkeit der Reisen, die er in Gesellschaft seiner Frau gemacht hat, bittet um Übersendung des Doppelporträts, möchte etwas Geld haben, um es armen Leuten zu geben, die er auf seinen Spaziergängen trifft, und verlangt eine Liste von den Geburtstagen seiner Kinder.

Eine Woche später, am 26. September, sagt er:

1 Diesen und die folgenden Briefe, welche von Schumann in Endenich geschrieben wurden, hat Eduard Hanslick in der *»Neuen freien Presse«* vom 27. und 29. Oktober 1896 zuerst veröffentlicht; später erschienen sie wieder in Hanslicks »Am Ende des Jahrhunderts« (Robert Schumann in Endenich).

»Und daß über unsere Anverwandten, ... hat mich aufs herzlichste erfreut. So auch über Brahms und Joachim und Beider Kompositionen. Das wundert mich, daß Brahms kontrapunktische Studien treibt, was ihm gar nicht ähnlich sieht. Joachims drei Stücke, für Klavier und Viola möchte ich kennen lernen ... Des Bildnisses Brahms von Laurens kann ich mich noch besinnen, meines aber nicht ... Dank für die Mitteilung der Geburtsjahre unserer lieben Kinder; welche Taufzeugen willst Du, geliebte Clara, wählen, und in welcher Kirche soll er getauft werden? ...«

Im Oktober bestätigt er die Ankunft von Brahms' Variationen, die ihm seine Frau geschickt hat:

»Herzliebste Clara!

Welche Freudensendung hast Du mir wieder gemacht! Dein Brief mit Juliens ihrem, die Komposition von Brahms über das Thema, was Du variiert, und die drei Bände des »Arnim-Brentano'schen« Knaben Wunderhorn ... Herrn Grimms erinnere ich mich auch sehr gut; wir waren ja immer mit Brahms und Joachim in der Eisenbahnrestauration (in Hannover); grüße ihn und vor allem Fräulein Leser. An Brahms schreib' ich selbst ...«

Daß diese Erneuerung des Verkehrs mit ihrem Mann Frau Schumann aufheiterte und sie ermutigte ihre schwierigen öffentlichen Pflichten in der Herbstsaison wieder auf sich zu nehmen, kann man sich leicht vorstellen. Unter dem Zwang einer schwer auf ihr lastenden Verantwortlichkeit gegen ihre jungen Kinder schloß sie eine lange Reihe von Konzertkontrakten ab, deren Ausführung ihr kaum eine Ruhepause erlaubte. Glücklicherweise blieben die Berichte von Endenich günstig. Joachim schreibt am 16. November an Liszt:

»Welch großes Glück ist es, daß Schumanns Zustand merklich freier wird! Ich hatte kürzlich Brief von ihm aus Endenich. Er erzählt ganz klar manches gemeinschaftlich Erlebte, mit einer freundlich milden Ausdrucksweise, als erwachte er eben von Träumen; alles erscheint ihm wie neu, und er möchte teilnehmen, fragt nach Kompositionen, nach Freunden; man kann wohl das Beste hoffen.«

Am 27. November, nachdem er Zeit gehabt hatte, Brahms' Variationen zu studieren, schreibt Schumann in einem Brief an seine Frau:

»Die Variationen von Johannes haben mich bei der ersten Durchsicht gleich und bei tieferer Erkenntnis immer mehr entzückt ... An Brahms schreib' ich selber noch; hängt sein von Laurens gezeichnetes Bild in meinem Studierzimmer? Er ist einer der schönsten und genialsten Jünglinge. Mit Entzücken erinnere ich mich des herrlichen Eindruckes, den er das erstemal durch seine C dur-Sonate und später Fis moll-Sonate und das Scherzo in B moll [Es moll] machte. O könnte ich ihn wieder hören! Auch seine Balladen möchte ich.«

An Brahms war folgendes beigeschlossen:

»Lieber! Könnt' ich selbst zu Ihnen, Sie wiederzusehen und zu hören und Ihre herrlichen Variationen, oder von meiner Clara, von deren wundervollem Vortrag mir Joachim geschrieben. Wie das Ganze so einzig abgerundet, wie man Sie kennt in dem reichsten, phantastischen Glanz und wieder in tiefer Kunst, wie ich sie noch nicht kannte, verbunden, die Thema hier und da auftauchend und sehr geheim, dann so leidenschaftlich und innig. Das Thema kann wieder ganz verschwinden, und wie so herrlich der Schluß nach der vierzehnten, so kunstreichen in der Sekunde canonisch geführten, die fünfzehnte in Ges dur mit dem genialen zweiten Teile und die letzte. Und dann hab' ich Ihnen, teurer Johannes, zu danken für alles Freundliche und Gütige, was Sie meiner Clara getan; sie schreibt mir immer davon. Gestern hat sie, wie Sie vielleicht wissen, zwei Bände meiner Kompositionen und die Flegeljahre von Jean Paul zu meiner Freude geschickt. Nun hoffe ich doch auch von Ihnen, wie mir Ihre Handschrift ein Schatz ist, sie bald in anderer Weise zu sehen. Der Winter ist ziemlich lind. Sie kennen die Bonner Gegend, ich erfreue mich immer an Beethovens Statue und der reizenden Aussicht nach dem Siebengebirge. In Hannover sahen wir uns zum letzten Male. Schreiben Sie nur bald

Ihrem verehrenden und liebenden
R. Schumann.«

Brahms' Antwort spricht für sich selbst:

»Hamburg, den 2. Dezember 1854.

Geliebtester Freund!

Wie kann ich Ihnen meine Freude über Ihren teueren Brief sagen! Schon so oft machten Sie mich glücklich, wenn Sie in den Briefen an Ihre Frau meiner so liebend gedachten und jetzt gehört mir ausschließlich ein Brief! Es ist der erste, den ich von Ihnen habe, er ist mir unendlich wert.

Ich empfing ihn leider in Hamburg, wohin ich gereist war, meine Eltern zu besuchen; viel lieber hätte ich ihn aus der Hand Ihrer Frau empfangen.

In einigen Tagen denke ich wieder nach Düsseldorf zu gehen, ich sehne mich dahin.

Mit freudigem Mut erfüllt mich das übergroße Lob, dessen Sie meine Variationen wert halten. Seit diesem Frühjahr studiere ich fleißig Ihre Werke, wie gerne hörte ich auch darüber Ihr Lob! Dieses Jahr verlebte ich seit Frühling in Düsseldorf; es wird mir unvergeßlich sein, immer höher lernte ich Sie und Ihre herrliche Frau verehren und lieben.

Noch nie habe ich so froh und sicher in die Zukunft gesehen, so fest an eine herrliche Zukunft geglaubt als jetzt. Wie wünsche ich sie nah' und näher, die schöne Zeit, wo Sie uns ganz wiedergegeben sind.

Ich kann Sie dann nicht mehr verlassen, ich werde mich bemühen, mir immer mehr Ihre teure Freundschaft zu erwerben.

Leben Sie wohl und gedenken Sie meiner in Liebe.

Ihr Sie innig
verehrender
Johannes Brahms.

Meine Eltern und Ihre hiesigen Freunde gedenken Ihrer mit größter Verehrung und Liebe. Die Eltern, Herr Marxsen, Otten und Avé bitten mich besonders, Ihnen die herzlichsten Grüße zu sagen.«

Am 15. des Monats schrieb Schumann wieder an Johannes:

»Endenich, 15. Dezember 1854.

Teurer Freund! Könnt' ich zu Weihnachten zu euch! Einstweilen hab' ich durch meine herrliche Frau Ihr Bild empfangen, Dein wohlbekanntes, und weiß die Stelle recht gut in meinem Zimmer, recht gut – unter dem Spiegel. Noch immer erhebe an Deinen Variationen; viele möcht' ich von Dir und meiner Clara hören; ich beherrsche sie nicht vollständig, namentlich die zweite, die vierte nicht im Tempo, die fünfte auch nicht; aber die achte (und die langsameren) und die neunte – – Eine Erinnerung, von der mir Clara schrieb, steht wohl S. 14, woraus ist sie? Aus einem Lied?[1] – und die zwölfte – – o könnt' ich von euch hören! . . .«

Das Andante und das Scherzo aus Brahms' F moll-Sonate, op. 5, nahm Frau Schumann in mehrere ihrer Konzertprogramme auf, und das Trio in H dur führte sie in Privatkreisen den Musikliebhabern von Breslau und Berlin vor. Die Sonatensätze, obschon vom allgemeinen Publikum mit Gleichgültigkeit angehört, wurden im ganzen von der Presse in ermutigender Weise erwähnt. Die *»Vossische Zeitung«* lehnte sie ab, mit der einzigen Bemerkung, daß es ihnen an Lieblichkeit und Einfachheit fehle; aber die Berliner *»Nationalzeitung«* sah darin das Zeugnis eines »hervorragenden Produktionsvermögens«. Und ein Frankfurter Kritiker schrieb:

»Es ist im hohen Grad verdienstlich, daß Frau Schumann unter ihrer Meisterhand Brahms' Kompositionen in die Öffentlichkeit und somit nach und nach zur Geltung bringt.«

Das Interesse, welches die Aufführung von Brahms' H dur-Trio vor einigen der ersten Musiker Breslaus erweckte, führte dazu, daß das Werk in das Programm des Konzertes aufgenommen wurde, das die Herren Mächtig und Seyfriz später im Laufe des Jahres gaben und dessen schon Erwähnung geschah.[2]

Während ihrer zehntägigen nördlichen Tournee schlug Frau Schumann ihr Hauptquartier in Hamburg auf, und Johannes, der seinen Besuch zu Hause so einrichtete, daß er mit ihrer Anwesenheit zusammenfiel, beglückte sehr die Herzlichkeit der Beziehungen, die sich zwischen der großen Künstlerfreundin und seiner

1 Das Anführen in der Verkleinerung von Clara Wiecks Thema, erwähnt auf S. 156.

2 Siehe S. 158.

Familie entspannen; Frau Schumann spricht von ihnen als von »einfachen, aber ehrenwerten Leuten, wo ich mich gerade in dieser bürgerlichen Einfachheit so wohl fühle«. Den Schluß der Tournee bildete eine von Frau Clara und Joachim veranstaltete Soiree, die am 21. Dezember in Leipzig stattfand. Nach einem ruhigen Tag in Hannover kehrte die Reisende am 23., von Brahms und Joachim begleitet, nach Düsseldorf zurück, um Weihnachten mit ihren Kindern zu verleben.

Durch seine eigene Sorge um Schumanns Zustand getrieben, und auch von dem liebevollen Wunsche beseelt, Frau Schumanns Gemüt von der Unruhe zu befreien, die sie während ihrer zweimonatigen, unausgesetzten Tätigkeit gequält, fuhr Joachim am 24. früh nach Bonn, um direkte Nachrichten über den Kranken zu empfangen. Zu seiner Freude wurde er zu der ersten Unterredung zugelassen, die Schumann mit einem persönlichen Freund in Endenich erlaubt worden war. Der von ihm empfangene Eindruck war im wesentlichen beruhigend und brachte der kleinen Gesellschaft schon durch die Tatsache Trost, daß einer von ihnen Schumann gesehen und mit ihm gesprochen hatte. Ein rührendes Bild des in Düsseldorf versammelten Kreises von jenen, die in des großen Komponisten Neigung die erste Stelle einnahmen, gibt Brahms in seinem folgenden Brief an diesen:

»Verehrtester Freund!

Recht viel möchte ich Ihnen vom Weihnachtsabend schreiben, wie er uns durch Joachims Nachrichten so schön wurde, wie er uns den ganzen Abend von Ihnen erzählte und Ihre Frau so still weinte. Wir waren ganz erfüllt von der freudigen Hoffnung, Sie auch bald wiedersehen zu können.

Immer schaffen Sie doch die Tage, die uns sonst doppelte Trauertage wären, zu hohen Festtagen um. An ihrem Geburtstage durfte Ihre Frau Ihnen den ersten Brief schreiben, am Weihnachtsabend sprach Sie zuerst der Freund, dem allein wir das Glück gönnen und uns nur still wünschen, ihm bald folgen zu dürfen.

Am ersten Feiertag bescherte Ihre Frau. Sie wird Ihnen wohl gerade jetzt davon schreiben, auch wie hübsch Marie mit Joachim Ihre A moll-Sonate und Elise die Kinderszenen spielte, auch wie sie mich hoch erfreute durch die sämtlichen Werke Jean Pauls; ich hoffte nicht, sie in vielen Jahren mein Eigen nennen zu können. Joachim bekam die Partituren Ihrer Symphonien, mit denen Ihre Frau mich schon früher beschenkt hat.

Den Abend vor Weihnacht kam ich hier wieder an, wie lang schien mir die Trennung von Ihrer Frau! Ich hatte mich so an ihren erhebenden Umgang gewöhnt, ich hatte den ganzen Sommer so herrlich in ihrer Nähe verlebt und sie so hoch bewundern und lieben lernen, daß mir alles kahl schien, daß ich mich nur sehnen konnte sie wiederzusehen. Wie Schönes brachte ich doch mit aus Hamburg! Von Herrn Avé die Partitur zu Glucks »Alceste« (die italienische Ausgabe 1776), Ihren ersten teuren Brief an mich und manchen von Ihrer geliebten Frau. Für ein schönes Wort in Ihrem letzten Brief, für das liebevolle »Du«, muß ich Ihnen noch besonders auf das herzlichste danken; auch Ihre so sehr gütige Frau erfreut mich jetzt durch das schöne, vertrauliche Wort; es ist mir der höchste Beweis Ihrer Zuneigung, ich will es immer mehr zu verdienen suchen.

Noch vieles hätte ich Ihnen zu schreiben, geliebtester Freund, doch würde es wohl nur Wiederholung dessen sein, was Ihre Frau Ihnen schreibt; deshalb schließe ich mit dem wärmsten Händedruck und Gruß

Ihr

Johannes.

Düsseldorf, 30. Dezember 1854.«

Frau Schumann, welche die Anstrengungen einer Konzertreise nach Holland vor sich hatte, gönnte sich in der ersten Hälfte Januar eine kurze Ruhepause und wurde durch sehr ermutigende Briefe ihres Mannes aufgeheitert. Er schrieb am 6.:

». . .Nun wollt' ich Dir, meine Clara, auch ganz besonders für die ›Künstlerbriefe‹ danken und Johannes für die Sonate und Balladen.[1] Die kenn' ich jetzt. Die Sonate – einmal erinnere ich sie von ihm gehört zu haben – und so tief ergriffen; überall genial, tief, innig, wie Alles ineinander verwoben. Und die Balladen – die 1ste wie wunderbar, ganz neu; nur das doppio movimento wie bei der 2ten versteh' ich nicht, – wird es nicht zu schnell? Der Schluß schön-eigentümlich! Die 2te wie anders, wie mannigfaltig, die Phantasie reich anzuregen; zauberhafte Gänge sind darin. Das Schluß-Baß-Fis scheint die 3te Ballade einzuleiten. Wie nennt man die? Dämonisch, – ganz herrlich und wie's immer heimlicher wird nach dem pp. im Trio; dieses selbst ganz verklärt und der Rückgang und der Schluß. Hat diese Ballade auf Dich, meine Clara, wohl einen gleichen Eindruck hervorgebracht? In der 4ten Ballade wie schön, daß der seltsame erste Melodieton zum Schluß zwischen Moll und Dur schwankt und wehmütig in Dur bleibt. Nun weiter zu Ouvertüren und Symphonien! Gefällt dies Dir, meine Clara, nicht besser als Orgel? Eine Symphonie oder Oper, die enthusiastische Wirkung und großes Aufsehen macht, bringt am schnellsten und auch alle anderen Kompositionen vorwärts. Er muß.

Nun grüße Johannes recht und die Kinder und Du, meine Herzensliebste, erinnere Dich Deines in aller Liebe ergebenen

Robert.«

Brahms durfte Joachim nachfolgen und machte dem Meister am 11. Januar einen mehrstündigen Besuch, in dessen Verlauf er ihm vorspielte und mit ihm vierhändig spielte. Zum Schluß begleitete Schumann seinen teueren jungen Freund nach Bonn zurück und konnte sich nicht entschließen, sich von ihm zu trennen. Johannes riß sich gerade noch zur rechten Zeit los, um den Zug zu erreichen; Brahms schrieb einige Tage darauf:

1 In Manuskript: Balladen für Pianoforte, op. 10.

»Lieber verehrter Freund!

Ich muß Ihnen selbst meinen Dank sagen für die große Freude, die Sie mir machen durch die Widmung Ihres herrlichen Konzertstückes.[1] Wie freue ich mich, so meinen Namen gedruckt zu sehen! Noch besonders dann, daß mir wie Joachim ein Konzert gehört.[2] Oft sprachen wir über beide und welches uns wohl das liebste – wir haben es nicht herausgekriegt.

Mit Wonne gedenke ich noch der kurzen Stunden, die ich bei Ihnen sein durfte, sie waren so schön – aber entschwanden gar so schnell. Ich kann Ihrer Frau nicht genug davon erzählen; doppelt glücklich macht es mich, daß Sie mich so freudig und gütig empfingen und jetzt noch mit so viel Liebe der Stunden gedenken.

So werden wir Sie immer öfter und schöner wiedersehen, bis wir Sie wieder besitzen.

Den Katalog (die Zeitfolge der Entstehung) wie Sie wünschten, habe ich Ihrem Abschreiber (Fuchs) gebracht.

Der Brief von Jenny Lind, meine ich, wird Ihnen wohl im Original lieb sein. Die Handschrift ist es wohl, welche Sie wünschen, denn was darin steht, brauche ich Ihnen doch nicht erst aufzuschreiben.

Das neue Werk von Bargiel legen wir bei, es wird Ihnen, wohl wie uns, große Freude machen; ein bedeutender Fortschritt ist es doch von op. 8 bis op. 9. Beide sind Ihrer Frau gewidmet; das täte ich auch gern immer, ich möchte nur mit den Namen Joachim und Clara Schumann abwechseln bis ich den Mut hätte, Ihren Namen einmal hinzuzusetzen; der wird mir wohl so bald nicht kommen.

Nun leben Sie recht wohl, teurer Mann, und denken Sie zuweilen in Liebe Ihres

Johannes.

Düsseldorf, im Januar 1855.

Erinnern Sie sich, daß Sie mich schon im vorigen Winter zu einer Ouvertüre zu »Romeo« ermunterten? Übrigens habe ich mich vergangenen Sommer an einer Symphonie versucht, den ersten Satz sogar instrumentiert und den zweiten und dritten komponiert. (In D moll $^6/_4$ langsam.)«

Während des ganzen Winters teilten sich Joachim und Brahms in der praktischsten Weise in die Betätigung des Gefühls ihrer Ergebenheit gegen Frau Schumann, wodurch sie mit gleichem Eifer ihre Verehrung für den geliebten Meister in seiner schrecklichen Prüfung auszudrücken suchten. Nach ihrer Rückkehr von Holland blieb Joachim häufig Frau Schumanns künstlerischer Reisebegleiter, und der Erfolg, den die beiden großen Musiker bei den vielen Gelegenheiten hatten, bei denen sie zusammen Konzerte gaben, war während dieser und der folgenden Saison phänomenal. Johannes blieb in Düsseldorf, um Schumanns kleine Bitten erfüllen zu können und der besorgten Frau und Mut-

1 Konzert-Allegro mit Introduktion für Klavier und Orchester, op. 134.
2 Phantasie für Violine und Orchester, op. 131, dem Joachim gewidmet.

ter über alles, was zu Hause vorging, heitere Nachrichten zu senden. Im Februar schreibt er nach Endenich:

»Lieber verehrter Freund!

Ich schicke Ihnen hier die gewünschten Sachen; eine Halsbinde und die *Signale*. Für erstere muß ich verantwortlich sein; da Ihre Frau in Berlin, so galt meine Entscheidung. Wenn sie Ihnen nur recht ist und nicht zu hoch?

Die Signale schicke ich Ihnen vom vorigen Jahr mit, es fehlen einige Nummern, wir haben wohl nicht genug darauf geachtet. Von jetzt an sollen Sie sie regelmäßig haben.

Ich kann schon jetzt die bestimmteste Versicherung geben, daß Herr Arnold Ihre Korrektur der »Gesänge der Frühe« bekommen hat. Daß er mit der Herausgabe so lange zögert, hat wohl einen anderen Grund.

Ob Ihnen denn der weite Spaziergang mit mir gut bekommen ist?

– Ich denke doch. Mit welcher Wonne denke ich an den schönen Tag, selten war ich so überglücklich! Ihre liebe Frau habe ich recht beruhigt und erfreut durch meinen seligen Brief.

Viele Grüße an Sie sind mir aufgetragen von allen Ihren Freunden hier. Den Ihrer Kinder und Fräulein Berthas[1] will ich besonders nennen.

Möge es Ihnen gut gehen und Sie sich manchmal in Liebe erinnern Ihres

Johannes.

Düsseldorf, im Februar 1855.«

Zu Anfang März folgt wieder ein Brief:

»Verehrtester Meister!

Sie werden sich recht verwundert haben, daß ich von einer Fis moll-Sonate schrieb, die mitkommen sollte, und keine da war. Ich hatte heute früh ganz vergessen sie beizulegen.

Hier sende ich sie mit den Liedern und Chören der »Maria Stuart«. Ich denke das ist Ihnen lieb, Sie schrieben öfter davon.

Ihre Frau schreibt mir soeben, ganz beglückt von Ihrem Brief; sie will Ihnen wunderschönes Notenpapier schicken. Ich bin wohl rasch gewesen, aber nicht so zärtlich, nur Frauen machen doch alles schnell und schön, zart zugleich.

Mit dem herzlichsten Gruße Ihr

Johannes Brahms

Düsseldorf, März 1855.«

Auf die Fis moll-Sonate, op. 2, antwortet Schumann:

»Ihre zweite Sonate, Lieber, hat mich Ihnen wieder viel näher gebracht. Sie war mir ganz fremd; ich lebe in Ihrer Musik, daß ich sie vom Blatte halbweg gleich,

1 Fräulein Bertha Bölling, eine junge Dame, die einige Jahre bei Schumanns als häusliche Stütze der Frau Schumann lebte, an der sie sehr hing und deren Vertrauen sie in hohem Maße genoß. Während der ersten wenigen Tage von Schumanns Krankheit, bevor er nach Endenich gebracht wurde, gestatteten ihr die Ärzte, im Krankenzimmer ein- und auszugehen und ihre Gegenwart übte eine beruhigende Wirkung auf den Patienten aus.

einen Satz nach dem anderen, spielen kann. Dem bring' ich Dankopfer. Gleich der Anfang, das pp., der ganze Satz – so gab es noch nie einen. Andante und diese Variationen und dieses Scherzo darauf, ganz anders, als in den anderen, und das Finale, das Sostenuto, die Mimik zum Anfange des zweiten Teiles, das Animato und der Schluß –, ohne weiteres einen Lorbeerkranz dem anderswo herkommenden Johannes. Und die Lieder, gleich das erste, das zweite schien ich zu kennen; aber das dritte – das hat (zum Anfang) eine Melodie, wo gute Mädchen schwärmen, und der herrliche Schluß. Das vierte ganz originell. Im fünften Musik so schön – wie das Gedicht. Das sechste von den anderen ganz verschieden. Die Melodie-Harmonie auf *Rauschen, Wipfeln,* das gefällt mir ...«

An Joachim schreibt Schumann am 10. März:

»Ihr Brief hat mich ganz freudig gestimmt, Ihre sehr großen Lücken in Ihrer künstlerischen Ausbildung und das sogenannte Violinen-Auge und die Anrede, nichts konnte mich mehr belustigen. Dann dachte ich nach: Hamlet-Ouvertüre – Heinrich-Ouvertüre – Lindenrauschen, Abendglocken, Balladen – Heft für Viola und Pianoforte – die merkwürdigen Stücke, die Sie mit Clara in Hannover im Hotel einmal abends spielten, und wie ich weiter nachsann, kam ich an diesen Briefanfang: ...Johannes hat mir den vorigen Jahrgang der Signale gesandt zu meinem großen Vergnügen. Denn mir war alles neu, was während vom 20. Feber geschehen. Und so ein musikalischer Winter und der folgende von 1854/55 gab noch nie; so ein Reisen, Fliegen von Stadt zu Stadt – Frau Schröder-Devrient, Jenny Lind, Clara, Wilhelmine Clauß ...«

So vergingen die Monate. Gegen Ende der Musiksaison hörte Johannes in Gesellschaft Frau Schumanns in einem Konzert in Köln Beethovens *Missa solemnis;* und nach drei Wochen reisten sie nach Hamburg, einer Einladung des Kapellmeisters Otten folgend, der, ein wohlbekannter Musiker der Stadt, am 21. April in seinem Abonnementkonzert Schumanns »Manfred« aufführen wollte. Auf der Rückreise brachten sie einen Tag in Hannover zu, und am 7. Mai, Brahms' zweiundzwanzigstem Geburtstag, traf Joachim bei seinen Freunden in Düsseldorf ein, um das Versprechen zu erfüllen, sein Hauptquartier für diese Saison in ihrer Nähe aufzuschlagen während der sogenannten »freien Zeit« – das heißt frei von den festen Amtspflichten in Hannover –, welche, laut Kontrakt, bis zum Oktober dauerte.

Unter Brahms' Geburtstagsgeschenken befand sich das Manuskript einer Romanze für Klavier, die Frau Schumann für ihn komponiert hatte, und von dem Meister die Partitur seiner Ouvertüre zur »Braut von Messina«, beides mit liebevollen Widmungen. Der folgende Dankbrief ist der letzte, den Brahms nach Endenich schrieb:

»Geliebter, verehrter Freund!

Den innigsten Dank muß ich Ihnen sagen, daß Sie meiner am 7. Mai so liebend gedachten. Wie überraschten und erfreuten mich das schöne Geschenk und die liebevollen Worte im Buch!

Der Tag war überhaupt so schön, wie man nicht oft einen erlebt. Ihre teure Frau versteht es, recht selig zu machen. – Sie wissen das wohl am besten.

Ein Bild der Mutter und Schwester und Ihres überraschten mich; nachmittags kam Joachim, und für recht lange, hoffen wir.

In Hamburg hörte ich die Ouvertüre zur »Braut von Messina« kürzlich, wie Sie wissen. Wie sehr hat mich das tiefernste Werk ergriffen, und nach dem »Manfred«! Immer wünschte ich Sie hin, um mitzuhören und zu sehen, welche Wonne Sie durch Ihre herrlichsten Werke bereiten.

Lange schon sehnte ich mich zumeist »Manfred« oder den »Faust« zu hören; ich hoffe, das Letzte, Größte hören wir noch einmal zusammen.

Nur Ihr langes Schweigen, das uns beunruhigte, konnte mich abhalten, Ihnen meinen Dank früher zu sagen; nehmen Sie jetzt den herzlichsten Dank für das teure Andenken an den 7. Mai 1885.

In herzlicher Liebe und Verehrung Ihr

Johannes.

Düsseldorf, Mai 1855.«

Siebentes Kapitel

1855–1856

Niederrheinisches Musikfest – Madame Jenny Lind-Goldschmidt – Eduard Hanslick – Brahms als Klaviervirtuose – Zurückgezogenheit und Studium – Frau Schumann in Wien und London – Julius Stockhausen – Schumanns Tod.

Dem diesjährigen Niederrheinischen Musikfest, das wieder in Düsseldorf abgehalten ward (27.–29. Mai), wurde durch das Auftreten von Madame Jenny Lind-Goldschmidt in allen drei Konzerten außerordentliches Interesse verliehen. Nach traditioneller Gewohnheit, und tatsächlich wegen der *raison d'être* dieser großen Pfingstversammlungen, stand auf dem Programm der beiden ersten Tage je ein großes Werk für Chor und Orchester, und bei dieser besonderen Gelegenheit lieferten die Chorvereine von etwa zwölf Städten zusammen über 650 Stimmen, die nach mehrwöchentlichen vorhergehenden Proben reif waren zur Aufführung von Haydns »Schöpfung« und Schumanns »Paradies und die Peri«. Ein besonders interessantes Detail ist es unter den Verhältnissen jener Zeit, daß die Wahl des schönen Schumannschen Werkes in erster Linie einem von Madame Lind-Goldschmidt geäußerten Wunsch zu verdanken war. Als Festdirigent war Ferdinand Hiller aus Köln und zur Leitung des prächtigen Streicherkorps Konzertmeister Ferdinand David aus Leipzig berufen worden.

Es bedarf kaum der Erwähnung, daß Madame Goldschmidts Leistung, was die Sopran-Soli der beiden genannten Werke betrifft, den gewohnten außerordentlichen Eindruck hervorbrachte. Der Name »Jenny Lind« ist beinahe gleichbedeutend mit »Triumph«. Otto Jahn sagt:

»Wer Jenny Lind-Goldschmidt die vollkommenste Reinheit und Sicherheit der Intonation, die strengste Korrektheit im Vortrag, Deutlichkeit und Klarheit der Aussprache, die staunenswerteste Virtuosität in allem, was die Gesangstechnik angeht, nachrühmt – der wird die Vorstellung einer großen Sängerin hervorrufen – und das ist sie unbestritten – allein ihr eigentümliches Wesen ist darin nicht beschlossen. Was sie zu einer, in ihrer Art einzigen Erscheinung macht, ist die geniale Kraft, mit welcher sie, was sie auch immer singt, bis ins geringste Detail aus sich heraus in einer Weise belebt, daß es ihr eigenstes Eigen wird, ohne daß dem Kunstwerk etwas Fremdes hinzugetan wird – das Geheimnis der künstlerischen Reproduktion in ihrer höchsten Vollendung, das im Grunde ebenso unbegreiflich ist, als das der Produktion selbst, und womit man sich durch Bezeichnungen, wie geistreiche Auffassung und dergleichen nicht abfinden kann.«[1]

1 »Gesammelte Aufsätze über Musik«.

Beim dritten, sogenannten »Künstlerkonzert«, das hauptsächlich den Soli gewidmet ist, hörte man Madame Lind in Terzetten aus Mozarts »Figaro« und Bellinis »Beatrice die Tenda«, und in Mendelssohns Lied »Die Sterne schauen in stiller Nacht«. Der stürmische Applaus, die Hervorrufe, der Orchestertusch, die Blumen und Gedichte, in denen sich die Begeisterung des Publikums Bahn brach, wurden von den damaligen Kritikern gebührend verzeichnet. Die Instrumental Soli dieses letzten Programms waren in den Händen von Otto Goldschmidt und Konzertmeister David.

Glanzvoll steht das Fest in der Erinnerung. Die durch den Zauber des einen Namens herangelockte ungeheuere Menge der Zuhörer war sowohl durch Qualität als durch Quantität bemerkenswert.

»Ein Verzeichnis der Zelebritäten zu geben ist untunlich,« fährt Jahn fort; »wer fasset ihre Zahl? Um nur einige Spitzen zu streifen: es fanden sich Kritiker zusammen von Chorley aus London bis Hanslick aus Wien, Pianisten von St. Heller aus Paris bis Stein aus Reval, Komponisten von Franz Lachner bis Franz Liszt. Musikdirektoren aber gab es beinahe noch mehr als Geheimräte in Berlin.«

Hanslick sagt:

»In Jakobis Garten (Pempelfort), mir durch Goethes Aufenthalt bei Jakobi ein geweihter Ort, traf ich des Morgens Joachim und Brahms. Der Zweiundzwanzigjährige mit seinem langen blonden Haar, seinen Vergißmeinnicht-Augen und einer Gesichtsfarbe wie Milch und Blut, glich irgend einem Jean Paulschen Idealjüngling.«

Dies war Brahms' erste Begegnung mit dem Manne, der durch 30 Jahre seiner späteren Laufbahn einer seiner intimsten Freunde und verständnisvollsten Kritiker wurde. Bei einer von Frau Schumann gegebenen Matinee zu Ehren der ihr befreundeten berühmten Musiker, die sich in Düsseldorf versammelt hatten, erneuerte Johannes seine Bekanntschaft mit Liszt, bei dem die Werke von Haydn und Schumann, die er an den beiden ersten Konzerttagen gehört hatte, scheinbar die gleiche Langeweile verursachten; und wir können als sicher annehmen, daß die Begegnung zwischen dem Parteiführer von Weimar und Schumanns feurigem, jungen Freund die Annäherung nicht förderte. Unser Musiker wurde am selben Nachmittag Madame Lind-Goldschmidt vorgestellt und dies war das einzige Mal im Leben, daß er mit ihr sprach. Kein besonderes Gefühl persönlichen Interesses erwachte zwischen den beiden Künstlern. Johannes' große Fähigkeit, sich einer ausschließlichen Begeisterung hinzugeben, begnügte sich mit seiner Ergebenheit gegen Frau Schumann, und vielleicht war es auch sein Mangel an gesellschaftlicher Gewandtheit, der ihn bei dieser und anderen Gelegenheiten sich in einigen zwar harmlosen, aber auch entschieden zwecklosen Scherzen ergehen ließ und der den Geschmack der verwöhnten Dame, welche die Elite von Europa und Amerika zu ihren Füßen gesehen hatte, etwas beleidigte. Madame Goldschmidts erster persönlicher Eindruck wurde noch verstärkt durch einen Vorfall, der hier sehr bald erwähnt werden wird; auch hat sie nie große Vorliebe für Brahms' Musik an den Tag gelegt. Besondere Umstände brachten sie mit dieser jedoch in späteren Jahren in einen gewissen Zusammenhang, der eines eigenen Interesses nicht entbehrt, besonders für die Musikliebhaber von England. Bei Gelegenheit der schönen Aufführungen von Brahms' »Schicksalslied« (29. April 1878) und des »Deutschen Requiems« (16. März 1880 und 6. April 1881) in St. James-Hall in London, die von der Bach-Gesellschaft unter Leitung ihres damaligen Dirigenten Otto Goldschmidt veranstaltet wurden, befand sich die berühmte Sängerin, die sich seit lange vom öffentlichen Leben zurückgezogen hatte, als Führerin der Soprane unter den Truppen ihres Mannes; und die Begeisterung ist bis heute nicht vergessen, die sich damals auf den Chor übertrug durch das Mitwirken dieser einen, die vermöge ihrer hohen Begabung jedenfalls besonders befähigt war, den eindringlichen Ernst in des Meisters Kunst zu würdigen.

Joachims verlängerter Aufenthalt in Düsseldorf trug zu seines Freundes musikalischer Erfahrung in wichtiger Weise bei, insofern Joachim zweimal wöchentlich in seiner Wohnung Privat-Quartettabende veranstaltete. Es war Brahms nicht häufig Gelegenheit geboten, die großen Kammermusikwerke für Streichinstrumente zu hören und er konnte nun seine Bekanntschaft mit dieser Kunstform auf solch köstliche Art vervollkommnen. Trotz der traurigen Umstände, die sie in Düsseldorf zurückhielten – denn Schumanns Befinden verursachte wieder große Besorgnis –, war es doch eine glückliche Zeit für die beiden jungen Leute, die viele Stunden des Tages miteinander verbrachten. Johannes wohnte ein Stockwerk höher als Frau Schumann, Joachim gleich daneben. Der Morgen wurde von jedem seinen besonderen Beschäftigungen gewidmet, doch führten diese sie häufig zusammen, und mittags nahmen sie immer an Frau Schumanns Familientisch teil, während der wenigen Wochen, die ihr zu Hause zu weilen vergönnt war. Des Nachmittags und Abends wurden oft lange Spaziergänge und Ausflüge gemacht. Joachim hatte seine Einsamkeit vergessen und Johannes' Liebe zu seinem teuersten Joseph wurde zu einer der Triebfedern seiner Lebensfreude.

Die zweite Hälfte Juni brachte Frau Schumann in Detmold zu, der Hauptstadt des kleinen Fürstentums Lippe-Detmold, wo während der fünfziger und sechziger Jahre ein sehr blühendes und regsames Musikleben herrschte. Der regierende Fürst, Leopold III., erbte von seiner Mutter, einer Prinzessin von Schwarzburg-Sondershausen, ein feines Verständnis für Musik, das seine Geschwister teilten, und bald nach seiner Thronbesteigung brachte er eine Kapelle zusammen, die, zunächst aus dreiunddreißig Mitgliedern bestehend, bald auf fünfundvierzig anwuchs, unter der Leitung des Violinisten Kiel, eines Schülers von Spohr. Es wurde jedes Jahr eine gewisse Anzahl Hofkonzerte gegeben, deren aus den Werken der besten klassischen und modernen Komponisten gewählte Programme je eine Symphonie, zwei Ouvertüren und mehrere Soli enthielten. Dem Fürsten fehlte es nicht an Interesse für die neudeutsche Schule, und man gab von Zeit zu Zeit Kompositionen von Wagner und Berlioz. Ab und zu wurde auch ein großes Chorwerk oder ein Teil eines solchen aufgeführt.

Die verwitwete Fürstin-Mutter wohnte mit ihren Töchtern, den Prinzessinnen Louise, Friederike und Pauline, in dem alten Schloß, unweit des fürstlichen Palastes, und man hatte ausgemacht, daß die talentierte Prinzessin Friederike den Unterricht der Frau Schumann genießen solle während des kurzen Zeitraumes, der der Künstlerin zur Verfügung stand. Diese Veranstaltung erwies sich als sehr erfolgreich, und zwar nicht nur betreffs des Unterrichtes. Frau Schumann entzückte einen Kreis teilnehmender Zuhörer bei mehreren Hof-Soireen durch ihr Spiel, wurde bei einem öffentlichen Konzert mit Enthusiasmus aufgenommen und am Abend vor ihrer Abreise spielte sie eines der Beethovenschen Klavierkonzerte in einem Hof-Orchesterkonzert, das noch denkwürdiger wurde durch Anwesenheit Joachims, der desselben Meisters Violinkonzert vortrug.

Bald nach der Rückkehr der beiden Künstler zerstreute sich

die kleine Düsseldorfer Gesellschaft für einige Zeit. Joachim unternahm eine Reise nach Tirol und Frau Schumann, von Fräulein Bertha und Johannes begleitet, ging nach Ems, wo sie für den 15. Juli ein Konzert angekündigt hatte, zu dem Madame Lind-Goldschmidt während der Woche des Düsseldorfer Festes ihre Mitwirkung zugesagt hatte. Das festgesetzte Datum war gegen das ursprünglich gewählte etwas verfrüht und Goldschmidt war mittlerweile, wichtiger Geschäfte halber, nach Schweden berufen worden. Er unterbrach jedoch seine Verpflichtungen und fuhr nach Ems, um Frau Schumann seine Dienste zur Verfügung zu stellen sowohl bei Überwachung der geschäftlichen Konzertangelegenheiten, wie als Begleiter seiner Frau; bei dieser Gelegenheit war es, daß die anscheinende Nonchalance in Brahms' Verhalten ein Gefühl der Gereiztheit in Madame Goldschmidt und ihrem Gatten zeitigte.

Das Konzert sollte in einem Saal des Kurhauses stattfinden, und Dank der Verspätung einiger Autoritäten konnten die Arrangements, die an Ort und Stelle getroffen werden mußten, einschließlich des Empfangens und Plazierens einer großen Anzahl von Billettbesitzern, erst ein oder zwei Stunden vor der für Beginn der Musik festgesetzten Zeit ihren Anfang nehmen. Das Resultat war eine unbeschreibliche Eile und Verwirrung und viele letzte Vorbereitungen mußten getroffen werden, während das Publikum sich schon versammelte. Die ganze Wucht dieser Schwierigkeiten fiel auf Goldschmidt, der sie erfolgreich überwand, sich jedoch ärgerte, daß Brahms, der mit Frau Schumann und Fräulein Bertha ein paar Tage vor dem Konzert angekommen war, den darauffolgenden Nachmittag sofort abreiste und, anstatt zu bleiben und sich nützlich zu machen, sich in Ems nicht mehr sehen ließ. Er fuhr nach Braubach und wanderte dort allein herum, bis die abgewickelte Konzertangelegenheit, welche einen Reingewinn von 1340 Talern eintrug, Frau Schumann die Freiheit wiedergab. Es ist keine Frage, daß bei diesem Anlaß Brahms' unüberwindliche Abneigung gegen ein fashionables Publikum über seine Urteilskraft den Sieg davontrug; aber es ist nicht zu verwundern, daß über seine wirkliche oder anscheinende Gleichgültigkeit Bemerkungen gemacht wurden seitens derer, denen sie unerklärlich schien. Frau Schumann und ihre Begleiterin am Morgen des 16., dem Tage ihrer Abreise von Ems, wieder treffend, verbrachte Johannes zehn glückliche Tage in ihrer Gesellschaft, den Rhein entlangwandernd von Coblenz bis Mainz und zum Schluß noch Frankfurt und Heidelberg besuchend. »Das waren wonnige Tage, ich hätte nimmer gedacht, daß ich so selig auf der Reise mit zwei Damen sein könnte,« schrieb er von Heidelberg an Grimm. Ende des Monats waren die drei Ferienwanderer wieder zurück in Düsseldorf.

Das gefürchtete Geschäft des Übersiedelns in eine neue Wohnung, mit dem unvermeidlichen Losreißen von durch Freude und Kummer gleich geheiligten Familienerinnerungen, erwartete Frau Schumann bei ihrer Rückkehr und wurde von ihr mit solchem Mut zu Ende geführt, daß sie imstande war, anfangs August nach dem Norden zu reisen und einige Wochen an der See auszuruhen. Brahms, der die neue Wohnung – im ersten Stock, 135 Poststraße – definitiv mitbezog, blieb in Düsseldorf, um an seinem Klavierspiel weiterzuarbeiten. Obschon er zu sagen pflegte, daß seine Laune immer besser würde, wenn er den letzten Heller ausgegeben hätte, so hatten seine prekären äußeren Umstände während des vergangenen Jahres in Wahrheit schwer auf ihm gelastet. Der Ertrag aus dem Verkauf seiner Werke war kein sicherer; Schüler waren nicht leicht zu bekommen; so beschloß er, den Rat seiner zwei besten Freunde zu befolgen und sein Glück wieder als Klaviervirtuose zu versuchen. Er fürchtete sich vor der kommenden Feuerprobe und schrak zurück vor den Trennungen, die sie in sich schloß, hielt aber fest an seinem Plan. Im Laufe des September wurde seine Absicht, eine Konzertreise zu unternehmen, in den Signalen angekündigt. Mittlerweise verschafften ihm die Rückkehr Frau Schumanns von Düsternbrook bei Kiel und die Joachims aus Tirol noch ein paar glückliche Wochen.

»Sonntag, den 26. [August] verbrachten wir recht in Gemütlichkeit«, schreibt Frau Clara; »Joachim erzählte so manches von seiner Tiroler Reise, und Johannes und ich, wir freuten uns, daß wir wieder alle beisammen.« Die Kammermusikabende wurden wieder aufgenommen und den September hindurch, einmal wöchentlich, bei Frau Schumann abgehalten. Ab und zu hatte Johannes Gelegenheit mitzuspielen in Werken für Klavier und Streichinstrumente. Sein Wiedererscheinen in der Öffentlichkeit fand nicht in Leipzig statt, wie dies beabsichtigt gewesen war, sondern in Danzig, wo er mit Frau Clara und Joachim am 14. und 16. November Konzerte gab, eine Änderung des Planes, die für ihn wenigstens den gewünschten Erfolg hatte, seine Tasche zu füllen. Eine Schilderung von Brahms, bei seiner Ankunft in der Stadt, gibt Anton Door;[1] sie bildet eine unterhaltende und vielleicht lehrreiche Fortsetzung des vorausgegangenen Berichtes über die Ereignisse in Ems. Door schreibt:

»Ich hatte mich kaum eine Woche in Danzig aufgehalten, als ich zu meiner Überraschung große Plakate an den Straßenecken fand, die das bevorstehende Konzert von Clara Schumann, Joseph Joachim, Johannes Brahms ankündigten. Sofort suchte ich Joachim auf. Er nahm mich überaus freundlich auf und wir plauderten wie alte, gute Bekannte von der Heimat und unseren Erlebnissen.

Während der ganzen Zeit unseres Zusammenseins ging im Hintergrund des Zimmers ein schlanker, junger Mann, mit langen, blonden Haaren, Zigaretten rauchend, fortwährend auf und ab, ohne sich im geringsten um meine Anwesenheit zu bekümmern, nicht einmal durch eine leise Kopfneigung verratend, daß er mich bemerkt hätte; mit einem Wort, ich war Luft für ihn. Dies war mein erstes Zusammentreffen mit Johannes Brahms.«

Nichtsdestoweniger wurde Door in späteren Jahren ein aufrichtiger Freund und Bewunderer des Komponisten.

In der Anordnung der Programme wurde eine vollständig gleiche Verteilung unter die drei ausübenden Künstler eingehalten. Jeder trug Soli vor, und beide Pianisten spielten mit dem Violinisten zusammen bei jedem Konzert. Brahms' Beiträge schlossen Bachs Chromatische Phantasie ein, welche durch seine ganze Virtuosenlaufbahn eine seiner *pièces de résistance* blieb; ferner zwei Manuskripte, Sarabande und Gavotte aus den »Albumblättern«, welche er im Jahre 1854 veröffentlichen wollte. Unglücklicherweise verband sich die ihm angeborene Nervosität mit der entmutigenden Wirkung eines schlechten Klaviers, und trübte seinen künstlerischen Erfolg.

Der entscheidende Augenblick war jetzt gekommen, wo Johannes seinen Freunden Lebenwohl sagen und seinen eigenen Weg gehen mußte. Er spielte, zum erstenmal in seinem Leben, mit Orchester – und zwar mit Erfolg – in dem Bremer Abonnementkonzert vom 20. November Beethovens G dur-Konzert und Schumanns große Phantasie, op. 17; und am 24., dem Datum, dessen Annäherung er mit immer größerer Angst entgegensah, trat er zum erstenmal, nach der erstaunlichen Wendung in seinem Ge-

1 *Die Musik,* erste Mai-Nummer, 1903.

schick im Jahre 1853, in Hamburg auf, wo er in einem der von G. D. Ottens jährlich veranstalteten Orchester-Abonnementkonzerte spielte.

Ohne Zweifel wurde seine Nervosität – die *bête noire* ausübender Künstler, deren Angriffen Brahms durch sein seltenes öffentliches Auftreten nur um so mehr ausgesetzt war – noch erhöht durch das Gefühl, daß er nicht nur vor seinen Mitbürgern eine Probe ablegen sollte, sondern, daß auch liebende Freunde im Publikum waren, bereit seinen Triumph zu teilen. Er hatte Beethovens Es dur-Konzert und Soli von Schumann und Schubert gewählt, aber obschon er anscheinend mit seinem Empfang zufrieden war und seinen Freunden berichtete, daß er »mit aller Besonnenheit feurig gespielt« habe, hatte er doch nicht mehr als einen Achtungserfolg, wenn man den Berichten einer zeitgenössischen Presse trauen darf. Der Kritiker der *»Hamburger Nachrichten«* sagt:

»Das Pianoforte-Solo des Werkes [des Konzerts] spielte Herr Brahms mit der Bescheidenheit eines jungen Künstlers und in steter Unterordnung unter die musikalische Gesamtwirkung des symphonischen Konzerts. Nach unserer Meinung ist er zu weit in seiner Zurückhaltung gegangen. Er hätte seine Fertigkeit, ohne dem Geist des Tonwerks zu nahe zu treten, immerhin mit etwas virtuoserer Bravour an den Tag legen dürfen. Daß er sie besitzt, zeigt er durch sein Spiel eines Kanons von Schumann und eines vierhändigen Marsches von Schubert, von Brahms für zwei Hände arrangiert.«

Es wird der Aufmerksamkeit des Lesers nicht entgangen sein, daß Brahms bei den eben verzeichneten Gelegenheiten keine wichtige, neue Komposition von sich selbst vorgeführt hatte und daß auch keiner neuen Herausgabe seiner Werke Erwähnung geschehen ist, seit dem Herbst 1854. Der Grund hierfür ist nicht weit zu suchen. Weder das außerordentliche Lob, das Schumann, Joachim und ihr Kreis seinen Kompositionen zollten, noch die Zurückhaltung, mit der sie von vielen Musikern aufgenommen wurden, deren Ehrlichkeit nicht zu bezweifeln ist, noch die scharfen Angriffe eines Teils, und besonders des rheinischen Teils, der musikalischen Presse, konnten jenes Tribunal schließlich beeinflussen, dem er frühzeitig gewohnt war, seine Werke in letzter Instanz vorzulegen – das seiner forschenden Selbstkritik. Er hatte, wie der Leser gesehen hat, Schumanns Wunsch erfüllt und sich in der Symphonie versucht. Die Entdeckung, daß er noch nicht die technischen Kenntnisse genügend beherrschte, die ihm zur erfolgreichen Erfüllung dieser Aufgabe unentbehrlich waren, hinderte ihn ohne Zweifel, sie zu vollenden. Man wird sich auch erinnern, daß er jenes Streichquartett zurückbehielt, welches Schumann im Jahre 1853 dem Dr. Härtel zur Herausgabe empfohlen hatte. Um Mitte 1855, nachdem er seine Stärke und seine Schwächen genugsam ermessen hatte, beschloß er sich von neuem einem strengen Studium zu unterwerfen, einem Studium, das seine Fähigkeiten nach jeder Richtung hin erweitern, befestigen und verfeinern sollte, das aber den besonderen Zweck verfolgte, größere Leichtigkeit und Reinheit in der Stimmführung des strengen Satzes zu erreichen. Von dieser Zeit an arbeitete er etwa fünf oder sechs Jahre, ohne Aussicht auf sofortige Veröffentlichung, sondern nur mit dem festen Vorsatze, Schumanns hochgespannten Erwartungen würdig zu werden. Bald bestand er darauf, daß Joseph seine Studien teilen solle und es wurde zwischen den zwei jungen Musikern ausgemacht ihre Übungen in festgesetzten Zeiträumen auszutauschen, eine Einrichtung, an der sie mehrere Jahre festhielten. Joachim war es unmöglich, so pünktlich wie Brahms im Übersenden seiner Schriften zu sein und Johannes stellte bald ein System von Strafen auf, die bei Unregelmäßigkeiten auf einer oder der anderen Seite zu zahlen und für Bücherankauf zu verwenden waren. Der Hauptanteil dieser neuen Verordnung fiel sicher dem berühmten, jungen Konzertmeister zur Last, da seine große und immer wachsende Beliebtheit unzählige Konzertreisen im Gefolge hatte. Die Charakterverschiedenheit der beiden Männer wird durch diese Episode richtig beleuchtet; sie zeigt uns Johannes, darauf bestehend, seinen Willen durchzusetzen, während Joachim, von dem keine Entschuldigung angenommen wurde, gutmütig nachgab und mehr zu leisten wünschte, als er zu erfüllen imstande war. Viele interessante Denkzeichen von Brahms' Studien existieren noch in Form von Notenheften, gedruckt oder in Manuskript, die er zu jener Zeit sich verschaffte. Darunter eine Originalausgabe des ersten Teils von Emanuel Bachs Sammlung der vierstimmigen Choralgesänge seines Vaters (1765), auf deren Titel sich Brahms' Autograph und das Datum 1855 befindet und an deren Ende ein alphabetisches Inhaltsverzeichnis in Brahms' Handschrift steht.[1] Es existiert auch ein sehr schön (nicht von

1 Im Besitz der Verfasserin.

Brahms) geschriebenes Manuskript von Sebastian Bachs »Kunst der Fuge«, das ein oder zwei kleine Bleistiftkorrekturen in unseres Musikers nicht zu verkennender Handschrift enthält. Auf dem Titelblatt steht auch in Bleistift »Joh. Brahms, Nov. 1855, Hamburg«, in großen und kühnen Zügen, wahrscheinlich in einer der Schriftarten, die er in Hoffmanns Schule gelernt hatte.[2] Ferner ist auch ein Band Kompositionen von Orlando di Lasso vorhanden;[3] dann Manuskripte; unter anderen Palestrinas »Missa Papae Marcelli«, mit Brahms' Autograph und dem Datum 1856; Rovettas »Salve Regina«; und in Frau Schumanns Handschrift ein »Gloria« Palestrinas.[4] Noch wertvoller sind die Manuskripte einiger vier- oder sechstimmiger Messensätze von Brahms, die später von dem Komponisten seinem Freunde Grimm geschenkt wurden,[5] und diese erinnern an Dietrichs Erwähnung einer für Chor in kanonischer Form geschriebenen ganzen Messe. Diese Liste zeigt klar genug, welcher Art das Ziel des jungen Komponisten war. Er war entschlossen, die historische Entwicklung seiner Kunst gründlich kennen zu lernen und von dem, was er in den Werken der aufeinanderfolgenden Meister studiert hatte, das Warum und Weshalb, das Wie und das Wann zu erkennen. Der Zauber, der durch den klaren reinen Stil der großen alten Komponisten auf ihn geübt wurde, – deren Gelehrsamkeit oft mit solcher Leichtigkeit gehandhabt ist, daß der Laie sie kaum ahnt, – zeigt sich deutlich in vielen der später erschienenen Chorwerke von Brahms. Er übte sich in der Erlernung ihrer Technik bis sie in seiner Hand zum Werkzeug wurde, um Schöpfungen hervorzubringen, die, wie alles, was er der Welt geschenkt hat, den Stempel seiner eigenen Individualität tragen.

Die *»Neue Zeitschrift für Musik«* vom 14. Dezember brachte einen langen Artikel über Brahms, den letzten von dreien, die im Juli begonnen hatten. Seit der sehr sympathischen Kritik, die »Hoplit« geschrieben hatte, nach dem Debüt des jungen Musikers im Leipziger Gewandhaus, war bis dahin in dieser Zeitschrift nicht ein Wort über seine Kompositionen gedruckt worden, außer

2 Im Besitz der Verfasserin.
3 Im Besitz des Professor Julius Spengel.
4 In der Bibliothek der Gesellschaft der Musikfreunde, Wien.
5 Im Besitz von Fräulein Marie Grimm.

einfachen Ankündigungen von neu Erschienenem, trotzdem in der Zwischenzeit neun Opusnummern der Welt geschenkt worden waren, wovon fünf bedeutende Instrumentalwerke sind und drei aus je sechs Liedern bestehen. »Hoplit« erklärte jetzt, daß er den ganzen Tadel für diese Unterlassungssünde auf sich nehme, die, wie er behauptet, nicht der Gleichgültigkeit des Herausgebers zugeschrieben werden dürfe: Brendel hatte ihm nicht nur jedes Werk, das erschien, zugesendet, sondern ihn auch gedrängt, etwas zu schreiben, wiederholt anfragend, »Warum nichts über Brahms?« Sein eigenes, großes Interesse an dem jungen Komponisten, sein Wunsch, Schumanns Meinung selbst vollständig zu teilen, die Unfähigkeit, gänzlich damit einverstanden zu sein, hatte ihn, wie er sagte, veranlaßt, seine Kritik immer aufzuschieben; und tatsächlich bringt uns der zurückhaltende und zögernde Ton der Artikel die Überzeugung, daß sie in ganz aufrichtiger Gesinnung geschrieben waren.

»Daß Johannes Brahms gleich bei seinem ersten Auftreten zahlreiche Gegner fand, war eine seltene Auszeichnung, zu der wir ihm nur Glück wünschen könnten. Damit bewiesen seine Gegner sogleich, was sie zu leugnen wünschten, daß er eine bedeutende Kunst-Individualität besitze. Wenn aber die enthusiastischen Freunde und Verehrer von Brahms in ihm sogleich den Propheten einer neuen Zeit erblickten und namentlich den fertig entwickelten, reifen Künstler proklamierten, so war das eine liebenswürdige Überstürzung des Enthusiasmus, die man ruhig verlaufen lassen konnte, um schließlich ein zu unbedingtes Lob auf das rechte Maß zurückzuführen.« –

»Brahms ist der talentvollste und ausgeprägteste Schumannianer,« sagt der zweite und interessanteste Artikel, »so haben wir oft genug urteilen hören, und daß etwas Wahres an dieser Behauptung ist, haben wir von Anfang an im Interesse von Brahms bedauert ... Eine Natur wie die Schumannsche eben nur einmal vorhanden sein kann, weil sie in sich durchaus abgeschlossen ist und keine Fortsetzung erträgt ... Schumanns sehr bedeutende Subjektivität einen ganz unzweifelhaften hohen Wert besitzt und für die Geschichte der Kunst immer behalten wird – aber nur in ihrer Originalität ... Brahms ist kein Nachahmer Schumanns. Er zeigt mit ihm eine innere Verwandtschaft in der ganzen Anlage seines Geistes und Schaffens, die mehr als bloße Sympathie ist, die durchaus nichts Forciertes oder Ungeeignetes enthält, sondern ganz ursprünglicher Natur scheint; er hat aber auch ein Element in sich, das Schumann nicht besitzt, jenes Etwas, das uns verheißt, er werde seine eigenen Bahnen finden, wenn es ihm überhaupt vergönnt ist, zur völligen Entwicklung zu gelangen. Je mehr es ihm gelingt, sich von der ihm charakteristischen Schumannschen Natur zu befreien, desto vielversprechender wird seine Zukunft sein.

Brahms steht nicht außer Schumanns Gefahr; auch Brahms hat das innerlich Grübelnde und den sehnsüchtigen Zug nach dem Unbestimmten, Nebelhaften, der die Romantiker auf so eigentümliche Weise charakterisiert. Er hat auch mit den Romantikern und namentlich mit Schumann jenen Glauben an die Eingebungen des Genius, an die Inspirationen des Augenblicks gemein, denen man folgen müsse, ohne Wahl und Widerstand. Er bringt mitunter Sätze, denen mit der Logik schwerlich beizukommen wäre, die außer aller Konsequenz und Voraussetzung liegen, aber darum noch nicht als Himmelsgabe gutgeheißen werden können. Seine Arbeit wird dadurch ungleich, sie ist nicht stetig, weil nicht genug überlegt, und vor allem fehlt ihr noch der Stil, der die künstlerische Subjektivität zum objektiven Ausdruck gelangen läßt. Er hätte nicht als fertiger, sondern nur als werdender Meister beurteilt werden sollen ... Eine seltene, frappierende Erscheinung war es jedenfalls, daß ein so junger Komponist in seinen ersten Werken mit einer Freiheit der Formbehandlung, einer Mannigfaltigkeit der harmonischen und rhythmischen Entfaltung und einer Fülle der Gedanken auftrat, wie sie in den Jugendwerken nur solcher Talente gefunden werden können, welche den Beruf des einstigen Meisters in sich tragen. – Aber wer wollte leugnen, daß heutzutage Vieles »in der Luft« liegt, was man ehemals mit schweren Kämpfen erringen, oder lediglich aus sich heraus entwickeln mußte?«

Die Zweifel überkamen Dr. Pohl offenbar wieder beim letzten Satz, und es wäre ganz ungerecht, sein Zögern dem Einfluß von Parteigeist zuzuschreiben oder zu sagen, daß sein Gefühl von Ungewißheit hinsichtlich des Schicksales von unseres Komponisten Genie völlig grundlos gewesen. Es ist schwer, sich jetzt die Lage eines Kritikers vorzustellen, der im Jahre 1855 über den zweiundzwanzigjährigen Brahms schreiben wollte, ohne sich einer Partei zuzuneigen; aber die Aufrichtigkeit dieser *»Neuen Zeitschrift«*-Artikel wird merkwürdig bestätigt durch ein paar kräftige Worte, die im Jahre 1893 von einem vertrauten Freund des mehr als sechzigjährigen Brahms geschrieben wurden.

»Brahms' erste Klavierstücke,« sagt Hanslick,[1] »hatten mich in hohem Grade interessiert – aber doch mehr interessiert als befriedigt. Ein junger Herkules am Scheideweg. Wird er sich links zur äußersten Romantik schlagen oder rechts auf die Bahn unserer Klassiker?«

Daß Brahms selbst sich des Problems bewußt war, dem er entgegenging, zeigt sich schließlich durch den weiteren Lauf seiner Entwicklung; und mit Ausnahme der Balladen für Klavier, op. 10, die Grimm gewidmet sind, von Schumann in seinem Brief vom Januar 1855 erwähnt wurden und zu Anfang 1856 bei Breitkopf und Härtel erschienen, wurde nach dem Jahre 1854, bis nach Verlauf von sechs Jahren, kein Werk seiner Komposition veröffentlicht.

Johannes verbrachte Weihnachten wieder bei Frau Schumann und am 10. Januar spielte er Beethovens G dur-Konzert

1 »Aus meinem Leben«.

und Klaviersoli von Schumann im Leipziger Gewandhauskonzert. Der allgemeine Eindruck, den sein Spiel hervorbrachte, ist in wenigen Worten in den *»Signalen«* zusammengefaßt, die uns andeuten, daß er seine künstlerische Zurückhaltung wieder ein wenig übertrieben hatte:

»Wohl mögen manche in einzelnen Partien z.B. des Beethovenschen Konzertes, eine größere, technische Brillanz entfalten, aber nur wenige werden imstande sein, die Intentionen des Komponisten so eindringlich zu machen, wie es Herr Brahms versteht, und wie er dem Fluge des Beethovenschen Genius zu folgen und die ganze Herrlichkeit desselben zu erschließen.«

Der Kritiker fügt hinzu, daß der junge Künstler, der mehr an das Werk denkt, welches er interpretiert, als er sich selbst geltend zu machen sucht, durch seine Kompositionen in der Kunstwelt sich schon viele Freunde erworben hat.

Als er auf der Rückreise nach Hamburg, das zu dieser Zeit als sein eigentliches Heim gelten muß, auf flüchtigen Besuch nach Hannover kam, hörte Johannes zum erstenmal in einem der von Joachim dirigierten Abonnementkonzerte Rubinstein spielen, der kurz darauf an Liszt schrieb:

›...Pour ce qui est de Brahms, je ne saurais trop préciser l'impression qu'il m'a faite; pour le salon il n'est pas assez gracieux, pour la salle de concert il n'est pas assez fougueux, pour les champs il n'est pas assez primitif, pour la ville pas assez général – j'ai peu de foi en ces natures-là.‹

Wir müssen hier bemerken, daß Rubinstein für Brahms' Kunst niemals eine Vorliebe faßte und bis zum Ende seines Lebens seiner Meinung Ausdruck gab, die Reihe der großen Meister sei mit Schumann abgeschlossen. Rubinstein erwarb sich einen mächtigen Anhang in Leipzig, nicht nur als Klaviervirtuose, sondern auch als Komponist, und in späteren Jahren wurden seine Werke gegen die des Brahms ausgespielt, durch die weiten und einflußreichen Musiker- und Amateurkreise des typischen Gewandhauszirkels. Die Großmut von Rubinsteins Natur ist zu wohlbekannt, um irgendeinem Verdacht Raum zu geben, als wäre er von kleinlichen Gefühlen oder Berufsneid geleitet gewesen, und wir müssen seine wiederholten Beteuerungen, daß er in Brahms' Werken keine Musik finden könne, als echten Ausdruck seiner Empfindungen annehmen.

Der hundertjährige Geburtstag Mozarts (27. Januar 1756) wurde Anfang des Jahres 1856 durch viele Festkonzerte gefeiert, und Johannes, der am 26. zum zweitenmal in Ottens Konzerten auftrat, trug das D moll-Konzert zu einem Programm bei, welches aus des großen Meisters Werken zusammengestellt war. Während er für diese Gelegenheit im Hause der Fabrikanten Herren Baumgarten und Heins übte, machte er die Bekanntschaft des Kritikers und Journalisten E. Krause, mit dem ihn bald dauernde Freundschaft verband. Krause wurde einer der frühesten und fähigsten Verteidiger seiner Kunst.

Zweier Konzerte dieser Saison müssen wir noch Erwähnung tun – das eine gab Brahms in Kiel, zusammen mit dem Komponisten Grädener aus Hamburg und dem Violinisten John Böie, wobei er als Soli Beethovens Es dur-Sonate, op. 27 Nr. 1, und die E moll-Variationen spielte; das andere gab er in Altona und trug dort Bachs Orgel-Tokkata in F dur, Beethovens »Eroica«-Variationen und mit Böie und Breyther Schumanns Trio-Sätze »Märchenerzählungen« und Beethovens Sonate für Klavier und Violine, op. 96, vor. Er brachte den Februar und März ruhig bei seinen Eltern zu, bemüht durch Unterrichten Geld zu verdienen. Wir möchten hier eine Schülerin erwähnen, für die er sich damals interessierte – Fräulein Friedchen Wagner, selbst Klavierlehrerin und eine Cousine von Otten. Seine Bekanntschaft mit ihr steht in einem gleich noch zu erwähnenden Zusammenhang mit einigen der Werke, die er im Anfang der sechziger Jahre herausgab. In dieser Zeit entstand auch ein Klavier-Quartett in Cis moll, welches Joachim bald nach Brahms' Rückkehr nach Düsseldorf im April vorgelegt wurde. Das Werk wird durch Joachims Erörterung über das Manuskript und durch das Zitat eines der Themen in einem Brief desselben Monats festgestellt als ein früher Entwurf des im Jahre 1875 erschienenen C moll-Klavierquartetts, op. 60.

Frau Schumann, die, abgesehen von einer kurzen Unterbrechung im Dezember, während der Saison 1855/56 unausgesetzt reiste, brachte zu Anfang des Jahres mehr als zwei Monate in Wien zu, wo Schumanns Werke dem allgemeinen Publikum noch wenig bekannt waren. Als begeisterte Verkünderin der Kunst ihres Mannes gelang es ihr, Verständnis für seine Kompositionen zu wecken, während ihre staunenswerten Leistungen als ausübende Künstlerin außerordentlichen Enthusiasmus hervorriefen. Sie veranstaltete sechs Konzerte und fügte in das Programm des einen Brahms' Sarabande und Gavotte ein und in das eines anderen das

Andante und Scherzo aus seiner E dur-Sonate. Der damalige Kritiker der *»Wiener Zeitung«*, Carl Debrois van Bruyck, spricht davon als von »Stücken von besonderer Schönheit, welche den Eindruck von des jungen Komponisten außergewöhnlichem Talent bestätigen«, ein Urteil, das er sich schon durch das Studium anderer Werke gebildet hatte, besonders einer Variationenreihe, op. 9, und eines Liederheftes. Das erfolgreiche Debüt von Brahms' Namen in einem Konzertprogramm und einer hervorragenden Zeitung der Stadt, welcher er während der zweiten Hälfte seines Lebens angehören sollte, bezeichnet einen interessanten Zeitpunkt in seiner Geschichte.

Es wird passend sein, gleich Bezug zu nehmen auf eine detaillierte Kritik der ersten Werke unseres Komponisten, welche van Bruyck am 25. September 1857 in seiner Zeitung erscheinen ließ. Wie der Leser weiß, hatte Brahms bis dahin nur die schon genannten zehn Opera veröffentlicht; d.h. die drei Sonaten, das Scherzo, Variationen und Balladen für Klavier; das H dur-Trio und die drei ersten Liederhefte. Die Ähnlichkeit der Bemerkungen des Wiener Kritikers mit jenen »Hoplits« in den schon erwähnten Artikeln der *»Neuen Zeitschrift«* ist um so auffallender, als van Bruyck sich um die Parteikonflikte in Deutschland nicht kümmerte. Er war aber ein großer Verehrer von Schumanns Kunst, und wenn er in bezug auf Brahms nach irgendeiner Seite neigte, so war dies zugunsten von Schumanns jungen Propheten.

Er betrachtet die Variationen als das entschieden hervorragendste unter den zehn Werken. Sie überzeugten ihn davon, Brahms sei

> ...»ein echtes, ganz eigenartiges Talent, eine feinbegabte Künstlernatur. Es finden sich unter diesen Variationen einige von ganz zauberhafter, ätherischer Schönheit, wenngleich die allerschönste an Schumann erinnert – vielleicht absichtlich, und in einigen, wie zum Beispiel den letzten, der Hang des jungen Tondichters zum Mystisch-Verworrenen etwas unliebsam und bedenklich hervortritt. Ihnen zunächst möchte ich die Lieder stellen, in welchen Klänge von ergreifender Tiefe und Zartheit erklingen ... Brahms steht jedenfalls innerhalb des geweihten Kreises; seinem Wollen entspricht jetzt schon ein zwar noch nicht ebenmäßiges, aber sehr bestimmt vorhandenes Können, und ihn gegen Spott in Schutz zu nehmen, dessen die höher Begabten, überdies noch etwas apart Angelegten nie entraten, ist Pflicht der ernsten, parteilosen Kritik. Wie gesagt, die Kraft an sich scheint uns in Brahms über allen Zweifel erhaben, und das Bedenkliche, Gefährliche für seine Entwicklung scheint nur in seinem teils instinktiven, teils reflektierten Streben nach Überfeinerung, in seinem übermäßigen Hang zum Dämonischen, Phantastischen zu liegen. Vermag er diesen in etwas zu bezwingen, so dürfen wir gewiß,

sei es in näherer oder fernerer Zukunft, noch viel reinere, reifere Früchte von ihm erwarten.«

Der Spott, vor dem van Bruyck Johannes zu schützen wünschte, ging zu jener Zeit hauptsächlich oder gänzlich von der rheinischen Presse aus. Da dieser Spott, der weder seinen Gegenstand genau kennt, noch den Takt hat, Äußerungen seiner Unwissenheit zu unterdrücken, größtenteils aus journalistischen Gemeinplätzen bestand – die zu allen Zeiten und in allen Ländern sich gleichen–, so werden wir in diesen Blättern kein Beispiel davon anführen.

Während Frau Schumann eine Reihe ununterbrochener Erfolge in Wien feierte, lasteten die heimlichen Sorgen immer schwerer auf ihr. Die anscheinende Besserung in Schumanns Befinden war nur eine vorübergehende gewesen. Seit dem Frühjahr 1855 ging es stetig bergab mit ihm, und ehe der Winter noch ganz zu Ende war, konnten sich die Ärzte nicht mehr verbergen, daß sein Fall ein hoffnungsloser sei. Die betrübte Frau wurde durch die bestmöglichsten Berichte, die die Lage zuließ, in der Erfüllung ihrer Pflichten aufrecht erhalten, aber bei ihrer Rückkehr von Wien mußte sie jeder unmittelbaren Hoffnung entsagen, ihren Mann, den sie seit der Stunde vor der Katastrophe des Jahres 1854 nicht wiedergesehen hatte, persönlich zu begrüßen. Auch konnte sie sich den Trost nicht gönnen, in seiner Nähe zu bleiben. Sie mußte jetzt allein für den Familienunterhalt sorgen, die Kinderschar hing von ihren Bemühungen ab. Sie hatte sich für die Londoner Saison verpflichtet und nach einer sehr kurzen Ruhepause reiste sie am 7. April nach England.

Für Brahms, der durch die engsten Bande der Liebe und Dankbarkeit an Schumann und dessen Familie geknüpft war, wurde es unter der traurigen Wendung, welche die Ereignisse genommen hatten, unmöglich, bei seinen Studien in Hamburg ruhig zu verharren. Man dachte eine Zeitlang daran, den Kranken von Endenich fortzunehmen, auf alle Fälle erschien es wünschenswert, die Meinung anderer Spezialisten über Gehirnkrankheiten einzuholen, und Johannes unternahm es, persönlich bei gewissen berühmten Ärzten nachzufragen und deren Ausspruch baldmöglichst nach England zu schicken. Am 15. April schrieb Frau Schumann aus London an Dietrich, der im Sommer Wasielewskis Nachfolger als Musikdirektor in Bonn geworden war:

»Lieber Herr Dietrich!

Sie erhalten hierbei einen großen Brief von Gisela von Arnim. Wollen Sie die Güte haben, ihn an Johannes bei seiner Rückkehr zu übergeben. Noch muß ich Ihnen und Professor Jahn recht innig danken für die Teilnahme, die Sie Johannes bei seinem Unternehmen zeigen; es ist mir recht ein Trost, daß er nicht allein steht, es wäre zu schwer für ihn.

Von mir kann ich Ihnen wenig Gutes sagen. Meine Seele schweift immer in Deutschland. Ich habe schreckliche Tage jetzt. Mit blutendem Herzen habe ich gestern im Philharmonischen Konzert gespielt. Am Morgen hatte ich von Johannes Brief, wo ich aus allem das Trostlose in Betreff meines geliebten Mannes herausempfinden konnte, wenngleich er sich mit aller Liebe bemühte, mir so mild als möglich alles darzustellen. Wo mir die Kräfte hergekommen zu spielen, weiß ich nicht; zu Hause konnte ich nicht das Kleinste, und am Abend ging es doch.

Gedenken Sie zuweilen freundlich Ihrer

Clara Schumann.

Ich glaube doch, daß beiliegender Brief sehr einer Überlegung wert ist. Johannes wird ihn Ihnen und Professor Jahn gewiß mitteilen. Ich habe soeben Einiges über Kaltwasserkur für Gehirnkranke gehört, was mich sehr besorgt macht, dieselbe für meinen Mann zu gebrauchen. Bitte, sagen Sie Johannes, ich würde morgen darüber schreiben.«

Alles war jedoch vergeblich. Schumann war schon in einem vorgeschrittenen Stadium der Krankheit, welche nach ihrem verschiedenen Auftreten technisch mit mancherlei gelehrten Namen bezeichnet wird und dem Laien als Gehirnerweichung bekannt ist. Wer je beobachtet hat, wie diese grausamste aller Krankheiten eine geistige Kraft zugrunde richtet, ist mit dem allgemeinen Lauf der Symptome vertraut. Ersparen wir uns die Schilderung von Einzelheiten. Genug, daß Johannes, dem es nach mehr als einem Jahr erlaubt wurde, Schumann wiederzusehen, unaussprechlich erschrocken war und fühlte, daß die Zeit gekommen sei, die ihm zur Pflicht machte, Frau Schumann auf das Ärgste vorzubereiten. So zart als möglich ließ er sie, wie sie sich ausdrückt, zwischen den Zeilen lesen, daß kein Wechsel der Behandlung das Unausweichliche ändern könne. Alle Ärzte waren einer Meinung; es wurde daher nichts neues versucht.

Das Konzert, auf das der oben zitierte Brief so rührend Bezug nimmt, war das Philharmonische Konzert in den Hanover Square-Sälen am 14. April, wo Frau Schumann zum erstenmal in England auftrat. Könnte irgendeine Romanepisode herzzerreißender sein in ihrer rührenden Wirkung, als dieser Vorfall aus dem wirklichen Leben – das Bild dieser empfindsamen, hochsinnigen Frau, deren Nerven gewöhnlich in einem Zustand angestrengter Spannung waren, die sich der Existenz ihrer Kinder wegen zwingen mußte, zum erstenmal ein Londoner Konzertpodium zu betreten, ein Meer unbekannter Physiognomien vor sich, Freunde und Verwandte weit entfernt, wenige Stunden nachdem sie die Gewißheit erhalten hat, daß das tragische Geschick ihres leidenschaftlich geliebten Mannes besiegelt ist? Kein Wunder, daß sie vor dem Konzerte »nicht das Kleinste konnte!« Diejenigen, welche sie am besten kannten, werden begreifen, daß es »am Abend doch ging«. Das erste, was sie in England vorführte, war Beethovens Es dur-Konzert und Mendelssohns *Variations sérieuses,* und es ging alles mit brillantem Erfolg, der nur eine Vorbedeutung war für die Ereignisse der Zukunft.

Den Rest des April, sowie den ganzen Mai und Juni arbeitete die große Künstlerin ununterbrochen, in der Trostlosigkeit ihres Gemüts von Triumph zu Triumph schreitend; und einige der kurzen Kompositionen Schumanns, die vom Publikum da capo verlangt wurden, begann selbst die konservative Presse zu dulden, wohl berührt von dem Zauber ihres Vortrages. Ihre zahlreichen Konzertreisen durch die britischen Inseln erstreckten sich bis Dublin. Ihre Vorträge in den Musikvereins- (Musical-Union John Ella's) Konzerten und ihren eigenen drei Matinees waren wohl die bedeutendsten in London. In der zweiten der zuletzt genannten, die am 17. Juni stattfand, ahmte sie ihr eigenes Wiener Beispiel nach und führte Brahms' Namen zum erstenmal bei dem englischen Publikum ein. Die ganze Auswahl ist so wesentlich mit den Ereignissen und dem Zeitraum verknüpft, auf die wir unsere Aufmerksamkeit gerichtet haben, daß es den Leser interessieren dürfte, das ganze Programm zu kennen:

Variationen (Eroica)	*Beethoven.*
Zwei Divertissements, op. 17, aus der *Suite de pièces,* op. 24 Nr. 1 . .	*Sterndale Bennett.*
Variationen über ein Thema aus den »Bunten Blättern«	*Clara Schumann.*
a) Sarabande und Gavotte im Stile Bachs	*Johannes Brahms.*
b) Klavierstück in A dur . . .	*Scarlatti.*
Carnaval	*Schumann.*

Nach der Gavotte von Brahms wurde mit Begeisterung applaudiert, aber im Hinblick auf den ihr noch bevorstehenden Vortrag des »Carnaval« verweigerte Frau Schumann die Wiederholung. Am Schluß des Konzerts kehrte sie zum Klavier zurück, um auf die fortgesetzten Demonstrationen hin jene kleine Komposition zu wiederholen. Sie spielte damals auf einem Klavier von Erard, dessen Instrumente zu jener Zeit von allen großen Pianisten Europas vorgezogen wurden. Ein herrlicher Konzertflügel wurde Frau Schumann am Schluß ihrer Londoner Saison von der Firma geschenkt und nach ihrer Wohnung in Düsseldorf abgeschickt. Es blieb ihr Lieblingsinstrument zum Privatgebrauch bis 1867, wo sie nach zweijähriger Abwesenheit wieder in England auftrat und einen Broadwood-Flügel benützte. Bei ihrer Abreise wurde ihr von den Herren Broadwood and Sons ein Broadwood-Konzertflügel nach ihrem Haus bei Baden-Baden geschickt. Einige Jahre später, als die Verfasserin mit Frau Schumanns Wohnung wohlvertraut war, stand der Broadwood-Flügel im Salon, der Erard im Speisezimmer. Auf dem ersteren spielten Frau Schumann und Brahms oft vierhändig, nach dem Nachmittagskaffee; auf dem letzteren spielte Johannes – für seine alte Freundin immer »Johannes« – eines Abends nach dem Nachtmahl mehrere Nummern aus dem dritten und vierten Hefte der Ungarischen Tänze, die damals weder veröffentlicht, noch Hefte waren, und in seinen Augen lag strahlendes Leuchten.

Brahms gab vorderhand den Gedanken auf, nach Hamburg zurückzukehren. Pflicht und Neigung veranlaßten ihn, in Schumanns Nähe zu bleiben, und daß Dietrich in Bonn ansässig war, machte es ihm noch wünschenswerter, den Sommer am Rhein zu verbringen. Es war zu dieser Zeit, daß er den Dichter Claus Groth persönlich kennenlernte, der in Bonn weilte, um in der Nähe Otto Jahns zu sein; und das Musikfest des Jahres (11.–13. Mai) bezeichnet den Anfang seiner Freundschaft mit dem großen Sänger Julius Stockhausen, der, bei seinem ersten Auftreten am Rhein, den »Elias« in Mendelssohns Oratorium sang, in einer Aufführung von Händels »Alexanderfest« mitwirkte und eine Arie von Boieldieu sowie auch Lieder von Schubert, Mendelssohn und Schumann vortrug.

Stockhausen war ein Schüler Manuel Garcias in Paris und London gewesen und war sowohl dem musikalischen Publikum, als auch den engeren Künstlerkreisen beider Städte wohlbekannt, bevor er in Österreich und Deutschland zur Berühmtheit wurde.

Sir George Grove[1] sagt:

»Sein Vortrag der Opern- und Oratorien-Musik, seine Lieblingsnummern aus »Euryanthe«, »Johann von Paris«, »Rotkäppchen« und »Liebestrank«, – oder die Partie des Elias, oder gewisse Arien Bachs – waren prächtig in Geschmack, Gefühl und Ausführung; aber es waren die Lieder von Schubert und Schumann, die sich ganz besonders für ihn eigneten, und diese trug er in wirklich merkwürdiger Weise vor. Die reiche Schönheit der Stimme, der edle Stil, die Vollkommenheit der Phrasierung, die innige Anteilnahme, von der Deutlichkeit der Aussprache gar nicht zu reden – diese allein sichert ihm schon den größten Anspruch auf Auszeichnung – alles zusammen machte seinen Liedervortrag zu einem wunderbaren Ereignis. Diejenigen, welche ihn Schuberts »Nachtstück«, »Wanderer«, »Memnon« oder »Gesänge des Harfners« oder Schumanns »Frühlingsnacht« oder »Flutenreicher Ebro« oder die »Löwenbraut« haben singen hören, werden mit allem Gesagten übereinstimmen. Aber seine höchste Tat war vielleicht die Partie des Dr. Marianus im dritten Teil von Schumanns »Faust«, wo sein Vortrag des »Hier ist die Aussicht frei«, mit genau so viel Mimik als der Konzertsaal gestattet und nicht mehr, eines der rührendsten und merkwürdigsten Dinge war, die man je gehört hat.«

Herzliche Beziehungen entstanden so schnell zwischen Stockhausen und Brahms, daß sie vor Ende des Monats schon zwei Konzerte zusammen veranstaltet hatten – eines am 27. im »gelben Saal des Kasino« in Köln, das andere am 29. im Saal der »Lesegesellschaft« in Bonn. Bei beiden Gelegenheiten machten Stockhausens Vorträge, jedesmal von Brahms begleitet, großes Furore. Aber Brahms' Soli – die am 27. aus Bachs Chromatischer Phantasie und Beethovens E moll-Variationen bestanden, und am 29. aus Beethovens Es dur-Variationen, Clara Schumanns Romanze, einem Impromptu von Schubert und der großen Bachfuge in A moll, die sich im III. Band der Leipziger Bachgesellschafts-Ausgabe befindet – wurden kühl aufgenommen. Das ist nicht zu verwundern. Während des halben Jahrhunderts, das vergangen ist, seit diese Konzerte stattfanden, hat der musikalische Geschmack mehr als eine Wandlung durchgemacht; es ist jedoch fraglich, ob in dieser Zwischenzeit irgendein Pianist, welcher Art auch seine Begabung gewesen sein mochte, der nicht schon in der Liebe des Publikums festsäße, sich erfolgreich um dessen Gunst

1 Groves ›Dictionary of Music and Musicians‹.

hätte bewerben können, neben der Anziehungskraft eines wirklich großen Sängers, der im vollen Besitz seiner Kräfte sich eine Auslese der bezauberndsten, lyrischen Ergüsse Schuberts, Mendelssohns und Schumanns zum Vortrage gewählt hatte. Jedenfalls war einer der Kölner Kritiker mit dem Pianisten zufrieden. Es ist fast überraschend in der *»Niederrheinischen Musikzeitung«* zu lesen, daß Herr Johannes Brahms seine zwei Soli am 27. »mit einer solchen Gediegenheit, Klarheit, musikalischen Reife und künstlerischen Ruhe« vortrug, »daß wir eine wahre Freude daran hatten.«

Aber Brahms' Temperament eignete sich schlecht zur Laufbahn eines Virituosen; auch hatte ihn die Zurückgezogenheit, in der er seine Jugend verlebte, schlecht dafür vorbereitet. Gewöhnlich fühlte er sich unbehaglich und nervös vor dem Publikum, was nicht dazu beitrug, ihm das allgemeine Vertrauen zu erwerben; auch war er zu sehr seinen Stimmungen unterworfen, um sich jederzeit ausschließlich dem Publikum hingeben zu können, und dessen Sympathie zu erzwingen. Um sich wirklichen und dauernden Ruhm zu sichern, muß der ausübende Künstler seine gesamten besten Körper- und Geisteskräfte auf der einen Bahn konzentrieren, während der Komponist, will er die höchsten Ziele erreichen, sein ganzes Leben diesem seinem Zwecke weihen muß. Kein Beispiel könnte diese Wahrheiten besser beleuchten, als die geradezu entgegengesetzten Lebensbahnen von Brahms und Joachim. Wie auch Joachims angeborenes schöpferisches Talent gewesen sein mag, für dessen Entwicklung wurde sein unbegrenzter Erfolg als Geiger verhängnisvoll. Das Abweichen der Lebenspfade der beiden Freunde kam nicht ganz, vielleicht nicht einmal hauptsächlich daher, daß ihre musikalischen Anlagen ungleich waren; es entsprang größtenteils der Grundverschiedenheit ihrer Charaktere und den äußeren Umständen. Von frühester Kindheit an erschien Joachim nie auf dem Podium, ohne nicht nur die Bewunderung, sondern auch die persönliche Liebe seiner Zuhörer zu erringen. Seine Erfolge waren ihr Entzücken. Sie begrüßten ihn mit Freude, jubelten ihm zu, klatschten ihm Beifall, riefen ihn wieder und wieder. Die Szenen, die der Erinnerung von drei Generationen der Londoner Konzertbesucher vertraut sind, können als Beispiele der täglichen Ereignisse seines Lebens in allen Ländern und Städten, wo er auftrat, dienen. Warum? Es ist nicht möglich, solche Phänomene ganz zu erklären, nicht einmal mit dem Worte »Genie«. Joachim folgte seinem Schicksal. Seine Laufbahn hat nicht ihresgleichen gefunden in der Geschichte der ausübenden musikalischen Kunst. Sie begann, als er acht Jahre alt war; sie endete erst ein paar Wochen vor seinem Tode, also im Alter von sechsundsiebzig Jahren. Alle Möglichkeit, Größe als Komponist zu erreichen – trotzdem er ein oder zwei bedeutsame Werke schuf –, war schon ausgeschlossen, als er das vierzehnte Lebensjahr vollendet hatte.

Bei Brahms war im Gegenteil von Anfang bis zu Ende die Herrin seiner hingebungsvollen Leidenschaft seine schöpferische Kunst, der alles andere nachstehen mußte. Er wich nicht um eines Haares Breite von seiner Hingabe an sie ab, sondern nahm Armut, Enttäuschung, Einsamkeit und Mißerfolg in den Augen der Welt mit all dem starken Glauben hin, der in ihm lebte, um dieser seiner wahren Liebe willen. Er fühlte sich nie durch Neigung zur Virtuosenlaufbahn hingezogen, sondern unterwarf sich ihr nur als einer Notwendigkeit, sie abschüttelnd, sobald es die Umstände gestatteten. Er war selten imstande, die unbeschränkten Fähigkeiten seines Spieles zu entfalten, wenn er sich nicht ganz behaglich fühlte in seiner Umgebung; und obschon er große Technik besaß, die er leicht zu etwas Phänomenalem hätte entwickeln können und die ihn manchmal in den Stand setzte, seine Zuhörer anzufeuern durch den tönenden und dramatischen Vortrag von Bachs Orgelkompositionen und anderen imposanten Werken, so waren doch die besonderen Schönheiten seines Stils zu zart, um von dem allgemeinen Publikum richtig geschätzt zu werden. Seine Vorstellung von Klangeffekten war, um Schumanns Artikel zu zitieren, ganz eigentümlich; dies zeigte sich noch deutlicher in späteren Jahren, wo er das eine oder das andere seiner Orchesterwerke dirigierte. Sein Vortrag einer solchen Kleinigkeit, wie der 1871 für Frau Schumann arrangierten A dur-Gavotte von Gluck – welche die Verfasserin mehr als einmal hörte –, war voll ungesuchter Anmut, das unmittelbare Spiegelbild seiner zarten Seele. Wie er dieses kleine Stück spielte, wie er viele Werke der großen Meister auffaßte, überhaupt sein ganzer Stil des Vortrags, war in toto verschieden von dem der Frau Schumann. Die beiden Künstler bewunderten ihre gegenseitigen Eigenschaften. Frau Schumann erbat sich Brahms' Kritik und hat bei manchen Gelegenheiten der

Verfasserin seine Aussprüche zitiert, was die Auffassung gewisser Beethovenscher Sonaten betrifft und erklärt, sie fühle, daß er recht habe. Nichtsdestoweniger hätte es ihr die eigene Wesenheit niemals zugelassen, diese Angaben tatsächlich beim öffentlichen Spielen zu befolgen, und sie war auch besser ausgerüstet als Brahms, die Meisterstücke musikalischer Kunst vor dem größeren Publikum zu interpretieren. Die Verfasserin hat sich durch diese Abschweifung, welche das Resultat ihres persönlichen Verkehrs mit diesen großen Musikern ist, in eine um mehrere Jahre spätere Zeit locken lassen als die, welche unsere Erzählung erreicht hat. Doch kann deren Einfügung hier dem Leser von Vorteil sein, um ihn darauf vorzubereiten, daß Brahms' Laufbahn als Pianist, obschon nicht ohne Erfolg, von wenigen glänzenden Triumphen begleitet war.

Am 8. Juni, dem sechsundvierzigsten Geburtstag Schumanns, ging Johannes wieder nach Endenich, auf seinem Wege von Bonn begleitet von Jahn, Dietrich, Groth und Hermann Deiters, einer neuen bemerkenswerten Bekanntschaft dieses Sommers. Er sah sehr ernst aus, als er zu seinen Gefährten zurückkehrte, obschon er sagte, Schumann habe ihn erkannt und scheine erfreut gewesen, ihn zu sehen. Das Ende war tatsächlich nicht mehr fern. Der Nebel, der sich allmählich um den hohen Geist des Meisters gelagert hatte, schloß ihn in immer wachsende Finsternis ein. Schlimme Nachrichten erwarteten Frau Schumann anfangs Juli bei ihrer Rückkehr von England und am 23. wurde sie durch eine telegraphische Depesche nach Endenich berufen. Die Ärzte hatten die ganze traurige Krankheit hindurch darauf beharrt, ihr den Wunsch eines Wiedersehens mit ihrem Manne zu verweigern und selbst jetzt wurde die langersehnte Begegnung nochmals aufgeschoben. Neue Symptome hatten sich vor ihrer Ankunft gezeigt und sie mußte nach Düsseldorf zurückkehren, um noch vier Tage in peinigender Ungewißheit zu verbringen. Sonntag, den 27. Juli, ging sie abermals nach Bonn, um dort das Ende zu erwarten, und am selben Abend, nach beinahe zweieinhalbjähriger Trennung, betrat sie mit Johannes das geweihte Sterbezimmer. Schumann lag ruhig, mit geschlossenen Augen, aber jetzt öffneten sie sich und ruhten auf der Gestalt, die an seinem Bette kniete; und nach einigen Augenblicken wurde man gewahr, daß er seine Frau erkannte. Das Sprachvermögen war beinahe geschwunden, aber wie ein Leuchten der Wiedersehensfreude flog es über seine Züge, ein zärtliches Wort war halb vernehmbar und plötzlich, mit einem letzten Kraftversuch, vermochte er es, den Arm um sie zu legen. Jene schwachen Liebesblicke, jene letzte Umarmung blieben in Frau Schumanns Gedächtnis als ein immer gegenwärtiger Trost während der vierzig Jahre ihres Witwenstandes, und trotz ihres mannigfachen Kummers wurde das strahlende Licht nie getrübt, das für immer ihren Geist erfüllt hatte, durch den Zauber einer frühen, idealen Glückseligkeit.

Schumann litt noch ein paar Tage; er wurde stündlich schwächer, während seine Frau und sein junger Freund an seiner Seite wachten. Einmal wenigstens, am Montag, schien es, daß er den Trost der Berührung seiner Frau fühlte, als sie seine Lippen mit ein paar Tropfen Weines zärtlich befeuchtete. Er verschied ruhig um vier Uhr nachmittags am Dienstag, den 29. Juli, und Frau Schumann, die nach einer kurzen Rast in ihrem Hotel zurückkehrte, von Brahms und dem, auf einen hoffnungslosen Bericht hin, sofort nach Bonn geeilten Joachim begleitet, erfuhr, daß ihres Mannes Leiden für immer vorüber seien.

Zwei Tage später, am Donnerstag, den 31. Juli, in der Stille eines balsamischen Sommerabends, wurden die sterblichen Reste des Meisters in dem Friedhof von Bonn zur Ruhe gelegt. Die Begräbnisfeier wurde mit rührender Einfachheit angeordnet. Ein freundlicher Platz war von der Stadt gewählt worden, einige Platanen wurden an dem Grabe gepflanzt. Dem Sarge, der von den Chorsängern der »Konkordia« von Endenich an getragen wurde, gingen unmittelbar die drei Hauptleidtragenden voran – Brahms, der einen Lorbeerkranz trug, Joachim und Dietrich. Nach dem Sarge folgte der Geistliche, Pastor Wiedemann, und der Bürgermeister von Bonn, und an einer bezeichneten Stelle der Stadt schloß sich ein langer Zug von Musikern und Musikfreunden dem Kondukt an, der zu Fuß durch die Straßen zog, begleitet von den Klängen der feierlichsten, alten deutschen Choräle. Am Grabe trat Brahms einen Schritt vor und legte den Kranz der Frau auf den Sarg, der von keinen anderen Blumen geschmückt war. Frau Schumann selbst stand etwas entfernt von den Trauernden und folgte unbeobachtet dem Gottesdienst. Pastor Wiedemann hielt eine kurze Ansprache, ein wehmütiges Lied wurde gesungen und noch ein Choral; danach sprach Ferdinand Hiller einige einfache

Worte, Freunde warfen als letztes Lebewohl Erde auf den Sarg und alles war vorüber[1].

Bei der Qual der Witwe, die trostlos in die Zukunft ihres einsamen Lebens blickte und die doch nicht verzweifeln durfte, weil ihre Kleinen sich an sie klammerten, bei der unerschütterlichen Treue der liebevollen Freunde, in deren Teilnahme sie jetzt und immerdar Stütze finden würde, brauchen wir nicht zu verweilen, diese Dinge sind schon geschichtlich. Beschließen wir das Kapitel in stiller Erinnerung an den dahingeschiedenen Meister und an die Gruppe seiner Liebenden, die zusammen klagten in der Heiligkeit eines unersetzlichen Verlustes.

1 Hauptsächlich dem damaligen Bericht Ferdinand Hillers für die *»Neue Zeitschrift«* entnommen.

Achtes Kapitel

1856 – 1859

Brahms und Joachim in Düsseldorf – Grimm in Göttingen – Brahms' Besuch in Detmold – Carl von Meysenbug – Hofkonzertmeister Bargheer – Joachim und Liszt – Brahms kehrt nach Detmold zurück – Sommer in Göttingen – Klavierkonzert in D moll und Orchesterserenade in D dur im engeren Kreise in Hannover vorgetragen.

Am Tage nach dem Begräbnis kehrte Frau Schumann nach Düsseldorf zurück, von Brahms und Joachim begleitet. Es waren da mancherlei Sachen, mit deren Erledigung sie die beiden jungen Musiker zu betrauen wünschte, welche doch dem Herzen des Meisters so nahe gestanden. Zusammen ordneten sie die Papiere, die der verstorbene Komponist hinterlassen hatte, schrieben notwendige Briefe und beratschlagten für die nächste Zukunft. Am 2. August schrieb Joachim an Liszt:

»Frau Schumann ist gestern hierher zurückgekehrt; die Nähe der Ihren und des gleich einem Sohne von Schumann geliebten Brahms gewährt der edlen Frau Trost, die selbst im tiefsten Schmerz mir ein edles Beispiel gottergebener Kraft erscheint. Ich bleibe wohl noch einige Tage hier.«

Johannes hatte einige Klavierstunden übernommen, welche Frau Schumann bei ihrer Rückkehr von England dem Fräulein von Meysenbug, der Tochter des verstorbenen Ministers und Schwester des damaligen Hofmarschalls am Hofe von Lippe-Detmold, geben sollte, und fügte hiermit vier Menschen der Liste seiner Freunde hinzu: seine Schülerin, deren Mutter und Schwester – die sich alle für ein paar Wochen in Düsseldorf niedergelassen hatten – und ihren jungen Neffen Carl, der von Detmold gekommen war, um seine Verwandten zu besuchen.

»Bei einer solchen Musikrunde«, erzählt Freiherr von Meysenbug,[1] »sah und hörte ich zuerst den fast noch knabenhaft aussehenden, anscheinend schüchternen und gesellschaftlich unbeholfenen, jungen Künstler – er spielte uns das bekannte Moment musical in F moll von Schubert vor. Die eigenartige Wiedergabe dieses reizenden Stückes machte auf mich einen unvergeßlichen Eindruck.«

Des Knaben Bewunderung führte später zu einem festen Bündnis zwischen Brahms und Carl. Die Damen ihrerseits wur-

1 »Aus Johannes Brahms Jugendtagen«, von Carl Freiherrn von Meysenbug (*»Neues Wiener Tagblatt«*, 3. und 4. April 1902.)

den enthusiastisch in ihrer Bewunderung des jungen Musikers und am Ende der Klavierstunden, die der damaligen traurigen Umstände wegen nicht lange fortgesetzt werden konnten, luden sie ihn ein, im Frühjahr zu ihnen nach Detmold zu kommen, in der Hoffnung, diesen Besuch mit einem Erscheinen bei Hofe zu vereinen.

Alle fühlten, daß jetzt Ruhe und gute Luft für Frau Schumann unerläßliche Notwendigkeiten waren. Seit der Krisis in ihres Mannes Krankheit, im Februar 1854, der wenige Monate danach die Geburt des jüngsten Sohnes folgte, hatte sie nur wenig, und seit dem Herbst 1855 eigentlich gar keine Ruhe genossen. Während des Novembers und Dezembers jenes Jahres reiste sie, wie wir gesehen haben, in Deutschland und gab mit Joachim Konzerte in Leipzig, Berlin, Danzig, abermals Berlin, Rostock und vielen anderen Städten. Nur zu Weihnachten nach Hause zurückgekehrt, gab sie am 7. Januar schon ihr erstes Konzert in Wien, dem fünf andere folgten, das letzte am 3. März. Mittlerweile wieder umherreisend, verband sie mit ihren Verpflichtungen in der österreichischen Hauptstadt Konzerte in Prag und anderen Städten. Im März über Leipzig zurückgekehrt, blieb sie etwa vierzehn Tage zu Hause und fuhr am 7. April nach England, um dort bis zur zweiten Juliwoche zu bleiben. Wir haben erfahren, was sie bei ihrer Heimkehr erwartete, und können begreifen, daß sie Joachim und Brahms als »ein Beispiel gottergebener Kraft« erschien. Es wurde jetzt beschlossen, daß sie nach der Schweiz gehen solle, in Begleitung von Johannes' Schwester. Elise Brahms besaß keine künstlerischen Anlagen und nur geringe Bildung. Sie hatte viel an Kopfschmerzen gelitten und die Näherei, die sie teils zu Hause, teils auswärts übte, war wenig geeignet, ihren Gesundheitszustand zu verbessern. Sie war nicht hübsch, ihr einziger persönlicher Reiz bestand in einer reichen Fülle lichtbraunen, langen Haares; aber sie war einfach, selbstlos und freundlich, sie war die Schwester des Johannes, und Frau Schumann hoffte, daß eine Erholung von ihrem meist aufs Zimmer beschränkten Leben in freier Luft und schöner Landschaft ihr gut tun würde. Die ganze Gesellschaft – Frau Schumann mit einigen ihrer Kinder, Elise und Johannes – brachen auf, sobald die nötigen Veranstaltungen gemacht werden konnten, während des ersten Teils ihrer Reise von Joachim begleitet, und kamen in kurzen Stationen bis Gersau am

Luzerner See, wo sie sich für einige Wochen niederließen. Die Zeit wurde mit ruhigen Spaziergängen und Ausflügen, mit etwas Musik und einigen Begegnungen mit intimen Freunden zugebracht, und der Rückweg wurde ebenso gemächlich zurückgelegt, mit einem zehntägigen Aufenthalt in Heidelberg. Die Ferien hatten ihre Wirkung getan, und der Anfang Oktober fand die drei Künstler bereit, ihre gewohnten Lebenspflichten wieder aufzunehmen. Frau Schumann begann mit ihren Vorbereitungen für ihre Konzertsaison, Joachim versah sein Amt in Hannover und Johannes war im Begriff, nach Hamburg zurückzukehren, um die Beschäftigungen wieder aufzunehmen, welche durch die Ereignisse des letzten halben Jahres unterbrochen worden waren. Am 25. des Monats trat er in Ottens Konzert auf, und spielte diesmal Beethovens G dur-Konzert mit ungeheuerem Erfolg: »Beethovens Konzert war so ausgezeichnet, feurig und schwungvoll vorgetragen, daß es eine begeisterte Aufnahme fand.« Irgendein besonderer äußerer Umstand, oder eine innere Stimmung hat ihn wahrscheinlich bei dieser Gelegenheit angeregt. Sein Spiel war so mächtig, daß man sich dessen noch lebhaft erinnert, sowie auch der Wirkung die es auf die Zuhörer übte. Sein Auftreten am 22. November in einem Philharmonischen Konzert, das hauptsächlich den Werken Schumanns galt, weckte keine Begeisterung. Er spielte des Meisters Klavierkonzert und die Gleichgültigkeit, mit der sein Vortrag aufgenommen wurde, ward um so auffälliger durch den Kontrast mit dem stürmischen Applaus, der nach Joachims Spiel von Schumanns Violin-Phantasie und Bachs Chaconne folgte.

Es war jedoch eine Freude für Brahms, den Freund ein oder zwei Tage bei sich zu haben, und die beiden jungen Musiker freuten sich der passenden Gelegenheit, um mit Muße das Quartett von Johannes zu prüfen, das Joachim schon im Frühling des Jahres durchgesehen hatte. »Ich möchte nicht wagen, von Änderungen zu sprechen, bevor ich's nochmals gehört, *ordentlich* gehört!« hatte Joachim im April geschrieben. Wir finden keinen Bericht über das Resultat dieser Probe, die in der Wohnung von Brahms' Freund Grädener, einem Hamburger Musiker, stattfand, wir müßten denn die spätere Geschichte des Quartetts als einen solchen ansehen. Das Werk stellte sich nämlich, trotz seiner großen Erfindungskraft, als eine Art *enfant terrible* des Komponisten heraus. Es wurde in Hannover anfangs des Jahres 1857 wieder gespielt, wahrscheinlich mit den Veränderungen, die sich durch die Erfahrungen der Hamburger Probe als nötig erwiesen hatten. Nach dieser Zeit wird es viele Jahre hindurch gar nicht erwähnt.[1]

Die Saison 1856/57 verging ohne besondere Ereignisse für Brahms in Studien und anderen Beschäftigungen, die schon geschildert wurden, hier und da von einer gelegentlichen Reise unterbrochen. Man kann sagen, daß er zu jener Zeit drei verschiedene Wohnorte hatte, die Wohnung bei seinen Eltern in Hamburg nicht mitgerechnet. Er war jederzeit eines Willkommens sicher, nicht nur in Düsseldorf und Hannover, sondern auch in Göttingen, wo Grimm sich kürzlich mit Fräulein Philippine Ritmüller, der Tochter des Chefs der Klavierfirma Ritmüller, verheiratet hatte und sich rasch zum Mittelpunkt eines Kreises tatkräftiger Musikliebhaber machte. Teilweise vielleicht angeregt durch seines Freundes begeisterte Liebe für die Symphonie-Sätze von 1854, aber doch überzeugt, wie wir gesehen haben, daß er noch nicht zu der erfolgreichen Vollendung einer Symphonie ausgerüstet sei, hatte Johannes den Beschluß gefaßt, Teile dieser Komposition als ein Klavierkonzert zu bearbeiten. Die Änderungen im Aufbau, die dieser Plan erforderte, befriedigend auszuführen, war jedoch nichts weniger als leicht und nahm den Komponisten im Verlauf von zwei Jahren sehr in Anspruch. Die Sätze wurden wiederholt zur Durchsicht nach Hannover gesandt und mit Anmerkungen Joachims zurückgeschickt, denn dessen Zeit, Teilnahme, musikalische Reife und Kenntnis des Orchesters, wurden mit wandelloser Großmut Brahms zur Verfügung gestellt während der Jahre wachsender Erfahrung, die zu des Komponisten Reife führten. Das Schicksal des Werkes, nachdem es endlich vollendet war, wird an passender Stelle berichtet werden.

Nachdem die Einladung der von Meysenbugs gebührend erneuert und angenommen worden war, machte der junge Musiker zu Pfingsten einen kurzen Besuch in Detmold. An einem schönen

1 Vgl. Brahms' Briefwechsel Bd. V, Nr. 93, 94, 116; und Bd. IV, Nr. XXIX. In Abwesenheit des besonderen Grundes, auf dem sie beruht, ist es unmöglich, die Vermutung des Herausgebers des Brahms-Joachim-Briefwechsels zu bekräftigen, daß das in Hamburg probierte Quartett eines der Opus 25 oder 26 war. Dieselbe Bemerkung bezieht sich auch auf die Fußnote des Herausgebers von Brahms' Brief Nr. XXIX des Brahms-Grimm-Briefwechsels. Zur näheren Erklärung dieses Punktes vergleiche man Fußnote zu S. 246 Bd. I dieser Biographie.

Nachmittage, nachdem er die letzte Strecke der Reise mittels Post zurückgelegt hatte, kam er in der kleinen Stadt an und wurde von seiner Schülerin und ihrem Neffen Carl empfangen und von ihnen nach Frau von Meysenbugs Haus geleitet. Der Artikel des Wiener *»Neuen Tagblatts«*, dessen wir schon erwähnten, von Freiherrn von Meysenbug, dem »Carl« oder »Charles«, wie er zu jener Zeit oft genannt wurde, verfaßt, gibt einen hübschen Bericht über diesen Besuch:

> »Noch sehe ich den Jüngling in sprachloser Verlegenheit im Salon der alten »Exzellenz« stehen, nicht recht wissend, wie er die Unterhaltung mit den ihm im ganzen doch recht fremden Damen beginnen sollte. Da, – es war vier Uhr nachmittags – rollte wie alltäglich eine fürstliche Galakutsche die stille Straße herauf, in der die drei Schwestern des Fürsten zum Palais ihres Bruders zum gemeinsamen Mittagsmahle fuhren. Die Insassen pflegten dann im Vorbeifahren zu den Fenstern meiner Verwandten hinauf zu grüßen und meine Tante, den Wagen kommen sehend, sagte also: »Ich will doch der Prinzessin [Friederike] zunicken, daß Herr Brahms angelangt ist.« Brahms brach darauf sein Schweigen mit den Worten: »Wohnt denn das Alles so bürgerlich nah hier beisammen?« offenbar in der Meinung, das Zeichen gelte einem Fenster vis-à-vis. Dadurch kam dann die Unterhaltung in Fluß, bis ich Brahms in sein Fremdenstübchen brachte.«

Am selben Abend kam Carl wieder mit seinen Eltern und dem Konzertmeister Bargheer vom Detmolder Hoforchester; ein ausgezeichneter Spieler, Schüler von Spohr und Joachim und schon mit Brahms bekannt. Der Hofmarschall wünschte den Ankömmling zu hören, bevor er bei Hofe auftrat, und er lauschte nun dem überzeugenden Vortrage eines brausenden Präludiums mit Fuge von Bach und Beethovens Cis moll-Sonate, op. 27. Es wurde ein Orchester-Hofkonzert arrangiert, bei dem Johannes sein Lieblingskonzert – Beethoven in G dur – vortrug und sich an Schuberts »Forellen-Quintett« beteiligte, mit Konzertmeister Bargheer, Violaspieler Schulze, Violoncellisten Julius Schmidt, alle drei Solisten des Hoforchesters, und einem Bassisten, einem Orchestermitglied. Sein Erfolg war unzweifelhaft und er erschien mit Bargheer in einer Gesellschaft von Musikern und ihren Freunden, die nach dem Konzert beim Hofkonditor in jugendlich ausgelassener Laune zusammenkamen. Kapellmeister Kiel, der den präsumtiven künftigen Liebling bei Hofe etwas schief ansah, setzte dagegen eine Miene ungewöhnlicher Wichtigkeit auf. Er erzählte, daß er jetzt einen Psalm als Chor bearbeite; er komponierte oft biblische Texte, aber manchmal waren ihm die Ausdrücke der Schrift rätselhaft, zum Beispiel »Dem Hauptmusiker auf der Gittith«.[1] – »Ich bitte Sie, was mag das gewesen sein, eine Gittith?« wandte er sich feierlich an den jungen Helden des Abends. »Wahrscheinlich ein hübsches Judenmädchen«, erwiderte Brahms mit ernster Miene – eine Antwort, die ihm einen argwöhnischen Blick über die Brille des alten Musikers eintrug und die Charles entzückte, von dem seine Eltern dachten, er sei zu Bett, der aber heimlich Mittel ersonnen hatte, sich der Gesellschaft anzuschließen. Die Unterhaltung hatte sich bis zur Morgendämmerung ausgedehnt; die feurigern Geister der Versammlung schlugen nun einen Spaziergang zu einem benachbarten Hügel vor, um den Sonnenaufgang zu sehen und Brahms und Charles schritten führend voran. Ihre Begeisterung überdauerte die ihrer Gefährten, welche einer nach dem andern zurückblieben; als die beiden, von Müdigkeit übermannt, den Anfang der letzten steilen Anhöhe erreichten, wandten sie sich dem Garten eines dicht daneben befindlichen Restaurants zu, wo Charles sich in die Ecke einer Laubenbank fallen ließ und Brahms, den Kopf auf seines Gefährten Knie, sich zu voller Länge ausstreckte, und sofort fest einschlief.

»Gerade als auch mich die Müdigkeit übermannte,« setzt Freiherr von Meysenbug fort, »kam ein schöner, brauner Hühnerhund herangeschlichen und beschnüffelte Brahms' Gesicht, so daß dieser, von der Berührung der kalten Hundenase geweckt, plötzlich emporfuhr. Inzwischen wurde es auch im Kruge lebendig; wir tranken den schleunigst bereiteten Kaffee, labten uns mit dem gesunden Appetit der Jugend an dem köstlichen, schwarzen Bauernbrote und der goldgelben Landbutter und trotteten dann zum Städtchen zurück. Wir beide, namentlich der kleine Brahms im Frack, mit weißer, arg verschobener und zerknitterter Halsbinde und schräg aufgesetztem »Gibus«, machten einen etwas fragwürdigen Eindruck in den Straßen der unterdessen erwachten Residenz. Zunächst besuchten wir noch im Vorbeigehen den abtrünnig gewordenen Bargheer, ihn im schönsten Morgenschlummer störend, und strebten dann Brahms' Wohnung zu. Da – o Schrecken! stießen wir plötzlich auf meine Tante, Brahms' Schülerin und Verehrerin, die ihren gewohnten Morgenspaziergang eben angetreten hatte. Ein sehr befremdeter Blick sittlicher Entrüstung streifte uns beide Nachtschwärmer; denn Brahms' festliches Gewand verriet nur zu deutlich, daß er seit gestern Abend noch nicht nach Hause gekommen war! Am Tage herrschte darob eine etwas »pikierte« Stimmung im Hause der gastfreundlichen Damen, die, ohnehin nicht an Herren-Logierbesuche gewöhnt, es dem idealen Künstler wohl nicht zugetraut hatten, daß er solche Extravaganzen begehen könnte. Ich wurde als leichtsinniger Jüngling und Verführer des verehrten Gastes von Großmutter und Tanten scharf getadelt. Brahms reiste schon andern Tages ab, wohl nicht gerade mit besonderer Wärme zu längerem Verweilen aufgefordert. An »maßgebender« Stelle aber hatte er so gefallen, daß

1 Altes Instrument. Hebräisches Wort.

für den Herbst ein Wiederkommen zu längerem Aufenthalt vereinbart wurde. Brahms sollte der Prinzessin Klavierunterricht geben, bei Hofe vorspielen und den Dilettanten-Singverein dirigieren. Vom Fürsten selbst zusammengebeten, hielt dieser im Schlosse seine wöchentlichen Übungen ab, bei denen der Fürst nebst Brüdern und Schwestern im Chor, in Reih und Glied mitsangen.«

Brahms, der jetzt ohne pekuniäre Sorgen dem Herbst entgegensehen konnte, und der die Vorteile wohl voraussah, die ihm als Komponisten aus seiner Stellung als Dirigent eines Chorvereins und dem dauernden Verkehr mit einem ständigen Orchester erwuchsen, traf Frau Schumann bei ihrer Rückkehr von England, wo sie wieder die Londoner Saison mitgemacht hatte, in glücklicher Stimmung. Jedes Bedauern, das der durch die Annahme einer festen Verpflichtung bedingte Verzicht auf seine Freiheit während einiger Monate in ihm erweckte, wurde durch die Tatsache gemildert, daß seine Verbindung mit Düsseldorf ohnedies binnen kurzem gelöst werden müsse. Frau Schumann hatte sich entschlossen, sich in der Nähe ihrer Mutter in Berlin niederzulassen, da sie so ihr eigenes Glück und das Interesse ihrer Familie zu fördern hoffte; sie wollte ihre Residenz dort im September aufschlagen, um bereit zu sein für die Konzertsaison, auch gedachte sie, als Lehrerin in der preußischen Hauptstadt vorteilhafter wirken zu können. Am 13. September 1819 geboren, stand die große Pianistin jetzt, im Alter von noch nicht ganz achtunddreißig Jahren, auf dem Gipfel ihrer Fähigkeiten, mit der Aussicht auf eine weite Ruhmesbahn; da war es wohl natürlich, daß sie sich entschloß, ein neues Kapitel ihres Lebens zu beginnen, fern von der Stadt, an die sich für sie so schmerzliche Erinnerungen knüpften. Die kurz bemessenen Sommerferien verbrachte sie am Rhein in der mehr oder weniger beständigen Gesellschaft von Brahms, Joachim und Grimm, und ein Andenken an besonders angenehme Tage in St. Goarshausen existiert noch in Gestalt ihrer eigenhändigen Abschrift von Brahms' Variationen, op. 21 Nr. 2. Auf der Außenseite steht:

»Ungarische Variationen von Johannes. Herrn Julius Otto Grimm zur Erinnerung an die Tage in St. Goarshausen. August, 1857. Clara Schumann.«[1]

Zu jener Zeit war es, daß Joachim sich zu einem Schritt entschloß, der nicht wenig dazu beitrug, das Parteigefühl der jünge-

1 Im Besitz von Fräulein Marie Grimm.

ren Neudeutschen noch zu entflammen. Daß diese sich immer mehr gekränkt fühlten durch die Stellung, die Joachim seit der Krise in Schumanns Krankheit angenommen hatte, durch die beständige Verbindung seines Namens und Einflusses mit der Kunst des Meisters und seiner Frau, durch seinen vertrauten Umgang mit Brahms und sein passives Verhalten in betreff Liszts Symphonischer Dichtungen, das ersehen wir aus den Briefen jener Epoche. Bülow, dessen Korrespondenz bis Mitte 1854 wiederholt liebevollen Bezug nimmt auf Joachim, dem er außerordentlich zugetan war, schrieb an Liszt betreffs der zahlreichen Konzertreisen, die Joachim 1855 mit Frau Schumann unternahm:

›Joachim et la statue dont il se fait le piédestal ne nous arriveront que vers le commencement du mois prochain. Je crains que nous n'ayons de la peine à nous reconnaître – car nous sommes engagés dans des chemins tout-à-fait opposés.‹

Vielleicht trug die geheime Überzeugung von Joachims künstlerischer Aufrichtigkeit noch mehr zu der Enttäuschung der Weimaraner bei, denn diese wuchs unzweifelhaft während der zwei folgenden Jahre, obschon man die von dem jungen Geiger gefaßte Abneigung gegen die Symphonischen Dichtungen nur aus seinem Stillschweigen darüber erraten konnte. Als aber im Jahre 1857 die mit einer ziemlich prätentiösen Vorrede versehenen Werke im Druck erschienen, sah sich Joachim in erhöhter Verlegenheit, und diese, hervorgegangen aus seinem Bewußtsein, die Wünsche seiner früheren Gefährten unmöglich erfüllen zu können, und zweifellos noch verstärkt durch die Teilnahme des völlig gleichgesinnten Johannes, trieb ihn, einen Brief an Liszt aufzusetzen, in dem er ein volles Bekenntnis seines Abfalles ablegte. Den großen Schmerz, den ihm die Niederschrift desselben verursachte, – da er an allem hing, was Liszt betraf, außer an dessen Kompositionen, – spricht aus jeder Zeile der Epistel, welche vom 27. August 1857 datiert ist:

»...Aber was hülfe es, wollt' ich noch länger zaudern klar auszusprechen, was ich empfinde? – Meine Passivität Deinem Wirken gegenüber müßt' es, unschön umnebelt, dennoch offenbaren, Dir, der gewohnt ist, Enthusiasmus für sich handeln zu sehen, und der auch mich echter, tatkräftiger Freundschaft fähig hält. So will ich denn nicht mehr verschweigen, was, ich gesteh' es beichtend ein, Dein männlicher Geist früher zu hören fordern mußt': Ich bin Deiner Musik gänzlich unzugänglich; sie widerspricht allem, was mein Fassungsvermögen aus dem Geist unserer Großen seit früher Jugend als Nahrung sog. Wäre es denkbar, daß mir je geraubt würde, daß ich je dem entsagen müßt', was ich aus ihren Schöpfungen lieben und verehren lernte, was ich als Musik empfinde, Deine Klänge würden mir nichts von der ungeheueren, vernichtenden Öde ausfüllen. Wie sollt' ich mich da mit denen zu gleichem Zweck verbrüdert fühlen, die unter dem Schild Deines Namens und in dem Glauben (ich rede von den Edlen unter ihnen), für die Gerechtigkeit der Zeitgenossen gegen die Taten der Künstler einstehen zu müssen, die Verbreitung Deiner Werke mit allen Mitteln zu ihrer Lebensaufgabe machen? . . .«

Diese Zeilen wurden geschrieben, als Joachim sechsundzwanzig Jahre alt war. Daß sie ihm durch die Kraft seiner künstlerischen Überzeugung entrungen wurden, ist klar, und es ist sicher, daß sie damals den Schreiber vollständig charakterisierten. Wahrscheinlich würde sich Brahms, wenn er den Brief verfaßt hätte, anders ausgedrückt haben; kaum aber hätte er in ähnlicher Lage denselben Schmerz empfunden. Ein Teil seines großen Einflusses über seine Freunde lag in dem Grundsatz, dem er das ganze Leben hindurch mit Überlegung treu blieb, das Unvermeidliche mit Philosophie hinzunehmen und die Dinge immer von der besten Seite anzusehen, und hätten die Umstände das Aufgeben einer Freundschaft von ihm verlangt, so wäre er durch die natürliche Elastizität seines Temperamentes imstande gewesen, ihnen nachzugeben, ohne viel Zögern zu verraten. Es ist schwer für die jetzige Generation, die kaum mehr als ein historisches Interesse für die künstlerischen Parteifragen des letzten Jahrhunderts hat, sich die Lage jener vorzustellen, für die sie eine brennende persönliche Angelegenheit waren; doch ist es gewiß, daß Joachims Brief an Liszt das Feuer schürte, das die folgenden Jahre hindurch heftig wütete, und die Ursache einer Masse von Streitschriften und Schmähschriften war, die wir heute kaum mehr lesen können.

Liszt nahm des jungen Musikers Bekenntnis mit großmütiger Würde auf; er erlaubte nie, daß in seiner Gegenwart ein geringschätziges Wort über Joachim geäußert werde. Seine erste und einzige Antwort auf den Brief von 1857 erfolgte erst fast dreißig Jahre später. Joachim, der anfangs der achtziger Jahre nach Budapest kam, um seine großen Variationen für Violine und Orchester aufzuführen, machte Liszt, der zufällig im selben Hotel wohnte, einen Besuch. Die beiden Künstler hatten sich viele Jahre nicht gesehen und die Freude, die beide bei der zufälligen Begegnung empfanden, erinnerte sie an das Band der Zuneigung, durch das sie früher verknüpft gewesen waren. Es stellte sich heraus, daß Liszt sich mit den Variationen schon bekannt gemacht hatte, und er schlug vor, der Probe jetzt beizuwohnen, um sie vom Komponisten spielen zu hören, indem er sagte: »Denn wenn ich auch weiß, daß Sie meine Sachen nicht mögen, so mache ich mir um so mehr aus den Ihrigen, lieber Joachim, und freue mich immer, wenn ich Gelegenheit zu näherer Bekanntschaft mit ihnen finde.«

Ende September war Brahms wieder in Detmold. Zu den Bedingungen, unter denen er für die letzten drei Monate des Jahres verpflichtet worden war, gehörte freie Wohnung und Kost; er wohnte im Hotel »Stadt Frankfurt«, einem behaglichen Gasthaus, das seitdem vergrößert und modernisiert worden ist und das dem Schloß und dessen nächster Umgebung genau gegenüber liegt – also nahe dem Schauplatz seiner Pflichten. Die Schwierigkeit, sich in der kleinen Stadt ein Klavier zu verschaffen, wurde dadurch überwunden, daß die Frau Hofmarschall ihren altmodischen Graffschen Flügel herlieh, der in ihrem Salon durch einen neuen »Streicher« ersetzt worden war, und Brahms, der froh war, etwas zu erhalten, das wenigstens seiner Zeit gut gewesen war, belohnte Charles für den Vorschlag, das Instrument nach der »Stadt Frankfurt« zu schicken, indem er ihm freien Eintritt zu allen Proben und Aufführungen gestattete, die er in seinem Zimmer mit Bargheer, Schmidt und anderen abhalten wollte.

Das tägliche Leben unseres Musikers war während der nächsten drei Monate sehr nach seinem Wunsch: Seine Vormittage wurden der Arbeit geweiht. Sein frühes Mittagsmahl nahm er mit Bargheer in der »Stadt Frankfurt« ein und Nachmittag schaffte er sich gewöhnlich Bewegung in der erfrischenden Herbstluft des Teutoburger Waldes. Es wurde Sport getrieben mit Carl und seinem jüngeren Bruder Hermann; es wurden Kraftproben mit Bargheer abgelegt, bei denen Brahms unfehlbar unterlag, Sonntagsausflüge für den ganzen Tag mit Bargheer, Carl und den anderen veranstaltet, bei denen ein al-fresco-Frühstück von Detmold mitgenommen wurde, und Brahms war stolz darauf, manchmal eine vorzügliche Flasche Malvasier dazu beitragen zu können. Diese verschaffte er sich dadurch, daß er auf die halbe Flasche Tischwein verzichtete, die er täglich zum Speisen bekam, bis er die Kosten der besseren Marke decken konnte, die er mit den Freunden teilen wollte. »Er war bei diesen Gelegenheiten glücklich wie ein König, er liebte die Natur so sehr«, sagt Julius Schmidt, der gelegentlich an den Ausflügen teilnahm.

Seine Stellung als Dirigent des Chorvereines war ihm besonders willkommen, nicht nur weil er seine Erfahrung in einem Zweig musikalischer Tätigkeit erweiterte, den er nicht geübt hatte, seit er als Knabe von fünfzehn Jahren an der Spitze seines kleinen Schullehrerchores von Winsen gestanden war, sondern weil sie ihm Gelegenheit bot, die Studien, denen er besondere Aufmerksamkeit während beinahe zwei Jahren gewidmet hatte, praktisch anzuwenden und zu prüfen. Er begann seine Pflichten als Dirigent mit dem Einüben von kurzen Kompositionen älterer und moderner Meister und bearbeitete für den Verein einige seiner Lieblingsvolkslieder, in jeder Probe neue Einsicht gewinnend in die Kunst der Stimmführung für Gesang. Es gab häufig zwanglose musikalische Soireen bei Hofe, die Gelegenheit gaben zu Choraufführungen in den Pausen zwischen den Instrumentalwerken, aus denen das Programm hauptsächlich bestand. Diese wurden von Brahms, Bargheer, Schulze, Schmidt und dem prächtigen Hornisten August Cordes gespielt, dessen reicher, weicher Ton Brahms oft zu enthusiastischen Ausrufen der Bewunderung hinriß. Fast das ganze Repertoire der klassischen Kammermusik scheint in dieser und der folgenden Herbstsaison durchgenommen worden zu sein; alle Duosonaten, Klaviertrios und Quartette usw. von Bach, Mozart, Beethoven, Schubert und Schumann wurden abwechselnd gespielt. Brahms' Trio wurde mehrmals aufgeführt und es machte dem jungen Musiker besonderes Vergnügen, nicht nur Beethovens Hornsonate mit Cordes zu spielen, sondern Mozarts und Beethovens Quintette für Klavier und Blasinstrumente mit den Solisten des Orchesters, die ohne Ausnahme Künstler waren. Man behauptet, daß die Befähigung des Flötisten fast auf derselben Stufe stand wie die des Cordes. Der Hofvioloncellist Julius Schmidt, der im Jahre 1857 schon im besten Mannesalter stand, hat der Verfasserin das Aussehen Brahms' bei seiner Ankunft in Detmold als äußerst zart und fein, beinahe mädchenhaft geschildert, und dieser Eindruck wurde noch durch die Stimme verstärkt, deren immer noch hoher Klang schon häufig erwähnt worden ist. Da ihn die durch diese Eigentümlichkeit hervorgerufenen Bemerkungen ungeduldig machten, begann er zu dieser Zeit einige von ihm selbst erfundene Vokalübungen, um die Stimme hinunterzuzwingen und erreichte am Ende seinen Zweck.

Bei Ausübung seines Amtes blieb er immer ruhig und ernst und stand gewöhnlich vor Beginn einer Chorübung oder eines

Hofkonzerts am äußersten Ende des langen Saals, in dem die Aufführungen stattfanden, sprach mit niemandem, blätterte vielleicht flüchtig in Noten oder las einen Brief. Bei den Orchesterkonzerten war er verpflichtet, von Zeit zu Zeit vorzuspielen und ab und zu zu dirigieren. Im Laufe der aufeinanderfolgenden Herbstsaisons, die er in Detmold zubrachte, spielte er mehrere Konzerte von Mozart und Beethoven, die man besonders gern hörte; Schumanns Konzert, Mendelssohns G moll- und D moll-Konzert, ES dur-Rondo und H moll-Capriccio, Chopins E moll- und Moscheles' G moll-Konzert und, mit Bargheer und Schmidt, Beethovens Tripelkonzert. Gelegentlich spielte später die Prinzessin Friederike ein Konzert, und als einmal Beethovens Chorphantasie aufgeführt wurde, übernahm Frau Hofmarschall von Meysenbug das Klaviersolo, während Brahms als Kapellmeister fungierte.

Der junge Musiker wurde bald ein Liebling bei Hofe, nicht nur wegen seines musikalischen Genies, sondern auch wegen seiner allgemeinen Geistesbildung. Bei einem Thema von wirklichem Interesse schien er immer gut unterrichtet und sein Beitrag zu der Unterhaltung war wert, gehört zu werden. Es war eine seiner Lieblingsredensarten zu sagen: »Wer gut spielen will, muß nicht nur viel üben, sondern auch viele Bücher lesen,« und die vorzügliche Hofbibliothek Detmolds bot ihm Gelegenheit, seinen literarischen Geschmack zu befriedigen. An den pflichtfreien Abenden pflegten oft Musiker nach Brahms' Wohnung zu kommen, und es wurde häufig bis spät in die Nacht hinein gespielt.

»Und wie Brahms die großen Meister liebte! Wie er Haydn und Mozart spielte! Welch schöne Wiedergabe und wie fein und nuanciert der Ton! Und dann sein Transponieren!«

Es war ihm ein Leichtes, neue Kompositionen von einem oder dem anderen seiner Detmolder Freunde, um irgend ein beliebiges Intervall ohne Fehler vom Blatt zu transponieren, ohne diesem Kunststück einen besonderen Wert beizumessen. Manchmal erlaubte er sich sogar einen Scherz mit Hofkonzertmeister Bargheer und begann die Mozartschen Duosonaten, welche Prinz Leopold gerne privatim hörte, transponiert zu spielen, so daß Bargheer gezwungen und glücklicherweise auch fähig war, in derselben Tonart einzusetzen.

»Sein Partiturspiel war auch wunderbar. Bach, Händel, Mozart, alle schienen unter seinen Fingern natürlich hervorzuquellen und jeder Hauptpunkt kam sozusagen von selbst heraus. Dann war er ein so edler Charakter, eine so gute, freundliche Natur, und so ein Kinderfreund . . .«

Wir müssen jedoch hinzufügen, daß Schmidt, wie die meisten Detmolder Musiker, während er Brahms' Talente als Klavierspieler enthusiastisch bewunderte, dessen Kompositionen mit Skeptizismus betrachtet hat. Das H dur-Trio war keineswegs ein Liebling von ihm oder seinen Kollegen – Bargheer immer ausgenommen – und er fand, daß die Violoncellstimme sehr undankbar für das Instrument geschrieben sei.

Vorstehendes dürfte genügen, uns zu beweisen, daß Brahms' Aufenthalt in Detmold von ungetrübtem Erfolg war, und schon vor seiner Abreise war als selbstverständlich angenommen, daß er für den folgenden Herbst wieder angestellt würde. Das Weihnachtsfest, das er in der Familie des Hofmarschalls verbrachte, verlief so heiter und glücklich, als man sich's vorstellen kann. Johannes war an dem Abend wie ein Kind des Hauses. Eifrig überließ er sich mit den Knaben der geheimnisvollen Stunde, welche der großen Weihnachtsbescherung vorangeht und lachte herzlich über die ausgeübten Possen, denen er und andere noch im Laufe des Abends zum Opfer fielen. Ein paar Worte, die er in ein Album für Hermann schrieb, werden von dem Besitzer noch treu bewahrt: »Dieses schrieb in herzlicher Freundschaft Dein Johannes.«

Zwei Zeichen, beide auf kommende Dinge hinweisend, sind in den Januar-Zeitungsstimmen von 1858 zu lesen. Das eine weist auf die zunehmende Erbitterung hin, mit der die Weimaraner jene geschlossene Phalanx von Freunden betrachteten, die wir schicklich die Schumann-Partei nennen können, und ist in einem Bericht über Rubinstein als Komponisten enthalten, den Bülow in die *»Neue Berliner Musikzeitung«* vom 27. Januar schrieb:

»Er [Rubinstein] kennt seine Kräfte, er hat seine Waffen geprüft; darum hat er eine höhere Stufe inne, als z.B. der brütende Brahms.«

Das andere Zeichen war ein Bericht einer Nummer der *»Signale«*, der das wahrscheinlich erste Auftauchen von Brahms' Namen in Italien betraf: Der hervorragende Pianist Alfred Jaell hatte eine von Brahms' Kompositionen in das Programm einer jüngst beendeten Konzerttournee durch dieses Land eingefügt.

Nachdem Brahms Detmold am 1. Januar verlassen hatte, fuhr er über Hannover, wo er eine Stunde mit Joachim am Bahnhof verplauderte, direkt nach Hamburg und war bald wieder mit Studien, Kompositionen und Schülern beschäftigt. Die Frage betreffs Vollendung des Klavierkonzerts war dringend geworden. Immer wieder hatte er die verschiedenen Sätze nach Hannover geschickt und mit Joachims Bemerkungen zurückerhalten. Noch einmal, bevor Johannes Detmold verließ, hatte er dem Freunde den ersten Satz gesandt und ihn um seine Meinung wegen neuer Änderungen befragt. Diese letzte Bitte blieb eine oder zwei Wochen unbeantwortet und war schließlich in höchst praktischer Weise erfüllt: Joachim stellte das Manuskript zurück, nachdem er seine gründliche Durchsicht der Instrumentation mittels Bleistift bezeichnet hatte, Korrekturen, die Johannes annehmen oder zurückweisen konnte, wie es ihm beliebte, aber eine weitere Unterbrechung der Kopistenarbeit wurde nicht gestattet. Das Abschreiben der Stimmen des ganzen Werkes sollte unverzüglich vollendet und das Konzert bei der ersten Gelegenheit in Hannover oder Hamburg versucht werden.

»Ich enthalte mich aller weiteren Bemerkungen über Dein Konzert – nur um nicht abermals das Kopieren zu verzögern: ich brenne aber darauf, die vielen Schönheiten erster Größe, die mich beim Lesen entzückten, ungestört zu genießen durch Hören. Lasse mich bald wissen, ob ich's Dir recht gemacht habe.«[1]

Joachims Auftrag brachte die Sache beträchtlich vorwärts. Der Komponist fügte sich in das Unvermeidliche und kündigte tatsächlich seinem unermüdlichen Ratgeber im nächsten Brief an, daß die Stimmen in wenigen Tagen bereit sein würden, daß er beinahe gegen seinen Willen ein Engagement angenommen habe, das Konzert am 25. März in Ottens Abonnementskonzert zu spielen, und daß es ihm lieb wäre, Gelegenheit zu einer Vorprobe in Hannover zu finden.

Man sollte jedoch das Werk nicht gleich hören; das Konzertengagement wurde hinfällig, weil der Verleger Cranz, der den einzigen guten Konzertflügel besaß, dessen sich Hamburg rühmen konnte, sich weigerte, ihn für diese Gelegenheit herzuleihen; und der junge Komponist schob auch die Probe seines Werkes in Hannover unter verschiedenen Vorwänden auf, die wahrscheinlich

1 Brahms-Joachim-Briefwechsel, Nr. 139.

nur von seiner Ängstlichkeit diktiert wurden. Gekränkt über die Gleichgültigkeit, mit der Otten die Nachricht von der Schwierigkeit der Flügelbeschaffung aufnahm, beschloß Brahms, dem Konzert vom 25. März ganz und gar fernzubleiben, obschon Joseph daran teilnehmen sollte, und reiste nach Berlin, um Frau Schumann bei ihrer Rückkehr von einer Konzerttournee in der Schweiz, in ihrem neuen Heim zu begrüßen. Ohne Zweifel schöpfte er Mut aus der Teilnahme, die sie ihm bei der Vollendung seines großen Werkes zeigte, obschon ihr Stiefbruder Woldemar Bargiel nur mäßige Anerkennung dafür fand. Die Dinge wurden durch ein Telegramm von Hannover am 28. März zu einer Krisis gebracht: Joachim hatte es so eingerichtet, innerhalb zwei Tagen eine Probe der Komposition zu dirigieren, die am Ende einer Vorprobe für das nächste Hannoversche Abonnementkonzert stattfinden sollte. Er wünschte, Johannes möge sofort kommen und hoffte, daß auch Frau Schumann es möglich machen würde, bei der Gelegenheit anwesend zu sein. So kam es, daß nach langer Angst und Verzögerung Brahms' erstes vollendetes Orchesterwerk zum erstenmal in Hannover in geschlossenem Kreise, Dienstag, den 30. März 1858, gehört wurde. Nicht nur Frau Schumann war anwesend, auch Grimm war gekommen, um die geliebten Symphoniesätze in ihrem neuen Gewand zu hören und von künftigen Triumphen zu träumen, an denen Göttingen teilnehmen könnte; und Johannes vergaß seine Angst, getragen von dem Bewußtsein der Teilnahme seiner Freunde, und fühlte sich den Anforderungen der Stunde gewachsen.

»Ich denke, es muß Dir Freude machen zu hören, daß die Probe heute prächtig abgelaufen,« schrieb Frau Schumann an Bargiel; »zwar blieb nicht mehr Zeit, als das Konzert einmal durchzuspielen, es ging aber fast ohne Anstoß und zündete sogar unter den Musikern. Hättest Du es gehört, es wäre Dir heute ganz klar erschienen. Alles fast klingt so schön, schöner Vieles sogar, als Johannes selbst es sich gedacht oder gehofft.

Wunderbar ist das Ganze, so reich, innig, und welche Einheit dabei. Johannes war selig und spielte vor lauter Seligkeit den letzten Satz prestissimo. Wir machten dann einen Spaziergang; es war, als ob der Himmel dem Tage einen besonderen Glanz verleihen wollte. Johannes genoß ihn in vollen Zügen; seine Glückseligkeit zu sehen, hätte ich Dir gewünscht . . .«[1]

1 Litzmann III, 34. 35.

Die Saison war zu vorgerückt, um sogleich eine öffentliche Aufführung des Konzerts zu beratschlagen, aber Brahms kehrte zu seinen Eltern zurück, das Herz voller Zuversicht. Die Familie übersiedelte dieses Jahr wieder in eine bequemere Wohnung, Fuhlentwiethe Nr. 74, noch im alten Viertel von Hamburg gelegen, aber mit geräumigen Zimmern, die immer in schönster Ordnung gehalten wurden. Das Besuchszimmer war behaglich, wenn auch einfach möbliert und mit rankendem Efeu geziert, nach der Sitte jener Zeit. Es hatte einen großen Kamin, mit altmodischen Vorsprüngen, die gelegentlich im Sommer als Zufluchtsort für kuchenessende Kinderbesucher dienten, um Fräulein Elisens makellosen Fußboden zu schützen. Johannes, der jetzt wie immer einen großen Teil der Familienauslagen bestritt, hatte sein eigenes Zimmer, in dem reichlich Raum war für einen Divan, einen Waschtisch, ein Klavier, einen Schreibtisch und einen großen Bücherschrank, auf dem oben eine Büste Beethovens stand. Zwei oder drei kleine Stiche von guten Bildern zierten die Wände, eines davon war eine Darstellung von Leonardo da Vincis »Letztes Abendmahl«. Die Wohnung bot genug Raum, um einen oder zwei Kostgänger unterzubringen, eine Einnahmequelle, die, wie wir wissen, Jakob und sein Weib schon im Anfang ihres Ehelebens benützt hatten.

Ein Besuch bei Frau Schumann im April und Mai, der nahezu einen Monat dauerte, und der Genuß des Zusammenseins mit ihr in Hamburg während einiger Tage des Juni, gewährten Johannes einigen Ersatz für den Verlust des früher alljährlich wiederkehrenden, zeitweilig täglichen Verkehrs, der durch die Übersiedlung seiner Freundin von Düsseldorf nach Berlin abgebrochen worden war. Er arbeitete wieder fleißig während des Sommers, und in der vorherrschenden Stimmung der Komposition, mit der er sich hauptsächlich beschäftigte, sehen wir vielleicht einen Reflex der Befriedigung, die manche der Vorfälle des Frühlings ihm verursacht hatten; besonders aber der erfreuliche Ausgang seines langen Kampfes mit dem Klavierkonzert.

Noch erfüllt von dem Entzücken, mit welchem er der »Kassationsmusik«, den Serenaden und Divertimenti von Mozart, bei ihrer Aufführung durch das Detmolder Orchester, gelauscht hatte, machte sich Johannes daran, etwas im selben Stil in Form eines Oktetts zu schaffen, dabei der besonderen Eignung von Prinz

Leopolds Orchester gedenkend. Bald war er so vertieft in sein Werk, daß er sich gar nicht geneigt fühlte, der Überredung Grimms nachzugeben, der ihn in einem Brief vom 30. Juni dazu zu bringen suchte, den Rest des Sommers in Göttingen zu verleben, da er dies seiner Gesundheit, seiner Arbeit und seinen Pflichten gegen die anderen schuldig sei. Als er aber wußte, daß seine Freunde ihn nur in der Nähe haben wollten und ihn im ungestörten Besitz seiner Arbeitsstunden lassen würden, war Johannes endlich damit einverstanden, kündigte Grimm sein Kommen an und verließ Hamburg Ende Juli.

Man wußte zu Hause, daß seine Abwesenheit eine lange sein würde; keinesfalls sollte er vor Beginn des nächsten Jahres, nach Abschluß seiner Detmolder Saison, zurückkehren, und man war ganz im Ungewissen über seine Zukunftspläne. Es war eine traurige Zeit für Fräulein Friedchen Wagner, welche während der Monate seines Aufenthaltes seine regelmäßige Schülerin gewesen war; bei ihrer letzten Stunde bat sie daher den Meister um ein kleines Andenken und wünschte, es solle einen ernsten Charakter haben, um mit ihrer Stimmung im Einklang zu sein. Sie war jedoch nicht zu Hause, als er ihr seinen Abschiedsbesuch machte, und er verließ Hamburg, anscheinend ohne sich ihres Wunsches erinnert zu haben. Einige Tage lang zu melancholisch, um das Klavier nur öffnen zu können, war ihre Freude um so größer, als sie, endlich entschlossen, wieder an die Arbeit zu gehen, unter dem Deckel des Instruments eine Komposition in Brahms' Handschrift vorfand, welche die Überschrift trug: »Fräulein Fr. Wagner zu freundlichem Gedenken, Hamburg, Juli 1858.« Es war das Orgelpräludium über den Choral »O Traurigkeit, o Herzeleid«, der 1881 mit einer Fuge herausgegeben wurde als Supplement einer Nummer des *»Musikalischen Wochenblatts.«*[1]

Brahms' Aufenthalt in Göttingen war in mehr als einer Richtung denkwürdig. Frau Schumann bezog, nachdem sie in Wiesbaden die Kur gebraucht hatte, mit fünf ihrer Kinder das Haus der Grimms; Johannes wohnte dicht daneben. Bargiel, mit dem Brahms in Berlin intim geworden war, und Bargheer gesellten sich dazu und man brachte etwa 6 Wochen in Arbeit und Spiel zu, beides mit fast gleichem Vergnügen daran. In den Morgenstun-

1 »Brahms in Hamburg«, von Professor Walter Hübbe.

Brahms und Joachim

den wurde Brahms mit stillschweigendem Einverständnis sich selbst überlassen, und seine Serenade machte so rasche Fortschritte, daß er den Freunden, die herzliches Interesse an derselben nahmen, das Werk ankündigen konnte, noch ehe ihr Kreis sich auflöste. Unverzüglich wurden Pläne zu einer Probe gemacht; Johannes selbst, Bargiel, Bargheer, alle machten sich daran, die Stimmen abzuschreiben; Grimm brachte die nötigen Musiker zusammen und das Werk wurde vor einer Zuhörerschaft von Freunden unter Leitung des Komponisten gespielt. Dies war die erste Aufführung der Serenade in D dur in der Originalgestalt, als Oktett für Streich- und Blasinstrumente in drei Sätzen, die, für großes Orchester instrumentiert, als op. 11 veröffentlicht wurde.[1]

Grimm und seine Frau waren, zu dieser Zeit der besonderen Vertraulichkeit in ihrem Kreise, unaussprechlich gerührt von dem schönen und seltenen Verhältnis, in welchem Johannes zu Frau Schumann stand: »Er war ihr ein sorgfältiger Freund, ein liebender und beschützender Sohn.« In der Tat war sie der Mittelpunkt der Gesellschaft und der Hauptgedanke der jungen Musiker, die sich um sie versammelten. Johannes war ein prächtiger Kamerad für ihre Kleinen und schlug ihnen alle Arten von ausgelassenen Spielen vor, an denen die älteren gern teilnahmen. Was die Musik betrifft, so hatten sie auch daran ihren eigenen Anteil. Man kann sich vorstellen, wie sie mäuschenstill in ihren Versteckwinkeln lauerten und der sich nähernden Stimme des Suchers lauschten.

und auch die Bitten des vierjährigen Felix verstehen, der wieder auf jemandes Knie reiten wollte, trotzdem er die Antwort bekam:

und die Anstrengungen der kleinen Eugenie, das Sandmännchen noch etwas länger fernzuhalten, trotz dem:

1 Die Auskunft, daß die Serenade in D dur ursprünglich als Oktett für Soloinstrumente komponiert wurde, verdankt die Verfasserin einigen unveröffentlichten Reminiszenzen, welche der verstorbene Konzertmeister Bargheer über seine Bekanntschaft mit Brahms geschrieben hat.

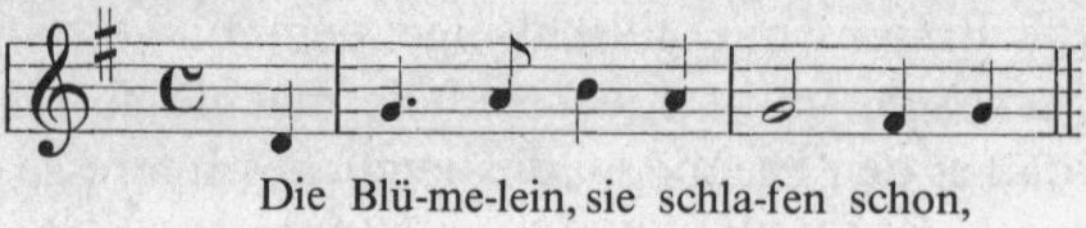

Diese und andere Lieder sang Johannes diesen Sommer in Göttingen vor und mit Frau Schumanns Kindern; sie wurden zu Ende des Jahres anonym von Rieter-Biedermann veröffentlicht als »Volkskinderlieder mit hinzugefügter Klavierbegleitung; den Kindern Robert und Clara Schumanns gewidmet«.

Ungefähr um Mitte September brach die Gesellschaft auf. Die Kinder kehrten nach Berlin zurück, ihre Mutter besuchte eine alte Freundin in Düsseldorf, andere wurden durch ihre betreffenden Angelegenheiten weggerufen; nur Johannes, der seine besonderen Gründe hatte, Göttingen in dem Augenblick für den köstlichsten Ort der Welt zu halten, blieb bei Grimms zurück. Nichts hätte unter diesen Umständen gelegener kommen können, als ein Briefchen, das Brahms die Rückkehr Joachims von England ankündigte, mit dem darin geäußerten Wunsch, den Rest der Ferien, sei es, wo es nur sei, mit seinem Freund zu verleben. Seine Anwesenheit in Göttingen wurde sofort von Brahms verlangt, der sich nie des Wertes eines seiner neuen Werke bewußt war, ehe er Josephs Meinung darüber gehört hatte; auch verlor er keine Zeit, ihm die Serenadensätze vorzuspielen, die sein Gefährte mit von Zurückhaltung gemäßigtem Lobe aufnahm. Diesmal hatte der Komponist wirklich Grund zur Besorgnis. Seine Unerfahrenheit in der Kunst des Instrumentierens hatte sich bei der Probe der Serenade wieder verraten und Frau Schumann hatte erklärt, sie glaube, daß nur das Setzen für volles Orchester die anziehenden Gedanken der Komposition wirklich zur Geltung bringen könne. Als aber Joachim von Johannes hierüber befragt wurde, behielt er sich vor, über diesen und andere Punkte seine Meinung zu sagen, bis er Gelegenheit zu einem ruhigen Studium der Partitur gehabt haben würde, die er Ende des Monats mit nach Hannover nahm; und Brahms, der Göttingen in Gesellschaft seines Freundes verließ, um seinen Verpflichtungen in Detmold nachzukommen, vernichtete die Stimmen, in der Überzeugung, daß sie ihm in der damaligen Fassung von keinem weiteren Nutzen sein würden.

Bei Annäherung des Herbstes wurde es immer wünschenswerter, die öffentliche Aufführung des Klavierkonzerts in Erwägung zu ziehen, und im Laufe des Oktober erschien der folgende kleine Artikel – für den die Begeisterung der Frau Schumann indirekt verantwortlich gewesen sein mag – in den »*Signalen*«:

»Aus Detmold meldet man uns, daß dort seit einigen Wochen durch die Anwesenheit von Johannes Brahms sich ein reges musikalisches Leben entwickelt, dessen Mittelpunkt der junge Künstler ist. Brahms wird bis Ende dieses Jahres in Detmold bleiben, und man hofft in dieser Zeit auch einige seiner neuen Kompositionen zu hören; er vollendete unter anderen ein Klavierkonzert, ein Werk, dessen große Schönheiten uns gerühmt werden.«

Dasselbe Journal erwähnt Konzerte, die Frau Schumann in Düsseldorf und anderswo gab und bei denen sie zweihändige Arrangements für Klavier von Brahms spielte, eine Auswahl Ungarischer Tänze; sie »zündeten wahrhaft beim Publikum und riefen einen wahren Beifallssturm hervor«. Dieser unwiderlegliche Bericht sollte endlich wirksam die Fabel beseitigen, die sich so vielfach Glauben erworben hat unter den musikalischen Laien, daß die Arrangements der Ungarischen Tänze die Folge von Eindrükken waren, welche Brahms während seines Wiener Aufenthalts empfing. Wie wir in einem früheren Kapitel klargelegt haben, verdankte er seine erste Bekanntschaft mit den Melodien dem Spiel des Reményi.

Die Hoffnung, daß die neuen Werke in Detmold aufgeführt werden würden, die schon in den »Signalen« ausgesprochen worden war, ging nur teilweise in Erfüllung. Wie wir gesehen haben, wurde Brahms von den dortigen Musikern – mit Ausnahme eines einzigen – als schaffender Künstler nicht ernstlich anerkannt, und besonders betrachtete Kapellmeister Kiel seine Kompositionen mit Eifersucht und Mißtrauen. Soweit wir es feststellen können, ist es in Detmold nicht einmal zu einem Versuch mit dem D moll-Konzert gekommen. Das Resultat der erfolgreichen Probe in Hannover im März war aber, daß Joachim trotz einiger offiziellen Opposition seinen Wunsch durchsetzte, dessen erste Aufführung für eines der Hannoverschen Abonnement-Konzerte zu bestimmen; er wählte den 22. Januar 1859 dafür, wo Johannes schon frei von Pflichten sein würde; auch wurden durch den Konzertmeister David Arrangements getroffen zu einer zweiten Aufführung, einige Tage später, am 27. Januar, im Leipziger Gewandhaus-Konzert.

Was die Serenade betrifft, war Joachim vollständig einverstanden mit der hohen Meinung, die Frau Schumann von ihrem musikalischen Wert hegte, doch wollte er nicht vorschnell urteilen über die Frage der Instrumentierung.

»Der letzte Satz ist in seiner Art ebenso glücklich wie die ersten,« schrieb er, »auch das Trio reizend, nur bisweilen unglücklich instrumentiert; namentlich zu schwer für die Violinen. Du hattest den letzten Satz so ruschlig auf dem schlechten Klavier gespielt, daß ich in Göttingen nicht daraus klug werden konnte; hier ist mir alles ganz klar . . . Ob Du die Serenade wirklich für Orchester setzen, oder etwa mit Zutun noch eines Hornes und einer Oboe so lassen sollest, darüber möcht' ich nicht ohne Hören entscheiden helfen . . .«[1]

Mittlerweile machte Brahms Fortschritte mit noch neueren Kompositionen. Bis zu einer verhältnismäßig späten Zeit seiner Laufbahn glich seine Arbeitsmethode in mancher Hinsicht der Beethovens. Wir haben gesehen, daß er schon als Knabe die Gewohnheit hatte, seine Gedanken niederzuschreiben, wie sie ihm einfielen. Später pflegte er mehrere große Kompositionen zu gleicher Zeit in Arbeit zu haben und ließ seine Gedanken nach und nach reifen; und es kam vor, daß er ein Werk jahrelang im Pult hatte, ehe er es endgültig vollendete. Die Fälle mit dem D moll-Konzert, dem E moll-Klavierquartett und der E moll-Symphonie sind wohlbestätigte Beispiele in dieser Hinsicht, obschon Brahms Sorge trug, daß die Art und Weise, wie er seine Werke entwickelte, nach seinem Tode nicht zum Gemeingut werden sollte, indem er die meisten seiner Skizzen vernichtete.[2] Sehr bald nach seiner Abreise von Göttingen schickte er an Grimm ein Paket neuer Manuskripte mit der dringenden Bitte um seine Meinung und Kritik; eines davon erwies sich als der vollendete erste Satz einer zweiten Serenade in A dur für kleines Orchester; die folgenden Sätze waren noch nicht reif zur Durchsicht. »Wie mag der Klang sein? Soll ich weiterschreiben?« fragte er.

»Der Satz ist wundervoll,« erwiderte Grimm, »und so warm, wie die schönen Sommermonate dieses Jahres . . . Das Partiturlesen hat mir keine Mühe gemacht, denn nach den ersten vier Takten merkte ich, daß ich die folgenden schon kannte. Du mußt mir den Satz schon einmal im Sommer incognito vorgespielt haben, ich erinnere mich aber nicht wo und wann.«[3]

1 Brahms-Joachim-Briefwechsel, Nr. 155.

2 Die wenigen Skizzen, die Brahms überleben durften, sind in der Bibliothek der »Gesellschaft der Musikfreunde« in Wien aufbewahrt.

3 Brahms-Grimm-Briefwechsel XLIV. NB. Die Fußnote des vorangehenden Briefes XLIII [»Serenade (Ddur) für Orchester, op. 11«] ist ein offenbarer Lapsus des Herausgebers.

Die vielen wichtigen Ansprüche an des Komponisten Zeit, die im Laufe der nächsten wenigen Monate befriedigt werden sollten, hinderten ihn an der sofortigen Vollendung der zweiten Serenade, deren Geschichte wir in einem späteren Kapitel wieder aufnehmen werden.

Carl von Meysenbug konnte in dieser Saison nicht lange an der Abendmusik in der »Stadt Frankfurt« teilnehmen, die mehr als je zu einer regelmäßigen Gewohnheit geworden war. Er reiste vor Ende Oktober ab, um als Göttinger Student das Universitätsleben kennenzulernen, und fühlte sich bald in dem geistesverwandten Kreis von Grimms Freunden heimisch.

»Passen Sie auf,« sagte ihm Johannes, als sie sich trennten, »Sie werden sich wundern, wenn Sie, der Sie hier schon für die steifen Hofdamen schwärmen, erst dort die schönen frisch-fröhlichen Professorentöchter kennenlernen.«

Diese Worte waren bezeichnend. Das Alter von fünfundzwanzig Jahren ist geeignet für Romane und Brahms war zu jener Zeit verliebt. Er hatte die ersten Mannesjahre ohne eine ernste *affaire de coeur* verlebt, was sich leicht aus den Umständen erklären läßt, in die er versetzt worden war. Das Verfolgen eines edlen Ehrgeizes, das ununterbrochenen Fleiß erforderte, nahm die Hälfte seiner Kräfte in Anspruch, während sein Herz von Liebe erfüllt war für die Familie, die lieben Kameraden und die beiden Menschen, zu denen er mit unbegrenzter Hochachtung aufsah. Eine ruhigere Epoche folgte dem aufregenden Lauf der vergangenen Ereignisse und gönnte ihm Muße, an sich selbst zu denken. Sein Verkehr mit den reizenden jungen Leuten, die in Grimms Hause ein- und ausgingen, und die Betrachtung von seines Freundes großem Eheglück hatten in ihm das Gefühl der Einsamkeit geweckt und seine Gedanken beschäftigten sich gern mit Fräulein Agathe, der Tochter des Göttinger Universitätsprofessors von Siebold und Frau Philippinens intimster Freundin. Agathe war schön, lebhaft, gebildet und mit einer sympathischen Stimme begabt, und sie sang Brahms' Lieder mit großem Ausdruck, besonders wenn er selbst die Begleitung spielte. Ein Andenken an die Freundschaft, die während der zwei Sommermonate ihrer Bekanntschaft zwischen den beiden erblühte, ist uns bewahrt geblieben in der Korrespondenz, die im Herbst dieses Jahres zwischen Detmold und Göttingen hin- und herflog und die deutlich darauf hinweist, daß diese Intimität von Grimms gefördert wurde, in der natürlichen Hoffnung, daß sie zu einer näheren Verbindung führen könnte. Nach seiner Rückkehr nach Detmold wechselte Johannes durch Vermittlung der gemeinsamen Freunde noch beständig Briefe mit Agathe, die er immer beim Vornamen nannte; er komponierte Lieder für sie, die sie abschrieb und sang, und er sprach immer in liebevollen Ausdrücken von seinem »Kleeblatt« und vereinte in diesem poetischen Bilde Agathe mit Grimm und dessen Frau. Unter den Manuskripten, die er im Herbst 1858 Grimm zur Durchsicht schickte, war ein »Brautgesang« für Sopransolo, Frauenchor und Orchester auf ein Gedicht von Uhland gesetzt, und Brahms antwortet auf Grimms kritische Bemerkungen über das Werk:

»So ein armer Komponist sitzt traurig allein auf seiner Stube und schwindelt sich zu Sachen hinauf, die ihn gar nichts angehen und so ein Rezensent setzt sich zwischen zwei schönen Frauen nieder und – ich mag mir's gar nicht weiter ausmalen.«

Die Freundschaft wurde eifrig fortgesetzt, als Brahms bei seiner Abreise von Detmold zu Anfang des neuen Jahres zu einem einwöchentlichen Besuch in Göttingen Zeit fand; aber das unter den Bekannten verbreitete Gerücht von einer bevorstehenden oder bereits stattgehabten Verlobung zwischen Brahms und Agathe erwies sich als ein Märchen. Da die bindenden Worte unausgesprochen blieben, hielt es Grimm für ratsam, dazwischen zu treten und, nachdem er Brahms an die Ungewißheit seiner Vermögensverhältnisse erinnert hatte, sagte er ihm, daß er verpflichtet sei, sich über seine Absichten in einer oder der andern Art klar zu werden und demgemäß zu handeln. Es kann niemanden überraschen, der des jungen Komponisten Charakter und Ziele begreift, daß sein Entschluß, der einen zeitweiligen Bruch seiner freundschaftlichen Beziehungen zu Grimms herbeiführte, ihn fortlenkte von den Banden der Ehe: Jetzt und später liebte er die Gesellschaft reizender Mädchen und fand vielleicht nichts Böses daran, sich der Freude einer auserwählten Freundschaft gelegentlich hinzugeben, ohne weiter über die gegenwärtige Stunde hinauszudenken; aber man kann ruhig annehmen, daß er am Beginn seiner Karriere das Opfer seiner künstlerischen Ziele durch Annehmen bindender Verantwortung nicht aufs Spiel gesetzt hätte, selbst wenn seine materielle Lage viel besser gewesen wäre, als sie es tatsächlich war. Entschlossen entsagte er glückseligen Träumereien, die ihn eine Zeitlang umgaukelt hatten, und heiter wandte er sich der Zukunft entgegen in ungeteilter Huldigung der Kunst, welche die Oberherrschaft über seine Neigungen behalten sollte bis zu Ende seines Lebens. Daß die Erinnerung an Agathe, welche sich im Laufe der Zeit glücklich verheiratet hat, in irgendeinem Winkel seines Herzens aufbewahrt blieb, während die Jahre weiterrollten, wird von keinem bezweifelt werden, der Gelegenheit hatte, die Zähigkeit seines Gedächtnisses für alte Freundschaften schätzen zu lernen. Mehrere der später veröffentlichten Lieder von Brahms waren das unmittelbare Resultat seiner Vertraulichkeit mit Agathe, u. a.: »Die Liebende schreibt« (op. 47, Nr. 5), »Scheiden und Meiden« (op. 19, Nr. 2), »In der Ferne« (op. 19, Nr. 3); während in der letzten Strophe – in H dur – des auserlesenen »Ewige Liebe« (op. 43, Nr. 1) die Reminiszenz einer der Melodien des Brautgesanges kristallisiert und verklärt ausklingt. Dieses Werk aber, wenn wir Schlüsse ziehen dürfen aus des Komponisten eigenen Bemerkungen und jenen der Freunde, denen er es zeigte, gehörte im ganzen nicht zu Brahms' glücklichsten Eingebungen und es blieb unveröffentlicht.

Neuntes Kapitel

1859

Erste öffentliche Aufführungen des Klavierkonzerts in Hannover, Leipzig und Hamburg – Brahms, Joachim und Stockhausen treten zusammen in Hamburg auf – Erste öffentliche Aufführung der Serenade in D dur – Der Frauenchor – Fräulein Friedchen Wagner – Kompositionen für weiblichen Chor.

Es ist nicht schwer, sich eine Vorstellung von den gemischten Gefühlen der Hoffnung und Sorge zu machen, die Johannes' Geist erfüllt haben müssen, als er im Januar 1859 in Hannover ankam. Wenn das erste Kapitel seiner Laufbahn in triumphierender Weise geschlossen hatte mit der außerordentlichen Reihe von Ereignissen, die seiner ersten kleinen Konzertreise folgten, so kann man das zweite Kapitel nur als Intermezzo betrachten, das in ruhiger Vorbereitung für das später folgende zugebracht ward. Das Vorspiel zu seinem Künstlerleben wurde 1853 erfolgreich abgeschlossen; die Haupthandlung sollte mit den Aufführungen in Hannover und Leipzig zu Anfang des Jahres 1859 beginnen. Brahms war beinahe übertrieben selbstkritisch, aber er muß sich doch ermutigt gefühlt haben, wenn er sich an den Erfolg seines Debüts als Komponist in Leipzig, unmittelbar nach dem Erscheinen von Schumanns berühmtem Artikel erinnerte; auch lebte noch die Freude in ihm, bei dem Gedanken an das Probespiel seines Konzertes in Hannover vor weniger als einem Jahr, und erhellte sein Inneres. Solche Erinnerungen, in Verbindung mit der Begeisterung der besten Freunde, waren wohl geeignet, seine Hoffnungen zu erhöhen.

Das Konzert hörte man in Hannover am 22. Januar, in Gegenwart des ganzen Hofes und unter den günstigsten künstlerischen Bedingungen: Joachim dirigierte das Orchester, Johannes spielte das Solo, und es wäre schwer zu sagen, welcher der beiden jungen Musiker mit mehr Interesse bei der Sache war; aber, obschon der Komponist mit einem Hervorruf ausgezeichnet wurde, war doch die tatsächliche Folge der Aufführung, daß sie das Publikum ermüdete und die Musiker sich darüber nicht recht klar waren.

»Aus Hannover schreibt man uns berichtigend,« sagt der Hannoversche Korrespondent der »*Signale*« zehn Tage später, »daß das Brahmsche Konzert keinen großen Erfolg beim Publikum, doch *entschieden Sympathien* für den Komponisten hervorgebracht habe, namentlich die guten Musiker hätten großen Respekt vor dem begabten Künstler.«

»Das Werk erschien bei allem Streben, möglichst aus der Tiefe zu schöpfen, alles Triviale fern zu halten, und bei der Gewandheit der Instrumentation doch unverständlich, sogar trocken und zum Teil in hohem Grade ermüdend,« schreibt ein anderer Kritiker;[1] »trotzalledem machte Brahms den Eindruck eines Musikers von echtem Schrot und Korn, und man erkannte ohne jede Einschränkung, daß derselbe nicht bloß Virtuos, sondern ein großer Künstler des Klavierspiels sei.«

Johannes mußte fast unmittelbar darauf nach Leipzig reisen und er verließ Hannover, ohne mehr von dem durch sein Werk hervorgerufenen Eindruck zu erfahren, als er aus der Höflichkeit des Publikums und der Begeisterung seiner Freunde schließen konnte; aber daß seine Gemütsverfassung keine niedergeschlagene war, können wir dem kleinen Artikel entnehmen, der unmittelbar nach seiner Ankunft in den »*Signalen*« erschien:

»Herr Johannes Brahms ist hier anwesend und wird sein neues Konzert für Pianoforte in D moll im Gewandhause spielen und zwar in dem Konzert dieser Woche. Herr Brahms gedenkt den Rest des Winters in Leipzig zuzubringen.«

Wir müssen hier von neuem die Aufmerksamkeit des Lesers auf das Publikum lenken, welchem unser junger Komponist seine Arbeit zur Annahme jetzt vorlegen sollte. Leipzig nahm noch die Stelle der musikalischen Hauptstadt von Europa ein, zu der es durch das Genie Mendelssohns erhoben worden war. In den einflußreichsten künstlerlischen Kreisen wurde der vorzeitige Tod dieses bezaubernden Meisters (1809–1847) noch beklagt wie ein erst jüngst geschehenes Ereignis. Die meisten seiner alten Freunde lebten noch und kraft ihres früheren persönlichen Verkehrs mit ihm betrachteten sie sich als kompetente Richter aller späteren Streber nach Ruhm. Es ist eine Sache der täglichen Erfahrung, daß die ungelehrten Trabanten eines Genies meist arrogant sind, in geradem Verhältnis zu ihrer Unwissenheit, und daß selbst aufrichtige Kunstverständige oft dazu neigen, ihren Horizont durch die Heldenvergötterung einzuengen. Die Musiker und Musikliebhaber des Gewandhauskreises verbanden die Idee eines Konzerts mit der klaren Melodie von Mozart und Beethoven, wenn sie auch Beethoven schon einigermaßen schwierig fanden, mit dem anziehenden Funkeln Mendelssohns und der Gelegenheit zur Entfal-

1 Dr. Georg Fischer, »Opern und Konzerte im Hoftheater zu Hannover bis 1866.«

tung von Solistenvirtuosität, welche die Werke aller drei Meister mehr oder weniger bieten. Wenn sie eine Neuheit hören sollten, erwarteten sie, daß sie nicht allzu verschieden sein solle von dem, was ihnen schon vertraut war. Bernsdorf, der jüngst an Stelle des Brahms'-freundlichen Kritiker Louis Köhler in den Stab der konservativen »*Signale*« eingetreten war, repräsentierte den eigensinnigen Typus eines Konservativen, der ehrlich überzeugt ist, daß die Reihe der großen Meister mit Mendelssohn ihr Ende erreicht hatte.

Andererseits hatten die Neudeutschen mittlerweile bedeutende Eroberungen in Leipzig gemacht, wo sie eine einflußreiche Partei organisiert hatten und, wie wir in einem früheren Kapitel schon sahen, selbst auf das Podium des Gewandhauses zugelassen wurden. Die »*Neue Zeitschrift*« war ihr Organ, doch fanden sie auch Stütze an den Journalisten der Tagespresse, deren wichtigsten einer, Ferdinand Gleich, vom »*Leipziger Tageblatt*«, war. Sie waren auf der Suche nach Kämpen, die sich ihrer Richtung anschließen möchten, und hießen das Ungewöhnliche als solches willkommen, obschon sie sich ihre innerste Billigung reservierten für das Pikante, Tönende, Sensationelle, ja sogar das Revolutionäre.

An diese beiden extremen Parteien sollte nun unser Johannes mit seiner Unerfahrenheit, seinen idealen Zielen, seinem Genie und seiner Abneigung gegen alle Effekthascherei, appellieren. Hätte er sich in diesem Augenblick für eine der beiden Parteien erklären müssen, er hätte sicher nicht die der Revolution gewählt; aber er war mit einer zugleich tiefen, originellen und romantischen Phantasie begabt. Dies besiegelte sein Schicksal bei der Genossenschaft, die sich als die moderne Vertreterin der klassischen Kunst betrachtete. Sein Brief an Joachim am Tage nach dem Konzerte verkündet, daß sein Werk »hier glänzend und entschieden – durchfiel«.

»Vor allem,« sagt er, »es ging wirklich recht sehr gut, ich spielte bedeutend besser als in Hannover und das Orchester ausgezeichnet. Die erste Probe erregte keinerlei Gefühle bei den Musikern oder Zuhörern. Zur zweiten kam aber kein Zuhörer und bei keinem Musiker bewegte sich ein Gesichtsmuskel. Den Abend wurde Elisa-Ouvertüre von Cherubini gemacht, dann ein Ave Maria von demselben matt gesungen, also hofft' ich, Pfunds [des Paukenschlägers] Wirbel würde zur rechten Zeit kommen. Ohne irgend eine Regung wurde der erste Satz und der zweite angehört. Zum Schluß versuchten drei Hände, langsam ineinander zu fallen, worauf aber von allen Seiten ein ganz klares Zischen solche Demonstrationen verbot. Weiter gibt's nun gar nichts über dies Ereignis zu schreiben, denn auch kein Wörtchen hat mir noch jemand über das Werk gesagt! David ausgenommen, der sehr freundlich war und sich außerordentlich dafür interessierte und sich Mühe darum gab . . .

Dieser Durchfall machte mir übrigens durchaus keinen Eindruck und das bißchen üble und nüchterne Laune hernach verging, als ich eine C dur-Symphonie von Haydn und die Ruinen von Athen hörte. Trotz alledem wird das Konzert noch einmal gefallen, wenn ich seinen Körperbau gebessert habe und ein zweites soll schon anders lauten.

Ich glaube, es ist das Beste, was einem passieren kann: das zwingt die Gedanken, sich ordentlich zusammenzunehmen, und steigert den Mut. Ich versuche ja erst und tappe noch. Aber das Bißchen war doch zu viel? . . .

Schändlich nüchtern sahen hier die Gesichter aus, als ich von Hannover kam und Deins zu sehen gewohnt war. Montag gehe ich nach Hamburg. Sonntag ist hier eine interessante Kirchenmusik und abends der Faust bei Frau Frege . . .«[1]

Man kann des jungen Komponisten bittere Enttäuschung zwischen diesen spartanischen Zeilen lesen. Aber vielleicht hat er seinen Mißerfolg übertrieben. Sehen wir, was Bernsdorf zu sagen hat:

»Es ist traurig aber wahr, daß die im Verlaufe der diesjährigen Saison vorgeführten neuen Kompositionen wenig oder gar kein Glück gemacht haben . . . das gegenwärtige vierzehnte Gewandhauskonzert war wieder ein solches, in dem eine neue Komposition zu Grabe getragen wurde – das Konzert des Herrn Johannes Brahms. Es ist aber auch in Wahrheit dieses Stück gar nicht darnach angetan, daß es irgend eine Befriedigung oder Genuß gewähren könnte: Nimmt man den Ernst des Strebens und die Tüchtigkeit der musikalischen Gesinnung hinweg, so bleibt eine Öde und Dürre, die wahrhaft trostlos ist. Die Erfindung hat auch an keiner einzigen Stelle etwas Fesselndes und Wohltuendes . . . und dieses Würgen und Wühlen, dieses Zehren und Ziehen, dieses Zusammenflicken und Wiederauseinanderreißen von Phrasen und Floskeln muß man über dreiviertel Stunde lang ertragen! Diese ungegorene Masse muß man in sich aufnehmen, und muß dabei noch ein Dessert von den schreiendsten Dissonanzen und mißlautendsten Klängen überhaupt verschlucken! Mit vollstem Bewußtsein hat überdies auch Herr Brahms die Prinzipalstimme in seinem Konzept so uninteressant wie möglich gemacht; da ist nichts von einer effektvollen Behandlung des Pianoforte, von Neuheit und Feinheit in Passagen; und wo irgend einmal etwas auftaucht, was den Anlauf zu Brillanz und Flottheit nimmt, da wird es gleich wieder von einer dichten orchestralen Begleitungskruste niedergehalten und zusammengequetscht. Zu bemerken ist endlich noch, daß als technischer Klavierspieler Herr Brahms nicht auf der Höhe derjenigen Anforderungen steht, die man heutzutage an einen Konzertspieler zu machen berechtigt ist.«

Nichts diente besser als diese Zeilen, die gewissenhafte Bigotterie zu kennzeichnen, die sich dem wahrhaft Originellen oft

1 »Brahms-Joachim-Briefwechsel«, Nr. 167.

entgegenstellt, nur ist sie bei Bernsdorf mit außergewöhnlicher Grobheit ausgedrückt. Die engherzigen, orthodoxen Gegner von Brahms' Kunst ähnelten jenen, die seinerzeit ihre Pfeile gegen Beethoven und Schumann gerichtet hatten. Bei der Fortschrittspartei fand der junge Komponist eine ganz andere Aufnahme. Die »*Neue Zeitschrift*« schrieb:

»Sowohl wegen der Hoffnungen, welche einer Kunsterscheinung in seltenster Weise schon vor ihrem ersten Auftreten durch das begeisterte Einführungswort eines gefeierten Meisters entgegen gebracht wurden, als auch wegen der Seltenheit der späteren Kundgebungen des in ziemlicher Abgeschlossenheit lebenden Künstlers, mußte das Auftreten von Johannes Brahms mit einem neuen Klavierkonzert unsere Aufmerksamkeit erregen.

Trotz der zugestandenen Mängel der äußeren Erscheinung halten wir dieses Werk seinem inneren, dichterischen Gehalte nach, für ein unverkennbares Zeichen einer bedeutenden Schöpfungskraft von echt poetischer Ursprünglichkeit und Originalität. Dem abfälligen Urteile einer gewissen Seite des Publikums und der Kritik gegenüber betrachten wir es für unsere Pflicht, für diese achtungswerten Seiten des genannten Werkes einzustehen und gegen die wenig achtbare Art und Weise seiner Beurteilung zu protestieren.«

Ferdinand Gleich schreibt:

»Wer wollte oder könnte auch in diesem neuen Werke die Spuren einer bedeutenden schöpferischen Begabung verkennen! Wir möchten das am allerwenigsten tun, die wir es als unsere Pflicht betrachten, junges Talent zu fördern. Dennoch sind uns beim Hören dieses Konzertstückes größter Form mancherlei Bedenken aufgestiegen. Es ist in dem ganzen Werke noch ein allzu unklares Drängen und Gären, ein Ringen nach einer, den Ideen des Komponisten entsprechenden Ausdrucksweise, durch welches wohl die hergebrachte Form durchbrochen, aber eine fertige und festgeschlossene, den Anforderungen der Kunstästhetik genügende, noch nicht geschaffen werden kann ... Der erste Satz namentlich macht auf uns den Eindruck des Ungeheuerlichen; weniger war dies bei den beiden anderen Sätzen der Fall, obwohl wir auch hier, trotz der auftauchenden einzelnen Schönheiten zu einem wirklichen künstlerischen Genuß nicht gelangen konnten. Das Orchester stellt Brahms, soweit als das im Konzertstück überhaupt möglich ist, dem obligaten Instrument zur Seite und dokumentiert sich darin als ein Künstler, der die ästhetischen Forderungen der Neuzeit versteht. Bei Behandlung des Orchesters zeigt sich ebenfalls eine blühende Phantasie und der lebhafteste Sinn für neue und schöne Klangwirkungen, wenn der Komponist bis jetzt auch noch nicht die Macht hat, die Mittel des Orchesters so weit zu beherrschen, um seine diesfälligen Intentionen stets wirkungsvoll zur Vorstellung zu bringen. Das Werk wurde, wie das nicht anders sein konnte, vom Publikum ruhig (um nicht zu sagen kalt) aufgenommen; wir aber müssen das große, aber noch zu sehr in seiner Sturm- und Drangperiode begriffene, natürliche Talent des Komponisten anerkennen, von dem sich unschwer voraussagen läßt, daß er bei seinem Wollen und Streben noch wahrhaft Bedeutendes schaffen wird.«

Ob nun diese beiden Kritiken mit überlegter Absicht geschrieben waren oder nicht, – und der Wunsch von seiten der Anhänger der neudeutschen Schule, Brahms mit ihrer Sache zu identifizieren, kann uns kaum wundern oder als unehrenhaft erscheinen – wir können darin keine Spur von jener Unaufrichtigkeit finden, die Kalbeck in seiner Brahms-Biographie den journalistischen Anhängern der Weimaraner und besonders Brendel, dem Herausgeber der »*Zeitschrift*«« und Freund Liszts, zuschreibt. Ihre ehrliche Absicht und ihre Unparteilichkeit hat das Schicksal, welches mehrere Jahre das gedruckte Konzert begleitete, gerechtfertigt; wieder können wir die Bemerkungen Hanslicks, des erklärten Kämpen der klassischen Kunst und enthusiastischen Bewunderer des reifen Brahms, neben jene in der »*Zeitschrift*« der fünfziger Jahre erschienenen stellen. Im Jahre 1888 schreibt er:[1]

> »Gleich Schumann begann Brahms in ›Sturm und Drang‹, nur noch weit verwegener, wilder, in Form und Modulation emanzipierter und technisch schwieriger. Diese erste Periode der genialen Gärung, die man häufig bis zum zehnten Werke absteckt (Balladen für Pianoforte), wäre vielleicht richtiger bis zum op. 18 anzunehmen, dem B dur-Sextett . . . gehört nicht das wildgeniale D moll-Konzept op. 15 der Zeit, wie dem Charakter nach, in die erste Periode?«

Tatsächlich dauerte es fast ein halbes Jahrhundert, bis sich das Konzert beim Publikum seinen Platz sicherte, und der Tag ist bis jetzt noch nicht gekommen – wenn auch vielleicht heute nicht mehr viel dazu fehlt –, wo man sagen kann, daß es bei den Musikliebhabern im allgemeinen unter die ersten Lieblingskompositionen seiner Klasse eingereiht werden kann.

Als Teil einer Symphonie entworfen, ist der erste Satz des Werkes auch symphonisch im Charakter, obschon, wie Spitta hervorgehoben hat, nicht in der Form. Die Absicht, die dem Komponisten von Ferdinand Gleich und vielen anderen seither zugeschrieben wurde, eine neue Form zu schaffen, ein symphonisches Werk mit obligater Klavierstimme zu komponieren, war nicht vorhanden. Brahms wünschte einfach zu benützen, was er schon geschrieben hatte, und fühlte, daß die Zeit noch nicht gekommen sei, wo er eine Symphonie erfolgreich vollenden könne. Wie wir schon bemerkt haben, arbeitete er daher die beiden ersten Sätze um und schaffte Raum darin für ein Klaviersolo, ließ den dritten Satz weg und komponierte ein neues Finale. Wie erfolgreich er diese Aufgabe ausführte, ist heute leicht vernehmbar für ein geüb-

1 »Musikalisches und Literarisches«: »Neuer Brahms-Katalog«.

tes Ohr, dem der erste Satz, wenn auch leichte Abweichungen von der traditionellen Konzertform, doch keine unklare Stelle enthält. Die Macht der Phantasie dieses Satzes ist kolossal. Er hat etwas Miltonsches in seiner Eigenart und führt die Gedanken an Rätsel – überwältigender und umfassender als die Tragödie von Schumanns Schicksal, mit der wir ihn in Zusammenhang bringen müssen. Niemand wird behaupten wollen, daß er das enthält, was wir »brillante Klavierpassagen« nennen, deren Existenz selbst unbedenkbar wäre in einem Satz von so erhabener, dichterischer Größe; aber daß sein Vortrag dem fähigen Interpreten gebührenden Lohn einträgt, ist durch den Enthusiasmus manches späteren Publikums bewiesen worden. Nach allem vorhergegangenen wird es dem Leser nicht schwer sein, sich den tiefen Ernst der Gemütsverfassung vorzustellen, die den Antrieb zum Schaffen des langsamen Satzes gegeben hat; oder sich einigermaßen die tiefe Rührung zu vergegenwärtigen, die das ihm überschriebene Motto in dem an Joachim geschenkten Manuskripte diktierte: *›Benedictus qui venit in nomine Domini‹*. In dem Finale ist die schwierige Aufgabe gut ausgeführt worden, etwas zu komponieren, was die durch die vorhergehenden Sätze verursachte Spannung des Gefühls lösen sollte, ohne die Einheit des Konzerts als Ganzes zu schädigen. Wenn es etwas düsterer in der Färbung ist, als die hergebrachten Finales in Rondoform, so ist es dafür reich an Kraft und Impuls; andernteils, obschon im Hinblick auf den Konzertsaal geschrieben, sinkt es nie zur Trivialität rein äußeren Geflimmers herab.

Noch vieles mehr ließe sich zur Erklärung der zweifelhaften Stellung sagen, welche dieses große geniale Werk so lange in der Welt eingenommen hat. Wir dürfen jedoch nicht zu lange bei solchen interessanten Dingen verweilen. Es genügt festzustellen, daß die Absicht, die Brahms in seinem Brief an Joachim aussprach, »die Gedanken zusammenzunehmen«, buchstäblich ausgeführt wurde, und daß seine Entwicklung in der eingeschlagenen Richtung ihren Fortgang nahm, sich daher ganz von dem Weg der Anhänger der neudeutschen Schule entfernte. Sie bestand in der noch strengeren Sammlung seiner Kraft innerhalb der Formen der Tradition, und die Raschheit, mit der er volle und freie Meisterschaft im musikalischen Aufbau erreichte, wird durch die bald zu erwähnende Schöpfung des ersten jener großen Meisterwerke der Kammermusik gekennzeichnet, die auf diesem besonderen Gebiete der Kunst seinen Namen selbst zur Höhe Beethovens emporgetragen haben.

Vom Publikum nicht erkannt, und mißverstanden von den Leipziger Akademikern, deren besondere Sympathie er mehrere Jahre vergeblich zu erlangen wünschte, hatte unser junger Musiker keine Wahl, als in sein Heim und zu seinen Schülern in Hamburg zurückzukehren. Mochte er aber auch niedergeschlagen sein über das Mißlingen seiner Hoffnungen, seine Freunde waren bezüglich der Zukunft seines Werkes entschlossen. Von Joachim angetrieben und unterstützt, überredete Avé Lallement die Direktoren des Philharmonischen Komitees, dessen Mitglied er war, Komponisten und Konzert für eine Aufführung am 24. März zu gewinnen. Joachim hatte an Avé geschrieben:

»Lieber Freund!

Brahms' Konzert hat mir bei näherer Bekanntschaft immer mehr Liebe und Achtung eingeflößt. Bei den meisten Intelligenten, die ich aus dem Publikum und dem Orchester gesprochen, hat sich eine hohe Meinung über Brahms als Musiker kundgegeben; über sein eminentes Spiel sind selbst Gegner seines Konzertes einig. Daß teilweise Vorurteile, dann das Befremden über eine so rücksichtslos ideal sich gebende Individualität, wie die unseres Freundes, dem Glanz des Erfolges hindernd entgegentreten würden, habe ich von vornherein nicht anders erwartet. Auch werden einige Längen in der Komposition hie und da selbst gut Disponierte an einzelnen Stellen im Vollgenuß stören. Trotzdem kann man sagen, es hat das Konzert einen, Publikum und Künstler gleich ehrenden, Erfolg gehabt; so in Hannover. Nun mögen Mäkler und böswillige Verleumder, wie W., ausstreuen, was sie wollen, mich kümmert's nicht; wir haben Recht getan ... Nun mögt Ihr in Hamburg tun, was Ihr wollt; aber wenn Sie, lieber Freund, das Konzert im Philharmonischen bringen, so komme ich und dirigiere. Das ist ja längst abgemacht.«[1]

Auch war dies nicht alles. Während Johannes im Januar bei Joachim weilte, welcher gern die D dur-Serenade mit der ursprünglichen Besetzung hören wollte, hatte er einen Satz des Werkes für den Kopisten ins Reine geschrieben, welcher dann am 23. Januar, dem Tage nach dem wichtigen Abonnementkonzert, in Hannover versucht wurde. Die Wirkungslosigkeit der Instrumentierung, und besonders das Mißverhältnis zwischen den Streich- und Blasinstrumenten, konnte den beiden Freunden nicht entgehen; aber Joachim war der Meinung, daß bei gewissen Änderungen in der Verteilung der Passagen das Werk sich in sei-

1 Mosers »Joseph Joachim.«

ner Originalform als wirksam herausstellen würde, nicht gerade für Soloinstrumente, wohl aber für ein ganz kleines Streich- und Blasorchester. Brahms' erstes Geschäft bei seiner Rückkehr nach Hamburg war, die Stimmen des Werkes zu ändern, dessen Umfang im Herbst durch Hinzufügung von drei kurzen Sätzen erweitert worden war; und bei Abschluß der Verhandlungen mit dem Philharmonischen Komitee, wegen der Aufführung des D moll-Konzertes, wurde zwischen dem Komponisten und seinen Freunden vereinbart, eine Soiree zu arrangieren, die sich durch die Aufführung der D dur-Serenade vor den Hamburger Musikfreunden auszeichnen sollte.

Das Philharmonische Konzert am 24. März wurde zum musikalischen Ereignis von ungewöhnlicher Wichtigkeit durch die Berufung von Joachim und Stockhausen – des letzteren erstes Auftreten in Hamburg –, und das öffentliche Interesses wurde nur erhöht durch die Ankündigung einer musikalischen Soiree im Namen der vereinigten Künstler Brahms, Joachim und Stockhausen für den 28. des Monats. Daß Johannes wieder Mut gefaßt hatte nach seinen Enttäuschungen und mit Freuden dem Besuch seiner Freunde entgegensah, ist aus einem Brief ersichtlich, den er wenige Tage vorher an eine Hofdame in Detmold schrieb.

»Hamburg, März 1859.

Sehr geehrtes, gnädiges Fräulein!

Vor allem bitte ich Sie, Ihrer Durchlaucht Prinzessin Friederike meinen untertänigsten Dank für die Übersendung des neuen Bachschen Werkes sagen zu wollen.

Wie oft werde ich durch dies Geschenk auf die schönste Weise an die Güte Ihrer Durchlaucht erinnert. Sie wissen, wie sehr ich diesen Gottmenschen liebe und können denken, daß seine (von Ihnen so gefürchteten) Töne oft bei mir erklingen. Ich freue mich, daß Ihre Durchlaucht fleißig fortfahren zu musizieren und wünschte nur, ich könnte auf irgend eine Weise anregend mitwirken.

In dem von Ihnen angeführten Trio[1] ist freilich das einfachste, daß die linke Hand (die ohnedies pausirt) der armen Rechten hilft. Solche Verlegenheiten hat man dem frevelhaften Übermut der Komponisten zu verdanken!

Üebermorgen spiele ich hier mein Klavier-Konzert und führe einige Tage später in einem eigenen Konzerte andere Werke von mir auf. Joachim und Stockhausen, die dazu kommen, werden wahre musikalische Festtage bereiten.

Trotz der verschiedensten Beurteilungen, die meine Werke erfahren, muß ich ganz vergnügt über meine ersten Orchesterversuche sein und ich hoffe be-

1 Brahms' Trio in Hdur.

stimmt, sie werden auch in Detmold sich freundliche Zuhörer verschaffen. Und darf ich doch vor allem auf später reifende und schöner schwellende Früchte hoffen . . .«[1]

Das Philharmonische Komitee hatte keinen Grund seine Abmachungen zu bereuen. Die Anziehungskraft der beiden großen Namen füllte den Konzertsaal bis zum Ersticken. Jeder Sitz und jeder Stehplatz war ausgefüllt und eine große Anzahl von Leuten wurden trotzdem noch an der Türe abgewiesen. Jene, welche ähnlichen Szenen beigewohnt haben, können sich die aufgeregte Erwartung vorstellen, welche der Aufführung von Cherubinis Ouvertüre folgte, den brausenden Empfang beim ersten Erblicken Joachims, den nicht endenwollenden Applaus und die Hervorrufe nach seinem ersten Solo, Spohrs »Gesangsszene«, die Sensation, die Stockhausens erstes Auftreten hervorbrachte, den glänzenden Erfolg seines Vortrages einer wunderbaren Arie aus seinem Oratorienrepertoire. Dann eine Stille, das Zurücktreten des Kapellmeisters Grund, das Öffnen des Klaviers, das Wiedererscheinen Joachims, – diesmal um als Dirigent zu fungieren – und der Eintritt des schmächtigen, jungen Hamburgers, blaß und nervös, aber ruhig und selbstbeherrscht, beinahe glücklich durch den Beistand seiner beiden Freunde.

Welches Publikum hätte wohl an einem solchen Abend unbegrenzter Begeisterung den Tribut einem jungen Mitbürger verweigert, der sich eigentlich zum erstenmal in seiner Heimat als Komponist vorstellte, an seiner Seite zwei Helden, die seine Sache vertraten. Johannes hatte wirklichen Erfolg. »Das Konzert machte Eindruck und erregte viel mehr Applaus, als es bei einem einfachen *succès d'estime* der Fall gewesen wäre«, und der Kritiker der »*Nachrichten*« berichtet die Tatsache mit umsomehr Befriedigung, wegen des Gegensatzes zu dem Ergebnis des Leipziger Vortrags.

1 Zuerst in Reimanns »Johannes Brahms« veröffentlicht. Eines der Weihnachtsgeschenke der Prinzessin Friederike, während Brahms ihr Lehrer war, bestand aus den fünf ersten Bänden (1851 bis inkl. 1855) der Werke Bachs – in der Leipziger Ausgabe erschienen, bevor er Abonnent wurde – und es scheint aus dem Anfang des oben zitierten Briefes, daß sie für sein Abonnement verantwortlich blieb während der später folgenden Saisons seiner Besuche in Detmold. Es ist interessant, seinen Spuren zu folgen, welche uns die Abonnementsliste, am Anfang jedes Bandes befindlich, liefert. Im Jahre 1856 erscheint sein Name als zu Düsseldorf gehörig; 1857–1864 zu Hamburg und von 1865 an zu Wien.

Fast scheint aus dem Wortlaut des vor kurzem zitierten Briefes nach Detmold hervorzugehen, daß das Konzert vom 28., im Namen der drei Künstler angekündigt, insbesondere die Unternehmung Brahms' war. Zehn Jahre waren vergangen, seit sein Vortrag der »Variationen über einen beliebten Walzer« unerwähnt geblieben war, außer in Marxsens Zeitschrift. Seit jener Zeit hatte er in Hamburg kein Konzert wieder gegeben, und die Änderung in seinen Aussichten läßt sich wohl bemessen durch die verschiedenen Umstände der beiden Veranlassungen von 1849 und 1859. Es ist wahr, daß er im Alter von sechsundzwanzig Jahren noch keinen allgemeinen Erfolg erzielt hatte, daß sein Klavierkonzert ihm die Sympathien der Leipziger völlig entzogen hatte und daß der Weimaraner, während sie ihn in seinem Streben ermutigten, seine Ziele zum Teil mißverstanden. Der völlige Glaube an seine Kunst und deren Verheißung wurde von dem innersten Schumannschen Kreis fester als je als führender Grundsatz aufgestellt, und dieser Kreis breitete sich allmählich immer mehr aus. Wir geben das volle Programm vom 28. März, da es aus vielen Gründen interessant ist, so wieder, wie es in den »Hamburger Nachrichten« angekündigt wurde:

1. *Bach*:	Sonate für Klavier und Violine.
2. *Händel*:	Arie aus »Messias«.
3. *Tartini*:	Sonate für Violine »Teufelstriller«.
4. *Schubert*:	Lied, »Der Erlkönig.«
5. *Brahms*:	Serenade für Streich- und Blasinstrumente.
6. *Boieldieu*:	Cavatine, *»Fête du village voisin»*.
7. *Schubert*:	*Rondeau brillant* für Klavier und Violine.
8. *Schubert*,	*Schumann usw.*: Lieder (u.a. »Der Nußbaum«, »Mondnacht«, »Widmung«).

Man hatte wohl Grund, erfreut zu sein über das materielle Resultat der Unternehmung. Der große Wörmer-Saal war gedrängt voll. Brahms' künstlerischer Erfolg war auch gesichert, hinsichtlich der Sonate und des Rondos, die er mit Joachim spielte, und viele der anwesenden Musiker wußten seine wunderbare Begleitung der von Stockhausen gesungenen Lieder zu schätzen. Er selbst war überdies zufrieden mit der Aufnahme der Serenade, die von Joachim dirigiert wurde:

»Im Konzert gestern schlug's ordentlich durch, wie's schien. Es wurde so lange mit den Händen gearbeitet, bis ich hinunter und vor ging ... Du hättest die Hamburger gar nicht gekannt,«

schrieb er an Frau Schumann, deren Verpflichtungen sie verhindert hatten, zu der ereignisreichen Woche nach Hamburg zu kommen. Dennoch wagten die Notizen der Presse nicht über die sicheren Grenzen gönnerhafter Ermutigung herauszugehen und die »*Nachrichten*« drückten die damals vorherrschende Meinung im Schluß ihrer Kritik folgendermaßen aus:

»Lernt Herr Brahms schlicht und gerade heraussagen in seinen Kompositionen, wie es ihm ums Herz ist, denkt er beim Schreiben mehr daran, daß Gute einzuholen, auch wenn es unmittelbar an der Bahn liegt, anstatt es in abenteuerlichen Sprüngen und nur aus der Ferne heranzuziehen, dann wird auch das Publikum den Hoffnungen Recht geben, welche ein Robert Schumann auf unsern Landsmann setzte und werden auch die Laien begreifen, was die Musiker von Fach schon an seinen bisherigen Leistungen so hoch schätzen.«

Wir könnten solche zeitgenössische Kritik wohl unerwähnt lassen, wenn nicht trotz des Reichtums an anziehendem Material und der gewandten technischen Arbeit, die die Serenade enthält, immer nur ein oder zwei Sätze derselben gelegentlich im modernen Musiksaal zu hören wären, während des Komponisten spätere und schwierigere Orchesterwerke jedes Jahr in der Gunst des Publikums steigen.

Dieser Umstand läßt sich hauptsächlich durch ähnliche Gründe erklären, wie jene, die schon auf das erste Konzert Anwendung fanden. Als Brahms das Werk schrieb, waren die Lehrjahre noch nicht ganz beendet und wenn auch die Meisterschaft in Sicht war, so hatte er sie doch noch nicht erreicht. Die Serenade in D ist zwar im Charakter ihrer Ideen Serenade, aber nicht gänzlich so im Aufbau ihrer Sätze. Die *»Serenata«* (heiteres Wetter) für Instrumente, eine Form, die während der letzten Jahre des achtzehnten Jahrhunderts sich stark entwickelte und ihre höchste Vollendung bei Mozart erreichte, wurde besonders zu einer Zeit gepflegt, wo die Musik von ihrem Gönner abhing – dem Fürsten oder hohen Herrn, der eine Privatkapelle hielt und durch Aufführungen im Freien bei schönen Sommernächten sich und die Freunde in seinem Park ergötzte. Sie bestand aus einer längeren oder kürzeren Reihe von Sätzen nicht zu großen Umfanges – einem Marsch, einem Allegro, Rondo, ein oder zwei Andantes, ein paar Menuetten – und war je nach den Umständen für mehr oder weniger Soloinstrumente komponiert. Durch den Vortrag der Detmolder Bläser angeregt, begann Brahms sein Werk wahrscheinlich in der Absicht, eine Serenade *pur et simple* zu komponieren; aber sein Interesse an der Kunst thematischer Entwicklung ließ ihn die Vorsicht vergessen, und durch zu verfeinerte Ausarbeitung eines der Sätze schädigte er das Gleichgewicht seiner Komposition und verlieh ihr eine Kompliziertheit, die der Natur ihrer Form nicht entspricht. Die Serenade in D enthält ein *Allegro molto, Scherzo, Adagio non troppo, Menuetto* 1 *und* 2, *Scherzo, Rondo*. Einige der sechs Sätze, unwiderstehlich durch ihre Anmut, Zierlichkeit oder Romantik, entzücken, als einzelne Nummern aufgeführt, das Publikum; aber die Länge des ersten Satzes und die etwas mechanische Entwicklung des Durchführungsteils verhindern vielleicht in Zukunft ebenso, wie sie es in der Vergangenheit getan haben, daß das ganze Werk häufige Aufführungen erlebt. Spuren von des jungen Musikers Studien finden sich im zweiten Scherzo in den bekannten Reminiszenzen an Beethoven und Haydn.

Die wenigen Jahre, welche unmittelbar auf Brahms' zweite Rückkehr von Detmold folgten, müssen als abermaliger Wendepunkt in seiner Laufbahn betrachtet werden. Sie sehen das Ende der Sturm- und Drangperiode und seine völlige Wandlung zum Meister. Sie sind bezeichnend, nicht nur wegen des Erscheinens einer Anzahl kurzer Chorwerke, welche – an sich vollkommen – zu jenen herrlichen Ausführungen der späteren Jahre auf demselben Gebiet direkt hinüberleiten – zu dem »Deutschen Requiem«, dem »Schicksalslied«, dem »Triumphlied« –, sondern sie bilden auch eine Epoche herrlicher Verwirklichung. Auf sie ist die Einführung jener Kammermusikwerke von Brahms zurückzuführen, die in der ersten Reihe der größten Kompositionen ihrer Art stehen, ferner das Erscheinen eines klassischen Werkes für Klavier, der von keinem seiner Gattung übertroffenen »Variationen und Fuge über ein Thema von Händel.« Dieses Kapitel im Leben unseres Komponisten gehört insbesondere seiner Vaterstadt an; obschon es sicher ist, daß die schwierigen Verhältnisse, die ein Aufenthalt in der Heimat mit sich brachte, ein Gegengewicht bildeten zu dem stark entwickelten patriotischen Gefühl und der tiefwurzelnden Liebe zur Familie, die es ihm wünschenswert erscheinen ließen, sich dauernd in Hamburg niederzulassen. Daß er von seinen Mitbürgern nicht gleich als großer Komponist aufgenommen wurde, darf uns nicht wundernehmen. Es ist von Brahms' Anhängern zu oft vergessen worden, daß seine Entwicklung als Schöpfer keine frühzeitige war. Die Liste der Kompositionen des sechszehnjährigen Knaben Mendelssohn setzt uns durch ihre Länge und Mannigfaltigkeit in Erstaunen; Johannes' wichtigstes Werk im selben Alter sind wahrscheinlich die Variationen über einen beliebten Walzer gewesen. Schuberts Lebensbahn wurde im zweiunddreißigsten Jahre abgeschnitten, Mozart starb mit fünfunddreißig Jahren. Brahms hatte im Alter von sechsundzwanzig noch kein großes Werk vollendet, das als voller Vertreter seiner reifen Kräfte betrachtet werden kann, und hatte sowohl dem Publikum als auch den Freunden nur wenige Kompositionen vorgeführt. Es gab jedoch welche unter den Hamburger Musikern, die, dem wechselnden Kreis seiner persönlichen Bekannten angehörend, mit dem Enthusiasmus der absoluten Überzeugung an sein schöpferisches Genie glaubten, und auch als Pianist wurde er, wenn auch nicht als phänomenaler Virtuos, so doch als Künstler ersten Ranges, allgemein anerkannt.

Brahms' Beziehungen zu seiner Schülerin Fräulein Friedchen Wagner hatten zu einer Intimität des Verkehres in ihres Vaters Hause geführt, und hier fand er häufig Gelegenheit, Kompositionen und Arrangements für Gesang zu hören, die ihn viel in Anspruch nahmen. Fräulein Friedchen, ihre Schwester Thusnelda und das reizende Fräulein Bertha Porubszky aus Wien, die nach Hamburg gekommen war, um ein Jahr bei ihrer Tante, Frau Auguste Brandt, zu weilen, waren entzückt, kurze zwei- und dreistimmige Lieder unter seiner Leitung zu üben. Wahrscheinlich hoffte er zu diesem Zweck nach und nach eine größere Anzahl von Rekruten anzuwerben. Binnen kurzem machte ihn jedoch der Zufall zum Dirigenten eines ganz bedeutenden Damenchors.

Am 19. Mai fand die Trauung des Pastors Sengelmann mit Fräulein Jenny von Ahsen in der St. Michaelskirche statt. Viele Freunde wohnten der Zeremonie bei. Grädener, den wir schon als einen Freund Brahms' erwähnt haben, ein guter Komponist und der Direktor einer Singschule, hatte die Leitung seiner Schülerinnen bei der Aufführung einer Motette für Frauenstimmen, die er zu dieser Gelegenheit geschrieben, übernommen; und Johannes, der ein sehr alter Bekannter der Braut war, begleitete auf der Orgel. Da ihm die Wirkung von Grädeners Komposition gefiel, äußerte Brahms den Wunsch, sein eigenes »Ave Maria«, das er während seines zweiten Aufenthalts in Detmold für Frauenstimmen mit Orgelbegleitung komponiert hatte, unter ähnlichen Bedingungen aufgeführt zu hören und unter dem Beistand Fräulein Friedchens, die sich Mühe gab, die nötige Anzahl Stimmen zu verschaffen, wurde eine Probe festgesetzt. Montag, den 6. Juni versammelten sich achtundzwanzig Damen in Wagners Haus und versuchten nicht nur das *»Ave Maria«,* das später als op. 12 erschien, sondern auch das *»O bone Jesu«* und *»Adoramus«,* jetzt als op. 37 Nr. 1 und 2 bekannt. Brahms wurde von Nervosität befallen, während er dirigierte, und Grädener, der unter den wenigen Zuhörern anwesend war, mußte zur Rettung einspringen; aber eine zweite Probe am folgenden Tage ging gut und eine dritte Probe in der Kirche mit Orgelbegleitung war in jeder Beziehung höchst erfolgreich. Diese Übungen hatten so viel Vergnügen bereitet, daß mit Bewilligung Grädeners festgesetzt wurde, daß die Damen, welche meistens Schülerinnen der Singschule waren, sich jeden Montagvormittag versammeln sollten, um mit Brahms zu üben, und der so gegründete Verein, der bald zu vierzig Mitgliedern anwuchs, ward zur Quelle der Freude für alle, die damit in Zusammenhang standen. Die Versammlungen fanden während der ersten Saison im Hause Wagners in der Pastorenstraße statt; später abwechselnd in den Häusern verschiedener Mitglieder. Jede junge Dame sang dabei aus einem länglichen kleinen Manuskriptbuch, in das sie ihre Stimmen eintrug, und einige dieser Hefte existieren noch. War man mit den Gesangsübungen fertig, pflegte der Dirigent seinen jungen Schülerinnen und Verehrerinnen vorzuspielen, welchen diese Vorträge nach kurzer Zeit als der nicht geringste erinnerungswerte Teil des Wochenprogramms erschienen. In einem im Laufe des Sommers an Fräulein von Meysenbug geschriebenen Briefe sagte Brahms:

». . .Ich bin hier und bleibe auch wohl hier, bis ich nach Detmold gehe. Einige sehr angenehme Schülerinnen halten mich und sonderlich auch ein Frauenverein, der unter meiner Leitung singt, bis jetzt nur, was ich ihm komponiere. Mir gefällt der helle silberne Klang außerordentlich, und namentlich in der Kirche mit Orgel klingen die Frauenstimmen ganz reizend.«[1]

1 »Aus Johannes Brahms' Jugendtagen« von Hermann Freiherrn von Meysenbug (»*Neues Wiener Tagblatt*«, Mai 1901.)

Die Saison endete am 19. September mit einer Aufführung in der St. Peterskirche vor geladenem Publikum. Einige der »Marienlieder« (später op. 22) und der 13. Psalm (op. 27) wurden in das Programm aufgenommen. Die Mitglieder des Chors erschienen in Schwarz gekleidet, um ihre Trauer über die bevorstehende Abreise ihres Chormeisters auszudrücken und schickten ihm später als Zeichen ihrer Anerkennung seiner Mühe ein silbernes Tintenfaß, das unter Blumen begraben war. In dem folgenden offiziellen Briefe an Fräulein Friedchen, seine tatkräftige Helferin bei der Gründung des Chors, bestätigte Brahms dessen Empfang von Detmold aus:

»Detmold, Ende September 1859.

Verehrtes Fräulein!

Nichts angenehmer, als so schön genötigt sein, einen Brief zu schreiben, wie ich es jetzt bin.

Ich denke stets der freudigen Überraschung, mit der ich das unter Blumen reizend versteckte Schreibzeug, das Andenken an den Frauenchor, erblickte.

So wenig habe ich es verdient, daß ich mich schämen würde, hoffte ich nicht darauf, noch manche Note für Sie zu schreiben; und wirklich, es werden schönere Klänge um mich tönen, wenn ich das liebe und schöne Geschenk auf meinem Schreibpult sehe. Wollen Sie doch Allen, die Sie erreichen können, meinen herzlichsten Gruß und Dank sagen.

Mir ist selten eine angenehmere Freude geworden, wie überhaupt unsere Versammlungen mir eine der liebsten und lieblichsten Erinnerungen sein werden.

Doch dies hoffentlich erst in späteren Jahren!

Sie und die Ihrigen bestens grüßend,

Ihr herzlich ergebener

Johs. Brahms.«[1]

Die Kenntnis der näheren Umstände, die Brahms den Antrieb gaben, die meisten seiner veröffentlichten Chöre für Frauenstimmen zu schreiben, wird dem Studium dieser schönen Kompositionen, die ohne Zweifel ihren Platz unter den anziehendsten Werken ihrer Gattung behaupten, ein erhöhtes Interesse verleihen. Jene mit biblischen Texten, offenbar Früchte der anhaltenden Studien, die der Komponist im strengen Satz gemacht hatte, weisen nichtsdestoweniger eine bedeutende Verschiedenheit des Charakters auf. Das *»Ave Maria«* mit Begleitung von Orchester oder Orgel, op. 12, das zuerst vom Damenchor gesungen wurde,

1 Zuerst mit einer Schilderung des Frauenchors veröffentlicht in Hübbes »Brahms in Hamburg«.

obschon es nicht für ihn komponiert war, ist von jenem sanften, kindlichen Geiste der Andacht belebt, der sich für eine Gruppe zarter Mädchen eignet, die ein Gebet an die Jungfräuliche Mutter Christi richten. Der 13. Psalm, mit Begleitung von Orgel oder Klavier, op. 27, eigens für den genannten Chor komponiert und am 29. August 1859 zum erstenmal geprobt, schlägt sogleich einen feierlicheren Ton an mit seinen drei ersten Anrufungen des Herrn; und die Trauerklage des Dichters ist wiedergegeben in Tönen, deren inbrünstiges Flehen nicht abgeschwächt wird durch die klare Einfachheit des Stils, in dem die Musik geschrieben ist. Die »Drei geistlichen Chöre« ohne Begleitung, op. 37, sind, obwohl verschieden im Charakter, alle gleich schön. Das *»Adoramus«* und *»Regina Coeli«* (Nr. 2 und 3), in Kanonform, sind herrliche Beispiele gelehrter Satzgeschicklichkeit; und das letztgenannte, das heitere »Regina Coeli« für Sopran- und Altsoli und vierstimmigen Frauenchor, ist eine bestrickende Komposition.

Die *weltlichen* Stücke – die Gesänge mit Begleitung von zwei Hörnern und Harfe, op. 17, und die Lieder und Romanzen *a capella,* op. 44, von denen die meisten im Sommer 1859 in Hamburg komponiert wurden, sind zwar ziemlich wohlbekannt, sollten aber noch öfter gehört werden, als dies der Fall ist. Der köstliche Zauber der kleinen Arbeiten, wie das »Minnelied« und die »Barkarole«, um nur zwei der wirkungsvollsten aus op. 44 zu erwähnen, bietet willkommene Erfrischung in einem gemischten Chor-Konzert und fesselt unfehlbar die Zuhörer.

In unserem raschen Überblick über einige der Werke, welche mit Brahms' Damenchor in Zusammenhang gebracht werden müssen, haben wir nur die berücksichtigt, welche durchweg in der Form veröffentlicht wurden, die der Natur des Vereins entsprach. In den kleinen länglichen Manuskriptbüchern kann man aber viele Tonsätze und Bearbeitungen von Liedern finden, die der Welt als Kompositionen für eine Stimme oder für gemischten Chor bekannt geworden sind, und manche, die niemals erschienen. Die Kanons Nr. 1, 2, 8, 10, 11, 12 aus op. 113 wurden bei den Zusammenkünften der Gesellschaft gesungen. Das *»Regina Coeli«* dagegen stand nicht auf dem Repertoire der Damen.[1]

1 Hübbe, a. a. O.

Zehntes Kapitel

1859–1861

Dritte Saison in Detmold – »Ave Maria« und »Begräbnisgesang« in Hamburg und Göttingen aufgeführt – Zweite Serenade zum erstenmal in Hamburg aufgeführt – Niederrheinisches Musikfest – Sommer in Bonn – Musik bei Herrn Kyllmann – Variationen über ein Originalthema, zum erstenmal von Frau Schumann in Leipzig gespielt – »Marienlieder« – Erste öffentliche Aufführung des B-Dur-Sextetts in Hannover.

Während des Herbstes 1859 fand Brahms, daß er in den Hauptkreisen der Detmolder Gesellschaft immer mehr gesucht wurde. Er war sozusagen Mode geworden. Es gehörte zum guten Ton, Unterricht bei ihm zu nehmen, und seine Anwesenheit setzte einer musikalischen Gesellschaft erst die Krone auf; aber gerade der Umstand seiner Beliebtheit verursachte Reibungen zwischen ihm und den Bekannten. Er wollte seine Zeit nicht verschwenden, wie er es nannte, in öder Geselligkeit, und wenn er gelegentlich gegen seinen Willen eine Einladung annehmen *mußte*, so pflegten seine Wirte oft zu bedauern, daß sie darauf bestanden hatten. Schwieg er nicht den ganzen Abend, so unterhielt er sich damit, sein Talent für kaustische Reden zu üben. Carl von Meysenbug, wenn er zu Hause war, war viel an seines Freundes Ansehen gelegen, und er verwies Johannes oft privatim seine Wunderlichkeit, doch wurde er unfehlbar mit der Antwort zum Schweigen gebracht: »Ach, das ist ja alles Pimpkram!«

Des jungen Musikers Beziehungen zur fürstlichen Familie blieben ungestört und seine musikalischen Gaben wurden im allgemeinen von dem ganzen Hofkreis wohlgeschätzt, obschon er persönlich von denen, die ihn nicht näher kannten, nicht mit einmütiger Gunst betrachtet wurde. Carls Mutter, die Frau Hofmarschall, nahm einige Stunden bei ihm, um ihren Freunden im Schloß gefällig zu sein, und einmal nahm sie sein Anerbieten an, mit ihm vierhändig zu spielen; aber keine spätere Aufforderung konnte sie bewegen, dies zu wiederholen. »Der Gute hätte sich das eine Mal nicht so wunderbar gebärden sollen, ich kann so etwas nun einmal nicht ertragen,« schrieb sie an Carl. Etwas an Brahms' Benehmen – sei es Ungezwungenheit oder künstlerisches Selbstgefühl oder wie immer wir es nennen mögen – stieß sie ab; und wenn wir uns die Tatsache vor Augen halten, daß sie nicht die erste war, die er auf diese Weise beleidigt hatte seit jener Zeit, wo er als Jüngling das Haus der Japhas besuchte, können wir billig annehmen, daß die Zurückhaltung Ihrer Exzellenz ihm gegenüber wohl nicht ganz ungerechtfertigt war.

In der Tat ist es unzweifelhaft, daß Brahms während der dritten Saison in Detmold seiner dortigen Stellung müde wurde. Seine Klavierstunden bei der Prinzessin, die wirklich musikalisch war und rasche Fortschritte machte, bereiteten ihm zwar immer echte Freude, aber er war entrüstet über die beständigen Anforderungen an seine Zeit, die ihm aus seinen festgesetzten Pflichten erstanden, und die strenge Etikette, die an dem Hofe einer so kleinen Residenzstadt beobachtet wurde, verdarb ihm den Geschmack an seiner Arbeit als Dirigent des Chorvereins. Der Kreis der durchlauchtigsten Hoheiten, Exzellenzen und ihrer Freunde lieferte nicht genug Stimmen zur entsprechenden Wiedergabe der zwei oder drei Oratorien und Kantaten von Händel und Bach, die er während seiner zweiten und dritten Saison zur Übung gewählt hatte; und mit Prinz Leopolds Erlaubnis füllte er die Lücken dadurch aus, daß er einige Leute aus der Stadt überredete, Mitglieder zu werden. Sein Sinn für das Lächerliche wurde stark erregt durch die Verhaltungsmaßregeln, welche diesen nicht sehr willigen Aushilfsmitgliedern vorgeschrieben wurden, denen nicht einmal gestattet war, ihre Verbeugung vor den Durchlauchten zu machen und die in deren erhabener Gegenwart kaum wagten, die Augen von den Noten zu erheben. Dennoch fanden einige gute Aufführungen großer Werke statt, und die Kantate von Bach »Ich hatte viel Bekümmernis« wurde viermal gegeben; aber die Schwierigkeit, sich Tenöre zu verschaffen, dauerte fort, und die ganzen Umständlichkeiten der Zusammenkünfte machten es Brahms immer wünschenswerter, von der Pflicht seiner Anwesenheit dabei erlöst zu werden.

Von seinen eigenen Kompositionen wurde neben dem *»Ave Maria«* noch der »Begräbnisgesang« für gemischten Chor und Blasinstrumente, der später als op. 13 erschien, im Verlauf dieser Saison geübt. Seltsam ist es, daß dieses schöne Werk, – in Detmold während der Herbstsaison 1858 auf einen Text aus dem sechzehnten Jahrhundert von Michael Weisse komponiert, dem Herausgeber des ersten deutschen Kirchengesangbuchs –, nicht besser bekannt ist. Als ein Totenlied komponiert, um am Grab gesungen zu werden, wäre er in einem gewöhnlichen gemischten Programm schlecht angebracht; aber er eignet sich zur Aufführung bei einem Karfreitagskonzert oder als Kirchengesang in der Passionswoche. Wie alle anderen geistlichen Kompositionen von Brahms aus dieser Zeit, beweist er den starken Eindruck, den sein tief eingehendes Studium der mittelalterlichen Kirchenkomponisten ihm hinterlassen hatte; und die in ihrer Einfachheit beinahe herbe Musik ist durch die unnachgiebige Treue charakterisiert, mit der sie den finsteren Ernst der Worte wiedergibt. Der Gesang wurde zum erstenmal zugleich mit dem *»Ave Maria«* öffentlich aufgeführt in Grädeners Akademiekonzert vom 2. Dezember, und Brahms, der die Erlaubnis erhalten hatte, zu dieser Gelegenheit nach Hamburg zu gehen, trat am selben Abend mit Schumanns Klavierkonzert auf. Ein eintägiger Besuch in Hannover auf der Rückreise erneuerte seine Beziehungen mit Grimm, den Joachim eingeladen hatte, um ihn zu treffen; bald darauf erhielt Grimm die beiden Manuskripte der Chorwerke, um sie mit seinem Verein zu üben, dem Carl von Meysenbug als begeistertes Mitglied angehörte.

»Grimm verteilte eines Abends in seinem Singverein,« sagt der Freiherr von Meysenbug, »die geschriebenen Chorstimmen von Brahms' Kompositionen »Ave Maria«und »Begräbnisgesang.« Mein Nachbar im Baß, ein flotter Korpsstudent in hohen Semestern, sagte verwundert: »Von Brahms, wer ist denn das?« Worauf ich erwiderte: »Ach, solch ein alter Kirchenvater aus der Zeit Palestrinas,« welche Belehrung mein Nachbar gläubig entgegennahm und weitergab.«

Die Kompositionen wurden unter Grimms Leitung am 19. Januar 1860 im Vereinskonzert gegeben. Wahrscheinlich nahm Philipp Spitta, der Verfasser der erschöpfenden Biographie von Sebastian Bach, dessen Aufsatz »Johannes Brahms (Zur Musik)« von allen gelesen werden sollte, die Brahms' Musik ernstlich studieren wollen, an der Aufführung des »Begräbnisgesanges« teil. Seine Freundschaft mit dem Komponisten datiert aus jener Zeit, wo er Student der Göttinger Universität und einer der Intimen in Grimms Kreise war.

Die Serenade in D dur hörte man zum zweiten- und letztenmal in der Besetzung für Streich- und Blasinstrumente in einem der Detmolder Hofkonzerte 1859. Der Komponist verwarf diese Form später als bloße »Zwittergestalt«. Er nahm Frau Schumanns ursprünglichen Vorschlag an und bearbeitete das Werk für großes Orchester; auch wurde er für seine Bemühung belohnt durch die warmen Glückwünsche, die Joachim dem Gelingen seiner Instrumentation spendete.

Die einst herrschende Überlieferung, daß das G moll-Klavierquartett in einer frühen Fassung in Detmold gespielt worden sei, ist durch die Herausgabe mehrerer Bände von Brahms' Briefwechsel tatsächlich zerstört worden.[1]

Hier wäre es angebracht einzuschalten, daß die Einladung, Detmold unter den früheren Bedingungen wieder zu besuchen, von Brahms in einem von »Hamburg, August 1860« datierten Briefe an den Hofmarschall entschieden zurückgewiesen wurde.

»Nach wiederholtem Überlegen muß ich Sie nun doch ergebenst ersuchen, seiner Durchlaucht dem Fürsten mein Bedauern ausdrücken zu wollen, diesen Winter nicht nach Detmold kommen zu können. Zu den mich bewegenden Gründen, die ich Ihnen schon mitzuteilen die Ehre hatte, kommt nun noch, daß ich diesen Herbst mit der Herausgabe meiner Werke sehr beschäftigt sein werde, bei einigen mit der Revision des Stiches, bei anderen mit der Vorbereitung zu demselben, so daß ich mich schon deshalb entschließen muß, den Winter hier zu bleiben. Ihrer Durchlaucht Prinzessin Friederike bitte ich mein besonderes Bedauern sagen zu wollen, daß ich nicht wie gewöhnlich mich ihrer Fortschritte im Spiel, sowie überhaupt ihrer innigen Teilnahme an der Musik erfreuen kann . . .«[2]

Der Posten des Dirigenten des Hoforchesters, welcher frei geworden war, nachdem sich Kiel 1864 mit einer Pension zurückgezogen hatte, und der wahrscheinlich unter anderen Umständen Brahms zur Verfügung gestellt worden wäre, ging auf Bargheer

1 Die Beweise in Litzmanns »Clara Schumann«, Bd. III, und in »Brahms' Briefwechsel«, Bd. IV und V (Grimm und Joachim) zeigen uns, daß Brahms während vieler Jahre seines Lebens jeden neuen Satz oder jede Reihe von Sätzen, die er vollendet hatte, erst Frau Schumann oder Grimm zur Beurteilung vorlegte und dann Joachim. Es ist schon auseinandergesetzt worden, daß das im Jahre 1856 komponierte Quartett durch einen Brief Joachims als eine frühe Fassung des erst zwanzig Jahre später erschienen Werkes in C moll identifiziert ist. Aber kein veröffentlichter Brief bezeugt die Existenz eines zweiten Quartetts oder eines Teiles eines solchen; erst im Juli und September 1861 schreiben sowohl Frau Schumann als Joachim über Sätze, die ihnen offenbar neu sind, uns aber wohlbekannt als zu den Quartetten op. 25 und 26 gehörend. Wir können daraus den Schluß ziehen, daß, wenn auch ein oder mehrere Sätze dieser Werke zur Zeit von Brahms' Verbindung mit Detmold vielleicht schon skizziert wurden, damals kein Teil von einem oder dem anderen Werke genügend vorgeschritten gewesen war, um ihn zu zeigen, geschweige denn zu probieren. Nach Meinung der Verfasserin weist das innere Zeugnis der beiden Werke gerade auf den Platz hin, den sie tatsächlich in dem Katalog von Brahms' Kompositionen der Kammermusik einnehmen.

2 »Aus Brahms' Jugendtagen«, s. Fußnote S. 196.

über, der ihn bis 1876 einnahm, wo der Tod des Fürsten Leopold der musikalischen Tätigkeit von Detmold ein Ende bereitete.

Brahms konnte zum Schluß des Jahres seinen Freunden einen guten Bericht über sich abstatten. Bevor er Detmold verließ, schickte er Joachim die zweite vollendete Serenade in A dur – deren erster Satz schon im Herbst 1858 Grimms Begeisterung erregt hatte –, für kleines Orchester instrumentiert (Blasinstrumente, Violen, Violoncelli und Bässe); auch schickte er einen Teil eines Sextetts für Streichinstrumente in B dur nach Göttingen. Grimm konnte wieder durchaus keinen Fehler entdecken, obschon ihn Johannes oft förmlich dazu drängte, und konnte von den beiden neuen Sätzen nur in Ausdrücken der Bewunderung und des Entzückens schreiben. Die Serenade wurde privatim in Hannover probiert.

»Ich habe meine zweite Serenade in Hannover probiert,« schrieb Johannes am 17. Januar 1860 an Frau Schumann, »Joachim meinte auch, sie wäre in Ordnung und klänge gut. Was habe ich an dem!«

Das Werk wurde zum erstenmal öffentlich unter des Komponisten Leitung im Philharmonischen Konzert vom 10. Februar in Hamburg aufgeführt. Bei derselben Gelegenheit entzückte Joachim das Publikum durch seinen Vortrag von Beethovens Konzert und Tartinis »Teufelstriller«, und Johannes hatte als Pianist mit Schumanns Konzert großen Erfolg.

Die zweite Serenade wurde als leichter verständlich als ihre ältere Schwester betrachtet und wenn auch nicht mit Enthusiasmus, so doch verhältnismäßig günstig aufgenommen. Dem Gehör der jetzigen Generation erscheint das Werk durchsichtig klar, und es ist schwer begreiflich, daß man es je für anders hielt. Wir sehen darin ein Meisterwerk, das unsern Musiker darstellt, wie er endgültig aus seinem Übergangsstadium herausgetreten ist und ganz als Meister dasteht, sich seines Zieles und seiner Methode völlig bewußt. Unverkennbar hat er Fuß gefaßt auf der Basis der Tradition und schafft mit der Freiheit der Selbstbeherrschung innerhalb der durch die Werke Haydns, Mozarts und Beethovens geheiligten Formen; nicht mehr durch die Unreife zu etwas fortgerissen, was man als absichtliche rhapsodische Unstetigkeit mißdeuten könnte. Es weht durch das Werk ein Hauch, duftig wie der Geist von Schuberts Muse, und obschon es vielleicht nicht die mächtige Individualität vertritt, die wir jetzt gewohnheitsmäßig mit Brahms' Namen verbinden, so trägt es doch den deutlichen Stempel seines Geistes und könnte von keinem anderen Komponisten geschrieben sein. Jeder der fünf Sätze ist ein Juwel vom reinsten Wasser. Jeder hat seinen eigenen Charakter, der sich jedoch mit den anderen vereint, um die Serenade zum vollendeten Beispiel einer entwickelten Form der Garten- oder Nachtmusik zu machen. Anmutige Romantik, neckisches Tändeln, mutwilliges Scherzen, hier und da eine Regung von tieferem Empfinden, alle sanfteren Phasen poetischen Gefühls werden nacheinander durch ihre lieblichen Melodien dargestellt:

usw.

Warum hört man dieses Meisterstück so selten?

Nach dem Charakter der Ideen und selbst nach dem Aufbau der Sätze – welche, obschon voll entwickelt, alle ganz klar sind, jeder in sich und als Teil eines Ganzen symmetrisch abgemessen, so daß sie des Komponisten vollkommene Erfüllung seiner Absicht anzeigen – ist die Serenade mit Recht als solche benannt, aber die Länge des Werkes nähert sich der Form der Symphonie. Es darf nicht vergessen werden, daß den musikalischen Laien durch den Namen Serenade, wenn er sich auf ein Instrumentalwerk bezieht, heute keine bestimmte Kompositionsgattung bezeichnet wird, denn die Sitten und Gebräuche, welche diese Form gezeitigt haben, sind längst vorüber; dagegen sind wir gewohnt, das Wort »Symphonie« mit den tieferen Empfindungen des Menschenlebens in Zusammenhang zu bringen. So weiß der ununterrichtete Konzertbesucher, der Brahms' Werk hört, nicht, was er zu erwarten hat, und diese Unsicherheit stört ihm den Genuß.

Ein zweites Hindernis der allgemeinen Anerkennung der schönen A dur-Serenade unter modernen Kunstbedingungen ist das Fehlen der Violinen in der Partitur. Man braucht kaum darauf hinzuweisen, daß der sozusagen gedämpfte Klang der gesamten vom Komponisten verwendeten Instrumente geradezu ideal wäre in der geeigneten Umgebung für den Vortrag der ursprünglich so genannten »Serenade«: bebende Sommerglut, tiefblauer, sternenheller Himmel, hin- und herschwebende galante und anmutige Gestalten – aber in der prosaischen Atmosphäre eines modernen Konzertsaales kann der helle Ton der Violinen während der ganzen Länge eines solch ausgedehnten Werkes vielleicht nicht gut entbehrt werden. Es besteht aus einem *Allegro moderato, Scherzo, Quasi menuetto* mit *Trio, Rondo.* Man kann jedoch noch hoffen, daß das Interesse für die Serenade wieder auflebt und daß sie von neuem ihren Platz auf dem Repertoire unserer Konzertgesellschaften behauptet.

Wir verweilten so lange bei den beiden Serenaden, daß es genügen muß, die Aufführung der ersten in D dur nur einfach zu erwähnen – die erste Aufführung in der zweiten und endgültigen Umarbeitung der Partitur –, welche auf Befehl König Georgs im Abonnementkonzert vom 3. März in Hannover unter Joachims Leitung stattfand; auch wollen wir nur kurz berichten, daß sie von Publikum und Kritikern gleichgültig aufgenommen wurde. Es ist Zeit, wieder einen Blick auf die Parteikämpfe jener Tage zu werfen und besonders von der Rührigkeit der Weimarer Jünger Notiz zu nehmen, deren Gefühle, wie sich der Leser erinnern wird, durch das offene Geständnis in Joachims Brief an Liszt schwer gereizt worden waren.

»Die Weimaraner machen ihren Lärm fort ...« berichtete Johannes an Joachim in England, während des Sommers 1859.

»Mich juckt's oft in den Fingern, Streit anzufangen, anti-Liszt's zu schreiben. Aber ich! ...

Aber es wäre herrlich, wenn Du im Sommer in Deutschland säßest, wunderschön komponiertest und nebenbei mit einigen fliegenden Bögen diese Leute totschlügest, und ich säße dabei, freute mich und hülfe Noten schreiben ...«[1]

1 »Brahms-Joachim-Briefwechsel«, Nr. 178.

»In den »*Grenzboten*«, sagt Moser, »führte Otto Jahn, der Biograph Mozarts, die Sache der konservativen Partei und derjenigen Musiker, deren Schaffen in den Traditionen der Klassiker wurzelte. Im gegnerischen Lager vertrat Brendel mit einem Stabe gleichgesinnter Mitarbeiter durch die »*Neue Zeitschrift für Musik*« den radikalen Fortschritt, und pries Liszt als den Mozart unserer Tage, dessen Werke die Bestrebungen und Resultate sämtlicher Kunstepochen, von Palestrina bis auf die Gegenwart, als krönendes Ganze in sich vereinigten.

In unglaublichem Durcheinander warf man die Sache Liszts mit der Wagner-Frage in einen Topf, und behandelte beide gewissermaßen als voneinander unzertrennlich. Aus jener Zeit her datiert schon der unheilvolle Einfluß der »Wagnerianer«, die, mit Raff zu reden, der Sache ihres Meisters mehr geschadet als genützt haben.«

Um die Sache so kurz als möglich zu schildern, soweit unsere Erzählung damit in Zusammenhang steht, so suchte jetzt Brahms, der gern Mitkämpfer in dem Streit gewesen wäre, Joachim dazu zu bewegen, mit ihm eine öffentliche Erklärung aufzusetzen, welche von ihnen beiden und ihren Gesinnungsgenossen unterschrieben und dann veröffentlicht werden sollte. Ein Hindernis zur Ausführung dieses Planes zeigte sich in der Unmöglichkeit, betreffs geeigneter Abfassung des Dokuments Meinungseinheit zu erzielen, und ein Teil der Schwierigkeit scheint aus dem Wunsch Brahms' entstanden zu sein, zwischen den Werken Berlioz' und Wagners einerseits und den »Produkten« Liszts andererseits einen Unterschied zu machen. Ehe diese Vorbereitungen zur Genüge getroffen waren, entschied jedoch der Zufall die Sache. Durch ein unaufgeklärtes Versehen fand eine Fassung des Manifestes, das wahrscheinlich die Runde machte, um Unterschriften zu sammeln, mit nur vier Namen gezeichnet den Weg zum Berliner *»Echo«*. Der Wortlaut ist:

»Die Unterzeichneten haben längst mit Bedauern das Treiben einer gewissen Partei verfolgt, deren Organ die Brendelsche Zeitschrift für Musik ist. Die genannte Zeitschrift verbreitet fortwährend die Meinung, es stimmten im Grunde die ersten strebenden Musiker mit der von ihr vertretenen Richtung überein, erkennten in den Kompositionen der Führer eben dieser Richtung, Werke von künstlerischem Wert, und es wäre überhaupt, namentlich in Norddeutschland, der Streit für und wider die sogenannte Zukunftsmusik und zwar zugunsten derselben ausgefochten. Gegen eine solche Entstellung der Tatsachen zu protestieren, halten die Unterzeichneten für ihre Pflicht und erklären wenigstens ihrerseits, daß sie die Grundsätze, welche die Brendelsche Zeitschrift ausspricht, nicht anerkennen und daß sie die Produkte der Führer und Schüler der sogenannten ›Neudeutschen Schule‹, welche teils jene Grundsätze praktisch zur Anwendung bringen und teils zur Aufstellung immer neuer unerhörter Theorien zwingen, die dem innersten Wesen der Musik zuwider, nur beklagen und verdammen können.

Johannes Brahms, Julius Otto Grimm
Joseph Joachim, Bernhard Scholz.«

Wenige Tage später erschien die Antwort in der »*Zeitschrift*« vom 4. Mai, in Gestalt einer Parodie von C. F. Weitzmann, in nicht allzu furchtbar witzigem Stil geschrieben:

»Gefürchteter Herr Redakteur!

Alles ist *aus*! – – Es soll ein Staatsstreich *aus*geführt, die ganze neue Welt mit Stumpf und Stiel *aus*gerottet und namentlich Weimar und Leipzig *aus* der musikalischen Weltkarte gestrichen werden. Zu diesem Zweck wurde ein weit *aus*holender Schreibebrief *aus*gearbeitet und an *aus*gewählte Gutgesinnte aller Länder *aus*geschickt, worin man *aus*führlich und stark *aus*fallend gegen die mehr und mehr um sich greifende Epidemie Zukunftsmusik protestiert. Der *Aus*schuß dieses *Aus*bundes zählt mehrere *Auß*ersichseiende, deren Namen die neueste Kunstgeschichte aber noch nicht *aus*findig machen konnte. Falls jedoch die Lawine der Unterschriften sich groß genug *aus*dehnen könnte, soll der Sturm sodann urplötzlich *aus*brechen. Obgleich vonseiten der *Aus*hecker dieses musikalischtragischen Gar*aus* den *Aus*erwählten das strengste Geheimnis anbefohlen wurde, ist es mir dennoch gelungen, Einsicht in das Original zu nehmen und ich freue mich, Ihnen, gefürchteter Herr Redakteur, im nachfolgenden dieses zeitgemäße Aktenstück mitteilen zu können, indem ich verbleibe

Ihr
ganz ergebener

Fegweg.«

»Öffentlicher Protest.

Die Unterzeichneten wünschen auch einmal erste Violine zu spielen und protestieren deshalb gegen alles, was ihrem dazu nötigen Emporkommen im Wege liegt – mithin namentlich gegen den zunehmenden Einfluß der von Dr. Brendel als neudeutsche Schule bezeichneten musikalischen Richtung, wie überhaupt gegen jeden Geist in der neuen Musik. Nach Vernichtung dieser ihnen sehr unangenehmen Dinge, stellen sie dagegen allen gleichartigen Wohlgesinnten einen Bruderbund für ›unaufregende und langweilige Kunst‹ in sofortige Aussicht.

›Die Redaktion der Auskunftsmusik‹
(Unterzeichnet:)
J. Geiger. Hans Neubahn. Pantoffelmann.
Packe. Krethi und Plethi.«

Bülow, der von Berlin an Louis Köhler schrieb, sagt:

»Das Manifest der Hannoveraner hat hierorts gar keine Sensation gemacht; sie haben nicht einmal soviel Witz ihrer Bosheit zuzusetzen, daß sie die Sache ordentlich stylisieren und zu einem geeigneten Zeitpunkte, etwa zur Eröffnung oder inmitten der Saison, hinzuschleudern!«

Wir müssen hier bemerken, daß Brendel aufrichtig war in seinen Ansichten, ob sie uns gefallen oder nicht, und daß er eine ausnehmende Fähigkeit besaß, die Ideen zu würdigen, von denen die Führer der Neuen Schule beseelt waren. Ebenso sicher ist es, daß die Antipathie, welche Joachim und Brahms gegen Liszts

Kompositionen hegten, nicht der Bosheit oder der persönlichen Feindseligkeit, sondern der aufrichtigen Überzeugung entsprang. Joachims Bekenntnis an Liszt war ihm durch die Notwendigkeit, einer falschen Stellung zu entgehen, entrungen worden. Die außerordentliche Wichtigkeit, welche die damaligen musikalischen Parteien der Verbindung mit ihm beigemessen haben, wird durch Wagners bittere Worte klargelegt:

»Mit dem Abfalle eines bisher warm ergebenen Freundes, eines großen Violinvirtuosen, auf welchen das Medusenschild doch endlich auch gewirkt haben mochte, trat jene wütende Agitation gegen den nach allen Seiten hin großmütig unbesorgten Franz Liszt ein, welche ihm endlich die Enttäuschung und Verbitterung bereitete, in denen er seinen schönen Bemühungen, der Musik in Weimar eine fördernde Stätte zu bereiten, für immer ein Ziel steckte.«[1]

Die Grundlosigkeit, je selbst die Torheit einer solchen Behauptung erklärt sich aus sich selbst.

Was insbesondere Brahms betrifft, so hegte er, trotz seiner Abneigung gegen Werke wie Liszts Symphonische Dichtungen und Dante-Symphonie, immer einen tiefen Respekt vor Wagners gewaltiger Begabung, obschon die künstlerischen Prinzipien, durch welche dieser sich leiten ließ, nicht die seines eigenen musikalischen Glaubens waren. Er sowohl wie Joachim huldigten einzig und allein den Meistern der klassischen Kunst, denen sie von Kindheit an zugetan gewesen waren, und es war eine Tücke des Schicksals, daß man ihn lange Jahre zu den Neudeutschen zählte und daß er von der »*Zeitschrift*« glimpflicher behandelt wurde als von den »*Signalen*«. Brendel selbst, der sich vom Jahre 1859 an ernstlich bemühte, eine Versöhnung zwischen den streitenden musikalischen Parteien herbeizuführen, war gegen Schumanns jungen Helden gerecht, ja sogar großmütig, und es wurde während der folgenden Jahre fortdauernd für Brahms Propaganda gemacht durch den »Allgemeinen deutschen Musikverein«, den Brendel zur Förderung seiner friedlichen Zwecke im Jahre 1861 gründete.

Unser Komponist, der sich teils durch die Treue seiner Überzeugungen, teils durch seine überströmende Lebhaftigkeit zur Polemik hatte fortreißen lassen, war von Haus aus ebensowenig ein Parteimann wie sein Freund und sollte in kurzer Zeit den ei-

1 Abgedruckt aus Wagners Flugschrift »Das Judentum in der Musik«.

gentlichen Schauplatz des Streites verlassen. In Zukunft hielt er es für angemessener, sich fernzuhalten von den herrschenden Zwistigkeiten, und veröffentlichte keine anderen Manifeste mehr als die, welche aus seinen Werken bestanden; auch ließ er sich niemals in Versuchung führen, die vielen, gegen ihn gerichteten gedruckten Angriffe zu beantworten. Fortan lebte er sein Leben, schrieb seine Werke, folgte seinem Glauben und überließ es der Zeit, die Frage von Falsch oder Wahr zu entscheiden. Wer kann heute schon sagen, wie das letzte Urteil des höchsten Schiedsrichters all dieser Dinge lauten wird?

Johannes hatte sich im Frühling 1860 wieder bei seinen Eltern niedergelassen, aber seine Gedanken waren mit mancherlei Zukunftsplänen beschäftigt. Er sehnte sich darnach, mehr in der Welt herumzukommen, und immer mächtiger regte sich in ihm der Wunsch, Wien kennen zu lernen. In Ottens Konzert vom 20. April spielte er sein eigenes Konzert und einige Nummern aus Schumanns »Kreisleriana«; aber das Konzert wurde sehr schlecht begleitet und erlebte abermals einen vollständigen Mißerfolg. Der Kritiker der »*Nachrichten*« gesteht seine Unfähigkeit ein, das Werk zu begreifen, »welches von Musikern der neuesten Richtung so warm anerkannt wird«, und so zieht er vor, nichts darüber zu sagen.

Die größte Freude machte dem jungen Musiker sein Damengesangverein, der mit Eifer die Proben unter seiner Leitung wieder aufnahm. Er gab ihm in dieser Saison ein formelleres Ansehen, indem er eine Reihe von Regeln aufstellte, die man unterschreiben mußte, bevor man Mitglied werden konnte. Das Dokument, welches »*Avertimento*« überschrieben ist, ist scherzhaft in einem veralteten, zeremoniösen Stil abgefaßt und in einer kurzen Einleitung, in der unter anderem festgesetzt wird, daß die Übungen nur im Frühling und Sommer stattfinden sollen, werden fünf Gesetze aufgestellt, deren zwei erste sich auf pünktliches Erscheinen beziehen.

»Pro primo wäre zu remarquiren, daß die Mitglieder des Frauenchors da seyn müssen.

»Als wird verstanden: Daß sie sich obligiren sollen, den Stehungen und Singungen der Societät regelmäßig beizuwohnen . . .

»Pro secundo ist zu beachten, daß die Mitglieder des Frauenchors da seyn müßen.

Als ist zu nehmen, sie sollen praecise zur anberaumten Zeit da seyn . . .«

Abwesende und Zuspätkommende sollten mit verschiedenen Beträgen bestraft, je nach den verschiedenen Graden der Missetat, und das gesammelte Geld »Bettelleuten« gegeben werden, »und wird gewünscht, daß niemand davon gesättiget werden möge«.

Die vierte Regel bezieht sich darauf, daß die anvertrauten Noten, »von den ehr- und tugendsamen Jungfrauen und Frauen« sorgfältig gehalten werden sollen, das heißt, nicht außerhalb der Gesellschaft gebraucht werden dürfen, und die fünfte auf den bedingungsweisen Einlaß von Zuhörern. Das Ganze schließt:

»Der ich verharre in tiefster Devotion
und Veneration des Frauenchors allzeit dienstbeflissener
schreibfertiger und taktfester
Johannes Kreisler jun.
alias: Brahms.
Geben auf Montag, den 30ten des Monats Aprili.
A. D. 1860.«

Unter den Unterschriften befindet sich die von Frau Schumann, welche mit ihrer ältesten Tochter Marie im Frühjahr einige Wochen in Hamburg zubrachte und während ihres Aufenthaltes an den Montag-Chorproben teilnahm. Wir werden Gelegenheit haben, den Namen der großen Künstlerin noch mehr als einmal in Zusammenhang zu bringen mit der Sängergemeinde, die nicht wenig stolz darauf war, sie – kraft ihrer Unterschrift – als rechtmäßiges Ehrenmitglied betrachten zu dürfen.[1]

Trotz der strengen Regeln, was Pünktlichkeit des Erscheinens betrifft, die in diesem formellen Dokument aufgestellt wurden, erlitten die Zusammenkünfte während der Saison eine starke Unterbrechung, und zwar durch die Abwesenheit keiner geringeren Persönlichkeit, als die des Dirigenten selbst. Johannes hätte keinesfalls, besonders nicht in seiner damaligen ruhelosen Stimmung, von dem Rheinischen Musikfest dieses Jahres (Düsseldorf, 27.–29. Mai) wegbleiben können. Schumanns B dur-Symphonie stand auf dem Programm, Hiller sollte dirigieren, Joachim das Ungarische Konzert und eine Beethovensche Romanze spie-

1 Die Regeln, welche zuerst von Professor Walter Hübbe in seinem »Brahms in Hamburg« herausgegeben wurden, sind wörtlich in »Anhang III« wiedergegeben.

len und Stockhausen eine Auswahl von Boieldieu, Schubert, Schumann und Hiller singen. Frau Schumann wollte zugegen sein und gedachte viele intime Freunde in Düsseldorf zu treffen, darunter Dietrich und seine junge Frau, die dem Kreise schon lange bekannt war als Clara Sohn, Tochter des Malers und Professors an der Kunstakademie. Daher begleitete Brahms Frau Schumann und ihre Tochter, als sie Hamburg verließen, um am 24. Mai nach Düsseldorf zu fahren, und das Fest stand an reichem Genuß früheren, deren wir schon in diesen Zeilen gedachten, nicht nach. Eine Neuerung, die man diesmal in einer oder der anderen privaten Versammlung in der Zwischenzeit der Konzerte genoß, waren die Vorträge vierstimmiger Lieder unter Brahms' Leitung von vier Mitgliedern des Damenchors, die zu dem Fest gekommen waren: den Schwestern Fräulein Betty und Fräulein Marie Völckers, Fräulein Laura Garbe und – Frau Schumann selbst; diese war es in der Tat, die ihrer Wirtin Fräulein Leser vorschlug, daß Dietrichs, Joachim, Stockhausen und einige andere eingeladen werden sollen, um dem, was sich als köstliche Aufführung herausstellte, zu lauschen.

Unter diesen Umständen kann es kaum überraschen, daß Brahms nach dem Fest nicht sofort nach Hamburg zurückkehrte, sondern mit nach Bonn fuhr, wo er bis Mitte August mit seinen Gefährten verweilte.

»Der Frühling war mit wunderbarer Pracht und Herrlichkeit eingezogen,« sagt Dietrich, der, wie der Leser sich erinnern wird, seit einigen Jahren in dieser Stadt sich niedergelassen hatte. »Solch ein rheinischer Frühling hat etwas Bezauberndes. Die rosa blühenden Wälder der Obstbäume ringsumher, die üppigen Weißdornhecken am Ufer des Rheins entlang, das Schlagen der Nachtigallen in den hellen, warmen Sommernächten, dazu in der Ferne die schönen Linien des Siebengebirges in prächtiger Beleuchtung – wie mächtig lockten sie uns an zu den mannigfachsten Ausflügen! Das war ein heiteres und sonniges Leben! Und dazu so reich an Kunstgenüssen!

Denn Brahms hatte nach sechs Jahre langem Schweigen eine Fülle neuer herrlicher Kompositionen mitgebracht, die wir nun alle kennen lernten. Es waren die D dur- und die A dur-Serenade, das Ave Maria für Frauenchor, der Begräbnisgesang für gemischten Chor, Lieder und Romanzen und das Klavierkonzert in D moll.

Die Jahre der Zurückgezogenheit hatte er zu ernstesten Studien benutzt, unter anderem eine Messe für Chor, in kanonischer Form geschrieben, die aber nicht gedruckt wurde . . .

Bei der kunstsinnigen und gastfreien Familie Kyllmann durften wir uns oft versammeln, um Kammermusikaufführungen zu veranstalten und uns an dem herrlichen Gesange Stockhausens zu begeistern.

Auch in unsere junge Häuslichkeit kamen die Künstler oft und gern; und zum Schlusse feierten unsere Freunde mit uns die Taufe unseres ersten Kindes. Brahms, Joachim und Heinrich von Sahr waren die Paten.«[1]

Herrn Kyllmanns Haus in der Coblenzer Straße, mit seinem schönen Garten am Rheinufer und der Aussicht auf das Siebengebirge, war der Schauplatz vieler bemerkenswerter Zusammenkünfte, die den berühmten Gästen gleiches Vergnügen bereiteten, wie der kunstsinnigen, kunstliebenden Familie, die stolz darauf war, sie zu bewirten. Über eine Gesellschaft – sie fand anfangs Juni, während der Woche, wo Frau Schumann noch unter ihren Freunden weilen konnte, statt – müssen wir besonders eingehend berichten, da die musikalischen Aufführungen ein von Joachim, David, Otto von Königslöw (langjähriger Konzertmeister der Gürzenich-Abonnementkonzerte in Cöln) und dem trefflichen Violincellisten Christian Reimers gespieltes Quartett einschlossen; ferner das Schumannsche Quintett, von denselben Künstlern mit Frau Schumanns Begleitung, – darunter Schumanns »Mondnacht« und »Frühlingsnacht«. Der als Zuhörer anwesende Otto Jahn hatte seinen Freund Dr. Becker mitgebracht, der vor kurzem von England zurückgekehrt war, nachdem er sein Amt als Privatsekretär des Prinzgemahls niedergelegt, und auch Brahms muß unter die Zuhörer gezählt werden.

Er zog sich auf ein Sofa in einem der entlegneren Salons zurück und war nicht zum Spielen zu bewegen, obwohl Frau Schumann selbst bittend zu ihm kam und Joachim mit seinem überredenden »Ach! Spiele doch, Johannes!« folgte. Johannes war, wie wir häufig gesehen haben, kein Diplomat. Oft fand er es erträglicher, nicht verstanden zu werden, als seine Abneigung zu überwinden, vor einem gemischten Kreis von Zuhörern zu spielen.

Die Zeit von nahezu zwei Monaten, welche in Bonn zugebracht wurde und während der Johannes und Joachim in der Meckenheimer-Straße Nr. 29 und 27 wohnten, blieb nicht bedeutungslos für Brahms' Karriere. Zu jener Zeit machte er die Bekanntschaft des Herrn Fritz Simrock, eines ungefähr gleichaltri-

1 Diese hübsche Schilderung ist ganz wiedergegeben, weil sie einen wirklich genauen Bericht von Brahms' künstlerischen Fortschritten enthält; obschon Dietrich, der nach Verlauf vieler Jahre schreibt, die Tatsache übersehen hat, daß die genannten Werke schon aus den Manuskripten öffentlich aufgeführt worden waren.

gen Jünglings, des jüngeren Teilhabers der wohlbekannten Verlagsfirma N. Simrock in Bonn, und dazu bestimmt, als späteres Haupt der Firma, nach deren Übersiedlung nach Berlin, die meisten von des Komponisten Werken in die Welt einzuführen. Zwischen Fritz Simrock und Brahms entstand allmählich ein herzliches Einvernehmen; die Handlungsweise des Verlegers gegen den Musiker war von Anfang an rücksichtsvoll und großmütig, und als sich Brahms' Verhältnisse glücklicher gestalteten, war es Simrock, der sein Vertrauter und Ratgeber in Geschäftssachen blieb. Als Pfand auf die Zukunft wurde die Serenade in A dur, op. 16, vor Ende des Jahres von der Firma veröffentlicht, nachdem die Serenade in D dur, op. 11, im Herbst bei Breitkopf und Härtel erschienen war. Da diese Firma das Klavierkonzert zurückwies, wurde es von Rieter-Biedermann angenommen, zugleich mit dem *Ave Maria,* Begräbnisgesang und den Liedern und Romanzen (op. 14), die alle das Jahr darauf herauskamen.[1]

»Ich habe mich sehr gefreut, endlich Johannes' Sachen [für Orchester] gedruckt vor mir zu sehen,« schrieb Joachim an Avé Lallement. »Nun können sie getrost von den *Signalen* und andern oberflächlichen Gesellen verschimpfiert werden. Sie werden noch freundlich fortlächeln mit ihren schönen Motiven, wenn die plumpen Tadler längst verstummt sind!«

Die Zusammenkünfte des Damengesangvereins begannen von neuem, als Brahms im Juli nach Hamburg zurückkehrte. Fräulein Porubszky, mit der er während des Jahres ihres Dazugehörens in lebhaftem freundschaftlichen Verkehr stand und die er häufig bei ihrer Tante in der Bockmannstraße besuchte, war jetzt nach Wien zurückgekehrt, wo der Leser bald ihre Bekanntschaft erneuern wird als Frau Faber. Die Mitglieder des Chors waren jedoch allesamt unerschütterliche Bewunderinnen ihres Dirigenten und unter den Häusern, wo Proben abgehalten wurden, müssen zwei besonders erwähnt werden, in denen er intim verkehrte – jenes des Herrn Völkers und seiner beiden Töchter in Hamm und das der Familie Hallier in Eppendorf, beides zu jener Zeit Vororte von Hamburg.

Der große Garten in Eppendorf war der Schauplatz vieler angenehmer Vereinigungen der Sängerinnen; ab und zu veran-

1 Eine durchgesehene Ausgabe der zweiten Serenade erschien bei Simrock 1875. May. J. Brahms, Bd. I.

stalteten sie dort vor einem geladenen Publikum von Freunden eine Aufführung. Hübbe erzählt von einer Abendgesellschaft im Freien mit Illumination, wobei der Dirigent die Chorbeiträge vom Ast eines Baumes aus leitete und Feuerwerke in den Zwischenpausen abgebrannt wurden. Halliers lebten im Winter in der Stadt, und Brahms kam öfters zu ihren zwanglosen Mittwochabenden, die gern von Künstlern und Kunstliebhabern Hamburgs besucht wurden. Er war gutmütig, was das Vorspielen in diesem geselligen Kreise betrifft, und trug ein Stück nach dem andern vor, außer wenn ihn ein Gespräch besonders interessierte, wo er sich dann durch keine Bitte bewegen ließ, zum Klavier zu gehen. Wie seine Detmolder Freunde schon herausgefunden hatten, bildete er sich über die meisten interessanten Zeitfragen eine bestimmte Meinung und zögerte nicht, sie darzulegen; auch verhehlte er nie das Unorthodoxe in seinen religiösen Anschauungen. Er war ein ständiger Besucher Avé Lallements, bei dem einige Freunde regelmäßig zusammenkamen, um Shakespeare und andere Autoren zu lesen, auch fand er Zeit, Vorträge über Kunstgeschichte zu hören, unter Dr. Emil Hallier Latein zu lernen und bei Professor Aegidi vom Akademischen Gymnasium Geschichte zu studieren.

Der Herbst dieses Jahres zeichnete sich aus durch das Erscheinen des Streichsextetts in B dur, des ersten von Brahms' großen Werken, das sich allgemeine Anerkennung erwarb. Im September vollendet, wurde es sofort von Joachim gutgeheißen, der es den Hannoverschen Musikfreunden in seinem Kammermusikkonzert vom 20. Oktober vorführte; und seine Begeisterung war es wohl teilweise, die der Komposition zu so rascher und allgemeiner öffentlicher Gunst verhalf.

Es wäre ein Fehler, wollten wir in einer Erzählung, die keine technischen Zwecke verfolgt, die musikalischen Charakteristika eines Werkes besprechen, das so allgemein bekannt geworden ist, wie dieses, das seit lange seinen Platz unter den wenigen klassischen Werken behauptet, die durch ihren eigenen Wert ein Publikum anziehen, einerlei, ob der Leiter der Aufführung mehr oder weniger berühmt oder beliebt ist. Man kann jedoch sagen, daß das Streichsextett in B dur ein Werk ist, an das sich weder ein »wenn« noch ein »aber« knüpfen läßt. Sowohl in der Schönheit und Mannigfaltigkeit der Gedanken, als auch in der Klarheit der Durchführung ist es ohne Makel, und diese Eigenschaften im Verein mit der fein erdachten und fein ausgeführten schönen Gestaltung, gesellen es mit nur wenigen Rivalen zu den größten Mustern der Kammermusik. Frisch, glücklich und freimütig, kann man darin die Meisterschaft der Kunst, welche die Kunst an sich verbirgt, mit jener Mozarts selbst vergleichen. Damit beginnt die große Reihe von Werken dieser Gattung, welche Brahms' mächtige Eigenart in all ihren Stimmungen enthüllt und welche das erste und zweite Klavierquartett, das Klavierquintett, das zweite Streichsextett und das Horntrio einschließt – Werke, die nach Meinung der Verfasserin nicht übertroffen wurden, selbst nicht in der späteren Periode der großartigen Tätigkeit des Komponisten auf diesem Gebiet.

Frau Schumann, Joachim und Johannes kamen in Leipzig im November zusammen; die beiden letztgenannten, um am 26. des Monats in dem alljährlichen Pensionsfondskonzert im Gewandhaus mitzuwirken, das unter Leitung Carl Reineckes, des jüngst ernannten Nachfolgers Julius Rietz', gegeben wurde. Sowohl Johannes als Joachim traten als Komponisten auf. Brahms dirigierte die zweite öffentliche Aufführung seiner zweiten Serenade; Joachim spielte sein ungarisches Konzert, welches – im Herbst 1859 vollendet – zum erstenmal im Frühling desselben Jahres in einem der Hannoverschen Abonnementkonzerte gehört worden war.

»Die Serenade ist ein wundervoll poetisches Stück,« schrieb Frau Clara, welche das Werk zum ersten und zweitenmal bei der Probe und beim Konzert hörte. »Ich hätte Johannes um den Hals fallen mögen vor Rührung über solches Werk; wie blutete mir das Herz bei der kalten Aufnahme des Publikums . . . und Joachims ungarisches Konzert zündete allgemein zu einem Furore . . . Ich hatte die innigste Freude darüber, litt aber unter diesen Gefühlen von Freude und Leid für meine beiden liebsten Freunde. Etwas beruhigt war ich am 27. früh, wo Johannes' Sextett im Konservatorium von Joachim gar schön gespielt wurde und entschieden zündete.

Nachmittag spielten Johannes und ich (ich zwang ihn förmlich dazu unter dem Vorwande, daß Livia [Frege] sie nicht gehört) die Serenade vor Schleinitz. Ich wußte ja, am Klavier mußte sie gefallen, und so war es auch. Schleinitz meinte, er habe gar nicht diese Wärme in dem Stück vermutet, so elendiglich hatte das Orchester gespielt!

Den 30. November spielten wir, Johannes und ich, die zweite Serenade auf besondern Wunsch Schleinitz' im Konservatorium, weil die Schüler sie nur einmal in der Probe gehört. Sie machte wieder den schönsten Eindruck auf alle. Rudorff war ganz entzückt davon, das freute mich besonders, weil ich ihn so schwer an die Sachen von Johannes bringen konnte.«[1]

1 Litzmann III, S. 89.

Nur kärgliches Interesse wurde den zwei neuen Werken von seiten der Leipziger Kritiker zuteil. Die Tagespresse ließ das Konzert vom 26. unerwähnt; die »*Zeitschrift*« tat es mit ein paar zweifelhaften Sätzen ab – vielleicht gar keine unedle Behandlung unter den Verhältnissen – und die »*Signale*«, aufrichtig wie immer, erklärten die Serenade für ein schrecklich langweiliges Werk, welches neben des Komponisten Erfindungsarmut seine verzweifelten Anstrengungen, gelehrt zu erscheinen, darlege. Joachims Konzert wurde für entschieden reicher in der Erfindung als das Werk seines Freundes, aber auch als etwas monoton und sicherlich viel zu lang erklärt.

Frau Schumann, die sich durch diese entmutigenden Kritiken nicht beirren ließ, spielte in ihrem Konzert vom 8. Dezember im kleinen Saal des Gewandhauses Brahms' sehr schöne Variationen über ein Originalthema, welche, obschon kaum geeignet für allgemeine Konzertaufführung, viel besser bekannt sein sollten, als sie es sind. Sie zeigen den Komponisten in einer seiner Bach-Beethoven-Brahms-Stimmungen, womit wir hier seine von einer rührenden Innigkeit durchdrungene, gelehrte und tiefernste Art bezeichnen wollen. Das Thema, im Dreivierteltakt, hat nichtsdestoweniger etwas von dem langsamen Dahinschreiten eines Trauermarsches an sich, und die ersten Variationen sind zarte Betrachtungen über einen weihevollen Gedanken. In der achten und neunten haben wir den imposanten Aufzug des Gepränges, während die elfte und letzte geheimnisvolle überirdische Töne hervorzaubert, die die Seele des Zuhörers wie unter einen vorüberschwebenden göttlichen Einfluß zwingen.

Diese Variationen, op. 21 Nr. 1, im Jahre 1856 geschrieben, das früher komponierte Heft, Variationen über ein ungarisches Lied, op. 21 Nr. 2, und die drei Duette für Sopran und Alt, op. 20, wurden 1861 bei Gimrock herausgegeben.

Die Tatsache, daß Brahms' Sextett in das Programm des für den 4. Januar angekündigten Hafner-Lee-Konzertes aufgenommen wurde, gibt Zeugnis, daß der Komponist nach und nach mit seinen Werken in den Kern des musikalischen Lebens seiner Vaterstadt eindrang, obschon er sich vielleicht nicht der besonderen Gunst ihres Publikums erfreute. Die Quartettunterhaltungen der genannten Künstler gehörten zu den regelmäßig wiederkehrenden künstlerischen Ereignissen von Hamburg und erfreuten sich unfehlbaren Besuches. Hafner, ein Wiener von Geburt und ein Schubertenthusiast, hatte in der nordischen Stadt seine zweite Heimat gefunden, galt dort als erster Violinist und hatte an dem Violoncellisten Lee einen sympathischen Kollegen. Doch war er nicht dazu bestimmt, das Sextett zu leiten: Seine plötzliche Erkrankung verursachte einen Aufschub des Konzertes und es erfolgte sein Tod. Das Werk wurde in Hamburg aus dem Manuskript von seinem Nachfolger in dem Unternehmen, von John Böie mit Honroth, Breyther, Kayser, Wiemann und Lee gespielt und hatte sofort Erfolg. Der dadurch hervorgerufene Eindruck war ein so bedeutender, da das Werk binnen weniger darauffolgenden Wochen von denselben Künstlern dreimal wiederholt wurde.

Elftes Kapitel

1861–1862

Konzertsaison in Hamburg – Frau Denninghoff-Giesemann – Brahms in Hamm – Herr Völckers und seine Töchter – Dietrichs Besuch bei Brahms – Musik bei Halliers und Wagners – Erste öffentliche Aufführung des G moll-Quartetts – Brahms in Oldenburg – Aufführung der zweiten Serenade in New York – Das erste und zweite Klavierquartett – Die »Magelone-Romanzen« – Erste Aufführung der Variationen und Fuge über ein Thema von Händel in Hamburg und Leipzig durch Frau Schumann – Brahms' Abreise nach Wien.

Während des Jahres 1861 besuchten Frau Schumann, Joachim und Stockhausen Hamburg zu wiederholten Malen und alle behandelten Johannes mit großer Aufmerksamkeit. Sowohl Joachim als auch Brahms wirkten in dem Konzert der Frau Schumann am 15. Januar mit. Brahms nahm an dem Vortrag des schönen Andante mit Variationen für zwei Klaviere von Schumann teil; auch dirigierte er den Damenchor, zur großen Freude der Mitglieder, bei einigen seiner mehrstimmigen Gesänge. Der erste Teil des Programms enthielt »Es tönt ein voller Harfenklang«, »Komm herbei, Tod« und »Der Gärtner« aus dem Heft mit Horn- und Harfenbegleitung, op. 17; der zweite Teil das »Minnelied«, »Der Bräutigam« (aus op. 44) und »Gesang aus Fingal« (aus op. 17) – alle aus dem Manuskript vorgeführt. Die drei Künstler erschienen am nächsten Abend wieder in einer Soiree in Altona, wo die mehrstimmigen Gesänge wiederholt wurden. Am 22. des Monats traten Frau Schumann und Brahms zusammen in einem Konzert im Logensaal, Valentinskamp, auf, und zwar mit Bachs C dur-Konzert und Mozarts Sonate, beides für zwei Klaviere.

Frau Schumann und ihre Tochter Marie waren während dieses etwas verlängerten Besuches Gäste der Halliers, welche die durch die Anspannung des anstrengenden Lebens der großen Künstlerin bedingten Bedürfnisse begriffen und ihr vollkommmene Bewegungsfreiheit ließen. Johannes besuchte seine alte Freundin täglich und speiste mit ihr und ihrer Tochter zu einer ihnen gelegenen Stunde; und an einigen freien Abenden wurde in den Salons der Halliers vor ein paar intimen Bekannten prachtvoll musiziert.

Am 8. März spielte Brahms Beethovens Tripelkonzert mit

David und Davidoff im Philharmonischen Konzert und einige Wochen später wurde der »Begräbnisgesang« unter seiner Leitung in einem Konzert aufgeführt, das Grädener zum Andenken an Hafner arrangierte; er machte tiefen Eindruck:

> »Der Komponist hat sich mit einer eigentümlichen Vertiefung in die Trauerstimmung hineinversetzt. Auf dem Friedhofe muß die Wirkung [des Begräbnisgesangs] ergreifend sein,« schrieb einer der Kritiker.

Joachim und Stockhausen kamen zum Philharmonischen Konzert am 16. April und die brillante Saison schloß mit Stockhausens und Brahms' Soireen am 19., 27. und 30. des Monats. Bei den zwei ersten Konzerten in Hamburg und Altona wurde der ganze Zyklus der »Müllerlieder« von Schubert gegeben; und bei dem letzten – wer könnte sich ein bezauberndes Fest der Töne ausmalen, als die Aufführung von Beethovens schmelzenden Liebesliedern »An die entfernte Geliebte«, die uns schon beim Gedanken daran Tränen in die Augen treiben, von Stockhausen mit der Begleitung Brahms' gesungen und gefolgt von unseres Komponisten lieblicher zweiter Serenade, worauf dann Schumanns »Dichterliebe« abschloß? Glückliche Hamburger, glücklicher Stockhausen, glücklicher Brahms, solche Freuden miteinander teilen zu können! Wird etwas Ähnliches je wiederkehren? Seltsamerweise führen sie im Lauf unserer Geschichte wie ein natürlicher Übergang zu dem Bericht über einen Besuch, den in der zweiten Juliwoche eine alte Freundin Brahms abstattete. Auch dem Leser ist sie wohlbekannt. Lischen Giesemann hatte ihren einstigen Spielkameraden nicht wieder gesehen, seit sie ihm zu Anfang seiner Konzertreise mit Reményi, zu Beginn des Jahres 1853, Lebewohl gesagt. Während der Jahre, die unmittelbar seinem Abschied von Winsen folgten, besuchte sie gelegentlich ihre liebe »Tante« Brahms, aber da sie Johannes niemals zu Hause traf, mußte sie damit zufrieden sein, sich mit seiner Mutter über die Briefe zu freuen, die er von Düsseldorf, Hannover usw. regelmäßig an seine Eltern schickte. Sie war jetzt eine glückliche, jung verheiratete Frau, aber die Erinnerung an die alten Kindertage ruhte in ihrem Herzen wie wärmender Sonnenschein, und als sie sich vergewissert hatte, daß ihr jetzt berühmter Held wieder zu Hause weilte, beschloß sie, ihn mit ihrem Mann zu besuchen. Das Unglück wollte, daß Johannes an dem Tag ausgegangen war, an dem Herr und Frau Denninghoff ihren Besuch in der Fuhlentwiethe machten, aber seine Mutter, überglücklich, ihre junge Freundin nach langer Trennung wiederzusehen, tröstete sie, so gut sie konnte, indem sie ihr sein Zimmer zeigte. Wieviele Erinnerungen stürmten auf Lischen ein, als Sie eintrat! Die Übungen mit Reményi, der Schullehrer-Chorverein, die Tanzunterhaltungen in Hoopte, die Geschichte der schönen Magelone und des Ritter Peter. Lischen befand sich in der Nähe des Klaviers – und was erblickte sie da? Einige Lieder in Manuskript, anscheinend erst komponiert, standen auf dem Musikpult und trugen in Brahms' Handschrift den Namen der schönen Magelone selbst! Es schien der jungen Frau wie ein wachender Traum und das Manuskript kam ihr vor wie ein Glied, durch das die Vergangenheit mit der Zukunft verknüpft werden sollte. Auch irrte sie sich nicht. Brahms' Magelone-Romanzen sind weltberühmt geworden, und wo immer man sie hört, lebt auch noch das Entzücken fort, das die jugendlichen Herzen Johannes' und Lischens bewegte, als sie zusammen in den blühenden Feldern von Winsen saßen, eifrig die alten Geschichten aus Aaron Löwenherz' Leihbibliotheksbande verschlingend. Lischen sollte den alten Freund nicht wiedersehen, aber sie vergaß weder ihn noch seine Musik jemals und auch er bewahrte der alten schönen Zeit eine treue Erinnerung. Als er ihr zwanzig Jahre später, wo er auf der Höhe seines Ruhmes stand, schrieb, sagte er:

»Die Erinnerung an Dein elterliches Haus ist eine der teuersten, die ich bewahre. Alle Güte und Liebe, die mir dort wurde, alle jugendliche Luft und Freude, die ich dort genoß, leben in meinem Herzen fort und wie oft kommt mir das Bild Deines guten teuren Vaters und die frohe und dankbare Erinnerung an Euch alle.«

Lischens Tochter erbte die Stimme ihrer Mutter und war mit schönem musikalischem Talente begabt, und als Agnes in das rechte Alter kam, schickte sie Frau Denninghoff nach Berlin, um an der Königl. Musikschule zur Sängerin ausgebildet zu werden, an welcher Anstalt Joachim seit deren Gründung Direktor gewesen war. Joachim lud Agnes eines Abends zu sich ein, um Brahms zu treffen, der ihr bei der Begrüßung sagte, es sei ihm, als stünde ihre Mutter wieder vor ihm. Er schickte ihr eine Auswahl seiner Lieder, und mit der Zeit wurde sie eine erfolgreiche Sängerin, die unter einem Pseudonym öffentlich sang, und Gattin eines wohlbekannten Musikers.

Brahms und Stockhausen.

Lischen sah nur die ersten vier Nummern des »Magelone«-Zyklus, die durch ein seltsames Zusammentreffen zur Zeit ihres Besuches gerade vollendet worden waren. Die fünfte und sechste Nummer wurden erst im Mai 1862 komponiert.[1] Diese sechs Lieder wurden von Rieter-Biedermann im Jahre 1865 mit dem Titel »Romanzen aus L. Tiecks Magelone« und einer Widmung an Stockhausen herausgegeben; auch kann kein Zweifel sein, daß unser Tonsetzer durch seine Verbindung mit dem großen Sänger im Vortrag der Liederzyklen von Beethoven, Schubert und Schumann zu deren Schaffen angeregt wurde. Die übrigen neun Gesänge aus Brahms' Serie wurden erst 1868 veröffentlicht, und das genaue Datum ihres Entstehens ist nicht festgestellt worden.

»Ich wohne jetzt ganz überaus reizend auf dem Lande (eine halbe Stunde von der Stadt),« schrieb Brahms, indem er Dietrich drängte, ihn zu besuchen. »Du sollst Dich wundern, wie schön man hier wohnen kann.

Vielleicht kann ich Dich hierher mit hinausnehmen und jedenfalls ist mein Zimmer in Hamburg bei den Eltern ganz zu Deiner Verfügung. Kurz, ich hoffe, es wird Dir hier gemütlich werden können.«

Er hatte sich damals für den Sommer in Hamm einquartiert, in dem angenehmen Landhaus der Frau Dr. Rösing, der Tante der beiden Mädchen Fräulein Betty und Marie Völckers, die schon als Mitglieder des Chors genannt wurden. Hier wurde ihm ein großes, luftiges Zimmer mit Balkon im ersten Stock zur Verfügung gestellt, das früher, als Herr Völckers und seine Familie das Haus bewohnten, das Billardzimmer gewesen war. Dieser Herr mit seinen beiden Töchtern lebte jetzt nebenan in einem reizenden, altmodischen Wohnhaus, strohgedeckt und einstöckig, mit einem großen Zimmer zu ebener Erde, das häufig zu den Chorübungen verwendet wurde. Beide Häuser hatten hübsche Gärten, nur durch eine Hecke getrennt, und dicht daran breiteten alte schöne Bäume ihre Zweige aus und boten vielen Nachtigallen Schutz, die ihre Nester an den stillen Plätzchen bauten. Brahms' Zimmer war fast den ganzen Tag vom Sonnenlicht, das durch das Blättergrün und die bunten Fensterscheiben zu ihm eindrang, freundlich erhellt, und hier konnte er sich dem Genuß der ungestörten Arbeit in seinen Lieblings-Morgenstunden hingeben, mit der angenehmen Empfindung, daß sie nur das Vorspiel zu Tagen

1 Max Kalbeck I, S. 438.

ruhiger Erquickung bildeten. Er war mit der ganzen Familie seiner Wirtin herzlich befreundet, von Herrn Völckers an, der seinerzeit ein guter Konzertsänger gewesen war, bis herunter zu dessen begabter kleiner Enkelin Minna (jetzt Mrs. Edward Stone), einer der beliebtesten und ergebensten Klavierschülerinnen des jungen Komponisten, und daß er diesen Sommer einen großen Teil seiner Zeit bei den jungen Mädchen – Betty und Marie Völckers – im Nachbarhaus zubrachte, wird keinen unserer Leser in Erstaunen setzen. Er ging bei ihnen aus und ein, wie es ihm behagte; auch kam er oft, wenn sie mit der Handarbeit und Büchern im Garten saßen und plauderte mit ihnen oder auch mit ihren Freundinnen – Fräulein Reuter und Fräulein Laura Garbe –, die sie häufig einluden. Johannes pflegte dann mit der Zigarre oder Zigarette einzutreten und einen Stuhl an die Gruppe heranzuziehen, wobei er je nach Laune schweigsam blieb oder gesprächig war. Manchmal stimmte er auch die ersten Töne einer wohlbekannten Melodie an, begann zu taktieren und der ganze Garten freute sich bei dem Klange der vier frischen jungen Stimmen, die zusammen anschwellten und abnahmen in den reizenden Harmonien eines Lieblingsquartetts. Er brachte oft den Abend mit den jungen Damen und ihrem Vater zu, ihre zwanglose Gastfreundschaft gern annehmend, und pflegte ihnen nach dem Nachtmahl bis spät in die Nacht hinein vorzuspielen, manchmal auch vierhändig zu spielen mit Fräulein Marie, die seine Schülerin am Pianoforte war.

»Ich kann mit Stolz sagen, daß er sich in unserem kleinen Heim glücklich fühlte,« äußerte sich Frau Professor Böie (Fräulein Marie Völckers) zu der Verfasserin; »sein Spiel war ein großer Genuß für unsern alten Vater. Sein Benehmen gegen alte Leute war von rührender Rücksicht und Güte.«

Dietrich, seit kurzem Hofkapellmeister in Oldenburg, war jetzt ein ganz naher Nachbar und machte seinen versprochenen Besuch in Hamburg im September.

»In seinem sehr interessanten Zimmer schlief ich [in Hamburg]. Überrascht war ich von seiner reichen Bibliothek, die er sich mit rastlosem Eifer von früher Jugend an gesammelt hatte. Es befanden sich darunter merkwürdige alte Sachen.

Mit seiner lieben guten Mutter, die mit ihrer schlichten Einfachheit reiche Herzensbildung vereinigte, saß ich morgens beim Frühstück oft behaglich zusammen; ihr Johannes bildete dann immer die unerschöpfliche Quelle unseres angeregten Gesprächs. Der Vater verließ meist schon früh das Haus, um seinem Berufe als Kontrabassist und als Musiklehrer nachzugehen. Ich blieb nur kurze Zeit bei den lieben Menschen und besuchte Tags über Brahms in seiner reizenden Gartenwohnung, wo wir uns mit dem Durchsehen seiner neuesten Arbeiten auf das Eingehendste beschäftigten.«

Der Frauenchor, der seinen Zweck erfüllt hatte, zu des Komponisten Selbsterziehung beizutragen, war im Frühling aufgegeben worden. Seit der Zeit hatte Brahms seine Kräfte größtenteils der Vollendung jener beiden großen Werke gewidmet, die in dem Verzeichnis seiner Kammermusik dem B dur-Sextett folgen sollten; ohne Zweifel machte er Dietrich mit den Klavierquartetten in G moll und A dur bekannt, von denen er im Juli mehrere Sätze an Frau Schumann geschickt hatte. Die Händel-Variationen, deren Manuskript das Datum »September 61« trägt, müssen auch mit des Komponisten erstem Sommer in Hamm in Zusammenhang gebracht werden, und möglicherweise hat Brahms seinem Freund Teile eines Streichquintetts in F moll vorgespielt, das sich bald aus dem embryonischen Stadium zum Leben entwickeln sollte. Er scheint jedoch nicht eingestanden zu haben, daß er wieder unter dem Einfluß eines früheren Ehrgeizes stand, und wahrscheinlich wußte Dietrich bis dahin nichts davon, daß Brahms, durch sechsjährige angestrengte Bemühung und raschen Erfolg von der Periode eines früheren Versuches getrennt, noch einmal seine Kräfte zu prüfen begann zu dem gewagten Fluge, der zur erfolgreichen Vollendung einer Symphonie führen sollte.

Die Klavierquartette (op. 25 und 26) wurden Ende September an Joachim geschickt – das in G moll schon vollendet, das in A dur ohne den letzten Satz; er machte ziemlich bedeutende Einwendungen gegen gewisse Eigentümlichkeiten des ersten Satzes von op. 25. Daß aber der Komponist den Satz wesentlich unverändert ließ, wird dem, der die veröffentlichte Partitur des Werkes studiert und sie mit den fraglichen kritischen Bemerkungen vergleicht, ersichtlich werden. Von dem letzten Satz desselben Quartetts, dem brillanten *»Rondo à la Zingarese«* – in freundlichem Wettstreit mit dem Finale des Ungarischen Konzerts von Joachim komponiert –, bemerkte der berühmte Violinist in großmütigem Triumph: »In letzterem hast Du mir auf meinem eigenen Territorium eine ganz tüchtige Schlappe versetzt.« Es ist nicht unsere Sache, die Behauptung zu bekräftigen oder ihr zu widersprechen, doch ist es uns vielleicht erlaubt, den Leser daran zu erinnern, daß die wachsende Vollkommenheit der Brahmsschen Instrumentalwerke dieser Zeit in nicht geringem Grade durch die unschätzbare Erfahrung und selbstlose Teilnahme seines Freundes gefördert wurde.[1]

1 Vgl. »Brahms-Joachim-Briefwechsel«, Nr. 231.

Es ist schwer, durch Vergleich von Joachims Brief mit der veröffentlichten Partitur des Quartetts in G moll, genau zu bestimmen, inwieweit des Komponisten eigenes Urteil des Freundes kritische Bemerkungen bestätigt hat, da sich der in diesem Brief enthaltene Hinweis auf das Manuskript nicht immer verfolgen läßt. Doch ist es sicher, daß Brahms keine Veränderung in dem Entwurf des Satzes vornahm und das Studium desselben zeigt, daß das jetzige Verhältnis der Teile untereinander, in welchem sowohl Frau Schumann als auch Joachim einen Mangel an Symmetrie empfanden, in der Tat wesentlich ist für den Grundplan des Werkes.

Der Satz ist nicht als ein Beispiel der Sonatenform zu betrachten, das in unwandelbarer Übereinstimmung mit den Umrissen der Tradition aufgebaut ist, sondern als eine unter mehreren von Brahms' Kompositionen, in der sich eine besondere Charakteristik seiner Kunst dartut: Freiheit der Behandlung der klassischen Formen. Das Hauptthema, aus einem Motiv von vier diatonischen Tönen entwickelt, fesselt die Aufmerksamkeit des Hörers durch seine kräftige, breite Einfachheit und ist wohl geeignet für die Zwecke des Durchführungsteiles, im Hinblick auf welchen es ohne Zweifel aufgestellt war. Das zweite Hauptthema mit seinen Nebenmelodien, in den Moll- und Dur-Tonarten der Dominante D, ist fließend und melodisch. Des Komponisten freundliche Kritiker erhoben Einwand gegen die Verlängerung dieses Teiles des Satzes und gegen das darauffolgende, ihrer Empfindung nach ungebührliche, Vorherrschen der D dur-Tonart – Züge, die in einem in strenger Sonatenform aufgebauten Satze unzweifelhaft zu tadeln wären –. In dem Satze jedoch, den wir betrachten, ist die Verlängerung erforderlich und wird durch die Behandlung des Durchführungsteiles ausgeglichen. Dieser beginnt mit der vollen Wiederholung, ohne irgendeine Veränderung des zehntaktigen ersten Themas in der Originaltonart (G moll), eine Eigentümlichkeit, die an sich schon zeigt, daß der Satz absichtlich in freier Form entworfen war; und dieses erste Thema bildet mit dem Übergang fast das ganze Material, das in der Durchführung behandelt ist. Mangel an Raum hindert uns, im Detail auf die vielen interessanten Züge hinzudeuten, die der Wiederholungsteil und die imposante Coda in sich schließen, die beide so aufgebaut sind, daß sie das Gleichgewicht des Satzes aufrecht halten, eines Satzes, welcher, wie die Verfasserin zu glauben wagt, einen würdigen Eingang zu dem ganzen herrlichen Werke bildet. Wir können schließlich darauf hinweisen, daß das Interesse, welches sich vom musikalischen Standpunkt aus an die beiden unsterblichen Quartette knüpft, nicht unerheblich durch die Tatsache erhöht wird, daß sich in den beiden Eingangssätzen schöne Beispiele musikalischen Entwurfes darbieten, in dem einen Fall in freier, in dem andern Fall in strenger Sonatenform. Eine Bemerkung in Frau Schumanns Tagebuch, bald nachdem Johannes die Quartette von Hannover zurückbekommen hatte und fünf Tage vor der ersten öffentlichen Aufführung des op. 25 eingetragen, kann wohl als Brahms' eigene Bemerkung betreffs der Frage angesehen werden:

»Hamburg, den 11. November. Interessantes Gespräch mit Johannes über Form. Wie gerade die älteren Meister die freieste Form gehabt, während die modernen Kompositionen sich in den steifsten kleinen Formen bewegen. Er selbst eifert sehr den Alten nach, namentlich steht ihm Clementi hoch in großer, freier Form.« (Litzmann III, S. 111).

Mehrere Andeutungen sagen uns, daß Brahms' Gedanken sich noch immer sehnsuchtsvoll nach Wien richteten; nicht als ständigem Aufenthalt – zu keiner Zeit seines Lebens hat er wahrscheinlich so ernstlich vorgehabt, sich in Hamburg niederzulassen, wie gerade jetzt –, aber gern hätte er die Stadt gesehen, welche die Heimat Haydns, Mozarts, Beethovens und Schuberts gewesen war, und die enthusiastische Aufnahme, welche Frau Schumann bei jedem ihrer Besuche in Wien gefunden hatte, verstärkte noch den Wunsch, auch sein Glück bei dem dortigen musikliebenden Publikum zu versuchen. Er wußte, daß ihm der Weg geebnet worden war, und eine gute Gelegenheit schien sich für sein dortiges Auftreten zu bieten: Joachim, der auf einer österreichischen Konzerttournee, die er anfangs des Jahres unternommen, wieder seinen gewohnten unzweifelhaften Erfolg gehabt hatte, plante eine zweite Reise nach Wien und hätte sie gern mit Johannes als Gefährten angetreten. Doch, wie schon früher einmal, entwickelte sich auch diesmal die Sache nicht weiter. Wie in einem vergangenen Jahr, erschienen in den »*Signalen*« Notizen, welche ankündigten, daß Brahms Wien besuchen solle; doch am Ende blieb er zu Hause – zum Teil ohne Zweifel aus wohlerwogenen Gründen.

Es wurde allgemein angenommen, daß Wilhelm Grund, der viele Jahre die Philharmonischen Konzerte und die damit verbundene Singakademie dirigiert hatte, sich bald zurückziehen müsse. Er hatte seinerzeit seine Sache gut gemacht, aber seine Zeit war vorüber. Die musikalischen Zustände hatten sich geändert, er war zu alt, um sich mit ihnen zu ändern, und die Philharmonischen Aufführungen hatten längst aufgehört, moderne Anforderungen zu befriedigen. Brahms' Freunde hofften, daß das junge Hamburger Genie ihm auf seinen Posten nachfolgen würde und Johannes selbst mochte es für klug halten, an Ort und Stelle zu bleiben, da so wichtige Ereignisse unmittelbar bevorstanden. Über die Enttäuschung, die er beim Aufgeben der gewünschten Reise fühlte, tröstete ihn die Kunde, daß Frau Schumann mit ihrer Tochter Julie während der Herbstmonate viel in Hamburg sein würde.

Er begann die Konzertsaison am 19. Oktober in Altona und trat im selben Monat in einem der Böie-Lee-Konzerte auf, wo er Schumanns Variationen für zwei Klaviere mit Frau Clara spielte. Am 30. gaben Halliers eine musikalische Gesellschaft, welche in einem von Fräulein Julie Hallier einige Tage später geschriebenen Briefe reizend geschildert wird:

»Die Gäste beeilten sich nicht, es dauerte bis 8 ½ Uhr, ehe alle da waren; und wer kommt mit Frau Schumann? – Unser lieber Freund aus Hannover mit seinem herzlichen Gesicht und seiner guten liebenswürdigen Freundlichkeit, der herrliche Joachim. Alle waren überrascht. Frau Schumann und Brahms morgens, wir abends. Avé: »Junge! Woher kommst Du?« Eduard zeigte einige seiner Photographien aus Italien. Brahms verschlang sie förmlich vor Entzücken; er war den ganzen Abend sehr nett, besonders mit Eduard. Mich neckte er viel mit meinem Punsch, den ich dreimal veränderte; er jedesmal mit ängstlichen Blicken die Terrine verfolgend, wenn sie in der Tür verschwand. Frau Schumann und Brahms spielten über alle Begriffe schön; drei Rondos von Schubert und zwei Märsche. Die Violine war natürlich nicht mitgereist; erst gestern kam Joachim an, nun ist er schon wieder fort. Zuerst schlug Avé um, der machte es aber sehr schlecht. Da bat Brahms sich Joachim dazu aus. Avé: »Mein fürchterlicher Schnupfen! Ich kann gar nicht ordentlich sehen.« Er mußte nun dahinter stehen und pustete dann den Takt dazu. Während des Spieles war im kleinem Zimmer gedeckt worden. Es war etwas eng, doch gemütlich. Alles war harmonisch und friedlich. Um 11½ gings auseinander!«

Einige Tage danach fand eine ähnliche Versammlung bei Wagners statt, wo Frau Schumann mit Brahms sein vierhändiges Arrangement der zweiten Serenade spielte.

»Das Beste waren schließlich Variationen von Brahms über ein Händelsches Thema,« heißt es weiter in dem Briefe. »Wieder ein großartiges Werk! Herrlich lang – die Gedanken strömen ihm immer von neuem zu! Und herrlich wurde das Werk auch von ihm selbst vorgetragen. Es erschien wie ein Wunder, immer mußte man ihm zusehen. Das Werk ist so schwer, daß nur große Künstler sich daran wagen dürfen.«[1]

Diese Worte geben uns den Maßstab des Fortschrittes an, der während der zweiten Hälfte des Jahrhunderts in der Technik des Klavierspiels gemacht wurde, zum Teil in der Tat durch die Anforderungen an die Pianisten bewirkt, die Brahms' eigene Kompositionen an sie stellten. Liebhaber seiner Kunst, die seine besondere Technik studiert haben, welche von dem Spieler gewisse Eigenschaften der Ausdauer und der Griffe verlangt, finden den Vortrag seiner Werke nicht ungebührlich ermüdend. Die fünfundzwanzig Variationen mit der darauffolgenden Fuge liegen jetzt den meisten guten Spielern in den Fingern und man würde sie ohne Zweifel oft im Konzertsaal hören, wenn das Werk nicht von so großer Länge wäre. Sie zeigen einen melodischen Reichtum und eine Kraft der Erfindung, welche wahrhaft unerschöpflich sind. Jede Variation oder jedes Paar von Variationen bietet einen neuen Gedanken, einen Wechsel der Stimmung, der

1 Zuerst in Hübbes, Brahms in Hamburg«, S. 42–44, erschienen.

Figuration, des Rhythmus, der die Aufmerksamkeit des Hörers fesselt; während das ganze lange Werk wesentlich auf den einfachen, harmonischen Fortschreitungen des Händelschen Themas (das in der zweiten Sammlung der *»Harpsichord Pieces«* [Klavierstücke] zu finden ist) aufgebaut ist. Der Tonartenwechsel in Brahms' Variationen beschränkt sich auf die Tonika in Moll (Nr. 5, 6, 13) und die verwandte Molltonart (Nr. 21). Das Finale – die große freie Fuge, die nie verfehlt, das Haus außer Rand und Band zu bringen mit ihrer großartigen und brillanten Steigerung, deren Wirkung noch durch eine originelle Anwendung des Dominanten-Orgelpunktes erhöht wird –, ist einzig in seiner Art.

Wenn es je einen jungen Komponisten gab, der Grund hatte, sich von Anfang seiner Karriere an durch die Anerkennung der hervorragendsten unter seinen Kollegen glücklich zu fühlen, eine Anerkennung, die der Seele des wahren Künstlers lieber ist als jede andere – so war Brahms ein solcher. Bei ihrem dreimaligen Auftreten in Hamburg während dieses Herbstes trug Frau Schumann je ein großes Werk seiner Komposition vor, deren zwei zum erstenmal öffentlich gespielt wurden. Bei ihrem ersten Konzert am 16. November wählte sie das G moll-Klavierquartett, das mit Böie, Breyther und Lee zum erstenmal dem Publikum vorgeführt wurde; am selben Abend wurden einige von des Komponisten mehrstimmigen Liedern unter seiner Leitung von den früheren Mitgliedern des Frauenchors gesungen. Am 3. Dezember trat sie als Kämpe für das unbeliebte Konzert auf und spielte es mit besonderer Freude unter Brahms' Leitung im Philharmonischen Konzert dieses Datums; und am 7. desselben Monats trug sie die Händel-Variationen und Fuge in ihrem eigenen zweiten Konzert vor. Diese wiederholte sie eine Woche darauf in der Gewandhaussoiree vom 14. in Leipzig.

Nicht einmal Frau Schumanns magnetischer Einfluß konnte einen Schimmer von Begeisterung für das Konzert wecken. Die neuen Werke wurden günstig aufgenommen, sowohl in Hamburg als auch in Leipzig, ja sogar die »*Signale*« spendeten den Variationen ein paar milde Worte. Es ist jedoch leicht zwischen den Zeilen zu lesen, daß selbst die geringe Ermutigung, die dem Komponisten durch diese Pressenotizen zuteil wurde, doch nur hauptsächlich der Persönlichkeit der Klavierspielerin zu danken war. Das B dur-Sextett wurde nicht ohne Erfolg von David, Engelbert

Röntgen, Hermann, Hunger, Davidoff und Krummhotz im Gewandhaus-Kammermusikkonzert vom 4. Januar gespielt.

Die ersten zwei Monate des neuen Jahres verbrachte Brahms in Joachims Gesellschaft; er schlug sein Hauptquartier in Hannover auf und unternahm häufig kurze Reisen mit seinem Freunde. Die beiden Künstler traten zusammen am 20. Januar in einem der Abonnementkonzerte in Münster auf, wo Grimm seit 1860 als Dirigent des Musikvereins ansässig gewesen war. Am 14. Februar gaben sie ein Konzert in Celle, dem Schauplatz, wie wohl der Leser sich noch erinnert, von Johannes' Heldentat im Transponieren während der Tournee mit Reményi 1853. Das A dur-Klavierquartett war jetzt beendigt und war, samt dem Gegenstück in G moll, sehr beliebt in den Privatkreisen in Hannover, wo beide Werke häufig von Brahms mit Joachim und dessen Kollegen gespielt wurden. Eine am Abend vor seiner Abreise erhaltende Einladung von Dietrich beantwortet Brahms folgendermaßen:

»Hannover 1862.

Lieber Freund!

Ich bin seit längerer Zeit hier und empfing Deinen Brief erst über Hamburg. Morgen gehe ich zurück und in aller Eile will ich noch ein paar Worte schreiben.

Es zieht mich sehr, Dich zu besuchen und Manche, deren Namen ich schon länger und so freundlich hörte, kennen zu lernen, sonst würde ich nein sagen. Ich komme und will sehen, wie lange ich dann schon wieder bummeln darf.

Was soll ich spielen? Beethoven oder Mozart? E moll, A dur oder G dur? Rate!

Und zum zweiten Schumann, Bach, oder darf ich neue Variationen von mir noch zumuten?

Meine Serenade dirigierst Du natürlich. Meine Quartette haben wir hier viel gespielt; ich bringe sie mit und wollte mich freuen, wenn sie Dir und Andern wohlklingen.

A propos! Honorar muß ich doch wohl 15 L-dors haben, möchte aber vorgesehen haben, daß, wenn ich etwa bei Hofe spielen sollte, dies besonders honoriert werde. Das Geld ist mir recht nötig, pro sec. ist mir meine Zeit kostbar, und lasse ich mich ungern zu Konzerten verlocken; wenn aber, so muß *das* auch sein.«[1]

Dietrich hatte schon die Freude gehabt, Frau Schumann und Joachim in Oldenburg willkommen zu heißen, während dieser ersten Saison seiner dortigen Tätigkeit, und er hatte Brahms den Weg so gut geebnet, daß man mit lebhaftem Interesse dem Abend des 14. März entgegensah, wo der Komponist zum erstenmal vor

1 Dietrich, a. a. O. May. J. Brahms, Bd. I.

dem konzertliebenden Publikum auftreten sollte. Als Brahms einige Tage vorher bei Dietrich eintraf, fand er sich von neuen Freunden umgeben und bevor er noch öffentlich erschien, hatte er schon die Gunst der musikalischen Elite der Stadt gewonnen, indem er einige seiner Sachen in Privatkreisen vorspielte. Die Mitglieder des Orchesters, die sich am Abend des 13. en masse versammelten, waren durch seinen Vortrag der neuen Händelvariationen mit Fuge zur Begeisterung entflammt, und jede Bedingung, die dem Helden des 14. einen sympathischen Empfang sichern konnte, war erfüllt.

Das Konzert begann mit der D dur-Serenade (op. 11) unter Leitung von Dietrich, der mit Freude bemerkte, daß er seines Freundes Orchesterwerk einen angemessenen Empfang gesichert habe.

»Das Ganze machte den befriedigendsten Eindruck und riß besonders vom vierten Satz an die Zuhörer immer mehr mit sich fort, so daß zuletzt der Beifall sich bis zu einer hier noch nicht erlebten Höhe erhob. Das Orchester stimmte mit einem begeisterten Tusch in den allgemeinen Beifall ein.« (»*Oldenburger Zeitung*«.)

Nicht weniger befriedigend fiel das Urteil des Publikums bei den Vorträgen des von Brahms gespielten G dur-Klavierkonzerts von Beethoven und der Chromatischen Phantasie von Bach aus. Sein Erfolg fand eine Wiederholung in dem Kammermusikkonzert vom 19., wo das Sextett vom Hofkonzertmeister Engel und dessen Kollegen aufgeführt wurde. Sowohl im Publikum, als auch im Privatkreise hinterließ Brahms das freundlichste Andenken.

»Er war der angenehmste Gast,« sagt Dietrich, »immer liebenswürdig, immer guter Laune, anspruchslos; mit den Kindern selbst wie ein Kind.

Unser bescheidenes Los fand er beneidenswert. Wie oft sprach er die Freude an solch einem Glücke aus, und hätten es seine Verhältnisse damals erlaubt, sich einen eigenen Herd zu gründen, es wäre vielleicht der rechte Augenblick gewesen. Denn auch ein junges Mädchen erregte sein Wohlgefallen, das damals vorübergehend bei uns verkehrte. Eines Abends, als sie und unsere anderen Gäste uns verlassen hatten, erwähnte er mit ruhiger Bestimmtheit: »Die gefällt mir, die möchte ich heiraten, so ein Mädchen würde mich auch glücklich machen ...« Er kam in unserem Hause und in kleinen und größeren Kreisen außer dem Hause mit vielen Menschen in Berührung, die alle seine ernste Natur und seine kurzen, oft humoristischen Bemerkungen liebten.«

Erfreulich ist es, zu berichten, daß einige Wochen vor den jetzt geschilderten Ereignissen, New York, welches, wie wir gesehen haben, sich 1855 durch Masons frühzeitige Aufführung des H dur-Trios ausgezeichnet hatte, ein zweites Mal führend auftrat im Zusammenhang mit Brahms' Laufbahn. Im Februar 1862 fand in einem dortigen Philharmonischen Konzert die erste Aufführung der gedruckten zweiten Serenade statt und das Ereignis ist doppelt denkwürdig, da es zugleich die erste öffentliche Aufführung eines Orchesterwerkes von Brahms außerhalb der Städte Hamburg, Hannover und Leipzig bezeichnet.

Diese frühe Anerkennung des Komponisten und seines Genies in Amerika hat sich später weder als zufällig noch als vorübergehend herausgestellt; sie wuchs stetig von Jahr zu Jahr, schritthaltend mit der allgemeinen Entwicklung des Interesses für musikalische Kunst, und seine Werke, große oder kleine, wurden bei ihrem Erscheinen willkommen geheißen und mit immer wachsendem Erfolg aufgeführt – freilich in früheren Zeiten, wie wir eingestehen müssen, oft mit Hilfe von verbotenem Nachdruck. Es ist unmöglich, die genauen Daten der ersten amerikanischen Aufführungen festzustellen. New York, der früheste Mittelpunkt für die Pflege von Brahms' Musik in den Vereinigten Staaten, fand später Nachahmung, insbesondere in Boston; denn das berühmte Symphonieorchester dieser Stadt hat seit seiner Gründung im Jahre 1881 jede der vier Symphonien in Boston und im Laufe zahlreicher Tourneen im Durchschnitt in vierzig Konzerten aufgeführt; auch die zwei Ouvertüren, die Konzerte und andere große Werke sind entsprechend häufig gegeben worden.

Auf den Programmen verschiedener Konzertvereine der Vereinigten Staaten nahm die Kammermusik einen hervorragenden Platz ein. Besonders müssen wir des Kneisel-Quartetts in Boston Erwähnung tun, dessen Aufführungen nicht nur den Amerikanern, sondern auch einigen Kreisen der europäischen Musikliebhaber wohl bekannt geworden sind und bei Brahms selbst warme Anerkennung fanden.

Im Frühjahr 1862 unternahm Frau Schumann eine künstlerische Tournee durch Frankreich und begründete dadurch Brahms' Ruf in Paris, der, viele Jahre hindurch unbedeutend, in letzter Zeit rasch emporgeblüht ist. Da die große Pianistin schon bei Einführung der Werke ihres Mannes, die dem französischen Publikum fast unbekannt waren, dem unausweichlichen Vorurteil gegen alles Neue entgegenzutreten hatte, so erklärt sich die Tatsache leicht, daß auf den Programmen ihrer Konzerte im Saale Erard der Name Brahms fehlte. Aber ihre Bemühungen, seiner Kunst in ihrem engsten musikalischen Bekanntenkreise dienlich zu sein, hinterließen nicht bloß vorübergehenden Eindruck.

Die beiden ersten Klavierquartette, die jetzt ganz vollendet und, wie wir gesehen haben, während des Winters 1861/62 aufgeführt worden waren – das erste davon öffentlich und beide häufig im Privatkreis – fügen jener Serie der Kammermusikwerke, die durch das B dur-Sextett so glänzend eingeleitet wurde, zwei herrliche Meisterwerke hinzu. In ihren breitfließenden Themen, ihrem prächtigen Reichtum an originellen und kontrastierenden Melodien, ihrer vollendeten Ausführung, ihrer frischen, urwüchsigen Lebenskraft, ihrer bezaubernden Romantik, glaubt man die überquellende Fröhlichkeit des Künstlergeistes zu hören, der erst, indem er sich dem Gesetze unterwarf, die Freiheit errungen hat und nun in dieser Befreiung schwelgt. Sie sind so reich an Schönheiten, so gewaltig, daß wir nur in Verwirrung geraten würden, wollten wir auf diese oder jene bewundernswerte Einzelheit hinweisen. Das romantische Intermezzo, das kecke, feurige ungarische Rondo des ersten Quartettes; das anmutige Scherzo mit dem kühnen Trio des zweiten und das Adagio mit seiner geheimnisvollen Atmosphäre, die zweimal durch den Ausbruch der Leidenschaft erhellt wird und wieder übergeht in die gedämpfte Stimmung des Anfangs und Endes; das Eingangsallegro beider Werke – alles ist eigenartig, groß und schön; aber das ist auch jeder Teil jedes Satzes beider Quartette, und jeder Satz verkündet: – von Bach zu Brahms. Daß Brahms' Entwicklung immer weiter fortschritt in der Richtung der Gedankenkonzentrierung und der Knappheit des Aufbaus, kann den Wert der prächtigen Schöpfungen der ersten Periode seiner Reife nicht beeinträchtigen, und von diesen finden die beiden Quartette ihren Platz unter den bedeutendsten.

Die Aufrichtigkeit von Brendels Anstrengungen, die streitenden Musikparteien zu versöhnen und sein Wunsch, jeder derselben Gerechtigkeit widerfahren zu lassen, zeigt sich deutlich in einer Reihe von Artikeln, die im Jahre 1862 während einiger Monate in seinem Journal erschienen; sie waren mit »*D. A. S.*« gezeichnet und von Dr. Schubring verfaßt, einem ausgezeichneten Musiker und Kritiker der Schumannschen Schule. Die ersten wenigen Nummern sind sympathischen Kritiken der Werke von Theodor Kirchner, Woldemar Bargiel und anderen gewidmet;

hierauf folgen fünf Artikel, in welchen alle veröffentlichten Werke von Brahms in ihren Einzelheiten durchgenommen werden. Des Komponisten Genie, seine Fortschritte, seine Stimmungen und seine Methode werden mit der Gewandtheit eines wissenschaftlichen Musikers, der Unparteilichkeit eines gesunden Kritikers und der Teilnahme eines persönlichen und künstlerischen Freundes besprochen. Sie sind zu fachtechnisch, um hier zitiert zu werden, aber den letzten Satz der Schlußnummer können wir als wohlverdienten Dankeszoll an Brendel wiedergeben, denn er mußte wissen, was er tat, als er Dr. Schubrings Beiträge verabredete.

»Das heißt nun die Backen voll nehmen, aber gestopfte Hörner tun es nicht, wenn es gilt, das größere Publikum aufzurütteln, das noch immer keine Ahnung zu haben scheint, welch riesengroßer – Bach, Beethoven und Schumann vollkommen ebenbürtiger – Genius in diesem jungen Hamburger Meister heranreift.«

Die Aufgabe des Vermittlers ist selten eine dankbare und es ist wahrscheinlich, daß Brendel für seine großherzige Gesinnung Vorwürfe einheimste von einigen Mitgliedern der neudeutschen Partei, mit der er so lange intim verbunden gewesen war; wenigstens erschien in einer späteren Nummer der »*Zeitschrift*«, wie eine halbe Entschuldigung, die Erklärung seines Wunsches, diese »Schumanniana«, wie die Artikel betitelt waren, zu veröffentlichen.

Es wäre unbefriedigend, wollten wir jede Erwähnung der ersten Aufführung einer »Magelone-Romanze « unterlassen, obschon wenig zu sagen ist, außer der Bestätigung, daß Stockhausen die erste »Keinen hat es noch gereut« im Hamburger Philharmonischen Konzert vom 4. April aus dem Manuskript sang, als aus einer Gruppe von Brahmschen Liedern. Sie machte durchaus keinen Eindruck auf die Hamburger, welche nur mystifiziert waren. Wie viele Leute im Publikum hatten denn Tiecks Gedichte gelesen? Wie viele hatten je etwas von den Abenteuern Magelones und Peters gehört? Ohne solche Kenntnis können jedoch die beiden ersten Nummern des Zyklus nicht wahrhaft gewürdigt werden. Jenen aber, welche wissen, daß das erste Lied das eines fahrenden Sängers ist, das einen tapfern jungen Helden verlockt, nach fremden Landen zu ziehen und Abenteuer zu suchen, das zweite aber der Jubelschrei des fröhlichen Jünglings, wie er – bereit zu allen kühnen Taten – fortreitet von dem väterlichen Hause, jenen wird die Musik lebendig und erscheint vom wahren Geiste des Rittertums beseelt. Der dritte und vierte und einige der andern Gesänge, besonders der neunte – das hinreißende »Ruhe, Süßliebchen« – können wohl schon für sich selbst sprechen und bereiten uns köstlichen Genuß, abgesehen von dem Platz, den sie in Tiecks Erzählung einnehmen; doch die Freude selbst an diesen beliebten und wohlbekannten Gesängen, wird erheblich erhöht, wenn man den Roman kennt. Tiecks »Schöne Magelone« ist in seinem »Phantasus« enthalten, einer Sammlung von Erzählungen, die zwischen 1812 und 1816 erschienen sind. Die in diesem Werk befindliche »Magelone«-Erzählung ist ein modernisierter alter Ritterroman, und indem Tieck eine Anzahl Lieder in denselben einstreute, bot er eine Gelegenheit, die Brahms vierzig Jahre später ergriff und der die Welt einige der schönsten Eingebungen des Komponisten verdankt.

Es wäre eine zu bedeutende Unterbrechung unserer Erzählung, wollten wir an dieser Stelle den so notwendigen Schlüssel zu dem Zusammenhang der Lieder mit den Ereignissen des Märchens liefern. Die Verfasserin hat daher im zweiten Anhang den Inhalt des Romans und die eingestreuten Tieckschen Lieder zusammengestellt, was hoffentlich von Interesse für den Leser sein mag und seine Liebe zu den Kompositionen erhöhen wird.

Brahms blieb den größten Teil des Frühjahrs und Sommers in Frau Dr. Rösings Hause, das er sich zum Hauptquartier ausersehen hatte. Bevor er im März nach Oldenburg ging, hatte er an Dietrich geschrieben: »Hier in Hamm ist es sehr schön und wenn ich nicht zum Fenster hinaussehe auf die kahlen Bäume, so glaube ich, Sommer zu haben, so lustig spielt die Sonne im Zimmer herum.« Später hieß es: »Es blüht jetzt herrlich und bei mir in Hamm blühen die Bäume, daß es eine Lust ist.« Seine Mußestunden widmete er denselben angenehmen Beschäftigungen wie schon im vergangenen Jahre, und jetzt im Frühling konnten die Vorübergehenden oft einen Doppelchor von Mägdlein und Nachtigallen hören, die miteinander in gegenseitigem Wettstreit jubilierten. Er bat später um die Photographien seines Mädchenquartetts und der beiden Häuser und sagte, daß er sich weder einer schöneren Zeit erinnere, noch eine solche vor sich sehe, als die in Hamm verlebte. Die Schwestern wurden zur rechten Zeit von ihrem Schicksal ereilt. Jede heiratete einen hervorragenden Violinisten, und

Konzertmeister Otto von Königslöw in Köln und Professor John Böie in Altona gehörten zu den werktätigsten Bewunderern von Brahm's Kunst. Der Komponist blieb mit der ganzen Familie Völckers intim und ermangelte niemals, wenn er in spätern Jahren gelegentlich in Hamburg weilte, sowohl Böies als auch Stones zu besuchen.

Avé Lallement, der es persönlich vielleicht gern gesehen hätte, wenn Johannes als Dirigent der Philharmonischen Konzerte in Hamburg geblieben wäre, schreibt zu Anfang des Frühlings dieses Jahres in einem Briefe an Dr. Löwe in Zürich:

»Wir hatten hier die Matthäus-Passion unter W. Grund; auch Brahms erfreute sich daran, trotz der Mängel der Ausführung. Er ist sehr fleißig und liebenswürdig. Er denkt im Herbst nach Wien zu gehen; dann bin ich ganz allein, aber Gott sei Dank, daß ich den Menschen so kennen lernte; ich bin durch ihn um ein gutes Stück weiter gekommen.«

Brahms und Dietrich trafen sich beim Rheinischen Musikfest, das dieses Jahr in Köln stattfand (8.–10. Juni) und wo sie die künstlerische und persönliche Bekanntschaft der Wiener Hof-Opern- und Kammersängerin Frau Louise Dustmann machten, die mit Brahms in späteren Jahren in freundschaftlichem Verkehr stand. Von Köln begaben sie sich nach Münster-am-Stein und wohnten zusammen in der Nähe von Frau Schumann, die mit ihrer Familie dort weilte. Von Münster schrieb Dietrich an seine Frau:

»Je länger ich mit Brahms zusammen bin, um so höher steigt meine Liebe und Verehrung für ihn. Sein Wesen ist ganz gleichmäßig liebenswürdig, heiter und innig. Die Damen neckt er freilich häufig durch ganz ernsthaft vorgebrachte, scherzhafte Behauptungen, die Frau Schumann besonders oft genug als ernsthaft gemeint auffaßt, was allemal zu komischen, mitunter auch ins empfindliche streifenden Erörterungen Veranlassung gibt, wobei ich gewöhnlich den Dolmetscher mache, denn Brahms liebt es, angehende Mißverständnisse nur noch immer mehr zu verwirren, um dann zum Schluß die Damen tüchtig auslachen zu können. Dieser, für mein Gefühl reizend humoristische Zug ist es, glaube ich, daß er so oft mißverstanden wird.«

Brahms hatte seine Ankunft vorher verkündet, indem er an Frau Schumann ein Paket neuer Manuskripte schickte, deren letztvollendetes ein Symphoniesatz war. Als er dieses Werk im Laufe seines vierzehntägigen Aufenthaltes in Münster-am-Stein den Freunden vorspielte, machte er sie mit einer frühen Fassung des ersten Satzes seiner Cmoll-Symphonie bekannt, welche erst vierzehn Jahre später endgültig vollendet wurde.

Im August erhielt Frau Schumann drei Sätze des Streichquintetts in Fmoll (zwei Violoncelli), deren in diesem Kapitel schon Erwähnung geschah; das vollendete Werk wurde im September an Joachim geschickt.

Das Sextett in Bdur, die Händel-Variationen und Frauenchöre mit Horn- und Harfenbegleitung erschienen dieses Jahr bei Simrock. Zwei Werke, die Rieter-Biedermann in Händen hatte, die »Marienlieder« für gemischten Chor (op. 22), im Herbst 1859 komponiert, und die vierhändigen Klaviervariationen (op. 23), die im Sommer 1861 beendet wurden, erschienen im Beginn des Jahres 1863.

Die »Marienlieder«, sieben an der Zahl, *a cappella* zu singen, sind keine geistlichen Kompositionen. Sie sind auf alte Texte irgendwelcher mittelalterlichen Legenden gesetzt, die sich um die Geschichte der Jungfrau ranken, und sind köstlich frische Beispiele des reinen strengen Satzes, welchen Brahms vollständig beherrschen gelernt hatte. Trotz der beschränkten Mittel, die dem Komponisten hier zu Gebote stehen, da er es vorzieht, absichtlich auf alle Harmonien außer den wenigen in diesem Stil allein zulässigen diatonischen zu verzichten, liegt doch etwas Eigenartiges in diesen reizenden kleinen Stücken, was die Persönlichkeit Brahms' deutlich hindurchfühlen läßt. Wenn sie, wie dies unvermeidlich ist, den Geist des Hörers zu der Chormusik des sechzehnten Jahrhunderts zurückleiten, so erinnern sie eher an den Stil der deutschen, als an den einer der italienischen Schulen. Das bezauberndste der ganzen Reihe ist vielleicht Nr. 2, betitelt »Marias Kirchgang«. Maria kommt auf ihrem Weg zur Kirche an einen tiefen See und da sie einen jungen Fährmann bereit findet, bittet sie ihn, sie hinüberzufahren und verspricht ihm dagegen, was ihm das liebste wäre. Der Fährmann antwortet, er wolle ihre Bitte erfüllen, wenn sie seine Hausfrau werden wolle; aber Maria, welche entgegnet, sie wolle lieber hinüberschwimmen, als darein willigen, springt ins Wasser. Wie sie schon bis zur Mitte geschwommen ist, beginnen die Kirchenglocken zu läuten: »Sie läuten groß, sie läuten klein, sie läuten wohl alle zugleich«. Bei ihrer glücklichen Ankunft kniet Maria auf einem Steine nieder, und dem Fährmann bricht das Herz. Die ersten fünf Verse sind strophenartig komponiert (alle gleich) für zwei Soprane, Alt und Tenor – in Es moll und mit *piano* bezeichnet. Der Baß tritt beim sechsten Vers auf, der aus Es dur geht, und während der ganze Chor in ein jubilierendes Forte ausbricht, vereinigt er sich erst mit dem Tenor, dann mit dem Sopran, zu einer Andeutung des Glockengeläutes. Die Schlußworte sind wie die ersten fünf Verse gesetzt, wodurch die kleine Komposition formell gut abgerundet wird.

Die Variationen op. 23 gehören zu den schönsten von Brahms' vielen schönen Werken auf diesem Feld und bieten unserer Bewunderung eigentümliche Vorzüge, die sich aus der benutzten duettierenden Form des vierhändigen Klaviersatzes ergeben. Das Thema, auf dem sie begründet sind, ist jenes, von dem Schumann sagte, die Engel hätten es ihm zugetragen in jener Nacht vierzehn Tage vor der Krisis seiner Krankheit. Das Werk ist Fräulein Julie Schumann, der dritten Tochter des Meisters, gewidmet.

Und nun sollte in wenigen Wochen die Periode, die in Brahms' Laufbahn insbesondere mit Hamburg in Zusammenhang steht, zu Ende gehen. Gern hätte er die Bande befestigt, die ihn an die Stadt knüpften, der anzugehören er so stolz war; und gerade in diesem Augenblick hatte er guten Grund zu hoffen, daß der Tag nicht fern sei, der ihn dort ansässig finden würde, in einer Stellung, die ihm endgültig ein genügendes Einkommen für seine bescheidenen Bedürfnisse brächte. Sein Freund, Avé Lallement, hatte ihm – da er zum Komitee der Philharmonie gehörte – unter vier Augen Eröffnungen gemacht bezüglich der Absicht der philharmonischen Direktion, einen besonderen Chormeister für den Singverein der Gesellschaft zu engagieren, wodurch man W. Grund den Weg bahnen wollte, sich von dem Dirigentenposten der Abonnementkonzerte zurückzuziehen. Aber wie wir sehen werden, wollten Brahms' Mitbürger nichts von ihm wissen. Zweimal im Lauf der kommenden Jahre wurde er übergangen, und als endlich die Zeit kam, wo sie den weltberühmten Komponisten gern als ihren eigenen, speziellen Propheten verkündet hätten, da waren seine Interessen und Neigungen zu fest verwachsen mit der Stadt, die er sich zur zweiten Heimat erkoren hatte, als daß er imstande gewesen wäre, sich ein zweites Mal verpflanzen zu lassen.

Brahms verließ Hamburg zu seinem ersten Besuch in Wien am 8. September; daß er vor hatte, bald zurückzukehren, sieht man aus den Zeilen, die er einige Tage vor seiner Abreise an Dietrich schickte:

»Lieber Freund!

Ich gehe also am Montag nach *Wien!* Freue mich wie ein Kind darauf. Wie lange ich bleibe, weiß ich natürlich nicht; wir wollen's darauf ankommen lassen und [ich] hoffe, wir sehen uns doch den Winter einmal.

Die C moll-Symphonie ist nicht fertig, dagegen aber ein Streich-Quintett (2 Violoncelli) in F moll, das ich am liebsten Dir schickte und mir darüber schreiben ließ, aber ich will's doch lieber mitnehmen.

Gelegentlich.

Anbei meine Händel-Variationen, die Marienlieder sind noch nicht da.

Zu Deinem Trio ist noch immer das Titelblatt nicht fertig.

Grüße die Oldenburger Freunde dort.

Ich bitte dich, mich nicht ganz ohne Briefe zu lassen. Einstweilen könntest Du ja durch Haslinger schreiben oder Wessely und Büsing.[1]

Herzlichstes Lebewohl einstweilen, lieber Albert, Dir und Deiner Frau

Dein Johannes.«

»Du, Vater«, sagte Brahms, beim Abschiednehmen seinen Vater schelmisch betrachtend, »wenn es dir einmal schlecht gehen sollte, der beste Trost ist immer die Musik. Lies nur fleißig in meinem alten Saul, da wirst du finden, was du brauchen kannst.«

Er hatte den Band[2] reichlich mit Banknoten gespickt.

Es ist höchst interessant, an diesem kritischen Zeitpunkt seiner Laufbahn einen klaren Begriff von Brahms' Tätigkeit als Komponisten und damit von seinem gerechten Anspruch auf Beachtung zu gewinnen. Diesen erhalten wir am besten, wenn wir die Liste vollendeter Hauptwerke durchsehen, mit denen er sich in der Stadt einführte, welche mit den heiligsten Erinnerungen seiner Kunst in Zusammenhang steht.

Seine Abreise nach Wien bedeutet keineswegs irgendeinen Abschluß einer Periode schöpferischer Tätigkeit; obschon sie nachdrücklich das Ende nicht nur eines Kapitels, sondern des ersten Buches seines Lebens bezeichnet.

Liste von Brahms' vollendeten Hauptwerken
bei seiner Abreise nach Wien:

Für Pianoforte zu zwei Händen:	opus
Drei Sonaten	1, 2, 5
Scherzo	4
Variationen über ein Thema von Schumann (Fis moll)	9

1 Wiener Musikalienhandlungen.
2 [Händels Partitur.] Max Kalbeck I, S. 477.

Balladen 10
Variationen über ein eigenes Thema . . . . . 21 Nr. 1
Variationen über ein ungarisches Lied . . . 21 Nr. 2
Variationen und Fuge über ein Thema von
Händel 24

Für Pianoforte zu vier Händen:
Variationen über ein Thema von Robert
Schumann 23

Für Pianoforte und Orchester:
Konzert in D moll 15

Für Orchester:
Zwei Serenaden 11, 16

Kammermusik: opus
Sextett in B dur für Streichinstrumente . . . 18
Trio in H dur für Pianoforte und Streich-
instrumente 8
Quartett in G moll für Pianoforte und
Streichinstrumente 25
Quartett in A dur für Pianoforte und
Streichinstrumente 26

Gesangsmusik:
Lieder für eine Stimme. Fünf Hefte. 3, 6, 7,
(31 Lieder.) 14, 19
»Magelone-Romanzen« (die ersten sechs) . . 33
Duette. Zwei Hefte 20, 28
Drei Quartette für Solostimmen 31

Für Frauenchor:
»Ave Maria« 12
Gesänge mit Begleitung von zwei Hörnern
und Harfe 17
Der 13. Psalm 27
Geistliche Gesänge, Nr. 1 und 2 37

Für gemischten Chor:
Begräbnisgesang 13
Marienlieder 22
Motetten 29
Geistliches Lied 30

Das eben beendete Streichquintett ist nicht in die Liste mit aufgenommen, da es nicht in dieser Form im Druck erschienen ist. Die Ungarischen Tänze, als Bearbeitungen, sind gleichfalls ausgeschlossen.

Erster Anhang

Musikalische Form – Absolute Musik – Programm-Musik – Berlioz und Wagner

Das Wort »Form« auf Instrumentalmusik angewendet, ist gleichbedeutend mit »Entwurf« (Aufriß). Ein »Satz« ist auf einen gewissen Grundriß aufgebaut, dessen Konturen nach einer gegebenen Anordnung von Tonarten, Melodien oder beidem, entworfen sind, was dem Werke Symmetrie verleiht und dem Hörer das Verständnis für das Ganze erleichtert. Ein Hauptelement der musikalischen Form ist die »Wiederkehr« oder »Rückkehr« (Repetition), von der die einfachste Erläuterung – drei Abteilungen, deren erste wiederholt wird (A, B, A) – sich in zahlreichen Volksliedern findet.

Die Hauptquelle, der die Instrumentalmusik der klassischen Kunst ihren Ursprung verdankt, ist die »Volksweise«, – sei es nun »Tanz« oder »Lied«. Die Volksweise war ganz naiv und ebenso frei von nachahmenden oder malerischen, wie von reflektiven Elementen. Die »Tanzweise« wurde durch den Rhythmus des Tanzes bedingt. Die »Liedweise«, auch rhythmisch, um sie vom Deklamatorischen zu unterscheiden, spiegelte mehr oder weniger das im Text geäußerte Gefühl wieder; Verse von fröhlichem Inhalt hatten natürlich fröhliche Weisen im Gefolge, – solche von klagendem Charakter, klagende Melodien; aber die Gedanken der »Weisen« waren wesentlich *musikalische* Gedanken und enthielten keinen Versuch, den Gegenstand der Worte malerisch zu schildern; die daraus entstandene Melodie war »absolute Musik«.

Im Laufe der Zeit wurden diese Melodien losgelöst von ihrem Text oder ihrem Tanz behandelt und es wurden neue erfunden, deren vornehmlicher Zweck nicht der Tanz noch der Gesang, sondern die Befriedigung des Ohres und der Intelligenz durch die angenehme Aufeinanderfolge musikalischer Phrasen war. Instrumentalsätze wurden gebildet und diese trugen den unverkennbaren Stempel ihrer Abstammung, da die Gedanken oder Gedankenreihen, aus denen sie bestanden, Rhythmus und Symmetrie hatten.

Es ist offenbar unmöglich, in dem beschränkten Raum, der uns zur Disposition steht, auch nur kurz die Geschichte des Entwicklungsprozesses zu berühren, welchen diese ersten instrumentalen Stücke von nur wenigen Takten bis zu den ausgearbeiteten Sätzen moderner klassischer Kunst durchgemacht haben; aber, indem wir, so schlicht als möglich zwei der Formen skizzieren, deren eine oder die andere der überwiegenden Mehrzahl der Instrumentalwerke moderner klassischer Musik zugrunde liegt, hoffen wir, unsere Leser in den Stand zu setzen, den Bemerkungen auf »Form« in unserm Text zu folgen; nur muß beachtet werden, daß die Instrumentalmusik auch andere als die beiden genannten Formen einschließt, doch aber solche, die das wesentliche Element des Entwurfes oder der Symmetrie mit ihnen gemeinsam haben.

Die Rondoform ist von den Komponisten fast aller Zeiten angewendet worden und hat sich in der modernen Zeit in zwei großen Abarten entwickelt. Den Gedanken, dem sie ihre Entstehung verdankt, kann man sich am besten klar machen durch die Bezugnahme auf die alte Rondeau-Tanzweise, deren Entwurf die Einfachheit selbst ist. Eine kurze Melodie, mehrmals im Chor gesungen, wechselte mit anderen ab, welche von Solostimmen übernommen wurden und die man manchmal »Couplets« nannte, die aber jetzt gewöhnlich »Episoden« heißen. Diese Form erforderte wenigstens zwei, gestattete aber eine beliebig große Anzahl solcher »Episoden«, deren jede eine neue Melodie liefern mußte. Die Aufführung schloß, wie sie begonnen hatte, mit dem Chorlied. Diese Form kann daher folgendermaßen dargestellt werden: A, B, A, C, A, etc. *ad libidum.*

Der Leser wird viele Beispiele des Instrumentalrondos aus dem Anfang des achtzehnten Jahrhunderts in Couperins *»Pièces de Clavecin«*[1] finden (Paris, 1713 erschienen), die Brahms zur Wiederherausgabe eingerichtet hat (Chrysanders »Denkmäler der Tonkunst«.) Mit diesen kann er den großen Rondosatz von Beethovens Sonate in C dur, *op. 53* (Waldsteinsonate) vergleichen.

Die sogenannte Sonatenform liegt der überwiegenden Mehrzahl von ersten Sätzen zugrunde, die von den großen Meistern der letzten eineinhalb Jahrhunderte komponiert worden sind; – den ersten Sätzen nicht nur jener Werke für Klavier – oder Klavier und noch ein Instrument, – die wir Sonaten zu nennen pflegen, sondern auch denen der Trios, Quartette usw. und der Symphonien, die tatsächlich Sonaten für Orchester sind.

Ein Satz in Sonatenform besteht aus drei wesentlichen Teilen: der Aufstellung oder Exposition der Themen, also dem »thematischen Material«; der Durchführung; der Wiederholung oder Repetition. Früher wurde an diese eine kurze Coda gehängt, die sich allmählich entwickelt hat und jetzt häufig die Dimensionen eines vierten Schlußsatzes annimmt.

Der erste Teil, die Exposition, besteht wieder aus zwei Unterabteilungen, die nicht gleich lang sein müssen, – es auch gewöhnlich nicht sind – und sich durch verschiedene Tonalität unterscheiden. Der erste Teil hat die Tonart des ganzen Satzes. Er enthält das Hauptthema, welches entweder kurz und gedrängt ist, nur sechzehn, ja sogar acht Takte enthaltend, oder aus mehreren Abschnitten besteht – einem Hauptthema und den Nebenthemen. Der zweite Teil ist in einer anderen Tonart gehalten: früher in einem Dur-Satz in der Tonart der Dominante, in einem Moll-Satz in der verwandten Dur-Tonart oder in der Dominanten-Molltonart. Er enthält das zweite Hauptthema, eine neue Melodie, auf die weitere Nebenthemen folgen können oder auch nicht. Diese beiden Hauptabteilungen werden durch den »Übergangssatz« verbunden, welcher das Ohr von der ersten zur zweiten Haupttonart hinüberleitet und früher stets auf der Dominanten-Harmonie der neuen Tonart ausruhte, um den Eintritt des zweiten Themas vorzubereiten. Die Exposition schließt, mit oder ohne kurzen Anhang, in der Tonart des zweiten Themas. Früher wurde er stets wiederholt und am Schluß stand ein doppelter Taktstrich mit Repetitionszeichen.

Der zweite Teil des Satzes, die Entwicklung, zuweilen freie Phantasie oder Durchführung genannt, ist das, was der Name anzeigt: Er besteht aus dem Themenmaterial des Eingangssatzes, das der Komponist willkürlich bearbeitet oder entwickelt, indem er das eine Hauptthema oder beide benützt, den Übergangssatz, den kurzen Anhang, ganz oder teilweise, entweder allein oder verbunden, mit mehr oder weniger Modulationen in nahe oder entferntere Tonarten, ganz nach Belieben. Der Durchführungsteil des Satzes ist nicht sichtbar oder mechanisch von dem, was folgt, durch doppelten Taktstrich abgeschnitten, wie der Eingangssatz; auch endet er nicht mit einem Ganzschluß, sondern mit Halbschluß, – gewöhnlich mit einem typischen Halt auf der Dominante –, welche zu dem dritten Teil des Satzes, der Wiederholung, hinüberleitet.

In dieser wird der Expositionssatz wiederholt, nur durch den Umstand verändert, daß beide Abteilungen aus der Tonart der Tonica gehen, in der man sowohl das zweite, als auch das erste Hauptthema hört; die etwaigen Modulationen des Eingangssatzes werden in der Repetition mit den, durch diesen Umstand bedingten, Veränderungen dargestellt.

Die Coda ist häufig ein Rückblick, aber Charakter und Anordnung sind dem Komponisten überlassen, vorausgesetzt, daß auf die Haupttonart genügend Nachdruck gelegt wird, so daß sich dem Geiste des Hörers die Tonalität des Satzes einprägt.

Wir haben den Leser dieser kurzen Skizze nicht verwirren wollen mit den Abarten und Ausnahmen, die sich in den Werken der großen Komponisten der oben genannten Periode finden. Man wird sehen, daß ihre Sätze in dieser Form, – ob wir nun die einfache Sonatine betrachten oder die komplizierte Symphonie, – im allgemeinen unserer Schilderung entsprechen. Ein sehr deutliches Beispiel für die Grundzüge der Sonatenform können wir an Beethovens erstem Satz der Sonate in G dur, op. 14 Nr. 2, studieren.

Die entwickelten Instrumentalsätze klassischer Kunst, welche die höchsten Empfindungen auslösen können, deren der strebende Menschengeist fähig ist, bestehen – gleich den kurzen Stükken, aus denen sie entstanden sind, – aus »musikalischen Gedanken« – d. h. Gedanken, die auf die Nerven, das Seelenleben, den Verstand des Hörers wirken – durch ihren mittels des Ohres vernommenen Klang allein, – und die zu dieser Wirkung keiner vermittelnden inneren Übertragung in sichtbare Bilder für Geist und Phantasie bedürfen. Damit ist nicht gesagt, daß der Komponist reiner Musik nie malerisch schildern darf; aber die Fälle, wo er es tut, sind sozusagen nur beiläufige und das Malerische in einem gegebenen Werk gehört nicht zur Wesenheit seiner Kunst, sondern ist etwas nur Hinzugefügtes – eine Hinzufügung überdies, die an dem Werte des Kunstwerks nichts ändert. Der Komponist absoluter Musik mag ja mitunter seine Phantasie durch Erinnerung an ein Gedicht, eine Legende, eine Naturschönheit anregen, und er tut es gelegentlich; – solche Erinnerung mag auch einen mehr oder weniger bestimmten Eindruck in seiner Musik hinterlassen; so wie ein Titel oder ein Motto über einem kurzen Klavierstück, einer Orchesterouvertüre oder, in seltenen Fällen, einer Symphonie des Hörers Auffassungsfähigkeit erhöht; dennoch ist auch dann die Musik nicht so aufzufassen, als ob sie in ihren Einzelheiten dies oder jenes »bedeuten« würde. Der Komponist will seinen Satz als ein Kunstwerk an sich hinstellen und läßt sich zu dessen Wirkung an seinen musikalischen Gedanken und deren Behandlung als solche genügen; obschon er den Hörer wissen lassen möchte, daß seine Phantasie durch äußeren Einfluß angeregt worden war.

Der Hörer andererseits kann, wenn es ihm Freude macht, dem, was er hört, seine eigene »Bedeutung« beilegen; nur darf er nicht vergessen, daß diese bloß in ihm selbst liegt. Niemand kann ihm die Sicherheit geben, ob seine »Bedeutung« die richtige oder unrichtige ist. Die Musik als solche ist erhaben über derlei Auslegungen und, wenn sie ihre höchste Aufgabe erfüllen soll, muß sie unvermittelt zur Seele sprechen in ihrer eigenen unendlichen Sprache des Klangs, – unendlich, gerade weil sie imstande ist, sich über das dem Auge Sichtbare ins Transzendente zu erheben.

Vokalformen sind natürlich immer zum größten Teil abhängig von dem Texte gewesen, den man zur musikalischen Bearbeitung gewählt hatte. Nichtsdestoweniger haben sich gewisse Vokalformen entwickelt – die Arie, die Ballade, das Lied, das Ensemble, – welche, wenngleich freier als die der Instrumentalmusik, doch mehr oder weniger die allgemeinen Kennzeichen der Symmetrie und rhythmischen Melodie aufweisen, die sie von der bloßen Wortbetonung im Rezitativ unterscheiden.

Der Kunstgesang der klassischen Meister, gleichviel ob nun für eine oder mehrere Stimmen, spiegelt – wie sein Ahne, das Volkslied – die Stimmung des Textes wieder, ist aber nicht »malerisch«. Die Instrumentalbegleitung kann zuzeiten die Worte widerspiegeln oder nachdrücklich betonen, und sie tut es auch; aber im einzelnen versucht sie nicht, die Bilder, welche die Worte darstellen, nachzuahmen oder im einzelnen zu illustrieren; höchstens in einigen unbedeutenden Fällen, die wir in eine Parallele stellen können mit jenen, deren wir bezüglich der Instrumentalmusik schon Erwähnung getan haben.

Viel Verwirrung hat in den Köpfen des allgemeinen Musikpublikums um die Mitte des neunzehnten Jahrhunderts geherrscht bezüglich der Ansichten, welche die Musiker der neudeutschen Partei verflochten; und bis heute ist diese nicht ganz aufgeklärt. Das kommt daher, weil die Partei – wie so viele Vereinigungen radikaler Reformer – nicht einig war über ihre »Glaubensartikel«.

Es liegt dem Wunsch der Verfasserin fern, sich auf eine lange Besprechung ärgerlicher Streitigkeiten einzulassen, die nur durch die Zeit ausgeglichen werden können. Der Zweck dieses Anhangs ist einfach, dem gewöhnlichen Leser behilflich zu sein, gewisse Anspielungen und eingestreute Bemerkungen in dem Texte unserer Erzählung zu verstehen; besonders aber klarzumachen, wie Brahms, der unnachgiebige Kämpe musikalischer Tradition, dessen Existenz als Künstler sozusagen auf der Lebensfähigkeit absoluter Musik fußte, dennoch eine hohe Achtung für Wagners Musik hegen konnte. Mit diesem Zweck vor Augen, wollen wir das Wenige, was wir hier sagen können, auf den Versuch beschränken, den Grundunterschied kenntlich zu machen, der die Methoden von Berlioz und Wagner, jener beiden Riesen der Weimaraner Partei, trennt, trotz ihrer gemeinsamen Bemühungen, eine Grundlage für die »Zukunftsmusik« zu schaffen, in soweit sie glaubten, daß dies durch eine engere Verbindung der Instrumentalmusik mit der Dichtung geschehen könne.

Berlioz (1803–1869) gilt als der typische Kämpe der sogenannten »Programm-Musik«. Die Frage, was man unter diesem Ausdruck zu verstehen hat, ist heute sehr schwer zu beantworten, wo alles zum »Programm« werden kann oder zum »Aushängeschild« dient: ein Gedicht, eine Romanze oder ein tägliches Vorkommnis; eine Stimmung oder eine Kette von Stimmungen, oder die Individualität eines Mannes oder eines Weibes; oder aber jene Stimmung oder seelische Tätigkeit, die ein Wesen in einem anderen erregen kann. Wenn wir aber die Frage einschränken und nur prüfen, was, auf Berlioz' Instrumentalwerke angewendet, der Ausdruck »Programm-Musik« bedeutet, so ist die Antwort, daß der Komponist derart darauf besteht, bestimmte und detaillierte Gedanken, die außerhalb seiner Kunst *per se* liegen, als wesentlichen Teil in seine Sätze zu übertragen, nachdem er ihnen in gewissen Gedichten, Dramen oder Erzählungen begegnet ist, daß er nicht nur eine Überschrift in Worten darüber setzt, sondern in vielen Fällen eine Vorrede zu seinen Werken verfaßt, welche genau alle Szenen schildert, die sie Punkt für Punkt darstellen sollen, oder die Stimmungen, welche er nach und nach in ihrem Verlaufe zu erregen wünscht. Solche detaillierte »Überschriften« oder »Erläuterungen« nennt man »Programme«.

Wie wir auch den Zweck beschreiben mögen, den Berlioz zu erreichen strebte, ob wir nun sagen, daß die Musik das Gedicht quasi absorbieren oder es nur einkleiden, es übertragen oder widerspiegeln sollte, so ist es offenbar, daß, wenn Worte eine wirkliche Bedeutung haben sollen, die endgültige *raison d'être* seiner Musik doch nur Nachahmung oder Illustration war: Instrumentalmusik muß notwendig zu dem einen oder dem anderen werden, wenn sie einen Stoff als wesentliches Moment in sich aufnimmt, der außerhalb der bloßen Klangsphäre liegt, und sie wird dadurch von ihrem Standpunkt als schöne Kunst der Töne herabgesetzt. Wenn wir sagen, daß der Zweck des Programmes der ist, eine Art Führer der Stimmungen oder Empfindungen zu sein, an welche die Musik appelliert, so wird die Sache noch schlimmer, denn damit wäre die Unfähigkeit des Musikers als solchem erwiesen. Die Verbindung von Poesie und Musik im Sinne des Instrumental-Programm-Komponisten ist vom Standpunkt des Schöpfers absoluter Musik nicht nur der Würde, sondern auch der Lebenskraft beider Künste verhängnisvoll. Das Gedicht wird zum Schemen – die Musik zum Rätsel: der Hörer verschwendet Zeit und Phantasie, um sie zusammenzureimen, weiß aber nicht, inwieweit ihm dies gelungen ist; das Produkt dieser Vorgänge ist ein Etwas, das, um mit Wagner zu reden, »weder Fisch noch Fleisch« ist.

Was auch immer das Endschicksal von Berlioz' Werken sein mag, sein ungeheueres Können, seine ungewöhnliche Empfindungsfähigkeit und Kraft der Erfindung bezüglich der Klangfarben, seine phänomenale Meisterschaft endlich in der Beherrschung und Benützung des Orchesters haben seinem Namen die Unsterblichkeit gesichert. Wenn um keines anderen Verdienstes willen, so wird er fortleben, als Schöpfer der komplizierten Kunst der Instrumentation im modernen Sinne, die Wagner sich zu eigen gemacht und in seinen Musikdramen zu kräftiger Lebensfähigkeit entwickelt hat.

Weit entfernt von der Stellung, die Berlioz zu dieser Frage einnahm, war die Wagners (1813–1883), der nicht nur den Glauben an die Programm-Musik praktisch widerlegte, sondern seinen Unglauben direkt eingestand, seine diesbezüglichen Bemerkungen an Berlioz' Werken erläuternd.[1] Wenn er, wie dies der Fall sein mag, den ersten Impuls zum »Reformator« von Berlioz empfing, so sah er deutlich die Sophistik der Theorien des französischen Musikers ein und wich ihren Trugschlüssen in genugsam überzeugender Weise aus. Erstens durchschaute er, daß das Verwerfen einer Zukunft der »absoluten Musik« gleichbedeutend sei mit der Negation einer Zukunft der unabhängigen Tonkunst überhaupt; zweitens, daß eine Verbindung der Instrumentalmusik mit der Dichtkunst im Sinne von Berlioz bedeutete, daß die Aufgabe der Musik bloß die der Illustration sei; drittens, daß der durch die Musik zu beleuchtende Gegenstand dem Publikum und dessen Verständnis in greifbarer und unzweifelhafter Weise vorgestellt werden müsse, genau wie die Illustration selbst; daß man also den illustrierten – tonmalerisch geschilderten – Gegenstand ebenso *sehen* müsse, wie man diese Tonmalerei *hören* könne.

Nachdem er diesen Prämissen kühn ins Auge geschaut, erstand vor seiner Phantasie eine prächtige Vision und er schrak vor keiner ihrer Konsequenzen mehr zurück.

Indem er nicht nur die Musik, sondern auch die Dichtkunst als getrennte Künste für die Zukunft verwarf, verkündete er ihnen beiden eine gemeinsame Zukunft, als nebengeordnete Elemente mit Handlung und szenischer Wirkung einer größeren Kunst, des Dramas, dessen Zweck, wie er erklärte, die dramatische Wahrheit sein sollte. Indem er seine phänomenale Energie auf die Reform der Bühne konzentrierte, nahm er – im modernen Sinne – als Grundprinzip dic griechische Tragödie wieder auf. Anstelle der rhythmischen Melodie und der regelmäßigen Abschnitte der

1 »Sie [die Musik] ist in ihrer unendlichen Steigerung doch immer nur Gefühl; sie tritt im Geleite der sittlichen Tat, nicht aber als Tat selbst ein.« »Bei den besten, ja oft wirklich idealen Erscheinungen dieser Art [der Programm-Musik] war es mir immer begegnet, während der Anhörung den musikalischen Faden so gänzlich zu verlieren, daß ich mit keinerlei Anstrengung ihn festzuhalten oder wiederanzuknüpfen vermochte« usw.

Wagner hat sich zu einer Zeit seines Lebens für teilweise zur Programm-Musik bekehrt ausgegeben, – d. h. insoweit, als diese durch Liszts Werke beglaubigt ist; aber man kann seine darauf bezüglichen Bemerkungen kaum lesen, ohne zu fühlen, daß sie ihm durch seinen Begriff von freundschaftlicher Verpflichtung und durch die Umstände der Zeit entrungen worden sind. Eingestehend, daß er es sehr schwer finde, sich zu erklären, sagt er, daß er es anderen überläßt, seine Meinung zu entwickeln und kehrt wiederholt zum Ausdruck allgemeiner Abneigung gegen die Programm-Musik zurück.

Oper setzte er eine hochentwickelte Art musikalischer Deklamation. Indem er die durch Seccorecitative verbundenen Arien, Szenen, regelrechten Ensembles aufgab, weil ihm diese hindernd und der dramatischen Wahrheit widersprechend erschienen, folgte er der Methode, das Gedicht einer erhabenen Art von Rezitativ, die er »Melos« nannte, anzupassen und ihm noch erhöhte Kraft und Lebendigkeit zu verleihen durch eine großartig illustrative Orchesterbegleitung, – dessen zweitem Selbst. Ein wichtiger Zug seines Systems, den wir als seinen Ersatz für das »Thema« der traditionellen Form betrachten müssen, war die Annahme und Entwicklung des »Leitmotivs« – ein Kunstgriff, dessen sich bis zu einem gewissen Grad schon Weber im »Freischütz« bediente und auch Berlioz. Mittels diesem wird das jedesmalige Erscheinen einer der Hauptpersonen des Dramas auf der Bühne und oft auch das Eintreten einer wichtigen Handlung oder die Erinnerung an dieselbe durch besonderen harmonischen Fortschritt oder eine spezielle rhythmische Figuration gekennzeichnet. Die Leitmotive wurden im Falle Wagners, der sein eigener Dichter war, zu etwas mehr als zu bloßen Überschriften oder Mottos. Im Laufe der Dichtung in seinem Geist entstehend, wandelte sich ihm die Reihe von Leitmotiven gleichsam und zu musikalischen *dramatis personae.* Er fühlte, daß sie ein untrennbarer Teil seiner Personen und Handlungen seien, und sie wurden, ihm zum Rahmenwerk, innerhalb dessen er seine Dramen aufbaute.

Es muß allen vorurteilslosen Geistern klar sein, daß die Grundsätze, welche den Schöpfer der großen Musikdramen leiteten, vollkommen logisch und zusammenhängend waren und daß Wagner im Laufe seiner mit Recht so genannten Entwicklung durchgängig mit voller Festigkeit und herrlichem Erfolg danach handelte. Sein Irrtum und der seiner Jünger lag in ihrer arroganten und sinnlosen Propaganda für die Wagnerschen Glaubensartikel als Ausdruck der letzten und allgemeinen Prinzipien der Kunst. Wagner ging so weit, zu behaupten, daß Beethoven, in der Erkenntnis, daß die Instrumentalmusik ihre natürlichen Grenzen erreicht habe, solchem Glauben praktischen Ausdruck verlieh, indem er Schillers »Lied an die Freude« in das Finale seiner neunten Symphonie aufnahm. Diese Annahme wird durch die Tatsache widerlegt, daß Beethoven jene Werke komponiert hat, die als »letzte« Streichquartette bekannt sind und daß er eine rein instrumentale zehnte Symphonie entworfen hat, nachdem die Neunte vollendet war.

Das Negieren einer Zukunft der absoluten Musik ist natürlich rein willkürlich. Was Wagner für die Bühne geleistet hat, wirkt überwältigend, und dennoch ist es nicht ausgeschlossen, daß im Laufe der Zeit – früher oder später – ein Komponist ersteht, der imstande sein wird, erfolgreich zu kämpfen für die Sache der rhythmischen Melodie und der traditionellen Form, und auf dem eignen Kampfplatz Wagners, auf der Bühne selbst.

Wenn wir die Ansprüche der sogenannten höheren Kunst, d. h. des »Musikdramas«, abwägend den Fähigkeiten der einzelnen Künste der Poesie, Musik und dramatischen Handlung entgegenhalten, ist es da nach der Beweisführung durch Wagners eigene Werke zu behaupten, daß letztere *für* und nicht *gegen* die ganz willkürliche Voraussetzung spricht, von der Wagner als Reformator ausgegangen ist? – Einer der Vorwürfe, welcher häufig von den Neudeutschen gegen die Vor-Wagnersche Oper geschleudert wurde, ist, daß ihre Form sich kaum über das Niveau der Unterhaltung erhob; daß die Unterhaltung ihre *raison d'être* war. Welches aber ist das Endresultat der Wagnerschen Musikdramen? Ist es nicht auch die Unterhaltung? – Eine Unterhaltung von höchst komplizierter und luxuriöser Form, die sicherlich mit der höchsten Vollendung und Folgerichtigkeit erdacht und ausgeführt worden ist? Die berühmten Musikdramen sind prachtvolle Bühnengedichte; aber sind sie so außerordentlich und ausnehmend geisterhebend? Sie appellieren mit ungewöhnlicher Macht an die Sinne. Könnte eines davon ein wirklich großes Drama, ein großes Gedicht, eine große Symphonie ersetzen, von denen, die unser geistiges Eigentum sind? Die Kunst der Töne, die der Musik ist und bleibt die auserkorene göttliche Kunst, denn gerade sie ist imstande, jene beschränkten Eindrücke, deren Symbole Worte sind, zu übertreffen und uns das Unendliche ahnen zu lassen.

Seien wir dankbar für die herrlichen Gaben, die Wagners Genie der Welt geschenkt hat. Möge die hohe Kunst der Musik jedoch immer als solche Anerkennung finden; möge im Laufe der Zeit wieder ein Musikprophet erstehen, der imstande ist, ihre Sprache überzeugend zu sprechen, die Sprache eines Haydn, Mozart und Beethoven, eines Schubert, Mendelssohn und Schumann, die Sprache eines Bach und eines Brahms.

Zweiter Anhang

DIE MAGELONE-ROMANZEN

Die Geschichte des Grafen Peter von Provence und der schönen Magelone, Prinzessin von Neapel, die mit einer wohlbekannten Ruine an der Südküste von Frankreich zusammenhängt, soll – nach Raynouard – den Gegenstand eines Gedichtes gebildet haben, das gegen Ende des zwölften Jahrhunderts von Bernhard de Trèves, Kanonikus von Magelonne im Languedoc, verfaßt wurde. Erst um Mitte des vierzehnten Jahrhunderts wurde es als Roman in Prosa bearbeitet und vor dem Ende des fünfzehnten Jahrhunderts war es schon in fünf verschiedenen Ausgaben gedruckt worden. Von diesen finden sich seltene Exemplare in berühmten Bibliotheken, sowohl in England, als auch auf dem Kontinent. Zwei Ausgaben, die sich jetzt im British Museum befinden, wurden von Maître Guillaume Le Roy herausgegeben. Mit kleinen Verschiedenheiten der Orthographie beginnen sie:

»Au nom de notre seigneur ihesucrist, cy commēce listoyre du vaillant chevalier pierre filz du cōte de provēce e de la belle maguelonne fille du roy de naples.«

Der Roman besteht aus den bekannten Elementen mittelalterlicher Dichtung – Rittertum, Religion und Liebe – und ist zu verschiedenen Zeiten in fast alle europäischen Sprachen übersetzt worden; ins Italienische, Spanische, Portugiesische, Russische, in nordische Sprachen usw. Er ist in Deutschland oft wieder herausgegeben worden im Laufe der Jahrhunderte, nachdem er ins Deutsche übersetzt worden war (wahrscheinlich 1483), und ist in G. O. Marbachs »Volksbüchern« 1838 erschienen. Daß es diese Übertragung der Erzählung war, welche ihren Weg in Frau Löwenherz' Leihbibliothek gefunden hat und von Johannes und Lischen gelesen wurde, ist durch den Titel unbestreitbar erwiesen; dieser stimmt genau mit jenem überein, den die Verfasserin nach mündlicher Mitteilung von Frau Denninghoff, dem »Lischen« unserer Biographie, notiert hat: – »Geschichte von der schönen Magelone und dem Ritter Peter mit den silbernen Schlüsseln« – und es ist wahrscheinlich, daß Marbach seine Erzählung aus einer in Nürnberg 1661 erschienenen Ausgabe geschöpft hat: »Historia der schönen Magelona, eines Königs Tochter von Neaples, und einem Ritter, genannt Peter mit den silbernen Schlüsseln, eines Grafen Sohn aus Provincia«. Von den vielen Ausgaben vom fünfzehnten bis zum neunzehnten Jahrhundert, welche der Verfasserin zugänglich gewesen sind, enthält keine andere in ihrem Titel eine Erwähnung der silbernen Schlüssel.

Marbachs Übersetzung ist schön. Während er den alten Roman in gewisser Beziehung modernisiert hat, hat er nicht nur die Hauptzüge der Erzählung beibehalten, sondern auch die zierlichen alten Dialoge, welche naiv die Charaktere des mannhaften, aber etwas schwachköpfigen Peter und der stolzen, eigenwilligen und doch zärtlichen Magelone wiedergeben.

Tiecks Übertragung, 1812 im ersten Band seines »Phantasus« erschienen, weicht – besonders am Anfang und am Ende des Romans – bedeutend von den Originaldetails der Erzählung ab. Indem er seine Änderungen vornahm, scheint dem Dichter besonders daran gelegen gewesen zu sein, das religiöse Element möglichst auszuscheiden und Gelegenheit für siebzehn eingestreute Gedichte zu geben, deren fünfzehn Brahms komponiert hat. Die Erzählung hat bei ihm sehr verloren. Aber die allgemeine Atmosphäre französischer mittelalterlicher Dichtung mit ihren charakteristischen Sonnenauf- und -untergängen, ihren Blumen und Vögeln und teilweise auch die Worte des alten Romans sind beibehalten worden, und wir können Tieck dankbar sein für die Gedichte, die uns den Besitz von Brahms' schönem Liederzyklus vermittelt haben.

Wir wollen bis zu einem gewissen Punkt die Erzählung in abgekürzter Form wiedergeben und die weiteren Einzelheiten, welche in allen Übertragungen weitschweifig und verworren werden, kurz zusammenfassen. Von den Liedertexten werden wir immer nur die ersten Zeilen einschalten:

Wie ein fremder Sänger an den Hof des Grafen von Provence kam

In der Provence herrschte vor langer Zeit ein Graf, der einen überaus schönen und herrlichen Sohn hatte, der die Freude des Vaters und der Mutter war. Er war groß und stark, und schöne blonde Haare flossen um seinen Nacken und beschatteten sein zartes jugendliches Gesicht; dabei war er in aller Waffenübung wohlerfahren, keiner führte, im Lande und auch außerhalb, die Lanze und das Schwert so wie er, so daß ihn jung und alt, groß und klein, Adel und Unadel bewunderte. Er war oft gern in sich gekehrt, als wenn er irgendeinem geheimen Wunsche nachhinge, und viele erfahrne Leute glaubten und schlossen daher, er sei verliebt; es wollte ihn darum keiner aus seinen Träumen aufwecken, weil sie wohl wußten, daß die Liebe ein süßer Ton ist, der im Ohre schläft und wie aus einem Traume seine sumsende Melodie fortredet, daß ihn der Beherberger nur wie ein dunkles Rätsel versteht, geschweige denn ein Fremder, und daß er oft nur allzuschnell entflieht und seine Wohnung in dem Äther und goldenen Morgenwolken wieder sucht.

Sein Vater gab ein großes Turnier, zu dem viele Ritter geladen wurden. Es war ein Wunder anzusehen, wie der zarte Jüngling die Erfahrensten aus dem Sattel hob, so daß es auch allen Zuschauern unbegreiflich schien. Er ward von allen gerühmt und für den Besten und Stärksten erachtet; aber kein Lob machte ihn stolz, sondern er schämte sich manchmal selber, daß er so alte und würdige Rittersmänner sollte überwunden haben. Unter anderen war auch ein Sänger mit herbeigekommen, der viele fremde Länder gesehen hatte; er war kein Ritter, aber an Einsicht und Erfahrung übertraf er manchen Edlen. Er gesellte sich zu Graf Peter und lobte ihn ungemein, er schloß aber seine Rede mit diesen Worten: »Ritter, wenn ich Euch raten sollte, so müßt Ihr nicht hier bleiben, sondern fremde Gegenden und Menschen sehn und wohl betrachten, auf daß sich Eure Einsichten, die in der Heimat nur immer einheimisch bleiben, vermehren und Ihr am Ende das Fremde mit dem Bekannten verbinden könnt.« Er nahm seine Leier und sang:

Keinen hat es noch gereut,
Der das Roß bestiegen,
Um in frischer Jugendzeit
Durch die Welt zu fliegen, usw.

Der Jüngling hörte still dem Gesange zu; als er geendigt war, blieb er eine Weile in sich gekehrt, dann sagte er: »Ja, nunmehr weiß ich, was mir fehlt, ich kenne nun alle meine Wünsche, in der Ferne wohnt mein Sinn und mancherlei wechselnde buntfarbige Bilder ziehen durch mein Gemüt. Keine größere Wollust für den jungen Ritter, als durch Tal und übers Feld dahinzuziehen: hier liegt eine hocherhabene Burg im Glanz der Morgensonne, dort tönt über die Wiesen durch den dichten Wald des Schäfers Schalmei, ein edles Fräulein fliegt auf einem weißen Zelter vorüber. O, ich möchte schon auf meinem guten Rosse sitzen.« Er war von diesen neuen Vorstellungen erhitzt und ging sogleich in das Gemach seiner Mutter, wo er auch den Grafen, seinen Vater, traf. Peter ließ sich alsbald demütig auf ein Knie nieder und trug sein Gesuch vor, daß seine Eltern ihm erlauben möchten zu reisen, um Abenteuer aufzusuchen; denn, so schloß er seine Rede, wer immer nur in der Heimat bleibt, behält auch auf seine Lebenszeit nur einen einheimischen Sinn, aber in der Fremde lernt man das Niegesehene mit dem Wohlbekannten verbinden, darum versagt mir Eure Erlaubnis nicht.

Der alte Graf sagte: »Mein Sohn, deine Bitte kommt mir ungelegen, denn du bist mein einziger Erbe; wenn ich nun während deiner Abwesenheit mit Tod abginge, was sollte da aus meinem Lande werden?« Aber Peter blieb bei seiner Bitte, worüber die Mutter anfing zu weinen und zu ihm sagte: »Lieber, einziger Sohn, du hast noch kein Ungemach des Lebens gekostet und siehst nur deine schönen Hoffnungen vor dir; allein bedenke, daß es gar wohl sein kann, daß, wenn du abreisest, tausend Mühseligkeiten schon bereit stehen, um dir in den Weg zu treten; du hast dann vielleicht mit Elend zu kämpfen und wünschest dich zu uns zurück.«

Peter lag noch immer demütig auf den Knien und antwortete: »Vielgeliebte Eltern, ich kann nicht dafür, aber es ist jetzt nur mein einziger Wunsch, in die weite fremde Welt zu reisen, um Freud' und Mühseligkeit zu erleben und dann als ein bekannter und geehrter Mann in die Heimat zurückzukehren. Dazu seid Ihr ja auch, mein Vater, in Eurer Jugend in der Fremde gewesen; aus einem fernen Lande habt Ihr Euch meine Mutter zum Gemahl geholt. Laßt mich ein gleiches Glück versuchen, seht, mit Tränen bitte ich Euch darum.«

Er nahm eine Laute und sang das Lied, das er vom Harfenspieler gelernt hatte, und am Schlusse fing er heftig an zu weinen und die Eltern waren auch gerührt, besonders aber die Mutter; sie sagte: »Nun, so will ich dir meinerseits meinen Segen geben, geliebter Sohn, denn es ist freilich alles wahr, was du da gesagt hast.« Der Vater stand gleichfalls auf und segnete ihn, und Peter war im Herzen vergnügt, daß er so die Einwilligung seiner Eltern erhalten hatte.

Es ward nun Befehl gegeben, alles zu seinem Zuge zuzurüsten, und die Mutter ließ Petern heimlich zu sich kommen. Sie gab ihm drei kostbare Ringe und sagte: »Siehe, mein Sohn, diese drei kostbaren Ringe habe ich von meiner Jugend auf sorgfältig bewahrt; nimm sie mit dir und halte sie in Ehren, und so du ein Fräulein findest, das du liebst und das dir wieder gewogen ist, so darfst du sie ihr schenken.« Er küßte dankbar ihre Hand, und es kam der Morgen, an welchem er von dannen schied.

Wie der Ritter Peter von seinen Eltern zog

Als Peter sein Pferd besteigen wollte, segnete ihn sein Vater noch einmal und sagte zu ihm: »Mein Sohn, immer möge dich das Glück begleiten, so daß wir dich gesund und wohlbehalten wiedersehn; denke immer an meine Lehren, die ich deiner zarten Jugend einprägte; suche die gute und meide die böse Gesellschaft; halte immer die Gesetze des Ritterstandes in Ehren und vergiß sie in keinem Augenblicke, denn sie sind das Edelste, was die edelsten Männer in ihren besten Stunden erdacht haben. Sei immer redlich, wenn du auch betrogen wirst, denn das ist der Probierstein des Rechtschaffenen, daß er selten ehrliche Menschen trifft und doch sich selber gleich bleibt. – Lebe wohl!« –

Peter ritt fort, allein und ohne Knappen, denn er wollte allenthalben, wie es oft die jungen Ritter zu tun pflegten, unbekannt bleiben. Die Sonne war herrlich aufgegangen und der frische Tau glänzte auf den Wiesen. Peter war frohen Muts und spornte sein gutes Roß, daß es oft mutig aufsprang. Es lag ihm ein altes Lied im Sinn, und er sang es mit lauter Stimme:

Traun, Bogen und Pfeil
Ist gut für den Feind, usw.

Er kam nach vielen Tagereisen in die edle und vornehme Stadt Neapolis. Schon unterwegs hatte er viel vom König und seiner überaus schönen Tochter Magelone reden hören, so daß er sehr begierig war, sie von Angesicht zu Angesicht zu sehen. Er stieg in einer Herberge ab und erkundigte sich nach Neuigkeiten; da hörte er vom Wirte, daß ein vornehmer Ritter, Herr Heinrich von Carpone, angekommen sei, und daß ihm zu Ehren ein schönes Turnier gehalten werden solle. Er erfuhr zugleich, daß auch den Fremden der Zutritt erlaubt sei, wenn sie nach den Turniergesetzen geharnischt erschienen. Da nahm sich Peter sogleich vor, auch dabei zu sein und seine Geschicklichkeit und Stärke zu versuchen.

Peter sieht die schöne Magelone

Als der Tag des Turniers erschienen war, legte Peter seine Waffenrüstung an und begab sich in die Schranken. Er hatte sich auf seinen Helm zwei schöne silberne Schlüssel setzen lassen, von ungemein feiner Arbeit, so war auch sein Schild mit Schlüsseln geziert, auch die Decken seines Pferdes. Dies hatte er seinem Namen zu Gefallen getan und zu Ehren des Apostels Petrus, den er sehr liebte. Von Jugend auf hatte er sich ihm zum Schirm und Schutz empfohlen, und deswegen wählte er sich auch jetzt dieses Wahrzeichen, da er unbekannt bleiben wollte.

Unter Trompetenschall trat ein Herold auf, der das Turnier ausrief, das zu Ehren der schönen Magelone eröffnet wurde. Sie selbst saß auf einem erhabenen Söller und sah auf die Versammlung der Ritter hinab. Peter schaute hinauf, er konnte sie aber nicht genau betrachten, weil sie zu entfernt war ...

...Peter stellte sich also gegen den Ritter in die Schranken und rannte ihn vom Pferde hinunter, daß sich alle über seine Kraft verwundern mußten; er tat aber zu aller Erstaunen noch mehr, denn er machte auch bald die übrigen Sättel ledig, so daß sich in kurzer Zeit kein Gegner vor ihm mehr finden ließ. Darüber waren alle begierig, den Namen des fremden Ritters zu wissen, und der König von Neapel schickte selbst seinen Herold an ihn ab, um ihn zu erfahren; aber Peter bat in Demut, daß man ihm noch ferner erlauben möchte, unbekannt zu bleiben, denn sein Name sei dunkel und von keinen Taten verherrlicht. Den König freute diese Antwort, weil sie ein Beweis von der Bescheidenheit des Ritters war.

Es währte nicht lange, so wurde ein zweites Turnier gehalten und die schöne Magelone wünschte heimlich im Herzen, daß sie des Ritters mit den silbernen Schlüsseln wieder ansichtig werden möchte; denn sie war ihm zugetan, hatte es aber noch niemand anvertraut, ja sich selber noch nicht, denn die erste Liebe ist zaghaft und hält sich selbst für einen Verräter. Sie ward rot, als Peter wieder mit seiner kenntlichen Waffenrüstung in die Schranken trat. Unverwandt blickte sie auf Peter, und er blieb in jedem Kampfe Sieger; ja sie verwunderte sich endlich darüber nicht mehr, weil ihr war, als könne es nicht anders sein. Die Feierlichkeit war geendigt und Peter hatte von neuem großes Lob und große Ehre eingesammelt.

Der König ließ ihn an seine Tafel laden, wo Peter der Prinzessin gegenüber saß und an ihrer Schönheit nicht satt sehen konnte. Sie blickte immer freundlich auf ihn hin, und dadurch kam er in große Verwirrung; sein Sprechen belustigte den König, und sein edler und kräftiger Anstand setzte das Hofgesinde in Erstaunen. Im Saale kam er nachher mit der Prinzessin allein zu sprechen und sie lud ihn ein, öfter wiederzukommen, worauf er Abschied nahm, und sie ihn noch zuletzt mit einem sehr freundlichen Blicke entließ.

Peter ging wie berauscht durch die Straßen; er eilte in einen schönen Garten, und wandelte mit verschränkten Armen auf und ab, bald langsam, bald schnell, und die Zeit verlief ihm, ohne daß er begreifen konnte, wo die Stunden geblieben waren. Er hörte nichts um sich her, denn eine innerliche Musik übertönte das Flüstern der Bäume und das rieselnde Plätschern der Wasserkünste. Tausendmal sagte er sich in Gedanken den Namen Magelone vor und erschrak dann plötzlich, weil er glaubte, er habe ihn laut durch den Garten ausgerufen. Gegen Abend erscholl in der Gegend eine süße Musik, und nun setzte er sich in das frische Gras hinter einem Busche und weinte und schluchzte; es war ihm, als wenn sich der Himmel umgewendet und nun seine Schönheit und paradiesische Seite zum erstenmal herausgekehrt hätte; und doch machte ihn diese Empfindung so unglücklich. Er sah die Anmut der Prinzessin auf den silbernen Wellen hoch einherschwimmen, wie die Wogen der Musik den Saum ihres Gewandes küßten und wetteiferten, ihr nachzufolgen; gleich einer Morgenröte schien sie in die dämmernde Nacht hinein, und die Sterne standen in ihrem Laufe still, die Bäume hielten sich ruhig und die Winde schwiegen.

Jetzt erklangen die letzten Akzente und die Bäume rauschten wieder, die Springbrunnen plätscherten lauter und Peter erwachte und sang leise folgendes Lied:

Sind es Schmerzen, sind es Freuden,
Die durch meinen Busen ziehn?
Alle alten Wünsche scheiden,
Tausend neue Blumen blühn, usw.

Er hatte sich selber etwas getröstet, und schwur sich, Magelonens Liebe zu erwerben oder unterzugehn. Spät in der Nacht ging er nach Hause und setzte sich in seinem Zimmer nieder und sprach sich jedes Wort wieder vor, das die Prinzessin zu ihm gesagt hatte; bald glaubte er Ursach' zu finden, sich zu freuen, dann wurde er wieder betrübt und war von neuem in Zweifel. Er wollte seinem Vater schreiben, dann schrieb er in Gedanken an Magelonen und weinte über seine Zerstreuung, daß er es wage, einen Brief an sie zu schreiben, und sie doch nicht kenne. Ein süßer Schlummer überraschte ihn endlich und wunderbare Träume von Liebe und Entführungen, einsamen Wäldern und Stürmen auf dem Meere tanzten in seinem kleinen Zimmer auf und nieder und bedeckten wie schöne bunte Tapeten die leeren Wände.

Wie der Ritter der schönen Magelone Botschaft sandte

In derselben Nacht war Magelone ebenso bewegt als ihr Ritter Peter. Sie ging oft an das Fenster und sah nachdenklich in den Garten hinab und alles war ihr trübe und schwermütig. Sie behorchte die Bäume, die gegeneinander rauschten, dann sah sie nach den Sternen, die sich im Meere spiegelten; sie warf es dem Unbekannten vor, daß er nicht im Garten unter ihrem Fenster stand, dann weinte sie, weil sie daran dachte, daß es ihm unmöglich wäre. Wenn sie die Augen schloß, sah sie das Turnier und den geliebten Unbekannten, der Sieger ward und mit sehnsüchtiger Hoffnung zu ihrem Altan hinaufblickte. Bald weidete sie sich an diesen Phantasien, bald schalt sie auf sich selber; erst gegen Morgen fiel sie in einen leichten Schlummer.

Sie beschloß, sich und ihre Zuneigung ihrer geliebten Amme zu entdecken. In einer traulichen Abendstunde sagte sie daher zu ihr: »Liebe Amme, ich habe schon seit lange etwas auf dem Herzen, welches mir fast das Herz zerdrückt; ich muß es dir nur endlich sagen und du mußt mir mit deinem mütterlichen Rate beistehen, denn ich weiß mir selber nicht mehr zu raten.« Die Amme antwortete: »Vertraue dich mir, geliebtes Kind, denn eben darum bin ich älter und liebe dich wie eine Mutter, daß ich dir guten Rat geben möge, denn freilich weiß sich die Jugend nie selber zu raten.«

Da die Prinzessin diese freundlichen Worte von ihrer Amme hörte, ward sie noch dreister und zutraulicher und fuhr daher fort: »O, hast du wohl den unbekannten Ritter mit den silbernen Schlüsseln bemerkt? Gewiß hast du ihn gesehn, denn er ist der einzige, der bemerkenswert war, alle übrigen dienten nur dazu, ihn zu verherrlichen, allen Sonnenschein des Ruhms auf ihn zu häufen. Er ist der einzige Mann, der schönste Jüngling, der tapferste Held. Seit ich ihn gesehn habe, sind meine Augen unnütz, denn ich sehe nur meine Gedanken, in denen er wohnt, wie er in aller seiner Herrlichkeit vor mir steht; wüßt' ich nur, daß er aus einem hohen Geschlechte sei, so wollte ich alle meine Hoffnung auf ihn setzen. Aber er kann aus keinem unedlen Hause stammen, denn wer wäre alsdann edel zu nennen? O antworte mir, tröste mich, liebe Amme, und gib mir nun Rat.« Die Amme erschrak sehr, als sie diese Rede verstanden hatte; sie antwortete: »Liebes Kind, schon seit lange waren meine Erwartungen darauf gerichtet, daß du mir gestehen würdest, du liebtest einen von den Edlen des Königreichs oder von den Auswärtigen, denn selbst die Vornehmsten und sogar Könige begehren dein. Aber warum hast du nun deine Neigung auf einen Unbekannten geworfen, von dem niemand weiß, wo er hergekommen ist? Ich zittere, wenn der König, dein Vater, deine Liebe bemerkt.« Die Prinzessin wurde sehr aufgeregt, während die Amme sprach, und als sie aufhörte, machte sie ihr heftige Vorwürfe, daß sie den Ritter, der ihrem Herzen so nahe stand, einen Unbekannten nannte . . . »O such ihn auf, Gertraud, und frage ihn nach seinem Stand und Namen, damit ich weiß, ob ich leben oder sterben muß; wenn ich ihn fragen lasse, wird er kein Geheimnis daraus machen, denn ich möchte vor ihm kein Geheimnis haben.«

Als der Morgen kam, ging die Amme in die Kirche und betete; sie sah den Ritter, der auch in einem andächtigen Gebete auf den Knien lag. Als er geendet hatte, näherte er sich der Amme und grüßte höflich, denn er hatte sie am Hofe gesehen. Die Amme richtete den Auftrag des Fräuleins aus, daß sie ihn um seinen Stand und Namen ersuche, weil es einem so edlen Manne nicht gezieme, sich verborgen zu halten.

Peter bekam eine große Freude, denn er sah, daß ihn Magelone liebe; er bat, seinen Namen noch verschweigen zu dürfen, aber zuletzt sagte er zu der Amme: »Ihr könnt der Prinzessin sagen, daß ich aus einem hohen adeligen Geschlechte bin und daß meine Ahnherren in den Geschichtsbüchern rühmlichst bekannt sind. Nehmt indes dies zum Andenken meiner und laßt es einen kleinen Lohn sein für die fröhliche Botschaft, so Ihr mir wider alles Verhoffen gebracht habt.«

Er gab hierauf der Amme einen von den drei köstlichen Ringen und sie freute sich, denn sie sah daraus, daß er aus einem vornehmen Hause stammen müsse. Er hatte der Amme zugleich ein Pergamentblatt mitgegeben, in Hoffnung, daß Magelone die Worte lesen würde, die er im Gefühl seiner Liebe niedergeschrieben hatte.

Liebe kam aus fernen Landen
Und kein Wesen folgte ihr,
Und die Göttin winkte mir,
Schlang mich ein mit süßen Banden, usw.

Dieses Lied rührte Magelonen innig; es war wie das Echo ihrer eigenen Empfindung. Sie bat die Amme flehentlich, ihr den Ring gegen ein anderes Kleinod auszutauschen; und ehe sie schlafen ging, hing sie an einer feinen Perlenschnur den Ring um den Nacken. Im Schlafe sah sie einen Garten, träumte von Nachtigallen, Musik, Liebe und einem noch köstlicheren Ring, als es der erste war. Früh erzählte sie der Amme ihren schönen Traum, und diese sah jetzt ein, daß die Prinzessin ihren ganzen Sinn auf den Unbekannten gesetzt hätte und daß er ihr Glück oder Unglück sein müsse, worüber sie sehr nachdenklich wurde.

Wie der Ritter Magelonen einen Ring übersandte

Die Amme versuchte Peter wieder anzutreffen und fand ihn in der Kirche. Er ging sogleich auf sie zu und fragte nach der Prinzessin. Die Amme sagte ihm, daß sie den Ring für sich behalten und seine Worte gelesen; sie erwähnte auch Magelonens Traum. Peter ward rot vor Freuden und sagte: »Ach, liebe Amme, sagt ihr doch die Empfindungen meines Herzens und daß ich vor Sehnsucht verschmachten müßte, wenn ich sie nicht bald sprechen kann; spreche ich sie aber mündlich, so will ich ihr meinen Stand und Namen entdecken. Mein einziger Wunsch ist, daß ich sie zum ehelichen Gemahl überkommen möchte. Gebt ihr auch diesen Ring und bittet sie, ihn als ein unbedeutendes Andenken von mir zu tragen.«

Die Amme eilte schnell zu Magelonen zurück, welche ihr entgegenlief und nach Neuigkeiten fragte. »Sieh!« rief die Prinzessin aus, »das ist eben der Ring, von dem mir geträumt hat.« Ein Blatt enthielt dieses Lied:

So willst du des Armen
Dich gnädig erbarmen?
So ist es kein Traum!
Wie rieseln die Quellen,
Wie tönen die Wellen
Wie rauschet der Baum! usw.

Wie der edle Ritter wieder eine Botschaft empfing von der schönen Magelone

Peter traf die Amme wieder in der Kirche. Sie bat ihn, zu schwören, ihr Fräulein in aller Zucht und Tugend lieben zu wollen, und als er geschworen hatte, versprach sie ihm und der Prinzessin helfen zu wollen. Sie sagte: »Macht Euch morgen nachmittag fertig, durch die heimliche Pforte des Gartens zu gehn und sie dann auf meiner Kammer zu sprechen. Ich will Euch allein lassen, damit Ihr ganz unverhohlen über Eure Herzensmeinungen sprechen könnt.«

Sie nannte ihm die Stunde und verließ ihn. Peter war außer sich vor Freude, und er dachte, die Zeit stehe still, denn es wollte nicht Abend werden. Er saß ohne Licht in seiner Kammer und betrachtete die Wolken und Sterne, und sein Herz schlug ihm ungestüm. Endlich schlief er ein. Am nächsten Morgen konnte er sich nicht besänftigen, darum nahm er die Laute und sang:

Wie soll ich die Freude,
Die Wonne denn tragen?
Daß unter dem Schlagen
Des Herzens die Seele nicht scheide? usw.

Wie Peter die schöne Magelone besuchte

Als die Amme Peter in ihr Zimmer brachte, zitterte er und war sehr erschrocken, und er und Magelone waren beide verwirrt. Magelone konnte kaum anders als aufstehen und ihm entgegengehen, aber sie bezwang sich und blieb sitzen. Die Amme verließ das Gemach und Peter warf sich auf ein Knie nieder vor der Prinzessin;

Magelone reichte ihm die schöne Hand, hieß ihn aufstehen und sich neben sie niedersetzen. Peter sagte der Prinzessin, daß ihr sein ganzes Leben gewidmet sei. Er gab ihr den dritten Ring, der der kostbarste von allen dreien war, wobei er ihre lilienweiße Hand küßte ... sie holte eine köstliche güldene Kette, die sie ihm um den Hals hing, und sagte: »Hiermit erkenne ich Euch für mein.« Dann nahm sie den erschrockenen Ritter in die Arme und küßte ihn herzlich auf den Mund, und er erwiderte den Kuß und drückte sie gegen sein Herz.

Sie mußten scheiden und Peter eilte sogleich nach seinem Zimmer. Er ging mit großen Schritten auf und ab, griff in die Saiten und küßte das Instrument und weinte heftig; dann sang er mit großer Inbrunst:

War es dir, dem diese Lippen bebten,
Dir der dargebotne süße Kuß?
Gibt ein irdisch Leben so Genuß?
Ha! wie Licht und Glanz vor meinen Augen schwebten,
Alle Sinne nach den Lippen strebten! usw.

Turnier zu Ehren der schönen Magelone

Der König von Neapel wünschte jetzt, daß seine Tochter in kurzer Zeit mit Herrn Heinrich von Carpone vermählt würde, der sich in dieser Absicht schon seit lange am Hofe aufhielt. Es ward daher wieder ein glänzendes Turnier ausgeschrieben, welches alle vorangehenden an Pracht übertreffen sollte, und viele berühmte Ritter aus Italien und Frankreich versammelten sich und Peter besiegte sie alle.

Als es zu Ende war, besuchte er Magelone; er hatte sie schon zum öfteren heimlich besucht, er nahm sich einmal jetzt vor, ihre Liebe auf die Probe zu stellen. So sagte er, daß er bald scheiden müsse, um zu seinen Eltern zu gehen. Magelone fing heftig an zu weinen; als aber Peter darauf bestand, gab sie endlich nach und sagte: »Ja, reist nur ab, aber mein Tod ist gewiß.« Peter freute sich darüber und versicherte, er würde sie nicht verlassen.

Magelone wurde wieder fröhlicher, dann besann sie sich eine Weile: »Wenn Ihr mich liebt«, fing sie wieder an, »so sollt Ihr dennoch reisen. Ich muß Euch sagen, daß mich mein Vater mit Herrn Heinrich von Carpone vermählen will. Darum flieht von hier und nehmt mich mit Euch. Haltet morgen in der Nacht mit zwei guten Pferden vor der Gartenpforte, aber laßt es schnelle und starke Pferde sein, denn so man uns einholt, wären wir alle elend.«

Der Jüngling hörte der Prinzessin mit frohem Erstaunen zu. Er sagte, daß es am besten wäre, zu seinen Eltern zu fliehen, und daß die Pferde bereit sein würden. Magelone sagte der Amme kein Wort von ihrem Entschlusse, aus Furcht, daß sie alles verraten möchte.

Peter nahm Abschied von den Gegenden der Stadt, durch die er so oft in seliger Trunkenheit gewandelt war, und die er alle als Zeugen seiner Liebe betrachtete. Es war ihm rührend, als er die getreue Laute auf seinem Tische liegen sah, die so oft, von seinen Fingern berührt die Gefühle seines Herzens ausgesprochen hatte. Er nahm sie noch einmal und sang:

Wir müssen uns trennen,
Geliebtes Saitenspiel,
Zeit ist es zu rennen
Nach dem fernen erwünschten Ziel, usw.

Wie der Ritter Peter die schöne Magelone hinwegführte

Als die Nacht kam, war der Himmel mit Wolken bedeckt und ein sparsames Mondlicht drang durch die Finsternis. Magelone schlich durch den Garten und sagte ihren lieben Blumen Lebewohl. Vor der Pforte hielt Peter mit drei Pferden, darunter war ein Zelter von einem leichten und bequemen Gange für das Fräulein; auf einem andern Pferde waren Lebensmittel geladen, damit sie nicht nötig hätten, in eine Herberge einzukehren.

Die Amme vermißte am Morgen die Prinzessin und der König schickte viele Leute aus, um sie aufzusuchen; aber alle kamen nach verschiedenen Tagen unverrichteter Sache zurück.

Peter ritt durch die Wälder in der Nähe des Meeres, weil sie ruhig und einsam waren. Er und Magelone ritten unter dem Schutze der Nacht und Magelone war glücklich. Der Wald war dunkel, aber wenn sie über einen freien Platz trabten, weidete sie sich an Peters Antlitz. Beim Anbruch des Morgens herrschte dichter, weißer Nebel und allmählich brach die liebliche Sonne hervor. Die Rosse wieherten, die Vögel erwachten und sprangen mit ihren Liedern von Zweig zu Zweig; die munteren Lerchen flogen empor und sangen von oben in die rotdämmernde Welt hinein.

Auch Peter stimmte ein fröhliches Lied an. Die beiden Reisenden sahen in der Glut des Himmels, im Glanz des frischen Waldes einen Widerschein ihrer Liebe. Die Sonne stieg höher hinauf und gegen Mittag fühlte Magelone eine große Müdigkeit; beide stiegen daher an einer schönen kühlen Stelle des Waldes von ihren Pferden. Weiches Gras und Moos war an einer kleinen Anhöhe zart emporgeschossen; hier setzte sich Peter nieder und breitete seinen Mantel aus, auf diesen lagerte sich Magelone und ihr Haupt ruhte in dem Schoße des Ritters. Sie sagte Peter, wie glücklich sie sei und bat ihn zu singen, daß seine süße Stimme durch das harmonische Gewirr der Vögel, der Bäume und der Bäche ertöne. »Ich will versuchen ein wenig zu schlafen«, sagte sie, »aber wecke mich ja zur rechten Zeit, damit wir bald bei deinen lieben Eltern sind.« Peter lächelte, sah, wie ihr die schönen Augen zufielen, und sang:

Ruhe, Süßliebchen, im Schatten
   Der grünen dämmernden Nacht,
Es säuselt das Gras auf den Matten,
Es fächelt und kühlt dich der Schatten
Und treue Liebe wacht.
   Schlafe, schlaf' ein,
Leise rauschet der Hain,
Ewig bin ich dein, usw.

Peter war durch seinen Gesang beinahe auch eingeschläfert. Dann weckte ihn etwas. Er sah eine Menge schöner zarter Vögel auf dem Hügel, und es ergötzte ihn, daß sie Magelone so nahe kamen. Ein leichtes Geräusch ließ ihn den Kopf wenden und er erschrak, als er einen Raben auf dem Zweig eines Baumes hinter sich sitzen sah; er schien ihm wie ein grober ungeschliffener Knecht unter edlen Rittern.

Ihm deuchte, als wenn Magelone mit Bangigkeit Atem holte, und er schnürte ihr Kleid am Halse etwas auf; er fand ein kleines, rotes, seidenes Säckchen. Er war neugierig zu erfahren, was es sein möchte, und wickelte es auseinander, da fand er die drei kostbaren Ringe und war innig gerührt; er wickelte sie wieder ein und legte sie neben sich in das Gras; plötzlich flog der Rabe vom Baume herab und führte den Zindel hinweg, den er für ein Stück Fleisch ansah. Peter erschrak; Magelone konnte erwachen und unwillig werden über den Verlust der Ringe. Er legte den Mantel sorgfältig zusammen und unter ihr Haupt, stand auf und sah nach dem Raben. Der Rabe flog vor ihm her und Peter warf mit Steinen nach ihm, damit er seinen Raub fallen lasse, aber kein Steinwurf traf ihn. Der Vogel flog immer weiter, Peter folgte ihm unermüdet und merkte nicht, wie weit er schon von der Stelle war, wo Magelone schlief und kam jetzt an das Meeresufer. Nicht weit vom Ufer stand eine spitzige Klippe, auf diese setzte sich der Rabe, und Peter warf von neuem nach ihm mit Steinen. Der Vogel ließ endlich den Zindel fallen und flog mit Geschrei davon. Peter sah den Zindel im Meere nicht weit vom Ufer rot umherschwimmen; er ging am Lande hin und her, um etwas zu finden, worauf er in das Wasser hineinfahren könne. Er fand auch endlich einen alten verdorbenen Kahn, den die Fischer als unnütz hatten stehen lassen, sprang hinein und ruderte nach dem Zindel hin. Plötzlich erhob sich vom Lande her ein starker Wind, die Wellen jagten sich und trotz allem, was Peter dagegen tun mochte, ward das Schiff an der Klippe vorüber ins Meer hineingetrieben und weiter und immer weiter. Der Zindel entschwand seinen Augen völlig; kaum bemerkte er noch den roten Flecken, auch das Land lag schon ziemlich entfernt. Nun gedachte Peter an seine Magelone zurück, die er im wüsten Holze schlafend verlassen hatte, und kam in Angst und Verzweiflung. Er schrie und klagte, aber vergeblich; alle seine Töne gab ein Echo zurück und die Wellen plätscherten laut dazwischen. Jetzt kam die Sonne hervor und es quälte ihn schrecklicher Durst, den er nicht löschen konnte. Endlich brach der Abend herein: »Ach teuerste Magelone!« rief er, »wie wunderlich werden wir voneinander geschieden!« Der Mond erfüllte die Welt mit goldener Dämmerung; die Sterne standen am Himmel und die Wölbung spiegelte sich in der wogenden Flut. Alles war still, nur die Wellen seufzten und plätscherten, und Vögel flatterten zuzeiten mit seltsamen Tönen über ihn dahin. Peter warf sich nieder und sang mit lauter Stimme:

So tönet denn, schäumende Wellen,
Und windet euch rund um mich her!
Mag Unglück doch laut um mich bellen.
Erbost sein das grausame Meer, usw.

Das nachfolgende können wir kurz zusammenfassen: Magelone findet sich beim Erwachen allein, erwartet vergeblich Peters Rückkehr, und wie die Nacht anbricht, besteigt sie einen Baum, um sich gegen die wilden Tiere zu schützen, die sie in der Ferne zu hören vermeint. Am Morgen löst sie die Pferde los, die Peter an einen Baum gebunden hatte und läßt sie ihren eigenen Weg gehen. Bald befindet sie sich auf der Straße nach Rom, wo sie ihre Gewänder mit denen eines Pilgrims vertauscht. Von Rom aus nimmt sie den Weg nach Genua, von wo sie sich nach der Provence einschifft, weil sie dort etwas von Peter zu hören hofft. Sie wird bei ihrer Ankunft daselbst von einer gütigen Frau beschützt, die ihr von dem guten Grafen und der Gräfin von Provence und deren großem Kummer erzählt: die haben von ihrem einzigen Sohn nichts mehr gehört, seit er vor zwei Jahren auf Abenteuer ausgezogen ist. Nun weiß Magelone, daß Peter ein Unglück zugestoßen ist und daß er sie nicht absichtlich verlassen hatte. Sie beschließt, unverehelicht zu bleiben, Peters zu gedenken und ihr Leben dem Dienste Gottes zu weihen. Die gute Frau, bei der sie sich aufhält, erzählt ihr von einer kleinen Insel, nahe dem »Hafen der Heiden«, wo alle Handelsschiffe und andere Fahrzeuge sich im Vorüberfahren aufhalten und wo sich viele arme und kranke Leute befinden. Hier beschließt sie sich niederzulassen. Sie baut eine kleine Kirche, deren Altar dem heiligen Peter zu Ehren errichtet wird und nennt diese Kirche St. Pierre de Maguellone. Der Ruhm ihres strengen Lebens und ihrer Wohltaten erreicht das Ohr des Grafen und der Gräfin von Provence, welche sie besuchen, und die Gräfin, ohne sie zu kennen, erzählt die Geschichte ihres Kummers. Magelone tröstet sie und flößt ihr die Hoffnung ein, daß Peter zurückkehren werde. Kurze Zeit danach findet der Koch des Grafen ein kleines rotes Säckchen in dem Bauche eines Fisches, den er aufschneidet. Er eilt damit zur Gräfin, welche die drei kostbaren Ringe entdeckt. Dieses wunderbare Ereignis gibt ihr die Überzeugung, daß sie ihren Sohn wiedersehen wird.

Tieck gibt Magelonens Abenteuer so wieder, daß sie nach dem Losbinden der Pferde viele Tage allein gewandert ist, bis sie nach der Provence kommt, wo sie in der Hütte eines Hirten Schutz findet und wo sie das Lied Nr. 11 aus Brahms' Zyklus singt:

Wie schnell verschwindet
So Licht als Glanz,
Der Morgen findet
Verwelkt den Kranz,
Der gestern glühte
In aller Pracht,
Denn er verblühte
In dunkler Nacht, usw.

Peters Abenteuer sind mannigfaltig. Sich aus seiner Verzweiflung aufrüttelnd an dem Morgen nach seiner Trennung von Magelone, beschließt er, die Qual und die Freude des Lebens mit männlichem Mut zu ertragen. Bald segelt ein großes Piratenschiff auf ihn zu. Es ist voll Mohren und Heiden, die ihn an Bord nehmen und, von seiner Jugend und Männlichkeit überrascht, den Beschluß fassen, ihn dem Sultan von Babylon zum Geschenk zu machen. Peter gefällt dem Sultan und dieser erweist ihm hohe Gunst. Er übergibt ihm die Pflege eines schönen Gartens und läßt sich von ihm beim Mahle bedienen.

Soweit bleibt Tieck der alten Erzählung treu; er fügt nur das Lied ein (Nr. 12 in Brahms' Werke), das Peter im Garten wandelnd singt, traurig an Magelone zurückdenkend:

Muß es eine Trennung geben,
Die das treue Herz zerbricht?
Nein, dies nenne ich nicht leben,
Sterben ist so bitter nicht, usw.

Von diesem Punkte an gehen die Übersetzungen auseinander. In dem mittelalterlichen Roman ist Peter, obschon von jedermann im Palaste geliebt, insbesondere vom Sultan selbst, sehr unglücklich; er überredet endlich seinen Gebieter, ihm die Erlaubnis zu geben, seine Eltern zu besuchen, und wird, nachdem er unterwegs mit Abenteuern zu kämpfen hatte, von Magelone in einem der Betten ihres Hospitals, wohin er fast leblos gebracht ward, erkannt.

Tieck, der den Sultan nicht an einen bestimmten Ort verlegt, führt dessen schöne Tochter Sulima in die Erzählung ein; sie verliebt sich heftig in Peter und läßt ihn heimlich, durch eine vertraute Sklavin, bei sich einführen. Peter, sehr überrascht und verlegen, ist erstaunt über ihre Schönheit, aber sein Herz hält fest an Magelone. Er sehnt sich, sein Vaterland wiederzusehen, unter Christen und bei seinen Eltern zu sein. Oft sieht er Sulima, die ihn in seinem Elend beobachtet und eines Tages ihm den Antrag stellt, in einem Schiff, das schon mit geblähten Segeln im Hafen bereit liegt, mit ihr zu fliehen. Sie will ihm für einen bestimmten Abend ein Zeichen geben; wenn er ein Liedchen, das ihm gefällt, im Garten hört, soll er kommen und sie holen. Peter ist, nachdem er sich den Vorschlag überlegt hat, entschlossen, ihn anzunehmen. Er glaubt, daß Magelone tot sei, und denkt, daß er auf diese Weise in ein christliches Land und zu seinen Eltern zurückkehren könnte.

In der festgesetzten Nacht geht er im Garten des Sultans an der Meeresküste auf und nieder. Endlich schläft er ein und es träumt ihm, daß Magelone ihn drohend ansieht. Beim Erwachen beginnt er wieder auf und ab zu gehen, macht sich Vorwürfe und beschließt endlich, in ein kleines Boot zu steigen und allein auf die See hinauszurudern. Es ist eine liebliche Sommernacht, eine laue Brise weht und Peter überläßt sich dem Zufall und den Sternen. Dann hört er das Zeichen. Eine Zither tönt und eine süße Stimme singt:

Geliebter, wo zaudert
Dein irrender Fuß?
Die Nachtigall plaudert
Von Sehnsucht und Kuß, usw.

Peters Herz zieht sich zusammen, als er dieses Lied hört; es scheint ihm seine Schwäche und seinen Wankelmut nachzurufen. Er rudert schneller; Liebe ruft ihn zurück, Liebe treibt ihn vorwärts. Die Musik wird immer schwächer; jetzt verliert sie sich ganz in der Ferne, und nur das Gemurmel der Wogen und der Ruderschlag tönt durch die Stille.

Peter sammelt wieder Mut, als ihn das Lied nicht mehr erreichen kann, und läßt das kleine Fahrzeug im Winde treiben, während er sich niederläßt und singt:

Wie froh und frisch mein Sinn sich hebt,
Zurück bleibt alles Bangen,
Die Brust mit neuem Mute strebt,
Erwacht ein neu Verlangen, usw.

Tieck behält die weiteren Abenteuer des Romans bei, aber er bringt den Ritter zu Magelone, während sie vor der Hüttentür ihres Hirten sitzt und spinnt. Das Lied ihrer Wiedervereinigung ist das fünfzehnte und letzte in dem Zyklus von Brahms:

Treue Liebe dauert lange,
Überlebet manche Stund',
Und kein Zweifel macht sie bange,
Immer bleibt ihr Mut gesund, usw.

Dritter Anhang

DER HAMBURGER FRAUENCHOR[1]

Avertimento

Sondern weilen es absolute dem *Plaisire* fördersam ist, wenn es fein ordentlich dabei einhergeht, als wird denen *curieusen* Gemüthern, so Mitglieder des sehr nutz- und lieblichen *Frauenchors* wünschen zu werden und zu bleiben, jetzund kund und offenbar gethan, daß sie *partoute* die *Clausuln* und *Puncti hiefolgenden Geschreibsels unter zu zeichnen haben, ehe sie sich obgenannten Tituls* erfreuen und an der musikalischen Erlustigung und *Divertierung parte* nehmen können.

Ich hätte zwaren schon längst damit unter der Bank herfür wischen sollen, allein aberst dennoch, weilen der Frühling erst lieblich *präambuliret* und bis der Sommer *finiret*, gesungen werden dürfte, als möchte es noch an der Zeit sein, dieses *Opus* an das Tageslicht zu stellen.

Pro primo wäre zu *remarquiren* daß die Mitglieder des *Frauenchors* da sein müssen.

Als wird verstanden: daß sie sich *obligiren* sollen, den Stehungen und Singungen der *Societät* regelmäßig beizuwohnen.

So nun Jemand diesen *Articul* nicht gehörig *observiret* und, wo Gott für sei, der Fall *passirete*, daß Jemand wider jedes *Decorum* so fehlete, daß er während eines *Exercitiums* ganz fehlete:

Soll gestraft werden mit einer Buße von 8 Schillingen H.C. [Hamburger Kourant].

Pro *secundo* ist zu beachten, daß die Mitglieder des *Frauenchors* da sein müssen.

Als ist zu nehmen, sie sollen *praecise* zur anberaumeten Zeit da sein.

Wer nun hiewieder also sündiget, daß er das ganze Viertheil einer Stunde zu spät der *Societät* seine schuldige *Reverentz* und Aufwartung machet, soll um 2 Schillinge H.C. gestrafet werden.

(Ihrer großen *Meriten* um den *Frauenchor* wegen und in Betracht ihrer vermuthlich höchst mangelhaften und unglücklichen *Complexion*, soll nun hier für die nicht genug zu *favorirende* und

1 Aus: »Brahms in Hamburg«, von Walter Hübbe. Siehe S. 241 dieser Erzählung.

adorirende Demoiselle Laura Garbe ein *Abonnement* hergestellt werden, wesmaßen sie nicht jedesmal zu bezahlen braucht, sondern aber ihro am Schluß des Quartals eine *moderirte* Rechnung *praesentiret* wird.)

Pro tertio. Das einkommende Geld mag denen Bettelleuten gegeben werden, und wird gewünscht, daß Niemand davon gesättiget werden möge.

Pro quarto ist zu merken, daß die *Musikalien* großentheils der *Discretion* der *Dames* anvertrauet sind. Derohalben sollen sie wie fremdes Eigenthum von den ehr- und tugendsamen Jungfrauen und Frauen in rechter Lieb und aller Hübschheit gehalten werden, auch in keinerlei Weise außerhalb der *Societät* benützet werden.

Pro quinto: Was nicht mit singen kann, das sehen wir als ein *Neutrum* an. Will heißen: Zuhörer werden geduldet, indessen aber *pro ordinario* nicht beachtet, was Gestalt sonsten die rechte Nutzbarkeit der *Exercitia* nicht beschaffet werden möchte.

Obgemeldeter gehörig *specifizirter* Erlaß wird durch gegenwärtiges *General-Rescript* anjetzo jeder männiglich *public* gemacht und soll in Würden gehalten werden, bis der *Frauenchor* seine Endschaft erreichet hat.

Solltest du nun nicht nur vor dich ohnverbrüchlich darob halten, sondern auch alles Ernstes daran sein, daß andere auf keinerlei Weise noch Wege darwider thun noch handeln mögen.

An dem beschiehet Unsere Meinung und erwarte *dero* gewünschte und wohlgewogene *Approbation.*

Der ich verharre in tiefster *Devotion*
und *Veneration* des *Frauenchors* allzeit dienstbeflissener
schreibfertiger und taktfester

Johannes Kreisler jun.
alias: Brahms.

Geben auf Montag
den 30ten des *Monats Aprili.*
A. D. 1860.

Professor Hübbe fügt hinzu:

»Die scherzhafte Bemerkung zu *»pro secundo«* müssen wir dahin erklären, daß Demoiselle Garbe, die darin genannt wird, oft verhindert war, pünktlich zu erscheinen und daß Brahms nicht gern ohne sie begann. Den Einwendungen, die sie zuerst gegen die in Frage stehende Bemerkung erhob, begegnete Frau Schumann sehr freundlich, indem sie darauf hinwies, daß die besondere Erwähnung ihres Namens in dem höchst wichtigen Dokument demselben gerade erst dauernden Ruhm sichern würde.

Die ›Bettelleute‹ in *pro tertio* haben, wie man mir sagt, nichts von dem Geld zu sehen bekommen, das durch Strafen gesammelt wurde; man verwendete es anderweitig – einmal zu einem Ausflug nach Reinbeck.

Eine der Abschriften der Damen, die erhalten blieb, trägt folgende Namen als Unterschriften: »Auguste Brandt, Bertha Porubszky, Laura Garbe, Marie Seebohm, Emilie Lentz, Clara Schumann, Julie Hallier, Marie Hallier, Ch. Avé Lallement, Friedchen Wagner, Thusnelde Wagner, M. Reuter, Betty Völckers, Marie Völckers, Henny Gabain, Marie Böhme, Francisca Meier, Camilla Meier, Susanne Schmaltz, Antonie Mertens (Emma Grädener).«

Das metallene Abzeichen, welches von den Mitgliedern getragen wurde, ist ohne Zweifel auch zu jener Zeit (1860) gewählt worden. Es hatte die Form eines dreiblättrigen Kleeblattes mit einem Kreis in der Mitte. In diesem zeigte sich ein B auf rotem Grunde, und auf den drei umgebenden Blättern des Kleeblattes standen die Buchstaben H. F. C. auf blauem Felde.

ZWEITER TEIL

Es lohnte den Versuch, die Haufen von Abfall, Schutt und Unrat zu betrachten, auf denen die Werke bedeutender Künstler sich zu erheben scheinen, und denen sie, knapp Entrinnende, etwas von ihrem Habitus doch verdanken. Zu Schubert gehört der Wirtshausspieler, zu Chopin der schwer dingfest zu machende Typus des »Salons«, zu Brahms der Musikprofessor: in der dichtesten Nachbarschaft der Parodie hat ihre Produktivkraft sich behauptet, und ihre Größe liegt in dem kleinen Abstand, den sie von jenen Modellen halten, aus denen ihnen zugleich kollektive Energien zuwachsen.

Theodor W. Adorno

Johannes Brahms

Zwölftes Kapitel

1862 – 1864

Wien – Musikalische Gesellschaften – Tonangebende Musiker – Der Prater – Brahms' Auftreten in einem Hellmesberger-Quartettabend – Brahms' erstes Konzert in Wien – Dirigentenstelle bei dem Hamburger Philharmonischen Konzertverein – Die erste Serenade im Konzert der Gesellschaft der Musikfreunde – Brahms' zweites Konzert – Richard Wagner – Die zweite Serenade im Wiener Philharmonischen Konzert – Rückkehr nach Hamburg – Brahms zum Dirigenten der Wiener Singakademie erwählt – Rückkehr nach Wien – Singakademie-Konzerte unter Brahms

Es dürfte interessieren, Brahms in Gedanken bei seinem ersten Besuch in Wien zu begleiten, – einem Besuch, der kaum weniger wichtige Folgen für des Komponisten Laufbahn haben sollte, als jene Konzertreise durch die Provinzstädte von Hannover, die er neuneinhalb Jahre vorher unternahm – und den allmählichen Wechsel zu schildern, den das musikalische Leben der Kaiserstadt durchgemacht hatte seit der Zeit, in der sie Haydn, Mozart und Beethoven nacheinander zu ihren Mitbürgern zählte. Es würde uns jedoch von dem Zweck dieser Erzählung zu weit ablenken, wollten wir den Entwicklungsgang der Tonkunst verfolgen, die, einst ein hauptsächlich von den Reichen genossener Luxus, in Wien vielleicht mehr als in irgendeiner anderen Hauptstadt Europas – endlich zum Gemeingut der Bürgerschaft wurde und sich deren Pflege erfreute. Es genügt zu sagen, daß im Herbst 1862 der Zustand musikalischer Regsamkeit der österreichschen Hauptstadt wesentlich derselbe war, wie wir ihn heutzutage kennen.

Die Hofoper, welche sich damals im Kärnthnertor-Theater befand, wurde von Otto Dessoff dirigiert, der ein ausgezeichneter Schüler des Leipziger Konservatoriums gewesen war und dem berühmten Kapellmeister Carl Anton Eckert nachfolgte, als dieser 1860 von seinem Posten zurücktrat. In engem, obschon nicht in amtlichem, Zusammenhang mit der Oper standen die Philharmonischen Konzerte, die im selben Gebäude gegeben wurden. Diese, im Jahre 1849 von den Orchestermitgliedern der Hofoper als deren eigenes Unternehmen ins Leben gerufen, hatten, nach einer Periode wechselnden Glückes, jetzt ihre Blütezeit erreicht. Sie wurden von Dessoff, kraft seiner Stellung als Kapellmeister der Oper, dirigiert, und obwohl seine etwas *steife* Art nicht gleich die österreichsche Sympathie gewann, gelang es ihm doch, festen

Fuß zu fassen, vermöge seiner musikalischen Tüchtigkeit und Gründlichkeit und durch die verfeinerte technische Vollendung, welche das Orchester unter seiner Leitung erreichte.

Die alljährlichen Orchesterkonzerte, welche die im Jahre 1813 gegründete »Gesellschaft der Musikfreunde« veranstaltete, wurden im Redoutensaal abgehalten, und obschon sie unter der Leitung eines eigenen »artistischen Direktors« der Gesellschaft stattfanden, – konnten sie doch im Laufe der acht oder neun Jahre, welche der Berufung Johann Herbecks auf diesen Posten (1859) vorhergingen – die Aushilfe des Hofopern-Orchesters nicht entbehren. Herbeck, der die Nachteile einer solchen Einrichtung fühlte, beschloß, ein eigenes Orchester zu gründen, und während er sein Vorhaben erfolgreich durchführte, suchte er dem unausweichlichen Mangel an letztem Schliff bei seinen Aufführungen dadurch zu begegnen, daß er einen freieren Geist in der Wahl der Programme walten ließ und von Zeit zu Zeit noch unbekannte Werke der besten modernen klassischen Komponisten einführte. Von diesem Zeitpunkt an repräsentierten die Konzerte der »Gesellschaft der Musikfreunde« und die Philharmonischen mehr oder weniger und jedes für sich den freien bzw. den konservativen Geist klassischer Kunst, – wiewohl hinzugefügt werden muß, daß Dessoff den Wunsch hegte, sein Publikum zu einer Erweiterung seines Gesichtskreises zu erziehen, und hin und wieder den Namen Schumann in die philharmonischen Programme aufnahm, die vor seiner Ankunft den Werken einer moderneren Richtung als der Mendelssohnschen verschlossen waren.

Neben diesen beiden Vereinigungen für Aufführungen von Instrumentalmusik gab es noch zwei Chorvereine, die beide von Musikliebhabern unterstützt wurden. Der »Singverein«, ein Zweig der »Gesellschaft der Musikfreunde«, der im Jahre 1862 gleich dem Orchester unter Herbecks Leitung stand, beschäftigte sich abwechselnd mit jeder Art von klassischem Chorgesang und gab gelegentlich unabhängige Konzerte, vereinigte sich aber häufig mit dem Orchester zu öffentlichen Aufführungen. Die »Singakademie«, 1858 von einigen Musikliebhabern gegründet, pflegte insbesondere die alte Kirchenmusik und den a capella-Gesang, doch bestimmte sie gewöhnlich eines ihrer drei oder vier jährlichen Konzerte für die Aufführung eines Oratoriums oder eines anderen großen Werkes, wobei sie sich natürlich der Mitwirkung eines Orchesters versicherte. Unter der Leitung ihres ersten Dirigenten F. Stegmayer führte die »Singakademie« zum erstenmal in Wien Teile aus Schumanns »Faust« (6. Januar 1861) und die »Matthäuspassion« von Bach (15. April 1862) auf.

Eine allererste Rangstellung innerhalb seines Berufskreises behauptete, infolge des musikalischen Ansehens seines Familiennamens, hauptsächlich aber infolge seiner persönlichen Gaben und Fähigkeiten, der Violinist Josef Hellmesberger, Direktor und Professor des Konservatoriums (das selbst auch ein Zweig der großen »Gesellschaft der Musikfreunde« war), Konzertmeister der Hofoper und daher auch der Philharmonischen Konzerte, früherer artistischer Direktor der »Gesellschaft der Musikfreunde« (1851–1859), Leiter des seinen Namen tragenden einzigen beständigen und mit Recht berühmten Streichquartetts und vollendeter Virtuose. Hellmesbergers Spiel fehlte die reiche Fülle des Tones, aber es zeichnete sich durch Anmut und poetisches Empfinden aus und durch jenes Feingefühl, das instinktiv den Absichten des Komponisten folgt. »Er spielt meine Sachen (wie) auswendig vom Blatte«, bemerkte Brahms bei einer Abendgesellschaft Anfang der 80er Jahre in meinem Beisein. Er besaß eine treffliche Kenntnis des Orchesters und war ein leidlicher Pianist.

Von anderen Musikern, die 1862 in der österreichschen Hauptstadt lebten, wären noch zu nennen: der große Kontrapunktist Sechter, der sich schon dem Ende seiner Laufbahn näherte und der in seiner Stellung als Professor der Komposition am Konservatorium seinerzeit mehrere der jungen Männer unterrichtet hatte, von welchen demnächst die Rede sein wird; ferner Nottebohm, Professor des Kontrapunkts am Konservatorium, wohlbekannt durch seine Schriften über Musik, besonders durch die über Beethovens Skizzenhefte; Rudolf Bibl, Organist der Kathedrale und später der kaiserlichen Kapelle; Julius Epstein, Professor des Klavierspiels am Konservatorium, ein vorzüglicher Pianist und ein Lehrer von weit verbreitetem Ruf, der nicht nur in seiner beruflichen Stellung geachtet war, sondern auch der Herzensgüte wegen, die er allen jenen entgegenbrachte, die irgendwelchen Anspruch an seine Gefälligkeit machen konnten.

Der Komponist Carl Goldmark, der sich seitdem mit seiner Oper: »Die Königin von Saba« europäischen Ruf erwarb, hatte seit seinem sechzehnten Jahr fast ausschließlich in Wien gelebt, und fing jetzt, mit dreißig Jahren, an, Ruhm zu sammeln. Peter Cornelius, der Komponist der komischen Oper: »Der Barbier von Bagdad«, und schon in unserer Erzählung als Weimar-Jünger erwähnt, lebte damals in der österreichschen Hauptstadt. Anton Bruckner wurde von einigen der ersten ansässigen Musiker günstig beurteilt, obschon er noch nicht nach Wien berufen war. Carl Tausig, einer der größten Klaviervirtuosen, der sehr mit der neudeutschen Partei sympathisierte, ließ sich von 1861 an für einige Jahre in Wien nieder; er gab gelegentlich Konzerte, die aber nur teilweise von Erfolg begleitet waren.

An Musikschriftstellern und Kritikern sind Eduard Hanslick, Carl Ferdinand Pohl und Selmar Bagge zu nennen, – alle drei Gläubige, die der Kunst der Tradition und deren moderner Entwicklung huldigten, wie diese im Namen Schumann zum Ausdruck kommt; sie waren damals auf der Höhe ihrer Tätigkeit. Bagges Name ist für die Geschichte von Brahms' Lebenslauf interessant infolge der sympathischen und detaillierten Kritiken über Brahmssche Werke, die von Zeit zu Zeit in der 1860 von ihm gegründeten »Deutschen Musikzeitung« erschienen. Ende 1863 ging dieselbe ein und Bagge verließ Wien, um die Redaktion der »Musikalischen Zeitung« zu übernehmen, die er zwei Jahre behielt. In dieser Zeitschrift wurden sehr tüchtige Artikel über die Werke von Brahms bei deren Erscheinen veröffentlicht, einige von Bagge selbst verfaßt, andere von Hermann Deiters, einem Musikgelehrten und Kritiker von ungewöhnlich gründlichem Wissen und einer sehr glücklichen Ausdrucksweise. Bagge blieb lange genug in Wien, um Zeuge des Interesses zu sein, welches durch Brahms' erstes Erscheinen dort geweckt wurde; wahrscheinlich war dasselbe durch die Erinnerung an die Artikel der »Deutschen Musikzeitung« noch genährt worden.

Von Verlegern ist der Name C. A. Spinas dankbar als der eines Mannes zu nennen, dem die Welt die Veröffentlichung vieler großen und lange vernachlässigten Werke von Schubert zu verdanken hat. Eine große Anzahl von des Meisters halbvergessenen Manuskripten – worunter die des Oktetts, des Cdur-Quartetts, der Symphonien in B dur und H moll – wurden von Spina aufgefunden, als er das Geschäft von seinen Vorgängern, der Firma Diabelli, übernahm, und wurden von ihm nach und nach der Öffentlichkeit übergeben.

Bei seiner Ankunft in Wien stieg Brahms im Hotel Kronprinz in der Leopoldstadt ab und übersiedelte bald darauf in ein Zimmer in der Novaragasse 39, in demselben, damals noch Jägerzeil genannten billigen Stadtviertel. Mehrere seiner alten Freunde waren glücklicherweise zur Stelle. Grädener hatte seine Stellung in Hamburg das Jahr vorher aufgegeben, um sein Glück in Wien zu versuchen; Frau Passy-Cornet, deren Name an das Konzert von 1848 erinnert, war jetzt Gesangsprofessorin am Wiener Konservatorium; und Fräulein Berta Porubszky, die sich jüngst mit Herrn Arthur Faber verlobt hatte, war erfreut, den früheren Dirigenten des unvergeßenen Hamburger Gesangsvereins ihrer Familie und ihrem Bräutigam vorzustellen. Nach ihrer Hochzeit, die im Herbst stattfand, war das Haus der Fabers für Johannes immer offen; er brachte viele Abende dort zu, besonders sonntags, und bei solchen Gelegenheiten pflegte er eine nach der anderen von seinen Kompositionen zu spielen, wie er sie nur zu spielen vermochte im stillen Behagen des engeren Kreises auserwählter und teilnehmender Freunde.

Er fühlte sich gleich heimisch in Wien. Er fand die gutmütigen, leichtlebigen Österreicher anziehend und faßte sofort eine Vorliebe für den Prater, in dessen unmittelbarer Nähe seine Wohnung lag. Dieser große Park der Kaiserstadt enthält allerdings Anziehungsmittel, die dem mannigfaltigsten Geschmack entsprechen. Da ist die Hauptallee, mit ihrer breiten Fahrstraße und ihren schattigen Fußwegen, den Gartencafés mit ihrer Militärmusik, wo Walzer und andere Tänze so gespielt werden wie sonst nirgends. Da ist der Wurstelprater, der Spielplatz für Kinder und andere anspruchslose Leute, wo bei schönem Wetter beständiger Jahrmarkt ist – mit Schaubuden, Spielen und Unterhaltungen aller Art, die sich der Gunst der Massen erfreuen, und wo man im Ungarischen Restaurant, der »Csarda«, von einer echten Zigeunerkapelle echte Zigeunermusik täglich hören kann. Da ist der – auf der einen Seite vom Donaukanal begrenzte – »wilde Prater«, der sich etwas über die Stadt hinaus erstreckt, und wo sich der einsame Wanderer in einen Wald versetzt glauben kann, der fern jeder menschlichen Behausung liegt. Brahms fühlte sich bei seinem ersten Besuch in Wien besonders vom »Wurstelprater« angelockt, für den er auch später Vorliebe behielt. Das bunte Leben, das dort herrschte, unterhielt und interessierte ihn. Er wurde ein eifriger Zuhörer in der Csarda, und man flüsterte sich zu, daß ihn, als er schon auf der Höhe seines Ruhmes stand, der Kobold des Scherzes hin und wieder veranlaßte, die ihn begleitenden Freunde zu überreden, doch mit ihm die sich bäumenden Rosse eines Karussells zu besteigen, die einen der beliebtesten Anziehungspunkte dieses Teiles des Parkes bildeten.

Einer der ersten Besuche Brahms' galt Julius Epstein. Er hatte seine Karte nicht abgegeben, und da der Professor gerade in Anspruch genommen war, wurde Brahms nicht vorgelassen. Ein zweiter Besuch war erfolgreicher. »Mein Name ist Johannes Brahms«, sagte er beim Eintreten; und sein einfaches Benehmen gewann Epstein sofort, der wohl vertraut war mit Brahms' erschienenen Werken. Es wurde unverzüglich eine Gelegenheit festgesetzt, ihn einigen der tonangebenden Musiker der Stadt vorzustellen.

»In meiner Wohnung in der Schulerstraße,« schreibt Professor Epstein an die Verfasserin, »hat Brahms 1862 mit dem Quartette Hellmesberger die Quartette in G moll und A dur zuerst gespielt. Wir waren alle entzückt und begeistert. Kurz nachher wurden die Quartette von Brahms öffentlich mit denselben Künstlern (Hellmesberger, Dobyhal und Röver) aufgeführt.«

Das G moll-Quartett stand tatsächlich auf der Liste der Werke, die Hellmesberger für die kommende Saison ankündigte, und das Interesse, das die Ankunft des Komponisten in musikalischen Kreisen weckte, wird noch auffälliger dadurch bewiesen, daß am 14. Oktober, nur fünf Wochen nach seiner Abreise von Hamburg, der Name der D dur-Orchesterserenade in dem Saisonspielplan der »Gesellschaft der Musikfreunde« erschien, der in den »Blättern für Theater, Kunst und Musik« veröffentlicht wurde.

Am Sonntag, den 16. November, trat Brahms zum ersten Mal vor seinem neuen Publikum an Hellmesbergers Quartettabend auf, der im Vereinssaal (dem Konzertsaal der »Gesellschaft der Musikfreunde«) diesmal vor einer Zuhörermenge stattfand, die in Erwartung des Wiener Debuts von »Schumanns jungem Propheten« jeden Winkel des Hauses füllte. Die erste und die letzte Nummer des Programmes waren das Streichquartett in Es dur von Mendelssohn und das in Cis moll, op. 131, von Beethoven, Brahms' G moll-Klavierquartett nahm den ehrenvollen Platz zwischen den beiden ein.

Wenn wir den Erfolg nach den Kritiken der Tagespresse, die

entweder ungünstig oder doch zurückhaltend lauteten, beurteilen sollten, so wäre es unmöglich, einen solchen zu verzeichnen; daß aber das Werk im wesentlichen doch erfolgreich war, wird durch die Tatsache bewiesen, daß der Komponist nach dem Konzert Anträge von mehr als einem Wiener Verleger erhielt, die er jedoch ablehnte. Er hatte es schon vor dem 16. in seiner eigenen, charakteristischen Weise zu etwas gebracht. Ein Privatkreis von Bewunderern begann sich um ihn zu bilden, und man überredete ihn, ein eigenes Konzert zu wagen, welches dann auch am 29. November im Vereinssaal stattfand.

Bei dieser Gelegenheit stand das Klavierquartett in A dur an der Spitze des Programms; der Komponist wurde bei der Aufführung von den drei Mitgliedern des Hellmesbergerquartetts unterstützt, mit denen zusammen er schon aufgetreten war. Die übrigen Instrumentalnummern waren Klaviersoli: des Konzertgebers Händelvariationen mit Fuge, Bachs F dur-Toccata für Orgel und Schumanns C dur-Phantasie, op. 17.

Was das allgemeine Publikum anbelangt, so war das Konzert ein unbestreitbarer Erfolg. Der Saal war gut gefüllt und die Einnahme genügte, um die Kosten zu decken. Dies nur nebenbei bemerkt. Der erwähnenswerteste Umstand ist, daß Künstler und Zuhörer sich *en rapport* befanden. Der Pianist hatte das unfehlbare Gefühl der Teilnahme der Anwesenden und gab sein Bestes, indem er sein innerstes Empfinden so rückhaltlos offenbarte, wie es ihm wahrscheinlich vor seiner gleichgültigen oder skeptischen Zuhörerschaft in Deutschland selten möglich gewesen war. Eine freundliche Aufnahme fand das Quartett, dem man mit gespannter Aufmerksamkeit folgte. Begeisterung konnte man beim ersten Hören eines so originellen Werkes kaum erwarten. Die Variationen mit Fuge aber riefen einen Beifallssturm hervor, der sich nach dem Vortrag von Schumanns Phantasie erneuerte, deren göttlicher letzter Satz mit idealer Auffassung und edler Hingebung gespielt wurde. Die Zeitungsnotizen, obschon höflich, waren jedoch enttäuschend, soweit sie Brahms, den Komponisten, betrafen.

»Das Piano-Quartett in A dur hat uns in keiner Weise befriedigt und wir danken es dem Komponisten, daß er die Variationen und Fuge über ein Thema von Händel darauf folgen ließ, wodurch es ihm gelungen, den ungünstigen Eindruck des Quartetts wieder zu verwischen,« schrieb Hanslick in der »Presse«. »... In der Variationenform hat sich Brahms' Talent bisher am glücklichsten geltend gemacht, sie erheischt vor allem Reichtum figuraler Gestaltung und Einheit der Stimmung, also Brahms' entschiedenste Vorzüge ... Die Schattenseiten von Brahms' Schaffen traten in dem Quartette sprechender hervor, fürs erste sind die Themen nicht bedeutend. Brahms liebt es, bei der Wahl deren kontrapunktische Verwendbarkeit weit über ihren selbständigen inneren Gehalt zu schätzen. Die Themen des Quartetts klingen trocken und nüchtern ... Das Quartett und andere neuere Sachen von Brahms mahnen uns bedenklich an Schumanns *letzte* Periode, gerade wie uns Brahms' Anfänge an Schumanns *erste* Periode erinnern. Nur zu der goldklaren, reifen Mittelzeit des echten Schumann bietet uns sein Lieblingsschüler noch kein Seitenstück.«

Als Klavierspieler wurde Brahms mit entschiedener Wertschätzung in den Zeitungen besprochen. Bagge sagt:

»In hohem Grade zu rühmen haben wir hier nicht bloß die enorme technische Durchbildung, sondern auch einen höchst genialen musikalisch feinen Vortrag, eine ebenso eigentümliche wie bezaubernde Behandlung des Instruments.«

Das Spiel von Bachs Orgeltoccata wird besonders in Ausdrücken der höchsten Bewunderung hervorgehoben. Der Anschlag bei den für Pedal komponierten Passagen, »gab dem Klavier die Wirkung einer Orgel.« Der Vortrag jeder einzelnen Nummer war durch und durch musikalisch, und obschon »er nicht die unfehlbare Sicherheit, noch den äußeren Glanz des Virtuosen hat, so erreicht und fesselt er seine Zuhörer durch andere Mittel.«

Die frohsinnige Natürlichkeit eines von Reimann herausgegebenen Briefes, welchen Brahms nach dem Konzert an seine Eltern schrieb, zeigt seine Freude über die Teilnahme, die das Publikum ihm bewies:

Liebe Eltern!

Ich hatte gestern große Freude, mein Concert ist ganz trefflich abgelaufen, viel schöner, als ich hoffte.

Nachdem das Quartett recht wohlwollend aufgenommen war, habe ich als Clavierspieler außerordentlich gefallen. Jede Nummer hatte den reichsten Beifall, ich glaube, es war ordentlich Enthusiasmus im Saal!

Jetzt könnte ich freilich ganz gut Concerte machen, aber an Lust fehlt mir's, denn es nimmt mich für die Zeit zu sehr ein, so daß ich zu nichts anderm kommen kann ...

Ich habe so frei gespielt, als säße ich zu Haus mit Freunden, und durch dies Publikum wird man freilich ganz anders angeregt als von unserm.

Die Aufmerksamkeit solltet Ihr sehen und den Beifall hören und sehen! ... Ich bin sehr vergnügt, daß ich das Concert gegeben habe. Nun seid Ihr Eure Gäste wohl schon wieder los u. da findet sich auch wohl eine Minute Zeit, um zu schreiben?

Theilt Herrn Marxsen diesen Brief mit u. auch, daß Bösendorfer[1] vor Neu-

1 Haupt der berühmten Wiener Pianofortefabrik-Firma.

jahr keinen Flügel schicken könnte, da sie zu viel für Concerte gebraucht werden. Soll ich mich um einen andern für ihn bekümmern, ich erwarte Ordre.

... M. Serenade wird andern Sonntag, wie ich denke, aufgeführt...

In m. Concert gestern wollte ich Gesangsachen von mir aufführen, was mir furchtbar viel Lauferei u. Unangenehmes machte, das ist ein Hauptgrund, weshalb ich endlich Ruhe will.[1]

Am Mittwoch habt Ihr zusammen gesessen beim Eierpunsch?[2] Schreibt mir davon u. überhaupt was.

Die hiesigen Verleger, namentlich Spina und Lewy, drängen mich seit dem Quartett um Sachen, indeß gefällt mir in Norddeutschland manches besser u. sonderlich die Verleger, und für's Erste entbehre ich lieber die paar Ldrs., die diese vielleicht mehr zahlen würden.

Kommt Avé öfter zu Euch, hat er Euch was Besonderes von Stockhausen erzählt?

Wie steht's mit dem photographirten Mädchen-Quartett, bekomm ich's nicht?

Und NB. Jedesmal vergesse ich's, beim Schreiben zu fragen, ob denn Fritz jetzt ganz und gar gesund ist? Und ist er denn recht fleißig? Er sollte darauflos studiren, daß er nächsten Winter Trio-Soireen in Hbg. geben kann, ich wollte ihm sehr an die Hand gehn...

Schreibt bald und habt lieb
Euren
Johannes.

Herrn Marxsen herzliche Grüße und vergeßt nicht wegen Bösendorfer

Die beiden Klavierquartette wurden an Simrock geschickt und von der Firma zu Anfang des Jahres 1863 herausgegeben – das erste wurde dem Baron Reinhard von Dalwigk gewidmet, dem Hofintendanten des Großherzogs von Oldenburg, einem wahren Musikliebhaber und warmen Gönner Brahms'; das zweite, in A dur, der Frau Dr. Elisabeth Rösing in Hamm, in deren Haus es komponiert ward.

Der Ton der oben erwähnten Briefauszüge sagt uns, wie liebevoll die Gedanken des Komponisten sich der Heimat zuwandten, sobald er sich eines wirklichen Erfolges bewußt war; die Frage betreffs Stockhausen können wir als ein Zeichen dafür ansehen, daß er sich, seinem inneren Wünschen zum Trotz, dazu bringen wollte, der Hoffnung zu entsagen, sich in der Nähe seiner Familie als Dirigent der Philharmonischen Konzerte niederlassen zu

1 Die »Deutsche Musikzeitung« vom 29. November, gerade dem Tage des Konzerts, kündigt Gesangsduette und Chöre von Brahms im Programm an. Die Kritik des Konzerts in derselben Zeitung schließt: »Frau Passy-Cornet und Herr Fürchtgott wirkten außer dem Konzertgeber mit, dessen Programm durch den Vortrag von Liedern und Balladen eine Änderung erfuhr.«

2 Eierpunsch war eine Geburtstagseinrichtung der Familie. Der fragliche Mittwoch dürfte der Geburtstag von Brahms' Mutter gewesen sein.

können, – eine Stellung, die er damals mit Stolz angenommen hätte. Der Entschluß des Komitees war bereits erfolgt, wurde aber erst im folgenden Jahr bekannt gemacht. Worin dieser bestand, ist aus dem Auszug eines Briefes ersichtlich, den Joachim, welcher sich beim Komitee energisch zugunsten Johannes' verwendet hatte, am 31. Januar 1863 an Avé Lallement schrieb:

»Was soll ich zu Eurem Plan mit Stockhausen nun eigentlich nachträglich noch sagen? Du weißt, ich habe die größte Hochachtung vor Stockhausens Gesangstalent, und er ist wohl der beste Musiker unter den Sängern; aber wie man bei der Wahl zwischen ihm und Johannes als Leiter eines Konzert-Instituts sich für ersteren entscheiden kann, verstehe ich mit meinem beschränkten Musikerverstand nicht! Gerade als Mensch eben, auf den man bauen kann, steht mir Johannes mit Begabung und Willen erst recht hoch! Es gibt nichts, das er nicht fassen und mit seinem Ernst erobern könnte! Du weißt das ebenso gut wie ich – und wäret Ihr ihm mit Vertrauen und Liebe alle im Komitee und Orchester entgegengekommen (wie Du als Freund es *privatim* immer tatest), statt mit Zweifel und Protektor-Mienen, es hätte seiner Natur die Herbheit genommen, während es ihn bei seinem Patriotismus für Hamburg (der fast kindlich rührend ist) immer bitterer machen muß, sich hintangesetzt zu sehen. Ich darf nicht daran denken, um nicht zu traurig zu werden, daß seine engeren Landsleute sich das Mittel aus der Hand gegeben haben, ihn befriedigter, milder und in seinen genialen Leistungen genießbarer zu machen. Ich möchte dem Komitee moralische Prügel (und körperliche dazu!) geben, daß es Dich mit Deinen Absichten im Stich gelassen hat; die Kränkung Johannes' wird die Kunstgeschichte nicht vergessen! Doch Basta!«

Der Ankündigung des Hamburger Philharmonischen Programms vom 6. März 1863 waren die Worte hinzugefügt: »Herr Julius Stockhausen wird die Güte haben, die unter Nr. 2 und 3 gedachten Orchesterwerke zu dirigieren.« Vierzehn Tage später wurde die Ernennung Stockhausens zum Kapellmeister des Vereins für die kommende Saison 1863–64 angekündigt.

Mittlerweile mochte Johannes in Wien anfangs November 1862 noch etwas Hoffnung genährt haben, da die Aufführung seiner Serenade im Gesellschaftskonzert unter Herbeck in Aussicht stand. Die Aufnahme des Werkes war in der Tat so günstig, als man es vernünftiger Weise erwarten konnte. Publikum sowohl als Kritiker lauschten voller Achtung, und einzelne Teile, besonders das erste Menuett, wurden mit Äußerungen entschiedener Billigung begrüßt.

»Die Serenade, eine durchaus schöne, interessante, geistvolle Arbeit, die wohl eine wärmere Aufnahme verdient hat«, schrieb Speidel in der »Wiener Zeitung«. Hanslick nannte sie in der »Presse« eines der anmutigsten Orchesterwerke der neusten

Zeit, setzte aber, wie er es schon bei dem Quartetthema getan, am ersten Thema des Eingangssatzes aus, daß es eher satztechnisch verwendbar als originell oder bedeutend sei.

»Das erste Menuett gilt uns als die Perle des Ganzen und vielleicht als das Hübscheste, was Brahms geschrieben hat. Das warme Kolorit (bloß Flöte, Klarinette, Fagotte und pizzikierende Violoncelle) und die naive Anmut der Melodie verleihen diesem Satz vor allen übrigen das charakteristische Gepräge der Nachtmusik.«

Eine denkwürdige Kritik – denkwürdig in ihrer bewundernswerten Erkenntnis von Brahms' schöpferischer Persönlichkeit – wurde von dem Wiener Korrespondenten der »Neuen Zeitschrift«, der sich »S.« unterzeichnet, nach Leipzig geschickt; sie erschien in dem Wiener Bericht dieses Blattes am 23. Januar:

»Über Brahms' bereits gewürdigte, wenngleich meines Erachtens zu streng beurteilte Serenade nur so viel: Sie ist eines der anmutigsten Gebilde, nicht bloß derjenigen Richtung, welcher sie entsprossen, sondern auch der nach-Beethovenschen und bis zu den umfassenden Wesens- wie Formeroberungen des musikalischen Neudeutschlands ragenden Gegenwart überhaupt. Frisch, voll und reich in ihren Themen, ist beinahe ein jedes derselben vom Hauche einer seltenen Grazie und von einer neuestens immer seltener werdenden Heiterkeit der Lebensauffassung durchweht. Außerdem zeigt die in Rede stehende Partitur allenthalben eine der hervorspringendsten Seiten des Musikmenschen Brahms überhaupt in genügend eindringlichem Sinne. Ich möchte diese ausgeprägte Art ein vom besten Geiste der Gegenwart getragenes Wiederverurbildlichen der kontrapunktischen Formen des Kanons, der Fuge, wie ihrer Ab- und Unter-Arten, nennen. Brahms vollbringt hier, wie in der Mehrzahl seiner bisherigen Werke, ein im Licht der Jetztzeit geweihtes Fortpflanzen des Bach-Beethoven-Schumann geistigen Erbe. Dieser Grundzug tritt in einem bei späterer Gelegenheit dargebotenen zweiten größeren Werke des Komponisten noch augenscheinlicher in den Vordergrund. Ich will es daher vorläufig mit dieser Andeutung bewenden lassen und, bei der Hauptsache bleibend, nur noch des durchweg frischen, jugendkräftigen, überall maßvollen orchestralen Farbentones der Brahms'schen Serenade gedenken. Offen gesagt, fällt mir unter den sechs Sätzen dieses Opus ein Wahlakt der Bevorzugung sehr schwer, während ein Hintansetzen einzelner Glieder dieses in seiner Art meisterhaften Ganzen gegenüber anderm hervorstehenderen Einzelnen meiner Überzeugung geradehin unmöglich dünkt. Die *vox populi*, mit welcher diesmal auch der Grundstamm hiesiger Journalkritik gegangen, hat hingegen entschieden zugunsten der ersten Minuet und des in der Tat auch wunderzarten getragenen Mittelsatzes das Wort geführt.«

Brahms trat am 20. Dezember im Konzert der Frau Passy-Cornet im Vereinssaal auf; er spielte Beethovens Es dur-Sonate für Pianoforte und Violine mit Hellmesberger und einige Soli von Schumann (Romanze und Novellette), und trotz seiner oft eingestandenen Abneigung gegen öffentliches Auftreten gab er am 6.

Januar 1863 ein zweites Konzert, um einige seiner Lieder bekannt zu machen. Bei diesem Anlaß trug er Bachs Chromatische Phantasie vor, ferner Beethovens Es dur-Variationen, seine eigene F moll-Sonate, op. 5, und Schumanns Sonate in derselben Tonart, mit Auslassung des Scherzo.

»Brahms' Spiel«, schrieb der Wiener Korrespondent der »Signale«, »ist immer herzgewinnend und überzeugend. Kräftig und fein zugleich gab er Bachs ›Chromatische Fantasie‹ und Beethovens Variationen, Op. 35 . . . Nach wiederholtem Hervorruf erfreute Brahms die Versammlung noch mit dem Vortrage eines Schubertschen Marsches (eigenes Arangement nach dem Vierhändigen), an dessen entzückender Frische man sich nicht wenig erlabte.«

Frau Wilt, eine der ersten ansässigen Sängerinnen, trug einige Lieder des Konzertgebers vor, darunter »Treue Liebe« (op. 7, Nr. 1), »Parole« (op. 7, Nr. 2) und »Liebestreue« (»O versenk' «, op. 3, Nr. 1).

»Das Konzert gab auch Gelegenheit, Brahms als Liederkomponist kennen zu lernen; diese neue Bekanntschaft war für das ganze anwesende Publikum eine höchst erfreuliche und angenehme. Brahms' Lieder atmen sämtlich eine schöne Empfindung und sind voll Leben und Naturwahrheit.«

Dieses zweite Konzert prägte in der Tat dem Besuche Brahms' in Wien das Siegel entscheidenden und dauernden Erfolges auf – eines Erfolges, der nicht gleich allgemein sichtbar war, aber den Beginn einer neuen Epoche im Musikleben der Stadt bezeichnete. Obschon Brahms sich nicht dazu herabließ, das Publikum durch phänomenale Virtuosenkunststücke zu blenden, sprach die Anmut, Zartheit und Wahrheitstreue seiner musikalischen Natur das süddeutsche Publikum an, während die Bedeutung seines Genies dem Verständnis von ein oder zwei urteilsfähigen Musikern aufzudämmern begann. Mit einem Wort, er hatte eine Zuhörerschaft gefunden, die ihn teilweise begriff, und die Aufführung der zweiten Serenade wurde für ein Philharmonisches Konzert angekündigt.

Vor Beginn des neuen Jahres wandte sich die musikalische Aufmerksamkeit Wiens Richard Wagner zu, der drei, eine Auswahl seiner eigenen Werke enthaltende, Konzerte dirigierte und mit jenen extremen Äußerungen der Begeisterung und der Mißbilligung empfangen wurde, die sein Auftreten und die ersten Vorführungen seiner Werke ja meistens begleiteten.

»Ich werde wohl Wagnerianer heißen, hauptsächlich natürlich durch den

Widerspruch, zu dem ein vernünftiger Mensch gereizt wird, gegenüber der leichtsinnigen Art, wie die Musiker hier gegen ihn sprechen«, schrieb Johannes an Joachim.

Im Lauf der fünfzehn Monate, die Wagner mit gelegentlichen Unterbrechungen in Penzing, einem Vorort von Wien, zubrachte, verlebte Brahms einen Abend bei ihm. Tausig, Cornelius und ein paar andere beiderseitige Freunde waren mit von der Gesellschaft. Wagners Bitte folgend, spielte Brahms einige Bachsche Stücke und auf besonderen Wunsch seine eigenen Händelvariationen, die von dem älteren Musiker herzlich gewürdigt wurden. Später sprach Brahms mit Wärme von der Freude, die er in Wagners Gesellschaft empfunden hatte; dennoch fand kein weiterer Verkehr zwischen den beiden Komponisten statt, die durch Veranlagung, Geschmack und künstlerisches Glaubensbekenntnis zu weit von einander getrennt waren, als daß sich ein erfreuliches Einverständnis daraus hätte entwickeln können. Doch soll es nie vergessen werden, daß Brahms von Anbeginn sehr große Achtung vor Wagners Gaben und Taten hegte.

Während seines achtmonatigen Aufenthaltes in Wien verwendete Brahms viel Zeit auf das Studium von Schuberts Manuskripten, welche Spina ihm mit Freuden vorlegte, ihm auch großmütig Abschriften zum eigenen Gebrauch daraus gestattend. Kurz vor seiner Heimkehr schickte er einige der auf diese Weise erlangten Schätze an Dietrich zur Durchsicht:

»... Mir fällt ein, daß ich Dir meine Marienlieder und die vierhändigen Variationen schicken kann, die kürzlich gekommen sind. Und da lege ich einige Stükke aus einer Oster-Kantate von Schubert bei, die ich mir aus dem Manuskript abschrieb. Das sind nicht etwa hervorragende Stellen aus dem Lazarus. Durchaus nicht; ganz beliebig schrieb ich nur den Anfang und das Ende des ersten Theiles.
So ist die Musik durchweg, die Arie des Simon gar! O könnte ich das Ganze schicken, Du würdest entzückt sein von solcher Lieblichkeit!«

Er beschließt, in demselben Paket Albert auch das Streichquintett zur Einsicht zu senden, da er es nach Wien mitgenommen hatte, um es ganz nach eigenem Wunsch zu gestalten.

Die zweite Serenade wurde für das Philharmonische Konzert vom 8. März angekündigt, als Eröffnungsnummer des Programms. Darauf sollte das Ungarische Konzert von Joachim folgen, mit Laub als Soloviolinisten; dann eine neue Symphonie von Käßmeyer – eine erstaunlich fortschrittliche Auswahl, die Dessoffs Einfluß zu danken war und von Hanslick in seiner Kritik vom 11. des Monats billigend bemerkt wurde. Mittlerweile stellten sich Schwierigkeiten ein. Während der ersten Probe zu Brahms' Werk zeigte sich Unzufriedenheit bei den Orchestermitgliedern; und besonders hörte man unter den Bläsern Klagen über die große Schwierigkeit der Ausführung vieler Stellen. Tatsächlich wurde sogar bei der Generalprobe der Ausbruch offener Rebellion – ein Vorfall, der sich übrigens in der späteren Geschichte der Serenade im Zusammenhang mit demselben Orchester wiederholte – nur durch die Willenskraft Dessoffs und die Versöhnungsversuche des Konzertmeisters Hellmesberger verhindert. Wider alles Erwarten hatte jedoch die Aufführung Erfolg und wurde vom Publikum so sehr gewürdigt, daß R. Hirsch, der in der »Wiener Zeitung« als Brahms-Kritiker debutierte und viele Jahre hindurch seine Werke geflissentlich herabsetzte, nichts Schlimmeres zu sagen wußte, als daß die Serenade viele Freunde finden würde unter denen, die auch mit bescheidenen Gaben zufrieden sein könnten.

»Herr Brahms hat sehr wohlwollende Fürsprecher, aber er hüte sich vor dem Übermaß der Dinge. Der exorbitante Applaus, den seine Freunde anschlugen, hatte zur Folge, daß er von anderer Seite gewaltsam niedergezischt wurde.«

»Wenn irgendeiner von den jungen Tondichtern der Neuzeit ein Recht darauf hat, nicht ignoriert zu werden, so ist es Johannes Brahms«, schrieb Hanslick. »Er hat sich durch seine bisher erschienenen Kompositionen als eine selbständige, eigentümliche Individualität, als eine fein organisierte, echt musikalische Natur, als einen mit unermüdlichem bewußten Streben der Meisterschaft entgegenreifenden Künstler dokumentiert. Seine Serenade in A dur ist die jüngere, zartere Schwester der von der ›Gesellschaft der Musikfreunde‹ kürzlich vorgeführten Serenade in D dur. Es herrscht in ihr im wesentlichen dieselbe ruhig gemessene, träumerische Gartenstimmung . . .

Die Serenade erfuhr eine äußerst günstige Aufnahme. Der jedem Satz folgende lebhafte Beifall wurde am Schluß in dem Maße größer, als der bescheidene Komponist auf seinem Galleriesitze immer kleiner wurde.«

Von dem Ungarischen Konzert Joachims hieß es:

»Eine Tondichtung voll Geist und Gemüt, voll Energie und Zartheit. Man möchte seinen Virtuosen-Siegen gram werden, welche wohl allein schuld sind, daß diese Kraft so selten zu einem großen Werke sich zusammenfaßt.«

Die Anziehungskraft, welche Brahms' Kunst auf Hanslick ausübte, wuchs in demselben Maße, als er sie kennenlernte. Er sicherte sich seine Mitwirkung bei einem Vortrag über Beethoven – einer aus einer Reihe von Vorträgen –, den er im Februar abhielt; Johannes, dessen Pianistenrepertoire fast unerschöpflich war, hatte dabei die große C moll-Sonate, op. 111, vorgetragen.

Die Musiksaison näherte sich jetzt ihrem Ende, aber die Reize Wiens und seiner herrlichen Umgebung, die Brahms auf häufigen Ausflügen mit Nottebohm, Faber, Epstein und andern allmählich kennenlernte, bestimmten ihn, noch einige Wochen länger zu bleiben. Erst als das Frühjahr weit vorgeschritten war, machte er sich auf, um Hannover – auf der Durchreise nach Hamburg – zu besuchen, im Besitz vieler neuen Dinge, Andenken seines Wiener Besuches; als hauptsächlichsten darunter die Stiche einiger Lieblingsbilder der Belvederegalerie und sämtliche, damals gedruckten Werke von Schubert, die Spina ihm geschenkt hatte. Er hatte einen besonderen Grund, ein, zwei Tage bei seinem Freunde zuzubringen. Er sollte Fräulein Amalie Weiß vorgestellt werden, mit der Joachim sich kürzlich verlobt hatte. Diese Dame hatte im Frühling 1862 ein dreijähriges Engagement als Altistin an der Hannoverschen Hofoper angetreten, und es dauerte nicht lange, so weckte ihr Talent das begeisterte Interesse des berühmten Hofkonzertmeisters derselben Stadt. Die beiden Künstler verlobten sich im Februar 1863, und der Geburtstag der Königin von Hannover, am 14. April, wurde auf Wunsch Ihrer Majestät durch eine von Joachim dirigierte Festaufführung von Glucks »Orpheus« gefeiert, worin Fräulein Weiß mit brillantem Erfolg die Titelrolle sang. Brahms, der etwas später ankam, war hoch erfreut, einer Wiederholung der Oper beizuwohnen. Frau Amalie Joachim, die sich nach ihrer Verheiratung (Juni 1863) von der Bühne zurückzog, erwarb sich allmählich einen großen Ruf als Konzertsängerin und wurde eine sehr bewunderte Interpretin von Brahms' Liedern. Gern bereit, Brahms' Wunsch zu erfüllen, arrangierte Joachim während dessen kurzen Besuches in seiner Wohnung eine Probe des Streichquintetts in F moll, das, vor des Komponisten Abreise von Deutschland vollendet, die Hin- und Herfahrt zwischen Wien und Hannover zweimal zurückgelegt hatte. Die Wirkung des Werkes, das schon in Wien privatim durchgespielt worden war, schien jetzt, bei der zweiten Probe, nicht klangreich genug für sein großes Material, und Brahms bearbeitete es als Sonate für zwei Pianofortes und später als Quintett für Pianoforte und Streichinstrumente, die Form, in der es, als Opus 34, berühmt geworden ist. Wir werden binnen kurzem Gelegenheit haben, dessen erste öffentliche und eine frühe private Aufführung in der Sonatenform zu erwähnen.

Brahms kehrte am 5. Mai nach Hamburg zurück, und nachdem er seinen dreißigsten Geburtstag mit seiner Familie verlebt hatte, nahm er eine Wohnung in Blankenese an der Elbe, wo ein unerwartetes Begegnen mit einigen Mitgliedern seines »Frauenchors« ihn an die angenehmen Zusammenkünfte erinnerte, die einem nicht unwichtigen Zweck in des Komponisten Selbsterziehung gedient hatten. Verschiedene Arbeits- und Ferienpläne für die Sommer- und Herbstmonate wurden entworfen, aber nicht ausgeführt. Ehe der Monat zu Ende war, erhielt Brahms überzeugenden Beweis des Eindruckes, den sein Besuch in Wien gemacht hatte, indem er dahin zurückberufen wurde. Das Dirigentenamt der »Singakademie« war durch den Tod Stegmayers frei geworden, und bei der Generalversammlung des Vereins, im Mai, wurde Brahms zum Nachfolger desselben auf diesem Posten erwählt. Es gab einen ernsten Wettstreit zwischen zwei Parteien der Mitgliedschaft, da sich eine große und einflußreiche Anzahl, unter Führung des Prinzen Constantin Czartoriski, stark zugunsten einer Wahl von Franz Krenn verwendete, einem tüchtigen Musiker alten Schlages, der Wien als Chormeister der Pfarrkirche zu St. Michael angehörte, Professor der Komposition am Konservatorium war und eines der Singakademiekonzerte während Stegmayers Krankheit dirigiert hatte. Es befanden sich aber eine Anzahl Herren unter den Komiteemitgliedern des Vereines, der nicht eben in besonderer Blüte stand, welche gern Proben und Aufführungen unter Leitung eines jungen, standhaften und tatkräftigen Musikers gestellt hätten. Diese gehörten zum Kreise der begeisterten Bewunderer von Brahms' Kunst, der, fast gleichzeitig mit des Künstlers erstem Auftreten in Wien entstanden, sich ausdehnte, wann immer Gelegenheit sich bot, seine Musik zu hören. Darunter waren Dr. Scholz, ein Chirurg; Herr Adolf Schulz, ein Kaufmann; Herr Franz Flaz, Versicherungsbeamter in Wien; und an ihrer Spitze Dr. Josef Gänsbacher, Sohn des ausgezeichneten Musikers und Kirchenkomponisten Johann Gänsbacher, einem Zögling von Vogler und Albrechtsberger, einem Bekannten von Haydn und Beethoven, einem Freund Webers und Meyerbeers und Kapellmeister der Kathedrale von 1823 bis zu seinem Tod 1844.

Dr. Josef Gänsbacher, dessen Name in der musikalischen Welt vieler Länder dadurch bekannt geworden ist, daß er auf dem

Titelblatt von Brahms' erster Sonate für Pianoforte und Violoncello steht, war 1863 ein junger Doktor der Rechte und Advokaturskonzipient. Später wählte er die Musik zum Beruf und wurde ein geschätzter Gesangslehrer, Professor am Konservatorium und Violoncellist. Er war einer der ersten und treuesten Freunde Brahms' in Wien und huldigte seiner Kunst bereits, bevor er seine persönliche Bekanntschaft gemacht hatte. Er übte bedeutenden Einfluß auf die Mitglieder der »Singakademie« aus, und Vertreter beider Parteien des Komitees suchten ihn in seinem Bureau auf, um sich seiner Beihilfe zu versichern; unter anderen erschien Fürst Czartoriski, um sich persönlich für Krenn zu verwenden. Aber Gänsbachers Sympathie galt ganz und gar der Gegenpartei; und da er von derselben erwählt war, um in der Generalversammlung im Interesse Brahms' eine Rede zu halten, brachte er so zwingende Gründe vor, daß er mehrere von Krenns Anhängern zu seiner Ansicht bekehrte und die Wahl für seine Partei mit einer Stimme Majorität durchging.

Es ist charakteristisch für Brahms, daß er sich nicht sofort entschließen konnte, das Anerbieten seiner Ernennung zu beantworten, obschon er an seinem definitiven Entschluß nicht im Ernst zu zweifeln schien:

»Du wirst Dich wundern,« schrieb er an Hanslick in einem Briefe, der auch zugleich den raschen Fortschritt der Freundschaft der beiden Männer kennzeichnet, »daß die froheste, dankbarste Erwiderung nicht eiliger kommt, als deine und so mancher freundliche Briefe zu mir. Ich komme mir aber vor, wie ein unverdient Gelobter und möchte mich lieber eine Weile verkriechen. Habe ich doch beim Empfange der telegraphischen Depesche (durch Flatz, der doch stets den Auftakt haben muß) entschieden mit so ehrender Aufforderung zufrieden sein und die Götter nicht weiter versuchen wollen . . . Und da weiter bei mir nichts in Frage kommt, als ob ich eben den Mut habe »ja« zu sagen, so soll's eben passieren. Hätte ich abgelehnt, meine Gründe wären nur fremd für die Akademie und für Euch Wiener überhaupt gewesen . . .«

Als er am 30. Mai an das Komitee schrieb, um sich nach Einzelheiten betreffs seiner Stellung zu erkundigen, sagte er:

»Es ist eben ein besonderer Entschluß, seine Freiheit das erste Mal wegzugeben. Jedoch was von Wien kommt, klingt eben dem Musiker noch eins so schön, und was dorthin ruft, lockt noch eins so stark.«

Diese Ereignisse machten den mannigfachen Ferienprojekten, die Brahms geplant hatte, ein Ende.

»Ich kann jetzt mich nicht entschließen, meinen Eltern das kurze Zusammensein noch zu kürzen,«

schrieb er als Antwort auf Dietrichs dringende Einladung und blieb ruhig in Hamburg oder in dessen Nähe. Er begann sich sogleich mit den Entwürfen für seine Programme zu beschäftigen und erbat sich den Rat Dietrichs – »als bejahrter und hochweiser Hofkapellmeister« – betreffs Dingen, die mit seinen neuen Pflichten zusammenhingen. »Ich habe enorme Scheu«, sagte er, »gerade in Wien mein Talent in dieser Sache zu versuchen.«

Er gönnte sich nur auf der Durchreise einen flüchtigen Besuch in dem schönen Lichtenthal, einem Vorort von Baden-Baden, wo Frau Schumann das Jahr vorher, als sie ihre Wohnung in Berlin aufgab, ein Haus gekauft hatte; Brahms traf in der letzten Augustwoche wieder in Wien ein und vertiefte sich bald mit dem ihm eigenen Ernst in Arbeiten, die mit seinem neuen Amt in Zusammenhang standen.

Seine Liste für die allwöchentlichen Proben der Singakademie-Saison enthielt Werke von Bach, Beethoven, Mendelssohn, Schumann und älteren Meistern, deren Musik der Verein insbesondere pflegte. Das erste Konzert der Saison 1863–64 fand am 15. November unter seiner Leitung statt und bot das folgende Programm:

1. *Bach:* Kantate, »Ich hatte viel Bekümmernis« (zum erstenmal in Wien).
2. *Beethoven:* Opferlied.
3. *H. Isaac (Ende des 15. Jahrhunderts):*
   Drei deutsche Volkslieder –
   a) »Innsbruck, ich muß dich lassen«.
   b) »Es ist ein Schnitter, heißt der Tod«.
   c) »Ich fahr dahin, wenn es muß seyn«.
4. *Schumann:* »Requiem für Mignon« (zum erstenmal in Wien)

Als mitwirkende Hauptkünstler waren dabei Frau Wilt und Frau Ferrari, Herr Danzer, Herr Dalfy und Herr Organist Bibl. Am Schluß der Aufführungen zweifelte man nicht mehr an Brahms' Begabung zum Dirigenten.

»Das Konzert war nicht bloß an sich schon trefflich, sondern es war, mit Ausnahme der ersten Aufführung von Bachs Matthäus-Passion in Wien, die bei weitem bemerkenswerteste Tat in der Chronik der Singakademie und gab uns Gelegenheit, Brahms' seltenes Dirigenten-Talent kennen zu lernen«.

Bachs Kantate wurde mit »prächtiger Klangfarbe und »geistiger Einsicht« wiedergegeben; die drei entzückenden Volkslieder »öffneten alle Herzen«; sie wurden mit so stürmischem Beifall aufgenommen, daß ein viertes, nicht weniger willkommenes zugegeben wurde. Und doch erregte die begeisterte Auffassung der aufgeführten Werke seitens des Dirigenten geringere Überraschung als sein präziser und deutlicher Taktschlag, worüber ein Kritiker sich äußert:

». . . wie man es kaum von einem Künstler erwarten konnte, der sich in seinen Schöpfungen sowohl wie in seinen Aufführungen wesentlich als Romantiker und Träumer gezeigt hat.«

Die letzten Worte klingen seltsam aus dem Munde eines Wiener Kritikers, von dem man voraussetzen kann, daß er einige Kenntnis von den beiden Serenaden, von dem Sextett in B dur und den beiden Klavierquartetten erworben haben mußte; wir zitieren sie auch nicht, weil sie treffend sind, sondern weil sie eine Schwierigkeit klarlegen, welche des Komponisten Individualität – die sich wie ein Spiegelbild in seinen Werken zeigt –, seinen weniger fähigen, wenngleich freundlichen Kritikern lange Zeit hindurch bereitet hat, – die Schwierigkeit zu bestimmen, wie man ihn klassifizieren solle. Schon in jungen Jahren hatte er den festen Entschluß gefaßt, die ihm innewohnende weibliche Zartheit und träumerische Romantik vollständig unter seinen energischen Willen zu beugen; die Oberherrschaft in der Kunst wie im Leben dem Verstand und nicht der bloßen Gemütsbewegung zu überlassen, die Kräfte zu besitzen und zu beherrschen; aber während der ersten Jahre seiner Tätigkeit wurde der feine poetische Zauber, der seinen Werken innewohnte, von vielen teilnehmenden Zuhörern empfunden, die ihrem eng verflochtenen Gewebe nicht unmittelbar folgen konnten und die durch seine freie Behandlung der traditionellen Kunstformen – welche hie und da fast zu einer Neugestaltung wird – verwirrt wurden. Daher nannte man ihn nicht selten einen reinen Romantiker, lange nachdem er als berufener Nachkomme Bachs, Mozarts und Beethovens von den Urteilsfähigsten anerkannt worden war.

Mittlerweile verbreitete sich seine Kunst allmählich über Europa. Am 10. November wurde die erste Serenade in Zürich unter Fichtelberger, dem Dirigenten der Abonnementskonzerte, gespielt. Das Werk verdiente eine wärmere Aufnahme, als sie ihm zuteil wurde, meinte die »Neue Züricher Zeitung«, deren Kritiker in Brahms einen Komponisten nicht nur von gründlichem Wissen, sondern auch von angeborenem Genie erkannte. Er sprach sich nicht darüber aus, ob des Komponisten schöpferische Kraft ausreichend stark sei, um wirklich »Neue Bahnen« zu brechen, oder ob sie sich besser dazu eigne, weitere Entwicklungen auf dem schon eroberten musikalischen Terrain zu schaffen; doch deuchte ihm, die Serenade weise auf die letztere Möglichkeit hin.

Das B dur-Sextett wurde im November in einem von Rosé und Stockhausen veranstalteten Konzert in Hamburg aufgeführt, denn die Handlungsweise der Philharmonischen Direktion hatte Brahms' freundschaftliche Beziehungen zu den großen Sängern durchaus nicht gestört. Die Komposition wurde ferner in Wien im Hellmesberger-Konzert vom 27. Dezember aufgeführt, wo sie außerordentliches Interesse und freundlichen Anklang fand. In Wien wie anderswo wurde es das erste der großen Werke des Komponisten, das sich allgemeine Beliebtheit errang.

»Als wir abends sein (Brahms') B dur-Sextett hörten, nachdem Mittags Wagner verschiedene Nibelungen-Tristan-Fragmente aufgeführt hatte, da glaubten wir uns plötzlich in eine reine Welt der Schönheit versetzt,« schrieb Hanslick viele Jahre später; »es klang wie eine Erlösung. So verschieden ihre Musik, so anders war auch das persönliche Auftreten der beiden Männer. Mit fast linkischer Bescheidenheit näherte sich Brahms dem Klavier; nur ungern und zaghaft folgte er dem stürmischen Hervorrufen und konnte gar nicht schnell genug wieder verschwinden.«[1]

Heiligabend wurde bei Fabers zugebracht, wo Brahms wie immer der herzgewinnendste, glücklichste, kindlichste Gast war.

1 Wagner dirigierte in einem Konzert, das Tausig am 27. Dezember 1863 nachmittags gab, Teile aus »Tristan« und den »Meistersingern«; die »Allgemeine Musikalische Zeitung« vom 3. Februar 1864 nimmt in einem Wiener Brief davon Kenntnis. Vergl. »Neue Zeitschrift für Musik« vom 11. Dezember 1863. Die Daten der Hellmesberger-Quartettabende sind den ganzen Band II hindurch nach Angabe gesammelter Programme wiedergegeben.

Auch während der ersten Jahre seines späteren Aufenthaltes in Wien hielt er fest an der lieben Gewohnheit, das Fest bei diesen Freunden zu verleben, die auch gern dazu seine Lieblingsgefährten einluden. Nottebohm war immer einer der Gäste. Unter den Weihnachtsgeschenken für die Bescherungsfeier in Hamburg befand sich auch einmal eine Nähmaschine für Brahms' Schwester. Nach einigen Jahren lehnte aber Brahms gewöhnlich alle Einladungen für den Heiligen Abend rundweg ab und brach diese Regel nur, wenn sich Gelegenheit bot, ihn mit Frau Schumann zu feiern. Innerhalb der letzten zehn Jahre seines Lebens wechselte er abermals seine Gewohnheit und verbrachte den Abend stets in dem glücklichen Familienkreis einiger Freunde, die dem Leser in einem späteren Kapitel vorgeführt werden sollen.

Das zweite und das dritte Konzert der »Singakademie« fanden am 6. Januar und am 20. März mit den folgenden Programmen statt:

Programm vom 6. Januar

1. *Mendelssohn:*	Achtstimmige Motette.
2. *Joh. Eccard (1553–1611):*	»Des Christen Triumphlied aufs Osterfest« (Doppelchor).
3. *Heinrich Schütz (1583–1672):*	»Sauls Bekehrung« (Tripelchor).
4. *Giov. Gabrieli (1557–1613):*	»Benedictus« (Doppelchor).
5. *Giov. Rovetta (1643–1668):*	»Salve Regina«.
6. *Beethoven:*	»Elegischer Gesang«. (Chor mit Begleitung der Streichinstrumente).
7. *Drei deutsche Volkslieder.*	
8. *J.S. Bach*	*Motette: »Liebster Gott, wann werd' ich sterben«.*

Programm vom 20. März:

J.S. Bach:	Weihnachtsoratorium. (Erste Aufführung in Wien.) Unter Mitwirkung des k.k. Hofopern-Orchesters.

Es scheint, daß sie weniger erfolgreich waren als das erste. Die Zuhörer fanden das Programm vom 6. Januar monoton.

Hirsch geht in seiner Notiz über die Aufführungen in der »Wiener Zeitung« so weit, von »Schiffbruch« zu sprechen, während Hanslick selbst gesteht, daß die ersten Nummern mehr den Charakter »einer Improvisation oder Vereinsübung als einer Konzert-Produktion« hatten. Die drei deutschen Volkslieder wurden so warm aufgenommen (die letzten beiden von Brahms harmonisiert), daß des Komponisten »Minnelied« (»Der Holdseligen«) als Zugabe gesungen wurde. Der Erfolg der Bach-Kantate wurde durch einen Zwischenfall gestört: Das in Ermangelung einer Orgel geschickte Bösendorfer-Klavier war zu hoch gestimmt und folglich unbrauchbar.

Das Konzert vom 20. März, welches das »Weihnachts-Oratorium« brachte, scheint durch die Aufführung der Bach'schen »Johannes-Passion« seitens der »Gesellschaft der Musikfreunde«, die etwas früher stattfand, einigermaßen in den Schatten gestellt worden zu sein.

Die Zufriedenheit und das Vertrauen, das die Akademie ihrem Dirigenten entgegenbrachte, litt jedoch nicht unter dem abnehmenden Erfolg der zweiten und dritten öffentlichen Aufführung und fand Ausdruck in der Anordnung eines Extrakonzertes am Schlusse der Abonnementssaison, das nur Brahms' Kompositionen galt. Die Instrumentalnummern bei dieser Gelegenheit waren das B dur-Sextett, von Hellmesberger und seinen Kollegen gespielt, und eine Sonate für zwei Pianofortes – das heißt das Arrangement in dieser Form des unveröffentlichten Streichquintetts mit zwei Violoncelli, dessen bereits früher Erwähnung geschah. Tausig, ein großer Bewunderer von Brahms' Genie, der die Paganini-Variationen, die Brahms während seines ersten Wiener Besuches schrieb, später unter seine besondere Obhut nahm, wirkte zusammen mit dem Komponisten bei dieser Aufführung, die somit unter den besten Bedingungen stattfand. Aber Brahms hatte, wie es schien, noch nicht das richtige Medium zum Ausdruck seiner Gedanken gefunden. Die Sonate verfehlte die Wirkung und das Publikum blieb kalt. Es wurden mehrere Gesangsnummern aufgeführt, darunter das reizende »Wechsellied zum Tanze«, Nr. 1 der drei Quartette für Solostimmen, op. 31, die gewissermaßen eine teilweise Vorausnahme der verwandten – »Liebeslieder« – sind. Sie zeigen Brahms von seiner anmutigen, scherzhaften, liebenswürdigen Seite. Das »Wechsellied« ist im Tanzrhythmus gehalten, und die beiden abwechselnden Melodien sind dem Charakter der Goetheschen Verse entsprechend angepaßt: das erste in Es dur ist dem Alt und Baß – dem »gleichgültigen« Paar –, das zweite in As dur, dem »zärtlichen« Paar zugeteilt. Brahms hat der Verschiedenheit der Stimmung, welche beide Paare beseelt, entzückenden Ausdruck gegeben, und durch das einfache Mittel, daß er im ersten der beiden kleinen Duette den Baß den Alt auf einen Takt Entfernung nachahmen läßt, hat er einen Ton heiteren Genusses angeschlagen, der einen wirkungsvollen Gegensatz bildet zu dem romantischen Geist im Gesange der Liebenden. Die vier Stimmen vereinen sich gegen den Schluß der Komposition, die zuletzt in der Tonart der Melodie der Liebenden ausklingt.

Nr. 2 desselben Opus, »Neckereien«, dessen Text ein mährisches Volkslied ist, quillt über von anmutigem Scherz. Die Tenöre und Bässe wechseln darin ab mit den Sopranen und Alten; die Jünglinge umschwärmen die Mädchen, die sich lieber in Täubchen, Fischchen oder Häschen verwandeln möchten, um ihnen zu entgehen; die Verehrer dagegen deuten an, daß solche Verwandlung vergeblich wäre gegen Flintchen, Netzchen und Hündchen.

Nr. 3, auch auf einen Volkstext, diesmal einen böhmischen, gesetzt, ist ein reizender vierstimmiger Gesang mit anmutiger Begleitung im Walzertempo und ist aus einer Melodie entwickelt, die Brahms in Nr. 5 seiner Walzer für Pianoforte verwendet hat. Diese Quartette sind in Detmold komponiert worden.

Am 10. Mai fand das alljährliche Stiftungskonzert der »Singakademie« statt – wie gewöhnlich vor einem geladenen Publikum. Das Programm lautete:

1. *Schumann*	Erster und zweiter Satz aus dem »Requiem für Mignon«.
2. *Haydn*	Duett für Sopran und Tenor
3. *Schumann*	Stücke im Volkston für Violoncell und Pianoforte.
4. *John Bennet* (1599).	Madrigal (für Chor).
5. *John Morley* (1595)	Tanzlied (für Chor).
6. *Schumann*	Zwei Duette aus dem »Spanischen Liederspiel«.
7. *Brahms*	Zwei Lieder für Sopran.

8. *Schumann* . . . . Fünfter und sechster Satz aus dem »Requiem für Mignon«.

Die vierte und fünfte Nummer des Programms entnahm Brahms ohne Zweifel der von J. J. Maier in München herausgegebenen Sammlung alter englischer Madrigale.

Unseres Komponisten Anstellung als Chormeister der »Singakademie« endete zugleich mit der Saison, denn nach den Regeln des Vereins fand eine Wahl alle drei Jahre statt, und bei Stegmayers Tod waren schon zwei davon vergangen. Brahms' Wiederwahl war selbstverständlich und wurde von ihm, obschon nicht ohne Zögern und Zweifel, angenommen; aber sein Entschluß kam später ins Wanken und vor Ende des Sommers reichte er dem Komitee sein Abschiedsgesuch ein.

Im Laufe des Jahres erschienen bei Spina in Wien (Cranz in Hamburg) der 13. Psalm, für dreistimmigen Frauenchor gesetzt mit Begleitung von Orgel oder Pianoforte, und vier Duette für Alt und Bariton, der Frau Amalie Joachim gewidmet. Breitkopf & Härtel gaben zwei Motetten für fünfstimmigen gemischten Chor a cappella heraus (die erste auf einen Vers aus einer Kirchenhymne von Paul Speratus, 1484–1551, gesetzt; die zweite auf Worte aus dem 51. Psalm); ein geistliches Lied von Paul Flemming (1609–1640), für vierstimmigen gemischten Chor gesetzt und im Doppelkanon geschrieben; und drei Quartette für Solostimmen, deren wir schon als op. 31 Erwähnung getan haben.

Rieter-Biedermann gab ein Heft von neun Liedern heraus (op. 32), deren Nr. 9 das auserlesene »Wie bist du, meine Königin« ist, eines der duftigsten Liebeslieder, die je komponiert worden sind; ferner ein Heft deutscher Volkslieder, ohne Opuszahl, der »Wiener Singakademie« gewidmet.

Eine Orgelfuge in as moll wurde in einer Beilage zur »Allgemeinen Musikzeitung« Nr. 29 herausgegeben, die, wie sich der Leser entsinnen wird, damals von Selmar Bagge redigiert wurde.

Dreizehntes Kapitel

1864–1867

Frau Schumann in Baden Baden – Freundeskreis daselbst – Hermann Levi – Madame Pauline Viardot-Garcia – Die Landgräfin von Hessen und das Pianofortequintett – Tod der Frau Brahms – Konzertreise – Das Horn-Trio – Frau Caroline Schnack – Letzter Besuch in Detmold – Erste Sonate für Pianoforte und Violoncello – Das Deutsche Requiem – Brahms in Zürich – Billroth – Brahms und Joachim auf einer Konzertreise in der Schweiz – Hans von Bülow – Reinthaler

Brahms verbrachte mehrere Wochen des Sommers 1864 in Hamburg. Der häusliche Zwiespalt, der durch die frühe Heirat des Vaters mit einer zarten, fast zwanzig Jahre älteren Frau, entstanden, erweiterte sich derart, daß er Johannes, der beiden Eltern mit zärtlicher Liebe zugetan war, unerträglich erschien. Seinem Rate folgend, trennten die Eheleute sich, und Johannes blieb einen Teil des Juni und Juli in ihrer Nähe, um die Ausführung des veränderten Lebensplanes zu überwachen, für den er in erster Linie verantwortlich war. Jakob hatte es schon seit einiger Zeit wenigstens in kleinem Maßstabe zu etwas gebracht, denn er nahm eine anerkannte Stellung als Kontrabassist unter den Orchestermusikern Hamburgs ein, und war sogar Mitglied des Philharmonischen Orchesters geworden, seit man Stockhausen zum Dirigenten gewählt hatte. Er fand jetzt für sich ein Quartier in der »Großen Bleichen«; die Wohnung in der »Fuhlentwiete« wurde aufgegeben. Fritz, der, trotz seines Mangels an Energie, als Lehrer sein gutes Auskommen fand, nahm eine Wohnung in der vornehmen Theaterstraße, und Elise und Frau Brahms, für deren Erhaltung Johannes, so arm er auch war, die alleinige Sorge übernahm, bezogen ein paar behagliche Zimmer in der Langen Reihe. Die Zeit, wo er selbst sich des Wohlstandes erfreuen durfte, war trotz des Komponisten stetig wachsendem Ruhme – noch fern. Wäre ihm Geldmachen das Nächstliegende gewesen, er hätte es mit geringer Schwierigkeit erreicht; aber seine Ziele waren ganz und gar ideal und schlossen den pekuniären Nutzen nur in so weit ein, als dies nötig war, um anständig aufzutreten und uneingeschränkte Freigebigkeit gegen die Familie üben zu können. Das Einkommen, das er aus dem Verkauf seiner Verlagsrechte und aus seiner öffentlichen Tätigkeit als Pianist bezog – denn er nahm nur wenige Schüler an, nachdem er nach Wien gegangen war – genügte für diese Zwecke. Er hatte von früh an gelernt, Freude an der Wirklichkeit des Lebens zu finden und möglichst viel für überflüssigen Luxus zu halten. Alles von der glücklichsten Seite anzusehen, schien ihm nicht nur Lebensweisheit, sondern auch Pflicht. »Lasset uns, so viel als möglich, ein frisches, heiteres Interesse an dem Leben bewahren, das wir doch leben müssen«, war für ihn keine bloße, einem sorgenvollen Freunde zum Nutzen geschriebene Phrase, sondern einer der bleibenden Grundsätze, die seinem täglichen Dasein Führung gaben.

Es zeigt nicht nur Brahms' innere Kraft, sondern auch die Zärtlichkeit seiner Natur, daß, während er nie, auch in den Briefen an die intimsten Freunde nicht, seiner Familienverlegenheiten Erwähnung tat, seine Gedanken jetzt, wo er sich des alten Heims beraubt sah, an dem er mit so treuer Liebe von Anfang seiner Laufbahn gehangen, wieder in die alten Träumereien versanken, denen er sich während seines glücklichen Aufenthaltes in Göttingen vor sechs Sommern hingegeben. Und wenn sie sich auch nie verwirklichten, so schwanden sie doch vielleicht nie ganz aus seiner Seele: die Träume vom eigenen Herde und der Liebe von Weib und Kind. –

»Ich habe das entschiedenste Bedürfnis, von Dir zu hören – und am liebsten hörte ich's von Dir selber,« schrieb er an Grimm, wenige Tage bevor die Wohnung in der Fuhlentwiete endgültig geräumt wurde: »Bist Du nun bei der Georgia-Augusta zu Gast [zu Besuch in Göttingen], so tauche alsogleich eine Feder ein und laß mich wissen, wie es aussieht in all den Häusern, in die man so gern ging. Auch von jenem Haus und Garten am Tor [Agathens altes Heim] schreib mir. –

Doch tu es bald, ich gehe nächster Tage fort von hier, und es ist leider nicht das Traurigste, daß ich nicht weiß, nach welcher Himmelsgegend.«

Grimm konnte auf die Nachfrage, die offenbar der Hauptzweck von Brahms' Brief war, keine sehr erfreuliche Antwort geben:

»In jenem Hause und Garten am Tore hat sich's trübe verändert: der alte Professor ist seit etwa drei Jahren tot. – ... Agathe hauslehret seit vorigem Jahr in Irland ... In Göttingen war's ihr zuletzt zu unerfreulich, sie wollte eine selbständige Tätigkeit. ... Wie manches Harte hat sie in der Zeit durchmachen müssen, – übrigens ist sie eine starke Natur geblieben, hat auch ihren Humor nicht verloren, ... aber welch ein trübselig Los ist doch das eines einsamen Mädchens.«[1]

Joachims Rückkehr von England, wo er einen seiner vom Freunde stets beklagten, langen Besuche gemacht hatte, riß Jo-

1 Brahms-Grimm-Briefwechsel Nr. LXIX und LXXI.

hannes aus allen Zweifeln, wohin er momentan seine Schritte lenken solle. Mit Ende der dritten Juliwoche war das niederdrückende Geschäft, das ihn in Hamburg zurückgehalten hatte, abgetan; er eilte sogleich nach Hannover und nachdem er einige Tage in der Gemeinschaft verlebt hatte, die er in seinem häufigen Bedürfnis nach künstlerischer und persönlicher Teilnahme nie vergeblich aufsuchte, ging er nach Baden-Baden. »Am 31. Juli überraschte uns Johannes«, trug Frau Schumann über seine Ankunft in ihr Tagebuch ein. Er blieb dort während des Restes der Saison und bewohnte eine reizende Villa, nahe den Kurhausanlagen, die ihm von Rubinstein zur Verfügung gestellt worden war, der sie für die Saison gemietet hatte, der aber im August schon abreiste. Wir haben allen Grund zu glauben, daß Johannes während dieser Zeit an seinem zweiten Sextett in G dur arbeitete und daß die Skizzen zu einigen Sätzen zwischen ihm und Joachim während des Zusammenseins der Freunde im Juli besprochen wurden. Von dieser Wahrscheinlichkeit beleuchtet, erhält der oben zitierte Brief an Grimm ein neues und rührendes Interesse, da wir von Joachim selbst die Bestätigung haben, daß das Sextett mit Brahms' Erinnerung an Agathe zusammenhängt. In einem Brief, den Joachim dreißig Jahre später schrieb, als die Zeit, von der wir eben sprechen, bringt er ihren Namen ausdrücklich mit einem Motiv in Verbindung

welches die Fortsetzung des schönen zweiten Themas des ersten Satzes[1] bildet. Die Verfasserin kann diesen Umstand noch bekräftigen, indem sie hinzufügt, daß Joachim, als sie ihn einst über Agathe befragte, leise dasselbe Melodiefragment summte. Augenscheinlich fiel ihm dasselbe bei Nennung ihres Namens ein.

Der Komponist hätte dem Roman seiner frühen Mannesjahre kein edleres Denkmal errichten können, als das Sextett in G dur. Wenn es den Durchschnittsmusikliebhaber nicht so unmittelbar anspricht wie das Schwesterwerk in B dur, so ist das wohl

1 Brahms-Joachim-Briefwechsel II, Nr. 506.

begründet durch die still ergebene Stimmung, die es beherrscht. In der Fülle der Schaffenskraft, die sich in den schönen Konturen seiner verschiedenen Sätze zeigt, in der Symmetrie ihrer Teile und der Behandlung des Stoffes kann das zweite Sextett seinen Platz neben dem ersten behaupten; während der Charakter der Themen, die durch ihren Geist der leisen Melancholie, der Weichheit und tapferen Entsagung, auf den empfänglichen Hörer wohltuend wirken, der Komposition unter den Werken aus Brahms' früher Periode der Reifezeit ihre Sonderstellung gesichert hat.

»Das Sextett liebe ich ganz außerordentlich«, schrieb Dietrich später, als das Werk erschien, »und ich möchte es als Ganzes noch über das erste stellen, wenn auch der erste Satz desselben einzig und unvergleichlich ist; hier im zweiten Sextett finde ich eine ganz wunderbare, und bei näherem Vertrautsein immer mehr fesselnde Eigentümlichkeit, die von Musikalischen leicht zu empfinden, aber schwer zu bezeichnen ist.«

Frau Schumanns Aufenthalt in Baden-Baden hatte Ergebnisse im Gefolge, die für die Geschichte von Brahms' Laufbahn von großem Interesse sind. Die unweit gelegene Hauptstadt des Großherzogtums Baden, Karlsruhe, ward im Laufe der nächstfolgenden Jahre zu einem wichtigen Mittelpunkt der Pflege seiner Kunst. Es scheint daher passend, gleich jetzt die Namen einiger Mitglieder der Freundeszahl zu nennen, die, zu Frau Schumanns Kreis gehörend, in der Nähe wohnten oder sich doch häufig daselbst aufhielten, und mit denen Brahms mit der Zeit mehr oder weniger intim wurde.

Jakob Rosenhain (1813 geb.), ein jetzt vergessener Komponist, der aber seinerzeit geschätzt und auch von Schumann und Mendelssohn anerkannt war, lebte in Baden-Baden und wurde zuweilen bei Frau Schumann angetroffen. Sein Name steht an der Spitze des Programms von Johannes' erstem öffentlichen Konzert 1848. Der Maler Anselm Feuerbach (1829–1880), dessen Kunst solch' großen Nachruhm erlangte, der 1864 aber ein wenig bekannter und enttäuschter Mann war, brachte alljährlich mit seiner Mutter einige Wochen in Baden-Baden zu. Der Name Frau Henriette Feuerbach steht auf dem Titelblatt von Brahms' »Nänie«, die bald nach dem vorzeitigen Tod ihres Sohnes komponiert wurde. Neben Feuerbach dürfen wir Allgeyer nicht unerwähnt lassen, den die Leser schon in einem früheren Kapitel, als er noch in Düsseldorf dem Studium der Kupferstechkunst oblag, kennenlernten und der sich jetzt in Karlsruhe als kunstverständiger Photograph niederließ. Mit unbeschränkter Verehrung hing er an Feuerbach und machte sich zum Verkünder seiner Kunst; aber, obwohl sein vierjähriger Aufenthalt in Rom (1856–1860), in engem Verkehr mit dem Maler, eine Unterbrechung seiner persönlichen, intimen Beziehungen zu Brahms herbeiführte, blieben doch beide Männer in gelegentlichem Briefwechsel und hegten gegenseitige aufrichtige Achtung. Nun wurde die alte Freundschaft erneuert, und es währte nicht lange, so nahm Brahms den nächsten Platz nach Feuerbach im Herzen des Kupferstechers ein. Der Gedanke, daß er sowohl den Musiker als auch den Maler zur Zeit ihres aufdämmernden Ruhmes gekannt und geliebt hatte, wurde eine Quelle der Befriedigung und des Stolzes für Allgeyer, dessen Name in Deutschland wohlbekannt ward als der von Feuerbachs Biographen.

In der Mitte der sechziger Jahre behauptete Karlsruhe, gefördert durch den regierenden Großherzog Friedrich, eine außergewöhnlich glänzende Stellung unter den kleineren europäischen Mittelpunkten dramatischer und musikalischer Kunst; es war dazu erhoben worden durch das Talent und den Eifer Eduard Devrients, des vorzüglichen Hoftheaterdirektors, dessen Name auch musikalischen Kreisen als der eines intimen Freundes Mendelssohns vertraut sein mag. Ein Mann von umfassender allgemeiner Bildung, Verfasser einer auf ihrem Gebiete musterhaften – »Geschichte der deutschen Schauspielkunst« – Dramatiker, Sänger, Schauspieler, besaß er eine genaue Kenntnis der besten Überlieferungen der deutschen Bühne – in jenem weiten Sinn, der auch die Oper einschließt – die er sich durch dreißigjährige berufliche Verbindung mit den Hoftheatern von Berlin und Dresden erworben hatte; so war Devrient der ideale Mann für seinen Posten. Wenn auch seine eigene Sympathie der Schule der klassischen Oper, nach der sein Geschmack sich gebildet hatte, treu blieb, beschränkte er doch nicht den Bereich seiner Tätigkeit durch seine Liebe zu Gluck und Mozart oder sein Interesse an der Wiederbelebung alter Werke. Da er einen weiten Blick für die Pflichten seiner Stellung besaß, so erkannte er die Ansprüche der neudeutschen Schule an, und bevor er den von ihm bekleideten Posten nach der Feier seines Jubiläums im April 1869 niederlegte, waren mehrere der Musikdramen Wagners im Karlsruher Hoftheater gegeben worden, wenn auch nicht auf seine Initiative hin, so doch mit seiner Erlaubnis.

Die Wahl eines Nachfolgers für die Anfang 1864 durch die Abdankung Joseph Strauß' (nicht zu der berühmten Wiener Komponistenfamilie gehörig) freigewordene Hofkapellmeisterstelle in Karlsruhe war sicher nicht Devrients geringstes Verdienst um die Musik. Indem er Hermann Levi (1839–1900), nach der Mitte der siebziger Jahre berühmt unter den hervorragendsten Wagner-Dirigenten, und Dirigent der ersten »Parsifal«-Aufführungen Juli–August 1882, für das Amt empfahl und dem jugendlichen Musiker großmütig gestattete, die Früchte seiner eigenen reifen Erfahrung zu benützen, trug er nicht wenig dazu bei, die technische Erziehung eines Künstlers zu vollenden, dessen Name in der Musikgeschichte fortleben wird unter jenen der Großen auf dem von ihm erwählten Bereich der Tätigkeit.

Ein begabter Schüler des Leipziger Konservatoriums, strebte Levi frühzeitig darauf hin, sich als Dirigent auszuzeichnen, und als er im Alter von sechsundzwanzig Jahren in die Dienste des Großherzogs von Baden trat, hatte er schon in den nacheinanderfolgenden Posten zu Saarbrücken, Mannheim und Rotterdam zu seiner künftigen Berühmtheit den Grund gelegt. Er besaß eine groß angelegte und begeisterungsfähige Natur, die ihn das Formelle und Stereotype in der Kunst verwerfen hieß und mit dem, was ihm wirklich fortschrittlich schien, übereinstimmte. So war er schon in seinen Jugendjahren ein großer Bewunderer Schumanns und ging von da leicht über zur Anerkennung von Brahms' Genie, mit dem er, bevor er sich in Karlsbad niederließ, oberflächlich bekannt gewesen war.

Der Sänger Hauser, der Violoncellist Lindner, der Hornist Segisser, die Schriftstellerin Fräulein Anna Ettlinger – alle in Karlsruhe ansässig –, der gelehrte Oberschulrat Gustav Wendt, der 1867 dahin berufen wurde und dessen Wohnung der Schauplatz vieler hervorragender Versammlungen war, müssen in unsere Liste eingeschlossen werden; und von besonderem Interesse ist der Name des Cellisten Bernhard Coßmann – einer Weimarer Berühmtheit –, der sich 1870 in Baden-Baden niederließ. Brahms kam gern zu ihm und wurde herzlich aufgenommen; er nahm teil mit ihm an Aufführungen seiner e moll-Violoncellosonate und – mit dem Hornisten Steinbrügger – solcher des Horntrios.

Eine bemerkenswerte und anziehende, dem Künstlerkreise wohlvertraute Erscheinung ist die Turgenieffs gewesen, der von Anfang der sechziger Jahre bis zum Anfang der siebziger Jahre Baden-Baden alljährlich besuchte. Zum Schluß müssen wir noch Pauline Viardot-Garcia nennen, die sich 1863 in Baden ansiedelte und als Sommeraufenthalt eine geräumige Villa in der Lichtenthaler Allee erbauen ließ, die eine schöne Gemäldesammlung, meist spanischer und niederländischer Schule, enthielt. In ihrem Besitz befand sich auch Mozarts Originalpartitur des »Don Giovanni«, die sie in einem kostbaren Schränkchen verschlossen hielt. Madame Viardot war Musikerin in einem sehr weiten Sinne des Wortes. Ihre Triumphe auf der Opernbühne gehören der Geschichte der musikalisch-dramatischen Kunst an; sie war eine Klavierschülerin Liszts gewesen; hatte Kontrapunkt und Kompositionslehre studiert und komponierte ziemlich viel. Mehrere ihrer Operetten, zu denen Turgenieff die Texte lieferte, wurden von ihren Zöglingen und Kindern in ihrem kleinen Theater in Baden-Baden aufgeführt, wo sie gewohnt war, vielen der damaligen Berühmtheiten, Belustigungen zu bereiten. Eine der Operetten wurde in der deutschen Übertragung von Richard Pohl als »Der letzte Zauberer« an den Hofbühnen von Karlsruhe und Weimar aufgeführt. Auf Bitten ihrer Schülerinnen komponierte Brahms während eines der später folgenden Sommer eine kurze Serenade für Frauenchor zu ihrem Geburtstag und dirigierte deren Aufführung zu früher Morgenstunde vor ihrer Behausung. Dieser freundliche Vorfall in den siebziger Jahren erinnert uns an den der vierziger, wo der jugendliche Johannes bei Gelegenheit von Rektor Köhlers Geburtstag das Amt des Komponisten und Dirigenten in Winsen übernommen hatte.

Brahms' Sonate für zwei Klaviere wurde im Laufe des Sommers mehrmals in Baden-Baden gehört. Als Frau Schumann das Manuskript im Juli vom Komponisten erhielt, nahm sie die Gelegenheit wahr, die Komposition sofort zu probieren, zuerst mit Rubinstein und einige Tage darauf mit Levi. Später, im Laufe der Saison, trug sie die Komposition mit Brahms selbst der Prinzessin Anna von Hessen vor, und das Werk, das, wie wir gesehen haben, in einem Wiener Konzertsaal die Teilnahme des Publikums nicht zu gewinnen vermochte, erreichte bei dieser Gelegenheit seinen Zweck. Es machte starken Eindruck auf die königliche Zuhörerin, die am Schluß des letzten Satzes ihrer Empfindung von dessen Schönheit dem Komponisten gegenüber warmen Ausdruck gab. Brahms, hoch erfreut über die rückhaltlose Anerkennung seitens der Prinzessin, machte ihr Tags darauf seine Aufwartung und erbat sich die gern gewährte Erlaubnis, ihr das Werk widmen zu dürfen, und als es im folgenden Jahr in seiner endgültigen Form – als Quintett für Klavier und Streichinstrumente – gedruckt wurde, erschien auch der Name der Königlichen Hoheit auf dem Titelblatt. Die Prinzessin bewies Brahms ihren Dank für die Huldigung, indem sie ihm einen ihrer Schätze, das Originalmanuskript der Partitur von Mozarts G moll-Symphonie, überließ. Nach seinem Tode ging diese als Teil seiner Bibliothek in den Besitz der »Gesellschaft der Musikfreunde« in Wien über.

Eine interessante Bezugnahme auf die erwähnte Widmung und die damalige Zeit ist im Besitz des gegenwärtigen Landgrafen von Hessen, dessen musikalisches Talent zwanzig Jahre später von Brahms erkannt und ermutigt wurde; sie ist in einem Dankbrief enthalten, den der Meister im Jahre 1892 schrieb, als ihm der Prinz eine in jenem Jahr erschienene Phantasie für Pianoforte gewidmet hatte:

»Euere Königliche Hoheit
Gnädigster Herr Landgraf!

Indem ich mir erlaube Euerer Königl. Hoheit meinen so ergebenen als herzlichen Dank für die Widmung der Fantasie auszusprechen, geht mit gar viel und gar Erfreuliches durch den Sinn. Die hohe und schöne Auszeichnung, als welche ich diese Widmung verehre, erinnert mich der gleichen Freude, die ich empfand, als ich ein Quintett Ihrer hochverehrten Mutter, der Frau Landgräfin, zueignen durfte. Das war in dem schönen Baden-Baden, und es wäre zu verlockend, mehr von den unvergeßlichen Musikstunden und Sommertagen zu plaudern; aber wie vieles drängt sich dann der Erinnerung zu, Meiningen, Frankfurt, Wien, Berlin usw. Wenn ich auch nur diese Namen nenne, meine ich E. K. H. müßten wissen, als ein wie wertes Denkmal vieler schöner Zeiten ich Ihr Werk und seinen mich so sehr ehrenden Titel ansehe und bewahre.

Mit meinem herzlichen Dank für das wertvolle Geschenk verbinde ich den Wunsch, unsere herrliche Kunst möge E. K. H. noch viele so glückliche Stunden verschaffen, wie die waren, von denen diese Fantasie ein so beredtes Zeugnis gibt.

Euer Kgl. Hoheit tief ergebener

Johannes Brahms

Wien, Januar 1892.«

Am 12. September wurde Frau Joachims erstes Kind geboren und es herrschte kein Zweifel, wie es genannt werden sollte. Johannes mußte natürlich Taufpate sein und dem Knaben seinen Namen geben. Brahms war bei der Taufe nicht anwesend, aber er schickte den Eltern als Glückwunsch das Manuskript des kleinen Liedes, das viel später erschien als Nr. 2 aus op. 91, das »Geistliche Wiegenlied«. Der Text ist von Geibel den Worten Lope de Vegas nachgedichtet: »Die ihr schwebt um diese Palmen«. Die Musik, für Alt, Viola und Pianoforte komponiert, ist auf die Melodie eines alten Liedes[1] gegründet, die, in der Brahmsschen Komposition der Viola übertragen ist und als Basis für die kontrapunktische Behandlung der Sing- und der Klavierstimme dient.

Brahms verließ Baden-Baden am 10. Oktober und, nach Wien zurückgekehrt, ging er im Laufe der nächsten wenigen Wochen ruhig seinen gewohnten Beschäftigungen nach, froh im vollen Besitz seiner Zeit zu sein, aber vielleicht nicht ganz ohne vorübergehendes Bedauern, nicht mehr wie im Vorjahr, als Dirigent der Singakademie, mit Chor und Orchester verkehren zu können. Die Veränderung, die sich auf seinen Rat hin in der Familie in Hamburg vollzogen hatte, trug nicht dazu bei, das friedliche Alter seiner Mutter, das er ihr so gern gegönnt hätte, zu verlängern. Frau Brahms hatte ihrem inniggeliebten Sohn das letzte Lebewohl gesagt, als er in diesem Sommer Hamburg verließ. Als sie in der letzten Januarwoche eines Abends vom Theater heimkehrte, erlitt sie einen Schlaganfall und am 2. Februar 1865 entschlief sie still und friedvoll. Johannes, der die Nachricht ihrer Erkrankung erst einige Stunden nach ihrem Verscheiden erhielt, reiste auf die telegraphische Nachricht seines Bruders hin sofort nach Hamburg und wollte ohne Zögern zum Lager der Mutter eilen. Wohl hatte er schon früher schweren Kummer durchgemacht, doch damals, in Schumanns Fall, kam der Tod in Gestalt eines Freundes. Dieser Verlust war anderer Art, und das Dahinscheiden der schlichtliebenden alten Mutter traf ihn bis ins innerste Herz. »Geh' doch noch nicht hinein«, sagte Elise und versuchte ihn zurückzuhalten. Und in der Tat, als er in das Sterbezimmer trat und es ihm plötzlich

1 »Josef, lieber Josef mein,
hilf mir wieg'n mein Kindlein klein.
Gott der wird dein Lehrer sein
Im Himmelreich der Jungfrau Sohn, Maria.«

klar wurde, daß die mütterliche Zärtlichkeit für immer aus seinem Leben geschwunden sei, verließ ihn völlig die Selbstbeherrschung. Er kniete an dem stillen Bett nieder und schluchzte laut in unbezwinglichem Kummer. Als er sich etwas gesammelt hatte, ging er ins Freie. Aber Einsamkeit, die ihm oft willkommen war, war nicht, was er heute brauchte; auch nicht zu viel Teilnahme, sondern Liebe, und Liebe der Art, die ihm vielleicht verwandt schien mit der sicheren, rückhaltlosen Mutterliebe. Er trat bei der guten Frau Cossel ein und bat sie, ihm ein Kind zu überlassen. Sein zwölfjähriges Patenkind Johanna war gern bereit, ihn zu begleiten, und sobald sie zum Ausgehen gerüstet war, ging das Paar zusammen zurück zu Elise, das kleine Mädchen ein wenig beklommen unter solch ungewohnten Umständen und bei dem veränderten Benehmen des Freundes, den sie gewohnt war, als den lustigsten ihrer Gefährten zu betrachten; doch froh auf alle Fälle, ihm nahe zu sein. Sein Patenkind bei Elisen lassend, ging Johannes wieder aus und kam nach einer Weile mit seinem Vater zurück, den er mit sich in das anstoßende Zimmer zog. Zufällig ließ er die Zwischentüre ein wenig geöffnet, und die Szene im Sterbezimmer war dadurch der erschrockenen Johanna von ihrem Platz im Wohnzimmer aus sichtbar und prägte sich unauslöschlich ihrem Gedächtnis ein. Wie festgebannt hing ihr Blick daran, und so jung war sie nicht mehr, um nicht durchschauert und gerührt zu werden, von dem, was sie sah.

Die beiden Männer standen zusammen eine kurze Weile an der Seite des Bettes, ohne sich zu rühren. Dann legte Johannes seine Hand auf des Vaters Arm, zog ihn sanft nach der unbeweglichen Gestalt hin, und legte des Gatten Hand über die des toten Weibes, beide mit der eigenen bedeckend zu einer letzten Versöhnung. Gute Freunde kamen zum Begräbnis und wahre Teilnahme umgab ihn, aber Johannes schreckte in seinem Leid vor den Ausdrücken des Bedauerns zurück. »Ich habe jetzt keine Mutter, ich muß heiraten«, sagte er in seinem Unglück, wie der Gottesdienst vorüber war. Stockhausen und dessen Frau bestanden darauf, daß er und Elise an diesem Tag in aller Stille bei ihnen speisen sollten, und ohne Zweifel tat Brahms die liebevolle Aufmerksamkeit wohl, die ihm von allen Seiten entgegengebracht wurde, und er war ruhig dankbar dafür. Nach einigen Tagen kehrte er zu seiner Arbeit zurück, aber die Verantwortung, für Elisens Unterhalt zu sorgen, welche sich in dem Familienzerwürfnis ganz auf Seite der Mutter gestellt hatte und vor dem Gedanken zurückschrak, wieder mit dem Vater zu leben, ruhte noch gänzlich auf ihm.[1]

Die beiden ersten Stockhausen gewidmeten Hefte der »Magelone-Romanzen« und das Pianoforte-Quintett erschienen zu Anfang dieses Jahres bei Rieter-Biedermann. Die Sonate für zwei Pianofortes nach dem Quintett wurde von derselben Firma 1872 herausgegeben.

Das F moll-Quintett, op. 34, ist fraglos eines der größten Werke der Kammermusik für Pianoforte und Streichinstrumente, die je geschrieben worden sind. Einige hervorragende Schriftsteller gehen so weit, ihm unter des Komponisten Werken dieser Gattung den ersten Platz einzuräumen; und wenn wir die Größe seiner Gestaltung betrachten, die stürmische Macht und das tiefe Pathos seiner Gedanken, den außerordentlichen Reichtum an thematischem Material und die erstaunliche Kraft, mit der dasselbe behandelt ist, so müssen wir zugeben, daß sich besagte Meinung wohl hören lassen kann. Der Verfasserin scheint es jedenfalls unmöglich, irgend eines von Brahms' Werken aus dieser Zeit und Gattung im Vergleich mit den andern vorzuziehen. Sie sind alle so groß, daß sie sozusagen erhaben sind über jeden künftigen Vergleich. Sie scheinen so unnahbar und sicher in ihrem eigenen Reich, wie die unsterbliche »48« selbst in einer anderen Beziehung. Die Macht der Phantasie, die mit schwellenden Wogen den ersten Satz erfüllt, ruft uns in dem Quintett den Wagemut des jugendlichen Brahms ins Gedächtnis, der aber hier von Meisterhand geleitet wird. Dieser erste Satz beherrscht das ganze Werk. Seine gegensätzlichen Töne glühender Leidenschaft und kaum minder fesselnder geheimnisvoller Romantik klingen nach in dem reichen Pathos des *Andante un poco Adagio,* in dem kapriziösen Stimmungswechsel des Scherzos mit seinem herzergreifenden Trio und in der täuschenden Ruhe des Finales, das in der Coda plötzlich ins Lebhaft-Bewegte umschlägt und den Satz zum triumphierenden Abschluß führt.

Keine Komposition zeigt deutlicher als diese Brahms' Gabe, seine Themen zu befruchten – früheres Material neu zu gestalten

1 Die oben angeführten Einzelheiten sind der Verfasserin von Fräulein Johanna Cossel, Frau Edward Stone (Minna Völckers) und Frau Professor Stockhausen persönlich mitgeteilt worden.

–, eine Gabe, die seinen Werken einen Zusammenhang und eine Festigkeit gibt, die, außer etwa in Bachs eigenen Kompositionen, kaum ihresgleichen findet, und die, in künstlerischem Sinne, eine gewisse Ähnlichkeit mit der Urkraft hat, die alle organische Entwicklung lenkt.

Der Sommer dieses Jahres (1865) wurde wieder in Frau Schumanns Nähe verbracht. Brahms nahm eine Wohnung – zwei kleine Zimmer mit recht vielen Fenstern – in Frau Beckers Haus, das etwas abseits vom Dorf Lichtenthal, an einer idyllischen Stelle zwischen Anhöhen lag. Brahms' Art zu leben war wesentlich dieselbe, wo auch immer er seine Sommerresidenz aufschlagen mochte: er stand bei Morgendämmerung auf, und, nachdem er sich den Kaffee bereitet hatte, machte er einen weiten Spaziergang durch die umgebenden Wälder, um so die frische Freude der frühen Stunden zu genießen. Dann kehrte er zur Arbeit in seine Wohnung zurück, bis die Zeit für das Mittagsmahl kam, das er entweder bei Frau Schumann oder im Garten des »Goldenen Löwen« einnahm; denn damals speiste er nur gelegentlich, etwa wenn er einen Freund bei sich hatte, in dem etwas teueren »Bären«. Um vier Uhr war er gewöhnlich zum Nachmittagskaffee auf Frau Schumanns Balkon und verbrachte eine Stunde bei ihr mit Musik, Unterhaltung oder Spazierengehen. Auch kam er öfter zum Abendbrot um halb acht, wo dann ganz selbstverständlich zur Rechten Frau Schumanns für ihn gedeckt wurde.

Alle Umstände der Umgebung waren seiner rastlosen schöpferischen Tätigkeit günstig, und schon hatte das tiefe erschütternde Ereignis, das jüngst seinen Geist bewegte und bereicherte, jenen Impuls in ihm wachgerufen, der wachsen und ihn allgemach beherrschen sollte, bis er in einem Werk Gestalt gewann, das, wäre es als einziges Kind seines Genies der Welt geschenkt worden, doch allein schon seinem Namen Unsterblichkeit verliehen hätte.

Bevor Brahms Lichtenthal verließ, kam von Hamburg eine Mitteilung, die über seine Gefühle der Zärtlichkeit und des Grames noch den Schatten einer großen Familiensorge breitete.

Nachdem er Verpflichtungen für die Konzertsaison vor Weihnachten in der Schweiz und in Deutschland angenommen hatte, blieb er bis Ende Oktober in seiner Wohnung bei Frau Bekker, und hier bekam er, etwa eine Woche vor Beginn seiner Tournee, die Nachricht, daß sein Vater sich entschlossen habe, wieder zu heiraten, und sich mit einer Witwe verlobt habe. Die Mitteilung kam ihm, so wie sie war, direkt von Jakob selbst; aber sie enthielt keinerlei Einzelheiten, welche die wachsende Besorgnis hätten beschwichtigen können; nicht einmal der Name der künftigen Frau war genannt, und sie versetzte den Sohn in einen Zustand größter Aufregung, in dem die zärtliche Empfindung des Leides um die liebe alte Mutter vielleicht nicht das vorherrschende Element gewesen sein mochte. Wer konnte die Auserwählte sein? Würde sie den Vater glücklich machen? Konnte Ehestand überhaupt glücklich machen, wenn nicht seltenstes Zusammenwirken der Umstände dazu beitrug? Waren aus erster Ehe der Witwe Kinder da, für die man sorgen mußte? und wenn, wer sollte für sie sorgen? Jakobs Mitteln konnte eine weitere Bürde nicht zugemutet werden. Und doch, – der liebe, einfache, ungebildete Vater, oft genug die Zielscheibe des Witzes seiner jüngeren Kollegen im Philharmonischen Orchester; dieser Musikant ohne musikalische Begabung, der – wenn man solche Neigung, wie Johannes manchmal sagte, nach gegebenen Beweisen messen könnte – die Musik und seine Instrumente mehr liebte, als er selbst seine Kunst; der mit unerschütterlicher Ausdauer lange Jahre der Entbehrung und des Kampfes ertragen hatte in seinen Bemühungen, sich ein Plätzchen in der Welt der Kunst zu erringen, und dem dies auch gelungen war, – sein Vater – und es bedarf keines Propheten, um sich das Rührende dieses Gedankens für das liebende Herz des Komponisten vorzustellen – verdiente der nicht das Glück, wenn dieser Schritt von Glück begleitet sein sollte? Johannes war an diesem Tage nur zweier Entschlüsse hinsichtlich der Angelegenheit fähig: erstens sollte sein Vater glücklich gemacht werden, wenn er etwas sagen oder tun konnte, um dazu beizutragen; zweitens wollte er, sobald es seine Verpflichtungen gestatten würden, nach Hamburg reisen, um die Weisheit der väterlichen Wahl selbst zu beurteilen.

Das erste seiner herbstlichen Konzertvorhaben führte Brahms am 3. November in Karlsruhe aus, wo er im Saal des Museums im ersten Abonnementkonzert der Saison sein Klavierkonzert vortrug, begleitet von dem großherzoglichen Orchester unter Levi. Das Werk wurde zum erstenmal mit allen Zeichen der Billigung aufgenommen: »Die Leute hatten die überraschende Freundlichkeit, ganz zufrieden zu sein, mich zu rufen, zu loben, und was sonst ist,« schrieb er an Dietrich. Zwei der Vokalquartette, op. 31, waren in das Programm mit aufgenommen, und im zweiten Teil des Konzertes spielte Brahms einige Solostücke von Schumann. Am 6. des Monats wurden in einem Konzert, das Frau Schumann und Joachim in demselben Saale gaben, von Hauser zwei neue Magelone-Romanzen zum erstenmal öffentlich gesungen.

Von Karlsruhe reiste Brahms nach der Schweiz, um seinen Verpflichtungen als Komponist und Pianist nachzukommen. Er gab eigene Konzerte in Basel und Zürich, wo er große Klaviersoli von Bach, Beethoven, Schubert und Schumann spielte und dem Publikum seine beiden Klavierquartette (op.25 und 26) und die Händelvariationen vorführte. Eine anziehende Nummer des Basler Konzertes bildete der Vortrag der Gesänge mit Harfen- und Hornbegleitung, op. 17, durch einige Mitglieder des Basler Chorvereins unter seiner Leitung. Er nahm auch hervorragenden Anteil an dem ersten Züricher Abonnementkonzert der Saison, in dem er seine dort zwei Jahre früher unter Fichtelberger bereits aufgeführte D dur-Serenade dirigierte und Schumanns Klavierkonzert, sowie Bachs Chromatische Phantasie vortrug. In Winterthur gab er mit seinem Freund Theodor Kirchner eine Kammermusik-Soiree, woran sich der junge kürzlich zum städtischen Dirigenten in Zürich ernannte Violinist Friedrich Hegar beteiligte. Über dieses Konzert hat Widmann, der bei dieser Gelegenheit Brahms zum erstenmal sah und hörte, Bericht erstattet.

»... Auch lag etwas zuversichtlich Sieghaftes in diesem Antlitz, die strahlende Heiterkeit eines in seiner Kunstausübung glücklichen Geistes ...«[1]

Nach Deutschland zurückgekehrt, trat Brahms am 5. Dezember in Mannheim auf; und am 7. beteiligte er sich mit Strauß und Segisser, Mitgliedern des großherzoglichen Orchesters, an der ersten öffentlichen Aufführung seines jüngst vollendeten Trios für Pianoforte, Violine und Horn in dem Karlsruher »Foyer-Konzert«. Dieses eingebungsvolle Werk behauptet seit langem eine besondere Stelle in der Neigung der wahren Brahms-Freunde wegen der dasselbe erfüllenden Atmosphäre reiner Schönheit des Klangs, der Stimmung und des Gedankens. Die edle Einfach-

1 »Johannes Brahms in Erinnerungen«, S. 17.

heit der Themen und der naturgemäße Charakter ihrer Entwicklung fesselt selbst den unvertrauten Zuhörer durch alle drei Sätze, und das große musikalische Wissen des Komponisten hat es zu einem makellosen Beispiel seiner Art herausgearbeitet, in dem der Musiker vom Fach bei eingehender Prüfung keinerlei schwache Stelle zu entdecken vermag. Das *Adagio* hat den Charakter einer Klage und wird im Ausdruck tiefer Trauer kaum seinesgleichen finden, außer in einigen wenigen langsamen Sätzen von Brahms selbst und in einigen von Beethoven. Das Trio war ein Lieblingswerk des Komponisten, und es ist interessant, aus seinem eigenen Mund zu erfahren, daß ihm die Begeisterung dazu auf einem seiner Spaziergänge in der Nähe von Lichtenthal kam. Als er ein oder zwei Jahre nach dem gegenwärtig besprochenen Datum mit seinem Freunde Dietrich einen seiner geliebten bewaldeten Hügel bestieg, zeigte er dem Begleiter genau die Stelle, wo ihm das erste Thema des ersten Satzes eingefallen war, und sagte: »Eines Morgens ging ich spazieren und wie ich an diese Stelle kam, brach die Sonne hervor und sofort fiel mir das Thema ein.«[1]

Am 12. Dezember dirigierte Brahms seine D dur-Serenade und spielte Beethovens Es dur-Konzert im fünften Gürzenich-Abonnementkonzert in Köln. Doch weder als Pianist noch als Komponist hatte er dabei viel Erfolg. Die Serenade wurde für zu sehr in die Länge gezogen befunden und die Themen als zu naiv für deren kunstvolle Ausarbeitung. Eine andere Aufnahme wurde ihm bei einer Kammermusik-Soiree zuteil, die er im Hotel Disch veranstaltete und bei der er mit Hiller seine vierhändigen Variationen, op. 23, und mit Königslöw und dessen Kollegen das Klavierquartett in G moll vortrug. Beide Werke wurden mit Beifall aufgenommen, und der Komponist als solcher erreichte einen Erfolg, der seiner Stellung im Reiche der Kunst würdig war. Ehe Brahms Köln verließ, spielte er in einer Versammlung des »Musikvereins« vor privater Zuhörerschaft, die aus den Vereinsmitgliedern – die meisten unter ihnen Professoren oder Schüler des Konservatoriums – bestand. Unter den Stücken, die er bei dieser Gelegenheit zum Vortrag wählte, befand sich Bachs großes Orgelpräludium mit Fuge in a moll.

Nun endlich bot sich dem besorgten Sohn die ersehnte Gele-

1 Der Verfasserin persönlich mitgeteilt von Hofkapellmeister Dietrich.

genheit, nach Hamburg zu reisen, um seinen Vater zu besuchen und die Bekanntschaft der erwählten Stiefmutter in spe zu machen. Zu seiner Befriedigung fand er, daß Jakob aller Wahrscheinlichkeit nach weise gewählt hatte und daß der beabsichtigte Wechsel in seinem Leben mit ziemlicher Sicherheit nach allem überstandenen Ungemach doch noch einen glücklichen und freundlichen Beschluß seiner Laufbahn versprach.

Frau Caroline Schnack, eine stattliche Witwe, die schon zweimal Gattin gewesen war, hatte eben das einundvierzigste Lebensjahr vollendet und war daher um siebzehn Jahre jünger als ihr präsumtiver dritter Ehemann. Sie hatte nur ein Kind aus zweiter Ehe, ihren Sohn Fritz, damals ein Bursche von vielleicht sechzehn Jahren. Eine gute Wirtin und tauglich zu diesem Beruf, hielt sie einen vortrefflichen öffentlichen Mittagstisch für alleinstehende Männer, unweit von der in einem früheren Kapitel unserer Erzählung geschilderten Musiker-»Börse«, und hatte einen regelmäßigen Kundenkreis unter den Mitgliedern des Stadttheaterorchesters. Seit der Zeit, wo Johannes die Trennung seiner Eltern für ratsam befunden hatte, war Jakob der Witwe täglicher Gast gewesen, und ihre Kochkunst und ihre soliden Eigenschaften hatten ihr nach und nach den Weg zu seiner Zuneigung gebahnt. Bei seiner Unterredung mit Frau Schnack bekam Johannes sofort einen günstigen Eindruck von ihrer Persönlichkeit und gab seine Einwilligung zu der Verlobung; nur bestand er darauf, daß man sich auf beiden Seiten Zeit zur Überlegung lassen sollte, bevor der unwiderrufliche Schritt zur Ehe getan würde. Nach ein oder zwei in Hamburg verlebten Tagen reiste Johannes beruhigten Gemüts nach Detmold, wo er es durch Bargheers Vermittelung so eingerichtet hatte, daß er die Weihnachtswoche dort zubringen konnte, um auf dem Schauplatz seiner früheren Tätigkeit wieder als Komponist und Pianist aufzutreten.

Der Besuch verlief sehr glücklich. Der große Komponist, dem seit seinem Aufenthalt vor sechs Jahren in der kleinen Residenzstadt, mit Ausnahme einiger Enttäuschungen viel Erfolg und Ruhm zuteil geworden war, war heiter, wie er es unter vertrauten Gefährten stets zu sein pflegte. Der Wechsel, der seither in dem Kreise stattgefunden hatte, war zum Besseren ausgeschlagen. Bargheer war vermählt, Carl von Meysenbug verlobt. Die Zusammenkünfte der ehemaligen Junggesellen wurden von Damen belebt – reizende junge Frauen und hübsche Mädchen – und Brahms war bereit, sich allen Lustbarkeiten hinzugeben; seine Heiterkeit war wohl noch erhöht durch die Reaktion auf die jüngst empfundene Spannung des Gemütes, die des Vaters Angelegenheiten bei ihm hervorgerufen hatte. Diese geselligen Abendstunden waren nur heitere Zwischenspiele ernsterer Freuden. Jeden Tag gab es Musik im Palast, im Schloß oder in einem der musikalischen Privathäuser. Brahms dirigierte seine A dur-Serenade und spielte Beethovens Es dur-Konzert in einem Orchesterkonzert und nahm teil an einer Soiree im Palast, in der er unter anderem dem teilnehmenden, wohlbekannten Hofkreise mit Bargheer die Kreutzersonate vortrug. Dieser Besuch, welcher der letzte war, den er Detmold abstattete, bildete einen würdigen Abschluß seines Verkehrs an Fürst Leopolds Hof, an dessen Andenken, besonders aber an das der verschiedenen Mitglieder der fürstlichen Familie, sich immer die künstlerische Auszeichnung knüpfen wird, daß sie des Komponisten Genie frühzeitig erkannten und seine Persönlichkeit zu schätzen wußten.

Seine ursprünglichen Pläne ändernd, verließ Brahms Detmold am Weihnachtsheiligabend und überraschte Frau Schumann, die mit einigen Familienmitgliedern in Düsseldorf zu Besuch war, gerade in dem Augenblick, da der Baum in Lichtern erstrahlte, kurz vor der Bescherung.

Sein nächstes Reiseziel war Oldenburg, wo er mit Dietrichs das Neujahrsfest 1866 feierte.[1] Er spielte sein eigenes Konzert und cinc unveröffentlichte Komposition von Schubert im Oldenburger Abonnementkonzert vom 5. Januar, und in der Kammermusik-Soiree vom 10. trug er einige Bach'sche Soli zu dem Programm bei, spielte mit Dietrich Schumanns Variationen in B dur für zwei Pianofortes und nahm mit Engel und Westermann an der zweiten öffentlichen Aufführung seines Horntrios teil, welches tiefen Eindruck machte. Es ist von Wichtigkeit, hier hinzuzufügen, daß Westermann sich bei dieser Gelegenheit und Segisser bei dem Karlsruher Konzert im Dezember des Naturhorns bedienten, auf Brahms' ausdrücklichen Wunsch, der damals und später

1 »Ich bin vom 20.–28. Dezember ungefähr in Detmold,« hatte er von Hamburg aus an Dietrich geschrieben, »und komme also zu Neujahr etwa zu Dir. Meine Reise kann mir sehr gefallen, über Erwartung ist sie mir in jeder Beziehung erfreulich.«

den Hornisten seiner Bekanntschaft gegenüber immer behauptete, man könne mit dem Ventilhorn seinem Werke unmöglich eine poetische Wiedergabe sichern.

»Ist der Bläser nicht durch die gestopften Töne gezwungen, sanft zu blasen, so sind auch Klavier und Geige nicht nötig, sich nach ihm zu richten. Alle Poesie geht verloren und der Klang ist von Anfang an roh und abscheulich. Ich meine die ersten sechszehn Takte müßten sofort überzeugen und deutlich zeigen, wie das ganze Stück zu behandeln ist.«[1]

Das Auftreten in Oldenburg war der Abschluß der Tournee. Nach unseres Musikers eigener Erklärung war er vollständig befriedigt von dem Erfolg seiner Reise, die, wenn sie keine Triumphkette gebildet hatte, doch wenigstens die Tatsache beweisen half, daß seine Werke sich allmählich ihren Weg in die musikalischen Kreise Europas bahnten; doch lag es, wie wir wissen, weder in seiner Neigung, noch war es sein Zweck, seine gelegentlichen Künstlerreisen zu verlängern. Er lehnte sich dagegen auf, seine persönliche Freiheit durch feste Verpflichtungen beschränken zu lassen oder seine Gemütsruhe durch eiliges Reisen von Ort zu Ort zu stören; und dieses Jahr hatte er mehr Grund als gewöhnlich zu dem Wunsche, sich wieder ruhig niederzulassen und seine Gedanken zu sammeln, wie es unerläßlich ist zum Schaffen eines Werkes, würdig, ein Meisterwerk genannt zu werden. Nach einem zweiten und längeren Aufenthalt in Hamburg, der die Zufriedenheit bestätigte, mit der er die bevorstehende Wiederverheiratung des Vaters betrachtete, kehrte er nach Karlsruhe zurück, um den Rest des Winters in Allgeyers Hause in der Langenstraße – jetzt als Kaiserstraße bekannt – zu verleben.

Im ersten Viertel des Jahres 1866 wurde eine lange Reihe von Werken veröffentlicht. Bei Rieter-Biedermann erschienen die beiden Hefte der außerordentlich schwierigen und brillanten Paganinivariationen für Pianoforte, welche, wenn sie auch den übrigen in dieser Form komponierten Werken Brahms' gegenüber an musikalischem Wert nachstehen, sich doch, werden sie von einem ihnen gewachsenen Künstler vorgetragen, als von eigentümlicher

1 Aus einem von Richard Heuberger herausgegebenen Brief von Brahms. (Beilage zur Allg. Musikalischen Zeitung, 1899, Nr. 260)

und durchschlagender Wirkung erweisen;[1] ferner die drei geistlichen Chöre, op. 37, für Frauenstimmen *a capella,* deren in unserem I. Band bereits im Zusammenhang mit dem »Frauenchor« gedacht wurde. Bei Simrock erschien das zweite Streichsextett in G dur, die würdige Schwester ihrer Vorgängerin, wenn auch vielleicht nicht so allgemein beliebt; und etwas später die Dr. Gänsbacher gewidmete E moll-Violoncello-Sonate. Das Horntrio gab dieselbe Firma ganz am Ende des Jahres heraus.[2]

Die Sonate in E moll für Pianoforte und Violoncello, die erste von Brahms' sieben veröffentlichten Duo-Sonaten für Pianoforte und ein anderes Instrument, die alle charakteristische Beispiele gewisser Seiten seines Genies sind, ist eine schätzbare Nummer der relativ kurzen Reihe von Werken ihrer Art für Violoncello. Der erste Satz, anmutig, ausdrucksvoll, von zart melodischem Charakter, nähert sich an einer Stelle des Durchführungssatzes der Leidenschaft, kehrt aber sogleich zu der köstlichen träumerischen Stimmung zurück, mit der der Komponist seine Hörer so oft in den Bannkreis seiner Phantasie zwingt. Das darauf folgende »*Allegretto quasi menuetto«,* ist ein auserlesenes Beispiel einer Satzgattung, in deren Schaffen Brahms ohne Rivalen dasteht. Es fesselt mit unwiderstehlicher Sicherheit durch seine ätherische, scherzhafte, poetische Phantasie, zu der ein Anflug von Ernst im Trio in genügendem, aber nicht zu ausgesprochenem Gegensatz steht. Das Finale ist ›con amore‹ in Form einer freien Fuge geschrieben, die, in ihrem ganzen Verlauf voll Geist und Kraft, in einer lebhaften Coda dem Ende zustürmt. Man sollte Acht darauf geben, das Tempo dieses Satzes beim Vortrag nicht zu überhasten: wenn die Passagen für Violoncello zu rasch genommen werden, verlieren sie an Wirkung.

Bei seiner Rückkehr nach Karlsruhe ging Brahms daran, die Komposition des »Deutschen Requiems« fortzusetzen, mit der er sich seit Anfang des Frühjahr 1865 mehr oder weniger beschäftigt

1 Indem Brahms den Variationen den zweiten Titel »Studien für Pianoforte« gab, zeigte er deutlich genug die Absicht an, mit der er sie der Welt übergab.

2 Das Jahr der Herausgabe des Horn-Trios wird in Simrocks Thematischem Katalog unrichtig als 1868 angegeben. Es wurde unmittelbar vor seinem Erscheinen von Frau Schumann, David und Gumpert in der Gewandhaus-Kammermusiksoiree vom 15. Dezember 1866 gespielt und in der »Allgemeinen Musikalischen Zeitung« vom 2. Januar 1867 rezensiert.

hatte;[1] und es war in späteren Jahren eine von Allgeyers Lieblingserinnerungen, daß ein Teil des inspirierten Werkes unter seinem Dach zu Papier gebracht worden war.

Es ist bekannt, daß Brahms' engste Freunde die Komposition als ein Andenken an seine Mutter betrachteten. »Wir alle glauben, daß er es zur Erinnerung an sie schrieb, obschon er es nie ausdrücklich gesagt hat,« äußerte sich Frau Schumann einige Jahre später zur Verfasserin. »Nie ist von kindlicher Liebe ein edleres Denkmal gesetzt worden,« sagte Joachim bezüglich des »Deutschen Requiems« in seiner Festrede bei der Brahms-Gedenkfeier zu Meiningen im Oktober 1899; und wenigstens das können wir mit Sicherheit behaupten, daß dieses Werk, die Krone von vielem, was der früheren Tätigkeit des Komponisten entstammt, im ganzen auch ein Merkzeichen jener inneren Regungen ist, die ihn in der Zeit, unmittelbar nach seiner Mutter Tod, bewegten; ganz abgesehen von der Frage, ob er es aus einem Werk entwickelte, das schon zu einer früheren Zeit seiner Laufbahn entworfen war oder nicht. Es ist jedoch ein Umstand von größtem Interesse, daß ihm jene Weisen, die er im Kummer über die Tragödie von Schumanns Erkrankung ersonnen hatte, geeignet erschienen für eine seiner lebendigsten und außerordentlichsten Eingebungen – für den erhabenen Trauermarsch des Requiems –, und wir können mit Recht annehmen, daß ihn die Erinnerung an den tief verehrten Freund bei dieser Arbeit begleitet hat. Vielleicht dürfen wir uns der Vorstellung hingeben, daß die große Liebe und das tiefe Leid, die in Brahms' Erinnerung zusammen wohnten, seltsame Gegensätze umfassend – Schumann den großen Genius und Meister, Johanna, die schlichte alte Mutter – für immer vereint in dieser hehren Musik fortleben. Es existiert für eine präzisere Behauptung keine Gewähr bezüglich des Komponisten Absicht, außer in der fünften Nummer des Werkes, dem Sopransolo mit Chor, das erst einige Monate nach den anderen Sätzen hinzugefügt wurde. Von diesem können wir mit Bestimmtheit sagen, wie sich zeigen wird, daß, während Brahms daran schrieb, ihm die

1 Eine Fassung des ersten Satzes wurde Ende April jenes Jahres an Frau Schumann geschickt.

Erinnerung an seine Mutter in besonderem Sinne gegenwärtig war.

Jakobs Heirat mit Frau Schnack fand im März statt, etwas über ein Jahr nach dem Tod der ersten Frau. Johannes schickte eine beträchtliche Geldsumme als Hochzeitsgeschenk, und seine große Befriedigung in der Erwartung, des Vaters Glück zu sehen, war ein Lieblingsthema seiner Gespräche mit Allgeyer, der stets ein teilnehmender Zuhörer blieb. Eine von Allgeyer aufgenommene Photographie des Komponisten wurde einige Wochen nach der Hochzeit an Jakob geschickt, als bleibendes Andenken an des Sohnes Glückwünsche zu dieser Gelegenheit. Sie existiert noch heute und ist im Besitze des Herrn Fritz Schnack, »des zweiten Fritz«, wie Johannes seinen Stiefbruder liebevoll zu nennen pflegte.

Frau Carolines Geschäft wurde jetzt aufgegeben und das neuvermählte Paar bezog eine Wohnung im vierten Stock in Nr. 5, Anscharplatz, Ecke des Valentin-Camp, einem anständigen Geschäftsviertel von Hamburg, wo sie genügend Raum hatten, um, im Hinblick auf Frau Carolines Tüchtigkeit, zwei oder drei Kostgänger aufzunehmen. Ein großes, luftiges Zimmer, »das Eckzimmer«, wurde für Johannes reserviert, der schließlich doch für die Miete der Wohnung aufkommen mußte; dorthin brachte man seine Bücherschränke, Bücher und übrigen Hamburger Habseligkeiten; während Elise, die seit der Mutter Tod noch keinen bestimmten Plan gefaßt hatte, sich in der Nähe einer Tante in einem anderen Stadtteil niederließ. Johannes war tatsächlich so erfreut über die verschiedenen zufriedenstellenden Berichte, die er im Lauf des Jahres von dem neuen Hausstand erhielt, daß es Zeiten gab, während deren er wieder zu dem Gedanken neigte, sich abermals unter seines Vaters Dach anzusiedeln. Frau Caroline leitete ihre Geschäfte mit sorgfältiger und verständiger Sparsamkeit, und es herrschte Friede und Glück in dem Heim. Auf seine Weise war Jakob ebenso regelmäßig in seinen Gewohnheiten wie sein Sohn. Jeden Morgen begab er sich nach der »Börse«, um nach Arbeit zu fragen, und erhielt kleine Engagements; oft als Ersatzmann in den Theaterorchestern. Seine Stelle als Kontrabassist im Stadttheater hatte er im Lauf der fünfziger Jahre, infolge Direktionswechsels, schon verloren, aber er blieb Mitglied des Philharmonischen Orchesters bis ein Jahr vor seinem Tode. Er war stolz auf seine Frau und fühlte sich wohl bei ihr, kam nach Hause, sobald seine Pflichten beendet waren, genoß die gute, einfache Kost, die sie ihm bereitet hatte, und war vollkommen glücklich, wenn er mit seiner Pfeife bei einer großen Tasse dünnen Kaffees in der Küche sitzen und ihren Bewegungen folgen konnte. Einmal wöchentlich unterhielt er sich damit, ins Judenviertel zu gehen und die billigen Waren aus zweiter Hand zu mustern, mit denen die Verkäufer ihn als Kundschaft anzulocken suchten. Seine Schwäche zu »handeln« war manchmal eine Quelle der Verlegenheit für seine Frau, trotz der Festigkeit, mit der sie sein Taschengeld auf die Summe von einigen Groschen reduziert hatte. Einmal brachte er ihr eine Menge Kleiderhaken, ein andermal mehrere Pfund Honig. »Gott, Brahms, was sollen wir damit?« fragte sie verzweifelt. »Nu, Lina, kun ich dat nu stehen laten für den Pries?« pflegte er zu antworten. Johannes hielt dem Vater Standreden wegen seiner Schwäche, Geld auszugeben, und sagte ihm, wie sparsam er selbst sein müsse; er konnte ernstlich böse werden, wenn er fand, daß Jakob wirklich verschwenderisch oder gedankenlos gewesen war. Dies geschah jedoch nur selten.

Die Tatsache, daß Brahms in dieser Periode seiner Laufbahn so viele Monate ununterbrochen in Deutschland zubrachte, läßt sich zweifellos teilweise dadurch erklären, daß er der politischen Lage der Zeit gegenüber sehr empfindlich war. Sie ist aber von mehr als vorübergehendem Interesse für das Studium seines Lebens, weil sie den Eindruck, den wir aus seiner ganzen Korrespondenz schöpfen können, bestätigt, daß, so anziehend ihm Österreich als die Heimat einiger der glorreichsten Überlieferungen seiner Kunst auch sein mochte, ihn doch weder die Enttäuschung seiner Hoffnungen in Hamburg, noch die erfreuliche Erfahrung seiner ersten Besuche in Wien mit dem Gedanken an einen dauernden Aufenthalt in fremdem Land vertraut machen konnte.

»Wie ich überhaupt ein etwas altmodischer Mensch bin, so auch darin, daß ich kein Kosmopolit bin, sondern wie an einer Mutter an meiner Vaterstadt hänge . . . Jetzt, hier, wo mich so viel Schönes erfreut, empfinde ich doch, und würde es immer empfinden, daß ich fremd bin, und keine Ruhe habe . . . Und doch möchte man gebunden sein und erwerben, was das Leben zum Leben macht, und ängstigt sich vor der Einsamkeit. Tätigkeit im regen Verein mit Andern und im lebendigen Verkehr Familienglück, wer ist so wenig Mensch, daß er die Sehnsucht danach nicht empfindet?«

Diese Worte, die der Komponist zur Zeit seiner ersten Erfolge in der österreichischen Hauptstadt niederschrieb, können als Ausdruck seiner innersten Überzeugung während vieler Jahre seines späteren Lebens angenommen werden. Das Aufgeben des Haushaltes in der Fuhlentwiete und der Tod seiner Mutter, weit entfernt seine Anhänglichkeit an die Heimat zu schwächen, ließen ihn nur noch liebevoller an all dem hängen, was er mit den Neigungen und erprobten Freundschaften seiner Kindheit und Jugend in Zusammenhang brachte; und das Herbe in seinem Benehmen und seinen Reden, über die sich seine Gefährten manchmal beklagten, mochte sich zu dieser Zeit ohne Zweifel noch verstärkt haben durch das bittere Bewußtsein, daß das Hochhalten des Banners idealer Kunst, dem er in Treue und Gehorsam stets gefolgt war, von seinen Landsleuten für unvereinbar mit den praktischen Anforderungen einer ansässigen amtlichen Tätigkeit in ihrer Mitte gehalten worden war.

Von den beiden Gefährten, mit denen Brahms während des Aufenthaltes in Karlsruhe seine Mußestunden hauptsächlich verlebte, war es wahrscheinlich sein alter Freund, der verläßliche, still-teilnahmsvolle Allgeyer, zu dem er sich auf die Dauer mehr hingezogen fühlte. So interessant auch Levis Gesellschaft sein mochte, sein erregbares Temperament, das sich oft in übertrieben hochfliegenden Worten verriet, konnte gelegentlich einen Mißklang in Brahms' aufrichtiger Natur erwecken. Wir brauchen aber keine weitere Erklärung für die zeitweiligen Unterbrechungen der zwölf Jahre langen Intimität der beiden Musiker als die, welche wir in einem Briefe finden können, den Levi am 18. April 1866, dem Tage, wo Brahms Karlsruhe verließ, an Frau Schumann schrieb, wie wohlbegründet auch darin die Wertschätzung von des Komponisten Gaben des Geistes und Gemütes sei:

»Heute ist Brahms abgereist ... Das ist ein Mensch! Sonst tragen alle Erdenkinder den Stempel ihrer Zeit und deren Schwächen an der Stirne; er allein vermag sich loszulösen von allen menschlichen Verhältnissen, unberührt zu bleiben von dem Schmutze und der Misere des Lebens, sich aufzuschwingen auf eine ideale Höhe, wohin wir ihm nur nachschauen, nicht ihm folgen können. Ist es uns zu verdenken, wenn uns dabei manchmal schwindelt? Er ist mit keinem Maßstabe zu messen, den wir an Unseresgleichen anzulegen gewohnt sind. Er sieht von souveränem Throne auf uns herab; wenn wir uns ihm nahe fühlen, ruft er uns zu: Du gleichst dem Geist, den Du begreifst, nicht mir; wir sind momentan zurückgestoßen, verletzt, vernichtet, aber immer wieder fühlen wir uns zu ihm hingezogen mit magnetischer Gewalt. Solange solche Geister unter uns wandeln, wird der Materialismus der Zeit nicht die Oberhand gewinnen; wir wollen uns um ihn scharen, die wir zusammengehören.«[1]

Verlockt von der Nähe der Schweiz, erfüllte Brahms ein altes Versprechen und verbrachte einige Wochen des April und Mai bei seinem Verleger Herrn Rieter in Winterthur. Im Juni nahm er eine Wohnung in Theodor Kirchners Nähe, der damals in Zürich lebte, und zwar in einem Häuschen auf dem Zürichberg, das jetzt als Mittelbergstraße 29 bekannt ist und von wo man 1866 noch eine schöne Aussicht auf See und Gebirge genoß. Hier bot sich ihm reichlich jede Gelegenheit zu vollem Genuß. Nachdem er die Zeit von frühester Morgenstunde bis 12 Uhr mittags zwischen Nachsinnen im Freien und Arbeiten auf seinem Zimmer geteilt hatte, traf man ihn gewöhnlich um die zwölfte Stunde im Museum, das für seine Freunde der Sammelpunkt wurde. Nach dem zeitigen Mittagessen, das er bei schönem Wetter immer im Freien einnahm und das durch das Lesen von Zeitschriften oder Plaudern mit Bekannten mehr oder weniger verlängert wurde, sprach er wohl bei einem Freunde vor, gewöhnlich bei Kirchner, um ein bis zwei Stunden in ungebundener Geselligkeit zu verleben oder mit irgendeinem der ansässigen Tonkünstler zu musizieren. Es war bei Kirchner, wo er den berühmten Schweizer Schriftsteller und Dichter Gottfried Keller kennenlernte und den ausgezeichneten Züricher Professor der Chirurgie, Dr. Theodor Billroth, der etwa vier Jahre älter war als unser Komponist und der, später nach Wien berufen, einer von Brahms' vertrautesten Freunden wurde. Billroths Liebe zur Musik stand nur der Hingabe an seinen großen Beruf nach. Er hatte unter Eschmann Violine studiert, spielte wöchentlich Trios in seinem Hause in der Plattenstraße in Zürich und brachte es weit genug, um den Viola-Part mit Musikern von Fach bei privaten Aufführungen von Beethovens Quartetten und Brahms' Sextetten übernehmen zu können. Er spielte gut Klavier, las geläufig vom Blatt und schrieb gelegentlich musikalische Kritiken in einer der Züricher Zeitschriften.

»Seit einigen Tagen ist Brahms hier,« schreibt er am 22. April an seinen Freund, Professor Lübke in Stuttgart; »er will eine Zeitlang in der Schweiz bleiben. Heute Morgen spielten Brahms und Kirchner auf zwei Klavieren symphoni-

1 Litzmann, III, 189.

sche Dichtungen von Lißt! Horrible Musik! ... Wir purgierten uns mit Brahms' neuem Sextett, das eben herausgekommen ist. Brahms und Kirchner spielten es vierhändig.«[1]

Der Komponist wurde auch im Hause der Freunde Wagners, Herrn und Frau Wesendonck, intim; sie konnten ihm nicht genug von dem Komponisten der »Meistersinger« erzählen, mit welchem sie durch unerschöpfliche persönliche Erinnerungen verknüpft waren und von dem sie kostbare Andenken besaßen. Dazu gehörte des Meisters eigenhändig geschriebene Partitur des »Rheingold«, ein Gegenstand, der von Brahms mit außerordentlichem Respekt betrachtet wurde.

Gewohnheiten und Charakterzüge, die der Leser bereits kennt und welche an die Zeit der Detmolder Besuche erinnern, werden in Steiners »Johannes Brahms« von Kapellmeister Friedrich Hegar[2] geschildert, der der unzertrennliche Gefährte von Brahms und Kirchner war.

»... Nicht minder imponierte uns seine riesige Gesundheit. Er konnte alles wagen. Wie oft hat er in meiner Junggesellenwohnung an der Gemeindegasse die Nacht auf dem Sopha geschlafen, wenn es ihm zu weit war, in später Abendstunde allein auf den Zürichberg hinaufzugehen! Einmal sogar, als ein älterer Freund, der nicht so abgehärtet war, meine Gastfreundschaft ebenfalls in Anspruch nahm, legte sich Brahms unter meinen Flügel und behauptete am anderen Morgen, herrlich geschlafen zu haben.«

Hegar erwähnt, daß Brahms' musikalisches Gedächtnis und ungewöhnlich rasches Auffassungsvermögen die staunende Bewunderung der Züricher Musiker hervorrief:

»Es war ihm ein leichtes, wenn wir ihm unsere eigenen Kompositionen vorspielten, nachher aus dem Gedächtnis längere Stellen Note für Note zu wiederholen und uns auf die Schwächen aufmerksam zu machen.«

Ein oder zwei Erinnerungen an den Sommer sind in dem bereits zitierten Bande »Briefe von Th. Billroth« enthalten. Darunter befindet sich die Schilderung einer musikalischen Gesellschaft bei Billroth, bei der Brahms anwesend war, um die Aufführung seines eben erschienenen G dur-Sextetts zu hören. Das Bewußtsein der Anwesenheit des Komponisten machte Billroth so

1 Briefe von Theodor Billroth.
2 Neujahrsblatt der Allgemeinen Musikgesellschaft in Zürich, 1898.

nervös, daß er Eschmann, der sich unter den Zuhörern befand, bitten mußte, ihm den Part der zweiten Viola abzunehmen.

»... Ich habe noch etwas gelernt,« schrieb er einige Tage nachher, »nämlich nie in Gegenwart des Komponisten zu spielen, wenn sein Stück nicht so viel wie möglich vorbereitet ist. Da ich nun das Stück sehr genau kannte, so hatte ich eine klare Vorstellung von den Schmerzen, welche Brahms dabei ausgestanden haben muß, obgleich er sich in liebenswürdigster Weise aus der Affäre zog. Kirchner, Brahms und Hegar hatten die Nacht vorher stark gekneipt und waren müde; das alles kam hinzu, um die Stimmung matt zu machen.«

Vom Sextett sagt er: »Es ist außerordentlich schön; so klar, so einfach, so meisterhaft.«

Brahms blieb in der Schweiz bis Mitte August. Am 17. des Monats kam er in seine alte Wohnung in Lichtenthal, um einige Wochen dort zuzubringen, und überraschte Frau Schumann, indem er zum erstenmal mit einem Bart vor ihr erschien. Die Neuerung, welche seine Erscheinung in erstaunlicher Weise veränderte, war damals nicht von langer Dauer, aber er nahm sie etwa vierzehn Jahre später wieder auf, und, wie es sich erwies, diesmal für immer.

Ein Bericht über den Eindruck, den Brahms' Persönlichkeit auf eine Weltdame hervorbrachte, der er einige Tage nach seiner Ankunft vorgestellt wurde, findet sich in einem am 23. August geschriebenen Brief von Madame Mouchanoff-Kalergis, einer wohlbekannten Mäzenin der Musik und Literatur und einer Freundin Wagners und Liszts. Ihre Worte erhalten ein erhöhtes Interesse durch den Vergleich mit Rubinsteins Ausspruch vom Jahre 1856, nachdem er Brahms' Bekanntschaft in Hannover gemacht hatte.

›Madame Viardot a arrangé un peu de musique pour moi avant-hier ... Brahms passe un mois ici avant de retourner à Vienne. Je l'ai eu à diner. C'est une nature intéressante par sa simplicité originale et sauvage. Dans un autre genre que Wagner, le premier compositeur de l'epoque. Dès que j'ai un peu de forces, j'étudie sa musique, et ne me pardonne pas d'avoir été dix ans sans le connaître.‹[1]

1 Marie de Mouchanoff-Kalergis, geb. Gräfin Nesselrode. In Briefen an ihre Tochter, herausgegeben von La Mara. Die Bekanntschaft zwischen Madame de Kalergis und Brahms blieb wahrscheinlich auf die zwei obenerwähnten Begegnungen beschränkt, da sie nicht wieder gleichzeitig in Baden-Baden weilten. Des Komponisten Name wird in Madames Briefen noch zweimal genannt, aber nur bezüglich seiner Musik. Am 1. Juni 1866 schreibt sie: ›Pour me distraire je me suis mise à la musique. Brahms fait toujours ma consolation‹; und am 2. September: ›Brahms embellit ma vie et le rafraîchissement de l'air remonte mes nerfs.‹

Der Komponist hatte während seines mehrmonatigen Aufenthaltes in der Schweiz stetig an dem »Deutschen Requiem« gearbeitet, und daß er es jetzt in Lichtenthal vollendete – mit alleiniger Ausnahme der fünften Nummer –, kann man aus der Eintragung in der jetzt im Besitz der »Gesellschaft der Musikfreunde« in Wien befindlichen handschriftlichen Partitur entnehmen: »Baden-Baden im Sommer 1866«. Ein noch weit höheres Interesse erhält dieses Datum durch eine Tagebucheintragung der Frau Schumann zu Anfang des Monats August; diese ist zweifellos die früheste schriftliche Notiz über das vollendete Werk.

»Johannes hat mir einige prachtvolle Sätze aus einem Deutschen Requiem von sich vorgespielt, dann auch ein Streichquartett in C moll. Das Requiem hat mich aber noch freudiger bewegt, es ist voll zarter und wieder kühner Gedanken. Wie es klingen wird, das kann ich mir nicht so klar vorstellen, aber in mir klingt es herrlich.«

Der Auszug ist von doppeltem Interesse, da er einen neuen Beweis liefert, wie vorsichtig Brahms bezüglich der Veröffentlichung war; besonders wo es sich um Werke handelte, die für ihn einen neuen künstlerischen Ausgangspunkt bildeten. Das Streichquartett in C moll erschien erst im Jahre 1873, sieben Jahre nach dem Datum, von dem hier die Rede ist. Noch einer Veröffentlichung ist zu gedenken, es sind die Hanslick gewidmeten und im Sommer bei Rieter-Biedermann erschienenen sechzehn Walzer für Pianoforte zu vier Händen. Wenigstens einige davon gehören der Detmolder Zeit an und wurden im Hotel »Stadt Frankfurt« von Brahms gespielt und von Carl von Meysenbug gehört. Sie sind unnachahmlich in ihrer zarten, liebkosenden Anmut und besitzen einen Zauber, dem wohl kein Beispiel ihrer Art gleich käme.

»Soeben den Titel zu vierhändigen Walzern schreibend, die nächstens erscheinen sollen, kam mir ganz wie von selbst dein Name mit hinein,« schrieb Brahms an Hanslick. »Ich weiß nicht, ich dachte an Wien, an die schönen Mädchen, mit denen du vierhändig spielst, an dich selbst, den Liebhaber von derlei, den guten Freund und was nicht.«[1]

1 Simrocks Katalog datiert die Herausgabe der Walzer irrtümlich 1867. Ihr Erscheinen wird am 15. August 1866 in der »Allgemeinen Musikalischen Zeitung« verzeichnet und am 12. September werden sie darin ausführlich besprochen. Sie wurden gleich nach der Veröffentlichung in einer Soiree der Großherzogin von Oldenburg von Frau Schumann und Dietrich gespielt.

In einem Brief an Dietrich vom 10. September erwähnt Brahms das Deutsche Requiem; auch beantwortet er offenbar eine Nachfrage Alberts bezüglich der so lang aufgeschobenen Symphonie in C moll, von der wir im Sommer 1862 hörten.

»Lieber Dietrich!

Ehe denn der Sommer dahin ist, sollt ihr doch durch einen kurzen Gruß an mich erinnert werden . . .

Mit einer Sinfonie kann ich leider nicht aufwarten, aber ein Gaudium wär mir's, wenn ich Dich, lieber Albert, einen Tag hier hätte, um Dir mein sogenanntes »Deutsches Requiem« vorzuspielen!

Ich war bis jetzt in der Schweiz in Zürich wohnhaft. Jetzt bleibe ich ein Weniges hier und denke dann nach Wien zu gehen.«[1]

Etwa Mitte Oktober kam Joachim nach Lichtenthal und nach mehrtägigem Aufenthalt nahm er Brahms mit sich. Er war durch die politischen Ereignisse des Jahres, die Hannover dem Königreich Preußen einverleibten, zum freien Mann geworden, denn eine Annahme des Anerbietens, sein Amt weiter zu verwalten, erschien ihm nach Absetzung des Königs Georg V. unmöglich; er konnte somit nach eigenem Belieben seine Vorkehrungen für die Herbst- und Winterkonzerte treffen. Diese schlossen Tourneen durch die Schweiz und Frankreich ein, und es war unter den Freunden ausgemacht worden, daß Johannes an einigen der Schweizer Konzerte teilnehmen sollte.

Die Reise war von Erfolg gekrönt und erbrachte Brahms unerwarteten Beweis für die Fortschritte, welche seine Musik in der Schweiz machte. Dieses Land war in der Tat eines der ersten, in denen seine Kunst allgemeine Anerkennung fand. Dazu hatten die Bemühungen Theodor Kirchners bedeutend beigetragen, der, einer der begabtesten Musiker des Schumannschen Kreises, seit Urbeginn von Brahms' Karriere jede dargebotene Gelegenheit ergriff, um das Verständnis für dessen Kompositionen zu verbreiten. Kirchner hatte in Winterthur nahezu zehn Jahre den Posten eines Organisten inngehabt, bevor er 1862 nach Zürich übersiedelte; und während er das tätige musikalische Leben der kleinen Stadt zu entwickeln versuchte, machte er seinen Einfluß weit über ihre Grenzen geltend.

1 Das Datum, das Dietrich in seinen Erinnerungen diesem Brief gibt, gehört zu mehreren ähnlichen Irrtümern des Buches. Sie lassen sich durch den Umstand erklären, daß Brahms seine Briefe selten datierte und daß die fraglichen Daten aus dem Gedächtnis hinzugefügt wurden.

Die erwähnte Tournee begann am 24. Oktober mit Schaffhausen und es folgten Zürich, Bern, Winterthur, Basel und schließlich Mülhausen im Elsaß. Ein interessanter Zwischenfall des Besuches in Mülhausen war die nach zehn Jahren der Entfremdung erfolgte Erneuerung der freundschaftlichen Beziehungen zwischen Joachim und von Bülow, der während der Saison 1866–67 in Basel lebte und daselbst Triokonzerte mit Abel und Kahnt veranstaltete. Während der Woche, die Brahms und Joachim in Basel verlebten, fand zwischen den früheren Weimarer Intimen kein Verkehr statt; aber Bülows anhängliche Natur wurde stark bewegt, als er den alten Freund auf dem Podium wiedersah und seine Vorträge hörte, die er als »ideale Vollkommenheit« schildert. Was darauf folgte, kann in den Worten seines aus Basel vom 22. November datierten Briefes an Raff wiedergegeben werden:

»Und nun eine große Neuigkeit. Sonntag den 10. reiste ich zum Brahms-Joachim-Konzert nach Mülhausen, und auf französischem Boden wurde das zehn Jahre unterbrochene Freundschaftsverhältnis zwischen Joachim und mir wieder angeknüpft. Konsequenzen politischer Natur wird's nicht geben, aber es ist mir ein Stein vom Herzen, so auch ihm, wie er Deiner Schwägerin versichert hat. Meinetwillen reiste Joachim noch einmal auf ein paar Stunden nach Basel zurück und nahm dann den Pariser Nachtschnellzug.«

Es sollten noch einige Jahre vergehen, bevor Bülow es zu einem warmen Gefühl für Brahms' Kunst zu bringen vermochte. In demselben Briefe lesen wir:

». . . Der Mensch (Kiel) ist mir viel sympathischer als Brahms, dessen sämtliche Werke ich eine Woche lang zuhause gehabt und wirklich ohne Vorurteil gründlich angesehen habe. Schlußeindruck: ich danke – das ist für mich keine Musik . . . Übrigens Hochachtung und Anerkennung so viel als möglich – aber à *distance*. Sein Klavierquintett erscheint mir unter den größeren Arbeiten als die interessanteste.«

Er brachte es über sich, das Horn-Trio in seinem Basler Trio-Konzert vom 26. März 1867 zu spielen, wobei Abel und Hans Richter seine Kollegen waren; der letztere begann seine Laufbahn als Hornist, lebte damals in der Schweiz und erfreute sich des intimen Verkehrs mit Wagner. Bülow nahm auch Joachims Variationen für Viola und Pianoforte in dasselbe Programm auf, aber noch 1870 schrieb er an Raff:

»Was scheren mich die Br's? Brahms, Brahmüller, Brambach, Bruch, Bragiel, Breinecke, Brietz. Nicht mehr reden von ihnen! Wer weiß, ob sich 1950 ein Riehl findet, der sie als *maëstrinelli* beplutarcht? Der einzige, der mich interessiert, ist Braff!«

Die Tatsache, daß von Bülows kritische Fähigkeiten dem störenden Einfluß seiner warmen Freundschaftsgefühle unterworfen waren, kann die Bewunderung nicht verringern, welche durch seine Talente und seine großherzige Natur hervorgerufen wird. Seine tadelnden Ausfälle gegen Brahms' Kunstwerke sowie deren Übergehen in der Ausübung bis zu einer Zeit, wo seine Schätzung ihrer Verdienste ziemlich unwichtig geworden war, mögen ihm die Freunde Brahms' wohl verzeihen, die sich daran erinnern, daß seine Äußerungen doch meist in der tiefen Zuneigung zu Liszt, Wagner und Joachim und in dem langjährigen intimen Zusammenhalten mit den Führern und hervorragenden Jüngern der neudeutschen Schule ihren Ursprung hatten.

Brahms kehrte nach etwa anderthalbjähriger Abwesenheit nach Wien zurück, unmittelbar nach seines Freundes Abreise aus Mülhausen, und verbrachte den Winter ruhig bei der Arbeit in seinem Zimmer im vierten Stock Nr. 6, Poststraße. Das erste einigermaßen wichtige Ereignis seiner Karriere, das die ersten Monate des Jahres 1867 bezeichnet, ist die öffentliche Aufführung des G dur-Sextetts im Hellmesberger-Konzert vom 3. Februar. Der Leser wird diesmal kaum noch überrascht sein zu erfahren, daß das Werk ohne Begeisterung aufgenommen wurde.

»Man applaudierte und rief schließlich neben den aufführenden Künstlern auch den Komponisten,« schreibt Schelle, der Nachfolger Hanslicks und treue, obschon unparteiische Verfechter Brahms', in der »Presse«; »allein das geschah mit einer gewissen kühlen Reserve; man fühlte es deutlich; das Publikum empfand keine Begeisterung für das Werk, wollte jedoch angesichts der ehrenwerten Leistung gerecht sein ... Man möchte Brahms einen Virtuosen in der modernen Behandlung des Quartettstils nennen, ... Was aber zum Herzen dringen soll, muß aus dem Herzen kommen und das Sextett stammt wohl aus der Hand und dem Kopf, doch das warme Herz pulsiert nur in wenigen vereinzelten Momenten.«

So wurden dereinst Bachs Werke, so Beethovens Werke ihrerzeit besprochen. So, kann man beinahe sagen, muß jede musikalische schöpferische Tat kritisiert werden, in welcher eine originelle Persönlichkeit sich kundgibt. Der geniale Komponist muß eine lange Lehrzeit durchmachen, bevor er seine ihm zugehörige Sprache findet, die ihn befähigt, seine Gedanken der Welt zu vermitteln. Hat er sie einmal bemeistert, so liegt es in der Natur der Dinge, daß er sich außerhalb des sofortigen allgemeinen Verstandenwerdens befindet, er muß nun willig seines Lohnes harren, bis einige jener, zu denen er spricht, Zeit und Gelegenheit gehabt haben, ihm eine Strecke weit auf dem selbst gewählten Pfade zu folgen und mit seiner Ausdrucksweise vertraut zu werden. Brahms war es zufrieden, zu warten; er wartete beinahe mit Seelenruhe, ohne den Glauben an die Zukunft zu verlieren, wenngleich er einem Etwas zu begegnen hatte, das ärger war als Gleichgültigkeit. Hirsch, von der »Wiener Zeitung«, schreibt über das Sextett:

> »Es ergreift uns stets eine Art Beklommenheit, wenn der neue Johannes in der Tonwüste, Herr Johannes Brahms, sich verkündet. Dieser von Robert Schumann in den Stunden seiner Umdämmerung angerufene Prophet, der übrigens auch in Wien seine energischen Verehrer zählt – wir erwähnen dies aus einfacher Wahrheitsliebe in unserer Situation – macht uns völlig kleinmütig und kraftlos mit seinen verschwommenen, duseligen und grübseligen Tonvexationen, die weder Leib noch Seele haben und die unzweifelhaft nur Produkte der verzweifeltesten Anstrengung sein können. Eine so grelle, helle Unnatur in Tönen steht in diesem Herrn ganz einzig da. Wie viel verzweifelte Schweißtropfen mögen an diesen Notenköpfen kleben?«

Am 25. desselben Monats Februar wurde das schon in vielen Städten des Kontinents fast populär gewordene und in New-York durch Masons Konzerte lange bekannte frühere B dur-Sextett zum erstenmal in England bei den *Monday Popular Concerts* in St. James' Hall, London, aufgeführt und zwar von Joachim, Louis Ries, Henry Blagrove, Zerbini, Paque und Piatti. Der Direktor S. Arthur Chappell fügte dem Programmheftchen die gedruckte Bemerkung bei, daß das Werk auf Joachims Wunsch aufgeführt sei. Es machte keinen Eindruck, und erst nach fünf Jahren hörte man den Komponisten wieder in den *Popular Concerts*.

Wenn die Anerkennung von Brahms' berechtigten Ansprüchen als Komponist selbst bei den Österreichern lange zweifelhaft blieb, so verfehlten seine Eigenschaften als Pianist selten untrügliche Zeichen warmer Zustimmung hervorzurufen. Mit dem Anbruch des März gewann er es über sich, für dieses Jahr Konzerte in Wien, Graz, Klagenfurt und Budapest (damals Pesth) anzukündigen, und der Erfolg seiner Vorträge war unzweifelhaft, trotz des nahenden Frühlings und der ungewöhnlichen Wärme der Jahreszeit.

»Endlich ein Klavierspieler, der einen gehörig zu packen weiß!« ruft Schelle in seinem Bericht über das Konzert vom 17. März aus; »man braucht nur bei ihm die ersten Akkorde zu hören, um sich zu überzeugen, daß man einen Virtuosen ganz außergewöhnlichen Schlages vor sich habe. Der musikalische Rezensent der ›Wiener Zeitung‹ schreibt, daß Herr Brahms ›von seiner Partei freundlichen Empfang erlebte.‹ Wir bemerken, Brahms wurde nicht von einer ›Partei‹, sondern von dem ganzen, sehr zahlreich anwesenden Publikum durch einen Beifall ausgezeichnet, wie ein solcher nicht oft in den Wiener Konzertsälen vernommen wird. War dennoch das Publikum des ausgezeichneten Künstlers an jenem Abend seine ›Partei‹, so darf man auch sagen, daß dieselbe aus den Gebildeten und Sachverständigen des musikalischen Wien besteht.«

Die Instrumentalnummern des Programms waren: Beethovens Fantasie, op. 77; Bachs G dur-Fantasie; Brahms' Scherzo; Schumanns Symphonische Etüden; Brahms' Paganini-Variationen. Der Konzertgeber gab noch ein eigenes Klavierarrangement der Fuge aus dem Streichquartett op. 59 Nr. 3 von Beethoven zu, –

»das«, sagt Schelle, »fast mehr Bewunderung verdient, als sein Vortrag, denn die ganze Partitur blickt aus der Klavierbearbeitung im treusten Spiegelbilde heraus und mag sich selbst wundern, daß sie sich in dem effektvollen Kostüme so unverändert wiederfindet.«

Beim zweiten Konzert in Wien, welches am 7. April, nach Brahms' Rückkehr aus den Provinzen, stattfand, schloß das Programm die F dur-Toccata von Bach ein; Beethovens Sonate op. 109, Brahms' Händel-Variationen mit Fuge, Schumanns C dur-Phantasie, op. 17, und kurze Stücke von Scarlatti und Schubert. Als Zugabe wurde das Arrangement eines Satzes aus Schuberts Oktett gewährt. Beide Programme enthielten auch Gesangsnummern.

Brahms selbst erwähnt der Konzerte in einem Brief an Dietrich:

»Der Erfolg war ein so guter in jeder Beziehung, daß ich doppelt ein Esel heißen muß, mir den Erfolg nicht rechtzeitig verschafft zu haben und bei der Gelegenheit mein Requiem losgeworden zu sein.«

Jedoch ließ er das Werk noch einige Monate liegen, ohne zu einem rechten Entschluß hinsichtlich desselben zu kommen. Am 30. Juli schrieb er wieder an Dietrich:

»In aller Eile: Ich mache morgen usw. eine kleine Tour mit meinem Vater durch Ober-Österreich. Ich weiß nicht, wann ich wiederkomme.

Behalte beifolgendes Requiem, bis ich Dir schreibe. Gib's nicht aus den Händen. Und schreibe mir schließlich recht ernstlich, was Du davon hältst.

Ein Bremer *Anerbieten* wäre mir freilich höchst erwünscht.

Es müßte freilich wohl mit einem Konzert-Engagement verbunden sein.

Kurz: das Ding müßte wohl *Reinthaler* geradezu gefallen, daß er etwas thäte.

Ich bin im übrigen wohl geneigt, ähnliche Sachen ruhig liegen zu lassen, denn abstrapazieren tue ich mich nicht dafür.

Von Weihnacht an bin ich zu allem bereit. Joachim und ich geben hier vermutlich vorher Konzerte.«

Es geht ein Zug nervöser Unruhe durch diesen Brief, der wenig Zweifel übrig läßt, daß Brahms sich bewußt war, in dem Deutschen Requiem alles, was er früher erreicht, übertroffen zu haben, und daß ihm sogar ungewöhnlich viel daran lag, sich eine günstige Gelegenheit zu sichern, dem neuen Werk Gehör zu verschaffen. Bis dahin war es nur einigen begeisterten Freunden des Badener Kreises in Frau Schumanns Salon vorgelegt worden. Es ist offenbar, daß Brahms sich nicht einmal leicht entschloß, es Dietrichs teilnehmender Durchsicht zu überlassen und daß er doch trotz leiser Hoffnung das Resultat der Mitteilung an Reinthaler ein wenig fürchtete. Wir müssen hier unseren Bericht über das weitere Geschick des Manuskriptes unterbrechen, um unserem Musiker auf seiner Ferienreise zu folgen, die er ohne Zweifel mit erleichtertem Herzen antrat in dem Bewußtsein des gefaßten Beschlusses, der ihn mit Sammlung den Gang des Schicksals abwarten hieß.

Karl Martin Reinthaler (1822–96), königl. Musikdirektor und Organist der Bremer Kathedrale, dem das Manuskript mittlerweile unterbreitet werden sollte, war ein ausgezeichneter Musiker und der Komponist zahlreicher Werke verschiedener Gattung. Sein Oratorium »Jephtah« wurde 1856 in London unter John Hullahs Leitung aufgeführt; mehrere seiner Opern – »Käthchen von Heilbronn«, »Edda« usw. –, die er erst später komponierte, wurden in Bremen, Hannover und anderen Städten mit Erfolg gegeben; und seine »Bismarck-Hymne« gewann den Dortmunder Konkurrenzpreis. Durch sein Talent und den Ernst in seiner Wirksamkeit als Dirigent der Bremer Orchesterkonzerte trug er viel dazu bei, das Niveau des musikalischen Geschmacks dieser Stadt zu heben.

Vierzehntes Kapitel

1867–1868

Brahms' Ferienreise mit seinem Vater und Gänsbacher – Österreichische Konzerttournee mit Joachim – Das Deutsche Requiem – Aufführung der drei ersten Sätze desselben in Wien – Tournee mit Stockhausen durch Norddeutschland und Dänemark – Aufführung des Deutschen Requiems in der Bremer Kathedrale – Aufführung des Klavierquintetts.

Unseres Komponisten Einladung an seinen Vater, ihn auf einer Tour durch die österreichschen Alpen zu begleiten, hatte Jakob mächtige Freude verursacht. Als der junge Violinist Carl Bade ihn zufällig am Tage seiner Abreise nach Wien auf dem Anscharplatz besuchte, fand er ihn in sorgsam gewähltem Reiseanzug und im Zustande hoher Erwartung und fast übermütiger Freude. Indem er sich die Miene geheimnisvoller Würde gab, gönnte er seinem verwunderten jungen Freund kaum ein Wort des Grußes, sondern ging, gravitätisch die Halsbinde zurecht zupfend, schweigend im Zimmer auf und nieder. Dann, stehen bleibend, spitzte er den Mund und betrachtete Bade mit einem Blicke schlauer Bedeutsamkeit: »Min Hannes het mi inladt; ick reis' mit min Hannes,« sagte er auf Bades Bitte um eine Erklärung. Ein Blick auf ihn bei seiner Ankunft wurde uns durch die Erinnerung Josef Gänsbachers aufbewahrt, der Vater und Sohn auf ihrer Reise begleiten sollte und der, als er Johannes der letzten Reiseanstalten wegen aufsuchte, Jakob bei ihm traf. Das Manuskript des schönen Liedes »Mainacht« lag gerade zur Hand, und auf seines Freundes Bitte sang es Gänsbacher auf der Stelle und fügte das liebliche »Wie bist du, meine Königin« hinzu, um dem älteren Brahms eine Freude zu machen, der seinem Gefallen an den Liedern pflichtgemäß Ausdruck gab und sich ohne Zweifel geschmeichelt fühlte durch die ihm erwiesene Aufmerksamkeit.

Der von den Reisenden gewählte Weg führte sie durch Steiermark und Kärnten, Gebiete, überreich an mächtiger und romantischer Szenerie der Berge, Seen und Wälder; aber obgleich Johannes, ein hartnäckiger Optimist in vieler Beziehung, später von dem Genusse sprach, den die Reise dem Vater bereitet hatte, steht doch zu befürchten, daß Jakob, der Hamburg kaum verlassen hatte seit seiner Ankunft dortselbst als Jüngling von neunzehn Jahren, keinen großen Geschmack für die Schönheiten der Natur an den Tag legte. Auf ebener Erde wanderte er noch ganz rüstig und legte sogar den weiten Marsch von Mürzsteg nach Wildalpen zu Fuß zurück; aber er war schon zu alt und schwerfällig, um noch das Bergsteigen zu erlernen und blieb zurück, während Johannes und Gänsbacher den Hochschwab bestiegen. Am besten gefielen Jakob die Reisestrecken, die im Wagen oder Boot befahren wurden, obschon er sich dabei sehr schweigsam verhielt, vielleicht kaum wissend, wie er sich ausdrücken sollte. Eines Tages aber, als die drei Reisenden auf dem von Bergen eingeschlossenen romantischen Grundsee fuhren, stand er auf und blickte um sich, wie durchdrungen von der Schönheit der Szenerie: »Ganz wie bei uns die Alster,« bemerkte er endlich, als er sich wieder setzte.

Johannes traf mit einigen Reisegesellschaften seiner österreichschen Freunde zusammen und war offenbar erfreut von der Rücksicht, die alle ohne Ausnahme seinem Vater bewiesen. Eine begeisterte Dame ging so weit, daß sie dem alten Mann einen Kuß gab, eine Aufmerksamkeit, die ihm den gutmütigen Spott seines Sohnes eintrug und die er nach seiner Rückkehr zum Anscharplatze diskreter Weise eine Zeitlang verschwieg. Er kehrte über Heidelberg heim, auf Wunsch Johannes' die Reise daselbst unterbrechend, um das Schloß und andere Merkwürdigkeiten zu besichtigen, und kurz nach seiner Ankunft zu Hause, bekam er von Wien ein Andenken an die zweifelhaften Genüsse seiner Reise in Gestalt einiger Gebirgskarten der Gegenden, durch die sie gekommen waren, auf denen blaue Linien über die Gipfel gezogen waren, welche er mittelst Bergbahnen und anderen Fortbewegungsmitteln imstande gewesen war zu erreichen. Die Landkarten, die Jakob sorgfältig aufbewahrte, sind bleibende Erinnerungen an die liebevolle Denkart des Komponisten gegen seinen Vater, dem er zu dieser Zeit seines Lebens nachgab und ihn verwöhnte wie ein verzärteltes Kind.

Als die Reise vorüber war, kehrten Brahms' Gedanken wieder zu dem Manuskript zurück, das er Dietrichs Obhut übergeben hatte, und sobald er in Wien eintraf, schrieb er dann:

Lieber Albert!

Wollest mir anjetzo bald kürzlichst meine Partitur wiederschicken, die schöne Gelegenheit auch weislich benutzen und dies und das beilegen – vor allem einen langen Brief!

Ich hatte die große Freude, meinen Vater einige Wochen bei und mit mir zu haben. Wir machten eine hübsche Tour durch Steiermark und Salzburg; denke Dir, welcher Genuß mir die Freude meines Vaters war; er hat niemals einen Berg gesehen, ist fast niemals aus Hamburg herausgekommen.

Jetzt denke ich ruhig hier zu bleiben. Pläne machen nützt bei mir leider nichts, da doch nur geschieht, was mir so von selbst kommt.

Doch habe ich den Wunsch mein Requiem wieder in meinem eigenen Schrank liegen zu haben, also – schicke . . .«

Auf diesen Brief gab Dietrich keine Antwort, und Brahms, der ungeduldig wurde, wandte sich an Joachim, um sich Nachricht geben zu lassen, wo denn das Werk geblieben wäre; dieser schrieb zurück, er glaube, es sei bei Reinthaler. Möglicherweise mag Brahms etwas unangenehm berührt gewesen sein, als er die Entdeckung machte, daß Dietrich in seiner eifrigen Freundschaft der bloßen Erwähnung des Bremer Dirigenten, die wir in unserem vorigen Kapitel zitierten, eine so dehnbare Deutung gegeben hatte, daß er ganz die Einschärfung übersah, sich nicht von dem Manuskript zu trennen; dennoch mußte ihn die Kunde beglücken, daß sein Werk einen so tiefen Eindruck auf den von ihm selbst auserwählten Musiker gemacht hatte, daß derselbe den Wunsch hegte, es bei der nächsten günstigen Gelegenheit in der Kathedrale von Bremen aufzuführen.

Es ist von außerordentlichem Interesse, in Brahms' veröffentlichtem Briefwechsel zu lesen, daß Reinthaler die Beifügung eines Satzes zum Deutschen Requiem vorschlug, der das Werk unverkennbar mit den Hauptlehren der christlichen Kirche verknüpfen sollte, und daß Brahms den Vorschlag gleich zurückwies; Reinthaler schreibt:

». . . Sie stehen in dem Werke nicht allein auf religiösem, sondern auf ganz christlichem Boden. Schon die zweite Nummer berührt die Weissagung von der Wiederkunft des Herrn, und in der vorletzten wird das Geheimnis der Auferstehung der Toten . . . ausführlich behandelt. Es fehlt aber für das christliche Bewußtsein der Punkt, um den sich alles dreht, nämlich der Erlösungstod des Herrn; ›Ist Christus nicht auferstanden, so ist Euer Glaube eitel,‹ sagt Paulus . . . Ohnehin sagen Sie im letzten Satz: ›Selig sind die Toten, die in dem Herrn sterben *von nun an*–, daß heißt doch nur, nachdem Christus das Erlösungswerk vollbracht hat. . . .«

Brahms antwortete:

». . . Was den Text betrifft, will ich bekennen, daß ich recht gern auch das ›Deutsch‹ fortließe und einfach den ›Menschen‹ setzte, auch mit allem Wissen und Willen Stellen wie z. B. Evang. Joh. Kap. 3 Vers 16 entbehrte. Hinwieder habe ich nun wohl manches genommen, weil ich Musiker bin, weil ich es gebrauchte, weil ich meinen ehrwürdigen Dichtern auch ein ›*von nun an*‹ nicht abdisputieren oder streichen kann.«[1]

Die erste Aufführung des Requiems, wie es ursprünglich vollendet wurde, sollte unter Brahms' Leitung Karfreitag, den 10. April 1868, in der Bremer Kathedrale stattfinden. Mittlerweile hielten die Verpflichtungen des Komponisten denselben in Österreich fest. Die drei ersten Nummern des neuen Werkes sollten unter Herbeck am 1. Dezember in dem Konzert der »Gesellschaft der Musikfreunde« gegeben werden, und eine mit Joachim auf die vorweihnachtliche Musiksaison festgesetzte Tournee schloß Konzerte in Wien, Budapest und mehreren Provinzstädten ein. Die Reise, welche am 9. November in Wien begann, war ein Triumphzug. Joachim trug die großen Soli seines Repertoires von Bach, Tartini und Spohr und kürzere Sachen von Schumann und Paganini vor; auch trat er in verschiedenen eigenen großen Konzerten mit Orchester auf. Brahms spielte Werke von Bach, Schumann, Schubert und einige eigene Kompositionen. Zusammen hörte man die beiden Konzertgeber in mehreren Sonaten von Beethoven für Klavier und Violine, in Schuberts Phantasie op. 159, Rondo brillant, op. 70 usw.

»Wenn Brahms und Joachim zusammen Beethoven, Bach, Schubert spielen, ... so erscheinen die Konzeptionen wie lebende Tonbilder vor dem Ohr ...«

sagt Billroth, der, ungefähr ein Jahr nach seiner ersten Bekanntschaft mit Brahms, von Zürich nach Wien berufen, sich dort bleibend niederließ und das Vergnügen genoß, seine beiden befreundeten Künstler während Joachims zweimonatigem Aufenthalt mehrmals bei sich zu empfangen und zu hören.

Das Gesellschaftskonzert vom 1. Dezember wurde dem Andenken Schuberts geweiht, und die drei ersten Nummern des »Deutschen Requiems« bildeten den geeigneten ersten Teil eines Programmes, dessen zweite Hälfte aus einer Auswahl aus Schuberts noch nicht im Konzertsaal gehörter »Rosamunde«-Musik

1 Brahms' Briefwechsel III, S. 7–10.
NB. Die Anmerkung der Redaktion auf S. 7 des Bandes: »der jetzige fünfte Satz ist nachkomponiert«, scheint unzweckmäßig. Das Deutsche Requiem wurde sicherlich »erweitert« durch Hinzufügung des jetzigen fünften Satzes, aber nicht in der von Reinthaler erwähnten Richtung.

bestand. – Die Chornummern wurden selbstverständlich vom »Singverein« gesungen und Dr. Pänzer, von der kaiserlichen Hofkapelle, übernahm das Baritonsolo im Requiem.

Die Aufführung von Brahms' Sätzen hatte wenig Erfolg, obschon die beiden ersten mit einigen Zeichen der Zustimmung aufgenommen wurden. Am Schluß des dritten fand eine seltsame Szene statt. Der jetzt so berühmte Orgelpunkt, auf den der letzte Abschnitt desselben aufgebaut ist, verursachte bei einem Teil der Zuhörerschaft – zum Teil durch ein Mißverständnis des Paukenschlägers, der den Chor übertönte, indem er das berühmte D durchweg forte nahm – eine hochgradige nervöse Spannung, eine Sehnsucht, von der Monotonie des einen, vorherrschenden Tones erlöst zu werden; und als der Komponist auf dem Podium erschien, um den Hervorruf einiger Hörer zu beantworten, mischten sich unverkennbare Zeichen der Feindseligkeit in den Beifall. Man kann in der Tat zuversichtlich annehmen und es kann auch nicht überraschen, daß nur von wenigen – einschließlich jener die ihn unterstützten – bei dieser Gelegenheit die Bedeutung oder Wichtigkeit des Werkes klar begriffen wurde. Hanslick erschien es

»als eine der reifsten Früchte, welche aus dem Stil der letzten Beethoven'schen Werke auf dem Felde geistiger Musik hervorgewachsen. . . . Die harmonische und kontrapunktische Kunst, die Brahms in der Schule Sebastian Bachs erwarb und mit dem lebendigen Atem unserer Zeit durchhaucht, tritt für den Hörer ganz zurück hinter dem von rührender Klage bis zum vernichtenden Todesgrauen sich steigernden Ausdruck.«

Von der Aufnahme des Werkes sagt er:

»Daß eine so schwerfaßliche, nur in Todesgedanken webende Komposition keinen populären Erfolg erwartet und viele Elemente eines großen Publikums unbefriedigt lassen wird, ist begreiflich. Aber selbst dem Widerstreben, so glauben wir, müßte sich eine Ahnung von der Größe und dem Ernste dieses Werkes beimischen und Respekt auferlegen. Dieses schien nicht der Fall bei einem Halbdutzend grauer Fanatiker alter Schule, welche die Unart begingen, die applaudierende Majorität und den vortretenden Komponisten mit anhaltendem Zischen zu begrüßen. Daß ein solches ›Requiem‹ auf den Anstand und die gute Sitte in einem Wiener Konzertsaal ertönen könne, hat uns auf das bedauerlichste überrascht.«

Schelle fährt, nachdem er die erste Nummer teilnehmend besprochen hat und die zweite beinahe begeistert, also fort:

»Leider sinkt gegen ihn [Nr. 2] Nr. 3 unverhältnismäßig zurück; der Text verlangte nach einer mächtigen Steigerung des Effekts, den der Komponist unvermögend war zu geben. Das vorkommende Baß-Solo war nicht glücklich für die

Stimme behandelt und in der Chorpartie drängen sich manche bizarre Züge hervor... Der Satz hat mißfallen...«

Hirsch ermangelte nicht, in der »Wiener Zeitung« von dieser Gelegenheit Gebrauch zu machen. Er spricht von dem »Heidenlärm der Kesselpauke« und fügt »in lauterer Wahrheit« hinzu, daß »die Opposition die ungeheure Majorität bildete.«

Das Konzert wird von Billroth in einem Brief vom 24. Dezember erwähnt:

»Brahms wird mir immer lieber, je öfter ich mit ihm zusammenkomme. Hanslick sagt sehr richtig von ihm, er hat denselben Fehler wie Bach und Beethoven; er hat zu wenig Sinnliches in seiner Kunst, so wie als Komponist wie als Spieler. Ich glaube, es ist mehr Absicht, alles Sinnliche zu vermeiden, als Fehler. Sein Requiem ist freilich so übersinnlich erhaben und so protestantisch-Bachisch, daß es hier nur mit Mühe durchgebracht wurde. Das Zischen und Klatschen wurde zur förmlichen Leidenschaft, es war ein Kampf der Parteien, endlich siegten die Klatscher.«

Es ist für Brahms charakteristisch, daß sein Glaube an die Zukunft seines Werkes durch die widrigen Vorfälle nicht vermindert wurde. Er freute sich im voraus auf das Ergebnis der kommenden Aufführung in Bremen mit einer Zuversicht, die noch durch die Tatsache erhöht wurde, daß er bezüglich der Instrumentierung des dritten Chores Erfahrung gewonnen hatte.

Er schickte einen Teil des Manuskriptes an Marxsen mit einem Brief, aus dem das folgende Zitat zuerst von Sittard in seinen »Studien und Charakteristiken« gedruckt wurde:

»Ich schicke Dir einige Novitäten und bitte, hast Du Zeit dazu, um ein Wort oder recht *viele* dafür. Weiter aber lege ich etwas aus meinem Requiem bei; *hierfür bitte ich nun sehr um einiges Geschreibsel.* Es sieht stellenweis etwas kurios aus, und vielleicht nimmst Du, um mein Manuskript zu schonen, einen Notenbogen und zeichnest mir einige nützliche Bemerkungen auf. *Das wäre mir gar lieb.* Das ewige D in Nr. 3. Wenn ich doch einmal keine Orgel mehr gebrauche oder habe, da klingts doch nicht. Ich möchte manches fragen. Hoffentlich hast Du Zeit und einige Lust, dann siehst Du schon, was zu fragen und zu sagen.«

Es ist, wie Hanslick bemerkte, durchaus nicht unverständlich, daß der erste Teil des »Deutschen Requiems« nicht sofort von der ganzen Zuhörerschaft des Gesellschaftskonzertes vom 1. Dezember 1867 verstanden wurde, da sie auf das neue und wichtige Element, auf das die Idee sich gründet, nicht vorbereitet war. Der von dem Komponisten gewählte Titel wurde und wird auch noch heute gelegentlich als eine Art Irreführung betrachtet, wegen der althergebrachten Gedankenverbindung des Ausdrucks

»Requiem« mit dem Ritus der römisch-katholischen Kirche. Es sollte jedoch ersichtlich sein, daß durch das Wort »Deutsch« eine Abweichung von der Gewohnheit früherer Komponisten angedeutet wird, die für das Werk eine eigene Kategorie schafft und seine Botschaft jenseits der Grenzen eines Glaubensbekenntnisses geltend macht. Brahms hat sich seinen Text selbst zusammengestellt und eben dadurch, daß er es tat, durch seine begeisterte musikalische Behandlung der Worte und das direkte Vermeiden eines Zusammenhanges des Werkes mit irgendeinem Gottesdienst oder einer bekannten musikalischen Form – Requiem oder Messe, Kantate oder Oratorium – hat er, bewußt oder unbewußt, ein Element persönlicher Inbrunst hineingelegt, das einen Teil seines geheimnisvollen Zaubers ausmacht.

Die aus verschiedenen Büchern des alten und neuen Testaments und der apokryphischen Bücher[1] zusammengestellten Texte sind, unter gänzlicher Abwesenheit jedes sogenannten dogmatischen Zweckes, als Teile eines volkstümliches Buches, nämlich Luthers Bibel, gewählt worden, welches den protestantischen Völkern als das anerkannte Symbol des höchsten menschlichen Strebens gilt, und sie sind derartig geordnet, daß sie, der Reihe nach, die aufsteigenden Gedanken des getrösteten Kummers, des überwundenen Zweifels, und des besiegten Todes darstellen. Daß sie mit dem Gedanken der Liebe beginnen und schließen, braucht man nicht notwendig nur den künstlerischen Anforderungen des Werkes oder den Bedingungen seines heiligen Themas zuzuschreiben. Jeder, der Brahms' Leben und Werke mit sympathischer Einsicht studiert hat, wird wissen, daß sich die Andeutung einer allüberwindenden Liebe durch beide beständig wie ein durchlaufender Silberfaden hindurchzieht, und jedem steht es frei, dies als Zeichen eines in dem Meister wohnenden Glaubens anzunehmen, der darum nicht weniger fruchtbar für das Gute war, weil er von der kirchlichen Dogmenlehre nichts wußte.

Der Eingangschor des »Requiems« gibt uns den Grundton für dessen Geist:

»Selig sind, die da Leid tragen, denn sie sollen getröstet werden. Die mit Tränen säen, werden mit Freuden ernten. Sie gehen

1 Hinsichtlich der Texte siehe die Liste der Gesangsmusik.

hin und weinen und tragen edlen Samen, und kommen mit Freuden und bringen ihre Garben . . .«

Welches beruhigendere Präludium könnte die Menschenseele vorbereiten auf den Zusammenstoß mit ihrem gefürchtetsten Feind, als diese begeisterten Worte, wie man sie in der auserlesenen Tonfassung des Trostes vernimmt, mit der der Komponist deren Bedeutung beleuchtet hat? Die Zartheit des Segensspruches, die Leidenschaftlichkeit der Vorahnung, die immer von neuem wiederkehrende gramvolle Stille, die im leisesten Trostesgeflüster dahinstirbt, versetzen das Gemüt in bange Erwartung, die in den ersten Takten des feierlichen, geheimnisvollen Marsches des zweiten Satzes ihre Lösung findet. Jedenfalls befinden wir uns hier in der majestätischen Gegenwart des Todes selbst, der jedoch in einen Nebelhauch von Schönheit, Zartheit und Mitleid gehüllt ist, welche nicht auf den unerbittlichen Feind der Menschheit hinweist, sondern auf einen tieftraurigen Boten, der einem göttlichen Zwecke unterworfen ist.

»Denn alles Fleisch, es ist wie Gras und alle Herrlichkeit des Menschen wie des Grases Blumen,«

singen Alte und Tenöre unisono in Oktaven mit den Baßstimmen, etwas Überirdisches in ihren Tönen, während der Wiederholungen des Marsches; und die zarten, dahinschwindenden Harmonien des Nachsatzes –

»Das Gras ist verdorret und die Blumen abgefallen,«

vertiefen seltsam den Eindruck der Vergänglichkeit, den der Text hervorruft. Eine mildernde Abwechslung bietet ein Mittelsatz von etwas lebhafterem Charakter:

»So seid nun geduldig, liebe Brüder, bis auf die Zukunft des Herrn. Siehe, ein Ackermann wartet auf die köstliche Frucht der Erde und ist geduldig darüber, bis er empfahe den Morgenregen und Abendregen.«

Dem Schluß des Marsches, der nach dem Mittelsatz wiederholt wird, folgt der Ausbruch einer Übergangswendung:

»Aber des Herrn Wort bleibet in Ewigkeit,«

der zur kräftigen Freudigkeit des letzten, fugierten Abschnittes des Satzes hinleitet –

»Die Erlöseten des Herrn werden wieder kommen, und gen Zion kommen mit Jauchzen; ewige Freude wird über ihrem Haupte sein; Freude und Wonne werden sie ergreifen und Schmerz und Seufzen werden weg müssen« –,

dessen schallende jubelnde Töne nur durch den vorübergehenden Schatten des Kummers gedämpft werden, bis sie in die ruhigere Stimmung übergehen, in welcher der Chor ausklingt.

In der dritten Nummer ändert sich das Bild. Der Begeisterung folgt die Mutlosigkeit. Wir sehen die fast zur Verzweiflung gewordene Verzagtheit der Seele vor ihrem Herrn:

»Herr, lehre doch mich, daß es ein Ende mit mir haben muß, und mein Leben ein Ziel hat, und ich davon muß.«

Der Satz beginnt mit einem Bariton-Solo, das nichts zu erflehen, auf nichts zu hoffen scheint. Aber Worte und Melodien werden vom Chor wiederholt, und einfache Harmonien lindern in etwas die erste ergreifende Schwermut. Darauf tritt ein Wechsel ein. Die Schlußkadenz des Solos wird im Chor zum Trugschluß[1], worauf der Bariton wieder einstimmt:

»Siehe, meine Tage sind einer Hand breit vor Dir und mein Leben ist wie nichts vor Dir.«

Die Spannung läßt nach und man fühlt einen flehenden Ton, der durch die freiere Bewegung der begleitenden Instrumente bei der Wiederholung der Phrase durch den Chor verstärkt wird. Aus der Verzagtheit, der Ergebung, dem Erfragen ringt sich die Seele allmählich zur Hoffnung empor:

»Ach wie gar nichts sind alle Menschen, die doch so sicher leben! Sie gehen daher wie ein Schemen und machen ihnen viel vergebliche Unruhe; sie sammeln und wissen nicht, wer es kriegen wird. Nun Herr, weß soll ich mich trösten?«

Das Bitten wird zum Drängen, und die Krisis wird durch die Wiederholung der letzten Worte erreicht, zuerst in wachsender Erre-

1 Die Kadenzen in der Musik sind gewissermaßen analog der Interpunktion in der Wortsprache.

gung und endlich in abgewogenen sanften Tönen, welche den Herrn anrufen. Die darauffolgende Wirkung steht in ihrer hehren Lieblichkeit vielleicht unübertroffen im Gebiete der geistlichen Musik da. Mit der Stelle

»Ich hoffe auf Dich«

löst sich aller Zweifel in eine Glut der Schwärmerei, Versöhnung und des Vertrauens auf und die vollkommene Glaubenszuversicht:

»Der Gerechten Seelen sind in Gottes Hand und keine Qual rühret sie an,«

wird zum Thema eines über einen ununterbrochenen Orgelpunkt (auf D) aufgebauten Fugensatzes, der die kurze Eingebung der Überleitung zum breit ausklingenden Ausdruck unerschütterlichen Vertrauens steigert und nicht nur den Höhepunkt des dritten Satzes, sondern auch den ersten Gipfelpunkt des ganzen Werkes bildet. Hier erreicht die Seele eine Glaubensfestigkeit, die sie nicht wieder verläßt. Ist auch der Kummer noch nicht endgültig unterdrückt, so ist doch der Zweifel besiegt, und die vierte Nummer

– »Wie lieblich sind Deine Wohnungen, Herr Zebaoth! Meine Seele verlanget und sehnet sich nach den Vorhöfen des Herrn; mein Leib und Seele freuen sich in dem lebendigen Gotte. Wohl denen, die in Deinem Hause wohnen, die loben Dich immerdar« –

ist ein klarer melodischer Chorgesang mit fließender Begleitung, der schlichte Liebe und Vertrauen ausdrückt und gegen den Schluß des Satzes durch die Anwendung gesteigerter kontrapunktischer Mittel weiter betont.

Der fünfte Satz, welcher, wie wir wissen, nach der ersten Vollendung des Werkes hinzugefügt wurde und der für dessen Verständnis nicht unbedingt notwendig ist, entsprang vielleicht einem Bedürfnis nach einer Kontrastwirkung, das der Komponist beim Anhören der sechs vollendeten Sätze in ihrer unmittelbaren Aufeinanderfolge empfunden haben mag. Der Satz besteht aus einem sehr schönen Sopransolo, mit Chor, von ziemlich mystischem Charakter zu den Worten:

»Ihr habt nun Traurigkeit . . . Ich will Euch trösten, wie Einen seine Mutter tröstet.«

Der sechste Satz beginnt mit einem Klagelied des Chors:

»Denn wir haben hie keine bleibende Statt, sondern die zukünftige suchen wir« –

das bald durch das Bariton-Solo unterbrochen wird:

»Siehe, ich sage Euch ein Geheimnis: wir werden nicht alle entschlafen, wir werden aber alle verwandelt werden.«

Die Worte werden vom Chor wiederholt, mit steigender Bewegung geheimnisvoller Erwartung, die plötzlich nach einem Posaunenruf in stürmisches Jauchzen ausbricht:

»Und dasselbe plötzlich in einem Augenblick zu der Zeit der letzten Posaune: Denn es wird die Posaune schallen und die Toten werden auferstehen unverweslich, und wir werden verwandelt werden.«

Der wilden Erregung wird Einhalt getan durch die ruhige Botschaft des Solos:

»Dann wird erfüllet werden das Wort, das geschrieben steht,«

und ein verlängerter Halbschluß führt zum Wiedereintritt des Chors in einer prächtig anhaltenden Begeisterung triumphierender Freude:

»Der Tod ist verschlungen in den Sieg. Tod, wo ist dein Stachel? Hölle, wo ist dein Sieg?«

Der herrliche Satz, der sich zu einer immer erhabener werdenden Höhe der Macht und des Glanzes emporschwingt, erreicht plötzlich mit einem unerwarteten Wechsel des Rhythmus und der Tonart seinen Höhepunkt in einer glänzenden Doppelfuge, die in ihrer Leidenschaftlichkeit nicht enden wollenden Preisens das Himmelstor von neuem zu öffnen und die Seele des Hörers vor den blendenden Thron zu versetzen scheint, den die unaussprechliche Gegenwart Gottes ausfüllt:

»Herr, du bist würdig zu nehmen Preis und Ehre und Kraft,

denn du hast alle Dinge geschaffen und durch deinen Willen haben sie das Wesen und sind geschaffen.«

Das große Werk hat jetzt den höchsten Gipfelpunkt erreicht. Die weit über allen Kummer, Zweifel und Tod erhabene Phantasie des modernen Sehers hat für einen Augenblick das Geheimnis der Dinge durchdrungen und uns das Unaussprechliche offenbart. Aber die Vision ist noch nicht zu Ende; wie in den Worten der Offenbarung Johannes', so auch in der begeisterten Musik des Deutschen Requiems: Nach dem Blitzen und Donnern und all der mannigfaltigen Herrlichkeit des Thrones die Stimme des Geistes:

»Selig sind die Toten, die in dem Herrn sterben von nun an; ja, der Geist spricht, daß sie ruhen von ihrer Arbeit; denn ihre Werke folgen ihnen nach.«

Vertrauensvoll, zart, majestätisch flutet die Botschaft durch den siebten Satz, ein echtes Requiem, ein wahrer Friedensgesang, und nachdem sie endlich in den Tönen des Segensspruches, mit denen das Werk beginnt, vernommen worden, versinkt sie unter Wiederholung des Segens in Schweigen.

Es wäre eine anziehende Aufgabe, die technischen Mittel zu analysieren, die Brahms angewendet hat, um den verschiedenen Gedanken musikalischen Ausdruck zu verleihen, die insgesamt das Thema dieses erhabenen Werkes bilden und die in dem Hauptgedanken der alles überwindenden Liebe wurzeln. Während er die Hilfsmittel der klassischen Kunst mit einer Kraft und Leichtigkeit gehandhabt hat, welche an die Meisterschaft eines Bach und Händel erinnern, hat er seiner Schöpfung Wärme und Leben dadurch eingehaucht, daß er sich der harmonischen Entwicklung musikalischer Mittel bediente, zu welcher Schumanns Genie so starken Antrieb gab. Besonnen konservativ, war er auch im besten Sinne des Wortes modern. Das »Deutsche Requiem« hätte auch nicht die Stellung erlangen können, die es sich in den Herzen tausender von Männern und Frauen erobert hat, denen es Trost in Trauer gebracht hat oder Linderung in Zeiten geistiger Niedergeschlagenheit, wenn Brahms nicht den Geist der Zeit verstanden und geteilt und ihm passenden Ausdruck gegeben hätte.

Dies sollte nie vergessen werden bei Aufführungen des großen Werkes, das manchmal mit jener kalten, formellen Korrektheit wiedergegeben wird, die man für klassische Kompositionen leider oft für angemessen hält. Brahms war kein Pedant, sondern ein Idealist und ein Dichter, und die ganze Schönheit und der Zauber seiner Musik tritt erst völlig zutage, wenn sie mit aus Begeisterung und Phantasie hervorgegangenem Verständnis wiedergegeben wird.

Das Horn-Trio wurde in Wien an einem Hellmesberger-Quartettabend am 29. Dezember von Brahms, Hellmesberger und Kleinecke vorgetragen. Kleinecke blies das Naturhorn, und die Schönheit der Klangwirkung ist auch von ein oder zwei Kritikern bemerkt worden. Das Trio wurde nicht ungünstig aufgenommen, aber mit jener Zurückhaltung, die Erstaufführungen von Werken des Komponisten zu dieser Zeit in der kaiserlichen Hauptstadt zumeist zuteil wurde.

In diesem Jahr (1867) wurden nur zwei Brahms'sche Opera veröffentlicht – das Horn-Trio, welches eigentlich noch im Dezember 1866 herauskam, und ein Heft von fünf Gesängen für vierstimmigen Männerchor: beide bei Rieter-Biedermann.

Joachims verlängerter Aufenthalt in Österreich fand seinen Abschluß in der zweiten Woche des neuen Jahres (1868) mit einem Abschiedsdiner, das Brahms, Billroth, Hanslick und andere Freunde ihm gaben; vierzehn Tage später übersiedelte Joachim mit seiner Familie von Hannover nach Berlin. Seine Ansiedlung wurde zu einer dauernden infolge seiner im Laufe des Jahres vollzogenen Ernennung zum Direktor der Königlichen Hochschule für Musik (ausübende Kunst), die von König Wilhelm von Preußen (dem nachmaligen Kaiser Wilhelm I.) eben als Erweiterung des Departements für Kunst und Wissenschaft gegründet werden sollte.

Joachim nahm tätigen Anteil an dem Entwurf und der inneren Einrichtung der neuen Institution, welche unter seiner hingebungsvollen Leitung bald zu einer europäischen Zentrale für musikalische Erziehung wurde. Bei der 1902 durch S. M. Kaiser Wilhelm II. erfolgten Eröffnung der geräumigen Gebäude der Kgl. Hochschulen für Kunst und Wissenschaft in Charlottenburg übte der große Musikveteran seinen wohltätigen Einfluß als Direktor, Kapellmeister und Lehrer an der Musikschule noch aus. Wohl mußte ihm, im Rückblick auf die bescheidenen Anfänge seiner speziellen Abteilung im Jahre 1869, das Fest als eine Gelegenheit erscheinen, welche zugleich die Krönung eines großen Teiles seines eigenen Lebenszweckes mitfeierte.

Eines der letzten Auftreten Joachims als Solist erfolgte 1907 gelegentlich eines in Gegenwart des Kaisers und der Kaiserin veranstalteten Privatkonzertes der Musikschule. Bis wenige Wochen vor seinem am 15. August 1907 erfolgten Tode erfüllte Joachim mit nie versagender Begeisterung die Pflichten seines Amtes.

Brahms verließ Wien bald nach seinem Freunde, um einer Reihe von Konzertverpflichtungen, meistens mit Stockhausen für die Monate Februar und März 1868 angesetzt, nachzukommen; er hoffte mit seiner Reise nach Norddeutschland hinsichtlich des »Requiems« nicht nur künstlerischen, sondern auch praktischen Zwecken zu dienen. Er schlug sein Hauptquartier in seines Vaters Wohnung auf; es war dies das letzte Mal, daß er von Wien nach Hamburg als seiner nominellen Heimat zurückkehrte. Das Dirigentenamt des Philharmonischen Vereins war durch Stockhausens Amtsniederlegung 1867 wieder frei geworden, und es herrschte eine starke Meinung unter Brahms' Freunden, daß er dasselbe annehmen würde, falls es ihm angetragen werden sollte. Aber es kam nicht dazu. Wohl war er von einem stetig wachsenden Freundeskreise in Hamburg bewundert und beliebt; aber es blieb dies eben nur ein Kreis. Er war nicht populär bei den Durchschnittsmusikern oder dem allgemeinen Publikum, und das philharmonische Komitee überging ihn ein zweites Mal und wählte Julius von Bernuth zu Stockhausens Nachfolger. Brahms sprach wenig über die Sache, aber wahrscheinlich führte ihn die Kränkung, welche ihm die wiederholte Geringschätzung seitens der musikalischen Machthaber seiner Vaterstadt bereitete, zu seinem bald darauf gefaßten Entschluß, sich dauernd in Wien niederzulassen.

Brahms trat während der zweiten Februarhälfte mehrmals öffentlich in Hamburg auf. Er spielte im Philharmonischen Konzert am 14. Februar Beethovens G dur-Konzert und Schumanns Symphonische Etüden und fügte der veröffentlichten Ausgabe der letzteren noch einige in Schumanns Originalmanuskript enthaltene, damals ungedruckte Variationen hinzu. Bei demselben Anlaß sang Stockhausen Schuberts Lieder »Memnon« und »Geheimnis« mit einer Orchesterbegleitung, die Brahms auf seine Bitte hin vor ein oder zwei Jahren bearbeitet hatte. Der Komponist konnte Bremen einige Tage widmen, um dort Reinthalers persönliche Bekanntschaft zu machen; aber seine zahlreichen Verpflichtungen für den März zwangen ihn, die Vorbereitungen und Proben zu seinem Werk den erfahrenen Händen seines neuen Freundes zu überlassen. Er spielte im Oldenburger Abonnementskonzert vom 4. März[1] und gab in derselben Woche mit Stockhausen Konzerte in Dresden und Berlin, wobei er zum erstenmal vor dem Publikum beider Hauptstädte auftrat. Bei dem zweiten Konzert in Berlin (7. März) wurden die dritte und fünfte der »Magelone-Romanzen« in das Programm aufgenommen. Am 11. veranstalteten die beiden Künstler eine Soiree in Hamburg, in der Stockhausen Brahms' »Mailied« und »Von ewiger Liebe« aus dem Manuskript sang und einige Volkslieder zugab. In Kiel, wo sie am 13. auftraten, machten sie die Bekanntschaft Karl Löwes, des berühmten Balladenkomponisten, damals ein Mann von 72 Jahren, mit dessen Musik, wie sich herausstellte, Brahms gründlich vertraut war. Ihr nächster Bestimmungsort war Kopenhagen, wo sie vier Konzerte geben wollten. Stockhausen wählte für das erste derselben Lieder und Arien von Stradella, Schubert und Boieldieu, sämtlich begleitet von Brahms, der seinerseits eine Toccata und Fuge von Sebastian Bach, Andante von Friedemann Bach, zwei Stücke von Scarlatti, Beethovens Sonate in Es dur, op. 27, und von eigenen Kompositionen Variationen über ein Originalthema und das früh komponierte Scherzo in es moll als Solist vortrug.

Beide Künstler machten Furore. Stockhausen »elektrisierte« das Haus; Brahms hatte »enormen Applaus«, besonders nach Vorführung seiner eigenen Kompositionen. Das zweite, wenige Tage später folgende Konzert hatte einen gleichen Erfolg: Der Konzertsaal war gedrängt voll, die Zuhörerschaft außerordentlich begeistert und das finanzielle Resultat über alle Erwartung glänzend. Dann beging Brahms einen faux pas, der, soweit es ihn betraf, weitere Resultate dieses Triumphes ausschloß.

Als man an ihn in einer Gesellschaft, die der dänische Komponist Niels Gade ihm und Stockhausen zu Ehren gab, die Frage

1 Dieses Konzert, welches in Dietrichs »Erinnerungen« irrtümlich auf den 4. April verlegt wird, ist in der »Oldenburger Zeitung« vom 5. März 1868 rezensiert. Bei diesem Anlaß trug Brahms das Schumannsche Konzert und seine eigenen Händel-Variationen vor.

stellte, ob er das berühmte Thorwaldsen-Museum, mit Recht der Stolz der Kopenhagener Bürger, schon gesehen und bewundert habe, antwortete er bejahend und fügte hinzu, daß, da sowohl das Gebäude als auch seine Sammlungen so schön wären, es bedauernswert sei, daß sie sich nicht in Berlin befänden. Diese unglückselige Bemerkung, vor einem Kreise, der die gebildete dänische Gesellschaft repräsentierte, und wo die frische Erinnerung an die Okkupation Schleswig-Holsteins durch Preußen noch ein leicht verwundbarer Punkt war, brachte eine Wirkung hervor, die der Sprecher nicht entfernt beabsichtigt hatte. Man betrachtete die Bemerkung als eine absichtliche Beleidigung des Landes, das Brahms als gefeierten Gast aufgenommen hatte, und sie wurde ihm so verübelt, daß sie des Komponisten Wiederauftreten in Kopenhagen unmöglich machte. Er wählte den weisesten Weg, der ihm offen stand, schiffte sich zur nächsten Überfahrt nach Kiel ein und überließ es Stockhausen, das dritte angekündigte Konzert nach Möglichkeit zu arrangieren und dessen weiteren Erfolg durch die Verbindung mit Joachim zu sichern, der im Begriff stand, der dänischen Hauptstadt einen kurzen Besuch abzustatten.

Zeitig in der Frühe in Kiel angekommen, begab sich Brahms nach der Wohnung Claus Groths, dessen Gast er auf der Hinreise gewesen war, und während er, auf das Erwachen der Bewohner wartend, im Garten herumschlenderte, begrüßte ihn sein Freund schon von einem Fenster der oberen Etage. »Mach' schnell und komm' heraus; ich habe einen Haufen Geld«, gab Brahms zur Antwort und schlug auf seine Tasche. Der Kaffee wurde schnell aufgetragen, und eine lebhafte Unterhaltung folgte; aber, da Brahms keine Erklärung seines plötzlichen Wiedererscheinens gab, begann Groth ihn endlich auszufragen: »Was hast du dort eigentlich angerichtet, daß du sozusagen entflohen bist? Stockhausen ist ja noch dageblieben und Ihr habt großen Beifall gefunden?« Da ihm so zugesetzt wurde, mußte der Missetäter seine Unbedachtsamkeit eingestehen. »Brahms! wie konntest du nur so etwas in Gesellschaft von Dänen sagen?« rief Groth. »Ich meinte nur damit,« erwiderte Brahms, »es wäre besser, wenn ein so schönes Werk, wenn so schöne Sachen in einem großen Mittelpunkt stünden und viel gesehen würden.« »Aber du konntest dir denken, daß die Dänen das nicht vertragen konnten.« »Daran habe ich gar nicht gedacht«, sagte er in seiner wahrhaften Unschuld. »Übrigens habe ich so viel Geld verdient, daß ich lange nichts mehr nötig habe, und so ist es einerlei.«

Brahms traf am ersten Tag des April in Bremen ein und blieb bis nach dem 10. der Gast Reinthalers, mit dem er bald intim wurde. Die Anerkennung seiner Werke war in den Künstlerkreisen von Bremen stetig gewachsen, seit das musikalische Leben der Stadt unter der Leitung des vorzüglichen Künstlers stand, dessen Name verbunden bleiben wird mit der ersten Aufführung des damals vollendeten »Deutschen Requiems«, und dem Karfreitags-Konzert dieses Jahres wurde mit besonderem Interesse entgegengesehen, um so mehr, als viele hervorragende Besucher von fern und nah als Mitwirkende oder als Zuhörer erwartet wurden. Zur Freude der früheren Mitglieder des »Frauenchors« sprach Brahms den Wunsch aus, daß der alte Lieblingsverein im Chor vertreten sein sollte, und vier der begeistertsten und verläßlichsten seiner früheren Schülerinnen – Fräulein Garbe, Fräulein Reuter, Fräulein Seebohm und Fräulein Marie Völckers – kamen auf seine Aufforderung hin rechtzeitig in Bremen an, um an der Generalprobe teilzunehmen. Das Programm des geistlichen Konzerts des Singvereins, dessen Ertrag dem Bremer Musikerfonds gewidmet war, enthielt das »Deutsche Requiem« (Bariton-Solo: Stockhausen), zwischen dessen erstem und zweitem Teil einige der gemischten Nummern eingelegt wurden: Sätze von Bach und Tartini, Schumanns für Violine bearbeitetes Abendlied (Joachim); »Ich weiß, daß mein Erlöser lebt« (Frau Joachim); Arie für Alt mit obligater Violine aus Bachs Matthäus-Passion (Frau Joachim und Herr Joachim); und der »Hallelujah«-Chor. Brahms sollte das neue Werk dirigieren und Reinthaler die übrige Auswahl. Alle Solisten wirkten unentgeltlich mit.

Die Türen der St. Peter-Kathedrale öffneten sich am Karfreitag abend pünktlich um sechs Uhr, und während der darauffolgenden Stunde strömten die Besucher, deren viele alte Bekannte des Lesers sind, nach ihren Plätzen. Frau Reinthaler war natürlich mit anwesend. Dietrichs mit ihrer Freundin, Fräulein Berninger, kamen von Oldenburg; Grimms von Münster. Das Hamburger Kontingent bestand aus Minna Völckers, der früheren Schülerin und jetzt zur jungen Dame herangewachsenen, sehr wackeren Freundin des Komponisten, und ihrem Vater, der Jakob Brahms aufgefordert hatte, sie als ihr Gast zu begleiten. Max Bruch, Schubring und der junge Richard Barth waren gleichfalls da. Die Schweiz war durch den späteren Verleger des »Requiems« Rieter-Biedermann, vertreten; England durch den Enthusiasten John Farmer; und kurz vor Beginn schritt Frau Schumann an Brahms' Arm das Kirchenschiff entlang. Sie hatte sich im letzten Augenblick entschlossen, die Reise zu unternehmen, und war rechtzeitig in Bremen eingetroffen, um mit Joachims und anderen Freunden bei der Generalprobe am 9. April in der Kathedrale anwesend zu sein.

»Könntest Du am Charfreitag zuhören, das wäre mir eine unglaubliche und große Freude. Das wäre mir die halbe Aufführung,« hatte Johannes geschrieben.

Keine Mühe war gescheut worden bei der Vorbereitung des Chors und Orchesters, und beide lösten ihre schwierige Aufgabe vollkommen.

»Die Wirkung des wundervollen und herrlich aufgeführten Werkes war geradezu überwältigend,« sagt Dietrich, »und es wurde den Zuhörern jetzt schon klar, daß das Werk zu dem Höchsten gehört, was in der Musik erschaffen worden ist.«

Der Komponist, die Mitwirkenden und deren Freunde, etwa hundert an der Zahl, versammelten sich zum Souper in dem alten Ratskeller, dicht bei der Kathedrale, und lauschten dann einer kurzen Ansprache des Konsuls Hirschfeld und etwa einem Dutzend anderer Reden.

»Mit großer Freude und mit gerechtem Stolze,« begann Reinthaler, »begrüße ich heute hier die auserwählte Versammlung – eine Versammlung so seltener Art, die gekommen ist, um ein neues Werk eines unter uns weilenden Komponisten teilweise selbst mit zur Aufführung zu bringen, andernteils es sich als Zuhörer vorführen zu lassen.

Es erfüllt mich mit ganz besonderer Freude, daß gerade hier in Bremen dieses Werk zuerst zur Aufführung gelangt ist.

Es ist ein großes schönes Werk, was wir heute gehört haben. Innig und tief empfunden und geistvoll ausgeführt – ja man kann wohl sagen, es ist eine Epoche machendes Werk! Uns alle, die wir es gehört haben, darf es mit Stolz erfüllen, weil uns dadurch die Überzeugung geworden, daß deutsche Kunst noch nicht ausgestorben ist, sondern daß sie sich wieder zu regen beginnt, und daß sie wachsen werde so herrlich wie zuvor.

Es war eine bange, stille trübe Zeit, fast schien es, als sei der Abend hereingebrochen, als wir den letzten teuren Meister[1] begraben hatten; aber heute, nach der

1 Schumann.

Aufführung dieses Requiem können wir uns sagen, daß die Schüler jener großen Meister vollenden werden, was jene so herrlich begonnen.

Und daß ich nun so glücklich habe sein können, etwas dazu beizutragen, daß das Werk in nicht ganz unwürdiger Weise zur Aufführung gekommen ist, erfüllt mich mit ganz besonderer Freude. Jeder Einzelne hatte mich aber auch darin unterstützt, jeder hatte seine Aufgabe mit freudiger Liebe erfaßt, mit regem Eifer, ja ich darf sagen mit voller Begeisterung sich ihr hingegeben, weil jeder fühlte, daß es etwas Erhabenes sei.

Sie alle freuen sich nun gewiß mit mir, den Schöpfer dieses herrlichen Werkes jetzt hier unter uns sitzen zu haben und Sie werden freudig mit mir anstoßen auf das Wohl unseres Komponisten, *unseres Brahms!«*

Brahms' Antwort war charakteristisch kurz und sachgemäß:

»Wenn ich mir jetzt hier ein paar Worte erlaube, so muß ich zuerst sagen, daß mir die Gabe der Rede gar nicht zu Gebote steht. Es sind aber hier so viele unter den Versammelten, denen ich so gern' ein Wort des Dankes sagen möchte, so viel liebe Freunde, die mir Gutes und Angenehmes bewiesen haben, und so ganz besonders ist es mein verehrter Freund Reinthaler, der sich mit solcher Aufopferung der Einstudierung meines Werkes hingegeben hat. So lege ich denn meinen Dank für alle auf seinem Haupte zusammen und bringe diesem ein dreifaches Hoch.«

Englische Leser wird es überraschen und interessieren, daß auch auf das Wohl ihres Landes getoastet wurde, bei einer Gelegenheit, die so ganz besonders deutscher Musik und deutschen Musikern galt. Nachdem verschiedenen Künstlern, welche bei der Aufführung mitgewirkt hatten, und ein oder zwei hervorragenden Gästen gebührende Ehre erwiesen worden war, erhob sich John Farmer von seinem Sitz und äußerte seine Empfindungen, so gut es ging, in Deutsch:

»Ich bewohne eine Stadt,« sagte er, »die viel größer als Bremen ist und darin finden sich viele schöne Häuser und viele reiche Menschen. Sie aber dürfen stolzer als die reichen Menschen in den großen Häusern sein. Diese haben keine solche schöne Musik, wie es hier in Deutschland gibt, und wenn Sie auch nach England kommen wollten und Brahms selbst mitkommen wollte, um das Requiem aufzuführen, würden die Leute nicht hineingehen, oder wenn sie das Konzert doch besuchten, würden sie sagen »Ist der Kerl verrückt?« Sie wissen kaum, wie glücklich Sie darin sind, daß Sie die allerschönste Musik zu schätzen wissen. O, ich habe alles beobachtet und habe bemerkt, daß jeder mit Liebe und mit ganzer Seele dabei gewesen ist. Nachdem ich wieder nach England zurück gekommen, will ich wohl erzählen, wie es hier gewesen ist, und will hoffen, daß wir einmal ebenso glücklich wie Sie sein werden; daß wir deutsche Musik endlich werden verstehen und aufführen können, wie Sie es tun.«

England fand seinen Verteidiger in Herrn Lehmann, der sich sofort erhob, um zu erwidern:

»Ich möchte mir erlauben, doch noch ein Wort zu Ehren Englands zu sagen.

Es hat so mancher Künstler, der hinüber gegangen ist, daselbst eine freundliche Stätte und eine ermutigende Aufnahme gefunden; und es gibt auch dort Menschen, die Sinn und Verständnis für deutsche Kunst und deutsches Wesen haben, daß es mir gestattet sein möge, ein Glas zu bringen auf das kunstsinnige England!«

Das in Reinthalers Rede ausgedrückte Gefühl der Befriedigung, daß die Auszeichnung der ersten Aufführung des »Deutschen Requiems« Bremen zugefallen sei, wurde von den Musikern und Musikliebhabern der Stadt allgemein geteilt.

»Reinthaler hat mit bestem Verständnis und mit Aufgebot seiner besten Kräfte ein Konzert ins Leben gerufen, das unserm Bremen im Gebiete der Tonkunst ein bedeutendes Renommee gegeben hat,« sagt der Kritiker des »Bremer Courier«, und dieses Gefühl fand sowohl werktätigen als auch buchstäblichen Ausdruck in einer Mitteilung, welche der Komponist einige Tage nach seiner Rückkehr nach Hamburg erhielt. Das Werk wurde Dienstag den 28. April im Saal der Union unter Reinthalers Leitung wiederholt, wobei das Baritonsolo von Franz Krolop gesungen wurde.[1]

Es ist erfreulich, daß wir mit den musikalischen Ereignissen des Jahres 1868 – welches Jahr kraft der eben geschilderten Vorkommnisse eine neue Epoche in Brahms' vorwärtsstrebender Laufbahn bezeichnete und ihn in den Augen des musikalischen Europas als den größten der lebenden Künstler auf seinem Gebiete bestätigte – den Namen einer alten Freundin verknüpfen können, deren fachkundiges Verständnis für sein Genie, ihn in den düsteren Tagen seiner Jugend getröstet und ermutigt hatte: Frau Dr. Louise Langhans-Japha spielte das Quintett in F moll für Klavier und Streichinstrumente in ihrem Konzert im Saal Erard in Paris am 24. März und sicherte ihm einen entschiedenen Erfolg. Es ist unmöglich zuverlässig festzustellen, ob das Werk bei diesem Anlaß zum erstenmal öffentlich in seiner endgültigen Form gehört wurde, aber es ist die erste öffentliche Aufführung, über die es der Verfasserin gelungen ist, einen Bericht aufzufinden.

1 Die Fußnote des Herausgebers des Brahms – Reinthaler-Briefwechsels, auf S. 16, welche besagt, daß das Baritonsolo im Requiem am 10. April 1868 von Otto Schelper gesungen wurde, ist unrichtig. Siehe »Bremer Courier« vom 11. April. Schelper sang die Partie jedoch bei der Aufführung des »Deutschen Requiems« in der Bremer Kathedrale, welche Karfreitag den 7. April 1871 unter Reinthaler stattfand. Siehe S. 108 dieses Bandes.

Fünfzehntes Kapitel

1868–1869

Max Bruchs Es dur-Symphonie – Brahms in Bonn – Freundschaft mit Hermann Deiters – Die dem Deutschen Requiem hinzugefügte Nummer – Frau Schumann und Brahms – Brahms läßt sich zu dauerndem Aufenthalt in Wien nieder – Die im Jahre 1868 herausgegebenen Gesänge – Brahms und Stockhausen geben Konzerte in Wien und Budapest

Brahms blieb nach dem Karfreitags-Konzert in Bremen einige Wochen im Norden und fand Zeit, Reinthalers einen zweiten, diesmal nur kurzen Ferienbesuch abzustatten und dabei mehrere ihrer Freunde kennenzulernen. Er brachte den Mai bei seinem Vater in Hamburg zu, wo er sich hauptsächlich der endgültigen Vorbereitung des Manuskripts des »Deutschen Requiems« für den Stich widmete. Damals komponierte er das Sopransolo, welches die fünfte Nummer des erschienenen Werkes bildet, und Marxsen, der vor des Komponisten Abreise vom Anscharplatz die Partitur noch einmal prüfte, war der erste Musiker, welcher mit dem neuen Satz bekannt gemacht wurde.[1] Für das Brahms in dieser Zeit charakterisierende gewohnte Zaudern, die eigene Durchsicht seiner größeren Werke als ausreichend zu betrachten, haben wir einen auffallenden Beweis in dem Umstand, daß der Komponist, obschon er seinem Verleger Rieter-Biedermann geschrieben hatte, er werde ihm von Köln aus, wo er im Begriff stand, an dem Niederrheinischen Musikfest teilzunehmen, die vollendete Partitur des »Requiems« zusenden, doch im letzten Augenblick seinen Entschluß änderte und die Partitur dem ihm sympathischen Kritiker der »Allgemeinen Musikalischen Zeitung«, Dr. Hermann Deiters in Bonn zur Durchsicht übergab. Ohne Zweifel wurde seine Sorge hinsichtlich dieses wichtigen Werkes noch durch die Tatsache vergrößert, daß es ihm nicht möglich gewesen war, das Manuskript Joachim vorzulegen, der nur die fünfte Nummer von der Herausgabe zu sehen bekam:

»... Wie haben die andern sich nach deinem Anblick gesehnt ...« schrieb Brahms, als er den nachkomponierten fünften Satz von seinem Freund zurück er-

1 Ein wohlbekannter Hamburger Musiker, dem Marxsen die Partitur des Deutschen Requiems, nachdem er sie ein zweites Mal studiert hatte, anvertraute, um sie von seiner Wohnung in Altona zu Brahms auf den Anscharplatz zu bringen, hat der Verfasserin, als sie Hamburg 1902 besuchte, ausdrücklich mitgeteilt, daß das Sopransolo auf Marxsens Anraten hinzugefügt wurde.

hielt. »Ich habe einmal nicht dein Auge und dein Ohr, und meine immer, ohne diese nicht fertig werden zu können.«[1]

Mit dem dreitägigen Niederrheinischen Musikfest 1868 (31. Mai bis 2. Juni) in Köln müssen wir den Beginn einer persönlichen Bekanntschaft zwischen Brahms und seinem jüngeren Kunstgenossen Max Bruch in Zusammenhang bringen, die bald zu freundschaftlichen Beziehungen führte; sie wurde wohl durch die Teilnahme, die jeder der Kunst des andern entgegenbrachte, angefacht. Ein Brief, den Bruch im Laufe des Jahres an Brahms richtete und worin er dieser Gelegenheit ihrer ersten Begegnung erwähnt, bietet genügend Antwort auf den Vorwurf der Gleichgültigkeit gegen die Tätigkeit anderer, der häufig gegen den Komponisten des »Deutschen Requiems« erhoben worden ist. Das Werk, auf das sich der Brief bezieht, ist Max Bruchs Es dur-Symphonie, op. 28.

»Gleichzeitig mit diesen Zeilen, verehrter Freund, wird die Partitur meiner Symphonie bei Ihnen eintreffen. Ich habe mir erlaubt, sie Ihnen ohne vorherige Anfrage zu widmen, und hoffe, Sie werden Sie deshalb nicht weniger freundlich aufnehmen . . .

Es wäre begreiflich und verzeihlich, wenn Sie, der Sie so fest in sich ruhen und seit Jahren so energisch Ihren eigenen Weg verfolgen, für die Arbeiten Ihrer Kunstgenossen wenig Interesse hätten. Um so mehr freute es mich, daß Sie mir Pfingsten in Köln so deutlich das Gegenteil bewiesen; Ihr lebendiger Anteil, Ihr aufrichtiges, warm ausgesprochenes Wohlgefallen an meiner Symphonie haben mir eine ganz besondere Freude gemacht und schon damals den Wunsch in mir erweckt, Ihren Namen mit diesem Werk dauernd zu verbinden. . . .«[2]

Späterer Briefwechsel beweist uns, daß Bruch schon 1870 von der Existenz der Skizzen zu Brahms' C moll-Symphonie wußte, von denen wir das erstemal im Sommer 1862 hörten, und daß seine Überredungskunst ebensowenig fruchtete, wie jene Dietrichs, um den Meister zur Einwilligung einer Produktion des Werkes zu veranlassen, die derselbe als eine verfrühte betrachtet hätte.[3]

Das Niederrheinische Fest von 1868 bot auch Gelegenheit zur Erneuerung einer früheren flüchtigen Bekanntschaft zwischen Brahms und dem Komponisten Friedrich Gernsheim, dem

1 Briefwechsel Brahms-Joachim, Nr. 289.

2 Brahms' Briefwechsel III, S. 90.

3 Brahms' Briefwechsel, Bd. III, Brahms-Bruch» Nr. VI und VIII. Vgl. auch Bd. I dieser Biographie, S. 261 und 273, sowie Bd. II, S. 51.

damaligen Professor des Kontrapunkts am Kölner Konservatorium, und dieselbe entwickelte sich im Laufe des Sommers durch häufige Begegnungen zur bleibenden herzlichen Zuneigung. Verstärkt wurde das Band noch, das nun beide verknüpfte, als Gernsheim das »Deutsche Requiem« in die Programme zweier in Köln unter seiner Leitung veranstalteten Konzerte brachte; das erste im November 1870, in Erinnerung der im Kriege Gefallenen, das zweite im März 1871 zum Besten ihrer überlebenden Familien. Die Aufführung seines Werkes bei eben diesen Gelegenheiten rührte und erfreute Brahms; und Gernsheim, der im Januar 1871 nach Wien kam, war wohl der erste der Freunde, dem der Meister den eben vollendeten ersten Satz des »Triumphliedes« vorspielte.

Nach Beendigung des Niederrheinischen Musikfestes blieb Brahms einige Wochen in Bonn, um in Deiters' Nähe zu sein, und kam auch täglich mit ihm zusammen. Als er diesem Freund, dem das Studium der handschriftlichen Partitur tiefen Eindruck gemacht hatte, das »Requiem« vorspielte, vertraute ihm Brahms an, daß er die jüngst hinzugekommene fünfte Nummer in Gedanken an die Mutter komponiert habe.[1] Die letzten Vorbereitungen zur Herausgabe der Partitur nahmen noch viel von seiner Aufmerksamkeit in Anspruch. Auch war er wieder mit dem C moll-Klavierquartett beschäftigt, dessen Anfang, wie wir gesehen haben, in eine sehr frühe Periode fällt[2] und das auch noch nicht vor Ablauf mehrerer Jahre endgültig vollendet wurde. Kurz bevor er Bonn verließ, wurde Brahms mit der Musik zu Goethes »Rinaldo« fertig, die seit 1863 fast vollendet in seinem Pult gelegen hatte. Deiters hatte das Glück, bei sich oder in Brahms' Wohnung Gelegenheit zu finden, einige der erschienenen Werke von Brahms selbst gespielt zu hören und dessen Meinung über viele seiner eigenen Lieder zu vernehmen, die der Komponist recht verschieden beurteilte. Unter denen, von welchen er damals die höchste Meinung hatte, war »Von ewiger Liebe«, das im Laufe des Jahres als op. 43, Nr. 1, erschien. Es war das einzige Jahr in Brahms' Leben, wo er persönlich mit Deiters in vertrauterem Verkehr stand; aber die beiden Männer blieben in Briefwechsel, und der Komponist schickte häufig Exemplare seiner neu erschienenen Werke mit ei-

1 Der Verfasserin in einem Brief des Dr. Deiters mitgeteilt.
2 Siehe Bd. I, S. 187.

genhändiger Widmung an den Kritiker, dessen frühzeitige Anerkennung, schon als ihre persönliche Beziehungen noch ganz oberflächliche waren, bei Brahms ein starkes Gefühl der Achtung und Wertschätzung erweckt hatte. »Ich fühle mich dem Freund Deiters ernstlich verpflichtet«, sagt er in einem Brief an Dietrich vom Jahre 1867.

Der Meister war in heiterer Sommerstimmung während der Zeit seines Aufenthaltes am Rhein. Das Haus Nr. 6, Kessenicherweg, in dem er wohnte, hatte einen hübschen Garten, und die Zärtlichkeit für stumme Geschöpfe, die ihm immer eigen gewesen, wurde durch das Vertrauen einiger Tauben beglückt, die täglich zur Fütterung in sein Zimmer flogen. Einige Tage vor seiner Abreise lud er den Vater ein, ihn zu besuchen, und freute sich, Deiters mit dem alten Mann bekannt zu machen, den er dann zu einer vierzehntägigen Tour im Rheinland mitnahm. Auch durfte Jakob nicht nach Hamburg zurückkehren, ehe man ein zweitesmal seine Fähigkeit, Freude an der Schönheit der Berglandschaft zu empfinden, geprüft hatte. Er begleitete den Sohn auf einer kurzen Schweizerreise; aber obschon Johannes alles Mögliche tat, um dem Vater Ermüdung zu ersparen, litt dieser doch offenbar sehr an Heimweh: »Schau', Johannes, die kleine blaue Blume, g'rad' wie sie bei Hamburg wächst,« sagte er eines Tags, ein wenig zurückbleibend, nachdem er schweigend eine Strecke gegangen war. Ein Reiseerlebnis, das ihn wohl mehr erfreute, als seine Fuß- und Wagentouren, war seine Anwesenheit bei der Probe des neuen Satzes des »Requiems«, dessen Wirkung der Komponist vor der Veröffentlichung zu prüfen wünschte; sie wurde in Zürich von Hegar arrangiert. Frau Suter-Weber sang das Sopransolo, und Orchester und Chor bestanden aus einheimischen Musikern. Jakob vermochte wohl die Auszeichnung zu schätzen, die er bei dieser und anderer Gelegenheit als seines Sohnes Gefährte genoß; dennoch ist es sicher, daß er sich sehr erleichtert fühlte, als der Tag kam, wo er nach seinem stillen Heim und der anspruchslosen Frau zurückkehren durfte: »Nu, Lina, krigt mi Johannes nit wieder hin,« sagte er, als er sich behaglich im eigenen Lehnstuhl zurechtsetzte; und er blieb bei seinem Entschluß, obwohl er sich bei ein, zwei späteren Gelegenheiten zu dem Kompromiß herbeiließ, auf seines Sohnes Vorschlag hin den Harz und andere Gegenden mit Frau Karoline zu besuchen. Johannes begleitete den

Vater von der Schweiz nach Hamburg und besuchte dann Reinthalers und Dietrichs. Er fand besondere Freude an der Gesellschaft einiger junger Spielkameraden, die ihn in Frau Reinthalers Kinderstube begrüßten, und schloß speziell Freundschaft mit der kleinen Henriette, der ältesten Tochter des Hauses. Eines Tages, als er das Kind, das dem Babyalter kaum entwachsen war, den Diskant eines kleinen, vierhändigen Stückes üben hörte, schlug er vor, den Baß zu spielen. Im Scherz griff er eine falsche Note, worauf ihn seine Partnerin sofort tadelte: »Sie haben einen falschen Ton genommen«, sagte Musi, innehaltend. »Nun, wir müssen's nochmal machen,« erwiderte Brahms reuevoll und fing noch einmal an. »Sie haben wieder falsch gespielt,« rief Musi, und erst nach zwei weiteren Versuchen konnte sie befriedigt zugeben, daß der Meister seine Sache könne.

Als Brahms eines Tages mit Dietrich und Reinthaler nach Wilhelmshafen fuhr, war er ungewöhnlich ernst und zerstreut; er erwähnte, er habe am Morgen »Hyperions Schicksalslied« von Hölderlin gelesen, das ihn tief ergriffen habe. Nachdem sie den Kriegshafen und dessen Sehenswürdigkeiten in Augenschein genommen hatten, verließ er die Freunde, die aus der Ferne sahen, daß er in der Einsamkeit des entlegenen Strandes mit Papier und Bleistift beschäftigt war. Er schrieb die ersten Skizzen seines jetzt so berühmten Werkes, des »Schicksalsliedes«, nieder.

Von den vielen erfreulichen geselligen Ereignissen des Jahres ist eine Versammlung bei Dietrichs in Oldenburg besonders hervorzuheben. Frau Schumann, ihre Tochter Marie und Brahms genossen in der letzten Oktoberwoche die Gastfreundschaft der alten Freunde, und der Besuch zeichnete sich dadurch aus, daß vor einem Privatpublikum eine erste Aufführung der (aus dem Manuskript gespielten) Ungarischen Tänze in dem vierhändigen Arrangement für Pianoforte stattfand.

> »Brahms und Frau Schumann spielten sie mit einer Begeisterung und einem Feuer, daß Alles in Jubel ausbrach«, schreibt Dietrich.

Am 30. gab Frau Schumann ein Abendkonzert im Casinosaal, wo sie mit dem Komponisten dessen »Walzer« vortrug[1].

1 Vgl. Dietrich, S. 54 usw. Die Daten des Textes sind durch Frau Schumanns Tagebuch beglaubigt.

Diese wenigen Tage angenehmer und nicht allzu ermüdender künstlerischer Tätigkeit waren Frau Schumann besonders willkommen im Hinblick auf die seelischen und körperlichen Anstrengungen, die die kommende Konzertsaison wie stets im Gefolge haben sollte. Brahms brachten die Tage tiefe Herzensfreude, denn sie halfen gewisse Wolken eines Mißverständnisses wenigstens vorübergehend zu zerstreuen, welche schon seit geraumer Zeit das Glücksgefühl im Verkehr mit der alten geschätzten Freundin getrübt hatten.

Daß eine solche Freundschaft, wie sie ununterbrochen dreiundvierzig Jahre zwischen Frau Schumann und Brahms bestand, ihre schwierigen Phasen durchmachen mußte, war eine unausbleibliche Folge der Umstände. Die Art der Neigung, die Brahms für die große Pianistin beseelte, war in jenen Tagen ein für allemal bestimmt worden, da der edle, begeisterte, kaum zweiundzwanzigjährige Musiker durch eine Laune des Schicksals gleichsam dazu erkoren ward, gemeinsam mit Schumanns Frau, der Künsterlin von europäischem Ruf, die schrecklichen Ereignisse zu durchleben, die sie in ihrer Reife trafen. Es war eine Neigung, in der das eigene Ich nicht existierte. In der einen und einzigen Liebe von Frau Claras Leben, der sie bis zum Tod treu blieb, in der Kraft, die sie in den Stand setzte, der Liebe Verzweiflung den heiligen Anforderungen ihrer zärtlichen Mutterpflichten zu opfern, in dem gewissenhaften Stolz, der sie unabhängig und siegreich Jahre schwerer Anstrengung überwinden ließ, in der Redlichkeit ihrer Natur, die ihr gestattete, Trost zu finden in der Liebe wahrer Freunde – sah Johannes während der Jahre, die ihn vom Jüngling zum Mann reifen ließen, die Verwirklichung von Eigenschaften, die ihm das Ideal der Weiblichkeit dünkten. Ihr, in der er diese so verkörpert sah, erwies er Ehrerbietung mit der ganzen Ergebenheit seines Wesens, und darin, daß sie ihm ein Recht einräumte, ihr dienstbar zu sein, fand er genügenden Lohn für jene Dienste, die er imstande war ihr in seiner allmählich erworbenen Stellung als ihr vertrautester Freund und Ratgeber zu erweisen. Der Einfluß dieses vertrauten Verkehrs während der für solche Eindrücke empfänglichsten Zeit seines Lebens prägte sich unauslöschlich der Seele des jungen Brahms ein. War es doch der Verkehr mit einer Frau, die durch Alter, Erfahrung und Lebensstellung ihm voraus war, in der sich mit großen Eigenschaften des

Geistes und Herzens die Zierde herrlicher künstlerischer Taten vereinigte und deren unbedinge Anerkennung seiner eigenen Gaben sich im Gefühl des noch zweifelhaften Ausgangs der vielumstrittenen Prophezeihung ihres Mannes bis zur persönlichen Vorkämpferschaft erhob. Daß die Inbrunst des Gefühls für Robert und Clara Schumann, die unzertrennlich in seinen Gedanken lebten, seine ersten Mannesjahre beherrschte, ist im Laufe dieser Erzählung deutlich zutage getreten. Es ist nur die einfache Bestätigung einer Tatsache, wenn wir hinzufügen, daß jenes Gefühl, gereift und bestimmt, neben seiner Liebe zur Kunst einer der beiden Haupteinflüsse seines Lebens blieb.

Mit der normalen Entwicklung der Jahre jedoch trat notwendigerweise eine Änderung ein – nicht vielleicht in Frau Claras Neigung zu Brahms, aber in der Stellung, die er fortan in ihrem Leben einnahm. Von ihr geliebt über alle anderen Freunde, wie sie sich in den ersten Jahren ihres Verlustes bedachtsam äußerte (»es ist das schönste Einverständnis unserer Seelen; nicht liebe ich an ihm die Jugend, nicht ist es, vielleicht, geschmeichelte Eitelkeit, nein, seine Geistesfrische, seine herrlich begabte Natur, sein edles Herz ist es, das ich liebe. Zuweilen ist er nach außen hin schroff . . .«)[1], nahm sie ihn als auserwählten Zuschauer in das Allerheiligste ihres Lebens auf. Aber daß er nur Zuschauer war, lag in dem Wesen seiner Ergebenheit für sie; und als die Töchter heranwuchsen, war es selbstverständlich, daß sie als Ratgeber der Mutter allmählich den ersten Platz einnahmen, der ihnen durch natürliches Recht und natürliche Veranlagung zukam. Es ist klar, daß diese unvermeidliche Umwandlung der Umstände, anfangs fast unmerklich durch den Lauf der Zeit hervorgebracht, endlich fühlbar beschleunigt werden mußte durch Brahms' langen mehrfachen Aufenthalt in Wien; und es ist ebenso sicher, daß, als es ihm allmählich zum Bewußtsein kam, daß eine Veränderung in seinem Leben stattgefunden hatte, der gegenüber er keine Macht besaß, daß er nicht mehr jene Stelle in der nächsten Nähe Frau Schumanns von rechtswegen einnehmen konnte, wie er dies von früher her gewohnt war, diese Entdeckung ihn manch bitteren inneren Kampf gekostet haben muß. Die Schwierigkeit der Lage wurde noch dadurch verstärkt, daß sich Frau Schumann jener

1 Litzmann II, S. 337.

kaum merklichen Änderung völlig unbewußt war, was Johannes verwirrte; daß sie ferner sein düsteres Schweigen und verkehrtes Benehmen, das die Harmonie seiner Besuche in ihrem Hause störte und doch nur verletzter Liebe entflammte, der Launenhaftigkeit oder gar der Unfreundlichkeit zuschrieb. Auch war das nicht alles. Wir müssen zugeben, daß einige von Brahms' Idiosynkrasien, die sie in der Zeit, als sie aller Kraft zur Überwindung des ihr erst begegneten schweren Schicksalsschlages bedurfte, kaum bemerkt hatte, ihr in ruhigeren Jahren mißfielen. Johannes war weit entfernt zu ahnen, welche Wirkung auf die gütige Dame, der er zu dienen meinte, er durch sein (in einem bereits zitierten Briefe Dietrichs[1] erwähntes) häufiges Beharren auf einem mit scheinbarem Ernst vorgebrachten und ganz ernst genommenen Scherz eigentlich hervorrief. Seine Gewohnheit, »angehende Mißverständnisse nur noch immer mehr zu verwirren, um dann zum Schluß die Damen tüchtig auslachen zu können«, paßte schlecht zu Frau Schumanns etwas schwierigem Temperament, das, bei aller Anziehungskraft, charakterisiert war durch eine Neigung zur Melancholie und eine gewisse Unnachgiebigkeit des Ernstes, die sie manchmal hinderte, vorübergehende Vorfälle von der leichteren Seite anzusehen. Brahm's Humor war nicht immer nach ihrem Geschmack, und zweifellos prägte sich ihrem Gemüt im Laufe der Zeit der dauernde Eindruck ein, daß unter dem Scherz ein gut Teil Wirklichkeit verborgen liege. Auch manche seiner geselligen Neigungen waren Frau Schumann unverständlich. Während er die Höflichkeit einer artigen Dame, die sich ihm allzu gefällig zeigen wollte, barsch zurückweisen konnte, empfand er bis ans Ende des Lebens wahre Freude an der gemütlichen Freundlichkeit seiner Beziehungen zu den Landleuten, mit denen der tägliche Zufall ihn bei seinen alljährlichen Sommerreisen zusammenbrachte – den munteren Wirtinnen, den dienstbeflissenen Kellnern, den hübschen Bauernmädchen der Landwirtshäuser und Restaurants, die er besuchte – und leicht paßte er sich den harmlosen Freundlichkeiten an, die diesen angenehm waren. Einige dieser Dinge sind in dem einleitenden Kapitel zu dieser Biographie berührt geworden, wo es, wie wir hoffen, klar gemacht wurde, daß sie nicht in niedriger Gesinnung oder Denkweise wurzelten.

1 Bd. I, S. 279.

Brahms' Natur war rein von gemeinem Anflug. Jene Züge entsprangen einerseits einem unabänderlichen Mißtrauen gegen den schließlichen Wert konventioneller Gebräuche, an denen es seiner frühen Erziehung gefehlt hatte, anderseits einem demokratischen Geiste der Bonhommie, den er durch Geburt ererbt hatte. Es ist jedoch zu verstehen, daß Frau Schumann diese Eigentümlichkeiten, nachdem sie dieselben einmal begriffen hatte, bedauerte; von Natur konservativ angelegt, war sie auch in den vornehmsten Kreisen ihrer Zeit von früher Kindheit an bevorzugt worden.

Daß es kein vorübergehender Mißton war, der den Verkehr der beiden Künstler trübte, ist aus dem Umstand ersichtlich, daß Frau Schumann vom Sommer 1866 an, Brahms bei seinen Besuchen in Baden-Baden nicht wie bisher als täglichen Gast zu ihrem Familienmittagessen einlud, obschon ihm später am Tag ihr Haus immer noch offen stand; und es war fast die unvermeidliche Folge dieser ihrerseitigen Annahme, es sei etwas nicht in Ordnung, daß Johannes, entschlossen keine Veränderung in ihren gegenseitigen Beziehungen anzuerkennen, ihr – sei es noch so unabsichtlich – weitere Gelegenheit zur Unzufriedenheit gab. Er beging sicherlich eine Taktlosigkeit, deren schwerer Ernst kaum dadurch gemildert wurde, daß sie der Sorge um Frau Schumanns Gesundheit entsprang, indem er zu Anfang des Jahres 1868 sich erlaubte, ihr einen Brief zu schreiben, in dem er ihr dringend anriet, sich von der Öffentlichkeit zurückzuziehen, sobald es ihre Verhältnisse erlauben würden. Eine solche Urteilsverirrung konnte auf die beliebte und gefeierte Künstlerin nur einen schmerzlichen Eindruck machen und die Wunde, die sie schlug, heilte nur langsam. Vielleicht hatte sich Brahms, als er diese Epistel schrieb, im Geiste ein Bild ausgemalt, das ihm die große Künstlerin, erlöst von den Anstrengungen ihrer Tätigkeit, in der Nähe eines Heims zeigte, in dem er selbst sein eigenes Glück gefunden hatte. Seine Phantasie war zu dieser Zeit stark beeinflußt durch die Reize von Frau Schumanns dritter Tochter, Julie, die damals etwa dreiundzwanzig Jahre zählte und der er als sechzehnjährigem Mädchen seine vierhändigen Variationen zu ihres Vaters Thema gewidmet hatte; es ist auch nicht unmöglich, daß das Bewußtsein der vielen Hindernisse, die seinen Wünschen im Weg standen, zum Teil die Schuld trug an dem unsicheren Benehmen, das häufig Frau Schumanns Mißfallen erregte. Seine Neigung, die den Karlsruher Freunden bekannt war, wurde von Fräulein Julie selbst fortdauernd entmutigt; von der Mutter, die nicht geneigt war, aus Johannes' lebhaftem Interesse für ihr allgemein bewundertes Kind erste Schlußfolgerungen zu ziehen, wurde sie kaum geahnt. Aber Brahms war von einer Neigung erfaßt, die mehr als vorübergehender Natur war, und erst, als der Lauf der Ereignisse ihn von deren Unerfüllbarkeit überzeugt hatte, nahm sie ihren Platz ein unter den Schatten der Vergangenheit, die von Zeit zu Zeit in seiner Erinnerung wieder auftauchten.

Wie es sich aber auch damit verhalten mag, es herrscht doch kein Zweifel, daß zu der Zeit, in der wir mit unserer Geschichte jetzt angekommen sind, sich des Gemüts der Frau Schumann eine Neigung bemächtigt hatte, die für die Folgezeit nicht mehr auszutilgen war: die Neigung, zwischen Brahms dem Musiker und Brahms dem Menschen einen Unterschied zu machen. Johannes' Erschütterung, als er sich jetzt, mit fünfunddreißig Jahren, dieser Tatsache gegenübersah, zeigt sich deutlich genug in seinem Briefwechsel. Es war ein Unterschied, den er mit der ganzen Kraft seiner Natur zurückwies:

»In meinen Tönen spreche ich«, schreibt er kurz vor seinem Besuch in Oldenburg im Herbst 1868, »nur möchte ein so schwacher Musiker wie ich gern den Glauben festhalten, er sei besser als seine Töne. Du schreibst von meiner Laune in Baden. Auch hier gibts kein Streiten, jeder redet und jeder will recht behalten. Auch ich habe geklagt, daß ich in Deinem Hause nicht wie sonst gewöhnlich mit dem Versuch anfangen konnte, mir Sympathie zu erwerben. Es schien mir immer, als hätte ich vorher Anderes zu überwinden.«

Die besondere Veranlassung, welche diese Äußerungen hervorgerufen hatte, ging vorüber; aber eine Dissonanz war im Leben des Komponisten erklungen, die mit wachsender Herbheit während der kommenden Jahre weiter vibrierte, ohne eigentlich jemals ihre Auflösung zu finden.

Ein oder zwei Jahre später, ein paar Wochen nach Frau Schumanns Rückkehr nach Deutschland von einem Künstlerbesuch in Wien, schreibt er, wie es scheint in Beantwortung irgendeiner ihrerseitigen Klage:

»Es gibt nichts, das meine Meinung von Dir und meine Verehrung für Dich ändern oder schwächen könnte. Ich habe manchmal in traurigem Scherz gesagt: Du sähest mich an wie die Polizei einen, der dreimal abgestraft. Nun hoffe ich zwar, es sei so bedenkliche Meinung recht oft ungerechtfertigt – wie die bessere leider von meinen künstlerischen Taten. Beidem widerspreche ich nicht mehr, aber beides braucht Dir nicht die Empfindung und den Glauben zu nehmen, daß Dir niemand mehr anhänglich und ergeben sein kann als ich.«

Es wäre zwecklos, zu erwägen, welche Wirkung es auf Brahms' Glück und seine Kunst gehabt, wenn er im Laufe der nächstfolgenden Jahre den Mut gefunden hätte, sich in das Unabänderliche zu fügen und den eigenen Weg zu gehen. Seine Erinnerung an das Vergangene und der in Gefühlssachen Frau Schumann eigene Absolutismus wirkten zu stark auf ihn, als daß er ernstlich hätte versuchen können, einen Umsturz seiner Empfindungen und Gewohnheiten herbeizuführen, wie derselbe mit einem solchen Vorgehen unvermeidlich verknüpft gewesen wäre. Treu bis zum Ende beharrte er seiner alten Freundin gegenüber in der ritterlichen Stellung, die er selbst als jene eines »Sohnes oder Bruders«[1] geschildert hat und die Hübbe, wahrscheinlich durchaus treffend, in der folgenden Stelle seines »Brahms in Hamburg« ausgedeutet hat:

»Ich kann mir nicht versagen, hinsichtlich Brahms' Junggesellentums mit Bezug auf Widmanns bedeutsame Mitteilung eine Bemerkung hier einzuschalten. Wird man sich auch gern in dieser Hinsicht bei der Antwort, welche Brahms Widmann gegeben hat, als einer durchaus triftigen beruhigen wollen, so möchte ich mir doch gestatten, noch eine ergänzende Vermutung zu äußern. Wie auch sonst bedeutende Männer wegen ihres eigentümlichen zarten und innigen Verhältnisses zu ihrer Mutter unverheiratet geblieben sind, so hat es mir oft scheinen wollen, als wenn Brahms einen ähnlichen Hinderungsgrund empfunden habe in dem eigenartigen Verhältnis zu seiner so innig verehrten mütterlichen Freundin Clara Schumann. Was Widmann darüber auf S. 98 mitteilt, hat mich in der Vermutung bestärkt, daß jenes Verhältnis in der angedeuteten Richtung wenigstens unbewußt mitgewirkt hat.«

Die seltene Schönheit dieser Mannesnatur – »rein wie Demant, weiß wie Schnee« – findet in vielen Briefen an die verehrte Frau Ausdruck, ebenso wie in den Melodien, welche ihm, wie er ihr sagt, im Denken an sie einfielen. Ohne Zweifel rief er sich, während er Worte oder Töne niederschrieb, liebevoll die Jahre ins Gedächtnis zurück, die seine Teilnahme mit dem Kummer, dem Kampf und dem Sieg ihres Lebens so fest verknüpft hatte. Brahms blieb in seiner Ergebenheit gegen Frau Schumann in der Tat ohne Wanken; obschon das Bewußtsein eines unbestimmten Etwas, das zwischen ihnen lag, die nervöse Erregbarkeit, welcher schöp-

1 Litzmann III, S. 216.

ferische, ihre Kunst mit Ernst betreibende Musiker insbesondere ausgesetzt sind, noch erhöhen und auch auf sein äußeres Benehmen, auf seine Heftigkeit oder Schweigsamkeit, wie es gerade kam, zurückwirken mochte.

»Viel zu tief empfinde ich Deine Sorgen und Deinen Schmerz, als daß ich ihm Worte zu geben versuchen möchte«, schreibt er mit Bezug auf die Krankheit ihres jüngsten Sohnes. »Auch eigenen Schmerz bin ich durchaus gewöhnt ganz für mich und in mich hinein zu erleben. Für Dich empfinde ich weit inniger, weit liebevoller; kein Gedanke geht zu Dir, der Dich nicht ganz umfaßt und alle Deine Sorgen denkt. Aber ich kann nur still abwarten, wie weit Du die neue Prüfung denn tragen sollst ... Von wievielen soll ich Dir das Herzlichste sagen? Laß Dir diese ernste Liebe auch etwas Tröstliches sein – ich liebe Dich mehr als mich und irgendwen und was auf der Welt.«

»Freunden gegenüber bin ich mir nur eines Fehlers bewußt: Ungeschicklichkeit im Umgang ...« lesen wir in einem seiner letzten Geburtstagsbriefe an sie. »Ich empfinde, daß ich – durch meine Art, nicht durch irgend Anderes – den großen Schmerz Deines Abwendens von mir verdient haben mag, aber der liebende und verehrende Gedanke an Dich und Ihn wird immer hell und warm leuchten Deinem tief ergebenen

J. B.«[1]

Aber wiewohl der Meister den Schatz seiner Zuneigung unentweiht bewahrte, befreite sich sein Geist doch nie gänzlich von dem Druck des bleibenden Schmerzes, den ihm die späteren Phasen der alten Freundschaft verursachten. Dieser erklärt zum großen Teil den Schleier von Pessimismus, der sich bei herannahendem reiferen Alter allmählich um ihn breitete und die innere Bewegung seiner Natur sicherlich nie verletzte, aber mehr und mehr vor der Welt verhüllte – ein Schleier, der nicht einmal durch seine offene Freude über die Hochflut künstlerischer Erfolge im letzten Zeitabschnitt seines Lebens gelüftet wurde.

»Vertraulicher Umgang mit Frauen ist schwer«, schrieb er an Hanslick, weniger als ein Jahr vor seinem Tod, mit Bezug auf eine Angelegenheit, die mit der Veröffentlichung seiner Briefe von Schumann zusammenhing; »desto ernster und vertraulicher, desto schwerer.«

Brahms und Stockhausen vereinigten ihre Kräfte im November 1868 wieder zu mehreren Konzerten. Bei der ersten der beiden Soireen in Hamburg machte Brahms Furore mit einigen Ungarischen Tänzen, die er als Soli arrangiert hatte. Das Programm ent-

1 Siehe Litzmann III, S. 222, 284, 331, 558.

hielt auch zwei von Stockhausen und seiner Schülerin Fräulein Girzik gesungene Duette aus op. 28, deren zweites stürmisch zur Wiederholung verlangt wurde. Brahms begleitete seinen Freund, wie gewöhnlich, den ganzen Abend hindurch. Er wurde in Bremen mit rauschendem Applaus empfangen, als er dort am 30. des Monats den Klavierpart seines A dur-Quartetts in einem Konzert des trefflichen einheimischen Jacobsenschen Streichquartetts spielte; Jacobsen war ein guter Spieler und zweiter Konzertmeister des Bremer Orchesters. Bei diesem, sowie bei späteren Besuchen in Bremen war es selbstverständlich, daß Brahms bei Reinthalers wohnte.

Carl Bade, der um diese Zeit einen seiner häufigen Morgenbesuche am Anscharplatz abstattete, erschrak beim Betreten des Hauses über das Erscheinen Jakobs, der sich ihm – den Finger auf dem Munde – mühsam auf den Fußspitzen näherte, feierlich flüsternd: »Pst . . .!« »Was gibts, Brahms? wer ist krank?« fragte Bade leise, ernstlich besorgt. »Pst!« wiederholte Jakob, ebenso geheimnisvoll wie zuvor, *»er ist dor«;* und, die Tür zum »Eckzimmer« öffnend, stieß er den erstaunten Carl hinein und schloß ohne ein weiteres Wort die Tür hinter ihm, ihn allein lassend mit seinem Sohn, der mit dem Ordnen seiner Bibliothek beschäftigt war, um verschiedenes daraus zu entnehmen und mit noch anderen seiner Hamburger Besitztümer für den Transport nach Wien zurückzulegen. »Schau her«, sagte Johannes nach einem freundlichen Wort der Begrüßung, indem er Bade Zeit ließ, seine Sammlung wieder zu erlangen, deren Jakob ihn durch seinen seltsamen *»coup«* für einen Augenblick beraubt hatte; und auf den Band zeigend, den er in der Hand hielt, meinte er: »Kuhnau war ein tüchtiger Musiker!«

Das Verhältnis, in welchem damals der ältere und jüngere Brahms zueinander standen und dessen schon in einem früheren Kapitel gedacht wurde, zeigte sich deutlich während des einfachen zweiten Frühstücks, das man gemeinsam einnahm. Das den Vater überwältigende Gefühl der Verehrung in Gegenwart seines Sohnes schloß trotz Johannes' hartnäckigen Bemühungen die Gemütlichkeit von vornherein aus. Das Gefühl der Ehrfurcht, das über Jakob kam, wenn er sich der Verkörperung seines eigenen wunderbaren Erfolgs im Leben gegenüber befand, war nicht unnatürlich; es kann uns nur Achtung einflößen für das Andenken des alten Mannes, in dessen einfacher Demut – die in dem stärksten und berechtigtsten Stolze wurzelte – wir vielleicht eine von den wesentlichen Eigenschaften wiedererkennen, welche dem großen Komponisten so viel Liebe eintrugen bei jenen, die das Vorrecht genossen, ihn Freund zu nennen.

Brahms kehrte im Dezember nach Wien zurück und war natürlicherweise bei mehreren Konzerten zugegen, welche Frau Schumann nach mehrjähriger Abwesenheit von Österreich dort vor und nach Weihnachten gab.

Die Liste der Veröffentlichungen dieses Jahres ist eine wichtige, nicht nur weil sie das »Deutsche Requiem« (Rieter-Biedermann) enthält, sondern weil sie den Meister in dem vertritt, was wir etwa als die zweite Periode seiner Tätigkeit als Liederkomponist bezeichnen können. Von Anfang bis zu Ende seiner Laufbahn entströmten ihm Gesänge in vielen verschiedenen Formen – einfache Strophenlieder und durchkomponierte Lieder[1]; letztere natürlich bei jedem neuen Beispiel verschieden in ihrem Bau. Diese zweite Periode aber bezeichnet nicht nur die volle Meisterschaft, welche längst Brahms' Werke charakterisierte, auf welchem Felde er auch seine Kräfte üben mochte; ihr unterscheidendes Merkmal ist, uns den Dichter im reifen Mannesalter zu zeigen. Die Jugend mit ihren Unsicherheiten liegt hinter ihm, das Alter mit seinen wachsenden Schatten ist noch nicht in Sicht; der Komponist hält die Gegenwart mit festem Griff und bietet uns auserlesene Traumbilder des Lebens und der Natur, Kinder einer vom Gefühl der Schönheit, Zartheit und Pathos des Daseins durchdrungenen Phantasie, die in der Ausübung ihres Idealismus ihre Befriedigung findet. Jedes der fünf der 1868 erschienenen Hefte (op. 43 bei Rieter-Biedermann und op. 46, 47, 48 und 49 bei Simrock) enthält solch einen Reichtum an Schönheit, daß es schwer ist, eines besonders zu nennen. Vielleicht verdient op. 43 die Palme, mit den Nummern 1 und 2: »Mainacht« und »Von ewiger Liebe«; aber dann sind aus op. 47 »Botschaft« und aus op. 46 »Die Schale der Vergessenheit« allgemein beliebt. Stockhausen, der sich im

1 In der strengen Strophenform wiederholen sich Gesangmelodie und Begleitung in jeder Strophe. Die Form kann jedoch verschiedene Abänderungen erfahren durch wechselnde Begleitung, kleine Melodienänderungen usw. Bei dem »durchkomponierten« Lied wird der Text durchweg von neuen musikalischen Gedanken und Entwicklungen begleitet.

Sommer 1868 in Neuenahr aufhielt, kam nach Bonn herüber und sang Deiters, begleitet vom Komponisten, eine große Anzahl dieser Lieder aus den Manuskripten vor. Brahms schien entschlossen, »Die Schale der Vergessenheit« nicht zu veröffentlichen, indem er sie als »wüstes Zeug« erklärte; aber Stockhausens Begeisterung gelang es, seinen Entschluß zu ändern. Einige der kürzeren Nummern gehören dem Datum der Komposition nach in eine frühere Periode, so Goethes »Die Liebende schreibt«, das schon im Zusammenhang mit dem Herbst 1858 genannt wurde; »Herbstgefühl«, op. 48 Nr. 7, wurde am 6. Mai 1867 niedergeschrieben, am Vorabend von Brahms' vierunddreißigstem Geburtstag. Das beliebte »Wiegenlied«, op. 49 Nr. 4, ist für eines der Kinder der Frau Faber komponiert worden, und die Begleitung ist die Rückerinnerung an ein Volkslied, das Brahms von Fräulein Bertha Porubszky in den alten Tagen des Hamburger »Frauenchors« gehört hatte. Das Manuskript trägt die Inschrift:

»*Wiegenlied*
für Arthur und Bertha Faber
zu allezeit fröhlichem Gebrauch.
Juli 1868. J. B.«

und am Schluß:

»Mit Grazie in infinitum«;

es befindet sich im Besitz dieser alten Freunde des Komponisten.

Jetzt, wie immer, kehrte Brahms mit Freuden zu der frischen Naivität des Volksliedes zurück, und zahlreiche Beispiele mit Texten aus dem Deutschen, Böhmischen, Italienischen finden sich in diesen Heften, unter denen »Sonntag«, op. 47 Nr. 3, und »Am Sonntag Morgen«, op. 49 Nr. 1, die bekanntesten sind. »Gold überwiegt die Liebe« (Nr. 4 aus op. 48) ist eine rührende kleine Klage; der Text zu »Von ewiger Liebe« ist an sich ein wendisches Volkslied, aber der Komponist hat es durch seine Behandlung unter die schönsten Werke deutscher Kunst in Liedform eingereiht. In der Regel aber setzte Brahms Volkslieder als solche, und seine Behandlung derselben war klar und ungekünstelt. Er hat Volkstexte von mehr als zwanzig Nationen, außer der eigenen, für eine Singstimme gesetzt, und wie er sie fand, wie sie ihn ansprachen, so vertonte er sie; ohne Versuch, das Naive der Worte einzuschränken oder der Musik nationale Färbung zu geben. Wenn er gelegentlich in seinen Liedern musikalisch auf den Ursprung seiner Texte hindeutet, so geschieht dies so unauffällig, daß man es kaum bemerkt, es sei denn bei speziellem Studium des Gegenstandes[1]. »Vergangen ist mir«, op. 48 Nr. 6, weist auf die mittelalterlichen Gesetze der Harmonie zurück. Auch in »Sehnsucht«, op. 14 Nr. 8, ist die Melodie eine dorische.

Die Aufzählung der großen Gesangspublikationen vom Jahre 1868 ist noch nicht zu Ende. Mit der Ausgabe der Hefte 3, 4 und 5 (zusammen neun Nummern) der »Magelone-Romanzen« (Rieter-Biedermann), deren zwei erste Hefte 1865 erschienen, wurde ein Zyklus vollendet, welcher zu den wenigen großen Schöpfungen seiner Art gehört und der, bisher nur die drei Namen Beethoven, Schubert und Schumann umfassenden Gruppe, einen vierten zugesellt.

Die fünfzehn »Magelone-Romanzen« sind äußerst mannigfach in der Gestalt und können kaum bestimmt irgendeiner der üblichen Gesangsformen eingereiht werden. Spitta drückt seine Meinung von der Wichtigkeit durch das Wort »symphonisch« aus. Brahms' eigene Namennennung »Romanzen« genügt aber, um ihre Natur zu bezeichnen. Einige sind von großem, andere nur von geringem Umfang. Einige bestehen aus mehreren Sätzen, andere aus einem kurzen Satz in drei Abteilungen, deren dritte die erste wiederholt; eine wird durch die Melodie eines Refrains zu einem Ganzen verbunden. Sie geben einer ganzen Reihe von Empfindungen Ausdruck: ritterlichen Freuden, den fortschreitenden Phasen leidenschaftlicher Liebe, der Verzweiflung der Trennung, der wiedererwachenden Hoffnung, der vertrauenden Seligkeit der Wiedervereinigung, der Gewißheit der heiligen Macht der Liebe. Die Erinnerung an den idealen Vortrag Stockhausens haftete unzweifelhaft in Brahms' Geist, als er diese Lieder komponierte, welche – mit Ausnahme von Nr. 11 und 13 – von einem Mann gesungen werden sollten. Man mag sie lesen und wieder lesen, hören und wieder hören, aber man wird vergeblich versuchen, sich für eine Lieblingsnummer zu entscheiden. Jede einzelne versetzt den Hörer in eine Zauberwelt der Schönheit und

1 Diejenigen, welche Brahms' Behandlung der Volksweisen im einzelnen studieren wollen, werden auf Hohenemsers Artikel: »Brahms und die Volksmusik in »Die Musik«, 1903, Nr. 15 und 18 verwiesen.

Romantik, und im Reichtum und der Eigentümlichkeit der Gedanken nimmt der Zyklus sicher nicht die letzte Stelle unter den wenigen Repräsentanten seiner Gattung ein.

Die Lieder und Romanzen, op. 44, deren wir schon im ersten Bande im Zusammenhang mit dem »Frauenchor« gedacht haben, sind ebenfalls bei Rieter-Biedermann erschienen[1]; Cranz in Hamburg hat die drei Lieder für sechsstimmigen Chor a cappella, op. 42, herausgegeben; alle sind von großem Reiz. Der fünftaktige Rhythmus ist ein interessanter Zug der zweiten Nummer, der lieblichen »Vineta«. Der Text zu Nr. 3, »Darthulas Grabgesang«, ist eine Übersetzung aus »Ossian« in Herders »Stimmen der Völker«.

»Brahms ist hier«, schreibt Billroth von Wien aus am 11. Januar 1869, »und wird mit dem erwarteten Stockhausen konzertieren. Er wird Mitte Februar eine Kantate, ›Rinaldo‹, aufführen ... er schwärmt dafür, weil es dem Komponisten so viel übrig ließe.«

Goethe schrieb die Kantate ausdrücklich, um sie von Kapellmeister Winter, einem achtungswerten Musiker seiner Zeit, für den Prinzen Friedrich von Gotha in Musik setzen zu lassen, der eine angenehme Tenorstimme besaß und ein guter Gesangsdilettant war. Die Dichtung gründet sich auf eine Episode aus Tassos »Befreitem Jerusalem« und stellt den Widerstreit von Stärke und Schwäche in dem tapfern Ritter Rinaldo – einer von Tasso in seinem Epos eingeführten erdichteten Persönlichkeit – dar, der von Armida auf einer Insel festgehalten und aus deren Zauberbann durch eine Schar von Rittern erlöst wird. In Tassos Dichtung sind es der Ritter nur zwei, bei Goethe sind sie zum Chore angewachsen. Die Kantate beginnt da, wo die Ritter den erwachenden Rinaldo aus seinem Glückstraume reißen, doch gelingt es ihnen noch nicht, ihm die Kraft zur Selbstbefreiung zu geben. Als letztes Mittel halten sie ihm einen Diamantschild vor, der ihm sein eigenes Bild in seiner Entartung zeigt. Der Schreck über das Gesehene bringt ihn zum vollen Bewußtsein zurück, und er verläßt die Insel, trotz Armidas Klagen, Wut und Zauberkünsten und trotz des eigenen Bedauerns, ermutigt und unterstützt von seinen Freunden. Der Schlußchor mit Solo schildert die frohe Seefahrt und die glückliche Ankunft des Schiffes an der Küste des heiligen Landes.

1 Im Thematischen Katalog irrtümlich von 1866 datiert.

Armida erscheint in Goethes Werk nicht als »dramatische Person« und Brahms' Musik ist daher für Tenorsolo, Männerchor und Orchester geschrieben. Das Gedicht ist kurz und gedrängt, enthält nur eine dramatische Situation; aber gerade durch seine Knappheit bietet es dem Komponisten Vorteile, denn die Phantasie wird nicht im einzelnen an den Text gefesselt, während dieser doch genügendes Material bietet zu mächtiger und kontrastierender musikalischer Darstellung des Zaubers der Armida, des Sturms, den sie zur Verhinderung der Abfahrt des Schiffes hervorruft; ferner der ruhigen Festigkeit der Ritter, des Wankelmuts Rinaldos (zuerst in einer leidenschaftlichen Szene zum Ausdruck gebracht), seiner Bitten gegenüber den Freunden und seines endlichen Erwachens und Geheiltwerdens von der Heftigkeit seiner Leidenschaft. Alles hat Brahms mit Kraft und Wärme der Phantasie benützt. Viele interessante Einzelheiten der Komposition reizen zu besonderer Erwähnung; aber wir begnügen uns damit, die Aufmerksamkeit des Lesers auf die Vorstellung zu lenken, die uns die Chöre von dem edlen, liebenswerten Charakter der Ritter geben, auf die meisterhafte und in ihrer Beschränkung auf das Einfachste auch nur einem Meister mögliche Anwendung der Ausdrucksmittel in dem Moment des Vorhaltens des Schildes, welche ihrerseits ohne jeden Versuch zur Tonmalerei, aber mit absoluter Deutlichkeit, den Eindruck von der Freunde sanfter Entschlossenheit dem zaudernden Ritter gegenüber wiedergeben; wir verweisen ferner auf den frischen, kriegerischen Satz, in welchem die Ritter ihm Mut einflößen wollen durch die Erinnerung an blitzende Lanzen und flatternde Banner – die ganze glänzende Schlachtordnung der Kreuzfahrerarmee, von der ihn die Reize der Armida so lange fern hielten. Im Schlußchor schwellt ein günstiger Wind die Segel des Schiffes; freudig durchschneidet es die grünen Wogen, die schäumend im Kielwasser zerfließen, während sich Rinaldo und seine Gefährten am Spiel der Delphine ergötzen und, ganz erfüllt von Seligkeit beim Anblick des gelobten Landes, in den jauchzenden Jubelruf der Namen »Gottfried und Solyma« (Jerusalem) ausbrechen.

Das Werk wurde zum erstenmal nach dem Manuskript am 28. Februar 1869 unter Leitung des Komponisten in einem Konzert des »Akademischen Gesangvereins« in Wien aufgeführt. Die Titelrolle sang Gustav Walter mit großem Erfolg; Dr. Eyrich, der

Vereinsdirigent, hatte dreihundert Studenten gut für die Chöre vorbereitet, und die Orchesterbegleitung wurde von dem ganzen Instrumentalkörper der Hofoper gespielt.

Phänomenaler Erfolg begleitete drei Konzerte, die von Brahms und Stockhausen im Februar und März 1869 gegeben wurden. Der große Baritonist hatte in der österreichischen Hauptstadt schon viele Jahre nicht gesungen, und alle Billets zum ersten Konzert waren gleich nach der Ankündigung vergriffen. Brahms' Wahl für die Serie bestand aus Werken von Händel, Bach, Couperin, Gluck, Beethoven, Schubert, Schumann, einigen eigenen Variationen – unter andern denen aus dem B dur-Sextett – und Ungarischen Tänzen; auch begleitete er seinen Freund bei den berühmtesten Gesängen seines Repertoirs. Beider Künstler wundervoller Vortrag der Brahmsschen Lieder »Von ewiger Liebe« und »Mainacht« war eine der Perlen des ersten Konzerts. In dem zweiten trugen Stockhausen und Fräulein Girzik zwei Gesangsduette des Komponisten vor. Die Begeisterung, welche die Konzertgeber in Wien erregt hatten, wiederholte sich in Budapest, wohin sie sich am 10. März zu einer ähnlichen Reihe von Veranstaltungen begaben, und sie wurde womöglich noch übertroffen bei dem anschließenden Wiederauftreten der Künstler in Wien.

Diese Konzerte sind für Brahms' Laufbahn von besonderem Interesse, weil das letzte derselben seine Tätigkeit als Virtuose abschließt. Vierzehn Jahre hindurch, vom Herbst 1855 bis zum Frühjahr 1869, hatten ihn die Umstände gezwungen – und es ihm glücklicherweise auch gestattet – sich seinen Lebensunterhalt größtenteils durch Ausübung seiner Kräfte als vortragender Künstler zu erwerben; aber ununterbrochen war durch diese ganze Zeit sein Ruf als Komponist gewachsen, und mit der Schöpfung des »Deutschen Requiems« erreichte derselbe eine Höhe, die ihm die künftige Unabhängigkeit sicherte. Obschon noch Jahre vergehen sollten, bevor seine Vermögensverhältnisse gesichert waren, bereiteten sie ihm doch nicht länger Sorgen, und von nun an unternahm er seine Konzertreisen nur als Komponist, um bei Aufführungen seiner Werke mitzuwirken. Auch wurden die Gelegenheiten, bei denen er auch als Pianist mit irgendeiner großen Beethovenschen oder Schumannschen Kompositon auftrat, immer seltener, als er im Laufe der Jahre aus der Übung kam. Brahms beleuchtete in seinem späteren Leben gern die Tatsache seines langen Kampfes gegen die Armut, indem er auf seine Handschrift des »Requiems« zurückverwies: »Das Papier war von allen Größen und Formen, denn wie ich es schrieb, hatte ich nie Geld genug, um mir einen Vorrat anzuschaffen.« Aber der unmittelbare Eindruck, den das Werk hervorbrachte, war allein weitreichend und tief genug, um den Komponisten unter den Musikern seiner Zeit als anerkannten Vertreter der klassischen Kunst Deutschlands hinzustellen, und die Preise, die er für Verlagsrechte an seinen Werken beanspruchen konnte, stiegen entsprechend. Es dauerte nicht lange, so hatte das »Deutsche Requiem« die Runde durch alle musikalischen Städte Europas gemacht. Es wurde nach seiner schließlichen Vollendung und Herausgabe zum erstenmal im Leipziger Gewandhauskonzert vom 18. Februar 1869 unter Reinecke gegeben, und im Laufe der darauffolgenden wenigen Wochen in Basel (zweimal), Zürich (zweimal), Karlsruhe (zweimal), Münster, Köln, Hamburg, Dessau und Weimar; später im Laufe des Jahres in Chemnitz (zweimal), Barmen (nur vier Nummern), Magdeburg, Jena und wieder zweimal in Köln. In Wien hörte man das vollendete Werk erst am 5. März 1871, wo es von der »Gesellschaft der Musikfreunde« unter Leitung des Komponisten und mit Frau Wilt und Dr. Krauß als Solisten aufgeführt wurde, aber keinen durchschlagenden Erfolg erzielte. Am 7. Juli desselben Jahres (1871) wurde es zum erstenmal in England, vor geladenen Zuhörern, in der Wohnung des Sir Henry Thompson aufgeführt. Stockhausen dirigierte Proben und Aufführung und sang das Baritonsolo, Fräulein Anna Regan das Sopransolo. Der Chor bestand aus etwa dreißig guten Musikern, und die Begleitung wurde in vierhändigem Klavierarrangement von Lady Thompson und dem Musikveteranen Cipriani Potter, der damals im achtzigsten Lebensjahre stand, übernommen. Die erste, zweite, fünfte und sechste Nummer wurden von den Studenten der *»Royal Academy«* (königl. Akademie für Musik) in einer »öffentlichen Probe« unter Leitung von John Hullah, dem damaligen Dirigenten des Akademie-Orchesters, am 1. April 1873 im *»Hanover Square«*-Saale aufgeführt; und die erste öffentliche Aufführung des ganzen Werkes fand in *St. James Hall* in London im Philharmonischen Konzert vom 2. April 1873 unter W. G. Cusins statt. Die Soli wurden bei diesem Anlaß von Mlle. Sophie Ferrari und Charles Santley gesungen. In Berlin, München und

St. Petersburg führte man das Werk im Frühling 1872 auf, in Utrecht im Juni desselben Jahres und in Paris 1874.

Dank dem Eindruck, den das »Deutsche Requiem« hervorgebracht hatte, wurde wahrscheinlich die Serenade in D, op. 11, im November 1869 zum erstenmal in Berlin in einem Konzert der Symphonie-Kapelle gegeben, unter Julius Stern.

»Die Aufnahme bewies, daß das Publikum anfängt, den Komponisten Brahms, einen der wenigen jetzt lebenden echten und wahren schaffenden Künstler, zu verstehen und zu lieben«, schrieb ein Berliner Kritiker.

Zu Beginn desselben Jahres trug Louis Brassin die Händel-Variationen samt Fuge mit großem Erfolg in München vor. Brassin war einer der ersten Künstler, die das Werk öffentlich spielten, und daß er es dem Münchner Publikum vorführte, ist um so interessanter, als die Musiker der bayerischen Hauptstadt die Kunst unseres Komponisten nur wenig, wenn überhaupt, im Jahre 1869 anerkannt hatten; sie war zu fortschrittlich für Franz Lachner und zu konservativ für von Bülow, bis dahin die beiden aufeinander folgenden Führer des musikalischen Lebens der Stadt. Das Werk wurde von Bülow im November 1872 in Wien und auf einer kurzen Tournee in Deutschland vorgetragen und erschien von da ab immer häufiger in seinen Programmen.

Sechzehntes Kapitel

1869–1872

Brahms und die Oper – Professor Heinrich Bulthaupt – Die »Liebeslieder« – Erste Aufführung – Die »Rhapsodie« (Goethes Harzreise) zum erstenmal privatim in Karlsruhe aufgeführt – Erste öffentliche Aufführung in Jena – Geheimrat Gille – Das »Triumphlied« – Aufführung der ersten Nummer in Bremen – Brahms' Musik in England – Bernhard Scholz – Das »Schicksalslied« – Erste Aufführung – Tod des Johann Jakob Brahms – Erste Aufführung des vollendeten »Triumphliedes« in Karlsruhe – Zusammenfassung der Werke Brahms' seit 1862

Die zu Brahms' Lebenszeit weitverbreitete Annahme, welche unmittelbar nach seinem Tod in einem Feuilleton der »Straßburger Post« besprochen wurde, nämlich daß er nie ernstlich den Gedanken gehegt habe, noch hegen konnte, für die Bühne zu komponieren, ist von Widmann in seinen »Erinnerungen« endgültig wiederlegt worden. Er zeigt uns, daß des Meisters Wünsche mehr als einmal während seiner Laufbahn nach der Bühne zu tendierten, und daß er ihnen nur darum kein Gehör gab, weil er durch dieselbe Schwierigkeit davon abgehalten wurde, welche schon Mendelssohn nicht zu lösen vermochte – ein Libretto zu finden, das seinen Wünschen entsprach.

»Jedenfalls zeigte er sich immer besonders lebhaft, wenn er auf Theaterdinge zu sprechen kam, so z. B. als er mir einmal sehr entschieden den Mangel eines starken dramatischen Nervs, das Vaudeville-artige im ersten Akt des »Fidelio«-Librettos demonstrierte, das meistens für ein sehr gutes Textbuch gehalten wird. Er besaß einen geradezu dramaturgischen Blick und das Analysieren der Vorzüge und Fehler eines dramatischen Vorwurfs machte ihm ein eigentliches Vergnügen[1].«

Das Interesse an dieser Bemerkung wird noch erhöht durch einige Worte, die in einem Artikel über Brahms von Richard Heuberger vorkommen[2]:

»Wir saßen den ganzen Abend nebeneinander und ich erinnere mich, daß Brahms damals Mozarts »Figaro« ausführlich besprach und hervorhob, wie Mozart den ungeheuren Schwierigkeiten des Textbuches in geradezu beispielloser Weise gerecht wurde: ›Da hat Mozart kein landläufiges Textbuch, sondern ein ganzes Lustspiel komponiert!‹.«

Es wäre doch erstaunlich gewesen, wenn Brahms, der besonders empfänglich für den Einfluß wahrhaft poetischer dramati-

1 »Johannes Brahms in Erinnerungen«, S. 37.
2 »Meine Bekanntschaft mit Brahms«, »Die Musik« Nr. 5 vom Jahre 1903.

scher Wirkung war und dessen Interesse am Drama ihm eine auch mit dem Alter nicht versiegende Quelle häufiger Freuden war – er versäumte selten eine Premiere im Wiener Burgtheater –, durchs Leben gegangen wäre ohne die Neigung, seine Kräfte als Komponist für die Bühne zu versuchen; auch war dies durchaus nicht der Fall. Widmanns Bericht über das, was zwischen ihm und Brahms bezüglich der Oper sich ereignet hatte, gehört den späten siebziger Jahren an, und wir werden an passender Stelle darauf zurückkommen; doch weist es auf eine frühere Epoche, die, wie wir erwarten konnten, uns zu den intimen Beziehungen des Komponisten zu Devrient und Levi zurückführt, deren verschieden gearteter beruflicher Tätigkeit er die wärmste Teilnahme entgegenbrachte; besonders aber weist es auf das Jahr 1869, wo das Erscheinen des »Deutschen Requiems« seinem Geist Muße zu neuer, wichtiger Anstrengung ließ. Vielleicht können wir die Richtung, in der sich seine Wünsche bewegten, an der Tatsache erkennen, daß »Rinaldo«, das unter den Werken Brahms' dem dramatischen Schaffen am nächsten kommt, fast zugleich mit dem »Requiem« vollendet wurde; es ist auch möglich, daß eine Andeutung des Hindernisses, das sich für die Erfüllung dieser Wünsche als unübersteiglich herausstellte, in den im vorigen Kapitel zitierten Worten Billroths zu finden ist: »Er schwärmt dafür [für den Text von Rinaldo], weil er dem Komponisten so viel übrig ließe.« Wie dem auch sei, es ist sicher, daß er zu jener Zeit und bis in die ersten siebziger Jahre stark mit dem Gedanken umging, eine Oper zu schreiben, und daß er darüber nicht nur rückhaltlos mit seinen Karlsruher Freunden sprach, sondern sich auch nach andern Richtungen hin bemühte, um ein seinen Ansichten entsprechendes Libretto zu erlangen. Allgeyer lieferte ihm ein vollendetes Textbuch über Calderons »Das laute Geheimnis«; durch Claus Groth erhielt er einen von Geibel für Mendelssohn geschriebenen, unverwendeten Text; und unter den Andern, mit welchen er den Gegenstand besprach, waren Paul Heyse in München, Turgenieff in Baden-Baden, die ihn mit Entwürfen versahen, und Heinrich Bulthaupt, ein aufstrebender junger Dramatiker und intimer Freund Reinthalers.

Bulthaupt schlug er als Gegenstand Schillers »Demetrius«-Fragment vor, das er sehr hoch schätzte, und in einer langen Unterredung mit diesem Herrn in dessen Wohnung in Bremen setzte er ihm mit Genauigkeit seine Ideen bezüglich der wünschenswerten Bearbeitung selbst der kleinsten Einzelheiten der dramatischen Handlung auseinander, indem er zum Thema seiner Erklärung das Textbuch von Bulthaupt zu Reinthalers Oper »Käthchen von Heilbronn« nahm. Einige Eigentümlichkeiten seiner Ansichten, die ihm unnötige Schwierigkeiten bereiteten, müssen seiner eingewurzelten logischen Denkungsart zugeschrieben werden, die ihn mit Widerstreben gewisse Dinge annehmen ließ, bloß weil sie bühnengerecht waren. Er ging zu weit in dem Wunsch, einzelne Vorkommnisse sich sichtbar abspielen zu lassen. Auf eine Szene in »Käthchen von Heilbronn« hinweisend, in der drei Soldaten in einem Weinkeller verschwinden und nicht wieder erscheinen, fragte er: »Was wird aus ihnen?« »Es wird angenommen, daß sie fortgehen«, erwiderte Bulthaupt; »wollen Sie damit sagen, daß Sie sie tatsächlich wieder auf der Bühne erscheinen zu sehen wünschen?« »Das wäre mir lieb«, antwortete Brahms. Ein Augenblick der Überlegung würde ihm gezeigt haben, daß die fragliche Szene wirklich realistisch war, da die Soldaten auch im wirklichen Leben den Keller durch eine Hintertüre verlassen haben konnten, von jenen unbemerkt, die sie durch die Vordertüre eintreten sahen; die Anekdote aber ist bezeichnend für Brahms' geistige Gewohnheit, die ihm zahllose Schwierigkeiten bereiten mußte, wenn er die Komposition einer Oper nur plante: das Komponieren selbst, hätte er sich wirklich daran gemacht, würde wahrscheinlich viele dieser Schwierigkeiten gelöst haben.

Die Idee des »Demetrius« wurde fallengelassen. Bulthaupt äußerte ein Bedenken gegen Brahms, das man auf Schillers Stück gar nicht anwenden kann, das ihm jedoch von Wichtigkeit schien bei dieser Anpassung an eine Oper. Er meinte, daß das notwendige Einführen spezifisch russischen Kolorits in die Musik eines Dramas, das eine Episode der russischen Geschichte zum Thema habe, einem Komponisten lästig fallen müsse, der, wie Brahms, stark von deutschem Nationalitätsgefühl durchdrungen sei, und der tragischen Wucht des Schillerschen Fragments nur schaden könnte. Als Brahms sich die Sache überlegte, mochte er die Wichtigkeit der Bemerkungen seines Freundes gefühlt haben; er kam nicht mehr auf seinen Vorschlag zurück[1].

Als interessante Momente in des Komponisten Vorschlag,

1 Der Verfasserin persönlich mitgeteilt von Professor Bulthaupt, der ihre Notizen über die Unterredung las und bestätigte.

Schillers »Demetrius« als Vorlage zu einer tragischen Oper zu wählen, treten wohl hervor, daß der Ehrgeiz und nicht die Liebe die Triebfeder der Handlung bildet, und daß das Interesse für die weibliche Hauptfigur des Stückes sich weder auf eine Jungfrau, noch auf ein Eheweib konzentriert, sondern auf Marfa, die Mutter des Demetrius, in der mächtige, dem unfehlbaren mütterlichen Instinkt und der getäuschten Liebe entsprungene Gemütsbewegungen zum Ausdruck gelangen. Der Vorschlag erinnert überdies an die Zeit, wo Brahms und Joachim täglich über alle Dinge ihre Gedanken austauschten. Joachim komponierte 1854 eine Ouverture zu Hermann Grimms »Demetrius«, und – um die Mitte der Siebziger – die wohlbekannte »Marfa«-Szene zu Schillers Fragment. Eine ähnliche Gedankenverbindung offenbart sich auch in Brahms' Lieblingsidee, Gozzis »König Hirsch« zum Text einer tragikomischen Oper zu benutzen; denn mit diesem Werk steht Joachims »Ouverture zu einem Lustspiel von Gozzi« in Zusammenhang. Vierhändige Arrangements von beiden Ouverturen seines Freundes fand man nach Brahms' Tod in dessen Wohnung und sie wurden zugleich mit den wenigen von ihm übriggebliebenen Manuskripten veröffentlicht.

Wenige Wochen nach Erledigung der Konzertverpflichtungen mit Stockhausen reiste Brahms von Wien nach Karlsruhe, wo er am 12. Mai eine abermalige Aufführung des »Deutschen Requiems« das am 9. unter Levi gegeben worden war, selbst dirigierte. Kurz darauf ließ er sich in seiner alten Lichtenthaler Wohnung nieder, und in dem Werk, das während der ersten sechs Wochen seines Aufenthalts vollendet wurde, können wir eine Andeutung der Träume finden, die, vielleicht durch das ermutigende Bewußtsein, daß das vergangene Jahr einen neuen, hoffnungsvollen Wendepunkt seiner Laufbahn bezeichnete, seine Phantasie zu dieser Zeit selten verließen. Anfangs Juli hatte er zwanzig der reizenden Kompositionen vollendet, die uns jetzt als die »Liebeslieder« bekannt sind.

Ein zweites Werk, das später im Sommer entstand und vollendet wurde, zeugt von der Stimmung, welche in dem Komponisten durch den Abschluß dieses Kapitels seiner Visionen wachgerufen wurde. Gegen Mitte Juli wurde ihm von Frau Clara selbst die Kunde, daß Fräulein Julie Schumann sich mit dem Conte Viktor Radicati di Marmorito verlobt habe:

»Er schien sich gar nichts erwartet zu haben und schien ganz erschrocken«, bemerkt Frau Schumann; und etwas später schreibt sie einer alten Freundin:

»Johannes war von dem Augenblick an, wo ich ihm Mitteilung von Juliens Verlobung machte, wie umgewandelt, ganz wieder in der alten Laune, jedoch überwand er es nach etwa 14 Tagen und zuletzt war es wieder besser, aber er spricht fast gar nicht mit Julie, während er sie vorher stets suchte mit Worten und Blicken. Levi sagte mir vor ein paar Tagen, daß Johannes Julie ganz schwärmerisch lieb habe[1].«

Brahms blieb trotzdem in Lichtenthal und ist mit Levi und Allgeyer auf einer Photographie jener Zeit in Betrachtung eines Kunstgegenstandes dargestellt, dieser – ein Bronzeteller – wurde der Braut von den drei Freunden geschenkt. Die Hochzeit fand am 22. September statt und wenige Tage darauf brachte Johannes Frau Schumann die tiefbewegende »Rapsodie« für Altstimme, Männerchor und Orchester, die er »*seinen* Brautgesang« nannte.

»Ich kann das Stück nicht anders empfinden, als wie die Aussprache seines eigenen Seelenschmerzes«, bemerkt Frau Schumann; »spräche er doch einmal nur so innig in Worten!«[2]

Die beiden vollendeten Früchte von Brahms' Jahr wurden 1869 und 1870 veröffentlicht als op. 52 und 53. Die »Liebeslieder«, achtzehn an der Zahl, als Walzer für Pianoforte zu vier Händen mit Gesangsquartett, auf einige Strophen aus Daumers »Polydora« – Übersetzungen oder Nachahmungen russischer und polnischer Volkslieder – komponiert, gehören zu des Tondichters beliebtesten Werken und sind zu bekannt, um hier im einzelnen besprochen werden zu müssen. Sie zeigen Brahms in der Vollkommenheit köstlicher Anmut, frischer, zum Scherzen aufgelegter Phantasie, eine Stimmung, in der er unerreicht dasteht. Die Walzer wurden zum erstenmal in einem Abonnementkonzert der Karlsruher Hofkapelle am 6. Oktober gehört. Frau Schumann, welche bei diesem Anlaß Beethovens G dur-Konzert spielte, und Levi waren die Pianisten; Fräulein Hausmann, Frau Hauser, Herr Kürner und Herr Brouilet die Sänger. Kurz darauf bei Simrock als op. 52 erschienen, wurden die »Liebeslieder« in Wien vor Ende des Jahres im ersten Konzert der »Singakademie« der Saison aufgeführt und am 5. Januar 1870 in einem Wiener Konzert der Frau Schumann von der Konzertgeberin und dem Komponisten (am

1 u. 2 Litzmann 229, 230, 232.

Pianoforte) zusammen mit Frau Louise Dustmann, Fräulein Girzik, Herrn Gustav Walter und Dr. Krauß vorgetragen[1].

Die »Rhapsodie« wurde zum erstenmal vor engerem Kreise in der Probe zu dem Karlsruher Konzert vom 6. Oktober aufgeführt, eine Gelegenheit, die Levi zugunsten von Frau Schumann und Brahms benutzte. Das Solo wurde von Frau Boni vorgetragen. In einem im September geschriebenen Briefe an Deiters sagt der Komponist:

»...Heute möchte ich zunächst bitten. Ich erinnere mich, bei Ihnen ein Heft Lieder von Reichhardt (möglicherweise Zelter) gesehen zu haben, in dem ein Absatz aus Goethes Harzreise stand. Könnten Sie mir das Heft auf kurze Zeit leihen?

Ich brauche kaum dazu zu schreiben, daß ich es eben komponiert und gern die Arbeit meines Vorgängers sehen möchte. Ich nenne mein Stück »Rhapsodie«, glaube aber, daß ich diesen Titel auch schon meinem verehrten Vorredner zu danken habe.

Ich höre es dieser Tage in Karlsruhe, und wenn ich die etwas intime Musik denn auch nicht drucken oder aufführen werde, so will ich sie Ihnen doch mitteilen...«[2]

Nach den Umständen, unter denen die erste öffentliche Aufführung der »Rhapsodie« stattfand, ist es wahrscheinlich, daß Madame Viardot-Garcia sich bei dieser Privatgelegenheit in der kleinen Zuhörerschaft befand. Als das Werk am 3. März 1870, bald nach seinem Erscheinen, bei den Akademie-Konzerten in Jena unter der Leitung des Vereinsdirigenten Ernst Neumann gegeben wurde, sang Madame Viardot das Solo. »Rinaldo«, mit Dr. Wiedemann als Tenor, stand auch auf dem Programm.

Madame Viardot-Garcia, die anfangs 1870 bei Liszt war, der 1869 nach mehrjähriger Abwesenheit nach Weimar zurückkehr-

1 Acht Nummern, mit einer hinzugefügten, wurden von Brahms als Gesangsquartette mit Orchester arrangiert und in einem Konzert in Berlin am 19. März unter Leitung von Ernst Rudorff aufgeführt. Sie hatten die geänderte Reihenfolge 1, 2, 4, 5, 11, 8, 9, 6 und die später erschienene Nr. 9 aus op. 65 wurde zwischen 5 und 11 eingeschoben. Der Komponist schenkte die Originalhandschrift der Partitur dieses Arrangements Herrn Professor Rudorff. (Briefwechsel III, S. 155). Die durch viele Jahre unverständlich gebliebenen Worte *»ad libitum«*, welche in dem Titel der »Liebeslieder«, op. 52, jenem Teil des Werkes hinzugefügt sind, der seine *raison d'être* und den vorherrschenden Faktor bildet – das Gesangsquartett –, sind von Kalbeck (II, S. 295) erklärt worden: er zeigt, daß der Ausdruck auf Wunsch des Herausgebers vom Komponisten hinzugefügt wurde, um den Marktwert des Opus zu erhöhen, indem das Werk zugleich als vierhändiger Walzer für Pianoforte erschien.

2 Der ganze Brief ist von Richard Heuberger veröffentlicht in der Beilage zur »Allgemeinen Musikzeitung«, 1899, Nr. 26o.

te, traf dort Liszts ergebenen Freund, Geheimrat Gille, einen wohlbekannten Musikfreund und hervorragenden Beamten Jenas, der den größten Teil seiner freien Zeit dem Interesse der musikalischen Kunstpflege der kleinen Universitätsstadt widmete. Gille hatte in seiner Jugend Goethe und Hummel gekannt und war mit Henselt durch enge Freundschaft verbunden gewesen. Seine Intimität mit Liszt datierte von Beginn des Aufenthalts, den der große Mann in Weimar genommen hatte, und bald war Gille ein warmer Anhänger der neudeutschen Partei geworden. Er empfing in seinem Hause in Jena Wagner auf dessen Flucht von Dresden zu Liszt in Weimar und brachte ihn glücklich über die deutsche Grenze. Seine Teilnahme an der neuen Richtung machte ihn nicht unempfänglich gegen die weniger revolutionäre Entwicklung der Kunst. Er hatte viel Interesse und Achtung für Brahms' Musik und förderte deren Pflege in Brendels Verein (Allgemeiner Deutscher Musikverein), in dessen Vorstand er sehr tätig war[1]. Es ist kaum zu bezweifeln, daß die März-Aufführung der »Rhapsodie« in Jena das Ergebnis einer freundlichen Unterredung zwischen Madame Viardot und Gille war, da sie gemeinsame teilnehmende Bewunderung für Brahms' Kunst hegten, die von Dr. Ernst Naumann, einem alten Bekannten des Komponisten, geteilt wurde. Seit der schon erwähnten Aufführung des »Deutschen Requiems« (1869) ist auch in der Folgezeit Brahms' Musik auf den Programmen der Jenaer Vereine unter Naumanns Leitung wohl vertreten gewesen.

Die »Rhapsodie« wurde am 19. März unter Grimm in Münster aufgeführt und etwas später in Musikdirektor Hegars Benefizkonzert in Zürich. Sie wurde ein Lieblingswerk der Frau Joachim, die das Solo mit außerordentlicher Macht und Sympathie und unfehlbarem Erfolge unzähligemal vortrug.

Brahms' »Rhapsodie«, op. 53, ist auf ein (auch von J. F. Reichhardt [1752–1814] in Musik gesetztes) Fragment aus Goethes »Harzreise im Winter« komponiert; das Thema bilden die Reflexionen des Dichters über seinen Besuch bei einem jungen Hypochonder, dessen Melancholie, wie er fürchtete, noch durch seine eigenen »Werthers Leiden« vertieft worden war. Goethes

1 »Franz Liszts Briefe an Carl Gille«, mit biographischer Einleitung von Adolph Stern.

Bemühen, den Jüngling aus diesem Zustand geistiger Niedergeschlagenheit zu erheben, waren zuerst erfolglos, obschon er sich schließlich von seiner Krankheit erholte, und die drei zum Komponieren gewählten Strophen schließen mit einem Gebet zu dem Vater der Liebe um des Jünglings Heil. Ein solcher Text war außerordentlich dazu angetan, musikalischen Ausdruck durch einen Komponisten zu erhalten, der bei der tiefinnersten Verwirklichung der Lebensrätsel sich doch seinen Weg bahnte im Glauben an die Macht der Liebe; und die »Rhapsodie« liefert wiederum ein Beispiel für die Kraft der Phantasie, die Brahms in den Stand setzte, sich so in seinen Text zu vertiefen, daß er ihn – für verständnisvolle Zuhörer – mit einer sonst nur den Eindrücken der Sehkraft gegebenen Lebensstärke und Realität in musikalischen Klang umsetzen konnte. Man lasse jemand, der mit der Komposition vertraut ist, Goethes Gedicht von Anfang bis zu Ende durchlesen und auf die Steigerung der Kraft achtgeben, mit der ihm die von Brahms in Musik gesetzten Verse nahegehen: er wird an einen Gegenstand erinnert werden, der, selbst vom Sonnenlicht getroffen, inmitten Schattens liegt.

Die erste der drei Abteilungen, aus denen der einzige Satz der »Rhapsodie« besteht, ein eindrucksvolles Orchesterbild – in dem das unabhängige Rezitativ der Solostimme eintritt –, kann als der Widerschein der Stimmung des Dichters betrachtet werden, als dieser sich die Lage des unglücklichen Jünglings aufs deutlichste vergegenwärtigt. Die Töne übertragen auf uns den zwingenden Eindruck einer hinter tiefster Schwermut liegenden Fülle von Wärme und Mitleid.

Die Stimmung der zweiten Abteilung ist nicht weniger konzentriert, wenn auch mit mehr Ruhe wiedergegeben:

»Ach, wer heilet die Schmerzen
Des, dem Balsam zu Gift ward?
Der sich Menschenhaß
Aus der Fülle der Liebe trank?
Erst verachtet, nun ein Verächter,
Zehrt er heimlich auf
Seinen eig'nen Wert
In ung'nügender Selbstsucht.«

Die edlen Deklamationsstellen der Singstimme werden von einer Begleitung unterstützt, die aufgeregt oder wieder beruhigt wird, je nach dem Lauf der Fragen, die sich der Dichter stellt, und die ihre einzig mögliche und schöne Lösung in der dritten Abteilung finden:

»Ist auf deinem Psalter,
Vater der Liebe, ein Ton
Seinem Ohre vernehmlich,
So erquicke sein Herz!
Öffne den umwölkten Blick
Über die tausend Quellen
Neben dem Dürstenden
In der Wüste.«

Hier tritt, eine glückliche Eingebung, zum erstenmal der Männerchor *pianissimo* auf, die Solostimme in innigem Gebet unterstützend.

Worte und Töne bleiben den ganzen Satz hindurch, welcher ein Kleinod unter den Kunstwerken ist, in bester Übereinstimmung, und es wäre unmöglich zu sagen, daß einer der Teile den andern übertreffe, obwohl das göttliche Ausströmen der Liebe und des Mitleids in der letzten Abteilung beim erstmaligen Anhören besonderen Eindruck macht. Dies liegt aber in Wirklichkeit an der Stellung dieser Strophe, welche die Wirkung des Vorhergehenden umschließt und vollendet. Das Werk ist seit langem als eine der schönsten von Brahms' kürzeren Kompositionen anerkannt, und das Verlangen danach steigert sich mit jedem Jahre, obgleich der unmittelbare Erfolg ein geringerer war.

»Meine ›Rhapsodie‹ schicke ich Dir«, schrieb Brahms an Dietrich im Februar 1870, ein oder zwei Wochen nach ihrem Erscheinen; »die Musikdirektoren werden sich gerade nicht reißen um das Opus; aber Dir ist es vielleicht eine Befriedigung, daß ich nicht immer im leichtsinnigen ¾-Takt gehe!«

Sie entsprang des Komponisten innerster Seele.

»Er sagte mir einmal selbst«, sagt Dietrich, »diese Arbeit liebe er so, daß er sie Nachts unter sein Kopfkissen lege, um sie immer bei sich zu haben.«

Die Etüden nach Chopin und Weber erschienen als Nr. 1 und 2 ohne Opuszahl 1869 bei Senff; und die zwei ersten Hefte Ungarische Tänze bei Simrock in der vierhändigen Ausgabe für Pianoforte, in der sie ungeheure Beliebtheit erreichten. Erst im Jahre 1872 erschienen sie in zweihändigem Arrangement, in dem sie, wie wir wissen, während einiger Jahre seiner Virtuosenlaufbahn einen Teil von Brahms' Repertoire gebildet hatten[1]. Dunkl, ein Verleger in Budapest, pflegte in späteren Jahren zu erzählen, daß Brahms bei Gelegenheit eines seiner ersten Auftreten in jener Stadt ihn besuchte und ihm eine Auswahl von sechs Tänzen für eine ganz lächerlich geringe Summe anbot. Dunkl versprach seine Antwort zu geben, nachdem er sie am Abend gehört habe. Sie hatten keinen Erfolg und der Verleger wies sie zurück, ein Vorgang, den zu bedauern er später Grund genug hatte.

Die aufregenden Ereignisse des Jahres 1870, die Reihe der durch deutsche Waffen errungenen Siege und die Vereinigung der verschiedenen unabhängigen Staaten unter der Führung von Preußen, die zu der erstaunlichen Entwicklung der deutschen politischen Macht und zu dem industriellen Fortschritt führen sollte, deren Zeuge die jetzige Generation geworden ist – wurden von dem Komponisten mit einem Gemisch heißer Empfindungen verfolgt, in denen schwellender patriotischer Stolz die Oberherrschaft gewann, als jeder Tag Nachricht von neuen Siegen brachte, welche die tapferen Vaterlandsverteidiger erfochten. Seine gewaltige Freude über die Kriegserfolge verkörperte er in einem großen »Triumphlied« für Chor und Orchester, mit dem er sich 1871 beschäftigte, und der erste Satz, bald vollendet und an Reinthaler geschickt, wurde aus dem Manuskript am Karfreitag den 7. April in der Bremer Kathedrale unter Leitung des Komponisten aufgeführt, bei einem Konzert, das die »Singakademie« zum Andenken an die gefallenen Krieger gab[2].

Wir brauchen nicht bei den Empfindungen zu verweilen, welche Brahms beherrschten, als er an dem außergewöhnlichen Werke schrieb. Sie strömen daraus hervor mit einer intensiven und andauernden Leidenschaft, die es wohl geeignet machen, seinen besonderen Platz unter den großen Ereignissen einzunehmen, welche Europa anfangs der siebziger Jahre in Erstaunen setzen. Es verewigt Heldentaten in echten Heldentönen. Schon durch die Wahl seines Textes erhob der Komponist das Werk über das Niveau des herkömmlichen *Te Deum* nach siegreicher Schlacht; und die Worte, die er aus der XIX. Offenbarung wählte und die in jedem Teile der Komposition eine Anwendung auf

1 Die Nummern 1, 3, 10 wurden vom Komponisten 1874 für Orchester arrangiert herausgegeben und zu jener Zeit häufig von ihm dirigiert.

2 Anm. 2 siehe Seite 110.

die überwältigenden Ereignisse der Zeit finden, waren gerade jene, für deren Vertonung von allen modernen Kompositionen – wir können sogar sagen, von allen Komponisten, die den zwei Titanen des achtzehnten Jahrhunderts nachgefolgt sind – er allein durch Temperament, Genie und Fähigkeiten vorzüglich geeignet war.

Das »Triumphlied« besteht aus drei großen Sätzen für Doppelchor und Orchester, deren dritter einige Stellen für Baritonsolo enthält.

»Halleluja! Heil und Preis, Ehre und Kraft sei Gott, unserm Herrn! Denn wahrhaftig und gerecht sind seine Gerichte.«

Das feierlich jubelnde Orchesterspiel, das Eintreten des Doppelchors mit lauten und ausgehaltenen Hallelujas, führen zu dem Hauptthema des ersten Satzes, das schon im Präludium angedeutet wird und – obschon dies dem ungeübten Ohr einer gemischten Zuhörerschaft kaum bemerkbar ist – aus der preußischen Volkshymne »Heil dir im Siegerkranz« (identisch mit Englands *»God save the King«*) sich entwickelt. Dieses Thema, oder ein Teil davon, begleitet fast beständig die Phrase

»Heil und Preis, Ehre und Kraft sei Gott«,

welche, mit den sie umgebenden Hallelujas, den Text des ersten Teils des Satzes bildet, der ganz aus diatonischen Harmonien aufgebaut ist. Die Worte

»Denn wahrhaftig und gerecht sind seine Gerichte«

sind zu den breiten Themen des Mittelteils gesetzt, dessen Wirkung durch sehr sparsame Anwendung der gewöhnlichsten chromatischen Akkorde erhöht wird. Der dritte Abschnitt ist eine veränderte Wiederholung des ersten mit einer Coda. Der Satz verharrt in der glühenden Lohe des Jubels bis zu Beginn des Schlusses, wo einige ruhige Takte, während welcher die Stimmen verklingen und die Instrumente bis zu einem *pp* gedämpft sind, das immer leiser wird, auf den gloriosen Ausbruch vorbereiten, mit dem die Nummer abschließt. Der zweite Satz hat drei verschiedene Abteilungen:

»Lobet unsern Gott, alle seine Knechte und die ihn fürchten, beide, Kleine und Große.

Halleluja! Denn der allmächtige Gott hat das Reich eingenommen.

Lasset uns freuen und fröhlich sein und ihm die Ehre geben.«

Die erste Abteilung beginnt in reiner melodischer Schönheit und erhabener Heiterkeit und entfaltet in ihrem Laufe zahlreiche Nachahmungen in gerader und in Gegenbewegung, welche der Musikstudierende leicht entdecken wird. Es folgt Trompetenstoß, Erschallen des Hallelujas und die Verkündigung des Reiches Gottes durch die Stimmen der beiden Chöre, welche nacheinander auf dem Orgelpunkt der Tonika eintreten; die Bässe einen halben Takt nach den Bässen, die Tenöre nach den Tenören usw. Diese Verkündigungs-Abteilung ist entsprechend knapp und von hehrer Größe. Wir hören darin »wie eine Stimme vielen Volkes und wie das Rauschen großer Wasser und wie das Rollen starker Donner«, während der dritte Abschnitt, zum Teil aus den Phrasen des von Flöten und Trompeten geblasenen Chorals »Nun danket alle Gott« durch verschiedenartige Nachahmungen gewoben, von einem eigentümlich naiven Geist leichtbeschwingten Glücks und Jubels belebt wird.

»Und ich sahe den Himmel aufgetan und siehe, ein weißes Pferd, und der darauf saß, hieß Treu und Wahrhaftig, und richtet und streitet mit Gerechtigkeit.

Und er tritt die Kelter des Weins des grimmigen Zorns des allmächtigen Gottes.

(Anm. 2 von S. 108):

Das ganze Programm lautete wie folgt:

Ein Deutsches Requiem (unter Reinthalers Leitung).

Arie aus Händels »Messias« und Grauns »Der Tod Jesu«.

»Hallelujah,Heil und Preis sei Gott.« Ein Triumphlied für achtstimmigen Chor und Orchester, von Johannes Brahms neu komponiert (unter Leitung des Komponisten).

Sopran: Frau Wilt, kais. Kammersängerin aus Wien.

Bariton: Herr Schelper, von der Berliner Hofoper.

(Der Chor der Singakademie wurde aus diesem Anlaß auf etwa 300 Stimmen vergrößert.) Die (öffentliche) Generalprobe fand am Donnerstag abend, den 6. April, statt.

Und hat einen Namen geschrieben auf seinem Kleide und auf seiner Hüfte also: Ein König aller Könige und ein Herr aller Herren. Halleluja! Amen!«

Demutsvolle Ehrfurcht; festes, stolzes Vertrauen auf einen mächtigen, gütigen Herrscher; blitzartig ein wuterfülltes Erinnern an vergangene Schmach – alles wird mit einer Kraft, einer Lebhaftigkeit, einer malerischen Stärke wiedergegeben, die von früher auf dem Gebiete der Chormusik für Kirche oder Konzert wenn auch vielleicht erreicht, so doch nicht übertroffen worden ist, und die Größe und Herrlichkeit des »Königs der Könige« und eines »Herrn der Herren« werden in dem langen Schlußteil dieses prunkvollen dritten Teils mit blendenem Glanz der Wirkung gefeiert, die bis zum letzten Takt aufrecht erhalten und gesteigert wird.

Der erste, am Karfreitag 1871 vor etwa 2000 Personen in der Bremer Kathedrale aufgeführte Satz erreichte jedenfalls seine Wirkung.

»Alles hat einen breiten, gleichsam volksmäßigen Charakter, ist einfach gedacht und aufrichtig ausgeführt«, schreibt der Korrespondent der »Allgemeinen Musikalischen Zeitung«.

Der »Bremer Courier« sagt:

»Man erkennt auch in dieser Vokalschöpfung die titanenhafte Genialität des Komponisten wieder; es ist eine gesungene Jubelsymphonie voll strotzender Kraft und Hoheit der Empfindung.«

Dietrichs kamen von Oldenburg, um das neue Werk zu hören. Die Umstände verhinderten Frau Schumann und Joachim, anwesend zu sein. Keiner der beiden Künstler war von dem Besuche in England zurückgekehrt, der damals für beide Künstler sich alljährlich wiederholte; bei Frau Schumann erstreckte sich dieser meist über wenigstens zwei Monate, während Joachims Aufenthalt in die sechswöchige Fastenzeit fiel. –

Frau Schumanns Rückkehr abwartend, verweilte Brahms unter seinen Freunden im Norden und spielte sein D moll-Konzert im Bremer Abonnementkonzert vom 25. April mit großem Erfolg und steuerte zur zweiten Abteilung Stücke von Bach, Scarlatti und Schumann bei. Frau Schumann kam anfangs Mai nach Lichtenthal zurück und wenige Tage vor ihrem Eintreffen bezog Brahms seine frühere Wohnung. Die Verfasserin hatte das Glück,

Frau Schumann unmittelbar zu folgen, und wenn es den Leser interessiert, Einzelheiten über das Sommerleben voll ruhiger Arbeit und einfacher Freuden zu erfahren, so verweist sie ihn auf die »Erinnerungen«, welche sich zu Beginn des ersten Bandes befinden. Diese Details sind zu geringfügig und zu persönlich, um hier in den Lauf der Erzählung verflochten zu werden, obschon sie vielleicht ihren eigenen Wert für jene haben mögen, die sich für alles interessieren, was noch klarer Brahms' treue und liebenswerte Natur zu beleuchten vermag. Mit Bezug auf Fragen, die nach dem Erscheinen der ersten Ausgabe dieser Biographie an die Verfasserin gerichtet worden sind, kann hier hinzugefügt werden, daß Brahms nicht an der Beethoven-Feier teilnahm, welche im August in Bonn unter Hillers Leitung stattgefunden hat; auch hat er nicht den häufig geäußerten Wunsch erfüllt, dem Oberammergauer Passionsspiel beizuwohnen; Aufführungen, die im Sommer 1871 stattfanden, um jene zu ersetzen, welche wegen des 1870er Krieges aufgeschoben worden waren. Er ging auf einige Tage nach Stuttgart, um den Einzug der Truppen zu sehen, und manchmal fuhr er nach Karlsruhe; aber sonst – mit Ausnahme einiger Ausflüge – blieb er die ganze Saison über in Lichtenthal, sein gewohntes einfaches, regelmäßiges Leben führend. Er wohnte sehr selten den Konzerten im Kurhause bei, obschon er die Abendvorträge der Johann Strauß-Kapelle auf der Terrasse fast niemals versäumte. Strauß' Engagement traf mit Frau Schumanns Aufenthalt in der Schweiz zufällig zusammen und endete am Tage ihrer Rückkehr. Brahms bedauerte so sehr, daß sie diese köstliche Musik nicht gehört habe, daß der geniale Dirigent auf seine Bitte am nächstfolgenden Tag ihr zu Ehren noch eine Privataufführung arrangierte.

Um diese Zeit war es, daß unseres Komponisten Kunst in England sichtbare Fortschritte machte. Nach Aufführung des B dur-Sextetts, das im Jahre 1867 auf Joachims Vorschlag in einem Montags-Popular-Konzert in London gegeben worden war, hatte man keinen zündenden Erfolg bemerkt, aber seit Anfang der siebziger finden wir Brahms' Namen ziemlich regelmäßig auf den Programmen der Londoner Konzerte, während verschiedene Professoren und Lehrer – darunter besonders Cipriani Potter, George und Nathalie Macfarren, W. H. Holmes und Adolf Schloesser – sich stetig bemühten, die Pflege seiner Kunst in Privatkreisen zu verbreiten. Unter seinen ersten englischen Verehrern nahm John Farmer, dessen wir schon in diesen Zeilen Erwähnung taten und der während dreiundzwanzig Jahren (1862–85) als Musiklehrer in Harrow an der berühmten Knabenschule tätig war, eine besondere Stellung ein. Sein Einfluß, an einem wichtigen erzieherischen Mittelpunkt erfolgreich wirksam, war anregend genug, um schon in den letzten sechziger Jahren ein örtliches Interesse für Brahms' Kunst zu erwecken, welches im Lauf der siebziger in mehreren Teilen des vereinigten Königreichs Nachhall fand. Die Gründung des Oxforder Universitäts-Musikklubs im Jahre 1872, ein Ereignis von günstiger Vorbedeutung für die wachsende Pflege, die man der Musik zu jener Zeit in Britannien angedeihen ließ, förderte auch zugleich die allgemeine Erkenntnis der wahren künstlerischen Bedeutung unseres Meisters. Von dem Datum seiner Gründung an waren Brahms' große und kleine Kompositionen auf den Konzertprogrammen des Klubs stark vertreten, und die Traditionen des Gründers und ersten Präsidenten, C. H. Lloyd, wurden von seinen Nachfolgern treu erhalten. Zwei Jahre vor seinem Tod erwies der Komponist dem Klub die Ehre, die ihm angetragene Ehrenmitgliedschaft anzunehmen:

»Es ist die angenehmste Empfindung, sich so herzlicher Sympathie, gerade in dem Kreise der studierenden Jugend, erfreuen zu dürfen«, schrieb er.

Im Jahre 1873 wurde Charles Villiers Stanford die Dirigentenstelle des Universitäts-Musikvereins in Cambridge verliehen, wodurch die Wege gebahnt wurden für einen ausgesprochenen Brahms-Kultus in Cambridge, und wir werden bald auf ein musikalisches Ereignis zu sprechen kommen, das vier Jahre später den Cambridger Verein mit des Meisters Kunst in besonderen Zusammenhang brachte. Von Frau Schumann, Joachim und Stockhausen wurde auch keine Gelegenheit versäumt, für des Freundes Werke in den künstlerischen Privatkreisen Londons und der Provinzen Propaganda zu machen. Die Aufführung des »Requiems« im Hause des Sir Henry Thompson im Sommer 1871 unter Stockhausen ist bereits erwähnt worden. Von kleineren Ereignissen während dieser Zeit und in diesem Zusammenhange wäre noch erwähnenswert, daß Madame Viardot-Garcia mit Stockhausen zwei Duette aus op. 28 in einer Soiree bei der berühmten Frau in London am 10. Juni 1871 sangen[1].

Im selben Jahre erhielt Bernhard Scholz einen Ruf nach Breslau und fügte der alljährlich anwachsenden Liste von Städten, in denen Brahms' Kunst mit besonderer Wirksamkeit gepflegt wurde, noch eine hinzu. Scholz, der nacheinander Stellen in Hannover und Berlin bekleidet hatte, stand mit dem Komponisten von früher her auf vertrautem Fuß. Er befand sich jetzt , als

1 Folgende waren wohl erste Aufführungen in England:

Klavierquartett in A dur: 23. Mai 1871. *St. James's Hall, Musical Union* (John Ella) von Jaell, Heermann, Wäfelghem, Lasserre.

D moll-Konzert für Pianoforte: 9. März 1872. *Crystalpalast* (A. Manns), von Miß Baglehole (Klavierschülerin W. H. Holmes'). Das Konzert wurde zum zweitenmal in Londen von Jaell in dem Philharmonischen Konzert vom 23. Juni 1873 gespielt.

G dur-Sextett für Streichinstrumente: 27. November 1872. *St. George's Hall. Musical Evenings,* von Henry Holmes, Folkes, Burnett, Hann, C. Ould, Pezze.

Balladen für Pianoforte, op. 10 Nr. 2 und 3: 17. März 1873. *St. James's Hall, Monday Popular Concerts* (S. Arthur Chappell), von Frau Schumann.

Klavierquartett in G moll: 22. Mai 1873. *Oxford University Musical Club,* von Walter Parratt, C. Deichman, F. W. Donkin, A. E. Donkin.

Händel-Variationen und Fuge für Pianoforte: 12. November 1873. *Crystalpalast,* von Florence May.

Ungarische Variationen für Pianoforte: 25. März 1874. *Crystalpalast,* von Florence May.

Schumann-Variationen (vierhändig): 30. März 1874. *St. James's Hall, Monday Popular Concerts,* von Miß Agnes Zimmermann und Franklin Taylor.

Serenade in A dur (kleines Orchester): 29. Juni 1874. *St. James's Hall, Philharmonic Society.* Dirigent: W. G. Cusins.

Streichquartett in C moll: 11. Dezember 1874. *Oxford University Musical Club;* C. Deichmann, E. H. Donkin, M. F. Donkin, A. E. Donkin.

»Liebeslieder«, op. 52: 15. und 27. Januar 1877. *St. James's Hall, M. und S. Popular Concerts.* Pianisten: Fräulein Marie Krebs und Miß A. Zimmermann. Sänger: Fräulein Sophie Löwe, Fräulein Redeker, William Shakespeare, G. Pyatt.

»Neue Liebeslieder«, Walzer, op. 65: 18. Mai 1877. *Cambridge University Musical Society.* Pianisten: C. Villiers Stanford und Raoul C. de Versan. Sänger: Fräulein Thekla Friedländer, Fräulein Redeker, Rev. L. Borrisow, Gerard F. Cobb.

NB. Das Quartett in G moll und das Quintett in F moll, beide für Pianoforte und Streichinstrumente, wurden zum erstenmal in den *Popular Concerts* in London aufgeführt am 26. Januar 1874 von Hallé, Madame Norman-Neruda (spätere Lady Hallé), Ludwig Straus und Piatti; und am 27. Februar 1875 von Hallé, Joachim, L. Ries und Piatti.

Das Klavierkonzert in D moll wurde zum erstenmal in Wien in einem der Philharmonischen Konzerte der Saison 1870/71 von dem Komponisten vorgetragen und zum zweitenmal im Jahre 1873 von Anton Door.

Dirigent der Breslauer Abonnementkonzerte, in einer Stellung, in der er seiner Bewunderung für des Meisters Kunst freien Lauf lassen konnte. Von dieser Zeit an wurden Brahms' neue Orchesterwerke mit wenigen Ausnahmen in den Breslauer Abonnementkonzerten nicht nur bald nach Erscheinen aufgeführt, sondern es wurde auch Mängeln in der Brahms-Erziehung des musikalischen Publikums durch Aufführungen der beiden Serenaden und des Pianofortekonzerts abgeholfen. Der Komponist selbst spielte das letztgenannte Werk in Breslau in den Jahren 1874 und 1876, wobei das Orchester natürlich von Scholz dirigiert wurde. Nicht weniger Aufmerksamkeit wurde der Kammermusik gewidmet. In den Konzerten des einheimischen Streichquartetts, welche Konzertmeister Richard Himmelstoß veranstaltete und in denen Scholz und Julius Buths oft als Pianisten mitwirkten, hörte man häufig die beiden Sextette, die Klaverquartette und das Klavierquintett und abwechselnd auch spätere Werke, und der erfolgreichen Wirkung dieser Bemühungen, dem Widerhall, den sie in den musikalischen Kreisen erweckten, verdanken wir die Entstehung eines genialen und jetzt beliebten Werkes unseres Meistes, der »Akademischen Festouverture«, auf deren Erscheinen wir später zurückkommen.

Unter den Freunden, die Lichtenthal im Sommer 1871 besuchten, waren Allgeyer, Levi und Stockhausen, und am 8. September wurde das im Mai vollendete »Schicksalslied« in Karlsruhe probiert.

»Hyperions Schicksalslied« von Friedrich Hölderlin (1770–1834) schildert das stille, leidenschaftslose, ewig gleiche Dasein der Himmlischen, verklärt vom Lichte der Ewigkeit; und seinen Gegensatz, daß immer wechselnde leidensvolle Leben der Menschheit, umhüllt vom Dunkel undurchdringlichen Geheimnisses. Das Gedicht ist ganz fatalistisch und enthält keine Erläuterung des Geschilderten.

Ihr wandelt droben im Licht
Auf weichem Boden, selige Genien!
Glänzende Götterlüfte
Rühren euch leicht,
Wie die Finger der Künstlerin
Heilige Saiten.

Schicksalslos, wie der schlafende
Säugling, atmen die Himmlischen;

Keusch bewahrt
In bescheid'ner Knospe
Blühet ewig
Ihnen der Geist,
Und die seligen Augen
Blicken in stiller
Ewiger Klarheit.

Doch uns ist gegeben
Auf keiner Stätte zu ruh'n;
Es schwinden, es fallen
Die leidenden Menschen
Blindlings von einer
Stunde zur andern,
Wie Wasser von Klippe
Zu Klippe geworfen,
Jahrelang ins Ungewisse hinab.

In Brahms' Komposition besitzen wir wieder ein von jedem Standpunkt aus, vom musikalischen, ästhetischen und psychologischen, charakteristisches schönes Chorwerk, eines überdies, das von ganz besonderem Interesse und Wert ist, denn es enthält ein ausdrückliches Bekenntnis jenes Glaubens an die Liebe, das man, wie die Verfasserhin schon mehrmals erwähnte, durch des Komponisten Leben und Werke verfolgen kann. Die entgegengesetzten Bilder himmlischen und irdischen Daseins sind mit jener lebendigen Kraft in Musik gesetzt, deren wir in den kurzen Bemerkungen über die vorhergehenden Werke gedacht haben; und das Pathos und die Tragödie, welche das Los der Menschheit umgeben, sind mit jenem tiefen und leidenschaftlichen Gefühle behandelt, das der Komponist unfehlbar zu entfalten weiß, wenn er sich mit diesen oder ähnlichen Themen beschäftigt. Brahms' »Schicksalslied« endet jedoch nicht wie bei Hölderlin und hätte das auch nicht können. Eine Leidenschaft lebte stärker in ihm als jene, mit der er das Phänomen menschlicher Leiden, der Ungewißheit und des Todes beobachtete; und so wußte er seinen Text zu vervollständigen durch das Hinzufügen eines kurzen aber auserlesenen orchestralen Nachspiels, welches, während es das musikalische Werk zu einem Ganzen abrundet, der verzweifelnden Seele eine Botschaft des Trostes, der Hoffnung, des Glaubens, des Mutes bringt, wie nur die Musik eine solche zu bringen vermag, und deren Macht über das Herz umso größer ist, da sie nicht in artikulierten Worten ausgesprochen werden kann.

Daß Brahms in der Tat eine ähnliche Absicht hatte, indem er das Nachspiel hinzufügte, hat die Verfasserin persönlich erfahren. Er betrachtete es nicht als nebensächlich, sondern gewissermaßen als den wichtigsten Teil seiner Kompositionen. Als er das Werk probierte, verweilte er bei dieser Abteilung mit besonderer Sorgfalt; und beim Dirigieren der Aufführung entlockte er diesem Nachspiel die seltensten und erlesensten Wirkungen ätherischer Zartheit.

Das Werk wurde zum erstenmal am 18. Oktober 1871 unter des Komponisten Leitung aufgeführt, und zwar aus dem Manuskript, in einem Konzert des Karlsruher Philharmonischen Vereins. Den Anfang und Schluß des Programms, welches auch einige Schubertsche Lieder enthielt, bildeten die Quvertüre und zwei Szenen aus Schumanns »Faust«, beides unter Levis Leitung. Fräulein J. Schwarz und Stockhausen waren die Solisten.

Der Eindruck, den das neue Werk auf das Publikum von Karlsruhe machte, war ein tiefer, und der Komponist kehrte erfreut und befriedigt nach Wien zurück, gehoben durch den einen sofortigen Erfolg, der ihm, nach den Erfahrungen seiner Laufbahn, durchaus nicht als von vornherein gesichert erschienen war.

Das »Schicksalslied« erschien im Dezember bei Simrock und wurde Anfang 1872 in Bremen, Breslau, Frankfurt und Wien aufgeführt.

Die übrigen im Jahre 1871 gedruckten Originalwerke, die beiden Liederhefte, op. 57 und 58, wurden bei Rieter-Biedermann[1] veröffentlicht. Alle Texte zu op. 57 sind Originalgedichte oder Imitationen (Nr. 2, 3, 7) von G. F. Daumer, dessen Worte zu den leidenschaftlichsten gehören, die Brahms in Musik gesetzt hat. Der Komponist scheint sich von dem Dichter ein Bild gemacht zu haben, das mehr oder weniger mit dessen Versen übereinstimmte, und Claus Groth erzählt eine unterhaltende Geschichte über den Schreck, den Brahms bekam, als er im Frühling 1872 eine Gelegenheit benutzte, um Daumer zu besuchen, der damals in Würzburg lebte.

1 Die Verfasserin hat sich bei Angabe des Datums vom Erscheinen der beiden Liederhefte nach dem veröffentlichten Katalog gerichtet. Nach ihrer Opuszahl gehören sie eher in das Jahr 1873 oder 1874. Brahms' wohlbekanntes Arrangement der Gluckschen Gavotte in A für Pianoforte kam 1871 bei Senff heraus.

»Ich bepackte mich also mit sämtlichen Heften, in denen sich Lieder von Daumer fanden und machte mich auf den Weg zu ihm. Ich fand ihn endlich in abgelegener Straße, in einer abgelegenen Wohnung, wo man mich in ebenso versteckte Räume führte. Dort traf ich also in einem stillen Zimmer meinen verehrten Poeten. Ach, es war ein kleines, altes, ganz vertrocknetes Männchen.

Nach meiner aufrichtig ehrfürchtigen Anrede erwiderte der alte Herr einen verlegenen Dank und ich erkannte bald, daß er weder von mir, noch von meinen Kompositionen, noch wohl überhaupt von Musik etwas wußte. Und als ich auf einige seiner vollblütig leidenschaftlichen Texte hinwies, zeigte er auf ein fast noch mehr eingetrocknetes altes Mütterchen mit einem zärtlichen Wink mit der Hand hin und sagte: ›Ach, ich habe ja nur die Eine geliebt, meine Frau!‹ «

Der Anfang des Jahres 1872 bezeichnet den Beginn einer neuen Periode, nicht in dem künstlerischen, sondern im Privatleben Brahms'. Er fand ihn in der historischen Wohnung im dritten Stock der Karlsgasse Nr. 4 in Wien, welche für ihn bis zum Ende seines Lebens die nächste Annäherung an ein eigenes Heim bleiben sollte. Er hatte Novaragasse, Singerstraße 7, Poststraße 6, Wollzeile 23, Ungargasse 2 gewohnt, war auch eine Zeitlang Gast seiner Freunde Faber gewesen – hatte in der Tat seit seinem ersten Besuch in Wien wenigstens bei jeder Saison die Behausung gewechselt; als er die Wohnung Karlsgasse 4 am 27. Dezember 1871 bezog, übersiedelte er zum letztenmal. Hier lebte er etwas länger als ein Vierteljahrhundert, hier starb er auch. Er fuhr fort, wie er begonnen hatte – d. h. er mietete möblierte Zimmer; zuerst wurden ihm die Zimmer in der Karlsgasse von einer Frau Vogl vermietet, die mit Mann und Familie den Rest der Wohnung innehatte. Brahms begnügte sich zuerst mit zwei Zimmern; später hatte er drei kleine, die miteinander verbunden waren. Das mittlere und größte enthielt den Flügel und Schreibtisch, ein kleines Tafelklavier, an das eine Tradition sich knüpfte, und Tisch und Stühle, die vor dem Sofa arrangiert waren. Hier empfing er seine Besucher. In einem kleineren Zimmer waren seine Bücherbretter und ein hohes Stehpult zum Schreiben. Wandschränke waren für die Noten bestimmt, die aber trotzdem mit der Zeit, als er mehr Platz für seine Sammlungen von Originalhandschriften, Kupferstichen, Photographien usw. beanspruchte, die Zimmer überschwemmten. Einige Stiche zierten die Wände und eine kleine Beethoven-Büste erinnerte ihn freundlich an das alte Heim in der Fuhlentwiete. Frau Vogl übernahm nur die Verantwortung für die Flickereien, das Sauberhalten seiner Zimmer und das Öffnen der Etagentüre für die Besucher. Er speiste früh in einem Restaurant –

dem »Kronprinzen«, der »Goldspinnerin« oder »Zur schönen Laterne« und, die letzten vierzehn Jahre seines Lebens etwa, in dem »Roten Igel« am Wildbretmarkt; nachher las er Zeitungen bei einer Tasse schwarzen Kaffees in einem der Kaffeehäuser; in späteren Jahren gewöhnlich im »Café Stadtpark«. Zu Abend aß er entweder zu Hause in Gesellschaft eines Buches – wo seine Kost aus Butterbrot und Wurst mit einem Glase Bier oder leichtem Wein bestand – oder wieder im Restaurant, wo er, wie mittags, gern mit Bekannten zusammentraf. Es ist kaum nötig zu erwähnen, daß er auf eine Überfülle von Gastfreiheit bei seinen Freunden rechnen konnte, so oft er Lust hatte davon Gebrauch zu machen.

Die zweite Aufführung des »Schicksalsliedes« – die erste seit der Herausgabe – fand im Konzert der »Gesellschaft der Musikfreunde« am 21. Januar 1872 statt, unter Anton Rubinstein, der den Posten des artistischen Direktors als Nachfolger Herbecks bei dessen Ernennung zum Kapellmeister der kaiserlichen Hofoper für die Saison 1871/72 übernommen hatte.

Die Freude des Komponisten über den außergewöhnlichen Eindruck, den sein Werk auf das österreichische Publikum ausübte, wurde einige Tage darauf durch die Nachricht von seines Vaters schwerer Krankheit getrübt. Jakob hatte seit einem Jahr gekränkelt und war daher gezwungen gewesen, auf seinen Posten in der Philharmonie sowie auf seine kleinen sonstigen Verpflichtungen zu verzichten und er mußte sich daran gewöhnen, seinen geliebten Kontrabaß stumm in der Stubenecke stehen zu sehen. Wohl merkend, daß die vorgeschrittenen Jahre auf dem Vater zu lasten begannen, hatte Johannes einen Wohnungswechsel verordnet – vom vierten Stock des Anscharplatzes Nr. 5 nach dem ersten Stock von Nr. 1 derselben Straße –, aber das Abnehmen der Kräfte wurde nicht für ernstlich bedenklich gehalten. Jakob klagte über keine besonderen Krankheitssymptome, und erst als er den Arzt zu seinem Stiefsohn Fritz Schnack holte, den man krank von Petersburg heimgebracht hatte, dachte er daran, seiner selbst wegen um Rat zu fragen, wobei sein besorgniserregender Zustand dem Arzte sofort klar wurde. Johannes, dem man unverzüglich geschrieben, war sogleich zur Stelle und verbrachte die nächsten vierzehn Tage am Lager des kranken Mannes, den er mit der zartesten Sorgfalt pflegte und mit der liebenden Ermutigung aufzuheitern suchte. Aber das Ende war nahe. Jakob war von einer verhängnisvollen Krankheit ergriffen, die schon seit zwölf Monaten seine Konstitution untergraben hatte, obschon seine Leiden weder schmerzhaft waren noch lange währten. Er starb am 11. Februar im sechsundsechzigsten Lebensjahr am Leberkrebs in Gegenwart seiner Frau und zweier Söhne, und eine zeitweilige Entfremdung zwischen Johannes und dem weniger energischen Fritz – der nach zweijähriger Abwesenheit von Venezuela zurückgekehrt war – wich an seinem Totenbett. Des Sohnes Kummer war, wie nach dem, was von seiner Familienanhänglichkeit erzählt worden ist, nicht anders zu erwarten, ein tiefer. Er fand seinen Trost in seiner Sorge, der Frau, welche den letzten Lebensjahren Jakobs die Zufriedenheit gebracht hatte, Schutz und Stütze zu sein; er blieb nach dem Begräbnis noch bei Frau Karoline, half ihr die notwendigen Veranstaltungen zu treffen und ordnete mit ihr die kleine Hinterlassenschaft des Vaters. Den alten Lehrbrief, das Bürgerdiplom, Erinnerungen an Jakobs frühzeitige Kämpfe und bescheidenen persönlichen Erfolge, nahm der Komponist in Verwahrung. Ein kleines Ölbild, als Gemälde von geringem Wert, aber augenscheinlich ein gutes Porträt aus Jakobs frühem Mannesalter, wurde der Witwe überlassen. »Mutter«, sagte Johannes aufgeregt am Tage vor seiner Abreise von Hamburg, sich plötzlich zu Frau Karoline wendend, nachdem er einige Minuten vor dem Ölgemälde gestanden hatte, »solange du lebst, trennst du dich nicht von dem Bilde, aber nach deinem Tode kommt das Bild zu mir nach Wien.« Das Versprechen, welches bereitwillig gegeben wurde, sollte unerfüllt bleiben. Frau Karoline, die mehr als sechs Jahre älter war als ihr Stiefsohn, sollte ihn überleben.

Brahms' Sorgfalt für die Witwe seines Vaters hörte nicht auf, als er zu seinen Beschäftigungen nach Wien zurückkehrte. Als Fritz Schnack rekonvaleszent und die Jahreszeit genügend vorgeschritten war, um einen Luftwechsel wünschenswert erscheinen zu lassen, wurde er mit der Mutter nach Pinneberg geschickt, einer freundlichen holsteinischen Landstadt, die bei den Bürgern von Hamburg wegen ihres gesunden Klimas in gutem Ruf stand. Der Besuch erwies sich als so wohltätig, daß Johannes beschloß, seinen Stiefbruder dort dauernd als Uhrmacher zu etablieren, ein Geschäft, das er bisher in Petersburg geführt hatte. Er mietete ihm einen netten Laden, versah ihn mit allen notwendigen Requisiten zu einem neuen Beginn und wünschte auch Frau Karoline ein behagliches Heim zu sichern, als Herrin von ihres Sohnes bescheidenem Haushalt; aber die energische, heitere Witwe konnte sich mit dem Gedanken nicht befreunden, ihre eigene Tätigkeit aufzugeben. Es wurde daher festgesetzt, daß sie nach Hamburg zurückkehren sollte, um im ersten Stock des Anscharplatzes weiter für die Beköstigung einiger Pensionäre zu sorgen, unter der Bedingung, welche Johannes streng forderte, daß sie sich in allen Fällen der Not für sich oder ihren Sohn an ihn wenden müsse. Brahms pflegte sich in späteren Jahren bei seiner Stiefmutter zu beklagen, daß sie ihren Teil des Handels nicht gut eingehalten habe, und sie zu schelten, weil sie nicht um Geld schrieb. Auch plante er Ferienreisen für sie und Fritz und bestand darauf, daß sie zur Ausführung kamen, und von dem Todestage seines Vaters an bis zu seinem eigenen blieb die gütige, tüchtige Hausfrau für den großen Tonpoeten die Verkörperung jener schlichten, friedlichen Bande der Familienliebe, von denen er sich von Beginn seiner Laufbahn bis an das Ende so gern fesseln ließ.

Elise Brahms wurde von ihrem Bruder unterstützt, bis sie sich einige Jahre später mit einem Uhrmacher Namens Grund, einem Witwer mit Familie, vermählte, und sie genoß seine Freigebigkeit bis zu ihrem Tode im Jahre 1892. Fritz, »der falsche Brahms«, wie er manchmal genannt wurde, um ihn von Johannes zu unterscheiden, erreichte in Hamburg eine gute Stellung als Klavierlehrer und gehörte einige Jahre hindurch zu dem Lehrkörper, der Fräulein Homanns Damenschule in Hamm besuchte – eine Anstalt, welche sowohl vornehme englische, als auch deutsche Gönnerschaft besaß. In seines Bruders Fußstapfen war er nur soweit gefolgt, daß er nacheinander der Schüler Cossels und Marxsens war und einigemal in Hamburg als Pianist in seinen eigenen Trio-Konzerten auftrat. Seine Talente hätten ihn weiter geführt, wenn er etwas tätiger und ehrgeiziger gewesen wäre. »Ist das dein Klavierlehrer-Schritt?« fragte ihn Johannes einmal scharf bei einem seiner Besuche in Hamburg, als er auf der Straße seinem Bruder voranging, der nicht mit ihm Schritt halten wollte oder konnte. Fritz war bei seinen Freunden beliebt; er besaß seinen Anteil am Familienhumor und prahlte nie. »Wie geht es mit dem großen Bruder?« fragte eines Tages ein Bekannter. »Wie meinen Sie?« erwiderte Fritz, der lang und dünn war; »ich bin doch größer als der!« Er starb unverheiratet in Hamburg im Alter von einundfünfzig Jahren.

Zum Niederrheinischen Musikfest, das 1872 in Düsseldorf abgehalten wurde, traf man frühzeitig vorbereitende Anstalten, um das vollendete »Triumphlied« aufzuführen; aber als das Datum herannahte, weigerte sich das Komitee seltsamerweise, Brahms zum Dirigieren zu laden, und dieser behielt daher sein Manuskript. Das Werk wurde zum erstenmal am 5. Juni in einem Abschiedskonzert aufgeführt, das das großherzogliche Orchester mit dem Philharmonischen Verein von Karlsruhe dem scheidenden Dirigenten Hermann Levi zu Ehren veranstaltete, da er zum Hofkapellmeister in München ernannt worden war, ein Posten, den er mit glänzendem Erfolg bekleidete, bis Kränklichkeit ihn zwang, sich im Jahre 1896 zurückzuziehen. Sowohl Frau Schumann als auch Stockhausen trugen zu dem Programm des Konzerts bei; Stockhausen sang natürlich das kurze Solo im »Triumphlied«. Die Aufführung scheint eine gute gewesen zu sein, obschon der zu Gebote stehende Chor nur aus 150 Mitgliedern bestand. Ein begeisterter Bericht, welcher von Franz Gehring von Karlsruhe aus an die »Allgemeine Musikalische Zeitung« geschickt wurde, schließt wie folgt:

> »Wir Deutsche können stolz sein, daß ein solcher Künstler gerade jetzt unter dem Eindruck der bedeutendsten Ereignisse, welche unsere Geschichte aufzuweisen hat, zu einem solchen Triumphlied begeistert wurde. Es knüpft sich also an das Jahr 1870 nicht nur der Ruhm der Waffen, sondern auch eine neue Epoche unserer Kunst, wenigstens der Musik ... Sie basiert auf der zeitgemäßen Entwicklung längst bekannter Formen und Ausdrucksweisen. Daß diese Entwicklung sich als eine so gesunde und wahre erweisen werde (wer hätte sie nicht schon bei Brahms' Deutschem Requiem geahnt!), das ist der Verdienst des deutschen Meisters Brahms, des größten in der Gegenwart!«

Verhältnismäßig wenige Musiker werden sich heute finden, die leugnen möchten, daß Gehrings Worte durch die Entwicklung von Brahms' eigener Laufbahn bestätigt wurden; aber es läßt sich nicht verschweigen, daß eine neue Epoche, wie die, welche der Kritiker erwartet, für jetzt mit des Meisters Tode abgeschlossen zu sein scheint.

Entgegen seiner Gewohnheit nahm Brahms im Sommer Konzertengagements an und trat mit ungeheurem Erfolg in Baden-Baden auf, im Abonnementkonzert vom 29. August im Kursaal, und zwar als Komponist, Dirigent und Pianist mit seiner eigenen A dur-Serenade und Schumanns Klavierkonzert. Unter den Besuchern von Lichtenthal waren während dieser Saison der Komponist Bernard Hopfer, der wohlbekannte Dirigent Ernst Frank, Reinthaler und die Familie Simrock. Im Herbst des Jahres wurde die Gräfing Julie Radicati di Marmorito ihrem Mann und ihren Kindern nach dreijährigem Eheglück durch den Tod entrissen.

Mit dem Beginn des Herbstes 1872 war ein Zeitraum von zehn Jahren vergangen seit Brahms' erstem Besuch in Wien, und es wird dem Leser zu einem klaren Überblick über seine Laufbahn als Komponist verhelfen, wenn wir hier einen Augenblick verweilen, um zu betrachten, welches ihre Hauptzüge während der Dekade, in deren Lauf er Wien als seine Heimat zu betrachten lernte, gewesen waren. Wir werden finden, daß die Entwicklung eine ganz logische und fortdauernde war und seltsam unabhängig von jenen Einflüssen seiner veränderten Umgebung, denen man eingebildete Wirkungen auf seine Kunst und sein Temperament nicht selten zuschrieb.

Wir bemerken erstlich, daß der langen Liste von großen Werken für Klavier mit und ohne Begleitung, die Brahms 1862 mitgenommen hatte, nur ein Solo hinzugefügt worden ist; und von diesem einen müssen wir sagen, daß, obwohl die Paganini-Etüden in zwei Heften ungemein brillant und genial sein mögen, sie doch nicht ernstlich von dem musikalischen Standpunkt der Händelschen oder anderen früheren Variationen betrachtet werden können, aber mehr oder weniger als Zeitvertreib in den Mußestunden des Komponisten gelten müssen. Einige davon sind kaum mehr als Klaviertranskriptionen von jenen, die Paganini selbst auf dasselbe Thema für Violine schrieb.

Auf dem Gebiete der Kammermusik, wo, soweit wir das Urteil der Nachwelt voraussehen können, Brahms' Platz sich unter den größten Komponisten aller Zeiten finden wird, sehen wir, daß seine erste Reihe von Meisterwerken für Klavier und Streichinstrumente mit der Hinzufügung zweier Nummern abgeschlossen worden ist – mit dem Horntrio, das im Herbst 1865 öffentlich gegeben wurde, und der Sonate in E moll für Pianoforte und Violoncello, während dem Streichsextett in B dur noch eines in G dur an die Seite gestellt wurde, seinen Vorgänger nicht eben übertreffend, aber verschieden davon und in jeder Art seiner würdig. Mit der Aufzählung dieser erschienenen Werke müssen wir auch zwei andere, von besonderem Interesse in unserer Übersicht, in Zusammenhang bringen, weil sie ein neues Studium von Brahms' gereifter Entwicklung bezeichnen. Die beiden Streichquartette in C moll und A moll lagen einige Jahre im Pult des Komponisten, bevor sie endgültig vollendet wurden. Die Bedeutung ihrer Produktion, die für das Jahr 1873 vermerkt werden muß, als Grenzstein in Brahms' Laufbahn wird am besten gekennzeichnet, indem wir uns erinnern, daß zwanzig Jahre vergangen waren, seit der junge schwer zu befriedigende zwanzigjährige Musiker ein Streichquartett aus der Liste der Werke zurückgezogen hatte, die Schumann zur Durchsicht der Verleger vorgeschlagen.

Brahms' Fruchtbarkeit als Liederkomponist war stetig, obschon sie reifte und sich in ihren Kundgebungen mit dem äußeren Lebensgang änderte. Wir haben schon auf einige Phasen ihrer langen mittleren Periode Bezug genommen. Die Dekade, die wir jetzt betrachten, umschließt die Veröffentlichung von acht Heften verschiedener Lieder und drei Heften der »Magelone-Romanzen«.

In den »Liebesliedern«, Walzer für Klavier zu vier Händen und mit vierstimmigem Gesang, haben wir die reifere künstlerische Frucht der Stimmung, welche die in Detmold komponierten Gesangsquartette, op. 31, hervorbrachte: »Wechsellied zum Tanze«, »Neckereien« und »Der Gang zum Liebchen«; in dieselbe frühe Zeit fallen wohl die vierhändigen Walzer für Pianoforte, die Hanslick gewidmet waren.

Die prächtige Tat jedoch, welche vor allem diesen Teil von Brahm's Laufbahn auszeichnet, finden wir auf einem andern Gebiet; auf dem, in welchem wir jetzt, 1872, die buchstäbliche Erfüllung von Schumanns vielbesprochener Weissagung betrachten können; auf dem, in welchem »die Massen des Chors und Orchester ihm ihre Macht *geliehen haben.*« Wahrhaftig hat der Komponist »seinen Zauberstab gesenkt und uns wunderbare Blicke in die Geisterwelt enthüllt.« Die Periode, welche das »Deutsche Requiem«, das »Schicksalslied«, das »Triumphlied« (1866–1871) hervorbrachte, konnte in ihrem eigenen Gebiet der Vollendung kaum an Glanz übertroffen werden und mit der Beendigung des letzten dieser Werke hatte das Wachstum von Brahms' Herrschaft auf dieser besonderen Linie der Entwicklung ihren Gipfel erreicht. Die Chorwerke, in denen die Meisterhand des großen Komponisten sich wieder kundgeben sollte, konnten, während sie den Liebhabern seiner Kunst weitere Gelegenheit zum Genusse bieten, doch, der Art ihrer Vorgänger wegen, den Glanz seines Ruhmes nicht mehr erhöhen.

Von Orchesterwerken sind die beiden 1860 erschienenen Serenaden noch die einzigen Beispiele. Wie wir gesehen haben[1], zeigte Brahms im Sommer 1862 Frau Schumann und Dietrich den ersten Satz einer C moll-Symphonie, »welche freilich erst viel später, und zwar sehr umgearbeitet, erschien[2]«, aber seitdem war des Komponisten unfehlbare Antwort auf seines Freundes Fragen, daß die Zeit für eine Symphonie noch nicht gekommen sei. Die zehn Jahre, die wir jetzt betrachten, sind in der Tat charakteristisch für den Komponisten, sowohl durch ihr Schweigen, wie durch ihren Gesang. Wir können nicht zweifeln, daß, so wie die Chorwerke das Endergebnis einer langen Epoche der Zurückgezogenheit und des Studiums waren, dessen ersten und letzten Resultaten wir nachgegangen sind, so auch die symphonischen Taten durch besondere ebenso gründliche wie unermüdliche Arbeit allmählich vorbereitet wurden. Hiervon werden wir bald die erste vollendete Frucht zu verzeichnen haben bei Erscheinen einer kurzen Orchesterkomposition, unter den Schätzen, mit denen Brahms die musikalische Welt bereichert hat, eine der jetzt vertrautesten und beliebtesten.

1 Vgl. Bd. I, S. 273.
2 Dietrich, S. 42.

Siebzehntes Kapitel

1872–1876

Veröffentlichung des »Triumphliedes« mit einer Widmung an Kaiser Wilhelm I. – Brahms dirigiert die Wiener »Gesellschaftskonzerte« – Schumann-Feier in Bonn – Professor Engelmann und seine Frau – Streichquartette – Erste Aufführungen – Anselm Feuerbach in Wien – Variationen für Orchester – Erste Aufführungen – »Triumphlied« in Köln, Basel und Zürich – Rücktritt von dem Posten des artistischen Direktors der »Gesellschaft der Musikfreunde« – Drittes Klavierquartett

Brahms kehrte zu der Konzertsaison von 1872/73 mit erneutem und umfassendem Interesse dafür nach Wien zurück. Er hatte, nicht ohne Bedenken, die Stelle des »artistischen Direktors« der »Gesellschaft der Musikfreunde« akzeptiert und dadurch die Pflicht nicht nur die Vereinskonzerte, sondern auch die zweimal wöchentlich stattfindenden Proben des »Singvereins« zu dirigieren, übernommen. Der gewöhnliche Arbeitsplan für die Konzertsaison der Gesellschaft erstreckte sich von Mitte November etwa bis April und umfaßte vier regelmäßige und zwei außerordentliche Konzerte mit Orchester und Chor, deren eines wenigstens einem Oratorium oder anderem großen Chorwerk gewidmet war.

»Brahms wird nun also die Musikvereinskonzerte dirigieren«, schreibt Billroth am 25. Oktober; »er bereitet Händels *Te Deum* und *Saul* vor, zwei Bach'sche Kantaten, sein ›Triumphlied‹ usw. Vorläufig ist er ganz Feuer bei Leitung des Gesangvereins und ist immer entzückt über die Stimmen und das musikalische Talent des Chors. Sind die Erfolge günstig, so wird er, glaub' ich, aushalten; ein Mißerfolg kann genügen, ihn so zu deprimieren, daß er die Lust verliert . . .«

Die Saison begann am 10. November mit folgendem Programm:

1.	*G. F. Händel:*	*Te Deum* für die Dettinger Siegesfeier, 1743.
2.	*W. A. Mozart:*	Arie für Sopran mit obligatem Pianoforte und Orchester. (Frau Wilt.)
3. a)	*J. Eccard:*	»Über's Gebirg Maria geht«.
b)	*H. Jsaac:*	»Inspruk ich muß dich lassen«. Chöre *a capella*.
4.	*F. Schubert:*	Symphonie in C dur (nach dem Duo op. 140 für Orchester bearbeitet von J. Joachim).

Die Wahl lud kaum zu begeisterten Demonstrationen seitens einer gemischten Zuhörerschaft ein, aber die Aufführungen wurden gut aufgenommen und die Gelegenheit ergab einen wesentlichen künstlerischen Erfolg für Brahms; auch wurde der Zweifel, ob er sich eigne für die neuen Pflichten, ein Zweifel, den man selbst in einigen befreundeten Kreisen gehegt hatte, dadurch beseitigt. Das Heranziehen der sogenannten Symphonie von Schubert wurde von einigen Zeitschriften mißbilligend erwähnt, obschon die meisterhafte Instrumentierung Joachims – die, wie wir hinzufügen können, von Schumann angeregt worden war – gebührende Anerkennung fand.

Das zweite Konzert, das erste »außerordentliche« der Saison war in jeder Beziehung glänzend. Es schloß die zweite Aufführung des vollständigen »Triumphliedes« ein, das kurz vorher bei Simrock mit Brahms' Widmung an Se. Majestät Kaiser Wilhelm I. erschienen war. Der Originaltitel, der auf der Handschrift des Werkes stand – »Triumphlied auf den Sieg der deutschen Waffen« –, wurde beim Erscheinen abgekürzt zu dem einfachen »Triumphlied«. Das Programm vom 8. Dezember war folgendes:

1. *Händel:* Konzert für Orgel und Orchester.
2. *Mozart:* Offertorium für Doppelchor, Orchester und Orgel.
3. *Gluck:* Arie aus der Oper »Alceste« (Frau Joachim).
4. *J. S. Bach:* Präludium und Fuge in Es dur für Orgel.
5. *J. Brahms:* »Triumphlied« für Solo, achtstimmigen Chor, Orchester und Orgel (Solo: Dr. Krauß).

Die Leistungen des berühmten Orgelspielers S. de Lange, den man zu diesem Anlaß von Rotterdam berufen hatte und der auf dem, beim vorhergehenden Konzert durch Bibl eingeweihten neuen Instrument des Vereins spielte; die Wiedergabe der Gluckschen Arie durch Frau Joachim; die Aufführung zweier dem Publikum unbekannter Chorwerke, Produkte zweier Meister, deren jeder seine Zeit vertrat, die Kunstgeschichte eines Jahrhunderts zwischen beiden, vereinigten sich zu einem Programm von besonderem und mannigfaltigem Interesse. Das »Offertorium«, ein ungedrucktes, von Mozart im einundzwanzigsten Jahre komponiertes Werk, war für Doppelchor und Orgel geschrieben; später fügte der Komponist noch zwei Violinen hinzu. Brahms benützte jetzt zur Begleitung seiner Singstimmen das ganze Streichorchester, und die Aufführung des schönen und unbekannten Werkes machte großen Eindruck. Es wurde unmittelbar darauf von J. P. Gotthard in Wien veröffentlicht. Das wichtigste Ereignis des Konzerts war natürlich die erste Wiener Aufführung des »Triumphliedes«.

»Ein wahres Prachtwerk, das einen tiefen, nachhaltigen Eindruck hervorrief«, sagt Schelle; »die Siege der Deutschen haben es hervorgerufen ... Schon in formaler Beziehung und in Behandlung der Chor- und Orchestermassen trägt diese Kompositon den Stempel eines Meisterwekrs. Chöre und Orchester leisteten Treffliches. Die Gesellschaftskonzerte konnten in der Tat keinen besseren Händen anvertraut werden.«

Das »Triumphlied« wurde eine Woche darauf, am 14. Dezember, in München unter Franz Wüllner gegeben und abermals in längerer Kritik in der »Allgemeinen Musikalischen Zeitung« vom 25. in einem hochinteressanten Artikel von Franz Pyllemann besprochen:

»Das Orchester entwickelt eine fast königliche Pracht ... Welcher Reichtum an Klangkombinationen, welcher berauschende Zauber des Kolorits tritt dem Hörer entgegen! Nicht ohne tiefe Bewunderung kann man die Weisheit gewahren, welche in der Verwendung und Ausbeutung der eigensten und edelsten Ausdrucksmittel, wie sie die verschiedenen Instrumente darbieten, zutage tritt. Brahms' Meisterschaft in der Chorbehandlung ist längst allbekannt. Er verlangt viel vom Sänger und verzichtet nicht leicht auf die Durchführung einer künstlerischen Idee der Bequemlichkeit oder Unsicherheit desselben zuliebe. Aber wie klingt auch sein Vokalsatz! In dieser Hinsicht steht der Meister den Heroen der Chorkomposition, namentlich Händel, näher als irgend ein Komponist der Neuzeit. An ihren Werken hat er studiert, ihre unserer Zeit fast rätselhafte Technik mit den mannigfachen Hilfsmitteln, welche die moderne Kunstausübung geschaffen, auf das Innigste verschmolzen; so daß wir, was die thematische Arbeit, was den polyphonen Aufbau der Stimmen anbelangt, oftmals wähnen möchten, ein Meisterwerk des vorigen Jahrhunderts zu hören, während doch die Physiognomie der Themen, die Qualität der Harmonie, die Beschaffenheit der Form im Kleinen wie im Großen durchaus modern, als ganz spezifisch Brahms'isch auftreten.«

Das Werk wurde in Leipzig im Gewandhauskonzert vom 27. Februar 1873 aufgeführt.

Die Wirkung des zweiten »regelmäßigen« Gesellschaftskonzerts der Saison, am 5. Januar 1873, wurde vom Unglück verfolgt. Drei Werke wurden zur Aufführung angekündigt:

1. *Hiller:* Konzertouverture in D dur.
2. *Schumann:* »Des Sängers Fluch«.
3. *Mendelssohn:* »Die Walpurgisnacht«.

Hiller, der zufällig in Wien weilte, hatte versprochen, seine »Demetrius«-Ouverture zu dirigieren, das gelungenste seiner

Werke in dieser Form; aber durch Mißgeschick mit den Noten mußte man eine andere zur Aufführung wählen, die ganz ohne Effekt vorüberging. Der Paukenschläger erkrankte plötzlich am Tage des Konzerts und sein Stellvertreter war der Gelegenheit nicht gewachsen; Hiller mußte gleich nach Beginn der Vorführung seines Werks abklopfen und von vorn anfangen. Ein ähnlicher Unfall ereignete sich im Laufe von »Des Sängers Fluch« unter Brahms' Leitung infolge eines Mißverständnisses zwischen den Solosängern und Harfenspielern. Nur Mendelssohns Werk ging ohne Fehler.

Einen großen Erfolg hatte das nächste Konzert am 28. Februar, das zweite »außerordentliche« der Saison, mit Händels Oratorium »Saul«, das zum erstenmal in Wien gegeben wurde. Das große Werk wurde mit Begeisterung aufgenommen und die Aufführung von Publikum und Presse für vollkommen erklärt[1].

Diesem folgte beim nächsten »regelmäßigen« Konzert, am 23. März, ein mannigfaltiges Programm:

1. *Bach:* Osterkantate »Christ lag in Todesbanden«.
2. *Haydn:* Symphonie in C dur.
3. Deutsche Volkslieder für gemischten Chor *a cappella*.
   a) »In stiller Nacht«.
   b) »Dort in den Weiden steht ein Haus«.
4. *Schubert:* »Ellens zweiter Gesang« (für Sopransolo, Frauenchor und Instrumente bearbeitet von Brahms).
5. *Beethoven:* Satz aus »Die Weihe des Hauses« für Sopransolo, Chor und Orchester.

Die Stellung, welche die Zuhörer zum ersten Teil dieses Konzerts einnahmen, war etwas zweifelhaft; der Eingangskantate wurde mit Ernst gefolgt, jedoch mit spärlichen Beifallsbezeigungen. Aber beim Eintritt des Chorals am Schluß des Werkes kam es über den gedrängt vollen Saal wie die Erlösung von gespannter Aufmerksamkeit, und der darauf folgende Applaus war laut und widerhallend.

1 Brahms schickte an Reinthaler in einem vom Oktober 1873 datierten Brief einige Einzelheiten über die Striche usw. zu denen er sich für diese Aufführung entschlossen hatte. (»Brahms-Briefwechsel« III, S. 53).

»Der Aufführung der Kantate kann man nicht genug Lob spenden«, sagte Schelle in der ›Presse‹; »der Singverein wie der Dirigent Brahms haben sich bei dieser Gelegenheit auf's glänzendste bewährt, und auch Herrn Bibl gebührt warme Anerkennung.«

Ähnliches Lob erntete die Aufführung anderer Programmnummern; insbesondere die Volkslieder wurden erwähnt, deren eines wiederholt werden mußte.

»Mit einem Worte«, schließt der Kritiker, »Brahms als Dirigenten konnte der diesmalige Erfolg keine mindere Befriedigung gewähren, als uns das schön zusammengesetzte Konzert.«

Billroth gibt in einem vom 29. März datierten Briefe einen interessanten Bericht über Brahms' Energie und Erfolg auf diesem neuen Felde der Tätigkeit:

»Brahms ist als Dirigent äußerst tätig; er hat unvergleichlich schöne Aufführungen zustande gebracht und findet bei allen, die es gut mit der Kunst meinen, vollste Anerkennung. Sein ›Triumphlied‹ ist hier mit Orgel und kolossalem Chor zu einer wunderbaren Wirkung gekommen; es gehören große Massen dazu, es ist monumentale Musik ...

Im letzten Konzert wagte Brahms eine der schwersten, noch nie aufgeführten Kantaten von Bach, nach Text von Luther. [Osterkantate, ›Christ lag in Todesbanden‹.] Die Wiener nahmen aus den Händen eines Dirigenten, den sie so achten wie Brahms, auch das mit liebenswürdiger Empfänglichkeit auf.

Zwei darauf folgende Volkslieder *a cappella* [›In stiller Nacht‹ und ›Der schönste Bursch am ganzen Rhein‹] veranlaßten dann freilich einen Beifallsturm, der die Besorgnis des Hauseinsturzes rege machte. Der alte König von Hannover war halb toll vor musikalischem Rausch. Man wird ganz betrunken von der Schönheit der Klangwirkung dieses Chores, dessen An- und Abschwellen (f und p) wie mit einer Stimme vorgetragen wird.«

Es sind nun genügend Einzelheiten mitgeteilt worden über die Gesellschaftskonzertsaison 1872/73, um die Weisheit des Komitees in der Wahl eines neuen »artistischen Direktors« zu zeigen, und wir brauchen nur noch des angekündigten »letzten Konzerts« vom 6. April zu gedenken. Zwei Werke wurde zu Gehör gebracht:

1. *Bach:* Kantate »Liebster Gott, wann werd' ich sterben«.
2. *Cherubini:* Requiem in C moll.

Der Erfolg der Aufführungen ist aus der Tatsache ersichtlich, daß das Programm zwei Tage später in einem eilig veranstalteten Extrakonzert wiedergegeben wurde, um dem allgemeinen Verlangen nach Wiederholung entgegenzukommen.

Brahms hatte dieses Jahr Pech in seinen Bemühungen, sich einen ruhigen, zurückgezogenen Ort für seine gewohnten Sommerbeschäftigungen zu sichern. Nach zweitägigem Aufenthalt aus einer Wohnung in Gratwein, Steiermark, flüchtend, um den Aufmerksamkeiten einiger »ästhetischen Damen« zu entgehen, die seinen Frieden zu bedrohen begannen, begab er sich nach der »Seerose«, einem Wirtshaus in dem bayerischen Dorf Tutzing am Starnberger See, erhielt aber noch am Abend seiner Ankunft eine formelle schriftliche Einladung, sich einer fröhlichen Gesellschaft junger Schriftsteller, Maler und Musiker anzuschließen, die in dem Hause ihre Zusammenkünfte abzuhalten pflegten. Auf diesen Antrag erfolgte keinerlei andere Antwort bestimmter Art, außer der, welche man aus den zerrissenen Papierschnitzeln der Botschaft entnehmen konnte, welche am andern Morgen noch am Boden lagen und von der Magd gefunden wurden. Jedoch mietete Brahms das elende alte Klavier des Hauses, ließ es in seine Privatwohnung schaffen und machte es dadurch möglich, seinen Aufenthalt in Tutzing zu verlängern. Er verbrachte dort den größten Teil des Sommers, gelegentlich Levi in München aufsuchend und manchmal auch Allgeyer, der aufgefordert worden war, sich beruflich in der bayerischen Hauptstadt niederzulassen, kurz nachdem Levi von Karlsruhe abreiste. Später war Brahms bei der Schumann-Feier in Bonn (17.–19. August) zugegen, die zu dem Zweck veranstaltet wurde, Schumann in der Stadt ein Denkmal zu errichten, wo der Meister die zwei letzten traurigen Jahre seines Lebens verbracht hatte und wo Beethovens Denkmal schon in den vierziger Jahren enthüllt worden war. Die Orchesteraufführungen am 17. und 18. fanden mit Ausnahme einer (Wasielewski) unter Joachims als des Festdirigenten Leitung statt. Bei der Kammermusik-Matinee am 19. wirkten Frau Schumann, Frau Joachim, Stockhausen und Andere mit. Sämtliche Programmnummern verzeichneten Schumannsche Werke[1]. Das Fest schloß in geselliger Weise mit einem Dampferausflug nach Rolandseck. Das Bonner Zusammentreffen der vier berühmten Musiker, welche Bande künstlerischer und persönlicher Freundschaft durch nahezu zwanzig Jahre so eng miteinander verkettet hatten, wurde

1 Die Daten und Programme der Festkonzerte sind in der »Allgemeinen Musikalischen Zeitung« vom 27. Juli 1873 mitgeteilt.

noch interessanter durch die Gegenwart Ferdinand Hillers, ihres vertrauten Verbündeten. Viele andere alte Freunde waren da, von denen Otto und Jenny Goldschmidt, Dietrich, Grimm, Reinthaler und von Meysenbug besondere Erwähnung finden mögen. Brahms machte auch einige neue Bekanntschaften; besonders hervorzuheben sind dabei Professor Engelmann und dessen begabte Frau, die in der musikalischen Welt während einiger Konzertsaisons als die Pianistin Fräulein Emma Brandes bekannt war, sich aber nach ihrer frühzeitigen Verheiratung vom öffentlichen Leben zurückzog.

Brahms war bei dieser Feier keineswegs in bester Stimmung; auch ist der Grund dafür naheliegend. Joachim, als Festleiter, hatte sehr gewünscht, die Konzerte mit einer Aufführung des »Deutschen Requiems« zu eröffnen, ein Vorschlag, der von Anfang bis zu Ende beständige Opposition beim Komitee fand, das fortgesetzt behauptete, Brahms wolle zu dieser Gelegenheit ein neues Werk komponieren, lange nachdem er ihren Antrag, dies zu tun, abgelehnt hatte. Als Joachim den wahren Stand der Dinge von seinem Freunde erfuhr, wandte er sich, unterstützt durch einen Brief von Frau Schumann, mit seinem Originalplan noch einmal an das Komitee, wurde aber umso leichter damit abgewiesen, als Brahms aus Gründen des Zartgefühls seinen eigenen Wünschen in dieser Angelegenheit nicht Ausdruck verleihen wollte. Es ist nach diesem Zeitabstand leicht für uns, zwischen den Zeilen dieser Korrespondenz zu lesen, daß der Meister in eine direkte Bitte, sein großes Werk zu dirigieren, gern eingewilligt hätte, wenn es ihm erspart geblieben wäre, eine Meinung äußern zu müssen, ob die Aufnahme desselben in die Konzertprogramme auch geeignet sei. Das definitive Zurückziehen des »Requiems« aus dem Plane für die Feier bereitete ihm eine schwere Enttäuschung und war die Ursache einer vorübergehenden Spannung zwischen Joachim und ihm.

»Für einen Lebenden ist ja nun eine derartige Aufführung selbstverständlich und unter allen Umständen eine Ehre. Aber freilich eine Ehre, zu der man sich aus ernsthaftester Bescheidenheit gern stillschweigend oder gar ablehnend verhält ... Jedenfalls macht Bescheidenheit leicht ein albernes Gesicht und schweigt lieber – wie ich Dir denn auch gegenüber. Aber in diesem Fall: dächtest Du der Sache und mir gegenüber *einfach,* so wüßtest Du, wie sehr und innig ein Stück wie

Johannes Brahms im Alter von 40 Jahren.

das ›Requiem‹ überhaupt Schumann gehört. Wie es mir also im geheimen Grunde ganz selbstständlich erscheinen mußte, daß es ihm auch gesungen würde[1].«

Nach Abschluß der Feier kehrten Frau Schumann und ihre Töchter auf ein paar Wochen nach Lichtenthal zurück. Im Laufe des Jahres siedelten sie sich ein zweites Mal in Berlin an und kamen in Zukunft nur gelegentlicher Abwechslung halber nach Baden. Bis zum Jahre 1878 traf Brahms seine Freunde im Sommer öfters dort; dann nahm Frau Schumann eine Stellung an dem Konservatorium für Musik in Frankfurt an, das Dr. Hoch daselbst gegründet hatte. Sie verkaufte ihr Haus in Lichtenthal, und Brahms' spätere Verbindung mit diesem Orte beschränkte sich auf seltene und kurze Besuche. Frau Schumann lebte von der Zeit ab in Frankfurt, obschon sie einige Jahre vor ihrem Tod von ihren Verpflichtungen am Konservatorium zurücktrat.

Brahms war seiner alten Freundin vor Ende August für einige Tage nach Lichtenthal gefolgt, und sein Besuch wurde von Frau Clara angenommen, als »der schönste Beschluß des Festes«. Während sie noch in Bonn weilten, hatte er mit ihr die eben beendeten Variationen über ein Thema von Haydn, die etwas später als op. 56a für Orchester erschienen, in der Bearbeitung für zwei Klaviere gespielt, und trug ihr jetzt die endgültig vollendeten Streichquartette in C moll und A moll und sein »Regenlied« vor. Frau Schumann hatte das C moll-Quartett, wie sich der Leser erinnern wird, im Sommer 1866 gehört; der Komponist spielte beide Werke Dr. Hermann Deiters vor, als er sich 1868 in Bonn aufhielt[2].

Claus Groths Gedicht »Regenlied« und das kürzere »Nachklang«, welche die Texte zu Nr. 3 und 4 von Brahms' op. 59 bilden, waren besondere Lieblinge des Meisters. Er komponierte den »Nachklang«, dessen Titel seine Wahl war, zweimal. Die 1873 erschienene Version ist die zweite von den beiden. Musikalische Leser werden sich erinnern, daß Melodie und Begleitung in der Duo-Sonate in G dur wieder verwendet werden.

1 Vergleiche mit diesen Stellen aus Brahms Brief an Joachim – Nr. 310 des Brahms – Joachim-Briefwechsels – Bd. II, S. 43 dieser Biographie.

2 Dr. Hermann Deiters teilte der Verfasserin persönlich mit, daß Brahms ihm die beiden Streichquartette, welche wir als op. 51 kennen, 1868 in Bonn vorgespielt habe. Wahrscheinlich sind sie zu jener Zeit noch nicht in ihrer endgültigen Form vollendet gewesen.

Der Komponist wohnte einer Privatprobe seiner Streichquartette bei seiner Rückkehr nach München daselbst bei und brachte dann den Rest des Sommers dort zu. Öffentlich wurden die beiden Werke zum erstenmal in Berlin und Wien gespielt: das in A moll aus dem Manuskript im Berliner Joachim-Quartett-Abend vom 18. Oktober, das in C moll von den gedruckten Stimmen im Wiener Hellmesberger-Konzert vom 11. Dezember.

Das Erscheinen der beiden Werke als op. 51, Nr. 1 und 2, bildete, wie schon gesagt, einen weiteren wichtigen Markstein in der Entwicklung von Brahms' Laufbahn. Das Streichquartett nimmt in der Kunst der Musik eine Stellung von besonderer Bedeutung ein, und ein Komponist, der diese Form zur Ausübung seiner Kräfte wählt, setzt sie der strengsten Prüfung aus, der er seine Musikerqualität überhaupt unterwerfen kann. Er muß nicht nur Fruchtbarkeit im Hervorbringen konzentrierter musikalischer entwicklungsfähiger Gedanken besitzen, die Macht sie zu entwikkeln – was vieles in sich schließt – und die Gabe, sie zu klarer Gestalt aufzubauen, sondern er muß auch imstande sein, diese Gedanken mit den knappsten, einfachsten Mitteln – durch vier Saiten – zum Ausdruck zu bringen. Ihm sind die raschen Wirkungen der starken und stark kontrastierenden Empfindungen versagt, die das Klavier oder die wechselnde Klangfarbe des Orchester erweckt. Mit seinen vier Saiten kann er den Zuhörer interessieren, entzücken, rühren – aber kaum in Erstaunen versetzen. Das Streichquartett ist absolute Musik in ihrer reinsten Form, und selten nur übeleben Werke auf diesem Gebiet ihre Geburt, falls sie nicht dazu bestimmt sind, ein langes Leben zu erreichen. Die Mittel sind für den Zweck zwar vollkommen, doch ist dieser schwer zu erreichen; nur das Quartett des wahren Meisters hat Aussicht, nach den ersten wenigen Aufführungen noch gehört zu werden. Es wird dem Leser klar sein, daß Brahms sich durch viele charakteristische Züge seines Genies zu Erfolgen auf diesem Kunstgebiet eignete. Es kann jedoch nicht überraschen, daß durch eine seiner großen Eigenschaften, die Kraft, auf den Erfolg zu warten, sein Zögern noch verstärkt wurde, die Früchte seiner Studien als vollendet zu betrachten, wenn sie einer Form galten, die von Haydn und Beethoven, jeder zu seiner Zeit, zu idealer Vollkommenheit gebracht worden war. Auf die große Künstlerschaft, die sich in Brahms' Quartetten offenbart, auf seine Beherrschung der

Mittel, seine Fähigkeit, die vier Stimmen in vollständigem Gleichgewicht gegeneinander zu halten, jeder eine besondere Individualität zu verleihen, während doch alle sich harmonisch vereinen als gleiche Bestandteile eines organischen Ganzen, brauchen wir hier nur insoweit hinzuweisen, als diese Eigenschaften die Elemente eines weiteren Zuges sind, der unseres Meisters Kammermusik für Streichinstrumente vor allem kennzeichnet: die außerordentliche Schönheit des Aufbaues. In den ganzen drei Quartetten und zwei Quintetten für Streichinstrumente, die Brahms komponiert hat, kommen nicht nur keine bloßen Passagen vor, sondern es wäre schwer, überhaupt eine Note herauszufinden, von der wir sagen könnten, sie sei überflüssig. Jede scheint mit liebender Sorgfalt von der Meisterhand des großen Musikarchitekten, des bauenden Künstlers, als wesentlicher Teil des ganzen großen Planes hingestellt. Wenn wir die Gedanken an sich und deren Entwicklung prüfen, so finden wir, daß wir – wie in allen Werken von Brahms – einer mächtigen und fesselnden Persönlichkeit gegenüberstehen. Gedanken und Behandlung sind des Meisters Eigentum; nicht leicht sofort verständlich, aber imstande, dem Hörer, der solchen Lohn zu ernten trachtet, zu Genüssen und Entdeckungen fast unerschöpfliche Gelegenheiten zu bieten. Die beiden Quartette op. 51 sind, jedes für sich, mehr oder weniger Vertreter entgegengesetzter Seiten von Brahms' Persönlichkeit. Das erste in C moll zeichnet sich im allgemeinen durch Feuer und Ungestüm aus, das durch die zarte Romanze des zweiten Satzes in auserlesener Weise gemildert wird; Nr. 2 in A moll ist in sanfterer Stimmung gehalten. Der letzte Satz dieses Werkes enthält ein schönes Beispiel der charakteristischen Brahms-Coda; der zunehmenden Kraft der Steigerung bis zum Gipfel geht eine Periode stiller Sammlung vorher, welche den Hörer in eine Spannung geheimnisvoller Erregung versetzt, die ihm den »Blick in die Geisterwelt« zu vergönnen scheint, aus der die vorangehenden Gedanken des Satzes in verklärten Tönen ihm zuströmen. Liebhaber der Musik des Meisters werden sich eines ähnlichen Zuges in anderen Werken erinnern. In dem Eingangsthema des ersten Satzes, das an Joachims Jugend-Devise F. A. E. erinnert –

können wir vielleicht einen vorübergehenden Bezug auf die Erinnerung an seinen Freund bemerken, der Brahms' Geist sicher gegenwärtig war, als er diese Werke schuf. Beispiele von des Komponisten Meisterschaft in der Kunst der Modulation, in der Kühnheit und Leichtigkeit, mit der er in unerwartete und entfernte Tonarten übergeht, wieder zurückkehrt, finden sich in beiden Quartetten, wie in den meisten seiner Instrumentalkompositionen. Brahms widmete die im Herbst bei Simrock erschienenen Quartette »Seinem Freunde Dr. Theodor Billroth in Wien«.

Unter Jenen, die mit besonderen Erwartungen der Eröffnung der großen Weltausstellung entgegensahen, die in Wien im Herbste 1873 abgehalten wurde, war der Maler Anselm Feuerbach. Er hatte das Jahr vorher das Anerbieten eines Postens als Direktor der historischen Abteilung, der in der kaiserlichen Akademie der bildenden Künste geschaffen werden sollte, angenommen; aber er bat um ein Jahr Urlaub in Rom, bevor er seine neuen Pflichten antrat, um zwei große Gemälde zu vollenden: »Die Schlacht der Amazonen« und »Das zweite Symposium«, von deren Ausstellung er sich künftigen Ruhm und eine angesehene Stellung versprach, wenn er in Österreich leben würde. Die nahezu vollendeten Gemälde wurden im März oder April nach Wien geschickt und Feuerbach folgte ihnen im Mai 1873; aber es zeigte sich, daß sie ihrer Größe wegen nicht in der Ausstellungsgalerie untergebracht werden konnten. Der Maler beschloß daher, sie nacheinander in dem »Künstlerhaus« auszustellen, und um sich den Vorteil einer Verbindung mit einer so beliebten Wiener Berühmtheit, wie Brahms es zu dieser Zeit geworden war, im Geiste des Publikums zu sichern, bat er den Meister, ihm bei seiner Rückkehr im Oktober zu sitzen, um sein Porträt mit den andern Bildern auszustellen.

Feuerbach war ein kleiner Mann von übermäßig verfeinertem Aussehen und Benehmen und etwas melancholischem Gesichtsausdruck, der in seiner Jugend von auffallender Schönheit gewesen sein mußte. Er war gewohnt, von Frauen mit besonderer Rücksicht behandelt zu werden, war außerordentlich empfindsam und hatte voller Zuversicht auf einen schlagenden Erfolg seiner Bilder gerechnet.

»Die Wahrheit zu sagen«, schrieb er am 2. Oktober an seine Mutter, »war ich nie so heiter und fröhlich wie jetzt. Was habe ich mich zu sorgen? Glück und

Gelingen liegen in meiner Hand; Talent und Stellung habe ich. Diese Woche geht es an die Arbeit[1].«

Brahms, der, wie wir wissen, seit langem mit Feuerbach bekannt war, bewunderte dessen Begabung aufrichtig und stieg mehr als einmal die vielen Treppen hinauf, die zu des Künstlers temporärem Atelier führten. Seine Aufmerksamkeit wurde besonders durch die »Schlacht der Amazonen« gefesselt, die zuerst ausgestellt werden sollte und an die Feuerbach eben die letzte Hand legte. Brahms erwähnte dessen mehrmals in zurückhaltender Weise gegen Groth, der zur Ausstellung in Wien anwesend war, gab auch zu verstehen, daß er gern seine Meinung darüber hören würde und beredete ihn, eines Tages das Atelier mit ihm aufzusuchen, um Feuerbach vorgestellt zu werden. Aber als Groth fortging, ging es ihm wie Brahms, er fand es unmöglich, sich mit Wärme über das Kolossalgemälde zu äußern und stimmte mit dem Meister überein, daß er es »nicht verstehe«. Brahms, mit den Wiener Künstlerkreisen vertraut, konnte offenbar seine Befürchtungen hinsichtlich des Erfolges der Ausstellung nicht abschütteln und nahm eine Gelegenheit wahr, ein warnendes Wort gegen Feuerbach zu äußern, indem er ihm anriet, vorsichtig vorzugehen und sich seinem neuen Publikum lieber erst mit einem kleineren Werke vorzustellen. Die Redlichkeit, die zu des Komponisten Begriff von Freundschaft gehörte und das Mißverstehen seiner Beweggründe, das deren häufiges Ergebnis war, sowie das allgemein Gesunde seines Urteils in Dingen, wo er sich Ratschläge erlaubte, werden durch diese Angelegenheit richtig gekennzeichnet. Seine Worte brachten eine unmittelbare Wirkung hervor, die von der beabsichtigten weit entfernt war. Die Wunde, die sie der reizbaren Empfindlichkeit des Malers schlugen, war so schmerzhaft, daß dieser mehrere darauffolgende Tage hindurch nicht imstande war, seinen Geist auf die »Amazonen« zu konzentrieren, und ebenso unmöglich war es ihm, die Arbeit an Brahms' Porträt fortzusetzen.

»Wieder ein von Brahms verdorbener Abend«, schrieb er am 3. November; und wieder: »Ich war nicht eine Sekunde lang böse auf Brahms, aber ich habe seine Leinwand für jetzt beiseite gestellt.«

Sie wurde nie wieder aufgenommen.

1 Allgeyers »Leben Feuerbachs«.

Die Gemälde wurden zur bestimmten Zeit nacheinander ausgestellt, und man kann sagen, daß der Zusammenbruch von Feuerbachs niemals robuster Körperbeschaffenheit das Endergebnis war. Nicht nur Kritik allein, auch nicht hauptsächlich Kritik, sondern ein Strom von Verachtung, Spott und Schmähungen ergoß sich über sein Werk.

»Es brach ein Sturm über mich los, der mich wenigstens über die Bedeutung der Bilder beruhigen konnte. Ich setzte mich nicht zu Tisch ohne Spott und Hohn, Kritiken oder Karikaturen – leider waren sie immer schlecht – neben meinem Couvert zu finden, und ich legte mich nicht zu Bette, ohne von den Dachtraufen meine Niederlagen erzählen zu hören. Man sagte mir, daß vom Professor bis zum Hausknecht herab sich alle über mein schlechtes Bild lustig machten.«

Seine Schüler jedoch boten ihm stumme Teilnahme und unterstützten ihn durch pünktliches Besuchen und achtungsvolle Aufmerksamkeit in der Klasse, und auch der Minister blieb ihm treu. Er behielt seine Stellung bis 1876, obwohl ihn während des letzten Halbjahrs Krankheit an der Ausübung seiner Pflichten hinderte. Er starb 1880 in Nürnberg. Seine Freundschaft mit unserem Meister wurde durch den Zwischenfall nicht abgebrochen.

»Brahms hat mir zur Reise seinen Pelz geliehen«, schrieb er im Februar 1875, am Abend vor seiner Abreise nach Rom.

Die »Schlacht der Amazonen« wurde von des Künstlers Mutter im Jahre 1889 der Stadt Nürnberg geschenkt und hängt dort im Saale des Rathauses. Viele der Studien zu den »Amazonen« und zu dem »Symposium« wurden von König Ludwig II. von Bayern gekauft und der königlichen Pinakothek in München geschenkt.

Von den vielen Briefen, die Allgeyer bei Erscheinen seiner Feuerbachbiographie im Jahre 1894 erhielt, war einer der von ihm am höchsten geschätzten von Brahms.

Brahms besuchte einmal die große Ausstellung in Gesellschaft Groths und anderer Freunde, obschon der Lärm und das Gewirr durchaus nicht nach seinem Geschmack waren. Er war mehr darauf bedacht, daß sein Freund alles sehen und hören sollte, was charakteristisch war für Wien. »Du mußt am Freitag abends in den Volksgarten gehen, wo Johann Strauß seine Walzer dirigieren wird. Das ist ein ganzer Meister; der ist in der Orchestrik ein solcher Meister, daß dem Hörer nie ein Ton verloren geht, von welchem Instrumente es auch sei!«

Da Brahms versprochen hatte, zwischen Frau Louise Dustmann-Meyer von der Hofoper und Groth eine Zusammenkunft zu vermitteln, kam er eines Morgens nach dem Hotel des Dichters und in das Zimmer eintretend, wo dieser mit Schnupfen und Fieber zu Bett lag, rief er mit Begeisterung in Miene und Tonfall: »Heute Abend komm' zu mir, die Dustmann will dir vorsingen.«

»Du siehst doch, daß ich krank bin«, erwiderte Groth verdrießlich.

»Du sollst dich wundern«, fuhr Brahms fort, der sich damit zu rühmen pflegte, nie im Leben ernstlich krank gewesen zu sein, »das ist eine Sängerin, das ist Rasse, das wird dir gefallen!« »Ach, lieber Junge, ich kann wirklich nicht kommen«, meinte der andere, »Johann hat mich schon mehrmals in kalte Laken eingewikkelt, ich bin so elend.« »Sie kann in jetziger Zeit nur selten abkommen; sie kann andere Tage nicht.« »Du kannst doch wohl sehen, wie elend ich bin; wie gern käm' ich, aber ich kann doch nicht«, beharrte Groth. »Du bist ein Philister«, brummte Brahms, wandte sich ab und verließ das Zimmer[1].

Die Herbstkonzertsaison von 1873, die sich bei ihrer Eröffnung durch die schon erwähnte Berliner Aufführung des A moll-Streichquartetts auszeichnete, wurde ferner für Brahms' Laufbahn bedeutungsvoll durch die erste Aufführung der »Variationen für Orchester über ein Thema von Haydn« aus dem Manuskript, welche im Wiener Philharmonischen Konzert am 2. November unter des Komponisten Leitung stattfand.

Das meisterhafte und anziehende Werk besteht, wie den meisten Musikliebhabern bekannt ist, aus acht Variationen und einem Finale über den Choral *»St. Antoni«*. Bei seiner Instrumentierung der zum Thema gewählten, schon als das Andante eines Haydnschen Divertimento für Blasinstrumente verwendeten naiven alten Kirchenmelodie, die sich durch den fünftaktigen Rhythmus ihres ersten Teiles eigentümlich charakterisiert, behält Brahms die Harmoniefolge Haydns fast unverändert bei. Die Variationen folgen demselben Grundsatz, der sich in den meisten Brahmsschen Werken dieser Gattung geltend macht. Fesselnd, mit steigender Wirkung durch ihren wechselnden Charakter und ihre feine technische Ausführung, bietet uns eine jede ein selb-

1 Aus dem schon erwähnten Artikel in der »Gegenwart«.

ständiges, anziehendes Tonbild, das mehr oder weniger aus dem Thema gewachsen ist, während das ganze Werk zur Einheit abgerundet wird durch ein auf einer immer wiederkehrenden Baßfigur aufgebautes Finale, das, gegen Schluß, immer deutlichere Anklänge an das Thema bringt, bis endlich der Choral selbst wieder einsetzt. Brahms' lebhafter und origineller Sinn für Klangeffekte tritt in der ganzen Komposition hervor und zeichnet sich im Andante und Finale besonders durch die eigentümliche und wirkungsvolle Verwendung des Kontrafagotts aus.

Die Variationen wurden von der dicht gedrängten Menge der Zuhörer sowie von der Presse warm aufgenommen und deren Schönheit und Vollkommenheit dankbar anerkannt; wenn auch nicht ohne eine gewisse Enttäuschung darüber, daß gerade Brahms, der doch gegenwärtig im Reich der Musik für Haus und Konzertsaal das Szepter führte, sich behutsam von allen höheren symphonischen Aufgaben fernhielt, obwohl gerade er das Zeug dafür haben sollte. Brahms aber war sich der gigantischen Schwierigkeit wohl bewußt, die für ihn in der Aufgabe lag, eine Symphonie zu schreiben, die erfolgreich die Feuerprobe jenes Vergleichs mit den größten Werken ihrer Art bestehen sollte, die duch seine Überlegenheit in anderen Formen unvermeidlich geworden war. Die letzte Ursache seines Zögerns und das Unterpfand seines künftigen Sieges sind beide in der Natur seiner künstlerischen Überzeugung begründet, die, indem sie ihn treu an den Traditionen der früheren Meister der Instrumentalmusik festhielt, es ihm unmöglich machte, das Neue durch Kompromisse mit modernen Methoden zu suchen. Brahms zog es vor, zu warten, bis er mit dem allmählichen Wachsen zu voller Reife fühlen würde, daß er auf dem höchsten Gebiete der absoluten Musik nicht nur etwas Eigenes zu sagen habe, sondern auch die Kraft zu dessen Aussprache in seiner eigenen Weise beherrsche. Hätte Brahms über diese zwei Punkte nicht Sicherheit gewonnen, so hätte er keine Symphonie der Öffentlichkeit übergeben, gleichviel ob die Stunden, die er dem praktischen Studium, für Orchester zu schreiben, widmete, zu Monaten oder Jahren wurden. Nachdem er jetzt gewissermaßen ein Lebenszeichen auf diesem Gebiete gegeben hatte, zog er wieder einen Schleier über den Gang seiner künstlerischen Entwicklung. Er erschien vor der Öffentlichkeit im Laufe der nächsten drei Jahre wieder nur auf Gebieten, die er sich schon zu eigen gemacht hatte; enthüllte keine weiteren aufsteigenden Stadien seiner Tätigkeit, bis er endlich siegreich im Angesichte der Welt auf dem Gipfel seiner Höhe stand.

Die Variationen wurden zum zweitenmal am 10. Dezember unter Levi aufgeführt.

Die Saison der »Gesellschaft« wurde unter Brahms' Leitung am 9. November mit Beethovens Ouverture op. 115 und Händels »Alexanderfest« eröffnet. Ein mannigfaltiges Programm hatte das zweite Konzert vom 7. Dezember:

1. *Schubert:*	Ouverture zu »Fierrabras«.
2. *Schubert:*	Arie für Tenor (1821 als Einleitung zu Herolds Oper »Zauberglöckchen« für das Kärnthnertor-Theater in Wien komponiert; unveröffentlicht). Herr Gustav Walter.
3. *Volkmann:*	Konzertstück für Pianoforte und Orchester. Pianoforte: Herr Smetansky.
4. a) *Joh. Rud. Ahle* (1662) b) *J. S. Bach*	Chöre *a capella.*
5. *Bach:*	Kantate: »Nun ist das Heil« für Doppel-Chor, Orchester und Orgel.
6. *Jac. Gallus:*	Chor *a capella: »Ecce quomodo«.*
7. *Beethoven:*	Chor-Phantasie für Pianoforte (Smetansky), Orchester und Chor.

Im Herbst dieses Jahres erschienen, außer den Streichquartetten, die Haydn-Variationen in Ausgabe für zwei Pianofortes (op. 56b) bei Simrock und ein Heft von acht Liedern (op. 59) bei Rieter-Biedermann. Von diesen sind vier auf Texte von Claus Groth gesetzt, darunter »Regenlied« und das liebliche »Dein blaues Auge hält so still«. Die Variationen für Orchester erschienen bei Simrock 1874.

Brahms war zu dieser Zeit ganz vertieft in verschiedenartige Arbeiten.

»Ich bin so enorm beschäftigt und in Anspruch genommen, daß ich meine besten Freunde nur höchst selten und zufällig sehe«,

schrieb er der Verfasserin im Dezember.

Es war ihm jetzt zur Gewohnheit geworden, Einladungen zum Weihnachtsfest abzulehnen und es teils auf dem Weihnachtsmarkt zu verbringen, wo er sich damit beglückte, armen Kindern, die dicht gedrängt vor den verlockenden Buden standen, Weihnachtsgaben zu kaufen; teils zu Hause, wo er sich auf kurze Zeit der um den Christbaum gescharten Familie seiner Hauswirtin zugesellte, sicherlich nicht ohne selbst seinen Anteil zu den Überraschungen des hl. Abends beizutragen.

»Feste verlebe ich immer recht einsam, ganz allein mit wenigen Teuren auf meinem Zimmer und sehr ruhig – wasmaßen die Wenigen ja tot oder fern sind. Wie wohl ist mir dann, wenn ich wollüstig empfinde, wie die Liebe eine Menschenbrust ausfüllt. Ich bin ja abhängig von der Außenwelt; der Wirrwarr, in dem man lebt – ich lache nicht dazu, ich lüge nicht mit –, aber es ist, als ob das Beste sich verschließen könnte und nur der halbe Mensch noch träumend fortginge.«[1]

Seine Weihnachtsgabe an Frau Schumann bestand dieses Jahr in der Handschrift des von ihm komponierten Gedichtes ihres Sohnes Felix: »Meine Liebe ist grün wie der Fliederbusch« . Er selbst erhielt als Neujahrsgeschenk besonderer Art den Maximilian-Orden für Kunst und Wissenschaft, den ihm König Ludwig II. von Bayern verlieh.

Das Jahr 1874 war voll Bewegung und mannigfacher Aufregung für unsern Komponisten. Von Januar an wurde er mit Einladungen bestürmt, seine Werke in Konzerten und bei Festen in Norddeutschland, am Rhein und in der Schweiz zu dirigieren; er nahm viele an und mußte Dietrichs Bitte, auch Oldenburg mit einzuschließen, die er zu Anfang des Frühlings erhielt, verneinend beantworten.

»Lieber Freund!

Es ist mir gar zu leid – aber Du kommst zu spät! Ich habe schon gar soviel versprochen und komme nicht in Eure Gegend!

Hättest Du zeitiger geschrieben, da hätte ich mit Bremen und Hannover usw. es arrangiert, denn zu Euch käme ich *ernstlich* gar zu gern einmal wieder! . . .«

Das dritte Gesellschaftskonzert der Saison (1873–74) fand

1 Litzmann III, S. 273.

am 25. Januar statt. Daß die Aufführungen unter Brahms über alle Kritik erhaben sein würden, war zu dieser Zeit ein beinahe schon vorher gezogener Schluß; und wenn wir des großen Erfolges erwähnen, den Goldmarks »Frühlingshymne« hatte, so brauchen wir dann nur das Programm des Konzerts wiederzugeben:

1.	*Rheinberger:*	Vorspiel zur Oper »Die sieben Raben«.
2.	*Goldmark:*	»Frühlingshymne« (Maibetrachtungen aus dem Schwedischen des Geijer) für Altsolo, Chor und Orchester. (Erste Aufführung unter persönlicher Leitung des Komponisten.)
3.	*Mozart:*	*»Davidde penitente«,* Kantate für Soli, Chor und Orchester.

Wenige Tage später verließ Brahms Wien, um einigen Verpflichtungen in Leipzig nachzukommen; ein Umstand, der an sich schon einigermaßen die raschen Schritte anzeigt, mit denen seine Karriere jüngst vorwärts gegangen war, dem vollen Sonnenlicht des Erfolgs entgegen, das den letzten Teil seines Lebenspfades hell bestrahlte.

Die Beziehungen zwischen Brahms und der Stadt, welche den Glanz ihres Rufes als musikalischer Mittelpunkt dem Einflusse Mendelssohns verdankte, waren zu keiner Zeit wirklich sympathische gewesen. Die Stellung der abwartenden Duldung, die mehr oder weniger von beiden extremen Parteien nach seinem ersten Besuch im Jahre 1853 gegen ihn angenommen wurde, war einerseits die Wirkung von Schumanns Aufsatz, andererseits die des Vertrauens, das die Weimaraner hegten und das Liszt in dem Sinne in Worte faßte, daß die »Neuen Bahnen« ihn eventuell in engen Zusammenhang mit ihnen bringen würden. Allmählig aber wurde es klar, wie irrtümlich der Glaube war, daß der junge Musiker vom Strome der extremen neuen Richtung ergriffen werden würde, während die Originalität seiner musikalischen Gedanken und seiner Art, dieselben auszudrücken, sich mit dem unbeugsamen Konservativismus der Gewandhaus-Tradition dieser Zeit nicht vertrugen. Wenn überdies Grund zu der Annahme vorliegt, daß Mendelssohn selbst, bei aller warmen persönlichen und künstlerischen Freundschaft für Schumann, gewisse Richtungen von dessen Genie mit Mißtrauen betrachtete, so ist die Wahrscheinlichkeit eine noch größere, daß weder Rietz, der die Gewandhauskonzerte von 1848 bis 1860 dirigierte, noch sein Nachfolger Reinecke warme Teilnahme für Brahms Begabung empfanden, und die Voreingenommenheit des Publikums folgte der seiner beglaubigten Führer.

Brahms' Werke wurden zwar gewöhnlich kurz nach ihrem Erscheinen in den Orchester- oder Kammermusikkonzerten des Gewandhauses aufgeführt, aber, außer dem »Triumphlied«, das im besonderen an das vaterländische Gefühl des großen deutschen Volkes appellierte, fanden sie nur kärglichen Anklang bei einem Pulikum, das wenig an die Anstrengung gewöhnt war, dem Ausdruck einer neuen und originellen künstlerischen Persönlichkeit zu folgen. Daß Reinecke durchaus nicht der beste Dirigent für diese Werke war, ging auf natürliche Weise aus der Tatsache hervor, daß er durch Erziehung, Überzeugung und Gewohnheit an einer streng formalen Schule des modernen musikalischen Gedankens hing, und es kann daher niemand überraschen, daß er außerstande war, die tieferen und reicheren Äußerungen von Schumanns jungem Propheten zu verwirklichen. Brahms' Kammermusik wurde ein anderes Schicksal zuteil in den Händen Davids, der in seiner Sympathie für des Komponisten Genie unter den Autoritäten des Gewandhauses fast vereinzelt dastand. Diesen Betrachtungen müssen wir noch hinzufügen, daß nicht nur der Pianist, sondern auch der Komponist Rubinstein, wie wir in einem früheren Kapitel schon gezeigt haben, enthusiastische Anhänger unter dem typischen Leipziger Publikum hatte, die geneigt waren, eines Anderen Anspruch auf Anerkennung, drohte er dem ihres Lieblings gleichzukommen, übel aufzunehmen.

Obgleich aber Brahms tatsächlich keiner Partei angehörte, faßte seine Musik doch in Leipzig – wie fast in jeder anderen Stadt, wo sie gehört wurde – Wurzel: erst unmerklich, dann tiefer und kräftiger und mit jedem Jahr ausgebreiteter. Der Aufmerksamkeit, die Brendels Verein ihr entgegenbrachte, haben wir in diesen Zeilen schon häufig Erwähnung getan; auch von Riedels berühmtem Chor-Verein wurde sie gepflegt.

Von einer gewissen geheimnisvollen Macht, die Brahms Werken innewohnt und ihren Weg früher oder später – und nicht selten früher – trotz ihrer Intellektualität, ihrer Schwierigkeit, ihrer Zurückhaltung zum Herzen bahnt, erhalten wir einen Beweis durch zwei Schwestern, Töchter des Chefs einer Leipziger Verlagsbuchhandlung. Die Fräuleins Wigand lebten nicht in einem ausschließlich musikalischen Kreise, auch waren sie weder mit Brahms noch mit dessen Freunden persönlich bekannt, aber kurz nachdem der Zufall sie in seine Musik eingeführt hatte, etwa um die Mitte der sechziger Jahre, wurde ihnen das Erscheinen eines jeden seiner Werke zum Ereignisse ihres Lebens. »Ihr von Leipzig!« rief Hermann Levi aus, mit dem die Schwestern im Sommer 1871 vorübergehend verkehrten. Erst drei Monate vor des Komponisten Tod traten diese Damen in eine Art persönlicher Beziehung zu ihm. Damals hörten sie von seiner hoffnungslosen Krankheit und beschlossen, sich ihm zu nähern, und im Januar 1897 schrieben sie ihm zum ersten und letzten Mal und vertrauten ihm an, wie sehr sie seine Musik geliebt und daß sie seine Laufbahn stets verfolgt hatten. Niemand, der ihn wirklich kannte, wird an der Freude zweifeln, die dieser Brief dem sterbenden Meister verursacht hat. Als Antwort schickte er seine Photographie mit dem Autograph »Johannes Brahms« und der Inschrift: »Den beiden Schwestern als kleines Zeichen des Dankes für ihren so liebenswürdigen Bericht«.

Von den Leipziger beruflichen Kritikern blieb Bernsdorf von den »Signalen« bis zuletzt unversöhnt mit Brahms' Kunst, aber andererseits beobachtete Dörffel von den »Leipziger Nachrichten« das Erscheinen seiner Werke mit tiefem Interesse und beurteilte sie mit außerordentlicher Teilnahme und mit Scharfsinn. Während der sechziger Jahre existierte keine einflußreiche »Brahms-Gemeinde« im musikalischen Leipzig, keine tätige »Brahms-Propaganda« in den Häusern der wohlhabenden Musikliebhaber. Etwaige gelegentliche Bewunderer, die der Komponist in diesen Kreisen gehabt haben mochte, konnte man in dem Salon der Dame treffen, die dem Leser in einem früheren Kapitel vor ihrer Vermählung mit dem Komponisten Franz von Holstein als Hedwig Salomon vorgestellt wurde. Zu Anfang der Siebziger jedoch gab es dort einige wohlbekannte Einheimische, die die gleiche starke Sympathie für Brahms' Genie miteinander verband. Von diesen wären außer den von Holsteins noch Philipp Spitta besonders zu erwähnen, dessen sich jetzt die ganze musikalische Welt als des Verfassers der berühmten Bach-Biographie erinnert; ferner Alfred Volkland, Edmund Astor von der Firma Rieter-Biedermann, deren Haupt er später wurde, und der hervorragende Komponist Heinrich von Herzogenberg, der sich 1872 in Leipzig niederließ, vier Jahre nach seiner Verheiratung mit Elisabeth von Stockhausen, der Tochter des früheren Hannoverschen Gesandten am Hofe von Wien. Diese Dame, in ungewöhnlicher Weise begabt mit Schönheit, Güte, geistigen und künstlerischen Talenten, sowie häuslichen Tugenden und jeder erdenklichen Anmut und Vollkommenheit, hatte als Mädchen Klavierstunden bei Brahms während eines seiner ersten Besuche in Wien. Sie nahm warmen Anteil an ihres Mannes begeisterter Bewunderung von Brahms' Kunst und allmählich zählten beide zu seinen treuesten Verehrern. Wir müssen hier auch Theodor Kirchner nennen, der sich 1875 in Leipzig niederließ; in dem Jahre also, in dem Spitta einem Ruf nach Berlin folgte.

Diese Umstände zusammengenommen mit der Tatsache, daß das »Deutsche Requiem« im Laufe des vorhergehenden Jahres mehrmals in der sächsischen Stadt gehört worden war, scheinen des Meisters Besuch in Leipzig zu erklären, vor dessen Publikum er nicht mehr erschienen war, seitdem er und Joachim mit der A dur-Serenade, beziehungsweise dem Ungarischen Konzert im Gewandhauskonzert vom 26. November 1860 mitgewirkt hatten. Brahms sollte jetzt bei dem Gewandhaus-Kammermusikabend vom 1. Februar an einer Aufführung seines C moll-Quartetts teilnehmen und seine Händel-Variationen spielen; am 3. Februar eine Aufführung des »Rinaldo« durch den Universitäts-Sängerverein dirigieren, und wiederum im Abonnementskonzert des Gewandhauses am 5. die Haydn-Variationen, drei Ungarische Tänze und die »Rhapsodie« (Solo: Frau Joachim) dirigieren, sowie – mit Reinecke – als Begleiter bei einem Vortrag der »Liebeslieder«, op. 52, mitwirken. Seine Ankunft wurde in Leipzig am 30. Januar durch ein Brahms-Konzert des »Allgemeinen Musik-Vereins« begrüßt, dessen Programm aus dem Horn-Trio, den Schumann-Variationen, op. 23, den »Marienliedern« und mehreren Liedern und Klaviersoli bestand.

Der Augenblick, in dem Brahms, wenigstens auf zwei Gebieten der Tonkunst der anerkannte Nachfolger der größten ihm vorausgegangenen Meister, das Podium des Gewandhauses betrat, muß ihm eine stille Genugtuung gewährt haben, wenn er einen Blick auf jenen Abend zurückwarf, an dem er vor mehr als dreizehn Jahren zum letztenmal im selben Saale aufgetreten war und, nicht zum erstenmal erfolglos, die Zustimmung derselben Zuhörerschaft gesucht hatte. Selbst jetzt aber, obgleich er mit der einem Musiker seines hohen Ranges gebührenden Hochachtung aufgenommen wurde, sollte er nicht die Empfindung genießen, daß er Begeisterung geweckt, ja kaum die, daß er sich die Teilnahme der Anwesenden gesichert habe. Das Gewandhauspublikum, selten demonstrativ, bewahrte ihm gegenüber eine besondere Zurückhaltung und Kühle; es taute erst im Abonnementkonzert vom 5. unter dem Einfluß der »Liebeslieder« und Ungarischen Tänze ein wenig auf. Im Kreise seiner persönlichen Freunde wurde sein Besuch als Fest gefeiert, aber so sehr er die vielen geselligen Versammlungen, die seinetwegen veranstaltet wurden, geschätzt haben mochte, so war er wahrscheinlich froh, nach der warmen Atmosphäre seiner Wiener Umgebung zurückzukehren, wo er trotz einiger feindseliger Reste gewisser Organe der Presse doch festen Fuß gefaßt hatte.

Von den angenehmen Eindrücken, die der Meister von Leipzig mitnahm, war einer der dauerndsten der der Erneuerung seiner früheren oberflächlichen persönlichen Bekanntschaft mit den Herzogenbergs; bei seinem nächsten Besuch in derselben Stadt, drei Jahre später, nahm er deren Gastfreundschaft während der wenigen Tage seines Aufenthaltes an. Das Freundschaftsband, das in dieser Zeit zwischen Gast und Gastgebern angeknüpft wurde, befestigte sich immer mehr im Laufe der Zeit. Brahms nahm die Herzogenbergs in seltenem Grade in sein künstlerisches Vertrauen auf, schloß sie unter die geringe Anzahl von Freunden ein, denen er gewohnheitsgemäß seine Manuskripte vorlegte, sobald sie vollendet waren, und er erwartete mit Ungeduld die Briefe, in denen Frau Elisabeth – die bei ihren übrigen Gaben auch jene eines leichten Briefstils besaß – ihm gewöhnlich über ihre und ihres Mannes erste Eindrücke von seinen Werken Bericht erstattete. Viele Stellen in des Meisters Briefen an diese Freunde gewähren einen rührenden Einblick in seinen konstitutionellen Mangel an Selbstvertrauen und sein Verlangen nach Teilnahme.

»Glauben Sie nur einfach,« schreibt er bei einer Gelegenheit, »daß es wirklich eine höchst angenehme und *nötige* Freude ist, ein recht freundlich zustimmendes Wort über ein neues Stück zu hören.«

Die Haydn-Variationen wurden im Februar oder März in Breslau (zweimal), Aachen und Münster aufgeführt unter den betreffenden Dirigenten der Abonnementkonzerte; am 13. März wirkte der Komponist – aber mit wenig Erfolg – bei der Aufführung eines Brahms-Programms in einem Akademiekonzert in München unter Levi mit, wobei er das neue Werk dirigierte und das Solo des D moll-Konzertes spielte. Trotz Levis fortdauernden Bemühungen blieben die musikalischen Kreise Münchens gleichgültig gegen des Meisters Musik. Die Haydn-Variationen hörte man zum erstenmal in London im Philharmonischen Konzert vom 24. Mai 1875, unter W. G. Cusins.

Die Programme der beiden »außerordentlichen« Konzerte der Wiener »Gesellschaft der Musikfreunde« waren:

Am 2. März:

1. *Schubert:* Kyrie und Credo aus der Messe in B dur. (Ungedruckt – erste Aufführung.)
2. *Schumann:* Musik zu »Manfred«.

Am 31. März: *Händels* »Salomo«.

»Wir können es dem Dirigenten nur danken, daß er dieses Werk aus dem Archiv in die Öffentlichkeit geführt hat; die Aufführung war eine mustergültige,«

sagt einer der Kritiker in seinem Bericht über das Oratorium.

Das letzte Konzert der Saison, am 19. April, bot ein gemischtes Programm:

1. *Haydn:* Symphonie in Es dur.
2. *A. Dietrich:* Konzert für Violine. (Violine: Herr Lauterbach).
3. *J. Brahms:* »Schicksalslied«.
4. *J. Rietz:* Arioso für Violine mit Orgelbegleitung.
5. *J. S. Bach:* Pastorale für Orchester aus dem Weihnachts-Oratorium.
6. *Händel:* Schlußchor des ersten Teils von »Salomo«.

Brahms' Mußezeit wurde im Sommer bedeutend abgekürzt. Von den zahlreichen Verpflichtungen, die er nach Schluß der Wiener Konzertsaison übernahm, mögen drei besonders genannt werden. Er dirigierte das »Triumphlied« im ersten Konzert des Niederrheinischen Musikfestes (Köln, 24. bis 27. Mai), im Jubiläumskonzert des Basler Chorvereins sowie in einem Konzert des Züricher Musikfestes (Juli); und bei allen drei Gelegenheiten wurde das große Werk mit lautem Beifall aufgenommen. Vielleicht dürfen wir mit diesem Jubelgesang die dem Komponisten vom Kaiser Wilhelm I. zwölf Jahre später erwiesene Ehre der Verleihung des preußischen Ordens Pour le mérite insbesondere in Zusammenhang bringen. Im Laufe des Sommers wurde Brahms zum Ehrenmitglied der Berliner Kgl. Akademie der Künste ernannt.

»Brahms wird jetzt so populär,« schreibt Billroth am 2. Juni, daß er leicht ein reicher Mann durch seine Kompositionen werden könnte, wenn er es leichtsinnig damit nehmen wollte. Zum Glück ist das nicht der Fall.«

Das »Triumphlied« wurde in Berlin am 17. Dezember 1874 unter Stockhausen in einem Konzert des »Sternschen Gesangvereins« aufgeführt: unter Levi bei der großen Bismarckfeier in München gegeben und in einem Konzert in St. James' Hall, London, am 2. Dezember 1880, zum Besten des Victoria-Hospitals für Kinder, Chelsea, von Georg Henschel dirigiert, dessen persönliche Bekanntschaft mit dem Meister von dem Rheinfest 1874 datierte.

Das herrliche Werk wird jetzt selten aufgeführt; zum Teil, ohne Zweifel, weil es komponiert war, um eine Reihe besonderer Ereignisse der Geschichte zu feiern; zum Teil wegen der Schwierigkeit, sich eines so großen Chores zu versichern, wie er zur angemessenen Wirkung notwendig ist; zum Teil vielleicht auch wegen der großen Anforderungen, die das Werk an die Aufmerksamkeit der Hörer stellt. Was auch die Ursache sein mag, die Tatsache ist sehr zu bedauern. Man hat das Werk öfter dahin kritisiert, als fehle ihm der Kontrast der Stimmung. Unzweifelhaft ist es von Anfang bis zu Ende eine Hymne leidenschaftlichen Jubels, der kaum innehält von Beginn bis zum Schluß, und der Hörer braucht Zeit und mehrmaliges Anhören, um sich an seinen Glanz zu gewöhnen, bevor er mit Freude folgen kann; aber es ist voll interessanter Züge für den Laien, besonders wenn er sich durch einiges Studium auf das erste Hören desselben vorbereitet. Dem Musiker erscheint es als ein Wunder polyphoner Kunst, obwohl es keine prononzierten harmonischen oder kontrapunktischen Gelehrsamkeiten enthält, die seinem Charakter als patriotischen Gesang Eintrag tun könnten. Es ist buchstäblich »ein Zusammenklang vieler Stimmen, die Halleluja sagen«.

Der Meister wohnte diesen Sommer bei Nidelbad, oberhalb Rüschlikon, am Züricher See. Unter den alten und neuen Bekannten, mit denen er verkehrte, waren Bargheer, Hegar, G. Eberhard, Gottfried Keller, Bernhard Hopfer, Professor und Frau Engelmann aus Utrecht und J. B. Widmann. Brahms lernte Widmann damals bei Hermann Götz kennen und scheint sich gleich zu ihm hingezogen gefühlt zu haben; zum Teil vielleicht, weil der jüngere Mann den Mut seiner Überzeugung hatte und es wagte, ihm bei Meinungsverschiedenheiten zu opponieren. Die während der drei Tage der Züricher Feier fester geknüpfte Bekanntschaft wurde nach und nach zur vertrauten, dauernden Freundschaft, der die musikalische Welt Widmanns wohlbekannte und köstliche »Erinnerungen« verdankt, auf die wir schon früher mehrmals Bezug nahmen.

Hegar erwähnt,[1] daß die Werke, welche Brahms während seines Aufenthaltes in Rüschlikon beschäftigten, die zweite Serie der »Liebeslieder« waren; ferner das Heft »Lieder und Gesänge«, op. 63, und die Quartette für Solostimmen, op. 64, deren erste Nummer, »Heimat«, jedoch von Weihnachten 1862 datiert – den ersten, die der Komponist außerhalb Deutschlands verlebte. Zu oben erwähnter Zeit vollendete er auch das Klavier-Quartett in C moll. Die Gesänge und Quartette erschienen im Herbst bei Peters; die vier Duette für Sopran und Alt, op. 61, und die sieben Lieder für gemischten Chor a cappella, op. 62, etwa um dieselbe Zeit bei Simrock. Die »Neuen Liebeslieder« und das C moll-Quartett für Pianoforte und Streichinstrumente kamen erst 1875 heraus.

Von dieser Zeit an wurde Brahms' Verlagsrecht bei Vollendung jedes neuen Werkes von Simrock in Berlin erworben, mit nur vier Ausnahmen, nämlich: »Nänie«, op. 82; sechs Quartette für Solostimmen, op. 112; dreizehn Kanons, op. 113, welche von Peters in Leipzig erworben wurden; und einem Präludium mit Fuge, das 1881 ohne Opusangabe als Beilage des »Musikalischen Wochenblattes« erschien. Wir werden daher künftig das Erscheinen der Werke angeben, aber nicht mehr den Verleger derselben. Jene Kompositionen, die ursprünglich durch Breitkopf & Härtel von dem Komponisten erworben wurden, verkaufte diese Firma später an Simrock, und sie erscheinen daher in dem vollständigen

1 Steiners »Johannes Brahms«.

veröffentlichten Katalog von Brahms' Werken als Simrocks Verlag.

Die dritte und, wie sich herausstellte, letzte Saison, der Brahms als artistischer Direktor der »Gesellschaft der Musikfreunde« vorstand (1874–75), wurde in gebührender Zeit eröffnet, und bei den zwei vorweihnachtlichen Konzerten wurden die folgenden Werke aufgeführt:

Am 8. November:

1. *Rubinstein:* Ouverture zu der Oper »Dimitri Donskoi«.
2. *Beethoven:* Konzert für Pianoforte in Es dur.
   (Pianoforte: Herr Brahms).
3. *Brahms:* Lieder für gemischten Chor, op. 62, a cappella:
   a) Waldesnacht;
   b) »Dein Herzlein mild«;
   c) »Von alten Liebesliedern«.
4. *Berlioz:* »Harold in Italien«. Symphonie in vier Teilen.

Am 6. Dezember: *Beethovens* Missa solemnis in D dur.

Keines der beiden Konzerte scheint die gewohnte hohe Wassermarke des Erfolges erreicht zu haben. Aus dem ersten Programm waren es die drei Chorlieder, welche den herzlichsten Beifall fanden; an und für sich schon anziehend, wurden sie mit Vollendung wiedergegeben, und es folgte starker Beifall. Von zweifelhafter Klugheit war die Wahl des Pianisten bei diesem Anlaß. Brahms, der wahrscheinlich der Überredung seines Komitees nachgegeben hatte und sich vielleicht bei Wahl eines Konzerts durch den Umstand leiten ließ, daß er Beethovens Es dur-Konzert im Frühling in Bremen gespielt hatte, vernachlässigte, wie wir gesehen haben, seit einigen Jahren das regelmäßige Üben, und es war unvermeidlich, daß sein Vortrag unter dieser Tatsache litt. Berlioz' Symphonie, welche ihren Platz auf dem Programm unseres Meisters umfassenden Begriffen von seiner Pflicht als künstlerischem Direktor eines großen Vereins verdanken mochte, wurde weder mit großem Aplomb aufgeführt noch mit besonderer Gunst angehört, obschon außergewöhnliche Zeit und besondere Mühe auf die Proben verwendet worden waren.

Beethovens am 6. Dezember gegebene große Messe wurde mit gespannter Aufmerksamkeit verfolgt, und diese wurde durch eine gute, obwohl, wenn man Brahms' Anhang in der Presse trauen darf, keineswegs vollkommene Aufführung belohnt.

»Wie verschieden sind die heutigen Tage von denen der vierziger Jahre,« bemerkt einer der Kritiker, »wo manch ein Musikliebhaber aufstand und den Saal verließ vor Beginn eines Werkes von Beethoven.«

Das Streichquartett in A moll wurde zum erstenmal in Wien in Hellmesbergers Konzert vom 3. Dezember aufgeführt, wobei das Andante und Scherzo sehr gefielen.

»Die Streichquartette hörte ich diesen Winter einige Male,« schreibt Billroth im Januar 1875, »wir haben beim vierhändigen Spiel in Karlsruhe alle Tempi viel zu schnell genommen. Brahms will überall sehr gemäßigte Tempi, weil sich diese Musik wegen ihres vielen harmonischen Wechsels sonst nicht entfalten kann ... Beethoven, Schumann, Wagner, Brahms bevorzugen in allen ihren reiferen Werken der letzten Zeit das Andante-Tempo ... Wenn Du aus allem diesen entnehmen wolltest, ich verkehre viel mit Brahms, so irrst Du Dich gewaltig; ich sah ihn diesen Winter erst zweimal ... Doch wir korrespondieren hier miteinander; er hat es gern, wenn ich ihm über seine Sachen schreibe.«

Der Komponist war so vertieft in seine eigenen besonderen Arbeiten, daß er sich weder durch private, noch durch öffentliche Aufforderungen herausreißen ließ: nur zugunsten Bernhard Scholz' Einladung zu einem künstlerischen Besuch in Breslau machte er eine Ausnahme und gönnte sich auch die Gelegenheit, im Januar einen kurzen Besuch Joachims und seiner Frau in Wien mit zu genießen. Sein Verhalten während der nächstfolgenden Monate bietet wenig Material für den Chronisten, und wir brauchen nur über die letzten vier Gesellschafts-Konzerte, welche unter seiner Leitung stattfanden, zu berichten und besonderen Nachdruck auf den Ausbruch stürmischer Begeisterung zu legen, welche auf die Aufführung des »Deutschen Requiems« am 28. Februar 1875 folgte. Die Wiedergabe des Werkes bei dieser Gelegenheit war eine jener seltenen, die das Publikum durch den magnetischen Einfluß der Musik ganz in ihren Zauber bannen. In geheimnisvoller Weise brachte sie gewissermaßen den plötzlichen Strahl der Offenbarung. Die ganze Zuhörerschaft verstand Brahms sozusagen an jenem Tag, und das meiste, was noch zu erobern war und es, was die Wiener musikalische Gesinnung betraf, wert war, erobert zu werden, wurde gefesselt. Die am Schlusse des großen Werkes erfolgte und durch ihren Gegensatz zu der Aufnahme der ersten drei Sätze 1867 merkwürdige phänomenale Demonstration, an der sich Musiker aller Schulen beteiligten – Wagnerianer nicht ausgenommen –, war dadurch um so auffälliger, daß Wagner einige Tage vorher einzelnes aus dem »Ring« im selben Saal dirigiert und eine ähnliche Ovation erlebt hatte.

10. Januar 1875:

1. *Mendelssohn:*	Ouverture z. Op. »Die Hochzeit des Camacho«.
2. *Joachim:*	Ungarisches Konzert. (Violine: Herr Joachim).
3. *Brahms:*	»Rhapsodie«. (Solo: Frau Joachim).
4. *Schumann:*	Phantasie für Violine und Orchester. (Herr Joachim.)
5. *J. S. Bach:*	Pfingstkantate: »O ewiges Feuer« für Soli, Chor, Orchester und Orgel.

28. Februar:

1. *J. S. Bach:*	Präludium für Orgel in Es dur. (Für Orchester bearbeitet von Bernhard Scholz.)
2. *Mozart:*	Arie aus »Davidde penitente«.
3. *Brahms:*	»Ein deutsches Requiem«.

Karfreitag, den 23. März:

J. S. Bach:	Die Matthäus-Passion.

18. April:

Max Bruch:	Szenen aus »Odysseus«.

Am Schluß der Saison legte Brahms den Taktstock nieder, um Platz zu machen für die Rückkehr Herbecks, dessen frühere Dienste den Verein zu Dankbarkeit verpflichteten, und der, außerstande, die mancherlei Unannehmlichkeiten zu ertragen, welche sein Kapellmeisterposten an der Hofoper mit sich brachte, von diesem zurücktrat. Brahms blieb mit der »Gesellschaft der Musikfreunde« als ein Mitglied ihres Komitees in Fühlung, nahm großes Interesse an den Beratungen und beeinflußte die Konzertprogramme und die Ernennung der Professoren am Konservatorium. Jedes neue Jahr erhöhte die warme Hochachtung, mit der er persönlich betrachtet wurde, und die Ehrerbietung, welche seinem Urteil von den Vereinsmitgliedern gezollt wurde, die alle auf ihre Verbindung mit ihm stolz waren.

Nach einem Besuch bei Dessoff, der sich jüngst in Karlsruhe

niedergelassen, nahm Brahms an dem Niederrheinischen Musikfest teil. Im Mai schrieb er an seine Stiefmutter:

»Liebe Mutter!

In Eile will ich mitteilen, daß ich ganz reizend in Ziegelhausen bei Heidelberg wohne. Auch danke ich jetzt nachträglich für die S . . ., die Du mir gestrickt. Wien verlasse ich aber nicht, ich habe nur meine Stellung aufgegeben. Du kennst die Verhältnisse nicht und da wäre es zu weitläufig, daß ich Dir erzählte, warum. Deshalb bleibe ich aber doch da – und ebenso gern. Nun schreibe mir aber ja, wenn Du Geld nötig hast, jetzt und hernach, wenn die Badreise losgeht!

Herzlich

Dein Johannes.

Ich muß Dir doch auch sagen, daß sich so oft die Leute über meine gestrickte S . . . wundern und daß so gut für mich gesorgt wird!«[1]

»Brahms hatte für seine Konzerte sehr interessante Programme. Leider haben wir ihn und Dessoff als Dirigenten verloren. Beide sind herausgedrängt und beide durch Herbeck herausgedrängt«, schreibt Billroth im Monate Juni.

Brahms lud Dietrich ein, ihn in Ziegelhausen zu besuchen:

»Ich sah seine neuen Arbeiten, doch weiß ich mich nicht mehr ganz genau zu erinnern, welche es waren,« sagt Dietrich in seinen »Erinnerungen«.

Wir können mit Sicherheit vermuten, daß sich darunter die erste Symphonie befand, auf deren Vollendung Brahms zu dieser Zeit seine Aufmerksamkeit zum großen Teil richtete. Das B dur-Streichquartett machte auch Fortschritte, und möglicherweise hat der Komponist Dietrich aus Entwürfen für die zweite Symphonie vorgespielt.

Es war im Laufe dieses Jahres, daß Brahms einwilligte, Mitglied der musikalischen Abteilung einer Kommission zu werden, die gewisse jährliche Summen gewährt, welche von der österreichischen Regierung an unbemittelte Künstler, die vielversprechende Sachen komponiert haben, ausgezahlt werden. Drei Mitglieder, vom Unterrichtsminister für je eine der drei Sektionen – Poesie, Musik und bildende Künste – ernannt, müssen die Bittgesuche und die eingesandten Arbeiten prüfen und das Urteil untereinander abmachen. Der Fonds wurde im Jahre 1863 gegründet und die ersten Schiedsrichter waren Hanslick, Herbeck und Esser. Brahms sollte nun Esser ersetzen und etwas später folgte Goldmark auf Herbeck. Die Kompositionen wurden zuerst an

1 Reimanns »Johannes Brahms«, S. 117.

Hanslick geschickt, der gewöhnlich eine Auswahl traf, die er Brahms zur Durchsicht vorlegte, jene zurückbehaltend, welche den erforderlichen Bedingungen nicht entsprachen oder hoffnungslos schlecht waren. In der »Neuen freien Presse« vom 29. Juni 1897 veröffentlichte Hanslick einige bei dieser Gelegenheit von Brahms erhaltene Mitteilungen, deren erste, vom September 1875 datiert, folgendermaßen lautet:

»Lieber Freund!

Gewöhnlich sind Sendungen wie Deine letzte derartiges Gestrüpp, daß ein vorläufiger, freundlicher Wegweiser wie der Deine höchst angenehm und nötig ist. Diesmal ist's nun doch nicht so schlimm und, wie mir scheint, ziemlich einfach. Dvořak und Reinhold verdienen durch ihre Leistungen durchaus das Zugedachte. Bei Lachner (blind) kommt höchst berechtigte Teilnahme dazu. M. verdient wohl, daß man ihm einstweilen das Stipendium ermöglicht – ich meine, er müßte im nächsten Jahre sich das Geld noch sicherer holen. Von Übrigen erscheint mir einzig N. N. des Stipendiums so unwürdig, wie es in dem Fall unnütz ausgegeben sein möchte. Sieh' doch noch einmal seine kleine und seine große Sünde an. Sie sind das Unmusikalischeste im Paket. Wehe, wenn er noch mehr ›fortschreitet‹! Jedenfalls müßte er das Geld doch für Unterricht und nicht für ein *Libretto* wünschen und verwenden!«

Das Quartett in C moll für Klavier und Streichinstrumente, welches im Herbst erschien, wurde in Hellmesbergers Konzert vom 18. November von Brahms, Hellmesberger, Bachrich und Popper gespielt; in Hamburg am 3. Januar 1876 von Levin, Boie, Schmall und Lee.

Diese Komposition muß, wie der Leser weiß,[1] mit mehr als einer Periode von Brahms' Tätigkeit in Zusammenhang gebracht werden und kann kaum als charakteristisches Werk für irgendeine derselben gelten. Dem Datum der Herausgabe nach steht sie halbwegs zwischen seinen zwei großen Serien von Meisterwerken für Pianoforte und Streichinstrumente, und wenn sie zu einer der beiden gerechnet werden soll, muß es unstreitig zu der der sechziger Jahre sein. Innere sowohl wie äußere Gründe lassen jedoch wenig Zweifel übrig, daß sie auf eine noch frühere Periode zurückdeutet. Dem Meister der Siebziger ist es soweit gelungen, das Werk seiner frühen Jugend umzugestalten, daß er der Welt in dem Quartett eine interessante und im Ganzen klare Darstellung mancher edler Gedanken geschenkt hat; schwerlich kann man sagen,

1 Siehe Bd. II, S. 79 und 149.

daß er dessen Umwandlung in ein homogenes oder spontanes Kunstwerk bewirkt hat. Kalbeck erwähnt, daß Brahms den dritten und vierten Satz mit dem Datum 1873–74 bezeichnet habe. Dieses bezieht sich aber gewiß nur auf die Zeit der letzten Vollendung. Der zweite Satz (das Scherzo), der unzweifelhaft der Periode der Klaviersonate, op. 1, angehört, ist durchaus charakteristisch für den Komponisten jener Zeit. Der erste und dritte Satz bezeichnen eine Übergangsepoche. Der Charakter der Gedanken des Eingangs-Allegro mit seinem eindringlichen, tiefernsten Hauptthema und der des Andante mit seinen langhaltenden melodischen Perioden scheint schon die Kraft zu prophezeien, die, in anderer Art geäußert, in den früher gedruckten Schwesterwerken in G moll und A dur erreicht war. Von dem Finale muß gesagt werden, daß es seinen Themen an Anziehungskraft fehlt und daß deren Behandlung eine ziemlich mechanische ist. Mir müssen annehmen, daß des Komponisten Gartenschere im Laufe der einander folgenden Revisionen des Werkes frei gebraucht wurde; vielleicht nicht nur, um das Werk abzukürzen, sondern um die Partitur gleichsam zu lichten. Dem Umstande, daß es weder so üppig in Einzelheiten ist, noch so reich in der Instrumentierung wie die beiden andern Klavierquartette, verdankt das in C moll vielleicht den einen Vorteil unter den drei Werken, daß es bei erstmaligem Hören am leichtesten verständlich ist. Es muß jedoch, nach der Meinung der Verfasserin, als vollendetes Kunstwerk entschieden auf eine tiefere Stufe gestellt werden, als seine erhabenen Gefährten.

Die relative Beliebtheit, welche während Brahms' Lebenszeit von den drei Klavierquartetten in England erreicht wurde, läßt sich am besten nach der Anzahl ihrer Aufführungen bei den Popular Concerts in London bemessen. Das A dur-Quartett, im Januar 1872 eingeführt, wurde bis Oktober 1900 inklusive zehnmal vorgetragen; das in G moll, welches zum erstenmal im Januar 1874 gegeben wurde, erlebte bis März 1900 sechsundzwanzig Aufführungen; das in C moll, im November 1876 zum erstenmal vorgetragen, hörte man erst wieder im Dezember 1893.

Achtzehntes Kapitel

1876–1878

Tournee in Holland – Drittes Streichquartett – C moll-Symphonie – Erste Aufführungen – Verschiedene Eindrücke des Werkes in Wien und Leipzig – Brahms und Widmann in Mannheim – Zweite Symphonie – Abweichende Beurteilung derselben in Wien und Leipzig

Eine Reise nach Holland zu Anfang des Jahres 1876 brachte dem Meister ungeteilte Befriedigung. Er dirigierte die Haydn-Variationen und spielte das D moll-Konzert am 22. Januar in Utrecht vor einer Zuhörerschaft, die ihn warm empfing und ihre Wertschätzung seiner Werke nach besten Kräften an den Tag legte. Laute Beifallskundgebungen folgten jedem Satz des Konzerts und am Schlusse, wo die Begeisterung ihren Höhepunkt erreichte, näherten sich dem Podium zwei junge Damen, von denen eine jede dem Komponisten auf einem Kissen einen Kranz überreichte. – Die Schleifen des einen waren in den österreichischen Farben: schwarz und gelb, die des andern in denjenigen Hollands: rot, weiß und blau. Brahms, nicht immer geneigt, Tribute dieser Art freundlich hinzunehmen, ging bei dieser Gelegenheit völlig auf die glückliche Stimmung ein und zeigte in der Weise, wie er die Huldigung aufnahm, seine Freude an dem reizenden Einfall. Während seines mehrtägigen Aufenthaltes in Utrecht war er der Gast des Ehepaars Professor Engelmann, in dessen Haus er sich sofort heimisch fühlte und seine Zeit zwischen Spaziergängen, plaudern, spielen mit den Kindern, musizieren mit der Hausfrau und Besuchen bei Freunden einteilte. Er war während des ganzen Aufenthaltes bei bester Laune. Nebenbei bemerkt, hatten es Brahms' Freunde, wenn er in geselliger Stimmung war, nicht allzu leicht. Seine Konstitution war so kräftig, sein Geist so tätig, seine Interessen so zahlreich, daß er gern lange aufsaß – auch von den Freunden nichts anderes erwartend –, die Plaudereien bis in die Morgenstunden ausdehnte und nach fünf Stunden Schlafs wieder unermüdet und energisch aufstand, als hätte er das genossen, was andern Leuten als normale Ruhezeit erscheint. Wo immer er weilte, wurde es zur Regel, daß ihm jeden Abend die Mittel bereitgestellt wurden, sich in der Frühe des nächsten Morgens eine Tasse Kaffee zu bereiten, und gewöhnlich kehrte er schon von seinem

Morgenspaziergang zurück, zu der Stunde, wo die übrigen Hausbewohner sich erst zu rühren begannen.

Nachdem Brahms Holland verlassen hatte, nahm er an Konzerten in Münster (Westfalen) – wo er das »Triumphlied« dirigierte –, Mannheim und Wiesbaden als Komponist, Dirigent, Pianist und Begleiter seiner eigenen Lieder teil und spielte sein D moll-Konzert bei jeder dieser Gelegenheiten. Auch in Koblenz trat er auf und trug hier das Klaviersolo von Beethovens Chor-Phantasie und das Konzert von Schumann vor. Georg Henschel, der begabte Komponist, Pianist und Sänger, damals vierundzwanzig Jahre alt, begleitete ihn gegen Ende der Tournee und hat einige interessante Einzelheiten über die Reise veröffentlicht.[1] Begeistert den Verlauf des Münsterschen Konzerts (5. Februar) schildernd, erwähnt Henschel die unverhohlene Freude, mit der Grimm, während er das Konzert dirigierte, den Schönheiten des Werkes lauschte, bei dessen Entstehung er, wie der Leser sich erinnern kann, vor vielen Jahren behilflich gewesen war.

In Mannheim wohnte der Meister bei Ernst Frank, dem genialen Dirigenten der Abonnementkonzerte, in Koblenz bei Geheimrat Wegeler, der Gelegenheit fand, seinen berühmten Gast mit Henschel und Musikdirektor Maszkowski auf eine Inspektionstour nach den berühmten Weinkellern seiner Firma mitzunehmen und sie dann in der Kosthalle bei einem Lunch zu bewirten. »Ja, meine Herren,« bemerkte er feierlich, als die Gäste in beinahe ehrfurchtsvollem Schweigen dasaßen, die Blume eines zum Ende des Mahles aufgesparten seltenen alten Rauentalers einatmend, »was Brahms unter den Komponisten ist, das ist der Rauentaler unter den Weinen.« »Na, dann lassen Sie uns jetzt mal eine Flasche Bach trinken!« rief Brahms.

Das Konzert in Wiesbaden steht noch in lebhafter Erinnerung bei dem jetzigen Landgrafen von Hessen, der – damals noch ein Knabe – einen solchen Eindruck von dem D moll-Konzert empfing, daß dadurch der Grund zu seiner fortdauernden Begeisterung für des Meisters Kunst gelegt wurde. Nach dem Konzert gab die Prinzessin von Hessen-Barchfeld ein heiteres Souper, zu dessen Gelingen die gesellige Laune von Brahms und Henschel

1 »Personal Recollections of Johannes Brahms and Pages from a Journal kept by George Henschel.«

gebührend beitrug. Die musikalischen Ereignisse der Reise fanden am folgenden Tage ihren Abschluß mit einer von der hohen Frau veranstalteten Matinee, bei der Brahms mit den Frankfurter Künstlern, Heermann, Müller und dem Violaspieler ihrer Vereinigung das C moll-Klavierquartett vortrug und Henschels Gesang des schönen »Wie soll ich die Freude«, aus dem Magelone-Zyklus, begleitete. Zum Andenken an den Wiesbadener Besuch schenkte die Prinzessin Brahms eine Schatulle aus Ebenholz, geziert mit silbernem Lorbeerkranz, auf dessen Blättern je ein Name eines seiner Werke graviert war. Der Meister empfing es mit offenbarem Vergnügen und nahm mit heimlichem Schmunzeln wahr, daß die Blätter, die den Namen des großen »Triumphliedes« und des winzigen »Wiegenliedes« trugen, nebeneinander lagen. Brahms und Henschel trennten sich am 28. Februar in Frankfurt, von wo sie, der eine nach Wien, der andere nach Berlin abreisten, – mit dem angenehmen Bewußtsein, daß sich während der engen Kameradschaft auf der Reise die herzliche Bekanntschaft von früher in warme Freundschaft verwandelt hatte.

In keinem der Länder, in denen die wachsende Wertschätzung von Brahms' Genie nicht durch öffentliche persönliche Bekanntschaft angespornt worden war, wie solche die Annahme seiner Werke in Deutschland, Holland und der Schweiz förderte, hatte sich seine Musik seit Beginn der siebziger Jahre so rasch in die Herzen der Musikliebhaber eingelebt, wie in Großbritannien. Im Jahre 1876 hatte das »Deutsche Requiem«, wenn es auch nicht völlig begriffen wurde, doch auf jeden Fall allgemeine Anerkennung gefunden, als ein Werk von tiefer musikalischer Gelehrsamkeit und erhabener Geistesgröße. Mehrere der damals veröffentlichten Kammerkompositionen, wie das Sextett in B dur, das G moll-Klavierquartett, das Klavierquintett und das A dur-Klavierquartett – um sie in der Ordnung anzuführen, wie sie die damaligen Konzertbesucher anlockten – wurden beinahe populär; und die Bedeutsamkeit vieler Lieder, als zu den schönsten Eingebungen deutscher lyrischer Muse gehörend, wurde anerkannt. Bezeichnend für den Fortschritt musikalischer Empfindung und Meinung in England war das Anerbieten des Ehrendoktor-Diploms, das der Meister 1876 von der Universität Cambridge empfing und das ihm, als ein Zeichen hervorragender ausländischer Wertschätzung seiner Kunst, lebhafte Genugtuung zu geben schien. Die Ehrung bereitwillig annehmend, schrieb er über dieses »schöne Abenteuer« an Hanslick, der sofort in der »Neuen freien Presse« darüber berichtete, und am 18. Mai, dem Tag, der in Cambridge seit undenklichen Zeiten für derlei Funktionen festgesetzt ist, wurde durch Universitäts-Senatsbeschluß der Name des deutschen Komponisten in die kurze Liste der für das Jahr bezeichneten Ehrendoktoren aufgenommen. Aber als Brahms die Annahme mitteilte, hatte er – obschon er privatim doch erfahren, daß seine Anwesenheit in Cambridge bei der Ehrenverleihung notwendig sein würde – keine offizielle Anzeige betreffs dieser Gelegenheit erhalten; man hatte ihn nur eingeladen, die Investitur durch Dirigieren des »Deutschen Requiems« in einem Konzert des Cambridge-Universitäts-Musikvereins zu feiern. Wahrscheinlich hatte er vorausgesetzt, daß in seinem Falle von dem Statut der Universität Abstand genommen würde, welches verbietet, den Doktorgrad »in absentia« zu verleihen; denn es scheint, daß er nie an einen derartigen gewaltsamen Umsturz seiner gewohnten Lebensweise, wie dies ein Besuch Englands gewesen wäre, gedacht hatte. Das Anerbieten der Doktorwürde verfiel nach einem Jahre, aus Mangel an Gelegenheit zu tatsächlicher Verleihung; obschon Brahms, wie wir gleich sehen werden, einen passenden Anlaß benützte, um die dargebotene Ehre gebührend anzuerkennen.

Ein Brief von Brahms an Joachim vom Februar 1876 beweist, daß der Komponist seinen Freund schon vor jener Zeit mit einem beendigten dritten Streichquartett – in B dur – bekannt gemacht und ihm das Manuskript zu seinem alljährlichen Besuch in England halb versprochen hatte. Er zögerte aber mit der Übersendung, und das Werk wurde zum erstenmal von Joachim und dessen Berliner Kunstgenossen am 23. Mai bei Frau Schumann gespielt. Es wurde am 4. Juni in einer Matinee bei Joachims vor einem großen Kreis geladener Zuhörer wiederholt.

Brahms überraschte seine Freunde in Berlin durch seine Ankunft in der zweiten Woche des Juni und blieb einige Tage Frau Schumanns Gast. Am 12. des Monats reiste er nach Saßnitz auf der Insel Rügen, wo er den Rest des Sommers verlebte. Henschel traf ihn dort, laut Verabredung, im Juli, und es ist erfreulich zu beobachten, welche geistige Frische der Meister aus dem Beisammensein mit dem heiteren, teilnehmenden jungen Künstler schöpfte. Während Henschels zwölftägigem Aufenthalt waren die beiden Musiker von elf Uhr früh, wo Brahms seine Arbeit für den Tag beendet hatte, bis spät in die Nacht unzertrennliche Gefährten. Sie badeten zusammen in der Ostsee und tauchten – auf Brahms' Vorschlag mit weit offenen Augen –, um rote Kiesel oder kleine Münzen, die sie in die See warfen, wieder herauszuholen; speisten zusammen in Henschels Hotel auf dem Fahrnberg; brachten die heißesten Stunden der Juli-Nachmittage in einer großen Hängematte zu, an einer schattigen Stelle von Musik, Poesie, Wagner, Freundschaft und der Menschheit im allgemeinen plaudernd; machten wundervolle Spaziergänge weit ins Heideland; rasteten ab und zu, um eine Zigarette zu rauchen und der tiefen, sie umgebenden Stille zu lauschen, die nur durch den unheimlichen Ruf des Ochsenfrosches unterbrochen wurde, welcher die Moorlandpfützen bewohnt; sie musizierten sogar im Salon des Fahrnberg am letzten Nachmittag von Henschels Aufenthalt und lockten mit Liedern von Beethoven, Schubert und Brahms ein ungeladenes Publikum heran. Der folgende Morgen war wild und stürmisch; trotzdem begleitete der Meister seinen jungen Freund in der Postkutsche einige Meilen weit auf seiner Rückfahrt, und als er ausstieg, verfolgte Henschel im fortrollenden Wagen die verschwindende Gestalt und nahm als letzten Eindruck von Rügen die Erinnerung an ein Bild mit, das ganz »Moor und Wolken und – Brahms war«.

Das B dur-Quartett wurde zum Druck durchgesehen und noch vor des Meisters Abreise von Saßnitz Professor Engelmann, dem es gewidmet ist, angekündigt. Es wurde kurz vor dem Erscheinen im Joachim-Quartettabend vom 30. Oktober in Berlin aufgeführt, und aus der gedruckten Ausgabe zum erstenmal in einem Hellmesberger-Konzert vom 30. November in Wien gespielt. Die im vorigen Kapitel über Brahms' Kammermusikwerke für Streichinstrumente gebotenen allgemeinen Bemerkungen finden auch Anwendung auf das B dur-Quartett. Von seinen charakteristischen Zügen können wir die Fröhlichkeit des ersten Satzes erwähnen und das zauberhaft phantastische Pathos des dritten, den eine besondere Wechselbeziehung zwischen Viola und erster Violine durchzieht. Im Schlußsatz, dem einfach vornehmen Thema mit Variationen, haben wir ein knappes, aber schönes Beispiel von des Komponisten Gewandtheit in dieser Form.

Das Streichquartett in B dur war das erste der drei von Brahms komponierten, das in den Popular Concerts in London gehört wurde. Es wurde Montag, den 19. Februar, und Samstag, den 3. März 1877, von Joachim, Ries, Straus und Piatti vorgetragen; dasjenige in A moll wurde am Montag, den 31. Oktober 1881, von Straus, Ries, Zerbini und Piatti gespielt und das in C moll am Montag, den 7. Dezember 1885 von Madame Norman-Neruda, Ries, Straus und Franz Neruda. Diese (op. 51 Nr. 1 und 2) wurden nicht sofort wiederholt.

Brahms verlebte den Herbst in Baden-Baden, beschäftigt mit Vorbereitungen für das große Ereignis in seiner Laufbahn für dieses Jahr – die Produktion der lang erwarteten Symphonie. Wie im Falle des »Schicksalsliedes« und des vollendeten »Triumphliedes« wählte der Komponist Karlsruhe zur erstmaligen Aufführung, vielleicht um sie zu eigener Befriedigung vor einem verhältnismäßig geschlossenen kleineren Publikum zu prüfen, bevor er sie der Feuerprobe der Aufführung in einem der großen Mittelpunkte des Kontinents unterwarf. Das Karlsruher musikalische Leben hatte durch den Abgang Levis 1872 schwer gelitten und erst seit Dessoffs Ernennung zum Hofkapellmeister, nach Niederlegung seiner Stellung in Wien 1875, begann die Stadt wieder ihr früheres Ansehen zu gewinnen. Die Aufführung von Brahms' erster Symphonie aus dem Manuskript am 4. November 1876 durch das großherzogliche Orchester unter Dessoff und in Gegenwart des Komponisten war ein musikalisches Ereignis, das Erinnerungen an die glanzvolle Vergangenheit weckte und den künstlerischen Überlieferungen der kleinen Residenzstadt eine neue und dauernde Auszeichnung hinzufügte.

Das Werk wurde in Mannheim am 7. und in München am 15. des Monats aufgeführt, beidemal unter Leitung des Komponisten.

»Die Aufführung der Symphonie [in München] war ganz vortrefflich,« schrieb Levi an Frau Schumann; »auch als Dirigenten habe ich Brahms wieder bewundert und in den Proben manches von ihm gelernt.«

Vier weitere Aufführungen aus dem Manuskript folgten rasch aufeinander: am 17. Dezember in Wien (Gesellschaft), am 18. Januar 1877 in Leipzig, am 23. Januar 1877 in Breslau – jedesmal unter Leitung des Komponisten – und am 8. März 1877 in Cambridge unter Joachim.

Die Symphonie in C moll, deren Erscheinen die Periode von Brahms' erfolgreicher Tätigkeit auf dem höchsten Gebiete der Instrumentalmusik bezeichnet, dem letzten, das ihm zu erobern noch blieb, ist bemerkenswert, erstens weil sie eigentlich nicht neben die Werke gleicher Form der beiden Komponisten gestellt werden kann, welche, um chronologisch zu sprechen, Brahms' unmittelbare Vorgänger waren. Durch ihre Ausführung wie durch ihr Ziel ist sie als unmittelbare Nachfolgerin der Beethovenschen Symphonien zu betrachten, im selben Sinn, wie letztere direkte Abkömmlinge jener Mozarts und Haydns waren; und sie berechtigt Brahms, auf ihrem eigenen Gebiet, als Erbe par excellence eines jeden und aller dieser Meister betrachtet zu werden. Dies allein wäre schon viel. Noch wichtiger aber ist die Tatsache, daß unser Komponist es verstanden hat, auf die von Haydn, Mozart und Beethoven ererbte Symphonieform den von ihm sich zu eigen gemachten Riesenvorrat der Gelehrsamkeit und Hilfsquellen Bachs auf solche Weise zu pfropfen, daß er sie vom Keim zum Gipfel wieder belebt und zum fügsamen Werkzeug gemacht hat, nicht um das schon Geschaffene nachzuahmen, wohl aber um dem »höchsten Ideal seiner eigenen Zeit« musikalischen Ausdruck zu verleihen.[1] Wenige, die mit lebendigen Sinnen einer entsprechend guten Aufführung der C moll-Symphonie lauschen, können bezweifeln, daß, während sie in der äußeren Form und ihrem Gefüge zugleich als Inbegriff und als Endresultat der vergangenen Geschichte klassischer Instrumentalmusik betrachtet werden kann, sie in ihrem Geiste die eigene Zeit darstellt und vertritt, ja sogar der Zukunft vorgreift; daß sie nicht nur die Seele des Musikers, des Philosophen, des Dichters widerspiegelt, sondern die Seherkraft des Propheten andeutet. Diese Tatsache ist es – d. h. für jene, welche sie als solche betrachten –, welche Brahms' erster Symphonie die höchste Wichtigkeit verleiht und Bülows bekanntem Denkspruch, dem Ausspruch »von den drei B«: Bach, Beethoven und Brahms, eine wirkliche Bedeutung gibt.

Die schrillen Dissonanzfolgen des Einleitungssatzes versetzen den Hörer sofort in die Atmosphäre der ernsten Größe, der Leidenschaft, des Mysteriums, die nicht dieses oder jenes Menschenleben, sondern das Dasein selbst umgibt, wie es der

1 Vgl. Schumanns Essay: »Neue Bahnen«.

menschliche Verstand als solches begreift; und das Allegro, zu dem er führt, scheint der Verfasserin eine so nahe Analogie mit den Naturprozessen zu bieten, als sie die Kunst überhaupt zu erreichen vermag: aufgebaut – das erste und zweite Thema und deren Bearbeitung – aus wenigen Noten, aus dem, was ein Wiener Kritiker »bloße Zweige thematischen Materials« nennt; aus Keimen, die erschaffen und umgeschaffen, geformt und umgeformt werden und sich zu einem großen organischen Ganzen entwikkeln, von edler, lebendiger Melodie beseelt. Das feierlich inbrünstige Andante sostenuto, das anmutig unschuldige Allegretto mit dem angemessen kontrastierenden Trio bieten dem Geiste die Erfrischung des Stimmungswechsels nach der stürmischen Pracht des ersten Satzes; aber der Ton der Tragödie wird bei den ersten Klängen des wundervollen Adagios wieder aufgenommen, das dem Allegro des vierten Satzes vorhergeht und ihn bereits wesentlich in sich enthält. Hier wächst durch etwa achtundzwanzig Takte die Spannung des Gefühls, bis es endlich scheint, als hinge das Schicksal selbst in der Schwebe; dann, mit der Auflösung einer chromatischen Dissonanz, schlägt das Horn in dem Quartsext-Akkord der Tonika die unerwartete große Terz an und, seinen seltsam leidenschaftlichen Ruf festhaltend, zerstreut es allmählich die Nebel des Zweifels und des Bangens, die den Hörer befangen hielten, und führt ihn hinauf zur erhabenen Freude, die das letzte Allegro durchflutet.

»Der letzte Satz Deiner C moll-Symphonie,« schrieb Billroth 1890 an Brahms, vierzehn Jahre nach ihrer ersten Aufführung, »hat mich neulich wieder fürchterlich aufgeregt. Was nützt die vollendete Schönheit des Hauptmotivs in seiner thematisch geschlossenen Form. Zuletzt kommt doch wieder das Horn mit seinem schwärmerischen Sehnsuchtsschrei, wie in der Einleitung, und Alles zittert in Sehnsucht, Wonne und übersinnlicher Sinnlichkeit und Seligkeit.«

Diese Worte wurden nicht von einem phantastischen Träumer geschrieben, sondern von einem hochbedeutenden praktischen Chirurgen und einem der beschäftigsten Männer seiner Zeit, und indem er sie gebrauchte, machte er keine bloße rhetorische Phrase. Die Einbildungskraft, die aus Brahms' erster Symphonie spricht, ist in ihrer Art mit jener der frühen Sonate in f moll verwandt, obschon sie in dem späteren Werk mit Hilfe von mehr als zwanzigjährigen Studien und Erfahrungen ausgedrückt ist. Es ist die eines Sehers, und sie scheint bei der Stelle, auf die Billroth anspielt, in einer Exstase des Wunders und der Freude zu kulminieren. Brahms erhob sich in dieser ersten Symphonie unzweifelhaft zur vollen Höhe seines Genies, und sie bleibt unübertroffen an Ausarbeitung und gleichbleibender Erhabenheit der Gedanken sowie in bezug auf die Größe der Empfindungen, die sie wachruft.

Es versteht sich von selbst, daß der Wert und die Mängel des Werkes zwischen den Anhängern und Gegnern der Kunst des Komponisten zum Gegenstand heißen Kampfes wurden, dessen Einzelheiten den heutigen Leser schwerlich interessieren dürften. Indem wir über den ersten Eindruck, den die Symphonie machte, kurzen Bericht erstatten, werden wir nur jene Kritiken wiedergeben, die – an und für sich nicht ohne Wert – in aufrichtigem Geiste geschrieben zu sein scheinen und den Einfluß von Parteigeist nicht beleidigend verraten. Der Ruf, der sich an Hanslicks Namen knüpft, und das Gemäßigte seiner Schreibweise scheinen es nötig zu machen, etwas von seinem Bericht mit aufzunehmen, obschon er, seiner eigenen Versicherung nach, ein standhafter Bewunderer Brahmsscher Musik war und wenig Gefallen an der neudeutschen Schule fand. Um das Gleichgewicht herzustellen, werden wir einige Sätze aus der »Wiener Zeitung« wiedergeben, einer Zeitschrift, bei der, wie der Leser sich erinnern wird, kein Verdacht bestehen kann, daß sie des Meisters Werke mit übermäßiger Herzlichkeit behandelte. Zum Besten jener Leser, die mit Brahms' großen Werken nicht vertraut sind, ist es nötig zu erklären, daß der Bezug auf Beethovens »neunte Symphonie«, der in einigen Kritiken vorkommt, seine Entstehung dem verdankt, was zuweilen als Brahms' absichtliche Anspielung im Hauptthema seines Finales auf Beethovens Komposition von Schillers »Ode an die Freude« im letzten Satz der großen »Neunten« geschildert wird. Die sogenannten Anspielung besteht nicht darin, daß die Melodie des Themas von Brahms der Beethovens gleicht, sondern darin, daß sie in Hymnenform konstruiert und von möglichst einfachen Harmonien begleitet ist. Es ist durchaus kein Zweifel, daß jeder, der Brahms' erste Symphonie hört, sofort beim Eintritt des letzten Allegro an Beethovens Neunte denkt. Diese Assoziation geht mit Schluß des Themas vorüber; Brahms' Satz entwickelt sich auf seine eigene Weise, die jener Beethovens nicht ähnelt.

»Aus diesem Werke,« sagt Hanslick (›Neue freie Presse‹), »wenn nicht schon früher, muß wohl jedem Musiker die enge geistige Verwandtschaft Brahms' mit Beethoven klar geworden sein. In Brahms' neuer Symphonie lebt eine Energie des Willens, eine Logik des musikalischen Gedankens, eine Großartigkeit des Aufbaues und eine kühne Meisterschaft der Technik, wie sie außer Brahms kein lebender Tondichter besitzt. Es wäre ein übler Einfall, über ein so ernstes, schwer faßliches Werk unmittelbar nach der ersten Aufführung urteilen zu wollen. Diese Musik mag verschiedenen Zuhörern mehr oder minder klar, mehr oder minder sympathisch geklungen haben; das Eine läßt sich, glauben wir, als eine einfache, von Freund und Feind anzuerkennende Tatsache aussprechen, daß bisher kein Komponist den größten Schöpfungen Beethovens so nahe gekommen ist, wie Brahms in dem Finale seiner C moll-Symphonie.«

». . . Brahms war eine bedeutende, mit dem höchsten Ernste zu behandelnde Erscheinung, lange bevor er die Symphonie schrieb,« lesen wir in der ›Wiener Zeitung‹; »nach unserer Meinung bleibt seine Stellung gerade wie sie war. Der starke, sittliche Ernst, die Tiefe der Welt-, die Keuschheit der Lebensauffassung und die gedankenschwere Art, welche Brahms stets die Achtung der Edlen eintrugen und ihm die Gunst der Massen entfremdeten, sie finden sich in diesem Werke wieder. Doch nicht minder finden sich die Schatten, die sich solchem Lichte nur allzugern beigesellen; der Mangel an erwärmender Phantasie, der Abgang sinnlichen Reizes und eine herbe, fast schon der Nüchternheit verwandte Askese. Seine Tonsprache hat weder etwas von ihrem geheimnisvoll abgekehrten Wesen, noch von ihrer knappen Gedrungenheit verloren . . .

So bietet sich denn nichts, wo die Bewunderung ohne beirrenden Vorbehalt ansetzen dürfte bis, mit sicherem Schritte, mit einer starken, stolzen Gangart, die sich in der Art der Majestät Beethovens nähert, das Finale herausschreitet. Nach einer tief elegischen Klage ermannt es sich plötzlich zu einem ungestümen Pizzicato der Streichinstrumente, wie ein Mensch, der sich von wühlender Pein durch Entschluß zu einer Tat befreien will. Beim Eintritt des Chorals beschleicht den Hörer eine helle Empfindung, wie beim Aufgange der Sonne nach leidvoll durchwachter Nacht. Die letzten Nebelstreifen fliehen vor dem einbrechenden Lichte und eine starke, durch und durch gesunde Heiterkeit, der Triumph der wiedergewonnenen Männlichkeit, beschließt den Satz in glorreicher Weise. Hier verschwimmen die Ton- und Dichtkunst unterscheidungslos ineinander und der musikalische Eindruck ist zugleich ein unmittelbar poetischer. Das ist eine echte künstlerische Großtat, deren Wert nur wenig durch die Erwägung beeinträchtigt wird, daß das entscheidende Freudenmotiv mit jenem der neunten Symphonie eine unverkennbare Ähnlichkeit, wie zwischen Sohn und Vater, zeigt. Dieser Satz ist des Mannes, der das ›Deutsche Requiem‹ komponierte, würdig.«

Dörffel, von den »Leipziger Nachrichten«, schrieb:

»Das Interesse aller Anwesenden richtete sich auf die neue Symphonie, welche die großen Erwartungen, mit denen man ihr entgegengesehen hatte, rechtfertigte. Die Wirkung auf die Versammlung war die intensivste, die uns bis jetzt von einer neuen Symphonie vorgekommen ist. Nicht Schumann hat sie zu seiner Zeit so erreicht . . . Die Komposition muß nach dem Maßstab von Beethovens neunter und Schumanns zweiter Symphonie betrachtet und bemessen werden. Was sie in jenen Werken gewollt haben, wollte Brahms in diesem. Um es zu erreichen, geht er gerüstet und kühnen Geistes seinen eigenen Weg. Groß im Anlaufe ist er, wie jene, und hat dieselbe weite Fernsicht wie sie über den umfassenden Bereich geistigmenschlichen Seins . . . Was das unumschränkte Walten der schöpferischen Kraft betrifft, stellen wir den ersten Satz am höchsten. Ihm entspricht das Adagio des zweiten Satzes mit seiner großen Innigkeit und seinem verlangenden Sehnen. Dem dritten Satze hätten wir gern länger gelauscht; er brachte ein Gegengewicht in die Empfindung, brach aber, um sie nach Verhältnis zu nähren, zu zeitig ab. Von dem Finale möchten wir behaupten, daß es der Komponist am längsten mit sich herumgetragen, daß es ihm am meisten zu schaffen gemacht hat. Hier gibt der Komponist seinen eigenen Weg auf und flüchtet zu Beethoven, um neue Kraft, die letzte Kraft zum Vollbringen, zu erlangen. Wir halten jenes Zufluchtnehmen zu Beethoven nicht für zufällig, sondern meinen, der Komponist sei sich dessen wohl bewußt gewesen. Da ist er doch an einen gekommen, dem er nicht Herr werden konnte . . .

Eine lange Pause folgte der Symphonie – nicht lang genug jedoch, um gewissermaßen den gehabten großartigen Eindruck verdauen zu können. Die Lieder und Variationen, welche folgten und welche uns zu einer andern Zeit willkommen gewesen wären, blieben uns gleichgültig, ja belasteten uns mehr als gut war. Man gebe die Symphonie bald wieder, aber möglichst ohne andere Musik, wenigstens ohne andere von Brahms.«[1]

Louis Ehlert sagt von der Symphonie:

»Brahms ist ein weitausspannender, spekulativer Kopf, eine Mischung von dem Musiker der guten alten Zeit, der's vielstimmig in sich klingen hörte, dem schon in seine Wiegendecke ein kontrapunktisches Pentagramm eingestickt war, und dem nach allen Richtungen geistvoll durchgebildeten Manne der modernen Zeit . . . Was seine Musik von der aller Zeitgenossen unterscheidet, ist das geheimnisvolle Hineintragen einer anderen Welt, ihr leises und erschütterndes Pochen an unser Herz . . .

Vielleicht ist der erste Satz der Symphonie der künstlerisch bedeutendste des Werkes. Eine unerbittliche Kausalität, von keinem Trugschlug aufgehalten und nur durch wenige einsame Sterne mit ihrem fernen Licht getröstet, treibt von Takt zu Takt. Am Ein- und Ausgange steht die rätselhafte Sphinx, als riefe sie uns zu: ›Was sich aus mir erhebt, zu Kampf und Leben aufschwingt, sinkt wieder in mich zurück; alles Lebens Anfang und Ende bin ich, das ewig Ungelöste.«

Aus Gesagtem geht hervor, daß, welcher Eindruck auch von der Symphonie bei vertrauter Bekanntschaft abzuleiten wäre, sich bei einer großen, allgemeinen Zuhörerschaft sofortige Begeisterung kaum erwarten ließ – am wenigsten von Brahms selbst; da aber bei den meisten dieser Erstaufführungen Verehrer anwesend waren, die besonders imstande waren, etwas von der Bedeutung des Werkes zu begreifen, sicherten sie ihm gewöhnlich mehr als den einfachen succès d'estime. Die Hörer von München wußten sie am wenigsten zu schätzen. Die von Karlsruhe, Mannheim und

1 Die Variationen für Orchester über Haydns Thema und sechs Lieder von Brahms, von Henschel vorgetragen und vom Komponisten begleitet, bildeten einen Teil des Konzertprogramms.

Breslau waren freundlich. In Wien hatten einige begünstigte Freunde das Vorrecht, im Hause des Herrn Hofpianofortefabrikanten Friedrich Ehrbar einem Privatvortrag der Symphonie von Brahms und Ignaz Brüll – als dessen teilnehmendem Kunstgenossen – aus dem vierhändigen Klavierarrangement des Komponisten zu lauschen; sie besuchten daher das Konzert mit schon teilweise auf das zu Hörende vorbereitetem Geist. In Leipzig machte sich in der gedrängt vollen öffentlichen Generalprobe, die dem Gewandhauskonzert voranging, ein Ton der Begeisterung bemerkbar, der zum Teil der Tatsache zu verdanken war, daß Brahms' Leipziger Anhänger bedeutend verstärkt wurden durch Hinzukommen auswärtiger Freunde, von denen einige schon durch ihre Anwesenheit dem Ereignis Wärme und Ansehen verliehen. Das Empfinden für Brahms' Kunst, welches, wie wir gesehen haben, langsam Fuß gefaßt hatte bei einigen Leipziger Einheimischen, die keiner musikalischen »Partei« angehörten, äußerte sich wohl in freudigerem Eifer, als man sah, daß Frau Schumann, Joachim und Stockhausen gekommen waren, um die Symphonie zu hören; während zur Unterstützung der von Herzogenbergs, von Holsteins, Theodor Kirchner und anderen ansässigen oder doch jüngst ansässig gewordenen Freunden noch Grimms von Münster hinzukamen, Hermann Deiters von Bonn, Professor Engelmann und Frau von Utrecht, Simrock von Berlin und noch mehr hervorragende Gäste. Begeisterung wirkt ansteckend, und schon bei der Probe wurde dem Werke Erfolg gesichert, wiewohl die offiziellen Gönner des Gewandhauses nicht allzu eifrig dabei halfen.

»Eine förmliche Brahms-Partei-Versammlung war organisiert,« sagt Bernsdorff in den ›Signalen‹, damals wie immer in seine eigene Partei eingewurzelt, »indem den hiesigen Anhängern und Verehrern des Komponisten auch von auswärts her ein ziemlich starkes Kontingent derselben sich zugesellt hatte. Es ist somit selbstverständlich, daß der Konsum in Enthusiasmus ein ganz enormer war und daß namentlich der Erfolg der Symphonie ein in den Annalen des Gewandhauses nur selten vorkommend großer war.«

Nach dem Konzert versammelte sich eine große Gesellschaft von Freunden im Hotel Hauffe. Stockhausen brachte einen Brahms-Toast in origineller Weise aus. »Hab' ich tausendmal geschworen«,[1] sang er plötzlich, aufspringend und sein Glas erhe-

1 Goethes Gedicht »Unüberwindlich«, von Brahms in Musik gesetzt und 1877 als Nr. 5 von op. 72 erschienen.

bend. Wir brauchen kaum zu sagen, daß der Trinkspruch, der durch das Siegesgefühl derer, die dem Triumph des Abends beigewohnt hatten, noch wirkungsvoller wurde, mit dem höchsten Enthusiasmus aufgenommen wurde.

Daß der Meister erfreut und gerührt war über diesen ersten durchschlagenden Erfolg, den er in Leipzig erreicht hatte, seit seinem ersten Auftreten in einem Gewandhaus-Kammermusikkonzert im Dezember 1853, und daß er die angenehmen Nebenumstände seines Besuches voll zu schätzen wußte – er war während dessen zum erstenmal Gast Heinrichs und Elisabeths von Herzogenberg, die von nun an zu seinen intimsten Freunden zählten –, zeigt sich in einem Briefe aus der Zeit:

»Überlegt doch ernstlich mit Leipzig«, schrieb er an Frau Schumann, bald nach seiner Rückkehr nach Wien. »Wenn Du hinzögst, ginge ich doch wohl *auch andere Winter* – ganz entschieden hin!«

Unter den jungen Musikern von Leipzig, für die sich Brahms zu jener Zeit zu interessieren begann, befand sich Julius Röntgen, Sohn des Gewandhaus-Konzertmeisters und in engem Verkehr bei Herzogenbergs stehend; seine Beziehungen zu dem Meister entwickelten sich nach und nach zu herzlicher Freundschaft.

Die siebte Aufführung der Symphonie aus dem Manuskript fand unter besonderen Umständen statt, auf die wir schon Bezug genommen haben. Partitur und Stimmen wurden an Joachim in London geschickt, zur Aufführung in Cambridge, in Anerkennung des Universitätsanerbietens eines Ehrendoktordiploms für Brahms. Das Programm des Konzerts des Universitäts-Musikvereins am 8. März, wo die Symphonie gegeben wurde, lautete wie folgt:

Erster Teil

W. S. Bennett: Ouverture »Die Waldnymphe«.
Beethoven: Konzert für Violine und Orchester.
Violine: Dr. Joachim.
Brahms: »Schicksalslied«.
Bach: Violin-Soli: Dr. Joachim.
Joachim: Elegische Ouverture (zur Erinnerung an H. Kleist).

Zweiter Teil

Brahms: Symphonie in C moll.

Die Symphonie und die elegische Ouverture, die Joachim als Anerkennung für das Anerbieten des Doktorgrades komponiert hatte, welcher ihm von der Universität 1876 geboten und am Nachmittag des 8. März 1877 verliehen wurde, wurden unter seiner Leitung gegeben; der Rest des Programms fand unter der des Vereinsdirigenten C. Villiers Stanford statt.

Das Konzert zog eine große Zuhörerschaft an, unter der sich hervorragende Musiker aus verschiedenen Teilen des Vereinigten Königreichs befanden. Der Eindruck, den die Symphonie machte, war ein tiefer, und da er dem des »Deutschen Requiems« und der großen Kammermusikwerke sowie auch der Lieder folgte, welche – wie wir schon sagten – im Laufe der Jahre ihren Weg zu den Herzen der englischen Musikliebhaber allmählich gefunden hatten, bildete er, wie Stanford meint, »den unvergänglichen Schlußstein zu Brahms' Ruhm unter den Briten.«[1] Das neue Werk wurde nach einigen Wochen in London im Philharmonischen Konzert vom 16. April unter W. G. Cusins aufgeführt.

Wahrscheinlich ließen sich die Wiener Freunde und Bewunderer Brahms' wenig träumen, wie nah' daran sie damals waren, ihren Liebling zu verlieren. Er erhielt im Herbst 1876 eine Aufforderung zu der städtischen Musikdirektorstelle in Düsseldorf, und sie war ihm verlockend genug, um es ihm charakteristischerweise unmöglich zu machen, sich zu einer Ablehnung zu entschließen. Sein längeres Zögern gab den Düsseldorfer Autoritäten jedes Recht, überzeugt zu sein, daß sie sich seiner für die Eröffnung des Jahres 1877 versichert hatten; aber im letzten Augenblick schrieb er: »Ich kann mich nicht dazu entschließen.« Es scheint, als wäre dem Komponisten um die Mitte seiner Laufbahn der Gedanke, sich an die Ausübung bestimmter Pflichten durch die Annahme einer amtlichen Stellung zu binden, selbst außerhalb seiner Lieblingsstädte Hamburg oder Wien, keineswegs abstoßend gewesen. Sein veröffentlichter Briefwechsel zeigt, daß er in den Jahren 1869 und 1870 durch Gerüchte von zu besetzenden Posten in Köln und in Sondershausen angezogen wurde. Seine Weigerung, die Düsseldorfer Stelle anzunehmen, scheint die Frage, ob er in Österreich bleiben würde, endgültig entschieden zu haben; kaum vorübergehend erwog er das Anerbieten der Kantorstelle an der be-

1 Artikel im »New York Outlook«, 25. Juli 1903.

rühmten Thomasschule in Leipzig, das ihm 1879 gemacht wurde. Man hat allerdings gemunkelt, daß er zu einer späteren Zeit eingewilligt haben würde, sich mit einer höheren Klasse für Komposition am Konservatorium der Wiener »Gesellschaft der Musikfreunde« zu verbinden, wenn deren Direktor, Josef Hellmesberger, ihn darum angegangen hätte, sie zu bilden.

Gewisse Vorfälle, die dem Herbst 1877 angehören und die Widmann in seinen »Brahms-Erinnerungen« erzählt, deuten darauf hin, daß bei dem Meister zu dieser Zeit, wo er seine Kräfte auf jedem Gebiet der Musik für den Konzertsaal erfolgreich geprüft hatte, der alte Wunsch wieder rege wurde, sich im Schaffen für die Bühne zu betätigen. Brahms und Widmann trafen sich in Mannheim und hörten daselbst am 30. September Götz' unvollendete Oper »Francesca di Rimini«, die von Frank dirigiert wurde. Im Laufe eines langen tête-à-tête, das nach ihrer Rückkehr von der Aufführung in ihrem Hotel stattfand, erklärte Brahms deutlich seine Ansichten über Opern und Operntexte, »wobei er durchblicken ließ,« sagt Widmann, »daß er, obschon er es eigentlich verschworen habe, sich jemals auf eine Oper einzulassen, doch wohl dazu verführt werden könnte, wenn ihm jemand einen Text so ganz nach seinem Sinne liefern würde.«

Die Anschauungen, die bei dieser Gelegenheit vom Komponisten ausgesprochen wurden, können auf eine ähnliche Stimmung des Geistes zurückgeführt werden, wie wir ihr schon bei seiner Unterredung mit Bulthaupt begegneten. Wiewohl dies seltsam erscheinen mag, so haben seine Ansichten eine Grundverwandtschaft mit jenen, die Wagner dazu führten, die Laufbahn eines musikalisch-dramatischen Reformators einzuschlagen – wenngleich die von Brahms vorgeschlagene Methode nicht nur drastischer war als die von Wagner verfolgte, sondern sogar, wie Widmann bemerkt hat, in der entgegengesetzten Richtung stand zu jener, welche die Entwicklung der von diesem Meister vertretenen modernen Kunst nahm.

»Vor allem schien ihm das Durchkomponieren der ganzen dramatischen Unterlage unnötig, ja schädlich und unkünstlerisch. Nur die Höhenpunkte und diejenigen Stellen der Handlung, bei denen die Musik ihrem Wesen nach wirklich etwas zu sagen finde, sollten in Töne gesetzt werden. So gewinne einerseits der Librettist mehr Raum und Freiheit zur dramatischen Entwicklung des Gegenstandes, andererseits sei auch der Komponist unbehinderter, ganz nur den Intentionen seiner Kunst zu leben, die doch eigentlich am schönsten erfüllt würden, wenn er in einer bestimmten Situation musikalisch schwelgen und z. B. in irgendeinem jubelnden Ensemble sozusagen ganz allein zum Worte kommen könnte.«

Es geht hieraus hervor, daß das Ungereimte, das der eigentlichen Existenz von dem, was wir gewöhnlich unter »Oper« verstehen, wesentlich ist – und das die Oper von dem alten deutschen Singspiel unterscheidet –, von Brahms so stark empfunden wurde, daß es ihm als mit der dramatischen Wahrheit durchaus unverträglich erschien und ihm selbst die dramatische Ausübung seiner Kunst verbot. Die Sache läßt jedoch auch eine andere Erklärung zu.

Es ist klar, daß Brahms, wenn er das Komponieren einer Oper erwägen wollte, durch seinen Platz in der Kunstwelt gezwungen war, das Erreichen der dramatischen Wahrheit in einer andern Richtung zu suchen, als die, in der Wagner mit siegreichem Erfolg vorangegangen war. Jeder Umstand in der Laufbahn beider Männer, und nicht zum geringsten die repräsentierende Stellung, die jeder in seiner Sphäre errungen hatte, schloß für Brahms die Möglichkeit aus, auch nur den Anschein zu wagen, Wagner im eigenen Revier zum Wettstreit herauszufordern. Aber trotz der Worte, die er 1870 schrieb, als die »Meistersinger« in Wien aufgeführt wurden: » . . . In allem andern, was ich versuche, trete ich Vorgängern auf die Hacken, die mich genieren, Wagner würde mich durchaus nicht genieren, mit größter Lust an eine Oper zu gehen«, wäre es schwer zu glauben, daß Brahms zu keiner Zeit sehnende Gedanken nach den durch den Melos[1] gebotenen logischen, zusammenhängenden, reichen Mitteln gerichtet hätte. Niemand kann bezweifeln, daß, wenn Brahms in der Lage gewesen wäre und Lust gehabt hätte, davon Gebrauch zu machen, er sie in seiner eigenen Weise und zu originellen Zwecken und Wirkungen verarbeitet haben würde. Die Geschicklichkeit, mit der er sie zu einer Oper verwandt hätte, ist zum Teil in kleinerem Maße durch die »Rhapsodie« (aus Goethes »Harzreise«) angedeutet, wo sich die Methode der beiden ersten Sätze sehr dem Melos nähert, während das Gebet, bei dem »die Musik ihrem Wesen nach wirklich etwas zu sagen hat«, zur rhythmischen Melodie musikalischer Tradition zurückkehrt. Daß Brahms hohe Achtung vor Wagners Genie hatte, ist genügend bekannt. Obwohl er niemals

1 Siehe Bd. I, Erster Anhang.

einer Bayreuther Vorstellung beiwohnte, hatte er die Musikdramen doch häufig in München gehört, hatte Wagners Partituren erschöpfend studiert und pflegte sich, im Sinne seiner vertrauten Bekanntschaft mit ihnen, »den besten aller Wagnerianer« zu nennen. Eine Anekdote, die Richard Heuberger erzählt,[1] den der Meister von Anfang 1878 eine Zeitlang in freier Weise in der Komposition unterwies, erhellt diese Bemerkungen. Heuberger sagt:

»... Weiter korrigierend, blieb Brahms nicht bei dem Künstlerischen stehen, sondern hielt sogar das Mechanische des Schreibens einer Besprechung wert. Er fand, daß ich nicht Viertel unter Viertel unterschrieben und dadurch die Leichtleserlichkeit geschädigt habe, er empfahl mir, darauf zu achten, die Bogen über Notengruppen ganz genau zu machen ... ›Da sehen Sie hier‹, sagte er, und brachte aus dem Nebenzimmer die von Wagner autographierte Partitur vom ›Tannhäuser‹ und schlug den langen H dur-Satz im zweiten Akt auf: ›Wagner hat da auf *jeder* Linie, auf jeder Seite jedes der fünf ♯ peinlich genau an seine Stelle gesetzt, und das ist trotz aller Präzision flott und flüssig geschrieben. Wenn so jemand so nett schreiben kann, müssen Sie's auch lernen!‹ Er blätterte den ganzen Satz durch und deutete schier vorwurfsvoll auf jedes Kreuz ganz besonders hin. Ich wurde – je mehr sich Brahms in eine Art didaktischen Zornes hineinredete – immer kleinlauter, ganz verstummte ich aber, als Brahms, nach meiner Bemerkung, für allerlei Konfusion, die in den Köpfen von uns jungen Leuten herrsche, sei in erster Linie Wagner verantwortlich zu machen, ... auffuhr, als hätte ihn etwas gestochen ... ›*Unsinn,* der *mißverstandene* Wagner hat es Euch angetan; vom wirklichen Wagner verstehen die nichts, die durch ihn etwa irre werden. Wagner ist einer der klarsten Köpfe, die je auf der Welt waren!«

Daß Brahms wußte, daß der Entschluß, eine Oper zu schreiben, ihn in ein Netz von Schwierigkeiten verstricken würde, die man kurzweg in dem einen Worte »Wagner« zusammenfassen könnte, ist keine bloße Vermutung. Fräulein Anna Ettlinger, eine intime Freundin von Levi und Allgeyer, die Brahms aus Karlsruhe und aus München her wohl kannte, erzählt in einem Artikel über Levi, daß Brahms auf eine Frage, die im Laufe der siebziger Jahre in München an ihn gerichtet wurde, warum er keine Oper geschrieben habe, die Antwort gab: »Neben Wagner ist dies unmöglich.« Wir können billig den Schluß ziehen, daß Brahms in den späteren siebziger Jahren mit dem Gedanken, eine Oper zu

1 »Die Musik«, in dem Artikel, auf den wir in einem früheren Kapitel Bezug nahmen.

komponieren, nur »liebäugelte«, wie Widmann sich selbst ausdrückt, obschon ohne Zweifel mit lebhaftem Bedauern.[1]

Man kann nicht sagen, daß die Stoffe, die Brahms Widmann vorschlug, von glücklicher Wahl waren; doch dürfen diese Angaben nicht zu ernst genommen werden.

»Er empfahl mit die Gozzischen Zauberpossen und Märchenkomödien, unter ihnen besonders ›König Hirsch‹ und ›Der Rabe‹. Daneben interessierte ihn ›Das laute Geheimnis:‹, auch dieses mehr in der theatermäßig fröhlicheren Bearbeitung Gozzis, als in Calderons steiferem Original ... Nachdem ich ›König Hirsch‹ mehrmals aufmerksam gelesen hatte, wurde ich nicht nur von einer gewissen Mutlosigkeit erfaßt, ob es mir jemals gelingen würde, aus dieser grotesken, tollen Zauberposse einen vernünftigen und poetischen Operntext zu machen, sondern auch von der Besorgnis beunruhigt, ob dieses Werk, selbst wenn es in jeder Beziehung gelungen wäre, moderen Menschen im Theater wirklich interessieren könne. ... Manchmal betraf ich mich auf dem Gedanken, man würde in dieser Oper, auch wenn Brahms, wie ja nicht zu bezweifeln war, dazu die schönste, herrlichste Musik geschrieben hätte, nichts wesentlich anderes, als eine Art zweiter ›Zauberflöte‹ erblicken, also eine Rückbildung in der Entwicklung der Oper!«[2]

Um es kurz zu sagen, es entwickelte sich nichts aus dem Gespräch zwischen Brahms und Widmann, und das passende Libretto wurde, wie wir wissen, nie gefunden. Dies ist vielleicht wenig zu bedauern. Nicht weil es dem Komponisten an dem rechten dramatischen Instinkt fehlte, um eine Oper erfolgreich zu komponieren; denn niemand, der ihn einige Zeilen aus einem klassischen Stück zitieren hörte, kann zweifeln, daß er diese Begabung in außerordentlichem Maße besaß, und seine Feinfühligkeit für dramatische Wirkungen wurde oft von jenen besprochen, die ihn ins Theater begleiteten. Aber es ist schwer, sich vorzustellen, daß Brahms sich damit begnügt hätte, Musik zu einem rein komischen Text zu komponieren, oder selbst zu einem, der nicht Elemente des tiefen Pathos enthalten hätte; während doch eine quasikomische Oper, in der Allegorie verborgen lag, sicher nicht dem modernen Geschmack entsprochen hätte, wie Widmann dies bemerkte. Anderseits wären Brahms' konstitutionelle und durch lange Jahre von mannigfaltiger Erfahrung genährte Schüchternheit und Zurückhaltung ein Hindernis der erfolgreichen Vollen-

1 Fräulein Ettlinger teilte der Verfasserin mit, daß sie selbst es war, welche die Frage an den Meister richtete und die Antwort bekam. Betreffs des Artikels über Levi vgl.: Biographisches Jahrbuch und Deutscher Nekrolog, 1902.

2 Widmanns »Brahms-Erinnerungen«, S. 38 ff.

dung einer ernsten Oper in jeder praktischen Anwendung des Wortes gewesen, wenn sie ihm überhaupt gestattet hätten, den Versuch zu wagen. Man findet sie mehr oder weniger nachweisbar in der Libretto-Schwierigkeit vor; in seinem Vorschlag des »König Hirsch«, den er besonders wegen seines Spaßes empfahl, »bei dem der rührende Ernst nie aufhört« – in andern Worten, weil der Ernst mit Scherz verkleidet ist. Es ist schwer, sich vorzustellen, daß der Mann, der gewohnt war, die Zartheit seiner Natur durch humorvolle Reden oder barsches Benehmen zu verschleiern, der sich kein Forschen nach der Möglichkeit etwaiger in ihm schlummernder Leidenschaften gestattete, aus seiner Zurückhaltung hervortreten sollte, um das starke Spiel der Erregung als unmittelbares und Hauptmedium für seine Wirkungen zu gebrauchen. Die Macht der Empfindung, die tief rührende Schönheit, welche des Meisters rein instrumentale Musik beleben, sind von einer geistigen Atmosphäre umgeben und beschützt, die sich beim ersten Anhören seiner größeren Werke bis zur Herbheit zu steigern scheint und eher abstößt als anzieht. Seine Liebeslieder – jene, welche nicht Volkslieder sind – sind größtenteils Träume von einem Ideal, und nicht vom Ideal eines Mannes, der sein inneres Gefühl auf den Bühnenbrettern zur Schau tragen könnte. Nicht nur ein phantastischer Einfall ließ Brahms in einem Brief an Widmann seine beiden Lebensentsagungen, das Komponieren einer Oper und die Heirat, in Zusammenhang bringen. Die Auszüge aus Lieblingsschriftstellern, die Johannes während der ersten fünfziger Jahre in die kleinen Manuskripthefte eintrug, die Kalbeck beschreibt; die Stellen, die sich in »Des jungen Kreislers Schatzkästlein, März 1854« finden, behalten nicht nur für den jungen Musiker von zwanzig Jahren ihre Bedeutung, sondern auch für den Meister von vierzig, fünfzig, sechzig Jahren, und das Zitat aus Friedrich von Sallet könnte wahrscheinlich als die wirkliche Geschichte von Brahms' Innenleben gelten:

»Meist findet man das, was man *Offenheit* nennt, im höchsten Grade just bei den leichtfertigsten und gedankenlosesten Menschen; das, was man *Verschlossenheit* nennt, gerade bei den tiefsten, reichsten und treuesten Gemütern; und wirklich: ich teile mich gern mit und liebe ein volles, freies Ergießen des Gesprächs beim Becherklange; alles, was ich Edles gedacht, sei nicht für *mich,* es sei, womöglich, für die ganze Welt erobert. Aber dennoch gibt's ein *Allerheiligstes* im Gemüt. Was dort im innersten Kern, im Verborgenen prangt, das mag ich nicht hervorheben und im allgemeinen Licht des Tages eitel und kindlich glitzern lassen. Es bleibe da in heiliger Nacht! Selbst meinem Seelenfreunde, sei er der edelste Mann, selbst meiner Geliebten (wenn ich eine hätte) darf ich in dürren Worten nicht Kunde davon geben. Weshalb? Ich könnte einen einzigen schiefen Ausdruck brauchen, der Andere könnte einen einzigen Ausdruck schief fassen, und mein Götterbild, von einem Hohlspiegel reflektiert, würde zur Fratze, entweder gemein und alltäglich, oder gar mißgestaltet und lächerlich . . . Vom Heiligen in uns direkt auseinandersetzend Bericht zu erstatten, ist eine schamlose Entweihung. Hat der Andere ein geistiges Auge, das würdig ist, es zu schauen, so möge er still einen jener seligen Augenblicke erwarten, wo der Wolkenvorhang zerreißt, und ein rascher, fassender Blick ins Innerste des Tempels dem Würdigen gegönnt ist . . ., in solchen Augenblicken wird das hohe Fest der Freundschaft wie der Liebe gefeiert. Ich selbst aber darf in Worten nichts davon offenbaren, außer in der *Dichtung*. Da darf ich es, denn da geschieht es auf eine mir unbegreifliche, göttliche Weise . . .[1]

Wir haben also von nun an nur die unermüdliche Energie zu beachten, mit der Brahms während der folgenden Jahre ein Werk nach dem andern der Liste seiner Kompositionen in allen Zweigen ernster Musik hinzufügte, für den Konzertsaal sowohl wie auch für beschränkte Räume: Lieder, für eine und für mehrere Stimmen, Chorwerke, Kammermusik, Instrumentalsoli mit und ohne Begleitung, Symphonien. Es erschienen im Jahr 1877 die Symphonie und die vier Liederserien op. 69, 70, 71, 72, im ganzen vierundzwanzig Lieder, von denen einige der Texte von Carl Candidus, Carl Lemke, Gottfried Keller usw. sind, und andere Nachahmungen von Volksliedern verschiedener Nationalitäten. Dr. Deiters sagt davon in seinem »Johannes Brahms«:

»Wie uns scheint, hat er sich in diesen letzten Liedern immer entschiedener klassischer Form und reinster Abklärung des Stoffes genähert; mag man herausgreifen, welches man will (wir nennen z. B. ›Der Liebsten Schwur‹ aus op. 69), man wird keinen Anstand nehmen, sie dem Besten zuzuzählen, was es auf diesem Gebiete überhaupt gibt. Wieder werden wir fort und fort auf Fr. Schubert zurückgewiesen, dessen melodischer Reichtum hier wieder aufgelebt ist, während die Konzision des Baues, die bewußte Sicherheit der Gestaltung ihn mehrfach überragt.«

Heuberger gewährt uns einen freundlichen Blick auf Brahms' Mitwirkung bei einer Festaufführung im Dezember 1877, welche der Wiener »Akademische Gesangverein« zu Ehren seines berühmten Ehrenmitglieds Billroth veranstaltete. Von Heuberger aufgefordert, der Dr. Eyrichs Nachfolger als Dirigent des Vereins war, versprach der Meister sogleich, zwei seiner Lieder zu dirigieren: »Ich schell mein Horn« und »Lied vom Herrn

1 »Des jungen Kreislers Schatzkästlein«, Nr. 320. Herausgegeben von Carl Krebs (Verlag der Deutschen Brahms-Gesellschaft).

von Falkenstein«, die Heuberger aus diesem Anlaß für Männerchor arrangierte; und bei Brahms' Erscheinen bei der letzten Probe, um die wohlvorbereiteten Kompositionen durchzugehen, wurde er von einem Orkan des Willkommens von den mehr als zweihundert mitwirkenden Studenten empfangen. Bei der Festaufführung am folgenden Tage

»sang Brahms die Studentenlieder, die er aus seiner Jugendzeit auf's genaueste kannte und liebte, so kräftig mit, als es ihm seine total gebrochene Stimme erlaubte. Wie er mir erzählte, hatte er als Knabe eine sehr schöne Sopranstimme, überanstrengte sie aber in der Mutationszeit, so daß sein Organ später förmlich verkümmerte.«

Bei einer andern Gelegenheit, einer Gesellschaft bei Billroth, wo mehrstimmige Lieder von Brahms und Goldmark gesungen werden sollten, erzählt Heuberger:

»Auf Brahms' Vorschlag hatte ich das Vorstudium zu leiten. Die Proben fanden in den Privatwohnungen der mit Brahms befreundeten Familien Oser usw. statt. Am Tage vor der Aufführung kamen Brahms und Goldmark zur letzten Probe. Der als unwirsch verschriene Brahms dirigierte nun, ohne viel an den von mir eingeübten Nuancen zu ändern, seine ›Marienlieder‹ u. a. W. Der im Privatleben so grundliebenswürdige, als Probenbesucher aber allgemein gefürchtete Goldmark studierte unermüdlich fort und fort.«[1]

Der Herausgabe der ersten Symphonie in c moll von Brahms folgte fast unmittelbar die Produktion einer zweiten in D dur, die der Meister zum Teil im Sommer 1877 während seines Aufenthaltes in Pörtschach am Wörthersee niedergeschrieben und im Herbst in seinem geliebten Lichtenthal vollendet hatte, wo er für kurze Zeit auf dem Lande in »der Seelach« Wohnung nahm. Sie wurde, gleich dem früheren Werke, von Brahms und Brüll vor einem geladenen Kreise bei Ehrbar in des Komponisten Klavierarrangement vierhändig gespielt, wenige Tage vor dem 9. Dezember, wo sie zum ersten Mal in einem Wiener Philharmonischen Konzert aufgeführt werden sollte. Hinderliche Umstände verzögerten dies Ereignis jedoch im letzten Augenblick und das Werk wurde zum ersten Mal öffentlich beim nächstfolgenden Philharmonischen Konzert am 30. Dezember unter Hans Richters Leitung gespielt. Die zweite Aufführung, unter Brahms' Direktion, fand am 10. Januar 1878 im Leipziger Gewandhaus statt.

1 »Die Musik«, Nr. 5 von 1903.

Im Anfang war das Schicksal dieser zweiten Symphonie von eigentümlicher Mannigfaltigkeit und stand in seltsamem Gegensatz zu jenem ihrer Vorgängerin. In Wien, wo die erste mit Zurückhaltung aufgenommen worden war, erreichte die zweite einen sofortigen und durchschlagenden Erfolg. Sie wurde vom Publikum warm aufgenommen und fast von allen Teilen der Presse in Ausdrücken herzlicher Billigung besprochen. Man sagte, »daß sie einen weit freundlicheren Charakter habe« und »eingänglicher« sei, als ihre Vorgängerin. Sie wäre auch darum vorzuziehen, weil »der Komponist diesmal nicht Beethoven in die Schranken fordern wollte«. Der dritte Satz wurde besonders gelobt wegen »seiner originellen Melodie und originellen Rhythmen«. Man mochte das Werk passend die »Wiener Symphonie« nennen, da sie »ein Spiegelbild des frischen, gesunden Lebens, wie es nur in der schönen Donaustadt zu finden ist«, darstellt. Dagegen erlitt das Werk in Leipzig beinahe Fiasko. Man spürte die Nachwirkung vom vorhergehenden Jahr bei dem allgemeinen Applaus, mit dem das Auftreten des Komponisten begrüßt wurde und dem ein dreimaliger Tusch noch Nachdruck verlieh, und die Zuhörerschaft bewahrte die ganze Aufführung hindurch eine Haltung der höflichen Herzlichkeit, zwischen den Sätzen artig applaudierend und den Meister am Ende hervorrufend; aber die Begeisterung persönlicher Freunde sollte diesmal keine rückstrahlende Wärme bei dem großen Publikum hervorrufen, noch konnte sie das allgemeine Bewußtsein dieser Tatsache decken. Die günstigsten Notizen der Presse verdammten das Werk mit schwachem Lob, und Dörffel, den wir hier und überall gern zitieren, weil er allein unter den Leipziger Berufskritikern der Zeit von Brahms' künstlerischer Größe durchdrungen war, zeigte sich ganz ärgerlich vor Enttäuschung.

»Die Wiener«, schrieb er, »zeigen sich viel genügsamer als wir. Wir stellen andere Anforderungen an Brahms und verlangen mehr als ›hübsche‹ und ›sehr hübsche‹ Musik von ihm, wenn er als Symphoniker uns entgegentritt. Nicht, daß wir von ihm kein freundliches Wesen wollten, nicht, daß wir verschmähten, Bilder des realen Lebens uns von ihm vorführen zu lassen – aber genial möchten wir ihn stets vor uns haben, sei's wie es sei, in seiner eigenen Weise oder in Anlehnung an Beethoven. Geniales haben wir in der neuen Symphonie nicht entdeckt und hätten kaum geglaubt, daß sie ein Werk von Brahms sei, wäre sie anonym aufgeführt worden, sondern einfach die große Beherrschung der Form, die äußerst geschickte Handhabung der Darstellungsmittel, kurz, die bedeutende Kraft der Gestaltung, anerkannt; dagegen die Kraft der Erfindung als nicht erheblich bezeichnet, das

Werk im ganzen zwar als beachtenswert, doch nicht als zählend für den Bereich der Symphonie gekennzeichnet.«

Vielleicht waren Dörffels Erwartungen zu fest auf seine Bewunderung der ersten Symphonie gegründet, was ihn veranlassen mochte, es als selbstverständlich anzunehmen, daß sich die erhabenen Stimmungen ihrer Vorgängerin in der zweiten wiederholen würden.

Die beiden Werke sollten jedoch nicht gegeneinander abgewogen, sondern nebeneinander betrachtet werden, weil sie nicht nur verschieden sind voneinander, sondern sich sozusagen gegenseitig ergänzen. Die erste hat etwas von der Natur des Epos, insoweit sie in großem Maßstab erdacht ist und durch drei von ihren vier Sätzen von einer leidenschaftlichen Intensität des Gefühls beherrscht wird, die sich nur der Erhabenheit – im Schmerz sowohl als auch in der Freude – hingibt, und die, nach Bekämpfung des Schmerzes, selbst das Freudenthema noch mit dem Pathos einer vergangenen Tragödie zu berühren scheint. Die zweite Symphonie ist ein Idyll, das hauptsächlich durch den Geist reinen Glückes und sanfter, zarter Anmut belebt wird. Eine zweite Symphonie, die schnell auf die erste gefolgt wäre und die irgendwelchen Versuch gezeigt hätte, mit jenem großen Werke auf gleichem Gebiete zu wetteifern, wäre notwendigerweise zu einem künstlerischen Mißerfolg verurteilt gewesen. Die zweite Symphonie, die der Meister tatsächlich schrieb, war, während sie wohl ein Bedürfnis seines Geistes nach auffrischender Abwechslung befriedigte, die geeignete Folge ihrer Vorgängerin, sowohl in der ruhigen Heiterkeit der Stimmung, als auch durch die klare Melodie des thematischen Materials, in dem diese Stimmung so vollkommen ausgedrückt wird. Jene, die unerbittlich sind in ihren Anforderungen an »Originalität«, können jedoch auf das *»Adagio ma non troppo«* hingewiesen werden, das mit seinen melodischen Phrasen und schönen Klangwirkungen, seinen wechselnden Rhythmen und seinen geheimnisvollen Intentionen selbst dem eingewöhnten Zuhörer Gelegenheit zu angestrengter Aufmerksamkeit bietet und der einzige Satz des Werkes ist, dem weniger Eingeweihte kaum sofort mit ganzer Freude folgen können.

Mittlerweile machte die erste Symphonie schnell ihren Weg durch Europa. Sie wurde mit enormem Erfolg am 11. November 1877 in einem Konzert der königlichen Akademie der Künste in

Berlin von dem Orchester der Musikschule unter Joachim aufgeführt und in sehr mangelhafter Weise am 16. des Monats in einem Philharmonischen Konzert in Hamburg unter von Bernuth gegeben. Auf den ausgesprochenen Wunsch vieler Musiker der Stadt hin wurde der Komponist aufgefordert, eine Wiederholungsaufführung bei dem Hamburger Philharmonischen Konzert am 18. Januar 1878 zu dirigieren, wo das Werk großen Erfolg hatte; und das Resultat der beiden von Brahms dirigierten Aufführungen in Bremen und Utrecht (22. und 26. Januar) war noch glänzender. Die erste Symphonie wurde noch im Laufe desselben Monats in Münster (J. O. Grimm) und in Dresden (F. Wüllner) gespielt; im Februar in Amsterdam (Brahms) und zum zweitenmal in Breslau (Scholz); und im Laufe einiger Saisons machte sie die Runde durch die meisten der musikalischen Städte von Europa und Amerika.

Die Ehre der dritten, vierten und fünften Aufführung der zweiten Symphonie in D dur aus dem Manuskript fiel Holland zu; Brahms dirigierte sein neues Werk in Amsterdam am 4. und 8. Februar und im Haag am 6. Februar und erntete bei jeder dieser Veranstaltungen den lauten Beifall seines Publikums. Nach der Probe in Amsterdam schreibt er an Herzogenbergs:

»Holland ist nun ganz reizend und gefällt mir jedesmal außer der Maßen. Nr. 2 macht den Musikern und andern Leuten aber soviel Spaß, daß sie mir den Aufenthalt nicht verdirbt.«[1]

So genoß Brahms jetzt, im Alter von vierundvierzig Jahren, fast unbeschränkte Anerkennung und einen Erfolg, der nur wenig unter dem Mangel an Begeisterung dieser oder jener Zuhörerschaft leiden konnte. Seine Stellung war um so fester dadurch begründet, daß wenige seiner Werke ihr Publikum im Sturm erobert hatten. In der Mehrzahl waren sie nach und nach fast unmittelbar zu allgemeiner Wertschätzung gelangt, durch die einfache Macht ihres inneren Wertes, von dem nur ein Teilchen auf der Oberfläche zu finden ist. Es ist gewiß wahr, daß Brahms bei dem bescheidenen Antritt seiner öffentlichen Laufbahn mit einem einzigen Streich und für immer die begeisterte Würdigung einiger Fürsten seiner Kunst gewann; aber die Stimme Schumanns, so

1 Es gab keine deutsche Aufführung der zweiten Symphonie nach jener in Leipzig, bis das Werk am 6. März in Dresden gegeben wurde. Hier, sowie einige Tage darauf in München unter Levi, fiel sie vollständig durch.

mächtig sie war, konnte ihm nur nützen und hatte ihm nur genützt, insofern, als sie ihm Gehör verschaffte; die allgemeine Anerkennung lag, der Natur der Dinge nach, außerhalb ihrer Gewalt; und wiewohl Frau Schumann, Joachim und Stockhausen unermüdet von ihrem Einfluß als erste Lieblinge des Publikums Gebrauch machten, um Brahms' Musik den Weg zu bahnen, so konnten selbst sie ihr nicht zündende Begeisterung sichern. Diese mußte sie allmählich gewinnen durch die unabhängigen Mittel der ihr innewohnenden Kraft, durch die Beharrlichkeit ihres Hinweises nicht auf den äußeren Schein, sondern auf die innere Tiefe der Dinge.

Einen bemerkenswerten Zuwachs erfuhr im Laufe des Jahres 1877 die Reihe von Brahms' standhaftesten und einflußreichsten Gönnern in der Person von Hans von Bülow. Wir haben schon auf den Wechsel hingewiesen, der sich zu Anfang der Siebziger in der Haltung dieses begabten, witzigen, launenhaften, unnachgiebigen, treuherzigen Musikers in Bezug auf Brahms' Kunst bemerkbar machte. Das Erscheinen der ersten Symphonie vollendete die Bekehrung, und bald danach begann er eine tatkräftige Propaganda für des Meisters Kunst, der, da sie mit charakteristischer Heftigkeit und Exzentrizität geführt wurde und gerade in dem Augenblick ins Leben trat, wo der große Komponist den Gipfel seines Ruhmes erreichte, öfter eine ganz übertriebene Wichtigkeit zugeschrieben worden ist, betreffs der Wirkung, die sie auf die äußere Entwicklung von Brahms' Laufbahn gehabt hat. Daß von Bülow während der letzten zehn oder zwölf Jahre seiner öffentlichen Tätigkeit seine Kraft zum Teil der Aufgabe weihte, des Meisters Werke gewissen mehr oder weniger gleichgültigen Zuhörerschaften aufzuzwingen, denen er ob ihres Mangels an Interesse ins Gewissen redete, hat wenig mit der Tatsache zu tun, daß Brahms' Platz unter den Unsterblichen mit allgemeiner Zustimmung eigentlich seit den ersten Aufführungen des »Deutschen Requiems« gesichert worden war und daß mit Beginn der Achtziger die Anerkennung seiner Kunst sich über die ganze Welt verbreitet hatte. Bülows neue Anhänglichkeit, die Freundschaften von Bedeutung mit sich bringen sollte, welche von dem Meister wahrhaft gewürdigt und erwidert wurden, war rührend durch ihre Aufrichtigkeit, ist aber für Brahms' Biographen von geringer Wichtigkeit. Es ist jedoch erfreulich, den bereits zitierten Auszügen aus Bülows Schriften noch drei hinzufügen zu können, welche, vom Oktober und November 1877 datiert, den Beginn einer neuen Epoche seiner eigenen Laufbahn und in jener von Brahms den Anfang einer angenehmen und geschätzten persönlichen Intimität bezeichnen. Diese Zitate sind nur als Beispiele von Bülows veränderten Gefühlen aufzufassen und brauchen nicht als Ausdruck der persönlichen Ansichten der Verfasserin unbedingt angenommen zu werden.

»Erst seit meiner Kenntnis der *zehnten Symphonie,* alias der ersten Symphonie von Johannes Brahms, also erst seit sechs Wochen, bin ich so unzugänglich und hart gegen Bruchstücke und dergleichen geworden. Ich nenne sie die *zehnte,* nicht als ob sie nach der *neunten* zu rangieren wäre . . .«

»Ich vermeine . . ., daß Bach, Beethoven und Brahms nicht ohne Verstand des Zufalls miteinander alliterieren.«

»Bei Bach müssen wir immer denken, daß, wenn er Klavierwerke komponierte, die Orgel seine Phantasie beherrschte; bei Beethoven war es das Orchester, und bei Brahms sind es beide.«

Neunzehntes Kapitel

1878–1881

Hamburger Philharmonische Jubiläumsfeier – Violinkonzert; erste Aufführung durch Joachim – Klavierstücke, op. 76 – Sonate für Pianoforte und Violine – Erste Aufführungen – Brahms in Krefeld – Rhapsodien für Klavier – Heubergers Studien bei Brahms – Zweite Schumann-Feier in Bonn – Die beiden Ouverturen – Breslauer Ehrendoktorat.

Mit der schnell wachsenden Anerkennung von Brahms' Kunst, die sich in der zweiten Hälfte der siebziger Jahre in der ganzen musikalischen Welt bemerkbar machte, änderten sich seine äußeren Verhältnisse ebenfalls rasch. Zur Zeit, wo er die zweite Symphonie beendete, waren sie weit verschieden von jenen zwölf Jahre zuvor, wo Geldmangel ihn zwang, das Notenpapier zu dem Manuskript des »Requiems« in kleinen Partien anzukaufen. Er wich nie von der einfachen, täglichen Lebensweise ab, die ihm Natur und Gewohnheit annehmlich gemacht hatten, aber wir finden, daß er zu Anfang des Frühlings 1878 zu der kurzen Liste persönlicher Genüsse einen hinzufügte, der ihm eine Quelle unerschöpflicher Freude werden sollte, den einer Reise nach Italien. Bei seinem ersten Besuch daselbst im April, in Gesellschaft Billroths, hielt er sich in Venedig, Florenz, Rom und Neapel auf, und noch bevor er zurückkehrte, war er ein für allemal dem Zauber des Südens anheimgefallen. Keine seiner italienischen Reisen hatte einen musikalischen Zweck; sie wurden einzig und allein zur Erfrischung des Geistes und Körpers unternommen, als Ferienwanderungen, die ihn zu den Schönheiten der Natur und Kunst, für die er durch sein Temperament besonders empfänglich war, und zu Menschen führten, bei denen er sich heimisch fühlte.

»Ich denke oft mit großer Freude an unsere Reise zurück,« schreibt Billroth am 7. Mai. »Es hat meine Freude verdoppelt, daß auch Dir alles so gefallen hat.«

Die neue Symphonie wurde in eines der Programme für das Niederrheinische Musikfest aufgenommen, welches dieses Jahr in Düsseldorf unter Joachim und Tausch abgehalten wurde. Zu Joachims Pflichten gehörte auch die, die Aufführung von seines Freundes Werk zu dirigieren, und wir lesen in bezug hierauf in einem zeitgenössischen Blatt:

»Die Ausführung der zweiten Brahmsschen Symphonie unter Joachim war eine Großtat, wie wir eine solche selten gehört. Das Publikum jubelte nach jedem Satz und ruhte nicht, bis der dritte Satz der Symphonie wiederholt wurde.«

Und wieder in einer abschließenden Zusammenfassung:

»Der Glanzpunkt des Festes war die Ausführung der Symphonie von Brahms.«

Der Komponist brachte den Sommer wieder in Pörtschach zu, einem Orte, wo, wie er an Hanslick schreibt, »so viele Melodien um einen herumfliegen, daß man achtgeben muß, um nicht auf sie zu treten.« Im selben Brief[1] plaudert er scherzend mit seinem alten Freund – der, bis über fünfzig ein Junggeselle, kürzlich seine Bekannten durch die Heirat mit einer jungen Dame überrascht hatte – über seine Absicht, zum Winter eine neue Symphonie zu komponieren, »die so lustig und reizend klingen soll, daß Du glaubst, ich habe sie extra für Dich oder gar für Deine junge Frau geschrieben.«

Die Idee wurde wahrscheinlich nicht ernstlich gefaßt und beiseite gelegt; aber der Widerschein von des Komponisten glücklicher Stimmung findet sich in mehreren Klavierstücken, mit denen er sich zu dieser Zeit beschäftigte – besonders in Nr. 2 von op. 76 –, und im letzten Satz des großen Violinkonzerts, das er für Joachim komponierte. Der Fortschritt dieses wichtigen Werkes machte eine Beratung zwischen dem Meister und seinem alten Freund notwendig, und Joachim richtete es so ein, daß ihm zu Anfang September einige Tage für Pörtschach blieben, wo das Konzert in seinem noch unvollendeten Zustand versucht und besprochen wurde. Brahms' Originalpartitur des ersten Satzes, wie er sie Joachim vorlegte, die mit Anmerkungen, hauptsächlich in bezug auf die Violintechnik, in der Handschrift des Meistergeigers versehen ist, wird in der königlichen Bibliothek von Berlin bewahrt. Das Konzert enthielt im Originalentwurf vier Sätze, aber Brahms, der sich von dem Scherzo nicht befriedigt fühlte, beschloß endlich, es ganz auszulassen.

In der letzten Septemberwoche sollte ein Ereignis stattfinden, das wohl von besonderem Interesse für Brahms war, wenn auch seine Gefühle dabei nicht ungemischter Art sein mochten.

1 Zuerst mit andern von Hanslick in der »Neuen freien Presse« vom 1. Juli 1897 veröffentlicht.

Die fünfzigjährige Jubiläumsfeier des Philharmonischen Vereins seiner Vaterstadt Hamburg, der 1828 von einigen Musikliebhabern gegründet worden war, mit W. Grund, Komponisten und ansässigem Lehrer, als Dirigent. Die Feier sollte fünf Tage währen und drei große Konzerte mit Orchester im Saagebiel-Saal einschließen, nebst einem Ausflug auf der Elbe nach Blankenese. Vier Symphonien sollten gegeben werden: Haydn in g moll, Beethovens »Eroica«, Schumann in C dur, Brahms in D dur. Frau Schumann sollte das D moll-Konzert von Mozart vortragen; Joachim, mit Konzertmeister Bargheer, Spohrs Duo-Konzertante für zwei Violinen in H-Moll. Eine große Versammlung von Musikern wurde erwartet und Brahms war eingeladen worden; aber zu Anfang September wußte niemand in Hamburg, ob er beabsichtigte, anwesend zu sein, und da sich die Festordner nahezu in Verlegenheit befanden, beschlossen sie, sich an Hanslick zu wenden, welcher eine Einladung erhalten und angenommen hatte, damit er ihnen Brahms' Antwort verschaffte. Der Brief, den Hanslick sofort nach Pörtschach schrieb, entlockte Brahms folgende Erwiderung:

»Pörtschach, Sept. 1878.

Du hast mir schon einmal öffentlich Anstandslehre gepredigt; ich wünsche nicht, daß es ein zweitesmal ohne meine Schuld geschähe, und deshalb sage ich Dir, daß es an den Hamburgern liegt, wenn ich bei ihrem Feste nicht erscheine. Artigkeit und Dankbarkeit habe ich keine Gelegenheit zu beweisen; im Gegenteil wäre einige Grobheit am Platze, wenn ich Zeit und Lust hätte, mir damit die Laune zu verderben. Ich will aber auch nicht die Deine stören durch ausführliche Mitteilungen und sage deshalb nur, daß trotz Anfrage mit keinem Worte die Rede von Honorar oder irgendwelcher Entschädigung war. Damit bin ich armer Komponist doch bedenklich taxiert und verliere alles Recht, bei der Festtafel etwa neben Deiner Frau zu sitzen! Also ich bitte diesmal um Nachsicht für meinen ohnehin lädierten Ruf als artiger Mann. Wegen der Symphonie bitte ich freilich nicht um Nachsicht, aber ich fürchte, wenn nicht Joachim, wie ich wünsche, die Direktion angetragen wird, gibt's eine miserable Aufführung. Nun, die Diners in Hamburg sind gut, die Symphonie hat eine günstige Länge, Du kannst während deß Dich nach Wien träumen! Ich denke recht bald nach Wien zu gehen ...«[1]

Diese Epistel braucht nicht zu ernst genommen zu werden, obschon es wahr ist, daß der Komponist mit Recht seine ganze Laufbahn hindurch Anspruch darauf erhob, daß seine Arbeit bezahlt werde, und – sozusagen – mit vollem Marktpreis. Der Ton, den er bei dieser Gelegenheit anschlug, muß zum Teil in Zusam-

1 Hanslick, »Neue Freie Presse«, wie zuvor.

menhang gebracht werden mit der Erinnerung an die alte, vielleicht nie ganz vernarbte Wunde, an die Kränkung, die zweimal tief ins Herz des treuen Hamburgers geschnitten hatte, als seine Mitbürger einem Fremden die ihm selbst so erwünschte Gelegenheit boten, sich in ihrer Mitte niederzulassen. Es ist kein Wunder, daß die Einladung zur Teilnahme und vermutlich auch Mitwirkung an der Jubiläumsfeier eines Vereins, dessen künstlerischer Leiter er seit Jahren hätte sein sollen, vergangene Erinnerungen wiedererweckte in der Seele des berühmten Meisters, dessen Gegenwart jetzt schon genügte, dieser Gelegenheit eine besondere Weihe zu verleihen. Aber Ende gut, alles gut. Wie Brahms die Sache mit dem Komitee abmachte, kann man nur mutmaßen; sicher ist, daß er Freunde und Bekannte in Erstaunen setzte, indem er nach Hamburg kam mit einem langen, üppigen Vollbart, der ihm im Sommer gewachsen war und der den Charakter seines Gesichts fast bis zur Unkenntlichkeit veränderte. Es war, wie wir wissen, sein zweites Experiment dieser Art, und der Bart, den er von dieser Zeit an beständig behielt, erhöhte sicherlich noch die Würde seiner Erscheinung, obschon einige seiner alten Freunde gelegentlich mit Bedauern an die Tage zurückdachten, wo der feste, energische Mund dem Antlitz noch besonderen Ausdruck verlieh.

Schließlich fehlte nichts mehr, was zu dem Erfolg der Hamburger Feier beitragen konnte. Das erste Konzert am 25. September wurde den drei musikalischen Größen Bach, Händel und Beethoven geweiht. Das vom 26. brachte Haydn, Mozart, Cherubini, Schumann und – in Erinnerung an den ersten Vereinsdirigenten – W. Grund. Am Morgen des 27. wurde geprobt – besonders Brahms' neue Symphonie unter Leitung des Komponisten; am Nachmittag fanden der Ausflug und ein Bankett statt. Fast alle Getreuen waren von allüberall gekommen. Außer denen, die in den Konzerten mitwirkten, kamen Hiller, Gernsheim, Gade, Reinecke, Reinthaler, Grimm, Flotow, Theodor Kirchner, Verhulst (aus Haag), Hanslick, Claus Groth, dann Grädener, aus alter Zeit, und eine Menge alter Hamburger Freunde. Unser Meister war in bester Laune und plauderte heiter mit alten und neuen Bekannten, während man stromabwärts fuhr; aber seine Gedanken verweilten wohl doch bei früheren Zeiten: Claus Groth, der beim Bankett neben Brahms saß, erzählt, daß der, welcher den Toast auf des Komponisten Gesundheit ausbrachte, in seiner Rede auf das Sprichwort von des Propheten Ungültigkeit im eig'nen Vaterland anspielte und darauf hinwies, daß es auf den heutigen Tag der Feier unanwendbar sei, »da sich die Gesellschaft mit mir vereint im Lobe und in der Liebe für Johannes Brahms.«

»Brahms wandte seinen Kopf mir zu«, fährt Groth fort, »und flüsterte in tiefernstem Tone:

‹Das exemplifiziert man hier auf mich! Zweimal hat man die offene Direktorstelle der Philharmonischen Gesellschaft mit einem Fremden besetzt und mich übergangen; hätte man mich zu rechter Zeit gewählt, so wäre ich ein ordentlicher, bürgerlicher Mensch geworden, hätte mich verheiraten können und gelebt wie andere. Jetzt bin ich ein Vagabunde!›«

Daß Brahms unter irgendwelchen Umständen den Mut zu dem unwiderruflichen Schritt der Ehe aufgebracht hätte, dürfen wir uns erlauben zu bezweifeln. Daß ein ihn zurückhaltendes Hindernis in seiner eigenen Furcht zu suchen ist, ein solcher Wechsel möchte seine allzu regelmäßigen, fast pedantischen Gewohnheiten unterbrechen, ist ziemlich sicher.

Im Moment der Abfahrt, ½10 Uhr abends, von Blankenese nach St. Pauli ließ man an Bord drei Raketen aufsteigen und am Lande drei Schüsse abfeuern. Dies war das verabredete Zeichen für die Bewohner der Villen, die sich längs des Elbufers hinziehen, Häuser und Gärten zu illuminieren. Auf diese Weise wurde den zurückkehrenden Musikern ein anmutiger Beweis weitgehender, der Gelegenheit entsprechender Teilnahme geboten.[1]

Das dritte und letzte Konzert der Feier fand am Sonntag, den 29. September, abends statt mit Aufführung von Webers »Oberon«-Ouverture, Liedern von Schubert, Spohrs Konzertante für zwei Violinen, Brahms' zweiter Symphonie unter seiner eigenen Leitung und Mendelssohns »Walpurgisnacht«.

1 Claus Groth spricht in seinen »Brahms-Erinnerungen«, auf die wir schon mehrmals Bezug genommen haben, von dem Bankett, als hätte es im »Hamburger Hof«, Hamburg, stattgefunden und, »wie ich denke«, nach Aufführung von Brahms' Symphonie. Groths Artikel wurden im Jahre 1897 geschrieben, als er schon in vorgerücktem Alter stand – er war viel älter als Brahms –, und sein Gedächtnis hat ihn in ein paar Einzelheiten irregeführt. Was das oben Wiedergegebene betrifft, so hat die Verfasserin in ihrer Schilderung die Berichte des »Hamburger Correspondent« verfolgt, mit welchen jene von Hanslick in seinen sehr interessanten »Aufsätzen über Musik und Musiker« genau übereinstimmen.

»Wahrhaft begeistert äußerte sich die Freude des Publikums an Brahms' zweiter Symphonie«, sagt Hanslick. »Brahms, mit Orchestertusch und Lorbeerkränzen empfangen, dirigierte selbst. Joachim spielte im Orchester die erste Violine. Am Schluß der Symphonie warfen die Damen vom Chor und aus den ersten Sitzreihen Brahms ihre Blumensträußchen zu; er stand da, wie es in seinem Wiegenlied heißt, mit Rosen bedeckt, mit Nelken besteckt.«

Ludwig Meinardus, vom »Hamburger Correspondent«, gibt einen detaillierten und höchst teilnehmenden Bericht der einzelnen Sätze des Werkes und fährt dann fort:

»Brahms führte seine Symphonie, welcher der Stempel der Unsterblichkeit aufgeprägt ist, in seiner Vaterstadt einem von festlicher Stimmung gehobenen und mit einer großen Anzahl fremder musikalischer Autoritäten untermischten Auditorium, das nach Tausenden zählen mochte, selbst vor. Die Begeisterung, welche durch diesen Umstand und durch die Einfachheit und ruhige Energie, mit welcher Brahms den Taktstock behandelte, noch gesteigert wurde, ist unbeschreiblich. Sie bereitete ihm eine Ovation, als er das Dirigentenpult betrat, in Form eines großen Lorbeerkranzes, Tusch und stürmischer Begrüßung, unterhalb wie auf dem Podium des Orchesters; sie brach hervor nach jedem der vier Sätze, und namentlich nach dem dritten steigerte sie sich zu einem Da Capo-Verlangen, dem der Dirigent und Autor nur mit dem Widerstreben der Bescheidenheit nachzugeben sich endlich entschloß; sie äußerte sich schließlich am Ende des Werkes in anhaltenden Hervorrufen und einem Blumenregen, der sich von allen Seiten über den bewunderten und hochverehrten Meister ergoß.«

Die letzten wenigen Worte scheinen uns an die frühen sechziger Jahre zu erinnern und vergegenwärtigen uns noch einmal die Halliers, Völckers, Wagners, Fräulein Laura Garbe und andere frühere Mitglieder des »Damenchors«, von denen viele noch in Hamburg lebten, die, indem sie die alte Bewunderung für ihren jungen Musiker, dessen Laufbahn sie inzwischen mit Eifer verfolgt hatten, unvermindert beibehielten, jetzt Liebe, Bewunderung und triumphierende Teilnahme in liebenswürdiger Weise dem berühmten Meister darbrachten. Marxsen, der durch Gesundheitsrücksichten verhindert war, an dem Ausflug stromabwärts teilzunehmen, war freudestrahlend anwesend beim Konzert; auch Boie, der mit den ersten Aufführungen des B dur-Sextetts und des G moll-Quartetts in Zusammenhang steht, war da, während die Mitwirkung Christian Otterers, der schon als alter Freund in dem von dem jugendlichen Johannes im »alten Raben« gegebenen Konzert Viola gespielt hatte, Erinnerungen auffrischte, die fast zu des Komponisten Geburt zurückreichten. Zwei Namen, die wir gern mit eingeschlossen hätten, fehlen in der Liste unserer alten Bekannten. Niemand hätte sich herzlicher an den Ereignissen des Abends erfreut, als der vor etwa dreizehn Sommern dahingeschiedene Friedrich Willibald Cossel, und wie groß wäre Jakob Brahms' frohlockender Stolz gewesen, hätte er noch sechs Jahre leben dürfen! Wie deutlich sehen wir ihn vor uns mit seinem gespitzten Mund, dem erfreuten Ausdruck seiner Augen, der scherzhaft angenommenen Würde seinen besonderen eigenen Kameraden gegenüber, den Freudentränen, mit denen er Joachims herzlichen Händedruck erwidert hätte, und wir meinen das schöne Flüstern »Ik segge nix« zu hören, wenn er sich an Carl Bade wandte, nachdem irgendein hervorragender Musiker oder eine reizende Dame ihm, als dem Vater seines Sohnes, vorgestellt zu werden gewünscht hätte. Frau Cossel mit ihrer begabten Tochter Marie (Frau Dr. Janssen) war anwesend, und die von unserem Meister so geschätzten alten Familienbande waren durch Elise und Fritz vertreten und durch die gute Frau Caroline mit ihrem Sohn Fritz Schnack, der für seinen Stiefbruder eine fast leidenschaftliche Verehrung empfand. Frau Caroline war auf des Komponisten mehrmals ausgesprochenen Wunsch immer in den Konzerten anwesend, bei denen Johannes in Hamburg mitwirkte. Elise bat ihren Bruder nach dem Konzert um die Kränze, die ihm gespendet worden waren.

»So, damit willst Du wohl renommieren?« sagte er; »aber komm' morgen in der Frühe zu mir; da gehen wir zusammen und legen sie dem Vater auf's Grab.«

Wir können hier der Vollständigkeit halber hinzufügen, daß einige Zeit später, als von Bernuth sich zurückzuziehen gedachte, ein Vertreter des Philharmonischen Vereins bei Groth einen Besuch abstattete, um dessen Meinung einzuholen über die etwaige Wahrscheinlichkeit der Annahme seitens Brahms', falls ihm die Dirigentenstelle angetragen würde. Er wies daraufhin, daß das jetzige Komitee nicht für die Irrtümer seiner Vorgänger getadelt werden könne, die sie gern, soweit das jetzt noch möglich sei, gutmachen möchten, und Groth, nachdem er die Sache bis ins einzelne durchgesprochen hatte, willigte ein, Brahms vertrauliche Mitteilung davon zu machen. Wir können uns nicht wundern, daß darauf keine Antwort erfolgte; es muß den meisten Köpfen klar sein, daß der Meister einen Antrag, der nicht gemacht worden war, weder annehmen, noch zurückweisen konnte. Hätte das Komitee sich entschlossen, die kleine Kränkung einer Weigerung seitens Brahms' zu riskieren, indem sie ihm einen entschiedenen Vorschlag schriftlich zusandten, so hätte er sicher darauf erwidert; obschon es unwahrscheinlich scheint, daß er sich jetzt von der Stadt entwurzelt hätte, wo er vertraute Freundschaften geschlossen, da die Hauptanziehungspunkte, die Hamburg für ihn gehabt hatte, mit dem Tod seiner Eltern ihre Kraft verloren hatten.

In diesem Jahre (1878) erschien außer der D dur-Symphonie eine Reihe von »Balladen und Romanzen« für zwei Stimmen, Julius Allgeyer gewidmet, deren erste, welche im Sommer 1877 komponiert ist, die schottische Ballade »Edward« zum Text hat.

Von andern frühen Aufführungen der zweiten Symphonie können wir jene von Breslau nennen, die am 22. Oktober unter Leitung des Komponisten stattfand, und jene am 23. November in Münster, unter Grimm. Diese verursachte solches Furore, daß das Werk auf allgemeines Verlangen in dem nächstfolgenden Konzert des Münsteraner Vereins vom 21. Dezember wiederholt werden mußte.

Im Wiener Gesellschafts-Konzert vom 8. Dezember wurde Nr. 1 der beiden Motetten op. 74 für gemischten Chor a capella unter Leitung von Eduard Kremser aus dem Manuskript gesungen. Alle vier Sätze, der erste und der letzte vierstimmig, der zweite und der dritte sechsstimmig, machten tiefen Eindruck, und trotz des ernsten Charakters des Werkes folgte ihm langanhaltender Beifall. Die Texte haben die charakteristischen Merkmale, die Brahms für geistliche Kompositionen vorzuziehen pflegte und drücken im ganzen mutige, vertrauende Ergebung angesichts des Geheimnisvollen aus. Die Musik, die sich innig den Worten anschließt, liefert von neuem ein Beispiel tiefernsten Empfindens, das in die schönen Formen früher kontrapunktischer Kunst gekleidet ist.

Großes Interesse weckte in den musikalischen Kreisen vieler Länder die Ankündigung, daß Joachim im Leipziger Gewandhauskonzert vom 1. Januar 1879 ein Violinkonzert von Brahms spielen würde. Ein solches Ereignis mußte eine besondere Frage wachrufen, die nicht nur mit Brahms' musikalischer Laufbahn, sondern mit der Geschichte der Musik überhaupt zusammenhängt. Viele Konzerte für Violine mit Begleitung des Orchesters waren seit den Tagen Viottis hervorgebracht worden; über Mozart und Spohr hinweg bis hinunter zum Erscheinen von Max Bruchs zweitem in D moll, 1877, von den beliebtesten behielten wenige mehr als einen gelegentlichen Platz in den Konzertprogrammen. Nur zwei hatten die Probe der Zeit, als die hervorragendsten Meisterwerke ihrer Art, bestanden: die von Beethoven und Mendelssohn. Wenn man auch kein Werk dieser Klasse genau neben Beethovens Violinkonzert setzen kann, so dürfte man doch, selbst im Vergleich mit dieser erhabenen Schöpfung, keinen Gedanken der Inferiorität mit dem von Mendelssohn verknüpfen, welches sofort nach seinem Entstehen den Platz einnahm, den es seither behauptet, als eines von zwei Meisterwerken der Kunst. Die Frage war nun die, ob Brahms' neues Werk seinen Platz als drittes neben seinen beiden größten Vorgängern einnehmen würde. Dies war nun insofern besonders interessant, als der Komponist damit nicht gerade neuen Boden betrat; doch war sein einziges früheres Konzert, für Pianoforte komponiert, bereits vor zwei Jahrzehnten in seiner endgültigen Form vollendet (Detmold 1858) und erstmals aufgeführt worden (Hannover und Leipzig, im Januar 1859). Auch trägt es deutliche Anzeichen einer noch früheren Epoche in sich, mit welcher es, wie wir jetzt wissen, tatsächlich in Zusammenhang steht.

Wenn wir uns nun an unsern alten Freund Dörffel wenden, der sich schon auf doppelte Weise als unparteiisch erwiesen hat, um seine unmittelbaren Eindrücke vom Gewandhauskonzert vom 1. Januar zu lesen, so finden wir seinen Bericht höchst anziehend:

»... So konnte sich der jüngere Meister Brahms«, sagt er, »wahrhaftig keine geringere Aufgabe stellen, um seinem Freunde Joachim eine Huldigung, die dessen Höhe entsprach, darzubringen; d.h. er mußte ein Werk zu schaffen suchen, welches die beiden größten Violinkonzerte, von Beethoven und Mendelssohn, erreichen würde. Die Aufgabe war groß. Wir gestehen, daß wir ihre Lösung mit etwas Herzklopfen erwarteten, doch hielten wir unsern Maßstab aufrecht. Welche Freude erlebten wir doch! Brahms hat ein solch drittes Werk im Bunde geschaffen. Der ursprüngliche Geist, der das Ganze durchweht, der feste Organismus, in dem es auftritt, die Wärme, die es durchstrahlt, Raum gebend der Freude, im Lichte zu wandeln: es kann nicht anders sein, als daß das Werk aus neuester und – so glauben wir – aus glücklicher Zeit des Komponisten hervorgegangen ist.

Der erste Satz ist breit, scharf ausgeprägt in den Gegensätzen und sie doch in der ernst-weichen Stimmung festhaltend; der zweite Satz kurz, sehr sinnig und innig; das Finale beseelt von Humor, geistreich und liebenswürdig; dazu eine ganz ungewohnte Behandlung des Instrumentes und ein Wehen des Orchesters, daß wir uns förmlich auf das Studium der Partitur freuen – wir waren selten so vom Genius des Komponisten erfaßt worden. Aber Joachim spielte auch mit einer Liebe und Hingebung, die aus jedem Takte den Anteil erkennen und fühlen ließen, welchen er an dem Werke mittelbar oder unmittelbar hatte. Der Erfolg war: der erste Satz ließ das Neue in der Zuhörerschaft nicht entschieden zum Bewußtsein kommen; der zweite Satz schlug sehr durch; der Schlußsatz entzündete großen Jubel.«

Bernsdorf verhielt sich weniger ablehnend als gewöhnlich. Er sagt von dem Konzert: »Wir haben dasselbe zu den eingänglichsten, klarsten und spontansten Werken dieses Komponisten zu zählen.« Sowohl Joachim als Brahms, der das Orchester dirigierte, mußten auf zahlreiche Hervorrufe erscheinen.

Das Werk wurde nach einigen Tagen vom Komponisten und dessen Freunden den Musikfreunden von Budapest und am 14. Januar jenen von Wien vorgeführt, und es wurde bei beiden Gelegenheiten mit Begeisterung aufgenommen:

»Auch spielt Joachim mein Stück in jeder Probe schöner und die Kadenz ist bis zum hiesigen Konzert so schön geworden, daß das Publikum in meine Coda hineinklatschte,« schrieb Brahms an Frau von Herzogenberg.[1]

Joachim, dem das Konzert gewidmet ist, brachte das Manuskript mit nach London und spielte das Werk im »Kristallpalast« im Sonnabend-Konzert vom 22. Februar (August Manns), in den Philharmonischen Konzerten vom 6. und 20. März (W. G. Cusins), einigemal bei seinem Auftreten in britischen Provinzen und am 25. Mai in Amsterdam.[2] Das Konzert wurde im Sommer, während des Komponisten längerem Aufenthalt in Pörtschach, endgültig durchgesehen und mehrmals mit Klavierbegleitung im Laufe einer Tournee gehört, die Brahms und Joachim in der zweiten Hälfte des September durch einige Provinzen von Ungarn und den Balkanländern unternahmen. Es erschien vor Ende des Jahres und wurde von Joachim in der Konzertsaison 1879/80 in vielen musikalischen Städten Europas eingeführt, auch behielt es während seiner ganzen übrigen Laufbahn einen hervorragenden Platz auf des Künstlers Repertoire. Der Violinist Adolph Brodsky und etwas später Frau Roeger-Soldat waren unter jenen, die ihre Namen in besonderer Weise mit den frühen Erfolgen des Werkes verbanden.

1 Briefwechsel, Nr. LV.

2 Eine Wiederholungsaufführung im »Kristallpalast«, die für den 22. März vorgeschlagen worden war, fand nicht statt.

Wenn die Stimmung des großen Konzerts, wie Dr. Deiters bemerkt, etwas Gemeinsames hat mit jener der zweiten Symphonie, so steht die Empfindung indes auf einem erhabeneren Standpunkt als dem der früheren Komposition, deren klare, durchsichtige Grazie einen sofortigen Zauber auf ein allgemeines Publikum ausübt. Zum völligen Verständnis des Konzerts gehört Zeit, und obschon Eingeweihte übereinstimmen, daß es unzweifelhaft die hohe Rangstellung einnimmt, die ihm von Dörffel zugesprochen wurde, so wäre es doch zu viel, behaupten zu wollen, daß es schon jetzt das Herz des großen Publikums ganz und gar gewonnen habe. Es bahnt sich jedoch seinen Weg zu einer wahrscheinlich rückhaltlosen Beliebtheit.

Während des Sommers 1879, dem dritten, welchen Brahms in Pörtschach zubrachte, komponierte er die G dur-Sonate für Pianoforte und Violine und die Rhapsodien in H moll und G moll für Pianoforte allein. Die Sonate wurde sofort nach ihrer Vollendung, während eines mehrtägigen Besuchs des Komponisten bei seinem Freunde Joachim in dessen Sommerwohnung in Aigen bei Salzburg, probiert. Dieses Jahr ist noch von weiterem besonderen Interesse in unserer Erzählung, da es die Herausgabe zweier Hefte von Pianoforte-Stücken (op. 76) einschließt, deren einzelne Nummern »Intermezzo« oder »Capriccio« betitelt sind. Wir haben die bemerkenswerte Stetigkeit von Brahms' Entwicklung als Komponist während der ersten zehn Jahre seiner Berührung mit Wien beobachtet in ihren Beziehungen zu dem seinem ersten Wiener Besuch unmittelbar vorangehenden Zeitraum. Die Periode, welche von 1862 an bis 1852 zurückreicht, ist keine so ganz ununterbrochene. Eine ganz andere Reihenfolge als die wirklich entstandene wäre aus der Tatsache zu schließen gewesen, daß unter den zehn ersten veröffentlichten Werken des Komponisten sich sechs Pianofortesoli befanden, fünf davon in anderer als der Variationenform. Wir haben Brahms' Fortschritt in dieser Form von einer Stufe der Vortrefflichkeit zur andern verfolgt, von den ersten Schönheiten an, welche die Sonaten op. 1 und 2 enthalten, durch die weitere erstaunliche technische Entfaltung in op. 9 bis zu dem Meisterwerk, den Händel-Variationen mit Fuge, op. 24, und haben dieser Liste noch ein Werk mit imponierenden besonderen Merkmalen hinzuzufügen gehabt, die Paganini-Variationen; doch hatten wir im Laufe der fünfundzwanzig Jahre, welche auf die Vollendung der Balladen, op. 10, 1854 (erschienen 1856) folgten, nichts zu berichten von dem Erscheinen eines einzigen unbegleiteten Solos für Pianoforte in irgendeiner andern Form. Erst jetzt, wo die Erzählung bis zu dem Punkt gelangt ist, der sich zu Betrachtung dieser Tatsachen eignet, ist es möglich, auf die Bedeutung hinzuweisen, welche für die Laufbahn unseres Meisters jene vier Jahre des Studiums hatten, die er als Komponist, zum Unterschied vom Pianisten, nach dem Jahre 1854 in vollständiger Zurückgezogenheit verbrachte. Bei seinem Wiedererscheinen 1859 und 1860, mit einer Anzahl neuer Werke, war nicht nur seine Technik umgebildet und abgeklärt, sondern es hatte sich auch die Tendenz seiner Entwicklung gewissermaßen geändert. Der Zauber, den der reine Stil der besten Meister der alten italienischen Schule auf seinen Geist ausübte, und die Mittel, die er durch beständige Aneignung Bachscher Gelehrsamkeit erworben hatte, gaben ihm eine unbezwingliche Neigung zum Schaffen von Werken, die auf der einen Seite zu dem »Requiem« und »Triumphlied«, auf der andern zu den Streichquartetten und Symphonien führten; und dieselben Einflüsse mußten ihn auch dahin lenken, lieber Kammermusikwerke für Pianoforte und Streichinstrumente zu komponieren, als Stücke für Klavier allein. Es ist bekannt, daß seine ihm eigene Unbefriedigtheit betreffs seiner Werke im Falle seiner ersten Symphonie noch erhöht wurde durch das nie ruhende Bewußtsein von Beethovens überwältigenden Taten auf diesem Gebiete; und daß er nach seiner ersten Periode keine Pianofortesonate drucken ließ, mochte wohl auf einer ähnlichen oder sogar noch stärkeren Empfindung beruhen, daß Beethovens Sonaten keine Nachfolge gestatten. Es ist aber schwer zu glauben, daß Brahms nicht ausgeharrt und gesiegt hätte – gesiegt in dem Sinne, etwas Zeitgemäßes hervorzubringen –, im einen wie im andern Fall, wenn er vom echten Impuls dazu geleitet worden wäre; und vielleicht liegt etwas Wahres darin, daß sich sein Genie eben besser in den Formen betätigte, in denen er tatsächlich gearbeitet hat, als in denen, welche er mied.

Die beiden Hefte Klavierstücke, die mit den zwei Philipp Spitta gewidmeten Motetten, op. 74, dem Violinkonzert und den drei Pianoforte-Etüden nach Bach (ohne Opuszahl) die Veröffentlichungen des Jahres 1879 bildeten, enthalten im ganzen acht Nummern, die wahrscheinlich zu verschiedenen Zeiten komponiert wurden. Eine der schönsten, das Capriccio in Fis moll, wurde Frau Schumann 1871 zu ihrem einunddreißigsten Hochzeitstag, dem Tag vor ihrem zweiundfünfzigsten Geburtstag, verehrt. Einige der Stücke, in einfachem Stil geschrieben und erfüllt von einem Geiste träumerischen Friedens oder anmutigen Glückes, sind Musikliebhabern vertraut geworden; andere bieten für Hörer und Spieler Schwierigkeiten, welche ihrer allgemeinen Beliebtheit im Wege stehen. Mehrere enthalten interessante Belege für des Komponisten Gewandtheit in Anwendung rhythmischer und kontrapunktischer Darstellungsmittel.

Die Sonate für Pianoforte und Violine in G dur, eine Perle reiner und zarter Phantasie, erschien im November – obschon sie durch Herausgebervertrag für das Jahr darauf verzeichnet ist; sie wurde zum erstenmal öffentlich von Brahms und Hellmesberger in der Quartettsoiree vom 20. November aus den gedruckten Stimmen gespielt. Die Lebendigkeit des ersten Satzes ist mit blassen Mondscheinfarben gemalt und muß, so fühlt man, bei den ersten warmen Strahlen der Sonne entschwinden. Etwas greifbarer ist die sanfte Melodie des Adagios, obschon auch diesem Satz etwas Geheimnisvolles innewohnt. Der letzte, in Rondoform geschriebene Satz hat zum ersten Thema das schöne »Regenlied«, von dem bereits die Rede war, und ist ein wahrer Traum poetischen Zaubers. Brahms' sehr eigentümliche Behandlung des Klavierarpeggio, die ein bezeichnender Zug in seiner Schreibart für dieses Instrument bildet, wird im ersten Satz dieses Werkes gut beleuchtet, indem das Arpeggio von der untergeordneteren Stellung als brillante Passage zu einem wesentlichen Teil der ganzen Erfindung erhoben wird. Ein besonders klares Licht wird auch durch das Studium der Sonate auf das Verhältnis des Komponisten zu Bach geworfen. Ihre Methoden sind von denen des alten Riesenmusikers, wie diese sich in seinen Sonaten für Klavier und Geige darstellen, ererbt, und während die Methoden Bachs innerhalb der Formen der österreichischen Meister leicht dahinfließen, als wären sie stets ein untrennbarer Teil von ihnen gewesen, wird die Verbindung hier durch die ausgesprochene Persönlichkeit unseres Brahms belebt. Nicht aber so, wie sie sich uns in seiner ersten Reihe von Werken für Pianoforte und Streichinstrumente einprägte, sondern der Geist der Sonate in G weist auf des Meisters spätere Reifezeit: wir fühlen darin, daß er nicht nur seine Kraft, sondern auch seine inneren Bewegungen fest beherrscht und eine Periode des Lebens erreicht hat, wo er es sich gönnen kann, ruhig auf die Kämpfe der Vergangenheit zurückzublicken. Dies ist nicht bloße Einbildung; wir finden, während wir in dem Studium von Brahms' Kunst fortfahren, daß nicht die Natur des Mannes mit zunehmendem Alter sich änderte, sondern daß, während der Sonnenschein völliger Erkenntnis, der den letzten Teil seines Lebenspfades erhellte, sich in dem klaren Geiste einiger seiner Werke widerspiegelt, die Zurückhaltung, welche andere charakterisiert, jetzt von jener vollkommenen Selbstbeherrschung diktiert wird, die zu erreichen eine der Hauptaufgaben seines Lebens gewesen war und die ihnen einen seltsamen und rührenden Zauber verleiht, wie von bewußter, halb-enthüllter Macht und Schönheit.

Die Sonate in G dur ist die vierte, welche Brahms für Pianoforte und Violine komponiert hat. Die erste, die seiner ersten Periode angehörte, ist, wie wir wissen, auf rätselhafte Weise verloren gegangen. Die zweite und dritte wurden nach ihrer Vollendung von des Komponisten nachsichtsloser Selbstkritik verworfen und die Manuskripte von seiner eigenen Hand vernichtet. Das Werk, welches jetzt unter seinen Gefährten als Nr. 1 bekannt ist, wurde von Brahms und Joachim auf einer kurzen Konzerttournee, die sie zusammen Anfang Februar 1880 durch Österreich unternahmen, mit ungeheuerem Erfolg gespielt. Im Laufe seines Besuchs trug Joachim das Violinkonzert noch einmal in Wien vor, bei einem der drei Orchesterkonzerte, die er in dem großen Saal der »Gesellschaft der Musikfreunde« gab, mit dem Erfolg, welcher die Verbindung der dem österreichischen Publikum so teuren beiden Namen unfehlbar begleitete.

Die Sonate wurde in England zum erstenmal aufgeführt in dem *Monday Popular Concert* vom 2. Februar, und zwar von Bülow und Madame Normann-Neruda; und im Mittwoch-Konzert in Cambridge, am 25. desselben Monats, von C. Villiers Stanford und Richard Gompertz. Eine der ersten Aufführungen überhaupt war jene von Scholz und Himmelstoß in Breslau, am 24. Februar.

Brahms' erstes Auftreten in Krefeld am 20. Januar 1880, im Laufe einer kurzen Konzertreise am Rhein, muß aus zwei Gründen besonders hervorgehoben werden: erstens, weil wir dadurch einer Gruppe von Freunden vorgestellt werden, die dem Komponisten in so angenehmer Erinnerung standen, daß er derselben mit der Widmung eines seiner späteren Werke gedachte. Schon bei seinem ersten Besuch daselbst und mehr noch bei den folgenden wurde im Haus von Herrn und Frau Rudolph von der Leyen, wo Brahms wohnte, und bei deren Verwandten, Herrn und Frau Alwyn von Beckerath, viel Musik getrieben in jener zwanglosen, geselligen Weise, die Brahms lieb war. Herr von Beckerath, ein guter Amateur, spielte Viola in dem einheimischen Quartett, das von Professor Richard Barth geleitet wurde, einem früheren Schüler Joachims und alten Bekannten Brahms' und späterem Nachfolger von Bernuths in Hamburg. Dieser Künstler, zusammen mit seinen Kollegen, nahm stets an den privaten Zusammenkünften des Kreises teil; und bei Brahms' späteren Besuchen waren die gelegentlichen musikalischen Genüsse noch durch den vom Meister begleiteten Gesang Fräulein Antonia Kufferaths erhöht. Die Dame (jetzt Mrs. Edward Speyer) besitzt interessante Erinnerungen an die Krefelder Besuche, darunter an jene von Brahms, der, sowie eine Komposition erschienen war, sie bald, oft beinahe vollständig, vergaß und so einmal bei einer schwierigen Stelle in der Begleitung eines seiner Lieder, mit der er einen Augenblick zu kämpfen hatte, sich am Ende zu Fräulein Kufferath wandte und sagte: »Das ist wirklich schwer vom Blatt zu lesen!«

Das musikalische Ereignis, welches das Krefelder Konzert 1880 besonders auszeichnete, dessen Programm die zweite Brahmssche Symphonie, die »Harzreise«-Rhapsodie und das »Triumphlied« enthielt, war des Komponisten Vortrag der zwei neuen Klaviersoli – der Rhapsodien in H moll und G moll, die gewöhnlich als die schönsten der kürzeren Werke Brahms für das Instrument angesehen werden. Besonders die zweite, mit *»molto passionato ma non troppo allegro«* bezeichnet, ist inspiriert von Anfang bis zu Ende, und obwohl sie nicht lang ist, so genügt ihre Länge doch, um der Größe des Gedankens die Waagschale zu halten und ihrer Wirkung beim Vortrag das Empfinden der Befriedigung zu verleihen. Billroth, dem der sich immer nach Teilnahme sehnende Brahms die Manuskripte bei ihrer Vollendung zu Anfang des Sommers 1879 anvertraute, schickte sie mit den Worten zurück:

»Das zweite Stück hat es mir ganz angetan, es ist gewaltig schön. In beiden Stücken steckt mehr vom jungen, himmelanstürmenden Johannes, als in den letzten Werken des vollendeten Mannes.«

Die Sonate in G, op. 78, die Rhapsodien, op. 79, die Frau Elisabeth von Herzogenberg gewidmet sind, und das dritte und vierte Heft der Ungarischen Tänze für Pianoforte zu vier Händen, ohne Opusangabe, sind die verzeichneten Herausgaben von 1880.

Es mag von dem Leser bemerkt worden sein, daß in unserem Bericht über die ersten Aufführungen von Brahms' Werken am Schluß der siebziger Jahre München nicht erwähnt worden ist. Der Grund ist nicht weit zu suchen und hätte fast vorausgesehen werden können. Die Zeit kam, wo Brahms' und Levis Pfade sich trennten, und dieses Ereignis kann definitiv vom November 1876 datiert werden, wo unser Meister München besuchte, um seine erste Symphonie zu dirigieren und wo er daselbst zum letztenmal auf dem Konzertpodium stand.

Die Anziehungskraft, welche Wagners Kunst und Persönlichkeit auf Levi ausübte, war immer mehr gewachsen, seit er die »Meistersinger« zur Aufführung in Karlsruhe im Jahre 1869 vorbereitet hatte und seit zwischen ihm und Wagner persönliche Beziehungen stattfanden, zu welchen diese Vorbereitung führte; und sein Enthusiasmus wuchs beständig, nachdem er im Jahre 1872 zum Kapellmeister der Münchner Hofoper ernannt wurde und sich dadurch verpflichtet sah, sich in die großen Musikdramen noch mehr zu vertiefen. Im Laufe eines kurzen Logierbesuches, den ihm Brahms im April 1875 machte, ging Levi im impulsiven Ausdruck schrankenloser Bewunderung für Wagner und seine Werke weiter, als es sich gebührt hätte; eine zeitweilige Stokkung im Verkehr der alten Freunde wurde dadurch veranlaßt, und die zwischen ihnen eingetretene Spannung wurde auch von dem mildernden Einfluß der Zeit nie ganz beseitigt. Levis angeborene Neigung, seine Helden zu vergöttern, wurde durch die ersten Vorstellungen des »Nibelungen-Ringes« in Bayreuth im August 1876, denen er beiwohnte, bedeutend verstärkt, und obgleich, als Brahms im Herbst des Jahres, um seine Symphonie zu dirigieren, München besuchte und bei Levi wohnte, die beiden Musiker wieder in nähere Beziehungen traten, wurde das altvertraute kameradschaftliche Gefühl zwischen ihnen nicht wiederhergestellt. Es scheint, als habe es sich Brahms damals klargemacht, daß zukünftiger persönlicher Verkehr zwischen ihm selbst und dem jetzt so berühmt gewordenen Wagner-Dirigenten sich nur als immer peinlicher für beide erweisen müsse, denn obgleich er mit Levi im Laufe der nächsten Jahre gelegentliche freundschaftliche Briefe austauschte, hielt er es doch für das beste, sich fernere Besuche in München zu versagen. Es ist hoffentlich in diesen Blättern von Brahms' Wertschätzung Wagnerscher Macht genug die Rede gewesen, um jeden Verdacht auszuschließen, daß niedrige Gefühle ihn zu dieser Handlungsweise bewogen hätten. Levis Mangel an Selbstbeherrschung war in gewissem Sinn eine Anerkennung von des Meisters künstlerischer Großmut; aber Komplimente dieser Art sollte man nicht auf die Spitze treiben, und Brahms' Mut, den eingeschlagenen Weg weiter zu verfolgen, der ihn unfehlbar Mißverständnissen aussetzen mußte, ersparte ihm und Levi die Gefahr einer falschen Stellung, die unausweichlich ihren künftigen Verkehr bedroht haben müßte. Der Kranz, den Brahms nach Bayreuth schickte, als Wagner im Februar 1883 starb, war kein bloßes Zeichen schicklicher Übereinstimmung, sondern ein tiefgefühlter Tribut der Anerkennung eines großen Meisters für den andern.

Brahms' Trennung von Levi hatte eine Spannung zwischen ihm und Allgeyer zur Folge, der einer der Vertrautesten des Levi-Kreises war; doch dauerte diese nur eine Zeitlang und wurde von Brahms wahrscheinlich bloß als eine Folge der Sachlage aufgefaßt. Die Spannung wurde während eines Besuchs, den Allgeyer in Wien machte, überwunden, und Brahms' Freude über die Erneuerung der persönlichen Beziehungen zwischen ihm und seinem alten Freund ersieht man aus der Widmung der »Balladen und Romanzen«, die 1878 erschienen und von denen wir schon gesprochen haben.

Brahms' Tätigkeit in dem beratenden Ausschuß für Bewilligung von Regierungsstipendien für junge Künstler, verbunden mit dem wachsenden Gefühl geistiger Muße, das ihm zur Zeit seiner reifen Meisterschaft gekommen sein muß, können wir die Bereitwilligkeit zuschreiben, die er von der Mitte der siebziger Jahre an zeigte, sich für die musikalischen Fortschritte gewisser junger Komponisten zu interessieren, die Mut genug besaßen, ihn um Rat und Meinung zu fragen und in deren Werken er Talent entdeckte. Seine rasche und emphatische Würdigung Dvořaks ist bereits erwähnt worden. Unter den übrigen Musikern von Bedeutung, die in ihrer Jugend den Vorteil seines Interesses und seiner

Freundschaft genossen, befinden sich noch die Doktoren Richard Heuberger, Eusebius Mandyczewski (der jetzt die wichtige Stellung des Archivars der »Gesellschaft der Musikfreunde« bekleidet), von Rottenberg und Jenner. Wir sprachen im vorigen Kapitel von einigen Vorfällen in des Meisters Freundschaft für Heuberger, welcher sagt, daß Brahms' großes pädagogisches Talent ihm immer klarer wurde. »Brahms hätte mit begabten jungen Leuten, die bereits ihre Schule absolvierten, Großes erreichen können.« Seine Kritik war so unbarmherzig und ergründend, daß sie zuerst tief entmutigte; aber er konnte auch warmes Lob spenden, und die Freude daran war nicht zu verkennen. Seine Bemerkungen zu Heuberger, die meist durch Stellen in den Manuskripten – oft Liedern –, die dieser ihm vorlegte, hervorgerufen wurden, oder durch vorgeschlagene Verbesserungen, dienten gewöhnlich dazu, allgemeine Grundsätze zu beleuchten. Die enge rhythmische Anpassung der Musik an die Worte, die unerläßlichen Bedingungen bei Annahme von Unregelmäßigkeit im Taktrhythmus, der Aufbau der Melodie sind nur einige der wichtigsten Punkte, welche er in der kurzen, scharfen und prägnanten Art behandelte, die über jedes Thema, mit dem er sich befaßte, aufklärte.

»Glauben Sie,« sagte er eines Tages, gegen einen Ausdruck Einwand erhebend, der Heuberger entschlüpfte, als er von der Konstruktion einer seiner Melodien sprach, »eines von meinen paar ordentlichen Liedern ist mir fix und fertig eingefallen? Da hatt' ich mich kurios geplagt. Wissen Sie, ein Lied muß man – das ist ja nicht wörtlich zu nehmen – *pfeifen* können . . ., dann ist es gut.«

»Müssen *das* aber Augen gewesen sein! Aber für alle andern Leute sind sie vielleicht nicht interessant genug,« sagte er, auf die zu lang ausgedehnte Komposition der Worte: »Ich sah zwei Augen am letzten Sonntag« in einem von Heubergers Manuskripten hinweisend, und er improvisierte die Stelle in knapperer Form, welche der Komponist in seinem veröffentlichten Lied »Bitt' ihn, o Mutter« festgehalten hat.

Das Komitee, welches sich im Jahre 1871 gebildet hatte, um den Plan der Errichtung eines Monuments für Schumann in Bonn in Erwägung zu ziehen, war in den wenigen Jahren, die auf die Feier von 1873 folgten, so erfolgreich im Sammeln des Kapitals zu diesem Zweck, daß das von Bildhauer Donnhorf entworfene und ausgeführte Denkmal vor Ende April 1880 über Schumanns Grab am Friedhof in Bonn gesetzt worden war; und nichts blieb zu tun, als es zu enthüllen und den Autoritäten der Stadt zu übergeben. Diese Feierlichkeiten sollten am 2. Mai stattfinden und von einigen Schumann-Konzerten begleitet werden.

Die Vorgänge nahmen am 30. April ihren Anfang, als Frau Schumann, begleitet von einem Teil ihrer Familie, zum Besuch bei Frau Dunkelberg, geb. Kyllmann, in Bonn eintraf und auf dem Bahnhof von Joachim, Brahms und den Festordnern empfangen wurde. Am folgenden Abend feierte man sie mit einer Serenade, die im Garten ihrer Wirtin von Mitgliedern der »Konkordia« und des »Akademischen Gesangsvereins« ausgeführt wurde, worauf noch innerhalb des Hauses die Vorträge der Chöre: »Lotosblume« und »Träumender See« folgten. Präsident Wrede hielt eine Ansprache, und am Schluß wurde jedes Mitglied der Vereine Frau Schumann persönlich vorgestellt. Mit ihrer Erlaubnis sang Herr Branscheidt zwei von Schumanns Liedern zu der Begleitung des Konzertmeisters Lorscheidt, und nachdem die große Künstlerin diese Huldigung in kurzen und passenden Worten anerkannt hatte, kehrten die Sänger in den Garten zurück und sangen »Bist du im Walde gewandelt« aus Schumanns »Der Rose Pilgerfahrt«. Mit diesem Vortrag, für den sich Frau Schumann wieder mit warmem Dank erkenntlich zeigte, schloß das Programm des Abends.

Der Friedhof war zeitig am Morgen von Freunden gefüllt, welche der Enthüllung des Denkmals beizuwohnen wünschten. Beinahe vierundzwanzig Jahre waren verstrichen, seit der einfache Trauerzug Schumanns letzten Resten durch die Straßen von Bonn gefolgt war; seit eine Gruppe junger Musiker am offenen Grab gestanden, aufrechterhalten von der Teilnahme versammelter Freunde und Musikliebender, um von dem berühmten Toten einen letzten Abschied zu nehmen. Jetzt waren sie wieder an derselben Stelle versammelt, um des geliebten Meisters Andenken zu ehren. Nicht einer fehlte. Brahms, Joachim, Dietrich, die drei jungen Führer des Trauerzuges von damals, standen wiederum beisammen, jetzt als gereifte Männer; Hiller, der ältere Freund, Grimm, Bargiel, alle waren da, auch Stockhausen, der seit Jahren zu dem Kreis gehörte. Frau Schumann stand mit ihren Töchtern am Fuße des Denkmals; ihr rührender Ausdruck noch vertieft durch die Flut mannigfacher Erinnerungen, dennoch gefaßt in ihrer Haltung. Unter den offiziell an der Feier Teilnehmenden war der Bürgermeister von Bonn, Herr Oberbürgermeister Doetsch, der Bildhauer Professor Donnhorf aus Dresden, der Präsident des Denkmalausschusses Professor Schaafhausen und die Mitglieder der zwei Gesangvereine mit Präsident Wrede.

Das Absingen des schönen alten Chorals »Was Gott tut, das ist wohlgetan« bildete das Präludium zu der Ansprache, mit der Geheimrat Schaafhausen das Denkmal der Stadt Bonn übergab. Noch bevor er seine Rede vollendet hatte, fiel die Hülle, und nach seinen Schlußworten ertönten die schönen Klänge eines von Blasinstrumenten vorgetragenen Chores aus »Paradies und die Peri«, während viele Kränze und andere Blumenspenden auf das Grab gelegt wurden. Eine Dankrede namens der Stadt wurde von Oberbürgermeister Doetsch gehalten, und der Vortrag durch den Chor eines Satzes aus Mendelssohns »Elias«, wobei noch mehr Kränze niedergelegt wurden, brachte die Feier zum Abschluß. Die ganze Aufführung wurde von Brahms dirigiert, der, verborgen vor der Menge, mit Chor und Orchester hinter dem Denkmal stand. Das folgende Telegramm wurde dem Oberbürgermeister im Laufe der Feier überreicht:

»Gesellschaft der Musikfreunde und Konservatorium in Wien beglückwünschen Bonn zu der Ehre, wie einst Beethoven, so heute Schumann das erste Denkmal errichtet zu haben.«

Auf dem Programm des Orchesterkonzerts, das am Abend des 2. Mai stattfand und um 6 Uhr begann, stand Schumanns Es dur-Symphonie und das »Requiem für Mignon«, von Brahms dirigiert; ein poetischer »Prolog«, von Herrn Emil Rittershaus aus Barmen verfaßt und vorgetragen; die »Manfred«-Musik, von Joachim dirigiert, wobei Ernst von Possart, der Direktor des Münchner Hoftheaters, die deklamatorische Hauptpartie übernahm; und, als einzige Ausnahme in der Folge Schumannscher Werke, das Violinkonzert von Brahms unter Leitung des Komponisten, das von Joachim in so vollkommener und idealer Weise vorgetragen wurde, daß es nicht bloß »interpretiert, sondern absolut schöpferisch klang«. Zum Schluß regnete es Blumensträuße. Drei Werke von Schumann wurden am folgenden Morgen im Kammermusikkonzert vorgetragen: das Streichquartett in A moll, mit Joachim an der Spitze; das »Spanische Liederspiel«

und das Klavierquartett, wobei Brahms und Joachim die bezüglichen Klavier- und Violinstimmen übernahmen.

Im Sommer dieses Jahres, dem ersten, den Brahms in der hübschen oberösterreichischen Stadt Ischl verlebte, für deren Einwohner er während der letzten acht Jahre seines Lebens eine sehr vertraute Persönlichkeit wurde, komponierte der Meister die beiden einzigen von ihm veröffentlichten Ouverturen. Er spielte sie Frau Schumann in ihrer Sommerwohnung in Berchtesgaden vor, bei Gelegenheit eines Geburtstags-Gratulationsbesuchs, den er ihr im September machte. Anfang Dezember wurden sie von Joachims Schulorchester aus dem Manuskript probiert. Die »Tragische Ouverture«, deren ernster Charakter schon durch den Titel angezeigt ist, wurde am 26. Dezember zum erstenmal öffentlich gespielt im vierten Konzert der Philharmoniker in Wien. Dr. Deiters sagt davon:

»In diesem Werke sehen wir den kraftvollen Helden mit einem ehernen, unerbittlichen Schicksal ringen und kämpfend erliegen; vorübergehende Siegeshoffnung kann das verhängte Geschick nicht aufhalten. Wir haben nicht das Bedürfnis, ob und welche Tragödie der Komponist vielleicht im Sinne hatte, zu erfahren; wen das unübertrefflich gewaltige Thema nicht überzeugt, dem wird auch weiteres Grübeln nichts helfen.«

Die uns bekannte »Akademische Festouverture« ist eine aus dreien zur Erhaltung gewählte. Sie war aus Anlaß der Ehrendoktorwürde, die Brahms im März 1879 von der Breslauer Universität verliehen wurde, komponiert und zum erstenmal am 4. Januar 1881 unter seiner Leitung in jener Stadt gespielt worden. Das Schwesterwerk, die »Tragische Ouverture«, und die zweite Symphonie standen auf demselben Programm. Der kürzlich zum Doktor der Philosophie Ernannte, wurde mit aller dem Werke und der Gelegenheit gebührenden Ehre und Begeisterung empfangen, und am 6. wurde ihm wieder stürmischer Beifall zuteil, als er Schumanns Phantasie op. 17, seine beiden Rhapsodien und den Klavierpart des Horn-Trios in einem Kammermusikkonzert vortrug.

In der »Akademischen Ouverture« macht sich wieder der gesellige Geist geltend, der den vierzehnjährigen Knaben einst veranlaßte, ein vierstimmiges A-B-C-Lied für seine Altmeister, die Schullehrer in und um Winsen, zu komponieren. Jetzt sucht sich der berühmte Meister von siebenundvierzig mit den jugendlichen

Geistern der Universität zu identifizieren, mit denen er in Berührung gekommen ist, indem er als Hauptthema für seine Ouverture Studentenlieder wählt, die er liebt, weil sie ihn an die frühen Göttinger Jahre der glücklichen Genossenschaft mit Joachim, Grimm, von Meysenbug und anderen erinnern. Vier der Lieder: »Wir hatten gebauet«, »Hört', ich sing'«, »Was kommt dort von der Höh'!« und das *»Gaudeamus«* sind in dem Satze enthalten, der in regelmäßiger klassischer Ouverturenform geschrieben ist; und der Komponist verweilt mit besonderer Liebe bei dem dritten, dem Lied, das in Studentenkreisen den lustigen »Fuchsritt« begleitet, der im Sommer 1853 Brahms so viele Meilen weit von den ersten Etappen seiner Lebensreife entfernte. Das beliebte *»Gaudeamus igitur«,* mit aller Kraft des Orchesters wiedergegeben, bringt das meisterhafte und wirkungsvolle Werk zu einem glänzenden Schluß. Die beiden Ouverturen, die zueinander in einer ähnlichen Beziehung stehen wie die erste und zweite Symphonie, bieten wieder ein Beispiel für des Komponisten Gewohnheit, von Zeit zu Zeit schnell nacheinander oder selbst gleichzeitig zwei Werke in derselben Form zu schreiben, die von entgegengesetzten subjektiven Eigenschaften beseelt werden. Die »Akademische« ist den Konzertbesuchern sehr vertraut geworden und hat bisher mehr allgemeine Beliebheit erreicht als die »Tragische«.

Beide Werke wurden unter Leitung des Komponisten im Leipziger Gewandhauskonzert vom 13. Januar 1881 aus dem Manuskript gespielt; doch machte keines von beiden viel Eindruck. Wenn jedoch Brahms einige Enttäuschung empfand über die fortdauernde Kühle, die seiner Kunst in der musikalischen Metropole Norddeutschlands entgegengebracht wurde, so muß er auch Trost aus dem Erfolg geschöpft haben, den die Ouverturen und andere Werke hatten, als er sie in Münster am 22. Januar und in Krefeld am 25. dirigierte, und aus dem warmen Empfang, der ihm in jeder der holländischen Städte – Amsterdam, den Haag, Haarlem – zuteil wurde, als er sie im Lauf desselben Monats besuchte. Holland, durch seine frühe Anerkennung von Schumanns Kunst ausgezeichnet, repetierte jetzt die Geschichte durch die begeisterte Aufnahme von Brahms' Musik. In jeder Stadt, in der er auftrat, hatte er jetzt Gelegenheit, zu bemerken, wie tief seine Musik in dem Land Wurzel gefaßt hatte. Von seinen vielen hervorragenden holländischen Freunden können wir den Komponisten Verhulst erwähnen, einen vielseitig begabten Mann von anziehender Persönlichkeit, der die Freundschaft Mendelssohns und Schumanns genossen hatte. Keine tiefer empfundene Sympathie wurde Brahms und seinen Werken jemals zuteil, als die, welche jener Musiker einer früheren Künstlergeneration für sie hegte. Für die Fortdauer holländischer Gefühle für des Meisters Kunst bürgte dieses Jahr die Berufung Julius Röntgens aus Leizpig zu einem wichtigen Dirigentenposten in Amsterdam. Brahms kam diesen Winter keiner öffentlichen Verpflichtung in Utrecht nach, sondern blieb dort nur ein oder zwei Tage als Engelmanns Gast und nahm privaten Anteil am Musizieren. An einer Gewohnheit hielt er fest, die freilich mit der Kunst wenig zu tun hatte. Jeden Morgen, wenn er von seinem Morgenspaziergang zurückkam, ging er in die Kinderstube; und nachdem er mit den Kindern ausgelassen gespielt hatte, trug er ein oder das andere Kind auf der Schulter hinunter zum Frühstück. Um der Wahrheit gerecht zu werden, war das keine ungeteilte Freude für die Kleinen, die sich manchmal vor der unfreiwilligen Erhöhung fürchteten, denn des Meisters Gang war nicht der sanfteste. Schließlich wurde aber doch seine andauernde Geselligkeit durch das Vertrauen der Kleinen belohnt, was ihn sehr befriedigte.

Es ist interessant zu finden, daß Liszts und Brahms' Pfade im Monat Februar sich wieder kreuzten, nach einem langen Zeitraum von Jahren, die reich an Folgen waren, und nicht nur für den jüngeren Musiker; denn Wagners Triumph muß für immer auch mit dem Namen seines ersten großmütigen Beschützers verknüpft bleiben. Die beiden Männer wurden bei Gelegenheit eines Konzerts zusammengeführt, das Hans von Bülow in Budapest gab, der, im »Hotel Ungaria« abgestiegen, Brahms, wahrscheinlich infolge vorhergehenden Arrangements, dort traf.

»Très cher unique«, schreibt Liszt an Bülow am 13. Februar, »Je me suis un peu refroidi ce matin et pour ne pas me gâter la journée et la soirée de demain, il faut me coucher tôt aujourd'hui.

Veuillez dire mes affectueux remerciments à Brahms et aussi lui transmettre l'invitation de Madame la Baronne Eötvös pour demain, 1 heure, à déjeuner sans quelconque ennui ni désagrément. Tout au contraire. A midi trois quarts demain, je viendrai pour vous conduire chez son Excellence Madama Eötvös . . .«

Es muß dem warmherzigen Bülow lebhafte Freude verursacht haben, seine beiden Freunde in vorübergehenden geselligen

Verkehr zu bringen. Seit dem Herbst 1880 Hofmusikintendant in Meiningen, hatte er schon begonnen, den vergrößerten Einfluß, der ihm in seiner neuen Stellung zu Gebote stand, im Interesse der Kunst unseres Meisters zu verwenden, und vor Schluß dieser ersten Saison seiner Tätigkeit in der thüringischen Hauptstadt wurden Brahms' erste und zweite Symphonie und andere Werke vor einer höchst teilnehmenden Zuhörerschaft in den Konzerten des Hoforchesters unter Bülows Leitung gegeben.

Die beiden Ouverturen und die »Nänie«, auf die wir noch im einzelnen zurückkommen müssen, erschienen im Laufe des Jahres 1881.[1]

1 Siehe S. 29 dieses Bandes.

Zwanzigstes Kapitel

1881–1885

Zweites Klavierkonzert – Erster Besuch im herzoglichen Schloß von Meiningen – »Nänie« – Frau Henriette Feuerbach – Hans von Bülow in Leipzig – Brahms' Freunde in Wien – Dr. Fellinger und Frau – Klaviertrio in C dur – Erstes Streichquintett – Das »Parzenlied« – Dritte Symphonie.

Nach einer Ferienreise, die er mit Billroth zu Anfang des Frühlings nach Sizilien gemacht hatte, nahm Brahms eine Sommerwohnung, welche er diesmal in Preßbaum bei Wien wählte. Hier komponierte er Schillers »Nänie«, noch unter dem Einfluß von Feuerbachs Tod, und ein zweites Konzert für Pianoforte und Orchester in B dur. Das Manuskript der »Nänie« und Teile des Konzerts wurden Billroth bald geliehen; die Konzertsätze überreichte er ihm mit den Worten: »Ein paar kleine Klavierstücke.«

»Mir ist es immer ein Hochgenuß,« schreibt Billroth, »wenn Brahms bei einem kurzen Besuch, wo wir oft über die gleichgültigsten Dinge gesprochen haben, im Fortgehen eine Rolle aus dem Paletot zieht und beiläufig sagt: ›Schau dir das an und schreib' mir, was du darüber denkst.‹«

Im August wurde der Komponist in seinem still-geschäftigen Leben durch einen Besuch Widmanns angenehm unterbrochen; dieser verweilte eben in Wien und schildert die Begegnung mit seinem Freunde, den er seit drei Jahren nicht gesehen hatte, folgendermaßen:

»Als ich im August 1881 Brahms in seiner idyllischen Sommerwohnung in Preßbaum bei Wien besuchte, fühlte ich sofort instinktiv, daß der Meister, den ich, das Gärtchen durchschreitend, am offenen Fenster des Erdgeschosses in einem Buche lesend traf, in eine Periode seines Schaffens eingetreten sei, in der für ihn nicht mehr die Rede davon sein könnte, sich auf ein völlig neues Gebiet zu begeben. Es mag ja komisch klingen, wenn ich gestehe, daß der in den Spitzen angegraute prächtige Vollbart, in dem ich ihn damals zum ersten Male sah und anfangs kaum wiedererkannte, mir wie ein Symbol der nun vollkommen in sich gefestigten, in ihren Zielen absolut klaren und sicheren Persönlichkeit des großen Tondichters erschien. Verblüffte mich doch das Unerwartete der Erscheinung dieses Jupiterkopfes so sehr, daß ich zu allererst mit einer Frage nach dem Grund dieser Veränderung herausplatzte. ›Mit rasiertem Kinn wird man entweder für einen Schauspieler oder für einen Pfaffen gehalten‹, gab Brahms zur Antwort, während er sich mit Behagen die mächtig herabfließenden Bartwellen strich. Er hatte jetzt selbst an seiner äußeren Erscheinung ein naives Vergnügen und hob unter anderem schmunzelnd hervor, seine Photographie mit dem Bart sei als Typus des Kaukasiers in einem für die Schulen bestimmten Buche des Velhagen und Klasingschen Verlages benützt worden . . .

Das Opernprojekt wurde von mir mit keinem Worte berührt, auch von Brahms nicht.«[1]

Brahms nahm zahlreiche Aufforderungen zur Mitwirkung bei Aufführungen seiner Werke für Deutschland, die Schweiz und Holland an und ein zu günstiger Zeit gemachtes Anerbieten Bülows setzte ihn in den Stand, die Wirkung des jüngst komponierten Konzerts privatim unter Beihilfe des Meininger Orchesters im Oktober zu prüfen. Er hatte seit einiger Zeit in seiner früheren Vorsicht nachgelassen und war meistens bereit, seine Kompositionen, sobald sie vollendet waren, dem Publikum vorzuführen; doch blieb er der alten Gepflogenheit treu, das Manuskript eines wichtigen Werkes zur eigenen Benützung bis nach den ersten Aufführungen zurückzubehalten, wo er dann das Geschäft des Stiches ohne Verzögerung seinen Fortgang nehmen ließ.

Das neue Klavierkonzert wurde von dem Komponisten am 9. November in Budapest (zum erstenmal) und am 22. November in Stuttgart gespielt; am 27. in Meiningen; am 6., 20. und 26. Dezember, beziehungsweise in Zürich, Breslau und Wien (Philharmonie); dann in Leipzig, Hamburg (Philharmonie), Berlin (Meininger Orchester), Kiel, Bremen, Hamburg (Meininger Orchester), Münster und Utrecht im Januar und in Frankfurt im Februar 1882. Das Werk wurde auf der ganzen Tournee mit unbegrenzter Begeisterung aufgenommen, außer in Leipzig, wo es nur einen *succès d'estime* hatte.

Während seines Besuchs in Meiningen war Brahms der Gast des regierenden Herzogs Georg und seiner Gemahlin, der Baronin von Heldburg. Drei schöne Zimmer *en suite,* im Erdgeschoß des Schlosses, wurden ihm zur Verfügung gestellt, und in das geräumigste, das als Musikzimmer eingerichtet war, hatte man einen von des Herzogs schönen Bechstein-Flügeln gestellt. Die Wohnung, welche direkt auf den Schloßpark hinausführte, bot dem Komponisten bequeme Gelegenheit, seiner Lieblingserholung des Spazierengehens zu fröhnen.

Bülow hatte nichts unterlassen, was zum glänzenden Erfolg von seines Freundes erstem Auftreten in Meiningen beitragen konnte, das er schon einige Tage vorher durch Aufführung des »Deutschen Requiems« in einem Extrakonzert des Hoforche-

1 Widmann, S. 43.

sters verkündete. Eine öffentliche Probe, welche am 26. abgehalten wurde, diente dazu, die neuen Werke und ihren Komponisten den Hauptmusikliebhabern der Stadt vorzustellen, und der Konzertsaal war am Abend des 27. vollständig gefüllt, als die Ankunft des Herzogs von Sachsen-Meiningen und der Baronin von Heldburg, vom Kardinal Prinzen Hohenlohe begleitet, das Zeichen zum Beginn der Aufführung des Brahms-Programms gab. Die »Tragische Ouverture«, die Eröffnungsnummer, wurde von einer erwartungsvollen Zuhörerschaft angehört; aber beim ersten Erscheinen des Komponisten, als er das Podium betrat, um das Solo seines neuen Klavierkonzerts in B dur zu spielen, brach ein solcher Sturm des Applauses hervor, daß es Brahms unmöglich war, seinen Platz einzunehmen. Die Aufregung wuchs mit jedem Satz und erreichte ihren Höhepunkt am Schluß: »Brahms und Bülow haben beide das Auditorium geradezu in Exaltation versetzt!« schrieb der Kritiker des »Meininger Tageblattes« am folgenden Morgen. Die Haydn-Variationen schlossen den ersten Teil des Konzerts ab; der zweite Teil bestand aus der C-moll-Symphonie und der »Akademischen Ouverture« unter Leitung des Komponisten. Am Schluß drückte der Herzog seine Anerkennung dadurch aus, daß er Brahms mit dem Kreuz seines Hausordens schmückte.

Der Besuch in Meiningen bezeichnet den Beginn einer herzlichen Freundschaft zwischen dem musikliebenden Fürsten und dessen Gemahlin einerseits und Brahms andererseits, welche dem großen Musiker manch angenehme Stunde brachte. Er wohnte immer im Schloß, wenn er in Meiningen weilte, wo er zum Mittelpunkt vieler privater musikalischer Zusammenkünfte wurde. Mehrmals war er im Schlosse Altenstein, der Sommerresidenz des Herzogs, zu Gast. Hier sowie in Meiningen wurde ihm vollkommene Freiheit der Bewegung gestattet: er konnte arbeiten, ohne Störungen befürchten zu müssen; konnte einsame Spaziergänge in der Umgebung unternehmen oder in Gesellschaft den Schloßpark durchstreifen; ja er durfte sogar seine bequeme Haustracht tagsüber beibehalten. Des Abends erkannte er die Ansprüche zeremonieller Gewohnheiten an und schien wirklich Freude daran zu finden, zum Diner Toilette zu machen und seine Orden anzulegen. Doch wich er von seiner gewohnten unabhängigen Weise, seine Meinung zu äußern, nicht ein Jota ab und pflegte die eigenen Ansichten mit charakteristischer Derbheit und Zähigkeit zu verteidigen, einerlei, wer es war, der ihm gerade widersprach. Ein Beispiel dieses Zuges, sowie seines besonderen politischen Scharfsinns, das im Lichte späterer Ereignisse von Interesse ist, fand sich zu Beginn des Krieges zwischen China und Japan: Brahms erklärte, daß er an den endgültigen Sieg Japans glaube, eine Meinung, die von den andern Anwesenden nicht geteilt wurde; und schon ärgerte er sich im voraus über die Ungerechtigkeit, mit der das egoistische Dazwischentreten der westlichen Mächte dem Inselreich die Früchte seines Sieges rauben würde. Des Herzogs Antwort, die ihn daran erinnerte, daß europäische Interessen in die Frage verwickelt seien, ließ ihn verdrießlich unüberzeugt – aber der Zwischenfall ging vorüber.

Nicht nur von seinem erlauchten Gastgeber wurde der Komponist geliebt. Er machte sich auch bei jedem, der im herzoglichen Dienst stand und mit dem er in Berührung kam, beliebt. Seine Besuche auf den Schlössern von Meiningen und Altenstein wurden von dem gesamten Haushalt als eine Auszeichnung und Freude betrachtet, und die harmlosen Scherze und mutwilligen Redensarten, an denen er bis ans Ende seines Lebens eine kindliche Freude hatte, sind diesen Freunden noch mit Liebe und Wehmut erinnerlich.

Das Konzert in Zürich am 6. Dezember, auf dessen Programm die erste Aufführung der »Nänie« stand, machte tiefen Eindruck und war finanziell von so glänzendem Erfolg, daß – in den Worten Steiners –

»sich der Tonhallenvorstand gedrungen fühlte, seiner Dankbarkeit und Verehrung für den Stifter solcher Herrlichkeiten einen sichtbaren und dauernden Ausdruck zu geben.«

Dieser nahm die Form eines silbernen Pokals an, der für diesen Anlaß von Boßhard in Luzern entworfen und dem Meister nach seiner Vollendung überreicht wurde. Brahms schrieb seinen Dank an Hegar mit folgenden Worten:

»Geehrtester Freund!

Ihr Becher ist angekommen und das Etui mit den musizierenden silbernen Engeln drin prangt wie ein geöffneter Altarschrein auf dem Flügel. Sie glauben nicht, wie schön und freundlich sich das ausnimmt und mit welchem Vergnügen ich es ansehe!

Nun bitte ich Sie aber recht sehr, Ihre besten Worte dranzuwenden, daß Ihre verehrten Vereinsmitglieder erfahren, eine wie große Freude sie mir gemacht und wie dankbar ich ihre Freundlichkeit empfinde. Sie können leicht das Weitere ausführen, was ich scheue hier zu tun und was zu schreiben leicht läppisch und eitel scheinen könnte. Sie aber wissen, daß es eine ganz ernstliche Sache ist um ein so freundliches Zeichen der Anerkennung und Sympathie.

...Nun endlich mit herzlichen Grüßen an Sie und die Ihrigen

Ihr ergebenster
J. Brahms.«[1]

In seiner Komposition der »Nänie«, die er Frau Henriette Feuerbach widmete und die in diesem Konzert aus dem Manuskript aufgeführt wurde, hat Brahms den ruhigen, fatalistischen Geist klassischen Altertums, den Schillers Trauergesang darstellt, so vollkommen erfaßt, wie er im »Deutschen Requiem« durch seine Musik die leidenschaftliche Inbrunst der Verfasser des alten und neuen Testaments verkörpert hat. Ein Strom zarter Rührung gleitet sanft durch die Klage, die nur ein wenig durch das vorübergehende Bild der den Verlust ihres Sohnes beweinenden Aphrodite verstärkt wird, aber nicht genug, um das glatte Dahinfließen der Tonfiguren zu stören, die von Anfang des Werkes bis zum Ende fortlaufen. Es scheint auf die altgriechische Idee vom Tod als Schicksalsbeschluß hinzudeuten, den man nicht fürchtet und nicht zu erforschen und dem man nicht zu widerstehen versucht, der selbst vor der Schönheit unwandelbar bleibt, ebenso wie die mächtigen Gegensätze im »Requiem« die biblische Vorstellung vom Tod als Feind verdeutlichen, der zu bekämpfen ist, bis er endlich vernichtet wird im Triumph der allbesiegenden Liebe.

Dr. Carl Neumann schildert uns einen Besuch, den er Frau Feuerbach in ihrem Haus in Ansbach abstattete, als sie fünfundsiebzig Jahre alt war. Er ging durch zwei Zimmer:

»Man betrat zwei Räume. Im ersten stand ein Flügel; der zweite war, soll man sagen, von Abgeschiedenen bewohnt. Hohe Blattpflanzen standen in den Fensternischen und dämpften das Licht. Was der alten Frau von Werken des Sohnes geblieben war, hing hier an den Wänden. Die Farbenskizze einer Kreuzabnahme in friesartigem Breitformat, eine Blumenstudie aus der Zeit, da der Rahmen zum ›Gastmahl des Platon‹ gemalt wurde; schließlich das Hauptstück, in dunkel eichenem Empirerahmen die Zeichnung einer stehenden Iphigenie, nach dem ›Land der Griechen‹ ausblickend.–––

Das war ihr ›Altarbild‹.

Wir verließen das Zimmer; Frau Feuerbach setzte sich vor dem geöffneten Flügel nieder, erst, wie um auszuruhen. Dann fragte sie, ob ich das Chorwerk ken-

1 Steiners »Johannes Brahms« I, S. 25.

ne, das Johannes Brahms als ein Verehrer von Anselms Kunst ihr gewidmet habe, die Komposition von Schillers »Nänie«. Sie reichte mir die Noten zum Nachlesen und begann auswendig zu spielen. –

Bei einer Stelle mußte ich unwillkürlich aufsehen. – – – Die Frau am Flügel in dem schwarzen Gewand, den schwarzen Schleier auf dem weißen Haar, schien nicht mehr dieselbe, die sie eben gewesen. Die hohe Gestalt nach vorn gebeugt, verloren in den Klang der Töne und Erinnerungen – war es nicht die tragische Muse selbst, und war es nicht ein Schicksalslied, was sie kündete?

Im Frühjahr 1886 traf sie in Leipzig noch einmal mit Brahms zusammen und hörte in Berlin unter Joachim ›Die Nänie‹.«[1]

Der Mangel an Anerkennung, der dem neuen Konzert von seiten des Gewandhausauditoriums gezeigt worden war, konnte der Aufmerksamkeit Hans von Bülows in seiner Eigenschaft als Brahms-Verfechter nicht entgehen, und er nahm seine Kapelle Mitte März 1882 nach Leipzig mit, um einen Zyklus von drei Konzerten zu geben, von denen zwei Beethoven beziehungsweise Brahms und ein drittes Mendelssohn und Schumann gewidmet waren. Auf dem Brahms-Programm stand die C moll-Symphonie, die Haydn-Variationen und das D moll-Konzert, von Bülow gespielt und vom Orchester ohne Dirigent begleitet. Der Applaus, der den Sätzen der Symphonie folgte, wie das Werk seinen Fortgang nahm, war nicht herzlich genug, um den reizbaren Kapellmeister zufriedenzustellen, der am Schluß des dritten Satzes diesen von seinem Orchester wiederholen ließ und sich nach Beendigung des Werkes umwandte und die Zuhörerschaft ansprach. Er hatte, wie er sagte, das Brahms-Programm auf ausdrücklichen Befehl seines Herzogs arrangiert, welcher gewünscht hatte, daß das Leipziger Publikum erfahre, wie die Symphonie gespielt werden müsse; und auch um Genugtuung für die Kühle zu fordern, die dem Komponisten bei seinem Auftreten mit dem neuen Konzert am 1. Januar im Gewandhaus gezeigt worden war. Wir brauchen kaum zu erwähnen, daß solches exzentrisches Auftreten seitens eines Musikers, der sich durch viele Jahre sichtbar mit der neudeutschen Schule identifiziert hatte, die künstlerischen Neigungen der Stadt in keiner Weise beeinflussen konnte.

Brahms' Klavierkonzert in B dur ist von ganz ungewöhnlichem Umfang und unterscheidet sich nicht nur von dem ersten in D moll, sondern von beinahe jedem vorhergehenden Werk seiner

1 Allgeyers »Feuerbach«, Einleitung zur zweiten Auflage. (Dr. Carl Neumann.)

Gattung dadurch, daß es vier Sätze enthält, deren hinzugefügter unmittelbar auf das erste Allegro folgt und ein ›*allegro appassionato*‹ ist. Wahrscheinlich würden wenige Zuhörer den Grund für diese Neuerung, welchen der Komponist seinem Freunde Billroth gegenüber angeführt hat, unterschreiben:

»Ich habe ihn darüber interpelliert; er sagte, der erste Satz schiene ihm gar zu simpel, er brauchte vor dem ebenfalls einfachen Andante etwas kräftig Leidenschaftliches.«

Wenn etwas von dem allgemeinen Begriff des Wortes »simpel« hier auf dessen Gebrauch angewendet werden soll – d.h. etwas ohne Verwicklung, was leicht verständlich ist –, so müssen wir sagen, daß der zweite Satz des Konzerts, trotz seines leidenschaftlichen Charakters, viel simpler ist als der erste. Sein Entwurf ist, obwohl er originelle Punkte enthält, durchaus regelmäßig und stellt sich der Phantasie in vollkommenem Ebenmaß deutlich dar.

Der erste Satz andrerseits ist als Ganzes außerordentlich schwer zu erfassen; teils seiner großen Länge wegen, mehr aber noch wegen der Zweideutigkeit der Rolle, die dem Soloinstrument bei seinem Eintritt nach dem ersten orchestralen ›*tutti*‹ zugewiesen ist. Das in den ersten Sätzen der Konzerte von Mozart und Beethoven wahrnehmbare Prinzip, dem Solo bei jedem Eintritt etwa den Charakter einer vom Orchester unterstützten glänzenden Improvisation über das Material des vorangehenden ›*tutti*‹ zu geben, sichert ihm eine deutlich bestimmte Stellung, und während es ein gebührendes Gleichgewicht zwischen dem Orchester und dem Soloinstrument aufrecht hält, verleiht es dem Satz als einem Ganzen Kontrast.

Im vorliegenden Falle scheint es fast, als ob Brahms das Pianoforte absichtlich von seiner gesetzmäßigen Stellung als herrschender Faktor auf seinem eigenen Gebiete hätte herabsetzen wollen. Wohl fällt es mit acht Takten quasi improvisierender Wiederholung des Hauptthemas wieder ein; aber unmittelbar darauf sinkt es zu einer untergeordneten Rolle herab, als antwortende Stimme in einer Art Wechselduett mit dem Orchester, welchem es fast servil Bruchstück für Bruchstück während einer langen Reihe von Takten nachahmt. Diese Behandlungsmethode beraubt das Solo nicht nur seiner Wirkung, sondern sogar beinahe seiner *raison d'être*, und indem sie die Kontur des Satzes verwischt, ist sie wahrscheinlich die Hauptursache einer gewissen Ermüdung, zu der selbst Billroth sich bekannte und welche die meisten Leute nach Anhören des ganzen Werkes empfinden. Hier ist kaum der geeignete Platz, im einzelnen den Satz zu besprechen, der – bei aller Großartigkeit – kaum die hohen Erwartungen erfüllt, welche sein herrlicher Eingang verheißt. Ein Vergleich mit dem ersten Satz des Beethovenschen Klavierkonzerts in Es dur wird die obigen Bemerkungen klar machen, um so mehr, als der Grundentwurf beider Kompositionen ziemlich derselbe ist. Dem dritten und vierten Satz des Brahmsschen Konzerts kann man ebenso leicht folgen wie dem zweiten. Das Andante ist inbrünstig und melodisch; das Finale bietet dem Ohr einen köstlichen Klangzauber, der von Anfang bis zu Ende mit anmutiger Lebendigkeit funkelt.

Dieses Konzert ist, wie sein Vorgänger, manchmal eine Symphonie mit obligatem Klavier genannt worden. Der Vergleich ist in beiden Fällen irreführend. Beide Werke basieren im wesentlichen auf der modernen Konzertform, wie solche von Mozart festgestellt wurde.

Das Konzert in B dur, 1882 erschienen, wurde von Brahms »seinem lieben Freund und Lehrer Eduard Marxsen« gewidmet. Es wurde zum erstenmal in England von Oskar Beringer in einem Konzert im Kristallpalast am 14. Oktober 1882 vorgetragen. Die Verfasserin spielte es in London am 13. Dezember 1888 in ihrer Matinee bei den Herren Broadwood und am 14. Februar 1891 bei ihrem Privatkonzert in der königlichen Musikakademie *(Royal Academy of Music)* – in des Komponisten Arrangement des Orchesterparts für zwei Klaviere –: beim ersten Anlaß unter freundlicher Begleitung der Herren Otto Goldschmidt und Stephen Kemp, beim zweiten der Herren Stephen Kemp und Septimus Webbe. Frederic Lamond führte es der Zuhörerschaft des Philharmonischen Vereins in *St. James'Hall* am 14. Mai 1891 vor. Seit dieser Zeit ist das Konzert häufig von Leonard Borwick in Großbritannien gespielt worden. Fräulein Marie Baumeyer in Wien war die erste Dame, die das ungeheuer schwierige Werk vortrug; sie spielte es in Graz 1883 und später, in Gegenwart des Komponisten, in einem ihrer Konzerte in Wien.

Die übrigen Herausgaben des Jahres 1882 waren ein Heft Romanzen und Lieder für eine oder für zwei Stimmen und zwei Hefte Lieder für eine Stimme. Die beiden Ouvertüren und »Nänie« erschienen, wie schon erwähnt wurde, 1881.

Brahms stattete Hamburg im Frühling 1882, zur Freude seiner dortigen Freunde, einen vierzehntägigen Besuch ab. Er hatte eine Einladung angenommen, beim alljährlichen Karfreitagskonzert für geistliche Musik im Stadttheater sein »Requiem« zu dirigieren, und er kam eben zu rechter Zeit an, um die letzten Proben zu leiten. Der Chor von 200 Stimmen bestand aus den Mitgliedern der »Bach-Gesellschaft«, vereint mit dem Opernchor. Die Aufführung, welche am 7. April stattfand, hatte etwas vom Charakter einer Gedächtnisfeier, und das Publikum enthielt sich gebührenderweise des Beifallklatschens, obschon die sechste Nummer einen Eindruck hervorbrachte, der sich hörbar machen wollte. Am Schluß des Konzerts wurde dem Komponisten im Namen aller Anwesenden ein herzliches Dankvotum gespendet.

Der Meister verweilte zum zweiten Mal während der Sommermonate in Ischl. Billroth, der in der Nähe war, schreibt im August 1882 von ihm:

»Vom 15. September bis 1. Oktober möchte ich in Oberitalien bummeln. Brahms hatte Lust, mitzureisen ... Er war in jüngster Zeit sehr fleißig; drei Liederhefte sind im Druck. Ein Streichquintett (op. 88) und ein Trio (op. 87) sind fertig, beide einfacher, kürzer, heiterer als seine früheren Sachen; er strebt bewußt nach größerer Kürze und Einfachheit. Ein wahres Kunstwerk schickte er mir neulich im M. S.: das ›Parzenlied‹ aus Goethes ›Iphigenie‹. Sehr tief und doch einfach.«

Die Reise nach Italien fand pünktlich statt; die vorgeschlagene Gesellschaft zu zweit wurde durch Hinzukommen von Ignaz Brüll und Simrock auf vier erhöht. Die ursprünglichen Pläne mußten der ausnahmsweise nassen Jahreszeit wegen eine Änderung erfahren und die Hauptorte, die besucht wurden, waren Vicenza, Padua und Venedig.

Brahms' Kreis intimer Freunde in Wien war ziemlich der gleiche geblieben, wie wenige Jahre nach seiner Ankunft in der österreichischen Hauptstadt. Den Kern desselben bildeten die Fabers, Billroths und Hanslicks, zu denen wir noch Joachims Verwandte, die verschiedenen Mitglieder der Familie Wittgenstein, zählen müssen – darunter Frau Franz und Frau Dr. Oser. Eine Bekanntschaft mit Herrn Victor von Miller zu Aichholz und seiner Gattin war mittlerweile zu warmer Freundschaft gereift und ihr Haus wurde eines von jenen, deren Gastfreundschaft am liebsten und häufigsten von dem Meister angenommen wurde. Unter den Musikern war Carl Ferdinand Pohl, der Haydn-Biograph, seit

1866 Archivar der »Gesellschaft der Musikfreunde«, einer seiner liebsten Freunde. Zu den führenden Professoren vom Konservatorium blieben seine Beziehungen sehr herzliche, und unter den jüngeren Musikern, auf die er, außer seinen ersten Verbündeten Goldmark, Gänsbacher und Epstein, seine freundliche Achtung erstreckte, sind noch Anton Door und Robert Fuchs zu erwähnen. Des Gefühls warmer Freundschaft, das zwischen Brahms und Johann Strauß bestand, ist in mehreren wohlbekannten Anekdoten gedacht worden. Aber der Herbst 1881 brachte eine Familie zu bleibendem Aufenthalt nach Wien, die binnen kurzem ein bemerkenswerter Zuwachs für des Meisters vertrauten Kreis werden sollte. Besondere Umstände führten zu dem raschen Entstehen eines Freundschaftsbandes zwischen Brahms und den Neuhinzugekommenen, Dr. Fellinger und Frau. Erstens waren sie mit Frau Schumann und ihren Töchtern befreundet und hatten daher schon sofortigen Anspruch auf sein freundliches Entgegenkommen, den er anerkannte, indem er sie sobald als möglich nach ihrer Ankunft besuchte. Zweitens wurde sein Interesse durch die Tatsache wachgerufen, daß Frau Dr. Fellinger die Tochter von Frau Professor Lang-Köstlin war, der begabten Josephine Lang, deren anziehende Persönlichkeit und deren Kompositionstalent einen so starken Eindruck auf Mendelssohn machte, als er ein Jüngling von einundzwanzig Jahren und etwa sechs Jahre älter als die Dame war. Die Geschichte Josephines, welche mit sechsundzwanzig Jahren Professor Köstlin von Tübingen heiratete, ist in Hillers »Tonleben« wiedergegeben, und man kann Mendelssohns Glückwünsche an den erwählten Bräutigam im zweiten Band der »Briefe« nachlesen. Das Talent für die Künste, welches ihr als ein Familienerbstück zugefallen war, wurde – obschon mit einem Unterschied – auf ihre Tochter übertragen: Frau Dr. Fellingers Gaben haben sie besonders mit den bildenden Künsten verknüpft; erstlich mit der Malerei, später sind sie in der musikalischen Welt bekannt geworden durch ihre Büsten und Statuetten von Brahms, Billroth und anderen, die zu ihrem Kreis gehörten. Ihre Photographien unseres Meisters sind jetzt den meisten Musikliebhabern bekannt. Wenn wir hinzufügen, daß Brahms in Dr. Fellingers gastfreiem Haus nicht nur geistesverwandte Teilnahme fand, sondern auch in freiem Verkehr mit einem einfachen, liebevollen Familienkreis stand, worin er das ganze Leben hindurch

Brahms Sommerwohnung in Ischl.

eine Hauptquelle des Glückes gefunden hat, wird man leicht begreifen, daß er daselbst ein immer häufigerer Gast wurde, bis es ihm in den letzten Jahren seines Lebens fast zum zweiten Heim wurde.

Zwei von des Meisters neuen Werken, das Klaviertrio in C dur, welches zum Teil während des Sommer 1881 komponiert war, und das Streichquintett in F dur, von dem jeder Satz das Datum: »Im Frühling 1882« trägt, wurden im Oktober bei Billroth in Wien von Brahms und dem Hellmesberger-Quartett gespielt. Diese Kompositionen und ein neues Chorwerk, das »Parzenlied«, welche zusammen die von Simrock verzeichneten Veröffentlichungen des Jahres 1883 bilden, wurden in die musikalische Welt während einer von dem Meister unternommenen mehrwöchigen Reise im Winter 1882–83 eingeführt. Eine interessante Eintragung in Frau Schumanns Tagebuch sagt:

»Donnerstag den 21. hatte ich mir Koning und Müller gebeten, um Brahms' neues Trio in C dur kennen zu lernen. Wer überrascht uns dabei? – Er selbst. Er kam von Straßburg und will das Weihnachtsfest bei uns bleiben. Ich spielte erst das Trio, dann nochmal er.«

Beide Werke wurden am 29. Dezember 1882 im Museums-Kammermusik-Konzert aufgeführt, das Quintett von der Heermann-Müller-Vereinigung, das Trio von Brahms, Heermann und Müller.

Unter den ersten Aufführungen des Trios waren jene vom 17. Januar 1883 in Berlin (Trio-Konzerte: Barth, de Ahna, Hausmann), vom 22. in London (*Monday Popular Concert:* Hallé, Madame Neruda, Piatti) und die Hellmesbergers in Wien am 15. März.

Das Trio zählt noch immer nicht zu den allgemein bekanntesten von des Meisters Kompositionen; aber es ist, wie die Verfasserin glaubt, endgültig dazu bestimmt, unter den Lieblingswerken seiner letzten Periode ein langes Leben zu haben. Es enthält keine Spur von dem »himmelanstürmenden Johannes«, aber es ist ihm, besonders im ersten Satz, ein reicher, warmer Hauch zu eigen, der die Reife eines Mannes kennzeichnet, dem die Erfahrungen des Lebens ihre eigene Lösung seiner Probleme gebracht haben, die die Ansprüche der Jugend – wenn auch nicht ganz befriedigt, so doch beruhigt hat. Das Thema des zweiten Satzes ist wahrscheinlich auf ein Volkslied gegründet, und von dessen fünf Variationen sind vier sanft klagend und zart. Der dritte Satz ist dadurch besonders interessant, daß er eines der wenigen echten Scherzi enthält, die Brahms überhaupt komponiert hat und dessen dämonischer Geist durch den warmen melodischen Triosatz gelindert wird. Das Finale sprudelt vor Scherz.

Das Streichquintett in F dur ist größtenteils heiter, bestimmt und leicht zu verfolgen. Als einer seiner besonderen Züge ist die Kombination der üblichen beiden Mittelsätze in dem zweiten Satz zu erwähnen. Es wurde in Hamburg am 22. Januar von Bargheer und am 23. in Berlin von Joachim und deren Kollegen aufgeführt (beiläufig bemerkt war im Joachim-Quartett zu dieser Zeit Hausmann als Violoncellist Müllers Nachfolger geworden); von Hellmesberger am 15. Februar und im *Monday Popular Concert* in London am 5. März.

Brahms dirigierte die erste Aufführung des »Parzenliedes« in Basel am 8. Dezember 1882. Vortrefflich von den Mitgliedern des Baseler Chorvereins gesungen, hatte das Werk einen außerordentlichen Erfolg und wurde nach Neujahr auf allgemeinen Wunsch wiederholt. Ähnliche Resultate hatten die Aufführungen in anderen Städten, von denen besonders Straßburg und Krefeld zu nennen wären. Das Programm des Krefelder Konzerts enthielt den fünften Satz des »Requiems«. »Wie ist Ihr Tempo?« fragte Brahms am Morgen der Aufführung Fräulein Kufferath, die das Solo singen sollte. Die Dame, welche die Frage von seiten des Komponisten nicht für Ernst nahm, blieb ihm die Antwort schuldig. »Nein, es ist mein Ernst; Sie werden ›die getragenen Töne aushalten‹ müssen. Na, wir werden uns schon verstehen«, fügte er hinzu; »singen Sie nur, wie Sie es fühlen, und ich werde mit dem Chor folgen.«

Das sind charakteristische Worte und wertvoll in mehr als einer Beziehung. Die metronomischen Zeichen, die sich über den verschiedenen Sätzen des »Deutschen Requiems« befinden, wurden von Reinthaler mit Brahms' Erlaubnis hinzugefügt, und der Meister legte denselben, wie jenen, die in »Rinaldo« und »Nänie« stehen, nur ein sehr begrenztes Gewicht bei.[1] Ein absolutes und allgemein »richtiges« Tempo für ein echtes Musikstück exi-

1 »Ich kann freilich nicht mit dem Metronom umgehen«; Brahms–Levi-Briefwechsel, S. 112.

stiert nicht. Das Tempo muß gewissermaßen, je nach der feinen Veranlagung des Ausführenden, schwanken, und der Instinkt des Vortragenden oder des Dirigenten wird in der Regel innerhalb verständiger Grenzen ein verläßlicherer Führer sein, als das, was im besten Fall auch dann bloß eine mechanische Bezeichnung bleibt, wenn der Komponist selbst es darüber gesetzt hat.

Das »Parzenlied«, das auf Brahms' ganzer Tournee durch Deutschland und die Schweiz mit Begeisterung aufgenommen wurde, hatte nicht denselben Erfolg in Wien, wo man es zum erstenmal im Gesellschaftskonzert vom 18. Februar 1883 unter Gericke hörte. Die strenge Einfachheit der Musik, die mit der gesammelten, entsagenden Ruhe der Verzweiflung majestätisch vorwärts schreitet, verleiht dem Goetheschen Gedicht eine außerordentliche Kraft, aber sie spricht nicht jede Zuhörerschaft an, und das Werk ist nie ein auserwählter Liebling der österreichischen Kaiserstadt geworden. Das Lied ist für sechsstimmigen Chor und Orchester gesetzt, in schlichteren harmonischen Massen und mit geringerem Aufgebot kontrapunktischer Kunst, als wir gewöhnlich in Werken von Brahms finden, der seine Musik hier wie in der »Nänie« dem klassischen Geist des Textes angepaßt hat. Eine seltsame Abweichung jedoch von der unwandelbaren Strenge der Worte, die im Laufe des Werkes vorkommt, bietet ein merkwürdiges Beispiel für des Komponisten unbesiegbaren Idealismus. Schon wurde geeigneten Ortes des poetischen Mittels Erwähnung getan, durch welches er die düstere Stimmung von Hölderlins »Schicksalslied« zu mildern suchte – die Hinzufügung eines orchestralen Nachspiels, das die Botschaft zarten Trostes aushaucht, welche der Dichter kaum in Worten hätte ausdrücken können. In Schillers »Nänie« leiht die Klage mit all ihrer Ruhe einem Gefühle mitleidigen Kummers Ausdruck, der durch des Meisters Musik vollkommen wiedergegeben wird. Aber Goethes Parzen, in ihrer gemessenen Erzählung von der Götter unnachgiebiger Grausamkeit, die sie nach des Dichters Voraussetzung beim Falle des Tantalus gesungen haben sollen, scheinen keine mögliche Gelegenheit zu bieten, um auch nur inartikuliert dem Erbarmen Ausdruck zu verleihen. Am allerwenigsten hätte man gedacht, daß irgendeine Konzession an das Verlangen des menschlichen Herzens in der vorletzten Strophe ihres Liedes zu finden wäre:

»Es wenden die Herrscher
Ihr segnendes Auge
Von ganzen Geschlechtern
Und meiden im Enkel
Die ehmals geliebten
Still redenden Züge
Des Ahnherrn zu seh'n.«

Unser Brahms jedoch, der trotz seines zunehmenden Gewichts, seines ergrauenden Bartes, seines häufig rauhen Benehmens, mit fünfzig Jahren in seinem innersten Herzen dasselbe Wesen blieb, das wir als liebevolles Kind von sieben Jahren, als einfachen Jungen von vierzehn und als tieftrauernden Mann von dreißig beobachtet haben, der am Totenbett seiner Mutter schluchzte – kann es nicht lassen, das schreckliche Düster seines Themas wenigstens durch einen Strahl zu erhellen. Er scheint seine Aufmerksamkeit beim Komponieren der vorletzten Strophe auf die vergangene Güte der Götter gerichtet zu haben und findet so vielleicht eine Art Vorwand für gegenwärtiges Hoffen. Inwieweit der Musiker berechtigt war, so augenscheinlich von der Absicht des Dichters abzuweichen, müssen wir der Entscheidung des Hörers selbst überlassen. Wenn es wirklich der Fall ist, wie manchmal behauptet wird, daß die Abweichung im musikalischen Interesse des Stückes als Kunstwerk vom Komponisten gemacht wurde, so kann man nicht eben behaupten, daß sie ihren Zweck erreicht habe; denn der auffallende Mangel an Übereinstimmung zwischen Musik und Worten in der fraglichen Strophe übt eine störende Wirkung auf den Geist des Zuhörers aus. Wir glauben aber, daß die wahre Erläuterung für des Meisters Verfahren tiefer zu suchen ist und in der Natur des Menschen zu finden wäre, in welcher die des Künstlers wurzelte.

Das »Parzenlied« wurde »Seiner Hoheit Georg, Herzog von Sachsen-Meiningen« gewidmet und in ein Brahms-Programm aufgenommen, das am 2. April 1883 in Meiningen aufgeführt wurde, um des Herzogs Geburtstag zu feiern. Das völlige Zusammenbrechen von Bülows Gesundheit zwang diesen, sich auf eine Zeitlang von seinen Kapellmeisterpflichten zurückzuziehen, und bei diesem Anlaß teilte sich Brahms mit Hofkapellmeister Franz Mannstädt, der zu Bülows Stütze ernannt worden war, in die Direktion. Nach einigen Tagen, die er im herzoglichen Schloß verlebte, kehrte Brahms auf Umwegen nach Wien zurück, indem er noch einen kurzen Besuch in Hamburg abstattete, um in einem von Julius Spengel, dem begabten jungen Dirigenten des »Cäcilien-Vereins«, zusammengestellten Brahms-Programm mitzuwirken. Es war dies die erste von mehrfachen Gelegenheiten, bei denen der Meister seine Anerkennung von Spengels Talent und Musikbegabung bewies, indem er sich an den Konzerten des Vereins beteiligte.

Brahms feierte seinen fünfzigsten Geburtstag, indem er seine Freunde Faber, Billroth und Hanslick zu einem Junggesellensouper einlud; er verließ Wien zwei Tage darauf, um bei dem Niederrheinischen Musikfest, das diesmal während der zweiten Maiwoche in Köln abgehalten wurde, sein Klavierkonzert in B dur vorzutragen und seine zweite Symphonie zu dirigieren. Während des Sommers war er damit beschäftigt, eine dritte Symphonie zu vollenden, an der er das Jahr vorher gearbeitet hatte; er bezog in Wiesbaden eine Wohnung, die der berühmte Maler Ludwig Knaus innegehabt hatte, in dessen früherem Studierzimmer – jetzt Brahms' Musikzimmer – das Werk vollendet wurde. Bei einem Musikfest in Koblenz, das im Juli abgehalten wurde, fand er willkommene Gelegenheit, viele seiner Freunde zu treffen.

Es war dem Komponisten bekannt, daß im Haus Geisbergerstraße 19, eine Etage tiefer als Frau von Dewitz, bei der er sich eingemietet hatte, eine schwächliche ältere Dame wohnte. Wenn er daher des Abends nach seiner Wohnung zurückkehrte, entledigte er sich jedesmal erst der Stiefel und bewerkstelligte seinen Aufstieg in Socken, damit ihre Ruhe nicht gestört werde. Die Anekdote ist eine von vielen ähnlicher Art, die der Verfasserin von Brahms' intimen Genossen mitgeteilt worden sind. Doch sollten Beispiele von anderer Art auch nicht übergangen werden.

Eine Privataufführung der neuen Symphonie, diesmal für zwei Pianofortes arrangiert, wurde von Brahms und Brüll wie gewöhnlich bei Ehrbar veranstaltet und erregte große Erwartungen für die Zukunft des Werkes. Unter den Zuhörern befand sich ein Musiker, der bis dahin keinen Verdacht hatte aufkommen lassen, daß er für des Meisters Kunst eingenommen sei; dieser verlieh seiner begeisterten Bewunderung der Komposition jetzt Ausdruck. »Haben Sie mit X. gesprochen?« wurde Brahms von dem jungen Ehrbar gefragt; »er hat mir gesagt, daß er ganz entzückt von dem Werke sei.« »Haben Sie ihm auch gesagt, daß er sehr oft lügt, wenn er Mund auftut?« entgegnete zornig der Komponist, der sich nie dazu bringen konnte, die Demütigung eines Kompliments über sich ergehen zu lassen, wenn er argwöhnte – in diesem Fall vielleicht ungerechterweise –, daß es unaufrichtig sei.

Eine entsetzlich grobe Antwort erteilte er eines Abends bei einer ersten Gewandhausaufführung. Wir müssen gestehen, daß Brahms selten in glücklichster Stimmung war, wenn er Leipzig besuchte; er wußte wohl, daß seine Musik von dem dortigen offiziellen »Ring« nicht geschätzt wurde, und nahm alle wohlgemeinten Versuche, diese Tatsache zu ignorieren, mit Mißtrauen entgegen. »Und wohin werden Sie uns heute Abend führen, Herr Doktor?« fragte einer vom Komitee einige Minuten vor Beginn des Konzerts mit Verbindlichkeit, während er seine weißen Glacéhandschuhe glättete; »in den Himmel oder in die Hölle?« »Es ist mir Wurst, wohin Sie gehen,« erwiderte Brahms.

Die erste Aufführung der Symphonie in F dur (Nr. 3) fand in Wien im Philharmonischen Konzert vom 2. Dezember statt, unter Hans Richter, der, nach Hanslick, ursprünglich für den Ausdruck »die Brahmssche Eroica« verantwortlich zu machen ist, mit dem sie gelegentlich bezeichnet wurde. Ob der Einfall ein glücklicher war oder nicht, keinesfalls sollte ein solcher Ausspruch, wahrscheinlich vom Impuls des Moments diktiert, sehr ernst genommen werden.

Nichts von der ruhigen Herbststimmung, die wir in des Meisters Kammermusik dieser Periode beobachtet haben, ist in einer seiner Symphonien nachzuweisen; die dritte, wie ihre Genossinnen, stellt ihn auf dem Zenit seines Schaffens dar, glücklich arbeitend in dem Bewußtsein absoluter Beherrschung der Mittel seiner Kunst. Ob wir sie nun nach ihrer Wirkung als ganzes Werk beurteilen, oder Satz für Satz studieren; ob jeder einzelne Satz als ein Ganzes angehört, oder nach den einzelnen Teilen analysiert werden soll – nirgends finden wir ein Aussetzen der Begeisterung, nirgends einen Makel der Ausarbeitung. Jedes Thema ist treffend und prägnant, und wenn auch mit dem Vorhergehenden kontrastierend, scheint es doch unumgänglich für jenen Satz oder jene Stelle bestimmt, wo es eben steht; während die thematische Arbeit so meisterhaft ist, daß es fast lächerlich scheint, vom Bewundern derselben zu sprechen. Der letzte Satz schließt mit einer sehr schönen und echt Brahmsschen Coda. Die dritte Symphonie ist leichter aufzufassen als die erste und hat einen weiteren Horizont als die zweite. Sie ist von wesentlich objektivem Charakter und gehört durchaus dem Gebiet absoluter Musik an.

Die hohe und ruhmvolle Stellung, die sich der große Meister mit der Zeit in der Achtung seiner Zeitgenossen errungen hatte, machte es natürlich bei Konzertveranstaltern und Direktoren zum Gegenstand des Wettbewerbs, seine Werke zuerst aufzuführen; dies war bei dem seltenen Ereignis einer neuen Symphonie besonders der Fall, da sie ihrer unmittelbaren Vorgängerin nach einem Zwischenraum von sechs Jahren folgte. Brahms jedoch, der in dieser Sache seigene eigene Meinung hatte, wie in allen Dingen, die ihm wichtig erschienen, hatte beinahe sofort nach Vollendung der dritten Symphonie an Joachim geschrieben, um sie ihm für eine zweite Aufführung in Berlin anzubieten. Dieses Verfahren wäre nicht einmal bemerkenswert im Hinblick auf die vertraute Freundschaft, welche – kaum von vorübergehenden Schatten verdunkelt – die beiden Musiker seit siebenundzwanzig Jahren verbunden hatte, wenn nicht seit Ende 1880 eine Unterbrechung ihres früheren intimen Verkehrs stattgefunden hätte. Um die Worte von Joachims Biographen zu zitieren: »Brahms hatte in Joachims ehelichem Zwist die Partei der Frau ergriffen und dem Freunde gegenüber sowohl mündlich (beim Musikfest in Koblenz, Juli 1883) wie schriftlich in einer Weise vertreten, die Joachim bis ins Innerste erfaßte und verwundete.«[1] Als es daher bekannt wurde, daß Joachim beabsichtigte, infolge von Brahms' Wunsch dessen Symphonie bei einem der Abonnementkonzerte der königlichen Akademie der Künste in Berlin zu dirigieren, erweckte es mancherlei Enttäuschung und Mißvergnügen. Die Sache wurde erst endgültig entschieden, als der Komponist in einem zweiten Brief an den alten Freund seinen »dringenden Wunsch« wiederholte, die Aufführung den Händen Joachims anzuvertrauen. Diese Vorfälle führten zur Erneuerung eines gelegentlichen Briefaustausches zwischen Brahms und Joachim betreffs geschäftlicher Angelegenheiten in musikalischen Dingen; obschon ihr persönlicher Verkehr erst wieder nach einem weiteren Zwischenraum von einigen Jahren aufgenommen wurde.

1 Brahms–Joachim-Briefwechsel, herausgegeben von Andreas Moser. Vorwort.

Man hörte daher die Symphonie zum zweitenmal am 4. Januar 1884 unter Joachim in Berlin, und sie wurde von allen Teilen des Publikums und der Presse enthusiastisch aufgenommen. Sie wurde im selben Monat dreimal in der deutschen kaiserlichen Hauptstadt unter des Komponisten Taktstock wiederholt.

Eine detaillierte Schilderung des Siegeszuges des neuen Werkes von Stadt zu Stadt ist nicht mehr notwendig. Der Komponist wurde mit Einladungen überschüttet, die Symphonie aus dem Manuskript zu dirigieren; der von seiner Krankheit gesundete Bülow, entschlossen, sich nicht in seiner Begeisterung übertreffen zu lassen, setzte sie zweimal, als zweite und als vierte Nummer, auf ein Meininger Programm von fünf Werken. Sie wurde in Düsseldorf beim Niederrheinischen Musikfest dieses Jahres unter Leitung des Komponisten gegeben und nach ihrem Erscheinen wurde sie in allen hervorragenden musikliebenden Städten von Deutschland, Großbritannien, Holland, Rußland, der Schweiz und den Vereinigten Staaten aufgeführt.

In einem Bericht über eine Aufführung der Symphonie in einem Philharmonischen Konzert in Hamburg unter Brahms (im Dezember), welche drei Wochen nach einer solchen unter von Bernuths Leitung folgte, sagt der Kritiker des »Correspondenten«:

> »Die Ausdrucksweise, welche sich bei Brahms zum höchst eigenartigen, individuellen Stil, zu einer persönlichen Manier entwickelt hat, weicht in feingefühlten rhythmischen und harmonischen Akzenten und Wendungen von allem Gewohnten in oft so ungeahnter Weise ab, daß dadurch die Auffassung und das Verständnis seiner Absichten einem Dritten nur möglich würde, wenn derselbe der Tonempfindung des Meisters völlig kongenial oder wenn er von einer divinatorischen Inspiration emporgetragen wäre.«

Die Verfasserin nimmt ein besonderes Interesse daran, diese Zeilen zu zitieren, weil sie auffallend mit dem Eindruck übereinstimmen, den sie selbst bei Anhören eines oder des anderen Werkes von Brahms, das unter seiner Leitung gegeben wurde, empfing.[1]

1 Als Joachim nach der ersten Berliner Aufführung der Symphonie an Brahms schrieb, erwähnte er, daß das zweite Thema des letzten Satzes ihm unwiderstehlich das Bild Leanders vorzauberte, wie er gegen die sturmgepeitschten Wogen ankämpft, um quer über den Hellespont zu Hero zu schwimmen. »Ob das weitab von Deinem eigenen Empfinden lag?« fragt er (Briefwechsel 426). Der Verfasserin scheint es wahrscheinlich, daß sich das Bild Joachim – der nebenbei

Die Veröffentlichungen des Jahres 1884 waren außer der dritten Symphonie zwei Lieder für Altstimme mit Viola und Pianoforte, deren zweites das »Geistliche Wiegenlied« ist, das bereits als eine der Kompositionen von 1865 erwähnt wurde; zwei Reihen von vierstimmigen Liedern, das eine für Solostimmen mit Pianofortebegleitung (op. 92), das andere für gemischten Chor *a cappella* (op. 93 a), und zwei Hefte Lieder, op. 94 und 95.

Zu dieser Zeit war Brahms sozusagen in die dritte Periode seiner Tätigkeit als Liederkomponist eingetreten – eine Periode, in der er häufig Texte wählte, die von Einsamkeit oder Tod sprachen. Die wunderbare Schönheit seiner Vertonung dieser Themen dringt bis tief in die Seele, und durch die bloße Kraft ihres Pathos' bringt sie dem Hörer die Überzeugung, daß der Komponist die Gefühle des eigenen Herzens ausspricht. Stockhausen, als er das Lied »Mit vierzig Jahren« (op. 94 Nr. 1) aus dem Manuskript unter des Komponisten Begleitung versuchte, war so bewegt während dessen Vortrag, daß er außerstande war, es gleich zu Ende zu singen. Unsere Bemerkungen beabsichtigen aber durchaus nicht den Eindruck hervorzubringen, als habe Brahms zu dieser Zeit ausschließlich oder auch nur gewöhnlich Gedichte melancholischer Richtung gewählt.

Mit vierzig Jahren

Von Friedrich Rückert (1788–1866)

Mit vierzig Jahren ist der Berg erstiegen,
Wir stehen still und schau'n zurück,
Dort sehen wir der Kindheit stilles liegen
Und dort der Jugend lautes Glück.

bemerkt gar nicht zu sogenannten »poetischen« Interpretationen neigte – nicht direkt durch Brahms' Musik vorstellte, sondern durch eine unbewußte Gedankenverbindung zwischen dem fraglichen Thema und dem Eingangsthema zu Schumanns Phantasiestück »In der Nacht«, mit dem es eine gewisse entfernte Ähnlichkeit hat und worin Schumann nach Vollendung der Komposition eine musikalische Darstellung der berühmten Sage entdeckte und seine Freunde zu finden lehrte. Nicht ohne Wert für jene, welche zu einem wahren Verständnis für Brahms' musikalische Persönlichkeit zu gelangen wünschen, ist der Umstand, daß unser Meister viele Jahre später aus Anlaß und im Laufe eines Gesprächs über Programm-Musik zu einem Freunde äußerte, daß diese Vorstellung Joachims ein Beispiel für die Tendenz einiger Gemüter sei, sich die Eindrücke des Klanges in Gedanken zu verbildlichen und das in Frage stehende Bild Joachims »ließe sich auch denken«; daß aber, was ihn selbst beträfe, Musik ihm selten eine malerische Idee – irgend ein Programm – eingäbe.

Noch einmal schau', und dann gekräftigt weiter
Erhebe deinen Wanderstab!
Hindehnt ein Bergesrücken sich, ein breiter,
Und hier nicht, drüben geht's hinab.

Nicht atmend aufwärts brauchst du mehr zu steigen,
Die Eb'ne zieht von selbst dich fort;
Dann wird sie sich mit dir unmerklich neigen,
Und eh' du's denkst, bist du im Port.

Da wir des Meisters Gewohnheit kennen gelernt haben, seine großen Werke paarweise hervorzubringen, so sind wir darauf vorbereitet, ihn diesen Sommer (1884) beim Schaffen einer vierten Symphonie zu finden. Durch die Eindrücke einer vierten Reise nach Italien aufgefrischt, ließ er sich mit seiner Arbeit in Mürzzuschlag, am Fuß des Semmering, nieder. Hier besuchten ihn im Laufe der Saison Frau Reinthaler und ihre Tochter, seine einstige Freundin Musi, die jetzt zur jungen Dame herangewachsen war; da sie aus einem bestimmten Grund in Wien weilten, genossen sie nun ein oder zwei Tage in einer Wohnung, die Brahms in der Nähe seiner eigenen köstlich gelegenen Behausung für sie gemietet hatte. Er besuchte sie auch in Wien und brachte den größten Teil eines Morgens damit zu, ihnen seine kostbare Sammlung von Autographen und anderen Schätzen zu zeigen. »Ja, das wäre etwas gewesen, um es seiner Frau zu schenken«, war seine Antwort, als die Damen ihr Entzücken äußerten. Unter seiner Sammlung musikalischer Autographe befanden sich zwei, je auf verschiedenen Seiten eines einzigen Blattes geschrieben – eins von Beethoven, das Lied »Ich liebe dich«; das andere von Schubert, ein Teil einer Klavierkomposition. Diese, mit Brahms' autographischem Namenszug am unteren Ende der einen Seite – »Joh. Brahms, im April 1872« – bildet ein Dreiblatt, das einzig in seiner Art ist. Es gehört jetzt der Bibliothek der »Gesellschaft der Musikfreunde« und befindet sich unter Glas und Rahmen.

Die Gesellschaft Hanslicks, der mit seiner Frau hinauskam, um einen Teil des Sommers in der Nähe von Mürzzuschlag zu verbringen, war Brahms angenehm. Die Abreise seiner Freunde am Schluß der Saison in Gesellschaft einiger gemeinsamer Wiener Bekannten bewog den Komponisten zu einem Höflichkeitsakt, der bei ihm etwas ganz Ungewöhnliches war und in seinen Folgen ihm einen beinahe komischen Ärger verursachte, der in ein paar kurz darauf an Hanslick gerichteten Briefen zum Ausdruck kam:

»Liebster Freund!

Da steh' ich nun mit Rosen und Gelbveigelein, das heißt mit einem Körbchen voll Früchten, Likören und Kuchen! Sie sind aber wohl mit dem früheren sonntäglichen Extrazug durchgefahren? Ich habe am Bahnhof schönen und seltenen Effekt gemacht als artiger Mann! Jetzt jubeln die Kinder über den Kuchen...«

Und als er fand, daß er sich in der Abfahrtszeit des Zuges geirrt hatte und eine Viertelstunde zu spät gekommen war:

»Wie so eine Dummheit Einem den Tag verderben und hernach der Gedanke daran immer wieder kommen und Einen plagen kann; hoffentlich kennst Du das nicht so gründlich wie ich, der ich mir nur zu oft so ärgerlichen Katzenjammer bereite...«

Später, nachdem er über andere Dinge geschrieben hatte, fügt er hinzu:

»Ich hoffe, die Damen vom Professor Schmidt schildern meine Promenade mit dem Körbchen nicht gar zu lebhaft in Wien! Sonst möchten meine sonstigen, bis jetzt wenig verwöhnten Freundinnen aufhören so anspruchslos zu sein.«[1]

Die Reisen im Winter 1884–85 schlossen Hamburg, Bremen und Oldenburg mit ein, und in deren Verlauf sang Hermine Spieß, eine der beliebtesten jüngeren Interpretinnen Brahmsscher Lieder, eine köstliche Auswahl davon unter des Komponisten Begleitung und mit überwältigendem Erfolg. Der frühe Tod dieser begabten Künstlerin, bald nach ihrer Heirat, verursachte dem Meister, dessen besonderer Liebling sie war, tiefen und aufrichtigen Kummer. Brahms ging auch nach Krefeld, wo das »Tafellied«, das bei seinem Erscheinen »den Freunden in Crefeld zur Erinnerung an den 28. Januar 1885« gewidmet wurde, an dem obengenannten Tag nebst einigen der neuen mehrstimmigen *a cappella*-Gesänge und anderen Werken des Komponisten zum Jubiläum des Krefelder Konzertvereins gesungen wurde. Die Originalpartitur des »Tafelliedes« ist im Besitz des Herrn Alwin von Beckerath, dem sie von Brahms mit einer freundlichen Widmung geschenkt wurde.

1 Von Hanslick in der »Neuen Freien Presse« vom 1. Juli 1897 veröffentlicht.

Einundzwanzigstes Kapitel

1885–1888

Wiener Tonkünstlerverein – Vierte Symphonie – Hugo Wolf – Brahms in Thun – Drei neue Kammermusikwerke – Erste Aufführungen der zweiten Violoncello-Sonate durch Brahms und Hausmann – Doppelkonzert – Frau Cölestine Truxa – Marxsens Tod – Grieg und Tschaikowsky – Eugen d'Albert – Die »Zigeunerlieder« – Conrats Übersetzung aus dem Ungarischen – Brahms und Jenner – »Zum roten Igel« – Ehrbars Spargelfrühstücke – Dritte Sonate für Pianoforte und Violine

Aus dem Anfang des Jahres 1885 ist dem Leser kein Ereignis ungewöhnlichen Interesses zu berichten. Der größere Teil desselben wurde von Brahms in seiner gewohnten Weise in Wien zugebracht. Man sah ihn meistens bei den allwöchentlichen Zusammenkünften des Tonkünstlervereins, einem Musikerklub, den Epstein, Gänsbacher und andere gegründet hatten und zu dessen lebenslänglichem Ehrenpräsidenten der Meister eingewilligt hatte ernannt zu werden. An den Montagabenden schloß sich an die Unterhaltung ein musikalisches Programm, das zuweilen von einem zwanglosen Souper gefolgt war. Brahms saß für gewöhnlich nicht im Musikzimmer, sondern blieb in einem kleineren Gemach, wo er rauchte und mit Freunden beiderlei Geschlechts gemütlich plauderte. Sein Kommen wurde der versammelten Gesellschaft immer sofort bekannt. »Brahms ist hier, Brahms ist gekommen!« flog es eilig von Mund zu Mund. Seine alte Vorliebe für Bewegung im Freien hatte mit den zunehmenden Jahren nicht nachgelassen, und die Gewohnheit der Sonntagsausflüge aufs Land wurde aufrecht erhalten. Ein paar Freunde pflegten sich des Morgens vor dem Café Bauer, gegenüber der Oper, zu versammeln und fuhren dann mit der Bahn oder Trambahn hinaus aus der Stadt, um von da zu Fuß weiter zu wandern und spät abends heimzukehren. Brahms, der bei diesen Anlässen fast immer frohgelaunt war, ging gewöhnlich an der Spitze seiner Gefährten oder er gab mit den Vordersten den Weg an und, wie es bei ihm das ganze Leben hindurch der Fall gewesen war, betrachteten ihn seine Freunde als Mittelpunkt ihrer Vereinigung, ließen ihm seinen Willen und bewunderten ihn als eine Art Lieblingsorakel. Die Ausflüge begannen immer zur Zeit seiner Rückkehr nach Wien im Herbst und wurden bis zu seiner Abreise im Frühjahr mit ziemlicher Regelmäßigkeit durchgeführt. Nicht selten boten sie dem Komponisten Gelegenheit, seine Schlagfertigkeit im Antworten an den Tag zu legen, wie einmal im Zug, bei der Rückfahrt, als einer der Anwesenden einen gelehrten aber unmusikalischen Bekannten traf, mit dem Brahms in lebhafte Konversation geriet. »Sie können ja einmal mit uns marschieren, wenn es Ihnen angenehm ist, Herr Doktor; vielleicht nächsten Sonntag?« fragte Brahms. »Aber was soll ich, Saul, unter den Propheten!« »Na, dünken Sie sich denn gar so königlich?« erwiderte der Meister sofort.

Die vierte Symphonie wurde während des Sommers 1885 in Mürzzuschlag vollendet, wo Brahms dieses Jahr sich an der Gesellschaft des Ehepaars Dr. Fellinger und – unerläßlich für seinen völligen Genuß eines Familienkreises – deren Kindern erfreute. Als er eines Nachmittags von einem Spaziergang heimkehrte, fand er, daß ein Feuer in seinem Wohnhaus ausgebrochen war und daß seine Freunde eifrig beschäftigt waren, seine Papiere, und darunter das nahezu vollendete Manuskript der neuen Symphonie, in den Garten zu tragen. Unverzüglich half er beim Löschen, während Frau Fellinger draußen saß, ihre Arme über die kostbaren Papiere breitend, die zu ihren beiden Seiten aufgehäuft lagen. Glücklicherweise wurde jeder ernstliche Schaden abgewendet und man konnte bald die unversehrten Manuskripte in des Komponisten Wohnung zurückbringen.

Brahms machte im Laufe des Sommers einen nachbarlichen Besuch bei dem Dichter Rosegger, der in einem kleinen Landhaus in Krieglach bei Mürzzuschlag wohnte, und erlebte dabei die ungewohnte Erfahrung einer Abweisung. In Arbeit vertieft in dem Augenblick, als ihm »ein fremder Herr« gemeldet wurde, bat Rosegger, ohne die Karte anzusehen, die neben ihn gelegt worden war, den Besucher, »sich einen Augenblick zu setzen«. Da er sich nur der Gegenwart eines bärtigen Fremden bewußt war, dem ein grauer Überrock auf der Schulter hing und der einen hellen Schirm in der Hand trug, würdigte er die harmlosen Bemerkungen, mit denen der Besucher den Weg zur Herzlichkeit bahnen wollte, nur kärglicher Antworten, und bald darauf sagte Brahms gelassen, daß er sich wieder auf die Beine machen müsse, und verabschiedete sich. Erst ein paar Minuten nach seinem Fortgehen fiel es Rosegger ein, einen Blick auf die Visitenkarte zu werfen, und er hat selbst seine Verzweiflung geschildert, als er die Worte »Johannes Brahms« las, die ihn mit erbarmungsloser Deutlichkeit schwarz auf weiß anstarrten. Nicht er allein, sondern auch die Damen seiner Familie waren enthusiastische Bewunderer von des Komponisten Genie. Sein Irrtum erschien ihm so ungeheuerlich, daß er außerstande war, irgendwelche Schritte zu unternehmen, um ihn gut zu machen; beharrlich lehnte er es ab, den Bitten seiner Frau und Tochter nachzugeben und den Besuch zu erwidern, um Brahms die Sache zu erklären. Er veröffentlichte einen unterhaltenden Bericht über das Mißgeschick in einer Ausgabe des »Heimgarten« vom Jahre 1894. Hoffentlich ist dieser dem Meister in die Hände gefallen.

Mehrere aus dem Sommer 1885 stammende briefliche Bezugnahmen auf die E moll-Symphonie, als diese der Vollendung nahe war, beweisen, daß Brahms sich voll bewußt war, ungewöhnliche Anforderungen an die Intelligenz und Sympathie eines allgemeinen Auditoriums zu stellen, wenn er diesem ein so schwieriges und unnachgiebig ernstes Werk vorführen würde; und seine offenbare Besorgnis um die Zukunft der großen Komposition mußte nur noch gesteigert werden durch die unverkennbare Enttäuschung der Wiener Freunde, die – nach früherer Gewohnheit – anfangs Oktober zu Ehrbar geladen wurden, um das Werk im Arrangement für zwei Klaviere von Brahms und Brüll spielen zu hören. Es kann nicht vorgegeben werden, daß bei dieser Gelegenheit das Werk als ein Ganzes Begeisterung entfacht oder nur das Verständnis jener erreicht habe, die versammelt waren, um es zu bewillkommnen; und möglicherweise hätte eine zweite, ebenso entmutigende Erfahrung den Komponisten veranlassen können, das Werk auf unbestimmte Zeit selbst noch im letzten Augenblick zurückzuhalten. Jedoch ereignete es sich, daß die Ehre der ersten Aufführung von Bülow für Meiningen gesichert worden war, wo Brahms nicht nur auf die teilnehmende Mitwirkung von Orchester und Kapellmeister rechnen konnte, sondern auch imstande war, betreffs der Proben seine eigene Anordnung zu treffen. Indem er Partitur und Stimmen des dritten und vierten Satzes zur ersten Probe und Korrektur an Bülow sandte, begab er sich am 11. Oktober selbst nach Meiningen und brachte den ersten und zweiten Satz mit, um sich die nächsten vierzehn Tage dem Geschäft zu widmen, den Instrumentalkörper zu einem gründlichen Verständnis des neuen Werkes zu drillen. Bülow leistete natürlich werktätige Hilfe, sorgte dafür, die Begeisterung für die Sache wach zu erhalten, und der ersten Generalprobe wohnten drei teilnehmende Zuhörer bei: der Landgraf von Hessen, Richard Strauß, der jetzt so berühmte Komponist, und der Pianist Frederic Lamond. Unter diesen günstigen Umständen geschah es, daß Brahms vor der letzten Probe die Überzeugung gewann, daß das Werk seine Wirkung nicht ganz verfehlen würde, und wenn es ihm auch nicht gelang, seine Nervosität ganz zu bekämpfen, so konnte er doch dem Konzerttag ohne überwältigende Angst entgegensehen. Dennoch war er weit entfernt, den glänzenden Erfolg vorauszusehen, der die erste Aufführung seiner Symphonie unter seiner Leitung im Meininger Abonnementkonzert vom 25. Oktober 1885 begleiten sollte. Der erste und zweite Satz wurden mit langanhaltendem Applaus aufgenommen; entschlossene, wiewohl erfolglose Anstrengungen wurden von der Zuhörerschaft gemacht, um eine Wiederholung des dritten Satzes zu erzielen, und dem Ende des Werkes folgte eine emphatische Demonstration, wie sie nur ein großer Triumph mit sich bringt.

Diese glückliche Einführung bestimmte die nächste Zukunft der Symphonie, welche unter Bülows Leitung im Meininger Konzert vom 1. November wiederholt wurde und die der Komponist selbst auf der ganzen dreiwöchigen Tournee dirigierte, die er gleich darauf mit Bülow und seiner Kapelle unternahm und welche die Städte Frankfurt (3. November), Siegen, Dortmund, Essen, Elberfeld, Düsseldorf, Rotterdam, Utrecht, Amsterdam, den Haag, Arnheim, Krefeld und Bonn einschloß. Eine Aufführung in Wiesbaden folgte, und man hörte das Werk in Wien unter Hans Richter am 17. Januar 1886 im Philharmonischen Konzert, in Berlin unter Joachim am 1. Februar im Konzert der Akademie der Künste und in Köln unter Brahms im Gürzenich-Konzert vom 9. Februar. Die Wiener Aufführung wurde durch ein Diner gefeiert, das Billroth im Hotel Sacher gab; die geladenen Gäste, die der Komponist dabei treffen sollte, waren Richter, Goldmark, Hanslick, Faber, Door, Epstein, Ehrbar, Fuchs, Kalbeck und Dömpka.

Ein neues und wichtiges Werk von Brahms konnte nicht ermangeln, warme Aufnahme in Wien zu finden, zu einer Zeit, wo der Komponist auf einen dreißigjährigen Aufenthalt in der Kaiserstadt zurückblicken vermochte, mit der man seinen Namen so eng verknüpfte, wie jenen Haydns, Mozarts, Beethovens und Schuberts; aber wiewohl das Publikum der Symphonie Beifall klatschte, wiewohl die Presse – abgesehen von einer hartnäckig feindseligen Partei – sie lobte, so drang sie der Wiener Zuhörerschaft doch nicht so unverkennbar zu Herzen, wie ihre beiden unmittelbaren Vorgängerinnen, die – wie wir gesehen haben – beim ersten Anhören einen viel stärkeren Eindruck in Österreich hervorbrachten, als die erste Symphonie in C moll. Seltsamerweise erzielte die vierte Symphonie sofort einen gewissen Grad wirklicher Anerkennung in Leipzig, wo die erste weit erfolgreicher gewirkt hatte als die zweite und dritte. Sie wurde unter Leitung des Komponisten im Gewandhauskonzert vom 18. Februar gegeben. Der Bericht der »Leipziger Nachrichten« bei dieser Gelegenheit ist vielleicht um so befriedigender, als sich unser alter Freund Dörffel, den man etwa der Parteilichkeit beschuldigt haben könnte, seit langem von dem Stab der Zeitschrift zurückgezogen hatte. Bernhard Vogel, sein zweitnächster Nachfolger, sagt:

»...Johannes Brahms war erschienen und fand eine so ehrenvolle Aufnahme, daß er in ihr eine reichliche Entschädigung hätte finden können für jene frühere, die nach Bülows allerdings viel zu schwarzseherischer Ansicht zu kühl gewesen sein soll. Nach jedem Satz der neuen Symphonie durchbrauste feuriger, lang anhaltender Jubel den Saal; am Schluß wurde der Komponist wiederholt gerufen ... Das Finale ist wohl der originellste Satz des Werkes und beweiskräftiger als manches andere, früher angeführte Argument für die Meinung derer, die in Brahms den Geist Sebastian Bachs sehen. So staunenswert das auf die Noten

(das Thema des Ganzen) sich aufbauende Kunstwerk ist, so tritt wohl die kontrapunktische Gelehrsamkeit hinter dem poetischen Gehalt zurück ... dies Finale läßt sich mit nichts Früherem von Brahms vergleichen. Es steht einzig da in der symphonischen Literatur neuester und älterer Zeit.«

Ein noch siegreicherer Ausgang erwartete den Vortrag der Symphonie unter Brahms' Leitung in einem Konzert des Hamburger »Cäcilien-Vereins« am 9. April. Josef Sittard, der jüngst zum Musikkritiker des »Hamburger Correspondent« ernannt worden war, schrieb:

»Heute halten wir erst recht an dem Satze fest, welchem wir schon vor Jahren in der musikalischen Fachpresse Ausdruck gaben, daß Brahms der größte Instrumentalkomponist nach Beethoven ist. Kraft, Leidenschaft, Gedankentiefe, höchster Adel der Melodie und der Form sind die Eigenschaften, welche seinen Schöpfungen die künstlerische Signatur geben. Von ihren beiden Vorgängerinnen in D dur und F dur unterscheidet sich die vierte Symphonie in E moll durch den strengen, ja herben Ernst, welchen sie, wenn auch in total verschiedener Weise, mit jener in C moll teilt. Mehr als je verfolgt der Komponist seine Gedanken in ihre Tiefen, und diese unbeugsame musikalische Logik erschwert das sofortige Verständnis. Aber je öfter wir die Symphonie hörten, desto mehr enthüllten sich uns die großen Schönheiten, die Tiefe, Energie und männliche Kraft der Gedanken, die stets übersichtlich klare, klassische Form. Was die kontrapunktische Durchführung der Themen, den Reichtum der Harmonie und die Kunst der Instrumentation anbelangt, so überragt die Symphonie ihre Vorgängerinnen. Diese haben vielleicht den Vorzug größerer melodischer Schönheit, welche namentlich der zweiten und dritten ihre Popularität verbürgt, aber an Tiefe, Kraft und Originalität der Konzeption, an kunstvoller Durchführung der Motive und Themen reiht sie sich unmittelbar der ersten in C moll an.«

Nach einer interessanten Besprechung der verschiedenen Sätze fügt der Verfasser hinzu:

»Mit einem Worte: die Symphonie ist ein Werk von monumentaler Bedeutung.«

Brahms' vierte Symphonie, die vollendet wurde, als er schon das fünfzigste Jahr überschritten hatte, ist in der Meinung der meisten Musiker von keiner anderen Schöpfung seines Genius übertroffen. Sie ist während der letzten fünfundzwanzig Jahre allmählich zu allgemeiner Kenntnis und Beliebtheit gelangt und wird, wie man sicher voraussagen kann, sich an ihrer Stelle unter des Komponisten weithin geschätzten Werken noch fester einwurzeln. Von dem zweiten Satz war die Meinung Philipp Spittas, daß »das Andante in der symphonischen Welt seinesgleichen nicht findet«. Der vierte, in »Passacaglia«-Form geschriebene Satz liefert den erstaunlichsten, von Brahms selbst hinterlassenen Beweis über die unbegrenzten Möglichkeiten in der Variationenform, in der er solche Höhe erreichte.[1] Die Originalpartitur des von Simrock im Jahre 1906 erworbenen Werkes, welche dem Musikdirek-

1 Der Raum und Zweck dieser Blätter gestattet der Verfasserin nicht, der Versuchung nachzugeben, eine Analyse der Mittel darzubieten, mit denen Brahms die romantische, mystische Atmosphäre hervorbrachte, die in dem *›Andante moderato‹* herrscht. Erstaunlich einfach und verständlich würden sie denjenigen erscheinen, die geneigt wären, selbst die harmonische Grundlage der Einleitungstakte und des ganzen Hauptthemas zu prüfen. Die Harmonie der ersteren besteht aus dem chromatischen Durdreiklang auf der erniedrigten Sexte der Tonart, nebst zwei durchgehenden Noten; die des letzteren enthält Umkehrungen des kleinen Nonenakkordes auf der Dominante und der Septimen- und kleinen Terzdezimenakkorde auf der Tonika – alle chromatisch.

tor Friedrich Hegar, als er sich von seiner beruflichen Tätigkeit zurückzog, von den Musikern und Musikliebhabern von Zürich als Geschenk überreicht wurde, zeigt, daß der Meister bezüglich des Eingangs der Symphonie mehr als einmal seinen Sinn änderte. Seine ursprüngliche Absicht, wie sie aus dem Manuskript ersichtlich ist, war die, mit welcher wir in der erschienenen Partitur vertraut sind, nämlich den ersten Satz sofort mit dem Hauptthema zu beginnen:

Bevor er die Symphonie veröffentlichte, fügte er aber auf dem leergelassenen schmalen Rande des Papiers, am Ende des ersten Satzes, vier Takte mit einleitenden Akkorden ein; eine Fußnote auf der ersten Seite besagt, daß diese Takte den Anfang des Werkes bilden sollten. Akkorde und Schrift wurden später durchgestrichen.

Etwas wie Wehmut ergreift uns bei dem Bewußtsein, daß wir uns am Schluß der Aufzählung von unseres Meisters vier größten Instrumentalwerken befinden. Wir hoffen, daß genug gesagt worden ist, um anzudeuten, daß irgend ein Vergleichen der Symphonien hinsichtlich ihres höheren oder geringeren Wertes unmöglich ist, aus dem Grunde, weil jede, indem sie ihre eigene besondere Bestimmung vollkommen erfüllt, ganz verschieden ist von allen anderen, und die natürliche Vorliebe, die dieser oder jener Hörer für eine oder die andere fühlt, muß als eine rein persönliche betrachtet werden. Die Verfasserin darf vielleicht eingestehen, daß sie bei aller Freude, die ihr die köstliche Zweite bereitet, sowie die herrliche Dritte und Vierte – insbesondere die Vierte – doch keine so anspricht, wie die Erste. Ihr wohnt noch eine Eigenschaft der Jugend inne, in der Intensivität der hochfliegenden Phantasie, die das Weltall zu durchforschen scheint, die, bereichert durch die Fülle der Mittel, über die der reife Meister verfügt, nicht anders als einzig in ihrer Art bleiben mußte. Aber gerade diese ihre Eigenschaft mag der Grund sein, daß die erste Symphonie noch kläglicher als ihre Gefährtinnen unter der langweiligen, kalten, vorsichtigen, »klassischen« Wiedergabe zu leiden hat, die Brahms' Instrumentalwerke von seiten einiger Dirigenten erfahren müssen, welche sich wohl nicht vorstellen können, daß, wenn auch ein Komponist seine Werke nach gewissen festgesetzten und herkömmlichen Prinzipien des Aufbaues schafft, er darum doch nicht seine Natur zu ändern braucht oder in irgend welchem Grad der freien Ausübung seiner poetischen Gaben entsagen muß.

Vielleicht ist hier gerade eine günstige Gelegenheit, um einer Zeitungs-Episode zu erwähnen, die – in den achtziger Jahren vorfiel und durch einige Jahre viel besprochen wurde; obwohl sie Brahms' Ärger erregt haben mag, konnte sie unmöglich, was ihn betrifft, zu jener Zeit seiner Laufbahn ernstliche Folgen nach sich ziehen.

Hugo Wolf, im Jahre 1884 ein jugendlicher Aspirant auf Berühmtheit, der Anerkennung suchte und keine fand; arm, begabt, enttäuscht, von schwacher Gesundheit, hochgradig nervös, ohne einflußreiche Freunde, nahm die Gelegenheit wahr, seine elenden, geringen Subsistenz-Mittel zu erhöhen, indem er Musikkritiker einer Wiener Wochenzeitschrift, des »Salon-Blatt«, wurde. Er schuf sich bald eine nicht beneidenswerte Berühmtheit durch die fortdauernden beharrlichen Angriffe auf Brahms' Kompositionen. Die Sache würde jetzt in einer Biographie unseres Meisters keiner Erwähnung mehr bedürfen, wenn nicht Wolfs' Nachruhm der Verbindung seines Namens mit dem Brahms' einiges Interesse – obschon nicht angenehmer Art – verliehe. Zum Besten jener Leser, welche die Sache weiter verfolgen möchten, können wir hinzufügen, daß Wolfs Kritiken seit dessen Tod wieder gedruckt worden sind. Was uns selbst betrifft, so haben wir unsere Obliegenheit vielleicht damit erfüllt, daß wir auf die Sache Bezug genommen haben, und werden den Weg einschlagen, den wir für den Brahms' Wünschen entsprechenden halten, indem wir die Angelegenheit, was diese Blätter betrifft, mit ähnlichen anderen, der Vergessenheit überliefern.

Der Sommer 1886 war der erste von dreien, die Brahms in Thun verlebte und von denen Widmann einen so reizenden Bericht gegeben hat. Er mietete den ganzen ersten Stock eines Hauses, das sich gegenüber der Stelle befindet, wo die Aar in den See einmündet; im Erdgeschoß wohnte der Eigentümer, der daselbst einen kleinen Laden mit Kramwaren hatte. Nach seiner Gewohnheit pflegte Brahms bei schönem Wetter in irgendeinem Wirtshausgarten zu speisen, gelegentlich allein, aber häufiger in Gesellschaft eines oder mehrerer Freunde. Jeden Samstag fuhr er nach Bern und blieb bis Montag oder länger bei Widmanns, die gleich anderen Freunden fanden, daß er ein sehr rücksichtsvoller und anspruchsloser Gast war, obschon seine außergewöhnliche Körperkraft und Geistesstärke ein Schritthalten mit ihm oft zur erschöpfenden Arbeit machte.

»Diese Besuche waren nun,« sagt Widmann, »für mich und die Meinen hohe Freuden- und Festtage; Ruhetage freilich waren es nicht. Denn der stets rege Geist unseres Freundes verlangte gleiche Aufgewecktheit von allen, die ihn umgaben, und man mußte sich gehörig zusammennehmen, um mit ausdauernder Frische auf der Höhe seiner Unermüdlichkeit zu bleiben ... Ich habe nie jemand gesehen, der den Erscheinungen des Lebens, mochten sie nun Gegenstände der Natur, der Kunst oder auch nur der Gewerbetechnik sein, so frische, echte und andauernde Teilnahme geschenkt hätte, wie Brahms. Jede kleinste Erfindung, jede Verbesserung irgendeiner Gerätschaft im häuslichen Gebrauch, kurz jede Spur menschlichen Nachsinnens, wenn sie von praktischem Erfolg begleitet war, freute ihn herzlich. Und nichts entging seiner Aufmerksamkeit ... Das Fahrrad war ihm tief verhaßt, weil diese oft so unvermutet an dem stillen Spaziergänger lautlos vorübersausenden, oder mit einem plötzlichen Signal ihn erschreckenden Maschinen seinen Gedankenfluß störten und ihm außerdem auch die strampelnde Bewegung unschön vorkam. Im übrigen aber fühlte er sich glücklich, im Zeitalter der großen Erfindungen zu leben und konnte das elektrische Licht, Edisons Phonographen usw. nicht genug preisen. Ebenso interessierte ihn aber das Naturleben, die seelischen Äußerungen der Tierwelt. Von den Familiengewohnheiten der Bären im Berner Bärengraben, vor dem wir oft standen, mußte ich ihm immer wieder erzählen. Überhaupt schienen bei seinen Besuchen die Gesprächsthemata unerschöpflich.«[1]

Brahms' gewöhnliche Tracht, die hier dieselbe war, wie anderswo, war ohne jede Rücksicht auf das Aussehen gewählt; nur die Dauer der Zeit mahnte ihn gelegentlich daran, einen neuen Rock anzulegen, aber wir können sicher sein, daß seine Empfindungen bei einer solchen Krise eine Störung erlitten. Krawatten und weiße Kragen dienten als Abzeichen besonderer Achtung vor dem Herkömmlichen. Wenn er an nassen Samstagen von Thun aus nach Bern kam, hing ihm über seinem Anzug »ein alter braungrauer Plaid, der auf der Brust von einer ungeheuren Nadel zusammengehalten wurde, um die Schultern und vervollständigte

1 Widmanns »Johannes Brahms in Erinnerungen«, S. 57 u. folg.

die seltsame, unmodische Erscheinung.« Zahlreich waren die Bücher, die er Widmann am Anfang der Woche entlieh und am Ende derselben wieder in seinem ledernen Rucksack zurückbrachte. Meistens waren es Klassiker; er liebte die moderne Literatur im Ganzen nicht, obschon er mit Vergnügen gute und neue Geschichts- oder Reisebücher las; auch war er ein Freund von Gottfried Kellers Romanen und Gedichten. Über Kupferstiche und Photographien italienischer Kunstwerke konnte er stundenlang sitzen und wurde nie müde, Erinnerungen und Lieblings-Gegenstände mit seinem Freunde zu besprechen.

Besuche des Berner Sommertheaters, eine kurze Bergtour mit Widmann, eine Einführung bei Ernst von Wildenbruch, dessen Dramen der Meister liebte und für den er jetzt persönliche Sympathie empfand – solche Ereignisse dienten dazu, der Sommerzeit von 1886 Abwechslung zu verleihen.

»Wir waren einmal mit ihm im Sommertheater auf dem Schänzli, wo er ganz vergnügt zuhörte,« schreibt Frau Widmanns Tochter, Frau Professor Vetter, die 1886 noch zu der Gruppe lebhafter Mädchen gehörte, die des Stiefvaters Familienkreis bildeten. »Als Marie und ich hier und da bei dem lustigen Fledermaus-Walzer die Füße nicht stillhalten konnten, sagte er: ›Wartet nur, ich werd' Euch einmal Walzer spielen.‹ Und acht Tage nachher, am Sonntag Abend, als wir alle und Hegar von Zürich und Munzinger im Salon an der Bundesgasse versammelt waren und der Flügel offen und einladend dastand, da faßte ich mir ein Herz, nahm Marie am Arm und erinnerte ihn an sein Versprechen. Lächelnd sagte er: ›Zuerst wollen wir'mal was Ernsthaftes spielen für die Musikdirektoren; nachher müssen sie hinaus, da spiel' ich Euch Tänze‹; und er fing an und spielte ganz wundervoll, summend und brummend, daß das Klavier und das Zimmer und das Haus dröhnte. Zuerst spielte er ein Solo von Paganini, dann einen Schubertschen Streichquartettsatz; dann eine prachtvolle Bachsche Toccata und Fuge, so daß man meinte, die Orgel brausen hören; dann fragte er: ›Wollen Sie noch einen kleinen Bach?‹ und als Hegar sagte: ›Lieber einen großen‹, spielte er nochmals einen herrlichen Bach. Nachher versuchte er die Musikdirektoren hinauszuschicken, was ihm aber nicht gelang, und spielte uns herrliche Straußsche Walzer.«

Der Sommer wurde musikalisch bemerkenswert durch die Vollendung einer Gruppe von Kammerkompositionen: der Sonaten in A dur und F dur für Pianoforte und Violine, beziehungsweise Violoncello, und des Trios in C moll für Pianoforte und Streichinstrumente. Diese Werke wurden bei Widmann vom Komponisten und dessen Freunden, Musikdirektor Friedrich Hegar und Professor Julius Hegar aus Zürich vorgetragen. Die Sonaten wurden zum erstenmal öffentlich in Wien aufgeführt; die eine von Brahms und Hellmesberger im Quartettabend vom 2. Dezember;

die andere von Brahms und Hausmann in Hausmanns Konzert vom 24. November; das Trio wurde etwa um dieselbe Zeit in Budapest von Brahms, Hubay und Popper eingeführt, jedesmal aus dem Manuskript.

Eine detaillierte Besprechung dieser Werke ist überflüssig; zwei davon gehören auf jeden Fall zu den bestbekannten von Brahms' Kompositionen; die Sonate für Pianoforte und Violoncello in F dur ist die wenigst gekannte aus der Gruppe, aber sicher nicht, weil sie ihren Gefährtinnen nachsteht. Sie ist in der Tat eines der Meisterwerke in Brahms späterem gedrängtem Stil. Jeder Satz zeichnet sich durch Individualität aus, während alle unverkennbar den Komponisten charakterisieren. Der erste ist breit und energisch, der zweite tief rührend, der dritte heftig leidenschaftlich – in der Brahms'schen Auffassung des Wortes, was bedeuten will, daß die Erregung durch die Energie des Geistes erreicht wird –, der vierte ist von Anfang bis zu Ende in einer lebhaften, scherzhaften Stimmung geschrieben. Das Werk wurde zum erstenmal in Frau Fellingers Haus in Wien versucht. »Erwarten Sie bald Hausmann?« fragte Brahms gelegentlich die Hausfrau nach seiner Rückkehr im Herbst. Frau Fellinger argwöhnte, daß etwas hinter der sorglosen Frage verborgen sein möchte und telegraphierte an den hervorragenden Cellisten, der, wenn er in Wien war, meist bei ihr wohnte, er solle so bald als möglich kommen, sei es nur für einen Tag. Er erschien pflichtschuldigst, und die neue Sonate wurde von Brahms und ihm am Abend seiner Ankunft gespielt. Am Tage vor dem oben erwähnten Konzert, trugen sie dieselbe noch einmal in einer großen Gesellschaft bei Billroth vor.

Der letzte Satz der schönen Sonate in A dur für Pianoforte und Violine wird manchmal als allzu gedrängt beurteilt. Die Verfasserin gesteht, daß sie diese Empfindung teilt; eines Tages vertraute sie dies Joachim an, der nicht ihrer Meinung war, sondern ihr erklärte, daß die Coda ursprünglich bedeutend länger gewesen sei.

»Brahms sagte mir, er habe ein gut Stück davon gekürzt; er bezweckte immer Verkürzung.«

Auf dieses Werk bezieht sich Widmanns Gedicht »Die Thuner Sonate«; es ist im Anhang zu seinem »Brahms in Erinnerungen« gedruckt und stimmt merkwürdig mit dem überein, was in

Brahms Sommerwohnung bei Thun.

unseren ersten Kapiteln von der zarten, anmutigen Sinnesrichtung des jugendlichen Johannes erzählt wurde. Das Gefallen, das Brahms an den reizenden Gedanken, als Dreiundfünfziger, ja selbst als Dreiundsechziger fand, bekräftigte von neuem die Tatsache, auf die wir schon oft Nachdruck gelegt haben, daß, wenn je in einem Falle, dann in dem unseres Meisters, das Kind der Vater des Mannes war. Ein Jahr vor seinem Tod schrieb der große Komponist an Widmann und bat um noch ein oder zwei Exemplare des Gedichtes, das privatim gedruckt in Umlauf gesetzt worden war.

Die vierte Symphonie und zwei Hefte Lieder kamen 1886 heraus; und die drei neuen Kammermusikwerke, op. 99, 100 und 101, erschienen 1887. Von den Liedern möchten wir besonders die wunderbar schöne Komposition zu Heines Versen

»Der Tod, das ist die kühle Nacht,
Das Leben ist der schwüle Tag,«

op. 96, Nr. 1, und die Nummern 1 und 2 aus op. 97 erwähnen.

Brahms' Reise nach Italien im Frühling 1887 wurde in Gesellschaft von Simrock und Kirchner unternommen. Das darauffolgende Jahr reiste er mit Widmann und besuchte Verona, Bologna, Rimini, Ancona, Loretto, Rom und Turin. Widmann sieht in Brahms' geistiger Verwandtschaft mit den Meistern der »Italienischen Renaissance« den geheimen Grund seiner Vorliebe für Italien.

»Nicht daß Brahms sein eigenes Schaffen jemals mit dem jener Künstler verglichen hätte, deren Bauwerke, Skulpturen, Gemälde sein Entzücken waren! Wohl aber gelangte man selbst zu solchen Vergleichen, wenn man sah, mit welcher Andacht er sich in die Betrachtung dieser Werke vertiefte, oder wenn man hörte, wie er an den alten Meistern einen Zug pries, der bei ihm selbst in so hohem Grade entwickelt war: die Gewissenhaftigkeit des Ausarbeitens auch im Kleinen.«

Brahms hatte auf dieser Reise eine Unterredung mit dem jetzt berühmten italienischen Komponisten Martucci, der eine gründliche Vertrautheit mit den Werken des deutschen Meisters an den Tag legte.

Unter den Freunden und Bekannten, welche der Komponist während seines zweiten und dritten Sommeraufenthaltes in Thun traf, waren der Landgraf von Hessen, Hanslick, Gottfried Keller, Professor Bächthold, Hermine Spieß und ihre Schwester, Gustav Wendt, die Hegars, Max Kalbeck, Steiner, Claus Groth usw. Es freute ihn besonders, für seine Freunde mit Fräulein Spieß zwanglose Musik zu machen: »Nu hangs mir Brahms zum Hals heraus!« rief er plötzlich aus, nachdem er sie eines Nachmittags bei Widmann zu einigen seiner Lieder begleitet hatte, – »Mainacht«, »Sapphische Ode« und andere. Es folgte eine Auswahl aus Schubert und dann bat Widmann auf Ersuchen einer anwesenden Dame um das frühe »O, versenk'«. »Pfui Teufel!« antwortete er.

Eines Tags war er aus seiner Thuner Wohnung zu einem Spaziergang ausgegangen und wurde von einem fremden Herrn gestellt, der ihn befragte, ob er wisse, wo Dr. Brahms wohne? »Dort wohnt er«, antwortete der Meister, auf den Kramwarenladen deutend. »Wissen Sie wohl, ob er zu Hause ist?« »Das kann ich nicht wissen,« war die Antwort; »gehen Sie nur hinein in den Laden, dort können Sie es erfahren.« Der Herr folgte diesem Rat, schickte seine Karte hinauf und erhielt die Antwort, daß der Doktor zuhause sei und sich freuen würde, ihn zu sehen. Als er die Treppe hinaufging, fand er zu seiner Überraschung seinen neuen Bekannten oben auf ihn warten.

Im Sommer 1887 lebte das Gerücht wieder auf, daß Brahms an einer Oper arbeite. Das kam vielleicht von seinem vertrauten Verkehr mit Widmann. »Ich komponiere die Zwischenakte«, erwiderte er scherzend auf die Frage des Landgrafen, ob das Gerücht begründet sei? Tatsächlich wurde das Thema »Oper« zu dieser Zeit zwischen dem Komponisten und seinem Freund gar nicht berührt.

Die Werke, welche Brahms während dieses Sommers wirklich beschäftigten, waren das Doppelkonzert für Violine und Violoncello mit Orchesterbegleitung und die »Zigeunerlieder«.

Das Konzert war, nach Frau Schumanns Worten, »gewissermaßen ein Versöhnungswerk«. Mehrere Briefe wurden betreffs des Werkes im Juli zwischen Brahms und Joachim gewechselt; für den 21. September wurde in Baden-Baden ein *Rendezvous* zwischen Frau Schumann, Brahms, Joachim und Hausmann vereinbart, und am Abend dieses Tages wurde das Konzert mit Pianoforte in Frau Schumanns Hotel »Das deutsche Haus« versucht, wobei der Komponist die Begleitung übernahm. »Brahms und Joachim haben sich seit Jahren zum ersten Male wieder gesprochen«, berichtet Frau Schumann am selben Abend.

Einer zweiten Probe, unter denselben Bedingungen, am nächsten Morgen, folgte am 23. September eine Orchesterprobe, welche unter Mitwirkung des städtischen Orchesters von Baden-Baden im »Louis XV.«-Saal des Kurhauses unter Brahms stattfand. Es versteht sich von selbst, daß bei allen drei Gelegenheiten die Soli von Joachim und Hausmann vorgetragen wurden. Unter den Zuhörern im Kursaal befanden sich außer Frau Schumann und ihrer ältesten Tochter, Rosenhain, Lachner, der Cellist Hugo Becker, Gustav Wendt und Robert Kahnt. Das Werk wurde zum ersten Mal öffentlich am 18. Oktober in Köln aufgeführt; Brahms dirigierte und Joachim und Hausmann spielten die Soli wie zuvor. Die nächsten Aufführungen, unter denselben günstigen Bedingungen des Erfolges, fanden in Wiesbaden, Frankfurt und Basel am 17., 18. und 20. November statt.

»Jetzt,« sagte Brahms bald nach seiner Rückkehr nach Wien zu einer Dame, die es der Verfasserin wieder mitgeteilt hat, »jetzt weiß ich, was es war, das die letzten Jahre in meinem Leben gefehlt hat. Ich fühlte, daß etwas fehle, konnte aber nicht sagen, was: es war der Klang von Joachims Violine. Wie er spielt!«

Während unser Meister die Frühlings- und Sommermonate hindurch in der Zauberwelt seiner Phantasie lebte und sich nur für kurze Zwischenräume auf den freundlichen Plätzchen der Erde in Gesellschaft erwählter Freunde aufhielt, warteten gewisse harte, unerfreuliche Wirklichkeiten der Alltagswelt, die sich schon früher zu Hause in Wien zu Schwierigkeiten verdichtet hatten, noch immer einer befriedigenden Lösung. Der Tod der Bewohnerin des dritten Stocks im Hause Carlsgasse 4, die das letzte Glied der Familie war, bei der Brahms vierzehn oder fünfzehn Jahre gewohnt hatte, zwang ihn zu einer Entscheidung zwischen Alternativen, die ihm beinahe gleich unangenehm waren. Betreffs dieser brauchen wir bloß zu sagen, daß er der Notwendigkeit einer Übersiedlung dadurch aus dem Wege ging, daß er die ganze Wohnung direkt vom Hausherrn mietete und der Störung entging, seine Möbel wieder ersetzen zu müssen, indem er das Anerbieten von Freunden annahm, ihm so viel zu leihen, als er nötig brauchte. Die Einrichtung und die notwendigen Veränderungen wurden während seiner Abwesenheit getroffen. Brahms hatte die Schlüssel zur Wohnung und zu seinen Zimmern Frau Fellinger anvertraut und unter ihrer Leitung wurden sie bis zu seiner Rückkehr in musterhafte Ordnung gebracht: die Schubladen wurden zurecht gemacht und eine Liste von deren Inhalt säuberlich verfaßt und auf ein Stück Kartonpapier geschrieben, so daß er alles bei der Hand haben sollte. Die größte Schwierigkeit aber blieb noch zu lösen. Wer sollte die Zimmer in Ordnung halten und nach den wenigen täglichen Bedürfnissen sehen, um die Brahms nicht gewohnt war sich selbst zu kümmern? Seinen Kaffee bereitete er sich, wie wir wissen, zu einer sehr frühen Morgenstunde, und er wurde regelmäßig mit einem Vorrat vom feinsten Mokka durch Freunde in Marseille versehen. Das Mittagessen, der Kaffee nach Tisch und oft auch das Nachtmahl wurden außer Hause eingenommen. Der Meister erklärte jetzt, er wolle niemanden in der Wohnung haben. Den Besuchern, welche er geneigt war, zu empfangen, könnte er selbst die Türe öffnen, während das Reinigen und Aufräumen der Zimmer von der »Hausmeisterin« besorgt werden könne, einer alten Frau, die eine Kammer im Hof bewohnte und die Treppe rein zu halten hatte usw. Umsonst bestritt Frau Fellinger diesen Punkt. Brahms war unbeugsam, und die gütige Dame schien sich seinen Plänen nicht mehr zu widersetzen. Im Stillen aber hielt sie immer noch Umschau nach einer günstigen Gelegenheit, passende Arrangements für ihn zu treffen, und mit der Zeit bot sich eine solche dar. In Frau Cölestina Truxa, der Witwe eines Journalisten, deren Familie aus zwei jungen Söhnen und einer alten Tante bestand, glaubte Frau Fellinger eine sehr geeignete Persönlichkeit für die Wohnung in der Karlsgasse gefunden zu haben. Nachdem sie einen erneuten Angriff auf den Meister unternommen hatte, dessen Argumente für die fleckenlose Reinlichkeit seiner Wohnung unter der Sorgfalt der alten Aufwärterin sie unwiderruflich widerlegte, indem sie ein Sophakissen aufhob und eine Menge Staub darunter ans Licht brachte, von dem sie behauptete, er würde sich bald in noch Schlimmeres verwandeln, war er so weit zum Nachgeben gebracht, daß er sagte, sie solle Nachfragen für ihn anstellen und er werde sich ihre Ansichten überlegen. Frau Fellinger enthielt sich weise jeder weiteren Diskussion, aber nach einigen Tagen erkundigte sich Frau Truxa persönlich nach der Wohnung, nachdem man ihr gebührend eingeschärft hatte, die Sache mit diplomatischer Kaltblütigkeit Brahms vorzulegen. Nach dem dritten Läuten an der Türglocke wurde die Türe vom Meister selbst geöffnet, der erschrocken zurückwich, als er eine fremde Frau sich gegenüberstehen sah.

»Ich bin gekommen, die Wohnung anzuschauen,« sagte Frau Truxa.

»Was!« rief Brahms.

»Ich habe gehört, daß hier eine Wohnung leer sei und bin gekommen, um sie anzusehen,« antwortete Frau Truxa gleichgültig; »aber vielleicht ist sie nicht zu vermieten?«

Eine kleine Pause und des Komponisten argwöhnischer Ausdruck ließ nach.

»Frau Fellinger hat mir von der Sache gesprochen«, setzte sie fort, »und ich dachte, es könnte mir passen«.

Nun war Brahms so weit beruhigt, daß er ihr die Zimmer zeigen und, wenngleich ohne eine weitere Bemerkung, der kurzen Schilderung von Frau Truxas Familie und der Lage, in der sie sich befand, zuhören konnte.

»Vielleicht, Dr. Brahms, überlegen Sie sich die Sache«, schloß sie; »und teilen es mir mit, wenn Sie weiter darüber nachgedacht haben. Sollte ich nichts mehr von Ihnen hören, werde ich mir denken, es sei nichts daraus geworden.«

Nach Verlauf von etwa einer Woche, während welcher Frau Truxa über die Angelegenheit geschwiegen hatte, kam ihr Mädchen eines Tages, um ihr zu sagen, ein Herr sei da, der sie besuchen wolle. Da sie gerade beschäftigt war, bat sie die Tante, nach seinem Begehr zu fragen; aber die alte Dame kam schleunigst mit erschrockenem Blick zurück.

»Ich weiß nicht, was ich denken soll!« rief sie aus; »es geht ein sonderbar aussehender Mann im Nebenzimmer herum und mißt die Möbel mit einem Band ab!«

»Die Sachen werden hineingehen!« rief Brahms aus, als Frau Truxa herauseilte, um ihn zu empfangen.

Das Ergebnis war, daß der Meister seine Miete des ganzen Stockwerks aufgab und wieder zu der alten, verantwortungsfreien Stellung eines Aftermieters zurückkehrte; während Frau Truxa, die ihren ganzen Haushalt mitbrachte, an die Stelle seiner früheren Hauswirtin trat, wodurch sie Brahms Ursache gab, für den Rest seines Lebens der weisen Festigkeit Frau Fellingers dankbar zu bleiben. Man konnte, sagte Frau Truxa, sehr gut mit ihm auskommen; alles, was er wünschte, war, daß man ihn in Ruhe lasse. Er war ungewöhnlich ordentlich und nett in seinen Gepflogenheiten und erwartete, daß die im Zimmer umherliegenden Dinge abgestaubt und in Ordnung gebracht wurden; aber er ärgerte sich, wenn er fand, daß die geringste Kleinigkeit nicht an ihrem Platze lag – selbst wenn die Brille nach der andern Seite gedreht war –, und ohne direkt auf den Gegenstand anzuspielen, wußte er es zu zeigen, daß er es bemerkt hatte. Als sie gewahr wurde, nachdem sie kurze Zeit in der Wohnung gelebt hatte, daß er die von der Wäscherin gekommene, und in die Schubladen gelegte Wäsche immer noch einmal ordnete, fragte sie ihn, warum er das täte? »Nur«, erwiederte er, »weil es vielleicht besser ist, daß das, was zuletzt zurückgeschickt wurde, hinunter kommt; dann wird Alles gleichmäßig abgetragen.« Ein Handschuh oder anderer Gegenstand, der geflickt werden sollte, wurde nachlässig in einer, wie zufällig offen gebliebenen Schublade obenauf gelegt. Am folgenden Tag bemerkte er zu Frau Truxa: »Ich habe gestern abend meinen Handschuh geflickt gefunden; ich möchte wissen, wer das gemacht hat!« Und als sie entgegnete: »Ich hab's getan, Herr Doktor,« pflegte er zu antworten: »Sie? O, wie freundlich!«

Je länger der Komponist in ihrem Haus lebte, desto größer wurde Frau Truxa's Achtung und Respekt vor ihm. Sie studierte seine Eigenheiten und nach kurzer Zeit verstand sie seine kleinen Zeichen und war imstande, den entstehenden Wünschen abzuhelfen, ohne daß er erst nötig hatte, ausdrücklich darum zu bitten. Wir brauchen kaum zu sagen, daß er großes Interesse an ihren zwei Knaben nahm. Einmal, als sie von Wien an das Krankenbett ihres Vaters berufen wurde, bat er, dem Dienstmädchen einzuschärfen, sie solle ihre ganze Aufmerksamkeit während der Abwesenheit der Mutter auf die Kinder richten – selbst wenn seine Wohnung darüber vernachlässigt werden sollte. »Ich kann für mich sorgen; aber wenn den Kindern etwas zustoßen sollte, während das Mädchen bei mir beschäftigt ist!« Jeden Abend, während Frau Truxa fort war, schaute der Meister selbst zu den Knaben hinein, um sich zu überzeugen, daß sie sicher im Bett lägen. Für die alte Tante hatte er immer ein freundliches Wort im Vorübergehen.

Im Herbst dieses Jahres ging eine der wenigen noch übrigen Gestalten dahin, die mit den liebsten Erinnerungen von Brahms' früher Jugend verknüpft war. Marxen starb am 17. November 1887 im Alter von einundachtzig Jahren, nachdem er bis zu seinem Ende seine Geisteskräfte unvermindert bewahrt hatte.

Durch seine geliebte Kunst wurde ihm die letzte große Freude seines Lebens geboten. Trotz großer körperlicher Schwäche machte er es noch möglich – eine Woche vor seinem Tod – einem Konzert des Hamburger Philharmonischen Vereins beizuwohnen, um eine Aufführung der neunten Symphonie zu hören. »Ich bin zum letztenmal hier« sagte er, Sittard die Hand drückend; und in etwa vierzehn Tagen verschied er friedlich.

Wenige Jahre zuvor war sein Künstler-Jubiläum in Hamburg gefeiert worden, und sein lieber Johannes hatte ihn mit den Probeblättern einer Reihe von hundert Variationen überrascht, welche Marxen vor langer Zeit komponiert hatte – nicht um sie zu veröffentlichen, sondern als praktischen Beweis der unerschöpflichen Möglichkeiten, die in der Kunst thematischer Entwicklung vorhanden sind. Brahms, der das Manuskript bei einem seiner späteren Besuche in Hamburg in Marxens Zimmer zufällig sah, nahm ein so großes Interesse daran, daß Marxsen es ihm endlich schenkte, mit der Erlaubnis, nach seinem Tod damit zu machen, was er wolle. Das Packet Probeblätter war von einem liebevollen Schreiben begleitet, in welchem Brahms um Vergebung bat, daß er dieser Erlaubnis zuvorgekommen sei und seinem Verlangen, das Werk noch zu des Lehrers Lebzeiten allgemein zugänglich zu machen, nachgegeben habe; vielleicht erfüllte den alten Musiker keine der Jubiläumsehren, die ihm zuteil wurden mit solch lebhafter Freude, wie dieser Tribut. Marxsens Name als Komponist ist heute in der Tat vergessen, ohne Aussicht wieder aufzuleben, aber sein Gedächtnis wird ruhmvoll weiterleben in der Art, wie er es gewünscht haben würde, festgehalten durch die Hand, die auf dem Titelblatt des B dur-Konzerts Brahms' Hochschätzung seines Lehrers in Worte faßt.

Ein besonderes Interesse knüpft sich an Brahms' Besuch in Leipzig gegen Ende des Jahres, um einer Verpflichtung nachzukommen, sein Doppelkonzert im Gewandhauskonzert vom 1. Januar 1888 zu dirigieren und am 2. Januar in einem Quartett-Abend bei der Aufführung seines c moll-Trios mitzuwirken. Angelegenheiten ähnlicher Art brachten Tschaikowsky am letzten Tag des Dezember nach Leipzig; Grieg, der eine wohlbekannte und beliebte Persönlichkeit in den musikalischen Kreisen der Stadt war, weilte zufällig zu gleicher Zeit daselbst, und die drei Komponisten trafen sich bei einem Diner am Neujahrstag bei

Adolph Brodsky, der in diesen Blättern schon im Zusammenhang mit Brahms' Vionlinkonzert genannt wurde und zu dieser Zeit den Doppelposten des Konzertmeisters des Gewandhaus-Orchesters und Leiters des Gewandhaus-Quartetts bekleidete. Weder Brahms noch Grieg, die einander oberflächlich kannten, hatten bisher Tschaikowskys persönliche Bekanntschaft gemacht. Aber wahrscheinlich wußten sie beide genau, daß, während der russische Komponist sich gewöhnlich als einen warmen Verehrer der Griegschen Kunst erklärte, er für die von Brahms eine Abneigung hatte, welche schon an Widerwillen grenzte.

Unter den oben erwähnten Umständen ist es nicht überraschend, wenn Frau Brodsky, die Tschaikowsky nicht mitgeteilt hatte, daß er beim Diner nicht ihr einziger Gast sein würde, etwas erschrak, als er früher eintraf als zur festgesetzten Stunde – während die Probe von Brahms' C moll-Trio, die für den Morgen des 1. Januar arrangiert worden war, in ihres Mannes Musikzimmer fortdauerte.

In der Besorgnis, einen möglicherweise unliebsamen Vorfall zu verhindern, eilte sie in das Vorzimmer, um den russischen Gast zu empfangen, und nachdem sie ihn auf die Begegnung, die ihm bevorstand, vorbereitet hatte, bat sie ihn in einer Pause der Probe mit ihr hineinzugehen und der Musik zu lauschen. Von Natur aus zeremoniös und zurückhaltend, war Tschaikowsky für den Augenblick zu sehr aus der Fassung, um den Vorschlag anzunehmen, aber als Brodsky selbst herausgerufen wurde, um die Frau in ihrer Überredung zu unterstützen, ließ er sich in das Studierzimmer führen und wurde sofort seinen deutschen Kollegen vorgestellt.

»Habe ich Sie nicht gestört?« fragte er, während er Platz nahm.

»Nicht im geringsten; aber warum zuhören? Das ist ganz und gar nicht interessant,« gab Brahms schroff zur Antwort.

Das Ende der Probe brachte keine Besserung der Stimmung. Tschaikowsky, wiewohl von Brahms' Persönlichkeit angezogen, wie er später eingestand, konnte sich nicht überwinden, ein freundliches Wort über das Trio zu äußern und das Zimmer schien erfüllt von dem Bewußtsein seiner Mißbilligung. Es war aber nur vorübergehend. Der Eintritt Griegs und seiner Frau – lächelnd und ahnungslos – klärte schnell die schwüle Atmosphäre. Das Diner wurde gleich gemeldet und alles noch vorhandene Gefühl des Unbehagens, unter dem sich die Gesellschaft zur Tafel setzte, wurde bald zerstreut durch Frau Griegs Impulsivität. Nachdem sie den ihr angewiesenen Platz zwischen Brahms und Tschaikowsky einige Minuten hindurch innegehabt hatte, sprang sie plötzlich auf und rief: »Ich kann zwischen den Zweien nicht mehr sitzen; es macht mich so nervös!«

»Ich habe den Mut«, sagte Grieg, von der andern Seite der Tafel herüberkommend.

So saßen die drei Komponisten nebeneinander und der höfliche, etwas steife Tschaikowsky taute auf unter dem belebenden Einfluß, den die Gelegenheit mit sich brachte und zu dem Brahms' entschlossenes Entgegenkommen nicht wenig beitrug. Der Genuß einer verlängerten Siesta nach Tisch bei Kaffee und Zigarren, wurde – wenigstens für einen der berühmten Gäste – noch erhöht, durch Anwesenheit eines jugendlichen Neffen der Frau Brodsky, der bereit war, Freundschaftsbezeigungen anzunehmen, und die Unterhaltung schloß mit einigen Zauberkünsten, die der Hausherr zum Besten gab und deren jede sofort nach der Ausführung dem sehr davon gefesselten Brahms erklärt werden mußte.

»Wie hat Ihnen das Trio gefallen?« fragte Brodsky Tschaikowsky, nachdem sich die Übrigen verabschiedet hatten.

»Sein Sie nicht bös auf mich, lieber Freund, ich bewundere es nicht,« war die Antwort.[1]

Tschaikowsky war am selben Abend im Gewandhaus-Konzert anwesend, um die Aufführung des Doppelkonzerts zu hören, und als er sich in sein Hotel zurückbegab, hatte er von Brahms' Kunst noch einen weiteren unangenehmen Eindruck. Brahms war bei einer Probe von Tschaikowskys Suite, op. 43, am nächsten Tag, wo der Komponist sie selbst abhielt, anwesend; aber er äußerte wenig oder nichts von dem, was er darüber dachte. Wir können vielleicht aus Allem, was wir über Persönlichkeit und musikalisches Temperament der beiden Komponisten wissen, den Schluß ziehen, daß sie wenig miteinander gemeinsam hatten, was zur Entwicklung gegenseitiger künstlerischer Teilnahme geführt haben könnte.

1 ›Recollections of a Russian Home.‹ Mrs. Brodsky.

»Ich bin gestern und heute viel mit Brahms beisammen gewesen,« schrieb Tschaikowsky am 2. Januar; »wir kommen nicht gut zusammen aus, weil wir einander nicht wirklich gern haben, aber er gibt sich Mühe, freundlich gegen mich zu sein.«[1]

Noch drei Aufführungen des Doppelkonzertes aus dem Manuskript sind für unsere Erzählung von Interesse und müssen daher verzeichnet werden; die des Berliner Philharmonischen Orchesters am 6. Februar 1888 unter Bülow; und die der Londoner Symphonie-Konzerte unter Henschel, am 15. und 21. Februar. Das Werk, welches zu rechter Zeit für die Herbstsaison erschien, wurde in Wien im Philharmonischen Konzert vom 23. Dezember unter Richter gegeben. Bei all diesen Anlässen trugen Joachim und Hausmann, wie früher, die Soli vor.

Bülow, der zu dieser Zeit auf seinen Posten in Meiningen resigniert hatte, war jetzt in einigen Städten des nördlichen Deutschland als Dirigent tätig – insbesondere in Hamburg und Berlin. Seine späteren Programme, in denen unseres Meisters Werke gut vertreten waren, obschon nicht mit jener sichtlichen Bevorzugung, die in Meiningen möglich gewesen war, fallen nicht mehr in den Bereich dieser Blätter, da mit der Erwähnung des Doppelkonzertes die Aufzählung von Brahms' Orchesterwerken abgeschlossen ist. Bülows Nachfolger in Meiningen, Musikdirektor Fritz Steinbach, pflegte die Traditionen und die Vorliebe der kleinen thüringischen Hauptstadt weiter, so wie er sie vorgefunden hatte, bis er etwa fünfzehn Jahre später nach Köln übersiedelte und besonders als Dirigent der Werke Brahms', dessen persönliche Freundschaft und künstlerisches Vertrauen er in hohem Maße genossen hatte, viel Ansehen gewann.

Der Name Eugen d'Alberts, dessen große Gaben und Taten von Brahms voll gewürdigt wurden, soll in unsern Blättern nicht fehlen; obwohl ein detaillierter Bericht seiner Beziehungen zu dem Meister jenseits deren Grenzen fällt. D'Alberts schöner Interpretation der Klavierkonzerte verdankte manches Publikum seine Vertrautheit mit diesen Werken; sie trug während der zweiten Hälfte der achtziger Jahre zu dem besseren Verständnis des

1 Der scheinbare Widerspruch zwischen dem im Texte vorkommenden Briefdatum Tschaikowskys mit dem in der veröffentlichten Korrespondenz des Komponisten entspringt der Verschiedenheit des westeuropäischen und russischen Kalenders.

Komponisten bei, welches allmählich in Leipzig vorzuherrschen begann und nach dem Jahre 1895 unter der genialen Führerschaft Arthur Nikischs, Reineckes Nachfolger als Dirigenten der Gewandhauskonzerte, bis zu enthusiastischer Anerkennung fortschritt.

Über das Doppelkonzert aber ist wenig zu sagen. Dieses schöne Werk, das einigermaßen als Nachfolger der Doppel- und Tripelkonzerte Mozarts und Beethovens betrachtet werden kann, weist alle Kraft des Aufbaus, alle Beherrschung der Mittel und die logische Einheit des Gedankens auf, die für Brahms' Stil charakteristisch sind; während dessen Beliebtheit durch dieselbe Ursache behindert worden ist, die jene der Klavierkonzerte verzögerte: Die Solo-Stimmen heben sich nicht genug von der Orchesterbegleitung ab, um wirksame Gelegenheit zur Entfaltung von Virtuosität zu bieten; wo aber diese fehlt, hat der Vortragende eines unbekannten Werkes für Solo-Instrument mit Begleitung wenig Aussicht, lebhaftes Interesse für die Komposition bei seinem Publikum zu wecken. Von den drei Sätzen des Doppelkonzertes ist der erste für Musiker besonders interessant; während der zweite, ein schönes Beispiel für Brahms' ausdrucksvolle lyrische Muse, auch auf musikalisch weniger gebildete Zuhörer Eindruck macht. Auf dem Exemplar des Werkes, das Brahms Joachim schenkte, sind von des Komponisten eigener Hand die Worte eingetragen: »An den, für den es geschrieben ist.«

In jeder Beziehung ganz entgegengesetzt war das andere neue Werk von 1887, das dem Privatkreis der Wiener Musiker bei der letzten Versammlung der Saison des Tonkünstlervereins im April 1888 vorgeführt wurde: Die elf vierstimmigen »Zigeunerlieder«, die im Laufe des Jahres als op. 103 erschienen, wurden unter Begleitung des Komponisten von Fräulein Walter, Frau Gomperz-Bettelheim, Gustav Walter und Weiglein von der kaiserlichen Oper aus dem Manuskript gesungen. Brahms schöpfte die Texte zu diesem charakteristischen und anziehenden Werk aus einer Sammlung »Ungarischer Volkslieder«, die von Hugo Conrat ins Deutsche übersetzt und, mit ihren Originalmelodien, von Zoltan Nagy für Mezzo-Sopran oder Bariton mit Klavierbegleitung gesetzt, in Budapest erschienen waren. Conrats Übertragungen sind in meisterhafter Weise ausgeführt. Dem Wortlaut, so weit als möglich nachgehend, sind hier und da kleine Abweichungen vom

Original aufgenommen worden, um die Verse fließend zu gestalten. Einigen einstrophigen Liedern, z.B. den Nummern 3 und 4 aus Brahms' Werk, sind zweite Strophen hinzugefügt worden, die den Gedanken der ersten Strophe weiterspinnen. Die deutschen Texte, in welchen der ungarische Nationalcharakter trefflich aufrecht erhalten ist, machten einen unwiderstehlichen Eindruck auf unsern Meister und sind der Form des vierstimmigen Liedes mit Pianofortebegleitung, die sich in den beiden Heften »Liebeslieder-Walzer« so erfolgreich erwiesen hatte, gut angepaßt.

Einer der ersten öffentlichen Vorträge der »Zigeunerlieder« war der in dem Monday Popular-Konzert London vom 26. November, von Georg Henschel und seiner Frau, Miß Lena Little und William Shakespeare mit Miß Fanny Davies als Pianistin. Sie wurden im Saturday Popular-Konzert vom 1. Dezember wiederholt und wiederum am Montag und Samstag, den 22. und 28. Dezember. Die erste öffentliche Aufführung in Wien – durch die Künstler, die das Werk dort schon privat aufgeführt hatten, fand am 18. Januar 1889 in Walters Konzert im Bösendorfersaal statt.

Die »Zigeunerlieder« hatten sofort einen weit verbreiteten und ungeheuren Erfolg und man hörte sie bald in allen Teilen der musikalischen Welt. Sie wurden in Paris in französischer Übersetzung gesungen, und aus Conrats Ausgabe ins Ungarische rückübersetzt, oft in Budapest, wo die Kunst des Komponisten allgemeine Beliebtheit erlangt hatte. So groß auch ihre Beliebtheit geblieben ist, so hat sie doch nicht jene der »Liebeslieder« erreicht, und bei diesen ist die Nachfrage nach dem ersten Heft auch stets eine größere als die nach dem zweiten geblieben.

Eine lebendige Schilderung von Brahms, wie er im Jahre 1888 und später war, liefert uns Dr. Jenner.[1] Dieser Herr machte die Bekanntschaft des Meisters unter besonders interessanten Umständen. Als er noch ein sehr junger Mann war und sich – ein Liebling von Klaus Groth – in Kiel aufhielt, kamen die Manuskripte einiger seiner Lieder zu Brahms' Kenntnis, und fesselten dessen Teilnahme so sehr, daß er sich veranlaßt fühlte, zu sagen, es würde ihn freuen, den Komponisten während seines Besuchs in Leipzig, bei Gelegenheit der obenerwähnten Aufführung seines Doppelkonzertes, zu empfangen.

1 »Die Musik«, erste Mai-Nummer von 1903.

»In Hamburg,« schreibt Jenner, »gesellte sich mein Freund Julius Spengel verabredetermaßen zu mir, und so ging es zunächst nach Berlin zu Joachim. Dort erlebte ich zum erstenmal einen Joachim-Quartettabend. Gleich nach dem Konzert fuhren wir mit dem Quartett nach Leipzig und kamen spät in der Nacht in dem Hotel Hauffe an. Nie werde ich das Gefühl vergessen, das mich überkam, als ich auf der Fremdentafel las: ›Johannes Brahms aus Wien.‹ Er war schon schlafen gegangen. Ein eigentümlicher Zufall fügte es, daß man mir ein Zimmer anwies, das neben dem seinigen gelegen war, und als ich eintrat, kündete mir ein gesundes Schnarchen die Nähe des Gewaltigen. Leise kleidete ich mich aus und legte mich mit einem seltsamen Gefühl, gemischt aus Ehrfurcht, Stolz und Angst, zu Bett.

Als ich am folgenden Morgen hinunterkam, hatte Brahms bereits gefrühstückt. Behaglich rauchend las er Zeitungen . . . Brahms empfing mich mit wohltuender, einfacher Freundlichkeit und Liebenswürdigkeit, deutete mir an, er wisse, weshalb ich gekommen sei, und verstand es, mit geraden, kurzbestimmten Fragen, die er beiläufig an mich richtete, mir zu helfen, über die erste Verlegenheit und Scheu hinüberzukommen, so daß ich in kurzer Zeit von dem Wohlwollenden seiner Natur überzeugt war und ein unbegrenztes Vertrauen zu ihm gefaßt hatte . . .

Es war 3 Uhr vorüber, als wir in jener Nacht im Hotel Hauffe ankamen. Wie erfreut, zugleich aber auch erstaunt war ich, als Brahms mir zu dieser Stunde bei dem Gutenachtgruß eröffnete, er werde mich um 7 Uhr in der Frühe auf seinem Zimmer erwarten, um mit mir über meine Kompositionen zu sprechen. Pünktlich stellte ich mich zur angegebenen Zeit ein und fand ihn frisch und rosig, die Behaglichkeit selbst, beim Frühstück . . .

Ich hatte ihm ein Trio für Klavier, Violine und Violoncello, einen Chor mit Orchesterbegleitung, Frauenchöre *a cappella* und Lieder mitgebracht und fand ihn bis ins kleinste hinein genau orientiert, wie er denn auch später ohne Ausnahme niemals Arbeiten mit mir durchnahm, die er sich nicht vorher gründlich angesehen hatte. Nach einigen einleitenden Bemerkungen, in denen er aussprach, daß er im allgemeinen einen günstigen Eindruck von meinen Kompositionen bekommen habe, gab er mir zunächst den Chor mit Orchesterbegleitung, der etwas lang geraten war, zurück mit den Worten: ›Schade um das schöne, kleine Gedicht.‹ Es war Klaus Groths ›Wenn ein müder Leib begraben‹. Dasselbe Schicksal erfuhren die Frauenchöre, ich bekam sie zurück mit der ebensowenig tröstlichen Versicherung: ›So etwas ist sehr schwer zu machen.‹ «

Im Weiteren muß der Leser auf den Artikel selbst verwiesen werden, der in unterhaltender Weise schildert, mit welcher ruhigen und unbarmherzigen Methode der Meister seinen jungen Freund an den Rand der Verzweiflung trieb. Aber es endete alles gut, und um Mitte Februar traf Jenner in Wien ein und wurde Mandyczewski vorgestellt, unter dem er einen Kursus des strengen Kontrapunktes durchzunehmen hatte, während seine Arbeiten in freier Komposition unter des Meisters persönlicher Oberaufsicht fortgeführt wurden. Nachdem er Mandyczewskis Bekanntschaft gemacht hatte, heißt es:

»Ich aß mit Brahms im ›Roten Igel‹ zu Mittag, und nach Tisch ging er mit mir Wohnung suchen, wobei er die alten Häuser bevorzugte. Auf diesen Wanderungen durch die Stadt brachte er mir gleich zum Bewußtsein, auf welch' heiligem Boden wir uns befanden. Vor einem Hause hieß es: ›Hier ist das Auge Gottes‹, und vor einem anderen: ›Hut ab, hier ist der Figaro geschrieben!‹ Endlich fanden wir in der Nähe seiner eigenen Wohnung ein für meine Bedürfnisse passendes Zimmer. ›Der junge Mann hat die Musik gern,‹ sagte Brahms zur Vermieterin, ›hört er hier wohl zuweilen ein wenig Klavierspielen, Singen oder so?‹ Damit könne sie allerdings nicht dienen. ›Nun, so tut es auch nichts.‹ Dann schenkte er mir eine von seinen Kaffeemaschinen, Teller, Tasse, Löffel, Messer und Gabel, so daß ich gleich am ersten Tage behaglich installiert war. Seine Bibliothek stand mir zur Benutzung offen, ebenso auch seine Kasse. Ich konnte Geld von ihm haben, so viel ich brauchte, aber ich habe nie nötig gehabt, es von ihm zu nehmen und auch nie genommen.

Mit tiefer Wehmut aber gedenke ich jener herrlichen Abende, an denen Rottenberg und ich allein mit ihm in jenem niedrigen Hinterstübchen, wo jetzt sein Bild hängt, zusammensaßen, und der schweigsame Brahms auftaute und uns Einblicke in eine große und starke Menschenseele gewährte. Doch niemals sprach er an solchen Abenden von seinen Werken, höchst selten von sich und seinem Leben. Wohl habe ich öfter während des Unterrichts das Glück gehabt, daß er mir von sich sprach; es geschah fast immer in einiger Erregung . . . Leider mußte ich mir schon im zweiten Winter die Freude versagen, täglich mit Brahms zu Mittag zu essen, da mir der ›Igel‹ zu teuer wurde. Brahms behauptete freilich stets, der ›Igel‹ sei das billigste Gasthaus in Wien, und in der Tat verstand er es so einzurichten, daß er immer weniger als ich zu zahlen hatte und doch besser aß. Er war im täglichen Leben außerordentlich mäßig; 70–80 Kreuzer höchstens war, was er zu seinem Mittagessen brauchte, eingeschlossen ein kleines Glas Pilsener Bier oder einen Viertelliter Roten. Abends trank er nur wenig mehr. Nur weil man so oft das Gegenteil behauptet hat, halte ich es für meine Pflicht, dieses der Wahrheit gemäß so genau anzuführen.«

Die altmodische Restauration »Zum roten Igel«, in dem Brahms viele Jahre Stammgast war, liegt in einem Winkel des Wildbret-Markts, dicht bei der Augustinerstraße. Brahms besuchte nicht das regelrechte Speisezimmer des Hauses, sondern nahm sein Mittagessen in einem niedrigen, dunklen, gewölbten Hinterstübchen ein, das zu ebener Erde lag und von Kellnern, Kutschern und ähnlichen Gästen benutzt wurde. Hier, bei einem Tisch nahe einer Türe, die nach einem kleinen, düsteren Hof führte, hatte manch ein hervorragender Gast, wie der Landgraf von Hessen, Joachim und viele Andere, in unseres Meisters Gesellschaft an den einfachen, aber gut zubereiteten Gerichten, die er vorzog, teilgenommen. In der Tat verließen nur wenige musikalische Besucher von Wien die Kaiserstadt, ohne unter Brahms' Führung die Bekanntschaft des düsteren Raumes am Wildbret-Markt gemacht zu haben, der jetzt »Brahms-Zimmer« heißt und mit einer Photographie des Meisters geziert ist. Oft besuchten ihn beim Mittagmahl einheimische Freunde und Bekannte und oft soupierte er im

»Igel« nach einem Konzert mit einer Gesellschaft von Musikern. Unter jenen, die am häufigsten mit ihm gesehen wurden, waren seine alten Freunde Epstein und Door und ein Kreis von jungen Männern, an denen er Interesse hatte; zu der Zeit, die unsere Erzählung jetzt erreicht hat, waren Mandyczewski und Rottenberg seine fast täglichen Gefährten. Wenn er allein im »Igel« zu Abend aß, zog er es vor, sich den Eckplatz hinter der Haustüre zu wählen, welcher durch einen roten Vorhang von der Trinkstube getrennt war, und gerade groß genug, um einen Tisch und eine Bank zu beherbergen, die in müßigen Stunden der Wirt benutzte. Während der kurzen Zeit, wo es das Wetter gestattete, speiste er nach seiner Rückkehr nach Wien zu Anfang Oktober in dem »Garten« – d.h. an einem der zwei oder drei Tische, die vor dem Hause standen, flankiert von dichten Oleanderbäumen in Kübeln, die hineingetragen wurden, wenn es anfing, herbstlich kühl zu werden.

Während der letzten zehn Jahre seines Lebens nahm Brahms öfter als früher Mittag- oder Abendeinladungen bei einer oder der anderen Familie an, die zu seinem nächsten Kreis gehörte, und wenn er geladen war, liebte er es, ja, erwartete er sogar, ein gutes Diner serviert und einen guten Wein vorgesetzt zu bekommen. Er hatte noch den Begriff, der einer früheren Generation geläufig war, aber heutzutage unmodern ist, die Gastfreundschaft des Hauswirts oder der Hausfrau nicht zur zu schätzen, sondern seine Anerkennung auch zu äußern: »Es gibt doch Leute, die denken, sie müssen sich genieren, wenn's ihnen schmeckt,« pflegte er zu sagen. Brahms war sicher keiner von diesen. Er war bereit, den auserlesenen Produkten der Kochkunst und den vortrefflichen Weinen, womit seine Freunde ihn zu bewirten liebten, reichlich Gerechtigkeit widerfahren zu lassen; aber er war zu keiner Zeit seines Lebens je ein Schlemmer oder ein Zechbruder, tatsächlich verlor er nie die Anspruchslosigkeit, zu der ihn die äußeren Umstände seines Lebens in der Jugend gezwungen hatten.

Eines der jährlichen Feste zu Ehren Brahms bestand in dem »Spargelfrühstück«, das Ehrbar an des Meisters Geburtstag, am 7. Mai oder etwa um diese Zeit, zu geben pflegte. Ungefähr zwölf oder sechzehn Personen wurden geladen, unter denen sich Hanslicks und Billroth und dessen Tochter regelmäßig befanden. Die Stunde des Lunch war zwölf Uhr, und das Menu, das sich nie änderte, bestand aus Austern, Kaviar, kaltem Aufschnitt, dann der

›pièce de résistence‹ – dem Spargel, wobei je zwei Bündel auf eine Person kamen. Darauf folgten Käse und Dessert, und guter Champagner floß in Strömen.

Der Sommer 1888, der letzte, welchen Brahms in Thun verlebte, endete nicht in so ununterbrochener Ruhe wie die beiden vorhergehenden. Ein hitziges politisches Wortgefecht mit Widmann, bei dem keiner der Streitenden nachgeben wollte, drohte um Mitte August der Intimität, die eine Quelle des Vergnügens und des Vorteils für beide Freunde gewesen war, ein jähes Ende zu bereiten. Glücklicherweise wurde die Katastrophe durch den gesunden Menschenverstand der beiden Männer und durch die herzliche Zuneigung, die zwischen ihnen herrschte, abgewendet; aber vielleicht hinterließ die Begebenheit doch einen Nachhall in der Stimmung des Komponisten für die Dauer der letzten Wochen seines Aufenthalts. Frau Vetter, die jetzt verheiratet war, und in der Nähe ihrer Eltern in Bern wohnte, erzählt eine charakteristische Geschichte, die wir vielleicht mit dem letzten Sommer in Zusammenhang bringen können, über Brahms' Ärger, als er – wie er fälschlich vermutete, durch ihre Schuld – zum Empfänger eines Gesangstributes wurde, wie er eines Abends mit der Familie, nach einem Fest, das in ihrem Garten abgehalten wurde, beisammen saß:

»Er fand die Lampions hübsch. Als aber kurz nachher die ›Liedertafel‹ auf der Terasse über unserem Häuschen anlangte, schien ihm das weniger zu behagen. Als ich ihm sagte, es sei ein Ständchen für ihn, fuhr er auf: ›Ei was, ich bin doch nicht die Hausfrau! Sie sind's Geburtstagskind!‹ Dann bracht' ich ihn mit vieler Mühe dazu, daß er hinaufging zu den Herren; aber er nahm mich immer wieder bei der Hand, wenn ich forteilen wollte. Droben brummte er, nachdem ein Lied zu Ende war: ›War ja schön‹; darauf große Stille, und man freute sich auf einige Dankesworte von ihm. Da aber sagte er laut zu mir: ›'s war für Sie, Geburtstagskind; halten Sie nun den Herren eine Rede!‹ «

Die junge Herrin des Hauses, von des Meisters festem Handgriff an die Stelle gefesselt, als Wiedervergeltung für eine Missetat, an der sie ganz unschuldig war, verlor nicht die Geistesgegenwart; sie dankte den sechzig Sängern für den gehabten Genuß und forderte sie auf, in ihrem Garten ein Glas Bier zu trinken. Die Herren verabschiedeten sich, nachdem sie von ihrer Gastfreundschaft Gebrauch gemacht hatten, und Brahms, der seinen Gleichmut wiedergefunden hatte, nahm das Gespräch mit seinen Freunden wieder auf.

Als Brahms und Widmann sich im September trennten, freuten sich beide darauf, die Erfahrungen zu erneuern, die ihnen eine im Frühling des Jahres unternommene gemeinschaftliche Reise nach Italien schon gebracht hatte.

Die dritte Sonate für Pianoforte und Violine in D moll wurde gleich ihrer unmittelbaren Vorgängerin in Thun komponiert und dort im Sommer 1888 vollendet. Brahms' gewohntes Mißtrauen, wo es sich um den künstlerischen Wert seiner letzten schöpferischen Taten handelte, schien in betreff dieses auffallend originellen Werkes, kaum weniger ausgesprochen, als wir es bei Vollendung der vierten Symphonie gesehen haben. Es fand naiven Ausdruck in einem Brief, den er an Frau von Herzogenberg schrieb, nachdem er ihre sympathischen Bemerkungen über die neue Komposition erhalten hatte:

»Tausend Dank, aber so sehr mich der Sonatenbrief gefreut hat, bin ich doch gegen ihn weit mißtrauischer als gegen den andern; auch über die ›Zigeunerlieder‹ hätte ich nie erwartet, von Ihnen so Freundliches zu hören. Ich glaube indes lieber an einen Irrtum, als an Heuchelei, also besten, aber kürzesten Dank einstweilen.«

Es ist bemerkenswert, daß seine Korrespondentin in dem »andern« Brief, auf den der Meister billigend Bezug nimmt, sich weit in die Region kritischer Offenherzigkeit vorgewagt hatte.

Die Sonate in D moll steht in wirksamem Gegensatz zu ihren sanften Schwestern, nicht nur, weil sie einen größeren Umfang hat, sondern wegen des leidenschaftlichen Charakters ihres ersten und letzten Satzes. Ein interessanter Zug des ersten Satzes und sehr bezeichnend für Brahms ist, daß der Durchführungsteil in seiner ganzen Länge von sechsundvierzig Takten auf einem Dominant-Orgelpunkt erbaut ist, der seinen Widerpart in dem Tonika-Orgelpunkt der Coda findet. Das tiefe Pathos des zweiten Satzes und die zarte Empfindung des dritten appellieren besonders an Brahms-Liebhaber. Das Werk wurde zum erstenmal aus dem Manuskript von Brahms und Joachim in dem Wiener Konzert Joachims am 13. Februar 1889 gespielt. Es erschien im Frühling mit Brahms' Widmung »an seinen Freund Hans von Bülow« und wurde gleich danach in London von Miß Fanny Davies und Ludwig Straus in Miß Davies' Konzert vom 7. Mai aufgeführt. Die drei Sonaten für Pianoforte und Violine wurden an einem Sommertag in Gmunden von Brahms und Joachim in Gegenwart der

Königin und der königlichen Familie von Hannover vorgetragen, ein Umstand, der Erinnerungen an das Jahr 1853 weckt, wo Johannes, nachdem er glücklich durch die ersten Stadien seiner Konzertreise gekommen war, und Joachims Herz im Sturm erobert hatte, mit Reményi zum erstenmal vor König Georg und dem Hofkreise in Hannover auftrat.

Die übrigen Veröffentlichungen von 1889 waren ein Heft von fünf Liedern für gemischten Chor *a cappella* und drei Hefte von je fünf Liedern für eine Singstimme mit Pianoforte-Begleitung. Aus diesen sind: »Wie Melodien«, »Auf dem Kirchhofe«, und »Verrat« (Nr. 1, 4 und 5 aus op. 105) und »Serenade« (Nr. 1 aus op. 106) große Lieblinge der Verfasserin. Brahms' Lieder aber bieten eine so reiche Auswahl an Schönheit, daß das Hervorheben des einen oder des andern wenig mehr bedeutet, als daß man eine persönliche Vorliebe kennzeichnen will.

Zweiundzwanzigstes Kapitel

1889–1895

Hamburger Ehrenbürgerschaft – Weihnachten bei Dr. Fellinger – Zweites Streichquintett – Mühlfeld – Klarinettenquintett und Trio – Letzte Reise nach Italien – Sechzigster Geburtstag – Klavierstücke – Billroths Tod – Brahms' Sammlung »Deutscher Volkslieder« – Leben in Ischl – Klarinettsonaten – Frau Schumann, Brahms und Joachim sind zum letztenmal beisammen.

Vom Jahre 1889 an wählte Brahms zum Sommeraufenthalt die reizende Stadt Ischl, den Mittelpunkt des schönen Salzkammergutes und einen Lieblingskurort der Wiener. Wie bei zwei früheren Besuchen, mietete er Zimmer in einem hübsch gelegenen Häuschen an der Peripherie der Stadt, nahe dem rauschenden Traunfluß, fern von dem Viertel der Kurgäste und passend gelegen, um seine Lieblingsspaziergänge in den malerischen Bergen, die das Tal umgeben, machen zu können. Ein für den Komponisten charakteristisches leises Bedauern klingt aus dem Brief, den er an Widmann schrieb, um ihm sein Vorhaben für die Sommermonate 1889 mitzuteilen. Man kann jedoch nicht bezweifeln, daß die Vorliebe für das angenommene zweite Vaterland mit der Zeit so stark geworden war, daß er sich auf die Dauer außerhalb Österreichs nicht mehr heimisch fühlte. Seine Anhänglichkeit an die Wiener Freunde, denen er, wie man wohl behaupten kann, während der letzten Jahre seines Lebens ganz angehörte, bestimmte ihn wahrscheinlich, gerade Ischl zu wählen, das denen, die ihn besuchen wollten, leicht erreichbar war, und wo einige in unmittelbarer Nähe Landhäuser besaßen. Johann Strauß lebte während des Sommers immer in Ischl; Billroths köstlich gelegenes Heim in St. Gilgen konnte per Bahn oder mit dem Dampfboot am See in einer Stunde erreicht werden; während Haus und Besitz von Herrn und Frau Viktor von Miller zu Aichholz in Gmunden und Goldmarks Wohnung, gleichfalls in Gmunden, nicht viel weiter entfernt waren. Ebenso andere Freunde.

»Durch einen Zufall höre ich,« schreibt Billroth von St. Gilgen an Brahms nach Ischl am 16. Juni, »daß Mandyczewski und Rottenberg bei Dir sind. Wir bitten Dich, sie freundlichst einzuladen, mit zu uns zu kommen. Wir haben Platz in meinem Hause, nicht nur Euch Drei, sondern noch einen Vierten, etwa Ignaz Brüll oder Goldmark, unterzubringen. Ich bitte Dich, sie in meinem Namen einzuladen . . . Also sei einmal fesch, rasch von Entschluß . . .«

Wenn Brahms in Ischl war, speiste er immer im »Keller« des Hotel Elisabeth, den man auf einer abwärts führenden Treppe von der Straße aus erreichte, und der von Billroth folgendermaßen geschildert wird:

»Mit Brahms habe ich zwei gemütliche Stunden in Ischl verbracht. Wir speisten in einem unterirdischen, feuchten Raum, zum Hotel Elisabeth gehörend. Man hat dort dieselben Speisen, wie oben im feinen Salon, doch etwas billiger; im Sommer sehr kühl und braucht keine Toilette zu machen. Alles wie für Brahms gemacht.«

Die Stadt Hamburg verlieh Brahms dieses Jahr die Ehrenbürgerschaft, eine Auszeichnung, die er mit Bismarck und Moltke teilte. Sehr gerührt von dieser Anerkennung, ließ der Meister ausnahmsweise seinen Gefühlen freien Lauf und telegraphierte sofort seinen Dank an den Bürgermeister auf eine natürliche, impulsive Weise, die er scheinbar bedauerte, als er die Worte gedruckt sah.

»Mich findest Du hier,« schrieb er von Ischl an Hanslick, »bis – ich doch wohl zum Musikfeste nach Hamburg muß! Ich muß, denn mein Ehrenbürger-Abenteuer war doch gar zu schön und erfreulich, mit allem was drum und dran hängt. Ich erschrecke aber, da ich mein Telegramm an den Bürgermeister abgedruckt sehe! Es klingt gar albern: ›Das Schönste, was nur von Menschen kommen kann‹ –, als ob ich außerdem etwa an die ewige Seligkeit gedacht hätte! Mir ist aber der liebe Gott gar nicht eingefallen, ich dachte nur beiläufig an die sogenannten Götter, und daß, wenn mir eine hübsche Melodie einfällt, mir das lieber ist, als ein Leopolds-Orden, und wenn sie gar eine Symphonie gelingen ließen, dies mir doch noch lieber ist, als alle Ehrenbürgerrechte.«[1]

In Anerkennung der Ehre, die ihm erwiesen worden war, komponierte Brahms drei achtstimmige Chöre *a cappella*, die er »Fest- und Gedenksprüche« betitelte und dem Bürgermeister von Hamburg, Herrn Oberbürgermeister Petersen, widmete. Patriotische Erinnerungen und Hoffnungen waren seinem Geist lebhaft gegenwärtig, als er sie komponierte und das Werk muß als zweites, großes musikalisches Denkmal und Verherrlichung der Ereignisse von 1870–71 betrachtet werden. Die Texte sind wieder aus der Bibel gewählt: aus der Deuteronomie (5. Buch Mosis), den Psalmen und den Evangelien des Matthäus und Lukas. Die Chöre wurden vom »Cäcilien-Verein« einstudiert und unter Spengel am 9. September zum erstenmal bei dem ersten der drei Festkonzerte,

1 »Neue Freie Presse«, Juni 1897.

die Bülow zur Eröffnung der Hamburger Industrie-Ausstellung arrangiert hatte, aufgeführt. Sittard nennt sie »eine herrliche musikalische Gabe«, und stellt sie den besten und schönsten Werken des Komponisten zur Seite.

»Die Sprüche wenden sich nicht an eine bestimmte Nation oder Konfession, sondern sie richten sich an jedes tiefer empfindende Gemüt, an jedes menschliche Herz, das ernsten, idealen Regungen zugänglich, dem Hohen und Schönen zustrebt. Es lebt etwas von jenem starken, zuversichtlichen Gottvertrauen in diesen Denksprüchen, das auf jedes gläubige Gemüt wie ein Stahlbronnen wirkt, etwas von jener starken Glaubenskraft, wie sie Händel in seinen Werken in so erhabener Weise zum Ausdruck gebracht hat. Es liegt uns ferne, hier eine Parallele zwischen Händel und Brahms zu ziehen; aber es liegt in diesem neuesten Werke Brahms' doch wieder ein verwandter Zug, der nur durch die Zeit und die ganz anders geartete Individualität des späteren Meisters in einem neuen Licht erscheint . . . Brahms ist der einzige, der die eigene Individualität soweit zurückdrängen kann, daß er nicht für einen bestimmten Kreis, sondern in den Allgemeingefühlsinhalt eines Textes sich zu vertiefen und demselben einen allgemeingültigen und verständlichen Ausdruck zu geben vermag.«

Das Werk wurde mit stürmischer Begeisterung aufgenommen, und der Meister mußte erscheinen, um für den langandauernden Beifall, der am Schlusse folgte, zu danken. Es war das letztemal, daß er auf einem Konzert-Podium seiner Vaterstadt stand.

Spengel, der mit Bülow bei Überreichung des Ehrenbürgerdiploms, welche in Petersens Wohnung stattfand, zugegen war, erzählt, daß Brahms dabei in warmen Worten dem tiefen Gefühl Ausdruck gab, welches ihn schon zu einer, das Dankestelegramm ergänzenden schriftlichen Anerkennung veranlaßt hatte. Sein Brief lautet wie folgt:[1]

»Euer Magnificenz,
Hochzuverehrender Herr Bürgermeister!

Es ist mir von ganzem Herzen Bedürfnis, dem schnellen, kurzen Telegramm einige weitere Worte folgen zu lassen. Gestatten E. M. gütig, Ihnen auch hierdurch zu sagen, daß meine Mitbürger mich durch die Beleihung des Ehrenbürgerrechts in ganz ungeahnt schöner Weise geehrt und erfreut haben. Wie den Künstler ein so überaus großes Zeichen der Anerkennung, so beglückt den Menschen das herrliche Gefühl, sich in seiner Vaterstadt so hoch geachtet und geliebt zu wissen. Ein doppelt schönes Gefühl, wenn diese Vaterstadt unser schönes, altes, ehrwürdiges Hamburg ist . . .

Das kostbare Geschenk meines Bürgerbriefes . . . mache ich mir wertvoller und teurer, indem ich den (noch plattdeutschen) Bürgerbrief meines Vaters dazulege. War doch bei dem schönen Erlebnis der Vater mein erster Gedanke und bleibt der einzige Wunsch, er möchte sich dessen noch erfreut haben . . .!«

1 Spengel, »Johannes Brahms«, S. 8.

Es blieb dies nicht das einzige Zeichen von Wertschätzung an hohem Orte, mit dem der Meister in diesem Jahr beehrt wurde. Die Nachricht, daß Kaiser Franz Josef ihm den »Leopolds-Orden« verliehen habe, erreichte ihn in Ischl und kam ihm völlig unerwartet; es folgte eine wahre Flut von Briefen, Karten und Glückwunschtelegrammen, die er sämtlich einzeln beantwortete.

»Ich hatte einen so freundlichen Eindruck, daß die Österreicher als solche sich freuten, daß ich artig danken mußte,«

schrieb er an Hanslick.[1] Einige Jahre später empfing er das neu gestiftete österreichische Ehrenzeichen *›Litteris et artibus‹*.

Noch eine Auszeichnung, die Brahms spät in seiner Laufbahn zuteil wurde, machte ihm, als deutschem Musiker, außerordentliche Freude: es war die Wahl zum auswärtigen Mitglied der *»Académie Française«*. Er versuchte sein Dankschreiben französisch abzufassen; aber da es ihm nicht glücken wollte, mußte er sich damit begnügen, seiner Erkenntlichkeit in der Muttersprache Ausdruck zu geben.

Es scheint hier am Platz, bei Erwähnung dieser angenehmen Zwischenfälle, über die Tatsache zu berichten, daß Brahms eine warme Bewunderung für die Oper »Carmen« des französischen Komponisten Bizet hegte.

Ein Besuch in Köln – der letzte – im Februar 1890 ist dadurch bemerkenswert, daß er Gelegenheit zur ersten (Privat-) Aufführung aus dem Manuskript dreier Motetten für vier- und achtstimmigen Chor *a cappella* bot. Sie wurden von der Schüler-Chorklasse des Konservatoriums gesungen, und bei derselben Gelegenheit spielte Brahms – auch aus dem Manuskript – mit zwei der Professoren das neu bearbeitete H dur-Trio, das er zu Anfang des Monats unter Mitwirkung von Hubay und Popper den Musikliebhabern von Budapest und jenen von Wien im Rosé-Quartett-Konzert vom 22. Februar vorgeführt hatte. Wir haben schon früher unserer Vorliebe für die Originalfassung dieses lieblichen Werkes Ausdruck gegeben.

Eine Frühlingsfahrt nach Italien mit Widmann, die Parma, Cremona, Brescia und Vicenza mit einschloß, bot Brahms abermals Gelegenheit, Freude aus den verschiedensten Quellen zu

1 »Neue Freie Presse«, 29. Juni 1897.

schöpfen. Der Anblick der Kathedrale von Cremona bei Mondlicht, der sich ihm und Widmann in der Nacht ihrer Ankunft, bei einer Biegung der Straße plötzlich darbot, wirkte ganz überwältigend auf ihn. Er konnte sich nicht losreißen von dem wunderbaren Bilde, und wanderte mit seinem Freund zurück, um es noch einmal zu betrachten, bevor er für die Nacht einkehrte. Andererseits war er imstande, in den kleinsten Tagesvorfällen Unterhaltung zu finden; er war immer bereit, die vorübergehenden Störungen und Verlegenheiten des Reisenden zu ertragen und ihnen abzuhelfen. Er pflegte später mit gewisser Vorliebe über eine Opernaufführung zu berichten, der er in Brescia beigewohnt hatte: Das Werk bestand, wie er erklärte, aus lauter Schlußkadenzen; wurde aber so schön gesungen, daß er großes Vergnügen beim Zuhören empfand.

Seine Erscheinung und sein Benehmen machten zu jener Zeit seines Lebens auf Fremde den unwiderstehlichen Eindruck von Vornehmheit und im Allgemeinen von Wohlwollen und lenkte, obwohl er klein war und nachlässig gekleidet, beständig die Aufmerksamkeit der gelegentlichen Mitreisenden und der Landleute, mit denen er es zu tun hatte, auf sich. Unter andern Anekdoten, die Widmann erzählt, ist eine von einem Führer in Palermo, der unter Garibaldi gefochten hatte:

»Mitten in seinem fließenden Vortrag hielt unser feiner und liebenswürdiger Führer einmal plötzlich inne und brach mit einem Blick auf Brahms in die unwillkürlichen Worte aus: ›Ah! mi pare di parlare al mio venerabile generale Garibaldi!‹, wobei ihm die Augen enthusiastisch leuchteten.«

Brahms wurde häufig gebeten, bei seiner Freunde Kindern als Taufpate zu fungieren, und in diesem Sommer gab er den Bitten Frau Marie Janssens, der ältesten Tochter seines ersten Lehrers Cossel, nach, bei ihrem kleinen Sohn Pate zu stehen. Wenige Monate darauf schickte ihm Frau Janssen die Photographie von zweien ihrer Kinder, wofür er in folgenden Worten dankte

»Liebe und geehrte Frau!

Ich komme nicht zum eigentlichen Briefschreiben, so sehr Ihre liebe und freundliche Sendung auch dazu reizt. So lassen Sie mich auch denn nur kurz Dank sagen und glauben Sie, daß meine Gedanken recht herzlich beim Anschauen des Bildes spazieren gehen nach Kiel zu Ihnen, wie nach Hamburg zu Ihrem unvergeßlichen Vater, dessen Andenken mir eines der heiligsten und teuersten ist. Nur das Eine bleibt bei dem reizenden Bildchen zu wünschen, – es hätte ihn noch anlächeln sollen.

In herzlicher Gesinnung und mit besten Grüßen

Ihr ergebener

J. Brahms.«

Als Janssens sich in Kiel etablierten, schrieb Brahms an Groth und bat ihn, sie zu besuchen, wobei er sagte:

»... Die Frau ist die Tochter meines ersten Klavierlehrers Cossel, von dem ich Dir gewiß erzählt habe. Und wenn ich von ihm erzählte, habe ich gewiß nicht wieder aufhören können ...«

Zu der Zeit, die wir jetzt erreicht haben, hatte Brahms seine einsamen Weihnachtsabende aufgegeben. Das Heim von Dr. und Frau Fellinger wurde ihm von Jahr zu Jahr gewissermaßen mehr zu einem Ersatz für die eigene Häuslichkeit, die er sich vielleicht mit Sehnsucht und Bedauern bis zum letzten Jahre seines Lebens in Gedanken vorstellte. Jeder hl. Abend seiner letzten sieben Winter fand ihn inmitten des Fellinger'schen Familienkreises, sich mit den jungen Leuten freuend, sie zu Scherzen anregend, glücklich in dem Gefühl, selbst zu dem Familienkreise gerechnet zu werden, dessen größte Freude es war, zu wissen, daß der beste ihrer Freunde gern in ihrer Mitte verweilte. Es gelang Frau Fellinger immer in Sachen der Weihnachtsgeschenke, die sie für Brahms wählte, irgend eine reizende Attrappe zu ersinnen oder ausfindig zu machen, auf die er alljährlich unfehlbar hereinfiel. Das eine Jahr – die ersten Weihnachten, die er in ihrem Haus verbrachte – war ein Teil ihres eigenen Geschenktisches, geschmackvoll mit Toilette-Artikeln belegt und mit seinem Namen versehen. Vor einem polierten Spiegel standen zwei Leuchter mit angezündeten Kerzen; zwischen diesen befand sich ein Stecknadelkissen, auf das eine schwarze Seidenkravatte angesteckt war. Einige in rosa Papier gehüllte und mit Band zusammengehaltene Päckchen mit »feinster Parfüm« überschrieben, lagen daneben. Die einzigen offen daliegenden Gegenstände waren Päckchen Briefpapier von den Gattungen, die Brahms am häufigsten benutzte, und in genügender Menge, um eine Zeitlang vorzuhalten.

Der gewöhnliche allgemeine Überblick der geschenk-beladenen Tische fand statt und Brahms zeigte viel teilnehmendes Interesse während seiner Inspektionstour, jetzt aber ging er schweigend ans andere Ende des Zimmers, strich mit der Hand über seinen Bart, dann schlenderte er achtlos zurück, nur um sich wieder zu entfernen und abseits auf und ab zu gehen, ein Bild stillen Mißvergnügens. »Aber wollen Sie nicht Ihre Sachen anschauen?« fragte Frau Fellinger, wie beiläufig, als ihr Gast genug Mut gesammelt hatte, um sich wieder in die Gesellschaft zu mischen und die Gaben der jungen Leute zu betrachten, obschon er es sorgfältig vermied, nach seinen eigenen hinzublicken. Der arme Brahms ließ sich zu dem Tisch führen und stand stumm und geblendet davor. »Ah! hier ist meins!« rief er plötzlich, das Briefpapier erblikkend; das ist für mich!« »Aber Alles ist für Sie«, erwiderte die Hausfrau, freundlich, aber mit Bestimmtheit. »Aber diese Dinge sind doch alle für Sie,« sagte der Meister dagegen; »sie sind nicht für mich, sie sind für Sie!« »Aber warum, Dr. Brahms?« beharrte die Dame; »bitte, sehen Sie doch Ihre Sachen an; haben Sie nicht gerne Parfüms?« Nach und nach ließ sich der Meister überreden, die Geschenke in die Hand zu nehmen, obschon mit viel Behutsamkeit. Und jetzt folgte die Verwandlungsszene. Jede niedliche Kleinigkeit stellte sich als irgend ein nützlicher Gegenstand heraus, der Brahms' Bedürfnissen entsprach. Die beiden Leuchter wurden zu Sahnenkännchen, das Stecknadelkissen zur Zuckerdose, die Parfüms stellten sich als unparfümierte Seifen heraus. Ein Brotkorb enthielt ganze Bündel englischer Kielfedern, wie Brahms deren immer zum Notenschreiben benutzte und eine Kleiderbürste stand in anziehender Wirklichkeit vor seinen erstaunten Augen. Bald blieb nichts mehr als der Spiegel. »Aber der gehört doch wirklich Ihnen,« flehte er sie, noch immer getäuscht, an. » Schauen Sie dahinter«, sagte Frau Fellinger; und der Spiegel wurde zu einer Kaffeeplatte, aus Nickel, die wegen ihrer glatten, glänzend polierten Unterseite gewählt worden war, und dem Weihnachtsabendzweck gut entsprochen hatte. »Jetzt muß ich mich aber wirklich setzen,« sagte Brahms, tief Atem holend, das freundliche Gesicht ganz strahlend; und er bestand darauf, alle die Sachen in einem Fiaker noch am selben Abend mitzunehmen.

Aber wenn Brahms sich auch in den späteren Jahren seines Lebens überreden ließ, an den Familienfesten dieser gütigen Freunde teilzunehmen, behielt er doch bis zuletzt die Gewohnheit bei, sich am Weihnachtsabend bei seiner Hauswirtin zu zeigen. Frau Truxa pflegte den Baum ein, zwei Stunden früher als sonst anzuzünden, damit er befriedigt später zu Fellingers gehen könne. Natürlich vergaß er nie ihrer beiden Knaben und seine Gaben bestanden gewöhnlich in Büchern, die sich zu der für die Feierlichkeit festgesetzten Stunde pünktlich auf dem Tisch einfanden.

Die Veröffentlichungen des Jahres 1890 waren die »Fest- und Gedenksprüche« als op. 109 und drei Motetten für vier- und achtstimmigen Chor *a capella,* op. 110.

Die Verfasserin war bei einem Souper zugegen, das in Wien im Januar 1890 nach einem Konzert des Joachim-Quartetts stattfand und bei dem Brahms mit Joachim und dessen Kollegen die Hauptgäste waren. »Was kommt jetzt daran?« sagte Joachim im Lauf des Soupers zu Brahms; »ein Quintett; wir haben eins, ein sehr schönes, wir wollen noch eins haben.« Ein zweites Streichquintett, das im Sommer in Ischl komponiert wurde, war das nächste von Brahms geschaffene Werk und wurde zum erstenmal aus dem Manuskript in Wien im Rosé-Quartettabend vom 11. November aufgeführt (Rosé, Bachrich, Hummer, Jenek und Siebert).

Brahms' Quintett in G dur ist nach der Meinung der meisten kompetenten Richter eines der mächtigsten und faszinierendsten seiner Kammerwerke für Streichinstrumente. Wenn vielleicht in einer oder der andern seiner späteren Kompositionen für Pianoforte und andere Instrumente ein Etwas zu verkünden scheint, daß die Elastizität seiner Erfindung sich auf diesem Gebiete ihren Grenzen näherte, so kann man dies durchaus nicht von irgendeinem der Werke für Streichinstrumente allein sagen; und das Quintett in G dur steht sicher keinem davon an spontanem Melodienreichtum, an Kraft und Mannigfaltigkeit der Erfindung, kurz an allem, was das Wort »Lebensfähigkeit« in sich schließt, nach. Der Verfasserin erscheint es völlig klar und verständlich; aber daß man in dieser Beziehung zweierlei Eindrücke haben kann, wird durch zwei Briefe bewiesen, die Billroth schrieb: den einen an Brahms selbst, nachdem das Werk zum erstenmal aus dem Manuskript in einer Gesellschaft bei Billroths gespielt worden war; den zweiten einige Monate später an Hanslick.

In dem Brief an Brahms, der vom 6. November datiert ist, schreibt der berühmte Chirurg offenbar unter dem Eindruck der großen künstlerischen Erregung des Tages und sagt dem Meister, daß es ihn nicht ruhen läßt, bevor er ihm nicht ein Wort der Freude zukommen lasse.

»In neuerer Zeit bin ich stumm, ich weiß nichts mehr zu sagen, als musikalisch schön, wunderschön; nun auch für mich schon beim ersten Hören klar, himmlisch-blau klar! . . . Könnte man bei den Werken an Michel Angelo, Rafael, Beethoven, Mozart auf der Höhe ihres Schaffens von einer Steigerung sprechen! Doch nur im Sinne einer ganz beschränkt subjektiven Sympathie . . . Ich habe oft darüber gegrübelt, was menschliches Glück sei – nun, heute war ich im Anhören Deiner Musik glücklich. Darüber bin ich mir ganz klar.«

Im darauffolgenden März jedoch schrieb Billroth an Hanslick, daß er das Quintett für eines der schwierigsten von Brahms' Werken halte.

»Die Form ist ja, wenn man sie einmal herausgefunden hat, einfach und klar; doch die Langatmigkeit des ersten Baßthemas und die rhythmisch und harmonisch überreiche, fast möchte ich sagen überladene fünfstimmige Führung macht den Satz doch nur bei starker geistiger Anspannung genießbar. Man muß dazu frischer und gesunder sein, als ich es jetzt bin. . . .Doch wir haben gut reden; wir wollen immer Neues, immer etwas, was uns noch mehr interessiert als das Frühere; es kann uns keiner etwas ganz recht machen.«[1]

Billroth hörte das Werk zum erstenmal unter den denkbar günstigsten Bedingungen, als seine eigene Aufnahmefähigkeit hochgespannt war. Er war niedergeschlagen und unwohl, als er den zweiten Brief schrieb. Die Mehrzahl der Musikfreunde würde wahrscheinlich den Originaleindruck teilen. Die Kraft und die Lieblichkeit des ersten Satzes, das Romantische des zweiten (des wundervollen Adagio), die rührende Grazie des dritten, die Lebhaftigkeit des vierten, der ungarische Färbung hat, alles scheint eine beständige Fortdauer der schöpferischen Kraft und des treibenden Impulses des Komponisten zu verkünden. Daß Brahms selbst aber zu Anfang der neunziger Jahre sich bewußt war, der Ruhe zu bedürfen, ist wohlbekannt. Billroth sagt von ihm in einem vom 28. Mai 1890 datierten Brief, nachdem er ihn in Ischl besucht hatte:

»Er wies den Gedanken, daß er etwas komponiere oder je komponieren werde, weit von sich ab; er schwelgt jetzt in Sybels ›Gründung des Deutschen Reichs‹; drei dicke Bände, der vierte in Sicht.«

Einem andern Freund sagte Brahms 1891: »Ich habe mich in letzter Zeit zwecklos geplagt; bis jetzt hatte ich das niemals nötig:

1 Billroths Briefe.

Die Sachen sind mir immer leicht eingefallen.« Er äußerte die Absicht, seine schöpferische Tätigkeit ruhen zu lassen und die Zeit mit Lesen, Ausflügen und Besuchen bei Freunden zu verbringen; aber er verharrte nicht sogleich bei seinem Entschluß.

Zu Anfang des Jahres 1891 machte er einen Besuch in Meiningen. Er unterhielt sich um so besser, als der Herzog Widmann, von dem der Meister ihm oft erzählte, eingeladen hatte, um letzteren zu treffen. Mehrere köstliche Einzelheiten von damals werden von Widmann erzählt. Für uns aber ist die Tatsache von besonderem Interesse, daß Brahms' Bewunderung für den Vortrag des Klarinettisten Mühlfeld der Meininger Hofkapelle jetzt in dem Entschluß kulminierte, für sein Instrument zu komponieren. Mühlfeld hatte besondern Ruf als Solist bei seinen Vorträgen von Weber erworben, dessen Concertino für Klarinette und Orchester er in Meiningen am 25. Dezember 1886, dem hundertsten Geburtstag des Komponisten, eingeführt hatte. Unser Meister, der seitdem oft Gelegenheit hatte, Mühlfelds wundervollen Ton und Vortrag zu hören, bat jetzt um eine Privat-Aufführung, bei der er allein anwesend sein dürfe, in deren Verlauf ihm der Klarinettist ein Stück seines Repertoires nach dem andern vorspielte und dabei sein Instrument mit ihm besprach. Die Folge war, daß Brahms während seines alljährlichen Aufenthalts in Ischl ein Trio für Pianoforte, Klarinette und Violoncello und ein Quintett für Klarinette und Streichinstrumente komponierte. Diese Werke wurden vor dem herzoglichen Kreise im Meininger Schloß am 24. November desselben Jahres aus dem Manuskripte gespielt: Das Trio von Brahms, Mühlfeld und Hausmann; das Quintett von letzteren zwei Musikern, Joachim und zwei Mitgliedern der Meininger Kapelle.

Brahms blieb noch einige Zeit nach der Aufführung des Herzogs Gast; dann folgte er seinen Freunden nach Berlin, um bei dem Joachim-Konzert am 12. Dezember mitzuwirken, wo die neuen Werke zum erstenmal öffentlich gehört wurden. Diese Gelegenheit war und blieb einzig in der Geschichte jener berühmten Künstler-Vereinigung. Die Joachimquartettkonzerte in Berlin, die eine erste Stelle in dem Musikleben der Stadt einnahmen, fanden fast vierzig Jahre hindurch alljährlich statt; aber in kein Programm, als in das vom 12. Dezember 1891, wurde irgendein Werk aufgenommen, das nicht ausschließlich für Streichinstrumente geschrieben war. Daß Brahms sehr befriedigt war über diese Huldigung, ist aus einem Brief ersichtlich, den er im Dezember an Hanslick schrieb und worin er sagt:

»Nur das eine melde ich, daß ich erst vierzehn Tage später anfangen kann, Dir zu erzählen [von einer Aufführung von Strauß' ›Ritter Pazmann‹], das kommt daher, daß Joachim die Jungfräulichkeit seines Quartetts meinen neusten Sachen preisgegeben hat. Bis jetzt hat er das keusche Heiligtum sorglich gehütet und jetzt, so sehr ich dagegen gesprochen, verlangt er, daß ich mit Klarinette und Klavier eindringe, mit Trio und Quintett. Am 12. Dezember passiert das und zwar mit dem Meininger Klarinettisten.

Mandyczewski sage (oder lass' ihn lesen), daß das Quintett ›*Adagio con sordini*‹ so oft und lange gespielt wurde, wie es der Klarinettist nur aushalten konnte.«[1]

Der Besuch in Berlin hatte einen phänomenalen Triumph im Gefolge. Eine öffentliche Probe wurde am 10. abgehalten, wobei jeder Platz besetzt war, und am Schluß des Quintetts, der letzten Nummer des Programms, schwelgte das Publikum in überwältigenden Beifallskundgebungen für Komponist und Ausführende. Man ging so weit, eine Wiederholung des ganzen Werkes zu verlangen, und Joachim und seine Kollegen willigten endlich ein, das Adagio zu wiederholen. Eine ähnliche Szene fand bei dem Konzert am 12. statt. Beide neuen Werke wurden von der Berliner Presse günstig besprochen, deren Begeisterung bei dem Quintett, insbesondere bei dem Adagio, den Höhepunkt erreichte.

Das Trio wurde im selben Monat in Wien im Hellmesberger-Konzert gespielt; das Quintett am 5. Januar 1892 von der Rosé-Quartettgesellschaft mit dem Klarinettisten Steiner. Beide Werke hörte man in der österreichischen Residenz vierzehn Tage darauf in einem Konzert, das die Joachim-Qartett-Vereinigung unter Mitwirkung von Brahms und Mühlfeld gab. Das Quintett wurde dem Londoner Publikum in dem Monday-Popular-Konzert vom 28. März von Mühlfeld, Joachim, Ries, Straus und Piatti vorgeführt und im Samstag-Konzert vom 2. April wiederholt, wobei auch das Trio von Miß Fanny Davies, Mühlfeld und Piatti vorgetragen wurde.

Das Klarinett-Trio erscheint uns als eines der wenigst überzeugenden Werke von Brahms, und zwar trotz der Tatsache, daß des Komponisten Name jeder Seite groß aufgeprägt ist. Niemand

1 Neue Freie Presse, 1. Juli 1897

könnte umhin, die Handschrift in allen vier Sätzen zu erkennen und echten Brahms-Freunden muß diese Handschrift immer teuer bleiben; aber wenn man den Komponisten mit sich selbst vergleichen darf, so scheint uns die Eingebung bei diesem Werke zu erlahmen; es fehlt dem Geiste an Geschmeidigkeit. Ganz anders ist es bei dem schönen und jetzt so beliebten Quintett, das, wie Steiner sagt, die reichsten Früchte der goldnen Ernte des Tondichters enthält. Hier »fließen die Ströme des Lebens wie am hohen Mittag«, obschon der Zug sanfter, liebender Melancholie, der alle vier Sätze durchklingt und das Herz des Hörers in festem Griffe gefangen hält, des Komponisten Empfindung andeutet, daß die Nacht für ihn nicht mehr fern ist, und der Feierabend anbricht. Eine Fülle reicher Melodien, ein üppiger Reiz des Tonklanges, originelle Effekte, die sich aus der Behandlung der Klarinette ergeben, »olympische« Ruhe und Meisterschaft zeichnen jeden Satz dieses edlen und anziehenden Werkes aus, das bei seiner ersten Aufführung die Hörer im Sturm gewonnen und bei jedem neuen Anhören immer fester in den Herzen der Musiker und Laien Wurzel gefaßt hat. In dem Mittelteil des zweiten Satzes hat Brahms für die Klarinette einige quasi improvisierte Passagen eingefügt, die den ganzen Umfang des Instrumentes umfassen und von den Streichern begleitet, bei entsprechend guter Wiedergabe, von überraschend anziehender Wirkung sind. Ein die der Klarinette in diesem Satz angewiesene Stellung betreffender Einfall eines Berliner Kritikers scheint Brahms zugesagt zu haben, der später, wenn er den hervorragenden Künstler, für den sie geschaffen war, intimen Freunden vorstellte, zu sagen pflegte: »Fräulein von Mühlfeld, meine Primadonna.«

Im Jahr 1891 wurde das Streichquartett in G dur veröffentlicht; sechs Gesangs-Quartette (op. 112), deren letzte vier hinzugefügte »Zigeunerlieder« auf Texte von Conrat komponiert waren, und dreizehn Kanons für Frauenstimmen, deren Erscheinen ein direktes Verbindungsglied zwischen des Komponisten später Reife- und früher Jugend-Periode bildet.

Das Klarinetten-Trio und -Quintett und drei Hefte kurzer Klavierstücke, op. 116, Nr. 1 und 2, und op. 117, erschienen 1892.

Zeitlich im Frühjahr 1893 reiste Brahms zu einem letzten Aufenthalt im Süden ab; er traf Widmann und zwei Züricher Freunde (Friedrich Hegar und Robert Freund) in Mailand und begab sich mit ihnen nach Sizilien, dessen landschaftlicher und allgemeiner romantischer Zauber einen unauslöschlichen Eindruck auf sein Gemüt hervorgebracht hatte, als er mit Billroth etwa fünfzehn Jahre früher in dem Lande gereist war. Er hatte einen weiteren gewichtigen Grund, Wien im April verlassen zu wollen. Der herannahende 7. Mai, sein sechzigster Geburtstag, mußte unfehlbar nicht nur zu freundschaftlichen Lustbarkeiten Gelegenheit geben, sondern auch – wenn er daheim wäre – zu formellen Glückwunsch-Ovationen, bei denen man natürlich mit seiner Anwesenheit gerechnet hätte. Eine solche Lage ließ ihm aber nur *einen* Weg offen – die Flucht; und zu dieser hatte er schon Monate vorher seine Vorbereitungen getroffen. Schon im Jahre 1892 hatte er Hegars Aufforderung, seinen Geburtstag durch einige Festaufführungen in Zürich zu feiern, in folgenden Worten abgelehnt:

»Wien, den 29. September 1892.

Lieber Freund!

Nächstens nehme ich einen so hübschen Bogen von vorne und versuche, Ihnen und Ihrem Verein ungefähr mein Dankgefühl auszusprechen für Ihr gar so freundliches und gütiges Vorhaben zum nächsten 7. Mai. Heute lassen Sie mich nur sagen, daß, ganz im Gegenteil, ich Ihnen längst mit einer Einladung kommen wollte. Nur meine Schreibfaulheit ist schuld, daß Sie mir zuvorkommen. Ich wollte nämlich Sie und Widmann fragen, ob Sie nicht im nächsten Frühling auch wie ich ein wenig nach Italien wandern möchten?

Wann und wohin, ist mir ganz einerlei, wenn wir nur am 7. Mai sicher tief in den Abruzzen oder sonstwo stecken, wo gewiß niemand dazu kann, wenn wir uns einiger wehmütiger Betrachtungen (hoffentlich sehr lustig) hingeben. Sie sehen, meine Absichten und Gedanken sind ganz andere als die Ihren und in meinem demnächstigen Briefe wird nichts stehen, als sehr viel Dank für so überaus freundliche Gesinnung . . .«[1]

Auf Ehrbars alljährliche Einladung zum Spargel-Frühstück, die wie gewöhnlich um Mitte April in Nr. 4, Karlsgasse, eintraf und diesmal die spezielle Bitte enthielt, daß in diesem besonderen Jahr das Fest am 7. Mai selbst gefeiert werden möge, erfolgte eine telegraphische Antwort von Genua aus: Es tue dem Meister sehr leid, daß er dieses Jahr nicht anwesend sein könne, aber er sende freundlichste Grüße allen Freunden, die bei diesem Anlaß versammelt sein würden. Anstatt die Gesellschaft dieser Enttäuschung wegen zu verschieben, beschloß Ehrbar, die alten Freunde

1 In Steiners »Johannes Brahms«, S. 29, veröffentlicht

nicht nur wie gewöhnlich zu versammeln, sondern das Fest im Hotel Sacher abzuhalten, und noch einige Gäste dazu zu laden, um auf die Gesundheit des abwesenden Komponisten zu trinken, so daß etwa dreißig anwesend sein sollten.

Widmann, der auf der Rückreise einen Unfall hatte, wobei er sich das Knie verletzte und zwei Tage in Neapel unter chirurgischer Behandlung bleiben mußte, hat folgendermaßen geschildert, wie Brahms den 7. Mai verbrachte:

»Und so kam es, daß Brahms den 7. Mai, seinen sechzigsten Geburtstag, allerdings in stiller Verborgenheit zubrachte, nämlich an meinem Bette sitzend als treuer Hüter und Pfleger, nachdem wir die beiden andern Freunde überredet hatten, an diesem Tage einen Ausflug nach Pompeji zu unternehmen. Die Funktion des Arztes, so wenig schmerzhaft sie für mich war, regte ihn auf's furchtbarste auf, was er jedoch durch scherzhafte Reden zu verbergen suchte, indem er zwischen grimmig aufeinandergebissenen Zähnen hervorstieß: ›Wenn's ans Schneiden geht, dann bin ich der richtige Mann; ich war bei solchen Sachen immer Billroths Assistent.‹ Als wir uns allein befanden, sorgte er wie eine Diakonissin für alle meine Bequemlichkeiten und war bemüht, durch heiteres Plaudern keine tiefere Verstimmung bei mir aufkommen zu lassen. ›Denken Sie nur einmal darüber nach‹, sagte er z. B., ›wieviel Sie schon in Ihrem Leben mit Ihren Wanderbeinen in den Schweizer Alpen und in Italien herumgestiefelt sind, so daß Sie, wenn Ihnen schlimmstenfalls dies künftig nicht mehr möglich sein sollte, immer noch vor hunderttausend Mitmenschen, denen es nicht so gut wurde, unendlich viel voraus haben . . .‹ Ab und zu, während er so bei mir saß, langten doch einige Glückwunschtelegramme zu seinem Geburtstage an, so vom Herzog von Meiningen und von anderen, ihm nahestehenden Freunden, die zu diesem Zwecke Erkundigungen über unsere mutmaßlichen Reisestationen bei dem einen oder anderen von uns eingezogen hatten.«

Nichtsdestoweniger ging in Wien das Gerücht, daß Brahms bei Herrn Ehrbars Frühstück zugegen sei; daß man ihn am Abend des 6. in der Augustinerstraße gesehen habe; daß er seine Freunde in Erstaunen setzte, indem er am 7. um 12 Uhr im Hotel Sacher zu ihnen stieß, gerade wie sie im Begriff waren, sich an die Tafel zu setzen und daß er unmittelbar nach der Feier aus der Stadt verschwand, um erst zur gewohnten Zeit seiner Rückkehr im Oktober wieder heimzukommen.

Der sechzigste Geburtstag seines Ehrenpräsidenten wurde von dem »Tonkünstler-Verein« durch eine besondere Zusammenkunft und musikalische Aufführung in den Klub-Sälen gefeiert; und die »Gesellschaft der Musikfreunde« ließ dem Meister zu Ehren eine goldene Medaille prägen.

Ein Brief an Frau Karoline, im Juni von Ischl aus geschrieben, an dessen Spitze seine kleine Photographie, im Gehrock, sich befindet, deutet Brahms' glückliche Stimmung um jene Zeit an:

»Hier, liebe Mutter, komme ich und danke schön für Deinen lieben Brief. Vor allem freut mich, daß Fritz [Schnack] eine hübsche Tour macht, was zugleich beweist, daß es Euch beiden gut geht – laß ihn nur weiter Pläne machen und spazieren gehen! ... Ich werde dafür Sorge tragen, daß Ihr einen Abguß der Medaille kriegt. Fritzen als Kenner wird doch die Arbeit interessieren – das Gold muß er sich dazu denken!

Mir geht es sehr gut und der Sommer wird immer schöner. Im Herbst oder Winter muß ich einmal wirklich bei Euch hineinschauen, nicht bloß im Bild.

Habt Ihr denn sehr überflüssig Geld, oder darf ich einmal wieder schicken? Fritz soll nur brav Geld verreisen, das macht lustig und frisch – dann kann er sich und Dich wieder unterhalten mit all seinen Leiden! ...

Euer Johannes.«[1]

Schon vor einigen Jahren hatte Frau Karoline, auf Johannes dringenden und oft wiederholten Wunsch, ihre Pension am Anscharplatz aufgegeben und sich zurückgezogen, um den Rest ihres Lebens als Herrin des stillen Heims ihres Sohnes in Pinneberg zuzubringen. Johannes sorgte dafür, daß seine Stiefmutter mit dem nötigen Geld versehen war, welches ihr regelmäßig durch seinen Verleger, Herrn Simrock in Berlin, übermittelt wurde; aber er wurde nie müde, ihr seine Bereitwilligkeit an den Tag zu legen, etwaige Forderungen, die mittlerweile entstehen sollten, zu begleichen; besonders empfahl er Ferienreisen für Fritz Schnack als eine gute Gelegenheit, extra Geld auszugeben. Frau Karoline und ihr Sohn, welche beide Johannes anbeteten, erregten häufig sein Mißfallen durch die Mäßigkeit, mit der sie von seiner Freigebigkeit Gebrauch machten.

Nie ging er nach Hamburg, seit seine Stiefmutter sich zurückgezogen hatte, ohne ein paar Stunden für einen Besuch bei ihr in Pinneberg zu erübrigen und dort, in der bescheidenen Häuslichkeit, für die er gesorgt hatte, fühlte er sich, sozusagen, im alten Familienheim. Sein Platz war in der Sofaecke des Wohnzimmers neben dem mit Uhren gefüllten Laden. Die Zeiger kündeten die richtige Stunde, lustig schwangen die Pendel hin und her, laut und leise tickten die Werke, und er plauderte behaglich mit ihr und Fritz, hörte die kleinen Einzelheiten der Familienvorfälle an, fragte nach diesen oder jenen alten Bekannten; dann versank er in Schweigen und Träumen, das von den beiden Menschen, denen

1 Herausgegeben in Reimanns »Johannes Brahms«, S. 117

er so lieb war, respektiert wurde. Nach und nach, wenn er seine Gedanken gesammelt hatte, kehrte er zur Wirklichkeit zurück und setzte das freundliche Geplauder dort, wo es unterbrochen worden war, fort.

Brahms wünschte immer, daß seine Stiefmutter anwesend sein solle, wenn er in Hamburg auftrat, und so lange sie dort lebte, logierte er bei ihr, so oft er die Stadt besuchte. Einmal, nachdem sie bereits nach Pinneberg übergesiedelt war, und er nach Hamburg kam, um in einem der Konzerte Bülows eine Symphonie zu dirigieren, mietete er ihr im Hotel Moser ein Zimmer neben seinem eigenen, damit sie die wenigen Tage recht viel beisammen sein könnten; und bei Proben und Konzert bot er ihr seinen Arm, um sie zu ihrem Sitz zu führen. Frau Karoline konnte vielleicht die Tiefen und Verschlingungen von ihres Stiefsohns vierter Symphonie nicht ganz fassen, aber sie liebte das Werk und teilte die Freude daran von ganzem Herzen. Fritz kam auch von Pinneberg herüber und begrüßte seinen Stiefbruder im Künstlerzimmer, bevor das Konzert begann. Des Meisters zwei letzte Besuche in Hamburg scheinen während der letzten Krankheit seiner Schwester Elise Grund (die im Juni 1892 starb) und zu Anfang des Jahres 1893 stattgefunden zu haben. Vielleicht ist er nach diesem Datum noch in Pinneberg gewesen.

Im Laufe des Sommers 1893 wendete Brahms einige Aufmerksamkeit auf die Zusammenstellung eines Ergänzungsbandes zu der vollständigen Ausgabe der Schumann'schen Werke, welche Frau Schumann in den letzten siebziger Jahren zur Herausgabe durch Breitkopf und Härtel vorbereitet hatte. Bei dem Erscheinen dieses höchst interessanten Heftes liest man unfraglich des Meisters Wunsch heraus, seinen Namen mit jenen Schumanns und seiner Frau noch einmal zu verbinden; seine naive Freude an dem Inhalt dieses Heftes, für dessen Auswahl und Arrangement er einzig verantwortlich war, sowie die Tatsache dieser Verantwortung an und für sich, müssen sein Andenken jenen noch teurer machen, die seine Korrespondenz betreffs dieser Angelegenheit gelesen lesen.[1] Die Aufgabe, das Heft mit Frau Schumanns Sanktion für den Stich vorzubereiten, scheint seine Empfindlichkeit betreffs seiner – in letzter Zeit sehr gespannten – persönlichen Be-

1 In Litzmanns »Clara Schumann«, Bd. III., enthalten

ziehungen zu der alten Freundin gemildert zu haben. Von da ab ersieht man aus seinen Briefen an sie nur seine Neigung, seine Befriedigung, sie zuweilen besuchen zu können, und seine gelegentlichen Bemühungen, sie über die Leiden zu trösten, zu denen sie mit vorgerücktem Alter immer mehr neigte. Dieses Supplementheft enthält, um den Wortlaut der von Brahms verfaßten und unterzeichneten Vorrede zu zitieren:

»Einiges aus dem Nachlasse Robert Schumanns, das, als an sich von Wert, oder sonst von besonderem Interesse, in dieser Sammlung seiner Werke nicht fehlen darf... Das dieses Heft abschließende ›Thema‹ ist ganz eigentlich Schumanns letzter musikalischer Gedanke. Er schrieb es am 17. Februar 1854 und fügte noch fünf Variationen hinzu, von deren Mitteilung hier abgesehen wird. Sagt doch an dieser Stelle die leise, innige Melodie genug. Wie ein im Entschweben freundlich grüßender Genius spricht es uns an und wir gedenken mit Verehrung und Rührung des herrlichen Menschen und Künstlers.

Johannes Brahms.

Ischl, Juli 1893.«

In solcher Weise hat Brahms das Andenken des großen Musikers und großmütigen Freundes, den er in seiner Jugend geliebt und betrauert, stets in Ehren gehalten. »Das Andenken Schumanns ist mir heilig«, schrieb er 1873 an Professor Heimsoeth in Bonn; und seinem Freunde, Geheimrat von Hase, dem Haupte der Firma Breitkopf und Härtel, sagte er, nicht lange bevor sein eigenes Leben sich dem Ende näherte:

»Jeder Mensch erlebt doch so ein paar Dinge, von denen er sich sagt, daß es doch der Mühe wert ist, in der Zeit gelebt zu haben. Für mich kann ich etwa die drei sagen: Nun, daß ich jung Schumann noch kennen gelernt habe, – dann, nun, daß ich das Jahr 70 habe erleben dürfen – und nun wie in den ganzen letzten Jahrenn Bach durch Ihre Ausgabe[1] immer höher und höher aufgestiegen ist.«

Über des Komponisten Original-Arbeiten in dieser Saison schreibt Billroth einige Monate später an einen Freund:

»Brahms hat, soviel ich weiß, in diesem Sommer wieder ein Dutzend Klavierstücke (op. 116–119) komponiert; ich weiß nicht, woher ihm diese Passion auf einmal gekommen ist. Ich liebe dieses Genre von ihm am wenigsten; die G moll-Rhapsodie ausgenommen. Er ist in der von ihm gewählten Form dieser kleinen Pianofortewerke nicht mannigfaltig genug. ... Er sollte beim großen Stil bleiben.«

1 Die berühmte Monumentalausgabe von Bachs sämtlichen Werken, 1851 bis 1896 in 60 Bänden herausgegeben von Breitkopf und Härtel für die Leipziger Bach-Gesellschaft.

Die fraglichen Stücke erschienen im Herbst 1893 in zwei Heften, op. 118 und 119. Die übrigen Veröffentlichungen dieses Jahres, ohne Opuszahl erschienen, waren zwei Hefte technischer Übungen für Pianoforte.

Billroths Gefühlsäußerung betreffs der Klavierstücke wird wahrscheinlich von vielen, selbst den treuesten Freunden Brahms'scher Kunst, unterschrieben werden; während sicher alle übereinstimmen, was die von ihm bezeichnete Ausnahme betrifft. So schön auch viele der Intermezzi, Phantasien usw. sind, so muß man doch bezweifeln, ob Brahms' kürzere Kompositionen für Pianoforte jemals die allgemeine und rückhaltlose Beliebtheit erreichen werden, die seit lange jenen von Schumann und Chopin zuteil wird. Die Art, wie die Gedanken ausgedrückt werden, scheint manchmal nicht im Verhältnis zu der mäßigen Länge ihrer Entwicklung zu stehen; die Höhe des Aufbaues erscheint als zu groß im Vergleich zu der Oberfläche, die ihm gestattet ist. Jedenfalls ist jedoch in mehreren Beispielen dieser Eindruck der Ungewöhnlichkeit der Stücke zuzuschreiben, und er verschwindet, sobald man mit denselben näher vertraut wird. Es ist noch nicht an der Zeit, sich eine entschiedene Meinung über die Stelle zu bilden, die sie endgültig einnehmen könnten.

Echte Wertschätzung von Brahms' kleinen, sowie von seinen großen Werken braucht manchmal längere Zeit, selbst bei jenen, die seiner Musik in tiefster Neigung zugetan sind. Wenn aber von Zeit zu Zeit der Geist, der seinen Eingebungen innewohnt, sich ungesucht in einem plötzlichen Lichtstrahl enthüllt, dann nimmt das ganze Herz deren innewohnende Schönheit und Wahrheit voll in sich auf. Nur in einem Beispiel (op. 117, Nr. 1) hat der Meister einen Schlüssel zu den Quellen angegeben, die seine Phantasie während der Komposition der dreißig kurzen Stücke für Pianoforte, von op. 76 an, erregt haben mögen; und wo er selbst zurückhaltend gewesen ist, ziemte es andern nicht, irgend einem besonderen Stück eine bestimmtere Annahme zu unterlegen. Man kann jedoch vermuten, daß viele seiner kleinen Kompositionen der Liebe zur Natur entsprungen sind. Das Gewitter in den Bergen, das, vom Sturme getrieben, mit plötzlichem Krachen sich entladet, das sich Nähern, Entfernen des grollenden Donners, das eintönige Plätschern niederrauschenden Regens auf das Laub; das bunte Flattern von Schmetterlingen; träges Summen der Insektenwelt an einem heißen Sommertag; das Heranrollen lang gestreckter grauer Wogen, die zu Schaum am Strand zerfließen – alles das können wir darin finden. Auch die Musik der Sphären, die zu ätherisch ist, um von gewöhnlichen Sterblichen wahrgenommen zu werden, hat des Meisters Ohr aufgefangen, der sie, zu feinsten Tongespinnsten verwebt, dem Menschen mit weniger zartem Organismus zum Empfinden gebracht hat. Einige der Stücke haben sich sicher um die Idee einer Legende oder einer Ballade kristallisiert. Aus diesen erklingt das unheimliche Tappen der Geisterwelt, der gefürchtete Schall der Schicksalsglocke, die Katastrophe des Menschenlebens. Aber in keinem Fall, außer in dem genannten, dürfen die einzelnen Werke so aufgefaßt werden, als wären sie mit diesem oder jenem im Geiste des Komponisten verbunden gewesen. Dasselbe kann Verschiedenen Verschiedenes bedeuten und Brahms hat sich sorgfältig vor der Möglichkeit gehütet, der Programmusik verdächtigt zu werden, indem er den Phantasien, Rhapsodien, Balladen, Intermezzi, die möglichst allgemeinen Titel gab.[1] Das Heft op. 117 ist wirklich populär geworden und wird allein in Groß-Britannien zu Tausenden verkauft. Eine der ersten Personen – vielleicht die erste – welche die Hefte 116 und 117 hörte, war Frau Schumanns Schülerin, Fräulein Ilona Eibenschütz, (jetzt Frau Karl Derenberg), der Brahms die Stükke nach ihrer Vollendung vorspielte, nachdem er sie eigens dazu eingeladen.

Indem er Brahms auffordert, bei einer Festversammlung des kaiserlichen und königlichen Ärztevereins im Oktober anwesend zu sein, schreibt Billroth:

> »Ich möchte Dich auch einmal schön dekoriert sehen. Paßt Dir das nicht, so bist Du uns auch in Straßentoilette willkommen, wo Du Dich auf der (nicht hohen) Galerie unter den jungen Ärzten verteilen kannst.«

Es war eine der letzten halböffentlichen Funktionen, an welchen der berühmte Chirurg teilnahm. Seine Gesundheit war seit einiger Zeit erschüttert, und er starb am 6. Februar 1894, von allen Ständen der Einwohnerschaft Wiens beklagt. Bei dem Leichenbegängnis war eine große Menschenmenge anwesend, besonders aus den ärmeren Klassen.

1 Siehe Bd. I, Erster Anhang.

»So offen tragen wir unser Herz nicht«, schrieb Brahms später an Widmann, »so schön und warm zeigt sich die Liebe nicht wie hier, vor allem beim besten Teil des Volkes (ich meine eben beim Volk, bei der Galerie) . . . In der ganzen unzählbaren Menschenmenge hätten Sie kein neugieriges, kein gleichgültiges Gesicht gesehen, auf jedem nur die innigste Teilnahme und Liebe. Mir hat das beim Schlendern durch die Gassen und auf dem Friedhof ganz ungemein wohlgethan.«[1]

Brahms wagte es nicht, als Zuschauer bei der letzten Szene ganz nahe zu sein. Während die Verwandten und Freunde des verstorbenen Chirurgen das offene Grab umstanden, ging er still nach einem Seitenwege und schritt auf und ab, mit einem Bekannten andere Dinge besprechend.

Der Gedanke an den Tod hatte in der Tat eine Macht über den Meister, die ihn wahrscheinlich das ganze Leben hindurch zu Zeiten umklammert hielt. Er konnte sich nicht überwinden, dem Feind entschlossen entgegenzutreten, besonders während seiner späteren Jahre, wo die eiserne Hand auf einen seiner Freunde ihr Anrecht geltend machte; er pflegte aber diesen Gegenstand möglichst wenig zu berühren, und ohne Zweifel auch seinen Gedanken so fern als tunlich zu halten. Der Tod war aber bis jetzt gütig gewesen gegen unsern Meister; er hatte ihm die Qual vieler schweren Abschiede erspart. Wir haben seinen tiefen Kummer gesehen beim Verlust der Eltern, die ihm mit der ganzen Ergebenheit ihrer liebevollen Herzen zugetan waren. Natürlicherweise war das Gefühl der Beraubung beim Hinscheiden von Bruder und Schwester weniger nachhaltig in seinem Schmerz. Sein Freund Pohl, Bibliothekar der »Gesellschaft der Musikfreunde«, starb 1887, aber mit dieser Ausnahme war der alte Kreis der Genossen unverändert geblieben. Joachim, Stockhausen, Grimm, Dietrich, Kirchner, Hanslick, Faber, Billroth, Goldmark, Epstein, Gänsbacher blieben ihm alle noch, während er in Frau Schumanns Gegenwart noch im Alter von einundsechzig Jahren jung war, mit jugendlichen Gefühlen der Verehrung im Herzen. Der Tod Billroths war für ihn ein schwerer Schlag. Wer kann sagen, ob er nicht schon zu jener Zeit ein Vorgefühl hatte, daß er jenem in nicht allzu ferner Zeit folgen würde?

Wenn dies wirklich der Fall war, so zeigte sich doch in seinen äußeren Gewohnheiten wenig Veränderung. Die Fußwanderun-

1 Widmanns »Erinnerungen«

gen in der Umgegend von Wien fanden jeden zweiten oder dritten Sonntag statt, wie zuvor; und wenn Brahms, der jedes Jahr schwerfälliger wurde, das Ersteigen der umgebenden Anhöhen ermüdender empfand, als in früheren Jahren, so sprach er nicht offen über diese Tatsache, sondern pflegte seine Genossen zu bitten, ein paar Augenblicke zu rasten, um die Landschaft anzusehen; während sie, sofort seinem Wunsche entsprechend, es sorgfältig vermieden, seine Atemnot zu bemerken. Hugo Conrat nahm an diesen Fußwanderungen zu jener Zeit häufig teil, und der Meister war oft Gast in seinem Hause, wo ihn Frau Conrat, den übrigen Freunden in keiner Weise nachstehend, höchst wahrscheinlich sehr verwöhnte. Er war mit der Zeit in den Kreisen, wo er sich bewegte, zum vollständigen Autokraten geworden. Seine Bequemlichkeitsneigungen wurden studiert, seinen Wünschen kam man zuvor, seine Witze wurden geschätzt, seine Launen berücksichtigt und seine Aussprüche waren Ausschlag gebend. Brahms genoß seine Stellung, und man muß gestehen, daß er kein Bedenken trug, von seinen Privilegien Gebrauch zu machen. Bei Gelegenheit eines Diners, wo ihm ein Ehrengast als Tischdame bestimmt war, wandte er sich heftig ab und bot seinen Arm der jungen Erzieherin. Bei einem andern Anlaß – einer Gesellschaft in Conrats Landhaus – fand er bei seiner Ankunft die Tafel im Speisezimmer gedeckt und nicht in der Veranda; er ging zur Hausfrau und sagte: »Es ist noch schönes Wetter; ich speise im Oktober immer draußen.« Die Dame ließ nach der Küche sagen, daß das Diner um zwanzig Minuten verschoben werde, und bat ihre Besucher mittlerweile, in den Garten zu gehen, während sie den Befehl gab, ihre Arrangements zu ändern. »Aber was sagte Brahms, als er fand, daß er so viel Störung verursacht hatte?« wurde Fräulein Conrat später von jemand gefragt. »Dann war er wieder brav«, antwortete sie. Viele solcher Vorfälle können aus den Erfahrungen von Brahms' Freunden berichtet werden. Sie dienen hauptsächlich als Beweis, daß des Meisters Gemüt seine Fügsamkeit verlor, als er älter wurde, und daß er nicht imstande war, sich den Verhältnissen anzupassen, die außerhalb seiner gewohnten Lebensweise lag. Die Freunde nahmen diese Schrullen als einen Teil seiner selbst an, und da sie seine Empfindsamkeit gegen Widerspruch kannten, widersprachen sie ihm auch nicht. Sie wußten, daß seine bewährte Natur sich nicht wirklich verändert hatte, und es kam ihnen nicht an, die äußere Schale von Reizbarkeit und Rauhheit zu tadeln, die die Güte seines Herzens manchmal vor den Augen der weniger nachsichtigen Beobachter verbarg.

»Alles, was Sie mir sagen können, ist sehr hübsch«, sagte Brahms eines Tages zu Conrats beiden begabten jungen Töchtern, die den Meister in seiner Wohnung besuchten und von ihm aufgefordert wurden, über die Fortschritte in ihren Studien zu sprechen. »Sie müssen diese Sachen wissen, die sehr wichtig sind; aber ich werde Ihnen etwas zeigen, was gelernt werden muß und von viel größerer Wichtigkeit ist; und er zog aus einer Lade ein altes, abgenutztes, zusammengefaltetes Tischtuch. »Schauen Sie her«, sagte er, den beiden Mädchen eine auserlesene Flickerei zeigend; »das hat meine alte Mutter gemacht. Wenn Sie einmal so eine Arbeit machen können, dann dürfen Sie stolzer sein, als auf alle Ihre übrigen Studien.«

Nach der Vollendung des Klarinett-Quintetts und des Trios 1892, erlaubte Brahms seinem Geist die Erfrischung eines Arbeitswechsels. Die einzigen Original-Kompositionen, die in das darauffolgende Jahr fallen, sind die zwei neuen Hefte »Klavierstücke«, op. 118 und 119, deren Erscheinen wir schon verzeichnet haben. Er war jedoch mit seiner Sammlung »Deutscher Volkslieder« beschäftigt, die mit Klavierbegleitung arrangiert sind, sechs Bände für eine Stimme, der siebente für Vorsänger und kleinen Chor.

Die Veröffentlichung dieses kostbaren Werkes im Jahre 1894, beinahe am Ende des Lebens des großen Musikers, der es zusammengetragen hat, fügt zu jenen von uns schon besprochenen Beispielen noch eines und vielleicht das deutlichste für die allgemeine Fortdauer der Richtung, in der Brahms' Laufbahn sich weiter entwickelt hat. Der Knabe von fünfzehn Jahren, der Volkslieder zum Einüben für seinen Dorfverein arrangierte; der Jüngling von zwanzig, der sie in seine ersten veröffentlichten Arbeiten aufnahm; der reife Meister, der immer wieder Begeisterung und Freude aus ihnen schöpfte: sie alle leben in dem Veteranen von einundsechzig Jahren weiter, der – während er diese einzige Sammlung, deren Blätter, jedes für sich, seine Einsicht, seine Fähigkeit und seinen sympathischen Takt kennzeichnen, vorbereitete – zurückzublicken scheint auf die Jahre der Vergangenheit, mit dem Verlangen, ein letztes Zeichen von seiner Liebe zu seinem großen Volk und zu allem, was damit zusammenhängt, zu hinterlassen. »Es ist das einzige meiner Werke, von dem ich mich mit einem Gefühle der Zärtlichkeit trenne,« sagte er, als er es für den Druck vorbereitet hatte. Ein Kind des Volkes, durch Sympathie, wie er es von Geburt gewesen war, blieb Brahms, bei aller literarischen und künstlerischen Bildung. Er liebte das einfache Bauernvolk der Gegenden, wo er Landaufenthalt genommen hatte, er hatte es immer geliebt, als einen Teil des großen Lebens der Natur, die seine Freude war. Seine Vorliebe für Landleute hatte etwas an sich, das seinem Gefühl für Kinder entsprach: er fand Gefallen an ihrer Naivität, wußte ihr Vertrauen zu schätzen und, Idealist wie er war, maß er ihnen eine Echtheit und Einfachheit bei, die sie vielleicht nicht immer besaßen. In ihren Liedern war es dieselbe Natürlichkeit, welche ihn anzog, und sowohl in seinen Original-Tondichtungen auf National-Texte, als auch in seinen Bearbeitungen der Volksweisen, ließ er, wie wir gesehen haben, die Worte unverändert, wie er sie fand, in ihrer spontanen Geradheit des Ausdruckes. In einem Briefe an Professor Bächtold, dem er ein Heft seiner Sammlung schickte, sagt er:

»Ich denke, sie wird Ihnen Neues bringen, denn falls Sie sich für die Musik unserer Volkslieder interessiert haben, werden Eck und jetzt Böhme Ihre Führer gewesen sein? Diese gaben seit lange den (sehr philiströsen) Ton an, und meine Sammlung steht ihnen geradezu entgegen. Ich könnte und möchte weiter plaudern, wenn ich wüßte, daß es Sie angeht und gar gern, wenn wir behaglich zusammen säßen . . .«[1]

Er hatte das Manuskript im Frühling an Frau Schumann geschickt, in der Hoffnung, wie er schrieb, ihr »ein bischen Sonnenschein ins Zimmer zu bringen.«

». . . Überhaupt solltest Du die Durchsicht ja nicht zu ernst und feierlich nehmen, sondern nur Dich an Einigem freuen, wie eben beim vorgedachten Sonnenstrahl . . .

Einige müßten Dich interessieren oder rühren, z. B. das »Schwesterlein«, wenn Du die Situation des armen, eifersüchtigen Mädchens bedenkst. Bei Gunhilde und der Geschichte auf Seite 6 denke an die Peri und was die Reueträne bedeutet. Die Nonne und die Rittersfrau führen ein bedenkliches Leben, aber da sie bereuen und büßen, so neigen sich hier die Lilien und betet dort ein Engel für die Sünderin. Na – usw.

Ich wünsche gar nicht, daß Du die Geschichten so ernsthaft ansiehst, auch sind die Gedichte oft nur unvollständig . . .«[2]

1 Steiner, S. 33
2 Litzmann III. S. 579 und 580

Einmal wollte Brahms sein etwas beschränktes Quartier in Ischl wechseln; aber ein Gefühl der Treue gegen die guten Leute, in deren Haus er mehrere Sommer verlebt hatte und die sich fühlten, als hätten sie ein verbrieftes Recht auf ihren Mietsherrn, behielt die Oberhand in seinem gütigen Herzen. Er kehrte bei jedem wiederkehrenden Frühling zu ihnen zurück, und die kleinen Zeichen, die sein Kommen verkündeten – das Öffnen der Fensterläden, das Putzen der Scheiben und andere von außen sichtbare Vorbereitungen – wurden von den nahe wohnenden Landleuten als Herolde der herannahenden Saison freudig begrüßt.

Frau Grubers kleines Haus, dessen ersten Stock Brahms bewohnte, lag an einem Bergabhang und eine kurze Treppe führte an der Seite hinauf zu einem kleinen Garten, in dem ein Grasplatz, eine Bank und eine Laube sich befanden. Besucher mußten die Treppen hinaufsteigen, den Garten durchqueren, eine zweite Eingangstüre an der Hinterseite des Hauses suchen, hineingehen und an des Komponisten Wohnzimmertüren klopfen. Manchmal kam er durch das Zimmer und öffnete die Türe, vorsichtig hinauslugend; öfter aber rief er nur »Herein!« und der Besucher fand sich ihm sofort gegenüber. Er gab aber seiner Hausfrau strengen Befehl, die Türe seiner Wohnung verschlossen zu halten und den Schlüssel bei sich zu verwahren, so oft er ausging, und unter keiner Bedingung durfte irgend jemand in das Zimmer gucken, das seine Papiere und seinen Flügel enthielt. Sollte er ein einzigesmal finden, daß sie diese Regel nicht befolge, so wäre das genug für ihn; er würde noch denselben Tag einpacken und sie auf Nimmerwiedersehen verlassen. Es war sehr nötig, diese Vorkehrung zu treffen, denn zahlreiche Besucher beiderlei Geschlechts, die ihm ganz fremd waren, fanden ihren Weg in das Haus und hätten sich getröstet für ihre Enttäuschung, ihn selbst nicht zu sehen, wenn sie wenigstens die ihm gehörenden Sachen in Augenschein nehmen durften.

Häufig holte ihn einer oder der andere seiner Freunde um halb zwölf ab, und bald darauf ging er aus, um allmählich seinen Weg zum Hotel Kaiserin Elisabeth anzutreten. Zwischen zwei und drei Uhr erschien er gewöhnlich auf der Promenade längs des Flusses. Beim Café Walter trat er zu einem der draußen unter den Bäumen befindlichen Tische und ließ sich dort nieder, worauf man ihm sofort eine Tasse schwarzen Kaffees und die Tagesblät-

Brahms.
Nach der Silhouette von Dr. Böhler.

ter brachte. Hier blieb er wenigstens eine Stunde und manchmal noch viel länger, um sich mit einem und dem anderen Freunde zu treffen; bis die Gesellschaft zu einem Dutzend oder mehr angewachsen war. Walters Kaffeehaus wurde faktisch zu dieser Stunde des Tages ein Rendezvous nicht nur für Brahms' persönliche Freunde, sondern für viele musikalische Besucher Ischls, die ihn nicht kannten, aber gehört hatten, daß sie seiner dort leicht ansichtig werden konnten. Er war sehr gewissenhaft im Erwidern der Grüße seiner zahlreichen Bekannten, wenn sie die Promenade entlang gingen, und, Dank dem Bemühen, höflich zu sein, verbunden mit seiner Kurzsichtigkeit, irrte er sich zuweilen und grüßte Leute, die er nicht kannte.

»Ach, wenn Sie nur heute nachmittag mit uns gewesen wären!« sagte eines Tages im Sommer 1894 eine Freundin und Zimmernachbarin zu der Verfasserin; »Paula und ich gingen auf der Esplanade spazieren und begegneten Brahms, der uns so freundlich grüßte. Er winkte mit der Hand und schaute sich um, indem er ›Guten Tag! Guten Tag!‹ rief. Natürlich erwiderte ich seinen Gruß. Ich möchte wissen, ob er grüßte, weil ihm meine kleine Paula gefiel? Er hat so viel übrig für Kinder.« Frau F. fühlte sich zu geschmeichelt von dem Vorfall, um die Meinung der Verfasserin anzunehmen, daß es eine Verkennung der Person war, denn Brahms pflegte Fremde nicht bewußt zu grüßen.

Herrn Oberschulrat Wendt, der sich in Ischl aufhielt, konnte man täglich in des Meisters Gesellschaft sehen und die beiden Männer, beide auffallende Erscheinungen, boten einen seltsamen Kontrast, wenn sie nebeneinander auf der Promenade dahinschritten. Wendt groß, hager und blaß, sah zart aus und hielt sich etwas gebückt. Brahms, untersetzt sehr dick, von außerordentlich gesunder Gesichtsfarbe – er setzte sich jeder Witterung aus – die durch den Kontrast mit dem weißen Haar und Bart noch mehr hervortrat, schritt mit zurückgeworfenem Haupt dahin, die echte personifizierte Kraft. Wenn er Walters Café verließ, begab er sich gewöhnlich nach dem Hause irgend eines Freundes, meist zu Johannes Strauß. Seiner Intimität daselbst verdankt die Welt einige der besten seiner letzten Photographien – die Krziwaneks in Wien und Ischl –, welche eines Nachmittags im Sommer 1895 aufgenommen wurden, als er behaglich bei seinen Freunden saß.

Brahms kannte alle Kinder der Umgegend und wurde von

ihnen gekannt, und wenn er seine Spaziergänge unternahm, so füllte er seine Taschen mit Zuckerwerk und Bildchen und er ergötzte sich an den begehrlichen Mienen der kleinen Barfüßler, die seine Gewohnheiten kannten und ihm nachliefen, nach Beute auslugend, wenn er vorüberging. »Wer springen kann, bekommt einen Gulden,« pflegte er zu sagen; und den Kleinen von Weitem eine Hand voll Süßigkeiten zeigend, die in Nachahmung der österreichischen Münze geformt waren, ging er schneller und hielt die Hand immer höher, so daß er die lustige Schar laufender, hüpfender Kinder nach sich zog, bis er dem Einen oder dem Andern gestattete, einen Preis zu erringen.

Zwei Sonaten für Klarinette und Pianoforte, die letzten Kammermusikwerke, die Brahms komponierte, wurden während des Sommers 1894 vollendet, und gegen Ende September kam Mühlfeld nach Ischl, um sie mit dem Komponisten zu versuchen. Die erste Privataufführung fand sehr bald danach statt; die beiden Künstler spielten sie vor dem herzoglich Meiningischen Kreise im Palais in Berchtesgaden.

Eine Wiedervereinigung in Frankfurt im November ist von rührendem Interesse. Sie führt uns zu den allerersten Blättern unserer Erzählung zurück und ist die letzte vollzählige in ihrer Art, über die wir zu berichten haben. Zum letzten Male finden wir Frau Schumann mit ihren und ihres Mannes speziellen zwei Künstlerfreunden zum Musizieren vereint. Am 9. des Monats kam Brahms zu einem mehrtägigen Besuch bei ihr an und derselbe Abend brachte das zweite Museums-Abonnement-Konzert mit einem Brahms zu Ehren arrangierten Programm seiner Werke, das die Aufführung des Violinkonzertes durch Joachim mit einschloß. – Am 10. kam Mühlfeld von Meiningen auf des Komponisten Bitte und spielte der »verehrten Frau Schumann«, wie Brahms sie zu nennen pflegte, die jetzt ihr fünfundsiebenzigstes Lebensjahr vollendet hatte, die beiden neuen Sonaten vor, wobei auch einige vertraute Freunde ihres Hauses anwesend waren. Am nächsten Tag trat Joachim – der Fürst der Violinisten mit dreiundsechzig, wie er es mit einundzwanzig war, als wir ihn in diesen Blättern kennen lernten – in einem Quartett-Abend auf; und am 12. wiederholten Brahms und Mühlfeld in einer Gesellschaft bei Herrn und Frau Sommerhoff die beiden Sonaten, worauf Frau Schumann, Joachim und Mühlfeld, Mozarts schönes Klavier-

Trio, ein Lieblingswerk von Brahms, vortrugen. Die Wiedervereinigung der alten Freunde wurde durch die Anwesenheit Stockhausens vervollständigt, der, wie Frau Schumann, seit 1878 in Frankfurt lebte. Am 13. fand die dritte Aufführung der Klarinett-Sonaten durch Brahms und Mühlfeld in einer großen musikalischen Soiree bei Frau Schumann statt, und ein zweites denkwürdiges Ereignis des Abends bildete der Vortrag von Schumanns Phantasiestücken für Pianoforte und Klarinette durch Frau Schumann und Mühlfeld. Joachim war, anderer Verpflichtungen wegen, vor diesem Abend abgereist, und Brahms nahm am 14. Abschied.

Des Meisters Reisen und Aufführungen mit Mühlfeld machten ihm außerordentliche Freude, und die Herausgabe der beiden Sonaten, die nach dem gewöhnlichen Lauf der Dinge im Herbst 1894 hätte stattfinden sollen, wurde bis zum Sommer 1895 verschoben, um seinen Besitz der Manuskripte zu verlängern. Beide Werke wurden in den Rosé-Konzerten in Wien vom Komponisten und dessen Freund vorgetragen; Nr. 2 am 8. Januar 1895, wobei auch das Klarinett-Quintett gespielt wurde, Nr. 1 in einem Extra-Konzert am 11. Januar, dessen Programm das G dur-Streichquintett einschloß. Die Sonaten wurden von den beiden Künstlern der musikalischen Welt von Leipzig im Gewandhaus-Kammermusikabend vom 27. Januar vorgeführt, wobei das G dur-Quintett abermals auf dem Programm stand. Unter den Städten, die Brahms und Mühlfeld im Monat Februar besuchten, waren Frankfurt, Rüdesheim und Meiningen, und seine Frankfurter Freunde sahen den Meister zum letzten Male öffentlich am 17., wo er einer Aufführung seiner D dur-Symphonie beiwohnte und seine »Akademische Ouverture« in einem Museums-Konzert dirigierte.

Die beiden Sonaten wurden zum erstenmal nach ihrem Erscheinen in einem Konzert von Miß Fanny Davies am 24. Juni in St. James Hall, London, von ihr und Mühlfeld vorgetragen, welch Letzterer eigens aus diesem Anlaß nach England berufen wurde. Als die Werke erschienen waren, schenkte der Komponist Mühlfeld die beiden Manuskripte mit einer anerkennenden Widmung.

Wir dürfen in unsern Blättern Brahms' letztes Auftreten auf dem vertrauten Gewandhaus-Podium nicht auslassen; es fand einige Tage nach der Aufführung der beiden Klarinett-Sonaten statt. Bei dieser Gelegenheit erreichte er einen der krönenden Erfolge seiner Laufbahn; ein Erfolg, der durch die Tatsache ein besonderes biographisches Interesse gewinnt, daß er ein Werk einschloß, welches in Brahms' Geiste lange mit Leipzig in Zusammenhang stand durch die Erinnerung an eine seiner kränkendsten Erfahrungen.

»Trotzalledem wird das Konzert noch einmal gefallen, wenn ich seinen Körperbau gebessert habe, und ein zweites soll schon anders lauten,«

schrieb Johannes an Joachim nach dem »glänzenden« Mißerfolg des D moll-Konzerts im Gewandhauskonzert vom 27. Januar 1859.

Genau sechsunddreißig Jahre waren vorübergegangen und der Meister, der jetzt im zweiundsechzigsten Lebensjahre stand, hatte Aufführungen seiner beiden Klavierkonzerte dirigiert, deren Soli von Eugen d'Albert mit seltener technischer Virtuosität und sympathischer Einsicht im Abonnements-Konzert vom 31. Januar 1895 vorgetragen worden war. Bernsdorff, der im Jahre 1859 das erste Konzert »zum Grabe« verurteilt hatte, durfte noch Zeuge der musikalischen Ereignisse von 1895 sein, und wiederum sah er sich verpflichtet – ein letztesmal – in den Blättern der »Signale« über den Komponisten und dessen Werke zu berichten.

»Seit ungefähr einer Woche,«, schreibt er, »weilt Johannes Brahms in Leipzig und sieht sich in der Öffentlichkeit wie in Privatkreisen in einer Weise gefeiert, die geradezu exorbitant ist. Zuerst wurde ihm durch einen ausschließlich Kompositionen von ihm gewidmeten Kammermusikabend gehuldigt; dann bejubelte man in einem Konzert des böhmischen Streichquartetts sein F moll-Klavierquintett und schließlich durfte er am 15ten Gewandhausabendkonzert mit seinen von ihm dirigierten Schöpfungen, der ›Akademischen Festouverture‹ und den zwei Klavierkonzerten in D moll und B dur, den Gipfel der Triumphe erklimmen. Denn gerade bei letzterwähnter Gelegenheit nahmen die Ovationen einen besonders enthusiastischen Charakter an; die Hervorjubelungen und dröhnenden Beifallssalven wollten kein Ende nehmen und an dem gebräuchlichen Orchestertusch und Lorbeerkranz fehlte es auch nicht.«

So kam der Tag, an dem das Konzert doch gefiel, und der ruhmreiche Komponist selbst von dem Publikum der Gewandhauskonzerte ohne Rückhalt und Einwand verherrlicht wurde.

»Brahms kam heute mittag in sehr freundlicher Stimmung,« schrieb Frau Schumann am 13. Februar in ihr Tagebuch; »... Er war offenbar in gehobener Stimmung die ganze Zeit. Die enthusiastische Aufnahme neulich in Leipzig hatte ihn, glaube ich, so gefreut, und es war ja eine große Genugtuung für ihn. So hatte doch Robert recht gehabt!«

Aus den Einzelheiten privater Vorfälle, die mit Brahms' letztem Künstler-Besuch in Leipzig zusammenhängen, können wir Näheres über eine Unterhaltung berichten, die zwischen dem Meister und Geheimrat von Hase an dem Morgen nach diesem Gewandhauskonzert stattfand, an dem Brahms und d'Albert zusammen bei Breitkopf und Härtel Besuch abstatteten. Sie berühren die Frage der Herausgabe sogenannter »Vollständiger Ausgaben«, bezüglich deren Erwünschtheit Brahms' Zweifel – selbst, wo es sich um die größten Meister handelt – mehr als einmal in seinem veröffentlichten Briefwechsel Ausdruck finden.

»Ich wurde in Wilhelm Volkmanns Zimmer zu Brahms gerufen,« sagt Dr. von Hase. »Er empfing mich schon von weitem mit dem Zurufe: ›Herr Doktor, ich muß Ihnen einen großen Irrtum eingestehen.‹ Ich antwortete gleich lachend: ›Ja, ich weiß wohl, worum es sich handelt, die Sache liegt um ein Dutzend Jahre zurück.‹ Damals (1882) war ich nach Wien zur Vorbereitung einer Schubert-Ausgabe gefahren. Brahms hatte mich ganz reizend aufgenommen, sich in jeder Weise förderlich erwiesen; er trat in ein Schubert-Komitee ein, beteiligte sich an der Sitzung bei Nicolaus Dumba, sagte Mitarbeiterschaft zu; vorher aber suchte er mir väterlich den Gedanken auszureden. Es ist sehr ehrenwert, daß wir die Ausgabe wagen wollten, aber das wesentliche sei veröffentlicht; im übrigen würde es genügen, die Werke von einem tüchtigen Musiker revidieren zu lassen und in einem Exemplar auf der Berliner Königlichen Bibliothek oder auf der Wiener Hof- und Staatsbibliothek vollständig niederzulegen, damit sie nie wieder verloren gehen könnten; die Gesamtheit der Werke, die Unmasse von Liedern zu veröffentlichen, hätte nur für einige Wenige Wert. Jetzt, nach einem Dutzend Jahren, erklärte er frischweg:

›Ich habe mich geirrt; Schubert steht als ein ganz Anderer vor uns, und gerade Mandyczewskis Ausgabe der gesamten Lieder gibt uns eine ganz neue Vorstellung von Schuberts Schaffen und Werden. Wie sich das vorbereitet und dann auf einmal in einem unaufhaltsamen Strome weiterflutet. Das ist doch ein einzigartiges, großes Bild.‹ «

»Von der Mozart-Ausgabe an bis zur vorbereiteten Haydn-Ausgabe,« fährt Dr. von Hase fort, »hat Brahms als Bearbeiter des Mozartschen Requiems und der Schubertschen Messen, als treuer Berater der Schumann-Ausgabe und Helfer für Haydn sich stets als wahrer Freund bewiesen.«.

Mit dem Erscheinen der beiden Klarinetten-Sonaten ist unseres Meisters Lebenswerk sozusagen beendet; und zwar beendet, wie wir es wünschen konnten. Je bekannter sie werden, desto fester werden diese Sonaten, so glauben wir, in den Herzen der Musikfreunde einwurzeln. Allerdings enthalten sie nicht mehr die frische, hochfliegende Phantasie der Jugend, auch wünschen wir nicht einmal, sie darin zu finden, aber beide Werke sind von einer Wärme und Glut wie von Sonnen-Untergangsstrahlen durchdrungen, die die Seele des Komponisten zur Zeit ihrer Entstehung wiederspiegeln und den Hörer mit der Empfindung der reifen Schönheit, des reichen Pathos und der wandellosen Aufrichtigkeit des Brahms'schen Schaffens erfüllen. Die beiden Sonaten miteinander zu vergleichen, ist unnötig. Wir ziehen es vor, sie einfach jenen unserer Leser zum Studium zu empfehlen, welche noch nicht ganz damit vertraut sind, da wir sie unter die besonders liebenswerten Beispiele aus der letzten Periode Brahms'scher Kunst rechnen.

Dreiundzwanzigstes Kapitel

1895 – 1897

Das Meininger Fest – Besuch bei Frau Schumann – Fest in Zürich – Brahms in Berlin – Die »Vier ernsten Gesänge« – Geheimrat Engelmanns Besuch in Ischl – Frau Schumanns Tod – Brahms' Krankheit – Er geht nach Karlsbad – Das Joachim-Quartett in Wien – Brahms' letztes Weihnachtsfest – Brahms und Joachim sind zum letztenmal beisammen – Das Wiener Philharmonische Konzert vom 7. März 1897 – Letzte Besuche bei alten Freunden – Brahms' Tod.

Nur wenige Ereignisse sind noch zu berichten aus dem Leben, dem wir Schritt für Schritt gefolgt sind, bis nahe zum Ende seiner Bahn. Von diesen wenigen erwerben mehrere das rührende Interesse als letzte Besuche an lieben und vertrauten Stätten; sie wurden, soweit es den Anschein hat, abgestattet, ohne ein Vorgefühl, daß es die letzten waren. Der Komponist war bei einem dreitägigen Fest in Meiningen anwesend, das vom 27. zum 29. September 1895 abgehalten wurde, »dem Fest der drei B«, wie es manchmal genannt worden ist, des Umstandes wegen, daß die Programme Werken von Bach, Beethoven und Brahms geweiht waren. An Brahms'schen Werken waren zur Aufführung gewählt das »Triumphlied«, die vierte Symphonie, das B dur-Klavierkonzert mit d'Albert als Solisten, die Klarinetten-Sonaten, von demselben Künstler mit Mühlfeld gespielt, einige der Gesangs-Quartette, darunter der alte Liebling, das »Wechsellied zum Tanz«, und andere.

Das Fest hatte ungeheuren Erfolg, und die Freude, welche die Konzerte dem Meister verursachten, zeigt sich in den folgenden Zeilen, die er unmittelbar nach dem letzten an Steinbach schrieb:

»Lieber Freund!

So sehr es mich reizt, ich darf Ihnen so wohlverdienten Schlaf nicht unterbrechen; aber beim frohen Erwachen sollen Sie doch meinen herzlichen Gruß vorfinden; wie herzlich, und wie herzlich *dankbar* er ist, brauche ich Ihnen nicht zu sagen. Sie müssen es all die Tage empfunden haben, was Sie mir und allen, die Ihr herrliches Fest mitfeierten, für eine ganz ungemeine Freude gemacht haben . . .«[1]

Brahms war natürlich Gast im Schlosse und er blieb noch einige Tage nach dem letzten Konzert. Am 3. Oktober verließ er Meiningen und begab sich nach Frankfurt, zu einem kurzen Be-

1 Reimann, S. 109

such bei Frau Schumann. Professor Kufferath vom Brüsseler Konservatorium und Herr und Frau Edward Speyer wurden auf seinen ausdrücklichen Wunsch eingeladen, um den Abend bei Frau Schubert zu verbringen. Professor Kufferath, ein Schüler Mendelssohns in Leipzig und seit sehr langer Zeit intim bei Schumanns, war schon mehr als zwanzig Jahre auch mit Brahms durch herzliche Freundschaft verbunden, obschon die beiden Männer selten zusammenkamen. Frau Schumanns Töchter Marie und Eugenie und Stockhausen waren die einzigen übrigen Anwesenden. Die Stunden vergingen unter angenehmem Geplauder, wie es eben unter Freunden zu sein pflegt, und die Musik war nur durch einige Volkslieder von Brahms vertreten, die Frau Speyer (Frl. Antonie Kufferath) zu des Meisters Begleitung sang.

Brahms reiste am folgenden Morgen ab, bat aber seine alte Freundin vor der Abreise, ihm noch etwas vorzuspielen. Zweiundvierzig Jahre waren vergangen, seit Schumann ihn veranlaßt hatte, seiner Frau zum erstenmal vorzuspielen, und sie hatten ihren unvermeidlichen Stempel beiden Musikern aufgedrückt. Die Spuren des Leidens und Kummers hatten sich in Frau Schumanns Gesicht in der letzten Zeit vertieft; die aber, welche das Glück hatten, zu Hause, in ihrem Privatkreis, damals noch ihrem Spiele zu lauschen, wußten, daß die Last der Jahre die Poesie ihres Genius unberührt gelassen hatte, und Brahms' letzte Erinnerung an die große Künstlerin schloß in würdiger Weise die lange Kette persönlicher Beziehungen, die Schumann zu schmieden begann, als er seine Frau hereinrief, um sich mit ihm an der kühnen Kraft und romantischen Begeisterung des unerfahrenen Jünglings Johannes zu erfreuen. Als sie an jenem Oktobermorgen sich vom Klavier erhob, war das letzte Glied der Kette hinzugefügt: Frau Schumann und Brahms sollten einander auf Erden nicht mehr wiedersehen.

Ein viertägiges Fest vom 19.–22. Oktober zur Feier der Einweihung des neuen Konzertsaales in Zürich scheint uns um mehr als eine Station dem Ende näher zu bringen. Es führte Brahms zum letztenmal in die Schweiz, um sein »Triumphlied« zu dirigieren. Ein würdiger Abschluß – denn fast als solchen können wir es ansehen – für eine edle Laufbahn.

Halten wir einen Augenblick inne, um uns die kräftige Gestalt des Komponisten vorzustellen, wie er vor dem den glänzend erleuchteten Saal vollständig füllenden großen Publikum steht und wie er mit sicherer Ruhe und Würde »die Massen des Chors und Orchesters« lenkt, die in stolzen Klängen des Dankes für seines Vaterlands Ruhm ermporschwellen. Horcht! denn mit den Tönen der herzerhebenden alten Hymne »Nun danket alle Gott«beginnen die Siegesglocken zu läuten, und eine Empfindung hohen Glückes geht durch die Reihen der Horchenden, ein Vibrieren, das etwas von dem Gefühle erregt, welches das große Kölner Publikum zur Begeisterung entflammte, als es zwanzig Jahre zuvor denselben jubelnden Klängen lauschte. Wer wäre so berufen gewesen, die Siegesweise zu wecken, als der patriotische Bürger der alten Hansestadt, der einzige Nachfolger des mächtigen Bach, der Musiker von wahrem, reichen, liebenden Geiste, der Besieger des Lebens und seiner selbst, unser Johannes Brahms? Auch der Besieger des Todes; – denn sicher können wir nicht irren, wenn wir sein Bildnis, das von der gemalten Decke des neuen Saales herabsieht mit den Größten seiner Kunst, als ein Symbol betrachten für das künftige Leben, das ihm hier auf Erden noch dann beschieden sein wird, wenn ihn selbst schon die Dunkelheit aufgenommen hat, die ihn bald unseren Blicken entziehen soll.

Brahms war während des ganzen Festes in überschäumender Laune; er genoß die Konzerte, die Privatgesellschaften, das Begegnen mit alten Freunden in einer Stimmung harmloser Heiterkeit, die an die Detmolder Tage erinnerte.

»Noch haben wir den 62jährigen Brahms und den 64jährigen Joachim in voller Rüstigkeit beisammen gesehen; sollen wir nicht an eine beliebige Verlängerung eines so wünschenswerten Zustandes glauben dürfen?«

schreibt Steiner einige Tag nach dem Fest.

Widmann war natürlich auch anwesend und wohnte mit Brahms bei Hegar; als er dem Meister am Tage nach dem Konzert Lebewohl sagte, umschlossen sich die Hände der Freunde zum letztenmal.

Eines der letzten öffentlichen Auftreten Brahms' fand bei Gelegenheit des Konzertes im Bösendorfer-Saal in Wien statt, das Signorina Alice Barbi (jetzt Baronin Wolff-Homersee) kurz vor ihrer Verheiratung gab. Er gefiel sich darin, der hervorragenden Gesangskünstlerin als Begleiter zu dienen, da ihr Programm mehrere seiner Lieder einschloß. Er führte den Taktstock zum letzten

Mal auf einem Wiener Podium, als er die Aufführung seiner »Akademischen Festouverture« durch Studierende des Konservatoriums beim Festkonzert dirigierte, welches am 18. März 1895 zur Feier des 25. Jahrestages der Eröffnung des gegenwärtigen Heims der »Gesellschaft der Musikfreunde« stattfand. Zum letztenmal trat er öffentlich in d'Alberts Konzert in Berlin am 10. Januar 1896 auf, wo er seine beiden Klavierkonzerte und die »Akademische Ouverture« dirigierte und mit gewohnter Begeisterung begrüßt wurde. Stanford erzählt von seiner Anwesenheit bei einem Diner, das Joachim während Brahms' kurzen Besuches gab. »In einigen wohlgesetzten Worten bat Joachim, die Gelegenheit nicht vorübergehen zu lassen, die Gesundheit des größten Komponisten auszubringen – als, bevor er noch einen Namen genannt hatte, Brahms aufsprang und – das Glas in der Hand – rief: »Ganz recht! Mozart soll leben!« worauf er um die Tafel ging und mit den Andern anstieß. Seine alte Abneigung gegen persönliches Lob fand niemals einen hübscheren Ausdruck« ... Das letzte, was Stanford von ihm sah, war, daß er neben der winzigen Gestalt des bejahrten Menzel saß und »wie ein Schuljunge jedes Wort des großen Künstlers in sich aufnahm, in einer Stellung, die zugleich ungezierte Ehrfurcht und unbewußte Würde vereinigte.«

Von allen modernen Malern wurde Adolf Menzel am meisten von Brahms bewundert. Er besuchte ihn bei verschiedenen Gelegenheiten und sprach nie anders als mit Begeisterung von ihm und seinen Werken.

Auf seiner Rückreise machte der Meister einen Umweg, um einen Tag in Leipzig zuzubringen, wo er in bester Laune in einem bekannten Restaurant mit Grieg, Henschel und Nikisch soupierte. Sehr frühe Leipziger Erinnerungen, die wohl mit Wehmut vermischt waren, wie das Gedenken an überwundenen Kampf sie mit sich bringt, wurden einige Wochen später in ihm geweckt, als er in Wien den Besuch Reineckes empfing, der sich seit einem Jahre von der Öffentlichkeit zurückgezogen hatte:

> »Seine [Brahms'] kaustische Art im Umgange mit anderen hatte sich ganz verloren und er war im Verkehr liebenswürdiger geworden ... Er zeigte mir eifrig seine wunderbaren Schätze an Autographen; eine große Menge Schubertscher Lieder (darunter manche der allerberühmtesten); viele Beethovensche Skizzenblätter; Briefe von Hölderlin; sechs Streichquartette von Haydn; G moll-Symphonie von Mozart und vieles andere.«[1]

1 »Gedenkblätter an berühmte Musiker« – Reinecke

Daß der Meister mehrere Jahre vor seinem Tod ein gutes Auskommen hatte – mehr als bloß gutes Auskommen für Einen, der so außerordentlich einfach in seinen Ansprüchen war – ist allgemein bekannt. Wie er darüber verfügte, wurde vielleicht außerhalb eines kleinen Kreises kaum geahnt. Sein Freund und Verleger, das frühere Haupt der Firma Simrock, teilte sein Vertrauen in dieser Beziehung mehr als irgend ein anderer, denn oft war er es, durch den Brahms' Freigebigkeit ihrem Zwecke zugeführt wurde, sei es die werktätige Hilfe für einen bedürftigen Musiker oder etwa für ein vielversprechendes Talent. Er steuerte mehr als eine große Spende zu dem Hamburger »Franz Liszt-Pensionsverein« bei, einem Verein, den Liszt 1840 zum besten von alten oder unfähig gewordenen Mitgliedern des Stadttheaters gegründet hatte. Mehrere beglaubigte Anekdoten werden von Solchen erzählt, die zufällig bei Akten der Großmut seinerseits anwesend waren. Eine wurde der Verfasserin vom Landgrafen von Hessen mitgeteilt, der eines Morgens mit dem Meister zusammensaß, als ein Besucher erschien und eine Geschichte von Elend erzählte, die sein Herz rührte. Er hörte ihn ruhig an, stellte einige Fragen, dann ging er zu seinem Schreibtisch und, indem er seinem Besucher die volle Summe Geld hinhielt, die noch zu dem erforderlichen Beitrage fehlte, sagte er gelassen: »Nehmen Sie das von mir; ich brauche es nicht. Ich habe mehr Geld, als ich für mich nötig habe.« Das war die gewöhnliche Formel bei derlei Anlässen, »ich brauche es nicht;« manchmal fügte er noch hinzu: »Sollten Sie je darüber verfügen können, so können Sie es zurückzahlen.«

Brahms' Herz war eitel Gold, wie es nur je ein solches gab. Manchmal – vielleicht oft – geben wir es zu, war er barsch. Die üble Laune der letzten zwei, drei Jahre ist schon erwähnt worden; sie hat nicht viel zu sagen. Wenn er so gestimmt war, erlaubte er sich mit voller Überlegung Fremde oder oberflächliche Bekannte zurückzuweisen, mußte es auch oft tun, um sich Zeit und Ruhe zu bewahren. Ab und zu war er auch rücksichtslos oder barsch gegen seine Freunde. Die Sammlung des Geistes, das Opfern augenblicklicher Neigungen zu irgend Etwas, die Hingebung der eigenen Kraft, die dazu gehören, die Laufbahn des Genies zu erfüllen, können sich selbst die Freunde eines berühmten Mannes nur unvollkommen vorstellen. Der große Dichter, der große Maler, der große Musiker, sie haben ihren glänzenden Lohn. Aber sie haben auch ihre bittern Enttäuschungen, und eine der härtesten – das besondere Los des schaffenden Tonkünstlers – ist die Entdeckung, daß er, wie andere Auserwählte, seinen Lebenspfad einsam gehen muß. Brahms hat sich vielleicht manchmal eingebildet, daß er Grund habe, unhöflich zu sein: noch öfter entsprang ein grobes Benehmen, ein ungeschickter Scherz dem angeborenen Mangel an Geistesgegenwart in Kleinigkeiten, infolgedessen er oft mißverstanden wurde. Sein wirkliches Verhalten aber findet Ausdruck in einem Brief, den Hanslick nach des Meisters Tod in dem von uns schon wiederholt zitierten Artikel in der »Neuen freien Presse«[1] veröffentlichte; Hanslick hatte ihm ein Päckchen Briefe zu lesen geschickt und hatte unachtsamer Weise einen solchen von einem beiderseitigen Freunde beigelegt, der einen Vergleich zwischen Beethoven und Brahms enthielt. Darin standen die Worte:

»Er sei oft wie Beethoven rücksichtslos und schroff gegen seine Freunde und könne so wenig wie Beethoven sich von den Nachwirkungen einer verwahrlosten Erziehung völlig losmachen.«

Hanslick war sehr bestürzt, als ihm einfiel, was er getan habe, und schrieb sofort an Brahms, um sich ihm auf Gnade und Ungnade zu ergeben und Schweigen über die Sache zu erbitten. Der Meister antwortete unverzüglich:

»Lieber Freund!

Du brauchst Dich nicht im geringsten zu beunruhigen. Ich habe den Brief von B. kaum gelesen, gleich wieder in den Umschlag getan und nur leise den Kopf geschüttelt. Ich soll nichts gegen ihn erwähnen – geh', lieber Freund, das geschieht leider ganz von selbst bei mir! Daß man auch von alten Bekannten und Freunden für etwas ganz anderes gehalten wird, als man ist (oder also in ihren Augen sich gibt), das ist mir eine alte Erfahrung. Ich weiß, wie ich früher in solchem Fall erschreckt und betroffen schwieg, jetzt schon längst ganz ruhig und selbstverständlich. Das wird Dir gutem und gütigem Menschen hart oder derbe scheinen – doch hoffe ich noch nicht zu weit vom Goetheschen Wort abgekommen zu sein: ›Selig, wer sich vor der Welt ohne Haß verschließt.‹ –

Dein recht herzlich

J. Brahms.«

Brahms war im Frühling 1896 wieder zu einer Reise nach Italien bereit, aber Widmann konnte ihn nicht begleiten, und so

1 1. Juli 1897

brachte er seinen dreiundsechzigsten Geburtstag in Wien zu. Als der Tag anbrach, war das Werk, das für kurze Zeit allgemein für seinen Schwanengesang galt, schon vollendet. Deiters schreibt, daß es der Tod von Max Klingers Vater, der schon früher im Laufe des Jahres erfolgt war, gewesen ist, was den unmittelbaren Antrieb zum Komponieren der »Vier ernste Gesänge« gab. Ob die nicht unwahrscheinliche Annahme, welche in diesen feierlichen Äußerungen des großen Komponisten eine Vorahnung des eigenen rasch herannahenden Endes sieht, der Tatsache entsprechen mag oder auch nicht, bleibe dahingestellt. Von jenen seiner Freunde, in deren Mitte er die letzten Monate seines Lebens zubrachte, wurde sie nicht geteilt; und nichts, was von seiner Persönlichkeit bekannt ist, giebt der Annahme Wahrscheinlichkeit, als sei er sozusagen dem Todesgedanken entgegengekommen. Andererseits weist die wiederholte Behauptung, daß die Gesänge zu seinem eigenen Geburtstag komponiert seien, auf die Möglichkeit hin, daß sein Gemüt vielleicht unter dem Einflusse von Vorahnungen stand, deren er sich nur halb bewußt war. »Ja, Gruber, wir sind jetzt in der ersten Linie,« sagte er zu seinem Wirt, als er im Laufe eines der letzten Sommer in Ischl von dem Tode einiger alter Leute hörte.

Die »Vier ernsten Gesänge« erschienen im Sommer 1896 mit einer Widmung an Max Klinger, Brahms persönlichen Freund, von dessen Arbeit, jene eingeschlossen, zu der seine eigenen Kompositionen ihn angeregt hatte, der Meister ein warmer Bewunderer wurde, obschon ihm zuerst des Malers »Brahms-Phantasie« mißfallen hatte. Die Gesänge wurden zum erstenmal öffentlich von Stockhausens Schüler Anton Siftermanns am 9. November 1896 im Bösendorfer-Saal in Wien, in des Sängers eigenem Konzert vorgetragen, wobei der Pianist Rückauf die Begleitung übernahm.

»Welch' atemlose Stille und Andacht in dem gedrängt vollen Saale! Welch' gerührter Beifall nach jedem Stück!« schreibt Hanslick in bezug auf den feierlichen Charakter der ›ernsten Gesänge‹. »Und das Allermerkwürdigste: der dritte Gesang ›O Tod‹ mußte, auf anhaltendes Drängen, wiederholt werden . . . Brahms hat sein Publikum schon erzogen; er hat sich ihm imponiert.«

Drei von den Liedern gedenken des Todes in düsterer Weise:

(Prediger Salomo, Kap. 3; Kap. 4. Jesus Sirach, Kap. 41); das vierte hat zum Text St. Pauli schöne Verherrlichung der Liebe (I. Corinther 13).

»Denn es gehet dem Menschen wie dem Vieh, wie dem Vieh, wie dies stirbt, so stirbt auch er; ...denn es ist alles eitel...«

»Wenn ich mit Menschen- und mit Engelszungen redete, und hätte der Liebe nicht, so wär ich ein tönend Erz, oder eine klingende Schelle...!«

»Wir sehen jetzt durch einen Spiegel in einem dunklen Worte, dann aber von Angesicht zu Angesichte. Jetzt erkenne ich's stückweise, dann aber werd' ich's erkennen, gleichwie ich erkennet bin.«

»Nun aber bleibet Glaube, Hoffnung, Liebe, diese drei, aber die Liebe ist die größeste unter ihnen.«

Es ist sicher, daß Brahms in den Gesängen aus der Tiefe seiner Überzeugung zu uns spricht. Herr Geheimrat Dr. Engelmann kam eines Abends im Laufe des Sommers zu einem eintägigen Besuch nach Ischl. Am folgenden Morgen besuchte ihn Brahms um sechs Uhr früh und nach dem Frühstück führte er seinen Freund zurück nach seiner Wohnung, wo sie mehrere Stunden zusammen verbrachten. Der Komponist war entzückt über einige eben eingetroffene Hefte der Breitkopf & Härtel'schen vollständigen Schubert-Ausgabe, die damals eben im Werke war, und er konnte seiner Freude über deren Inhalt nicht genug Ausdruck geben. »Schauen Sie her«, rief er mit der ihm eigenen kraftvollen Begeisterung, während er mit strahlendem Gesicht und leuchtenden Augen auf eine Stelle nach der andern hinwies – »schauen Sie her, was für ein prächtiger Kerl das war! Die Leute sprechen von ihm als einem bloßen Melodienschreiber, aber schauen Sie nur, welches Material, selbst in seinen Jugendwerken; schauen Sie, was für Melodien da sind, wie sie sich entwickeln!« Nebenher nahm er ein Heft der »Vier ernsten Gesänge« zur Hand und fragte »Haben Sie meinen Protest gesehen? Die habe ich mir zu meinem Geburtstag geschrieben.«

Die Erklärung für diese Worte ist, daß der Meister mit Mißtrauen, ja selbst mit Abneigung, neuesten Bestrebungen zusah, die darauf ausgingen, den Evangelischen Gottesdienst wieder zu beleben und populär zu machen durch die Einführung geistlicher, zu diesem Zwecke komponierten Musikwerke, für die jene von Heinrich von Herzogenberg als Typus angenommen werden können. Brahms, der keine Kirchendogmen unterschrieb, betrachtete diese Tendenz als eine erkünstelte und daher als schwach und ungesund; so sehr er Herzogenbergs Fähigkeiten zu schätzen wußte, bedauerte er doch, daß dieselben in den letzten zehn Jahren seines Schaffens so stark von seiner kirchlichen Richtung beeinflußt wurden.[1] Brahms Liebe zur Bibel und seine Vorliebe für biblische Texte war, wie wir wissen, keineswegs die eines sogenannten »Pietisten«. Er sprach in der Sprache des Volksbuches und war gleichzeitig Realist und Idealist. Er hat die Texte zu seinem »Deutschen Requiem« so eingerichtet, daß es schwer wäre, sich das Werk als Verkörperung einer bestimmten Konfession vorzustellen; auch wissen wir, daß er sich ausdrücklich geweigert hat, dessen Bedeutung durch das Kennzeichen irgend eines Kirchendogmas einzuschränken: Und doch, wie wir versucht haben, zu beweisen, enthält es die Vorahnung, die Eingebung von etwas Positivem. Von Brahms' Standpunkt aus ist der Versuch, die Geheimnisse des Lebens und des Todes zu erschließen, das Unaussprechliche, das Undenkbare in Worte zu fassen, nicht nur von vornherein zum Mißerfolg verurteilt, sondern er ist beinahe unehrerbietig. Er hatte doch, wie wir uns erinnern können, »seinen Glauben«, und wenn wir es nach der Geschichte seines Lebens, nach dem Geiste seiner Werke beurteilen dürfen, so lag dieser Glaube in der Annahme der Unwandelbarkeit der Wahrheit, des Ernstes des Lebens und der Übermacht der Liebe.

Brahms, den seine Besorgnis um Frau Schumanns Gesundheit und der Wunsch, beim Eintreffen direkter Nachrichten von Frankfurt in erreichbarer Nähe zu sein, dieses Jahr länger als gewöhnlich in Wien zurückgehalten hatten, war erst einige Tage in Ischl, als er tief erschüttert wurde durch die Kunde von dem Tode seiner alten Freundin. Sie verschied friedlich am 20. Mai 1896 in ihrer Wohnung in Frankfurt, im siebenundsiebzigsten Jahre ihres Lebens; und sie wurde Pfingstsonntag, den 24. Mai in Bonn, an ihres Mannes Seite, beerdigt. Die Geschichte ihres Lebens, drei-

1 Siehe eine Broschüre über Herzogenbergs Kirchenmusik in »Heinrich von Herzogenberg und die evangelische Kirchenmusik«, von Friedrich Spitta. Abdruck aus der »Monatsschrift für Gottesdienst und kirchliche Kunst«, 1900, Nr. 11.

fach gekrönt – durch Ruhm, Liebe und Schmerz –, bleibt einer der kostbaren Schätze im Eigentum der Welt.

Eine große Menge Musiker und Freunde, unter denen jene von Frankfurt, Bonn und Köln besonders stark vertreten waren, versammelte sich bei dem Begräbnis. Der Hergang der Zeremonie hatte sich im Laufe der Jahre verändert, seit Johannes Frau Klaras Lorbeerkranz zu Schumanns Grab getragen, und am Schluß des Gottesdienstes, der aus dem Absingen von Chorälen und einer Leichenrede des Dr. Sell von der Bonner Universität bestand, wurden mehr als zweihundert Blumentribute an der Stelle niedergelegt. Joachim mit Herzogenberg, die für Italien verpflichtet waren, hatten einer Einsegnung beigewohnt, die im Schumann'schen Hause in Frankfurt stattfand. Woldemar Bargiel und Bernhard Scholz waren auf dem Friedhof und von unsern Musikern insbesondere Stockhausen und Brahms. Wieder eine letzte Begegnung.

Am Schluß des Gottesdienstes fuhr Brahms, dessen Aufregung auf der Herfahrt von Ischl durch Verfehlung eines Zuges und daher die Furcht vor zu spätem Eintreffen sehr unangenehm erhöht worden war, nach Honnef, wo er bis zum nächsten Tage bleiben wollte als Gast von Herrn und Frau Wehermann, den nächsten Verwandten seiner Krefelder Freunde, der von Beckeraths und von der Leyens, die zu gleicher Zeit dort zum Besuche weilten. Professor Richard Barth und dessen Frau, Dr. Ophüls und zwei von den Meininger Musikern, Konzertmeister Eldering und Herr Piening, waren ebenfalls anwesend. Der Meister war sehr aufgeregt und überwältigt bei seiner Ankunft in Honnef, aber der beruhigende Einfluß der Rheinlande, die so eng mit seinen Jugenderinnerungen zusammenhingen, tat ihm gut, und er verlängerte seinen Aufenthalt bis fast zu einer Woche. Da er Barth am Tage nach seiner Ankunft anvertraute, daß er etwas Neues mithabe, was er gern in aller Stille ein oder zwei auserkorenen Zuhörern vorspielen möchte, zogen sich drei der intimsten Freunde mit ihm in ein Zimmer zurück, wo sie sicher waren vor Unterbrechung, da sein Benehmen ihnen das Gefühl von etwas Ungewöhnlichem, das folgen sollte, einflößte. Als die kleine Gesellschaft Platz genommen hatte, spielte Brahms, mit allen Zeichen ersichtlicher Bewegung, die sich den Anwesenden mitteilte, die »vier ernsten Gesänge« aus dem Manuskripte durch. »Die habe ich mir zu meinem Geburtstag geschrieben«, sagte er mit denselben Worten, die er später gegen Engelmann gebrauchte. Dann spielte er noch einige neue Orgelpräludien.

Er war angenehm berührt von Dr. Ophüls Vorhaben, eine Sammlung der von ihm komponierten Texte zu veranstalten.

»Ich habe mir öfter eine Sammlung meiner Texte gewünscht – an und für sich, und dann, weil ich meine Musik nicht gern schärfer ansehe, beim Lesen der Texte sie mir aber bisweilen ganz gern durch den Kopf gehen lasse.«

Die Sammlung wurde während der darauffolgenden Monate vollendet und das Manuskript dem Meister übergeben.[1] Als er ein Heft der »ernsten Gesänge« im Juli, nach deren Erscheinen, an Frau Schumanns Töchter Marie und Eugenie sandte, schrieb Brahms:

»Ich schrieb sie in der ersten Maiwoche; ähnliche Worte beschäftigten mich oft, schlimmere Nachrichten von Ihrer Mutter meinte ich nicht erwarten zu müssen – aber tief innen im Menschen spricht und treibt oft etwas, uns fast unbewußt, und das mag wohl bisweilen als Gedicht oder Musik ertönen. Durchspielen können Sie die Gesänge nicht, weil die Worte Ihnen jetzt zu ergreifend wären. Aber ich bitte, sie als ganz eigentliches Totenopfer für Ihre geliebte Mutter anzusehen und hinzulegen.«[2]

Brahms erschien um Mitte Juni unangemeldet in Wien, um die Familienfeier von Dr. und Frau Fellingers silberner Hochzeit mitzumachen. Sofort nach Ischl zurückgekehrt, brachte er die nächsten wenigen Wochen auf die gewohnte Weise zu, obschon weder Geist noch Körper sich von dem doppelten Schlag von Frau Schumanns Tod und der angstvollen Fahrt nach Bonn erholten. Er beschäftigte sich noch mit seiner Kunst, und am 24. Juni hatte er sieben Orgelpräludien vollendet, die er an diesem Tag Heuberger in Ischl vorspielte.

»Herrliche Stücke!« sagt Heubergers Tagebuch; und an einer andern Stelle, vom 5. Juli datiert: »Die Sachen (Choral-Vorspiele) müssen schon fort sein, denn an diesem Tage versprach mir Brahms, mir neue Kompositionen zu zeigen.«

Dies waren ohne Zweifel wieder einige Präludien. Elf wurden nach Brahms' Tode gefunden, deren letzte vier auf anderem Papier geschrieben waren, als das für die ersten sieben benutzte.

Die »Elf Choralvorspiele« für Orgel sind Instrumentalsätze,

1 Vorrede zu »Vollständige Sammlung der von Johannes Brahms komponierten und musikalisch bearbeiteten Dichtungen« von Dr. G. Ophüls.

2 Litzmann, S. 609, Fußnote.

die, wie ihr Name besagt, auf irgendeine der herrlichen alten Kirchenmelodien, als deren Heimat Deutschland berühmt ist, gesetzt sind. Sie sind kontrapunktisch bearbeitet in einem Stil, den man auch in dem dritten Heft der Leipziger Bach-Ausgabe studieren kann, und mit solcher Leichtigkeit, wie seit den Tagen Bachs kein anderer Komponist als Brahms sie erreicht hat. Daß der große Meister sie in der Zeit seiner Zurückgezogenheit in den fünfziger Jahren studiert hat, ehe er noch im Besitz der Bachgesellschaft-Ausgabe war, scheint sicher – nach der Tatsache zu schließen, daß drei alte Hefte von Bachs' Choralvorspielen, die einmal Brahms gehörten, noch existieren. Das eine, mit Brahms' Autograph in Bleistift, ist handschriftlich, vielleicht von seinem Vater oder Bruder; die beiden andern sind früh veröffentlichte Ausgaben.

Die meisten der Choräle, die im Jahre 1896 zur Bearbeitung gewählt waren, haben den Tod zum Gegenstand und sind in der tiefernsten Weise gesetzt, wie wir sie an den geistlichen Werken des Komponisten gewohnt sind. Das vierte Präludium, »Herzlich tut mich erfreuen«, ist in etwas leichterer Art geschrieben als die andern, aber es bleibt nichtsdestoweniger absoluter und deutlich erkennbarer Brahms. Eines der zartest rührenden ist das achte: »Es ist ein' Ros' entsprungen«. Nr. 9 und 10 haben beide zum Thema: »Herzlich tut mich verlangen«; in Nr. 3 und 11 (dem letzten) ist das Thema: »O Welt, ich muß dich lassen«.

Wir können unmöglich irren bei der Anmahme, daß die Choral-Vorspiele, sowie die ihnen unmittelbar vorangehenden »Vier ernsten Gesänge« die Richtung von des Komponisten Gedanken während seines letzten Lebensjahres andeuten, und unwillkürlich wenden wir die Worte, die im vorigen Kapitel zitiert sind und die Brahms in Bezug auf Schumanns Thema äußerte, auf sie an. Sie sprechen zu uns, »wie ein im Entschweben freundlich grüßender Genius, und wir gedenken mit Verehrung und Rührung des herrlichen Menschen und Künstlers.« Dennoch enthält ein Brief, den der Komponist am 13. August an Frau Karoline schrieb, wenig Anzeichen seiner gedrückten Stimmung. Er beginnt mit harmlosen Bemerkungen, die sich auf seiner Stiefmutter letzten kleinen

[1]) »Der musikalische Nachlaß von Johannes Brahms«, von Ludwig Karpath. »Signale«, 26. Marz 1902.

[2]) Im Besitz der Verfasserin.

Brahms bei Dr. Fellinger

Bericht von heimischen Nachrichten beziehen; er drängt zu einer Tour durch Norwegen und Schweden für Fritz Schnack –

»... mir aber wäre es eine rechte Freude, wenn er es täte und mir hernach davon erzählte,« – dann schließt er:

»Der Sommer ist eigentlich nicht gerade schön, aber wer wie ich früh aufsteht und wann er will spazieren gehen kann, darf zufrieden sein; und wunderhübsche Spaziergänge gibt es hier zahllose. Ich hoffe, es geht Euch so vortrefflich weiter und Ihr laßt es bisweilen hören

Euren herzlichst grüßenden

Johannes.«[1]

Es war jedoch der Aufmerksamkeit der Freunde nicht entgangen, daß Brahms' frische Gesichtsfarbe einer gelblichen Färbung gewichen war; einige der Freunde waren mutig genug, mit ihm über seine Gesundheit zu sprechen und ihn zur Konsultierung eines Arztes zu drängen. Zuerst zeigte er sich ärgerlich, wenn das Thema angeschlagen wurde, und wehrte es ungeduldig mit der Erwiderung ab, daß, da er nie einen Spiegel gebrauche, er auch nicht wisse, wie er aussehe. Aber die Sorge um sein Befinden wuchs, und endlich ließ er sich überreden, in Wien ärztlichen Rat zu suchen. Der Doktor, den er befragte, äußerte keinen erschrekkenden Bericht, aber mit der Erklärung, daß er an Gelbsucht leide, verordnete er ihm Karlsbad zur »Kur«. Sehr gegen seinen Willen gab der Meister, welcher schon die Idee von Mineralwasser und Kuren haßte, und stolz darauf war, nie im Leben krank gewesen zu sein, einige angenehme Ischler Verabredungen auf und reiste am 2. September nach Karlsbad. Er traf auf dem Bahnhof zwei Freunde Hanslick, Herrn Emil Seling und Musikdirektor Janetschek, die ihn nach der »Stadt Brüssel«, in der Nähe des Hirschensprungs, brachten. Während der schönen Herbsttage, die dem nassen Sommer folgten, lebte er sich hier ein und schrieb sogar heitere Berichte an seine Freunde, in denen er der Befriedigung Ausdruck gab, daß er zwangsweise die Bekanntschaft des berühmten Badeortes gemacht habe. Er war da Gegenstand rücksichtsvoller und ehrerbietiger Aufmerksamkeit, was ihn zu erheitern schien; auch kam Faber zu ihm, der ihn auf seinen täglichen Spaziergängen begleitete und ihm zarte Sorgfalt angedeihen ließ.

Der Bericht, den der hervorragende Karlsbader Arzt Dr. Grünberger an Hanslick schrieb, war ominös:

1 Zuerst veröffentlicht bei Reimann, S. 118

»Nach wiederholter genauer Untersuchung und durch volle drei Wochen fortgesetzter Beobachtung des Patienten ergab sich als Resultat das Vorhandensein einer bedeutenden Schwellung der Leber mit vollständigem Verschluß der Gallengänge und den hierdurch bedingten Folgeerscheinungen – Gelbsucht, Verdauungsstörungen etc.«

Die ausgezeichnete medizinische Autorität konnte den Zustand des Patienten nur als »sehr ernstlich« bezeichnen.

Kein bestimmterer Name wurde der Krankheit des Meisters gegeben, als er nach mehrwöchiger Behandlung in Karlsbad nach Wien zurückkehrte, und seine Bitte, ihm »nichts Unangenehmes« mitzuteilen, wurde sorgfältig beobachtet. Er ging herum wie zuvor, speiste jedoch häufiger bei den intimsten Freunden, den Fellingers, Fabers, Millers, Strauß und von Hornbostls und nahm öfter von einem oder dem andern einen Sitz oder eine Loge im Burgtheater an. Oft besuchte er Grieg, um sich nach dessen Befinden zu erkundigen. Dieser war, nachdem er im Laufe des November in Wien eingetroffen, um in einigen Grieg-Konzerten mitzuwirken, plötzlich erkrankt und mußte wochenlang das Zimmer hüten. Merkwürdigerweise entwickelte sich in dieser Zeit zwischen den zwei Komponisten, die seit einem Jahrzehnt miteinander bekannt, doch sich nie näher getreten waren, eine aufrichtige persönliche Zuneigung. Brahms war wenigstens bei einem der Grieg-Konzerte anwesend, als diese endlich stattfanden, und beteiligte sich nachher mit dem norwegischen Meister und dessen Frau an einem Souper, bei dem er bis spät in die Nacht hinein mit ihnen beisammen saß.

Brahms konnte sehr verdrießlich werden, wenn man ihn fragte, wie es ihm gehe, oder ihm sagte, daß er besser aussehe; auf jede Frage antwortete er: »Jeden Tag etwas schlechter!« Doch hielt er in Briefen an seine Stiefmutter oder an entfernte Bekannte die fromme Lüge aufrecht, daß er an gewöhnlicher Gelbsucht leide, wobei nur Geduld erforderlich sei. Die ihn liebten, sahen aber mit Schrecken die Veränderung, welche in seinem Äußeren vorging. Die gelbe Färbung, die das erste auffällige Symptom seines Zustandes gewesen war, nahm allmählich eine dunklere Schattierung an; die stämmige Gestalt schrumpfte zur erschreckenden Magerkeit zusammen; der feste Gang begann zu wanken – das Haupt wurde nicht mehr aufrecht getragen. Ein Besuch Joachims und seiner Quartettkollegen in Wien zu Anfang Dezember verursachte ihm eine rührende Freude; er war tagsüber soviel wie möglich in ihrer Gesellschaft und nachdem er ihren Konzerten beigewohnt, blieb er gewöhnlich noch bis spät des Nachts mit ihnen zusammen. Er nahm immerwährend Anteil an wichtigen neuen Kompositionen und bat Hausmann, zu ihm zu kommen und ihm Dvořáks Violoncellokonzert vorzuspielen. Er begleitete das ganze Werk am Klavier und brach am Ende eines jeden Satzes in begeisterte Verwunderung aus; nach dem letzten Satz rief er: »Hätte ich gewußt, daß ein solches Konzert für Violoncello zu komponieren wäre, ich hätte es selbst auch versucht!«

Er brachte nicht nur den heiligen Abend bei Fellingers zu, sondern er lud sich auch für den 25., 26. und 27. Dezember bei ihnen zum Speisen ein. Frau Fellinger schenkte ihm als eines ihrer Weihnachtsgeschenke einen Sakko, einen weichen, kurzen Hausrock, und es schien ihm eine Art Behagen zu verursachen, ihn anzulegen, wenn er zu Besuch da war, wo er ihn schon immer in Bereitschaft fand; und so saß er dann erleichtert im Familien-Wohnzimmer, ohne sich Zwang antun zu müssen. Bei Tisch am 27. erhob er das Glas und sagte: »Auf Wiedersehen im neuen Jahr!« fügte aber dann hinzu, indem er hinunter zeigte: »Aber ich werde bald dort sein.« Er speiste am Neujahrstag wieder mit denselben lieben Freunden, die glücklich waren, durch ihr Privilegium ihm einigen Trost in seiner Schwäche und seinen Leiden spenden zu können.

Joachim und seine Kollegen kehrten nach einer Tournée durch österreichische Provinzen nach Wien zurück und gaben am 1. und 2. Januar 1897 zwei Schlußkonzerte im Bösendorfer-Saal. Trotz seiner Leiden war Brahms nicht allein bei beiden Konzerten anwesend, sondern er kam noch am 2. des Morgens in Joachims Wohnung im Hotel Tegethof, um der Probe seines G dur-Quintetts beizuwohnen, das auf dem Abend-Programm stand. Er fand besondere Freude daran, es zu hören. »Das ist kein schlechtes Stück,« sagte er, wie unbewußt, daß es sein eigenes war. An die Szene, die am Abend nach Aufführung des Werkes stattfand, erinnern sich jene, die ihr beiwohnten, mit Rührung. Es war die letzte in der Freundschaft von Brahms und Joachim – einer Freundschaft, die in ihrer seltenen Art wohl nicht oft in der Kunstgeschichte verzeichnet worden ist. Der Leser kann auf deren Charakter aus den wenigen Worten schließen, die der große Musiker, dessen Liebe und Anerkennung Brahms vom Beginn seiner Laufbahn an genoß, an die Verfasserin schrieb:

»Er hatte an jenem Abend große Freude an dem G dur-Quintett. Es war rührend, ihn vor das Publikum treten zu sehen, um für die Begeisterung, die sein Werk geweckt hatte, zu danken. Er hatte Tränen in den Augen und war sehr schwach. Die Beifallskundgebungen wollten kein Ende nehmen.«

So wurde des Meisters Zustand allmählich immer schlimmer. Am 7. Februar speiste er bei Fellingers zu Mittag, schien aber die ganze Mahlzeit über aufgeregt und unruhig, und als sie zu Ende war, deutete er seinen Wunsch an, mit Dr. und Frau Fellinger allein zu bleiben. Nachdem sie sich zurückgezogen hatten, vertraute er ihnen an, daß er ein neues Testament zu machen wünsche, sich aber derart vor den notwendigen Formalitäten fürchte, daß er nicht wisse, wie er sich entschließen solle, sie durchzumachen. Wäre es nicht möglich, seine Anordnungen ruhig selbst zu treffen, ohne mit Fremden deshalb sprechen zu müssen? Dr. Fellinger sagte, daß das geschehen könne, und daß nach dem österreichischen Gesetz die Dinge so geordnet werden können, daß nicht einmal Zeugen notwendig seien. Der Meister blieb volle vier Stunden – von zwei Uhr bis sechs Uhr mit Dr. und Frau Fellinger zusammen und besprach alles Notwendige bis ins kleinste Detail; darauf ersuchte er Dr. Fellinger, sein Kurator zu sein. Er schien sich nach dieser Unterredung erleichtert zu fühlen und blieb noch bei der Familie, über andere Gegenstände zu plaudern. Am folgenden Morgen brachte Dr. Fellinger nach der Wohnung in der Karlsgasse die von ihm aufgesetzte Abschrift eines Brahms' Wünschen entsprechenden letzten Willens und erklärte Brahms, er brauche das Blatt nur eigenhändig abzuschreiben, es zu datieren und den Namen darunter zu setzen, so würde es nach österreichischem Gesetz Gültigkeit haben. Brahms, der im Begriffe war, zum Speisen zu gehen, sagte, daß er sich ganz froh und erlöst fühle und legte das Blatt in eine Schublade seines Schreibtisches; Dr. Fellinger, der es zufrieden sah, ihn aufgeheitert zu haben, kehrte in der Überzeugung nach Hause zurück, daß Brahms das Blatt unverzüglich abschreiben würde. Der Meister kam bei späteren Begegnungen mit seinen Freunden nicht mehr auf den Gegenstand zu sprechen, und sie, die glaubten, daß die Sache endgültig abgetan sei, spielten auch nicht mehr darauf an.

Der Februar war zu Ende und Brahms ging es immer

schlechter. Jeden Tag verbrachte er damit, alte Briefe durchzusehen und sie nebst anderen Papieren zu vernichten. »Es ist so traurig«, pflegte er zu sagen, wenn einer oder der andere Freund zu Besuch kam und ihn in dieser Weise beschäftigt fand, den Ofen voller Asche. Er wohnte dem Philharmonischen Konzert vom 7. März bei, in dem Hugo Becker das Violoncello-Konzert von Dvořák spielte und auch seine eigene vierte Symphonie in G moll gegeben wurde. Beim Eintritt in den Konzertsaal traf er seinen alten Freund Gänsbacher. »Du warst so oft bei mir«, sagte er, »und ich kann Dich nicht besuchen, ich bin so elend;« dann, sich ein wenig ermunternd, fügte er hinzu: »Heute wirst Du 'mal ein Stück hören, ein männliches Stück!« (Dvořáks Konzert.)

Die vierte Symphonie war in Wien kein Lieblingswerk geworden. Bei der ersten Aufführung mit Zurückhaltung aufgenommen, gewann sie seitdem nicht viel mehr beim allgemeinen Publikum der Stadt, als die Achtung, die daselbst jedem wichtigen Werke Brahms' gesichert war. Diesmal aber brach am Ende des ersten Satzes ein Sturm von Applaus los, der nicht zu beruhigen war, ehe sich nicht der Komponist an der Brüstung der Direktionsloge, in der er gesessen, dem Publikum zeigte. Die Demonstration erneuerte sich nach dem zweiten und dritten Satz und eine außergewöhnliche Szene folgte am Schluß des Werkes. Das Beifall klatschende, jubelnde Haus, die Blicke auf jene Gestalt gerichtet, die am Balkon stand und allen so vertraut war und in ihrem jetzigen Aussehen doch so fremd, schien nicht im Stande, sich von ihm zu trennen. Tränen liefen ihm über die Wangen, als er da stand, zusammengeschrumpft, mit durchfurchtem Antlitz, gespanntem Ausdruck, schlaff hängendem weißen Haar, und durch die Zuschauerreihen ging eine Empfindung wie von verhaltenem Schluchzen, denn beide wußten, daß sie sich Lebewohl sagten. Noch ein Ausbruch von Applaus, und noch einer; noch ein Dank des Meisters – und Brahms und seine Wiener trennten sich auf Nimmerwiedersehen.

Brahms erschien nach dem Konzert bei einem Lunch seiner Exzellenz Dumba, einem hervorragenden Kunstmäzen Wiens. Etwa fünfundzwanzig Herrn, hauptsächlich Künstler und Kunstverständige, und die Damen des Hauses waren anwesend. Brahms wurde in die Nähe einiger seiner intimsten Freunde plaziert – Epstein, Conrat, Hanslick, Gänsbacher und Mandyczewski – aber er war außer Stande, lange zu bleiben. Wenige Tage darauf bekam seine Ischler Hausfrau eine Postkarte von ihm, in der er ihr seine Absicht kundtut, früher als sonst in Ischl einzutreffen, und wünschte, daß man seine Wohnung herrichten solle. Die letzte Oper, die er hörte, war »Das Heimchen am Herd« seines Freundes Goldmark; er betrat das Theater zum letztenmal am 13. März, wo er neben Hanslick der Aufführung von Strauß' »Die Göttin der Vernunft« beiwohnte; aber er mußte nach dem zweiten Akt fortgehen, und sehr gegen seinen Willen ließ er sich von einem Freund in einem Fiaker nach Hause begleiten.

Von der Zeit an machte die Krankheit rasche Fortschritte. Er beklagte sich, daß er sich nicht mehr merken könne, was er lese, aber er wünschte sich Busch's »Bismarck«, das letzte Buch, mit welchem er sich die Zeit zu vertreiben suchte. Bald war er nicht mehr imstande, spazieren zu gehen, selbst in Begleitung eines Freundes, und Dr. Victor von Miller kam tagtäglich mit seinem Wagen, um ihn in den Prater zu fahren, wo die frische Luft ihn etwas belebte. Seine Willenskraft blieb bis ans Ende phänomenal. Er schleppte sich zu einer Probe der Röger-Soldat-Quartettvereinigung, die bei Frau Wittgenstein weniger als vierzehn Tage vor seinem Tod stattfand, um Webers Klarinett-Quintett unter Mühlfelds Mitwirkung zu hören. Eine Aufführung des Werkes in Meiningen hatte ihm besonders zugesagt, und deren Aufnahme in das Soldat-Programm geschah auf seinen Vorschlag. In derselben Woche stattete er seinen letzten Besuch bei Fabers ab und während er die Treppe zu ihrer Wohnung erstieg, wurde er fast ohnmächtig vor Schmerz. Herr Faber belebte ihn wieder und brachte ihn bis zum Sofa im Salon, wo er sich erschöpft niederließ, das Haupt auf die Brust gesenkt. Bei anderen intimen Freunden mußte er den Familien-Mittagstisch verlassen, um sich ins nächste Zimmer zurückzuziehen, wo er in Schmerzensqual zusammensank. Frau Fellinger war zu jener Zeit krank und mußte das Zimmer hüten. Brahms letzter Besuch, um nach ihrem Befinden zu fragen, fand am 19. März statt.

Der Meister war sehr sanft während der letzten Monate seines Lebens und rührend dankbar für jede Aufmerksamkeit, die man ihm erwies. Seine Abende verbrachte er natürlich zu Hause, denn er widersetzte sich standhaft allen Bitten seiner Freunde, bei Einem oder dem Andern zu wohnen; wahrscheinlich war es um diese Zeit, wo er mit zitternder Hand »Des jungen Kreislers Schatzkästlein« von 1854 ein paar Auszüge hinzufügte.[1] Jeden Abend in der Dämmerung pflegte er sich ans Klavier zu setzen und leise eine halbe Stunde zu spielen; und wenn er zu erschöpft war, um fortzusetzen, saß er am Fenster und blickte hinaus auf die wohlbekannte Umgebung, lange nachdem schon alles in Dunkel gehüllt war. Am 24. März besuchte in Frau Door, die immer ein Liebling von ihm gewesen war, um ihm ein Sträußchen Veilchen zu bringen. Sie wurde nicht angenommen, aber da sie bemerkte, daß Dr. von Millers Wagen vor dem Haustore hielt, wartete sie nahe dem Eingang, in der Hoffnung, Brahms herauskommen zu sehen. Er kam in etwa einer halben Stunde herunter, auf den Arm seines Freundes gestützt, bemerkte Frau Door und reichte ihr die Hand. »Mir geht es sehr schlecht«, antwortete er leise auf ihre Frage. Er ging nicht wieder aus. Am nächsten Tag wurde Conrats Besuch angenommen; dieser blieb ruhig plaudernd bei ihm, als Brahms, der rauchend auf dem Sofa saß, plötzlich den Kopf sinken ließ. »Es muß ja wohl doch etwas daran sein«, murmelte er. Conrat verließ leise das Zimmer, ohne ihn zu stören. Am 26. schrieb der Arzt an Frau Fellinger, daß jede Möglichkeit, ihn zu transportieren, vorüber sei. Brahms verließ sein Bett nicht wieder. Seine zwei, drei besten Freunde blieben beständig an seiner Seite, während seine Hausfrau, Frau Truxa, ihm eine treue und ergebene Pflegerin war. Er sprach wenig während der letzten Tage und war zu schwach, um viel von dem zu bemerken, was in seinem Zimmer vorging; aber es gelang ihm, am 29. in seinem Bett ein paar Zeilen in Bleistift an Frau Karoline zu schreiben:

»L.(iebe) M.(utter). Der Abwechselung wegen habe ich mich ein wenig hingelegt und kann daher unbequem schreiben. Sonst habe keine Angst, es hat sich nichts geändert und wie gewöhnlich habe ich nur Geduld nöthig,

Von Herzen Euer

Joh.«[2]

Noch ein paar schwere Tage und Nächte, während welcher des geliebten Meisters Leben rasch dahin ebbte, bringen uns bis zum frühen Morgen des 3. April 1897. Er hatte in der Nacht mehrmals das Bewußtsein verloren und wieder erlangt und hatte Faber

1 »Des jungen Kreislers Schatzkästlein«, herausgegeben von Carl Krebs. Vorwort. (Siehe Anmerkung, S. 181 dieses Bandes.)

2 Reimann, S. 118.

erkannt, der ihn etwa um sechs Uhr besuchte und, nach einer kleinen Dienstleistung für ihn, die geflüsterten Worte auffing: »Du bist ein guter Mensch«. Es ist jetzt beinahe neun Uhr und Brahms schlummert. Zeitliche Nachfragen nach seinem Befinden sind beantwortet worden und der Arzt, der die ganze Nacht über zur Hand war, ist fortgegangen mit dem Versprechen, bald wiederzukehren. Strahlend verkündet der junge Tag den nahenden Frühling, den der Meister Jahr um Jahr mit freudigem Willkommen zu begrüßen pflegte; die Sonne scheint; ein weicher Hauch weht durch die geöffneten Fenster; draußen zwitschern die Vögelein. Nahe dem Bett sitzt die unermüdliche Pflegerin, sie bemerkt die Zeichen des rasch herannahenden Endes. Eine Bewegung vom Bett her verlangt ihren Beistand: Brahms hat die Augen geöffnet und versucht, sich aufzurichten. Mit Truxas Hilfe nimmt er eine sitzende Stellung ein und, sie ansehend, versucht er zu sprechen. Die Lippen bewegen sich, aber der Zunge versagt die Kraft und er kann nur einen unartikulierten Laut hervorbringen. Große Tränen rollen ihm über die Wangen; ein letztes Aufseufzen; ein letzter Atemzug und er sinkt, von sanften Händen gestützt, in sein Kissen zurück, still dahingegangen zu seiner Ruhe.[1]

Dr. von Miller, dessen Haus in der Nähe lag, war der erste der Freunde, der die Kunde von des Meisters Hinscheiden empfing. Er eilte sofort nach der Karlsgasse, und kurz darauf kamen Dr. Fellinger und Herr Faber dazu. Viele andere kamen noch im Laufe des Vormittags. Einige wurden eingelassen, um die stillen Züge zu betrachten, die, von der Hand des Todes geglättet, einen Ausdruck edlen Friedens trugen. Eine Skizze wurde von Maler Michalek aufgenommen, eine Totenmaske von Kundmann und eine Photographie von einem Privatfreunde. Die Ursache des Todes wurde nach ärztlicher Untersuchung der Überreste als Leberentartung festgestellt. Noch am selben Abend wurde die Leiche im Salonanzug in den Sarg gebettet und Armleuchter mit brennenden Kerzen im Zimmer aufgestellt. Auf einem Kissen lagen die verschiedenen Orden des verstorbenen Komponisten. Am nächsten Tage begann die Zusendung der Blumen, Kränze, Kreu-

1 Siehe »Am Sterbebett Brahms'« von Edlestine Truxa, »Neue Freie Presse«, 7. Mai 1903.

ze und anderer Blumenspenden, die das Sterbezimmer in einen Tempel der Schönheit verwandelten.

Am 4. April nachmittags versammelten sich Generalsekretär Koch, Dr. Fellinger und Herr Faber in der Wohnung und suchten in Gegenwart eines Notars nach einem Testament; aber sie fanden nur ein im Mai 1891 auf zwei Bogen Papier in Form eines Briefes an Simrock geschriebenes. Unter den unbestreitbaren Umständen, welche die Echtheit des Willens festsetzten, wäre dieses Dokument in Österreich in der Originalform doch als rechtsgültige Urkunde aufgenommen worden, ungeachtet des Mangels der Unterschrift auf dem ersten Blatt, aber nach dem Ende 1891 erfolgten Tod seiner Schwester Elise Grund war dasselbe dem Meister auf eigenen Wunsch von Simrock zurückgestellt worden, und nun fand man, daß Brahms es mit Bleistift stellenweise bezeichnet hatte. Einige Klauseln waren durchstrichen und Randbemerkungen hinzugefügt, die Änderungen andeuteten. Diese stimmten genau mit den Wünschen überein, welchen Brahms gegen Dr. Fellinger und Frau Ausdruck gegeben hatte und die Dr. Fellinger zu Papier brachte und in die Hände des Komponisten legte, damit er sie abschreiben und unterzeichnen könne. Es fand am nächsten Tage infolgedessen eine zweite Untersuchung statt, aber sie stellte sich als fruchtlos heraus. Nur das Manuskript Dr. Fellingers wurde gefunden, und es muß angenommen werden, daß Brahms die gefürchtete Arbeit von Tag zu Tag verschoben hatte, in der Hoffnung, daß er sich besser imstande fühlen würde, sie auszuführen – bis seine Kraft nicht mehr hinreichte, die Aufgabe zu erfüllen. Es blieb also nichts übrig, als sich an die geeigneten Autoritäten zu wenden, um einen Kurator zu bestimmen, damit man zu den notwendigen Anordnungen schreiten könne. Dies geschah: Dr. Fellinger wurde dazu ernannt, und am Nachmittag des 5. April wurde das Wohnzimmer, welches mit dem anschließenden kleinen Raum Brahms' Bibliothek, Manuskripte und andere Besitztümer enthielt, formell versiegelt. Der Sarg wurde am selben Tage geschlossen.[1]

Sobald des Meisters Tod bekannt wurde, trug sich die Stadt Wien an, ein Ehrenbegräbnis zu veranstalten. Man zögerte nicht,

1 Diese Einzelheiten sowie jene auf S. 310–311 erzählten wurden von Frau Dr. Maria Fellinger der Verfasserin persönlich mitgeteilt.

es anzunehmen, aber es fand eine Beratung statt, ob die irdischen Überreste direkt auf den Zentralfriedhof gebracht werden sollten oder zur Verbrennung nach Gotha, laut den Angaben die der Brief an Simrock enthielt; in diesem Falle sollte nur die Asche in Wien niedergelegt werden. Die Erinnerung an ein paar Worte, die Brahms selbst fallen ließ, als er von dem »geheiligten Platz« sprach, der die Gräber Beethovens und Schuberts enthält, entschied die Sache. Man fühlte, daß er gern an dem Ort ruhen würde, den man für ihn gewählt: jenem Garten des Friedhofs, wo die Reste Beethovens und Schuberts liegen und der auch dem Andenken Mozarts geweiht ist.

»Das ganze musikalische Wien gab am Dienstag, dem 6. April, dem großen Toten das Geleite; und auch wer die Größe des Mannes nicht kannte, konnte sie an der überreichen Zahl hervorragender Künstler ermessen, die sich in der zahllosen Menge zum Trauerzug vereinten, an den berühmten Männern und Frauen, aus der Ferne gekommen, um Brahms die letzte Ehre zu erweisen.«

Bis zu der zum Beginn der Zeremonie festgesetzten Stunde kamen unaufhörlich Deputationen aus verschiedenen Teilen Europas von den zahlreichen Vereinen, deren Ehrenmitglied der Komponist gewesen war, und Telegramme und Botschaften strömten herzu. Um 1 Uhr kam eine Deputation des Hamburger Senats und fand Einlaß in das Haus, um einen prächtigen Kranz am Sarg niederzulegen, neben jenem der Bürgerschaft von Wien. Es waren Kränze geschickt worden von der Königin von Hannover, vom Herzog von Cumberland, von der Prinzessin Marie von Hannover, von Georg, Herzog von Sachsen-Meiningen, Helene, Baronin von Heldburg und von zahllosen privaten, teils bekannten, teils unbekannten Freunden von Brahms; von dem Verein bildender Künstler, dem Komitee der Oper, der Gesellschaft der Musikfreunde und anderen Wiener Vereinen; vom Philharmonischen Verein, Verein der Musikfreunde und Cäcilien-Verein in Hamburg; von der königlichen Akademie der Künste in Berlin; von den verschiedenen Musikvereinen von Berlin, Leipzig, Budapest, Köln, Salzburg, Mannheim, Frankfurt, Jena, Breslau, Lemberg, Graz, St. Petersburg, Brüssel, Amsterdam, Cambridge, Basel, Zürich und vielen andern Städten. Sechs Wagen genügten kaum, sie zu führen.

Die Arrangements des öffentlichen Leichenbegängnisses, mit dem die Stadt Wien die Überreste des großen Komponisten ehrte, bildete einen seltsamen Widerspruch zu der Einfachheit, welche seine täglichen Gewohnheiten ausgezeichnet hatte. Genaue Beschreibungen findet man in den Tageszeitungen jener Zeit. Wir werden uns auf den Bericht des wenigen beschränken, das unserer Erzählung zukommt. Der Kondukt, von dem langen Zuge der Leidtragenden gefolgt, verließ die Karlsgasse etwa um halb drei und nahm seine Richtung zu dem Gebäude der »Gesellschaft der Musikfreunde«, vor dessen Hauptportal er innehielt; hier waren Arrangements zu einer kurzen Feierlichkeit getroffen, die aus einem Nachruf des Herrn Direktor J. R. Fuchs vom Konservatorium bestand und aus dem Absingen von Brahms' Gesangsquartett »Fahr' wohl«, für Chor *a cappella*, unter Leitung von Richard von Perger, Dirigenten des »Singvereins«. Der Zug wandte sich dann zur evangelischen Kirche in der Dorotheenstraße, wo die Geistlichkeit, der Chor und mehrere Stadtwürdenträger versammelt waren. Nachdem man den Sarg in die Kirche getragen hatte, sang der Chor Mendelssohns »Es ist bestimmt in Gottes Rat«. Die Leichenrede hielt Dr. von Zimmermann, der insbesondere Nachdruck darauf legte, wie des verstorbenen Komponisten Kunst Begeisterung geschöpft hatte aus den Blättern der Bibel, wie er die Kinder und den kindlichen Geist geliebt und Anteil an fremdem Leide genommen hatte:

»Wo er verborgen Duldenden, mühselig Ringenden, Sterbenden, Hilflosen emporhelfen konnte, da wurde der Mann, der für sich sparsam bis an die Grenzen des Geizes war, zum opferfreudigen Wohltäter. Meister Johannes Brahms ist nicht gestorben, sein Geist hat den Tod überwunden und ist aufgefahren in die lichte, selige Welt reiner Harmonien des Friedens.«

Am Eingang zum Friedhof wurde der Sarg von den persönlichen Freunden des verblichenen Komponisten umgeben, die, Windlichter tragend, ihn zum Grabe geleiteten. Da waren Ignaz Brüll, Anton Dvořák, Arthur Faber, Dr. Fellinger, Robert Fuchs, Georg Henschel, Richard Heuberger, Max Kalbeck, Ludwig Koch, Eusebius Mandyczewski, Dr. Miller von Aichholz, Richard von Perger. Am Rande des Grabes sprach von Perger einige letzte Abschiedsworte:

»Dieser geheiligte Platz wird nun auch die sterblichen Reste unseres erhabenen Zeitgenossen in seinen stillen, kühlen Grund aufnehmen. Er, der die ganze Welt so reich beschenkt und beglückt hat, was ist er zunächst uns Musikern gewesen! In dem Lichte, welches sein schöpferisches Genie, sein durchdringender Kunstverstand ausstrahlt, konnten wir so recht emporschauen zu seiner unvergleichlichen Meisterschaft, zu seiner hohen, unbeugsamen, künstlerischen Gesinnung; durch zahllose Wege und Irrwege, welche heute das Reich der Tonkunst durchkreuzen, leitete uns die Fackel, welche ihr echter Priester hoch und fest in Händen hielt. Würdige geistige Brüder fand er freilich erst heute an dieser Ruhestätte, aber seinen mitlebenden Berufsgenossen war er, trotz des großen Abstandes, der ihn über sie erhob, stets der einfache, teilnehmende Freund und Berater, ein Förderer aufstrebender Talente, ein sicherer und treuer Helfer in Not und Bedrängnis ...

Hier ruhst Du nun, Du Gottbegnadeter, in dieser großen, ernsten Welteinsamkeit; die Lichtwolken ziehen über Dir hinweg und Dein Unsterbliches zieht selig mit ihnen dahin durch ewige Räume. Ade, geliebter Meister Johannes,

Leb' wohl! Leb' wohl!«

Joachim war zur Zeit von Brahms' Tod in England, um lange vorher eingegangenen Verpflichtungen nachzukommen. Stockhausen, schon ein Mann von dreiundsiebzig Jahren und von zarter Gesundheit, konnte sich damals einer eiligen und qualvollen Reise von Frankfurt nach Wien nicht aussetzen.

Gedenkfeiern veranstaltete der »Cäcilien-Verein« in Hamburg – am 5. April, dem Tag vor dem Begräbnis; die Wiener »Gesellschaft der Musikfreunde« am 11.; der »Beethoven-Haus«-Verein in Bonn im Mai; die königliche Hochschule für Musik im Sommer; das Leipziger Gewandhaus-Komitee im Oktober, und unzählige Musikvereine von Europa und Amerika während der Saison 1897 bis 98. In fast allen diesen Fällen bildete das »Deutsche Requiem« einen Teil jener Konzerte, in denen Orchester mitwirkten.

Eine Klausel in Brahms' letztem Willen besagte, daß, falls sich irgendwelche unveröffentlichte Werke von ihm nach seinem Tode in der Wohnung finden sollten, diese Simrocks Eigentum seien. Es war nur ein Opus vorhanden – die elf Orgelvorspiele. Dabei lagen die vierhändigen Arrangements der beiden Ouvertüren von Joachim, von denen schon in einem früheren Kapitel die Rede war. Alle drei Werke erschienen 1902, nach einer fünfjährigen Verzögerung, welche durch Schwierigkeiten entstand, die mit dem Testament zusammenhingen. Alle Einzelheiten beiseite gesetzt, können wir diese folgendermaßen zusammenfassen:

Brahms soll außer seiner Bibliothek, welche kostbare Autographe musikalischer Manuskripte enthielt, und einigen sehr wenigen persönlichen Besitztümern ca. 400 000 Mark, die angelegt waren, hinterlassen haben. In dem Originaltestament wurden drei Vereine – der »Liszt-Pensionsverein« in Hamburg, der »Czerny-

Verein« und die »Gesellschaft der Musikfreunde« in Wien – als Erben genannt; diese sollten ein Legat an des Komponisten Hausfrau, Frau Truxa, und zwei Lebensrenten auszahlen: die eine an seine Stiefmutter, Frau Karoline Brahms, welche nach ihrem Tod auf deren Sohn, Fritz Schnack, lebenslänglich übergehen sollte; die zweite an Brahms' Schwester, Elise Grund. Diese mußten von dem Einkommen des angelegten Kapitals für eine Zeit abgezogen werden. Zu deren Lebzeiten würde die auszuzahlende Summe den Zinsertrag des angelegten Geldes beinahe erschöpft haben.

In Ermangelung eines rechtsgültigen Dokuments meldeten sich etwa zwanzig Vettern verschiedener Verwandtschaftsgrade auf die Annoncen der Zeitungen hin, um Eigentumsansprüche zu erheben. Es entstanden Prozesse, welche sich durch mehrere Jahre hinzogen. Der Originalprozeß und die erste Appellation wurden zugunsten der Vereine entschieden; die zweite Appellation stürzte diese Bestimmungen um und erklärte die Blutsverwandten zu Erben. Um weitere Auslagen und die Verzögerung durch eine etwaige dritte Appellation zu verhindern, kamen die streitenden Parteien zu einem Kompromiß, und das allgemeine Resultat des Testaments, der Prozesse samt Berufungen und des Kompromisses war: daß die Blutsverwandten als Universalerben anerkannt wurden, abgesehen von der Bibliothek, die jetzt im Besitze der »Gesellschaft der Musikfreunde« ist; daß das Legat an Frau Truxa ausbezahlt wurde und daß gewisse, von den Vereinen angenommene Summen, deren Nutznießung dieselben später haben werden, angelegt wurden und das Einkommen davon zur Zahlung einer Lebensrente für Herrn Schnack gesichert wurde. (Frau Karoline Brahms starb im Früjahr 1902.)

Projekte zur Errichtung von Denkmälern für den Meister in Hamburg, Wien und Meiningen wurden bald nach seinem Tod ins Leben gerufen. Das erste, welches vollendet wurde, steht jetzt im »Englischen Garten« von Meiningen; aus Anlaß dessen Enthüllung fand im Oktober 1899 eine Gedenkfeier statt. Die Büste des Meisters, welche es darstellt, ist das Werk Hildebrandts.

Das Denkmal, welches von den Erben am Grab nach der endgültigen Feststellung des Eigentumsrechts errichtet wurde, war von Fräulein Ilse Conrat entworfen und ausgeführt; die Enthüllung fand am 7. Mai 1903, dem siebzigsten Gedenktag von

Brahms' Geburt, statt. Es besteht aus einer Marmorbüste und Sokkel vor einem marmornen Grabstein, auf dem sich allegorische Gestalten in Basrelief befinden.

Das durch Subskription errichtete Marmordenkmal des Meisters auf dem Karlsplatz in Wien, in unmittelbarer Nähe des Platzes, den früher das Wohnhaus in der Karlsgasse 4 einnahm, wo Brahms die letzten fünfundzwanzig Jahre seines Lebens zubrachte, ist von Rudolf Weyr entworfen und ausgeführt und am 7. Mai 1908 enthüllt worden.

Das Denkmal des Meisters, das im Foyer des Musiksaals von Hamburg steht, ebenfalls durch Subskription errichtet, wurde von Max Klinger entworfen und ausgeführt und am 7. Mai 1909 enthüllt.

Gedenktafeln sind von den betreffenden Stadtgemeinden an jenen Häusern angebracht worden, wo Brahms in Göttingen (mit Joachim), Ischl und Thun wohnte; der Garten des Hauses in Mürzzuschlag ist angekauft und zu einem Musikgarten verwandelt worden. Eine Bronzebüste des Meisters von Frau Dr. Fellinger steht in dem Musikpavillon.

Ein Brahms-Haus ist von Dr. Miller von Aichholz in dessen Park in Gmunden errichtet worden: die Zimmer genau von der Größe jener, die Brahms in Ischl bewohnte, und mit der Ischler Einrichtung versehen, wie solche zu stehen pflegte. Sie enthalten eine interessante Sammlung musikalischer und anderer Autographe des Meisters, Photographien, Programme und andere Erinnerungen.

Eine »Brahms-Gesellschaft« in Wien wurde kurz nach des Komponisten Tod gebildet, mit dem Zweck, alle erreichbaren Brahms-Erinnerungen zu sammeln und in einem besonderen Museum aufzubewahren.

Die »Deutsche Brahms-Gesellschaft« trat im Jahre 1906 ins Leben mit dem besonderen Zweck, des Meisters Briefwechsel sowie wenige zerstreute unveröffentlichte Manuskripte aufzubewahren und zu veröffentlichen. Ihre spätere Entwicklung, die sich im Jahre 1908 unter dem Namen »Vereinigung der Brahmsfreunde« bildete, hat zur Aufgabe »die Pflege und Förderung des Andenkens an Johannes Brahms und aller auf sein Leben und Schaffen bezüglichen Dinge, insbesondere die festliche Veranstaltung von Brahms-Konzerten, sowie die Verbreitung der aus dem Nachlaß des verstorbenen Tondichters veröffentlichten literarischen und musikalischen Werke.«

Unsere Aufgabe ist nun zu Ende. Wenn es sich herausstellen sollte, daß sie insoweit erfolgreich durchgeführt ist, daß sie unseren Lesern überhaupt einen wahren Begriff von dem Charakter und der Persönlichkeit Brahms' gibt, und noch heller den Geist beleuchtet, der sein Schaffen beherrschte, so darf unser Ziel als erreicht gelten. Noch ist der Versuch einer Bestimmung bezüglich des endgültigen Platzes, den Brahms unter den Großen seiner Kunst einnehmen wird, verfrüht. Aber Schumanns vor mehr als einem halben Jahrhundert gesprochene Worte, welche Johannes als den Propheten verkündeten, der bestimmt war, die ideale musikalische Darstellung des Geistes seiner Zeit zu bieten, haben sich bis heute sicherlich als wahr herausgestellt. Als Repräsentant des musikalischen Gedankens der Jahrhunderte, wie er sich allmählich durch dreihundertfünfzig Jahre von Palestrina bis auf unsere Tage entwickelt hat, hat Brahms sich eine unerschütterliche Stellung errungen, und in seinen Werken lebt jener hehre Geist – der wahre Geist des Lebens –, der, indem er keinen Kompromiß mit der Wahrheit anerkennt, unbeirrt seiner vorbestimmten Bahn folgt im Vertrauen auf »Glauben, Hoffnung, Liebe, diese drei, aber die Liebe ist die größeste unter ihnen«.

Verzeichnis
der im Druck erschienenen Werke von Johannes Brahms

Nach den Opuszahlen geordnet und mit Bezugnahme auf die Seitenzahlen dieses Werkes.

op.	*Titel des Werkes*	*Erschienen*[1]	*Seiten*
1	Sonate (C dur) für Pianoforte	1853	I, 93, 104, 110, 113, 123, 125, 128, 129, 131, 132, 136, 137, 139, 166, 185, 275, II, 193.
2	Sonate (Fis moll) für Pianoforte	1853	I, 88, 89, 110, 114, 128, 132, 139, 162, 168, 185, 275 II, 199.
3	Sechs Gesänge für eine Tenor- oder Sopranstimme. Liebestreu, Liebe und Frühling (1 und 2), Weit über das Feld, In der Fremde, Lindesrauschen[2]	1854	I, 101,110, 125, 132, 139, 141, 185, 276, II, 12, 240.
4	Scherzo (Es moll) für Pianoforte	1854	I, 85, 102, 103, 110, 114, 123, 125, 130, 131, 135, 136, 139, 162, 185, 275, II, 56, 72.
5	Sonate (F moll) für Pianoforte	1854	I, 111, 119, 129, 131, 139, 164, 275, II, 12.
6	Sechs Gesänge für eine Sopran- oder Tenorstimme. Spanisches Lied, Der Frühling, Nachwirkung, Juchhe!, Wie die Wolke, Nachtigallen schwingen	1853	I, 123, 132, 137, 139, 185, 276.
7	Sechs Gesänge für eine Singstimme. Treue Liebe, Parole, Anklänge, Volkslied, Die Trauernde, Heimkehr	1854	I, 139, 140, 160, 185, 276, II, 12.
8	Trio (H dur) für Pianoforte, Violine und Violoncell	1854	I, 148, 155, 156, 160, 164, 185, 208, 267, 268, 276.
	Dasselbe. Neue umgearbeitete Ausgabe	1891	I, 156, II, 260.
9	Variationen für Pianoforte über ein Thema (Fis moll) von Robert Schumann	1854	I, 153–155, 160, 162, 163, 164, 185, 275.
10	Balladen für Pianoforte	1856	I, 159, 166, 185, 276, II, 114, 194.
11	Serenade (D dur) für großes Orchester	1860	I, 213, 215, 216, 230, 231, 232, 243, 249, 251, 267, 276, II, 6, 9, 11, 20, 38, 39, 98.

1 Die hier gegebenen Daten des Erscheinens der Werke folgen dem bei Simrock erschienenen thematischen Verzeichnis, mit Ausnahme jener, die in der Haupterzählung anders angezeigt sind.

2 Wenn nicht eigens bezeichnet, so sind alle Lieder für eine Singstimme nur mit Klavier begleitet.

op.	*Titel des Werkes*	*Erschienen*	*Seiten*
12	Ave Maria für weiblichen Chor mit Orchester- oder Orgelbegleitung	1861	I, 234, 235, 238, 239, 251, 276.
13	Begräbnisgesang für Chor und Blasinstrumente	1861	I, 238, 239, 249, 251, 257, 276.
14	Lieder und Romanzen für eine Singstimme. Vor dem Fenster, Vom verwundeten Knaben, Murrays Ermordung, Ein Sonett, Trennung, Gang zur Liebsten, Ständchen (»Gut' Nacht, gut' Nacht«), Sehnsucht	1861	I, 249, 251, 276, II, 93.
15	Konzert (D moll) für Pianoforte mit Begleitung des Orchesters	1861	I, 28, 160, 209–211, 215, 216, 220–228, 229, 251, 276, II, 37, 114, 115, 148, 158, 212, 290.
16	Serenade (A dur) für kleines Orchester	1860	I, 6, 216, 217, 241–243, 251, 253, 257, 268, 276, II, 13, 14, 41, 125, 146.
	Dieselbe. Revidierte Ausgabe	1875	I, 253.
17	Gesänge für Frauenchor mit Begleitung von zwei Hörnern und Harfe. Es tönt ein voller Harfenklang, Komm' herbei Tod, Der Gärtner, Gesang aus Fingal	1862	I, 236, 256, 273, 276, II, 38.
18	Sextett (B dur) für zwei Violinen, zwei Bratschen und zwei Violoncelli	1862	I, 6, 17, 252, 253, 254, 267, 269, 273, 276, II, 19, 20, 55, 96, 112, 123, 159, 188.
19	Fünf Gedichte für eine Singstimme. Der Kuß, Scheiden und Meiden, In der Ferne, Der Schmied, An eine Äolsharfe	1862	I, 219, 276.
20	Drei Duette für Sopran und Alt mit Begleitung des Pianoforte. Weg der Liebe (erster Teil), Weg der Liebe (zweiter Teil), Die Meere	1861	I, 254, 276.
21 Nr. 1	Variationen über ein eigenes Thema für das Pianoforte	1861	I, 254, 276, II, 72.
21 Nr. 2	Variationen über ein ungarisches Lied für das Pianoforte	1861	I, 202, 254, 276, II, 114.
22	Marienlieder für gemischten Chor *(a cappella).* Der englische Gruß, Marias Kirchgang, Marias Wallfahrt, Der Jäger, Ruf zur Maria, Magdalena, Marias Lob	1862	I, 235, 273, 274, 276, II, 13, 146.
23	Variationen über ein Thema (Es dur) von Robert Schumann für Pianoforte zu vier Händen	1863[1]	I, 273, 274, 276, II, 13, 86, 114, 146.
24	Variationen und Fuge über ein Thema von Händel für das Pianoforte	1862	I, 264, 265, 267, 275, 276, II, 7, 38, 56, 98, 114, 123, 146, 193.

1 Vgl. Fußnote S. 273 des ersten Bandes dieser Biographie.

op.	Titel des Werkes	Erschienen	Seiten
25	Quartett (G moll) für Pianoforte, Violine, Bratsche und Violoncell	1863	I, 6, 199, 240, 253, 261, 262, 265, 266, 269, 276, II, 6, 7, 9, 38, 39, 114, 146, 163, 188.
26	Quartett (A dur) für Pianoforte, Violine, Bratsche und Violoncell	1863	I, 6, 199, 240, 253, 261, 266, 269, 276, II, 6, 7, 8, 9, 38, 90, 114, 159.
27	Der 13. Psalm (»Herr, wie lange«) für dreistimmigen Frauenchor mit Begleitung der Orgel oder des Pianoforte	1864	I, 235, 236, 276, II, 24.
28	Duette für Alt und Bariton mit Begleitung des Pianoforte. Die Nonne und der Ritter, Vor der Tür, Es rauschet das Wasser, Der Jäger und sein Liebchen	1864	I, 276, II, 24, 89, 114.
29	Zwei Motetten für fünfstimmigen Chor *a cappella*. Es ist das Heil, Schaffe in mir Gott ein rein Herz	1864	I, 276, II, 24.
30	Geistliches Lied (von Paul Flemming) für vierstimmigen gemischten Chor mit Begleitung der Orgel oder des Pianoforte	1864	I, 276, II, 24.
31	Drei Quartette für vier Solostimmen mit Pianoforte komponiert. Wechsellied zum Tanze, Neckereien, Der Gang zum Liebchen	1864	I, 276, II, 22, 23, 24 38, 124, 287.
32	Lieder und Gesänge für eine Singstimme. Wie rafft ich mich auf, Nicht mehr zu dir, Ich schleich' umher, Der Strom, der neben mir verrauschte, Wehe, so willst du mich, Du spricht's, daß ich mich täuschte, Bitteres zu sagen, So steh'n wir, Wie bist du, meine Königin	1864	II, 24.
33 Nr. 1–6	Romanzen aus Tiecks »Magelone« für eine Singstimme. Keinen hat es noch gereut, Traun!, Bogen und Pfeil, Sind es Schmerzen, Liebe kam, So willst du, Wie soll ich die Freude	1865	I, 258, 259, 270, 271, 276, II, 35, 38, 93, 159.
Nr. 7–15	War es dir, Wir müssen uns trennen, Ruhe, Süßliebchen, So tönet denn, Wie schnell verschwindet, Muß es eine Trennung, Geliebter, wo zaudert, Wie froh und frisch, Treue Liebe dauert lange	1868	I, 259, 271, II, 93, 124.
34	Quintett (F moll) für Pianoforte, zwei Violinen, Bratsche und Violoncell	1865	II, 15, 35, 53, 77, 114, 159, 284.
34 bis	Sonate für zwei Pianoforte nach dem Quintett	1872	II, 15, 22, 31, 32, 35.
35	Studien für Pianoforte. Variationen über ein Thema von Paganini (zwei Hefte)	1866	II, 22, 42, 56, 123.
36	Sextett (G dur) für zwei Violinen, zwei Bratschen und zwei Violoncelle	1866	I, 6, 253, II, 27, 28, 43, 49, 50, 54, 55, 114, 123.

op.	*Titel des Werkes*	*Erschienen*	*Seiten*
37	Drei geistliche Chöre für Frauenstimmen ohne Begleitung. *O bone Jesu, Adoramus, Regina coeli*	1866	I, 234, 236, 276, II, 42, 43.
38	Sonate (E moll) für Pianoforte und Violoncell	1866	II, 17, 30, 43, 123.
39	Walzer für das Pianoforte zu vier Händen Dieselben zu zwei Händen Dieselben. Leichte Ausgabe zu zwei Händen	1866[1]	II, 51, 82.
40	Trio (Es dur) für Pianoforte, Violine und Waldhorn (oder Violoncell oder Bratsche)	1867[2]	II, 31, 38, 39, 41, 42, 43, 53, 70, 123, 146.
41	Fünf Lieder für vierstimmigen Männerchor *(a cappella)*. Ich schwing' mein Horn, Freiwillige her!, Geleit, Marschieren, Gebt acht!	1867	
42	Drei Gesänge für sechsstimmigen Chor *a cappella*. Abendständchen, Vineta, Darthulas Grabgesang	1868	II, 94.
43	Vier Gesänge für eine Singstimme. Von ewiger Liebe, Die Mainacht, Ich schell' mein Horn, Das Lied vom Herrn von Falkenstein	1868	I, 219, II, 80, 91.
44	Zwölf Lieder und Romanzen für Frauenchor *a cappella* oder mit willkürlicher Begleitung des Pianoforte. Minnelied, Der Bräutigam, Barkarole, Fragen, Die Müllerin, Die Nonne, Vier Lieder aus dem Jungbrunnen, Die Braut, Märznacht	1868[3]	I, 236, 256, II, 94.
45	Ein Deutsches Requiem für Soli, Chor und Orchester (Orgel *ad libitum*)	1868	I, 6, 21, 160, 173, 232, II, 43, 44, 51, 52, 56, 57, 59, 60–69, 74–77, 78, 79–81, 91, 96, 97, 100, 102, 124, 132, 133, 146, 152, 153, 159, 170, 181, 194, 215, 218, 310.
46	Vier Gesänge für eine Singstimme, Die Kränze, Magyarisch, Die Schale der Vergessenheit, An die Nachtigall	1868	II, 91, 92.
47	Fünf Lieder für eine Singstimme. Botschaft, Liebesglut, Sonntag, O liebliche Wangen, Die Liebende schreibt	1868	I, 219, II, 91, 92.
48	Sieben Lieder für eine Singstimme. Der Gang zum Liebchen, Der Überläufer, Liebesklage des Mädchens, Gold überwiegt die Liebe, Trost in Tränen, Vergangen ist mir Glück, Herbstgefühl	1868	II, 91, 92, 93.

1 Vgl. Fußnote S. 52 dieses Bandes.
2 Vgl. Fußnote S. 43 dieses Bandes.
3 Vgl. Fußnote S. 94 dieses Bandes.

op.	*Titel des Werkes*	*Erschienen*	*Seiten*
49	Fünf Lieder für eine Singstimme. Am Sonntag Morgen, An ein Veilchen, Sehnsucht, Wiegenlied, Abenddämmerung	1868	II, 91, 92.
50	Rinaldo, Kantate (von Goethe) für Tenorsolo, Männerchor und Orchester	1869	II, 80, 94, 95, 100, 104, 146.
51	Zwei Quartette (C moll und A moll) für zwei Violinen, Bratsche und Violoncell	1873	II, 51, 114, 124, 133, 134–136, 139, 141, 152, 162.
52	Liebeslieder. Walzer für das Pianoforte zu vier Händen (und Gesang *ad libitum*)	1869	II, 102, 103, 104, 114, 124, 146, 147, 250.
53	Rhapsodie (Fragment aus Goethe's Harzreise) für eine Altstimme, Männerchor und Orchester	1870	II, 103, 104, 105–107, 146, 153, 172, 197.
54	Schicksalslied für Chor und Orchester	1871	I, 173, 232, II, 82, 115–117, 119, 124, 148, 162.
55	Triumphlied für achtstimmigen Chor und Orchester (Orgel *ad libitum*)	1872	I, 232, II, 80, 108–111, 122, 126, 127, 128, 144, 148, 149, 158, 159, 162, 194, 197, 287, 288, 289.
56a	Variationen über ein Thema von Joseph Haydn für Orchester	Jan. 1874	II, 133, 139–141, 146, 147, 148, 157, 209, 212.
56b	Variationen über ein Thema von Joseph Haydn für zwei Pianoforte	Nov. 1873	II, 133, 141.
57	Lieder und Gesänge für eine Singstimme. Von waldbekränzter Höhe, Wenn du nur zuweilen lächelst, Es träumte mir, ich sei dir teuer, Ach wende diesen Blick, In meiner Nächte Sehnen, Strahlt zuweilen, Die Schnur, die Perl' an Perle, Unbewegte laue Luft	1871	II, 117.
58	Lieder und Gesänge für eine Singstimme. Blinde Kuh, Während des Regens, Die Spröde, O komme, holde Sommernacht, Schwermut, In der Gasse, Vorüber, Serenade	1871	II, 117.
59	Lieder und Gesänge für eine Singstimme. Dämm'rung senkte sich, Auf dem See, Regenlied, Nachklang, Agnes, Eine gute, gute Nacht, Mein wundes Herz, Dein blaues Auge	1873	II, 133, 141.
60	Quartett (C moll) für Pianoforte, Violine, Bratsche und Violoncell	1875	I, 184, 198, 216, 240, II, 80, 150, 155, 156, 159.
61	Vier Duette für Sopran und Alt mit Begleitung des Pianoforte. Die Schwestern, Klosterfräulein, Phänomen, Die Boten der Liebe	1874	II, 150.

op.	*Titel des Werkes*	*Erschienen*	*Seiten*
62	Sieben Lieder für gemischten Chor *a cappella.* Rosmarin, Von alten Liebesliedern, Waldesnacht, Dein Herzlein mild, All' meine Herzgedanken, Es geht ein Wehen, Vergangen ist mir Glück und Heil	1874	II, 150, 151.
63	Lieder und Gesänge für eine Singstimme. Frühlingstrost, Erinnerung, An ein Bild, An die Tauben, Meine Liebe ist grün, Wenn um den Hollunder, Heimweh (1. Wie traulich, 2. O wüßt ich doch, 3. Ich sah als Knabe)	1874	II, 150.
64	Quartette für vier Solostimmen mit Pianoforte. An die Heimat, Der Abend, Fragen	1874	II, 150.
65	Neue Liebeslieder, Walzer für vier Singstimmen und Pianoforte zu vier Händen	1875	II, 114, 150, 250.
66	Fünf Duette für Sopran und Alt mit Begleitung des Pianoforte. Klänge (1 u. 2), Am Strande, Jägerlied. Hüt' du dich	1875	
67	Drittes Quartett (B dur) für zwei Violinen, Bratsche und Violoncell	1876	II, 154, 160, 161, 162.
68	Symphonie (C moll) für großes Orchester	1877	I, 216, 261, 272, II, 79, 125, 154, 162, 163–168, 169, 170, 176, 179, 180, 182, 198, 206, 209, 212, 234, 235.
69	Neun Gesänge für eine Singstimme. Klage (1. Ach mir fehlt, 2. O Felsen), Abschied, Des Liebsten Schwur, Tambourliedchen, Vom Strande, Über die See, Salome, Mädchenfluch	1877	II, 176.
70	Vier Gesänge für eine Singstimme. Im Garten am Seegestade, Lerchengesang, Serenade, Abendregen	1877	II, 176.
71	Fünf Gesänge für eine Singstimme. Es liebt sich so lieblich, An den Mond, Geheimnis, Willst du, daß ich geh? Minnelied	1877	II, 176.
72	Fünf Gesänge für eine Singstimme. Alte Liebe, Sommerfäden, O kühler Wald, Verzagen, Unüberwindlich	1877	II, 176.
73	Zweite Symphonie (D dur) für großes Orchester	1878	II, 154, 177, 178, 179, 180, 183, 184, 185, 186, 187, 188, 190, 197, 206, 221, 234.
74	Zwei Motetten für gemischten Chor *a cappella.* Warum ist das Licht, O Heiland, reiß' die Himmel auf	1879	II, 190, 194.
75	Balladen und Romanzen für zwei Singstimmen mit Pianoforte. Edward, Guter Rat, So laß uns wandern, Walpurgisnacht	1878	I, 159, II, 190, 199.

op.	*Titel des Werkes*	*Erschienen*	*Seiten*
76	Klavierstücke. Zwei Hefte	1879	II, 184, 193, 194, 195.
77	Konzert (D dur) für Violine mit Begleitung des Orchesters	1879	II, 184, 190, 191, 192, 193, 194, 202.
78	Sonate (G dur) für Pianoforte und Violine	1880	II, 193, 195, 196, 198, 255.
79	Zwei Rhapsodien für Pianoforte	1880	II, 193, 197, 198.
80	Akademische Festouverture (C moll) für großes Orchester	1881	II, 115, 203, 204, 206, 209, 284, 290.
81	Tragische Ouverture (D moll) für Orchester	1881	II, 203, 204, 206, 209.
82	Nänie (von Schiller) für Chor und Orchester (Harfe *ad libitum*)	1881	II, 28, 150, 206, 207, 210, 211, 212, 214.
83	Konzert (B dur) für Pianoforte mit Begleitung des Orchesters	1882	I, 25, 26, 27, 31, II, 207, 208, 209, 212, 213, 214, 221, 290.
84	Romanzen und Lieder für eine oder zwei Singstimmen mit Begleitung des Pianoforte. Sommerabend, Der Kranz, In den Beeren, Vergebliches Ständchen, Spannung	1882	II, 214.
85	Sechs Lieder für eine Stimme. Sommerabend, Mondschein, Mädchenlied, Ade! Frühlingslied, In Waldeinsamkeit	1882	II, 214.
86	Sechs Lieder für eine tiefere Stimme. Therese, Feldeinsamkeit, Nachtwandler, Über die Heide, Versunken, Todessehnen	1882	II, 214.
87	Trio (C dur) für Pianoforte, Violine und Violoncell	1883	II, 215, 217, 218.
88	Quintett (F dur) für zwei Violinen, zwei Bratschen und Violoncell	1883	II, 215, 217, 218.
89	Gesang der Parzen (von Goethe) für sechsstimmigen Chor und Orchester	1883	II, 215, 217, 218, 219, 220.
90	Dritte Symphonie (F dur) für großes Orchester	1884	II, 221, 222–225, 234.
91	Zwei Gesänge für eine Altstimme mit Bratsche und Pianoforte. Gestillte Sehnsucht, Geistliches Wiegenlied	1884	II, 33, 225.
92	Quartette für Sopran. Alt, Tenor und Baß mit Pianoforte, O schöne Nacht, Spätherbst, Abendlied, Warum?	1884	II, 225.
93a	Lieder u. Romanzen für vierstimmigen gemischten Chor *a cappella*. Der bucklichte Fiedler, Das Mädchen, O süßer Mai, Fahr' wohl!, Der Falke, Beherzigung	1884	II, 225.
93b	Tafellied für sechsstimmigen gemischten Chor mit Pianoforte	1885	II, 227.
94	Fünf Lieder für eine tiefe Stimme. Mit vierzig Jahren, Steig' auf, geliebter Schatten, Mein Herz ist schwer, Sapphische Ode, Kein Haus, keine Heimat	1884	II, 225.

op.	*Titel des Werkes*	*Erschienen*	*Seiten*
95	Sieben Lieder für eine Singstimme. Das Mädchen, Bei dir sind meine Gedanken, Beim Abschied, Der Jäger, Vorschneller Schwur, Mädchenlied, Schön war, das ich dir weihte	1884	II, 225.
96	Vier Lieder für eine Singstimme. Der Tod, das ist die kühle Nacht, Wir wandelten, Es schauen die Blumen, Meerfahrt	1886	II, 239.
97	Sechs Lieder für eine Singstimme. Nachtigall, Auf dem Schiffe, Entführung, Dort in den Weiden, Komm bald, Trennung	1886	II, 239.
98	Vierte Symphonie (E moll) für großes Orchester	1886	II, 226, 229, 230–234, 239, 272, 303.
99	Sonate (F dur) für Pianoforte und Violoncell	1887	II, 237, 238, 239.
100	Sonate (A dur) für Pianoforte und Violine	1887	II, 237, 238, 239.
101	Trio (C moll) für Pianoforte, Violine und Violoncell	1887	II, 237, 238, 239, 245, 246, 247.
102	Konzert (A moll) für Violine und Violoncell mit Begleitung des Orchesters	1888	II, 240, 245, 247, 248, 249, 250.
103	Zigeunerlieder für vier Singstimmen mit Begleitung des Pianoforte	1888	I, 32, II, 249, 250.
	(Nr. 1, 2, 3, 4, 5, 6, 7, 11, für eine Singstimme mit Begleitung des Pianoforte bearbeitet vom Komponisten)	1889	
104	Fünf Gesänge für gemischten Chor *a cappella*. Nachtwache (1 und 2), Letztes Glück, Verlorene Jugend, Im Herbst	1889	II, 256.
105	Fünf Lieder für eine tiefere Stimme. Wie Melodien, Immer leiser, Klage, Auf dem Kirchhofe, Verrat	1889	II, 256.
106	Fünf Lieder für eine Singstimme. Ständchen, Auf dem See, Es hing der Reif, Meine Lieder, Ein Wanderer	1889	II, 256.
107	Fünf Lieder für eine Singstimme. An die Stolze, Salamander, Das Mädchen spricht, Maienkätzchen, Mädchenlied	1889	II, 256.
108	Sonate (D moll) für Pianoforte und Violine	1889	II, 255.
109	Fest- und Gedenksprüche für achtstimmigen Chor *a cappella*. Unsere Väter, Wenn ein starker Gewappneter, Wo ist ein so herrlich Volk	1890	II, 258, 259, 264.
110	Drei Motetten für vier- und achtstimmigen Chor *a cappella*. Ich aber bin elend, Ach arme Welt, Wenn wir in höchsten Nöten sein	1890	II, 260, 264.

op.	Titel des Werkes	Erschienen	Seiten
111	Quintett (G dur) für zwei Violinen, zwei Bratschen und Violoncell	1891	II, 264, 265, 268, 301, 302.
112	Sechs Quartette für Sopran, Alt, Tenor und Baß mit Pianoforte. Sehnsucht, Nächtens, Vier Zigeunerlieder	1891	II, 150, 268.
113	Dreizehn Kanons für Frauenstimmen *(a cappella)*	1891	I, 236, II, 150, 268.
114	Trio (A moll) für Pianoforte, Klarinette (oder Bratsche) u. Violoncell	1892	I, 37, II, 266, 267, 268, 278.
115	Quintett (H moll) für Klarinette (oder Bratsche) zwei Violinen, Bratsche und Violoncell	1892	I, 36, II, 266, 267, 268, 278.
116	Phantasien für Pianoforte. Zwei Hefte	1892	II, 268, 273, 274, 275.
117	Drei Intermezzi für Pianoforte	1892	I, 159, II, 268, 273, 274, 275.
118	Klavierstücke	1893	II, 273, 274, 275.
119	Klavierstücke	1893	II, 273, 274, 275.
120	Zwei Sonaten (F moll und Es dur) für Klarinette (oder Bratsche) und Pianoforte	1895	II, 282, 283, 285, 286, 287.
121	Vier ernste Gesänge für eine Baßstimme. Denn es gehet, Ich wandte mich, O Tod, Wenn ich mit Menschen	1896	II, 293, 294, 296, 297, 298.
122	Elf Choralvorspiele für Orgel. Zwei Hefte. Nachgelassenes Werk	1902	II, 297, 298, 310.

Werke ohne Opuszahl, Arrangements usw.

Titel des Werkes	Erschienen	Seiten
Mondnacht, Lied für eine Singstimme	1854	I, 160.
Mondnacht, Zweite Ausgabe (Raabe und Plothow, Berlin)	1872	
Volkskinderlieder mit hinzugefügter Klavierbegleitung	1858	I, 213, 214.
Deutsche Volkslieder für vierstimmigen Chor gesetzt	1864	II, 24.
Fuge (As moll) für Orgel	1864	II, 24.
Studien für Pianoforte nach Chopin (Nr. 1) und Weber (Nr. 2)	1869	I, 63, II, 107.
Ungarische Tänze für Pianoforte zu vier Händen gesetzt. Heft 1 und 2	1869	I, 2, II, 82, 107, 108.
Gavotte von Gluck für Pianoforte gesetzt	1871	I, 5, 192, II, 117.
Ungarische Tänze für Pianoforte zu zwei Händen gesetzt. Heft 1 und 2.	1872	I, 215, II, 89, 96, 107.
Ungarische Tänze Nr. 1, 3, 10 für Orchester gesetzt	1874	II, 107, 146, 147.
Studien für Pianoforte nach Bach (Nr. 3, 4, 5)	1879	II, 194.
Ungarische Tänze für Pianoforte zu vier Händen gesetzt. Heft 3 u. 4	1880	II, 198.
Choralvorspiel und Fuge für Orgel (A moll) (E. W. Fritzsch, Leipzig)	1881	I, 212, II, 150.
Einundfünfzig Übungen für Pianoforte. Zwei Hefte	1893	II, 274.

Titel des Werkes	*Erschienen*	*Seiten*
Deutsche Volkslieder mit Klavierbegleitung. Sieben Hefte	1894	II, 278, 279.
Arrangement für Pianoforte zu vier Händen der Joachimschen Ouverturen »Heinrich IV.« und »Demetrius«	1902	II, 310.
Sonatensatz für Violine und Pianoforte Nachklang Nr. 2. Lied für eine Singstimme	Von der im Jahre 1906 gegründeten Deutschen	I, 119, 120. II, 133.
Zwei Kadenzen zu Beethovens G-dur-Konzert für Pianoforte und Orchester	Brahmsgesellschaft herausgegeben	

Werke vom Komponisten

für Pianoforte zu vier Händen bearbeitet

op. 15. Klavierkonzert D moll.
op. 25. Klavierquartett G moll.
op. 26. Klavierquartett A dur.
op. 18. Streichsextett B dur.
op. 36. Streichsextett G dur.
op. 88. Streichquintett F dur.
op. 111. Streichquintett G dur.
op. 51. Streichquartette C moll und A moll.
op. 67. Streichquartett B dur.
op. 80. Ouverture C moll.
op. 81. Ouverture D moll.
op. 11. Serenade D dur.
op. 16. Serenade A dur.
op. 68. Symphonie C moll.
op. 73. Symphonie D dur.
op. 65a. Neue Liebeslieder.
op. 45. Ein deutsches Requiem.
op. 55. Triumphlied.

Für zwei Pianoforte bearbeitet

op. 15. Klavierkonzert D moll (1875).
op. 83. Klavierkonzert B dur.
op. 34b. Klavierquintett.
op. 56b. Haydn-Variationen.
op. 90. Symphonie F dur.
op. 98. Symphonie E moll.

Ausgabe für Violine und Pianoforte vom Komponisten

op. 120. Sonaten für Klarinette (oder Bratsche) und Pianoforte. F moll. Es dur.

Verzeichnis

der Werke in systematischer Ordnung

Instrumentalmusik

Für Orchester

op. 11. Serenade D dur.
op. 16. Serenade A dur.
op. 56a. Variationen. Thema von Haydn.
op. 68. Symphonie C moll.
op. 73. Symphonie D dur.
op. 90. Symphonie F dur.
op. 98. Symphonie E moll.
op. 80. Ouverture, Akademische.
op. 81. Ouverture, Tragische.
Arrangement: 3 ungarische Tänze.

Für Pianoforte und Orchester

op. 15. Konzert D moll.
op. 83. Konzert B dur.
Zwei Kadenzen zu Beethovens G dur-Konzert für Pianoforte.

Für Pianoforte allein

op. 1. Sonate C dur.
op. 2. Sonate Fis moll.
op. 5. Sonate F moll.
op. 4. Scherzo Es moll.
op. 9. Variationen. Thema von Schumann.
op. 10. Balladen.
op. 21. Nr. 1. Variationen. Eigenes Thema.
op. 21. Nr. 2. Variationen. Ungarisches Lied.
op. 24. Variationen und Fuge. Thema v. Händel.
op. 35. Variationen. Zwei Hefte. Thema v. Paganini.
op. 76. Klavierstücke. Zwei Hefte.
op. 79. Zwei Rhapsodien.
op. 116. Phantasien. Zwei Hefte.
op. 117. Drei Intermezzi.
op. 118. Klavierstücke.
op. 119. Klavierstücke.
Technische Übungen. Zwei Hefte.
Arrangement: Ungarische Tänze, Zwei Hefte.
Arrangement: Studien 1–5.
Arrangement: Gavotte von Gluck.

Für Pianoforte zu vier Händen

op. 23. Variationen. Thema von Schumann.
op. 39. Walzer.
op. 52a. Walzer. Liebeslieder.
op. 65a. Walzer, Neue Liebeslieder. Arrangement: Ungarische Tänze. Vier Hefte.

Für zwei Pianoforte

op. 34b. Sonate F moll nach dem Quintett.
op. 56b. Variationen. Thema von Haydn.

Für Pianoforte und Violine

op. 78. Sonate G dur.
op. 100. Sonate A dur.
op. 108. Sonate D moll.
Sonatensatz C moll. Nachgelassenes Werk.

Für Pianoforte und Violoncell

op. 38. Sonate C moll.
op. 99. Sonate F dur.

Für Pianoforte und Klarinette

op. 120. Nr. 1. Sonate F moll.
op. 120. Nr. 2. Sonate Es dur.

Für Pianoforte und mehrere Instrumente

Trios

op. 8. Für Pianoforte, Violine und Violoncell. H dur.
op. 87. Für Pianoforte, Violine und Violoncell. C dur.
op. 101. Für Pianoforte, Violine und Violoncell. C moll.

op. 40. Für Pianoforte, Violine und Waldhorn (oder Violoncell oder Bratsche). Es dur.
op. 114. Für Pianoforte, Klarinette (oder Bratsche) und Violoncell. A moll.

Quartette

op. 25. Für Pianoforte, Violine, Bratsche und Violoncell. G moll.
op. 26. Für Pianoforte, Violine, Bratsche und Violoncell. A dur.
op. 60. Für Pianoforte, Violine, Bratsche und Violoncell. C moll.

Quintett

op. 34. Für Pianoforte, zwei Violinen, Bratsche und Violoncell. F moll.

Für Pianoforte (mit Gesang)

op. 52. Liebeslieder. (Pianoforte zu vier Händen.)
op. 65. Neue Liebeslieder. (Pianoforte zu vier Händen.)

Für Orgel

op. 122. Elf Choralvorspiele. Zwei Hefte. Nachgelassenes Werk.
Ohne Opuszahl Choralvorspiel und Fuge. A moll.
Fuge. As moll.

Für Streichinstrumente mit Orchester

op. 77. Konzert für Violine. D dur.
op. 102. Konzert für Violine und Violoncell. A moll.

Für Streichinstrumente

op. 51. Nr. 1. Quartett. C moll.
op. 51. Nr. 2. Quartett. A moll.
op. 67. Quartett. B dur.
op. 88. Quintett. F dur.

op. 111. Quintett. G dur.
op. 18. Sextett. B dur.
op. 36. Sextett. G dur.

Quintett (mit einem Blasinstrument)

op. 115. Für Klarinette (oder Bratsche), zwei Violinen, Bratsche und Violoncell. H moll.

Gesangmusik

Für gemischten Chor ohne Begleitung

op. 22. Marienlieder.
op. 29. Zwei Motetten; fünfstimmig.
op. 42. Drei Gesänge; sechsstimmig.
op. 62. Sieben Lieder.
op. 74. Zwei Motetten; vier- und sechsstimmig.
op. 93a. Lieder und Romanzen; vierstimmig.
op. 104. Fünf Gesänge.
op. 109. Fest- und Gedenksprüche; achtstimmig.
op. 110. Drei Motetten; vier- und achtstimmig.
Deutsche Volkslieder. (Der Wiener Singakademie gewidmet.)

Für Frauenchor ohne Begleitung

op. 37. Drei geistliche Chöre.
op. 44. Zwölf Lieder und Romanzen.
op. 113. Dreizehn Kanons.

Für Männerchor ohne Begleitung

op. 41. Fünf Lieder; vierstimmig.

Für Gesang mit Orchesterbegleitung

op. 12. Ave Maria; Frauenchor.
op. 45. Ein deutsches Requiem; Soli und Chor.
op. 50. Rinaldo; Tenorsolo und Männerchor.
op. 53. Rhapsodie; Altsolo und Männerchor.
op. 54. Schicksalslied; für gemischten Chor.
op. 55. Triumphlied; Doppelchor.
op. 82. Nänie; für gemischten Chor.
op. 89. Gesang der Parzen; Chor, sechsstimmig.

Für Gesang mit Begleitung verschiedener Instrumente

op. 13. Begräbnisgesang für gemischten Chor und Blasinstrumente.
op. 17. Gesänge für Frauenchor und Begleitung von zwei Hörnern und Harfe.
op. 91. Zwei Lieder für eine Altstimme mit Bratsche und Pianoforte.

Für Chor mit Begleitung der Orgel oder des Pianoforte

op. 12. Ave Maria; Frauenchor.
op. 27. Der 13. Psalm; Frauenchor.
op. 30. Geistliches Lied; für gemischten Chor; vierstimmig.

Für Chor mit Begleitung des Pianoforte

op. 93b. Tafellied für gemischten Chor; sechsstimmig.

Für vier Solostimmen mit Pianoforte

op. 31. Drei Quartette.
op. 64. Drei Quartette.
op. 92. Vier Quartette.
op. 112. Sechs Quartette.
op. 52. Liebeslieder; Pianoforte zu vier Händen.
op. 65. Neue Liebeslieder; Pianoforte zu vier Händen.
op. 103. Zigeunerlieder.

Duette mit Pianoforte

op. 20. Für Sopran und Alt.
op. 61. Für Sopran und Alt.
op. 66. Für Sopran und Alt.
op. 28. Für Alt und Bariton.
op. 75. Balladen und Romanzen.
op. 84. Romanzen und Lieder.

Für eine Singstimme mit Begleitung des Pianoforte

op. 3. Sechs Gesänge.
op. 6. Sechs Gesänge.
op. 7. Sechs Gesänge.
op. 14. Acht Lieder und Romanzen.
op. 19. Fünf Gedichte.
op. 32. Neun Lieder und Gesänge.
op. 33. Fünfzehn Romanzen (Magelone).
op. 43. Vier Gesänge.
op. 46. Vier Gesänge.
op. 47. Fünf Lieder.
op. 48. Sieben Lieder.
op. 49. Fünf Lieder.
op. 57. Acht Lieder und Gesänge.
op. 58. Acht Lieder und Gesänge.
op. 59. Acht Lieder und Gesänge.
op. 63. Neun Lieder und Gesänge.
op. 69. Neun Gesänge.
op. 70. Vier Gesänge.
op. 71. Fünf Gesänge.
op. 72. Fünf Gesänge.
op. 84. Fünf Romanzen und Lieder.
op. 85. Sechs Lieder.
op. 86. Sechs Lieder.
op. 94. Fünf Lieder.
op. 95. Sieben Lieder.
op. 96. Vier Lieder.
op. 97. Sechs Lieder.
op. 105. Fünf Lieder.
op. 106. Fünf Lieder.
op. 107. Fünf Lieder.
op. 121. Vier ernste Gesänge:
Mondnacht.
Nachklang II.
Deutsche Volkslieder.
Deutsche Volkskinderlieder.

Verzeichnis

der von Brahms kritisch durchgesehenen oder herausgegebenen Werke

C. Ph. E. Bach	Zwei Sonaten für Klavier und Violine. H moll, C moll. (J. Rieter-Biedermann.)
Chopin	Breitkopf und Härtels kritisch durchgesehene Gesamtausgabe. Band II. Mazurkas. Band VIII. Sonaten. B moll. op. 35 und H moll. op. 58. Band X. Verschiedene Werke. Nr. 7. 8. 10. 12. Band XIII. Nachgelassene Werke. Nr. 3. 4. 5. 9–14. 32.
Couperin	Klavierwerke. (Chrysanders Denkmäler der Tonkunst. Bd. IV.)
Händel	Deutsche Händel-Gesellschaft, Leipzig. Gegründet von Chrysander. Duette Nr. Ic und IX–XX mit hinzugefügter Pianofortebegleitung. Zweite Ausgabe. Bd. XXXII. 1880. Terzette I. II. mit hinzugefügter Pianofortebegleitung. Zweite Ausgabe. Bd. XXXII. 1880. NB. Die Duette Ic und IX–XIV (anders numeriert) und die Terzette erschienen 1870 im Bande XXXII. Erste Ausgabe. (Breitkopf und Härtel.) Die Duette XV–XX sind bei Peters wieder erschienen als »Sechs Duette von Händel mit Pianofortebegleitung von J. Brahms«.
Mozart	Requiem. Breitkopf und Härtels vollständige Ausgabe. Serie 24, Nr. 1.
Schubert	Symphonien. Unter Mitarbeit Mandyczewskis. »Ellens zweiter Gesang«, für Sopransolo, Frauenchor und Blasinstrumente gesetzt. (Deutsche Brahms-Gesellschaft.) Drei Klavierstücke, Walzer usw. (Breitkopf und Härtel.)
Schumann	Supplement-Band zu Clara Schumanns Gesamtausgabe. Serie 14. (Breitkopf und Härtel.)

Brahms' Name erscheint zum ersten Male im Jahre 1878 im Ausschuß der Leipziger Bach-Gesellschaft (zur Herausgabe von Bachs Werken). (Breitkopf und Härtel.)

Brahms war Mitglied der vom kgl. preußischen Kultusministerium eingesetzten Kommission zur Herausgabe der »Denkmäler deutscher Tonkunst«, deren Probeband 1892 erschien. (Breitkopf und Härtel.)

VERZEICHNIS

DER DICHTER ODER QUELLEN DER VON BRAHMS KOMPONIERTEN TEXTE

(Die Zahlen korrespondieren mit den Zeilennummern im Verzeichnis der Textanfänge Seite 19–30)

Der Bibel entnommen

Deutsche Dichter

Deutsche Nachbildungen aus anderen Sprachen

Verzeichnis

der Gesangmusik nach Textanfängen und mit Bezug auf die Dichter oder Quellen[1]).

Für eine Singstimme mit Begleitung des Pianoforte.

Textanfang	*Überschrift*	*op.*	*Nr.*	*Dichter oder Quelle*	*Zeile*
Ach, könnt' ich, könnte vergessen sie	Ein Sonett	14	4	Thibault, 13. Jahrh. Französisch. Herder	1
Ach, mich hält der Gram gefangen	Abschied	69	3	Böhmisch. Wenzig	2
Ach, mir fehlt, nicht ist da	Klage	69	1	Böhmisch, Wenzig	3
Ach, und du, mein kühles Wasser	Mädchenlied	85	3	Serbisch. Kapper	4
Ach, wende diesen Blick		57	4	Daumer	5
Ach, wer nimmt von meiner Seele	Todessehnen	86	6	Schenkendorf, v.	6
Ätherische ferne Stimmen	Lerchengesang	70	2	Candidus	7
Am jüngsten Tag ich aufersteh'	Mädchenlied	95	6	Heyse	8
Am Sonntag Morgen, zierlich angetan		49	1	Italienisch. Heyse	9
An dies Schifflein schmiege	Auf dem See	106	2	Reinhold[2]	10
Angelehnt an die Epheuwand	An ein Aolsharfe	19	5	Mörike	11
Auf der Heide weht der Wind	Willst du, daß ich geh?	71	4	Lemcke	12
Auf die Nacht in der Spinnstub'n	Mädchenlied	107	5	Heyse	13
Aus der Heimat hinter den Blitzen	In der Fremde	3	5	Eichendorff, v.	14
Bei dir sind meine Gedanken		95	2	Halm	15
Birg, o Veilchen	An ein Veilchen	49	2	Hölty, Ludwig	16
Bitteres zu sagen denkst du		32	7	Hafis. Daumer	17
Blauer Himmel, blaue Wogen	Auf dem See	59	2	Simrock, K.	18
Dämmernd liegt der Sommerabend	Sommerabend	85	1	Heine	19
Dämm'rung senkte sich von oben		59	1	Goethe	20
Da unten im Tale läuft's Wasser	Trennung	97	6	Schwäbisches Volkslied	21
Dein blaues Auge hält so still		59	8	Groth	22
Denn es gehet dem Menschen	Vier ernste Gesänge	121	1	Pred. Salomo III, V. 19	23
Den Wirbel schlag ich gar so stark	Tambourliedchen	69	5	Candidus	24
Der Mond steht über dem Berge	Ständchen	106	1	Kugler	25
Der Strom, der neben mir verrauschte		32	4	Platen, v.	26
Der Tag ging regenschwer	Auf dem Kirchhofe	105	4	Liliencron, v.	27
Der Tod, das ist die kühle Nacht		96	1	Heine	28
Des Abends kann ich nicht schlafen geh'n	Gang zur Liebsten	14	6	Volkslied	29
Die Flamme hier, die wilde, zu verhehlen	Liebesglut	47	2	Hafis. Daumer	30
Die ihr schwebet um diese Palmen	Geistliches Wiegenlied[3]	91	2	Lope de Vega. Geibel	31

1 Wenn der Name eines deutschen Dichters bei einem Texte steht, der nicht deutschen Ursprungs ist, so deutet er diesen als den Übersetzer oder Nachahmer der Originalverse an. – Die Übersetzungen von Daumer finden sich gewöhnlich in seiner Polydora, die von Wenzig in seinen slavischen Volksliedern. – Herders Name steht für seine Sammlung von Übersetzungen und Nachahmungen – »Stimmen der Völker« – meistenteils, obschon nicht immer, von ihm selbst verfaßt.

2 Pseudonym von Christian Reinhold Köstlin.

3 Mit Bratsche und Pianoforte.

Textanfang	*Überschrift*	*op.*	*Nr.*	*Dichter oder Quelle*	*Zeile*
Die Schnur, die Perl' an Perle		57	7	Indisch. Daumer	32
Die Schwälble ziehet fort		7	4	Volkslied	33
Die Wellen blinken und fließen dahin	Es liebt sich so lieblich im Lenze	71	4	Heine	34
Dort in den Weiden steht ein Haus		97	4	Volkslied. Niederrhein.	35
Du milchjunger Knabe	Therese	86	1	Keller	36
Du sprichst, daß ich mich täuschte		32	6	Platen, v.	37
Dunkel, wie dunkel	Von ewiger Liebe	43	1	Wendisch. Wenzig	38
Ein Blick von deinen Augen in die meinen	Die Liebende schreibt	47	5	Goethe	39
Eine gute, gute Nacht		59	6	Russisch. Daumer	40
Eine Schale des Stroms	Die Schale der Vergessenheit	46	3	Hölty, L.	41
Ein Mägdlein saß am Meeresstrand	Treue Liebe	7	1	Ferrand	42
Ein Vögelein fliegt über den Rhein	Auf dem Schiffe	97	2	Reinhold	43
Ei schmollte mein Vater	Des Liebsten Schwur	69	4	Böhmisch. Wenzig	44
Es brausen der Liebe Wogen	Versunken	86	5	Schumann, F.	45
Es glänzt der Mond nieder	Der Gang zum Liebchen	48	1	Böhmisch. Wenzig	46
Es hing der Reif im Lindenbaum		106	3	Groth	47
Es kehrt die dunkle Schwalbe	Alte Liebe	72	1	Candidus	48
Es lockt und säuselt um den Baum	Der Frühling	6	2	Rousseau, J. B.	49
Es reit' der Herr von Falkenstein	Lied vom Herrn von Falkenstein	43	4	Volkslied	50
Es saß ein Salamander	Salamander	107	2	Lemcke	51
Es schauen die Blumen alle		96	3	Heine	52
Es träumte mir, ich sei dir teuer		57	3	Spanisch. Daumer	53
Es war, als hätte der Himmel	Mondnacht	–	–	Eichendorff, v.	54
Es weht um mich Narzissenduft	Frühlingstrost	63	1	Schenkendorf, v.	55
Es wollt' ein Mädchen früh aufsteh'n	Vom verwundeten Knaben	14	2	Volkslied	56
Feinsliebchen, trau du nicht	Klage	105	3	Volkslied. Niederrhein.	57
Fliegt nur aus, geliebte Tauben	An die Tauben	63	4	Schenkendorf, v.	58
Geh' schlafen, Tochter	Sommerabend	84	1	Schmidt, H.	59
Geliebter, wo zaudert	Sulima	33	13	Tieck. (Magelone)	60
Geuß nicht so laut	An die Nachtigall	46	4	Hölty, L.	61
Guten Abend, gut' Nacht	Wiegenlied	49	4	Volkslied	62
Guten Abend, mein Schatz	Vergebliches Ständchen	84	4	Volkslied. Niederrhein.	63
Gut'n Abend, gut'n Abend, mein tausiger Schatz	Spannung	84	5	Volkslied. Niederrhein.	64
Gut' Nacht, gut' Nacht, mein liebster Schatz	Ständchen	14	7	Volkslied	65
Hab' ich tausendmal geschworen	Unüberwindlich	72	5	Goethe	66
Hier ob dem Eingang seid befestiget	Die Kränze	46	1	Aus Hellas. Daumer	67
Hier, wo sich die Straßen scheiden	Ein Wanderer	106	5	Reinhold	68
Hinter jenen dichten Wäldern	Sehnsucht	49	3	Böhmisch. Wenzig	69
Hoch über stillen Höhen	Anklänge	7	3	Eichendorff, v.	70
Holder klingt der Vogelsang	Minnelied	71	5	Hölty, L.	71
Ich blicke hinab in die Gasse	In der Gasse	58	6	Hebbel	72
Ich hör' meinen Schatz	Der Schmied	19	4	Uhland	73
Ich legte mich unter den Lindenbaum	Vorüber	58	7	Hebbel	74
Ich müh' mich ab	Beim Abschied	95	3	Halm	75
Ich muß hinaus, ich muß zu dir	Liebe und Frühling	3	3	Hoffm. v. Fallersleben	76
Ich rufe vom Ufer	Vom Strande	69	6	Eichendorff, v.	77
Ich ruhe still	Feldeinsamkeit	86	2	Allmers	78

Textanfang	*Überschrift*	*op.*	*Nr.*	*Dichter oder Quelle*	*Zeile*
Ich sah als Knabe Blumen blüh'n	Heimweh. III.	63	9	Groth	79
Ich sahe eine Tig'rin	Die Spröde	58	3	Kalabresisch	80
Ich saß zu deinen Füßen	In Waldeinsamkeit	85	6	Lemcke	81
Ich schell mein Horn		43	3	Volkslied. Ulrich von Württemberg. 1511	82
Ich schleich' umher		32	3	Platen, v.	83
Ich sitz' am Strande	Verzagen	72	4	Lemcke	84
Ich stand in einer lauen Nacht	Verrat	105	5	Lemcke	85
Ich wandte mich und sahe an	Vier ernste Gesänge	121	2	Pred. Salomo IV, V. 1	86
Ihr wunderschönen Augenblicke	Erinnerung	63	2	Schenkendorf, v.	87
Im Finstern geh' ich suchen	Blinde Kuh	58	1	Italienisch. Kopisch	88
Im Garten am Seegestade		70	1	Lemcke	89
Immer leiser wird mein Schlummer		105	2	Lingg	90
In dem Schatten meiner Locken		6	1	Spanisch. Heyse.	91
In den Garten wollen wir gehen	Der Überläufer	48	2	Des Knaben Wunderhorn	92
In gold'nen Abendschein getauchet[1]	Gestillte Sehnsucht	91	1	Rückert	93
In meiner Nächte Sehnen		57	5	Daumer	94
Keinen hat es noch gereut		33	1	Tieck. (Magelone)	95
Kein Haus, keine Heimat		94	5	Halm	96
Langsam und schimmernd fiel ein Regen	Abendregen	70	4	Keller	97
Leise, um dich nicht zu wecken	Serenade	58	8	Schack, v.	98
Liebe kam aus fernen Landen		33	4	Tieck. (Magelone)	99
Liebliches Kind, kannst du mir sagen	Serenade	70	3	Goethe	100
Lindes Rauschen in den Wipfeln	Lied	3	6	Eichendorff, v.	101
Maienkätzchen, erster Gruß	Maienkätzchen	107	4	Liliencron, v.	102
Mei Mueter mag mi net	Die Trauernde	7	5	Volkslied	103
Meine Liebe ist grün	Junge Liebe. 1.	63	5	Schumann, F.	104
Mein Herz ist schwer, meine Auge wacht		94	3	Geibel	105
Mein Liebchen, wie saßen beisammen	Meerfahrt	96	4	Heine	106
Mein Lieb ist ein Jäger	Der Jäger	95	4	Halm	107
Mein Schatz ist nicht da	Sehnsucht	14	8	Volkslied	108
Mein wundes Herz verlangt nach milder Ruh		59	7	Groth	109
Mir ist so weh ums Herz	Schwermut	58	5	Candidus	110
Mit geheimnisvollen Düften	Frühlingslied	85	5	Geibel	111
Mit vierzig Jahren ist der Berg erstiegen		94	1	Rückert	112
Muß es eine Trennung geben		33	12	Tieck. (Magelone)	113
Mutter, hilf mir armen Tochter	Der Kranz	84	2	Schmidt	114
Nachtigallen schwingen lustig ihr Gefieder		6	6	Hoffmann v. Fallersleben	115
Nacht liegt auf den fremden Wegen	Mondenschein	85	2	Heine	116
Nicht mehr zu dir zu gehen		32	2	Aus der Moldau. Daumer	117
O brich nicht, Steg	Heimkehr	7	6	Uhland	118
O Felsen, lieber Felsen	Klage	69	2	Slovakisch. Wenzig	119
O Frühlingsabenddämmerung	Geheimnis	71	3	Candidus	120
O Hochland und o Südland	Murrays Ermordung	14	3	Schottisch. Herder	121
O komme, holde Sommernacht		58	4	Grohe	122
O kühler Wald, wo rauschest du		72	3	Brentano	123

1 Mit Bratsche und Pianoforte.

Textanfang	*Überschrift*	*op.*	*Nr.*	*Dichter oder Quelle*	*Zeile*
O Lady Judith	Entführung	97	3	Alexis	124
O liebliche Wangen		47	4	Flemming	125
O Nachtigall, dein süßer Schall	Nachtigall	97	1	Reinhold	126
O Tod, wie bitter bist du	Vier ernste Gesänge	121	3	Jesus Sirach 41.	127
O versenk', o versenk' dein Leid	Liebestreu	3	1	Reinick	128
O wüßt' ich doch den Weg zurück	Heimweh. II.	63	8	Groth	129
Regentropfen aus den Bäumen	Nachklang. I.	59	4	Groth	130
Regentropfen aus den Bäumen	Nachklang. II.[1]	–	–	Groth	131
Rosen brach ich nachts mir	Sapphische Ode	94	4	Schmidt	132
Rosenzeit, wie schnell vorbei	Agnes	59	5	Mörike	133
Ruft die Mutter, ruft der Tochter	Mädchenfluch	69	9	Serbisch. Kapper	134
Ruhe, Süßliebchen, im Schatten		33	9	Tieck. (Magelone)	135
Sah dem edlen Bildnis		46	2	Magyarisch. Daumer	136
Schön war, das ich dir weihte		95	7	Türkisch. Daumer	137
Schwalbe, sag' mir an	Das Mädchen spricht	107	3	Gruppe	138
Schwor ein junges Mädchen	Vorschneller Schwur	95	5	Serbisch. Kapper	139
Sei willkommen, Zwielichtstunde	Abenddämmerung	49	5	Schack, v.	140
Sie ist gegangen	Nachwirkung	6	3	Meißner	141
Sie stand wohl am Fensterbogen	Parole	7	2	Eichendorff, v.	142
Silbermond, mit bleichen Strahlen	An den Mond	71	2	Simrock, R.	143
Sind es Schmerzen, sind es Freuden		33	3	Tieck. (Magelone)	144
Singe, Mädchen, hell und klar	In den Beeren	84	3	Schmidt	145
Singt mein Schatz wie ein Fink	Salome	69	8	Keller	146
So hab ich doch die ganze Woche	Sonntag	47	3	Volkslied	147
Soll sich der Mond	Vor dem Fenster	14	1	Volkslied	148
Sommerfäden hin und wieder	Sommerfäden	72	2	Candidus	149
So soll ich dich nun meiden	Scheiden und Meiden	19	2	Uhland	150
So steh'n wir, ich und meine Weide		32	8	Hafis. Daumer	151
So tönet denn, schäumende Wellen	Verzweiflung	33	10	Tieck. (Magelone)	152
So willst du des Armen		33	5	Tieck. (Magelone)	153
Stand das Mädchen, stand am Bergesabhang	Das Mädchen	95	1	Serbisch. Kapper	154
Steig auf, geliebter Schatten		94	2	Halm	155
Sternchen mit dem trüben Schein	Gold überwiegt die Liebe	48	4	Böhmisch. Wenzig	156
Störe nicht den leisen Schlummer	Nachtwandler	86	3	Kalbeck	157
Strahlt zuweilen auch ein mildes Licht		57	6	Daumer	158
Traun! Bogen und Pfeil		33	2	Tieck. (Magelone)	159
Treue Liebe dauert lange		33	15	Tieck. (Magelone)	160
Über die Heide hallet mein Schritt		86	4	Storm	161
Über die See, fern über die See		69	7	Lemcke	162
Unbewegte laue Luft		57	8	Daumer	163
Und gleichwohl kann ich anders nicht	An die Stolze	107	1	Flemming	164
Unter Blüten des Mais	Der Kuß	19	1	Hölty, L.	165
Vergangen ist mir Glück und Heil		48	6	Volkslied. Altdeutsch	166
Voller, dichter tropft ums Dach da	Während des Regens	58	2	Kopisch	167
Von waldbekränzter Höhe		57	1	Daumer	168
Wach' auf, wach' auf, du junger Gesell	Trennung	14	5	Volkslied	169
Walle, Regen, walle nieder	Regenlied	59	3	Groth	170
Wann der silberne Mond	Die Mainacht	43	2	Hölty, L.	171
War es dir, dem diese Lippen bebten		33	7	Tieck. (Magelone)	172

1 »Nachklang« II. ist vor der als I. bezeichneten Fassung von Brahms komponiert worden; wurde aber erst 30 Jahre später von der »Deutschen Brahms-Gesellschaft« herausgegeben.

Textanfang	*Überschrift*	*op.*	*Nr.*	*Dichter oder Quelle*	*Zeile*
Warum denn warten	Komm' bald	97	5	Groth	173
Was schaust du mich so freundlich an	An ein Bild	63	3	Schenkendorf, v.	174
Wehe, Lüftchen, lind und lieblich	Botschaft	47	1	Hafis. Daumer	175
Wehe, so willst du mich wieder		32	5	Platen, v.	176
Weit über das Feld	Lied aus »Ivan«	3	4	Bodenstedt	177
Wenn du mir zuweilen lächelst		57	2	Hafis. Daumer	178
Wenn ich mit Menschen- und mit Engelszungen	Vier ernste Gesänge	121	4	1. Korinther 13	179
Wenn mein Herz beginnt zu klingen	Meine Lieder	106	4	Frey	180
Wenn um den Hollunder	Junge Lieder. II.	63	6	Schumann, F.	181
Wer sehen will zween lebendige Bronnen	Liebesklage des Mädchens	48	3	Des Knaben Wunderhorn	182
Wie bist du, meine Königin		32	9	Hafis. Daumer	183
Wie die Wolke nach der Sonne		6	5	Hoffm. v. Fallersleben	184
Wie froh und frisch		33	14	Tieck. (Magelone)	185
Wie ist doch die Erde so schön	Juchhe!	6	4	Reinick	186
Wie kommt's, daß du so traurig bist	Trost in Tränen	48	5	Goethe	187
Wie Melodien zieht es		105	1	Groth	188
Wie rafft' ich mich auf in der Nacht		32	1	Platen, v.	189
Wie schienen die Sternlein so hell	Ade!	85	4	Böhmisch. Kapper	190
Wie schnell verschwindet		33	11	Tieck. (Magelone)	191
Wie sich Nebenranken schwingen	Liebe und Frühling	3	2	Hoffm. v. Fallersleben	192
Wie soll ich die Freude		33	6	Tieck. (Magelone)	193
Wie traulich war das Fleckchen	Heimweh. I	63	7	Groth	194
Wie wenn vom frost'gen Windhauch	Herbstgefühl	48	7	Schack, v.	195
Will ruhen unter den Bäumen hier	In der Ferne	19	3	Uhland	196
Wir müssen uns trennen		33	8	Tieck. (Magelone)	197
Wir wandelten wir zwei zusammen		96	2	Magyarisch. Daumer	198

Für zwei Singstimmen mit Begleitung des Pianoforte

Textanfang	*Überschrift*	*op.*	*Nr.*	*Dichter oder Quelle*	*Zeile*
Ach, ach, ich armes Klosterfräulein	Klosterfräulein	61	2	Kerner	199
Ach, Mädchen, liebes Mädchen	So lass' uns wandern!	75	3	Böhmisch. Wenzig	200
Ach, Mutter, liebe Mutter	Guter Rat	75	2	Des Knaben Wunderhorn	201
Alle Winde schlafen	Die Meere	20	3	Unbekannt	202
Aus der Erde quellen Blumen	Klänge. I.	66	1	Groth	203
Da die Welt zur Ruh' gegangen	Die Nonne u. d. Ritter	28	1	Eichendorff, v.	204
Dein Schwert, wie ist's von Blut so rot	Edward	75	1	Schottisch. Herder	205
Den gordischen Knoten	Weg der Liebe. 2. Teil.	20	2	Englisch. Herder	206
Es rauschet das Wasser		28	3	Goethe	207
Es sprechen und blicken die Wellen	Am Strande	66	3	Hölty, Hermann	208
Geh' schlafen, Tochter	Sommerabend	84	1	Schmidt[1]	
Guten Abend, mein Schatz	Vergebliches Ständchen	84	4	Volkslied. Niederrh.[1]	
Gut'n Abend, mein tausiger Schatz	Spannung	84	5	Volkslied. Niederrh.[1]	
Ich weiß ein Mädlein hübsch und fein	Hüt' du dich	66	5	Des Knaben Wunderhorn	209

1 Für eine oder zwei Stimmen. Siehe unter den einstimmigen Liedern.

Textanfang	*Überschrift*	*op.*	*Nr.*	*Dichter oder Quelle*	*Zeile*
Ist nicht der Himmel so blau	Der Jäger und sein Liebchen	28	4	Hoffm. v. Fallersleben	210
Jäger, was jagst du die Häselein	Jägerlied	66	4	Candidus	211
Lieb' Mutter, heut' Nacht heulte Regen	Walpurgisnacht	75	4	Alexis	212
Mutter, hilf mir armen Tochter	Der Kranz	84	2	Schmidt[1]	
Singe, Mädchen, hell und klar	In den Beeren	84	3	Schmidt[1]	
Tritt auf, den Riegel von der Tür	Vor der Tür	28	2	Volkslied	213
Über die Berge, über die Wellen	Weg der Liebe. 1. Teil	20	1	Englisch. Herder	214
Wenn ein müder Leib begraben	Klänge. II.	66	2	Groth	215
Wenn zu der Regenwand	Phänomen	61	3	Goethe. Westöstl. Divan	216
Wieviel schon der Boten	Die Boten der Liebe	61	4	Böhmisch. Wenzig	217
Wir Schwestern zwei, wir schönen	Die Schwestern	61	1	Mörike	218

Für vier Solostimmen mit Begleitung des Pianoforte

Textanfang	*Überschrift*	*op.*	*Nr.*	*Dichter oder Quelle*	*Zeile*
Brennessel steht an Weges Rand	Vier Zigeunerlieder	112	5	Volkslied. Ungar. Conrat	219
Der graue Nebel tropft so still	Spätherbst	92	2	Allmers	220
Es glänzt der Mond nieder	Der Gang zum Liebchen	31	3	Böhmisch	221
Es rinnen die Wasser Tag und Nacht	Sehnsucht	112	1	Kugler	222
Friedlich bekämpfen Nacht sich und Tag	Abendlied	92	3	Hebbel	223
Fürwahr, mein Liebchen, ich will nun frei'n	Neckereien	31	2	Mährisch	224
Heimat! Wunderbar tönendes Wort	An die Heimat	64	1	Sternau	225
Himmel strahlt so helle und klar	Vier Zigeunerlieder	112	3	Volkslied. Ungar. Conrat	226
Komm' mit, o Schöne	Wechsellied zum Tanze	31	1	Goethe	227
Liebe Schwalbe, kleine Schwalbe	Vier Zigeunerlieder	112	6	Volkslied. Ungar. Conrat	228
Mein liebes Herz, was ist dir	Fragen	64	3	Türkisch. Daumer	229
Nächtens wachen auf die irren	Nächtens	112	2	Kugler	230
O schöne Nacht		92	1	Magyarisch. Daumer	231
Rote Rosenknospen	Vier Zigeunerlieder	112	4	Volkslied. Ungar. Conrat	232
Senke, strahlender Gott	Der Abend	64	2	Schiller	233
Warum doch erschallen	Warum?	92	4	Goethe	234
He, Zigeuner, greife in die Saiten ein	Zigeunerlieder	103	1	Volkslied. Ungar. Conrat	235
Hochgetürmte Rimaflut	Zigeunerlieder	103	2	„ „ „	236
Wißt ihr, wann mein Kindchen	Zigeunerlieder	103	3	„ „ „	237
Lieber Gott, du weißt	Zigeunerlieder	103	4	„ „ „	238
Brauner Bursche führt zum Tanze	Zigeunerlieder	103	5	„ „ „	239
Röslein dreie in der Reihe	Zigeunerlieder	103	6	„ „ „	240
Kommt dir manchmal in den Sinn	Zigeunerlieder	103	7	„ „ „	241
Horch, der Wind klagt in den Zweigen	Zigeunerlieder	103	8	„ „ „	242
Weit und breit schaut niemand mich an	Zigeunerlieder	103	9	„ „ „	243
Mond verhüllt sein Angesicht	Zigeunerlieder	103	10	„ „ „	244
Rote Abendwolken zieh'n	Zigeunerlieder	103	11	„ „ „	245

1 Für eine oder zwei Stimmen. Siehe unter den einstimmigen Liedern.

Für vier Solostimmen mit Begleitung des Pianoforte zu vier Händen

Liebeslieder. Walzer. op. 52. Von Daumer übersetzt

Textanfang	*Stimmen*	*Nr.*	*Dichter oder Quelle*	*Zeile*
Rede, Mädchen, allzuliebes	S. A. T. B.	1	Russisch	246
Am Gesteine rauscht die Flut	S. A. T. B.	2	Russisch-polnisches Tanzlied	247
O die Frauen	T. und B.	3	Russisch-polnisches Tanzlied	248
Wie des Abends schöne Röte	S. und A.	4	Russisch-polnisches Tanzlied	249
Die grüne Hopfenranke	S. A. T. B.	5	Russisch	250
Ein kleiner, hübscher Vogel	S. A. T. B.	6	Magyarisch	251
Wohl schön bewandt	S. oder A.	7	Polnisch	252
Wenn so lind dein Auge mir	S. A. T. B.	8	Polnisch	253
Am Donaustrande da steht ein Haus	S. A. T. B.	9	Magyarisch	254
O wie sanft die Quelle sich	S. A. T. B.	10	Russisch-polnisches Tanzlied	255
Nein, es ist nicht auszukommen	S. A. T. B.	11	Polnisch	256
Schlosser, auf und mache Schlösser	S. A. T. B.	12	Russisch-polnisches Tanzlied	257
Vögelein durchrauscht die Luft	S. und A.	13	Russisch-polnisches Tanzlied	258
Sieh, wie ist die Welle klar	T. und B.	14	Russisch-polnisches Tanzlied	259
Nachtigall sie singt so schön	S. A. T. B.	15	Russisch-polnisches Tanzlied	260
Ein dunkeler Schacht ist Liebe	S. A. T. B.	16	Magyarisch	261
Nicht wandle, mein Licht, dort außen	T.	17	Magyarisch	262
Es bebet das Gesträuche	S. A. T. B.	18	Magyarisch	263

Neue Liebeslieder. Walzer. op. 65. Von Daumer übersetzt

Textanfang	*Stimmen*	*Nr.*	*Dichter oder Quelle*	*Zeile*
Verzicht', o Herz, auf Rettung	S. A. T. B.	1	Türkisch	264
Finstere Schatten der Nacht	S. A. T. B.	2	Persisch. (Hafis)	265
An jeder Hand die Finger	S.	3	Lettisch-lithuanisch	266
Ihr schwarzen Augen	B.	4	Sizilianisch	267
Wahre, wahre deinen Sohn	A.	5	Russisch	268
Rosen steckt mir an die Mutter	S.	6	Spanisch	269
Vom Gebirge Well' auf Well'	S. A. T. B.	7	Russisch-polnisches Tanzlied	270
Weiche Gräser im Revier	S. A. T. B.	8	Russisch-polnisches Tanzlied	271
Nagen am Herzen fühl ich ein Gift mir	S.	9	Polnisch	272
Ich kose süß mit der und der	T.	10	Malayisch	273
Alles, alles in den Wind	S.	11	Polnisch	274
Schwarzer Wald, dein Schatten ist so düster	S. A. T. B.	12	Serbisch	275
Nein, Geliebter, setze dich	S. und A.	13	Russisch	276
Flammenauge, dunkles Haar	S. A. T. B.	14	Russisch	277
Nun, ihr Musen, genug	S. A. T. B.	15	Goethe	278

Lieder, Gesänge und Romanzen für Chor ohne Begleitung

Textanfang	*Überschrift*	*op.*	*Nr.*	*Dichter oder Quelle*	*Zeile*
Ach, arme Welt	Drei Motetten	110	2	Altes Kirchenlied	279
Adoramus te	Drei geistliche Chöre	37	2	Altkirchlich	280
All' meine Herzgedanken		62	5	Heyse. Jungbrunnen	281
Am Wildbach die Weiden		44 II	3	Heyse. Jungbrunnen	282
An dem österlichen Tag	Marienlieder	22	6	Volkslied	283

Textanfang	*Überschrift*	*op.*	*Nr.*	*Dichter oder Quelle*	*Zeile*
Ans Auge des Liebsten	Dreizehn Kanons	113	9	Arabisch. Rückert.	284
Aus des Meeres tiefem Grunde	Vineta	42	2	Müller	285
Brausten alle Berge	Verlorene Tugend	104	4	Böhmisch. Wenzig	286
Dein Herzlein mild		62	4	Heyse. Jungbrunnen	287
Der Holdseligen sonder Wank	Minnelied	44 I	1	Voß	288
Dich, Mutter Gottes, ruf' wir an	Marienlieder	22	5	Volkslied	289
Die Berge sind spitz		44 II	2	Heyse. Jungbrunnen	290
Die Mühle, die dreht ihre Flügel	Die Müllerin	44 I	5	Chamisso	291
Eine blaue Schürze	Die Braut	44 II	5	Müller	292
Einförmig ist der Liebe Gram	Dreizehn Kanons	113	13	Rückert	293
Ein Gems auf dem Stein	Dreizehn Kanons	113	8	Eichendorff, v.	294
Ernst ist der Herbst	Im Herbst	104	5	Groth	295
Es geht ein Wehen		62	6	Heyse. Jungbrunnen	296
Es ist das Heil	Zwei Motetten	29	1	Speratus, P. 16. Jahrh.	297
Es wohnet ein Fiedler	Der bucklichte Fiedler	93a	1	Volkslied	298
Es wollt' die Jungfrau	Rosmarin	62	1	Des Knaben Wunderhorn.	299
Es wollt' gut Jäger jagen	Marienlieder	22	4	Volkslied. 16. Jahrh.	300
Fahr' wohl, o Vöglein	Fahr' wohl!	93a	4	Rückert	301
Feiger Gedanken	Beherzigung	93a	6	Goethe	302
Freiwillige her!		41	2	Lemcke	303
Gebt Acht		41	5	Lemcke	304
Gegrüßet Maria	Marienlieder	22	1	Volkslied	305
Göttlicher Morpheus	Dreizehn Kanons	113	1	Goethe	306
Grausam erweiset sich Amor	Dreizehn Kanons	113	2	Goethe	307
Hebt ein Falke sich empor	Der Falke	93a	5	Serbisch. Kapper	308
Horch, wie brauset der Sturm	Märznacht	44 II	6	Uhland	309
Hör', es klagt die Flöte	Abendständchen	42	1	Brentano	310
Ich aber bin elend	Drei Motetten	110	1	Psalm 69, V. 30.	311
Herr, Herr, Gott, barmherzig	Drei Motetten	110	1	II. Mose 34, V. 6, 7.	312
Ich schwing mein Horn		41	1	Volkslied. Ulrich von Würtemberg. 16. Jh.	313
Ich weiß nicht, was im Hain	Dreizehn Kanons	113	11	Rückert	314
Im stillen Klostergarten	Die Nonne	44 I	6	Uhland	315
Jetzt hab' ich schon	Marschieren	41	4	Lemcke	316
Leblos gleitet Blatt um Blatt	Letztes Glück	104	3	Kalbeck	317
Leise Töne der Brust	Nachtwache. I.	104	1	Rückert	318
Leise Töne der Brust	Dreizehn Kanons	113	10	Rückert	319
Mädchen von Kola, du schläfst	Darthula's Grabgesang	42	3	Ossian. Goethe	320
Maria ging aus wandern	Marienlieder	22	3	Volkslied. Niederrhein.	321
Maria, wahre Himmelsfreud'	Marienlieder	22	7	Volkslied. Niederrhein.	322
Maria wollt' zur Kirche geh'n	Marienlieder	22	2	Volkslied. Rheinisch.	323
Nun steh'n die Rosen in Blüte	Vier Lieder	44 II	1	Heyse. Jungbrunnen	324
O bone Jesu	Drei geistliche Chöre	37	1	Alte Gebetsformel	325
O Fischer auf den Fluten	Barkarole	44 I	3	Italienisch	326
O Heiland, reiß' die Himmel auf		74	2	Unbekannt	327
O süßer Mai		93a	3	Arnim, v.	328
Regina coeli laetare	Drei geistliche Chöre	37	3	Marianische Antiphon	329
Ruh'n sie? rufet das Horn	Nachtwache. II.	104	2	Rückert	330
Schaffe in mir, Gott, ein rein Herz	Zwei Motetten	29	2	Psalm 51, V. 12–14	331
Schlaf', Kindlein, schlaf'	Dreizehn Kanons	113	4	Volkslied	332
Sitzt a schön's Vögerl	Dreizehn Kanons	113	3	Volkslied	333
So lange Schönheit wird besteh'n	Dreizehn Kanons	113	6	Aus Hellas. Hoffm. v. Fallersleben	334

Textanfang	*Überschrift*	*op.*	*Nr.*	*Dichter oder Quelle*	*Zeile*
Spazieren wollt' ich reiten	Von alten Liebesliedern	62	2	Des Knaben Wunderhorn	335
Stand das Mädchen	Das Mädchen	93a	2	Serbisch. Kapper.	336
Und gehst du über den Kirchhof	Vier Lieder	44 II	4	Heyse. Jungbrunnen	337
Unsere Väter hofften auf dich	Fest- u. Gedenksprüche	109	1	Psalm 22, V. 5 und 6	338
Der Herr wird seinem Volk	Fest- u. Gedenksprüche	109	1	Psalm 29, V. 11	339
Vergangen ist mir		62	7	Volkslied. Altdeutsch.	340
Von allen Bergen nieder	Der Bräutigam	44 I	2	Eichendorff, v.	341
Waldesnacht, du wunderkühle	Waldesnacht	62	3	Heyse. Jungbrunnen	342
Warum ist das Licht	Zwei Motetten	74	1	Hiob III, V. 20–23	343
Lasset uns unser Herz	Zwei Motetten	74	1	Klagelied Jeremias 3, V. 41	344
Siehe, wir preisen selig	Zwei Motetten	74	1	Jakobusbrief 5, V. 11	345
Mit Fried' und Freud'	Zwei Motetten	74	1	Luther	346
Was freut einen alten Soldaten	Geleit	41	3	Lemcke	347
Wenn die Klänge nah'n	Dreizehn Kanons	113	7	Eichendorff, v.	348
Wenn ein starker Gewappneter	Fest- u. Gedenksprüche	109	2	Ev. Lucä 11, V. 21	349
Aber ein jeglich Reich	Fest- u. Gedenksprüche	109	2	Ev. Lucä 11, V. 17	350
Wenn wir in höchsten Nöten	Drei Motetten	110	3	Eber, Paul. 16. Jahrh.	351
Wenn Kummer hätte zu töten Macht	Dreizehn Kanons	113	12	Arabisch. Rückert	352
Wille, wille, will	Dreizehn Kanons	113	5	Volkslied	353
Wo ist ein so herrlich Volk	Fest- u. Gedenksprüche	109	3	V. Mose 4, V. 8	354
Wozu ist mein langes Haar	Fragen	44 I	4	Aus Krain. Grün	355

Für Soli, Chor und Orchester

Textanfang	*Überschrift*	*op.*	*Nr.*	*Dichter oder Quelle*	*Zeile*
Selig sind, die da Leid tragen	Ein deutsch. Requiem. (S.- u. Bar.-soli)	45	1	Ev. Matthäi 5, V. 4	356
Die mit Tränen säen	„ „ „ „	45	1	Psalm 126, V. 5, 6	357
Denn alles Fleisch es ist wie Gras	„ „ „ „	45	2	I. Petri 1, V. 24	358
So seid nun geduldig	„ „ „ „	45	2	Jacobi 5, V. 7	359
Aber des Herrn Wort	„ „ „ „	45	2	I. Petri 1, V. 25	360
Die Erlöseten des Herrn	„ „ „ „	45	2	Jesaia 35, V. 10	361
Herr, lehre doch mich	„ „ „ „	45	3	Psalm 39, V. 5–8	362
Der Gerechten Seelen	„ „ „ „	45	3	Weisheit Salomon. 3, V. 1	363
Wie lieblich sind deine Wohnungen	„ „ „ „	45	4	Psalm 84, V. 2, 3, 5	364
Ihr habt nun Traurigkeit	„ „ „ „	45	5	Evang. Johannis 16, V. 22	365
Sehet mich an	„ „ „ „	45	5	Jesus Sirach 51	366
Ich will euch trösten	„ „ „ „	45	5	Jesaia 66, V. 13	367
Denn wir haben hier	„ „ „ „	45	6	Hebräer 13, V. 14.	368
Siehe, ich sage euch ein Geheimnis	„ „ „ „	45	6	I. Korinther 15, V. 51 bis 55	369
Herr, du bist würdig	„ „ „ „	45	6	Offenb. Johannis 4, V. 11	370
Selig sind die Toten	„ „ „ „	45	7	Offenb. Johannis 14, V. 13	371

Textanfang	*Überschrift*	*op.*	*Nr.*	*Dichter oder Quelle*	*Zeile*
Halleluja! Heil und Preis	Triumphlied. (Baritonsolo)	55	1	Offenb. Johannis 19	372
Lobet unsern Herrn	Triumphlied. (Baritonsolo)	55	2	Offenb. Johannis 19	373
Und ich sahe den Himmel aufgetan	Triumphlied. (Baritonsolo)	55	3	Offenb. Johannis 19	374
Aber, abseits wer ist's	Rhapsodie. (Altsolo)	53	–	Goethe	375
Zu dem Strande, zu der Barke	Rinaldo. (Tenorsolo)	50	–	Goethe	376

Für Chor und Orchester

Textanfang	*Überschrift*	*op.*	*Nr.*	*Dichter oder Quelle*	*Zeile*
Auch das Schöne muß sterben	Nänie	82	–	Schiller	377
Es fürchtet die Götter	Gesang der Parzen	89	–	Goethe	378
Ihr wandelt droben im Licht	Schicksalslied	54	–	Hölderlin	379

Für Chor mit Begleitung verschiedener Instrumente

Textanfang	*Überschrift*	*op.*	*Nr.*	*Dichter oder Quelle*	*Zeile*
Ave Maria gratia plena	Ave Maria. (Org. oder Orch.)	12	–	(S. Ev. Lucă I, V. 28, 42)	380
Es tönt ein voller Harfenklang	Gesänge. (Hörner und Harfe)	17	1	Ruperti	381
Gleichwie Echo	Tafellied. (Pianoforte)	93b	–	Eichendorff, v.	382
Herr, wie lange willst du	Der 13. Psalm. (Org. od. Pfte.)	27	–	Psalm 13	383
Komm' herbei, Tod	Gesänge. (Hörner und Harfe)	17	2	Shakespeare	384
Laß dich nur nichts nicht dauren	Geistliches Lied. (Org. od. Pfte.)	30	–	Flemming, Paul	385
Nun laßt uns den Leib	Begräbnisgesang. (Blasinstr.)	13	–	Weiße, M. 16. Jahrh.	386
Wein' an den Felsen	Gesänge. (Hörner und Harfe)	17	4	Ossian	387
Wohin ich geh und schaue	Gesänge. (Hörner und Harfe)	17	3	Eichendorff, v.	388

Deutsche Volkslieder für vierstimmigen Chor a capella gesetzt

Textanfang	*Überschrift*	*Heft*	*Nr.*	*Zeile*
Ach lieber Herre Jesu Christ		I	6	389
Bei nächtlicher Weil		I	3	390
Die Wollust in den Mayen		II	4	391
Es flog ein Täublein weiße	Täublein weiß	I	5	392
Es ist ein Schnitter, heißt der Tod	Schnitter Tod	II	6	393
Es pochet ein Knabe sachte	Der tote Knabe	II	3	394
Es wollt' gut Jäger jagen	Der englische Jäger	II	7	395
Ich fahr' dahin, wenn es muß seyn	Abschiedslied	II	2	396
In stiller Nacht		II	1	397
Komm Mainz, komm Bayrn	Vom heilgen Märtyrer Emmerano	I	4	398
Mit Lust thät ich ausreiten		I	2	399
Tröst' die Bedrängten	Sankt Raphael	I	7	400
Von edler Art, auch rein und zart		I	1	401
Wach' auf, mein Kind	Morgengesang	II	5	402

Deutsche Volkslieder mit Klavierbegleitung. Heft 1–6 für eine Singstimme, Heft 7 für Vorsänger und kleinen Chor

Textanfang	*Heft*	*Nr.*	*Zeile*
Ach, englische Schäferin	II	8	403
Ach, Gott, wie weh tut scheiden	III	17	404
Ach, könnt' ich diesen Abend	IV	26	405
All' mein' Gedanken, die ich hab'	V	30	406
Da unten im Tale	I	6	407
Dem Himmel will ich klagen	VII	44	408
Der Reiter spreitet seinen Mantel aus	IV	23	409
Des Abends kann ich nicht schlafen geh'n	VI	38	410
Die Sonne scheint nicht mehr	I	5	411
Dort in den Weiden steht ein Haus	V	31	412
Du mein einzig Licht	VI	37	413
Erlaube mir, fein's Mädchen	I	2	414
Es ging ein Maidlein zarte	III	21	415
Es ging sich uns're Fraue	VII	47	416
Es reit' ein Herr und auch sein Knecht	IV	28	417
Es ritt ein Ritter wohl durch das Ried	II	10	418
Es saß ein schneeweiß Vögelein	VII	45	419
Es steht ein' Lind' in jenem Tal	VI	41	420
Es stunden drei Rosen	VII	43	421
Es war einmal ein Zimmergesell	VII	46	422
Es war eine schöne Jüdin	II	9	423
Es war ein Markgraf über'm Rhein	V	29	424
Es wohnet ein Fiedler zu Frankfurt am Main	VI	36	425
Feinsliebchen, du soll'st mir nicht barfuß geh'n	II	12	426
Gar lieblich hat sich gesellet	I	3	427
Gunhilde lebt' gar still und fromm	I	7	428
Guten Abend, guten Abend, mein tausiger Schatz	I	4	429
Ich stand auf hohem Berge	IV	37	430
Ich weiß mir'n Maidlein hübsch und fein	VI	40	431
In stiller Nacht	VI	42	432
Jungfräulein, soll ich mit euch geh'n	II	11	433
Maria ging aus wandern	II	14	434
Mein Mädel hat einen Rosenmund	IV	25	435
Mir ist ein schön's braun's Maidelein	IV	24	436
Nachtigall, sag was für Grüß'	VII	48	437
Nur ein Gesicht auf Erden lebt	III	19	438
Och, Mod'r, ich well en Ding han	V	33	439
Sagt mir, o schönste Schläf'rin mein	I	1	440
Schöner Augen, schöne Strahlen	VI	39	441
Schönster Schatz, mein Engel	III	20	442
Schwesterlein, Schwesterlein	III	15	443
Soll sich der Mond nicht heller scheinen	V	35	444
So will ich frisch und fröhlich sein	V	32	445
So wünsch ich ihr ein' gute Nacht	III	18	446
Verstohlen geht der Mond auf	VII	49	447
Wach' auf, mein' Herzensschöne	III	16	448
Wach' auf mein Hort	II	13	449
We komm' ich dann de Pooz erenn	V	34	450
Wo gehst du hin, du Stolze	IV	22	451

Volkskinderlieder mit hinzugefügter Klavierbegleitung

Textanfänge	*Überschrift*	*Nr.*	*Zeile*
Ach, mein Hennlein bi bi bi	Die Henne	3	452
Der Jäger in dem Walde		9	453
Die Blümelein, sie schlafen schon	Sandmännchen	4	454
Es wollt' ein Mädchen brechen geh'n	Das Mädchen und die Hasel	10	455
Im tiefen Wald im Dornenhag	Dornröschen	1	456
In Polen steht ein Haus	Das Schlaraffenland	7	457
Marienwürmchen, setze dich	Marienwürmchen	13	458
O Engel, mein Schutzengel mein	Dem Schutzengel	14	459
Sah ein Knab' ein Röslein stehn	Heidenröslein	6	460
Schlaf' Kindlein, schlaf'	Wiegenlied	11	461
Sitz a schöns Vögel auf'm Dannabaum	Die Nachtigall	2	462
Ull Mann wull riden, wull hat he keen Pärd	Beim Ritt auf dem Knie	8a	463
Alt' Mann wollt' reiten und hatte kein Pferd	Beim Ritt auf dem Knie	8b	
Uns leuchtet heut' der Freude Stern	Weihnachten	12	464
Wille wille will, der Mann ist kommen	Der Mann	5	465

Brahms-Literatur (Auswahl, 1983 ergänzt)

Avé-Lallement, Theodor, Rückerinnerungen eines alten Musikanten, Hamburg 1878
Barth, Richard, Johannes Brahms und seine Musik, Hamburg, 1904
Billroth und Brahms im Briefwechsel, Berlin/Wien 1935
Brahms-Briefwechsel, 16 Bände, Brahms-Gesellschaft 1906 ff. (Nachdruck 1974)
Des jungen Kreisler's Schatzkästlein. Aussprüche v. Dichtern, Philosophen u. Künstlern, zusammengetragen durch Johannes Brahms. Nach den Originalbriefen herausgegeben von Carl Krebs Berlin 1909
Bülow, Hans von, Briefe, 7 Vols., Leipzig 1895–1908
Braunstein, J., Thematic Catalogue of the Collected Work of Brahms, New York, 1956
Dahlhaus, Carl, Brahms-Klavierkonzert Nr. 1 d-Moll, op. 15 (Werkmonographien zur Musikgeschichte, München)
Dietrich, Albert, Erinnerungen an Johannes Brahms in Briefen, besonders aus seiner Jugendzeit, Leipzig 1898
Ehrmann, Alfred v., Johannes Brahms, Leipzig 1933
Ehrmann, A. v., Johannes Brahms: Thematisches Verzeichnis, Leipzig 1933
Ernest, G., Johannes Brahms, Berlin 1930
Evans, Edwin sen., Handbook to the Chamber and Orchestral Music of Johannes Brahms, London
Fellinger, R., Klänge um Brahms, Berlin 1933
Floros, C., Brahms-Studien, 1974ff.
Fuller-Maitland, J. A., Brahms, Berlin/Leipzig 1912
Gal, Hans, Johannes Brahms, Frankfurt 1961
Geiringer, K., Johannes Brahms, 1935: 2. A. 1947 (englisch; deutsch 1955)
Goldmark, Carl, Aus meinem Leben, Wien 1922
Häfner, Roland, Brahms-Klarinettenquintett h-Moll, op. 115 (Werkmonographien zur Musikgeschichte, München)
Hanslick, Eduard, Johannes Brahms (Aus meinem Leben, 2. Band) Berlin1894
Henschel, George, Personal Recollections of Johannes Brahms and Pages from a Journal, Boston 1907
Hernried, R., Johannes Brahms, Leipzig 1934
Hirschmann, E., Johannes Brahms und die Frauen, Wien 1933
Hübbe, Walter, Brahms in Hamburg, Hamburg
Imbert, H., Johannes Brahms. Sa vie et son œuvre
Jacobsen, C., Das Verhältnis von Sprache und Musik in Liedern von Johannes Brahms, 1975
James, Burnett, Brahms: a Critical Study, London 1972
Jenner, Gustav, Johannes Brahms als Mensch, Lehrer und Künstler, Marburg
Kalbeck, Max, Brahms als Lyriker, Wien 1921
Kalbeck, Max, Johannes Brahms, 4 Bände, Berlin 1904–1914
Koch, Ludwig, Brahms-Bibliographie, Budapest 1943
Köhler, Louis, Johannes Brahms und seine Stellung zur Musik, Hannover
Krause, Emil, Johannes Brahms in seinen Werken, Hamburg
Kross, S., Die Chorwerke von Johannes Brahms, 1958
Landormy, Paul, Brahms, Paris 1921
Latham, Peter, Brahms, London 1966 und 1975
Laux, Karl, Der Einsame: Johannes Brahms, Leben und Werk, Graz 1944
Litzmann, Berthold, Clara Schumann – Johannes Brahms, Briefwechsel, 2 Bände, Leipzig 1927
Leyen, Rudolf von der, Johannes Brahms als Mensch und Freund, Düsseldorf, 1905
La Mara, Johannes Brahms, Leipzig
May, Florence, The Life of Johannes Brahms, London 1905, 2. A. 1948
Mast, Paul, Brahms's Study, Octaven u. Quinten u. A., in: The Music Forum, Vol. V, New York 1980, p. 1 ff.
Mies, Paul, Johannes Brahms, Leipzig 1930
Miesner, H., Klaus Groth und die Musik: Erinnerungen an Brahms, Heide 1933
Miller zu Aichholz, V. v., Brahms-Bilderbuch, Wien 1905
Morin, A., Johannes Brahms. Erläuterungen seiner bedeutendsten Werke, Frankfurt/Main

Müller von Asow, Erich H., Johannes Brahms und Mathilde Wesendonck, Ein Briefwechsel, Wien 1943
Müller-Blattau, J., Johannes Brahms, Potsdam 1933, Königstein 1960
Murdoch, William, Brahms: with an Analytical Study of the Complete Pianoforte Works, London 1933
Nagel, W., Die Klaviersonaten von J. Brahms, Stuttgart 1915
Nagel, W., Johannes Brahms, Stuttgart 1923
Neunzig, Hans A., Johannes Brahms (rowohlts monographien, 197), Reinbek 1973
Ophüls, G., Erinnerungen an Johannes Brahms, Berlin 1921
Ophüls, G., Brahms-Texte, Berlin 1898
Orel, Alfred, Johannes Brahms und Julius Allgeyer. Eine Künstlerfreundschaft in Briefen, Tutzing 1964
Pauls, Volquart, Briefe der Freundschaft Johannes Brahms Klaus Groth, Heide 1956
Perger, Richard v., Brahms, Leipzig
Reimann, Heinrich, Johannes Brahms, Berlin 1897
Rostand, Claude, Brahms, Paris 1954/55 und 1978
Reich, Willi, Johannes Brahms in Dokumenten zu Leben und Werk, Zürich 1975
Schauffler, R. H., The Unknown Brahms, New York 1933
Schenker, Heinrich, Brahms, op. 24, in: Der Tonwille, IV, 2/3, Wien 1924
Schmidt, Christian Martin, Johannes Brahms und seine Zeit, Laaber 1983
Schönberg, Arnold, Brahms, der Fortschrittliche, in: Stil und Gedanke, Frankfurt 1976
Specht, Richard, Johannes Brahms, Hellerau 1928
Schramm, W., Brahms in Detmold, Leipzig 1933
Schumann, Eugenie, Erinnerungen, 1925
Spitta, Philipp, Johannes Brahms, Berlin 1882
Stephenson, Kurt, Johannes Brahms in seiner Familie. Der Briefwechsel, Hamburg 1973
Stephenson, Kurt, Johannes Brahms und Fritz Simrock. Briefe des Verlegers an den Komponisten, Hamburg 1961
Thomas, Wolfgang, Johannes Brahms, eine mikropsychologische Studie in fünf Variationen, Straßburg
Tovey, D. F., The Chamber Music of Brahms, in: Tovey, The Main Stream of Music and other Essays, New York 1959
Weiß-Aigner, Günter, Brahms-Violinkonzert D-Dur, op. 77 (Werkmonographien zur Musikgeschichte, München)
Widmann, Josef Viktor, Johannes Brahms in Erinnerungen, Basel 1947

Namenregister

Was den Index der Werke betrifft, siehe »Verzeichnis der Werke nach der Opuszahl«, S. 314–223.

H

J

K

L

M

N

O

P

R

S

T